Rudolf Bultmann.

ZEIT

UND GESCHICHTE

DANKESGABE AN RUDOLF BULTMANN

ZUM 80. GEBURTSTAG

im Auftrage der Alten Marburger
und in Zusammenarbeit mit Hartwig Thyen

herausgegeben von
ERICH DINKLER

1964

J.C.B. MOHR (PAUL SIEBECK) TÜBINGEN

TABULA GRATULATORIA

HELMUT FRANZ · SAARBRÜCKEN / GERHARD FRIEDRICH · ERLANGEN / HANS
MARTIN FREUDENREICH · UPFINGEN / HERTA FROMME · DÜSSELDORF / ERNST
FUCHS · MARBURG / ROBERT W. FUNK · DREW UNIVERSITY / HANS GEORG
GADAMER · HEIDELBERG / KURT GALLING · TÜBINGEN / HANS JÜRGEN GEISCHER ·
HEIDELBERG / DIETER GEORGI · HEIDELBERG / VOLKHARD GEORGI · BATTENFELD /
ERICH GERECKE · ZÜRICH / DIETFRIED GEWALT · HEIDELBERG / GERHARD
GLOEGE · BONN / JOACHIM GNILKA · MÜNSTER / HERMANN GÖTZ GÖCKERITZ ·
GÖTTINGEN / FRIEDRICH GOGARTEN · GÖTTINGEN / HELMUT GOLLWITZER · BER-
LIN / HELMUT GORNY · GÖTTINGEN / HANS GRASS · MARBURG / ERICH GRÄSSER ·
MARBURG / HEINRICH GREEVEN · KIEL / KENDRICK GROBEL · NASHVILLE /
A. H. J. GUNNEWEG · MARBURG / RAFAEL GYLLENBERG · ÅBO / HANNA UND
ALFRED HABERMANN · FRANKFURT / ERNST HAENCHEN · MÜNSTER / FERDINAND
HAHN · KIEL / GÖTZ HARBSMEIER · GÖTTINGEN / WOLFGANG HARNISCH · MAR-
BURG / CHRISTIAN HARTLICH · DETTENHAUSEN / THE THEOLOGICAL FACULTY OF
HARVARD UNIVERSITY / VAN A. HARVEY · S. M. U. DALLAS / GÜNTER HAUFE ·
LEIPZIG / SUSI HAUSAMMANN · ZÜRICH / MARTIN HEIDEGGER · FREIBURG /
GÜNTER HEIDTMANN · DÜSSELDORF / FRIEDRICH HEILER · MARBURG / ERNST
HEITSCH · GÖTTINGEN / JÜRGEN HEISE · MARBURG / ARTHUR HENKEL · HEIDEL-
BERG / DIETER HENRICH · BERLIN / LIESEL-LOTTE HERKENRATH · KÖLN / ANDREAS
HERTZBERG · KIEL / EDWARD C. HOBBS · BERKELEY / HELMUT HÖFLING · FREI-
BURG / HEINRICH HÖPKEN · OLDENBURG / KARL-LUDWIG HÖPKER · WULFEN /
JOACHIM JEREMIAS · GÖTTINGEN / JACOB JERVELL · OSLO / HANS JONAS · NEW
ROCHELLE / EBERHARD JÜNGEL · BERLIN / OTTO KAISER · MARBURG / WILHELM
KAMLAH · ERLANGEN / ERNST KÄSEMANN · TÜBINGEN / HOWARD C. KEE · DREW
UNIVERSITY / GISELA KITTEL · TÜBINGEN / THEODOR KLAUSER · BONN / GÜNTER
KLEIN · BONN / MARIANNE KLINGLER · MÜNCHEN / HELMUT KOESTER · HARVARD
UNIVERSITY / REINHARD KOESTER · ESSEN / WALTER KOHLSCHMIDT · HAMBURG /
JOHANNES KÖRNER · GIESSEN / EVA KRAFFT · HAMM / FRIEDEGARD KRAUSE ·
DARMSTADT / GERHARD KRAUSE · BONN / WALTER KRECK · BONN / GERHARD
KRÜGER · HEIDELBERG / FRIEDRICH KUHR · DUISBURG / KARL GEORG KUHN ·
HEIDELBERG / YOSHINOBU KUMAZAWA · TOKIO / WERNER GEORG KÜMMEL ·
MARBURG / KLAUS KÜNKEL · OSNABRÜCK / HERMANN KUNST · BONN / OTTO
KUSS · MÜNCHEN / GEOFFREY W. H. LAMPE · CAMBRIDGE / ANNELIESE UND KARL

LIEBER HERR BULTMANN,

mit dieser Festgabe zu Ihrem 80. Geburtstag wollen Kollegen, Schüler und Freunde – stellvertretend für viele Andere – danken für das, was von Ihnen in Forschung und Lehre an Anregungen und Einsichten gegeben und vermittelt wurde. Daß Theologie ein in allem Ernst froh- und freimachendes Be-Denken des Glaubens ist, daß man sein Neues Testament lieben muß, um es zu verstehen und im Verstehen es lieben lernt, daß man nur im Wagnis christlich existieren kann und doch im aktuellen Vollzug des Glaubens sich des Wagnisses kaum bewußt ist – das haben Sie uns gelehrt und vorgelebt.

Die Anregung zu diesem Dankesgruß kam aus dem Arbeitskreis der Alten Marburger, der vor nahezu zwei Jahrzehnten von Ihren Schülern ins Leben gerufen wurde. Wie Sie wissen, haben wir keine Statuten, keinen organisatorischen Rahmen und sind vielleicht eben deshalb eine echte Gemeinschaft. Bei unsern Arbeitstagungen wird theologisch und auch philosophisch gerungen, gewiß nicht immer so diszipliniert wie einst in den Marburger Seminarsitzungen, doch immer in gleicher Hingabe an die Sache. Die hier und dort zu hörende Rede von der Bultmann-Schule wird dabei ‚entmythologisiert‘. Daß die Alten Marburger nicht einen Verband linientreuer ‚discipuli‘ bilden, das mag, Ihnen zur erneuten Freude, Anderen zur Überraschung, auch dieser bunte Strauß von Beiträgen aus verschiedenen Fachgebieten bezeugen.

Sie haben immer wieder auf die grundsätzliche Unabgeschlossenheit theologischer Arbeit und philosophischen Denkens hingewiesen und gerade darum auch von Ihren Schülern und Freunden gefordert, über Ihre Forschungsergebnisse hinauszugehen. Wenn auch in den folgenden Aufsätzen zeitweilig Sie selbst in die Kritik einbezogen werden, so geschieht es in Beherzigung eben dieses Ihres Grundsatzes, der uns die Sache als über jeder Person stehend vor Augen stellte.

Der Titel dieser Dankesgabe, ‚Zeit und Geschichte‘, umschließt nicht nur Wesentliches, was in einzelnen Beiträgen vorgebracht wird, sondern nimmt auch vieles in anderen Aufsätzen Angedeutete, ja Unausgesprochene auf. Damit verweist der Titel zugleich auf ein Thema, das durch Ihre Arbeiten zur Frage der Hermeneutik gestellt ist.

Als Überbringer der Glückwünsche der Alten Marburger

grüßt Sie Ihr

Erich Dinkler

INHALT

II. SYSTEMATISCHE BEITRÄGE

a. Zur Theologie

b. Zur Philosophie

III. KONKRETIONEN UND ZEIT-GESCHICHTE

I. EXEGETISCHE BEITRÄGE

ESCHATOLOGIE UND GESCHICHTE
IM LICHTE DER QUMRANTEXTE

NILS ALSTRUP DAHL

Unter Eschatologie verstehe ich im Folgenden[1] die Lehre von den letzten Dingen bzw. Aussagen, die sich auf Ereignisse und Personen der Endzeit beziehen. Unter Geschichte verstehe ich menschliches, sozial relevantes Geschehen, insofern als es Gegenstand von Berichterstattung und Forschung, Objekt der Historie im griechischen Sinn ist.

Mein Sprachgebrauch ist altmodisch. Er stammt aus der Zeit, ehe KARL BARTH den berühmten Satz formulierte: »Christentum, das nicht ganz und gar und restlos Eschatologie ist, hat mit Christus ganz und gar und restlos nichts zu tun.«[2] Seit der Zeit haben manche Theologen eine Neigung gehabt, alles, was mit Christus etwas zu tun hat, auch als eschatologisch zu bezeichnen. Die Bedeutung des Wortes Eschatologie ist dadurch so schillernd geworden, daß es einem Manne von außerhalb des deutschen Sprachgebietes erlaubt sein möge, auf den älteren Sprachgebrauch zurückzugreifen.

RUDOLF BULTMANN verwendet freilich das Wort Eschatologie in einer solchen Weise, daß der Zusammenhang mit dem Gebrauch desselben innerhalb der religionsgeschichtlichen Forschung erhalten geblieben ist. Schon aus meinen Bemerkungen zur Terminologie wird aber hervorgehen, daß es nicht meine Absicht ist, hier zu dem gesamten Fragenkomplex »Geschichte und Eschatologie« das Wort zu ergreifen. So wie dieses Problem in BULTMANNS Gifford Lectures[3] gestellt ist, hat es umfassende hermeneutische, philosophische und theologische Aspekte. Der existentialen Interpretation BULTMANNS liegt aber zugleich ein bestimmtes Bild der Geschichte des Urchristentums und seiner Umwelt zugrunde.

An vielen Punkten hat BULTMANN Ergebnisse von Männern wie WREDE, HEITMÜLLER und BOUSSET – vielleicht doch zu unkritisch – übernommen, um

---

[1] Der Aufsatz ist die überarbeitete Form einer an den Universitäten Utrecht und Heidelberg gehaltenen Gastvorlesung.   [2] Der Römerbrief, 1922[2], 298.

[3] History and Eschatology, 1957. – Deutsche Übers., Geschichte und Eschatologie, (1958) 1964[2].

auf dieser Grundlage weiterzubauen[4]. Was das Verständnis der Eschatologie betrifft, scheint mir ein Zusammenhang mit ALBERT SCHWEITZER recht deutlich zu sein. Eschatologisch ist nach BULTMANN das Heil, »das allem irdischen Wesen ein Ende macht«[5]. »Eschatologie ist also die Lehre vom Ende der Welt, von ihrem Untergang.«[6] Dementsprechend ist Jesus Christus »das eschatologische Ereignis, als die Tat Gottes, in der er der alten Welt ihr Ende gesetzt hat... Für den Glaubenden ist die alte Welt zu Ende«. Die Haltung des Glaubens kann als ›Entweltlichung‹ bezeichnet werden. Die christliche Existenz ist paradoxerweise »gleichzeitig eine eschatologische, unweltliche, und eine geschichtliche«[7]. Schon bei ALBERT SCHWEITZER war aber das Wort ›Eschatologie‹ neu geprägt worden; es bedeutete nicht einfach die Lehre von den letzten Dingen, sondern vielmehr eine durch das nahe Ende der Welt bestimmte Ausrichtung des Daseins: »Von Eschatologie sollte man nur da reden, wo es sich um das in unmittelbarer Nähe erwartete Weltende und die damit gegebenen Ereignisse, Hoffnungen und Ängste handelt.«[8] Hinter der Erwartung des Paulus steht die Vorstellung, »daß Jesus Christus der natürlichen Welt ein Ende macht«[9]. Wenn man solche Sätze nebeneinanderstellt, wird man sagen dürfen, daß RUDOLF BULTMANN den Eschatologiebegriff ALBERT SCHWEITZERS existential interpretiert hat.

Durch diese Feststellung sollen natürlich die vielen, tiefgreifenden Unterschiede zwischen BULTMANN und SCHWEITZER in keiner Weise vernebensächlicht werden. SCHWEITZER war eigentlich niemals ein guter Exeget. Vor ihm hatte aber JOHANNES WEISS in sauberer Exegese die eschatologische Art der Predigt Jesu vom Reiche Gottes herausgestellt. Darauf fußend, machte ALBERT SCHWEITZER mit genialer Einseitigkeit die Eschatologie zum Hauptschlüssel für eine historische Rekonstruktion des Lebens Jesu und der Geschichte des Urchristentums. Die Voraussetzungen für das neue Verständnis der Eschatologie lagen aber weiter zurück; sie waren dadurch gegeben, daß um die Mitte des vorigen Jahrhunderts die Welt der jüdischen Apokalyptik der Forschung erstmalig erschlossen worden war[10]. Insofern darf man – mit grober Einseitigkeit – sagen, BULTMANNs Arbeiten zum Thema Eschatologie und Geschichte

---

[4] Vgl. dazu meine Besprechung von Bultmanns Theologie des NT, ThR 22, 1954, 21–49.

[5] Jesus, 1926, 34 f.

[6] Geschichte und Eschatologie, 24.

[7] AaO 180, 183 f; vgl. Theologie, 1961[4], 307. – Kerygma und Mythos I, 1951, 29.

[8] Geschichte der paulinischen Forschung, 1911, 178. Vgl. Geschichte der Leben-Jesu-Forschung, 1913[2], 23 Anm. 2.

[9] Die Mystik des Apostels Paulus, 1930, 56.

[10] Vgl. etwa A. DILLMANN, Liber Henoch, 1851. – DERS., Das Buch Henoch, 1853. – A. HILGENFELD, Jüdische Apokalyptik, 1857.

stehen am Ende einer forschungsgeschichtlichen Periode, die mit der Erschließung der apokalyptischen Literatur ihren Anfang nahm.

Heute steht die Forschung in gewisser Hinsicht in einer ähnlichen Lage wie vor etwa 100 Jahren. Ein neues Quellenmaterial zur Geschichte des Judentums und seiner Eschatologie ist uns erschlossen, aber nur zum Teil wissenschaftlich und theologisch verarbeitet worden. Um das neue, aus den Höhlen bei Qumran stammende Material richtig einzuschätzen und auszuwerten, scheint es mir zweckmäßig, mit einer Terminologie zu arbeiten, die möglichst nicht durch aktuelle Fragestellungen belastet ist. Deshalb also mein altmodischer Sprachgebrauch.

Das neue Material läßt sich nicht zwanglos in das uns geläufige Bild der spätjüdischen Eschatologie einfügen. Von BALDENSPERGER bis MOWINCKEL[11], um nur zwei Namen zu nennen, unterscheidet man zwischen einer nationalen, diesseitigen Zukunftserwartung und einer universalistischen und transzendentalen Apokalyptik. Der ersten, innerjüdischen Strömung soll der davidische Messias, der zweiten, vom Parsismus beeinflußten, dagegen der himmlische Menschensohn gehören. In den Qumranschriften finden wir eine dualistische Lehre von zwei Geistern, dem Fürsten des Lichts und dem Engel der Finsternis, die einander von der Schöpfung an bis zum Ende der Welt entgegenstehen. Dieser spekulativen Lehre entspricht aber keineswegs eine apokalyptische, übermenschliche Messiasgestalt. Vom Menschensohn ist keine Spur zu finden. Die in den Qumranschriften genannten eschatologischen Personen sind vielmehr Amtsträger innerhalb des endzeitlichen Israels.

Die beiden Gedankenreihen, die dualistische und die messianologische, stehen aber nicht unvermittelt nebeneinander. Der Dualismus gestaltet sich konkret als ein Dualismus zwischen den Söhnen des Lichts und den Söhnen der Finsternis, das heißt – faktisch und praktisch – zwischen den Mitgliedern der Sekte und ihren Widersachern. In der vorherbestimmten, endzeitlichen Auseinandersetzung der beiden Gruppen haben die eschatologischen Amtsträger ihre Funktionen. Es darf demnach erlaubt sein, das Verhältnis zwischen Eschatologie und Geschichte an Hand der diese Personen betreffenden Aussagen zu erläutern. Das liegt um so näher, als im Neuen Testament Eschatologie und Geschichte sich vor allem in der Christologie begegnen.

Über die Bedeutung der Qumranfunde für das historische Verständnis der christologischen Anfänge gehen die Ansichten der Forscher weit auseinander.

---

[11] W. BALDENSPERGER, Das Selbstbewußtsein Jesu im Lichte der messianischen Hoffnungen seiner Zeit, 1888. – S. MOWINCKEL, Han som kommer, 1951; engl. Übers., He that cometh, 1956. – Vgl. auch W. BOUSSET (u. H. GRESSMANN), Die Religion des Judentums, (1902) 1926³.

A. Dupont-Sommer hat den sogenannten ›Lehrer der Gerechtigkeit‹ als eine Christus-Gestalt vor Christus aufgefaßt. Andere haben etwa die Christologie des Hebräerbriefes oder auch die Verwendung des Christus-Titels bei den Synoptikern von der qumranitischen Lehre von dem priesterlichen Messias aus erklären wollen[12]. Demgegenüber wird aber andererseits behauptet, man könne geradezu apodiktisch sagen, die Qumran-Texte seien für die Christologie der Urkirche durchaus unergiebig[13]. Dieses Urteil ruht, meiner Ansicht nach, auf einer nüchternen Exegese und auf dem schärferen, kritischen Unterscheidungsvermögen. Mit einer rein negativen Feststellung ist aber dennoch das letzte Wort zur Frage nicht gesprochen. Wir müssen heute von dem direkten Vergleichen isolierter Texte und Vorstellungen zu einer mehr strukturellen Betrachtung weiterschreiten. Das hat etwa Krister Stendahl betont[14]. Aber auch Bultmann hat das gesehen, wenn er die bedeutsamste Analogie darin findet, daß sich die christliche Urgemeinde ebenso wie die Qumransekte als das wahre Israel der Endzeit verstand[15].

Früher hatten wir einerseits ein spätjüdisches, eschatologisches Schrifttum, das vielfach schwer zu datieren war; über den historisch-soziologischen Hintergrund der Aussagen und Vorstellungen wußten wir wenig Bescheid. Andererseits hatten wir, vor allem bei Josephus, eine ganze Reihe von Berichten und Notizen über Freiheitskämpfer und Charismatiker aus der Zeit von Judas Makkabäus bis zu Simon bar Kochba. Darüber, wie die eschatologischen Erwartungen und die Ansprüche der führenden Gestalten begründet und durch Interpretation der Verheißungen ideologisch ausgebaut wurden, haben aber die Quellen fast völlig geschwiegen.

Die Qumranfunde haben uns in eine neue Lage versetzt. Das Bild der messianischen Vorstellungen des vorchristlichen Judentums wird erweitert und korrigiert. Die Notwendigkeit, das Material aus Qumran mit anderswo belegten jüdischen Gedanken zusammenzustellen und zu vergleichen, befreit uns von der angeborenen Tendenz, jüdisch messianische Vorstellungen zu schnell und zu unkritisch auf ihre positiven und negativen Beziehungen zur Christologie hin zu befragen. Sehr wichtig ist es, daß wir jetzt sowohl über die eschatologischen Lehren, wie auch über die soziologische Struktur und Geschichte einer und derselben Bewegung ziemlich genau unterrichtet worden sind. Das heißt

---

[12] A. Dupont-Sommer, Aperçus préliminaires sur les manuscrits de la mer Morte, 1950. – Ders., Les Écrits ésseniens, 1959 (Übers. 1960). – H. Kosmala, Hebräer – Essener – Christen, 1959. – G. Friedrich, Beobachtungen zur messianischen Hohepriestererwartung in den Synoptikern (ZThK 53, 1956, 265–311).

[13] G. Jeremias, Der Lehrer der Gerechtigkeit (Studien z. Umwelt des NT 2), 1963, 321.

[14] The Scrolls and the New Testament, 1957, 1–17.

[15] Theologie, 1958[3], Vorwort.

nämlich: Es ist jetzt möglich geworden, die Beziehung zwischen Eschatologie und Geschichte innerhalb einer Gemeinschaft zu studieren, die Jesus und der Urkirche zeitlich wie örtlich nahestand. Es läßt sich einigermaßen klar nachweisen, wie die Geschichte im Lichte der Eschatologie interpretiert und andererseits die überkommene Eschatologie von der Geschichte her umgestaltet wurde.

Am Ende einer Reihe von Rechtssätzen heißt es in der Gesetzesrolle: »Sie sollen sich nach den früheren Gesetzen richten, durch welche die Männer der Gemeinde von Anfang an in Zucht gehalten worden sind, bis daß ein Prophet und die Gesalbten Aarons und Israels kommen.«[16] Die Rechtssätze sind demnach als Interimsgesetze verstanden worden, die während der voreschatologischen Periode nicht geändert werden dürfen. Eine entsprechende Ausdrucksweise kommt in der Damaskusschrift öfters vor[17]. Sie ist aber auch von anderswo her bekannt:

»Bis daß ein zuverlässiger Prophet auftritt« (1Makk 14, 41, vgl. 4, 46).

»Bis daß ein (der) Priester mit Urim und Tummim auftritt« (Esr 2, 63; Neh 7, 65).

»Bis daß der kommt, dem das Recht gehört« (Ez 21, 32).

Zu vergleichen ist auch der messianisch gedeutete Juda-Spruch in Gen 49, 10: עד כי יבא שילה (bzw. שלה). Nach der Auslegung der Qumran-Leute kam noch eine andere Stelle hinzu, Hos 10, 12: עד יבוא וירה צדק לכם. Das ließ sich verstehen als »bis daß er kommt und euch Gerechtigkeit lehrt«, bzw. »bis daß der Lehrer der Gerechtigkeit für euch kommt« (vgl. Dam 6, 11). In talmudischer und nachtalmudischer Literatur wurde dieser Text auf die Wiederkunft des Elias bezogen[18].

Die eschatologische Deutung der genannten Bibelstellen wird zur allgemeinen, jüdischen Auslegungstradition gehört haben. In dem Text aus der Gesetzesrolle (1 Q S 9, 10f) werden aber Prophet, königlicher und priesterlicher Gesalbter nebeneinander genannt. Daß eben diese drei Gestalten gemeint sind, ist längst gesehen worden und später durch die Zitierung von Dtn 18, 18ff[19], Num 24, 15–17 und Dtn 33, 8–11 in einer Sammlung von Testimonien bestätigt[20]. Diese Texte dürfen wir nicht von einer christlichen

---

[16] 1QS 9, 10f in der recht freien Übersetzung von H. BARDTKE, Handschriftenfunde am Toten Meer, 1953.

[17] Dam – im Folgenden als CD zitiert – 6, 10f; 12, 23f; 20, 1. Vgl. 4QPB 3f.

[18] L. GINZBERG, Eine unbekannte jüdische Sekte, 1922, 303ff.

[19] Richtiger, Ex 20, 21b nach einem mit dem samaritanischen übereinstimmenden Text. Vgl. J.T.MILIK, Ten Years of Discoveries in the Wilderness of Judaea (Studies in Bibl. Theol. 26), 1959, 124 Anm. 1 (nach Skehan).

[20] 4QTest. – R. MEYER, ›Eliah‹ und ›Ahab‹ (Abraham unser Vater, Festschr. O. Michel,

Vorstellung von Vorläufern des Messias aus interpretieren; es geht um drei gleichzeitige, eschatologische Amtsträger[21]. In der betonten Unterscheidung der drei Ämter darf man wohl eine polemische Spitze gegen ihre Vereinigung bei den hasmonäischen Priesterfürsten sehen. Von Johannes Hyrkan wird ja gesagt, er habe prophetische Begabung mit herrschaftlicher und hohepriesterlicher Würde vereinigt[22].

Die Erwartung aller drei Gestalten war in den heiligen Schriften begründet; die Schriftgrundlagen werden aber in den drei Fällen in recht verschiedener Weise benützt. Vom Propheten erfahren wir eigentlich nichts darüber hinaus, daß die Weissagung von dem ›Propheten gleich Mose‹ auf ihn bezogen wurde[23]. Bei den Samaritern, vielleicht auch in anderen Kreisen, stand er im Zentrum der Erwartung. Im späteren, »normativen« Judentum ist dagegen der Prophet als selbständige, eschatologische Gestalt weggefallen. Vielleicht lag für Enthusiasten die Versuchung zu nahe, den Propheten spielen zu wollen.

Was in den Qumrantexten vom davidischen Messias, dem Gesalbten Israels, gesagt wird, ist fast alles Paraphrase und Auslegung bekannter, messianischer Weissagungen: Gen 49, 8–12; Num 24, 15–17; Jes 11 usw.[24]. Besonders interessant ist der eindeutige Beweis dafür, daß im vorchristlichen Judentum die Nathanverheißung in 2 Sam 7 messianisch ausgelegt wurde. Für die Anfänge der Christologie, wie für das Aufkommen und die Ausbildung der ganzen Messias-Erwartung, muß dieser Text eine ganz große Bedeutung gehabt haben. Die Rabbinen dagegen vermeiden den Text, offensichtlich weil

Arb. z. Gesch. d. Spätj. u. Urchr. 5, 1963, 356–368), 365, möchte alle drei Testimonien auf den »Lehrer der Gerechtigkeit« beziehen. Nach der allgemeinen Struktur der Sekte und ihrer Lehre ist aber kaum wahrscheinlich, daß der Lehrer als Träger des dreifachen Amtes angesehen worden ist. Vgl. G. Jeremias aaO und A. S. van der Woude, Die messianischen Vorstellungen der Gemeinde von Qumran, 1957.

[21] Die grundsätzliche Gleichzeitigkeit wird auch dann nicht aufgehoben, wenn man sich vorstellt, daß der Hohepriester, bzw. Elia, beim Hervortreten des Messias schon da sein wird. Vgl. etwa 4QFlor 1, 11 und Justin, Dial. 8. – In ähnlicher Weise werden Messias, Elias und der Prophet Joh 1, 20f nebeneinander genannt, vielleicht als Träger der drei Ämter. Die Vorstellung von Elias als Hohenpriester der Endzeit ist vorchristlich, durch Targum Ps. Jon. zu Dtn 32, 11 für die Zeit Johannes Hyrkans bezeugt. Vgl. dazu R. Meyer, Festschr. Michel, 356ff, und S. Schulz, ebd. 434f (nach Geiger).

[22] Josephus, Ant. 13, 299; Bel. 1, 68. Vgl. zB R. Meyer, Der Prophet aus Galiläa, 1940, 60ff. – ThW VI, 825f.

[23] Nach einem unpublizierten Text aus Höhle 4 soll der wahre Prophet durch den gesalbten Priester erkannt werden. Vgl. Milik, aaO 126. Zur Gestalt des Propheten vgl. u.a. H. M. Teeple, The Mosaic eschatological Prophet (JBL Mon. Ser. X), 1957.

[24] 1QSb 5, 20–29; 1QM 11, 6f; 4QPB; 4QTest; 4QpJs a; CD 7, 19f. Dazu van der Woude aaO passim, der freilich der Frage nach der Schriftgrundlage der Messiaslehre nicht systematisch nachgegangen ist.

er als Grundlage für die Lehre von der Gottessohnschaft des Christus dienen konnte[25].

Das Messiasbild der Qumranschriften stimmt im wesentlichen mit dem traditionellen überein, vgl. etwa PsSal 17. Es ist aber modifiziert worden. Im Anschluß an die priesterlich-theokratischen Ideale eines Ezechiel wird der Davidssproß nicht König, sondern »Fürst der Gemeinde« (נשׂיא) genannt. Bei der Vollversammlung, beim heiligen Mahl und sogar im endzeitlichen Krieg ist er dem eschatologischen Hohenpriester neben- und untergeordnet[26]. Darin spiegelt sich die Struktur der Gemeinde.

Auch die Erwartung eines endzeitlichen, aaronitischen Hohenpriesters wird zum alten Bestand der Eschatologie gehört haben. Aus Sacharja (3; 4 und 6) wie aus Jeremia (33, 17–22) war zu entnehmen, daß in der Endzeit ein levitischer Priester neben dem davidischen Herrscher stehen würde. Mehrere Texte konnten auf den eschatologischen Hohenpriester bezogen werden: der Levispruch in Dtn 33, 8–11, die Verheißung eines ewigen Priestertums an Pinehas, Num 25, 11–13, und das Wort von Gottes Bund mit Levi in Mal 2, 4–8. Das läßt sich bestätigen aus rabbinischen Quellen, obwohl in ihnen der endzeitliche Hohepriester (כהן צדק) eine recht schablonenhafte Gestalt bleibt[27]. In den Qumranschriften werden aber die genannten at. Texte merkwürdig wenig ausgenützt. Dafür werden die Funktionen des Hohenpriesters recht eingehend beschrieben[28]. Der eigentlich kultische Dienst mit Opfer und Sühneriten wird aber dabei weniger betont als der Auftrag des kommenden Hohenpriesters, in der Gemeindeversammlung, beim gemeinsamen Mahl und im heiligen Krieg, Gebete und Danksagungen zu sprechen und aus der Schrift heraus die Gemeinde über den Willen Gottes zu belehren. Mit anderen Worten: Das Bild des messianischen Fürsten ist traditionell, das des Hohenpriesters aber weit-

---

[25] Vgl. bes. 4QFlor, daneben 4QPB 2–4. Aus dem vorchristlichen Judentum vgl. sonst etwa Sir 45, 25; PsSal 17, 4; im NT Hebr 1, 5; 3, 2. 6; Röm 1, 3f; Lk 1, 32f; 22, 28–30; Apg 2, 30; 13, 22. 32ff; Apk 22, 16; vielleicht auch Mt 16, 16–18 (ὁ χριστὸς ὁ υἱὸς τοῦ θεοῦ – οἰκοδομήσω); 22, 41–44 (τίνος υἱός ἐστιν); Mk 14, 57–62, (οἰκοδομήσω – ὁ χριστὸς ὁ υἱὸς τοῦ εὐλογητοῦ); Jh 8, 35 (οἰκία – ὁ υἱὸς μένει εἰς τὸν αἰῶνα). Vgl. A. van Iersel, ›Der Sohn‹ (Suppl. to NovTest III), 1961. – E. Lövestam, Son and Saviour (CN XVIII), 1961. – S. Aalen, ›Reign‹ and ›House‹ (NTS 8, 1962, 215–240), bes. 233–240. – Für das AT etwa G. von Rad, Theologie des AT I, 1962[4], 53f, 322ff etc., II, 1962[3], 58. – Die Fragen nach dem Alter und ursprünglichen Wortlaut der Nathanweissagung mögen hier offenbleiben, ebenso die nach dem Verhältnis zu Ps 89 und 132.

[26] 1QSa 2, 11ff und 2, 17ff, 1QM 5, 1 gegenüber 15, 4–6 etc. Ähnlich vielleicht auch die verstümmelten Texte 4QPB 4f und 4QpIs a Fr. D.

[27] Material bei Bill. IV, 462ff, 789ff. – Ginzberg aaO 340ff.

[28] 1QSa 2, 12–14. 19f; 1QSb 2, 24–3, 21; 1QM 2, 1ff; 10, 1–12, 15; 15, 4–6; 16, 3–17, 9; 18, 5ff; 19, 11ff.

gehend ein in die Zukunft projiziertes Bild, wofür das Wirken eines leitenden Priesters innerhalb der Qumrangemeinde als Modell gedient hat.

Bei dem historischen Lehrer der Gerechtigkeit ist das Verhältnis zu den Worten der Schrift wiederum andersartig. Sein Name *môrê ṣædæk* entstammt der schon genannten Stelle Hos 10, 12, vgl. auch Jo 2, 23: נתן לכם את המורה לצדקה. Diese Texte werden aber in dem erhaltenen Schrifttum nicht zitiert. Dafür werden eine ganze Reihe von Worten aus Propheten und Psalmen auf den *môrê ṣædæk* und seine Widersacher bezogen. Offenbar sind diese Texte nicht im voraus als Aussagen vom kommenden Lehrer der Gerechtigkeit verstanden worden. Sie werden vielmehr deshalb herangezogen, weil sie sich *ex eventu* als Weissagungen vom Auftreten und Schicksal des mit dem Titel *môrê ṣædæk* bezeichneten Gründers der Gemeinde deuten ließen[29]. Der historische Lehrer wurde als Erfüller der Hoffnung auf einen kommenden *môrê ṣædæk* verstanden, und von seinem Schicksal aus wurden viele Texte in neuer Weise als Weissagungen interpretiert.

Kritische Prüfung der Texte ergibt keinen tragfähigen Grund für die Hypothese, man erwartete die Wiederkunft des historischen Lehrers in Gestalt des priesterlichen Messias[30]. Es gibt aber dennoch manches, was ihn mit dem Gesalbten Aarons verbindet. Beide tragen dieselben Namen: ›der Priester‹, ›Tora-Forscher‹, ›Lehrer der Gerechtigkeit‹[31]. Weitgehend haben sie auch dieselben Funktionen: Lehre, Schriftauslegung, Gebet, Danksagung und Leitung der Gemeinde[32]. Man wird demnach zwar nicht von einer Identität der Personen, wohl aber von einer Identität des Amtes sprechen dürfen[33]. Der Unterschied liegt darin, daß der historische *môrê ṣædæk* seine Funktion zur Zeit der endzeitlichen Drangsale ausübte, während der messianische Hohepriester zur Zeit des eschatologischen Krieges und Heils amtieren wird. Man wird folgern

---

[29] Zahlreiche Beispiele in 1QpHab und den übrigen Pescharim, z. B. zu Hab 1, 4. 13; 2, 2. 4. 8. 15; Ps 37, 23. 32; ferner Num 21, 18 u. Jes 54, 6 in CD 6, 3–8. – Die Analogie zur christologischen Exegese des Urchristentums liegt auf der Hand.

[30] Vgl. J. CARMIGNAC, Le retour du Docteur de Justice à la fin du jours? (RQ I, 1958/59, 235–48). – G. JEREMIAS aaO, 275 ff.

[31] הכוהן, eschatologisch 1QSa 2, 19; 1QM 10, 2 (Dtn 20, 2); evtl 1Q **22** 4, 8; 1Q **29** 5, 2. – Historisch 1QpHab 2, 8; 4QpPs37 2, 15.

דורש התורה, eschatologisch 4QFlor 1, 11; evt. 4QPB 5; historisch CD 6, 7; unsicher CD 7, 18.

מורה הצדק, historisch 1QpHab 1, 13 etc.; vgl. CD 1, 11; 20, 32; יורה הצדק, eschatologisch CD 6, 11.

[32] Das wird besonders dann deutlich, wenn man die Hodajoth auf den Lehrer der Gemeinde zurückführen darf; ob in ihrer Gesamtheit oder zum Teil, bleibt in dieser Hinsicht gleichgültig.

[33] Das hat schon G. JEREMIAS getan, aaO 283 ff, aber nur mit Bezug auf den Titel *môrê ṣædæk*, und ohne daraus die vollen Konsequenzen zu ziehen.

dürfen, daß das Bild des historischen Lehrers und das Bild des eschatologischen Hohenpriesters einander gegenseitig beeinflußt haben.

Man hat z. T. vermutet, der *môrê ṣædæḳ* sei mit dem endzeitlichen Propheten identifiziert worden[34]. Für diese Hypothese gibt es aber keine Textgrundlage. Wohl aber läßt sich verstehen, daß die Erwartung des Propheten hinfällig geworden ist, denn es blieb für ihn eigentlich keine besondere Funktion übrig. Die Aufgabe eines Propheten muß in dieser Umgebung vor allem die inspirierte Schriftauslegung und Rechtsprechung gewesen sein, und diese Aufgaben wurden ja von dem historischen Lehrer und dem eschatologischen Priester wahrgenommen.

Sehr zu erwägen ist dagegen eine andere Hypothese, nämlich, daß der Lehrer zur Zeit seines Lebens als Kandidat der hohenpriesterlichen Würde und insofern als aaronitischer ›Messias designatus« betrachtet wurde[35]. Dadurch könnte manches erklärt werden. Es bestehen freilich auch schwierige historische Fragen – war der *môrê ṣædæḳ* ein legitimer Zadokide? – und exegetische Probleme, vor allem bei der Interpretation der Damaskusschrift[36].

Innerhalb der Bewegung, die man als essenisch bezeichnen darf, haben sich die eschatologischen Vorstellungen gewandelt. Was im Judentum die Mitglieder der Gemeinschaften verband und von anderen Gruppen abgrenzte, war ja die gesetzliche Ordnung des Lebens, viel mehr als die theologischen Lehren[37]. In der Damaskusschrift ist aus den beiden Gesalbten Aarons und Israels der eine Messias Aarons und Israels geworden. Der Singular darf jetzt nicht mehr als Schreibfehler im mittelalterlichen Manuskript aus der Kairoer Geniza angesehen werden, nachdem er auch in einem Fragment aus Höhle 4 nachgewie-

---

[34] Z. B. VAN DER WOUDE, aaO 186f, dagegen mit Recht G. JEREMIAS, aaO 296ff.

[35] Vgl. D. FLUSSER, Two Notes on the Midrash on 2 Sam VII (IEJ 9, 1959, 99–109). – Nach 4QFlor 1, 11 wird der Sproß Davids am Ende der Tage mit dem Tora-Forscher auftreten. Es ist aber fragwürdig, ob man den Inhalt der Testimoniensammlung auf die Lebzeiten des Tora-Forschers/Lehrers der Gerechtigkeit zurückdatieren darf.

[36] Umstritten ist vor allem die Deutung von CD 7, 18–21. In der Auslegung von Num 24, 17 wird »Szepter« auf den »Fürsten der Gemeinde«, »Stern« auf den »Tora-Forscher« bezogen. Es scheint also die Lehre von den beiden Gesalbten vorzuliegen. Im Vorhergehenden ist aber Am 5, 26f auf die Anfangsgeschichte der Sekte bezogen worden. Die Frage ist deshalb, ob der Satz »Und der Stern ist der nach Damaskus kommende Tora-Forscher« futurisch oder perfektisch zu deuten ist. Sprachlich ist beides möglich. Für eine Beziehung auf die Vergangenheit spricht aber nicht nur der Kontext, sondern auch die Tatsache, daß »Tora-Forscher« in CD 6, 7 eindeutig den historischen Lehrer bezeichnet. Die Schwierigkeiten lösen sich am einfachsten durch die Hypothese, daß in CD 7, 10ff traditionelle Testimonien verwendet sind, die auf eine Zeit zurückgehen, in der man noch glaubte, der Lehrer der Gemeinde würde Hoherpriester der Messiaszeit werden.

[37] Vgl. M. SMITH, What is implied by the Variety of Messianic figures (JBL 78, 1959, 66–72).

sen sein soll[38]. Die Neugestaltung der Eschatologie wird mit einem Wandel der soziologischen Struktur zusammenhängen. In der Damaskusschrift scheint die Zweiteilung auch innerhalb der Leitung der Gemeinde zu fehlen. Die Bezeichnungen Priester, Leviten und Söhne Zadoks werden in spiritualisierender Exegese auf die erste Generation der Bußbewegung, ihre Anhänger und die Erwählten am Ende der Tage bezogen[39]. In der Messiaslehre ist die Dualität von priesterlichem und herrschaftlichem Amt aufgegeben; betont wird vielmehr die chronologisch bestimmte Dualität von dem einstigen *môrê ṣædæq* und dem kommenden Gesalbten Aarons und Israel, der wahrscheinlich zugleich »Fürst der ganzen Gemeinde« und »der Gerechtigkeit Lehrende« heißt[40]. Die Abwandlung mag auch damit zusammenhängen, daß in demjenigen Zweig der Bewegung, der in der Damaskusschrift zu Worte kommt, die Feindschaft gegen die Hasmonäerfürsten weggefallen ist. Vom Widersacher des rechten Lehrers wird hier nichts gesagt.

Über Textinterpretationen und historischen Einzelheiten läßt sich freilich noch lange diskutieren. Mir liegt eigentlich nur an dem, was durch die Einzelheiten illustriert wird, nämlich die Korrelation der soziologischen Struktur und Geschichte der Gemeinden mit ihrer eschatologischen Schriftauslegung und Messiaslehre. Geschehnisse und Personen sind im Lichte eschatologischer Weissagungen verstanden, und überlieferte Texte und Vorstellungen sind von den Ereignissen aus neu zurechtgelegt worden. Dabei sind Interpretation und Neuinterpretation nicht nur etwas nachträglich Hinzugekommenes; schon bei den Ereignissen müssen eschatologische Deutungen und Neudeutungen als gestaltende Faktoren mitgewirkt haben.

Der Prozeß der Deutung und Umdeutung, der Historifizierung und Eschatologisierung, war sicherlich nicht etwas gerade für die Essener Spezifisches. Ähnliches hat sich vielmehr immer wieder ereignet. Am Anfang der Messiaslehre steht sowohl eine vorgegebene Königsideologie als auch die einmalige

---

[38] MILIK aaO, 125 mit Anm. 3. – Eine plausible Erklärung des Tatbestandes gibt J. F. PRIEST, Mebaqqer, Paqid, and the Messiah (JBL 81, 1962, 55–61).

[39] CD 3, 21–4, 4. – Anderswo wird freilich die Unterscheidung von Priestern, Leviten und Laien aufrechterhalten, CD 10, 5 f; 14, 3 ff.

[40] Vgl. CD 6, 7–11; 19, 35–20, 1. In Übereinstimmung mit diesen Texten wird man auch 7, 18–21 zu deuten haben, vgl. oben Anm. 36. Durch die Annahme einer Umdeutung älterer Traditionen läßt sich also die anscheinend komplizierte Lehre der Damaskusschrift verhältnismäßig einfach erklären: Man hat nur noch einen Messias erwartet, der lehrende (6, 10f; 12, 23), herrschaftliche (7, 20f; 19, 10ff) und – wahrscheinlich – auch priesterliche (14, 19) Funktionen ausüben wird. In diesem Zusammenhang bedeutet dann »Aaron und Israel« nicht mehr Priestertum und Laienvolk, sondern die eine priesterlich-israelitische Gemeinde des neuen Bundes. Vgl. F. F. HVIDBERG, Menigheden af den nye Pagt i Damascus, 1928, 280f.

Geschichte Davids. Von manchem König Judas wird man erwartet haben, er würde ein neuer David, ein Heilskönig von Gottes Gnaden sein. Die Hoffnungen sind aber enttäuscht und in fernere Zukunft projiziert worden. Deutero-Jesaja aktualisierte eschatologische Erwartungen. Zum Teil gingen seine Weissagungen in Erfüllung; wichtig blieben sie aber als Verheißungen für eine fernere Zukunft. Was Haggai und Sacharja von dem Davididen Serubbabel und dem Hohenpriester Josua prophezeiten, wurde zur Grundlage der Lehre von den beiden Gesalbten. Im Buche Daniel werden alte Traditionen auf die Gegenwart und nächste Zukunft bezogen; nachher bildet Daniel die Grundlage aller Apokalyptik. Bei den Makkabäern wird man nicht von Eschatologie reden dürfen, wenn man damit die Vorstellung vom Ende der Welt verbindet. Wohl aber hat man gemeint, in einer Zeit der sich verwirklichenden Erfüllung der Verheißungen zu leben[41]. Ihre fehlende Legitimität scheinen die hasmonäischen Priesterfürsten durch die Behauptung ersetzt zu haben, ihr Geschlecht sei wegen des Eifers für Gott die echte, geistige Nachkommenschaft des Pinehas[42]. In vielfach variierter Weise wird sich dasselbe Muster in zelotischen Bewegungen wiederholt haben. Die Erwartung eines im Kriege fallenden Messias ben Ephraim ist natürlich in der Schrift verankert worden, wird aber dennoch das Schicksal der Führer in den Freiheitskämpfen widerspiegeln, vor allem dasjenige Bar Kochbas[43].

Wie weitgehend die eschatologische Schriftauslegung von dem faktischen Geschehen aus umgebogen werden konnte, wird erschreckend klar bei Josephus, der den Spruch vom kommenden Weltherrscher aus Judäa (Gen 49, 10?) auf Vespasian beziehen konnte[44]. Ein Beispiel aus sehr viel späterer Zeit ist die Geschichte des Sabbatai Zewi, der in der Gefangenschaft zum Islam übertrat. Das führte zur Ausbildung einer Lehre von der göttlichen Notwendigkeit der Apostasie des Messias. Darin hat GERSCHOM SCHOLEM die interessanteste Parallele zu der christlichen Lehre vom gekreuzigten Messias gesehen, – vom jüdischen Standpunkt aus mit Recht[45].

Die Schriften aus den Höhlen sind also dazu geeignet, unseren Blick für die Mannigfaltigkeit und die Variationsmöglichkeiten der jüdischen Lehre von eschatologischen Personen zu schärfen. Als Konklusion eines raschen Überblicks hat sich ergeben: Die Korrelation von Eschatologie und Geschichte ist

---

[41] Vgl. bes. 1Makk 14, 4–15.

[42] 1Makk 2, 26, 54. Vgl. W. R. FARMER, Maccabees, Zealots, and Josephus, 1956, 178 f – M. HENGEL, Die Zeloten, 1961, 168 ff.

[43] Vgl. z. B. R. MEYER, Der Prophet aus Galiläa, 76–82.

[44] Bell. VI 312 f; vgl. III 351–54. 400–02. – J. BLENKINSOPP, The Oracle of Judah and the Messianic Entry (JBL 80, 1961, 55–64).

[45] Major Trends in Jewish Mysticism, (1941) 1961⁴, 307–10.

keineswegs ausschließlich christlich oder neutestamentlich. Die Zukunfts-
erwartungen sind vielmehr ständig aufs neue auf die jeweilige Gegenwart
bezogen, und dementsprechend sind die eschatologischen Texte und Vorstellungen immer wieder neu interpretiert worden. Naherwartung, Nächst-
erwartung und Fernerwartung, realisierte und sich verwirklichende, prolepti-
sche und inaugurierte Eschatologie, das alles läßt sich – mutatis mutandis –
auch im Judentum finden. Das Problem der Verzögerung der erwarteten Vollendung war nur allzu bekannt[46].

Neu und eigenartig bei Jesus ist nicht an sich der Glaube, daß Ende und Heil
nahe gekommen oder schon gegenwärtig seien. Es kommt hier nicht nur auf
das bloße *Daß*, sondern ganz entscheidend auf das *Was*, *Wie* und *Wer* an.
Aktuelles Geschehen, Schriftauslegung und Eschatologie sind im Urchristentum miteinander verschlungen, ungefähr so, wie sie es in den Qumranschriften
und auch sonst im Judentum waren. Nur ist im Neuen Testament alles anders
geworden, weil es hier um andere und andersartige Ereignisse geht, sagen wir
kurz, um den Namen ›Jesus Christus‹, der ja zugleich ein historischer und ein
eschatologischer Name ist.

Wie sich im Neuen Testament das Verhältnis von historischem Geschehen,
eschatologischer Lehre und Neuinterpretation der Schrift gestaltet, läßt sich
nur in eingehenden und vielschichtigen Einzeluntersuchungen klarmachen.
Ich darf aber kurz auf einige Gesichtspunkte hinweisen, die mir als Arbeits-
hypothesen vorschweben.

1. Die Übertragung des Messiastitels auf Jesus, und der neue Sinn, den er als
Name Jesu erhielt, lassen sich weder von dem jüdischen Messias-Begriff noch
von der Verkündigung Jesu aus erklären, und auch nicht von dem Auferste-
hungsglauben an sich. Entscheidend war vielmehr die historische Tatsache, daß
Jesus als Messias-Prätendent angeklagt und als »König der Juden« hingerichtet
wurde[47]. Das brutale Faktum führte zur christologischen Neuinterpretation
der messianischen Texte und Vorstellungen, und auch dazu, daß Texte, die im
Judentum nicht auf den Messias bezogen wurden, in der Urkirche als messianische Weissagungen gelesen wurden.

2. Die Osterereignisse waren für die Jünger zunächst nicht vorhergesehene,
aber dennoch stattgefundene Gegebenheiten, ein Interpretandum vielmehr als
eine Interpretation der Bedeutung Jesu und seines Todes[48]. Interpretiert wur-

---

[46] Vgl. A. STROBEL, Untersuchungen zum eschatologischen Verzögerungsproblem
(Suppl. to NovTest II), 1961.

[47] Vgl. meinen Aufsatz, Der gekreuzigte Messias (Der historische Jesus und der kerygmatische Christus, 1960, 149–169). Im wesentlichen zu demselben Ergebnis kommt F. HAHN,
Christologische Hoheitstitel (FRLANT 83), 1963, 193–218.

[48] Ich würde diesen Satz auch dann aufrechterhalten, wenn die Geschichte vom leeren

den die Ereignisse im Anschluß an die eschatologische Auferstehungshoffnung und die Zeugnisse der Schrift, und zwar wiederum in recht variabler Weise. Von der schon geschehenen Auferstehung des Christus her mußte sodann die ganze Eschatologie neu zurechtgelegt werden, und zwar in einer im Judentum nicht vorhergesehenen Weise.

3. Die Ereignisse des Todes und der Auferstehung Jesu führten zu einer Steigerung der eschatologischen Antezipation[49]. Als Illustration dafür darf die abgewandelte Verwendung der Formel »bis daß N. N. kommt« bei Paulus dienen. Der Kommende wird mit dem für uns Gestorbenen identifiziert. Es geht in der Zwischenzeit um mehr als das Festhalten an Rechtssätzen eines Lehrers: Unter Danksagung wird das Brot gebrochen und der Kelch gesegnet zum Gedächtnis Jesu, und so wird der Tod des Herrn verkündigt »bis daß er kommt« (1Kor 11, 26). Die eschatologische Formelsprache kann aber auch auf das irdische Kommen Jesu bezogen werden, und zwar so, daß das mosaische Gesetz selbst als Interimsordnung aufgefaßt wird: Es wurde um der Übertretungen willen hinzugefügt, »bis daß der Same kommt, dem die Verheißung gilt« (Gal 3, 19)[50].

4. Zur Umbildung der Eschatologie von der Geschichte her gehört auch das Aufkommen der urchristlichen Parusieerwartung. Im Judentum erwartete man das Kommen der eschatologischen Amtsträger und, damit verbunden, die Machtübernahme des Messias; in einigen Kreisen mag man dafür auf die himmlische Inthronisation des Menschensohnes gehofft haben[51]. Die Vorstellung von einer Parusie des Messias im Sinne seines Kommens vom Himmel zur Erde am Ende der Zeit ist aber in jüdischen Quellen kaum zu belegen. Die urchristliche Parusieerwartung ist dagegen ihrem Wesen nach die Hoffnung darauf, daß derjenige in Macht und Herrlichkeit vom Himmel kommen solle, der schon auf Erden da gewesen war. Man darf demnach nicht die Erwartung der Parusie und des nahen Weltendes zum gegebenen Ausgangspunkt

---

Grab rein legendarisch sein sollte. Das bezweifle ich freilich, mit H. Frhr. von Campenhausen, Der Ablauf der Osterereignisse und das leere Grab (SAH 1952, 1958²).

[49] Vgl. Stendahl, aaO 13 ff.

[50] Man wird diesen Text als interpretierende Paraphrase von Gen 49, 10 (hebr.) auffassen dürfen: »Bis daß kommt (der Same), dem (die Verheißung gilt)«. Ähnliche interpretierte Zitate finden sich z. B. Röm 3, 20; 1Kor 15, 45. Daß in Gal 3, 16. 19 das Wort Same (Gen 17, 7f; bzw. 13, 15. 17 etc.) als Bezeichnung des Messias verstanden worden ist, hat eine Analogie und Voraussetzung in der messianischen Auslegung von »Same« in 2Sam 7, 12, vgl. 4QFlor 1, 10–12; 4QPB 4. – Auch die messianische Deutung von Gen 3, 15 (u. 4, 25) wäre eine mögliche Analogie, wenn sie vorchristlich wäre, vgl. Bill. I, 958 Anm. 1; 26 f.

[51] Zur Anschauung in den Bilderreden Henochs vgl. E. Sjöberg († 1963), Der Menschensohn im äthiopischen Henochbuch (SHVL XLI), 1946, 61 ff. – Zur Terminologie, P. L. Schoonheim, Een semasiologisch Onderzoek van Parousia, 1953.

machen, um so die Parusieverzögerung als Hauptproblem der urchristlichen Eschatologie zu sehen[52].

5. Im Gegensatz zu dem, was im Judentum oft geschehen war, wurden die durch Jesus aktualisierten eschatologischen Erwartungen nicht wieder von der Person Jesu gelöst, um in anderer Form an neue historische Gestalten geknüpft zu werden. Was die Heilspersonen betraf, kam die ständig neu variierte Korrelation von Eschatologie und Geschichte mit dem christologischen Bekenntnis zu Ende. Nur die Parusieerwartung konnte durch historische Ereignisse immer wieder aktualisiert werden, wie das schon im neutestamentlichen Zeitalter mehrfach geschehen ist. Radikaler als im Judentum ist dadurch die christliche Lehre von den letzten Dingen zu einer Lehre vom Ende der Welt und der Geschichte geworden.

6. Bei mancher Variation im einzelnen ist die neutestamentliche Umgestaltung der Eschatologie gekennzeichnet durch die Tendenz, alle Verheißungen auf Jesus zu beziehen (vgl. 2Kor 1, 20!). Texte und Hoheitstitel, die im Judentum auf verschiedene eschatologische – oder nicht eschatologische – Gestalten verteilt waren, dienten alle dazu, die Würde und die Bedeutung des einen Christus auszusagen. Die Konzentration auf Jesus, und die damit gegebene Kumulierung aller Titel und Testimonien, lassen sich nicht durch die nackten Tatsachen der Kreuzigung und Auferstehung Jesu erklären. Voraussetzung dafür ist vielmehr die Person und das Auftreten des irdischen Jesus, – gerade auch wenn er selbst auf keinen messianischen Würdenamen einen Anspruch erhoben hat. Er ließ sich durch keine im voraus gegebene messianische Kategorie erfassen, ist aber dennoch mit einer solchen Vollmacht aufgetreten, daß sich alle Hoffnungen der Jünger auf ihn konzentrierten.

7. Nicht so sehr das Ende der Welt und der Geschichte, als die Erfüllung der Verheißungen bildet das zentrale Thema der biblischen Eschatologie[53]. Für das

---

[52] In neuerer deutscher Forschung wird das oft und viel zu unproblematisch getan, vgl. etwa E. GRÄSSER, Das Problem der Parusieverzögerung (ZNW Bh.22), 1957. – Auch F. HAHN rechnet unkritisch damit, daß parusiologische Aussagen der ältesten Traditionsschicht gehören, und findet Belege dafür sogar in der Apokalypse und in der lukanischen Vorgeschichte, aaO 179–189; 288. – Dieser Tendenz gegenüber sind englische Forscher jedenfalls insofern im Recht, als sie schon in dem Aufkommen der christlichen Parusieerwartung ein historisches Problem gesehen haben. Vgl. T. F. GLASSON, The Second Advent, 1945. – J. A. T. ROBINSON, Jesus and his Coming, 1957.

[53] In seinem Jesus-Buch schrieb BULTMANN, S. 28: »*Eschatologische Botschaft* ist die Verkündigung Jesu, d. h. die Botschaft, daß nunmehr die Erfüllung der Verheißung vor der Tür stehe, daß nunmehr die Gottesherrschaft hereinbreche.« Bei der Begrifflichkeit, die er später in seiner existentialen Interpretation verwendet hat, ist dieser Gedanke weniger zur Geltung gekommen und das Ende der Welt und der Geschichte doch wohl einseitiger betont worden.

Neue Testament ist Jesus Christus eine eschatologische Gestalt, und das mit seinem Namen verbundene Geschehen ist ein eschatologisches Ereignis vor allem deshalb, weil durch ihn die Verheißungen Gottes zur Erfüllung gebracht werden. In einer historischen Darstellung der neutestamentlichen Theologie ist deshalb die Interpretationsgeschichte voll zur Geltung zu bringen[54]. Das heißt freilich nicht, daß etwa die neutestamentliche Christologie nur vom Alten Testament her zu verstehen sei. Die alttestamentlichen Texte lagen vielmehr dem Urchristentum schon in spätjüdischer Deutung vor. Auch hellenistische und gnostische Einflüsse sind keineswegs ausgeschlossen. Die Exegese war vielmehr – damals wie immer – das Mittel, wodurch zeitgemäße Vorstellungen mit den heiligen Texten und der gegebenen Traditionen verbunden werden konnten. Vor allem aber ist zu beachten, daß alle Texte und Titel, Vorstellungen und Mythen, die zur Deutung der Geschichte Jesu dienten, ihrerseits von dem Geschehen aus neu interpretiert wurden.

Mein Versuch, das Verhältnis von Eschatologie und Geschichte von den Qumrantexten aus neu zu beleuchten, hat in gewisser Weise von der modernen Frage nach Zeit, Geschichte und Eschatologie auf das alte Schema ›Verheißung und Erfüllung‹ zurückgelenkt. Dadurch sind die theologischen Probleme freilich kaum einfacher geworden, denn die alte Lehre von Weissagung und Erfüllung läßt sich heute nicht repristinieren. Dafür ist uns zu deutlich geworden, in wie hohem Maße die Erfüllung immer zugleich eine Neuinterpretation der Verheißung in sich schließt; nur so läßt sie sich als Erfüllung verstehen[55].

Hinter Bultmanns Arbeiten zum Thema Geschichte und Eschatologie stecken nicht nur historische Erkenntnisse, sondern auch ein hermeneutisches Programm und ein theologisches Anliegen. Mein Ziel war sehr viel bescheidener; ich habe nur einige historische Bemerkungen zum Thema machen wollen. Wenn es aber richtig ist, daß Bultmanns Sicht durch eine bestimmte, for-

---

[54] Das sei auch gegenüber der heute – seit Lohmeyer – üblichen Tendenz betont, die Christologie anhand der einzelnen christologischen Titel darzustellen. Man neigt dazu, jeden Hoheitstitel als Träger einer eigenartigen christologischen Konzeption zu sehen, und will sogar eine »Paidologie«, eine »Kyriologie« und eine »Hyiologie« von der eigentlichen »Christologie« unterscheiden. Vgl. O. Cullmann, Die Christologie des NT, 1957. – W. Kramer, Christos Kyrios Gottessohn (AThANT 44), 1963. Nach den erhaltenen Schriften und jüdischen Analogien wird man vielmehr voraussetzen dürfen, daß die Anschauungen von Anfang an recht komplex, und an Ereignissen und Texten mehr als an Begriffen orientiert gewesen sind.

[55] Was G. von Rad in seiner »Theologie« für das AT gezeigt hat, gilt im noch höheren Maße für das nachbiblische Judentum und das Christentum. – Zu dem Problem vgl. R. Bultmann, Weissagung und Erfüllung (ZThK 47, 1950, 360–383 = Glauben und Verstehen II, (1952) 1961³, 162–186.) – s. ferner RGG³ VI, 1962, 1584–90 (Lit.).

schungsgeschichtliche Epoche innerhalb der neutestamentlichen Wissenschaft
mitbestimmt ist, darf die Auseinandersetzung mit ihm nicht nur auf philosophischer, hermeneutischer und theologischer Ebene geführt werden. Man
wird immer wieder mit der exegetischen und historischen Arbeit einsetzen
müssen, in dem Bewußtsein, daß es noch lange dauern mag, bis historisch-
kritische Analyse und theologische Gesamtinterpretation wieder in so ein-
drucksvoller Weise wie bei BULTMANN zu einer Synthese verbunden werden.

In dem internationalen Chor, der den Anregungen BULTMANNs einen Nach-
hall gibt, darf die Stimme derjenigen nicht fehlen, die bei BULTMANN vor
allem das Ethos des ernsten wissenschaftlichen und theologischen Arbeitens
am Neuen Testament und seiner Umwelt gelernt haben. Ich habe jedenfalls
gerade in dieser Beziehung Entscheidendes durch ihn bekommen. Das möchte
ich bei dieser Gelegenheit gern bezeugen, als einer der – ohne jemals im engeren Sinne Bultmannschüler gewesen zu sein – in der Mitte der dreißiger Jahre
unter dem Katheder RUDOLF BULTMANNs in Marburg gesessen hat. Damals
habe ich ihn nicht nur als Forscher und Lehrer, sondern auch als Menschen
und Christen zu schätzen gelernt. Unvergeßlich bleibt mir auch die Art und
Weise, in der er im Herbst 1945 nach einer Zeit des redenden Schweigens die
fachlichen und freundschaftlichen Beziehungen wieder geknüpft hat. In der
hier vorgelegten, kleinen Studie habe ich es wie sonst versucht, meinen eigenen
Weg zu finden, ohne positiv oder negativ durch BULTMANNs Fragestellungen
gebunden zu sein. Möge sie dennoch als ein Zeichen bleibender Dankbarkeit
und Verbundenheit aufgenommen werden!

ESCHATOLOGY
AND THE SPEECH-MODES OF THE GOSPEL

AMOS N. WILDER

There are certain wider aspects of the texts of primitive Christianity and of their underlying tradition which we tend to overlook in our addiction to familiar tools and methods. Such new dimensions are brought to our attention commonly by labors in other disciplines. One such area is that of the wider phenomenology of speech or language, understood as a primal »gesture« of our species; a gesture of innumerable and Protean varieties and modulations; a gesture varying with numerous cultural factors and not least with a given sense of time. Morphology in the arts has been analyzed with respect to particular space-time categories in particular cultures. H. M. and N. K. CHADWICK have noted the correlation of rhetorical forms in early Indian literature with the special sense or rather lack of sense for history, especially the absence of certain genres such as personal poetry and poetry of national interest in a given period[1]. JAKOB BURCKHARDT already had noted the repugnance of Islam to the epic; attributed the absence of drama in this civilization to the dominant concept of fate; and drew attention to the handicaps of drama in India[2]. The historical consciousness of a society or of one group in a society; the sense of past and future; the sense of cultural continuities or of cultural crisis; all these may vary exceedingly, and language in all its aspects will vary correspondingly.

Such variability in language appears not only in the presence or absence of particular genres or styles, not to mention vocabularies, but in very fundamental matters such as speech-structure and grammar, and the relativity of these latter to basic presuppositions about time, space, etc, is under study in modern linguistics. Aspects of speech more immediately accessible to observation and relevant to our field of study would include the distinction between oral and written discourse, between the laconic and the prolix, between official or sacred conventions and popular or secular idiom. There are also deeper or

---

[1] The Growth of Literature, 1932–40, II, 460.
[2] Reflections on History, London 1943, 89, 69.

primitive modes of utterance relative to cultural or existential factors whose role in a society or group may be indicative: such modes as exclamation, incantation, glossolalia, curse, spell, narrative, dialogue. Nor should we forget the wide gamut of differences with respect to the »self«-consciousness of speaker or author; from the anonymous voice of a group through all the gradations of the »inspired« role to this or that kind of individual sense of spokesmanship and »personality«. The older lives of Jesus, for example, most often rest upon a modernizing view of his selfhood in terms of autonomous individuality. One of the most interesting features of the »new quest« is the relocation of the reality of his person and identity, and therefore of his utterance, to accord with his eschatological involvement[3]. One could ask pertinent questions here as to the widely varying sense of individuality and self-understanding of various first-century figures, with special attention to their sense of time and history, and the bearing of this upon their patterns of speech or teaching: Hillel, the Baptist, a Qumran exegete, Jesus, Judas of Galilee, or the author of the Assumption of Moses.

There are, indeed, features of our early Christian texts which are alien to our usual categories and which may pass through the sieve of our assessment. We raise the question here particularly with respect to the underlying oral deposits. We have learned from ERNST FUCHS to look upon the irruption of the Gospel in Palestine as, among other things, a startling and novel event in the order of language, a *Sprachereignis*, a shock to the existing fabric of human discourse, the effects and reverberations of which were felt in many ways. When we consider how primal an activity speech is in the human being, and how deeply linked it is with all that identifies our very being and »world,« we can recognize the momentousness of the new movement by its revolutionary manifestations in this domain. Whether language is seen in its psychological aspect with VON HUMBOLDT as an *energeia* (marvelling as he did at the stupendous luxuriance, the sheer volume of man's loquacity), or, more correctly as a *fait social* (DURKHEIM), the consequences for speech of the Gospel surely constitute a significant field of observation.

The coming of the Gospel was a speech-event in two senses. More fundamentally it was a speech-event (and in English, as has been observed, we should here translate *Sprachereignis* as »language-event«) in the sense that the meaningful content of knowing and of consciousness itself were transformed and enlarged. But it was also a speech-event in the sense that the various modes, registers, patterns and forms of utterance were modified or renewed. It brought

---

[3] JAMES M. ROBINSON, Kerygma und historischer Jesus, 1960, 149 ff.

with it »freedom of speech« in the sense both of release from dumbness, sullen-
ness, inhibition, and in the sense of novelty, improvisation and prodigality.
Observations of these kinds can be made with respect to the whole speech-
phenomenon of the New Testament period, whether oral or written, and
without falling into romantic categories (»eloquence«, afflatus, »sublime«).
The occasion for this novelty, after all, was eschatology, or closely related to
eschatology, a kind of crisis in culture very different from those that have
overthrown one or another kind of formalism or classicism.

The sequel will show how much I am indebted to ERNST FUCHS for drawing
attention to this whole matter of the *Sprachereignis* and *Sprachphänomen* of the
Gospel. It is to be borne in mind that he uses these terms in an existentialist
context which lends even greater significance to the realities in question. Here
language and »historicness« *(Geschichtlichkeit)* are identified. Our language is
our »world« and our reality, and not only in the usual sense (»The limits of my
language are the limits of my world«; WITTGENSTEIN; or »Choose this or that
language, and change your image of the world«, ADAM SCHAFF); but our
language is our world also in the sense of our concern, relationship, love. Our
present discussion is directed for the most part to the novelty or distinctiveness
of the forms, genres, modes of speech in the Gospel, that is, to the rhetorical
dimension, but always with the understanding that these may have a significance that leads to the heart of Gospel.

If we find one key to the special phenomenon of primitive Christian speech
in eschatology, we must still make distinctions. The irruption of the new age
no doubt meant a break in cultural continuities, including those of such a
fundamental matter as language, but the impact of this factor could vary.
Certainly the language-phenomena of the Qumran community, which were
also conditioned by eschatology, differ from those of the Gospel. The considerable role played by written texts, other than Scripture, both at Qumran and
in Jewish apocalyptic circles, may be taken as one example. Perhaps the more
advanced eschatological time-table of Jesus and his immediate followers accounts for the exclusively oral character of their discourse and for other differences of their rhetoric. But the influence of eschatology upon the speech-
patterns of the Essenes and related groups, as upon those of the Christian
movement, no doubt varied even within a short time. The prophetic-apoca-
lyptic ethos of the community after Easter differed from the outlook of Jesus
himself and conditioned a different kind of voice and tongue. As time passed
and as the church in this or that group began to look for the second coming
rather than for the one consummation, the changed eschatological consciousness reflected itself in correspondingly different speech-patterns. In such later

phases, indeed, we see the church taking over rhetorical forms from the synagogue or Qumran: school-patterns or legal or hymnic styles which the earlier acute eschatological consciousness had transcended. The changing sense of time and of history is as manifest in the modes and forms of Christian language as in its doctrine, and the two go together. In the course of this development the Jesus-tradition, for example, was modified also in its formal and rhetorical aspects by these later phases. As the eschatological reality, for example, became identified retrospectively with the person of Jesus, rather than (as with him) with the operation of God in course, the style and tenor of his sayings were modified so that they took on a didactic or legislative character, and a similar impulse affected the narrative tradition and anecdotes. The peculiar features of the gospel-genre as shaped by the author of Luke-Acts are decisively conditioned by the author's understanding of time and history. But this same correlation holds for all aspects of the early Christian literature, not only for its written genres but also for its pre-literary elements.

In the present paper we must confine ourselves to limited probings of our topic. We shall deal with (1) convention and novelty in the rhetorics of the Gospel; and (2) the significance of the oral mode of discourse in the case of Jesus and his followers.

Convention and novelty

How far did the eschatological consciousness of the Gospel modify prefailing language patterns or even disrupt the continuities and conventions of the inherited rhetoric? Evidently, speech is a cultural phenomenon, as are the various speech-forms and media of a society. There is a rather rigid conventional aspect about common genres and veins of utterance, whether oral or written, whether intimate or official, whether forensic or cultic, whether paraenetic or narrative, whether hymn, oracle or epistle. Yet all such aspects of language and communication change gradually together with changes in experience and in the basic sense of existence. Changes may be imperceptible or sudden, but they affect the whole gamut of word and meaning: sensibility, images, speech-forms, rhythm, vocabulary, and conceptuality. Any novelty cannot be totally iconoclastic, since articulation commonly presupposes a hearer. »Too rapid changes in language would make it defeat its own purpose«, i. e., communication. »What is usual in the history of the languages of the world is not change but stability.«[4] Thus, glossolalia, as an endpoint of disorder

---

[4] ALF SOMMERFELT, Diachronic and Synchronic Aspects of Language, The Hague 1962, p. 109, citing A. MEILLET.

in speech, is either rejected by society as mania or saved for public meaning by some *tour de force* of interpretation.

The influence of a radical eschatological impulse in a society upon language is related to the larger issue as to time-sense and language generally. ALF SOM-MERFELT, writing on »Language, Society and Culture«, discusses this larger topic. Evidently there are various correlations that can be made between the varying time-sense of different cultures and their tongues.

> »Relativity is characteristic of the conception of time not only in different societies, but also within the same society. ... It is not only that formal time-units are different in differ-ent societies, it is the concept of time itself and its importance in social life that differs. The special importance given to the time sequence in the western societies seems to be a partic-ular trait which may be brought into relation with the characters of the verbal systems of the languages they speak.«[5]

This order of considerations would raise the question whether the radical iconoclasm of the Gospel affected Aramaic or Greek at the profound level not of vocabulary or style but of grammatical and syntactical structure. Sett-ing this question aside we shall attend to other aspects of speech which are also in their own way fundamental.

One can test the kind and degree of novelty of the New Covenant over against the Old in terms of the kind of language-phenomena with which we are here concerned. We have here another measure of the break between Judaism and the Gospel, a measure of what was intended in the Christian theme of promise and fulfilment. Certainly the eschatology of Jesus and his first followers cannot have meant such radical novelty or iconoclasm as is suggested by the metaphors of »death and resurrection«, or »rebirth«, or such formula-tions as »the end of the age«, or »the end of the law«, unless these were all under-stood in a proleptic sense. Thus Paul's declaration that Christ is »the end of the law« (Rom, 10: 4) can hardly be interpreted as »the end of the world«, as it sometimes is, unless in a hyperbolic sense to mean that for the individual be-liever *his* »world« has been changed, or at most that the nature of the creation has been structurally *renewed*, again in a proleptic sense so far as human life is concerned. The »new« race of the Christians could use such expressions for

---

[5] Ibid., p. 122. The author also cites B. L. WHORF on the way in which a given language conditions the sense of time of the people who speak it: »Concepts of ›time‹ and ›matter‹ are not given substantially the same form by experience to all men but depend upon the nature of the language or languages through the use of which they have been developed. They do not depend so much upon any one system (e. g. tense, or nouns) within the gram-mar as upon the way of analyzing and reporting experience which have become fixed in the language as integrated ›fashions of speaking‹ and which cut across the typical grammat-ical classifications...« p. 130.

their eschatological awareness and utterance as »new tongues« and »new songs«, but the stubborn continuities of human nature are still there, and this is nowhere more evident than in the continuity of human speech-habits whether Jewish or Hellenistic in the church, even when we recognize the large aspects of novelty.

We are confronted here with an absorbing issue. It is no less than that of the stability of human nature, at least in historic times. Surely the factor of language is a significant test. Must not religion, whatever its view of conversion, rebirth or the spirit, agree with the social scientist that »there must be a permanent foundation in human nature and in human society, or the very names of man and society become meaningless«[6]. A corollary of this stability of human nature is the real continuity of human experience and in this sense of »history«. On this view no instances of cultural iconoclasm, even one so radical as the apocalyptic eschatology of the Gospel, can be an exception; and the language continuities of early Christianity with its backgrounds would support this. Will not the theologian, then, agree again with writer cited when he observes:

»Historical time is a concrete and living reality with an irreversible onward rush. It is the very plasma in which events are immersed, and the field within which they become intelligible... Now this real time is, in essence, a continuum. It is also perpetual change.«[7]

ERNEST COLWELL who cites these passages indicates their bearing on the study of Christian origins as folows:

»The acceptance of unbroken continuity makes the continuity between Jesus and the Christ of the Church's faith just one instance of a general law of human existence. The acceptance of change that modifies but does not destroy continuity argues against the ›either-or‹ choice which has confused this study many times, e. g. the Jesus of History vs. the Christ of Faith, Paul vs. the Gospels, the Christ of the Kerygma vs. Jesus of Nazareth.«[8]

The idea of continuity or continuum is a notoriously dangerous one, relative as it is to so many exploded views of reality; but the actual language continuities of Christianity with its antecedents certainly limits the terms in which we can use absolutes or paradox about the new event of the Gospel.

Yet this new event was accompanied by extraordinary novelties in the order of language, and these are a further index of its character. We should not underestimate the degree of sudden change in all that concerns speech which can occasionally be observed. As the analogy of art shows, radically and shockingly

---

[6] MARC BLOCH, The Historian's Craft, New York 1953, p. 42. Cited by E. C. COLWELL, Jesus and the Gospel, New York 1963. p. 5.

[7] Ibid., pp. 27–28; cited in COLWELL, op. cit., p. 6.

[8] Jesus and the Gospel, p. 19.

new vehicles and motifs can emerge suddenly with the power to establish a new order of reality and a new artistic or rhetorical tradition. In modern letters the example of the young RIMBAUD may be cited: his iconoclasm became the fountain-head of a new poetic and a new surrealist consciousness which has communicated itself powerfully through the generations among poets writing in all languages of the West down to the present day, and has also influenced the other arts[9].

In the rise of the Gospel we have a language-event suggested by this analogy, one in which a seismic disturbance overtook existing rhetorics whether Jewish or Hellenistic. It is therefore of peculiar interest to observe the interplay of tradition and novelty whether with respect to oral forms like the parable or the rhythmic unit on the lips of Jesus, or with respect to written genres such as the epistle or apocalypse. It is of the first importance that anachronistic categories should be avoided here, especially those of idealism, such as the distinction between form and content, or romantic presuppositions like those suggested by the terms »genius«, »inspiration«, or »eloquence«. We must also rid ourselves of familiar antitheses like that between spontaneity and art. Thus the novelty in Jesus' use of the traditional genre of the parable (one aspect of which is the fluid variety of this form as he uses it) is related to the eschatological occasion such that in them the older distinct roles of sage and prophet are transcended. Indeed, the novelty of form and import of the parables of the Kingdom reflects the eschatological commitment of the speaker (FUCHS). Furthermore, these features of Jesus' parables by which we recognize in them a relevatory rather than a didactic function, corroborate what we would otherwise conclude from the eschatological urgency, that Jesus did not contrive their form to the end of pedagogy or calculated transmission. Without anxiety for the future, or even forethought for the fate or survival of his sayings, Jesus spoke to the immediate occasion. In them the operation of God was

---

[9] In reaction to the stifling language-reality of his period, RIMBAUD immersed himself in a deeper level of consciousness, seeking the »language of the mythic self«, his whole effort being in effect, »an experiment with language.« He has been spoken of as one of the »mad who control history«, in the sense that those who make language make history. He opened up a new language-reality, a dimension in the modern experience that immediately had authenticity and meaningfulness. His example affords a good example of what is meant by a *Sprachereignis*. The student of linguistics, ALF SOMMERFELT, cites another case, noting, indeed, the limits within which any such novelty operates: »Among us (i. e., the Norwegians) the poet WERGELAND furnishes a fine example of the role of the individual in linguistic evolution. It is well known that he introduced a large number of words and of new forms into Norwegian literature, but it was only those which lent themselves to the exigencies of the movement of *Norvégisation* which were able to establish themselves in the literary language.« Op. cit., p. 47.

opened up, as the finger of God in the exorcisms, and all this belonged to a different world from that of catechesis or learned repitition.

But this issue of convention and novelty in the whole speech-phenomenon of the Gospel bears on larger matters than particular genres and styles. We could ask why primitive Christianity confined itself at first so exclusively to the oral mode, and why this mode remained so important even after written texts were introduced. We could ask why anonymity played such a large part in the word of the Gospel for so long a time. We could ask why such ambiguity was possible even as regards the sayings of the Lord – whether they were spoken by Jesus or by the risen Lord in the spirit. We could ask why there is such seeming neglect of the Hebrew tongue and the Hebrew text of the Scriptures in the new Aramaic-speaking movement. This new dynamic speech-world is popular and not learned; it is secular and not priestly. We could ask why subsequent translation into the other tongues of the Mediterranean world took place so much as a matter of course. We could ask why no special vocabulary or language of Zion was either espoused or established in the infant church. We could ask why, not only with respect to tongue but also with respect to semantic and imagery (Christology, soteriology, eschatology), so little resistence was interposed to translation, reformulation, of the new word.

We could ask precisely, and here we take issue with well-known views of H. Riesenfeld and B. Gerhardsson, why the transmission of the sayings of Jesus was for long so partial, so unsystematic and so fortuitous – until a later stage, indeed, when ways of the Jewish or Hellenistic school came into the church. Here we are faced again with the eschatological outlook of Jesus and his disciples and followers. Traditional patterns of teaching and learning were broken by this new occasion. Modalities of language and deportment appropriate to an ongoing society and to settled cultural continuities were inappropriate to the hour of the Kingdom now inaugurated. If the situation had been one in which Jesus would have found it suitable to have his disciples repeat and memorize his words, it would also have been one in which he would himself have had a home, a wife, a livelihood. That same eschatological wonder and crisis which explains his saying: »Foxes have holes, and birds of the air have nests; but the Son of man has nowhere to lay his head« (Mt 8, 20) also explains the absence of »school« features in the days of his mission. Also in the days of the post-Easter community, the ethos of the disciples was not that of any other group of Jews. Their situation is to be understood in the light of the saying: »what you are to say will be given you in that hour.« (Mt 10, 19). There was no need to memorize and to hoard dominical words and norms; the »word-event« was such that one lived by an ever new supply. The speech of the Gospel, as FUCHS has remarked, came and went with the freedom of sunshine, wind and rain. »Learning« proceedures and patterns among other groups of that time can only mislead us, presupposing as they did such different views of time and the divine immediacy. As RIESENFELD says, our judgment here hangs together with our understanding of the Messianic question. On his view the Messiah formulated a holy Word of the New Covenant to be memorized and repeated during a substantial interim. On the other hand, if one sees Jesus as a rabbi the result is the same so far as a memorized interpretation of the law would follow. But we do not need to adopt either view. The utterance of Jesus had another kind of authority and effect, different from either, associated with his action rather than his office; an utterance which reproduced itself and renewed itself without prompting in the very nature of the case.

Significance of the oral mode

We have already found ourselves involved in this topic in discussing the sayings of Jesus. From the days of the Ancient Synagogue down to the late rabbinic colleges the Jewish Torah was interpreted and taught orally and only orally in the scribal and Pharisaic tradition, though some use of private notation was countenanced. In the case of the Sadducees written halaka of a more formal character was recognized, and of course apocalyptic circles and such an Essenian group as that at Qumran had authoritative sectarian texts alongside the written law and prophets. The oral mode was, then, peculiar to Pharisaic Judaism and the Gospel, but there was a great difference in the grounds for this similar feature and in the discourse itself. The former refrained from writing for various reasons listed in an illuminating way by GERHARDSSON[10]. The Pharisees as a non-priestly group were conserving a more ancient practise of oral interpretation of the Torah going back to the third century B. C. Their resistence to writing also represented a reaction to the partial character, as they saw it, of the written tradition of the Sadducees, a reaction stiffened by controversy and confirmed by the development of schools devoted to the study of the oral corpus. They may also have wished to restrict the circle of those who should have access to this body of material.

It would be a mistake to assign only negative reasons for the oral transmission of the tradition of the fathers. The basic motive here, as in the case of Jesus, is immediacy, though not as in his case in the context of an imminent eschato-

---

[10] Memory and Manuscript, pp. 25, 158.

logical urgency. The immediacy which conditioned the oral Torah was that of the *present* distinguished from the past of Sinai. The Torah must be accomplished here and now in personal responsibility; and the urgency of obedience in the present imposes oral formulation, for only so is the instruction of God lively in the present.

»Against the Sadducees, (the Pharisees) were so bold as to erect the oral tradition to the rank of Torah – calling it the unwritten Torah – and to use it as contemporary and living divine instruction that could serve as guide and interpreter to the written text of the Pentateuch ... Thus the Torah became inexhaustible, plastic and not static ... the interpretation of the Torah became open, in accordance with the remark of a late rabbi: ›Whatever an acute disciple shall hereafter teach in the presence of his Rabbi has already been said to Moses on Sinai‹« (cited by T. HERFORD, The Pharisees [1924], p. 85)[11].

There was then no eschatological factor in the oral method of the Pharisees, though it did reflect a sense of the living Word. Yet their instruction and legislation reckoned with ongoing time. Though this sense of unbroken continuities and a future did not in their case reflect itself in the social convention of writing, it did adopt the related art of an oral rhetoric calculated for survival: an elaborate use of mnemonic devices facilitating a total transmission. Such prudential considerations seem to have been absent in the case of Jesus. We should not, indeed, think in a romantic way about the spontaneity of his utterance, but neither should we be misled by the later stage of transmission or by such an evangelist as Matthew in identifying him as a second Moses or a catechist. The immediacy and directness of Jesus' call and warning and celebration of the time of salvation, these imposed extempore oral address. This lack of concern for the survival of his words corresponds, as we have suggested, to his detachment from the usual cultural bonds of ongoing society, and his demeanor in both respects has the force of an acted parable. The significance of this mode of life and of speech is further indicated by his charge to the disciples as they went out two by two, not to instruct but to utter a cry, to heal and to exorcize. If purse and wallet were forbidden them, we may be sure that no equipment for writing was to be found in their girdles.

We would say, then, that with his sense of the eschatological crisis Jesus took no thought for the precariousness of oral speech. One argument that is formulated against this view invokes the poetic structure of his sayings. But here we meet a clear example of inappropriate categories. It is true that for our modern as for classical rhetoric, formal artistry and creative spontaneity are mutually exclusive. Applying these distinctions between the sophisticated and the naive

[11] PAUL RICOEUR, Finitude et culpabilité II, La symbolique du mal, Paris 1960, pp. 122–23.

to early Christian material, scholars conclude that the strophic aspect of the sayings of Jesus indicates a calculated »artistic« proceedure designed to render his teaching easy to memorize. Thus MATTHEW BLACK writes:

»Jesus did not commit anything to writing, but by His use of poetic form and language, He insured that His sayings would not be forgotten. The impression they make in Aramaic is of carefully premeditated and studied deliverances.«[12]

It is an analogous presupposition which leads some to identify I. Corinthians 13 as a kind of poem of Paul which he chose to insert at this point. ERNST KÄSE-MANN has had occasion to protest against such modernization in connection with formulas of the early Christian prophets. It is argued that because they have rhythmic structure they are too artistic to be assignable to visionary apocalyptic oracles. But KÄSEMANN rightly observes that »primitive Christianity, as its hymns and its sayings in the Apocalypse show, assigned precisely to the Spirit the power to combine intense witness and artistic form«[13]. Formal sophistication is perfectly compatible with prophetic and, indeed, extempore utterance. Likewise, with respect to Jesus' sayings about Jonah and the Queen of the South, the same writer observes: »Only a false conception of inspiration as leading to an uncontrolled outburst of passion can argue from (such poetic form) against this as an instance of prophecy.«

The oral and face to face address of Jesus to his generation is of a piece with his understanding of his role, that of mediator of God's final controversy with his people. God's dealing with Israel in the past had often taken on the character of a judicial hearing in which the parties confront each other in direct indictment and reply. So here Jesus' summons, plea, warning and judgment represent the appropriate forensic gestures in the situation. No trial can take place by correspondence. The situation of immediate living dialogue is also suggested in Jesus' instructions to his disciples which may be taken as a paradigm of his entire mission:

Whatever house you enter, first say, ›Peace be to this house!‹ And if a son of peace is there, your peace shall rest upon him; but if not it shall return to you. Lk 10, 6.

The language of the Gospel as a whole continued to have this personal, fateful character of dialogue, and inevitably transcended the speech forms of its environment. Even the later written texts of the New Testament are shaped by this factor. The living and acting word of God, which lays all things bare, accounts for the large place in the NT writings of such oral features as direct discourse, dialogue forms and the use of the second person.

[12] An Aramaic Approach to the Gospels, 2nd ed., 1957, p. 142.
[13] »Die Anfänge christlicher Theologie«, ZThK 57, 1960, p. 174.

That eschatological consciousness which determines the oral character of Jesus' speech also influences details of that speech such as style and genre. We have noted the novelty of his use of the parable. We have noted the secular ethos of his sayings: as one speaking in the hour of the Kingdom, the culture-models of wisdom, law and even prophecy are transformed when he uses them. The eschatological determination of his way of speaking appears, of course, in its thematic content – its concern with judgment and the new age, with Satan, demons and angels, with corresponding rewards and penalties. But this also appears in the prominence of formulas of blessing and woe; of adversative couplets of losing and finding, first and last, least and greatest; of dual formulas reflecting the coincidence of the old age and the new, though based on the older temporal polarity of the two[14]; of paradox and hyperbole; and not least in the brevity of his speech and speech-forms constituting a radical purification of human language. All this contrasts with the forms, diction, styles, vocabulary, imagery found in the rhetorics of Qumran, the apocalyptic circles and the synagogue. In this *Sprachwesen* of the Gospel, in the case first of Jesus himself, and then in the Jesus-tradition of the Palestinian-Aramaic church, we can recognize a new liberty of utterance and a radical fulfilment of earlier modalities of utterance and communication. And it was determined by the irruption of the Kingdom and the underlying revolution in the sense of time and all other realities.

[14] Cf. J.M. ROBINSON, Op. cit., 149 ff.

DIE NAHERWARTUNG IN DER VERKÜNDIGUNG JESU

WERNER GEORG KÜMMEL

RUDOLF BULTMANN leitet die Darstellung der Verkündigung Jesu zu Beginn seiner »Theologie des Neuen Testaments« mit folgenden Sätzen ein: »Der beherrschende Begriff der Verkündigung Jesu ist der Begriff der Gottesherrschaft (βασιλεία τοῦ θεοῦ). Ihr unmittelbar bevorstehendes Hereinbrechen, das sich schon jetzt kundtut, verkündigt er. Die Gottesherrschaft ist ein eschatologischer Begriff. Er meint das Regiment Gottes, das dem bisherigen Weltlauf ein Ende setzt.«[1] Dieses grundlegend futurisch-eschatologische Verständnis der Verkündigung Jesu, zu dem J. WEISS und A. SCHWEITZER den Grund gelegt haben, scheint R. BULTMANN so selbstverständlich zu sein, daß er keine Belege dafür anführt und auch keine abweichenden Meinungen erwähnt. Und doch ist diese Anschauung, daß Jesus die zeitliche Nähe des Kommens der Gottesherrschaft verkündet habe, seit jeher auf starken Widerstand gestoßen und in den letzten Jahren von neuem energisch bestritten worden[2]. Man leugnet einerseits, daß Jesus überhaupt von einem zukünftigen Kommen der Gottesherrschaft gesprochen habe[3], oder gesteht Jesus nur eine zeitlich völlig unbestimmte Erwartung des endzeitlichen Kommens des Menschensohns zu, die aber neben der grundlegenden Verkündigung von der Gegenwart der Gottesherrschaft ohne Bedeutung ist[4]. Man bestreitet andererseits kategorisch jede Erwartung eines *nahen* Endes oder einer *nahe* bevorstehenden Gottesherrschaft durch

---

[1] R. BULTMANN, Theologie des Neuen Testaments, 1961[4], 3.

[2] Zur Übersicht über die Geschichte der Forschung vgl. G. LUNDSTRÖM, The Kingdom of God in the Teaching of Jesus. A History of Interpretation from the Last Decades of the Nineteenth Century to the Present Day, 1963 und N. PERRIN, The Kingdom of God in the Teaching of Jesus, 1963, ferner die kurzen Zusammenstellungen bei W. G. KÜMMEL, Verheißung und Erfüllung, 1953[2] (= 1956[3]), 11f und B. RIGAUX, La seconde venue de Jésus, in »La venue du Messie«, Recherches Bibliques 6, 1962, 173ff.

[3] S. C. H. DODD, E. STAUFFER und J. A. T. ROBINSON bei W. G. KÜMMEL, Futurische und präsentische Eschatologie im ältesten Urchristentum, NTSt 5, 1958/9, 115f, ferner E. JÜNGEL, Jesus und Paulus, 1962, 168f.

[4] E. FUCHS, Zur Frage nach dem historischen Jesus, 1960, 252; G. NEVILLE, The Advent Hope, 1961, 59f; J. A. BAIRD, The Justice of God in the Teaching of Jesus, 1963, 100.

Jesus[5] und sucht nachzuweisen, daß Jesu Verkündigung von der nahen Gottesherrschaft überhaupt nicht in einem temporalen Zusammenhang stehe, daß
Jesus vielmehr die Zeit ignoriere, weil die vertikale Dimension des Geistes nicht
zeitlich sein könne[6]. Damit soll nicht gesagt sein, daß nicht auch neuestens
zahlreiche Forscher an der Annahme festgehalten haben, daß Jesus mit einem
zukünftigen Kommen der Gottesherrschaft rechnete[7], und manche haben diese
Annahme dahin präzisiert, daß Jesus ein baldiges Eintreten der Gottesherrschaft
in seiner Generation erwartet habe[8]. Doch wird man sagen müssen, daß dieses

[5] E. Fuchs, s. Anm. 4, 325. 395; E. Jüngel, s. Anm. 3, 154. 180; G. Neville, s. Anm. 4,
42 f; J. A. Baird, s. Anm. 4, 123. 142 ff; E. Linnemann, Gleichnisse Jesu, 1961, 46. 138 ff;
J. W. Doeve, Parusieverzögerung, Nederlands Theologisch Tijdschrift 17, 1962/3, 32 ff.
Nach N. Perrin, s. Anm. 2, 198 f hat Jesus über den Zeitpunkt nichts gesagt, an dem die
Spannung zwischen eschatologischer Gegenwart und Zukunft gelöst werden wird, und
nach S. E. Johnson, Jesus in His Own Times, 1957, 129 können wir nicht sagen, ob Jesus
an das nahe Weltende glaubte oder nicht.

[6] E. Fuchs, s. Anm. 4, 326 (»Das proton pseudos unserer Forschungslage heute könnte
darin bestehen, daß man auch das *Wesen* der Basileia von vornherein in einem temporal
sekundären Phänomenzusammenhang unterbringt«); ders., Über die Aufgabe einer
christlichen Theologie, ZThK 58, 1961, 256; E. Jüngel, s. Anm. 3, 139 ff. 154. 174. 180
(»Die Zukunft ist als die nahe Zukunft *direkt* zur Gegenwart; sie kennt keine Zeit-Zwi-
schen-Räume«); J. A. Baird, s. Anm. 4, 125. 148 ff (»The nearness of the spiritual dimension is primarily a spatial, dimensional nearness, and any sense of temporal immediacy
derives from the eternally ›present nature of God‹«); H. Conzelmann, Gegenwart und
Zukunft in der synoptischen Tradition, ZThK 54, 1957, 287 ff (»Solange ich überhaupt
noch nach dem Zeitpunkt frage, habe ich den Anruf noch gar nicht begriffen«; Jesus ignoriert die Zeit); E. Linnemann, s. Anm. 5, 47 (»Bei Jesus ist ... der Anbruch der Gottesherrschaft ... nicht die Grenze der Zeit, die durch ihre drängende Nähe der Gegenwart das
Gepräge gibt, sie qualifiziert. Der Anbruch der Gottesherrschaft ist selber ›Zeit zu‹«);
N. Perrin, s. Anm. 2, 185 (»We may not interpret the eschatological teaching of Jesus in
the terms of a linear concept of time«); E. Käsemann, Die Anfänge christlicher Theologie,
ZThK 57, 1960, 179 (»Die Dinge liegen doch wohl so, daß Jesu Predigt nicht konstitutiv
durch die Apokalyptik geprägt war, sondern die Unmittelbarkeit der Nähe Gottes ver-
kündigte«); ders., Zum Problem der urchristlichen Apokalyptik, ZThK 59, 1962, 261
(»Offensichtlich redet Jesus vom Kommen der Basileia ... nicht ausschließlich oder auch
nur primär auf ein chronologisch zu datierendes Weltende bezogen«); J. Gnilka, »Parusieverzögerung« und Naherwartung in den synoptischen Evangelien und in der Apostelgeschichte, Catholica 13, 1959, 277 ff (»Nicht Prophetie im temporalen Sinn. Dazu kommt,
daß der biblische Mensch die Zeit nicht als lineare Größe auffaßt«).

[7] R. H. Fuller, The Mission and Achievement of Jesus, 1954, 20 ff; J. Jeremias, Die
Gleichnisse Jesu, 1962[6], 48. 170 ff; O. Cullmann, Christus und die Zeit, 1962[3], 86 ff;
R. Schnackenburg, Gottes Herrschaft und Reich, 1959, 49 ff. 110 ff; E. Grässer, Das
Problem der Parusieverzögerung in den synoptischen Evangelien und in der Apostelgeschichte, 1960[2], 3 ff; G. E. Ladd, The Kingdom of God-Reign or Realm?, JBL 81,
1962, 230 ff; N. Perrin, s. Anm. 2, 81 ff. 158 f; G. Lundström, s. Anm. 2, 232 f; Ph. Vielhauer, Gottesreich und Menschensohn in der Verkündigung Jesu, Festschrift für G. Dehn,
1957, 77; F. Hahn, Christologische Hoheitstitel, 1963, 28; G. Bornkamm, Jesus von Nazareth, 1956, 82 ff; D. Bosch, Die Heidenmission in der Zukunftsschau Jesu, 1959, 73 f.

[8] D. Selby, Changing Ideas in New Testament Eschatology, HThR 50, 1957, 21 ff;

im strengen Sinn »eschatologische« Verständnis der Predigt Jesu in der Gegenwart stark in Frage gestellt worden ist.

Nun kann natürlich die Frage nach dem Sinn der Gottesreichspredigt Jesu hier nicht in ihrer ganzen Breite aufgerollt werden; und es kann auch nicht erneut gezeigt werden, daß die Zukünftigkeit *und* die Gegenwärtigkeit der Gottesherrschaft als Anschauung Jesu in gleicher Weise sicher bezeugt sind[9]. Wohl aber ist angesichts der vielfältigen Bestreitung des futurischen und zeitlichen Sinnes der Verkündigung Jesu vom Kommen der Gottesherrschaft die Frage dringend geworden, ob wir wirklich keine ausreichenden Zeugnisse dafür haben, daß Jesus mit einem Kommen der Gottesherrschaft und damit des Endes dieser Weltzeit in zeitlich begrenzter Nähe gerechnet hat, und ob es zutrifft, daß die Annahme einer Naherwartung Jesu »keinen ausreichenden Anhalt an den Texten hat«[10]. Sollte sich nämlich zeigen lassen, daß Jesus ein *zeitlich* nahes Kommen der Gottesherrschaft verkündigt hat, so wäre damit ein sicherer Ausgangspunkt für das gesamte Verständnis der Predigt Jesu vom Nahen der Gottesherrschaft gewonnen. Allein von *den* Jesusworten soll darum hier die Rede sein, die ausdrücklich von der *zeitlichen Nähe* des eschatologischen Geschehens reden[11].

Diese Frage wäre nun rasch zu beantworten, wenn die Ankündigungen ἤγγικεν ἡ βασιλεία τοῦ θεοῦ (Mk 1, 15 par Mt 4, 17; Mt 10, 7 par Lk 10, 9. 11) und ὅταν ἴδητε ταῦτα γινόμενα γινώσκετε ὅτι ἐγγύς ἐστιν ἐπὶ θύραις (Mk 13, 29 par Mt 24, 33 Lk 21, 31) unbestrittenermaßen das nahe Kommen der Gottesherrschaft bzw. der Endereignisse als Meinung Jesu bezeugten. Aber dagegen ist ein doppelter Einwand erhoben worden: a) Mk 1, 15 ist eine nicht auf Jesus zurückgehende Zusammenfassung des Evangelisten, und Mt 10, 7 könne als Verdoppelung dazu ebenfalls eine Formulierung der Urkirche sein[12]; b) bei ἐγγίζειν und ἐγγύς ist die Bedeutung »nahe« ebenso

---

O. KNOCH, Die eschatologische Frage, ihre Entwicklung und ihr gegenwärtiger Stand, BZ, N. F. 6, 1962, 112ff; G.R. BEASLEY-MURRAY, A Commentary on Mark Thirteen, 1957, 9. 99ff; H.P. OWEN, The Parousia of Christ in the Synoptic Gospels, SJTh 12, 1959, 173ff; M. S. ENSLIN, The Prophet from Nazareth, 1961, 72. 87ff; G. GLOEGE, Aller Tage Tag, 1960, 135. 138f; U. WILCKENS, Das Offenbarungsverständnis in der Geschichte des Urchristentums, in »Offenbarung als Geschichte«, KuD, Bh. 1, 1961, 58. 61; B. RIGAUX, s. Anm. 2, 212; E. GRÄSSER, s. Anm. 7, 16.

[9] S. W.G. KÜMMEL, Anm. 2. Vgl. ferner O. CULLMANN, s. Anm. 7; R. SCHNACKENBURG, s. Anm. 7, 77ff; N. PERRIN, s. Anm. 2, 79ff. 159; G. LUNDSTRÖM, s. Anm. 2, 234; G. BORNKAMM, und D. BOSCH, s. Anm. 7; O. KNOCH, s. Anm. 8.

[10] E. LINNEMANN, s. Anm. 5, 138.

[11] Auf die in der 2. Auflage meines Buches »Verheißung und Erfüllung« (1953) verarbeitete Literatur ist dabei nicht erneut zurückgegriffen worden.

[12] E. LINNEMANN, s. Anm. 5, 138; N. PERRIN, s. Anm. 2, 200f; E. FUCHS, s. Anm. 4, 325.

nachweisbar wie »anwesend«, und überdies beschreibe ἐγγίζειν sowohl zeitliche wie räumliche Nähe, ἤγγικεν sage also nichts aus über das baldige Kommen der Gottesherrschaft[13]. Nun läßt sich nicht bestreiten, daß Mk 1, 15 eine zusammenfassende Formulierung der Verkündigung Jesu ist, die zum mindesten teilweise Gemeindeformulierungen enthält[14] und darum nicht ohne weiteres als Beleg für die Anschauung Jesu verwendet werden kann. Mt 10, 7 par Lk 10, 9 dagegen ist zwar »kein selbständiges Logion«[15], doch ist die ganze Aussendungsrede Mk 6, 8ff und Lk 10, 4ff par Mt 10, 7ff das Resultat einer komplizierten Entwicklung, der sehr verschiedenartige Stoffe zugrunde liegen[16], und darum kann über das Alter der Einzelbestandteile dieses Überlieferungskomplexes nur im einzelnen entschieden werden. Besteht aber kein ausreichender Grund, die Aussendung von Jüngern zur Mission durch Jesus zu bezweifeln[17], so bestände nur dann ein methodisches Recht, die Ansage Mt 10, 7 par Jesus abzusprechen, wenn aus andern Gründen feststände, daß diese Ansage der Anschauung Jesu widerspricht[18].

Aber hat denn ἤγγικεν die Bedeutung »ist nahegekommen« und ist zeitlich gemeint? W. R. Hutton sucht zu zeigen, daß in der Mehrzahl der neutestamentlichen Stellen ἐγγίζειν mit »ankommen« übersetzt werden müsse und daß darum in Mk 1, 15 par die Übersetzung »has come« für ἤγγικεν sachgemäß sei[19]. Nun liegt zwar an wenigen Stellen die Übersetzung »herankom-

---

[13] W. R. Hutton, The Kingdom of God Has Come, ET 64, 1952/3, 89ff.; F. Rehkopf, Die lukanische Sonderquelle, 1959, 44ff; R. F. Berkey, Ἐγγίζειν, φθάνειν and Realized Eschatology, JBL 82, 1963, 177ff; E. Jüngel, s. Anm. 3, 174f; J. A. Baird, s. Anm. 4, 148f.

[14] N. Perrin, s. Anm. 2, 200f.

[15] E. Linnemann, s. Anm. 5, 138.

[16] Vgl. die Literaturangaben bei E. Grässer, s. Anm. 7, 18f.

[17] W. G. Kümmel, Kirchenbegriff und Geschichtsbewußtsein in der Urgemeinde und bei Jesus, 1943, 31; J. Jeremias, Jesu Verheißung für die Völker, 1959², 16ff; B. Rigaux, Die »Zwölf« in Geschichte und Kerygma, in »Der historische Jesus und der kerygmatische Christus«, 1960, (=1961²), 475f.

[18] Daß die Urkirche *beide* Worte *formuliert* habe (Mk 1, 15 und Mt 10, 7), ist eine unbewiesene Behauptung; und erst recht ist es irreführend, R. Otto, Reich Gottes und Menschensohn, 1933, 113ff zur Stützung dieser Behauptung anzuführen, da er Gründe für die Verdunklung des Wissens um Jesu Verkündigung vom Schonanbruch des Reiches angegeben habe (so E. Linnemann, s. Anm. 5, 138). Denn R. Otto will ja zeigen, daß sich die Kunde von Jesu streng eschatologischem Verständnis des Reiches Gottes als des künftigen Reichs der Endzeit *durchgehalten* hat, nicht daß diese Vorstellung sekundär eingedrungen ist; und was R. Otto für seine These anführt, sind überdies allgemeine Erwägungen ohne exegetische Begründung. Auch E. Fuchs, s. Anm. 4, 325 gibt für seine Behauptung, daß »die Verkündigung der *nahen* Basileia eher dem Täufer und der Urgemeinde zugehören dürfte«, keine ausreichende exegetische Begründung.

[19] S. Anm. 13 (eine Ergänzung bei M. A. Simpson, ebd., 188).

men« im Sinne von »nahe gekommen *sein*« nahe[20], aber das Perfekt ἤγγικεν
besagt an *allen* Stellen des Neuen Testaments eindeutig »ist in die Nähe gekommen« (Mt 26, 45; Mk 14, 42 par Mt 26, 46; Lk 21, 8. 20; Röm 13, 12;
Jak 5, 8; 1Petr 4, 7)[21], und so besteht kein Grund, in Mt 10, 7 par nicht zu
übersetzen: »die Gottesherrschaft ist in die Nähe gekommen.« Und R. F.
BERKEYS Hinweis darauf, daß ἐγγίζειν (ähnlich wie φϑάνειν) mehrdeutig
sei und in gleicher Weise das Nahekommen bezeichne wie die Ankunft[22],
übersieht, daß ἐγγίζειν nur in Grenzfällen den Sinn von »ankommen« erhalten kann, dann aber immer unter Zufügung des Zieles, dem man sich so
weit angenähert hat.

Daß die Ankündigung »die Gottesherrschaft ist in die Nähe gekommen«
aber *zeitlichen* Sinn hat, ergibt sich eindeutig aus dem Gleichnis vom Feigenbaum Mk 13, 28f par. Da dieses Gleichnis in seinem Kontext isoliert ist und
darum aus sich selbst erklärt werden muß[23], sind die Subjekte zu ταῦτα
γινόμενα und zu ἐγγύς ἐστιν ἐπὶ ϑύραις schwer zu bestimmen. Aber das
Bild vom Feigenbaum, der das baldige Kommen des Sommers durch sein
Sprossen anzeigt, kann doch schwerlich etwas anderes in Beziehung zueinander setzen wollen als bestimmte Vorzeichen und das Eintreten der eschatologischen Vollendung. Es ist aber völlig unbegründet, den Hinweis auf den
Zusammenhang zwischen nicht näher gekennzeichneten Vorzeichen und dem
Ende als »Rechtfertigung des Verzuges« zu interpretieren und darum das
Gleichnis Jesus abzusprechen[24]; und erst recht schwebt die Vermutung in der
Luft, daß das Gleichnis ursprünglich den Abschluß der in Mk 13 verarbeiteten
jüdischen Apokalypse gebildet habe[25]. Denn gerade der fragmentarische

---

[20] Die Überprüfung der von W.R.HUTTON für die Übersetzung »herankommen«
angeführten Belege ergibt, daß nur in Lk 12, 33; Apg 21, 33; Hebr 7, 19 ἐγγίζειν eher
in diesem Sinne gebraucht ist als im Sinne von »nahekommen«; aber selbst in diesen Fällen
ist diese Übersetzung nicht zwingend. Und auch F. REHKOPF, s. Anm. 13, hat nicht *mehr*
nachweisen können, als daß ἤγγισεν in Lk, 22, 47 dem Sinn von προσέρχεσϑαι nahe-
kommt.

[21] P. STAPLES, The Kingdom of God Has Come, ET 71, 1959/60, 87f hat gegen W. R.
HUTTON nachgewiesen, daß in Mt 26, 45; Lk 18, 35 ἐγγίζειν »nahekommen« bezeichnen
muß. Vgl. auch W.G.KÜMMEL, s. Anm. 2, 16f und F. BLASS-A. DEBRUNNER, A Greek
Grammar of the New Testament and Other Early Christian Literature, A Translation by
R.W. FUNK, 1961, 176.

[22] S. Anm. 13.

[23] S. W.G.KÜMMEL, s. Anm. 2, 14f; G.R.BEASLEY-MURRAY, s. Anm. 8, 95ff; J.JERE-
MIAS, s. Anm. 7, 119f.

[24] E. GRÄSSER, s. Anm. 7, 164f; W. GRUNDMANN, Das Evangelium nach Markus, 1959,
270 schreibt diese Deutung offenbar nur dem Evangelisten zu.

[25] So E. LINNEMANN, s. Anm. 5, 140. Es ist keineswegs »methodisch nicht zulässig, Mk 13,
28f und Lk 12, 54–56 zu kombinieren und dadurch für Lk 12, 54–56 den Bezug auf die
Naherwartung herzustellen, für Mk 13, 28f Ursprünglichkeit zu beanspruchen«. Denn

Charakter des Textes zeigt, daß es sich um ein altes Überlieferungsstück handelt, das von der Voraussetzung aus formuliert ist, daß die Endvollendung bald eintreten wird, ob man nun ταῦτα γινόμενα auf noch ausstehende Vorzeichen oder doch wohl eher auf gegenwärtige Geschehnisse bezieht, die die Hörer als Vorzeichen *begreifen* sollen. Auf alle Fälle aber zeigt dieses ἐγγύς ἐστιν ἐπὶ θύραις, daß die Ankündigung des nahen Gekommenseins der Gottesherrschaft von Jesus nur im zeitlichen Sinn der baldigen Verwirklichung von Gottes uneingeschränktem Regiment gemeint gewesen sein kann.

Dieser Schluß wird durch das Gleichnis vom ungerechten Richter Lk 18, 2–8 bestärkt. Die Annahme, daß es sich bei diesem Gleichnis um eine Gemeindebildung handle[26], ist schwerlich überzeugend. E. LINNEMANN hat gegen die Ursprünglichkeit des eigentlichen Gleichnisses V. 2–5 auch nur einwenden können, daß weder eine allgemeine Mahnung zur Beharrlichkeit im Gebet noch eine spezielle Mahnung zum beharrlichen Bitten um den Anbruch der Gottesherrschaft, aber auch nicht die Zusage der Erfüllung solcher beharrlichen Bitten in den Mund Jesu paßten. Aber Jesus hat dem zuversichtlichen Gebet Erhörung verheißen (Mk 11, 24), und er hat zum Gebet um das Kommen der Gottesherrschaft aufgefordert (Mt 6, 10), ohne daß das Vaterunser oder Lk 18, 2–5 auf den Gedanken führten, man könne oder solle die Gottesherrschaft »durch das beharrliche Gebet herbeiziehen«. Kann darum schwerlich bezweifelt werden, daß dieses Gleichnis von Jesus stammt, so sind die Einwände gegen die Ursprünglichkeit der Gleichnisdeutung 18, 6–8 gewichtiger[27]. Man wendet gegen diese Deutung vor allem ein, daß die Anwendungen der Gleichnisse häufig sekundär sind, daß ἐκλεκτοί sich in keinem echten Jesuswort finde und daß die Deutung die allgemeine Mahnung des Gleichnisses zum anhaltenden Gebet in die spezielle zum Beten um das kommende Reich umbiege. Nun beweist die allgemeine Feststellung, daß Gleichnisanwendungen oft sekundär sind, natürlich gar nichts, und wenn sich die Bezeichnung ἐκλεκτοί in keinem echten Jesuswort findet, so findet sich dort doch der Gedanke der Erwählung (Lk 12, 32; Mt 11, 25 f par Lk 10, 21). Und schließlich: die Deutung verfehlt keineswegs den Sinn des Gleichnisses; denn im Mittelpunkt

---

beide Texte fordern in gleicher Weise zu der üblichen Folgerung aus der Beobachtung bestimmter Naturvorgänge auf; und es ist daher unwesentlich, daß in Lk 12, 56 auf den *Vorzeichencharakter* des Bildes nicht noch ausdrücklich hingewiesen wird, da der Hörer diesen Sinn des Bildes von selbst in die Anwendung überträgt (s. R. H. FULLER, s. Anm. 7, 46). Die Kombination von Mk 13, 28 f und Lk 12, 54–56 ist daher exegetisch völlig angemessen.

[26] E. FUCHS, s. Anm. 5, 70; E. LINNEMANN, s. Anm. 5, 140. 180 f.

[27] Die Echtheit der Gleichnisdeutung lehnen ab außer den bei W. G. KÜMMEL, s. Anm. 2, 52 Anm. 126 Genannten E. GRÄSSER, s. Anm. 7, 36 f; E. LINNEMANN, s. Anm. 5, 180; W. GRUNDMANN, Das Evangelium nach Lukas, 1961, 346; A. R. C. LEANEY, A Commentary on the Gospel According to St. Luke, 1958, 235.

des Gleichnisses steht nicht die Witwe, sondern der Richter, und dem entspricht die Deutung, die Gottes sichere Erfüllung der Bitten um die endzeitliche Erlösung verheißt[28]. Es besteht darum guter Grund, Lk 18, 2–8 a für eine zusammengehörige Jesusüberlieferung zu halten. Dann hat Jesus den Jüngern, die um das Kommen der Gottesherrschaft beten, verheißen, daß Gott ihnen in Bälde Recht verschaffen wird[29]. Gegen dieses Verständnis des Textes hat man freilich eingewandt, daß $\dot{\varepsilon}\nu$ $\tau\dot{\alpha}\chi\varepsilon\iota$ »plötzlich, im Augenblick« heißen könne und in der Mehrzahl der Fälle und darum auch hier heiße, so daß 18, 8 a über die Frist bis zur Parusie keine Angabe mache[30]. Aber wenn auch gelegentlich $\tau\alpha\chi\dot{\upsilon}\varsigma$ die Bedeutung von »unüberlegt, plötzlich« haben kann (zB 1Tim 5, 22), so ist an keiner Stelle des Neuen Testaments, an denen $\dot{\varepsilon}\nu$ $\tau\dot{\alpha}\chi\varepsilon\iota$ noch vorkommt (Apg 2, 7; 22, 18; 25, 4; Röm 16, 20; Apk 1, 1; 22, 6) eine andere Übersetzung als »rasch, bald« naheliegend. Und darum ist kein Grund vorhanden, für Lk 18, 8 von dieser am häufigsten begegnenden Bedeutung abzuweichen[31]. Es spricht also alles dafür, daß Jesus auch nach Lk 18, 2–8 a ein rasches Kommen der Endvollendung angekündigt hat.

Diese Annahme erhält ihre volle Sicherheit aber erst durch die Untersuchung der drei viel diskutierten Texte, die ausdrücklich eine Frist für das Kommen der Endzeitvollendung angeben (Mk 9, 1; 13, 30; Mt 10, 23). Es ist sehr bezeichnend, daß man immer wieder Warnungen äußert wie die, »Texte, die eine ›Terminangabe‹ zu enthalten scheinen, in den Mittelpunkt zu rücken«[32], oder

---

[28] Vgl. J. Jeremias, s. Anm. 7, 156. Die Ursprünglichkeit der Deutung verteidigen mit Recht außer Jeremias auch C. Spicq, La parabole de la veuve obstinée et du juge inerte, aux décisions impromptues, RB 68, 1961, 68ff und G. Delling, Das Gleichnis vom gottlosen Richter, ZNW 53, 1962, 1ff. V. 8b ist freilich gegen Spicq und Delling als Zusatz des Lukas zu dieser Gleichnisdeutung anzusehen, wie der Ersatz Gottes durch den Menschensohn und das Auftauchen des Glaubensbegriffs beweisen (so richtig auch E. Linnemann, s. Anm. 5, 181; J. A. Baird, s. Anm. 4, 145). Um einen Zusatz handelt es sich ja auch dann, wenn man J. Jeremias in der Annahme folgt, daß V. 8b ein vorlukanischer Menschensohnspruch sei; H. E. Tödt, Der Menschensohn in der synoptischen Überlieferung, 1959, 92 hält dagegen V. 8b für eine Formulierung des Evangelisten.

[29] Die crux interpretum $\varkappa\alpha\grave{\iota}$ $\mu\alpha\varkappa\varrho\text{o}\vartheta\upsilon\mu\varepsilon\tilde{\iota}$ $\dot{\varepsilon}\pi$' $\alpha\dot{\upsilon}\tauο\tilde{\iota}\varsigma$ (V. 7 Ende) ist möglicherweise im Anschluß an Sir. 35, 19 zu übersetzen: »Auch wenn er in bezug auf sie auf sich warten läßt« (so H. Riesenfeld, Zu $\mu\alpha\varkappa\varrho\text{o}\vartheta\upsilon\mu\varepsilon\tilde{\iota}\nu$ (Lk 18, 7), Ntl. Aufsätze, Festschrift J. Schmid, 1963, 214ff).

[30] C. Spicq, s. Anm. 28, 81ff; J. Jeremias, s. Anm. 23, 155; G. Delling, s. Anm. 28, 19f; W. Grundmann, s. Anm. 27, 348; als Möglichkeit bei E. Grässer, s. Anm. 7, 38.

[31] So auch E. Linnemann, s. Anm. 5, 181. Die alten Übersetzungen verstehen ebenso (*cito* vet. lat., vg; *celeriter* a; *baʿgal* pesch; nur d weicht ab: *confestim*; vgl. Itala, hrsg. von A. Jülicher und W. Matzkow, 3, 1954, 202). Sollte die in Anm. 29 angeführte Übersetzung von 18, 7b zutreffen, so würde sie die zeitliche Bedeutung von $\dot{\varepsilon}\nu$ $\tau\dot{\alpha}\chi\varepsilon\iota$ weiter sichern.

[32] R. Schnackenburg, s. Anm. 7, 138; G. Neville, s. Anm. 4, 60; J. Gnilka, s. Anm. 6, 31.

daß man diese Texte einfach darum als verdächtig beiseite schiebt, *weil* sie eine Terminangabe enthalten[33], oder von »kantigen Traditionssplittern« spricht, die schon die Urgemeinde nicht sauber in das Gefüge der eschatologischen Predigt Jesu einzuordnen wußte[34]. Doch kann ja auch angesichts dieser Texte nur die Frage sein, was sie wirklich aussagen und ob gegen die Herkunft jedes einzelnen Textes von Jesus schwerwiegende Bedenken bestehen. Die wenigsten Probleme bietet Mk 13, 30 »Wahrlich ich sage euch, dieses Geschlecht wird nicht vergehen, bis daß alles geschehen ist.« Daß es sich um ein ursprünglich isoliertes Einzelwort handelt, ist oft nachgewiesen worden[35], und auch darüber sollte kein Zweifel bestehen, daß ἡ γενεὰ αὕτη nur die Zeitgenossen Jesu bezeichnen kann[36]. So bleibt als wirkliche Frage, was mit ταῦτα πάντα gemeint ist. Die Deutung des Evangelisten auf die Gesamtheit der eschatologischen Ereignisse bis zur Parusie ist angesichts des ursprünglich isolierten Charakters des Logions nicht unausweichlich. Daher wird immer wieder vorgeschlagen, ταῦτα πάντα auf die Ereignisse bis zur Zerstörung Jerusalems zu beziehen[37], aber diese Vermutung läßt sich mit nichts begründen (13, 4 fragt nur nach ταῦτα, während in 13, 30 von ταῦτα πάντα die Rede ist) und kann nur als »une échappatoire« bezeichnet werden[38]. Und die Vermutung, Jesus habe ursprünglich von seinem Tod innerhalb dieser Generation gesprochen und der Evangelist habe den Spruch an 13, 4 angeglichen[39], ist erst recht ohne jeden Anhalt am Text. ταῦτα πάντα weist dem Wortlaut nach am ehesten auf die Gesamtheit der eschatologischen Ereignisse, und »this statement of our Lord's ... simply requires grace to be received«[40]. Denn »an sich enthält der Vers nichts, was der Verkündigung Jesu widerspräche«[41], und wenn man nicht von der oben erwähnten vorgefaßten Meinung ausgeht, Jesus *könne* keinen Termin für das Endgeschehen angegeben oder sich geirrt haben, so spricht alles

---

[33] E. Jüngel, s. Anm. 3, 237f; J.A. Baird, s. Anm. 4, 142; J.W. Doeve, s. Anm. 5, 32 Anm. 2; E. Fuchs, s. Anm. 4, 70.

[34] R. Schnackenburg, s. Anm. 7, 146.

[35] Vgl. etwa E. Grässer, s. Anm. 7, 128f.

[36] So z. B. R. Schnackenburg, s. Anm. 7, 143f; B. Rigaux, s. Anm. 2, 197; G.R. Beasley-Murray, s. Anm. 8, 99f.

[37] Vgl. die bei W.G. Kümmel, s. Anm. 2, 54 Anm. 129 und bei E. Grässer, s. Anm. 7, 129 Anm. 4 Genannten; zögernd auch R. Schnackenburg, s. Anm. 7, 144 und E. Grässer, aaO. C.E.B. Cranfield, The Gospel According to Saint Mark, 1959, 409 hält eine Beziehung von ταῦτα πάντα auf die *Vorzeichen* des Endes für die wahrscheinlichste Erklärung, und H.P. Owen, s. Anm. 8, 176f will es auf die Zerstörung des Tempels beziehen, aber als ein Vorzeichen für das Ende innerhalb dieser Generation.

[38] B. Rigaux, s. Anm. 2, 215.

[39] G. Neville, s. Anm. 4, 62f.

[40] G.R. Beasley-Murray, s. Anm. 8, 99.

[41] E. Grässer, s. Anm. 7, 130.

dafür, daß wir es in Mk 13, 30 mit einem Wort Jesu zu tun haben, das den Eintritt der Endvollendung für den Zeitraum ansagt, der mit »diese Generation« umschrieben werden kann[42]. Auf ein von einem christlichen Propheten geschaffenes »Trostwort infolge des Ausbleibens der Parusie«[43] weist der Wortlaut dagegen in keiner Weise.

Ein ähnliches Problem bietet Mk 9, 1: »Wahrlich ich sage euch, es gibt einige unter den hier Stehenden, die den Tod nicht schmecken werden, bis sie die Gottesherrschaft in Kraft haben kommen sehen.« Auch für dieses Wort ist weitgehend anerkannt, daß es sich um ein Einzellogion handelt, das der Evangelist auf die Parusie bezogen und darum an 8, 38 angeschlossen hat[44]. Dagegen ist stark umstritten, ob Markus mit dieser Einordnung den Spruch in seinem ursprünglichen Sinn verstanden hat. C.H. DODD hatte seinerzeit die Rede vom zukünftigen Sehen der Gottesherrschaft durch diejenigen, die bis zu diesem Zeitpunkt am Leben bleiben, dahin gedeutet, daß diese Menschen noch rechtzeitig vor ihrem Tod erkennen werden, daß die Gottesherrschaft bereits gekommen *ist*[45]. Diese Auslegung hat J. A. BAIRD in der Form erneuert[46], daß von denjenigen Menschen die Rede sei, die nicht sterben werden, ehe sie die innerliche Erkenntnis gewonnen haben, daß das Gottesreich in ihrem Leben oder im Leben der Kirche im Kommen ist. Aber daß in Mk 9, 1 von einem künftigen *öffentlichen* Sichtbarwerden der Gottesherrschaft die Rede ist und nicht von einem künftigen Innewerden der Gottesherrschaft, ist mit Recht von verschiedenen Seiten aus nachgewiesen worden und braucht nicht erneut gezeigt zu werden[47]. C. H. DODD hat darum später die Verheißung des zukünftigen Sehens der Gottesherrschaft in Kraft durch einige Anwesende als Hinweis Jesu auf seine bevorstehende Auferstehung und auf das Gottesreich auf Erden in der Gemeinde erklärt, und ähnlich haben andere an die Wirkung des Todes Jesu oder die Wirkung des Geistes in der Kirche gedacht[48]. Aber die Verbindung von »sehen« und »kommen in Macht« weist

[42] G. R. BEASLEY-MURRAY, s. Anm. 8, 99ff; W. GRUNDMANN, Das Evangelium nach Markus, 1959², 270f; D. BOSCH, s. Anm. 7, 145f; B. RIGAUX, s. Anm. 2,197, 214f.

[43] E. GRÄSSER, s. Anm. 7, 131; E. LINNEMANN, s. Anm. 5, 138.

[44] Vgl. etwa E. GRÄSSER, s. Anm. 7, 131.

[45] C. H. DODD, The Parables of the Kingdom, 1936³, 42, 53f (= Fontana Book, 1961, 35. 43).

[46] J. A. BAIRD, s. Anm. 4, 142ff.

[47] Vgl. W. G. KÜMMEL, s. Anm. 2, 20f und die dort Anm. 26 genannte Literatur, ferner B. RIGAUX, s. Anm. 2, 184.

[48] C. H. DODD, The Coming of Christ, 1951, 13f; G. NEVILLE, s. Anm. 4, 60f; V. TAYLOR, The Gospel According to St. Mark, 1952, 386; A. RICHARDSON, An Introduction to he Theology of the New Testament, 1958, 63f; J. A. T. ROBINSON, Jesus and His Coming, 1957, 89; R. A. COLE, The Gospel According to St. Mark, 1961, 140; P. CARRINGTON, According to St. Mark, 1960, 188ff; vgl. auch die von D. BOSCH, s. Anm. 7, 144f ge-

zu deutlich auf ein öffentlich sichtbares und spürbares In-Erscheinung-Treten der Gottesherrschaft, als daß die Deutung dieser Verheißung auf den eschatologischen Anbruch der Gottesherrschaft umgangen werden könnte[49]. Dann besagt aber Mk 9, 1, daß Jesus den aller Welt sichtbaren Beginn der Gottesherrschaft innerhalb des Zeitraums seiner Generation erwartet, das Kommen der Gottesherrschaft also eindeutig als ein Geschehnis der nahen Zukunft angesehen hat.

Freilich meint man nun, diese Verheißung, die in dieser Form zweifellos nicht in Erfüllung gegangen ist, im Rahmen der Verkündigung Jesu nicht unterbringen zu können, und so sagen die einen, daß der ursprüngliche Sinn des Wortes im Munde Jesu nicht mehr erkennbar sei[50], während andere in der Unterscheidung zwischen τινές, die diese Erfahrung machen dürfen, und der Mehrzahl, die vorher sterben muß, einen Hinweis darauf sehen wollen, daß wir es mit einem urchristlichen Prophetenspruch zu tun haben, der eine Antwort geben will auf das drängende Problem der Parusieverzögerung[51]. Und man antwortet auf das Argument, daß die Gemeinde sich schwerlich durch eine Voraussage, die dann nicht eintraf, selber Schwierigkeiten gemacht hätte[52], mit der Feststellung: »Wer ein solches Trostwort im Namen des erhöhten Herrn der Gemeinde zusprach, rechnete mit dem *Eintreffen* und konnte deshalb unmöglich über Schwierigkeiten reflektieren, die sich aus dem Nichteintreffen ergeben würden.«[53] Aber wenn der Spruch tatsächlich als Antwort auf die als Problem empfundene Parusieverzögerung entstanden wäre, so könnte derjenige, der ihn formulierte, gewiß nicht über die Möglichkeit seines

---

nannten Meinungen. C. E. B. CRANFIELD, s. Anm. 37, 287f findet in 9, 1 eine Voraussage der Verklärung 9, 2 ff.

[49] R. H. FULLER, s. Anm. 7, 27f. 118; H. P. OWEN, s. Anm. 8, 181; G. GLOEGE, s. Anm. 8, 140; N. PERRIN, s. Anm. 2, 139f; B. RIGAUX, s. Anm. 2. 192. 196f; D. BOSCH, s. Anm. 7, 144f; E. GRÄSSER, s. Anm. 7, 132.

[50] J. GNILKA, s. Anm. 6, 289; W. STRAWSON, Jesus and the Future Life, 1959, 74; R. SCHNACKENBURG, s. Anm. 7, 143.

[51] Vgl. die bei W. G. KÜMMEL, s. Anm. 2, 21 Anm. 28 Genannten, ferner H. A. Guy, The Origin of the Gospel of Mark, 1954, 88ff; E. GRÄSSER, s. Anm. 7, 133f; E. LINNEMANN, s. Anm. 5, 138; E. PERCY, Die Botschaft Jesu, 1953, 177; H. CONZELMANN, Die Mitte der Zeit, 1954, 88. W. MARXSEN, Der Evangelist Markus, 1956, 140 Anm. 1 will die Frage nach der Herkunft des Spruches von Jesus nicht gestellt haben, und W. GRUNDMANN, s. Anm. 42, 177f hält die Erwähnung von τινές für einen der Parusieverzögerung entstammenden Zusatz, will aber offenbar auch den von allen Christen redenden ursprünglichen Spruch auf die älteste Christenheit zurückführen. Die Echtheitsfrage bleibt offen bei S. E. JOHNSON, A Commentary on the Gospel According to St. Mark. 1960, 153.

[52] W. G. KÜMMEL, s. Anm. 2, 21; G. GLOEGE, s. Anm. 8, 140; N. PERRIN, s. Anm. 2, 138f; D. BOSCH, s. Anm. 7, 144.

[53] E. LINNEMANN, s. Anm. 5, 138; ähnlich H. CONZELMANN, s. Anm. 51; 88; E. GRÄSSER, s. Anm. 7, 134.

Nichteintreffens reflektieren, wohl aber mußte er die tröstende Zusage in einer Form machen, die wirklich tröstenden Charakter trug bzw. die Gewißheit des baldigen Kommens der Parusie verstärkte (vgl. etwa 1Thess 5, 1–3 oder Röm 13, 11. 12a). Mk 9, 1 *konnte* aber diesen Zweck nicht erfüllen, weil die darin enthaltene Terminangabe ja zum Nachprüfen aufforderte und darum in der Tat eine Schwierigkeit verursachen mußte, die man sich in diesem Fall ganz gewiß nicht selber geschaffen hätte. Und die Formulierung »einige, die hier stehen« erklärt sich im Munde Jesu leicht, ist aber im Munde eines christlichen Propheten, der ein die Gemeinde bedrückendes Problem lösen wollte, allzu situationsgebunden[54]. Es besteht daher kein berechtigter Einwand gegen die Annahme, daß Mk 9, 1 auf Jesus zurückgeht und damit ebenfalls zeigt, daß Jesus mit einer zeitlichen Nähe des Eintritts der Gottesherrschaft gerechnet hat.

Besonders umstritten ist das dritte der hier zu besprechenden Worte, Mt 10, 23. An den (mit Mk 13, 9–13 parallelen) Abschnitt Mt 10, 17–22, der von der Verfolgung der Jünger handelt, ist der nur bei Matthäus überlieferte Spruch angefügt: »Wenn sie euch aber verfolgen in dieser Stadt, flieht in die andere; denn wahrlich ich sage euch, ihr werdet die Städte Israels nicht zu Ende bringen, bis der Menschensohn kommt.« Da mit Mt 10, 24 ein neues Thema unverbunden einsetzt, besteht zwischen 10, 23 und 10, 24ff zweifellos kein ursprünglicher Zusammenhang. 10, 23a schließt dagegen gut an 10, 22 an: neben das Gehaßtwerden tritt die Verfolgung; freilich war in 10, 22 vom Aushalten des Hasses εἰς τέλος die Rede gewesen, während 10, 23a zur Flucht von einer Stadt in die andere auffordert. Das dürfte schwerlich auf einen *ursprünglichen* Zusammenhang zwischen 10, 22 und 10, 23a führen. Nun schließt sich an die Aufforderung zur Flucht in 10, 23a die tröstende Verheißung 10, 23b an, daß die Jünger die Städte Israels nicht zu Ende bringen werden, bis der Menschensohn kommt. Das kann man im Zusammenhang nur dahin verstehen, daß den Jüngern noch immer eine zur Flucht geeignete Stadt übrigbleiben wird, ehe mit dem Kommen des Menschensohnes ihre Flucht ein Ende nimmt. Und vielleicht hat der Evangelist den Spruch so gedeutet. Aber diese Deutung setzt voraus, daß οὐ μὴ τελέσητε τὰς πόλεις τοῦ Ἰσραήλ zu übersetzen ist: »ihr werdet nicht mit den Städten Israels zu Ende kommen.«[55] Diese fast allgemein

---

[54] H. A. GUY, s. Anm. 51, empfindet offenbar diese Schwierigkeit und ist darum wieder auf den unmöglichen Ausweg verfallen, ἑστηκότων im Sinne von »feststehen« zu interpretieren.

[55] So LUTHER und die Zürcher Übersetzung. Besonders deutlich ist die Übersetzung in The Interpreter's Bible 7, 1951 und die der New English Bible: »(before you) have gone through all the towns of Israel«.

übliche Übersetzung läßt sich aber nicht belegen[56]. An sämtlichen Stellen des
Neuen Testaments hat τελέω entweder den Sinn »zu Ende bringen, vollenden
(abgeschwächt: ausführen)« oder die Spezialbedeutung »bezahlen« und im
Profangriechisch außer diesen beiden Bedeutungen noch die weitere Spezialbedeutung »einweihen«; dagegen findet sich die intransitive Bedeutung »zu
Ende kommen« nur ganz selten in poetischen Texten, aber natürlich nicht mit
einem Akkusativobjekt[57]. Allein die Übersetzung »ihr werdet die Städte Israels
nicht fertig machen, zu Ende bringen« ist darum sprachlich möglich[58]. Damit
ist aber die unausweichliche Konsequenz gegeben, daß 10, 23 a nicht von
jeher mit 10, 23 b zusammengehört haben kann und daß die durch 10, 23 a
geforderte Deutung von 10, 23 b auf die Flucht von einer Stadt in die andere
nicht der ursprüngliche Sinn des Satzes 10, 23 b gewesen ist[59]. Es gelingt aber
auch nicht, durch Aufdeckung der traditionsgeschichtlichen Herkunft des
Satzes den ursprünglichen Sinn von 10, 23 b aufzuhellen[60], und so bleibt nur
der Versuch übrig, den Sinn von 10, 23 b ohne Rücksicht auf den jetzigen oder
einen hypothetischen Kontext zu bestimmen. »Ihr werdet die Städte Israels

[56] Auch W. BAUER, WB[5], 1958, 1604 bietet diese Übersetzung, jedoch ohne einen
Beleg.

[57] S. H.G.LIDDELL-R. SCOTT-H.S.JONES, A Greek-English Lexicon II, 1772.

[58] So E. GRÄSSER, s. Anm. 7, 137; J. DUPONT, »Vous n'aurez pas achevé les villes d'Israel
avant que le Fils de l'Homme ne vienne« (Mat X 23), NovTest 2, 1958, 231 gegen PH. VIEL-
HAUER, s. Anm. 7, 59; H. E. TÖDT, s. Anm. 28, 56; E. FEUILLET, Les origines et la signifi-
cation de Mt 10, 23b, CBQ 23, 1961, 186; E. LINNEMANN, s. Anm. 5, 138f. (die von
Feuillet angeführten Beispiele τελεῖν ὁδόν, τὸν βίον, τοὺς λόγους τούτους beweisen
nichts, da hier τελεῖν »beendigen« und nicht »zu Ende kommen mit« bedeutet). Die alten
Übersetzungen *non consummabitis* (so sämtliche Lateiner, s. A. JÜLICHER-W.MATZKOW,
Itala 1, 1938, 60) und teˢalleˢmūn (syᶜ und Pesch) sind korrekt, aber mehrdeutig. Richtig ist
auch die Übersetzung L. ALBRECHTS: »Vor des Menschensohnes Kommen wird eure Arbeit
an den Städten Israels noch nicht vollendet sein.«

[59] Die ursprüngliche Einheitlichkeit von 10, 23 und damit die Deutung von 10, 23 b auf
die Flucht von Stadt zu Stadt verteidigen R. SCHNACKENBURG, s. Anm. 7, 142; PH. VIEL-
HAUER, s. Anm. 7, 59 Anm. 43; H. E. TÖDT, s. Anm. 28, 56; E. LINNEMANN, s. Anm. 5,
139; A. FEUILLET, s. Anm. 58, 186; H. SCHÜRMANN, Zur Traditionsgeschichte von Mt 10,
23, BZ, N. F. 3, 1959, 85; E. BAMMEL, Matthäus 10, 23, Stud. Theol. 14, 1960, 79ff (der
Versuch, für die Gedanken des Wanderns von Ort zu Ort und seine Beendigung durch ein
eschatologisches Ereignis, damit also für den ganzen Vers ohne den einleitenden ὅταν-Satz
eine jüdische Vorlage aufzuweisen, ist schwerlich gelungen).

[60] H. SCHÜRMANN, s. Anm. 59, 82ff. (unter Zustimmung von A. FEUILLET, s. Anm. 58,
182ff) möchte Mt 10, 23 als ursprünglichen Schluß der Komposition der Redenquelle
Lk 12, 8–12 und damit als Trostwort in der Verfolgungssituation erweisen; aber daß in
Mt 10, 17–22 die Redenquelle und nicht Mk 13, 9–13 zugrunde liegt, ist nicht bewiesen;
und diese Hypothese wird erst recht unhaltbar, wenn Mt 10, 23 keine ursprüngliche Einheit sein kann. J. DUPONT, s. Anm. 58, 228ff hält Mt 10, 23b für die ursprüngliche Fortsetzung von 10, 5b. 6, die Matthäus an das Ende der Missionsrede verschoben hat; aber
das ist erst recht unbeweisbar.

nicht zu Ende bringen bis …« kann aber auch bei solcher Betrachtung schwerlich etwas anderes besagen als »ihr werdet mit der Missionierung Israels nicht fertig werden bis…«; die Jünger Jesu sollen also mit ihrer Missionsaufgabe ihrem Volk gegenüber nicht fertig werden vor dem Kommen des Menschensohns. Da sonst in der synoptischen Überlieferung mit dem »Kommen des Menschensohns« immer die eschatologische Vollendung bezeichnet wird (Mk 8, 38 par Mt 16, 27 Lk 9, 26; Mt 16, 28; 25, 31; Mk 13, 26 par Mt 24, 30 Lk 21, 27; Mt 24, 44 par Lk 12, 40; Mk 14, 62 par Mt 26, 64; Lk 18, 8b; vgl. ἔσται ἡ παρουσία τοῦ υἱοῦ τοῦ ἀνθρώπου Mt 24, 27)[61], liegt diese Bedeutung in Mt 10, 23b auch am nächsten: der Menschensohn wird erscheinen, ehe die Missionstätigkeit der Jünger beendet sein kann. Trifft diese Auslegung zu, so hat Jesus auch in diesem Wort, ähnlich wie in Mk 9, 1, einen zeitlich begrenzten Termin für das baldige Kommen des Menschensohns vorausgesagt, und auch diese Verheißung ist nicht in Erfüllung gegangen. Man hat dieser Tatsache dadurch auszuweichen versucht, daß man das bevorstehende Kommen des Menschensohns auf die Aufrichtung der Kirche durch den Tod und die Auferstehung Jesu[62] oder auf den Fall Jerusalems[63] bezog oder einen futurischen Sinn dieses »Kommens« für das ursprüngliche Jesuswort leugnete[64]. Aber keine dieser Erklärungen legt sich vom Wortlaut des Spruches her irgendwie nahe oder ist auch nur wahrscheinlich zu machen, und daß Mt 10, 23b

[61] Auf die grundsätzliche Bestreitung dieser Tatsache (vgl. z. B. A. FEUILLET, Le triomphe du Fils de l'Homme d'après la déclaration du Christ aux Sanhédrites, in »La venue du Messie«, Recherches Bibliques 6, 1963, 159ff) kann ich hier nicht eingehen.

[62] G. NEVILLE, s. Anm. 4, 61 (ursprünglich war vom Kommen des Gottesreichs mit Macht die Rede); R.V.G.TASKER, The Gospel According to St. Matthew, 1961, 108; V. TAYLOR, The Life and Ministry of Jesus, 1955, 107f.

[63] J.A.T.ROBINSON, s. Anm. 48, 80. 91f (vermutlich hat das Wort« a chronological twist« erhalten und ist so der Parusiehoffnung angeglichen worden); A. FEUILLET, s. Anm. 58, 192f (F. bietet S. 190ff eine Aufzählung weiterer Deutungen des Spruches; ältere Deutungen bei P. NEPPER-CHRISTENSEN, Das Matthäusevangelium ein judenchristliches Evangelium?, 1958, 185ff).

[64] Nach J.A. BAIRD, s. Anm. 4, 145 hatte Mt 10, 23 ursprünglich »a present, historic meaning«, ähnlich dem präsentisch zu deutenden Spruch Mk 9, 1. P. BONNARD, L'Évangile selon Saint Matthieu, 1963, 149 erklärt: »jusqu'à mon retour en gloire, à la fin des temps, vous trouverez toujours un lieu où fuir et témoigner de l'Évangile« und eliminiert auf diese Weise eine Terminangabe. J. DUPONT, s. Anm. 58, 238ff beschränkt die Voraussage auf die Mission in Galiläa und will »Menschensohn« auf den irdischen Jesus beziehen; der Evangelist wolle durch diese Ausdrucksweise »simplement marquer son respect pour le Maître, sans cesse de le considérer dans son existence terrestre et dans ses rapports familiers avec ses disciples«; A. FEUILLET, s. Anm. 58, 188 nennt diesen Erklärungsversuch angesichts der feierlichen Formulierung mit Recht »la déclaration la plus banale qui se puisse concevoir«. W. GRUNDMANN, Die Geschichte Jesu Christi, 1956, 245ff und R. SCHNACKENBURG, s. Anm. 7, 142f lassen die Frage nach dem ursprünglichen Sinn offen.

vom endzeitlichen Kommen des Menschensohns vor Beendigung der Mission der Jünger in Israel redet, muß als exegetisch sicher bezeichnet werden[65].

Nun soll freilich der so zu erklärende Spruch im Munde Jesu unmöglich sein, weil er eine Naherwartung vertritt, weil er die Ankunft des Menschensohnes mit dem Kommen der Gottesherrschaft gleichsetzt und eine Verfolgungssituation für die Jünger voraussetzt; auch sei es unwahrscheinlich, daß Jesus seine Verkündigung auf die Städte Israels beschränkt und sein Kommen ausgemalt habe. Es handele sich deutlich um ein Trostwort aus der frühesten Urgemeinde oder um ein Wort einer eng judenchristlichen Gruppe, die die Heidenmission ablehnte[66]. Diese Einwände sind freilich merkwürdig schwach und keineswegs überzeugend. Daß Jesus keine Naherwartung vertreten haben *könne*, ist eine *petitio principii*, die man nicht als kritisches Prinzip gebrauchen kann. Daß die Identifizierung von Einbruch der Gottesherrschaft und Ankunft des Menschensohnes erst da verständlich werde, wo der die Gottesherrschaft verkündende Jesus als Menschensohn erwartet wird (E. JÜNGEL), ist eine vor allem von PH. VIELHAUER verteidigte Anschauung[67]. Wenn aber nicht nur Mk 9, 1 (s. o.), sondern auch Mk 8, 38[68] auf Jesus zurückgeht, so zeigt das Miteinander beider Aussagen Jesu, daß Jesus in gleicher Weise vom zukünftigen Kommen des Menschensohns wie der Gottesherrschaft gesprochen hat, ganz gleich ob man annimmt, daß Jesus den kommenden Menschensohn von sich unterschieden[69] oder sich selbst als den kommenden Menschensohn bezeichnet hat[70]. Daß Jesus seine Verkündigung nicht auf den Bereich der Städte

---

[65] Die Auslegung A. SCHWEITZERS, daß Jesus das Kommen des Menschensohns vor der Rückkehr der Jünger von der Galiläamission erwartet habe, hat M. GOGUEL noch einmal erneuert (Le caractère, à la fois actuel et futur, du salut dans la théologie Paulinienne, in »The Background of the New Testament and Its Eschatology«, Festschrift C.H. DODD, 1956, 323); daß diese Auslegung unhaltbar ist, ist jetzt allgemein anerkannt, vgl. W.G. KÜMMEL, s. Anm. 2, 55f und A. FEUILLET, s. Anm. 58, 189f).

[66] So oder ähnlich die bei W.G. KÜMMEL, s. Anm. 2, 56 Anm. 137 Genannten, ferner E. GRÄSSER, s. Anm. 7, 137f; E. LINNEMANN, s. Anm. 5, 138f; PH. VIELHAUER, s. Anm. 7, 58ff; H.E.TÖDT, s. Anm. 28, 56f; E. SCHWEIZER, Erniedrigung und Erhöhung bei Jesus und seinen Nachfolgern, 1962², 42f; E. BAMMEL, s. Anm. 59, 92; E. FUCHS, s. Anm. 4, 70; E. JÜNGEL, s. Anm. 3, 239f; H. BRAUN, Spätjüdisch-häretischer und frühchristlicher Radikalismus II, 1957, 102 Anm. 4; W. SCHMITHALS, Paulus und Jakobus, 1963, 94; G. STRECKER, Der Weg der Gerechtigkeit, 1962, 41.

[67] PH. VIELHAUER, s. Anm. 7, 71ff; DERS., Jesus und der Menschensohn, ZThK 60, 1963, 135ff.

[68] S. W.G.KÜMMEL, s. Anm. 2, 38ff.

[69] S. H.E.TÖDT, s. Anm. 28, 37ff; F. HAHN, s. Anm. 7, 38.

[70] S. Anm. 68 und DERS., in »Jesus Christus. Das Christusverständnis im Wandel der Zeiten«, Marburger Theol. Stud. 1, 1963, 7f. Gegen Ph. VIELHAUERS Einwand, »daß Gottesherrschaft und Menschensohn in der zeitgenössischen jüdischen Eschatologie nichts miteinander zu tun hatten und daß sich ihre Kombination für Jesus auch von seinen religions-

Israels beschränkt habe (H.E.TÖDT), trifft nicht zu, wenn Mt 10, 5b. 6 Jesu Anschauung richtig wiedergibt, wofür alles spricht[71]. Und daß schließlich Mt 10, 23b tröstenden Charakter haben solle, legt sich nach dem Wortlaut so wenig nahe, wie daß der Satz die Heidenmission ablehne, die vielmehr überhaupt nicht im Gesichtskreis zu sein scheint. So weist alles darauf hin, daß Mt 10, 23 auf Jesus zurückgeht, und zeigt, daß er das endzeitliche Kommen des Menschensohns erwartete, während die Jünger noch mit der Verkündigung der kommenden Gottesherrschaft an die Juden beschäftigt waren[72]. Freilich gibt dieses Wort keine genaue zeitliche Angabe über den Termin des Kommens der Gottesherrschaft, aber der Hinweis auf das Nicht-Fertigwerden mit den Städten Israels läßt sich doch kaum anders verstehen, als daß das Kommen des Menschensohns unerwartet bald geschehen soll. So zeigt auch dieses Wort deutlich die Erwartung Jesu, daß die Gottesherrschaft und mit ihr der Menschensohn in naher Zukunft kommen werden.

Damit sind, wie beabsichtigt war, diejenigen Jesusworte auf ihren Sinn geprüft worden, in denen ausdrücklich von der *zeitlichen* Nähe der Gottesherrschaft bzw. des eschatologischen Geschehens die Rede ist, und es hat sich gezeigt, daß die Behauptung nicht zutrifft, die Annahme einer Naherwartung durch Jesus habe »keinen ausreichenden Anhalt an den Texten«[73]. Eine unvoreingenommene kritische Prüfung der in Betracht kommenden Texte zeigt vielmehr eindeutig, daß Jesus mit der nahen, auf seine Generation beschränkten Zukunft der Gottesherrschaft gerechnet hat[74]. Man wird darum auch nicht bestreiten können, obwohl das immer wieder als »törichte Frage« hingestellt und bestritten wird[75], daß Jesus sich in dieser Erwartung getäuscht hat[76]. Aber

---

geschichtlichen Voraussetzungen her nicht nahelegt« (ZThK 60, 1963, 136), ist zu sagen, daß dieser Einwand in dem Augenblick hinfällig wird, in dem zugestanden werden muß, daß Jesus sowohl von der in der Gegenwart durch sein Handeln wirksam werdenden Gottesherrschaft (Mt 12, 28) als auch von sich als dem auf Erden handelnden Menschensohn (Mk 2, 10; Mt 8, 20) gesprochen hat; denn dann hat Jesus auf alle Fälle eine bewußte Umprägung der überlieferten jüdischen Eschatologie vollzogen.

[71] S. W. G. KÜMMEL, s. Anm. 2, 78; J. JEREMIAS, s. Anm. 17, 16ff.

[72] So J. JEREMIAS, s. Anm. 17, 18; H.P.OWEN, s. Anm. 8, 175f; D. BOSCH, s. Anm. 7, 157; G.R.BEASLEY-MURRAY, Jesus and the Future, 1954, 185; wohl auch N. PERRIN, s. Anm. 2, 83 und B. RIGAUX, s. Anm. 2, 194f.

[73] E. LINNEMANN, s. Anm. 5, 138. Die von E. LINNEMANN in diesem Zusammenhang noch genannten Texte Mk 14, 25; Lk 12, 54. 56, ferner die »allgemeinen Mahnungen zur Wachsamkeit« und die sog. Wachsamkeitsgleichnisse können hier aus Raumgründen nicht besprochen werden; ihre Prüfung würde aber an dem gewonnenen Resultat nichts ändern, da diese Texte ihren Sinn als Hinweise auf eine Naherwartung erst im Zusammenhang mit den hier besprochenen Texten erhalten.

[74] S. Anm. 8.

[75] Vgl. z. B. E. FUCHS, s. Anm. 4, 375; E. JÜNGEL, s. Anm. 3, 237; R. SCHNACKENBURG; s. Anm. 7, 147; H. SCHÜRMANN, s. Anm. 59, 86 Anm. 17; J. GNILKA, s. Anm. 6, 289,

wichtiger ist natürlich der Sachverhalt, der sich aus dieser Prüfung von neuem
ergibt, daß die Verkündigung Jesu von der nahen Gottesherrschaft in der Tat
ein *zeitlich* nahes Geschehen meint, und daß darum die vielfältige Bestreitung
dieses konkret zeitlichen Sinnes der Verkündigung Jesu von der Gottesherrschaft[77] angesichts des Textbefundes nicht haltbar ist. R. BULTMANN hat vielmehr in den zu Beginn dieses Aufsatzes wiedergegebenen Sätzen die Verkündigung Jesu von der nahen Gottesherrschaft durchaus richtig interpretiert.
Daraus folgt einerseits, daß man nach den Gründen für die Entstehung der
urchristlichen Naherwartung nicht zu suchen braucht, weil sie auf Jesus selber
zurückgeht[78]. Und daraus ergibt sich andererseits, daß die für Paulus zweifellos
charakteristische Verbindung von konkreter Naherwartung und dem Glauben
an die eschatologische Erfüllung in der Gegenwart ihre Wurzeln in der Verkündigung Jesu hat[79], so sehr auch der Osterglaube der ältesten Gemeinde
dieser grundlegenden Anschauung Jesu eine neue Wendung gegeben hat. Doch
kann davon hier nicht mehr die Rede sein[80]. Daß das rechte Verständnis für die
Einheit und Verschiedenheit der neutestamentlichen Verkündigungsformen
grundlegend abhängt von der Einsicht in den konkret zeitlichen Sinn der
eschatologischen Verkündigung Jesu, dürfte aber deutlich geworden sein.

J.A. BAIRD, s. Anm. 4, 142; B. RIGAUX, s. Anm. 2, 190. 198 (Jesus hat das Ende für seine
Generation nicht gelehrt und sich darin getäuscht, wohl aber erwartet!).

[76] Richtig H.P. OWEN, s. Anm. 8, 176; G. GLOEGE, s. Anm. 8, 140 (»Man sollte es offen
zugeben, daß sich Jesus in dieser Hinsicht ›verrechnet hat‹. Man sollte aber noch mehr darüber staunen, daß dieser Irrtum nicht seine Glaubwürdigkeit in der Gemeinde minderte
und daß das Ausbleiben des Tages der Herrlichkeit, genauer gesagt: seine Verzögerung,
nach allen Aussagen des Neuen Testamentes, den Glauben keineswegs erschüttert hat«).

[77] S. Anm. 3, 5 und 6.

[78] Vgl. den Hinweis auf ältere Erklärungsversuche bei W. G. KÜMMEL, s. Anm. 3, 115 ff.
T. F. GLASSON hat seine Anschauung, daß die *Parusie*erwartung zwischen der Urgemeinde
und Paulus durch die Übertragung alttestamentlicher Aussagen über das eschatologische
Kommen Jahwes auf Jesus und daß die *Naher*wartung als Folge der Aufstellung der Cali-
gulastatue im Jerusalemer Tempel und infolge einiger anderer Einflüsse entstanden seien
(The Second Advent, 1947[2]), wieder veröffentlicht mit der Hinzufügung, daß auch das
Mißverständnis einiger Jesusworte über seinen Triumph jenseits des Kreuzes zur Entstehung des Parusieglaubens beigetragen haben könne und daß die Naherwartung vor allem
aus der Übertragung jüdischer Naherwartung ins Christliche entstanden sei (1963[3], 176f.
208); vgl. dazu meine Kritik ThR, NF 22, 1954, 144 ff. J.W. DOEVE, s. Anm. 5, will eine
Naherwartung höchstens für einzelne Kreise des Urchristentums als *möglich* anerkennen
(auch 1 Thess 4, 15 erwecke nur diesen Eindruck!), erörtert aber die Entstehung dieser vereinzelten Vorstellungen nicht. Und J. G. DAVIES, The Genesis of Belief in an Imminent
Parousia, JThS, NS 14, 1963, 104 ff will aus 1 Thess 4, 15 ableiten, daß der Glaube an eine
nahe Parusie auf die Offenbarung eines christlichen Propheten zurückgeht.

[79] S. Anm. 9.

[80] S. W. G. KÜMMEL, Jesus und Paulus, NTSt 10, 1963/4, 163 ff.

ERWÄGUNGEN ZUM STICHWORT
»VERSÖHNUNGSLEHRE IM NEUEN TESTAMENT«[1]

ERNST KÄSEMANN

Immer wieder wird die christliche Heilslehre unter das Stichwort der Versöhnung gestellt und dem entsprechend unbefangen auch von einer neutestamentlichen Versöhnungslehre gesprochen. Eine Fülle von Lehrbüchern handelt unter diesem Thema die gesamte Soteriologie des Neuen Testamentes ab, und zumal in der angelsächsischen Theologie hat solche Anschauungsweise tiefe und feste Wurzeln geschlagen. Es ist mir nicht gelungen, eindeutig den »Sitz im Leben« für diese Tradition zu ermitteln, die sich zum mindesten im vorigen Jahrhundert weithin durchgesetzt hat. Um so nützlicher dürfte es sein, gerade im Blick auf die Entwürfe der neutestamentlichen Theologie das Recht, die Angemessenheit und die Verankerung des offensichtlich verführerischen Sprachgebrauches im Neuen Testament zusammenhängend und kritisch zu überprüfen. Wie sich darin ein sehr bestimmtes Verständnis der christlichen Botschaft äußert, so erwachsen aus dieser Perspektive doch auch erhebliche Gefahren, über welche man merkwürdigerweise selten reflektiert zu haben scheint. Daß das Neue Testament auch von Versöhnung spricht, läßt sich nicht leugnen. Wann, wo und wie tut es das jedoch? Ergeben die Aussagen darüber tatsächlich eine sachliche Einheit? Welches Gewicht haben sie im Ganzen der neutestamentlichen Verkündigung? Rechtfertigen sie das Interesse an dem Motivkomplex in alter und neuer Theologiegeschichte? Von wo aus sind sie schließlich historisch und systematisch befriedigend zu interpretieren? Fragt man so, gewahrt man rasch, wie problematisch das uns Überkommene auch an dieser Stelle ist und wie mißtrauisch wir gegenüber allen Simplifikationen sein müssen.

---

[1] Dem Lehrer kann ich nur das überarbeitete Referat von einer ökumenischen Neutestamentlerkonsultation in Montreal am 29. 7. 1963 darbieten. Wenn jedoch R. BULTMANNS Arbeit wirklich den wichtigsten deutschen Beitrag zur Theologie unserer Zeit erbringt, kann die Ökumene nicht an ihr vorübergehen und wird sie umgekehrt auf ihren ökumenischen Nutzen hin zu befragen sein.

I. *Der neutestamentliche Befund*

1. Von Versöhnung kann der Neutestamentler im strengen Sinne nur dort
gesprochen finden, wo καταλλάσσειν und ίλάσκεσθαι mit ihren Derivaten
auftauchen. Akzeptiert man diese These, wird man erstaunt feststellen, daß das
im Neuen Testament relativ selten geschieht. Die Konkordanz belegt jedenfalls nicht die Ansicht, Versöhnung sei eine grundlegende und zentrale Kategorie urchristlicher Botschaft. Außer in Mt 5, 24 begegnet dieses Motiv nur
im paulinisch-deuteropaulinischen Schrifttum. Es wird profan wie in Mt 5, 24
auch in 1Kor 7, 11 gebraucht. Terminologische Bedeutung kommt ihm bei
Paulus in den Texten Röm 5, 10f; 11, 15 und – allein hier theologisch hervorgehoben! – 2Kor 5, 18–20 zu. Schließlich erscheint es als Stichwort hym-
nischer Fragmente in Kol 1, 20. 22 und Eph 2, 16. Blickt man von da aus auf
die um ίλάσκεσθαι kreisende Wortgruppe, muß sofort gefragt werden, ob
und wie weit die Übersetzung »versöhnen« überhaupt an die Stelle des sicher
angemesseneren »sühnen« treten darf. Wird doch hier von vornherein ein
Geschehen im kultischen Bereich anvisiert, wie Röm 3, 25; Hebr 2, 17;
8, 12; 9, 5; 1Joh 2, 2; 4, 10 zeigen, wozu man auch die Worte vom Lösegeld
in Mk 10, 45 und 1Tim 2, 6 noch ziehen wird. Daß der ersten Gruppe solche
kultische Beziehung nicht notwendig anhaftet, ergibt sich aus dem gelegentlichen profanen Gebrauch. Zunächst muß auch völlig offengelassen werden,
unter welchen Umständen beide Wortgruppen sich verbinden können. Diese
Feststellungen zwingen nach meinem Urteil zu der unausweichlichen Folgerung, daß es so etwas wie eine das ganze Neue Testament bestimmende Versöhnungslehre nicht gibt. Es gibt sie nicht einmal bei Paulus, der sich des
Motivs nur beiläufig bedient, so großes Gewicht es im Kontext von 2Kor 5,
18ff gewinnt. In den Deuteropaulinen charakterisiert es jedoch ebenfalls nur
sehr begrenzte Zusammenhänge, genauer: die liturgische Tradition zweier
Texte. Jene uns aus der Dogmatik vertraute und dann in die neutestamentliche
Theologie übertragene Versöhnungslehre kann sich also an einzelne neutestamentliche Aussagen anschließen. Ihr Gewicht und ihre Geschlossenheit gewinnt
sie aber erst im späteren kirchlichen Denken.

2. Immerhin stellt sich nun die Frage, was die terminologische Verwendung
des Begriffs »Versöhnung« im Neuen Testament verursacht und bezweckt. Es
ist ja ein merkwürdiger Befund, daß das Motiv nur im Bereich des Paulinismus
erscheint, ohne für die paulinische Theologie im ganzen tragende Bedeutung
zu haben, und daß es ebenso beiläufig wie thematisch gebraucht werden kann.
Die deuteropaulinischen Stellen geben den entscheidenden Hinweis, wie dieser
Befund sich erklären läßt: Wir haben es hier mit einer Tradition zu tun, die

ursprünglich hymnisch-liturgischen Charakters ist, also aus der Doxologie der hellenistischen Gemeinde stammt. Die zugespitzte Sentenz in Röm 11, 15 gebraucht so unvorbereitet und formelhaft den Ausdruck »Versöhnung der Welt«, daß sich das nur aus fester Überlieferung erklären läßt. Wenn in antithetischem Parallelismus der Nachsatz von ζωὴ ἐκ νεκρῶν spricht, zeigt sich noch, daß beide Wendungen eschatologische Vollendung umschreiben sollen. Röm 5, 9–11 bestärken in solcher Sicht: V. 10 parallelisiert 8b–9, um deren Aussage zu unterstreichen und zu verschärfen. Gottes Liebe bekundet sich, indem sie den Sündern gilt, gerade an Gottes Feinden. Versöhnung meint hier ganz unkultisch wie in Mt 5, 24; 1Kor 7, 11 Beendigung von Gegnerschaft und wird nach V. 11 als Gabe des bis dahin zürnenden Gottes gewährt. Ihr Ziel und Ergebnis ist der »Frieden mit Gott« von 5, 1 und ihr Merkmal der ungehinderte Zugang zu Gott von 5, 2. Vermittelt wird sie »durch den Tod seines Sohnes« oder, wie es in V. 9 heißt, »durch sein Blut«. Wie beide Wendungen liturgische Klangfarbe haben, so greifen beide verdeutlichend das liturgische ὑπὲρ ἡμῶν von V. 8 auf. Kultische Assoziationen werden jetzt – erst jetzt! – möglich und wahrscheinlich auch vorausgesetzt. Doch ist es kennzeichnend, daß Paulus sich auf sie nicht ausführlich einläßt und allein das Moment des stellvertretenden Sterbens akzentuiert. Die eschatologische Versöhnung gibt es allerdings nicht ohne das in 3, 25 genannte »Sühnemittel«, das der sterbende Christus selber ist, nicht ohne seine Mittlerschaft und Stellvertretung. Das Motiv der Versöhnung wird hier also eingeführt, um den Gedanken der *justificatio impiorum* aufs äußerste, nämlich durch die Behauptung der *justificatio inimicorum*, steigern zu können. Es dient demnach der Zuspitzung der Rechtfertigungslehre. Seine Verwendung impliziert aber sofort den christologischen Stellvertretungsgedanken, der aus der urchristlichen Liturgie und zumal der Eucharistie vertraut ist. Verhält es sich jedoch so, wird man damit zu rechnen haben, daß Paulus auch hier aus einer ihm überkommenen Tradition schöpft.

Das wird, wie mir scheint, endgültig durch 2Kor 5, 18–21 erwiesen. Das hymnische Pathos der Stelle ist unverkennbar. Die vielen Partizipialprädikationen atmen zweifellos liturgischen Geist. Die Ausdrucksweise sticht von der uns sonst bei Paulus begegnenden ab. Daß Gott die Übertretungen nicht anrechnet, läßt wie in Röm 3, 25, also einem judenchristlichen hymnischen Fragment, das Heilsgeschehen in der Vergebung aufgehäufter Sündenschuld erblicken. Dem gegenüber legt Paulus selber den ganzen Ton auf die Befreiung von der Sünden*macht*. Daß die Boten des Evangeliums in der Stellvertretung des erhöhten Christus den Versöhnungsruf durch die Welt tragen, befremdet. Denn es setzt ja doch wohl die Anschauung voraus, daß der Apo-

stel das Werk des irdischen Jesus fortsetzt, das der Erhöhte so nicht mehr ausrichten kann. Damit wird aber das Paulus sonst so stark bestimmende Motiv
des »in Christus« merkwürdig durch ein »für Christus« ersetzt, wie denn auch
Gott selbst als der durch den Apostel Handelnde gilt. Schließlich ist zu beachten, daß mit dem überleitenden ὡς und dem ὅτι rezitativum ein Zitat eingeführt zu werden scheint, wenn in V. 19 von Weltversöhnung statt wie in
18 von unserer Versöhnung gesprochen und das bis in den Schluß von 20 festgehalten wird. Auch V. 21 würde sich als Zitat leichter verstehen lassen: Wieder ist ἁμαρτία nicht Macht, sondern Schuld der Sünde. Über die Sündlosigkeit Jesu hat Paulus nirgendwo sonst reflektiert. Ob er von seinem Begriff der
Sünde als Macht sagen konnte, Jesus sei für uns zur Sünde, dh doch wohl dem
Träger aller irdischen Schuld, gemacht worden, sollte ernsthaft überlegt werden. Genauso verwunderlich bleibt es, wenn die Christen als »Gerechtigkeit
Gottes in ihm« bezeichnet werden, da solche Prädikation wie in 1Kor 1, 30
eigentlich nur christologisch sinnvoll ist. Anders stünde es, würde hier eine
judenchristliche Tradition laut, welche eine derartige Aussage auf das Bundes-
volk bezieht. Die Redeweise in Abstraktionen ist uns so ja auch aus den
Hodajoth der Qumransekte bekannt, und sie spiegelt sich nicht zufällig in
dem ebenfalls als liturgischem Fragment zu beurteilenden Verse 1Kor 1, 30.
Daß das Pathos der paradoxen Antithese gut zu meiner Vermutung passen
würde, liegt auf der Hand. Der Vers proklamiert jedenfalls feierlich den Grund
für den Versöhnungsruf, wobei erneut das Moment der Stellvertretung die
entscheidende Mitte bildet. Legt das alles den Schluß nahe, in 19–21 ein vor-
paulinisches Hymnenstück zu erblicken, so genügt es für meinen Zweck doch
schon festzustellen, daß Paulus hier Motive früherer Verkündigung aufgegriffen hat. Wenigstens dies hoffe ich, wahrscheinlich und diskutabel gemacht
zu haben. Daß liturgische Überlieferungen oder Anspielungen jene Texte
bestimmen, welche über Christus als Sühne für uns sprechen, mag in unserm
Zusammenhang einfach behauptet werden. Es hat für unsere Absicht nicht das
gleiche Gewicht und rundet nur das von mir gezeichnete Bild ab.

3. Dagegen muß nun auf den Inhalt der von mir anvisierten Aussagen noch
näher eingegangen werden. Konstitutiv ist dabei die Beobachtung, daß nirgendwo wir Gott mit uns versöhnen, wie es einer Opferanschauung entsprechen würde. Stets ist Gott das alleinige Subjekt des versöhnenden Handelns.
Das gilt selbst dann, wenn nach 2Kor 5, 20 wir zu Boten und Mittlern des
Versöhnungswortes berufen sind. Wir bleiben dann Instrumente des durch uns
wirkenden Logos. Er aktiviert uns zu seinem Dienst, der gut paulinisch als
Manifestation der Gnade, nicht unseres eigenen Vermögens erscheint. Noch
bedeutungsvoller ist, daß die ins Auge gefaßte Tradition uns in zwei verschie-

denen Versionen vorliegt. Der anthropologischen Variante – Gott versöhnte uns mit sich! – steht in Röm 11, 15; 2 Kor 5, 19f; Kol 1, 20; Eph 2, 16 die kosmologische gegenüber: Gott versöhnte die Welt. Dabei muß nochmals unterschieden werden. Während in 2Kor 5, 19f von der Versöhnung der Welt mit Gott die Rede ist, ruht das Gewicht der übrigen Stellen auf der innerkosmischen Versöhnung, wobei die mit Gott allerdings vorausgesetzt wird. Diese zweite kosmologische Version dürfte den Anfang des Überlieferungsprozesses darstellen. Denn nur von solcher Annahme aus kann die Sachproblematik der verschiedenen Versionen erhellt und zugleich geschichtlich eingeordnet werden. Ich gehe von den beiden deuteropaulinischen Texten aus. Haben wir schon von Röm 5, 10f her den Frieden als Ziel und Resultat jedes Versöhnungshandelns erkannt, so geht es in diesen Texten eindeutig um den kosmischen Frieden, von dessen Offenbarung bereits die 4. Ekloge Vergils träumt. Gemeint ist der eschatologische Heilszustand, nicht eine psychologische Haltung, an welcher das Neue Testament sehr selten interessiert ist. In ihm eint sich das vormals Getrennte zur Solidarität, nämlich das Himmlische mit dem Irdischen ebenso wie die irdisch untereinander verfeindeten Lager. Selbst die religiösen Gegensätze werden jetzt irrelevant, welche radikal in der Antithese von Israel und Heidenwelt sich dartun. Wie in der pax Romana wird die Welt befriedet, indem sie überall dem neuen Herrn, Christus als Kosmokrator, unterworfen wird. Da in Christus jedoch Gottes Herrschaft und Herrlichkeit epiphan wird, kehrt die Erde im Zeichen des eschatologischen Friedens aus dem Zustand der allgemeinen Rebellion und gegenseitigen Feindschaft zurück. Die neue Schöpfung wächst wie die erste aus dem Chaos.

Man hat zu beachten, daß solche Verkündigung sich der Tempora des Perfekts und Praesens bedient. In ihr wird nicht Hoffnung, sondern Jubel laut. Mag die Welt um die stattgefundene Wandlung noch nicht wissen, so weiß doch die christliche Gemeinde darum. Ihre Botschaft hat den Charakter der Proklamation, in welcher die Machtergreifung Gottes und seines Heilandes öffentlich angesagt und an dem Zusammenschluß von Juden und Heiden zur Christenheit verifiziert wird. Der Himmel hängt nicht mehr verschlossen über der Erde, und die Welt hat aufgehört, der Platz des Kampfes aller gegen alle und der Raum sich gegeneinander abschließender Herrschaftsbereiche zu sein. Die Mächte und Gewalten sind entthront. Ist diese Darstellung richtig, meint Versöhnung hier ein eschatologisches, besser wohl noch ein apokalyptisches Phänomen, das weder mit juridischen noch mit kultischen Kategorien angemessen zu erfassen oder primär verbunden ist. Das eschatologische und weltweite *regnum Christi* sprengt notwendig die Formen jeder bloßen Rechts- und Kultgemeinschaft.

4. Was bedeutet aber die Verschiebung von der kosmologischen zur anthro-pologischen Versöhnungsbotschaft? Sie wird hübsch durch das Verhältnis von Kol 1, 20 zu 1, 22 illustriert: Sprach der Hymnus noch vom All, so werden im folgenden Kommentar des Briefschreibers die Glieder der christlichen Gemeinde angeredet, welche den kosmischen Herrschaftswechsel an sich persönlich erfahren haben. Eine Übergangsphase zeichnet sich noch in 2Kor 5, 19f ab. Das Stichwort »Weltversöhnung« wird hier exemplifiziert, in-dem auf die Versöhnung mit Gott geblickt wird, welche die Gemeinde charakterisiert und von ihr missionarisch weitergetragen werden muß. Der Wechsel des Aspektes folgt aus einer veränderten geschichtlichen Situation. Die neutestamentlichen Hymnen sind ja weitgehend Zeugnisse jenes Enthu-siasmus, der die Anfänge der hellenistischen Gemeinde und ihrer beginnenden Weltmission bestimmt. Eben aus solcher Einsicht in Ort und Zeit erklären sich die Motive der All- und Weltversöhnung. Nun ist es jedoch die Gefahr jedes Enthusiasmus, daß der einzelne Christ das ihm widerfahrene Heil als unan-gefochten versteht und sich nicht mehr in die Zukunft und zum Dienst aus-streckt. Nicht zufällig begegnen darum die anthropologischen Aussagen über die Versöhnung im Zusammenhang der Paränese, die Existenz als noch auf dem Spiele stehend herausstellt. Die Versöhnungsbotschaft ist nicht wie in der 4. Ekloge Vergils ein eschatologischer Mythos. Ihre Wirklichkeit stellt zwischen den Indikativ der Heilsgabe und den Imperativ der Heilsverpflichtung, also auf geschichtlichen Weg, in die Konkretheit des Lebensvollzuges und der leiblich realen Gemeinschaft. Kosmischer Friede senkt sich nicht märchenhaft über die Welt. Er greift immer nur so weit Platz, wie Menschen im Dienste der Versöhnung bewähren, daß sie selber Frieden mit Gott gefunden haben. Die Botschaft von versöhnter Welt erweist ihre Wahrheit im versöhnten Men-schen, nicht ohne ihn und über ihn hinweg. Deshalb spricht sie denn auch plötzlich in der 2. statt in der 3. Person, fällt der Ton nun primär auf das Gottesverhältnis statt auf den kosmischen Bereich. Deshalb tritt an die Stelle der Proklamation von stattgefundener Versöhnung der Welt die Mahnung an den Christen, aus der Versöhnung heraus zu leben, und an die Heiden, sich versöhnen zu lassen. Jetzt wird weltweite Versöhnung zum Telos eines irdischen Auftrages, und im ergehenden Auftrag erweist sich real, daß der erhöhte Christus die Herrschaft angetreten hat. Endlich liegt es im Zuge dieser Verschiebung, wenn nun christologisch das entscheidende Gewicht nicht mehr auf dem Kosmokrator, sondern dem Gekreuzigten ruht. Denn der Tod Jesu erscheint jetzt nicht mehr bloß als Durchgangsstation auf dem Siegesweg zur Erhöhung. Er wird soteriologisch als Grund dafür begriffen, daß wir Zugang zu Gott und Frieden mit ihm gerade als die Angefochtenen haben.

5. An dieser Stelle verbinden sich nun auch die Motive weltweiter Versöhnung und der mit Jesu Sterben gewirkten Sühne. Doch sind die Grenzen dieser Feststellung zu beachten. In unserm Zusammenhang charakterisieren die Sühne-Aussagen allein das grundlegende Versöhnungsereignis des Kreuzestodes Jesu, nicht die gesamte Geschichte Jesu und schon gar nicht die Weitergabe der Versöhnungsbotschaft. Mag der Dogmatiker an der Ausweitung zu einer umfassenden Lehre vom Versöhner und Versöhnungswerk interessiert sein. Die neutestamentlichen Texte liefern als solche das Material dafür nicht. Eine Gewichtsverlagerung und eine andere Perspektive greifen Platz, wenn man das nicht beachtet. Doxologie ist eben noch nicht Lehre, obgleich sie deren Ausgangspunkt werden kann. Doxologie mag paränetisch verwertet werden. Doch bleiben die Versöhnungsaussagen des Neuen Testamentes auch dann noch soteriologisch orientiert. Eine Christologie unter dem Thema des Versöhners ist noch nicht entfaltet, und das Versöhnungsmotiv beherrscht nicht einmal die gesamte neutestamentliche Soteriologie. Zu solcher Anschauung kann man nur gelangen, wenn man die Sühne-Aussagen aus der dienenden Funktion für die Versöhnungsbotschaft reißt und zur Hauptsache macht.

Ebenso wichtig bleibt, daß der Tod Jesu im Neuen Testament zwar als Beginn und Grundlage des Versöhnungsgeschehens betrachtet, das jedoch keineswegs ausführlich expliziert wird. Wahrscheinlich greifen hier sogar zwei verschiedene Aspekte ineinander über. Ist in den deuteropaulinischen Stellen der Tod Jesu doch Ausgang und Anfang der Erhöhung, die erst als solche, nämlich als Inthronisation des Kosmokrators, den kosmischen Frieden verbürgt. Sonst wird jedoch das Kreuzesgeschehen als von Gott aufgerichtetes Sühnemittel verstanden, in welchem sich die Versöhnung der beiden vorher feindlichen Parteien realisiert und manifestiert. Auch hier geraten wir aber nochmals in Verlegenheit. Eine sachliche Explikation solcher Aussage wird ja nicht eigentlich mitgegeben. Das braucht in doxologischen Äußerungen, die immer Abbreviaturen sein werden, nicht zu geschehen. Die kirchliche Besinnung hat diesem Mangel mit mancherlei theologischen Theorien aufgeholfen. Das Neue Testament selber sagt jedoch kaum mehr, als daß Jesus sterbend in den Riß zwischen Gott und uns getreten ist, und seine Eigenart bleibt nur solange gewahrt, wie einseitige Festlegungen nicht erfolgen.

Das gilt insbesondere im Blick auf die sakrifizielle und juridische Lösung der vorliegenden Problematik. Man wird nicht bestreiten, daß »Sühne« sowohl ein kultischer wie rechtlicher Begriff sein kann und Kult und Recht sich miteinander verbinden mögen. Nicht fraglich ist auch, daß die neutestamentlichen Vorstellungen über Sühne auf der kultischen Tradition, zumal des Alten Testamentes, ruhen. Nur darf man diesen Sachverhalt nicht strapazieren. Man sollte das aus dem Hebräerbrief lernen. Wird in ihm die Fülle der alttestamentlichen Kulttradition in Erinnerung gebracht, so geschieht das ja eben polemisch, um nämlich die Unvergleichlichkeit des eschatologischen Heilbringers und seines Werkes paradox genug gerade durch den Vergleich herauszustellen. Das Eschatologische wird hier also nicht vom Kultischen umfangen und eingegliedert, sondern steht diesem wie die Wahrheit dem Schatten gegenüber. Konfessionelle Kontroversen sind dadurch entstanden und halten weiter an, weil man den Vergleich gegen seine Intention und sein Resultat als Bestätigung des Überholten verstand. Der Neutestamentler sollte, durch eine derartige Beobachtung zu kritischer Vorsicht gerufen, erkennen, daß den von Versöhnung handelnden Texten als solchen wohl der Aspekt der Stellvertretung eingefügt wird, darüber hinausgreifende sakrifizielle oder juristische Anschauungen jedoch nicht zugrundeliegen. Ein anderes Ergebnis erzielt man erst, wenn man den gesamten Strom neutestamentlicher Sühne-Aussagen in den Versöhnungskomplex einschleust. Das verbietet aber nicht nur die Knappheit der zitierten Stellen, sondern noch mehr das Gesamtgefälle des Neuen Testamentes. Denn das Eschatologische ist hier nicht Variation des Kultischen, sondern seine Durchbrechung. Der Hinweis auf den Sühnetod Jesu besagt in unserm Zusammenhang nur, daß wir nicht Gottes Tat ersetzen und unterstützen können. Allein er handelt lebendigmachend und einigend. Die Legitimation eines neuen kultischen Brauchtums liegt darin nun wirklich nicht. Aber auch von Satisfaktion ist hier nicht die Rede. Rechtstermini begegnen zwar in Röm 3, 25 und 2Kor 5, 19f. Sie stellen jedoch nur Gottes Souveränität, die eschatologische Einmaligkeit des Christusgeschehens und das Recht apostolischer Botschaft heraus. Wird in Hebr 2, 15 Heil als Erlösung aus der Knechtschaft des Teufels, des Todes und der Todesfurcht, in Röm 5, 9 aus dem Gotteszorn beschrieben, so meint das Befreiung und Scheidung durch den Akt eines Herrschaftswechsels, nicht Satisfaktion. Aus all dem ergibt sich die These, daß wir neutestamentliche Texte in ihrem Zusammenhang und Gefälle zu belassen, ihr Schweigen gegenüber unsern dogmatischen Fragen zu respektieren und sie nicht zum Steinbruch moderner Theorien zu machen haben.

II. Folgerungen

Innerhalb der Kompetenz des Exegeten liegen noch einige grundsätzliche Bemerkungen:

1. An dem überaus sparsamen, fast beiläufigen Vorkommen des Terminus »Versöhnung« in durchweg traditionsbestimmten Texten sollte man sich einen

bedeutungsvollen Sachverhalt klarmachen, der selten hinreichend gewürdigt und systematisch nur zu oft verwischt wird: Es gibt keinen einheitlichen Oberbegriff für die soteriologischen Termini und Motive des Neuen Testamentes. σῴζειν und seine Derivate kämen dafür am ersten in Betracht. Doch kann man dieser Wortgruppe, vom jeweiligen Kontext abgesehen, wenig mehr entnehmen, als daß hier eschatologisches Heil anvisiert wird. Eine spezifisch christliche Soteriologie wird damit noch nicht begründet oder entfaltet. Eine Fülle verschiedener Aspekte dient vielmehr im Neuen Testament dazu, das Wesen des eschatologischen Heils zu charakterisieren. Eben dies spiegelt sich in der verwirrenden Vielfalt der Begriffe Vergebung, Heilung, Versiegelung, Rechtfertigung, Heiligung, Reinigung, Erwählung, Erlösung, Verwandlung, Wiedergeburt, Überwindung, Leben. Auf eine Formel gebracht, heißt das: Hier ist die Variation für das Ganze konstitutiv. Man hat sich deshalb zu hüten, irgendeins von diesen Themen zu isolieren oder den andern prinzipiell vorzuordnen. Macht es doch sogar Mühe, eins von ihnen allein einem neutestamentlichen Schriftsteller zuzuweisen. Gewiß sind bestimmte Termini und Motive mit bestimmten Grundtypen der Tradition verbunden, und manche haben wie Gerechtigkeit für Paulus und Leben für Johannes auch betontes Gewicht für den einzelnen Schriftsteller. Doch folgt keiner nur einem einzigen Schema, und nur bei wenigen ist wie wieder etwa bei Paulus oder Johannes ein Schema systematisch entfaltet. Die spätere dogmatische Entwicklung unterscheidet sich darin doch wohl vom Neuen Testament. Sie preßt die urchristliche Verkündigung in feste Schemata, die ein Ganzes umfassen und gliedern sollen. Sie theoretisiert das Kerygma. Was heißt dieser Sachverhalt jedoch anders, als daß im Neuen Testament die Formulierung soteriologischer Aussagen noch stärker als später von Zeit und Umwelt des jeweiligen Zeugen und Zeugnisses abhängig ist? Tradition prägt die Botschaft auch hier, weil Tradition stets Mitteilung bestimmt. Sie ist jedoch noch nicht geheiligte Überlieferung eines kirchlichen Raumes und noch nicht festgelegte Präfiguration christlicher Dogmatik. Zwar gibt es Tendenzen in solche Richtung. Entscheidend ist jedoch das Phänomen, daß man der Geschichte und Welt, in der man sich vorfindet, noch ungewöhnlich offen gegenübersteht. Eben deshalb kann man ungescheut aus den verschiedensten Strömungen und Traditionen schöpfen. Natürlich gilt das relativ, weil der Horizont jedes Menschen und jeder Zeit begrenzt bleibt und keine Gemeinschaft der Lockung und Gefahr entrinnt, ihre eigene Sprache aufzubauen und schließlich in einer Sprache Kanaans zu enden. Bisher ist an diesem Punkte fast noch keine Vorarbeit geleistet, wenn man von motivgeschichtlichen Untersuchungen absieht, die gewöhnlich nur den Weg ins Neue Testament hinein verfolgen. Die Aufblähung und Abnutzung neutestamentlicher Begriffe und christlicher Sprache ist zu allen Zeiten ein theologiegeschichtlich folgenschweres Geschehen, in dem sich Kirche verfestigt und Mission wie Kommunikation verfangen. Gewinn und Verlust sind kaum gegeneinander aufzurechnen. Doch wird man sich vor Augen halten müssen, daß die Sendung der Christenheit sich nicht ohne Exodus auch im Sprachlichen vollzieht und daß die Traditionen der Kirche, gerade sofern sie durch die christliche Geschichte »geheiligt« sind, dieser Sendung stets auch im Wege stehen werden. Die Kirche selbst ist immer auch das größte Hindernis ihrer Sendung. Sie wird das um so mehr, je mehr sie der Welt gegenüber ihren eigenen Raum bildet und sich uniformiert.

2. Die Botschaft von der Versöhnung ist von der Urchristenheit als eine soteriologische Variante unter andern aufgegriffen worden, und zwar im Umkreis jener Gemeinde, welche hymnisch den kosmischen Sieger Christus pries. Freilich war damit ein sehr gefährliches Thema aufgegriffen worden. Nicht nur setzte die Verkündigung von der bereits erfolgten Versöhnung des Alls Enthusiasmus voraus und erzeugte ihn neu bis in unsere Zeit hinein. Spekulation konnte sich hier um so leichter entzünden, als das Thema im Neuen Testament nur spärlich entfaltet war und vielerlei Fragen offenließ. Verband sich alttestamentlich-jüdische Tradition mit ihm, konnte sich die Vorstellung eines weltweiten kultischen Geschehens und dessen sakramentaler Vergegenwärtigung dort ausbreiten, wo einmal spezifisch urchristliche Eschatologie das Feld beherrscht hatte. Denn das wird doch wohl der Grund dafür sein, daß die Aussagen über die Versöhnung in der Folgezeit zentrale Bedeutung erlangen und christliche Soteriologie im ganzen bestimmen. Die Botschaft vom kosmischen Frieden kann weiter, sobald die urchristliche Eschatologie verkümmert, zu einer ontologisch oder mystisch verankerten Anschauung von der Einheit der Welt führen. Ihre anthropologische Modifikation erlaubt, derart von einer Restitution der *Imago dei* im Gläubigen zu sprechen, daß christlicher Weg nun als Prozeß fortschreitender Heiligung zur Vollendung hin erscheint. Der Stellvertretungsgedanke mag schließlich eine Satisfaktionslehre auslösen. Unter solcher Perspektive liefert gerade die Versöhnungsbotschaft ein überaus aufschlußreiches Exempel dafür, daß konfessionelle Differenzen, Gegensätze und Schranken sich dann auftun, wenn Inhalte der Schrift isoliert, überinterpretiert und mißverstanden werden.

3. Wird man es deshalb als nicht ganz zufällig bezeichnen, daß die Aussagen über die Versöhnung nur im paulinisch bestimmten Schrifttum begegnen und ihre Tradition bereits durch den Apostel selbst korrigiert worden ist, so bleibt der Sachverhalt doch komplex. Zweifellos hat Paulus an dieser Überlieferung nicht jenes Interesse gehabt, das sie vor und nach ihm in die Mitte christlicher

Botschaft rücken ließ. Man sollte dieses Faktum nicht verwischen, indem man zwar nicht den Wortlaut, aber doch den Inhalt solcher Überlieferung im ganzen Neuen Testament wiederfindet. Wer »Schrift« sagt und will, kann nicht einfach die »Worte« als irrelevant abtun, um den »Geist« zu beschwören. Das sollte man jedenfalls aus der Variationsbreite urchristlicher Botschaft nicht ohne weiteres ableiten. Sie meint ja doch nicht Willkür. Sie meint nicht einmal, daß die geschichtliche Situation das Kriterium der Botschaft sei. Anders steht man dort, wo in der Theologiegeschichte allezeit die Spiritualisten gestanden haben. Wohl ergeht christliche Verkündigung nicht ins Leere. Sie zielt jeweils auf konkrete Situation und muß immer neu dahin übersetzt werden, gleichsam an ein anderes Ufer hinübergesetzt. Doch gibt ihr die Situation zwar die Angriffsspitze, aber nicht den Charakter. Die Schrift ist mehr als bloß Absprungsbasis für unsere Entwürfe. Wo man Geschichtlichkeit und Interpretation so versteht, daß man einzig entwirft, spielt man oder befindet man sich im Bereich der Sinnlosigkeit, in dem man sich fortwirft. Interpretation hat es wie mit dem Übersetzen an ein anderes Ufer, so auch mit dem Heimholen in eine vielleicht verborgene, unbekannte, aber doch vorhandene und bestimmende Wahrheit zu tun. Erst die Heimholung in den Zusammenhang einer ganz bestimmten, von uns nicht frei zu wählenden Geschichte entscheidet über Recht und Gelingen der Übersetzung in eine ebenso bestimmte Situation. Nur in der Glossolalie macht der Geist zum Aussprechen beliebiger Wörter frei. In christlicher Theologie bindet er an das Hören der Schrift so, daß er bei jedem Vorstoß des Übersetzens in die verschiedenen Sprachräume der Welt doch zu ihrer Sache zurückkehrt, aus allen Variationen bei ihrer Mitte sammelt und von da aus Kriterien zur Unterscheidung der Geister gibt.

Heute ist es nicht überflüssig zu bemerken, daß Paulus die Versöhnungsbotschaft nicht letztlich um ihres doxologischen Charakters willen aufgegriffen hat. Doxologie hat für ihn fraglos Gewicht. Sonst würde er sie nicht argumentativ zitieren. Umgekehrt ist aber sein Stil im allgemeinen nicht doxologisch und halten seine Zitate sich in Grenzen. Beides unterscheidet ihn von manchem Späteren. Die Doxologie bestimmt bei ihm das Evangelium nicht, so daß sie es notfalls ersetzen könnte. Sie bezeugt es und wird deshalb von ihm kritisch vernommen und aufgenommen. Eben das geschieht auch bei den Versöhnungs-Aussagen. Ihre Verwendung läßt die Radikalität und Universalität der Rechtfertigungsbotschaft schärfer profilieren. Daß Gott seinen Feinden und darin der ganzen Welt helfen will und hilft, kommt jetzt betont in den Blick. Das heißt aber nicht, daß die Rechtfertigungsbotschaft das nicht schon als solche impliziere. Im Gegenteil, nur weil die Rechtfertigung des Gottlosen gerade das impliziert, werden die Aussagen über die Versöhnung im Kontext eben der

paulinischen Rechtfertigungslehre möglich und gewichtig. Mit ihrem Pathos
dienen sie dazu, die Konsequenz dieser Lehre sichtbar zu machen. Denn für
Paulus ist die Rechtfertigungslehre die Mitte der christlichen Botschaft, von
der aus alle Variationen und entsprechend auch alle Interpretationen ihr Recht
und ihre Grenzen empfangen. Nicht daß ihre Terminologie, aber daß ihre
Sache erscheine und gewahrt bleibe, gilt ihm als notwendig. Die Variationsbreite verhindert Verkürzung, Verengung, Abstumpfung und Unverständnis.
Doch hören die Variationen nicht auf, in allen Brechungen die *eine* Sache zu
spiegeln, und werden vom Apostel nur so weit aufgegriffen, wie sie dessen
fähig sind.

4. Daß in nachpaulinischer Zeit gerade auch von Paulusschülern die vor-
paulinische Tradition der Allversöhnung, unkontrolliert durch die Rechtfertigungslehre, wiederaufgenommen werden kann, ist bemerkenswert genug. Es
muß festgehalten werden, daß das Motiv noch nicht ausführlich und lehrhaft
entfaltet wird. Doch mag man darin ein erstes Anzeichen künftiger Entwicklung erblicken. Die Doxologie jenes Friedens, den die Heilsbotschaft von Jesu
Tod und Herrschaft über Welt und Menschen herausführt, kann von einer
Metaphysik abgelöst werden, welche von übernatürlichen Ordnungsgefügen
und Ordnungsfaktoren handelt. Das schon in den Deuteropaulinen erkennbare Schwinden der urchristlichen Eschatologie wird diesen Prozeß beschleu-
nigen. Denn es ist ja eine wesentliche Funktion dieser Eschatologie gewesen, zu
verhüten, daß die Christologie der Ekklesiologie eingeordnet wurde. Es ist
im allgemeinen keineswegs hinreichend erkannt, daß eine andere theologische
Orientation diese Funktion nicht mehr in gleicher Deutlichkeit wahrzunehmen vermag. Nur der Akzent scheint sich ein wenig zu verlagern, wenn die
Aussage, daß Christus unser Friede sei, durch die andere fortgeführt wird, daß
die Kirche der Bereich der Versöhnung sei. Aber eine solche Akzentverlage-
rung ändert unter Umständen den Gesamtaspekt der Theologie, macht aus
Christus den Kultherrn, domestiziert das Heilsgeschehen, bestimmt die Botschaft vom Sakrament und Dogma aus, begrenzt den Blick auf die neue
Schöpfung in den Relationen von Kirche und Welt. Je differenzierter Theologie wird, desto mehr entscheiden die Nuancen. So müssen denn auch die
Kriterien für den Umgang mit den verschiedenen Traditionen, ihre Übernahme, Korrektur oder Preisgabe vom jeweiligen Schwerpunkt und Gefälle
her gesucht werden. Es genügt nicht, daß sie sich angliedern lassen. Es ist zu
fragen, ob und wie weit aus ihrer Perspektive das Zentrum der Botschaft
erhellt und freigelegt werden kann. Die neutestamentlichen Aussagen über die
Versöhnung werden durch die urchristliche Eschatologie und die paulinische
Rechtfertigungslehre vor Wucherungen geschützt. Sie verkündigen Gottes Soli-

darität mit den Menschen in Christus als Grund innermenschlicher Solidarität. Voraussetzung dabei ist, daß der Mensch nur am Ende seiner eigenen Werke zum Empfänger und Träger des göttlichen Werkes an einer von Gott nicht preisgegebenen Welt wird und daß Erde immer nur so weit aus Chaos und Feindschaft befreit und zur neuen Schöpfung wird, wie der Dienst des Christus in ihr Platz greift. Alle kirchliche Versöhnungslehre bleibt daran zu prüfen, wie weit sie solche Voraussetzung zu wahren vermag oder zu ersetzen sucht.

HÄRETIKER IM URCHRISTENTUM ALS THEOLOGISCHES PROBLEM

HELMUT KOESTER

I.

Sicherlich sehr charakteristisch ist die Tatsache, daß gerade Schüler RUDOLF BULTMANNS sich immer wieder mit der Frage der Häretiker im Urchristentum beschäftigt haben[1]. Alle diese Arbeiten sind zugleich von WALTER BAUERS bahnbrechender Monographie »Rechtgläubigkeit und Ketzerei im ältesten Christentum« (1934) beeinflußt. WALTER BAUER hatte eine sehr langlebige Geschichtstheorie zu zerstören versucht, die besagte, daß Häresie sowohl grundsätzlich als auch in ihrer historischen Erscheinung die sekundäre Verfälschung eines ursprünglicheren rechten Glaubens sei. In Wirklichkeit läßt sich aber die Erscheinung der Häresie nicht aus der apostolischen Zeit wegleugnen, noch kann man überall die Priorität des rechten Glaubens nachweisen. Diese Thesen von WALTER BAUER sind durch die oben genannten Arbeiten noch weiter ausgebaut worden; vor allem ging es dabei darum, den Charakter der Häresien des neutestamentlichen Zeitalters näher zu bestimmen und von daher die theologische Aussage der neutestamentlichen Schriften schärfer zu erfassen.

Bei dem Versuch einer Bestandsaufnahme der gegenwärtigen Lage der Forschung müßten eine ganze Reihe von Fragen erörtert werden. Man könnte damit beginnen, daß man auf die Notwendigkeit hinweist, in stärkerem Maße auch außerkanonische Schriften in entsprechenden Spezialuntersuchungen in Angriff zu nehmen[2]. Wichtig wäre vor allem aber die Auseinandersetzung

---

[1] Die folgenden Literaturangaben wollen nicht vollständig, sondern nur repräsentativ für die gerade in den letzten Jahren erneut in Gang gekommene Diskussion sein; zu 1. u. 2. Kor: G. BORNKAMM, Herrenmahl u. Kirche bei Paulus, Studien zu Antike und Urchristentum ²1963, 138–176; W. SCHMITHALS, Die Gnosis in Korinth 1956; U. WILCKENS, Weisheit und Torheit 1959; speziell zu 2Kor: E. KÄSEMANN, Die Legitimität des Apostels, ZNW 47, 1942, 33–71; D. GEORGI, Die Gegner des Paulus im 2Kor, 1964; zu Kol: G. BORNKAMM, Die Häresie des Kolosserbriefes, in: Das Ende des Gesetzes, ²1958, 139–156; zu Phil: W. SCHMITHALS, Die Irrlehrer des Philipperbriefes, ZThK 54, 1957, 297–341; H. KÖSTER, The Purpose of the Polemic of a Pauline Fragment, NTS 8, 1961/62, 317–332; zu den Joh.-Briefen: E. KÄSEMANN, Ketzer und Zeuge, ZThK 48 1951, 292–311. Zum Ganzen: H. KÖSTER, Häretiker im Urchristentum, RGG³ III, 17–21; W. SCHMITHALS, Zur Sammlung und Abfassung der ältesten Paulusbriefe, ZNW 51 1960, 225–245.

mit dem religionsgeschichtlichen Problem. An schweren Vorwürfen gegen R. BULTMANN und seine Schüler hat es nicht gefehlt, und es ist zu hoffen, daß diese Kontroverse nicht zu einer maßlosen Polemik ausartet[3]. Ob auf solcher Ebene die Diskussion fortgesetzt werden soll oder nicht, ist lediglich eine Frage der Würde. Unzweifelhaft ist freilich, daß an der Frage einer religionsgeschicht- lichen Neuorientierung nicht mehr vorbeigegangen werden kann, ohne daß ich darauf hier weiter eingehen will[4].

Es liegt mir hier aber vor allem daran, zunächst einmal die theologische Frage des Häretikerproblems von neuem zu stellen, handelt es sich hier doch um ein durch und durch theologisches Problem und nicht einfach um eine bloße deskriptive Aufgabe des Religionshistorikers. Es ist nämlich keineswegs so, daß durch die neueren Untersuchungen die Erscheinung der Häresie ledig- lich ein paar Jahrzehnte früher datiert werden muß als man bislang annahm, also etwa der Anfang der christlichen Gnosis in die Zeit des Paulus anzusetzen ist und nicht erst in die Zeit des Ignatius oder Justins. Wäre nur dies Gegenstand der Diskussion, so wären die Vertreter einer solchen These ebenso kurzsichtig wie ihre Kritiker. Denn die Kriterien zur Bestimmung von rechtem und fal- schem Glauben, die seit Ende des 2. Jahrhunderts von den antignostischen Vätern erarbeitet worden sind, treffen für die Verhältnisse und theologischen Probleme der ersten christlichen Generationen gar nicht zu. Die Frage ist also nicht, ob man etwa schon die Gegner des Paulus als gnostische Häretiker be- zeichnen darf, oder ob es damals noch gar keine gnostische Häresie gegeben habe[5]. Die Gefahr dieser Fragestellung ist deutlich. Man gerät damit nur in die Versuchung, die theologischen Fragen der paulinischen Zeit zu einem Klischee der Kontroversen des zweiten und dritten Jahrhunderts zu machen: Entweder

---

[2] Solche Arbeiten sind ja gerade auch von RUDOLF BULTMANN angeregt worden; vgl. H. SCHLIER, Religionsgeschichtliche Untersuchungen zu den Ignatiusbriefen, 1929; G. BORNKAMM, Mythos und Legende in den apokryphen Thomasakten, 1933.

[3] Vgl. etwa Vorwürfe wie »The author of this book lacks historical training«, »a striking proof of the decline of exegetic research since the thirties«, J. MUNCK, The New Testament and Gnosticism, StTh XV, 2, 1961, 187; s. auch die herablassenden Urteile von R.M. GRANT, Hermeneutics and Tradition in Ignatius of Antioch, Archivio di Filosofia n. 1–2, 1963, 183–201. Leider gelingt es bei dieser Art von Polemik selten, die Argumente der Angegriffenen auch nur einigermaßen genau wiederzugeben, was eine weitere Diskussion sehr erschwert.

[4] Für die Kritiker sei bemerkt, daß innerhalb der sogenannten BULTMANNSCHULE in dieser Beziehung recht kräftige Kritik geübt wird, vgl. zB D. GEORGIS vorzügliche Besprechung von W. SCHMITHALS, Die Gnosis in Korinth, in: VF 1960, 90–96, oder auch meine Bespre- chung von U. WILCKENS, Weisheit und Torheit, in: Gnomon 33, 1961, 590–595.

[5] Über den Frühansatz der sogenannten Gnosis läßt sich natürlich streiten, obgleich m. E. ohne die Annahme einer vorchristlichen Gnosis viele frühchristliche und außerchristliche Phänomene gar nicht erklärt werden können.

war Paulus rechtgläubig und hatte gnostische Gegner, oder er hatte keine gnostischen Gegner, sondern vielleicht judaistische oder überhaupt keine Gegner; aber »rechtgläubig« war er jedenfalls, und somit stimmt er natürlich auch, »schließlich« oder »grundsätzlich« oder »recht gesehen« mit den Pastoralbriefen und dem Jakobusbrief überein. Aber RUDOLF BULTMANN hat mit Recht das Kapitel »Gnostische Motive« der Behandlung des Paulus in seiner Theologie des Neuen Testaments *vorangestellt!* Ist das Denken des Paulus bereits von Motiven bestimmt, die der späteren Kirche als verwerfliche Häresie erschienen, so gerät ja in der Tat Paulus selbst in das Zwielicht der Häresie. Mit anderen Worten: die überkommenen Maßstäbe »häretisch« und »rechtgläubig« müssen jeweils neu definiert werden[6]. Dabei steht nicht von vornherein fest, ob wir diese Prädikate schließlich doch wieder säuberlich auf Paulus und seine jeweiligen Gegner verteilen können, zumal wenn sich herauszustellen scheint, daß Paulus im 1Kor zwar gnostische Gegner bekämpft, jedoch im 2Kor gegen jüdische Pneumatiker nun auch gnostische Argumente seinerseits ins Feld führen kann[7].

II. Kritik der Suche nach neuen Kriterien

Können wir aus der Geschichte der christlichen Anfänge irgendwelche neuen Kriterien zur Beurteilung gewinnen? Die Beantwortung ist dadurch erschwert, daß die spätere Kirche solche Kriterien geschaffen und an den Ursprung gestellt hat, indem sie die rechte Lehre und ihre Autoritäten künstlich in die Zeit der allerersten Anfänge zurückverlegte. Nicht nur der Kanon des Neuen Testaments diente diesem Zweck, sondern auch schon innerhalb des Kanons die Autorität der Apostel (nachträglich dem Paulus vorgeordnet), die Verkündigung des Anfangs und vor allem Leben und Lehre Jesu.

Aus dem Faktum des Kanons lassen sich keine *neuen* Maßstäbe herleiten. Welche Richtschnur kann es dann überhaupt geben? Inwieweit eröffnet gerade die kritische Forschung neue Gesichtspunkte? Oder bleibt der Theologie nichts anderes übrig, als sich schließlich doch der Tradition und den in ihr fixierten Kriterien zu unterwerfen?

Die religionsgeschichtliche Schule hat seinerzeit eine bis zum heutigen Tage noch weithin akzeptierte Lösung angeboten: Maßstab echten Christentums ist

---

[6] Ganz verzichten kann man auf sie freilich nicht, auch wenn die technische Terminologie im NT noch fehlt. Der Historiker begäbe sich damit seiner Verpflichtung, das Urchristentum als das in den Blick zu bekommen, was es tatsächlich ist, nämlich eine um die theologische Frage des rechten oder falschen Verständnisses der Offenbarung ringende Bewegung.

[7] DIETER GEORGI, aaO.

die Frömmigkeit, die Religiosität, die Intensität, besonders des kultischen Er-
lebens. Häretisch hingegen, wenn man so will, ist die vom Leben abstrahierte
Lehre, sei es, daß diese sich in der Form judaisierender Gesetzlichkeit dokumentiert, sei es auch in der Gestalt hellenistischer Spekulation. Auf dieser Voraussetzung konnte die Konzeption F. C. BAURS ohne weiteres fortgeführt
werden. Es entstand dadurch die bis heute weithin gültige Faustregel, daß die
beiden Grundirrtümer des Christentums entweder Judaismus oder Hellenismus,
entweder Gesetzlichkeit oder Spekulation, entweder apokalyptische Schwär-
merei oder gnostische Mystik gewesen sein müssen. Im Rahmen dieses Bildes
bewegt sich heute noch recht häufig die wissenschaftliche Diskussion, und wohl
auch die unwissenschaftliche Auffassung kirchlicher Kreise.

Übersehen wird dabei aber, daß die in der Mitte zwischen Gesetzlichkeit und
Spekulation stehende »Rechtgläubigkeit« nur formal als »Religiosität« verstanden wird, und daß dadurch in der Tat ein nicht weiter definiertes Vakuum
entsteht, ein sprachlich leerer Raum zwischen den Extremen der falschen Lehre.
Der Irrtum liegt schon darin, daß man bereits bei der Feststellung einer jenseits
der theologischen Sprache liegenden Tatsache gar nicht der Sprache und ihrer
Problematik entrinnen kann. Oder man gerät auf den verhängnisvollen Irrweg,
die Sache um die es geht, im vermeintlich »Unsprachlichen« zum Ausdruck
zu bringen, also etwa im Kultus, der sich der Gebärde, des Zeichens, des Symbols bedienen kann. Das geschieht übrigens wiederum in völliger Verkennung
des eigentlichen Charakters kultischer und liturgischer Handlungen, die ja
gerade eine Verdichtung und Konzentration religiöser Sprache sein wollen,
nicht aber ihre Überwindung (in diesem Falle wäre der Kultus zur reinen
Mystik herabgesunken). Sprachersatz ist übrigens auch das psychologische Verständnis des zentralen Kriteriums als Glaubenserfahrung oder die Reduktion
theologischer Maßstäbe auf ethische Verhaltensweisen.

Die religionsgeschichtliche Betrachtung hat jedoch noch ein anderes Ergebnis erbracht, das unter allen Umständen festgehalten werden muß: Das
Urchristentum ist ganz und gar – und nicht nur in den als häretisch beurteilten
Erscheinungen – ein synkretistisches Phänomen. Damit fällt ein traditionelles
Kriterium zur Feststellung der Häresie dahin, nämlich die Rückführung be-
kämpfter häretischer Erscheinungen auf Fremdeinflüsse aus heidnischer Religiosität und griechischer Philosophie. Eine Suche nach den religionsgeschichtlich außerhalb des christlichen Bereichs liegenden Ursprüngen häretischer Anschauungen hat sich noch nicht von den unhaltbaren Vorurteilen altchristlicher
Ketzerbekämpfer getrennt. Richtig bleibt natürlich, daß, religionsgeschichtlich
gesehen, Motive, Mythen und kultische Vorstellungen wandern können, daß
ein Religions- und Kulturkreis den anderen mehr oder weniger stark beein-

flussen kann. Doch trägt diese Erkenntnis zur Erklärung des Phänomens der frühchristlichen Häresie nichts aus. Was sollte sie schließlich besagen angesichts der unbestreitbaren Tatsache, daß das Christentum als solches – und nicht etwa nur in den später als häretisch verworfenen Ausprägungen – synkretistisch ist. Das gnostische Evangelium der Wahrheit, das wir jetzt durch die Funde von Nag Hammadi besitzen, ist nicht mehr und nicht weniger ein Produkt synkretistischer Religionsentwicklung als der zur gleichen Zeit in Rom verfaßte Hirte des Hermas, oder auch schon die Theologie des Paulus. Gar nicht verständlich ist angesichts dessen auch das weithin so beliebte Bemühen, durch den Nachweis alttestamentlicher, jüdisch-apokalyptischer und rabbinischer Parallelen zu neutestamentlichen Schriften deren größere theologische Glaubwürdigkeit zu behaupten. Als ob nicht das Judentum selbst bereits ein Produkt des orientalischen Synkretismus wäre! Und als ob nicht auch die christlich-gnostischen Schriften des zweiten Jahrhunderts ebenso starke Wurzeln in der jüdischen Theologie hätten!

So sehr diese Erkenntnis der religionsgeschichtlichen Arbeit ihren bleibenden Wert behält, so wenig kann, wie gesagt, der Hinweis auf die Frömmigkeit als Kriterium rechten Glaubens befriedigen. Denn in dem, was die urchristliche Botschaft *sagt,* und nicht in dem, was die ältesten Zeugen an religiösen Erfahrungen mitbringen, muß sich die Frage des rechten Glaubens entscheiden.

Der Versuch, sich an der Sprache des Neuen Testamentes zu orientieren, verspricht deshalb mehr. Die Einheit des Neuen Testamentes müßte man also als sprachliche Einheit verstehen lernen. Ließe sich ein solcher Nachweis führen, so wäre damit in der Tat ein eindrucksvolles Kriterium zur Beurteilung der Rechtgläubigkeit gefunden. Von weitreichendem Einfluß war in dieser Beziehung der Ansatz, der sich mit den Namen CREMER und KÖGEL verknüpft[8].

Von der hier gepflegten grundsätzlichen Unterscheidung von biblischer und profaner Gräzität ist bekanntlich das große Unternehmen des Theologischen Wörterbuchs zum Neuen Testament (hg. von G. KITTEL und G. FRIEDRICH) entscheidend beeinflußt. Freilich brauchen wir heute nicht mehr gegen diese Tendenz Sturm zu laufen; denn in zunehmendem Maße haben die Artikel dieses Werkes zu der Erkenntnis beigetragen, daß es sich bei der neutestamentlichen Gräzität um einen Teil des profanen Griechisch der neutestamentlichen Zeit handelt[9]. Gerade die philologische Arbeit hat das Ergebnis erbracht, daß

---

[8] Biblisch-Theologisches Wörterbuch, 1. Aufl. 1866, 11. Aufl. 1923.

[9] Daher sind die heftigen Angriffe von JAMES BARR, The Semantics of Biblical Language (1961), und Biblical Words for Time (1962) nicht zu rechtfertigen und richten sich bezeichnenderweise gerade gegen einige ohnehin nicht sehr überzeugende Artikel des Theologischen Wörterbuchs, sowie gegen solche Autoren wie T. BOMAN und T. F. TORRANCE.

das Neue Testament nicht als sprachliche Erscheinung sui generis angesehen werden kann. Zwar unterscheidet sich das Griechisch des Neuen Testaments vom klassischen Griechisch, ist aber gerade darin hinsichtlich seiner Sprachstruktur und in seinem Wortschatz ein Teil des hellenistischen Vulgärgriechisch. Vertraut man sich der philologischen Methode an, so kann man nur zu dem Ergebnis kommen, daß das Neue Testament weder einzigartig noch einheitlich ist. So interessant und aufschlußreich auch oft philologische Untersuchungen für typische Züge der biblischen Sprache sein mögen, ein Maßstab zur Scheidung von rechtgläubig und häretisch läßt sich daraus nicht gewinnen.

Ein anderer Versuch, die sprachliche Besonderheit rechten theologischen Redens herauszuarbeiten, gibt vor, von Voraussetzungen philosophischer Sprachbetrachtung auszugehen. Wie hoffnungslos es jedoch ist, aus solchem Bemühen neue Kriterien zu gewinnen, möchte ich durch ein paar kritische Bemerkungen zu dem Aufsatz »Sprache Theologisch« von TH. BONHOEFFER andeuten[10]. Dabei soll gar nicht erst die Frage gestellt werden, ob sich aus der ebenso formalen wie tiefsinnigen Feststellung »Das Substantiv Sprache kommt von dem Verbum sprechen her«[11] irgend etwas gewinnen läßt. In diesem Aufsatz wird offenbar versucht, das Wort »Gott«, ja geradezu den Gebrauch der Vokabel »Gott«, zur Richtschnur rechten theologischen Redens zu machen. Wenn im Judentum der alttestamentliche Gottesname durch das Surrogat Adonai ersetzt wird, so ist dies für BONHOEFFER der theologische Sündenfall des Judentums schlechthin. Hingegen ist es in der Verkündigung Jesu »das Wort Gott« (sic), das die Sprache des Rechts vollmächtig beansprucht und dadurch die »Freiheit zum Wort« gibt[12]. Entsprechend bildet das Wort »Gott« die sprachliche Klammer, die ganz unterschiedliche theologische Grundbegrifflichkeiten wie Herrschaft (bei Jesus), Gerechtigkeit (Paulus) und Zeuge (Johannes) zusammenhält.

Sollte man aber nicht erwarten, daß im Neuen Testament Gott Ursprung und Gegenstand der Rede ist? Das wirkliche Problem ist doch, daß dies jeweils anders geschieht, so daß gar nicht ohne weiteres einsichtig wird, warum denn die paulinische Rede von der Gerechtigkeit die Rede Jesu von der Herrschaft fortsetzt. Falls mit der Rede von Gott die *Sache* gemeint ist, die das ganze Neue Testament verbindet, kann man soweit vielleicht zustimmen. Uns beschäftigt aber die Frage, daß diese Sache nicht in einer sprachlichen Einheit, sondern in einer sprachlichen Vielfalt in Erscheinung tritt. Gerade die historische Gewissenhaftigkeit kann nicht umhin, die Vielfalt der neutestamentlichen Sprache als die Eigentümlichkeit der urchristlichen Verkündigung herauszuarbeiten[13]. Den

---

[10] RGG³ VI 272–282.   [11] Ebenda 272.   [12] Ebenda 278.

[13] Freilich geselle ich mich mit dieser Feststellung zuversichtlich zu denen, deren »historische Gewissenhaftigkeit Gottlosigkeit ist« (BONHOEFFER, ebenda, 279), und zwar »die

Charakter dieser Vielfalt gilt es zu begreifen, und zwar mit philologischen und religionsgeschichtlichen Mitteln. Man darf also nicht bei einer hypothetischen Einheit der neutestamentlichen Sprache einsetzen, sondern bei ihrem synkretistischen Charakter. Dies muß nun weiter erläutert werden.

III. Die Sprache des NT als synkretistisches Phänomen

1) Die Sprache des Neuen Testaments ist insofern synkretistisch, als es eben gar keine eigene biblische Sprache gibt. Es gibt keine Wörter, Begriffe, Formeln und Sätze, die der Philologe und Religionshistoriker als »typisch neutestamentlich« ansehen und aus ihnen das Urteil »rechtgläubig« ableiten könnte. Den Beweis dafür hat die exegetische Arbeit am Neuen Testament längst erbracht, was ein Blick in die kritischen Kommentarwerke, Wörterbücher und Handbücher ohne weiteres zeigt. Die philologischen und religionsgeschichtlichen Parallelen aus der Umwelt des Neuen Testamentes sind überwältigend, und man wird keinesfalls etwa diejenigen Sätze als typisch herausgreifen dürfen, die sich (noch) nicht aus der Umwelt des Urchristentums belegen lassen.

2) In den verschiedenen Schichten der neutestamentlichen Überlieferung gibt es keine Ausnahmen von dieser Regel. Auch die Sprache Jesu hat an diesem synkretistischen Charakter der Sprache des NT teil, geht ihr also nicht etwa als »noch nicht synkretistisch« voraus[14]. Daß gewisse Strukturen der Rede Jesu (Analogie, Antithese, Parabel) ur-christlich seien und ohne Parallelen dastehen, läßt sich so nicht behaupten. Unterschiede zur Sprache der Apokalyptik sind freilich auffallend, aber erst insofern von Bedeutung, als sie das Ergebnis eines Interpretationsprozesses apokalyptischer Sprache sind und daher erst in der zu rekonstruierenden historischen Konfrontation ihr Profil erhalten. Ein gutes Beispiel dafür sind die Gleichnisse Jesu, die weithin den rabbinischen und apokalyptischen Gleichnissen entsprechen. Zwar unterscheiden sie sich

---

Gottlosigkeit der Sprache derer, die das Evangelium schon paradox genannt und als Torheit dogmatisch stehen gelassen haben.« Ich gestehe auch gern zu, daß mir in der Tat das Evangelium, das die Torheit des Kreuzes verkündigt, als eine Paradoxie erscheint; dies zu erkennen ist m. E. eine Tugend des Glaubens und nicht etwa ein Zeichen der Gottlosigkeit.

[14] Mir scheint, daß man daraufhin ERNST KÄSEMANNS Thesen neu überprüfen muß. Denn die Behauptung, Jesu Verkündigung sei nicht apokalyptisch, scheint Jesu Sprache als ein Phänomen sui generis von der Sprache des übrigen NT abzugrenzen, es sei denn, daß KÄSEMANN so zu verstehen ist, daß Jesu Sprache zwar apokalyptisch sei, jedoch diese apokalyptische Sprache bei Jesus so radikal interpretiert werde, daß sie ihre apokalyptischen Implikationen verloren hat. Vgl. E. KÄSEMANN, Zum Thema der urchristlichen Apokalyptik, ZThK 59, 1962, 257 ff.

von ihnen durch das völlige Fehlen allegorischer Züge; doch gibt es dafür im Alten Testament Parallelen (vgl. das Nathan-Gleichnis 2Sam 12).

3) Auch hat es ein christliches Ur-Kerygma, das gewissermaßen dem synkretistischen Charakter der Sprache des NT noch nicht unterworfen wäre, nie gegeben. Es ist fatal, als solches Urkerygma die Verkündigung der Auferstehung Jesu bezeichnen zu wollen[15]. Gerade die Rede von der Auferstehung gehört zunächst einmal, sprachlich und theologisch gesehen, in die spätjüdische Apokalyptik. Wird im christlichen Kerygma diese Auferstehung von Jesus verkündigt, so ist damit die Erfüllung der apokalyptischen Erwartung in der Person Jesu »zur Sprache gebracht«. Nur innerhalb der Sprachvorstellungen der apokalyptischen Erwartung hat es einen Sinn, die Offenbarung in Jesus in dieser Weise zur Sprache zu bringen. Außerhalb dieses Sprachraumes wird entweder gar nicht verstanden, was mit der »Auferstehung Jesu« gemeint sein könnte, oder es wird die Auferstehungshoffnung des Judentums, von der her erst die Rede von der Auferstehung Jesu sinnvoll wird, mißverstanden. Für letzteres legen 1Kor 15 und 2Tim 2, 18 beredtes Zeugnis ab. Auch haben andere Christen, für die die Sprache der jüdischen Apokalyptik unverständlich war, Jesus nicht als den Auferstandenen, sondern als den Erhöhten verkündigt (Phil 2, Hebräerbrief).

4) Die Möglichkeiten der geschichtlich vorgegebenen Sprache sind jedoch nicht rein formal, denn die Sprache, die sich die christliche Verkündigung nicht erst geschaffen hat, bringt bereits ihre eigenen Inhalte mit, und man kann eine überlieferte Sprache nicht etwa so verwenden, daß man sie ihres alten Inhalts entkleidet und dafür neue Inhalte einsetzt. Vielmehr vollzieht sich die Verwendung eines geschichtlich vorgegebenen Sprachzusammenhangs so, daß die überlieferten Inhalte angesichts eines neuen Ereignisses entsprechend neu verstanden, d. h. interpretiert und entmythologisiert werden. Umgekehrt trägt aber auch der vorausgesetzte Inhalt der vorgegebenen Sprache zum Verstehen oder zum Mißverstehen der jeweiligen geschichtlichen Situation und der sie bestimmenden Ereignisse bei.

Das läßt sich an der Sprache der Apokalyptik verdeutlichen, die für Jesus und in begrenztem Umfange für das Urchristentum die Sprache der Verkündigung war. Jesus hat in seiner Predigt nicht einfach die Richtigkeit bestimmter apokalyptischer Erwartungen bestätigt oder bestritten, sondern ihre Er-

---

[15] Noch fataler ist es freilich, die Auferstehung Jesu als einen noch vor solcher Problematik liegendes historisches Faktum begreifen zu wollen. Denn die »Auferstehung Jesu« ist ja gar kein objektiv historisches Ereignis, sondern vielmehr nichts anderes als ein Phänomen urchristlicher Sprache. Man muß also zunächst vom Kerygma reden und dann erst von der Auferstehung Jesu, nicht umgekehrt.

füllung in seinem Wort angesagt. Ebenso hat die urchristliche Verkündigung davon geredet, daß sich bestimmte apokalyptische Erwartungen mit dem Kommen Jesu erfüllt haben (Auferstehung Jesu, Kommen des Geistes), andere aber noch ausstehen (zB die Parusie). Soweit haben sich Jesus und das Urchristentum an der vorgegebenen Struktur der apokalyptischen Erwartung orientiert, um auf diese Weise ihren eigenen Standort im Ablauf der apokalyptischen Ereignisse zu bestimmen. In ganz ähnlicher Weise hat das die Sekte der Essener getan. In beiden Fällen entsteht jedoch ein Konflikt, der in dem mythologischen Inhalt der vorgegebenen Sprache seine Wurzeln hat.

Die Apokalyptik ist ihrem Wesen nach mythologisch, da sie von einem zukünftigen Heil redet, durch das die innerweltliche und geschichtliche Existenz der Menschen aufgehoben wird. Kommen des Messias, Auferstehung, Gabe des Geistes, Messianisches Mahl, Weltgericht sind vollkommen mythologische Vorstellungen. Alle diese Vorstellungen sind nun Bestandteil der christlichen Predigt, freilich jetzt in veränderter Weise: zwar kann sich die christliche Predigt auch noch auf Zukünftiges beziehen und damit die überlieferte mythologische Sprache unkritisch fortsetzen. Die Eigenart der Predigt aber liegt in ihrer Behauptung der geschichtlichen Gegenwart des ursprünglich mythologisch-zukünftig gedachten Heils. Damit erhält die mythologische Begrifflichkeit einen neuen Sinn. Sie erscheint in einer eigentümlichen Bezogenheit auf ein geschichtliches Geschehen und wird damit, teils radikal (Johannes) teils unvollkommen (1Petr), vergeschichtlicht und entmythologisiert. In welchem Maße das jeweils geschieht und mit welchem Recht oder Unrecht, muß in der Interpretation der entsprechenden Texte gefragt werden. Die Texte selbst stellen diese Aufgabe. Denn sie sind in erster Linie Zeugnisse dafür, daß es im Urchristentum um das Verstehen vorgegebener sprachlicher Inhalte in einer neuen geschichtlichen Situation geht. Ist nur die erste Auferstehung geschehen, oder bereits die Auferstehung aller? Ist der Messias gekommen oder nur ein Prophet, der seine Ankunft voraussagte? Soweit dreht sich die Frage des rechten Redens scheinbar nur um das Problem der Zeitansage innerhalb des vorgegebenen apokalyptischen Fahrplans. Aber weit mehr steht auf dem Spiel. Denn das, was sich erfüllt hat, ist Teil der Geschichte geworden. Der Geist als Gabe der Endzeit ist geschichtlicher Besitz einer Gemeinde. Bedeutet das, daß sich diese Gemeinde nun ungeschichtlich als die dieser Welt bereits entnommene Gemeinde der Endzeit versteht und sich damit ihrer geschichtlichen (d. h. aber doch auch: politischen und sozialen) Verantwortung entzieht? Oder ist dieser Besitz des Geistes die Kraft eines neuen sittlichen Wandels? An der Beantwortung *dieser* Fragen entscheidet sich, was rechter Glaube und was Häresie ist.

IV. Der historische Jesus als Ursprung des Problems von
Rechtgläubigkeit und Ketzerei

Die Aufgabe der christlichen Verkündigung und Theologie ist also nicht die Weitergabe feststehender religiöser Inhalte und Aussagen, sondern die Neu-Interpretation überlieferter Sprachzusammenhänge. Der kritische Maßstab für diese Aufgabe ist die Bindung an die geschichtliche Offenbarung in Jesus. Ohne solche Bindung an den geschichtlichen Ursprung gäbe es das Problem der Häresie in diesem Sinne gar nicht. Natürlich kann das Problem von Lehr-unterschieden oder die Frage der Ortho-Praxie überall entstehen. Aber nur im Christentum (und im Judentum) muß der geschichtliche Ursprung stets von neuem zurückgewonnen und vergegenwärtigt werden. Häresie ist das Ver-fehlen dieser für das Selbstverständnis des Glaubens unentbehrlichen Auf-gabe.

Die Frage nach dem historischen Jesus besteht also durchaus zu Recht. Nur darf man diese Frage nicht ungeschichtlich und nicht unkritisch stellen. Der unkritischen Frage fehlt im Grunde das Interesse am Inhalt des Wirkens und der Verkündigung Jesu. Sie fragt nur nach einer historischen Grundlage für die Inhalte des Glaubens und der Lehre der Kirche im Sinne einer historischen Kausalität und setzt dabei voraus, daß sich der bekannte Inhalt des Glaubens im historischen Jesus wiederfinden lassen wird. Als ob irgendeine Glaubens-aussage dadurch »wahrer« (ein Wort, das ohnehin keiner Steigerung fähig ist!) werden könnte, daß man sie direkt oder indirekt aus dem historischen Jesus begründen kann! Ungeschichtlich fragt man, wenn man Jesus, sein Leben und seine Verkündigung – sei es auch in kritischer Interpretation – direkt zum Maß des rechten Glaubens macht. Dann wäre Häresie nichts weiter als leichtfertige oder böswillige Entstellung und Verfälschung der ursprünglichen reinen Lehre Jesu; ganz gleich bleibt es dabei, ob man solchen Sündenfall seit Paulus oder seit Marcion datiert.

Die Neuorientierung der Verkündigung an ihrem geschichtlichen Ursprung ist kein formales, sondern ein sachliches Problem. Hilfskonstruktionen, durch die Brücken zwischen der Theologie der Gemeinde und dem historischen Jesus geschaffen werden sollen, sind letztlich ohne Belang. Das gilt von der Behauptung verwandter Sprachstrukturen[16], von der Rekonstruktion eines Urkerygmas oder auch von der Rede von der Auferstehung, die wie ein deus ex machina Jesus nachträglich in eine Sphäre erhebt, aus der sich die Lehre

---

[16] Siehe oben zu TH. BONHOEFFERS Aufsatz; vgl. auch J. M. ROBINSON, Kerygma und historischer Jesus, 1960.

einer rechtgläubigen Kirche direkt ableiten läßt. In der geschichtlichen Wirklichkeit der Urgemeinde ist vielmehr die Bindung des Glaubens an den historischen Ursprung ein nur schwer zu überwindender Stein des Anstoßes, und keineswegs ein freudig begrüßter religiöser Vorteil. Dieses Problem wird vor allem (und historisch wohl auch zuallererst) an der Frage des Kreuzestodes Jesu brennend. Das beweisen die vielfachen Versuche, den Anstoß dieses historischen Ereignisses aus der Welt zu schaffen, indem man das Kreuz als notwendiges Element in die überkommenen Systeme religiöser Erwartung einbaute; zB im Weissagungsbeweis; vgl. auch die gnostische Interpretation des Kreuzes im Evangelium Veritatis[17]. Vor allem in der paulinischen Polemik steht die Frage im Vordergrund, ob sich der Glaubende darin neu versteht, daß er den gekreuzigten Christus als die Bestimmtheit seiner Existenz annimmt.

Die Gegenposition ist keineswegs dadurch charakterisiert, daß der historische Jesus als Begründung des Glaubens preisgegeben wird. Fand doch dieser Jesus als Erneuerer des Gesetzes (Gal), als Lehrer der Weisheit (1Kor), als Vorbild des homo religiosus (2Kor) oder als Führer in die Vollkommenheit (Phil) im Denken der Gegner seinen gebührenden zentralen Platz. Niemals wirft Paulus seinen Gegnern vor, daß sie von Christus nichts wissen wollen. Es geht vielmehr darum, daß bei den Gegnern nicht das Kreuz Christi zum kritischen Maßstab der Neuinterpretation der überlieferten theologischen Sprache (einschließlich der Sprache Jesu!) gemacht und somit die Geschichtlichkeit der glaubenden Existenz preisgegeben wird. Gemeint ist mit dem »Kreuz« bei Paulus natürlich nicht ein besonders machtvolles religiöses Symbol, sondern der kritische Maßstab des historischen Geschehens »Jesus«, an dem sich erweist, ob die Existenz des Glaubenden radikal geschichtlich verstanden, oder ob der Mythos der überlieferten Sprache letztlich der Maßstab geblieben ist. Das Wirken und Reden Jesu allein kann nicht als solcher Maßstab gelten, sondern nur als Teil der Verkündigung des Kreuzestodes Jesu, in dem erst die Paradoxie und der Anstoß der geschichtlichen Offenbarung Gottes in Erscheinung tritt.

Häresie entsteht also daraus, daß die Radikalität der Geschichtlichkeit der neuen Existenz nicht erkannt wird, daß der Kreuzestod des Offenbarers nicht ernst genommen wird als das Zerbrechen (Entmythologisierung) der Sicherheit, die durch Religiosität, Frömmigkeit und Theologie gerade dem geschichtlichen Dasein entrinnen will. Rechtgläubigkeit ist niemals die »Überwindung des Paradox des Kreuzes«, sondern der Mut zu einer Theologie, die den Inhalt der geschichtlichen Existenz des Glaubenden von der Verkündigung dieses geschichtlichen Ereignisses als Offenbarung Gottes her zu verstehen wagt.

---

[17] 20, 10ff; bes. 20, 25ff.

In der Rechtgläubigkeit wird daher nicht etwa der Anstoß des Kreuzes theologisch überwunden, auch nicht durch die Verkündigung der Auferstehung. Wie sich in der Theologie des Paulus zeigen läßt, begründet die Auferstehung Jesu die Zukunftshoffnung des Glaubenden und schafft dadurch den Raum für ein geschichtliches, dem Kreuz entsprechendes Glaubensverständnis in der Gegenwart.

Ein einmal so gewonnenes Glaubensverständnis kann nun freilich nicht ohne weiteres als neuer Maßstab für die weitere Unterscheidung von Häresie und Orthodoxie benutzt werden. Es ist selbst nur gültig in der unwiederholbaren historischen Situation, in der es aus der kritischen Konfrontation der Verkündigung des Kreuzes mit der vorgegebenen mythologischen Sprache entstanden ist. Natürlich kann der Historiker und Theologe daraus lernen. Aber der Glaube bleibt an seinen Ursprung, das geschichtliche Kreuz Jesu, gebunden, das in einer neuen Situation und in einer anderen Sprache jeweils von neuem als kritischer Maßstab für das Verstehen des Glaubens zurückgewonnen werden muß. Diese Aufgabe kann gelingen oder nicht. Die Berufung auf die Rechtgläubigkeit einer vergangenen Zeit bewahrt nicht vor dem Mißlingen. Denn sie gibt keine Garantie dafür, daß wir den geschichtlichen Ursprung des Glaubens in unserer Interpretation der Überlieferung so wiedergewinnen können, daß wir unseren Glauben nicht als Überwindung des Anstoßes und der Paradoxie, sondern als Existenz unter einer theologia crucis verstehen.

Das Kreuz Jesu ist nicht deshalb interessant, weil es formal die geschichtliche Wirklichkeit der Offenbarung bestätigt. Auch nicht dadurch, daß es die Jünger einstmals in eine Verzweiflung führte, die sie zum Nutzen aller späterer Generationen wunderbar überwanden. Am Kreuz Jesu zerbricht vielmehr die theologische Sicherheit, die in der Intention der überlieferten Sprache und damit im überkommenen Selbstverständnis (sei es auch ein christliches) impliziert ist[18]. In welcher Weise das in jeder Generation und in jedem neuen Sprachzusammenhang geschieht, ist jeweils die Frage. Es steht niemals von vornherein fest, weil der Ursprung der Verkündigung dieses geschichtliche Ereignis ist, das in der Interpretation der Überlieferung stets neu verstanden werden muß. So ist in der Tat der historische Jesus – die Geschichtlichkeit der Offenbarung – der Ursprung des Phänomens der Häresie. Die Geschichte von Rechtgläubigkeit und Ketzerei kann nur unter dieser Fragestellung geschrieben werden. Die Aufgabe ist also theologisch. Wird das übersehen, so kann man wohl die Phänomene religionsgeschichtlich beschreiben, aber niemals die Ketzerge-

---

[18] Soweit dies in der neu entstandenen Frage nach dem historischen Jesus als mögliches Ergebnis einbegriffen ist, hat diese Frage ihr Recht.

schichte des Urchristentums wirklich verstehen – es sei denn, man will die Kategorisierungen späterer Ketzerbekämpfer als ein für alle Mal gültige geschichtliche Urteile kritiklos übernehmen[19].

V. Ketzerei als Versagen der Entmythologisierung im Urchristentum

Es kann nun nicht unsere Aufgabe sein, nach dem Kriterium des Kreuzes die urchristlichen Schriften neu zu kategorisieren. Der Maßstab des Kreuzes ist keine verfügbare wissenschaftliche Methode, sondern muß selbst jeweils erst neu erarbeitet werden. Der Ausleger weiß nicht im voraus, in welcher Weise dieses Kriterium in einer bestimmten Schrift bei dem Versuch, die christliche Existenz im Rahmen einer vorgegebenen Sprache neu zu verstehen, als kritischer Maßstab wirksam wird. Das Kriterium selbst will also jeweils erst in unserer Interpretation der Quellen neu erschlossen werden. Gleichzeitig kann auch die einmal so festgestellte sprachliche Erscheinung der Häresie oder des rechten Glaubens nicht ohne weiteres auf eine in einer anderen historischen Situation entstandene Schrift übertragen werden. Was in einem Falle Sprache der Häresie ist, kann in einem anderen Sprache des rechten Glaubens sein. Die üblichen Prädikate »jüdisch«, »apokalyptisch«, »hellenistisch«, »gnostisch« haben zwar religionsgeschichtlich gesehen ihr gutes Recht, sind aber zur Klassifizierung der Häresie unbrauchbar, zumal dann, wenn sie als Gegenbegriffe zu »christlich« benutzt werden.

Man kann auch nicht etwa die Verkündigung der Auferstehung der Verkündigung der Erhöhung gegenüberstellen und fragen, welche häretisch und welche rechtgläubig sei. Ebensowenig läßt sich die Frage an der Gegenüberstellung verschiedener und verschiedenen Sprachzusammenhängen entstammender christologischer Titel entscheiden. Die Frage kann hier nicht sein, welcher Titel Jesu denn der rechte sei, sondern nur, ob in einem genau zu bestimmenden Sprachzusammenhang die im Kreuz Jesu enthaltene Geschichtlichkeit der Existenz des Glaubenden verstanden ist, und das hängt weithin davon ab, was ein bestimmter Würdetitel Jesu in dem entsprechenden Zusammenhang bedeutet. Bedeutet ein Titel nichts oder nichts mehr, so wird er zum bloßen Eigennamen (so »Christus«), oder zu einer liturgischen Formel, die ihren theologischen Gehalt verloren hat (wie heute »Heiland«). Daran wird auch vollends deutlich, daß der Versuch scheitern muß, die jeweils überlieferte

---

[19] So sehr WALTER BAUER die historischen Konstruktionen der späteren rechtgläubigen Kirche durchschaut hat, so wenig ist es ihm doch gelungen zu zeigen, um welches theologische Problem es eigentlich geht. Insofern ist sein Urteil, daß weithin »Häresie« am Anfang steht, geschichtlich falsch. Was später Häresie war, mag ehemals rechter Glaube gewesen sein, und umgekehrt.

sprachliche Formulierung zum Maßstab des rechten Glaubens für die nächste Generation zu machen. Gerade das Festhalten an der überlieferten Formulierung führt hier eher in die Häresie als in die Rechtgläubigkeit.

Man kann aber methodisch so verfahren, daß man sich zunächst in der Untersuchung des religionsgeschichtlichen Hintergrundes die mythologische Intention der verwendeten Sprache – und es handelt sich in den urchristlichen Schriften ja um mythologische Sprachzusammenhänge – vergegenwärtigt, und dann fragt, ob die Entmythologisierung gelungen ist, oder ob die entscheidenden Kriterien den mythologischen Inhalten der vorgegebenen Sprache entnommen sind, statt sich am Skandalon des historischen Ursprungs der Offenbarung zu orientieren. In der Tat ist im Urchristentum apokalyptische und gnostische Mythologie oft in dieser Weise bestimmend gewesen.

Die Intention des apokalyptischen Denkens versteht die Gegenwart unter dem Gesichtspunkt eines streng zukünftigen und damit ungeschichtlichen göttlichen Heilshandelns. In der Gegenwart ist dieses Heil höchstens als enthusiastische Vorwegnahme möglich. In der Regel aber wird die Gegenwart durch gesetzlichen Rigorismus als Vorbereitung auf das zukünftige Heil bestimmt. Wird das Offenbarungshandeln Gottes in Jesus in diesen apokalyptischen Rahmen unkritisch eingefügt, so wird die überlieferte Rede Jesu zum Gesetz. Der apokalyptisch geprägte und damit mythisch konzipierte Bundesgedanke, in dem das Heil nicht mit dem Bund als solchem identisch ist, sondern nur dem zukünftig gedachten Segen entspricht, macht diese Konsequenz notwendig.

Soweit die Überlieferung von der Offenbarung in Christus nicht gesetzlicher Natur ist, handelt es sich in diesem Verständnis um apokalyptische Prophetie. Ein geschichtliches Problem gibt es nicht mehr. Denn das zu befolgende Gesetz ist ebenso eindeutig und führt ebenso gradlinig in die von Gott angeordnete Vollkommenheit, wie auch das, was von der Zukunft erwartet wird, eindeutig der Geschichte und seiner Problematik ein Ende setzen wird.

Zur Ausprägung ist solches Verständnis innerhalb des Urchristentums gelangt zB bei den Gegnern des Paulus in Galatien, die mit der Forderung der Beschneidung eine dem Gesetz entsprechende Zugehörigkeit zu dem für das Ende auserwählten Volk vermitteln wollten; weiter etwa im Hirten der Hermas, wo die Zugehörigkeit zu dem Gottesvolk, dem die Verheißung gilt, ohne weitere Schwierigkeiten durch eine nun zum letzten Mal möglich gewordene zweite Buße und ein anschließendes reines Leben erreicht werden kann.

In der Gnosis erwächst die Aufhebung der geschichtlichen Zweideutigkeit ebenfalls aus der spätjüdischen Mythologie. Das am Ende erwartete Geschehen wird hier aber als radikal gegenwärtig verstanden und die entsprechenden

Konsequenzen nun für den Einzelnen gezogen. Sind die jenseitigen Ereignisse gegenwärtiger Besitz, so ist die Geschichte aufgehoben. Was der Glaubende braucht, ist eine Lehre über den »Weg«, vermittels derer er sich schon jetzt der Aufhebung der Geschichte bemächtigen und der geschichtlichen Gebundenheit des Diesseits entgehen kann.

Das wesentliche Moment der Gnosis ist von hier aus gesehen nicht ein bestimmter Erlösermythos, sondern eine Lehre über die gegenwärtige Situation des Menschen sowie über die Möglichkeiten, sich von den bindenden Mächten des Diesseits und der Geschichte zu befreien. Dabei kann Christus als der Erlöser[20] einfach der Bringer der Botschaft, aber natürlich auch zum Urbild des Gnostikers werden, der selbst als Person nicht nur den Weg weiß, sondern ihn auch geht[21].

Rechtgläubigkeit ist innerhalb dieser Problematik ungeschichtlicher Intentionen der vorgegebenen Sprache keine einmalig formulierte Lehre, die die Gefahren rechts und links fein säuberlich vermeidet. Rechtgläubigkeit angesichts des möglichen Mißverständnisses der Geschichtlichkeit der christlichen Offenbarung und des an den Menschen ergehenden geschichtlichen Anspruchs ist eben nicht identisch mit einer Theorie, die sich klar aus den Begrifflichkeiten, durch die solche Mißverständnisse auftauchen müssen, heraushält. Betrachtet man nur Paulus, so kann man vielleicht sagen, daß seine Rechtgläubigkeit darin besteht, daß er beides tut: Er hält die Geschichtlichkeit der Gegenwart offen durch sein Festhalten an der Zukünftigkeit bestimmter Erwartungen der apokalyptischen Mythologie (Parusie, Auferstehung). Das Verständnis der gegenwärtigen Existenz des Glaubenden gewinnt er aber nun nicht direkt aus dieser Zukunftshoffnung, sondern aus der Paradoxie des geschichtlichen Handelns Gottes, aus der Torheit des Kreuzes. In seiner Behauptung der damit in der Geschichte schon verborgenen Gegenwart der göttlichen Macht kann Paulus nun freilich eine gnostische Anthropologie entwickeln, die zwar gleichzeitig von der Vergegenwärtigung des Sterbens Jesu kontrolliert wird (2Kor 4, 7ff), aber doch sonst der sogenannten Gnosis in nichts nach-

---

[20] Unentbehrlich ist eine gnostische Christologie keineswegs. Wie die neuen Funde von Nag Hammadi zeigen, kann man einen Erlösermythos im traditionell angenommenen Sinne auch keineswegs überall voraussetzen. Wahrscheinlich wird man auch bei den gnostischen Gegnern des Paulus in dieser Beziehung vorsichtiger sein müssen.

[21] Dieses gnostische Verständnis hat ebenso wie das apokalyptische innerhalb des Spätjudentums seine Entsprechung. Schon die jüdische Weisheit bringt dem Weisen die himmlische Kunde, die ihm die individuelle Möglichkeit gibt, sich der Widrigkeit des geschichtlichen Daseins zu entziehen und den Besitz der eschatologischen Güter vorwegzunehmen. Wie in der christlichen Gnosis wird auch in der jüdischen Weisheitsspekulation das geschichtliche Offenbarungsgeschehen irrelevant. Es ist die Weisheit der Urzeit, die sich dem Weisen am Ende, und nicht innerhalb des geschichtlichen Handelns Gottes, offenbart.

steht[22]. Daß Paulus, geschichtlich gesehen, an der Entstehung der christlichen Gnosis so entscheidenden Anteil hat, ist nicht zu bestreiten, auch wenn er versucht, die gnostische Christologie durch die Bindung an das Kreuz zu entmythologisieren (Phil 2, 6 ff).

Eine Neuverteilung der Prädikate kann natürlich nicht der Sinn solcher Besinnung sein. Geht es auf der einen Seite um »Rechtgläubigkeit« als das Wagnis einer Theologie, die vom gekreuzigten Jesus gelernt hat und dies angemessen sagen will in einer Sprache, die sie sich nicht selbst aussuchen kann, so ist die tatsächliche Alternative zur Rechtgläubigkeit nicht »Häresie« im traditionellen Sinne, sondern Häresie als die unkritische Fortsetzung einer vorgegebenen Sprache, sei diese nun »christlichen« oder »weltlichen« Ursprungs, also die Flucht in die Tradition. Sie scheint keine Gefahren zu haben, da sie sich nicht der Möglichkeit neuer Häresien aussetzt. Denn in der Tradition wird nur wiederholt, was frühere Generationen bereits akzeptiert haben. Aber die Wiederholung der Überlieferung schafft keine »rechtgläubige« Theologie. In der Überlieferung entsteht keine Rechtgläubigkeit. Hier ist sie vielmehr nur kodifiziert und als Zeichen aufgerichtet, und zwar als ein Zeichen, das der Interpretation bedarf. Hier finden sich die zur Geschichte gewordenen Stimmen alter Auseinandersetzungen und ihrer Versuche, das Problem zu beantworten. Aber diese Antworten haben bereits in dem Moment ihre historische Aktualität und Schärfe verloren, in dem sie als gültige Tradition akzeptiert worden sind, ja, die Tradition wird als solche zur Häresie, sobald man versucht, sie zu repristinieren.

Doch kann man aus der Geschichte von Rechtgläubigkeit und Ketzerei im Urchristentum lernen. Man kann nicht lernen, *was* die rechtgläubige Theologie sagen muß. Aber man kann lernen, daß die Geschichtlichkeit der Offenbarung es verlangt, seine eigene theologische Existenz auszusetzen, indem man das in jeder Zeit notwendigerweise neu aufgegebene Wagnis unternimmt, die von den Mythologien einer *neuen* Zeit aufgegebenen Probleme selbst auf die Gefahr der Häresie hin mutig anzupacken. Die rechtgläubige Aussage nun für sich selbst gepachtet zu haben, wird wohl im Ernst keine kirchliche Gruppe und kein einzelner Theologe in Anspruch nehmen wollen. Aber der Maßstab der Rechtgläubigkeit ist ja auch kein depositum fidei bei einer bestimmten theologischen Richtung, sondern er ist aller theologischen Besinnung in der Paradoxie der Bindung des Glaubens an den Ursprung im gekreuzigten Jesus von Nazareth vorgegeben und als Aufgabe aufgetragen.

---

[22] Die Behauptung, daß Paulus so sehr dem apokalyptischen Judentum entstammt, daß er seine gnostischen Gegner nie richtig verstehen kann, sollte man endgültig aufgeben, zumal ja das Judentum gerade auch der Mutterboden christlicher Gnosis gewesen sein muß.

ΛΟΓΟΙ ΣΟΦΩΝ

ZUR GATTUNG DER SPRUCHQUELLE Q

JAMES M. ROBINSON

In seiner »Geschichte der synoptischen Tradition« hat RUDOLF BULTMANN die Verwandtschaft zwischen Herrenworten und Weisheitsliteratur klar herausgestellt. Die »Logien im engeren Sinn« wurden »Weisheitssprüche« genannt[1], und eine über W. BAUMGARTNERS Untersuchung der Formen der Spruchweisheit des Siraziden[2] hinausgehende Darstellung der Grundformen der Weisheitsliteratur leitete die Analyse dieser Gruppe von Herrenworten ein. So wurden die »Logien« in Analogie zu »Meschalim« verstanden. In dem Bestreben der formgeschichtlichen Methode, im Unterschied zu der voraufgehenden Generation unsere Aufmerksamkeit auf die kleinsten Einheiten der Überlieferung zu lenken, wurde die gattungsgeschichtliche[3] Frage nach der Form der Sammlung der Weisheitssprüche nicht eigens untersucht, obwohl BULTMANN nebenbei auch vermerkt hat, »daß das Buch des Siraziden in gewisser Weise eine Analogie zur Sammlung und Redaktion des Redenstoffs der Synoptiker bildet«[4]. Vielmehr wurde die Erkenntnis der Verbindung zwischen Herrenworten und Weisheitssprüchen in einer anderen Richtung über die Formgeschichte hinaus fruchtbar gemacht. Schon bei der Titulatur der Gruppen von Herrenworten fällt auf, daß die ursprüngliche Bezeichnung »Logien im engeren Sinn, Weisheitssprüche«, die formal den Bezeichnungen

---

[1] Die Geschichte der synoptischen Tradition, [3]1958, 73.

[2] ZAW 34, 1914, 165–169.

[3] Hier verwende ich die von HANS CONZELMANN (EKL I, 1956, 1310) vorgeschlagene Unterscheidung zwischen Formgeschichte, die mit den kleinsten Einheiten zu tun hat, und Gattungsgeschichte, die das Stadium der Sammlung in größere (literarische) Einheiten untersucht. Diese begriffliche Unterscheidung ist aber in den klassischen formgeschichtlichen Abhandlungen noch nicht vorhanden.

[4] BULTMANN, ebd. 104. Nicht nur die formgeschichtlichen Abhandlungen von BULTMANN und DIBELIUS, sondern vor allem der Aufsatz von KARL LUDWIG SCHMIDT, »Die Stellung der Evangelien in der allgemeinen Literaturgeschichte«, Eucharisterion II, S. 50 bis 134, haben auch diese gattungsgeschichtliche Forschung – wenn auch im Hinblick auf die Spruchquelle nur nebenbei – in Angriff genommen. Zur Gattung des P Oxy 1 = Thomasevangelium vgl. schon JOHANNES WEISS, ThR 1, 1898, 228.

der anderen Gruppen: »prophetische und apokalyptische Worte« und »Gesetzesworte und Gemeinderegeln« in etwa entspricht, zu der Überschrift »Logien (Jesus als Weisheitslehrer)« modifiziert wurde[5]. Diese persönliche anstelle der sachlichen Formulierung wird nicht weiter diskutiert, findet aber unter den »prophetischen und apokalyptischen Worten« in Mt 23, 34–39 ihre Entsprechung, wenn hier die Spruchquelle einen jüdischen Spruch der personifizierten σοφία zitiert, wie Lk 11, 49 noch bezeugt. »Denn das Subjekt dieser Geschichtsreflexion muß ein übergeschichtliches Subjekt sein, nämlich die Weisheit.«[6] Diese Stelle ist nämlich ein Beleg für den »Mythos von der göttlichen Weisheit«, der dem »Mythos vom Urmenschen« parallel läuft[7].

Die Fortsetzung dieses Ansatzes erfolgt dann zwei Jahre später in der Gunkel-Festschrift in einem Aufsatz über »Den religionsgeschichtlichen Hintergrund des Prologs zum Johannes-Evangelium«[8]. Diese Untersuchung dessen, was wir seitdem den gnostischen Erlösermythos nennen, geht gerade von der Verbindung der genannten Stelle in der Spruchquelle mit dem Siraziden aus. So ist es das Johannesevangelium, und nicht die Synoptiker oder gar die der Spruchüberlieferung entsprechende Redequelle, das sozusagen die christologische Explizierung der Verbindung zwischen Herrenworten und Weisheitsliteratur bildet. Ebenso wie die weitere Ausführung der formgeschichtlichen Fragestellung vom synoptischen Problem zu den kerygmatischen Bekenntnissen und Hymnen, von Bultmanns Jesusbuch zu seiner Theologie des Neuen Testaments überging, so wurde auch hier das, was zunächst in der Spruchquelle gesehen wurde und unter dem Begriff »Weisheitslehrer« auch zur Sprache kam, in diesem Rahmen der Jesus-Überlieferung nicht weiter untersucht. Darum ist es verständlich, daß uns jetzt die Fortführung solcher Ansätze und Anregungen, die in der »Geschichte der synoptischen Tradition«

---

[5] Ebd. 73.

[6] Ebd. 120. Johannes Weiss hatte ThR 1, 1898, 230f im Hinblick auf die »neuen Logia« eine ähnliche Vermutung geäußert: »Die Worte passen nur in den Mund des Erhöhten, der in wehmütiger Klage auf sein Erdenwallen und seinen Eintritt in die Welt zurückblickt ... Vielleicht entstammt das Wort einer Quelle, in welcher die Identifikation Jesu mit der σοφία bereits vollzogen war. Vgl. Lk 7, 35; 11, 49; Mt 23, 34ff«. Wenn man merkt, daß es sich um P Oxy 1, 3 = Thomasevangelium Spruch 28 handelt, so spürt man nicht nur den durch Bultmanns Lehrer gelieferten Ansatz, sondern auch die Bultmanns eigenen Schülern nunmehr gestellte Aufgabe, die damals schon ins Auge gefaßte Verhältnisbestimmung zwischen der Spruchquelle Q und den »neuen Logia« an Hand des Thomasevangeliums durchzuführen.

[7] Ebd. 120f.

[8] Eucharisterion II (1923), 3–26, besonders S. 6. Dieser Ansatz der religionsgeschichtlichen Untersuchung des Johannesevangeliums wurde dann in dem Aufsatz »Die Bedeutung der neuerschlossenen mandäischen und manichäischen Quellen für das Verständnis des Johannesevangeliums« ZNW 24, 1925, 100–146 fortgeführt.

nicht weiter ausgeführt wurden, aufgegeben ist, d.h. daß wir auf Grund der Formgeschichte die gattungsgeschichtliche Frage an die Evangelien als Ganzheiten ebenso wie die Frage nach dem historischen Jesus aufs neue stellen müssen. Nur indem wir solche Ansätze vernehmen und aufnehmen, können wir einen so sachlichen Lehrer wie den Jubilar ehren. So möchte dieser Beitrag die Verbindung der »Logien« und der »Meschalim« unter dem Begriff des »Weisheitslehrers« durch die Herausarbeitung der Gattungsbezeichnung λόγοι σοφῶν bestätigen und weiterführen.

I.

Die Bezeichnung der Herrenworte als »Logien« entstammt den Papias-Fragmenten. Denn seine Abhandlung hieß nicht nur Λογίων κυριακῶν ἐξήγησις (Eusebius III, 39, 1), sondern im Hinblick auf das Markusevangelium erwähnt er Petrus οὐχ ὥσπερ σύνταξιν τῶν κυριακῶν ποιούμενος λογίων (III, 39, 15) und bringt vor allem den Satz über Matthäus, der immer wieder in Verbindung mit der Spruchquelle »Q« gesetzt worden ist: Ματθαῖος μὲν οὖν ῾Εβραΐδι διαλέκτῳ τὰ λόγια συνετάξατο, ἡρμήνευσεν δ᾽ αὐτὰ ὡς ἦν δυνατὸς ἕκαστος (III, 39, 16)[9]. So wurde ein wenig hervorgehobener und sachlich noch dunklerer Begriff nicht beachtet, der in solchen Wendungen durchzuschimmern scheint wie: τὸ προοίμιον τῶν αὐτοῦ (sc. des Papias) λόγων (Irenaeus bei Eusebius, III, 39, 2); τοὺς τῶν πρεσβυτέρων ἀνέκρινον λόγους (Papias bei Eusebius, III, 39, 4); Παπίας τοὺς μὲν τῶν ἀποστόλων λόγους παρὰ τῶν αὐτοῖς παρηκολουθηκότων ὁμολογεῖ παρειληφέναι (Eusebius, III, 39, 7); τῶν τοῦ κυρίου λόγων διηγήσεις (von Aristion, erwähnt in Papias' Schrift nach Eusebius, III, 39, 14). Wenn es schon schwierig ist, die von PAPIAS erwähnten λόγια gattungsgeschichtlich festzulegen, so erst recht, solche beiläufigen Erwähnungen von λόγοι des PAPIAS, der Alten, der Apostel, des Herrn als gattungsgeschichtlich belangreich zu erweisen[10]. Darum ist es

[9] Ein Beispiel für solche Übersetzungsvarianten bietet hier die auch sonst und zwar besonders im Hinblick auf semitische Formelsprache (zB die Hodajot-Formel) nicht sehr geglückte griechische Übersetzung der syrischen Thomasakten, Kap. 39 (LIPSIUS – BONNET II, 2, 156, 12–15): ῾Ο δίδυμος τοῦ Χριστοῦ, ὁ ἀπόστολος τοῦ ὑψίστου καὶ συμμύστης τοῦ λόγου τοῦ Χριστοῦ τοῦ ἀποκρύφου, ὁ δεχόμενος αὐτοῦ τὰ ἀπόκρυφα λόγια. Damit wird auf das Incipit des Thomasevangeliums οὗτοι οἱ λόγοι οἱ ἀπόκρυφοι (siehe unten) oder auf eine beiden voraufgehende Überlieferung angespielt. Vgl. auch die Varianten ἀπὸ λόγων bzw. λογίων ᾽Ενὼχ τοῦ δικαίου TestBen 9, 1 und vgl. darüberhinaus Justin 1Apol 14, 5 βραχεῖς ... λόγοι mit Dial 18, 1 βραχέα... λόγια.
[10] Zur gattungsgeschichtlichen Ungenauigkeit des Begriffes λόγια bei Papias vgl. etwa KARL L. LEIMBACH, PRE 14, ³1904, 644; weiter E. BAMMEL, RGG³ V, 48: »Das Buch (sc. des Papias) enthielt kommentierte Nachrichten über Worte und Taten Jesu.« Die

nicht verwunderlich, daß das erste in Oxyrhynchus entdeckte Fragment einer Spruchquelle unter der Bezeichnung Λόγια Ἰησοῦ herausgegeben wurde[11], und daß die wissenschaftliche Diskussion auch unter dem Stichwort »Logien« geführt wurde[12].

Dieser Sprachgebrauch hatte sich so fest eingebürgert, daß die Veröffentlichung von P Oxy 654 im Jahre 1904, dessen erste Zeile lautet: (οἱ) τοῖοι οἱ λόγοι οἱ ..., bzw. wie wir jetzt lesen, οὗτοι (οἱ) οἱ λόγοι οἱ ... gar keinen Einfluß auf die Begrifflichkeit ausüben konnte[13]. Erst in letzter Zeit, nachdem die Entdeckung des Thomasevangeliums die längst verschollene Diskussion neu belebt hat und eine Identifizierung der Oxyrhynchus-Fragmente mit den von PAPIAS erwähnten Logien-Quellen unmöglich gemacht hat, kann man die allmähliche Übernahme des Begriffes λόγοι als Bezeichnung der Oxyrhynchus-Fragmente feststellen[14].

Daß der Begriff sich nicht ohne weiteres auch auf die koptische Übersetzung der Oxyrhynchus-Logoi ausdehnen läßt, hängt wohl nur damit zusammen, daß die koptische Fassung als Unterschrift den Titel »Peuaggelion pkata Thomas« trägt. Wenn die griechischen Lehnwörter und die durchschimmernde griechische Grammatik (τὸ εὐαγγέλιον τὸ κατὰ Θωμᾶν) die Annahme nahelegen, daß die griechische Vorlage ebenfalls diesen Titel trägt[15], so hat man für diese Schrift sozusagen zwei Titel, einmal die freie Verwendung der Bezeichnung λόγοι im Incipit, zu der die eher formale Angabe des Titels »Thomas-

Vokabel λόγος ist sehr geläufig und vieldeutig und oft sehr unbestimmt. Ganz abgesehen von ihrer Verwendung im christologischen Sinne im Incipit des Johannesevangeliums oder im Sinne von »Band« (Apg 1, 1) bzw. »Abhandlung« (etwa als Unterschrift ὁ λόγος περὶ ἀναστάσεως CG I [II; XIII], 3), kann die Bezeichnung λόγοι auf Taten ebenso wie auf Worte verweisen. Vgl. HENRY J. CADBURY, The Beginnings of Christianity, 2, 1922, 509 zu Lk 1, 4: »Perhaps here περὶ λόγων is used for variety much as περὶ πραγμάτων in verse 1, but of course λόγοι are events reported rather than events fulfilled.« So kann man zB nicht klar zwischen τῶν τοῦ κυρίου λόγων διηγήσεις, und Lk 1, 1: διήγησις περὶ τῶν πεπληροφορημένων ἐν ἡμῖν πραγμάτων unterscheiden. Zum Begriff דְּבָרִים in Titeln von Geschichtswerken im AT s. unten.

[11] Λόγια Ἰησοῦ. Sayings of Our Lord from an Early Greek Papyrus, hg. v. BERNARD P. GRENFELL und ARTHUR S. HUNT, 1897. Es handelt sich um P Oxy 1.

[12] Vgl. die Bibliographie bei JOSEPH A. FITZMYER, S. J., ThSt 20, 1959, 556–560.

[13] New Sayings of Jesus and Fragment of a Lost Gospel from Oxyrhynchus, hg. v. BERNARD P. GRENFELL und ARTHUR S. HUNT. Obwohl sie ganz richtig vermuteten, »that the present text represents the beginning of a collection which later on included the original ›Logia‹«, haben sie die begriffliche Konsequenz nicht gezogen.

[14] JOSEPH A. FITZMYER, S. J., »The Oxyrhynchus Logoi of Jesus and the Coptic Gospel according to Thomas«, ThSt, 20, 1959, 505–560; GÉRARD GARITTE, »Les ›Logoi‹ d'Oxyrhynque et l'apocryphe copte dit ›Évangile de Thomas‹«, Le Muséon 73, 1960, 151–172.

[15] Vgl. Hippolyt, Ref. V 7, 20 ἐν τῷ κατὰ Θωμᾶν ἐπιγραφομένῳ εὐαγγελίῳ. Zum Verhältnis dieser Schrift zum Thomasevangelium aus Nag Hammadi siehe PUECH bei HENNECKE-SCHNEEMELCHER, Neutestamentliche Apokryphen I, ³1959, 203f.

evangelium« als Unterschrift am Ende hinzukommt. Nun kann man allerdings vermuten, daß die zuletzt erwähnte Bezeichnung polemisch bzw. apologetisch als Aushängeschild für allerlei Schriften in einer Zeit beliebt wird, in der sich die Evangelien und damit der Begriff εὐαγγέλιον als Titel der Evangelien in der Großkirche durchgesetzt haben. So hat IRENAEUS (III, 11, 9) das Incipit des gattungsgeschichtlich nicht als Evangelium zu bezeichnenden Traktats CG I (XIII; II), 2[16]: »Das Evangelium der Wahrheit ist Freude für diejenigen, welche die Gnade empfangen haben vom Vater der Wahrheit«, als polemischen Titel verstanden: »Siquidem in tantum processerunt audaciae uti quod ab his non olim conscriptum est ›Veritatis Euangelium‹ titulent, in nihilo conueniens apostolorum euangeliis, ut nec Euangelium quidem sit apud eos sine blasphemia. Si enim quod ab eis profertur ›Veritatis‹ est ›Euangelium‹, dissimile est autem hoc illis quae ab apostolis nobis tradita sunt, qui uolunt possunt discere (quemadmodum ex ipsis scripturis ostenditur) iam non esse id quod ab apostolis traditum est Veritatis Euangelium.« Man vergleiche auch die Nag Hammadi-Schrift CG IV (II; VIII), 2, die wohl vom Incipit her »Das heilige Buch des großen unsichtbaren Geistes« genannt wird. Dieser Schrift, die »überhaupt nichts mit einem Evangelium zu tun« hat[17], wurde dennoch die Unterschrift »Evangelium der Ägypter« hinzugefügt.

Wenn man bemerkt, daß im Thomasevangelium der Begriff εὐαγγέλιον, abgesehen von der Unterschrift, völlig fehlt, daß aber die Bezeichnung λόγοι in der hier verwendeten Spruchüberlieferung selbst zu Hause ist und von dorther in die Einleitung übernommen worden ist[18], so wird man eher in dem Begriff λόγοι die ursprüngliche Gattungsbezeichnung suchen dürfen. Nicht

---

[16] Die von MARTIN KRAUSE u. PAHOR LABIB (Die drei Versionen des Apokryphon des Johannes im koptischen Museum zu Alt-Kairo, ADAIK, Kopt. Reihe Bd 1, 1962) vorgeschlagene Zählung der Codices wird sich wohl gegenüber denjenigen von DORESSE und PUECH durchsetzen. Die Angabe mit CG (= Cairensis gnosticus) geht auf W. C. VAN UNNIK, Evangelien aus dem Nilsand 23, zurück. Die Zählungen von DORESSE und PUECH werden in Klammern gesetzt.   [17] PUECH bei HENNECKE-SCHNEEMELCHER, I, 270f.

[18] Die vierte Zeile von P Oxy 654 lautet: ἂν τῶν λόγων τούτ]. Dadurch wird der Begriff λόγοι in der griechischen Vorlage des ersten Spruchs des Thomasevangeliums belegt: »Wer die Deutung dieser Worte finden wird, wird den Tod nicht kosten.« Schon inhaltlich bietet sich dieser Spruch als Einleitung der Sammlung an. Seine Zugehörigkeit zur Einleitung wird aber auch durch das vorausgehende εἶπεν nahegelegt. Denn im griechischen Text ist das Präsens λέγει in der Zitationsformel der Sprüche Jesu so unveränderlich, daß man wohl fragen muß, ob das Subjekt zu εἶπεν nicht in dem dichter dabei stehenden Beziehungswort Thomas zu suchen ist. Allerdings fangen auch die Reden in den Testamenten der zwölf Patriarchen mit εἶπεν an, wo das Subjekt nicht in den gerade erwähnten Söhnen bzw. Eltern des betreffenden Patriarchen, sondern in dem am Anfang genannten Patriarchen selbst zu suchen ist. Nur steht diesem εἶπεν kein formelhaftes λέγει in der Fortsetzung der Rede gegenüber. – Ähnlich redet Thomas in Spruch 13 von Worten Jesu, die nur er (Thomas) kennt.

nur redet der weiter unten zu behandelnde Spruch 38 von dem Verlangen, »diese Worte zu hören, die ich zu euch spreche«, sondern der Spruch 19 scheint nur eine weiter ausgebaute Variante des Spruches zu sein, der in die Einleitung des Thomasevangeliums aufgenommen wurde: »Selig, wer war, ehe er ward. Wenn ihr mir Jünger werdet und meine Worte hört, werden diese Steine euch dienen. Ihr habt ja fünf Bäume im Paradies, die sich Sommer und Winter nicht bewegen und deren Blätter niemals abfallen. Wer sie erkennen wird, wird den Tod nicht kosten.« Hier wird die Vorstellung, daß die Erkenntnis der Worte Heil bringt, durch fremde Vorstellungen sekundär erweitert. Die ursprüngliche Vorstellung, die verschiedentlich im Johannesevangelium durchscheint, und die besonders in 8, 52 ausgeprägt wird: ἐάν τις τὸν λόγον μου τηρήσῃ, οὐ μὴ γεύσηται θανάτου εἰς τὸν αἰῶνα, wird dann auch dem als Abschluß der Einleitung des Thomasevangeliums zu verstehenden ersten Spruch zugrundeliegen: »Wer die Deutung dieser Worte finden wird, wird den Tod nicht kosten.«[19] Damit wird die in der ersten Zeile als eine Art Überschrift vorkommende Bezeichnung λόγοι mit der im Thomasevangelium dargebotenen Spruchüberlieferung aufs engste verbunden. Wohl bot sich dieser Begriff als Gattungsbezeichnung von selbst an, sobald solche Sprüche gesammelt und in eine größere Einheit zusammengefügt wurden.

Damit soll aber nicht gesagt werden, daß diese Bezeichnung erst im Thomasevangelium in das Incipit aufgenommen und so zur Gattungsbezeichnung erhoben worden ist[20]. Die Verbindung der Selbstbezeichnung der einzelnen Sprüche als λόγοι mit der Verwendung dieser Bezeichnung für Spruchsammlungen hat wohl eine längere Geschichte. In demselben Codex aus Nag Hammadi, in dem sich das Thomasevangelium befindet, findet sich eine noch nicht veröffentlichte Schrift CG II (X; III), 7, deren Explicit lautet: »Das Buch von Thomas, dem Athleten, das er geschrieben hat den Vollkommenen«. Das Incipit aber lautet: »Die geheimen Worte, die vom Erlöser zu Judas Thomas gesagt

---

[19] Das Johannesevangelium zeigt, daß das in der ersten Hälfte des Spruchs 1 hermeneutisch gefaßte Verhältnis zu den Herrenworten auf verschiedene Weise formuliert werden kann. Neben dem Glauben an das Wort begegnet, wie im Spruch 19, das ἀκούειν des Wortes, 5, 24; 8, 43; 14, 24, bzw. der Worte 7, 40 (vgl. 8, 47 τὰ ῥήματα τοῦ θεοῦ) und das Jünger-Werden, 8, 32. Daß die letzte Hälfte eine Formel bringt, die auch sonst begegnet, zeigt schon der Schluß des vorausgehenden Spruchs 18. Eine Variante findet sich Joh 8, 51: ἐάν τις τὸν ἐμὸν λόγον τηρήσῃ, θάνατον οὐ μὴ θεωρήσῃ εἰς τὸν αἰῶνα.

[20] Allerdings im Falle des Thomas findet sich eine auffällige Parallele zur Überschrift in der das Petrusbekenntnis umbiegenden Szene (Spruch 13), in der es heißt: »Dann nahm er (sc. Jesus) ihn (sc. Thomas), entfernte sich und sprach drei Worte zu ihm.« Vgl. dazu Hippolyt, Ref. V 8, 4: οὗτοί εἰσιν οἱ τρεῖς ὑπέρογκοι λόγοι. Καυλακαῦ, Σαυλασαῦ, Ζεησάρ· Καυλακαῦ τοῦ ἄνω, τοῦ Ἀδάμαντος, Σαυλασαῦ τοῦ κάτω θνητοῦ, Ζεησὰρ τοῦ ἐπὶ τὰ ἄνω ῥεύσαντος Ἰορδάνου.

wurden, und die ich aufgeschrieben habe, ich Matthäus, der ich sie gehört habe, während sie beide miteinander redeten.«[21] So hat man hier einen weiteren Beleg für die Bezeichnung »geheime Worte«, die dem koptischen Text des Thomasevangeliums wörtlich entspricht. Umstritten bleibt, ob wir es hier mit der dem Matthias zugeschriebenen basilidianischen Quelle zu tun haben, die Hippolyt, Refutatio VII 20, 1 erwähnt[22]: Βασιλείδης τοίνυν καὶ Ἰσίδωρος, ὁ Βασιλείδου παῖς γνήσιος καὶ μαθητής, φησὶν εἰρηκέναι Ματθίαν αὐτοῖς λόγους ἀποκρύφους, οὓς ἤκουσε παρὰ τοῦ σωτῆρος κατ᾽ ἰδίαν διδαχθείς (vgl. VII 20, 5: τῶν Ματθίου λόγων κρυφίων τινά). Auf jeden Fall wird wohl das Explicit, das Thomas als Schreiber nennt, durch das Incipit – »die ich aufgeschrieben habe, ich Matthäus« – in Frage gestellt[23] und ist also als gattungsgeschichtlich sekundär anzusehen. Allerdings scheint diese Schrift nicht mehr so sehr eine lose Aneinanderreihung von Herrenworten aus der Überlieferung zu bieten, als vielmehr ein formal und inhaltlich weiter fortgeschrittenes Stadium des Auflösungsprozesses, der in die gnostischen Dialoge des Auferstandenen mit seinen Jüngern mündet, wie wir sie aus der Pistis Sophia kennen.

Die Pistis Sophia kündigt das Endstadium in verschiedener Hinsicht an. Hier findet sich die endgültige Festlegung der Aufzeichner der Herrenworte, Philippus, Thomas und Matthäus, eine Angabe, die sich weniger aus der Pistis Sophia selbst herleiten läßt, wo nur Philippus als Schreiber tätig ist, als aus einem Rückblick auf die vorhandene Literatur, wofür man in CG II (X; III) eine Art Beleg hätte[24]. Weiter wird in der Pistis Sophia unumwunden Vorlage und auslegende Wiedergabe nebeneinandergestellt, so daß man den Auflösungsprozeß vor Augen hat. Der Dialog besteht wesentlich in einer Rede des Herrn,

---

[21] PUECH bei HENNECKE-SCHNEEMELCHER I, 223. JEAN DORESSE, Les livres secrets des gnostiques d'Egypte, 1958, auf die sich PUECH zum Teil stützt, weist S. 243 mit drei Punkten auf eine Auslassung zwischen »ich« und »sie gehört habe« hin.

[22] Diese Identifizierung, noch vertreten von DORESSE, Livres secrets 244, wird von PUECH (bei HENNECKE-SCHNEEMELCHER I, 227) aufgegeben, weil nicht (mit DORESSE) Matthias, sondern Matthäus im Incipit von CG II (X; III), 7 zu lesen ist. Sie wird aber von SCHULZ, ThR NF 26, 1960, 247f noch für »sehr wahrscheinlich« gehalten.

[23] PUECH, Les nouveaux écrits gnostiques découverts en Haute-Égypte, Coptic Studies in honor of W. E. Crum, 1950, 120, und bei HENNECKE-SCHNEEMELCHER I, 224–228, bespricht das Verhältnis zu den in patristischen Quellen erwähnten Εὐαγγέλιον und Παραδόσεις des Matthias.

[24] In CG II (X; III) hätte man dann neben dem »Apokryphon des Johannes« an »apostolischen«Werken CG II (X; III), 2: »das sind die geheimen Worte, die Jesus der Lebendige sprach und die Didymus Judas Thomas aufgeschrieben hat«; CG II (X; III), 3: »das Evangelium nach Philippus«, ein teilweise als Dialog eingekleideter gnostischer Traktat, vgl. R. McL. WILSON, The Gospel of Philip, 1962, 7–11; CG II (X; III), 7: »Die geheimen Worte, die vom Erlöser zu Judas Thomas gesagt wurden, und die ich aufgeschrieben habe, ich Matthäus, der ich sie gehört habe, während sie beide miteinander redeten.« PUECH, Crum-Festschrift, 117f, weist auf Deut 19, 15 und Mt 18, 16 hin. Vgl. auch DORESSE, Livres secrets 239.

worauf die »Auflösung« durch einen Jünger (oder durch eine der Frauen)
folgt. Und gerade hier, zwischen der Rede des Herrn und der erklärenden
Rede des Jüngers, taucht eine bezeichnende Formel auf: »Es geschah aber, als
Jesus diese Worte seinen Jüngern zu sagen beendet hatte«, woraufhin sich ein
Jünger mit einer »Auflösung der Worte« meldet. Damit wird nun das vor
Augen geführt, was man am Anfang des Thomasevangeliums nur empfinden
kann. Denn im Thomasevangelium werden die »geheimen Worte« Jesu, zu
deren »Deutung« aufgefordert wird, nicht von der Deutung getrennt, sondern
Wort und Deutung werden ineinander verschmolzen angeboten. Aber schon
diese Einleitung des Thomasevangeliums bereitet die Pistis Sophia vor, die in
ihrer Formelsprache wie in ihrer Ausführung nur das zu Tage zu fördern
braucht, was wir schon im Thomasevangelium spüren. So hat man die für die
christliche Gnosis typische Form des als Offenbarung des Auferstandenen
ausgegebenen Traktats[25] vor sich, in das sich sogar der »Brief des seligen Eu-
gnostos« (CG III [I; I], 3 ; V [III; VII], 1) umwandelt, um so als »Die Sophia Jesu«
(CG III [I; I], 4) neu herausgegeben zu werden[26]. Die Entwicklung, die der Verfasser der Apostelgeschichte für die Großkirche durch die Begrenzung der
Erscheinungen des Auferstandenen auf 40 Tage aufzuhalten half[27], ist dann
doch außerhalb der Großkirche zu Ende geführt worden.

II.

Nun aber hat diese Entwicklung, die in der Gnosis endet, auch ihre Vorgeschichte, die in der Großkirche liegt. Die Erweiterung, die die »beiden

[25] Obwohl das Zitat seit dem Nag-Hammadi-Fund nicht mehr wörtlich zu halten ist,
wird die Tendenz doch richtig wiedergegeben in der Bemerkung von TILL zum »Unbekannten altgnostischen Werk« des Codex Brucianus (Koptisch-gnostische Schriften,
Bd 1, hg.v. CARL SCHMIDT, 3. Aufl. hg.v. W. Till, 1959, S. XXXIII): »Es unterscheidet sich
von den übrigen bisher bekannt gewordenen gnostischen Originalwerken dadurch, daß
es nicht in die Form von Offenbarungen Christi gekleidet ist.« Vgl. bei HENNECKE-SCHNEE-
MELCHER I bes. den Abschnitt VI »Wechselgespräche Jesu mit seinen Jüngern nach seiner
Auferstehung«.

[26] DORESSE, Livres secrets 215–218; SCHULZ 243.

[27] Es ist nicht ganz ausgeschlossen, daß Lukas von der häretischen Gefahr solcher λόγοι
ἀπόκρυφοι wußte, und daß die Abwehr dieser Gefahr neben seiner heilsgeschichtlichen
periodisierenden Tendenz bei der Begrenzung der Erscheinungen auf vierzig Tage mitgewirkt hat. Auf jeden Fall stand er in Verbindung mit der Sitte, dem Auferstandenen
Reden in den Mund zu legen. Von Relevanz für die strittige Frage, ob das Thomasevangelium Worte des Irdischen oder des Auferstandenen bieten will, ist die Parallele zum
Incipit des Thomasevangeliums οὗτοι οἱ λόγοι οἱ [ἀπόκρυφοι οὓς ἐλά] λησεν Ἰησοῦς ὁ ζῶν
im Auferstehungsbericht des Lukasevangeliums, 24, 44: οὗτοι οἱ λόγοι μου οὓς ἐλάλησα
πρὸς ὑμᾶς ἔτι ὢν σὺν ὑμῖν. Überhaupt begegnet bei Lukas eine Zitationsformel mit der

Wege« in der Didache über den Barnabasbrief hinaus erfahren, steht zum Teil unter dem Einfluß dieser Entwicklung. Die Einleitung zur ὁδὸς τῆς ζωῆς besteht, im Unterschied zu Barnabas 19, 1 a, aus dem Herrenwort über die beiden höchsten Gebote (Mt 22, 37–39). Dann wird die weitere Entfaltung, im Unterschied zu Bar 19, 1 b, mit der Wendung eingeführt: τούτων δὲ τῶν λόγων ἡ διδαχή ἐστιν αὕτη[28], worauf die Reihe von Herrenworten folgt, die ebenfalls über Bar 19 hinausgeht. Somit wird die vorgegebene Form der »beiden Wege« in die Richtung gelenkt, die in den gnostischen Dialogen, welche Herrenworte mit deren durch weitere Sprüche vollzogener Auslegung verbanden, schon sichtbar geworden ist[29]. In dem anderen über den Barnabasbrief hinausgehenden Abschnitt der »beiden Wege«, der formal durch die Bar 18–20 fremde Anrede τέκνον μου, Did 3, 1. 3. 4. 5. 6; 4, 1 (5, 2: τέκνα) mit der Weisheitsliteratur verbunden wird[30], tritt eine Frömmigkeit zutage, die mit ihrer Ehrfurcht vor Spruchweisheit (τρέμων τοὺς λόγους διὰ παντός, οὓς ἤκουσας, 3, 8; vgl. Bar 19, 4) und ihrer Pflege τῶν ἁγίων, ἵνα ἐπαναπαῇς τοῖς λόγοις αὐτῶν (4, 2) sehr an PAPIAS erinnert.

Von hier aus kann man zu der der Didache am nächsten verwandten neutestamentlichen Schrift, dem Matthäusevangelium, übergehen. In den synoptischen Evangelien begegnen verschiedentlich Sprüche, die von Jesu λόγοι reden (Mk 8, 38 ≠ Lk 9, 26; Mk 13, 31 parr.; Lk 9, 44). Auch sonst kommt der Begriff vor: Lk 4, 22; Joh 7, 40; 8, 24; 10, 19; 14, 24; vgl. 1Tim 4, 6; 6, 3; 2Tim

Mehrzahl λόγοι nur noch einmal, und zwar nicht im Evangelium, sondern Apg 20, 35 (s. u.).

[28] Auf die hermeneutische Formel Qumrans 'ל bzw. פשר הדבר אשר פשר (z. B. 4QpIsa[b.c], JBL 77, 1958, 215–219) als Parallele hat schon JEAN PAUL AUDET, La Didachè: Instructions des Apôtres, 1958, 261 f, verwiesen.

[29] Vgl. noch Mk 10, 24: οἱ δὲ μαθηταὶ ἐθαμβοῦντο ἐπὶ τοῖς λόγοις αὐτοῦ, worauf eine durch einen Vergleich erweiterte und auf diese Weise selbst interpretierende Wiederholung des vorausgehenden Spruchs folgt. Diese Wiederholung des vorausgehenden Spruchs fehlt bei Mt und Lk. So bleibt es unklar, ob die Seitenreferenten den »Zwang der Gattung« nicht empfanden und also die Wiederholung als unmotiviert ausließen, oder ob es sich um eine spätere – also in der Zeit der anderen Zeugnisse liegende – Erweiterung des Markustextes handelt. Sonst kommt bei Mk die Mehrzahl λόγοι nur in einem überlieferten Spruch, 8, 38, vor.

[30] BULTMANN, Der religionsgeschichtliche Hintergrund des Prologs zum Johannes-Evangelium, Eucharisterion II, S. 11, Anm. 3, spricht in Verbindung mit Prov 8, 32 (vié) und Sir 4, 11 (ἡ σοφία υἱοὺς αὐτῆς ἀνύψωσεν) von einer »Anrede der katechetischen Terminologie«. Neben vié und παιδίον (etwa Tob 4, 12) begegnet als Anrede τέκνον Prov 31, 2; Sir 2, 1; 3, 12. 17; 4, 1; 6, 18. 23. 32; 10, 28; 11, 10; 14, 11; 16, 24; 18, 15; 21, 1; 31, 22; 37, 27; 38, 9. 16; 40, 28 bzw. τέκνα Sir 3, 1; 23, 7; 41, 14. Dieselbe Anrede findet sich im Corpus Hermeticum XIII, in den »Worten Achikars« und in den Testamenten der Zwölf Patriarchen, wo die Anrede nicht ganz aus der fingierten Situation zu erklären ist. Besonders bezeichnend ist Sir 31, 22: ἄκουσόν μου, τέκνον, καὶ μὴ ἐξουδενήσῃς με, καὶ ἐπ᾽ ἐσχάτων εὑρήσεις τοὺς λόγους μου.

I, 13; 4, 15. Aber besonders bei Matthäus[31] scheint die Bezeichnung eine Verbindung mit Spruchsammlungen eingegangen zu sein und auf die Gattungsbezeichnung λόγοι hinzutendieren. Denn dem Matthäus eigentümlich ist die Anordnung von fünf Reden, eigentlich Spruchsammlungen, die je mit fast derselben Schlußformel enden. Auch wenn die Beauftragung in der Missionsrede zur Variante διατάσσων 11, 1 und die Gleichnissammlung zur Variante παραβολαί 13, 53 führen, so begegnet sonst als zur Formel gehörig die Bezeichnung λόγοι 7, 28; 19, 1; 26, 1: καὶ ἐγένετο ὅτε ἐτέλεσεν ὁ Ἰησοῦς (26, 1 πάντας) τοὺς λόγους τούτους (vgl. Lk 9, 28: ἐγένετο δὲ μετὰ τοὺς λόγους τούτους und, am Anfang einer Rede, Lk 9, 44: θέσθε ὑμεῖς εἰς τὰ ὦτα ὑμῶν τοὺς λόγους τούτους). In der ersten uns erkennbaren Sammlung von Herrenworten[32], die wir erweitert als die Berg-(Feld-)predigt kennen, scheint der Begriff λόγοι die abschließende Bezeichnung für diese Sammlung zu bilden, indem das Doppelgleichnis anfängt: πᾶς ὁ ἐρχόμενος πρός με καὶ ἀκούων μου τῶν λόγων καὶ ποιῶν αὐτούς Lk 6, 47 // Mt 7, 24 vgl. Vers 26. Damit haben wir die Spuren einer Gattungsbezeichnung bis in die Anfänge der Spruchsammlungen der Urgemeinde zurückverfolgen können.

---

[31] Vgl. noch Mt 10, 14, wo τοὺς λόγους redaktionell in die Vorlage Mk 6, 11 ἀκούσωσιν ὑμῶν eingeschoben wird. Nach Mt 10, 19f ist – wenigstens in gegebenen Fällen – die Rede der Jünger inspiriert.

[32] Daß die Bergpredigt bzw. Feldrede auf eine einheitliche mündliche oder schriftliche Sammlung zurückgeht und nicht erst im Rahmen der Quelle Q zustandekam, wird zunächst durch die Geschlossenheit des Ganzen nahegelegt. Vgl. W. D. DAVIES, The Setting of the Sermon on the Mount, 1964. Der Schluß wird nicht nur wegen der Gattungsbezeichnung λόγοι als Abschluß einer Sammlung empfunden. Vielmehr hat man in den eschatologischen Ausblick dasselbe Schlußmotiv, das man einerseits in der Didache, Kap. 16, andererseits in den Evangelien (Mk 13 parr) und sogar in der Spruchquelle (Lk 17, 20–37) findet. Daraus erwächst das »formgeschichtliche Gesetz«, das GÜNTHER BORNKAMM, »Die Vorgeschichte des sogenannten Zweiten Korintherbriefes«, SHA, 1961, 23 ff, ausgearbeitet hat, wonach ein bestimmtes Signum der Endzeit, die Irrlehrer, zum Schlußmotiv werden kann, – eine Präzisierung, zu welcher die Bergpredigt hier wie sonst über die Feldrede hinaus fortschreitet. Matthäus scheint diese vorgegebene Einheit als solche erkannt zu haben, indem er seine Bergpredigt nicht wie seine anderen Sammlungen einfach an Hand eines Durchgangs durch die Spruchquelle zusammenstellte, wie VINCENT TAYLOR, The Order of Q, (JThS 1953) und »The Original Order of Q«, T. W. MANSON-Festschrift 246–269, gezeigt hat. Vielmehr hat er – wie die lukanische Feldrede zeigt – den Rahmen der vorgegebenen Sammlung als Rahmen der Bergpredigt anerkannt und durch weiteres Material aus der Spruchquelle ausgefüllt (vgl. die Tabelle bei TAYLOR, Manson-Festschrift 249). Weiter scheinen die beiden kleinen Sammlungen aus dieser Zeit, 1 Clem 13, 2 und Did 1, 3–6 (s. u.) eine ähnliche Einheit umfassen zu wollen. Denn die Untersuchungen von HELMUT KÖSTER, Synoptische Überlieferung bei den apostolischen Vätern (TU 65), 1957, 12 ff, 217 ff, führen zu dem Ergebnis, daß wir es in beiden Fällen mit vorgegebenen kleineren Einheiten zu tun haben, die inhaltlich mit der Bergpredigt bzw. Feldrede sehr verwandt sind. Vgl. auch Justin, Apologia 14, 5; Athenagoras, Supplicatio 11, I. 3.

Diese Gattungsbezeichnung hat ihre Parallele in der Bezeichnung, mit der ein Einzelspruch angeführt wird. Ein gerade angeführter Spruch wird nicht nur gleich darauf mit dem Begriff λόγος erwähnt (Mk 9, 10; 10, 22 // Mt 19,22; 14, 39 // Mt 24, 44; Mt 15, 12; 19, 11; Joh 2, 22; 4, 50; 6, 60). Auch ein weiter vorausliegender Spruch wird ebenso durch eine Zitationsformel in Erinnerung gerufen und neu angeführt: Lk 22, 61 καὶ ὑπεμνήσθη ὁ Πέτρος τοῦ λόγου[33] τοῦ κυρίου, ὡς εἶπεν αὐτῷ ὅτι; Joh 15, 20 μνημονεύετε τοῦ λόγου οὗ ἐγὼ εἶπον ὑμῖν; oder anders variiert Joh 18, 9 ἵνα πληρωθῇ ὁ λόγος ὃν εἶπεν, ὅτι[34]. Vgl. auch die Zitationsformel des Paulus in 1Thess 4, 15: τοῦτο γὰρ ὑμῖν λέγομεν ἐν λόγῳ κυρίου. Noch wichtiger ist eine Zitationsformel, auf die eine der letzten Dissertationen bei BULTMANN aufmerksam macht[35]. Denn hier wird mit dem schon einmal zitierten Verb μνημονεύειν der Begriff λόγοι verbunden, nicht nur als Zitationsformel für mehrere Sprüche, sondern auch dann, wenn ein einzelner Spruch angeführt werden soll. Es handelt sich um folgende Stellen: Apg 20, 35: μνημονεύειν τε τῶν λόγων τοῦ κυρίου Ἰησοῦ, ὅτι αὐτὸς εἶπεν; 1Clem 46, 7f: μνήσθητε τῶν λόγων Ἰησοῦ τοῦ κυρίου ἡμῶν· εἶπεν γάρ; 1Clem 13, 1f: μάλιστα μεμνημένοι, τῶν λόγων τοῦ κυρίου Ἰησοῦ, οὓς ἐλάλησεν διδάσκων ἐπιείκειαν καὶ μακροθυμίαν. οὕτως γὰρ εἶπεν·

Auf diese Zitationsformel folgt in Apg 20, 35 der Spruch: μακάριόν ἐστιν μᾶλλον διδόναι ἢ λαμβάνειν. Diese bei den Griechen dem persischen Königtum zugeschriebene Regel[36] begegnet auch 1Clem 2, 1; ἥδιον διδόντες ἢ λαμβάνοντες. Obwohl in 1Clem 2, 1 eine Zitationsformel fehlt, wird die im selben Satz ausgesprochene Hochschätzung der Herrenworte (καὶ προσέχοντες τοὺς λόγους αὐτοῦ ἐπιμελῶς ἐνεστερνισμένοι ἦτε τοῖς σπλάγχνοις) zu dem Schluß führen, daß diese Regel auch hier als Herrenwort gemeint ist[37]. Die Mahnung zum Geben begegnet ja schon in der Spruchsammlung 1Clem 13, 2[38] (s. u.). Und weil die Acta wie auch der 1. Clemensbrief Spruchsammlungen von der Art der Quelle Q kannten, kann man auch in diesem Fall wenigstens fragen, ob nicht diese Zitationsformel mit λόγοι auf eine solche Sammlung anspielt[39].

---

[33] Die Lesart ῥήματος, die wohl nur wegen der Parallele in Mt 26, 75 (Mk 14, 72) nicht für ursprünglich gehalten wird, hat durch P 69 und P 75 noch weitere und vielleicht ausschlaggebende Unterstützung gefunden.

[34] Dieselbe Variante Joh 18, 32 ἵνα ὁ λόγος τοῦ Ἰησοῦ πληρωθῇ ὃν εἶπεν wird ohne darauffolgendes Zitat verwendet. Der Verweis zielt wohl auf 12, 32, worauf auch 12, 33 = 18, 32b mit der schlichten Formel τοῦτο δὲ ἔλεγεν zurückverweist.

[35] HELMUT KÖSTER, aaO 4–6.

[36] ERNST HAENCHEN, Die Apostelgeschichte (MeyerK III[13]), 1961, 526f.

[37] Gegen HAENCHEN, ebd. 2. [38] KÖSTER, ebd. 13.

[39] Dieser Übergang von der Einzahl zur Mehrzahl könnte in 1Thess 4, 15–18 seine Entsprechung finden, die mit λόγος κυρίου in der Zitationsformel anfängt und mit der Mah-

Auf die Zitationsformel in 1Clem 46, 7f folgen in Vers 8 ein Weheruf und zwei Drohungen. Der Vergleich mit einer doppelten Überlieferung in den Synoptikern führt Köster zu dem Ergebnis: »Es bleibt nur die Annahme, daß 1Clem 46, 8 mit einer Vorstufe der Synoptiker, und zwar wäre an Q zu denken, verwandt ist. In der Tat können alle Wörter, in denen sich 1Clem 46, 8 mit den Synoptikern berührt, bereits in Q gestanden haben.«[40] So wird der Schluß nahegelegt, daß einmal solche Sammlungen dem 1Clem geläufig waren, aber zum andern auch, daß Exzerpte daraus mit dieser Zitationsformel unter Verwendung der Mehrzahl λόγοι eingeleitet werden konnten.

Auf die Zitationsformel folgt in 1Clem 13, 2 eine Kette von sieben Sprüchen, die teilweise in den Evangelien (meistens in der »Bergpredigt«), teilweise an anderer Stelle bezeugt sind, die aber wohl von keiner uns bekannten Quelle hergeleitet werden können, so daß Köster sagt: »Vielleicht schöpft der Verfasser aus irgendeiner schriftlichen Herrenwortsammlung, die wir nicht mehr kennen, die aber älter sein mag als unsere Evangelien (vgl. Satz 3). Vielleicht handelt es sich auch um die Wiedergabe eines mündlichen, aber fest formulierten lokalen Katechismus.«[41] Nun findet sich eine ganz ähnliche Sammlung, im Einzelnen variiert und durch den ersten Spruch der »Bergpredigt« erweitert, in Polycarp, Phil 2, 3. Auch hier wird die Sammlung eingeführt mit der ganz ähnlichen Zitationsformel μνημονεύοντες δὲ ὧν εἶπεν ὁ κύριος διδάσκων. (Vgl. auch 2Clem 17, 3: μνημονεύωμεν τῶν τοῦ κυρίου ἐνταλμάτων). Auch wenn Polycarp hier von 1Clem und den Evangelien abhängig ist[42], bezeugt die Freiheit, mit der er seine Sammlung bearbeitet, daß er noch in Verbindung

---

nung "Ὥστε παρακαλεῖτε ἀλλήλους ἐν τοῖς λόγοις τούτοις abgeschlossen wird. Denn sonst redet Paulus in der Einzahl von λόγος meist im Sinne von εὐαγγέλιον und verwendet die Mehrzahl nur noch in Verbindung mit den Weisheitsworten der korinthischen Häretiker, 1Kor 2, 13 ἐν διδακτοῖς ἀνθρωπίνης σοφίας λόγοις (vgl. 2, 4 v. l. ἐν πειθοῖς σοφίας λόγοις; 14, 1 und CD 1, 30 ἔσπειρα αὐτοῖς τοὺς τῆς σοφίας Λόγους). Daß die Häretiker des 1Kor sich vielleicht auf eine gnostizierende Auslegung der Spruchüberlieferung berufen konnten, wodurch die sonst nicht vorkommende relative Häufigkeit der Anführung von Herrenworten im 1Kor teilweise erklärt werden könnte, habe ich in einem anderen Zusammenhang (Basic Shifts in German Theology, in der Zeitschrift Interpretation, 16, 1962, 76–97, bes. S. 82–86) anzudeuten versucht. Siehe noch Polycarp, Phil 7, wo in Vers 2 ein Herrenwort aus den Evangelien in einer mit 1Kor 10, 1–13 zu vergleichenden Paränese folgendermaßen angeführt wird: ἐπὶ τὸν ἐξ ἀρχῆς ἡμῖν παραδοθέντα λόγον ἐπιστρέψωμεν, νήφοντες πρὸς τὰς εὐχὰς καὶ προσκαρτεροῦντες νηστείαις, δεήσεσιν αἰτούμενοι τὸν παντεπόπτην θεὸν μὴ εἰσενεγκεῖν ἡμᾶς εἰς πειρασμόν, καθὼς εἶπεν ὁ κύριος· Τὸ μὲν πνεῦμα πρόθυμον, ἡ δὲ σὰρξ ἀσθενής. Denn in Vers 1 wird gerade vor dem Häretiker gewarnt, ὃς ἂν μεθοδεύῃ τὰ λόγια τοῦ κυρίου πρὸς τὰς ἰδίας ἐπιθυμίας καὶ λέγῃ μήτε ἀνάστασιν μήτε κρίσιν (vgl. 1Kor 15, 12). Eine eingehende Untersuchung dieses ganzen Fragenkomplexes fehlt noch, wie zuletzt der Aufsatz von WALTER SCHMITHALS, Paulus und der historische Jesus, ZNW 53, 1962, 145–160, zeigt.

[40] Ebd. 18.   [41] Ebd. 16.   [42] Ebd. 115–118.

mit der freien Entwicklung solcher Spruchsammlungen steht, obwohl seine Tendenz, 1Clem 13, 2 an die Evangelien anzugleichen, wohl das Ende dieser Freiheit in der Großkirche ankündigt.

Justin bezeugt das Nachleben der Spruchsammlungen, nachdem die Evangelien sie ersetzt hatten, und die Gattung als solche auch sonst kaum mehr in der Großkirche lebendig war. Für ihn bedeutet die Bezeichnung λόγοι zunächst etwas anderes: die prophetisch verstandene Schrift (auch προφητικοὶ λόγοι genannt) oder eine Schriftstelle (dicta probantia). So ist bei Justin εἰσὶ δὲ οἱ λόγοι οὗτοι Dial 31, 2; 39, 4; 62, 3; 79, 3 oder Ähnliches eine überaus häufige Zitationsformel für das Alte Testament. Allerdings redet Christus schon im Alten Testament (1Apol 49, 1; 63, 14; Dial 113 f), und so ist die Offenbarung zugleich vermittelt διὰ τοῦ προφητικοῦ πνεύματος καὶ δι᾽ αὐτοῦ τοῦ χριστοῦ 1 Apol 63, 14, ebenso wie die Wahrheit ἐν τοῖς λόγοις αὐτοῦ καὶ τῶν προφητῶν αὐτοῦ Dial 139, 5 besteht. So begegnet die in einer Kette von Schriftstellen übliche Überleitung ἐν ἄλλοις (ἑτέροις) λόγοις 1Apol 35, 5; Dial 12, 1; 56, 14; 58, 6; 97, 3; 126, 6; (133, 4) auch in einer Aneinanderreihung von Herrenworten Dial 76, 5 (f). Weiter werden in Dial 17, 3–4 (vgl. auch 18, 3) Worte Jesu in einer Kette von Schriftstellen mit folgendem Vermerk zitiert 18, 1: βραχέα τῶν ἐκείνου λόγια πρὸς τοῖς προφητικοῖς ἐπιμνησθείς, wobei die Logien(!) mit einer üblichen Bezeichnung für Schriftperikopen beschrieben werden[43]. Also befinden wir uns in dem Stadium der Entwicklung, in der die Sprüche Jesu nicht nur aus den Evangelien geschöpft, sondern auch als Schriftstellen behandelt werden.

Andererseits aber versteht sich der Traktat Justins, den wir als 2. Apologie bzw. als Appendix zur Apologie kennen, als λόγοι 12, 6. Ja sogar der Διάλογος mit Tryphon versteht sich als λόγοι 11, 5; 39, 8; 45, 1; 47, 1. Besonders ist Dial 80, 3 τῶν γεγενημένων ὑμῖν λόγων ἁπάντων, ὡς δύναμις μου, σύνταξιν ποιήσομαι mit 2Apol 1, 1 τὴν τῶνδε τῶν λόγων σύνταξιν ποιήσασθαι und 15, 2 τούτου γε μόνον χάριν τούσδε τοὺς λόγους συνετάξαμεν zu vergleichen. Tryphon versteht seine Reden ebenso als λόγοι 38, 1. Was beide miteinander tun, ist eben ein σοι τούτων κοινωνῆσαι τῶν λόγων 38, 1; κοινωνῶν ὑμῖν τῶν λόγων 64, 2; εἰς κοινωνίαν λόγων ἐλθεῖν 112, 4; vgl. 2Apol 3, 5 αἱ κοινωνίαι τῶν λόγων. Dh sie verstehen sich als Philosophen, deren λόγοι Dial 2, 2 erwähnt werden. Allerdings war es ebenfalls der λόγος, dh Christus, der durch Sokrates redete 1Apol 5, 3 f; 46, 3; 2Apol 10, 8. Wenn aber ein sokratischer Einzelspruch zitiert wird (2Apol 3, 6), wird er nur als τὸ Σωκρατικόν angeführt. Hier kann man vielleicht negativ empfinden, daß

---

[43] In Dial 65, 3; 109, 1 bezeichnet Justin Schriftstellen von einigen Versen als βραχεῖς λόγοι. Die Bezeichnung scheint mit dem Begriff περικοπή 65, 3; 110, 1 fast identisch zu sein.

λόγοι deswegen nicht am Platze wäre, weil λόγοι Σωκρατικοί[44] eben solche Dialoge waren, wie der Philosoph JUSTIN[45] sie auch führt, und wie er sie Platon führen sieht, und also keine Sammlung von einzelnen Sprüchen. Darum fällt es auf, wenn JUSTIN, der οἱ τοῦ σωτῆρος λόγοι Dial 8, 2 = οἱ τῆς διδαχῆς λόγοι Dial 35, 8 = οἱ λόγοι αὐτοῦ 100, 3; 113, 7 = οἱ Ἰησοῦ τοῦ κυρίου ἡμῶν λόγοι 113, 5 kennt, eine Sammlung von lose aneinandergereihten Herrenworten 1 Apol 15–17 (vgl. schon 14, 3 f) mit der ausdrücklichen Erklärung anführt 14, 5: βραχεῖς δὲ καὶ σύντομοι παρ’ αὐτοῦ λόγοι γεγόνασιν· οὐ γὰρ σοφιστὴς ὑπῆρχεν, ἀλλὰ δύναμις θεοῦ ὁ λόγος αὐτοῦ ἦν. Damit wird die von uns untersuchte Gattung von Spruchsammlungen in ihrem Unterschied zu ausführlichen Reden oder Dialogen treffend charakterisiert, aber so, daß die Form auffällig geworden ist und nur so zu rechtfertigen ist, daß dadurch der Unterschied zu den verpönten λόγοι σοφιστικοί[46] vermerkt werden soll.

Das Thomasevangelium befindet sich in diesem Übergang von den aus der mündlichen Überlieferung geschöpften Spruchsammlungen zur Abhängigkeit von den Evangelien, ehe aber die Spruchsammlung als Gattung durch Reden, Dialoge und Traktate ersetzt worden ist. Denn wenn auch das Thomasevangelium seine Sprüche zum großen Teil aus den Evangelien schöpfte, hat es die Gattung der Spruchsammlungen, wenn auch steif und rationalisiert[47], noch beibehalten und den Schritt aus dieser Gattung in diejenigen der Reden, Dialoge und Traktate dem Philippusevangelium und der weiteren Entwicklung überlassen[48].

---

[44] Zuerst belegt bei ARISTOTELES, vgl. Poetica 1447[b] 11, οἱ Σωκρατικοὶ λόγοι. Aus den Untersuchungen von KARL JOËL, Der λόγος Σωκρατικός, AGPh VIII, 467 ff, und HEINRICH MAIER, Sokrates: Sein Werk und seine geschichtliche Stellung, 1913, 27, geht hervor, »daß das ›sokratische Gespräch‹ zu Aristoteles’ Zeit ein längst feststehendes literarisches Genus war, sodann, daß diese λόγοι von Aristoteles – in Übereinstimmung mit der allgemeinen Auffassung – als μιμήσεις betrachtet wurden«. Zu den platonischen λόγοι περὶ τἀγαθοῦ vgl. HANS JOACHIM KRÄMER, Arete bei Platon und Aristoteles, 1959, 408, Anm. 53; zu den Sprüchen der griechischen Weisen vgl. U. WILCKENS, ThW VII, 469.

[45] Vgl. Diognet 8, 2f. λόγοι ... φιλοσόφων. In Thomasevangelium 13 vergleicht Matthäus Jesus mit einem φιλόσοφος.

[46] ARISTOTELES, Sophistici Elenchi 165[a] 34. Vgl. JUSTIN, Dial 129, 2: οἱ σοφισταὶ καὶ μηδὲ λέγειν τὴν ἀλήθειαν μηδὲ νοεῖν δυνάμενοι. Zum Vergleich zwischen den λόγοι der Propheten und denjenigen der Philosophen s. Dial 7, 2.

[47] ZB die Einleitungsformel λέγει Ἰησοῦς ist in einem Ausmaß stereotyp geworden, das weit über die diesbezügliche Freiheit der Spruchquelle Q hinauszugehen scheint. Sie findet ihre Entsprechung eher in Mk 4 (καὶ ἔλεγεν 4, 9. 26. 30, + αὐτοῖς 4, 2. 11. 21. 24, mit λέγει 4, 13. 35), Apk 2–3 (τάδε λέγει ὁ ... 2, 1. 8. 12. 18; 3, 1. 7. 14), Pirke Aboth (אומר [שמ׳] oder אומר היה הוא vgl. 6, 7f. ואומר in einer Reihe von Schriftstellen) und Lucians Demonax (ein das Zitat selbst unterbrechendes, nachgestelltes ἔφη).

[48] Gerade von hier aus gesehen scheint mir die zuletzt von W. G. KÜMMEL vertretene Position irreführend: »Die Schrift [sc. das Thomasevangelium] als solche ist zweifellos

Damit können wir in der Mitte des 2. Jahrhunderts die letzten Spuren einer frühchristlichen Gattung der Sammlung von Sprüchen = *λόγοι* feststellen, die dann durch *λόγοι* als Reden, in Dialogen und Traktaten in der Großkirche wie in der Gnosis ersetzt wurde, die aber in Verbindung mit den Zitationsformeln der Herrenworte als *λόγοι* verständlich geworden war und die lebendig war, solange Herrenworte mündlich überliefert wurden.

Allerdings wäre es eine allzu einfache Ableitung der Gattungsbezeichnung *λόγοι*, zu meinen, sie sei einfach von der urchristlichen Zitationsformel des Einzelspruchs mit *λόγος* über die Zitationsformel der Spruchreihe mit *λόγοι* zum Incipit der schriftlichen Sammlung und so zur Gattungsbezeichnung geworden. Wie wir schon im Falle des Thomasevangeliums sahen, ist die Entstehung des Incipits nicht völlig vom vereinzelten Fall einer Gattung aus – auch nicht, wenn der Einzelfall das Urchristentum ist – zu erklären. Vielmehr werden die Verhältnisse, die in einem bestimmten Fall festzustellen sind, wohl auch sonst in der Geschichte der Gattung obwalten. Damit ist die Frage nach der Vorgeschichte dieser im Urchristentum auftauchenden Gattung gestellt.

III.

Indem die Geschichte der frühchristlichen Gattungsbezeichnung *λόγοι* zunächst als *λόγοι ἀπόκρυφοι* in ihrer gnostischen Entartung zur Sicht gekommen ist, kann man der Frage nach der zu diesem Ergebnis führenden oder es wenigstens nahelegenden Ermöglichung in der Gattung selbst kaum ausweichen. Indem der Ansatz zur Lösung schon durch BULTMANN bereitgestellt wurde, kann man den Anschluß an seine Arbeiten herstellen durch die Anführung des Spruches 38 des Thomasevangeliums, in dem von Herrenworten ebenfalls die Rede ist: »Viele Male habt ihr danach verlangt, diese Worte zu hören, die ich zu euch spreche. Und ihr habt keinen anderen, sie von ihm zu hören. Es werden Tage kommen, an denen ihr nach mir suchen, mich aber nicht finden werdet.« Denn hier hört man denselben Hintergrund, den BULTMANN bei der vermutlich aus einer verlorenen Weisheitsschrift zitierten Rede der Sophia in der Spruchquelle Mt 23, 34–39 par spürte, dessen Schluß (*οὐ μή με ἴδητε ἀπ᾿ ἄρτι ...*) er erklärte »aus dem Zusammenhang des Mythos von der göttlichen Weisheit..., die, nachdem sie vergebens auf Erden geweilt und

---

keine Spätform derselben literarischen Gattung wie Q, sondern eine andersartige, spätere Stufe der Entwicklung in der Überlieferung der Jesusworte.« Einleitung in das Neue Testament (12. Aufl. von Feine-Behm), 1963, 41; vgl. dort auch weitere Literatur.

[49] Geschichte der synoptischen Tradition, 6 1964, 120f.

die Menschen zu sich gerufen hat, von der Erde Abschied nimmt, so daß man jetzt vergebens nach ihr ausschaut«[49].

Wenn man also wiederum belegen kann, wie diese in der Spruchquelle verwendete Sophia-Überlieferung in der Gnosis endete, so kann man auch hier das vorausgehende Stadium der Überlieferung belegen. Denn in 1Clem 57, 3 ff liest man: οὕτως γὰρ λέγει ἡ πανάρετος σοφία· Ἰδού, προήσομαι ὑμῖν ἐμῆς πνοῆς ῥῆσιν, διδάξω δὲ ὑμᾶς τὸν ἐμὸν λόγον. ἐπειδὴ ἐκάλουν καὶ οὐχ ὑπηκούσατε, καὶ ἐξέτεινον λόγους καὶ οὐ προσείχετε, ... ἔσται γάρ, ὅταν ἐπικαλέσησθέ με, ἐγὼ δὲ οὐκ εἰσακούσομαι ὑμῶν· ζητήσουσίν με κακοί, καὶ οὐχ εὑρήσουσιν. ἐμίσησαν γὰρ σοφίαν ... Hier wird Prov 1, 23–33, »die wichtigste Stelle ..., in der sich der ganze Mythos widerspiegelt«[50], wörtlich aus der LXX zitiert und mit einer Formel eingeleitet, die sowohl an Prov 1, 20f (σοφία ἐν ἐξόδοις ὑμνεῖται, ... ἐπὶ δὲ πύλαις πόλεως θαρροῦσα λέγει) wie an Lk 11, 49 (διὰ τοῦτο καὶ ἡ σοφία τοῦ θεοῦ εἶπεν) erinnert. Denn nach frühchristlichem Verständnis ist die hypostasierte Sophia der Weisheitsliteratur mit Jesus zu identifizieren, ὃς καὶ σοφία ... ἐν τοῖς τῶν προφητῶν λόγοις προσηγόρευται Justin, Dial 100, 4. So konnte die Gnosis die Sophiavorstellung zum gnostischen Erlösermythos weiter ausbauen und dementsprechend Jesus als Bringer der erlösenden Worte verstehen. Daß eine solche Entwicklung besonders in der Spruchüberlieferung zu Tage tritt, ist aber eher verständlich, wenn man die enge Verbindung der Spruchsammlungen mit den σοφοί als ihren Urhebern feststellt. Die Gattung der λόγοι σοφῶν ist dazu angelegt, die Sammlungen der Worte Jesu in die Gnosis hineinzuleiten, weil diese Gattung mit den σοφοί von Haus aus verbunden war und so in die christologische Entwicklung von der hypostasierten σοφία zum gnostischen Erlöser leicht hineingerissen werden konnte. So ist es wichtig, diese Vorgeschichte der λόγοι σοφῶν im Judentum zu erhellen.

Schon in Pirke Aboth hat man es mit einer Spruchsammlung zu tun, die – besonders in ihren ersten Bestandteilen – formal der Gattung von λόγοι σοφῶν entspricht. Denn hier findet man eine Kette von lose aneinandergereihten Sprüchen, wobei die einzelnen Sprüche allerdings auf verschiedene Rabbiner zurückgeführt werden. Die geläufige Bezeichnung Pirke Aboth ist irreführend. Denn diese sechs Perakim-Kapitel aus der Mischna verwenden als Selbstbezeichnung eher den Begriff דברים. Nicht nur wird die kritische Textausgabe von TAYLOR[51] mit dem Titel דברי אבות העולם eingeführt und mit der Unterschrift zum 6., oft Pirke R. Meir genannten, Kapitel דברי מאיר

---

[50] BULTMANN, Der religionsgeschichtliche Hintergrund des Prologs zum Johannes-Evangelium, Eucharisterion (Festschr. H. Gunkel II. FRLANT NF 19, 1923, 9).

[51] CHARLES TAYLOR, Sayings of the Jewish Fathers, ²1897.

beendet. Auch der älteste[52] rabbinische Verweis auf diese Quelle aus der Gemara, B Kam 30ª, redet (R. Jehudah † i. J. 299) von מילי דנזיקין bzw. (Raba † i. J. 352) von מילי דאבות, wobei das aramäische מילי auf das hebräische Äquivalent דברי in der Quelle selbst verweist. Denn die Quelle redet von דברי תורה 2, 5. 8; 3, 3f; 4, 7 aber auch von den דברים eines betreffenden Rabbiners, zB 2, 13f: דברי אלעזר בן־ערך; vgl. auch 5, 10; 6, 6. Weiter werden die Rabbiner nicht selbst als Väter bezeichnet, und erst bei Gamaliel I (Mitte des ersten christlichen Jahrhunderts) kommt die Bezeichnung Rabban 1, 16 und dann erst 2, 1 die Bezeichnung Rabbi (Jehudah c. 200 n Chr) in den Zitationsformeln zum Vorschein. In den Sprüchen selbst wird der Titel רב beiläufig erwähnt 1, 6. 16; 6, 3 und אבות werden auch erwähnt 2, 2. Aber die Träger der Spruchüberlieferung heißen חכמים: »Laß sein dein Haus ein Treffpunkt für die Weisen (חכמים) und bedecke dich mit dem Staub ihrer Füße und trinke mit Durst ihre Worte (דבריהם)«, 1, 4. An die Weisen wird die Mahnung gerichtet, sie sollten ihre »Worte« in acht nehmen, 1, 11, und der Bestreiter dieses Lebensideals klagt, er habe sein ganzes Leben unter den »Weisen« zugebracht und zieht jetzt das Schweigen den vielen »Worten«, die nur Sünde veranlassen, vor, 1, 17. So können die Träger dieser Überlieferung in einer Zitationsformel 1, 5 und am Anfang des später hinzugefügten 6. Kapitels חכמים genannt werden. Der Schluß wird nahegelegt, daß die in Pirke Aboth niedergeschriebene Spruchüberlieferung sich als »Worte der Weisen« דברי חכמים = λόγοι σοφῶν verstand, obwohl diese Formulierung so nicht vorkommt.

Auch sonst in jüdischen Quellen dieser Zeit scheint eine solche Assoziation von »Worten« mit den »Weisen« durchzuschimmern. Die Testamente der 12 Patriarchen werden wohl als Testamente verstanden, wie das Incipit Ἀντίγραφον διαθήκης Νεφθαλείμ ἧς διέθετο ἐν καιρῷ τῆς ἐξόδου αὐτοῦ oder Ähnliches zum Ausdruck bringt. Aber in sieben von zwölf Fällen wird das Incipit auf »Worte« hin variiert, etwa: Ἀντίγραφον λόγων Δάν, ὧν εἶπεν τοῖς υἱοῖς αὐτοῦ ἐπ’ ἐσχάτων τῶν ἡμερῶν αὐτοῦ. Darauf folgt wie im Thomasevangelium die Mahnung, auf die Worte zu hören, etwa: Ἀκούσατε υἱοὶ Δὰν λόγων μου, καὶ προσέχετε ῥήμασι τοῦ πατρὸς ὑμῶν (Dan 1, 2; vgl. Naph 1, 5; Gad 3, 1 v. l.; Rub 3, 9; Jud 13, 1; und, wo λόγοι im Incipit vorkommt, zu ῥήματα variiert Iss 1, 1b; Seb 1, 2; Jos 1, 2). Dann wird die Lebensweisheit des Patriarchen in Analogie zur Weisheitsliteratur angegeben. Vgl. die geläufige Anrede τέκνα μου, die Lobrede auf τοῦ σοφοῦ ἡ σοφία Lev 13, 7, die Mahnung γίνεσθε

---

[52] R. Travers Herford, Pirke Aboth: The Ethics of the Talmud: Sayings of the Fathers, ⁴1962, 4.

οὖν σοφοὶ ἐν θεῷ, τέκνα μου Naph 8, 10 und die Parallelen zu Achikar[53]. Ähnlich verhält es sich mit dem äthiopischen Henochbuch, das nach den ältesten Belegen die »Worte Henochs« genannt wurde: ἀπὸ λογίων (bzw. v. l. λόγων) Ἐνὼχ τοῦ δικαίου TestBen 9, 1, vgl. Jub 21, 10 »in den Worten Enochs und in den Worten Noahs«. Das Incipit lautet: »Worte der Segnung Enochs«, und eine Überschrift in 14, 1 lautet: »Das Buch der Worte der Gerechtigkeit« (vgl. 14, 3: »Wort der Weisheit«), wie am Ende des paränetischen Buches Kap. 91–105 die Begriffe »Worte« und »Weisheit« wieder auftauchen. Besonders deutlich ist dieses Verhältnis bei den Bildreden, Kap. 37–71, deren Ursprung als ein selbständiges Buch durch die Überschrift 37, 1f erkennbar ist[54]. Denn hier wird das Werk als »Worte der Weisheit« eingeführt, und zwar mit der Mahnung, die »Worte des Heiligen« (v. l. »heilige Worte«) zu hören, denn solche »Weisheit« hat der Herr der Geister nie vorher geschenkt. So ist es nicht überraschend, wenn in Kap. 42 die klassische Belegstelle für den Weisheitsmythos zu finden ist, in der die sonst »vermutete Anschauung, daß die Verborgenheit der Weisheit die Folge ihrer Ablehnung durch die Menschen ist«, bezeugt ist[55]. So werden wir einen Schritt weiter zurück auf die Weisheitsliteratur im engeren Sinn verwiesen.

Das Buch der »Sprüche Salomos« »trägt deutlicher als andere Bücher die Spuren seiner Entstehung an der Stirn. Seine einzelnen Teile haben nämlich besondere Überschriften, und diese zeigen, daß das jeweilig auf sie folgende Stück einmal eine besondere Sammlung gebildet hat«[56]. Weil die erste Sammlung 1, 1–9, 18 (wie auch die zweite, 10, 1–22,16, und die fünfte, Kap. 25–29) die Überschrift מִשְׁלֵי שְׁלֹמֹה trägt, wird das ganze Buch ebenso bezeichnet. Dadurch ist der Begriff מְשָׁלִים = παροιμίαι = proverbia zum Leitbegriff in der Diskussion der Sprüche der Weisheitsliteratur geworden. Weniger beachtet ist die Bezeichung in den anderen Sammlungen. Kap. 30 trägt die Überschrift דִּבְרֵי אָגוּר בִּן־יָקֶה הַמַּשָּׂא, Kap. 31 die Überschrift דִּבְרֵי לְמוּאֵל מֶלֶךְ מַשָּׂא אֲשֶׁר־יִסְּרַתּוּ אִמּוֹ. Beide Überschriften sind in der LXX als Überschriften weniger hervorgehoben, so daß sie vielleicht auch deswegen nicht so sehr beachtet worden sind. Schon im hebräischen Text ist die Überschrift der Sammlung 22,17 – 24,22 »in den ersten Vers (22, 17) der durch sie eröffneten

---

[53] R. H. Charles, The Apocrypha and Pseudepigrapha of the Old Testament II, 1913, 291. Allerdings haben wir es in den Testamenten weniger mit Sammlungen von überlieferten Sprüchen als mit erdichteten Reden zu tun, so daß diese λόγοι formal mit den späteren gnostischen λόγοι zu vergleichen sind, wo der Sammler durch den Schriftsteller und also die Spruchsammlung durch den Traktat ersetzt werden.

[54] Otto Eissfeldt, Einleitung in das Alte Testament, ²1956, 764.

[55] Bultmann, Eucharisterion II, 9.

[56] Eissfeldt, aaO 579.

Sammlung hineingeraten, gehört aber, wie LXX zeigt, vor diesen Vers«[57]. Diese Überschrift lautet דִּבְרֵי חֲכָמִים[58], vgl. das Incipit in der LXX: Λόγοις σοφῶν παράβαλλε σὸν οὖς καὶ ἄκουε ἐμὸν λόγον. So kann die Überschrift »Worte eines bestimmten Weisen« verallgemeinert werden und sich insofern als die Gattungsbezeichnung anbieten, auf die das bisher behandelte Quellenmaterial hinzutendieren scheint.

Diese Bezeichnung begegnet als Überschrift auch Koheleth 1, 1: דִּבְרֵי קֹהֶלֶת בֶּן־דָּוִד מֶלֶךְ בִּירוּשָׁלָם, wo die LXX allerdings statt λόγοι die Übersetzungsvariante ῥήματα verwendet. Am Ende dieser Schrift wird dann 12, 10 wiederum von des Predigers דִּבְרֵי חֵפֶץ (LXX λόγοι θελήματος) und דִּבְרֵי אֱמֶת (LXX λόγοι ἀληθείας) gesprochen. Dann werden 12, 11 דִּבְרֵי חֲכָמִים (LXX λόγοι σοφῶν) gepriesen. Auch wenn man den schwierigen Vers nicht genau festlegen kann[59], haben wir es wohl mit einer als solche erkennbaren Gattungsbezeichnung zu tun[60].

---

[57] Ebd. 580.

[58] Unklar bleibt, ob die Überschrift zu 24, 23–34 גַּם־אֵלֶּה לַחֲכָמִים mit מְשָׁלִים oder, wie die vorausgehende Überschrift 22, 17 (bzw. LXX 30, 1) es nahelegt, mit דִּבְרֵי zu ergänzen ist.

[59] בַּעֲלֵי אֲסֻפּוֹת könnte »(Spruch)sammlung« (Zimmerli, ATD) bedeuten und so als Umschreibung der Gattung verstanden werden. Nur liest die LXX hier anders, und die Kommentatoren haben den Text verschiedentlich emendiert. Weiter ist nicht klar, ob mit dem einen Hirten, auf den die Worte der Weisen zurückgeführt werden, Gott oder Salomo (so EISSFELDT, aaO 608, der die Wendung auf das Buch der Sprüche bezieht) gemeint wird. Im letzteren Fall würde die Verwendung der Mehrzahl zur Bezeichnung der Sprüche eines einzelnen Weisen nur durch die Aufnahme einer Gattungsbezeichnung verständlich sein.

[60] Wenn man hinter die jüdische Weisheitsliteratur zurückfragt, findet man ähnliche Sammlungen in Ägypten und im Zweistromland. In Ägypten ist das geläufige Incipit solcher Spruchsammlungen: »Anfang der Unterweisung«, so daß »Worte der Weisen« am Anfang von Sprüche 22, 17–24, 22, einer Schrift, die bekanntlich auf das Weisheitsbuch des Amen-em-Opet zurückgeht, eben nicht von daher zu erklären ist. Vgl. den Abschnitt »Egyptian Instructions« in Ancient Near Eastern Texts relating to the Old Testament, hg. v. JAMES B. PRITCHARD, ²1955, 412–425, bes. »The Instruction of Amen-em-Opet«, 421 bis 424. Vielleicht findet man eher im Zweistromland einen Anhalt, indem die Achikar-Sammlung, aus der Sprüche 23, 13–14 entlehnt zu sein scheint (EISSFELDT, aaO 584), vielleicht als »Worte« bezeichnet wurde. Allerdings tragen die äthiopischen Fragmente, die in dem »Buch der weisen Philosophen« aufbewahrt wurden, die Überschrift »Unterweisung Ḥaiḳars des Weisen«. Vgl. The Story of Aḥiḳar, hg. v. F.C. CONYBEARE, J. RENDEL HARRIS, und AGNES SMITH LEWIS, ²1913, xxiv–xxv, 128–129. Aber die Spruchsammlung Achikars in der syrischen Fassung A fängt mit der Forderung an den Sohn Nadan an, er solle die »Worte« Achikars wie Gottes Worte achten. (The Story of Aḥiḳar 103). Und die aramäische Fassung aus dem 5. Jh. vChr spricht gelegentlich von »Rat und Worten« Achikars. Allerdings scheint KARL LUDWIG SCHMIDT, Eucharisterion II, 63, zu weit zu gehen mit seiner Behauptung, der aramäische Titel laute: »Sprüche eines weisen und unterrichteten Schreibers mit Namen Achikar, die er seinen Sohn lehrte.« Denn das entscheidende erste Wort fehlt in dem lückenhaften Text und wird in der englischen Übersetzung (The Story of Aḥiḳar 168) nicht vorausgesetzt. Die Achikar-Sammlung ist auch inhaltlich von

Bekanntlich sind Gattungsbezeichnungen als termini technici in den Quellen selbst längst nicht so präzis und konsequent verwendet wie in der modernen Wissenschaft. Weiterhin sind wir nicht verpflichtet, unsere Gattungsbezeichnungen aus den Quellen zu schöpfen. Es genügt, daß die Gattungen selbst in den Quellen festgestellt worden sind. Immerhin wird uns die Tendenz oder das Gefälle einer Gattung eher bewußt, wenn eine Sprachbewegung in den Quellen selbst aufgewiesen wird, die dieses Gefälle zur Sprache bringt. Daß die Spruchsammlung als solche eine Assoziation des Sprechers mit den Weisen hervorruft, ist eben durch die Verbindung zwischen λόγοι und σοφοί, die sachlich auf die Gattungsbezeichnung λόγοι σοφῶν hintendiert, hörbar geworden. Daß diese Assoziation ein Verständnis Jesu als eines σοφός suggeriert, wird durch das Schicksal der Jesusüberlieferung bestätigt, wie sie auch diese Entwicklung überhaupt erst verständlich macht. Die Verbindung Jesu mit der Sophia in der Spruchquelle, wie auch die Auseinandersetzung mit den Weisen (Mt 11, 25 = Lk 10, 21), zeigen schon die Problematik an. Daß die Spruchquelle dann in den Rahmen des Markusevangeliums durch Matthäus und Lukas aufgenommen und nur so in der Großkirche annehmbar bleibt, wird durch die an dieser Gattung einsetzende Kritik bestätigt[61]. Die in der Gattung liegende Tendenz wird mit der Entwicklung der hypostasierten σοφία zum gnostischen Erlöser zu ihrem Ergebnis gebracht: Die Gattung wird in der Großkirche durch die Evangelien verdrängt, aber als λόγοι ἀπόκρυφοι in der Gnosis gepflegt, die allerdings bald nicht mehr Spruchsammlungen, sondern erdichtete und in Reden und Dialoge gekleidete Traktate darunter versteht.

Relevanz, indem Parallelen überall, einschließlich Q (Mt 24, 48–51; Lk 12, 45–46), vorkommen, und die syrische Fassung sich im Stil mit den »Worten Agurs« berührt (etwa Sprüche 30, 21: »dreierlei ... u. das vierte«; 30, 24: »Vier sind...«). (The Story of Aḥiḳar, lvii.). Auf dieses Motiv hat J. LINDBLOM, Wisdom in Israel and in the Ancient Near East (Rowley-Festschrift) 1955, 202 f aufmerksam gemacht, um Am 1–2 mit der Weisheitsliteratur zu verbinden, wobei die Frage zu stellen wäre, ob das Incipit דִּבְרֵי עָמוֹס von der Weisheitsliteratur statt von der Verbindung zwischen dem Propheten und seinem Wort (vgl. Jer 18, 18 und sonst) zu erklären wäre. Allerdings scheint דִּבְרִים sonst im Incipit von unterschiedlichen hebräischen Werken vorzukommen, wie etwa Deut 1, 1; 28, 69; Baruch 1, 1; (vgl. Neh 1, 1) belegen. Aber gerade wenn man merkt, wie die Wendung דִּבְרֵי הַיָּמִים in den Titeln der historischen Quellen der Könige 1Kön 14, 19. 29 im Falle von Salomo 1Kön 16, 41, vielleicht als Schreibfehler, auf דִּבְרֵי reduziert wird, wodurch das »Buch der Salomogeschichte« – zu welchem Titel der durch MARTIN NOTH, Überlieferungsgeschichtliche Studien, ²1957, 66 f, festgestellte Inhalt gut paßt – zum »Buch der Worte Salomos« werden könnte, merkt man, wie die Assoziation zwischen דִּבְרִים und חֲכָמִים immer wieder empfunden wird.

[61] Die Warnung vor Häretikern, die Herrenworte verdrehen, Polycarp, Phil 7, 1 (siehe Anm. 39) bzw. sich nicht an sie halten, 1Tim 6, 3, ist so zu verstehen. Andererseits ist es schwierig, die sehr unbestimmte Rede von den πλαστοὶ λόγοι bzw. λόγοι πονηροί der Häretiker in 2Petr 2, 3 bzw. 3Joh 10 in diesem Sinn festzulegen.

ΒΑΠΤΙΣΜΑ ΜΕΤΑΝΟΙΑΣ ΕΙΣ ΑΦΕΣΙΝ ΑΜΑΡΤΙΩΝ

HARTWIG THYEN

I.

Die Taufe Johannes des Täufers[1] wird von Markus als $\beta\acute{\alpha}\pi\tau\iota\sigma\mu\alpha\ \mu\epsilon\tau\alpha\nu o\acute{\iota}\alpha\varsigma$ $\epsilon\grave{\iota}\varsigma\ \acute{\alpha}\varphi\epsilon\sigma\iota\nu\ \acute{\alpha}\mu\alpha\varrho\tau\iota\tilde{\omega}\nu$ (Mk 1, 4 = Lk 3, 3[2]) charakterisiert. Obwohl für Markus die Bußpredigt des Johannes als des geringeren Vorläufers und sein Zeugnis für den nach ihm kommenden Stärkeren[3] allein wesentlich sind, läßt die offen-

---

[1] $\acute{o}\ \beta\alpha\pi\tau\acute{\iota}\zeta\omega\nu$ statt $\acute{o}\ \beta\alpha\pi\tau\iota\sigma\tau\acute{\eta}\varsigma$ nur hier u. 6, 12. 24; vgl. W. Marxsen, Der Evangelist Mk (FRLANT 67) ²1959, 19 gegen E. Lohmeyer, Das Ev. des Mk (MeyerK) ¹⁵1959 z. St. Der feste Beiname $\acute{o}\ \beta\alpha\pi\tau\iota\sigma\tau\acute{\eta}\varsigma$, den auch Josephus überliefert (Ant 18/5, 2), zeigt, daß die *Taufe* und nicht die Bußpredigt das wesentliche und charakteristische Merkmal des Täufers ist. S. auch P. Vielhauer, Art. »Johannes der Täufer« in RGG³, III, 804–808 (Lit).

[2] Lk kann hier im Gegensatz zu Mt – s. dazu Anm. 31 – der Formulierung von Mk folgen, weil ihm Buße und Vergebung nur Vorbereitung und Bedingung des Heils, nicht aber das Heil selber sind. Nur darum konnte er auch die Täufervorgeschichte so unbefangen aufnehmen. Gerade als der sündenvergebende ist ihm Johannes der rechte Vorläufer des $\sigma\omega\tau\acute{\eta}\varrho$ und seiner $\sigma\omega\tau\eta\varrho\acute{\iota}\alpha$. Buße und Vergebung sind bei Lk entgegen ihrem ursprünglich sakramental-kultischen Sinn moralisiert und dadurch ist der Täufer dem Standesprediger assimiliert. Vgl. die gründliche Analyse dieses Sachverhalts, wenn auch in anderem Zusammenhang, bei H. Conzelmann, Mitte der Zeit (BhTh 17) ⁴1962, 198ff. »Das Heilsgut ist für Lukas die $\zeta\omega\acute{\eta}$, die $\sigma\omega\tau\eta\varrho\acute{\iota}\alpha$. Und die Voraussetzung ist die Vergebung. Wiederum deren Bedingung ist die Buße.« (ebd. 200f). Dazu stimmen unsere Beobachtungen zur Rezeption des Täufers durch Lk genau. – V. Taylor, Forgiveness and Reconciliation, London ⁵1956, hat den gesamten ntl Befund zu einseitig durch diese lukanische Brille gesehen. Dadurch gelangt er zu unerlaubten Harmonisierungen, verliert den Blick für die scharfe, lebendige Einzelkontur und ordnet schließlich alles dem im NT ja keineswegs so zentralen Begriff der Versöhnung unter.

[3] Ob $\varkappa\eta\varrho\acute{\upsilon}\sigma\sigma\omega\nu\ \beta\acute{\alpha}\pi\tau\iota\sigma\mu\alpha\ \varkappa\tau\lambda$. als Hinweis auf die Selbsttaufe unter der Zeugenschaft des Täufers hinweist, wofür dann allerdings auch das $\grave{\epsilon}\nu\acute{\omega}\pi\iota o\nu\ \alpha\grave{\upsilon}\tau o\tilde{\upsilon}$ in D zu Lk 3, 7 spräche (so nach Vorgang anderer Dibelius, Die urchristl. Überlieferung von Joh. dem Täufer, 1911, 135) scheint uns indes fraglich. Auch K. Rudolph, Die Mandäer I (FRLANT 74) 1960, 231 setzt unter Berufung auf H. V. Martin, The Primitive Form of Christian Baptism (ET 1947/48, 160ff) die Vorstellung der Selbsttaufe allzu selbstverständlich voraus. Wahrscheinlicher wird man in dem $\varkappa\eta\varrho\acute{\upsilon}\sigma\sigma\omega\nu$ der christlichen Missionssprache anstelle eines ursprünglicheren $\beta\alpha\pi\tau\acute{\iota}\zeta\omega\nu$ eine Christianisierungstendenz zu erblicken haben; vgl. das $\beta\alpha\pi\tau\acute{\iota}\zeta\epsilon\iota\nu\ \beta\acute{\alpha}\pi\tau\iota\sigma\mu\alpha\ \mu\epsilon\tau\alpha\nu o\acute{\iota}\alpha\varsigma$, das Apg 19,4 u. EbEv bei Epiph. Haer, 30, 13, 6 überliefert ist, u. s. die Komm. zSt u. Oepke, ThW I, 544. Gegen die Vorstellung einer Selbsttaufe auch E. Dinkler, Art. »Taufe« RGG³ VI, 628 u. P. Vielhauer, ebd. III, 805. – Die Wendung »der Täufer«, die analogielos ist, spricht zudem deutlich für den Vollzug der Taufe

bar übernommene Formulierung βάπτισμα μετανοίας εἰς ἄφεσιν ἁμαρτιῶν noch klar erkennen[4], daß hier mehr ist als ein Bußprediger. Die artikellose Wendung verrät deutlich technisch-theologischen Sprachgebrauch[5] und kennzeichnet die Johannestaufe als Buße und Vergebung wirkendes eschatologisches Sakrament[6].

durch Johannes, sonst wäre ein κῆρυξ τοῦ βαπτίσματος o. dgl. zu erwarten. Bei der Selbst-taufvorstellung ist mit einer allzu fragwürdigen Selbstverständlichkeit die Proselytentaufe als Vorbild der Johannestaufe gesehen (vgl. dazu G.F.Moore, Judaism I, 331ff u. C.H. Kraeling, John the Baptist, London 1951, 95ff). – Beachte auch das ὑπ᾽ αὐτοῦ von Mt 3,6!

[4] Gerade wegen der Tendenz, den Täufer zum Vorläufer Jesu zu machen, die Mk mit der Gesamttradition teilt, und wegen der Erzählung von der Heilung des Paralytischen mit dem Gipfel in der Frage τίς δύναται ἀφιέναι ἁμαρτίας εἰ μὴ εἷς ὁ θεός; (Mk 2, 7; vgl. Bill. z. St.) muß man annehmen, daß die Wendung βάπτισμα μετανοίας εἰς ἄφεσιν ἁμαρτιῶν eine so feste Bezeichnung der Johannestaufe war, daß sie sich kaum unterdrücken ließ. Dafür spricht indirekt auch die Erklärung des Josephus (Ant 18, 116ff), die Johannes-taufe habe keine Sündenvergebung bewirkt (s. u. Anm. 6).

[5] Zu diesem Sprachgebrauch vgl. die trefflichen Beobachtungen von L. Köhler, Kleine Lichter, 1945, 84f.

[6] Dafür spricht vor allem der apokalyptische Kontext der Johannestaufe und ihre typo-logische Korrespondenz mit der kommenden Feuertaufe, die Mk (1, 8) zwar weggebrochen, Q (= Mt 3, 11f u. Lk 3, 16f) aber noch erhalten hat. Wie jene einmalig und endgültig wirksam ist, so ist es diese; wie jene vernichtet, so rettet diese. Im Anschluß an C.M.Eds-mann, La baptême de feu (ASNU 9), 1940 hat darum Kraeling aaO vermutet, daß der Jordan für Johannes den Feuerfluß der Apokalyptik repräsentiert, und daß das *freiwillige* Eintauchen in diesen vor dem *gewaltsamen* in jenen rettet. »John's baptism would, there-fore, be a rite symbolic of the acceptance of the judgment which he proclaimed« (117f). – Zu dem iranischen Gedanken des Feuerflusses vgl. 1QH3, 14ff; 28ff; Hen 10, 3ff; 1QH 6, 16ff; 8, 17ff; Sib 3, 72f (hier mit dem Sintflutgedanken kombiniert) u. PsClemHom 11, 26: προσφεύγετε τῷ ὕδατι. τοῦτο γὰρ μόνον τὴν τοῦ πυρὸς ὁρμὴν σβέσαι δύναται u. vgl. dazu H. Schlier, Religionsgeschichtliche Untersuchungen zu den Ignatiusbriefen (ZNW Bh 8) 1929, 146f. S. ferner K.G.Kuhn, Die Sektenschrift und die iranische Religion (ZThK 49, 1952, 307ff). – F. Lang, Art. πῦρ κτλ. (ThW VI, 943), sieht nicht die eigentliche Bedeutung der Feuertaufe und läßt den Täufer darum den Messias ankündigen, der mit Geist (!) und Feuer taufen wird. – Richtig ist von Kraeling auch beobachtet, daß die Johannestaufe keinen Initiationsritus darstellt, denn das setzte die Idee der Sammlung einer exklusiven Gemeinde voraus. Den eschatologischen Heilssinn der Taufe zu beschreiben, dient auch die mit dem Täufer verbundene Wüstentypologie, die aber alsbald zur Wüsten-*prediger*vorstellung christianisiert und von Mt u. Lk als geographische Angabe mißver-standen wird; vgl. Marxsen, aaO 26f. Es ist wohl richtig, wenn Kraeling die Anm. 4 erwähnte Josephusnotiz so interpretiert: Josephus will als Jude seinen heidnischen Lesern klarmachen, daß es Sakramente nach Analogie heidnischer Mysterien auf jüdischem Boden nicht gibt (120ff). Fragwürdig dagegen scheint uns, daß Kraeling sich diese Meinung des Josephus zu eigen macht und gegen ein – zB. von R. Otto, Reich Gottes und Men-schensohn, [3]1954, 73ff stark vertretenes – sakramentales Verständnis der Johannestaufe polemisiert. Er tut das von der Bußpredigt des Täufers geleitet, ohne uE genügend zu beachten, daß es christliche Tendenz ist, den Wüstentäufer zum Bußprediger in der Wüste zu machen, und von da aus die Bußpredigt kritischer zu betrachten. – Schon R. Bultmann, Jesus, (1926) [2]1951, 25, spricht von der Johannestaufe als von einem »eschatologischen Sakrament«. – Wenn wir in der Johannestaufe die wirksame und rettende Vorwegnahme der vernichtenden Feuertaufe sehen dürften, dann wäre hier bereits ein wesentlicher Zug

Durch das Hendiadyoin »Buße und Vergebung« ist dabei nichts geringeres als das endzeitliche Heil beschrieben[7].

Die Frage nach der immer noch ungeklärten religionsgeschichtlichen Einordnung und Ableitung der Johannestaufe und des Täufers mag hier auf sich beruhen. Man wird jedenfalls gut daran tun, die alte, in dem Artikel »*βάπτω κτλ.*« im ThW[8] noch vertretene Alternative Judentum oder Hellenismus nicht nur in unserem Zusammenhang als eine unfruchtbar gewordene, polemische Kategorie endlich zu den Akten zu legen, nachdem neuere Untersuchungen und die Entdeckungen und Ausgrabungen in Qumran ein offenbar schon lange und sehr stark von einem eigenartigen Dualismus (iranischer Herkunft?) durchsetztes hellenistisches Judentum selbst auf dem bislang für so orthodox erachteten palästinensischen Boden haben erkennen lassen[9]. Solange nicht neues

des paulinischen Taufverständnisses von Rö 6 angelegt, und Worte wie Mk 10, 38f u. Lk 12, 50 wären in diesem Lichte zu beurteilen; vgl. E. DINKLER, aaO 627 u. M. DIBELIUS, Täufer u. RGG[2] III, 318. Die vorpaulinisch-christliche Leistung wäre die Beziehung des Sterbens in der Taufe auf das Sterben Jesu und des Paulus eigener Beitrag, die Betonung des Noch-Nicht, d. h. die Bestimmung der christlichen Existenz als eines neuen Dienstverhältnisses (im Gegensatz zu Eph u. Kol!). – vgl. noch Pistis Sophia 143 u. Sib IV, 161 ff (wobei allerdings DINKLER, RGG[3] VI, 628, christliche Bearbeitung annimmt).

[7] Der hier vorausgesetzte Begriff von *μετάνοια* und seine feste Verbindung mit *ἄφεσις* ist allein weder aus der kultisch-rituellen Bußpraxis des AT, noch aus der prophetischen Predigt, noch auch aus dem Sprachgebrauch der LXX abzuleiten (vgl. WÜRTHWEIN/BEHM, ThW IV, 972ff), er weist vielmehr in ein synkretistisches Judentum. – Die Verbindung von *μετάνοια* u. *ἄφεσις* mit ausgesprochenem Bezug auf die *σωτηρία* begegnet in der Oratio Manassae (v. 7); in diesen Zusammenhang gehört die Vorstellung von dem Bußengel Phanuel (äthHen 40, 9) und von der eschatologischen *dies paenitentiae* (Ass Mos 1, 18); vgl. ferner: TestGad 5, 7ff (die moralische Übermalung scheint sekundär zu sein); Philo somn I, 105ff; Abr 17; QG I, 82; spec leg I, 187; fug 157; CorpHerm I, 28; Hen 12, 5 (*εἰρήνη* u. *ἄφεσις*, in synonymem Parallelismus); Lk 1, 71 (*σωτηρία* wird durch *ἄφεσις* interpretiert = Täufertradition, s. u.) u. ö. – E. SJÖBERG, Gott und die Sünder (BWANT 4, 27) 1939, ist eine zu einseitig unter dem Gesichtspunkt des Vergeltungsdogmas und seiner Zurückweisung angelegte Untersuchung.

[8] A. OEPKE, ThW I, 534ff, will die Johannestaufe allein aus jüd. Baptismen ableiten. Er übersieht vor allem die christlichen Tendenzen bei der Zeichnung des Täufers. – Zur Proselytenfrage und -Taufe vgl. K. G. KUHN, Art. »Proselyten« in PW, u. die knappe Bibliographie über die Diskussion bei K. RUDOLPH, aaO 230, Anm. 2. – Zur Frage der mandäischen Beziehungen vgl. zuletzt ebd. 66ff, sowie DINKLER u. VIELHAUER, aaO.

[9] Vgl. besonders H. ODEBERG, The fourth Gospel, 1929; R. BULTMANN, JohEv(MeyerK) [16]1959; H. JONAS, Gnosis u. spätantiker Geist I u. II/1 (FRLANT 51 u. 63), I (1934) [2]1954, II 1954 (darin besonders den Philoteil); H. THYEN, ThR 23, 1955, 230ff; E. BRANDENBURGER, Adam u. Christus (WMANT 7) 1962, u. a. – Zu Qumran: H. BRAUN, Spätjüd.-häretischer u. frühchristlicher Radikalismus, 2 Bde 1957 (BhTh 24). Bibliographie der Diskussion bei J. MAIER, Die Texte vom Toten Meer, 2 Bde 1960 = Bd 3. – Zur Mandäerfrage: K. RUDOLPH, aaO. – Der Streit um die Ursprünge solcher jüd. Heterodoxie und die Anfänge einer jüd. Gnosis mag hier auf sich beruhen; vgl. dazu etwa K. G. KUHN, Die Sektenschrift u. die iranische Religion (ZThK 49, 1952, 296–316) u. H. J. SCHOEPS, Urgemeinde, Judentum, Gnosis, 1956, 44–61.

und eindeutiges religionsgeschichtliches Material zu einer Revision dieses Urteils *zwingt*, wird man darum mit Vielhauer und Rudolph[10] die Johannestaufe auf dem Boden eines dem talmudischen gegenüber heterodoxen Judentums[11] für eine »originale Schöpfung« des Täufers halten müssen[12].

Unbeschadet also der Frage nach der religionsgeschichtlichen Zuordnung stehen wir in Johannes dem Täufer einem Manne gegenüber, der sich bewußt ist, die endzeitliche, allein Gott zukommende Sündenvergebung[13] sakramental zu bewirken. Er baut damit »in der Wüste« die Heilsstraße für die Ankunft Gottes, zu welchem Werk sich die Engelmächte in der Berufungsaudition Deutero-Jesajas gegenseitig aufriefen[14]. Hier ist kein Platz mehr für irgendeine auf Johannes folgende messianische Figur, weder für einen politischen Messias noch für den apokalyptischen Menschensohn[15]. Der Weltrichter selber wird in der Feuertaufe ratifizieren, was die Johannestaufe schon entschied[16].

Die Taufvergebung ist von Gott gewährte letzte Buße[17]. Es gibt keine zweite

---

[10] AaO; bei Rudolph s. bes. 76, Anm. 5; vgl. ferner Kraeling, aaO 109 ff.

[11] Man wird lernen müssen, das »domestizierte Judentum der Abboth« (Braun) stärker als bisher einmal als nur *einen* Strang der Geschichte des Judentums und zum andern als einen restaurativen Reaktionsprozeß der Selbstreinigung von synkretistischer Überfremdung zu sehen. Die Anwesenheit der »Hellenisten« in Jerusalem (Apg 6, 3) läßt erkennen, daß selbst in der Hauptstadt mit einem heterodoxen Judentum gerechnet werden muß (s. u. Anm. 83). Für die Frage der Datierung und Bewertung der talmudischen Überlieferung hat das Konsequenzen; vgl. H. J. Schoeps, aaO 44 ff.

[12] In der Behauptung religionsgeschichtlicher Abhängigkeiten ist überhaupt größte Vorsicht geboten. [13] Vgl. Mk 2, 7 u. s. die Komm. z. St.; bes. Bill. I, 495.

[14] K. L. Schmidts Beobachtung der widersprüchlichen ev. Verknüpfung zweier ursprünglich getrennter Motive, nämlich des vom Wüstenprediger einerseits und des vom Jordantäufer andererseits, schießt insofern über das Ziel hinaus, als in der Tat zwar die Wüsten*prediger*vorstellung ein sekundäres, und zwar christliches Motiv ist. Dagegen scheint aber die Wüstentypologie ursprünglich zur Täufertradition zu gehören, wofür schon Tracht, Lebensweise und der elianische Gürtel des Täufers sprechen, s. o. Anm. 6 (Rahmen der Geschichte Jesu, 1919, 21 ff); vgl. Marxsen, aaO 20 ff; G. Bornkamm, Jesus von Nazareth, 1956, 40 ff. – Zum Wüstenmotiv vgl. M. Hengel, Die Zeloten, 1956, 255 ff. – Marxsens richtige Beobachtung, daß Mk 1, 2 f das einzige Reflexionszitat im ganzen Ev ist (18), spricht aber u. E. gerade *nicht* dafür, hier die Arbeit des Evangelisten zu sehen. Die syntaktischen Schwierigkeiten erklären sich leichter aus einer Übernahme täuferischer Tradition als aus der eigenen Kompositionsarbeit des Mk. Anders F. Hahn, Christologische Hoheitstitel (FRLANT 83, 1963), 378 f; vgl. aber 1QS 8, 12–16.

[15] ὁ ἰσχυρότερος (Mk 1, 7) ist jüd. Umschreibung des Gottesnamens. Nach Mal 3, 25 ist Elia der Vorbote Jahwes selbst. Eine Messiasankündigung des Täufers hätte auch einen deutlicheren bis ins Titulare reichenden Niederschlag in den Synoptikern u. im JohEv (!) finden müssen. – Sicher unzureichend Lang, aaO. Vielhauer hält ἰχνρότερος für den Titel einer von Gott zu unterscheidenden transzendenten Gestalt; s. dazu u. Anm. 162 f.

[16] Bei der zeitlichen Nähe des Gerichts ist die Möglichkeit der Apostasie überhaupt nicht im Blick.

[17] Zum Gedanken der Buße als Gabe und nicht Forderung Gottes allein vgl. die bei Behm, ThW IV, 988 aufgeführten Belege u. s. Röm 2, 4.

Buße, sondern nur noch das Gericht. Man wird durch diesen und andere Sachverhalte genötigt, zu fragen, ob nicht das Christentum des Hebräerbriefes und die dortige Polemik gegen eine zweite Buße aus einem täuferisch beeinflußten Christentum stammen[18]. Von hier aus sind die *potestas clavium* und der erste Johannesbrief als antitäuferische Akzente und Dokumente, als Triumph der Gnade, und das heißt – freilich in einem ganz anderen Sinn als der Täufer meinte – des »Stärkeren« zu beurteilen[19].

Die Standespredigt des Täufers (Lk 3, 10–14) ist eine späte Paränese des hellenistischen Christentums, wahrscheinlich von Lukas selbst geformt und dem Täufer in den Mund gelegt[20]. Für Stände und ihre Erhaltung ist angesichts des historischen Täufers kein Platz und keine Zeit[21]. Sollte nicht von hier aus, und nicht wegen der gnostisierenden Einstellung des Evangelisten[22], die kritische Eliminierung der vermeintlich »urchristlichen«, der Sache nach aber viel eher täuferischen Apokalyptik im vierten Evangelium zu verstehen sein[23]? Das scheint bei der auch sonst im Johannesevangelium zu beobachtenden und oft beobachteten antitäuferischen Haltung nicht abwegig und gäbe der Rede von einem »geläuterten Offenbarungsbegriff« des Evangelisten ein neues Recht[24].

Selbst bei Matthäus, der sich ängstlich hütet, die Johannestaufe als wirksames Sakrament zur Sündenvergebung erscheinen zu lassen, wird die alte Charakteristik der Taufe als eines *βάπτισμα μετανοίας* noch sichtbar in dem von Markus (u. Q) übernommenen Täuferwort *ἐγὼ μὲν ὑμᾶς βαπτίζω ἐν ὕδατι*[25] *εἰς μετάνοιαν*, wobei allerdings das *εἰς μετάνοιαν* im Unterschied zu dem epexegetischen Genitiv *μετανοίας* stärker finalen Sinn hat. Weil aber die Wassertaufe (im Sinne des Matthäus die Buße?) vor der kommenden Feuertaufe rettet, hat sie sakramental-definitive Bedeutung[26].

[18] Hebr 6, 8; 10, 26ff; 12, 16f. – vgl. HermVis II, 2, 5 u. s. H. WINDISCH, Der Hebr (HNT 14) ²1931, 52ff; O. MICHEL, Der Brief an die Hebr (Meyer K) ¹¹1960, 150ff, wo auf den juridisch-sakramentalen Bußbegriff des Hebr u. seine Verwandtschaft mit dem qumranischen verwiesen ist.

[19] Wohl kaum zufällig fehlt der Begriff der *μετάνοια* im JohEv; vgl. R. BULTMANN, JohEv 95.

[20] Vgl. R. BULTMANN, Die Geschichte der synopt. Tradition (FRLANT 29) ²1931, 155. 158f.　　　[21] S. u. S. 109ff.

[22] So E. KÄSEMANN (Rezension von BULTMANNS JohEv) VF 1942/46, 200.

[23] Vgl. E. FUCHS, Das Zeitverständnis Jesu (Ges. Aufs. II, 1960, 304–376) u. s. u. Anm. 67.

[24] Vgl. das Register zu BULTMANNs JohKomm s. v. »Offenbarung«.

[25] Das *ἐν ὕδατι* (3, 11) ist wohl nicht erst christliches Interpretament, um die Johannestaufe als bloße Wassertaufe der christl. Geisttaufe gegenüberzustellen, sondern korrespondiert ursprünglich mit der kommenden Feuertaufe, wodurch die Eliminierung der Feuertaufe und ihre Ersetzung durch die Geisttaufe sich ohne Schwierigkeiten erklärt. Natürlich gehört die Geisttaufe nicht zur Verheißung des Täufers; vgl. H. BRAUN, Qumran u. d. NT (ThR 28, 1962, 106f).

[26] Natürlich soll dem Täufer dadurch die Bußforderung nicht abgesprochen werden;

Oder sollte hier und Apg 19, 4, wo die Johannestaufe auch als βάπτισμα
μετανοίας ohne das εἰς ἄφεσιν ἁμαρτιῶν beschrieben wird, der ursprüngliche,
mehr gesetzliche Sinn dieser Taufe als eines Siegels der Bußpredigt des Täufers[27] und bloße Vorstufe des Heils erhalten sein, so daß wir in dem εἰς ἄφεσιν
ἁμαρτιῶν bei Markus (u. Lk) eine festgeprägte *interpretatio christiana* der Johannestaufe vor uns hätten[28]? Das ist jedoch bei der überall im Neuen Testament zu beobachtenden Tendenz, den Täufer zum Bußprediger und Vorläufer
Jesu zu degradieren, überaus unwahrscheinlich[29]. Zudem hat die Auslassung
von εἰς ἄφεσιν ἁμαρτιῶν durch Matthäus ausgesprochen dogmatische Gründe.
War ihm schon der Gedanke, daß Jesus sich überhaupt durch Johannes, den
Vorläufer, (εἰς μετάνοιαν!) taufen läßt, so anstößig, daß er diese Taufe durch
ein nach Analogie von Gal 4, 4 gebildetes Gespräch zwischen Jesus und dem
Täufer erst legitimieren muß[30], so ist ihm erst recht die Vorstellung unerträglich, die allein im Opferblut des Christus begründete Heilsgabe der Sündenvergebung sei schon in der Taufe des Vorläufers zu haben[31]. Deswegen läßt

aber sie ist für sein Auftreten nicht konstitutiv, und wir kennen nicht ihren Charakter, denn
die uns erhaltene Bußpredigt des Täufers (Mt 3, 7–10 = Lk 3, 7–9) ist zumindest sehr stark
christlich retouchiert, wenn sie – von dem Feuertäuferwort abgesehen – nicht gar christliche Bildung ist.

[27] DIBELIUS, Täufer 58 f, geht u. E. zu stark von der Bußpredigt des Täufers statt
von der Taufe aus, rechnet mit einer Messiaserwartung des Täufers, so daß er sogar die
Täuferanfrage (Mt 11, 1 ff par) für authentisch hält (S. 33 ff), und beurteilt von da aus die
Johannestaufe als bloß interimistisch. Entsprechend wird das εἰς ἄφεσιν ἁμαρτιῶν als
christliches Interpretament eliminiert. Vgl. gegen DIBELIUS auch F. HAHN, Christologische
Hoheitstitel (FRLANT 83), 1963 371; u. s. H. BRAUN, Die Täufertaufe u. d. qumranischen
Waschungen (ThViat IX, 1964, 3).

[28] So viele Exegeten; s. zB LOHMEYER, z. St.; DIBELIUS, RGG², III, 315; in der Intention
ganz richtig, aber unentschieden J. SCHNIEWIND, Das Ev nach Mk (NTD 1) ⁹1960, 10; vgl.
E. KLOSTERMANN, Das MkEv (HNT 3) ⁴1950, 10 u. a.

[29] Dagegen spricht sehr eindeutig einmal das die Sündenvergebung umdeutende Referat
des Josephus (s. o. Anm. 6), ferner die Bestimmung des Johannes, er werde dem Volk die
Erkenntnis des Heils durch Sündenvergebung (δοῦναι γνῶσιν σωτηρίας τῷ λαῷ αὐτοῦ ἐν
ἀφέσει ἁμαρτιῶν) geben, in einem sehr alten Stück fraglos täuferischer Provenienz (Lk 1,
77; s. dazu u. S. 116). Darf man dafür schließlich auch das Schweigen des JohEv über die
Taufvergebung und die Bindung der ἄφεσις an die Gabe des Geistes durch den Erhöhten
geltend machen, einen Sachverhalt, dem im Hebr die Zuweisung der βαπτισμοί (Plural!)
zu den Anfangsgründen der Lehre (6, 1 f) und der offenbar polemische Satz, daß ohne Blut-
vergießen keine Vergebung sei, zum Λόγος τέλειος entspricht? (s. u.)

[30] Natürlich hat BORNKAMM, Jesus, 43 f, ganz recht, wenn er betont, daß der Anstoß
des Matthäus nicht durch das (spätere) Dogma der Sündlosigkeit Jesu, sondern durch die
Tatsache, daß die Johannestaufe beim Auftreten des Verheißenen keinen Sinn mehr hat,
motiviert ist. Dennoch bahnt sich jene andere Entwicklung durch die unmittelbar folgende
Versuchungsgeschichte aber schon sichtbar an. Vgl. KRAELING, aaO 132 ff.

[31] G. STRECKER, Der Weg der Gerechtigkeit (FRLANT 82) 1962, 148, sieht ganz richtig,
wenn er sagt, daß für Matthäus ἄφεσις ἁμαρτιῶν »jedenfalls nicht die Grundlage des Auf-
tretens des Johannes« ist. Aber gerade deswegen dürfte er nicht sagen: »Mt übernimmt

Matthäus bei der Schilderung der Johannestaufe das *εἰς ἄφεσιν ἁμαρτιῶν* aus und fügt es dafür bewußt und betont dem Abendmahlsbericht ein: erst das vergossene Blut Jesu schenkt seiner Gemeinde die Gabe der Sündenvergebung und – so kann man mit Luther im Sinne des Matthäus fortfahren – »wo aber Vergebung der Sünden ist, da ist auch Leben und Seligkeit«[32]. In der Unterschlagung des sakramentalen, Sündenvergebung wirkenden Sinnes der Johannestaufe durch Matthäus hätten wir dann also ebenfalls einen unbewußt (oder bewußt?) antitäuferischen Akzent zu erblicken[33].

Sehen wir von hier aus auf das Johannesevangelium, so bestätigt sich unsere Vermutung. Hier ist die Zurückhaltung noch viel größer und zwar – wie BULTMANN gezeigt hat – offenbar nicht wegen der größeren historischen und geographischen Ferne, sondern gerade wegen der größeren *Nähe* des Evangelisten zum Täufer und seiner Anhängerschaft[34]. Hier hat die Johannestaufe überhaupt nur noch die Funktion, Jesus als »das Lamm Gottes, welches der Welt Sünde trägt«, erkennbar zu machen, damit Johannes seine heilsgeschichtliche Rolle, der *μαρτύς* Jesu zu sein, antreten kann[35]. R. GYLLENBERGS, in der Festschrift zu RUDOLF BULTMANNs siebzigstem Geburtstag ausgesprochener Gedanke, daß wir von Anfang an, also unmittelbar nach dem Tode Jesu mit dem Auseinanderbrechen seiner disparaten, nur durch Jesus selber zusammengehaltenen Anhängerschaft und mit der gleichzeitigen Ausprägung verschiedener Arten des Christentums zu rechnen und im johanneischen Evangelium eine dieser anfänglichen Gestalten zu erblicken haben, verdiente eine sehr viel ernsthaftere Erwägung in der Forschung[36]. *Das* Christentum des Anfangs, *das*

ἄφεσις u. Derivate aus der Tradition, hat aber diese Begriffe gegenüber Mk offenbar nicht hervorgehoben...« – Doch, das hat er gerade! vgl. G. BORNKAMM, Enderwartung u. Kirche im MtEv (WMANT 1) ²1961, 13, u. s. d. fgd. Anm.

[32] Gegen V. TAYLOR, aaO, besteht in der Sündenvergebung – jedenfalls für Mt – das Heilswerk; vgl. Mt 1, 21 u. s. N. A. DAHL, NTS 2, 17ff.

[33] Mt hat der Johannestaufe »diese Heilswirkung genommen und sie dem Abendmahl zugeeignet in Übereinstimmung mit seinem Mt 1, 21 vorgetragenen Gedanken« (H. SCHÜRMANN, Der Einsetzungsbericht Lk 22, 19 –20, NTA 20, 4, 1955, 6), vgl. LOHMEYER, ThR 9, 1937, 177. – Ohne diese programmatische Intention des Mt zu erkennen, sieht auch J. JEREMIAS, Die Abendmahlsworte Jesu, ³1960, 165, den Ursprung der Wendung *εἰς ἄφεσιν ἁμαρτιῶν* im Taufritus; vgl. H. CONZELMANN, Mitte der Zeit, 15, Anm. 4.

[34] S. bes. R. BULTMANN, JohEv 5 u. 76.

[35] Vgl. ebd. 31.

[36] R. GYLLENBERG, Die Anfänge der johanneischen Tradition (Ntl Stud. f. R. Bultmann, BZNW 21, 1954, 144–147), der u. E. mit Recht dem hinter dem JohEv sichtbar werdenden Täuferbild (Gnosisnähe!) das – gegenüber der sekundären synoptischen, mit alttestamentlichen Farben gemalten Bußpredigervorstellung – historische Prae zuerkennen möchte. – Ähnlich urteilt J. A. T. ROBINSON: „...the fourth Gospel, which preserves, I am persuaded, in the Baptist material some very good independant tradition". (Elijah, John and Jesus: An Essay in Detection. S. 264; in: NTS 4, 1958, 263–281); vgl. ebd. Anm. 2.

ursprüngliche Bekenntnis oder *die* anfängliche Christologie, von wo aus alles andere rechte oder häretische Entfaltung des *einen* legitimen Anfangs wäre, hat es wohl nie gegeben, und man wird sie deshalb sowohl bei Paulus als auch in den ältesten Synoptikerschichten vergeblich suchen. Das einheitliche Credo der Kirche entsteht nicht in der planmäßigen Entfaltung des einen Ursprungs, sondern in der kritischen und dabei freilich auch tendenziösen Reduktion der ursprünglichen Mannigfaltigkeit[37].

In der Abwertung des Täufers und seiner Taufe geht das vierte Evangelium noch weit über Matthäus hinaus. Ja, man kann sagen, daß hier tatsächlich »das Kind mit dem Bade ausgeschüttet« ist, denn weil die Taufe eben täuferisches Werk und Geschäft ist, fehlen nicht nur alle positiven Beziehungen zur Taufe[38], fehlt nicht nur der von den Synoptikern als Einsetzung der christlichen Taufe verstandene Bericht über Jesu eigene Taufe und der Taufbefehl des Erhöhten[39], sondern nimmt sogar die Fußwaschungsgeschichte deutlich eine gegen die Taufe und ihre Praxis gerichtete Stelle ein[40]. Gab es für den Täufer nur *eine* Vergebung als sakramentale und darnach das Weltgericht, so ist die die Welt richtende Gabe des Erhöhten an seine Gemeinde die Vollmacht zur gegenseitigen, nicht sakramentalen, sondern verbalen Sündenvergebung[41] als Werk des Geistes.

Der historische Jesus verfährt anders als seine Zeugen. Er stellt sich auf die Seite des Täufers und ergreift für ihn als den »Größten unter den Weibgeborenen« Partei[42]. Von der *zeitlichen* Naherwartung des Täufers beeindruckt, die er sich

---

[37] Vgl. E. Käsemann, Die Anfänge christlicher Theologie (ZThK 57, 1960, 162 ff.). – Es ist R. Bultmanns Verdienst, den Anteil des Paulus an der Einung der Kirchen zur Kirche deutlich gesehen und klar herausgestellt zu haben (zB Art. »Paulus« RGG² IV, 1025).

[38] Gegen Dibelius, Täufer 109 ff, eben nicht nur zur Johannestaufe, sondern zur Taufe überhaupt, denn mit Bultmann, JohEv passim, gehören die von Dibelius für die Wertschätzung der christlichen Taufe durch den 4. Evangelisten herangezogenen Stellen wohl kirchlicher Redaktion an. Die Verwandlung des Wassers ($\varkappa\alpha\tau\grave{\alpha}\ \tau\grave{o}\nu\ \varkappa\alpha\theta\alpha\varrho\iota\sigma\mu\acute{o}\nu$) in Wein bei der Hochzeit zu Kana (Joh 2, 1 ff) ist dagegen von Dibelius (S. 112) zutreffend als Affront gegen die Täufersekte gedeutet.

[39] An die Stelle des Sakraments ist pointiert u. programmatisch das Wort getreten: s. Joh 20, 22 f.

[40] Joh 13, 1–17; so Bultmann, JohEv 357 ff, gegen H. v. Campenhausen, ZNW 33, 1934, 259–271, der in der Fußwaschung die Taufe abgebildet sieht. Das mag im Sinne der Quelle, aber schwerlich im Sinne des Evangelisten gelten.

[41] S. o. Anm. 39 – Da das Nikodemusgespräch mitten im Kontext der Auseinandersetzung mit der täuferischen Theologie steht – wenn wir mit Dibelius (s. Anm. 38) auch das Weinwunder dazu rechnen dürfen –, könnte auch in dem Gedanken der Wiedergeburt (3, 7 ff) der alte Sinn der Johannestaufe, hier nun freilich kritisch auf das Wortgeschehen umgedeutet, erkennbar werden (s. o. Anm. 6 u. u. Anm. 153 f).

[42] Vgl. E. Käsemann, Das Problem des hist. Jesus (ZThK 51, 1954, 149); R. Bultmann, SynTr 177 f; M. Dibelius, Täufer 9 ff u. a. Es ist methodisch wichtig, mit Bultmann (ebd.) zu beachten, daß die christl. Täuferüberlieferung gespalten ist: gegen die Juden wird Johannes als Zeuge u. Täufer Jesu in Anspruch genommen, gegen die Täufersekte wird er

zu eigen macht, unterzieht er sich dem eschatologischen Bußsakrament der Taufe[43].

So gewiß das Dahingegebenwerden des Täufers (παραδοθῆναι) im Sinne des Markus *theologisches* Motiv und nicht *biographische* Notiz ist[44], das Jesu Predigt von der Nähe des Reiches und sein Auftreten als das des »Menschensohnes« erst ermöglicht, so sicher kann man gleichwohl annehmen, daß Jesus auch im chronologischen Sinn erst nach dem Täufer aufgetreten ist[45]. Dafür spricht einmal der Stürmerspruch, der auf die Wirksamkeit des Johannes als abgeschlossene zurückblickt[46]. Aber dafür spricht vor allem das Fehlen einer jeglichen Distanzierung Jesu vom Täufer, die in den Quellen stark sichtbar werden müßte, wenn Jesus gleichzeitig mit Johannes die nahe βασιλεία verkündigt hätte, zumal das lebhafte Interesse seiner Zeugen an solcher kritischen Distanz oben schon deutlich geworden ist[47].

Darum spiegelt sich in der Anfrage des gefangenen Johannes, ob Jesus der Verheißene sei (Mt 11, 2–6 = Lk 7, 18–23) nicht die historische Situation des Täufers und Jesu, sondern die ihrer miteinander konkurrierenden Nachfolger[48]. Die Johannesjünger haben ihren Meister bald nach dessen Tode messianisiert und seine Taufe institutionalisiert[49]. Aus seinem durch das zeitlich bevorstehende

kritisiert. Darum kann nicht ohne weiteres jedes positive Täuferzeugnis auf Jesus selbst zurückgeführt werden.

[43] Jedoch ist die Naherwartung für Jesus nicht »konstitutiv« (KÄSEMANN, ZThK 57, 179). Sie wird durch Jesu »Zeitverständnis« transzendiert; vgl. E. FUCHS, Das Zeitverständnis Jesu, Ges. Aufs. II, 304–376. Weiteres s. u.

[44] Vgl. W. MARXSEN, Markus 22ff, der von hier aus die historische Alternativfrage Mk (zeitl. Nacheinander von Täufer u. Jesus) – Joh (gleichzeitiges Auftreten) abweist und im Anschluß an K. L. SCHMIDT, aaO 24, von einem »heilsgeschichtl. Schematismus« spricht.

[45] Die Quellenlage erlaubt kein Urteil darüber, ob der Täufer schon hingerichtet oder erst gefangengesetzt war.

[46] Die Lit. zum sogen. »Stürmerspruch« ist unübersehbar (Mt 11, 12 = Lk 16, 16). Die Frage nach der Authentie ist nicht eindeutig zu beantworten (s. Anm. 42). Mk 9, 11–13 bildet möglicherweise die alte Fortsetzung des Spruches (vgl. DIBELIUS, Täufer 30). S. auch FUCHS, Ges. Aufs. II, 366. – Auch der Umstand, daß Jesus für den Johannes redivivus gehalten werden konnte (Mk 6, 14), läßt auf den vor Jesu Auftreten liegenden Täufertod schließen; vgl. BULTMANN, SynTr 329.

[47] Hat der Täufer überhaupt die nahe »Gottesherrschaft« verkündigt?

[48] Gegen DIBELIUS, Täufer 37ff, der nicht nur die Historizität der Anfrage, sondern sogar die Form der Szene für authentisch hält. Aber daß Jesus nicht der ἰσχυρότερος, der Feuertäufer ist, ist doch ganz offensichtlich! (so mit Recht KRAELING, aaO 128ff »anti-Baptist polemic« (179) u. BULTMANN, SynTr 22 + ErgHeft 7 gegen W. G. KÜMMEL, Verheißung und Erfüllung, ²1953, 102ff).

[49] S. u. S. 114ff. – Erst durch diese Institutionalisierung wird die Joh.-Taufe, was die christl. Taufe von Anfang an war, nämlich Initiationsritus; u. E. unscharf nennt H. BRAUN, Die Täufertaufe und die qumranischen Waschungen (ThViat IX, 1964, 1), die Täufertaufe »Initiationsritus« (s. o. Anm. 6).

nahe Weltende bedingten Wandel haben sie ein geordnetes Fasten- und Ge-
betsritual gemacht[50]. Die junge Kirche bestreitet diesen Anspruch der Täuferleute dadurch, daß sie ihren Herrn ebenfalls messianisiert, den Täufer zum
geringen Vorläufer Jesu macht und seine Taufe als »bloße Wassertaufe« entweder mit dem Makel der fehlenden Geistbegabung behaftet[51] oder völlig
ignoriert[52].

Unsere Quellen lassen es nicht zu, Jesu innere Entwicklung von seiner Taufe
durch Johannes an bis zu seiner eigenen Verkündigung und seinem Tode hin
nachzuzeichnen[53]. Trotzdem gilt es hier nun doch, neben seiner Zustimmung
und Nähe zum Täufer einige ganz charakteristische Unterschiede kurz zu skizzieren und herauszustellen, die sich schwerlich anders denn als das Resultat
solcher Entwicklung begreifen lassen.

Aus der Fülle möglicher Gesichtspunkte greifen wir hier nur drei heraus:
die Taufe (1), die Naherwartung (2) und die »asketische« Existenz des Täufers (3).

1. *Die Taufe:* Jesus selbst unterzieht sich der Johannestaufe als der rettenden
Versiegelung vor dem nahen Weltgericht, in der Buße und Vergebung ge-
spendet werden. Aber nach dem »Dahingegebenwordensein« des Täufers hat
er selber wohl schwerlich die Taufe vollzogen. Dafür hat das Schweigen der
synoptischen Überlieferung insofern den Wert eines Indizienbeweises, als es
schlechterdings unvorstellbar ist, daß Jesu eigener Vollzug des von Anfang an
den Christenstand begründenden Taufsakraments übergangen worden wäre.
Die Erwägung, seine Tauftätigkeit sei unterdrückt worden, um ihn nicht in zu
große Nähe und womöglich Abhängigkeit vom Täufer zu bringen, kommt

[50] Vgl. Mk 2, 18 ff parr. u. Lk 11, 1. – Dabei hat das Fasten der Täuferjünger sicher nicht
moralischen, sondern exorzistischen Sinn; vgl. W. HEITMÜLLER, Im Namen Jesu, 1903, 310.
[51] Vgl. Mk 1, 8; Mt 3, 11; Lk 3, 16; Apg 2, 38; 8, 15 ff; 18,24 u. 19, 1 ff u. s. die Komm.
z. St.; zu Apg 18, 24 ff u. 19, 1 ff bes. E. KÄSEMANN, Die Joh.-Jünger in Ephesus (Exeget.
Vers. u. Bes. I, 1960, 158–168) u. E. STAUFFER, Probleme der Priestertradition (ThLZ 81,
1956, 135–150) 145. – Im Gegensatz zu dieser christl. Konstruktion ist aber die historische
Johannestaufe wohl ebenfalls ein pneumatisches Phänomen gewesen, wie denn hinter
Mk 6, 14 u. Joh 10, 41 eine Kenntnis von Täuferwundern zu stecken scheint; vgl. BULTMANN,
SynTr 22 u. 329, sowie JohEv 300. – s. auch Lk 3, 15.
[52] S. o. Anm. 38 ff. – Die Gemeinde konnte den Täufer so für sich beschlagnahmen, weil
sie den von Joh. geweissagten ἰσχυρότερος in ihrer Mitte wußte.
[53] Sehr zu Unrecht gerät immer dann, wenn solche Versuche unternommen werden, die
Psychologie unter ein theologisches Verdikt, nur weil unsere Quellen nicht hergeben, was
sie zu leisten vermöchte. Denn selbstverständlich ist das Studium der Psychologie und ihre
kritische Handhabung ein legitimes und wichtiges Instrument in der Hand des Historikers
wie des Kriminalisten. Vgl. G. EBELING, Theol. u. Verkündigung (Herm. Unters. z.
Theol 1) 1962, 119 ff; E. FUCHS, Ges. Aufs. II, 294; J. M. ROBINSON, Kerygma u. hist.
Jesus, 1960, 133. Dafür gilt auch, was E. KÄSEMANN, ZThK 57, 163, über die Notwendigkeit
historischer Konstruktionen sagt. Zum Methodischen vgl. R. M. COLLINGWOOD, Philosophie der Geschichte, 1955, 278 ff.

dagegen nicht auf. Von daher muß die Behauptung von Jesu eigener, die Tauftätigkeit des Johannes weit in den Schatten stellender Taufpraxis (Joh 3, 22 u. 4, 1f) als literarische Komposition des Evangelisten zur Illustration des Täuferwortes: »Er muß wachsen, ich aber muß abnehmen!« angesehen und ihr trotz Joh 4, 2 jeglicher Quellenwert abgesprochen werden[54].

»Vergebung der Sünden« ist für Jesus wohl kaum ein Gegenstand theologischer Reflexion, noch auch magisch-sakramentaler Übereignung. Vielmehr erfahren die »Kleinen« und der »Amhaarez« in Jesu konkretem Lebensvollzug – nun weder »sakramental« im magischen Sinne, noch auch »verbal« im Sinne eines neuprotestantischen Wortsakramentalismus[55] – die Macht göttlicher Vergebung und den Hereinbruch der *βασιλεία*. Die Johannestaufe steht und fällt mit der mythischen Naherwartung des Täufers. Dagegen wird Luther durch Jesu eigenes Verhalten[56] zur existentialen Interpretation der christlichen Taufe ermächtigt, die »bedeutet[57], daß der alte Adam durch tägliche Reue und Buße soll ersäuft werden und sterben mit allen Sünden und bösen Lüsten und wiederum täglich herauskommen und auferstehen ein neuer Mensch, der in Gerechtigkeit und Reinigkeit vor Gott ewiglich lebe.« Nach der Taufbuße des Johannes gibt es keine weitere Buße, sondern nur noch die vernichtende Erscheinung des Feuertäufers. Im Blick auf Jesu Verkündigung und Verhalten aber muß gesagt werden: »Dominus … noster … dicendo: Poenitentiam agite etc. *omnem* vitam fidelium poenitentiam esse voluit.«[58]

---

[54] Gegen M. Goguel, Jean Baptiste, 1928, 86ff vgl. Bultmann, JohEv 121ff. Gehört Joh 4, 2 zur Arbeit des Evangelisten oder ist es Korrektur des kirchlichen Redaktors? – Die Quellenverhältnisse hinter Joh 3, 22ff sind schwer zu durchschauen (s. Bultmann zu 3, 25).

[55] Diese in der Tat akute Gefahr sieht und beschreibt zutreffend E. Fuchs, Ges. Aufs. II, 353f: »Wer die Transsubstantiation aus dem Sakrament herausgebracht hat, sollte sie nicht flugs ins Wort einschlüpfen lassen! Es geht nicht um die Possibilität unserer Ansprechbarkeit, nicht einmal um den ganzen Menschen, sondern ganz um den Menschen, um das Sein aus dem Ereignis, nicht um das Ereignis des Seins.«

[56] Trotz der Kritik Bultmanns (Das Verhältnis der urchristl. Christusbotschaft z. hist. Jesus, SAH 1960, 18ff) nehmen wir diesen Begriff von E. Fuchs, Ges. Aufs. II, 143–167 u.ö., auf, obwohl bei Fuchs in der Tat gelegentlich schwer zu unterscheiden ist, ob er Selbstverständnis u. Selbstbewußtsein klar genug auseinanderhält. Siehe auch die positive Aufnahme und klare Abgrenzung der Begriffe bei E. Jüngel, Paulus und Jesus (HuTh 2) ²1964, 139 u.ö. – Sachlich vgl. K. E. Løgstrup, Die ethische Forderung, 1959, 240ff. Ähnlich spricht G. Bornkamm, Jesus 163, von der Erkenntnis, »daß das ›Messianische‹ seines (sc. Jesu) Wesens in seinem Wort und seiner Tat u. der Unmittelbarkeit seiner geschichtl. Erscheinung beschlossen ist«.

[57] Vgl. F. Gogarten, Entmythologisierung u. Kirche, 1953, 65 u. 83ff.

[58] C. Mirbt, Quellen, ⁴1924, 253. – W. Kamlah, Christentum u. Geschichtlichkeit, ²1951 (=Christentum u. Selbstbehauptung, 1940), bestreitet die Möglichkeit der existentialen Interpretation ntl Vorstellungen ohne die vorausgehende hermeneutische Klärung,

Darum steht von allem Anfang an neben dem *Christuskerygma* vom Typ etwa der paulinischen Botschaft die hinter den synoptischen Evangelien sichtbar werdende *Jesusüberlieferung*. Sie allein schützt jenes davor, zum Mythos zu erstarren und in der Welt des antiken Synkretismus unterzugehen, weil in Jesu Reden und Leben die sakramentale Welt der Antike ebenso wie ihr religiöser Gesetzesradikalismus transzendiert und zerbrochen werden[59], weil hier »der Gott über dem Gott des Theismus«[60] erscheint, weil hier in anderer und ursprünglicherer Weise als in der »christologischen Verschlüsselung« der Einbruch der βασιλεία und die Erfüllung der eschatologischen Verheißungen erlebt worden sind und zum Weitergeben und Fortsetzen der Sache Jesu drängen[61]. Jesu Predigt in Nazareth (Lk 4, 16–21) ist eine zutreffende theologische Reflexion des dritten Evangelisten über dieses existentielle Widerfahrnis. Auch das Jesus in den Mund gelegte ἀφίενταί σου αἱ ἁμαρτίαι (Mk 2, 5 par. u.

daß die »Ehe« der mythischen Botschaft des Urchristentums mit der griechischen Vernunft in der Gestalt der Apologeten konstitutiv zum Christentum hinzugehöre, weil der mythische Horizont, in dem das NT konzipiert sei, menschliche Existenz eben gerade nicht in ihren allgemein wiederkehrenden Möglichkeiten, d. h. vernünftig, verstehe (346). Geht aber nicht jener nach KAMLAH notwendigen »Ehe«, sie gleichsam legitimierend und ermöglichend, im »Verhalten« Jesu wie in der paulinischen Rechtfertigungslehre so eine Art »Verlöbnis« voraus? s. dazu u. S. 112f u. vgl. P.VIELHAUER, Urchristentum u. Christentum in der Sicht Wilhelm Kamlahs, EvTh 15, 1955, 307–333.

[59] Vgl. MARXSEN, Anfangsprobleme der Christologie, 1960, 27ff, DERS., Zur Frage nach dem historischen Jesus ThLZ 87, 1962, 577ff. Diese Gedanken hat MARXSEN am 7. Januar 1964 in einer Heidelberger Gastvorlesung unter dem Thema »Die Auferstehung Jesu – Ereignis oder Interpretament?« so weiterzuführen und zu präzisieren gesucht, daß er zwei mögliche Reaktionen der Jünger auf die Erscheinungen des Erhöhten unterscheidet: einmal die funktionale Konzentration darauf, die Sache Jesu als die Sache Gottes fortzusetzen (Jesuskerygma), und zum anderen die personale Reflexion über die Person Jesu in den zeitgenössischen messianischen Kategorien und im Horizont der Apokalyptik (Christuskerygma). Natürlich wird es beide Typen kaum je rein gegeben haben, sie markieren aber treffend zwei verschiedene Akzentuierungen. – Zum Transzendieren der antiken Welt durch Jesus vgl. E. KÄSEMANN, ZThK 51, 1954, 144ff; E. FUCHS, Ges. Aufs. II, z. B. 288, 346, 353f, 367; G. EBELING, Jesus u. Glaube (Wort u. Glaube, Ges. Aufs. 1960, 203–254), 207f; G. BORNKAMM, Jesus 163 u. ö.; K.E.LØGSTRUP, aaO 231ff u. R. BULTMANN, Jesus. – Mit der Aufnahme des »historischen Jesus« in ihr Kerygma bekundet die Gemeinde, »daß sie nicht willens ist, einen Mythos an die Stelle der Geschichte, ein Himmelswesen an die Stelle des Nazareners treten zu lassen. ... Offensichtlich ist sie der Meinung, daß man den irdischen Jesus nicht anders als von Ostern her und also in seiner Würde als Herr der Gemeinde verstehen kann, und daß man umgekehrt Ostern nicht adäquat zu begreifen vermag, wenn man vom irdischen Jesus absieht. Das Evangelium steht immer in einem Zweifrontenkrieg« (KÄSEMANN, ZThK 51, 134).

[60] Vgl. P. TILLICH, Der Mut zum Sein, 1958, 131ff u. ö. bei TILLICH. S. aber vor allem R. BULTMANN, Der Gottesgedanke u. der moderne Mensch (ZThK 60, 1963, 335–348) u. das darin begonnene Gespräch mit G. VAHANIAN, D. BONHOEFFER, J.A.T.ROBINSON u. a.

[61] S. o. Anm. 59.

Lk 7, 48) ist theologische Verdichtung der in Jesu Gegenwart erfahrenen Nähe und Zuwendung Gottes[62], die in seiner Gemeinde fortwirkt[63].

Gewiß ist Ostern das »Urdatum der Kirche«, aber doch nicht so, als ob hier etwas grundsätzlich Neues begönne, sondern so, daß hier Jesus, der historische Jesus, als der Christus gleichsam enthüllt wird[64]. Das, und nicht die historistische Absicht des Markus, ein faktisch unmessianisches Leben Jesu um der in der Gemeinde geglaubten Messianität willen durch das Geheimhaltungsmotiv akzeptabel zu machen, ist der theologische Sinn des Messiasgeheimnisses[65]. Kreuz und Auferstehung als Heilsgeschehen sind nichts Neues als das eigentlich Christliche, sondern nur eine Variation dessen, was die Jünger irdisch mit ihrem Herrn erlebt hatten. Dabei nimmt das Festhalten der *theologia crucis* gegenüber einer an sich ja ebensogut möglichen Inkarnationstheologie die in Jesu eigenem Erdenleben sichtbar gewordene Funktion ein, die Welt der Religion in ihrem gesetzlich- wie in ihrem sakramental-metaphysischen Aspekt zu transzendieren.

2. *Die Naherwartung:* Analoges gilt nun von der täuferischen Naherwartung. Gewiß hat Jesus in der zeitgenössisch vielfach belegten *zeitlichen* Naherwartung, die für ihn offenbar ihre besondere Akzentuierung durch die Existenz und die Predigt Johannes des Täufers erhalten hat, gelebt[66]. Es ist u. E. angesichts

---

[62] Vgl. BULTMANNS Analyse der Perikope (SynTr 12 f), ferner F. HAHN, Christologische Hoheitstitel 43 (ebd. in Anm. 1 alle wesentliche Literatur zur neueren Diskussion der Perikope). »Der Akt der Vergebung ist übrigens in die Wundergeschichte von der Heilung des Gichtbrüchigen, Mk 2, 5 b–10, genauso eingetragen wie anderwärts die christliche Formel ›dein Glaube hat dir geholfen!‹ (...), von der Schlüsselgewalt des Petrus bzw. der Gemeinde nach Ostern gar nicht zu reden. ... Jesus vergab nicht Sünden, sondern berief Sünder, mit welchen er deshalb frei heraus fröhlich aß und trank...« (E. FUCHS, Ges. Aufs. II, 353 f). – Zu Jesu Predigt in Nazareth vgl. die trefflichen Bemerkungen von E. FUCHS, Art. σήμερον ThW VII, 273.

[63] Vgl. dafür zB die parallele Perikope bei Mt (9, 1–8), wo das καὶ ἐδόξασαν τὸν θεὸν τὸν δόντα ἐξουσίαν τοιαύτην τοῖς ἀνθρώποις anstelle des ὅτι ἐξουσίαν ἔχει ὁ υἱὸς τοῦ ἀνθρώπου diese elementare Erfahrung der Gemeinde widerspiegelt.

[64] »Ostern hat diese Erfahrung ja nicht überholt, sondern im Gegenteil bestätigt. Sofern man von einer Modifikation des Glaubens vor und nach Ostern sprechen will und darf, kann man sagen, daß aus dem ›einmal‹ das ›ein für alle Male‹, aus der isolierten und vom Tode begrenzten Begegnung mit Jesus jene Gegenwart des erhöhten Herrn wurde, wie das vierte Ev sie beschreibt« (E. KÄSEMANN, ZThK 51, 1954, 139, eine Formulierung, die BULTMANN, SAH 25, als die Lösung des Problems bezeichnet).

[65] So im wesentlichen mit H. J. EBELING, Das Messiasgeheimnis u. d. Botschaft des Marcus-Evangelisten (BZNW 19) 1939 u. H. CONZELMANN, Gegenwart u. Zukunft i. d. synopt. Tradition (ZThK 54, 1957, 293 ff) gegen W. WREDE, Das Messiasgeheimnis in den Evangelien (1901) ²1963 vgl. G. EBELING, aaO 125 f.

[66] Vgl. E. GRÄSSER, Das Problem der Parusieverzögerung i. d. synopt. Ev u. d. Apg (BZNW 22) 1957, der mit Recht davor warnt, das Problem der Naherwartung zu verharmlosen; ferner W. G. KÜMMEL, Verheißung und Erfüllung (AThANT 6) ²1953.

der Texte nicht wohl möglich, das zu bestreiten[67]. Aber gleichwohl wird diese Naherwartung durch Jesu Verhalten, durch sein »Zeitverständnis« durchbrochen[68]. In seiner Gegenwart wird die Fülle der Zeit erfahren, die Nähe Gottes ereignet sich in der Begegnung mit ihm. Weil die Gemeinde auch nach seiner »Himmelfahrt« in ihrem Umgang miteinander und mit den »geringsten Brüdern« solchermaßen die Nähe Gottes erfährt, weiß sie Jesus als den Herrn in ihrer Mitte lebendig und wirksam, eine Erfahrung, die wiederum ihren theologischen Niederschlag in der Aufnahme von Worten wie Mt 25, 31–46 in das Evangelium findet[69]. Es ist ja gewiß nicht so, daß Jesus über das »Ewige im Heute« reflektiert, daß er über die »Wandlungen Gottes«[70] geredet hätte; seine eigene Gegenwart wurde vielmehr so erfahren. Nicht um zeitlose religiöse Wahrheiten aus dem Munde des Meisters oder seinen Ruf in die ethische Entscheidung der Nachwelt zu erhalten, hat die Gemeinde seine Gleichnisse tradiert, sondern weil die ursprünglich von ihnen Getroffenen, indem *Jesus* sie erzählte, darin gleichsam den Vorhang zurückgezogen und »das Wasserzeichen hinter dem bunten Aufdruck der Zeit«[71] erblickten, den Anbruch der Heilszeit erlebten. Darum geht es bei der Interpretation der Gleichnisse Jesu nicht zuerst um das darin Gesagte, sondern um den Sprecher, nicht um Belehrung über die Gottesherrschaft, sondern um ihren Anbruch im Worte Jesu[72]. Hier ist die täuferische zeitliche Naherwartung durch Jesus genauso

---

[67] S. W. G. KÜMMEL in seinem Beitrag in diesem Bande.

[68] FUCHS hat ganz recht, wenn er – unter Zugestehung der Naherwartung als »psychologischer Form« der Hoffnung Jesu – tiefer nachfragt, und etwa sagen kann: »Jesus nimmt seine Zeit als Gegenwart vor Gottes Kommen so in Anspruch, daß er sie jeder anderen Zeit gegenüberstellt.« (Ges. Aufs. II, 367. Das darf natürlich nicht psychologisch als Ergebnis der Reflexion Jesu mißverstanden werden). Vgl. E. KÄSEMANN, ZThK 57, 179; G. BORNKAMM, Jesus 99 und BULTMANNS Diskussionsvotum, »Jesus ignoriere die Zeit« bei H. CONZELMANN, ZThK 54, 288, Anm. 1, sowie den Zusammenhang ebd. 288f.

[69] Vgl. BULTMANN, SynTr 130f u. E. FUCHS, Ges. Aufs. II, 313. Die Gemeinde übernimmt, wenn sie in dem übernommenen Stück den Menschensohn an die Stelle Gottes treten läßt, damit nicht eine jüdisch-eschatologische Ethik, sondern sie spricht damit ihre Erfahrung im Umgang mit dem irdischen Jesus aus, den sie nun im verkündigten Wort so in ihrer Mitte weiß, daß sich im Hören auf das Wort ereignet, was die Erzählung in das apokalyptische Gerichtstribunal projiziert. – S. z. Sache BULTMANN, ZThK 60, 1963, 348.

[70] Vgl. ebd. 344f.

[71] H. E. HOLTHUSEN, Acht Variationen über Zeit und Tod (Labyrinthische Jahre, 1952, 9–17), 13; u. E. ein wesentlicher Beitrag zum Gespräch mit der Dichtung in der »Kultur unserer nachchristl. Ära« (VAHANIAN).

[72] E. KÄSEMANN in der Vorlesung über das MkEv im Winter 1947 in Mainz, der Verf. entscheidende Anstöße verdankt. Vgl. E. FUCHS, Ges. Aufs. II, 137ff, 291 »Aber das Gleichnis ist nun eben doch keine erbauliche Rede mehr, auch kein Spiel mit dem Scharfsinn, sondern es wirkt wie ein rasch aufflammender Blitz, der eine Nacht erhellt.« – siehe auch E. JÜNGEL, aaO 87ff.

transzendiert, wie Luthers reformatorische Entdeckung sein katholisches Erbe durchbricht[73].

3. *Die »asketische« Existenz des Täufers*: Der hier ins Auge zu fassende Sachverhalt ist schon so oft dargestellt worden, daß wir uns auf wenige Striche zur Ergänzung unserer Skizze beschränken können[74]. Wir sind uns dabei darüber im klaren, daß »asketische« Existenz des Täufers insofern eine fragwürdige Bezeichnung ist, als es sich dabei nicht um weltüberdrüssigen Kulturpessimismus handelt[75]. Die »Wüste« ist nicht im modernen Sinne der einsame Ort der Meditation, sondern der Platz des Kontaktes und Kampfes mit jenseitigen himmlischen und höllischen Mächten[76], der eschatologischen Entscheidung und Vollendung[77]. Entsprechend ist auch das Fasten des Täufers nicht »eine feine und äußerliche Zucht«[78], sondern es hat exorzistisch-apotropäischen Sinn[79]. Gleichen Sinn hat die von Johannes gepredigte und gespendete »Buße«[80]. Wenn wir den Angaben in der lukanischen Vorgeschichte über die priesterliche Abkunft des Täufers vertrauen dürfen[81], dann ist wohl auch seine Taufe polemisch an die Stelle der Tempelopfer getreten[82]. Und man kann fragen,

---

[73] S. o. Anm. 58, vgl. Fuchs, Ges. Aufs. II, 373.

[74] Vgl. die Komm. z. d. betr. Texten u. s. die Monographien über den Täufer u. Jesus.

[75] Es geht weder um das »Einfache Leben« noch um ein spartanisches Ideal; gelegentlich erwecken Täuferdarstellungen diesen Eindruck.

[76] »John's wilderness sojourn did not have eremitic seclusion as its sole or dominant purpose.« (Kraeling, aaO 10). – Eine gründliche religionsgeschichtliche Untersuchung der Bedeutung der Wüste liegt leider nicht vor. Vgl. aber G. Kittel, Art. ἔρημος ThW II, 654ff; M. Hengel, aaO 255ff; Bill. IV, 939f; W. Schmauch, In der Wüste (In Memoriam E. Lohmeyer) 1951, 202–223 u. ders., Orte der Offenbarung u. der Offenbarungsort im NT, 1956.

[77] Die Vorstellung ist bei den Propheten vorgebildet (vgl. Kittel, aaO) und wird im Spätjudentum vielfach aufgegriffen; s. Anm. 14.

[78] Man kann sagen, daß Luther hier das Fasten ganz im Sinne Jesu »säkularisiert« hat (Gogarten).

[79] »Die Askese hat aber weder mit der autonomen Sittlichkeit noch mit der religiösen Ethik etwas zu tun. Sie ist eben eine extreme Begehung, wesentlich ein Machterwerb.« (G. v. d. Leuuw, Phänomenologie der Religion, ²1956, 521), was zB durch ApkEliae 22f illustriert wird: »Das Fasten vergibt Sünden und heilt Krankheiten, es treibt Geister aus und hat Kraft bis zum Throne Gottes.« vgl. Art. νῆστις κτλ. von J. Behm, ThW IV, 925ff.

[80] S. o. Anm. 7 u. vgl. die Jordanbuße Adams (vita Adae) u. Sib IV, 161ff.

[81] So wohl mit Recht Vielhauer, RGG³ III, 804. – Kraeling versucht den Wüstenaufenthalt des Täufers psychologisch durch eine frühe Jugendenttäuschung des aus dem ländlichen Priestertum stammenden in Jerusalem zu motivieren (aaO 23–32). »All this is hypothesis, a twentieth-century ›legend‹« (27); sachlich, d. h. von allen den Täufer dabei bewegenden Gefühlen abgesehen, könnte diese moderne Legende das Richtige treffen; vgl. die folgende Anm.

[82] Zum qumranischen Rückzug vom Tempel wegen seiner Entweihung vgl. P. Kahle, Die Gemeinde des Neuen Bundes und die hebräischen Handschriften aus der Höhle (ThLZ 77, 1952, 401–412); O. Cullmann, L'Opposition contre le Temple de Jérusalem (NTS 5, 1958/59, 157–173); K. Rudolph, aaO I, 94. 224. 231, Anm. 3 u. ö.

ob nicht durch derartige religiöse Überzeugungen schon im Judentum jenen
»Hellenisten« der Apostelgeschichte der Boden bereitet worden ist[83]. Gewiß sind
die »romanhaften Konstruktionen« über die frühere Qumranzugehörigkeit des
Täufers[84] ebenso unhaltbar wie seine vermutete oder behauptete Ahnherren-
schaft der Mandäer[85]. Gleichwohl scheint uns aber mit RUDOLPH, daß man
»die Meinung LOHMEYERS[86] umdrehen und die Taufsekten an den Anfang
setzen« muß, »die Johannes überwand und die neben ihm weiterblühten«[87].
Das heißt im Analogieschluß zu RUDOLPHs vorsichtigen und gründlichen
Untersuchungen über die Mandäerfrage, daß der Täufer einem proto-gnosti-
schen Wurzelboden entsprossen ist[88]. Reicht das Material aus, über den Täufer
nun zusammenfassend zu formulieren: seine Haltung ist »Entweltlichung« im
Sinne eines Nein zur Welt, die die Welt sich selber und damit dem Gericht
überläßt?[89]

Demgegenüber ist es wohl sachlich gerechtfertigt, Jesu Weltverhältnis mit

[83] Schwerlich wird die Analogie zur qumranischen Tempelfeindschaft, die doch in
Wahrheit eine verhinderte Liebe ist, der Thoraverschärfung und Gesetzesradikalismus ent-
sprechen, eine *direkte* sein! Wie ja auch die *eschatologische* Taufe – trotz möglichen gemeinsamen Hintergrundes – nichts mit den *rituellen* Waschungen der Sekte gemein hat; (vgl.
H. BRAUN, Spätjüdisch-häretischer und frühchristlicher Radikalismus, BHTh 24, 2 Bde,
1957; s. auch BRAUNS vorzügliche Abgrenzung d. Johannestaufe von den qumranischen
Waschungen Th Viat IX, 1; G. JEREMIAS, Der Lehrer der Gerechtigkeit, Stud. z. Umwelt d.
NT, 2, 1963; MILLAR BURROWS, More Light on the Dead Sea Scrolls, New York 1958,
56 ff). Die Notiz von Apg 6, 7, daß viele *Priester* Christen wurden, könnte zur Täufergemeinde in Beziehung stehen; vgl. KRAELING, aaO 172. – »Hellenisten« (Apg 6, 3)
ist – auch wenn Lk sie als solche verstanden haben mag – keine bloß »harmlos gemeinte
Herkunftsbezeichnung«. Das von ihnen vertretene Christentum, das BULTMANN (NT-
Theol, 64–182) als »Kerygma der hellenistischen Gemeinde« sorgfältig rekonstruiert hat,
zog Paulus erst als Verfolger und sodann als Nachfolger in seinen Bann und vermittelte ihm
mit dem Gesetzesproblem das zentrale Thema seiner Rechtfertigungslehre (gegen H. J.
SCHOEPS, aaO 6 ff); vgl. E. HAENCHEN, Die Apg (MeyerK) ¹²1959, 213 ff u. H. CON-
ZELMANN, Apg (HNT) 1963, 43 ff.

[84] VIELHAUER, RGG³ III, 806; vgl. das abwägende u. sorgfältige Urteil von MILLAR BUR-
ROWS, aaO. Der sachliche Aufweis der Analogien und Differenzen zwischen dem Täufer
und der Qumransekte durch K. G. KUHN (zB in den Artikeln »Askese«, RGG³ I, 642 f, und
»Qumran«, ebd. V, 751) hat natürlich nichts mit derartigen »romanhaften Konstruktionen«
zu tun, wenngleich die in beiden Artikeln ausgesprochene Vermutung der früheren Qumranzugehörigkeit des Täufers sich u. E. nicht hinreichend begründen läßt, und man deshalb
wohl besser von einem gemeinsamen Wurzelboden beider Bewegungen spräche.

[85] Vgl. RUDOLPH, aaO I, 66 ff u. 230 ff, was allerdings KRAELINGS Urteil »and in the very
late Mandaic texts there is preserved a tradition about John's baptism which in large part is
independent of Christian sources« (aaO 183) nicht ausschließt. Höchst wahrscheinlich ist
auch in PsClem alte täuferische Tradition bewahrt.

[86] E. LOHMEYER, Das Urchristentum I, Johannes der Täufer, 1932.

[87] AaO I, 76.

[88] Vgl. R. GYLLENBERG, aaO 147.

[89] Liegt Lk 9, 54 eine Abweisung der Täufersekte zugrunde?

GOGARTEN das der »Verantwortung für die Welt«[90] im Sinne eines Ja zur Welt zu nennen, so daß die, die ihm begegneten – und zwar dem Irdischen in seiner geschichtlichen Kontingenz wie dem durch Kreuz und Auferstehung Erhöhten in dem zum »Ein-für-alle-Mal« gewordenen Wort der Verkündigung[91] – über das Widerfahrnis dieser Begegnung nun in der reflektierenden Sprache des Mythos sagen können: »Also hat Gott die Welt geliebt, daß er seinen eingeborenen Sohn gab...«. Während für den Täufer die bestehende Weltzeit böse ist, so daß man nur durch Fasten ihrer Herr wird[92], ist sie für Jesus »Hochzeitszeit«, in der das Fasten eine Absurdität ist[93]. Darum sagt FUCHS zutreffend, »Jesu Verkündigung schafft also nicht etwa einen *theologisch* neuen Zusammenhang mit der Gottesherrschaft, sondern einen *existentiellen*, die Gerufenen auf die Seite Gottes hinüberziehenden *Status*«[94]. Während für den Täufer der Zug *aus* der Welt *in* die Wüste charakteristisch ist, stellen die Evangelien mit sachlichem Recht Jesu Existenz als den Zug *aus* der Wüste *in* die Welt dar. Kann man von da aus – trotz der »unausgeglichenen Vorstellungen Jesu«[95] – die akute Naherwartung der Urgemeinde anders denn als eine falsche Reaktion auf Jesu Leben und Sterben bezeichnen[96]? Nicht zufällig steht neben Jesu grundsätzlicher Absage an das Fasten, deren Radikalität die spätere Gemeinde so wenig begriff wie seine Stellung zum Gesetz, die Erzählung vom Zöllnermahl[97].

Das Täuferwort, daß Gott »dem Abraham aus diesen Steinen Kinder erwecken« könne[98], sagt nichts aus über eine täuferische Durchbrechung des partikular-israelitischen Horizonts[99], sondern unterstreicht nur den Gesetzesradikalismus des Täufers, von dem wir uns freilich nur schwer ein Bild machen können, weil der »Stärkere« dadurch, daß er wuchs, jenen so hat abnehmen lassen, daß seine historische Erscheinung im Dunkel der Geschichte verschwimmt[100].

---

[90] Vgl. F. GOGARTEN, Die Verkündigung Jesu Christi, 1948, 39 ff.
[91] S. o. Anm. 64.
[92] S. o. Anm. 79; Mk 9, 29 bietet dafür eine treffliche Illustration.
[93] Vgl. Mk 2, 18–20 u. s. die Analyse der Stelle bei BULTMANN, SynTr 17 f. Das ursprüngliche Logion hat u. E. gelautet: μὴ δύνανται οἱ υἱοὶ τοῦ νυμφῶνος νηστεύειν (v. 19), wobei gar nicht an den νυμφίος, sondern nur an die eschatologische Zeit als Hochzeitszeit gedacht war. Erst als nach Jesu Tod sich die jüdische und täuferische Fastensitte wieder durchzusetzen begann, ist dann dem Logion auf dem Wege der Allegorisierung ἐν ᾧ ὁ νυμφίος μετ᾽ αὐτῶν ἐστιν hinzugefügt worden, woraus sich die neue Fastenpraxis (V. 19 bf) leicht begründen ließ. – Den gleichen Sachverhalt spiegelt Mt 11, 18–19.
[94] Ges. Aufs. II, 346.   [95] Ebd. 216.   [96] Ebd. 314.
[97] Mk 2, 13–18; s. o. Anm. 83 u. vgl. FUCHS, ebd. 288.
[98] Mt 3, 9.   [99] Vgl. KRAELING, aaO 71 ff.
[100] Vgl. dazu G. BORNKAMM, Der Paraklet im JohEv (Festschr. R. Bultmann z. 65. Geburtstag, 1949, 12–35), der das Verhältnis Täufer-Jesus wie das Jesus-Paraklet nach einem einheitlichen Schema gestaltet sieht; s. aber BULTMANNs Einwände, JohEv, Erg.-Heft 48 f.

II.

Wir hatten oben angedeutet, daß der Täufer bald nach seinem Tode von seinen Anhängern messianisiert worden ist[101], und wenden uns nun der Frage zu, in welchen Kategorien diese Messianisierung erfolgte, ob sie etwa nur eine täuferische Reaktion auf die christliche Messianisierung Jesu ist, oder ob sie vor dieser – sie in Anknüpfung und Widerspruch beeinflussend – erfolgte, und schließlich, ob und wieweit sie Anhalt am Sendungsbewußtsein des Täufers hat.

Wir nehmen dazu das Stichwort ἄφεσις ἁμαρτιῶν wieder auf, das, wie bereits erwähnt, in dem sogenannten Benedictus des Zacharias erscheint[102]. Das Benedictus seinerseits steht im Rahmen der kunstvoll miteinander kombinierten Legenden über die Vorgeschichte Johannes des Täufers und Jesu[103]. Es ist lange erkannt und kann als erwiesen gelten, daß hier christliche Überlieferung mit Stücken, die aus der Täufersekte stammen, verwoben ist. Wir können uns hier deshalb darauf beschränken, auf die sorgfältigen literarkritischen Analysen – vor allem von R. Bultmann[104] und M. Dibelius[105] – zu verweisen und deren im wesentlichen übereinstimmendes Resultat kurz zu rekapitulieren:

1. Lk 1 und Lk 2 sind voneinander unabhängige, ja in wesentlichen Punkten miteinander konkurrierende Traditionen[106].

2. Täuferischer Überlieferung entstammen mit Sicherheit die folgenden Stücke: 5–25 (Charakterisierung der Eltern und Ankündigung der Geburt des Täufers durch Gabriel im Tempel)[107]; 57–66 (Die Geburt des Täufers).

3. Christlicher Tradition entstammt der Abschnitt 26–38 (Die Verheißung der jungfräulichen Geburt Jesu an Maria)[108].

4. Der Bericht über die Mütterbegegnung (39–45) ist erst zur Verknüpfung der beiden Überlieferungen geschaffen; Lukas hat ihn aber wahrscheinlich schon vorgefunden[109].

5. Es bleiben noch die beiden »eschatologischen Hymnen«[110], nämlich das der

---

[101] S. o. S. 105.

[102] Lk 1, 68–79; Sündenvergebung in V. 77.

[103] Zur Rezeption der Täufervorgeschichte durch Lk s. o. Anm. 2.

[104] SynTr 320ff.

[105] Die Formgeschichte des Ev (1919) ⁴1961, 120ff und Jungfrauensohn und Krippenkind (SAH 1931/32, 4).

[106] Nach Lk 1 ist Jesus das Kind der Jungfrau, die von keinem Manne weiß (26ff); Joseph als Verlobter ist erst von Lk in V. 27 eingetragen. Nach Lk 2 ist Jesus der erste Sohn seiner Eltern. – Nach Lk 1 ist Jesus der künftige Davidide. Nach Lk 2 dagegen ist seine Geburt gegenwärtiges Heilsgeschehen; vgl. Dibelius, SAH.

[107] Vgl. Bultmann u. Dibelius, aaO z. St.

[108] S. Dibelius, SAH.

[109] Vgl. Bultmann, SynTr 322.

[110] Vgl. H. Gunkel, Festgabe f. A. v. Harnack, 1921, 43–60.

Maria in den Mund gelegte Magnificat (46–56)[111] und das von Zacharias gesprochene Benedictus (67–79), sowie der den Anschluß an Kapitel 3 herstel-
lende Vers 80.

Daß auch das Benedictus aus Täuferkreisen stammt, kann nach der erhellenden Untersuchung von P. VIELHAUER[112] als sicher gelten. Für das Magnificat
ist die Frage seines täuferischen Ursprungs zumindest zu erwägen, wenn nicht
gar wahrscheinlich zu machen[113]; doch kann die Entscheidung darüber in
unserem Zusammenhang auf sich beruhen.

Die täuferische Tradition in Lk 1 ist in sich nicht einheitlich, sie muß verschiedenen Zeiten oder Orten innerhalb der Täufergemeinde entstammen.
Aber das Material ist zu spärlich, als daß es uns Einblick in die Geschichte
dieser Bewegung gewährte. Wir müssen uns also damit begnügen, solche
Unterschiede einfach zu konstatieren.

Der größere erste Teil des Benedictus (68–75) ist ein sehr stilreiner eschatologischer Hymnus, der die geläufige jüdische Messianologie vertritt[114]: Das
von den Propheten geweissagte »Horn des Heils«[115] ist in dem Hause von
Jahwes Diener David errichtet, die Erlösung ist geschehen[116], denn der Messias
ist da.

Dieser offenbar übernommene ältere jüdische Psalm wird nun in den Versen
76–79 durch die Identifizierung des Täufers mit dem eschatologischen Heilbringer interpretiert, und seine Messianologie damit korrigiert[117]. Der Heilbringer heißt προφήτης ὑψίστου (v. 76), als solcher ist er bestimmt, vor dem
κύριος herzugehen und seine Wege zu bereiten, wie in deutlicher Anspielung
auf Mal 3, 1 gesagt wird[118]. Sein Wegbereiten besteht darin, daß er dem Volke

---

[111] Vgl. ebd.
[112] Das Benedictus des Zacharias, ZThK 49, 1952, 255–272.
[113] Vgl. BULTMANN, SynTr 322f u. VIELHAUER, ebd. 257.
[114] Vgl. GUNKEL u. VIELHAUER, aaO.
[115] Vgl. W. FOERSTER, Art. κέρας ThW III, 669; H. BRAUN, ThR 28, 177.
[116] ἐποίησεν λύτρωσιν (v. 68).
[117] Vgl. zum folgenden bes. VIELHAUER, Benedictus. – Gegen H. BRAUN, ThR 28, 178,
ist die Kompilation beider Teile des Benedictus wohl nicht christliche, sondern täuferische
Arbeit. – Die Darstellung der Anschauungen der Täufergemeinde durch F. HAHN, Hoheitstitel 371ff, insbesondere seine Analyse des Benedictus (373), sind nicht überzeugend. HAHN
hält Lk 1, 68–75 samt 78 u. 79a für christliche Erweiterungen der in den Versen 76f und
79b vorliegenden täuferischen Überlieferung. Aber was ist denn an 68–75 und 78f spezifisch
christlich? Und könnte nach HAHNS Resultat ein anderer als Lukas selber – von dem man
doch weit bessere Arbeit gewohnt ist! – der Kompilator sein? HAHN fragt weder nach dem
religionsgeschichtlichen Hintergrund der Verse 77ff, noch erwägt er VIELHAUERS Gedanken,
76ff als eine täuferische Korrektur an dem schon von den Johannesjüngern aufgenommenen
jüdischen Psalm (67–75) zu begreifen.
[118] Vgl. G. FRIEDRICH, Art. προφήτης ThW VI, 838ff; VIELHAUER, ZThK 49, 266. – Durch
die deutliche Rezeption Maleachis hier und Lk 1, 17 (ebenfalls täuferisch!) wird sichtbar,

Jahwes Erkenntnis des Heils (γνῶσιν σωτηρίας) gibt, die in der Sündenvergebung besteht[119]. Die folgenden beiden Verse zitieren wir im Wortlaut (v. 78f):

διὰ σπλάγχνα ἐλέους θεοῦ ἡμῶν,
   ἐν οἷς ἐπισκέψεται ἡμᾶς ἀνατολὴ ἐξ ὕψους,
ἐπιφᾶναι τοῖς ἐν σκότει καὶ σκιᾷ θανάτου καθημένοις,
   τοῦ κατευθῦναι τοὺς πόδας ἡμῶν εἰς ὁδὸν εἰρήνης.

H. KÖSTER hat in seiner fundierten Untersuchung der Geschichte des Begriffs σπλάγχνον[120] die Testamente der zwölf Patriarchen und die ihnen am nächsten verwandte spätjüdische Literatur als den Ort eines sich deutlich von dem der LXX unterscheidenden Wortgebrauchs von σπλάγχνα[121] nachgewiesen, dem auch unsere Stelle eingeordnet werden muß. So heißt es zB im TestSeb 8, 2: ἐπ᾽ ἐσχάτων τῶν ἡμέρων ὁ θεὸς ἀποστελεῖ τὰ σπλάγχνα αὐτοῦ ἐπὶ τῆς γῆς. Ja, der Messias selber kann τὸ σπλάγχνον κυρίου heißen[122]. Von da aus urteilt KÖSTER treffend, διὰ σπλάγχνα ἐλέους κτλ. in Lk 1,. 78f mute »fast wie ein Zitat aus Test XII an«[123]. Das folgende »der Besuch des Lichtes aus der Himmelshöhe« (ἐπισκέψεται ἡμᾶς ἀνατολὴ ἐξ ὕψους) und seine Epiphanie bei denen, die in σκότος und σκιὰ θανάτου sitzen, weist in die gleiche Richtung. Die Verwandtschaft mit dem Dualismus der Test XII, der Qumrantexte und des JohEv liegt am Tage.

P. VIELHAUER hat nachgewiesen, daß die Übersetzung »Sproß Jahwes« für ἀνατολὴ ἐξ ὕψους verfehlt ist[124]. Es ist vielmehr mit »Licht aus der Himmelshöhe« wiederzugeben. H. SCHLIER hat in anderem Zusammenhang den astralmythisch-gnostischen Hintergrund vom als Stern am Himmel erscheinenden Erlöser deutlich gemacht[125]. Vielleicht dürfen wir von daher auch das Ver-

daß der Täufer der messianische Prophet und Vorläufer Jahwes selbst, nicht seines Messias ist.

[119] Hierin liegt ein fast zwingender Grund, die Bestimmung der Bußtaufe des Johannes als einer Taufe »zur Sündenvergebung« (Mk 1, 4) als täuferisch und nicht erst christlich anzusehen (s.o. Abs. I).

[120] ThW VII, 548–559.

[121] Das Substantiv begegnet im Spätjudentum fast ausschließlich im Plural; vgl. KÖSTER, ebd.   [122] TestNapht 4, 5; KÖSTER, ebd. 551.

[123] Ebd. 557. – Auch die Wendung προφήτης ὑψίστου weist in die gleiche Richtung; es ist Test Lev 8, 15 Messiastitel; vgl. G. FRIEDRICH, Beobachtungen zur messianischen Hohepriestererwartung in den Synoptikern (ZThK 53, 1956, 265–311).

[124] Benedictus, 265 f; vgl. FRIEDRICH, aaO. – s. ferner W. BAUER, WB s. v. ἀνατολή; BILL. II, 113. – TestSeb 9, 8 heißt es: καὶ μετὰ ταῦτα ἀνατελεῖ ὑμῖν αὐτὸς ὁ κύριος, φῶς δικαιοσύνης. W. BOUSSET, Kyrios Christos ²1921, 12, u. W. BOUSSET u. H. GRESSMANN, Die Religion des Judentums (HNT 21) ³1926, 265, übersieht die spezifische Bedeutung des Begriffs in unserem Zusammenhang. Philo versteht (confus 14) den Logos als ἀνατολή; vgl. dazu H. SCHLIER, Art. ἀνατέλλω, ThW I, 354f.

[125] Religionsgeschichtliche Untersuchungen zu den Ignatiusbriefen (BZNW 8) 1929, 28 ff.

mitteln der *γνῶσις σωτηρίας* technisch im Sinne der Gnosis verstehen? Dabei besagt die Interpretation des Begriffes durch *ἄφεσις ἁμαρτιῶν* im Textzusammenhang insofern nichts, als wir nicht gezwungen sind, vom traditionell jüdischen Sprachgebrauch von *ἄφεσις ἁμαρτιῶν* auszugehen[126]. Liegt es nicht näher, von dem eigenartigen, mit *μετάνοια* verknüpften Gebrauch von *ἄφεσις* auszugehen, der uns im ersten Teil bei der Johannestaufe beschäftigt hat? »Daß der Gedanke des Buße-Tuns in gnostischen Texten vorkommt, zeigt zB die Stelle CorpHerm 1, 28: *μετανοήσατε, οἱ συνοδεύσαντες τῇ πλάνῃ καὶ συνκοινωνήσαντες τῇ ἀγνοίᾳ.*«[127]

Im Benedictus wird also der Täufer als der vom Himmel gekommene Erlöser beschrieben, so daß es sich förmlich aufdrängt, nun fortzufahren: *ἦν τὸ φῶς τὸ ἀληθινόν, ὃ φωτίζει πάντα ἄνθρωπον*[128] und BULTMANNS Beobachtungen zum Johannesprolog – trotz der jüngsten Kritik von E. HAENCHEN[129] – von hier aus einer erneuten Prüfung zu unterziehen. Doch ergänzen wir hier zunächst das Täuferbild durch die Betrachtung des übrigen Materials der lukanischen Vorgeschichte.

Johannes entstammt priesterlichem Geschlecht; *beide* Eltern sind priesterlicher Herkunft[130]. Mütterlicherseits ist der Täufer Aaronide[131]. Seine Geburt ist als die Geburt aus einer Unfruchtbaren (*στεῖρα* v. 7) wunderbar[132]. Er wird groß sein vor dem Herrn[133]; die Notiz *καὶ οἶνον καὶ σίκερα οὐ μὴ πίῃ,* eine Kombination von Nu 6, 3 und Ri 13, 4 (Lk 1, 15), scheint auf ein Nasiräat des Täufers zu deuten[134]. Er ist schon im Mutterleibe Geistträger (ebd)[135]. »Im Geist und in der Kraft Elias« tritt er auf, das Volk zu bekehren[136]. So ist er der Vorläufer und Wegbereiter Gottes selbst, von einem Messias ist keine Rede und für ihn kein Platz[137].

Hier möge sich eine kurze Bemerkung über den Johannesprolog anschließen. Die gründlichen Aufsätze von E. KÄSEMANN[138] und E. HAENCHEN[139] ver-

---

[126] Der Messias bringt nach TestLev 18, 3 das *φῶς γνώσεως*. – Zur Geschichte des Begriffs *ἄφεσις* vgl. R. BULTMANN, ThW I, 506ff.

[127] O. HOFIUS, Das kopt. ThomEv u. die Oxyrhynchus-Papyri (EvTh 20), 1960, 184.

[128] Joh 1, 9; vgl. BOUSSET, Kyrios Christos, 165ff.

[129] Probleme des johanneischen »Prologs« (ZThK 60) 1963, 305–334.

[130] Lk 1, 5.

[131] Vgl. H. BRAUN, ThR 28, 174. – Über die Bedeutung des aaronitischen Priesters als Heilbringer s. u.

[132] Vgl. die Komm. z. St.   [133] Vgl. G. FRIEDRICH, aaO.

[134] Vgl. VIELHAUER, Benedictus, 259; kritischer in RGG³ III, 805.

[135] Vgl. FRIEDRICH aaO u. H. BRAUN, ThR 28, 174.

[136] Mal 3, 23 f.   [137] s.o. Anm.15 f.

[138] Aufbau und Anliegen des johanneischen Prologs (Libertas Christiana, Festschr. f. F. Delekat, 1957, 75–99).

[139] S. Anm. 129.

dienen freilich eine gediegenere Entgegnung als sie in diesem Zusammenhang gegeben werden kann. Wir verzichten darum völlig auf die Einzelauseinandersetzung und stellen unsere – sich im wesentlichen mit BULTMANNS Resultaten deckende – Sicht des Prologs als Arbeitshypothese neben die genannten Untersuchungen[140].

Die *crux interpretum* sind seit langem die prosaischen, den hymnischen Zusammenhang sprengenden Verse 6–8 (12f) und 15 mit ihrer Erwähnung des Täufers. Schon W. BALDENSPERGER[141] hat richtig beobachtet, daß hier nicht nur positiv die Täufermartyria für Jesus aufgeboten, sondern zugleich negativ die Erlöserautorität des Täufers polemisch bestritten wird[142]. Die Aussage οὐκ ἦν ἐκεῖνος τὸ φῶς kann u. E. sinnvoll gar nicht anders als so verstanden werden, daß hiermit der täuferische Anspruch, Johannes sei das himmlische Licht, zurückgewiesen wird[143], daß also »der Text der Quelle ein Lied der Täufergemeinde war«[144]. Neuerdings hat nun E. HAENCHEN versucht, die Verse 6–8, 12f und 15 auf das Konto des kirchlichen Redaktors, dem wir u. a. den Ausgleich mit der traditionellen Eschatologie, den »Abendmahlsbericht« in Kapitel 6 und das 21. Kapitel verdanken, zu setzen[145]. Er kann dafür aber keine überzeugenden stilistischen und linguistischen Gründe angeben[146], muß postulieren, daß der Redaktor den Sinn des ursprünglichen Hymnus nicht mehr verstanden hat, und kann schließlich die Interpolation von 6–8 zwischen 5 und 9 nur schwer motivieren[147]. Auch der Inhalt der Verse 12–13, die nach HAENCHEN ihre Existenz ebenfalls nur einem Mißverständnis des Hymnus verdanken[148], und in denen es dem Redaktor nicht einmal gelingt, »den Sinn dieser Aussagen klar hervortreten zu lassen«[149] (seiner eigenen Aussagen!), paßt u. E. schlecht in die Welt des Redaktors. Allenfalls könnte v. 15, der – wie HAENCHEN beobachtet – in der Tat den Zusammenhang (Kettenreihe!) zerreißt, auf den Redaktor zurückgehen.

Aber lösen sich alle diese Probleme nicht leichter durch die Annahme, daß sowohl Vers 6 als auch Vers 15, also beide Erwähnungen des Täufers, in einer jetzt freilich entstellten, kaum mehr rekonstruierbaren Form, zum ursprünglichen Lied gehört haben? Und ist uns diese Sicht nicht vielleicht einfach

---

[140] Vgl. R. BULTMANN, JohEv 1 ff. – E. STAUFFER, Probleme der Priestertradition (ThLZ 81, 1956, 135–150) hat die These vom JohProlog als einem Lied der Täufergemeinde aufgenommen.

[141] Der Prolog d. 4 Evs, 1898.   [142] Vgl. BULTMANN, JohEv 4 f.

[143] Ist auch Joh 5, 35 in diesem Sinne polemisch zu verstehen? vgl. STAUFFER, aaO 146, s. aber BULTMANN z. St.

[144] BULTMANN, JohEv 5.   [145] AaO 325 ff.

[146] S. ebd.   [147] Ebd. 328.

[148] Ebd. 329 ff u. 332.   [149] Ebd. 332.

dadurch verstellt, daß wir seit den Tagen der Alten Kirche die entscheidende Wende des Prologs erst in Vers 14 mit der Fleischwerdung des Logos zu sehen gewohnt sind? Wenn wir dagegen annehmen, daß gleich nach der Beschreibung der Präexistenz des Logos seine geschichtliche Erscheinung in zwei parallelen Gängen beschrieben wird, nämlich in Vers 5 ff, wo das Scheinen des Lichtes in die Finsternis, sofort mit der Erscheinung des Täufers identifiziert wird[150], und in den Versen 14 ff, wo die Fleischwerdung des Logos wiederum sogleich auf die Person des Täufers gedeutet wird, entfallen viele Schwierigkeiten. Für diese Lösung spricht u. E. einmal das betonte Praesens in Vers 5: »Das Licht *scheint* in der Finsternis« und sodann ein ganz offenkundiger Textausfall zwischen Vers 5 und 9[151]. Die Verse 12 und 13 schließlich könnten ursprünglich eine Beziehung zur Johannestaufe als der Geburt aus Gott enthalten haben[152].

Wir hätten dann also im Prolog tatsächlich ein Stück täuferischer Theologie vor uns, mit dem sich der Evangelist kritisch auseinandersetzt[153]. Wenn diese pointierte Auseinandersetzung unter Aufnahme täuferischer theologischer Begrifflichkeit dem Evangelium vorangestellt ist, so ist das nicht bloßer Zufall, sondern Programm: es geht dem vierten Evangelisten um die Mission der Täufersekte[154]. Nach dem Prolog werden aus dem Munde des Täufers selber die messianischen Ansprüche der Täufersekte abgewiesen[155]. Wenn wir mit DIBELIUS[156] im Weinwunder von Kana (2, 1–12) eine Absage an die Wassertaufe des Johannes sehen dürfen, dann steckt möglicherweise hinter dem folgenden Stück (Tempelreinigung) die Tempelfeindschaft des Täufers, die hier durch

---

[150] Es läge also ein ähnlicher Zug vor wie Lk 1, 76; dergleichen ist demnach auch im Hymnus möglich. Die jetzige Prosaform beruht dann auf der polemischen Christianisierung des Täufers.

[151] HAENCHEN, aaO 326 f begründet seine Auffassung, daß 6–8 vom Redaktor herrühren u. a. damit, daß hier ein anderes Täuferbild als das des Evangelisten – wofür er auf 5, 33 f verweist – vorausgesetzt sei. Die Beobachtung ist richtig, erklärt sich aber u. E. besser durch die Annahme, daß der Evangelist hier unter dem Zwang eines konkreten Textes steht. – V. 9 kann im ursprgl. Hymnus nicht an 5 angeschlossen haben.

[152] HAENCHENs Versuch, den ganzen V. 12 dem Redaktor zuzuschreiben (aaO 330), ist nicht überzeugend.

[153] Vgl. BULTMANN, JohEv 5 ff. Von daher erscheint uns die Bezeichnung »Prolog« besonders angemessen; anders HAENCHEN, aaO 308.

[154] So auch E. STAUFFER, aaO, der allerdings sicher nicht mit Recht den Zebedaiden als ehem. Täuferjünger u. Verf. des Ev vermutet.

[155] Joh 1, 19–28. – H. BRAUN, ThR 28, 196 ff, setzt sich kritisch mit der oft behaupteten Qumrannähe oder gar Abhängigkeit der hier abgewiesenen Messianologie auseinander. Er ist dabei u. E. zu stark von dem synopt. Bild des Täufers als des Bußpredigers geleitet; vgl. BULTMANN, JohEv 57 ff.

[156] Täufer 112. – Natürlich ist dieses Resultat nicht aus der Exegese der Einzelperikope, sondern nur aus der Gesamtinterpretation des Komplexes »Der Täufer im vierten Evangelium« (vgl. DIBELIUS, Täufer 98–123) zu gewinnen.

Jesu Tempelwort kritisch überboten wird[157]. Auch in den Kapiteln 3 und 4 schließlich geht die Auseinandersetzung mit der Täufersekte weiter: Das Nikodemusgespräch weist die Bedeutung der Johannestaufe als der neuen Geburt aus Gott ab[158], verwirft die täuferische Eschatologie[159] und unterstreicht die Bedeutung des Glaubens[160]. Ähnlich liegen die Dinge in der Szene mit der Samariterin am Brunnen[161].

Wir brechen diesen flüchtigen johanneischen Exkurs hier ab. Recht oder Unrecht unserer Hypothese müßte durch eine größere Untersuchung des Johannesevangeliums bestätigt werden. Jedenfalls entspricht das hier sichtbar werdende Täuferbild weitgehend dem des Benedictus.

Über das sich aus Lk 1 ergebende Täuferbild urteilt VIELHAUER im Blick auf den »historischen« Täufer: »Aber an die Stelle der eschatologischen Gestalt, als deren Vorläufer Johannes sich verstanden hat, ist in den beiden Weissagungen er selbst getreten, als Wegbereiter nicht eines ›Messias‹, sondern Gottes selbst.«[162] Ist dieses Urteil zwingend? Wir meinen: nein! Auch der historische Täufer hat sich u. E. nicht als der Vorläufer eines Messias, sondern Gottes selbst verstanden[163]. Aber hat nicht VIELHAUER recht, wenn er sagt: »Thema der Prophetie über Johannes ist der Anbruch des Heils, Thema der Prophetie des Täufers ist der Anbruch des Gerichts«[164]? Kann man das so absolut sagen? Könnte nicht auch hier die christliche Gemeinde *ad majorem gloriam* ihres Herrn die Konturen des wirklichen Täuferbildes verwischt haben? Gewiß wird Johannes nach außen das Gericht verkündigt haben. Aber was wissen wir von dem, was er denen gesagt hat, die zu seiner Taufe kamen, d. h. von seiner esoterischen Jüngerbelehrung[165]?

Dennoch wäre es verfehlt, über die Fragezeichen hinaus Positives über die Messianologie des Täufers zu behaupten oder gar ein ihm eigentümliches messianisches Bewußtsein zu konstruieren. Die Texte geben das für ihn so wenig her wie für Jesus. Kann man aber – vorsichtig formuliert – vielleicht sagen: Die Gestalt und Erscheinung des Täufers, die von ihm gespendete Sündenvergebung[166] und seine Botschaft drängten seine Anhänger alsbald zur

---

[157] S. o. Anm. 82 f.

[158] Damit würden die Gedanken von Joh 1, 12 ff. wieder aufgenommen, s. o.

[159] S. o. Anm. 23.

[160] Womit wiederum eine polemische Antithese des Prologs aufgenommen würde.

[161] In dem Begriff des »Lebendigen Wassers«, mit dem der Evangelist hier spielt (vgl. BULTMANN, JohEv 131 ff), würde die Heilsbedeutung der Jordantaufe abgewiesen; vgl. RUDOLPH, aaO I, 62 ff.   [162] Benedictus 267.

[163] S. o. Anm. 15.   [164] Ebd. 267.   [165] Vgl. GYLLENBERG, aaO.

[166] Daß Gott allein Sünden vergeben kann, ist auch feste qumranische Überzeugung; vgl. A. S. V. D. WOUDE, Die messianischen Vorstellungen der Gemeinde von Qumran, 1957, 32 u. H. BRAUN, ThR 28, 159.

Reflexion und erzeugten das messianisch-gnostische Täuferbild, das sich uns zeigte[167]? Und könnte dazu nicht der historische Täufer seinen Anhängern immerhin einen Anhalt gegeben haben, ihn gerade in dieser Richtung zu verstehen und zu messianisieren? Ob die Täufermessianisierung wirklich erst nachchristlich und täuferische Antithese auf die Christologie der Kirche ist, wagen wir nicht so sicher zu entscheiden wie THOMAS[168]. Wir können die Frage offenlassen. Daß aber die christologische Interpretation in *gnostischen* Kategorien ihren Ursprung in der Täufergemeinde hat, und daß das Johannesevangelium und der Hebräerbrief je auf ihre Weise die Auseinandersetzung damit darstellen, scheint uns dagegen wahrscheinlich[169].

III.

Jedenfalls müßte sich doch schon angesichts des historischen Täufers, wenn unsere im ersten Teil gegebene Interpretation seiner Taufe annähernd richtig ist, die Frage erhoben haben: »Wer kann Sünden vergeben denn allein Gott?«[170], die auf eine Antwort drängte. Hier sei nun abschließend versucht, diese Antwort zu rekonstruieren.

Es ist priesterliches Amt, Sünde zu sühnen[171]. Der Täufer ist – wie wir gesehen haben – priesterlicher Abkunft, er ist Aaronide. Nach TestLev 18 ist es das Werk des endzeitlichen »Priestermessias«: »zu leuchten wie die Sonne auf der Erde und jedes Dunkel von der Erde wegzunehmen«. Er verbreitet die Gnosis des Herrn »und zur Zeit seines Priestertums wird jede Sünde vergehen«[172].

Über die Frage, ob auch in den Qumrantexten von dem priesterlichen

---

[167] Auch wenn uns fraglich ist, ob man mit E. STAUFER, aaO 145, Alexandria, von dessen Synkretismus Philo ein beredter Zeuge ist, die »Zentrale« der Täufersekte nennen kann, so zeigen doch jedenfalls Apg 18, 24 ff u. 19, 1 ff ihre Ausbreitung.

[168] J. THOMAS, Le Mouvement Baptiste en Palestine et Syrie, 1935, 84 ff. So auch HAHN, Hoheitstitel 374.

[169] S. o. Anm. 18 u. u. 189–192.

[170] Mk 2, 7; vgl. dazu Anm. 4 u. 166.

[171] Vgl. G. FRIEDRICH, aaO 294. FRIEDRICHS Versuch, vor dem religionsgeschichtlichen Hintergrund der Test XII u. Qumrans eine später verdrängte frühe Schicht hohepriesterlicher Christologie in den Synoptikern nachzuweisen, muß – trotz wertvoller Einzelbeobachtungen – als gescheitert angesehen werden; vgl. die fundierte kritische Würdigung dieses Versuchs von J. GNILKA, Die Erwartung des messianischen Hohenpriesters in den Sektenschriften von Qumran u. i. NT (Revue de Qumran, 7, Tome 2, Fasc. 3, 1960, 395 bis 426); vgl. auch HAHN, Hoheitstitel 238 ff.

[172] TestLev 18, 9. – vgl. H. BRAUN, ThR 28, 178, der allerdings u. E. zu einseitig Lk 1, 77 aus atl Analogien versteht und den astralmythisch-dualistischen Hintergrund des Benedictus zu gering veranschlagt.

Messias die Rede sei, ist viel verhandelt worden[173]. Inzwischen scheint sich ein
Consensus in der Forschung darüber abzuzeichnen, daß an einigen Stellen
deutlich von zwei – wenn nicht drei – messianischen Figuren die Rede ist[174],
und daß innerhalb der Sekte die Tendenz besteht, diese eigenartige Vorstellung
dem traditionell jüdischen Messiasbild wieder anzugleichen[175]. Vermutlich
spiegeln sogar die Texte, die von mehreren messianischen Figuren reden, schon
ein frühes Stadium dieses Angleichungsprozesses wider. Am Anfang hätte dann
nicht die Erwartung von zwei Heilbringern, dem König und dem Priester, gestanden, sondern nur die des Priestermessias, dem dann aber unter dem Druck
der Tradition der davidische König wieder beigesellt, aber deutlich subordiniert
wurde. Schließlich werden dann beide *Ämter* dem *einen* Messias zugewiesen,
womit sich die Tradition erfolgreich durchgesetzt hat, zugleich aber in charak-
teristischer Weise korrigiert worden ist[176].

Die Erwähnung *des* (Singular!) »Messias von Aaron und Israel« in der
Damaskusschrift (CD) ist seit langem bekannt[177]. Dagegen heißt es jetzt in
1QS 9, 10f: »Sie (sc. die Männer der Gemeinde) sollen nach den früheren Gesetzen gerichtet werden, denen sich die Männer der Einung zu verpflichten
begannen, bis daß der Prophet kommt und die Messiasse Aarons und Israels«[178],
d. h. bis zur Ankunft dieser messianischen Figuren ist die Sektenregel verbindlich. Das Bileam-Orakel von Nu 24, 17 erfährt in CD 7, 18f folgende allegorische Interpretation: »Der ›Stern‹, das ist der Gesetzeslehrer (דורש התורה), der
nach Damaskus kommt (kommen wird[179]), so wie es geschrieben steht: Es
geht ein Stern aus Jakob auf, ein Szepter erhebt sich aus Israel. Das ›Szepter‹,
das ist der Fürst der ganzen Gemeinde und er zerschmettert alle Söhne Seths«[180].
J. GNILKA hat gezeigt, daß hier und an den anderen Stellen, an denen das
Bileam-Orakel in der Qumranliteratur eine Rolle spielt, wahrscheinlich jeweils
mit dem »Stern« der Priestermessias und mit dem »Szepter« der davidische

---

[173] Vgl. vor allem K. G. KUHN, Die beiden Messias in den Qumrantexten u. die Messias-
vorstellung in der rabbinischen Literatur (ZAW 70, 1958, 200–208) u. J. GNILKA, aaO
(Lit!). – S. auch Anm. 42 von E. DINKLERS Beitrag in diesem Bande.

[174] Vgl. vor allem 1QS 9, 11.

[175] S. die Diskussion der Frage bei GNILKA, aaO.

[176] Ob diese Entwicklung schon in der Zeit der qumranischen Ordensgemeinschaft
abgeschlossen ist, oder erst sehr viel später (Mittelalter?) ist noch umstritten; vgl. GNILKA,
aaO 395ff.

[177] CD 12, 23f; vgl. 14, 19; 19, 10f; 20, 1.

[178] S. o. Anm. 174 u. vgl. GNILKA, KUHN u. STAUFFER, aaO.

[179] GNILKA, aaO 399; will הבא u. E. zu Recht futurisch übersetzen, denn der Kontext
zeigt klar, daß es sich bei dem דרש התורה, der nach Damaskus kommen wird, um eine
messianische Figur handelt.

[180] Übers. v. J. MAIER, Die Texte vom Toten Meer, 2 Bde 1960, I, 56; vgl. II, 53; GNILKA,
aaO 399 u. G. JEREMIAS, Lehrer 289ff.

Messiaskönig gemeint ist[181]. In analogem Sinn findet das Bileam-Orakel in TestJud 24, 1 ff Verwendung[182]. Auch in 4QTest scheinen »wie in der Sektenregel drei eschatologische Heilsgestalten unterschieden und ihr künftiges In-Erscheinung-Treten durch Schriftworte belegt« zu werden[183]. Aus der Gemeindeordnung (1QSa) ergibt sich, »daß der Aaronide vom Davididen zu unterscheiden ist und über diesem steht«[184].

Die gleiche Subordination des Messiaskönigs unter den Priestermessias ergibt sich aus den Testamenten der zwölf Patriarchen[185]. Schließlich ist zu verzeichnen, daß P. BILLERBECK auch für das rabbinische Judentum die Erwartung eines hohepriesterlichen Messias aus Aarons Geschlecht neben einem davidischen Messiaskönig nachweist[186].

Da wir die Nähe des Benedictus zur Welt der Testamente der zwölf Patriarchen schon oben gesehen haben, legt sich die Vermutung nahe, daß die ἀνατολὴ ἐξ ὕψους nichts anderes ist als der »Stern aus Jakob«, der priesterliche Messias, der die Heilsgnosis vermittelt. Wir hätten also in dieser spätjüdischen Literatur das Reservoir vor uns, aus dem die Anhänger des Täufers das Material zur Messianisierung ihres Meisters schöpften[187].

Erklärt sich von daher der Umstand, daß das Neue Testament trotz der in der Umwelt bereitliegenden Vorstellung vom messianischen Hohenpriester – vom Hebräerbrief abgesehen – eine so spröde Zurückhaltung in der Zeichnung Jesu als dieses eschatologischen Heilbringers zeigt[188]? Die Auskunft, es habe sie nicht gekannt, will bei der Nähe der lukanischen Vorgeschichte und des Johannesevangeliums zur Täufersekte nicht recht befriedigen. Sollte sie nicht darin begründet sein können, daß sie der Gemeinde als täuferisch tabu waren?

---

[181] Vgl. 4QTest 12 f; 1QSb 5, 20 ff; 1QM 11, 6 u. s. GNILKA, aaO 397 ff.

[182] Die Frage nach Art u. Umfang der christl. Bearbeitung der Test XII ist noch ungelöst: R. H. CHARLES, The Greek Versions of the Testaments of the Twelve Patriarchs, 1908; (ursprgl. ist die Vorstellung vom levit. Priestermessias, alle Juda-Messias-Stellen sind interpoliert; S. XLIIf); M. PHILONENKO, Les Interpolations chrétiennes des Testaments des Douze Patriarches et les Manuscrits de Quomrân (RHPhR 38, 1958, 309–343 u. 39, 1959, 14–38; bestreitet überhaupt christl. Bearbeitung); M. DE JONGE, The Testaments of the Twelve Patriarchs, 1953 (hält Test XII für christl. Schrift mit jüd. Material). Gegen DE JONGE überzeugend K. BALTZER, Das Bundesformular (WMANT 4) 1960, 146 ff. – Gerade die qumrananaloge Verwendung des Bileamorakels zeigt aber, daß die doppelte Messianologie auch für Text XII charakteristisch ist; vgl. GNILKA, aaO 400 ff.

[183] GNILKA, aaO 403.

[184] Ebd.; beim eschatologischen Mahl präsidiert der aaronitische Messias.

[185] S. o. Anm. 182. [186] BILL. IV, 462 ff.

[187] Vgl. obige Ausführungen zum Benedictus u. STAUFFER, aaO.

[188] Anders FRIEDRICH (s. o. Anm. 171); begründete Kritik an FRIEDRICH auch bei H. BRAUN, ThR 28 passim, zB 158, 159, 160 ff., vgl. noch E. GRÄSSER, Der Hebr 1938 bis 1963 demnächst in ThR.

Nur der Verfasser des Hebräerbriefes hätte dann – entschlossen den Stier bei den Hörnern packend – in direkter und polemischer Auseinandersetzung die Hohepriesterchristologie der Täuferleute aufgegriffen, überboten und die einzigartige Würde seines Herrn darin zum Ausdruck gebracht[189].

Für dieses Ringen mit der Täufersekte spräche die Zurückweisung der Möglichkeit einer zweiten Buße[190], die pointierte Verweisung der βαπτισμοί (pl.!) in die Anfangsgründe der Lehre, der offenbar in scharfer Polemik gegen die Taufvergebung gesprochene Satz: καὶ χωρὶς αἱματεκχυσίας οὐ γίνεται ἄφεσις (Hebr 9, 22)[191], vor allem aber schließlich der raffinierte Schriftbeweis für das Hohepriestertum Jesu nach der Ordnung Melchisedeks, der doch kaum anders vorstellbar ist als so, daß hier ein konkreter Anspruch auf das messianische Hohepriestertum Aarons abgewiesen und überboten werden soll[192].

Wir fassen unsere bisherigen Beobachtungen und Vermutungen, die sich an das Stichwort βάπτισμα μετανοίας εἰς ἄφεσιν ἁμαρτιῶν knüpften, zusammen: Sündenvergebung erscheint im NT fast überall in einem primären Zusammenhang mit der Taufe[193]. Wir meinen gesehen zu haben, daß diese Verbindung schon auf die Johannestaufe zurückgeht. Die vom Täufer sakramental übereignete eschatologische Sündenvergebung wird von denen, die mit Jesus umgehen, existentiell als Vergebung und Zuwendung Gottes selbst erfahren. Darin, daß diese Erfahrung in der Gemeinde Jesu Tod überdauert, weiß sie ihn als den Lebendigen in ihrer Mitte. Deshalb, und nicht wegen der Aufweisbarkeit ekstatischer Phänomene[194], kann die Gemeinde ihren Geistbesitz gegen die Täuferleute ausspielen. Die Kirche hat die Johannestaufe als das Zeichen, mit dem sie ihren eigenen Herrn versiegelt wußte, übernommen, indem sie zugleich die Geistesgabe so daran band, daß der Geist nicht als Besitz, sondern als der Bereich der Herrschaft des κύριος, dem die Gemeinde gehorsam zu folgen hat, verstanden wurde[195]. Wegen der historisch bedingten besonderen Affinität der Gemeinde zur Täufersekte droht ihr von daher von Anfang an eine gefährliche täuferische Unterwanderung, gegen die sie sich entschlossen zur Wehr

---

[189] Zur Vorstellung vom Priestermessias vgl. außer FRIEDRICH, aaO, E. KÄSEMANN, Das wandernde Gottesvolk, ²1957, 126ff, F. J. SCHIERSE, Verheißung u. Heilsvollendung, 1955, O. MICHEL, Der Brief an die Hebr (MeyerK) ¹¹1960, 374ff u. HAHN, Hoheitstitel 231ff.

[190] S. o. Anm. 18.

[191] Entsprechendes haben wir (Anm. 31) bei Mt beobachtet.

[192] Hebr 7, vorbereitet in 5, 6. 10; 6, 20; s. bes. 7, 11 u. vgl. dazu C. SPICQ, L'épître aux Hébreux II, Paris ³1953, 188f. – Zur Melchisedek-Spekulation vgl. MICHEL, Hebr 158ff; KÄSEMANN, Gottesvolk 129ff u. HAHN, Hoheitstitel 232f.

[193] Vgl. BULTMANN, ThW I, 506ff u. s. die Konkordanz s. v. ἄφεσις (ἁμαρτιῶν) bzw. ἀφιέναι. Aufschlußreich in dieser Hinsicht ist d. Sprachgebrauch des Barn.

[194] Vgl. das paulin. Bemühen darum 1K 12ff; s. aber auch Apg 18, 24ff u. 19, 1ff.

[195] Vgl. zB Röm 6, 4 u. Gal 5, 25.

setzen muß[196]. Die gegenseitige Vergebung, dh der Umgang miteinander als mit Gerechtfertigten, wird alsbald zum kultischen Geschehen und an die durch Ordination übermittelte Amtsgnade gebunden[197]. Die gegen alles irdische Priestertum polemisch gemeinte Hohepriesterchristologie des Hebräerbriefes muß alsbald dazu herhalten, ein neues Priestertum zu legitimieren[198]. Der die eschatologische Freiheit der Gemeinde begründenden Gabe der Sündenvergebung droht sehr früh ein individualistisch-moralistisches Mißverständnis, weshalb Paulus, um die gemeinte Sache festzuhalten, den Begriff vermeidet[199]. Denn der Gedanke der Vergebung hat in der Tat im Neuen Testament »fundamentale Bedeutung«, wie BULTMANN immer wieder betont hat[200]. Wenn er 1926 sein Jesusbuch mit der Besinnung auf den Gedanken der Vergebung beschließt und sagt: »Im Worte und nicht anders bringt Jesus die Vergebung«[201], so darf »Wort« hier natürlich nicht im Sinne der selbstwirksamen Formel »Dir sind deine Sünden vergeben!« verstanden werden. Es tut weder die Formel noch die priesterliche Vollmacht, sie auszusprechen. Jesus ist vielmehr *in persona* das Vergebungswort Gottes[202]. BULTMANN bringt das zum Ausdruck, indem er den Ruf: »Heil dem, der nicht Anstoß nimmt an mir!« (Mt 11, 6) an den Schluß seines Jesusbuches stellt[203].

---

[196] Spuren dieses Kampfes haben wir oben zu zeigen versucht.
[197] Vgl. H. THYEN u. J. HEUBACH, Art. »Schlüsselgewalt« RGG³ V, 1449–1453 (Lit.).
[198] Vgl. B. LOHSE, Art. »Priestertum III« RGG³ V, 578–581 (Lit.).
[199] Vgl. BULTMANN, ThW I, 506 ff.   [200] ZB ebd. 509.
[201] Jesus, 200   [202] S. o., zB Anm. 59.
[203] Jesus, ebd.

PETRUSBEKENNTNIS UND SATANSWORT

Das Problem der Messianität Jesu

ERICH DINKLER

In seinem Geleitwort zu den Chassidischen Büchern schreibt MARTIN
BUBER[1]: »Messianische Selbstmitteilung ist Zersprengung der Messianität«.
Und übergehend zum Verhältnis des Judentums zu Jesus von Nazareth, fährt
BUBER fort: »Was auch seine Erscheinung der Völkerwelt bedeutet (und ihre
Bedeutung für die Völkerwelt bleibt für mich der eigentliche Ernst der abendländischen Geschichte), vom Judentum aus gesehen ist er der erste in der Reihe
der Menschen, die, aus der Verborgenheit der Gottesknechte, dem wirklichen
›Messiasgeheimnis‹, tretend, in ihrer Seele und in ihrem Wort sich die Messianität zuerkannten. Daß dieser Erste – wie ich immer wieder erfahre, wenn sich
mir die personhaft klangechten Worte zu einer Einheit fügen, deren Sprecher
mir schaubar wird – in der Reihe der unvergleichlich Reinste, Rechtmäßigste,
mit wirklicher messianischer Kraft Begabteste war, ändert nichts an dem
Faktum dieser Erstheit, ja es gehört wohl eben dazu, gehört zu dem furcht-
bar eindringlichen Wirklichkeitscharakter der ganzen automessianischen
Reihe.«
Was das grundsätzliche Urteil über die messianische Selbstmitteilung angeht,
so ist BUBER von seiner eschatologischen Konzeption vom messianischen Reich
geleitet und von dieser Voraussetzung aus im Recht. Seine Aussage ist aber
auch für eine christliche Eschatologie von Gewicht! Denn das für unser tradi-
tionell-christliches Jesusbild Beunruhigende würde eben darin liegen, daß
Jesus entweder die »Messianität« zersprengt hätte, also nicht der Messias
wäre, oder aber keine »messianische Selbstmitteilung« gemacht hätte. So
oder so müßte das Jesusbild der kanonischen Evangelien einer Kritik unterworfen werden. Das führt von selbst zur Doppelfrage: Wie hat Jesus zum
Christus- oder Messiasbekenntnis des Petrus Stellung genommen? Wie ist das
Verhältnis des jüdischen Messiasbegriffes zum christlichen Christus-Titel histo-

---

[1] MARTIN BUBER, Die Chassidischen Bücher, 1925, p. XXVIII; abgedruckt in: DERS.,
Deutung des Chassidismus, Bücherei des Schocken Verlag Nr. 43, 1935, 60 f und: DERS.,
Werke, Bd. III: Schriften zum Chassidismus, 1963, 755.

risch und sachlich zu bestimmen? – Mit diesen beiden Fragen wenden wir uns der synoptischen Perikope vom Messiasbekenntnis des Petrus in Caesarea Philippi zu.

I. Die Perikope Mk 8, 27–33 bei W. Wrede, J. Weiß und R. Bultmann

Wie so oft wird man auch bei der Neuerörterung der synoptischen Perikope Markus 8, 27 ff bei W. WREDE einzusetzen haben. Er hatte in seinem noch immer als klassisch zu beurteilenden Werk[2] das messianische Selbstbewußtsein Jesu eindrucksvoll bestritten, auch wenn man sich zunächst scheute – bis hin zu W. BOUSSET[3] – seiner Beweisführung zu folgen. Natürlich mußte WREDE die historische Authentie des Messiasbekenntnisses anfechten[4], tat es jedoch nicht mit ausreichenden Gründen und nicht mit bleibendem Erfolg. Bereits er hat die Möglichkeit erwogen, daß die Geschichte darin einen speziellen Anlaß gehabt haben könnte, »daß Petrus als der Erste den Auferstandenen erkannte«[5]. Es ist wohl kein Zufall, daß JOH. WEISS in seinem weitgehend der Widerlegung WREDES gewidmeten Werk »Das älteste Evangelium«[6] dem Petrusbekenntnis viel Raum gibt, hier eine Art ›rocher de bronze‹ für das Messiasbewußtsein Jesu sieht, wobei diese Beurteilung letztlich ganz der Sicht des 19. Jh.s verhaftet war. Zwar zeigen, wie er meint, diese und andere messianische Perikopen noch allzu deutlich »die Unfertigkeit, das Ahnungsvolle und Unklare der Gedanken und Stimmungen vor der Leidenszeit«, aber gerade deshalb seien sie »nicht erzeugt aus dem sicheren Gemeindeglauben nach der Auferstehung«[7].

Die Lücken in WREDES Beweisführung – es fehlte eine befriedigende Erklärung der Caesarea-Geschichte, unter Voraussetzung der Ungeschichtlichkeit des messianischen Bewußtseins Jesu – wurden von R. BULTMANN in seinem Aufsatz »Die Frage nach dem messianischen Bewußtsein Jesu und das Petrusbekenntnis« geschlossen[8]. Er sieht als erwiesen an, was WREDE nur als

---

[2] W. WREDE, Das Messiasgeheimnis in den Evangelien, 1901, 115 ff.

[3] W. BOUSSET, in: ThR 5 (1902) 307 ff.; 347 ff. und DERS., Jesus (1904) 84 f; 98. Vgl. auch die Darstellung bei W. G. KÜMMEL, Das Neue Testament, Geschichte der Erforschung seiner Probleme (1958) 367.

[4] W. WREDE, 115, folgert direkt die Ungeschichtlichkeit der Caesarea-Perikope aus seiner Analyse der ›geheimen Messianität‹.

[5] W. WREDE, 238.

[6] J. WEISS, Das älteste Evangelium (1903). Vgl. auch die Besprechung durch W. BOUSSET in ThLZ 1904, 680–685.

[7] Ebd. 358. Auf S. 50 heißt es, es sei »willkürlicher Radikalismus«, an der Historizität des Petrusbekenntnisses zu zweifeln.

[8] ZNW 19 (1919/20) 165–174; vgl. auch R. BULTMANN, Geschichte der Synopt. Tradition (1921) [6]1964, 275 ff.

Möglichkeit erwogen hatte, daß in Mk 8, 27–33 der Auferstandene rede und hier ein Zeugnis der Urgemeinde vorliege, deren »Messiasglaube aus dem Ostererlebnis des Petrus erwachsen ist«[9]. In Mk 8, 33, Jesu Satanswort an Petrus, glaubt BULTMANN eine Beziehung auf den vorausgehenden Vers, also die Leidensweissagung, genauer: deren Zurückweisung durch Petrus, erkennen zu können – und meint, da er die Perikope als nachösterlich beurteilt, hier den Niederschlag einer Polemik »von hellenistischer oder gar paulinischer Seite« gegen Petrus vermuten zu dürfen[10]. Seit BULTMANN ist es weitgehend die Auffassung der kritischen neutestamentlichen Forschung geworden, daß es ein ›messianisches‹ Selbstbewußtsein Jesu nicht gab und daß die Caesarea Philippi-Perikope aus einer Ostergeschichte herausgewachsen ist. Auch diese Anschauung ist eine *Arbeitshypothese*, da sie im Petrusbekenntnis – mit dem Evangelisten – die $X\varrho\iota\sigma\tau\acute{o}\varsigma$-Titulatur als *christliches* Bekenntnis supponiert und den Versuch einer Historisierung und Interpretation des Titels $X\varrho\iota\sigma\tau\acute{o}\varsigma$ aus einer vorösterlichen Situation a limine ablehnt. Nun scheint uns, gerade im Hinblick auf die Stellung der Perikope im Gesamtaufbau des Mk-Evangeliums, diese Hypothese im echten Sinne *frag-würdig,* d. h. wert zu sein, durch eine *Gegen-Hypothese* in Frage gestellt zu werden. Sie gibt vor allem auf eine Frage keine befriedigende Antwort: Wo ist in der literarischen Überlieferung die Stellungnahme Jesu zu greifen?[11]

II. Die Entfaltung unserer Fragestellung

Daß mit der Perikope Mk 8, 27–9, 1, dem Messiasbekenntnis, vom Evangelisten ein Höhe- und Wendepunkt im Aufbau seines Buches beabsichtigt ist, daß ferner die anschließende Verklärungsgeschichte (Mk 9, 2–8) eine göttliche Bestätigung der petrinischen Aussage sein soll, darüber braucht nicht weiter diskutiert zu werden[12]. Markus entfaltet hier sein christologisches Anliegen. Auffallend ist freilich, daß es nur an dieser Stelle zu einer mit dem Schweigegebot (8, 30) von Jesus akzeptierten Titulatur mit $X\varrho\iota\sigma\tau\acute{o}\varsigma$ durch Petrus als den

---

[9] ZNW 19 (1919/20) 173.

[10] Synopt. Tradition, 277.

[11] Zum fragmentarischen Charakter der Mk-Perikope: BULTMANN, aaO, 278. Die fehlende Stellungnahme Jesu zum provozierten (Oster-)Bekenntnis erblickt er freilich in Mt 16, 17–19. Mir scheint dies unannehmbar, da hier – und zwar an einer theologisch entscheidenden Stelle – die Arbeitshypothese der Zweiquellen-Theorie preisgegeben werden müßte. Vgl. gegen BULTMANNs These u. a.: G. STRECKER, Der Weg der Gerechtigkeit (1962) 201 f. (mit Lit.).

[12] Vgl. H. J. EBELING, Das Messiasgeheimnis und die Botschaft des Marcus-Evangelisten, BZNW 19 (1939), 205 (mit Lit.).

Sprecher der Jünger gekommen sein soll, während es sonst nicht zu einer
Zurücktragung des urchristlichen Titels in die Gespräche und Worte Jesu kam[13].
In der Spruchquelle fehlt beachtlicherweise der Christus-Titel völlig! Dieses
Faktum kann ebensowenig Zufall sein wie die Tatsache, daß bei Markus nur
noch zweimal der Christus-Titel erscheint (14, 61; 15, 32), und hier im Munde
der Gegner Jesu[14]. Die Gegner Jesu aber nehmen hier den jüdischen Messiasbegriff auf, der auf den politischen, innerweltlichen Endzeitherrscher abzielt[15].
Sollte vielleicht auch in der Caesarea Philippi-Szene der Χριστός-Titel ursprünglich aus der Tradition der jüdischen Messiashoffnung zu verstehen gewesen sein? *Dann* freilich müßte eine vorösterliche Tradition als der heutigen
Perikope unterliegend angenommen werden, Petrus in Jesus den künftigen
Messias bekannt haben, und man müßte mit einer Verchristlichung des poli-
tisch-innerweltlichen Messias-Titels durch Umgestaltung der Geschichte und
durch geschickte Einschübe rechnen und dies nachweisen. Denn sicher dürfte
sein, daß der Evangelist in der vorliegenden Perikope den Christus-Titel in
dem nachösterlichen Bekenntnis-Sinn verstanden wissen will[16].

Die durch den Χριστός-Titel in der Caesarea-Perikope sich stellende Frage
nach einem möglichen Sitz in der vorösterlichen Überlieferung ergibt sich

[13] Als einzige Ausnahme innerhalb der synoptischen Tradition ist Mk 9, 41 zu nennen,
wo im Munde Jesu vom Χριστοῦ εἶναι die Rede ist. Zunächst ist hier deutlich, daß ein
traditionsgeschichtlich ursprünglicheres ἐν ὀνόματί μου – noch von ℵ D W Θ it vg etc.
bezeugt (vgl. App. in TISCHENDORFS editio octava!) und in 9, 39 bereits angeklungen – durch
ἐν ὀνόματι, ὅτι Χριστοῦ ἐστε sekundär im Sinne der urchristlichen Taufsprache erweitert worden ist. Daß diese Eintragung erst nach der Markusredaktion geschah, ist nicht belegbar.
Sodann aber ist hier das artikellose Χριστός, das nur an dieser Stelle bei Mk begegnet, nicht
Aufnahme des Titels im eigentlichen Sinn, sondern Eigentumsbezeichnung! Vgl. z. St.
E. KLOSTERMANN, Markus (HNT) ³1936, 95; R. BULTMANN, Syn. Trad. 152f; W. L. KNOX,
The Sources of the Synoptic Gospels I, 1953, 67 z. St.: »the worst system of verbal associa-
tion«.

[14] Es darf weiter nicht übersehen werden, worauf bereits W. BOUSSET, Kyrios Christos,
²1921, 3 hinwies: »Die gesamte Evangelienüberlieferung (das Johannes-Evangelium eingeschlossen) braucht in der einfachen Erzählung für Jesus überhaupt keinen Titel, sondern
nur den Eigennamen ὁ Ἰησοῦς. Sie erzählt niemals von dem Christos, dem Davidssohn, dem
Gottes- oder Menschensohn, sondern einfach von Jesus.« Anm. 1 gibt als Ausnahmen:
Mt 11, 2; 16, 21 sowie 1, 1. 18 und Mk 1, 1.

[15] Traditionsgeschichtlich sind m. E. sowohl Mk 14, 61 als auch 15, 32 sekundär und
vermutlich vom Evangelisten eingetragen. Einerseits soll damit die Ablehnung Jesu als
Christus durch die Juden vor aller Welt dokumentiert werden, andererseits sollen Einschübe,
wie der des Verhörs vor dem Hohenrat, mit älteren Traditionen verknüpft werden. Indem
Mk den Χριστός-Titel von den Gegnern spottend aufnehmen läßt, läßt er bewußt die
begriffliche Zweideutigkeit – ob jüdische oder christliche Titulatur – offen. Für die weitere
Argumentation sind beide Stellen auszuschließen.

[16] Dies ist mit Recht der Ansatzpunkt der redaktionsgeschichtlichen Studie zu Mk 8,
27–9, 1 von E. HAENCHEN, in: Nov Test 6, 1963, 81–109. H. sieht wie BULTMANN in der
Perikope eine nachösterliche Bildung.

außerdem durch das bei Mk 8, 33 überlieferte Wort Jesu an Petrus: ὕπαγε ὀπίσω μου, σατανᾶ, ὅτι οὐ φρονεῖς τὰ τοῦ θεοῦ ἀλλὰ τὰ τῶν ἀνθρώπων. Die Schwierigkeit, daß nahezu auf das Messiasbekenntnis folgend die – wie auch immer zu interpretierende – Verbindung von Petrus und Satan vollzogen und trotz der unbezweifelbaren Begnadung des Petrus mit der ersten Osterbegegnung erhalten und überliefert ist, wird häufig zu leicht in der Erklärung der Perikope abgetan[17]. Natürlich ist es nicht a priori auszuschließen, daß hier der Niederschlag einer hellenistischen Polemik gegen Petrus vorliegt und Führungsrivalitäten in der Urgemeinde reflektiert werden[18]. Zu solcher Erklärung paßt dann freilich schlecht der enge Anschluß an das Messiasbekenntnis, der sogar in der Gestaltung der Perikope bei Matthäus noch anstößiger ist als bei Markus, während Lukas als einziger die Petrus treffende Invektive beseitigt[19]. Man muß nun bei einem Petrus derartig scharf zurechtweisenden Wort die Wahrscheinlichkeit historischer Authentie gründlichst erörtern, bevor man sich die Lage durch eine Translokation des Wortes in die Zeit innerkirchlicher Führungskämpfe erleichtert. Das Satans-Wort muß ausgelöst sein durch einen die Mitte des Glaubens treffenden Verstoß, der theoretisch gewiß ebenso nach Ostern wie vorher lokalisiert werden könnte. Nach Ostern würde man eine gegen Petrus argumentierende Front für dieses Wort verantwortlich zu machen haben und stünde vor der Schwierigkeit, daß bei Mt 16, 17–19 ein Wort in die Caesarea-Perikope sekundär eingefügt ist, in dem sich nicht nur die Osterbegegnung des Petrus, sondern auch der Führungsanspruch einer Petrusgruppe in der Urgemeinde niederschlägt, während kurz darauf in 16, 23 ein antipetrinisches Wort der Gegengruppe konserviert sein müßte! Beurteilt man also beide an Petrus gerichteten Worte, Mt 16, 17–19 und 16, 23 (= Mk 8, 33), als Reflexe urgemeindlicher Führungskämpfe, so gerät man in das Dilemma, in

---

[17] Entschuldigend muß freilich gesagt werden, daß für denjenigen, der in Mk 8, 27–33 eine Einheit und den Bericht über ein historisches Ereignis sieht, keine Schwierigkeit aus dem Satanswort erwachsen muß. Wer die Leidensweissagungen für authentische Jesus-Logia nimmt, darf im Satanswort die folgerichtige Stellungnahme Jesu zu des Petrus Leidensfeindschaft sehen. Vgl. etwa E. LOHMEYER, Das Evangelium des Mk, ⁵1959, 168ff.

[18] R. BULTMANN, Syn.Trad., 277. Diese Linie hat dann G. KLEIN weiter ausgezogen in seiner Behandlung der Verleugnungsgeschichte: ZThK 58 (1961) 285–328.

[19] Da Mt in die Caesarea-Perikope das zweifellos nachösterliche Fels-Wort an Petrus in 16, 17–19 einfügt, gibt er damit zunächst Jesu feierlich mit dem Makarismus eingeleitete Antwort auf das Petrus-Bekenntnis. Die Vorlage des Mk-Textes durch Mt wird aber in der Aufnahme des hier unnötigen Geheimhaltungsgebotes deutlich: 16, 20. Obgleich dann die 1. Leidensweissagung und Petri Abwehr: ἵλεώς σοι, κύριε als Neueinsatz erscheint, ist dennoch das Satanswort härter und sachlich schärfer, weil es den Makarismus nahezu erschlägt. Lukas anderseits hat das dem frühchristlichen Apostelbild Abträgliche, wie so oft, einfach eliminiert und schließt an die Leidensweissagung geschickt sofort das Wort vom Kreuztragen an.

einer für Matthäus zentralen Perikope pro- und anti-petrinische Spitzensätze kombiniert und harmonisiert annehmen zu müssen. Gewiß ist es nicht überzeugend, von Matthäus ausgehend zu argumentieren, wenngleich nicht anzunehmen ist, daß der erste Evangelist naiv die Markusfassung aufgenommen und nur noch erweitert haben sollte. Wir wählten nur den Verweis auf die Matthäus-Redaktion, um die Schwierigkeit bei Mk zu verdeutlichen, wo die Überlieferung eines Wortes wie 8, 33b aus der ersten Generation aufgenommen wird, und zwar eines Wortes, das der historischen und theologischen Tendenz der Zeit Schwierigkeiten bereitete. Worte wie Mk 8, 33b erhalten sich in solchen Zeiten nur, weil sie auf ein Geschehnis zurückweisen, das noch zu bekannt ist, um übergangen werden zu können. Man muß sich auch hier der BENGELschen Regel – mutatis mutandis – unterwerfen: lectio difficilior probabilior. Dasselbe gilt m. E. auch für die Beurteilung der hier nicht zur Diskussion stehenden Verleugnung Petri – was nämlich die Faktizität, nicht die zweifellos redigierte und sekundär völlig übermalte Perikope betrifft[20]–. Doch ist mit solchen Beobachtungen und methodischen Erwägungen noch nicht die Evidenz einer geschichtlich ins Leben Jesu zurückführenden Authentie von ›Messias‹-Bekenntnis einerseits und Satanswort anderseits erbracht. Nur die Möglichkeit ist aufgezeigt und die Frage entfaltet: Ist die vermißte Antwort auf das Petrusbekenntnis im Satanswort Jesu zu erkennen? Und sollte die Ursache des Satanswortes im provozierenden ›Messias‹-Titel liegen?

---

[20] Es tut mir leid, in der Beurteilung der ›Verleugnung Petri‹ sowohl mit R. BULTMANN, Syn. Trad., 290 (vgl. auch Ergänzungsheft 1962, S. 43) als auch mit G. KLEIN, (vgl. Anm. 18) verschiedener Auffassung sein zu müssen. Beide sehen in der Verleugnungsgeschichte eine nachösterliche Legende und stellen ihr entgegen die bei Lk 22, 31f bewahrte alte und sachlich konkurrierende Tradition von der Unbeirrbarkeit des Glaubens, die Petrus vor allen Jüngern auszeichnet. Daß Lk 22, 31 einer alten Tradition zugehört, ist nicht zu bezweifeln. Bereits die ›Simon‹-Anrede weist darauf hin (vgl. dazu meine Ausführungen in ThR NF 25, 1959, 196). Die Frage ist hier lediglich, ob mit Lk 22, 31 ein derart beherrschendes Zeugnis für die Unbeirrbarkeit des Petrus uns an die Hand gegeben ist, daß alle Petrus in ein negatives Licht stellenden Äußerungen in den Synoptikern als sekundäre Tendenzbildungen entlarvt werden können. Diese Frage meine ich verneinen zu müssen, da ich dem Lk-Wort nicht eine geschichtliche Priorität gegenüber dem Satanswort *und* der Verleugnung des Petrus einzuräumen vermag. Denn Lk 22, 31f greift auf das 1. Osterbekenntnis des Petrus zurück, ist also sachlich ein vaticinium ex eventu (vgl. M. DIBELIUS, Formgeschichte, ³1957, 201). Die Verheißung stößt sich nicht – gerade bei Ausscheidung des ἐπιστρέψας (22, 32b) als sekundärer Glättung des Lukas im Vorblick auf die Verleugnung (so richtig BULTMANN, 288 und G. KLEIN 302) – mit den Irrungen und Wandlungen des Jüngersprechers Simon in vorösterlicher Zeit. – Im übrigen ist von G. KLEIN die schlechte Verankerung der Verleugnungsszene im Kontext der Passionsgeschichte richtig gesehen und ist die Behandlung von Lk 22, 31f. nur ein – freilich gewichtiges – Argument in seinem Aufsatz.

III. Traditionsgeschichtliche Analyse der
Caesarea Philippi-Perikope

a. Die Geschichte ist Mk 8, 27 und Mt 16, 13 lokalisiert: Jesus kommt mit seinen Jüngern in die Dörfer, die mit zum Stadtgebiet von Caesarea Philippi gehören. Es handelt sich um die Gegend an den südlichen Hängen des Hermon, um die hellenistische Kolonie *Πανιάς* unweit des Jordanquellgebietes. Josephus nennt auch die Stadt selbst *Πανεάς*[21]. Weil es sich um ein weit nach Norden entlegenes Gebiet mit heidnischer Bevölkerung handelt – was freilich Juden nicht ausschließt[22] – wird die Ortsangabe oft als Garant der Authentie der Geschichte angesehen[23]. BULTMANN hat vorgeschlagen, Mk 8, 27a als Abschluß zur vorhergehenden Perikope zu ziehen, also zur Blindenheilung von Bethsaida, und verweist als Analogie auf die Perikope vom syrophönizischen Weib 7, 24–31, wo die Geschichte mit einer Ortsangabe beginnt (V. 24) und erneut mit Ortsangabe (V. 31) endet[24]. Aber zieht man 7, 31 zur Perikope der Kanaanitin, so würde die folgende Taubstummenheilung 7, 32ff ohne jede Ortsangabe bleiben, weder einleitend noch abschließend. Das wäre in der synoptischen Tradition ein Unicum. Man wird also nicht durch Loslösung von 8, 27a und Zuweisung zur vorangehenden Perikope die Lokalisierung der Perikope beseitigen dürfen.

An sich hat die Überlieferung bei einer Geschichte wie der des Messiasbekenntnisses kein Interesse an einer Ortsangabe. Möglich bleibt, daß sie bei Markus eine Zeitangabe ersetzt, während Lukas die Angabe eliminierte, weil sie den geographischen Rahmen der Vita Jesu zu sprengen schien. Markus fixierte die Zeitpunkte der Gespräche durch die wechselnden Aufenthalte des wandernden Propheten und gibt der Überlieferung einen Rahmen, ohne dabei allzu genau zu sein. Hier, Mk 8, 27, ist das Gespräch *ἐν τῇ ὁδῷ*, also in der Richtung des Wanderns auf Caesarea Philippi zu. Das wird wahrscheinlich eine charakteristisch markinische Regiebemerkung sein, die aber *nichts gegen* oder auch *für* die Ortsangabe selbst besagt. – Aus der Nennung von Caesarea Philippi erwächst denen, die in der Perikope einen Reflex der Osterereignisse

---

[21] Vgl. auch Josephus, Antiqu. XVIII, 28: *Πανεάδα τὴν πρὸς ταῖς πηγαῖς τοῦ Ἰορδάνου κατασκευάσας ὀνομάζει Καισάρειαν*; er nennt also die Stadt selbst mit dem Landschaftsnamen. Die Gründung von *Καισάρεια* fällt in die erste Zeit des Philippus, 3/2 v. Chr. Vgl. SCHÜRER II § 23 Anm. 416. Agrippa nannte die Stadt zu Ehren seines Vaters um in *Νερωνίας*: Jos., Ant. XXII, 211. Vgl. G. HÖLSCHER in: PW XVIII, 3 (1949) 594–600.

[22] Über judenchristliche Ebioniten vgl. Epiphanius, Adv. haer. XXX, 18. Zu Eusebs Notiz über eine frühchristl. Rundplastik in Caesarea als Erinnerungsmal der Heilung des Blutflüssigen Weibes (HE VII, 18, 2) vgl. W. WEBER, in: Festgabe für Deissmann 1927, 38f.

[23] K. L. SCHMIDT, Der Rahmen der Geschichte Jesu 1919, 215ff.

[24] ZNW 19 (1919/20) 169; Syn.Trad., 68.

sehen, eine gewisse Schwierigkeit, sofern sie nicht in jener nördlichen Gegend die erste Ostererscheinung lokalisieren wollen, wofür auch wirklich gar nichts spricht[25]. Anderseits wird man bei der Fraglichkeit *aller* Ortsangaben in den synoptischen Perikopen auf solchen Einzelzügen[26], die aus dem üblichen Rahmen herausfallen, *nicht die Geschichtlichkeit begründen* dürfen[27].

b. Jesus übernimmt die Führung im Gespräch und fragt seine Jünger, was die Leute über ihn denken. Man kann das zunächst auffallend finden. Weiß er das nicht selbst? Wissen es die Jünger besser? WREDE und BULTMANN sehen in der durch Jesus eröffneten Frage eine sekundäre Stilform[28]. MUNDLE wollte unter Rekurs auf den sokratischen Dialog die formgeschichtlichen Bedenken zerstreuen[29]. Freilich kann man die formgeschichtlichen Beobachtungen nicht mit Sokrates entkräften. Nur könnte man fragen, ob die formgeschichtlichen Beobachtungen ein derartig bindendes Gesetz für die synoptische Tradition etablieren, daß ein Echtheitskriterium damit an die Hand gegeben wird. Und diese Frage ist m. E. zu verneinen. Denn nur die Frage als *Exposition* – etwa in den Streitgesprächen – ist als redaktionelle Technik einer sekundären Hand zuzuweisen, nicht aber *die Frage als Bestandteil einer tradierten Einheit*[30]. Die Frage in Mk 8, 27b könnte also ursprünglich sein, wenn man eine vom Evangelisten vollzogene Überarbeitung der ihm vorliegenden Tradition annimmt, bei der er durch Einschübe und Auslassungen eine der Gemeinde bekannte und wichtige Begebenheit seinem christologischen Thema einfügt. Nur wenn man die Perikope 8, 27–33 als ursprüngliche Einheit, als in sich geschlossene Form, anzusehen gezwungen wird, würde die Frage dann als Exposition zu gelten haben und den Stempel des Sekundären tragen. Ob dies jedoch der

---

[25] Daß sie nicht in Jerusalem selbst stattfand, ist ja wahrscheinlich. Aber wenn wirklich die Umgebung von Caesarea Philippi sich mit diesem Ereignis historisch verbände, so müßte es mehr Hinweise in der Tradition geben. – Von der Anm. 22 zitierten Epiphanius-Notiz aus auf eine judenchristliche Gemeinde in Caesarea Philippi bzw. Panias in der Mitte des 1. Jhs zu schließen und dann vielleicht weiter auf eine Lokaltradition, mit der die Gemeinde sich einen petrinischen Anspruch zugelegt haben könnte, geht zu weit.

[26] Verdächtig ist jedenfalls, daß sich die Einleitungen von Mk 7, 31f und 8, 22 weitgehend entsprechen:

8, 22: ἔρχονται	7, 31f: ἐξελθών
φέρουσιν	φέρουσιν
καὶ παρακαλοῦσιν	καὶ παρακαλοῦσιν

[27] Vgl. die genauere Untersuchung der Ortsangaben bei H. J. EBELING, Das Messiasgeheimnis, 210ff; auch EBELING erachtet Mk 8, 27a für eine redaktionelle Einführung.

[28] Messiasgeheimnis, 238f; Syn.Trad., 276.

[29] ZNW 21 (1922) 308f; dazu BULTMANN aaO, 276 Anm. 1; gegen MUNDLE auch H. J. EBELING, aaO, 214 Anm. 4.

[30] Zu verweisen ist etwa auf Jesu Frage in der Sabbathheilungs-Perikope Mk 3, 4, wo sie zweifellos Bestandteil der Erzählung ist, nicht Exposition; Jesus fragt nicht, um etwas zu erfahren, sondern um etwas herauszustellen.

Fall ist, muß der weitere Gang der Untersuchung erst zeigen. Zunächst wird man lediglich die Zusammengehörigkeit der Verse 27b–29a zu bejahen haben, gleichviel ob es sich um primäre oder sekundäre Überlieferung handelt, um vorösterliche oder nachösterliche Argumentation. Die Antwort der Jünger auf Jesu Frage lautet: Die Leute erachteten ihn teils als Joh. d. Täufer, teils als Elias oder einen der Propheten – und Matthäus fügt noch Jeremias hinzu (16, 14)[31]. Die Schwierigkeiten, die die genannten Namen machen, sind bekannt und sollen hier nicht besprochen werden. Es genügt festzustellen, daß hier eine gezielte christologische Tendenz, die die Auswahl bestimmt haben könnte, zu erkennen Schwierigkeiten bereitet. Aber diese Schwierigkeiten sind doch auch wieder nicht der Natur, daß gerade deshalb sich der Rückschluß auf die Authentie nahelegt. Es ist wahrscheinlicher, daß eine Vorläufer-Dogmatik sich im Text niedergeschlagen hat, ähnlich wie in Joh 1, 19ff.

c. Für den weiteren Zusammenhang genügt zunächst die Konzentration auf V. 29b, wo die Frage an die Jünger insgesamt gerichtet ist und Petrus als deren Sprecher antwortet: σὺ εἶ ὁ Χριστός. Nach der Darstellung des Markus soll dies der erste Durchbruch des Messiasglaubens im esoterischen Kreis der Jünger sein. Bereits bei Markus, wo kein Makarismus an Petrus – wie in Mt 16, 17 – die Antwort Jesu einleitet, soll durch die Verklärungsgeschichte – und hier durch Gottes Stimme (9, 7) – das Bekenntnis bestätigt, wenngleich im Titel modifiziert werden.

Das Verständnis der bekennenden Worte des Jüngersprechers hängt ganz davon ab, ob hier eine *vor*österliche Tradition vorliegt – oder eine *nach*österliche Komposition. Aus sich selbst heraus läßt sich der Χριστός-Titel nicht in seinem theologischen Gehalt determinieren. Eine vorösterliche Tradition würde als allein mögliche Lesart fordern: ›Du bist der *Messias*‹ – wobei der Messiastitel im Sinne der Zeit als jüdisch-herrscherliche Qualifikation zu fassen wäre[32]! Die Annahme anderseits eines zurückprojizierten Bekenntnisses der Urge-

---

[31] Die Schwierigkeit, die die Auswahl von Joh. d. Täufer, Elias und irgendeinem Propheten macht, zeigt also schon Matthäus. Die Mt-Fassung hat dann vermutlich zur Interpolation in 5. Esra 2, 17f geführt, der einzigen Stelle, wo Jeremias (neben Jesaias) als endzeitliche Figur erscheint. Es ist möglich, daß in unserer Perikope bewußt das tastende Raten durch die Namen und die Formulierungen herausgestellt werden soll. Der Unsinn im Gerede der ἄνθρωποι gibt die Kulisse für die Antwort des Petrus in 29b.

[32] Dies wird richtig hervorgehoben bei J. HÉRING, Le royaume de Dieu et sa venue (1937) ²1959, 51ff; ferner: O. CULLMANN, Petrus, Jünger, Apostel, Märtyrer (1952) ²1960, 200f; DERS., Der Staat im NT, 1956, 18; DERS., Christologie des NT, 1957, 122ff; W. GRUNDMANN, Das Evangelium n. Mk, 1959, 168. Vgl. auch F. HAHN, Christologische Hoheitstitel (FRLANT 83, 1963) 174f. Daß die Gefahr eines ›Mißverständnisses‹ des Titels im jüdischen Sinn auch in der Frühkirche empfunden wurde, zeigt die aus Mt in Mk eingedrungene Erweiterung des Titels in den Hss: א W φ u. a.: ὁ υἱὸς τοῦ θεοῦ (τοῦ ζῶντος).

meinde nach Ostern erfordert das Verständnis eines – uns zwar geläufigen, aber religionsgeschichtlich neuen und – verchristlichten Messiastitels.

Diese Alternative stellt sich in aller Schärfe, sobald man über die vor Ostern möglichen und belegbaren Messias-Vorstellungen sich Rechenschaft gibt. Nimmt man die Möglichkeit der Authentie von Mk 8, 29b ernst, so muß man die Vermutung erhärten, daß hier der jüdische Messias gemeint ist und Jesus als der künftige Messias bekannt wird. – Wir können hier voraussetzen, daß es erst in der Urgemeinde zu einer Verbindung von Messias- und Menschensohn-Vorstellung kam und dürfen deshalb die ohnehin erneut kontroverse Menschen-sohn-Problematik hier weitgehend ausklammern[33]. Sind in vorchristlicher Zeit Messias- und Menschensohn-Vorstellungen nicht nur durch verschiedene Begriffs-Genealogien geprägt, sondern konkurrierende eschatologische Grö-ßen, so fragt es sich im Blick auf den $X\varrho\iota\sigma\tau\acute{o}\varsigma$-Titel im Petrusbekenntnis: Gibt es im Judentum einen leidenden, sterbenden und auferstehenden Messias? Und ferner: Ist die Differenzierung der Qumran-Texte zwischen einem königlichen und einem hohenpriesterlichen Messias von Belang für das Verständnis des petrinischen $X\varrho\iota\sigma\tau\acute{o}\varsigma$-Titels?

Beide Fragen sind zu verneinen[34]. Obgleich man sich vor einer Systemati-sierung der jüdischen Messias-Vorstellungen hüten muß, weil je nach Ort, Zeit und Art der Gemeinschaft Sonderausprägungen vorkommen und außerdem jederzeit ältere biblische Konzeptionen neu aufgenommen und uminterpretiert wurden, so läßt sich doch nicht sagen, daß der Messiasbegriff zur Zeit Jesu eine »Form« der Erlöserhoffnung sei, die »mit den verschiedensten Inhalten gefüllt werden« konnte[35]. Vielmehr gibt es für die negative und positive Eingrenzung der Messiasvorstellungen deutliche Konstanten[36], sofern man sich auf den Begriff »Messias« konzentriert und nicht in die Vorstellung verschiedene Er-löser-Größen einbezieht. Was in der Sekundärliteratur alles an vorchristlichen

---

[33] Eine Ausnahme hinsichtlich der Verbindung von Messias- und Menschensohn-Vor-stellung macht lediglich das äthiop. Henochbuch; jedoch ist auch hier die Frage der Inter-pretation strittig. Ferner ist wichtig, daß eine Verbindung von Messias- oder Menschensohn-vorstellung mit der Anschauung vom leidenden Gottes-Knecht im Judentum sich nicht belegen läßt. – Zur Kontroverse: P. VIELHAUER, Gottesreich und Menschensohn, in: Fest-schrift für G. Dehn, 1957, 51–79; H.E.TÖDT, Der Menschensohn in den Synopt. Evange-lien 1959, bes. Exkurs 298–315; E. SCHWEIZER, Der Menschensohn, (ZNW 50, 1959, 185 bis 209); DERS., The Son of Man, (JBL 79, 1960, 119–129); F. HAHN, aaO. passim; P.VIEL-HAUER, Jesus u. der Menschensohn, (ZThK 60, 1963, 133–177.).

[34] Vgl. zu den beiden Fragen auch die Exkurse I und IV bei F. HAHN, aaO, 54ff und 231ff, sowie bei G. KLEIN, in: RGG³ IV, 906f (mit Lit).

[35] O. CULLMANN, Christologie, 111f.

[36] O. CULLMANN, selbst fügt aaO 112 richtig an, daß *der* »Messias-Typ zur Vorherrschaft« gelange, den man vergröbernd »den ›politischen Messias‹ oder den jüdischen ›Messias‹ schlechthin nennen« könne.

Begriffen der ›messianischen‹ Konzeption subsumiert wird, dient vielfach nicht der sachlichen Klärung, sondern der Mystifizierung.

Positiv ist als Konstante die prophetische Verheißung vom ›Gesalbten König Israels‹ anzusprechen, der ein Reich heraufführen wird, dessen Herrschaft Bestand hat[37]. Auch charismatische Züge sind diesem Messias-König eigen: Er ist mit einem ›Geist‹ begnadet, für Jahve übt er stellvertretend auf Erden die Herrschaft aus und tritt für das Recht der Armen ein[38]. Weiterhin setzt sich trotz einiger Lockerungen seit dem Exil doch wieder durch[39], daß der messianische König der davidischen Dynastie entstammen soll, also ›Sohn Davids‹ ist. Negative Konstante bleibt, daß keine Leidens-Dogmatik mit dem Messias-König sich verbindet; ja, bei der Hoffnung auf ein diesseitiges messianisches Reich schwer sich verbinden kann. Der Messias ist eben nicht der ›leidende Gerechte‹. Es bleibt, jedenfalls für die Messias-Konzeption des Judentums der Zeit Jesu, die alttestamentliche Erwartung vom Gesalbten König Israels erhalten[40]. Man braucht hier nur an die 14. Beraka des Achtzehnbitten-Gebets und an den 17. Psalm Salomos zu erinnern[41], in denen die nationale Messiashoffnung Israels sich ausspricht.

Eine seit Sacharja faßbare Doppelung der Messiasgestalt ist durch die *Qumran*-Texte jetzt stärker in unseren Blick getreten. Spricht Sach 4, 1ff von zwei messianischen Heilsträgern, dem Davididen Serubbabel und dem Zaddokiden Josua, so sprechen die Qumran-Texte von dem *Messias Aarons* und dem *Messias Israels*, also einem hohepriesterlichen und einem politischen – eine auch in den Testamenten der XII Patriarchen greifbare Konzeption[42]. In Qumran kommt zu den beiden Messiassen noch der endzeitliche ›Prophet‹ hinzu. Man kann

---

[37] Zur Salbung des Königs in Israel: M. Noth, Amt und Berufung im AT (Bonner Akadem. Reden 19, 1958 = Gesammelte Studien zum AT ²1960, 309ff); G. v. Rad, Theologie des AT I, 1957, 304ff; II, 1960, 125ff. – Zu den ältesten messianischen Weissagungen im AT siehe bes. Jes. 8, 23–9, 6; 11, 1–9; Micha 5, 1–3.

[38] Vgl. besonders Jesaja 11, 2–5.

[39] Vgl. Jeremia 22, 24–30. Beachtlich, daß in Ezechiel und im ganzen Deuterojesaja kein Messias-König erscheint, im letzteren statt dessen der Gottesknecht. Zur Bezeichnung des Perserkönigs Kyros als Messias in Jes. 45, 1 vgl. G. v. Rad, aaO II, 258f und Anm. 16.

[40] Das wird sowohl von Cullmann aaO 117, R. Meyer s. v. Messias RGG³ IV, 904ff als auch F. Hahn, Hoheitstitel, 156ff übereinstimmend betont.

[41] Die Texte in Übersetzung bei P. Riessler, Altjüdisches Schrifttum außerhalb der Bibel 1928, 9f; 897ff. Hebräischer Text bei K. G. Kuhn, Achtzehngebet und Vaterunser und der Reim, 1950.

[42] Erstmals lenkte hinsichtlich der Messias-Konzeption G. R. Beasley-Murray auf die XII Testamente das Augenmerk: JThSt 48 (1947) 1–12. Es folgten dann die seine Thesen bekräftigenden Qumranfunde: M. Burrows, The Messiah's of Aaron and Israel (AThR 34, 1952, 204); K. G. Kuhn, NTS 1, 1955, 168ff und Ders. in RGG³ V, 747f; K. Schubert, in: Judaica 12, 1956, 24ff.

indessen nicht nachweisen, daß der ›hohepriesterliche‹ Messias die christliche Christos-Konzeption wesentlich beeinflußt habe[43] – vom Hebräerbrief abgesehen –, kann auch nicht feststellen, daß hier eine stellvertretend sühnende Rolle mit dem Messias verbunden worden sei. Das Ergebnis aller hier zusammengefaßten Untersuchungen bleibt somit: Der vorösterliche Messiasbegriff bezeichnet den innerweltlichen, nationalen Herrscher, der mit charismatischer Begabung das bleibende Reich aufrichtet und Israel restituiert.

Will man in der exegetischen, historisch-kritischen Arbeit ständig neu und radikal dem Verstehen der Texte und der Geschichte dienen, so muß man natürlich auch zunächst restlos überholt scheinende Fragen wieder aufzunehmen wagen. Dazu gehört auch die Frage, warum notwendig die Verbindung des Leidensmotivs mit der jüdischen Messias-Konzeption erst nach Ostern in der Gemeinde vollzogen sein muß, wenn sie im Schrifttum des Judentums nicht begegnet. Muß es ausgeschlossen sein, daß von Jesus selbst diese Verbindung im Blick auf die kommende Gottesherrschaft bereits aus Stellen wie etwa Jes 49, 7 gefolgert und vertreten wurde, zunächst *in nuce* etwa seiner Verkündigung eigen und erst aufgrund des Kreuzesgeschehens durch die Gemeinde expliziert und sachlich verstärkt? Natürlich ist es auch kein Zeichen wissenschaftlicher Unvoreingenommenheit, Jesus selbst das theologisch Neue abzusprechen und alles der vorösterlichen Zeit gegenüber ›Schöpferische‹ der nachösterlichen Gemeinde allein zuzutrauen. Theoretisch läßt sich die Möglichkeit nicht abweisen, daß bei Jesus bereits eine neue ›Messias‹-Konzeption vorliegen könnte, die von der ankommenden βασιλεία τοῦ θεοῦ aus rückschließend die jüdische Tradition korrigierend interpretiert hätte. Jedoch kann eine solche theoretische Möglichkeit zur Hypothese oder gar zur These nur dann erhoben werden, wenn sich den synoptischen Quellen und Traditionsschichten Indizien eindeutig ablesen lassen. Und dies ist *bisher nicht möglich* gewesen[44].

Die im Blick auf das Petrus-Bekenntnis: σὺ εἶ ὁ Χριστός sich bietende Alternative bestätigt sich somit: *Entweder* hat der Jüngersprecher Simon in Jesus den innerweltlichen Herrscher-Messias bekannt – *oder aber*: es ist hier das nachösterliche Gemeindebekenntnis, zurückprojiziert in eine Situation des Lebens Jesu, zu erkennen, wobei nun dieser von Petrus aufgenommene Χριστός-Titel sich von der jüdischen Messiasauffassung völlig gelöst hätte. Jede der beiden Möglichkeiten ist historisch nicht auszuschließen. Der Exeget muß also auf-

---

[43] Diese These vertritt G. Friedrich, Beobachtungen zur messianischen Hohepriester-erwartung in den Synoptikern, ZThK 53 (1956) 265–311. Dagegen: G. Klein, in: RGG³ IV, 906f; J. Gnilka, Die Erwartung des messianischen Hohenpriesters in den Sektenschriften von Qumran u. im NT (Revue de Qumran 7 [1960] 395ff).
[44] Vgl. zum Thema auch die Ausführungen unten S. 142ff.

grund der Traditionsgeschichte und aufgrund des synoptischen Gesamtbildes eine Entscheidung versuchen.

d. Läßt *die Antwort Jesu* auf das Petrusbekenntnis sich noch greifen und durch sie eine Klärung jener Alternative herbeiführen? Bleiben wir beim Markus-Text und klammern wir das Sonderproblem der Matthäus-Fassung unserer Perikope aus, so folgt zunächst im Schweigegebot (8, 30) eine Stellungnahme, die in konservativen Kreisen gerne als eine Bestätigung Jesu interpretiert, jedoch in der historisch-kritischen Exegese seit WREDE als charakteristisch markinische Redaktion erkannt wird. Ist das Χριστός-Bekenntnis historisch im Leben Jesu verankert, so kann nicht das Schweigegebot die Antwort sein, ein Ja implizieren, jedoch aus taktischen Gründen auf die Zeit nach Ostern vertrösten. Ist jedoch das Bekenntnis nachösterlich, so ist das Schweigegebot um so eindeutiger als theologische Reflexion des Evangelisten sekundär.

Es folgt sodann Mk 8, 31 die erste Leidensankündigung und der auffällige Sprung vom Christus-Titel im Petrus-Bekenntnis zum Menschensohn-Titel im Munde Jesu. Wie der Text heute bei Markus vorliegt, ist die Identität beider Titel vorausgesetzt, gleichzeitig aber die fundamental verschiedene Begrifflichkeit durch die Stellungnahme des Petrus deutlich. Die im Text Jesus zugeschriebene Selbstoffenbarung bezieht sich explicite nur auf die Menschensohn-Rolle und soll – unter dem δεῖ Gottes stehend – das Ende am Kreuz *und* die Auferstehung ankündigen. In Mk 14, 61 f werden nun gleichfalls Χριστός und υἱὸς τοῦ ἀνθρώπου verbunden, und zwar in einem sekundären Traditionsstück[45], in dem bereits die sachliche Gleichsetzung selbstverständlich geworden ist, aber noch die älteste Menschensohn-Titulatur, die sich auf den *Kommenden* bezieht, vorliegt. Gerade von dieser sekundären Stelle in der Passionsgeschichte aus erweist sich die Verbindung von Mk 8, 31 – der leidende und auferstehende Menschensohn! – mit dem Χριστός-Bekenntnis des Petrus (8, 29 b) als junge literarische Konstellation und theologische Kontamination. In der Tat braucht nicht erneut erwiesen zu werden[46], daß es sich bei allen drei Leidensweissagungen um vaticinia ex eventu handelt. Ihre Absicht ist, das Ärgernis des Kreuzes durch eine Weissagung des Gottessohnes zu überwinden, das Kreuzesgeschehen als von Gott gewollt soteriologisch zu legitimieren und dem Geschick der Weltmächte zu entreißen, ja als Sieg Gottes zu verkünden[47].

---

[45] Vgl. oben S. 130 Anm. 15.

[46] Wir verweisen auf die nicht widerlegten Ausführungen von W. WREDE, Messiasgeheimnis, 82–92; J. WELLHAUSEN, Einleitung in die drei ersten Evangelien ²1911, 79–82; R. BULTMANN, Die Frage nach der Echtheit von Mt 16, 17–19 (ThBl. 20, 1941, 278f); DERS., Theologie des NT, 30.

[47] Zum Thema vgl. E. DINKLER, Kreuzzeichen und Kreuz (JbAC 5, 1962, 93–112).

Beachtenswert ist freilich, daß das vaticinum an *dieser* Stelle eingeordnet wird, und bei allen Synoptikern diese Stellung im Anschluß an das Petrusbekenntnis bewahrt geblieben ist. Darauf ist später noch einmal zurückzukommen.

Wenn nun Mk 8, 31 nachösterlich ist: Wie steht es mit dem Zusammenhang der beiden folgenden Verse 32–33a mit der Leidensweissagung? Sind sie automatisch mit von dem Urteil der Sekundarität getroffen? Von der Reaktion des Petrus in 8, 32 wird man das behaupten müssen. Sie wirkt zudem stilistisch reichlich ungeschickt, nimmt das ἐπιτιμᾶν von V. 30 auf[48], das gleich im Vers 33a wiederkehrt, jeweils eine andere Bedeutungsnuance impliziert und früh schon Anlaß zur Angleichung des Textes an die Matthäus-Version gegeben hatte. Die Reaktionsschilderung des Petrus kann nur als Überleitung zwischen der Leidensweissagung und der vorgegebenen Formulierung des Satanswortes vom Evangelisten redigiert worden sein.

Es folgt, zunächst äußerlich logisch verbunden, die Einleitung der Antwort Jesu an Petrus in 33a. Wieder ist die stilistische Verbindung ungelenk. Warum wird die Umwendung zu den Jüngern ausdrücklich betont? Anscheinend doch wegen der einleitenden Worte von V. 32: καὶ προσλαβόμενος ὁ Πέτρος αὐτὸν κτλ. Soll die Antwort an Petrus als von allen Jüngern mitgehört herausgestellt werden? Oder sollen die mit ihrem Sprecher sympathisierenden Jünger eingeschlossen werden in die Zurechtweisung? Daß hier eine sekundäre Verbindung mit dem Kontext vorliegt, und zwar innerhalb von 33a, ist sehr wahrscheinlich. Die anschließende, in direkter Rede gegebene Antwort Jesu, ist nicht eigentlich eine ›Bedrohung‹ und hat auch in den rabbinischen Quellen keine Parallele![49] Es kann hier völlig auf sich beruhen, *wie* Petrus hier mit dem Satan verbunden gedacht wird. Sein Ansinnen wird ›satanisch‹, also eine ›satanische Absicht‹ oder ›Versuchung‹, genannt und zugleich als ein φρονεῖν τὰ τῶν ἀνθρώπων interpretiert. Wendungen mit der Antithese φρονεῖν τὰ τοῦ θεοῦ – τὰ τῶν ἀνθρώπων begegnen sonst nicht in der synoptischen Überlieferung, sind freilich rabbinisch ausreichend belegt[50]. Wenn hier nicht Zufall waltet, könnte das Stichwort οἱ ἄνθρωποι von 27b aufgenommen und damit zugleich ein Rahmen angezeigt sein[51]. Dem derzeitigen Zusammenhang nach wäre mit dem

---

[48] Bereits Mk 3, 12 erscheint das Verb ἐπιτιμᾶν als Reaktion auf das Bekenntnis der Dämonen. Zu ἐπιστρέφειν vgl. Mk 5, 30.

[49] Vgl. MORTON SMITH, Tannaitic parallels to the Gospels (JBL, Monograph Series Vol. VI, 1951) 30 u. Anm. 100 auf p. 44.

[50] BILLERBECK I, 748.

[51] J. SUNDWALL, Die Zusammensetzung des Markusevangeliums (Acta Acad. Aboensis IX) 1934, 55; G. BORNKAMM, Enderwartung und Kirche im Matthäusevangelium, in: BORNKAMM-BARTH-HELD, Überlieferung und Auslegung im Matthäusevangelium, ²1961, 43.

φϱονεῖν τὰ τῶν ἀνϑϱώπων die Leidensfeindschaft, die Hinderung des Kreuzes-
opfers gemeint, mit τὰ τοῦ ϑεοῦ die Anerkennung des über den Menschensohn
= Christus in der Weissagung von 8, 31 erstmalig Verkündigten. Wenn aber
diese erste Leidensankündigung wie beide folgenden sekundär sind, nachösterliche vaticinia, das Satanswort an Petrus aber auf einen historisch bezeugten
Tadel Jesu an den Jüngersprecher zurückgeht, worauf sollte man das φϱονεῖν
dann beziehen?

Die Antwort ergibt sich nach der Analyse von selbst: Da das Schweigegebot
markinisch, die Leidensankündigung nachösterliches vaticinium ist, so muß
sich das Satanswort mitsamt dem φϱονεῖν τὰ τῶν ἀνϑϱώπων auf das Messias-
Bekenntnis des Petrus beziehen[52]. Die Verse Mk 8, 29 und 8, 33 gehören also

---

[52] Die These ist in verschiedener Form und Begründung bereits öfter vertreten wor-
den und doch weder allgemein aufgenommen noch auch ernsthaft widerlegt worden.
Zuerst scheint Joh. Weiss, Das älteste Evangelium, 1903, 235 ff, die Verbindung von
Petrusbekenntnis und Satanswort erwogen zu haben. Freilich ist Weiss, durch seinen
Widerspruch gegen Wredes Messiasgeheimnis allzu stark bestimmt, nicht zur radikalen
Kritik bereit und zudem in der Ur-Markus-Hypothese gefangen. Er verteidigt letztlich
die Perikope mit psychologischen Gründen, nachdem er (S. 238) eine Rekonstruktion
der alten Überlieferung als Möglichkeit erwogen hat, die im wesentlichen aus folgenden
Stücken bestehen soll: Mk 8, 27 b. 29. 33 b. Als weiterer Grund zur Ablehnung wird die
ursprüngliche Verknüpfung von Petrusbekenntnis und Verklärungsgeschichte hervorgehoben (S. 240). – Ohne literarische Analyse vertritt A. Merx, Die Evangelien des Markus und
Lukas, 1905, 88 ff energisch die These, daß das Satanswort sich auf das Messiasbekenntnis be-
ziehe, weil die Leidenserklärungen den Messiasbegriff aufheben. Er sieht in der matthäischen Textgestaltung der Perikope durch die Verse Mt 16, 17–19 »eine den Urzusammen-
hang der Stelle ... vollkommen zersprengende und vernichtende Interpolation« (91). – In
der Sache ist auch J. Wellhausen, Einleitung in die drei ersten Evangelien (1905, ²1911) hier
zu nennen, der ohne literarische Analyse am stärksten – bes. in der 2. Aufl. S. 70 f u. 80 ff –
die Ablehnung des von Petrus vertretenen jüdischen Messiasbegriffes durch Jesus betont. – In
Aufnahme der von J. Weiss erwogenen, aber verworfenen These hat E. Wendling, Die Entstehung des Mk-Evangeliums 1908, 113–119, eine Variante vorgetragen: Er rekonstruiert
den ursprünglichen Text: (29 b) ἀποκϱιϑεὶς ὁ Πέτϱος λέγει αὐτῷ · σὺ εἶ ὁ Χϱιστός. (30 a)
καὶ ἐπετίμησεν ... (33) Πέτϱῳ καὶ λέγει · ὕπαγε ὀπίσω μου, σατανᾶ ... (36. 37; 9, 2). Es
liegt wohl hauptsächlich an Wendlings weithin ohne einsichtige Kriterien durchgeführten
Quellenanalysen und seinen demgemäß oft unmöglichen Rekonstruktionen eines markinischen Urberichts, daß man auch die Analyse von Mk 8, 27 ff beiseite schob und nicht diskutierte. Jedenfalls scheint Arnold Meyer, Die Entstehung des Markus-Evangeliums (in:
Festgabe für Adolf Jülicher, 1927, 35–60) sie nicht gekannt zu haben, als er sich für eine
Verbindung von Petrusbekenntnis und Satanswort (S. 44) einsetzte. Er versteht jedoch
anscheinend den Χϱιστός-Titel nicht im jüdischen Sinne und sieht den Tadel Jesu nur auf
des Petrus Eingriff in Gottes Rechte bezogen. Joh. Sundwall (vgl. oben Anm. 51) hat
1934 bewußt an Wendling angeknüpft und ein im Prinzip Bekenntnis und Satanswort
verbindende, aber sachlich und philologisch unhaltbare Rekonstruktion auf S. 55 vorgetragen. In Kenntnis der Forschungsgeschichte hat endlich eine selbständige und weiter-
führende Analyse der Caesarea-Perikope F. Hahn, aaO 226–230, vorgelegt, mit der die
hier von mir vorgetragene teilweise übereinstimmt. Er rechnet mit einem ›biographischen
Apophthegma‹, das aus Mk 8, 27 a ... 29 b ... 33 bestand.

zusammen! Das Messias-Bekenntnis wird durch das schwerlich anders als vor-österlich zu lokalisierende Satanswort in seinem eigenen historischen Charakter bekräftigt und damit als jüdisch, diesseitig, triumphierend gemeint exegesiert. Jesus hat das Ansinnen des Petrus, der verheißene Messias zu sein, explicite ab-gewiesen, als satanisch verurteilt, als menschliches, d. h. widergöttliches Den-ken. Mit dem Gegensatz $\tau\grave{a}$ $\tauο\tilde{υ}$ $\vartheta\varepsilonο\tilde{υ}$ ist dann nicht der Entwurf des leidenden, sterbenden und auferstehenden ›Menschensohnes‹ anvisiert, sondern das Nahen der $\beta\alpha\sigma\iota\lambda\varepsilon\acute{\iota}\alpha$ $\tauο\tilde{υ}$ $\vartheta\varepsilonο\tilde{υ}$ und die jetzt für alle notwendige $\mu\varepsilon\tau\acute{a}\nuο\iota\alpha$.

Hat die Analyse zur Herausarbeitung eines alten Überlieferungsbestandes geführt? Im Blick auf Mk 8, 29b und 33b wird man diese Frage bejahen müssen. Im übrigen aber sieht man zwar Überschneidungen und auch klare Nähte, aber nirgends die Möglichkeit, mit Zuversicht von altem Bestande zu sprechen. Gewiß sind sekundäre nachösterliche Einschübe: 8, 30. 31f; aber auch die topographische Einleitung (27a) wird man als sekundär zu beurteilen haben, um nicht der immer lauernden Gefahr zu erliegen, Tendenzen zu histo-risieren und dann als Evidenzen zu interpretieren; die Frage an die Jünger in 27b und die folgenden Antworten der ›Menschen‹, und endlich auch 33a scheinen redaktionell geformt zu sein. – Somit wagen wir nicht, von einem ›biographischen Apophthegma‹ zu sprechen und mit F. Hahn hierzu die Verse 27a … 29b und 33 zu rechnen. Vielmehr geht unsere Gegen-Hypothese dahin, daß ein *Fragment* vorliegt, das aus Messiasbekenntnis des Petrus und Satans-wort besteht. Die Tradition ist von der nachösterlich interpretierenden Re-daktion derart überlagert, daß sie sich einer genaueren Analyse und form-geschichtlichen Bestimmung entzieht. Als Fragment aber bieten die beiden Verse, ebenso wie die sekundäre Einbettung des alten Bestandes im nachöster-lichen Kontext, ein Zeugnis ersten Ranges für die Frage nach Jesu Stellung zur Messiaserwartung seiner Zeit, und weisen insofern auf einen Punkt der Peripetie hin, als Jesu Nein zum messianischen Traum einiger ›Nachfolger‹ innerweltliche Illusionen zerstörte und auf *Gottes* Herrschaft zurückwies.

IV. Die abgewiesene Messianität

Wenn unsere Verbindung von Messiasbekenntnis und Satanswort richtig ist, so sollte anzunehmen sein, daß die Ablehnung der Messias-Rolle über unsere Perikope hinaus Spuren hinterlassen hat. Einige mehr thesenartig gegebene Hin-weise müssen hier ausreichen, um zu zeigen, wie bei aller kerygmatisch um-gestalteten ›Historie‹ in der synoptischen Tradition doch noch Spuren der abgewiesenen Messianität erkennbar sind – auch wenn sie einzeln genommen, der Natur der Sache nach, nicht 'zwingend' sein können.

a) Die eschatologische Verkündigung Jesu von der *Nähe der Gottesherrschaft* zeichnet sich gerade in den ältesten Stücken durch eine Konzentration auf die Sache und ein Schweigen über den Verkünder der Botschaft aus. Die in eigener Formulierung von Markus 1, 15 gegebene Zusammenfassung der Verkündigung Jesu mit ihrer zweifachen Pointe: ἤγγικεν ἡ βασιλεία τοῦ θεοῦ – μετανοεῖτε zeigt noch die ursprüngliche Korrelation von Ankündigung und Forderung. Ebenso deutlich ist aber bereits die sekundäre Einbeziehung des urchristlichen Kerygmas, wenn angefügt wird: καὶ πιστεύετε ἐν τῷ εὐαγγελίῳ – und damit Jesus Christus als Glaubensgegenstand anachronistisch Inhalt der Verkündigung Jesu wird[53]. Die Tendenz der Auswechslung der βασιλεία τοῦ θεοῦ durch βασιλεία μου (sc. Χριστοῦ: Mt 16, 28), durch den υἱὸς τοῦ ἀνθρώπου (Mt 16, 28 gegen Mk 9, 1) oder den υἱὸς Δαυίδ (Mt 21, 9 gegen Mk 11, 9f) zeigt die gleiche Verschiebung von der Sache auf die Person. Weil Jesus nicht über seine soteriologische oder heilsgeschichtliche Titulatur reflektiert und sich ausgesprochen hat, sondern sich ganz unter den prophetischen Auftrag der eschatologischen Verkündigung stellte, tritt die Sache der Gottesherrschaft so radikal in den Vordergrund. Weil anderseits der Osterglaube keinen von Jesus selbst legitimierten Hoheitstitel verfügbar hatte, gerade darum greift er eine Vielzahl von einander überschneidenden und sogar widersprechenden Prädikationen auf. Hätte Jesus ein christlich zu verstehendes Χριστός-Bekenntnis angenommen und nur bis Ostern unter das Geheimnisgebot gestellt, so wäre das theologische Ringen um die adäquate Bezeichnung restlos unverständlich.

b. Die synoptische *Leidensgeschichte* zeigt eine beachtliche Doppelposition: Sie will einerseits, durch Schriftbeweis und Ausgestaltung, Jesus als den geweissagten Messias *be*weisen, anderseits aber den Gedanken der politischen Messianität *ab*weisen. Die Gegensätzlichkeit dieser theologischen Tendenzen ist nie ausgeglichen und spiegelt das Dilemma der nachösterlichen Reflexion, die Unschuld des Gekreuzigten zu verteidigen und gleichzeitig den Christos-Anspruch Jesu zu behaupten. Das aber macht gerade in der ältesten Darstellung des Evangelien-Corpus noch die volle Schwierigkeit deutlich, die der Messiastitel in sich trägt.

c. Daß in der Spruchquelle Q der Χριστός-Titel völlig fehlt, wurde bereits erwähnt. Es ist nun in dieser Sammlung der enigmatische ›*Stürmerspruch*‹ enthalten, der trotz aller Übermalung noch sein acumen bewahrt hat, und an

---

[53] Der synoptische Vergleich von Mk 1, 15 mit Mt 10, 7 und Lk 10, 9ff zeigt, daß die Forderung des Glaubens an das Evangelium markinischer Zusatz ist. Außerdem wird durch Mk 1, 1 der Begriff εὐαγγέλιον als Frohbotschaft, die Christus zum Inhalt hat, determiniert. In 1, 14 ist mit εὐαγγέλιον τοῦ θεοῦ der gen. auct. gegeben. Für den absoluten Gebrauch von εὐαγγέλιον vgl. ferner: 8, 35; 10, 29f; 13, 10; 14, 9.

dessen Authentie kein Zweifel aufkommen sollte⁵⁴.Wie das Wort bei Mt 11, 12f vorliegt, handelt es von der Gottesherrschaft, die in Gesetz und Propheten bis zu Johannes geweissagt ist⁵⁵. Von Johannes an bis jetzt leidet sie Gewalt. Das kann nicht im lobenden Sinne gemeint sein – wie manche Kirchenväter und selbst Luther es auslegen, daß nur Stürmer das Himmelreich gewinnen können –, da die Verben βιάζειν und ἁρπάζειν niemals im guten Sinne gebraucht werden, sondern immer im Sinne des Nichtseinsollenden⁵⁶. Somit kann hier nur gemeint sein, daß man – tadelnswerterweise – die Gottesherrschaft zu erzwingen, sie mit Gewalt herbeizuführen sucht, und es dürfte der Sinn des Wortes sein, daß eben dies nicht angeht, daß es zu warten, zu wachen, aber nicht zu drängen gilt. Gewiß ist damit nichts gegen den Messias-Titel gesagt, wohl aber eine Kritik an der Verwechslung von ›messianischem Reich‹ und ›Gottesherrschaft‹, und somit ist ein Hinweis gegeben auf die dem Messias-Christos-Titel inhärente Problematik⁵⁷. Lukas aber hat in seiner Weise die erste Auslegung gegeben. Von einer Kritik an der falschen Vorstellung der βασιλεία τοῦ θεοῦ (wie bei Mt) ist keine Rede mehr, sondern vom εὐαγγελίζεσθαι; und durch die mediale Verbform und die Einfügung von πᾶς wird jetzt auf die Heidenmission angespielt.

d. Das ὕπαγε ὀπίσω μου, σατανᾶ Mk 8, 33 legt es nahe, einen Blick auf die dritte Versuchung (Mt 4, 8–10; vgl. Lk 4, 5–8) zu werfen, weil hier das gleiche Wort in einem Zusammenhang erscheint⁵⁸, der die weltliche Macht zum Ge-

⁵⁴ E. KÄSEMANN, in: ZThK 51, 1954, 149 (= Exeget. Versuche, 210). Mit Recht wird darauf hingewiesen, daß die positive Beurteilung des Johannes, der mit Jesus zusammen zur neuen Zeit gehört und der prophetischen Zeit entgegengesetzt wird, für Authentie spricht.
⁵⁵ Es kann nicht fraglich sein, daß die Mt-Form – obgleich Mt den Spruch sekundär mit den anderen Worten über den Täufer verbunden, die Bezugnahme auf Mk 3, 22 hinzugefügt und habe seine beiden Hälften umgestellt hat – ursprünglicher ist als Lk 16, 16f.
⁵⁶ Vgl. SCHRENK, in ThW I, 608ff und die dortigen Lit.-Angaben, auch zu den Kirchenvätern; ferner: G. W. LAMPE, A Patristic Greek Lexicon, 1961ff, s. v.
⁵⁷ Die Auslegung des Wortes auf ein Gewaltüben durch ungeduldige, fanatische Anhänger der Gottesherrschaft ist wahrscheinlicher als die andere, die die Gottesherrschaft von feindseligen Mächten im Sinne der Verfolgung Gewalt erfahren läßt. Insbesondere sprechen für die erste Exegese rabbinische Parallelen: BILLERBECK I, 598ff; H. SCHOLANDER in: ZNW 13 (1912) 172ff. – Es möge hier genügen, summarisch auf die Zelotenfrage hinzuweisen. Wir klammern sie aus, weil angesichts der weitgreifenden These, die nach Vorgängern zuletzt O. CULLMANN, Der Staat im NT, 1956, 8ff; DERS. Die Christologie des NT, 1957, 124f, vortrug – das Messiasbekenntnis des Petrus müsse im Zusammenhang der ständigen Auseinandersetzung Jesu mit der Zelotenbewegung gesehen werden, zu der mit mehr oder weniger Wahrscheinlichkeit aus seinem Jüngerkreis Judas Iskarioth, die Zebedaiden, Simon der Zelot und Simon Barjona = Petrus gehörten –, eine spezielle Untersuchung notwendig wäre. Vgl. zur Zelotenfrage: W. R. FARMER, Maccabees, Zealots and Josephus, 1956; B. GÄRTNER, Die rätselhaften Termini Nazoräer und Iskarioth, 1957; M. HENGEL, Die Zeloten. Untersuchungen zur jüdischen Freiheitsbewegung..., 1961; F. HAHN, aaO 154ff.
⁵⁸ Bei 𝔎 D Itala und Cureton. Syrer wird sogar in 4, 10 an Mt 16, 23 angeglichen und

genstand hat. Es kann kaum bestritten werden, daß die der Spruchquelle entnommene Perikope nach dem Vorbild der Haggada gestaltet ist und der palästinensischen Gemeinde entstammt[59]. Entweder ist diese Versuchung aufgrund von Mk 8, 32f und des noch bekannten Zusammenhanges mit dem ›Messias‹-Ansinnen des Petrus herausgesponnen, oder aber es liegt eine legendär ausgestaltete Variante vor[60].

e. BULTMANN hat die johanneische Variante zum markinischen Petrusbekenntnis in Joh 6, 66–70 ausführlich behandelt und die johanneische Fortbildung der primitiveren synoptischen Form besprochen[61]. Die Übereinstimmungen und Abweichungen zwischen Johannes und Mk 8, 27–33 sind derart, daß sie für die Frage nach der Zusammengehörigkeit von Petrusbekenntnis und Satanswort und für die Erörterung der möglichen Historizität dieser Überlieferung noch genauer zu untersuchen sind.

Sofort fällt auf, daß in dem johanneischen Stück der von Petrus im Bekenntnis aufgenommene Titel nicht: δ $X\varrho\iota\sigma\tau\delta\varsigma$ = Messias lautet, sondern: δ $\H{\alpha}\gamma\iota\sigma\varsigma$ $\tau\sigma\tilde{\upsilon}$ $\vartheta\varepsilon\sigma\tilde{\upsilon}$[62]. Das ist um so überraschender, als gerade dieser Titel sonst nirgends im 4. Evangelium erscheint, während bei Johannes ein positiver Gebrauch des in $M\varepsilon\sigma\sigma\acute{\iota}\alpha\varsigma$ transkribierten משיחא in 1, 41 und 4, 25 begegnet. Allerdings könnte auch bei diesen beiden Stellen noch ein Empfinden für die jüdische Begrifflichkeit vorliegen[63]. Eine Brücke zum Bekenntnis des Dämonischen in Mk 1, 24 zu schlagen, wo das Bekenntnis lautet: $\sigma\tilde{\iota}\delta\acute{\alpha}$ $\sigma\varepsilon$ $\tau\acute{\iota}\varsigma$ $\varepsilon\tilde{\iota}$, δ $\H{\alpha}\gamma\iota\sigma\varsigma$ $\tau\sigma\tilde{\upsilon}$ $\vartheta\varepsilon\sigma\tilde{\upsilon}$, und das Verb ($\grave{\varepsilon}\gamma\nu\acute{\omega}\varkappa\alpha\mu\varepsilon\nu$: Joh 6, 69) als tertium comparationis zu sehen, scheint mir zu weit zu gehen[64].

Weiter fällt beim Vergleich auf: Jesus antwortet nicht mit Ja oder Nein auf das Bekenntnis – wozu freilich nach der Stellung dieses Stückes im Ganzen

---

$\H{\upsilon}\pi\alpha\gamma\varepsilon$ $\delta\pi\acute{\iota}\sigma\omega$ $\mu\sigma\upsilon$, $\sigma\alpha\tau\alpha\nu\tilde{\alpha}$ anstelle der besser überlieferten Kurzform: $\H{\upsilon}\pi\alpha\gamma\varepsilon$ $\sigma\alpha\tau\alpha\nu\tilde{\alpha}$ geboten. Die gleichen Hss fügen die Worte auch in Lk 4, 8 sekundär ein. – Es ist zu beachten, daß hier keine sonst noch belegbare ›Formel‹ vorliegt.

[59] Zur Haggada-Nachbildung vgl. A. MEYER in: Festgabe für H. Blümner, Zürich 1914, 434–468.

[60] Die Interpretation der Versuchungsgeschichte ist reichlich kontrovers: R. BULTMANN, Syn.Tradition[4], 273f lehnt auch für die 3. Versuchung jeden messianischen Bezug ab. M. DIBELIUS, Formgeschichte[3], 274 schreibt über die ganze Perikope bei Mt und Lk: »Das Gespräch selbst aber bewegt sich um die Frage der Messianität.« Vgl. auch J. SCHNIEWIND, Matthäus (NTD) 29f; F. HAHN, Hoheitstitel, 175f.

[61] R. BULTMANN, Das Evangelium des Johannes, [17]1962, 343ff.

[62] Vgl. auch C.H.DODD, Historical Tradition in the Fourth Gospel, Cambridge 1963, 219. Zum Titel: ThW I, 102.

[63] Der erzählende Zusammenhang der Mitteilung des Andreas an Simon schließt in Joh 1, 41 den noch nicht verchristlichten Messiasbegriff nicht aus, zumal auch in 4, 25 die Samaritanerin ihren ›Vor-Glauben‹ an den »kommenden Messias, der der Christus genannt wird«, kundtut.   [64] C.H.DODD, aaO scheint dies zu implizieren.

des 4. Evangeliums kein Grund besteht –, sondern weist hin auf den Verräter im Kreis der δώδεκα: καὶ ἐξ ὑμῶν εἷς διάβολός ἐστιν (6, 70). Anstelle des Satanswortes an Petrus steht also die Stigmatisierung des Judas als ›Teufel‹[65]. Das ist vermutlich eine Korrektur, die notwendig wurde durch die Redaktion eines vorliegenden Überlieferungstoffes, in dem vielleicht die eingeschobene Leidensweissagung Mk 8, 31 (nebst V. 32) noch fehlte.

Man wird weiter noch aufmerksam auf das ἀπέρχεσθαι εἰς τὰ ὀπίσω (6, 66) vieler Jünger, die die Nachfolge jetzt verweigern. Weniger, weil ὀπίσω gebraucht wird – es ist ja in vielen Verbindungen üblich[66] –, als wegen der Tatsache der Abwendung, der Krise im Jüngerkreis. Sie ist zwar im jetzigen Text als Folge der ›harten Rede‹ geschildert und wird von BULTMANN in dem Abschnitt 6,60 ff an 8, 30–40 als ursprünglich anschließend gerückt[67]. Doch ganz unabhängig von diesen redaktionsgeschichtlichen Fragen bleibt erkennbar, daß das σκανδαλίζειν (6, 61) zunächst an der Rede des Offenbarers ausbricht und zur Krise als Scheidung dort führt, wo der Offenbarer auf das Kreuz weist und somit das menschliche Ideal eines triumphierenden Gottessohnes zerstört. Gewiß könnte es naheliegen, diese das johanneische Paradox herausstellenden Ausführungen als Folge und theologische Überwindung der in Mk 8, 29–33 berichteten falschen Messiasauffassung des Petrus zu verstehen. Dies ist auch nicht a limine abzulehnen, wenngleich die Gedankengänge vor allem im Zusammenhang von 8, 30–40 und 6, 60–65 so charakteristisch johanneisch sind, daß sie keines Anstoßes durch eine umzuinterpretierende Quelle bedürfen.

Unberührt von dieser Frage aber bleibt die Tatsache, daß zwischen der von Mk 8, 27–33 und von Johannes 6, 66–70 aufgenommenen und bearbeiteten Tradition eine historische Beziehung bestehen muß. Diese Beziehung kann hier schwerlich auf einer Benutzung des Markus-Evangeliums durch Johannes beruhen, weil kein Anlaß bestanden hätte, das Χριστός-Bekenntnis bei Markus 8, 29 in eine dem 4. Evangelium fremde Bezeichnung zu ändern, selbst wenn er noch Μεσσίας gelesen haben sollte. Man könnte also mit F. HAHN vermuten, daß in der von Johannes benutzten Tradition bereits das Messias-Christus-Bekenntnis als anstößig empfunden und durch ὁ ἅγιος τοῦ θεοῦ, »die für den eschatologischen Propheten gebrauchte Bezeichnung«, ersetzt worden ist[68]. Dem 1. und 4. Evangelisten lagen dann verschiedene Überlieferungs-

---

[65] Vgl. R. BULTMANN, aaO 346, A. 1. Zur Korrektur des Satanswortes in das Judas-Diabolos-Wort vgl. ferner: C.K. BARRETT, The Gospel according to St. John, London 1958, 254; R.H. LIGHTFOOT, St. John's Gospel, Oxford 1956, 170.

[66] Vgl. ThW V, 289 ff (Seesemann).

[67] R. BULTMANN, aaO 214 ff; DERS., ›Johannesevangelium‹ in: RGG³ III, 840 ff.

[68] F. HAHN, aaO, 228 Anm. 4. Auch R.H. LIGHTFOOT, aaO 170 sieht in Mk 8, 29 ›the more primitive form of his confession‹.

stadien der Perikope vor, die aber beide noch das Anstößige des Messiastitels und vor allem die scharfe Zurechtweisung Petri mit dem Satanswort durchblicken lassen. Man wird also in der Johannesstelle in der Tat eine Bestätigung der ursprünglichen Zusammengehörigkeit von Messias-Bekenntnis des Petrus und Satanswort erblicken dürfen, auch wenn die durch Jesus abgewiesene Messianität nur noch aus den geglätteten Anstößen gefolgert werden kann.

V. Der verchristlichte Messias-Titel

Es ist seit WREDE mit wachsender Zustimmung erkannt worden, daß Jesus sich nicht als Messias verstand, kein ›Messiasbewußtsein‹ gehabt hat, und daß auch sein Leben un-messianisch verlief[69]. Wir fügen dem jetzt hinzu: Jesus hat mit hoher Wahrscheinlichkeit die Messias-Rolle und den Messias-Titel für sich abgewiesen. Damit aber stellt sich notwendig die Frage: Wie konnte es trotz der Ablehnung des Messias-Titels durch Jesus zur Rezeption dieses Titels und zu seiner Verchristlichung kommen? Denn so deutlich auch das Ringen der Urgemeinde nach Ostern um einen adäquaten Hoheitstitel für Jesus, den Gekreuzigten und Auferstandenen, ist und es in der Vielfalt sich zeigt, daß der historische Jesus nicht den Christus-Titel toleriert und nur bis Ostern unter ein Schweigegebot gestellt hat, so überraschend ist bald die Mitverwendung und später dominierend werdende Χριστός-Titulatur.

Den Grund für die Verchristlichung sehen wir in dem Kreuzestitulus: ὁ βασιλεὺς τῶν Ἰουδαίων, der bei den Synoptikern übereinstimmend mit Johannes in nahezu gleicher Version überliefert ist (Mk 15, 26; Mt 27, 38; Lk 23, 38; Joh 19, 19)[70]. Hier tritt uns ein Zeugnis entgegen, das im Zusammenhang mit

---

[69] G. BORNKAMM, Jesus v. Nazareth, 1956, 158, meint zwar, man solle nicht von einer »unmessianischen« Geschichte Jesu vor der Passion reden. Aber anscheinend faßt er hier »messianisch« im weiteren Sinne und nicht in der determinierten jüdischen Begrifflichkeit.

[70] Die Historizität der Kreuzesinschrift wird von R. BULTMANN, Synopt. Tradition, 293 (vgl. auch Ergänzungsheft 1962, 44) bestritten, sonst aber in verschiedenen Lagern der Forschung entschieden bejaht: M. DIBELIUS, Das historische Problem der Leidensgeschichte, ZNW 30 (1931) 200 (= Botschaft und Geschichte I, 256); DERS., Jesus, ³1960, 79; 115; H. LIETZMANN, Der Prozeß Jesu (SBA 1931, 320 = Kleine Schriften II, 261); DERS., Geschichte der Alten Kirche I, 50f; jüngst vor allem: P. WINTER, On the trial of Jesus, 1961, 107ff; N. A. DAHL, Der gekreuzigte Messias, in: Der historische Jesus und der kerygmatische Christus, 1960, 189f. – In der Sache allerdings urteilt auch BULTMANN, »daß Jesus von den Römern gekreuzigt worden ist, also den Tod eines politischen Verbrechers erlitten hat. Schwerlich kann diese Hinrichtung als die innerlich notwendige Konsequenz seines Wirkens verstanden werden; sie geschah vielmehr aufgrund eines Mißverständnisses seines Wirkens als eines politischen« (Das Verhältnis der urchristlichen Christusbotschaft zum historischen Jesus, SHA 1960, 20). – Als Grund für die Übernahme des Christostitels gaben bereits: C. T. CRAIG, The Problem of the Messiahship of Jesus (NT, hrsg. von E. P. BOOTH, New York-Nashville 1942, 95ff) und N. A. DAHL aaO den Kreuzestitulus an.

dem Pilatus-Verhör und der hier begegnenden gleichen Messias-Prädikation
(Mk 15, 2: Mt 27, 11; Lk 23, 3; vgl. auch Joh 18, 33) vielfach bezweifelt wird,
weil die Antwort Jesu auf die Pilatusfrage mit dem bejahend zu verstehenden
σὺ λέγεις Verdacht schöpfen läßt[71]. Jedoch fällt mit der Sekundarität des Titels
im Pilatus-Verhör nicht zugleich auch die Authentie der Kreuzesinschrift. Für
die Historizität der Titulus-Worte[72] spricht vielmehr stark deren Formulierung,
die judenverächtlich und römisch ist. Eine christliche Erfindung würde zunächst den Χριστός-Titel gewählt oder mindestens nicht ausgelassen haben.
Die Urgemeinde würde auch Jesus kaum als ›König der *Juden*‹, sondern allenfalls als βασιλεὺς Ἰσραήλ bezeichnet haben, zumal Ἰουδαῖος auf politische
und soziologische Zusammenhänge verweist, zuerst von Nicht-Juden benutzt
und dann erst von Diaspora-Juden übernommen wurde, während Ἰσραήλ
Selbstbezeichnung mit sakralem Ton blieb[73]. Es ist auch ganz in dieser Linie,
daß die Spottformel der jüdischen Gegner Jesu unterm Kreuz Mk 15, 32
lautet: ὁ χριστὸς ὁ βασιλεὺς Ἰσραήλ. Vom authentischen Kreuzestitulus aus ist
der βασιλεύς-Titel dann zum Wendepunkt des Messiasbegriffs geworden.

. Weil der am Kreuz Gestorbene von Gott erhöht worden ist und als Gottes
Sohn offenbar wurde, darum war das Kreuzesgeschehen selbst Gottes Handeln
und der Titulus am Kreuz Gottes ἐπιγραφή. Also war Jesus von Nazareth der
›Gesalbte König‹ – freilich ein ›König‹ und ›Gesalbter‹ in einer gänzlich
neuen, durch Gott selbst gesetzten Konzeption. Das vom Osterglauben aus-
gehende positive Verstehen des Kreuzes führte also zur Aufnahme des Messias-
titels in gewandelter Begrifflichkeit, führte die Verchristlichung des jüdisch
diesseitigen Messias-Titels herauf. Aus dem politischen Messias wurde der
eschatologische Christus; was außer dem Worte blieb, war der triumphierende
Sieg des Gesalbten, freilich ein Sieg durch den Tod am Kreuz.

Die in der Urgemeinde bewahrten vorösterlichen Überlieferungen aus dem
Leben Jesu bedurften nunmehr einer Interpretation aufgrund der Geschichte.
Das Kerygma vom gekreuzigten und auferstandenen ›Gesalbten‹ und ›Menschensohn‹ korrigierte die Zeit *vor* dem eschatologischen Ereignis des offen-
barten Heils. Nicht nur der Ablauf der Passionszeit, auch die Verkündigung

---

[71] Die Kritik an der Historizität der Kreuzesinschrift setzt BULTMANN, aaO vor allem an
der Pilatusfrage Mk 15, 2 an. Diese ist auch meiner Ansicht nach sekundär, auch was den
hier bereits erscheinenden Titel angeht. Aber die Ausbreitung des βασιλεύς-Titels in Mk 15,
1–20 muß ja einen Grund haben, und dieser liegt m. E. in 15, 26 vor.

[72] Mit ›Historizität‹ des Titulus ist die Authentie der Worte gemeint, die die causa poenae,
die αἰτία, angeben. Nicht soll behauptet werden, daß die Anbringung einer Tafel, von der
im NT Mk 15, 25; Mt 27, 37; Lk 23, 38 und Joh 19, 19 berichten, gesichert sei. Hierfür
gibt es keinerlei Parallele in den zeitgenössischen Quellen.

[73] Vgl. ThW III, 360 ff (K. G. KUHN) und E. DINKLER, in: Festschrift für G. DEHN (1957)
83, Anm. 7.

Jesu wurde von der österlichen Glaubenserkenntnis aus neu gesehen und gestaltet. Die Geschichte des Petrusbekenntnisses und des Satanswortes war jetzt in ihrer ursprünglichen Überlieferungsform unverständlich und wurde ›verchristlicht‹, d. h. in den Bereich der Osterwahrheit hineingenommen. Freilich geschah dies in einer Weise, die noch die Korrekturen deutlich sichtbar bleiben ließ. Wird doch noch im markinischen Text das Messias-Bekenntnis des Petrus zunächst unter das Schweigegebot (8, 30) gestellt und sodann der Messias-Christus-Titel durch die Leidensweissagung interpretiert, d. h. historisch korrigiert (8, 31), in dieser Konzeption aber von Petrus nicht bejaht. Die bei allen Synoptikern erhaltene Stellung der ersten Leidensverkündigung im Anschluß an das Messiasbekenntnis zeigt also noch deutlich, daß die Gemeinde hier eines Kommentares bedurfte. Er mußte gegeben werden, solange noch im Titel Χριστός der Hintergrund des jüdischen Messiasbegriffes durchblickte[74]. Die heutige Perikope des Messiasbekenntnisses zu Caesarea Philippi ist also das Ergebnis und nicht etwa die Ursache der nachösterlichen Verbindung sachlich widerstrebender Vorstellungen vom Messias und vom Menschensohn. Denn die Ursache lag im Kreuzesgeschehen selbst und in der Möglichkeit, den Kreuzestitulus mit seiner Proklamation der causa poenae vom Ostersieg aus zu interpretieren.

Man könnte noch fragen, ob nicht die Verbindung des Leidensmotivs mit dem Messiasbegriff in der Lehre Jesu von der Niedrigkeit und der Nachfolge als einem ›Kreuztragen‹ vorbereitet sei[75]. Hierfür könnte vorgebracht werden, daß wohl nicht zufällig auf das Petrusbekenntnis und Satanswort sofort das Wort von der Selbstverleugnung und vom Kreuztragen folgt und die negative Antwort an Petrus nun durch eine positive Anweisung an alle Jünger ausklingt. Die sowohl durch Markus (8, 34; vgl. Mt 16, 24; Lk 9, 23) als auch durch Q (Mt 10, 38; Lk 14, 27) überlieferten Worte gehen auf ein authentisches Logion Jesu zurück, dessen älteste Form in der Q-Tradition und hier in der Lk-Form

---

[74] Ähnlich F. Hahn, aaO 174 f.

[75] E. Schweizer, Erniedrigung und Erhöhung bei Jesus und seinen Nachfolgern, Zürich 1955, tritt in seiner zweifellos systematisch-theologisch gewichtigen Monographie für eine Verbindung des Nachfolgemotivs mit dem Leidensmotiv ein. Aber er macht es sich m. E. zu einfach, wenn er bei exegetischen Schlüsselfragen wie der des Menschensohn-Titels bei Jesus und der nach dem ursprünglichen Sinn des Kreuztragens – ohne in eine sachliche Überprüfung einzutreten – urteilt, die Thesen von Bultmann zur Menschensohnfrage und meine Interpretation von Mk 8, 34 ließen sich »wohl doch nicht halten« (S. 12) oder »dürfte(n) sich nicht halten lassen« (S. 14. A. 40). Gerade hier müßte die Basis für Schweizers Sicht gelegt und deshalb eine entgegenstehende These widerlegt werden. – Zur Frage, wieweit in vorchristlicher Zeit vom deuterojesajanischen Gottesknecht Züge auf den Messias übertragen wurden, vgl. zuletzt M. Rese, in ZThK 60 (1963) 21 ff in Auseinandersetzung mit J. Jeremias: παῖς Θεοῦ, ThW V, 676–698.

(aufs Ganze gesehen) erhalten blieb. Daß jedoch ursprünglich in dem Jesus-Logion nicht vom σταυρός die Rede und auch kein Bild vom Leidenmüssen benutzt war, sondern das λαμβάνειν τὸ σημεῖον und damit die Versiegelung und Buße gefordert wurde, legte ich in einem früheren, Bultmann gewidmeten Aufsatz dar[76]. Beachtet man nun weiter, daß in der Mk-Überlieferung ein ursprüngliches (bei Lk 14, 27 erhaltenes) ἔρχεσθαι ὀπίσω μου durch ἀκολουθεῖν ersetzt wurde, so kann der Grund hierfür nur in dem vorgegebenen ἔρχεσθαι ὀπίσω μου im Satanswort liegen, das ein anderes Verb erforderlich machte. Damit aber erweist sich 8, 34 als sekundär durch den Evangelisten mit dem Petrusbekenntnis und Satanswort verbunden und als zusätzliche ›Verchrist-lichung‹ des Messiasbegriffes. Das Leidenmüssen läßt sich also nicht als Topos in der Verkündigung Jesu von der Gottesherrschaft und Dringlichkeit der Buße verankern.

Was anderseits den Gedanken des Leidens und Sterbens in Jesu Wissen um seinen eigenen Auftrag angeht, so wären theoretisch zwei Möglichkeiten denkbar, die beide auch in der Forschung vertreten wurden: 1. Jesus könnte nach und nach, stufenweise, erkannt haben, daß seine Konflikte mit den religiösen Führern des Volkes auf eine Krise hinführen, bei der er äußerlich der Unterliegende sein mußte. 2. Jesus könnte die theologische Überzeugung gehabt haben, daß der eschatologische Prophet der nahenden Gottesherrschaft leiden und sterben müsse, sei es als der leidende Gerechte für sein Volk, zu einer Erlösung für Viele – wie es Mk 10, 45 vom Menschensohn heißt –, sei es um des von Gott geforderten unbedingten Gehorsams in der Selbstpreisgabe willen.

Im ersten Falle hätte das Leidensmotiv den Charakter einer aus der Erfahrung langsam erwachsenden Einsicht in die Möglichkeit, gesteigert bis zur nicht mehr zweifelhaften Gewißheit einer ›tragischen‹ Wendung, und kam es Jesus darauf an, daß seine Jünger nicht an ihm und damit an der Wahrheit seiner Botschaft irre würden. Im zweiten Falle wäre das Leidensmotiv ein vor aller Erfahrung – etwa aus Jesaja 53 oder Psalm 22 – feststehendes prophetisches Wissen[77], und es kam darauf an, die Jünger davon zu überzeugen und ihr leidensfeindliches, in der jüdischen Messiastradition liegendes, triumphierendes Bild von seiner Sendung durch eine Belehrung über die gottgewollte Notwendigkeit der Erlösung zu korrigieren.

Die synoptischen Evangelien enthalten Züge beider Möglichkeiten und verbinden sie in unreflektierter Weise: Einerseits ist das Leidenmüssen keine allmäh-

---

[76] »Jesu Wort vom Kreuztragen«, Neutestamentl. Studien für R. Bultmann, BZNW 21 (1954) ²1957, 110–129.
[77] So zB H.W.WOLFF, Jesaja 53 im Urchristentum, (1950) ³1952; vgl. auch dazu die Kritik von E. KÄSEMANN, VF 1949/50, 1952, 200ff.

lich wachsende Einsicht Jesu, sondern eine feste und von vornherein feststehende Erkenntnis von durchaus theologisch-dogmatischem Charakter. Schon im Fastenstreit Mk 2 wird faktisch, im Verständnis des Evangelisten jedenfalls, eine Weissagung auf den Tod Jesu gegeben: die Jünger werden fasten, wenn der Bräutigam von ihnen gegangen ist (2, 20). Anderseits gibt Mk gleichwohl vormarkinische Überlieferungen weiter, nach denen Jesus erst von einem gewissen Zeitpunkt an – zunächst im späteren Leben fixiert, aber immer weiter vorrückend – seine Jünger das Leidenmüssen lehrt und von diesen nicht verstanden werden will. Die Caesarea-Perikope ist hierfür ja ein prägnantes Beispiel! – Man kann also, wie es HANS VON SODEN zu tun pflegte, zwischen einer *dogmatischen* und einer *pragmatischen* Leidensthematik unterscheiden, muß aber dann zugeben – wie gerade Mk 8, 27–33 zeigt –, daß auch in die pragmatische Konzeption lehrhafte Motive eindringen. Wirklich gewichtig für die Frage nach einer möglichen Korrektur des Messiasbegriffes durch Jesus selbst wäre die dogmatische Linie. Und hier ist die Beobachtung nicht zu überspringen, daß in unseren synoptischen Evangelien, bei aller lehrhaften Ausbreitung des Leidensmotives im Zusammenhang mit dem Menschensohn-Begriff, die Lehre selbst – zumindest bis Ostern – den Jüngern völlig fremd geblieben zu sein scheint. Auch fällt auf, daß nirgends die Verkündigung der βασιλεία τοῦ θεοῦ mit einer Entfaltung des Leidensmotivs verbunden wird, ja, daß eine eigentliche *Leidensdogmatik* trotz der Leidensankündigungen fehlt. Unsere Perikope zeigt ja deutlich, wie neben das Bekenntnis des Petrus zu Jesus als Χριστός die Paradoxie des Leidens einfach als Tatsache hingestellt wird.

Diese Kombination nun ist geschichtlich undenkbar. Entweder ist die Leidenserkenntnis Jesu pragmatisch entstanden, dann konnte sie nicht lehrhaft auftreten; oder sie war dogmatischer Natur, dann konnte sie nicht seinen Jüngern bis hin zum Kreuz völlig fremd und in ihrem soteriologischen Skopus unverständlich geblieben sein. Und wenn diese oder jene Möglichkeit dennoch einen Ansatz in der Verkündigung Jesu hätte, so bliebe es ein Rätsel, daß im gesamten Stoff der Spruchtradition Q kein einziges Wort das Leidensthema Jesus aufgreifen oder darauf anspielen läßt[78]. Man muß sich der Einsicht beugen, daß Jesus weder das Leidensmotiv in seine Verkündigung der Gottesherrschaft aufgenommen, noch selbst eine »indirekte Christologie« gelehrt hat[79]. Nicht

---

[78] Das ist natürlich nicht im Blick auf die kanonischen Evangelientexte gesagt, sondern hinsichtlich der authentischen Tradition und setzt das Ergebnis des in Anm. 76 genannten Beitrags voraus.

[79] Der m. W. von H. CONZELMANN, Art. Jesus Christus (RGG³ III [1959] 631) und DERS., Zur Methode der Leben-Jesu-Forschung (ZThK 1. Beiheft 1959, 4–14) eingeführte Begriff der ›indirekten Christologie‹ ist unglücklich, weil er eine nachösterliche ›Lehre‹ in der Verkündigung Jesu angelegt sein läßt, damit gewiß die Kontinuität wahrt, aber das

Pragmatik, noch Dogmatik haben den Messiasbegriff ›christianisiert‹, sondern ein Geschehen, ein Handeln Gottes im Kreuzes- und Osterereignis, hat hierzu den Grund gegeben.

Unser Ergebnis:

1. Die Caesarea-Perikope ist in ihrer bei Markus vorliegenden Form die nachösterliche Bearbeitung einer ins Leben Jesu zurückweisenden Tradition, redigiert aufgrund des Heilsereignisses von Kreuzigung und Auferstehung, das Jesus als den Gesalbten Gottes offenbarte. Die ursprüngliche Tradition bezeugt die Verbindung des Petrus-Bekenntnisses von Jesus als dem künftigen Messias mit einer expliziten Antwort Jesu, nämlich dem Satanswort. Demnach hat Jesus die Rolle eines Messias abgelehnt und mit der Zurückweisung dieser Rolle und des Titels der Urgemeinde die Suche nach einem adäquaten Titel auferlegt.

2. Die Wahrheit des christlichen Bekenntnisses, daß Jesus der Christus ist, beruht nicht auf einer unter dem Geheimhaltungsgebot stehenden Bejahung des Petrusbekenntnisses durch den historischen Jesus, sondern ist bleibende Wahrheit aufgrund des Osterglaubens, der eine Antwort auf Gottes im Kreuz sich offenbarendes Heilshandeln ist.

3. Die Konsequenz dieses Ergebnisses ist, daß eine Kontinuität zwischen der Verkündigung Jesu und dem Kerygma der Urgemeinde zwar in der Eschatologie – und der von ihr getragenen Ethik – besteht, gewiß als Kontinuität von Sache und Deutung differenzierbar, daß aber hinsichtlich vorösterlicher Messianologie und nachösterlicher Christologie ein Umbruch vorliegt. Dieser läßt sich nicht durch eine auf Jesus zurückführbare direkte oder indirekte Verchristlichung des jüdischen Messiasbegriffes erklären, sondern hat seinen Grund *allein in Gottes Handeln*, das sich in der ursprünglich jeder traditionellen Prädikation entziehenden Person Jesu von Nazareth an Karfreitag und Ostern dem Glauben offenbarte.

4. Der vorliegende Beitrag knüpfte an bei zwei Äußerungen von M. BUBER. Die erste: »Messianische Selbstmitteilung ist Zersprengung der Messianität«

›Sendungs‹- und ›Vollmachtsbewußtsein‹ Jesu unangemessen gegenüber den dem Judentum seiner Zeit eigenen Vorstellungen abhebt. Nun ist zwar nicht anzuzweifeln, daß Jesus sein Auftreten mit Wort und Tat als eschatologisches Zeichen, ja, »daß er sich selbst sozusagen als eschatologisches Phänomen verstanden hat« (R. BULTMANN, Das Verhältnis der urchristlichen Christusbotschaft zum historischen Jesus, 16). Dennoch scheint mir die Rede von einer ›indirekten Christologie‹ insofern gefährlich, als in der Vollmacht und Sendung Jesu der Akzent ganz auf die Gottesherrschaft und nicht auf einen indirekt mitgegebenen ›Christus‹ fällt. Ob hier nicht doch zu stark Brücken für eine Kontinuität geschlagen werden? Hat nicht E. HEITSCH, Die Aporie des historischen Jesus als Problem theologischer Hermeneutik (ZThK 53, 1956, 196–210) radikaler und gewiß provozierender, indes sachadäquater geurteilt?

bleibt auch für eine kritisch-historische Beurteilung der Stellung Jesu zur Messiasfrage bestehen. Gerade deshalb aber eignet Jesus nicht jene »Erstheit«, die BUBER in der zweiten Äußerung ihm zuweist. Denn Jesus wollte eben nicht ›der Messias‹ sein, und der Titel wurde ihm erst beigelegt, als er durch Einbeziehung der Menschensohn-Dogmatik in christianisierter Begrifflichkeit dem Mißverständnis entzogen war. – Im übrigen wurde dieser Beitrag auch zu einer Auseinandersetzung mit einigen traditions- und redaktionsgeschichtlichen Urteilen von R. BULTMANN, dem ich meinen Dank nicht anders bezeugen konnte und kann, als durch eine ›kritische‹ Untersuchung. Das Ergebnis liegt freilich in der Linie dessen, was er selbst in seinem Heidelberger Akademie-Vortrag forderte[80], nämlich den Glauben an das Christus-Kerygma freizuhalten von einer künstlich gestalteten Kontinuität mit dem Kerygma Jesu. Die Verkündigung Jesu zielt auf die Gottesherrschaft und nicht auf die Person ihres Künders ab. Die Urgemeinde aber hatte aufgrund ihres Wissens um die Einheit der Person des erhöhten Christus mit dem historischen Jesus keine Bedenken, ihr Christus-Kerygma bereits durch Jesus verkündigen und demgemäß den Messias-Titel durch Jesus selbst christianisieren zu lassen.

---

[80] R. BULTMANN, Das Verhältnis der urchristlichen Botschaft zum historischen Jesus, 17.

ERWÄGUNGEN
ZUR CHRISTOLOGIE DES MARKUSEVANGELIUMS

PHILIPP VIELHAUER

Die Untersuchungen zur Theologie des Markusevangeliums haben noch nicht zu solch überzeugenden und weithin anerkannten Ergebnissen geführt wie HANS CONZELMANNS Lukasbuch[1]. Das liegt einerseits daran, daß die Vorlagen des Mk und seine redaktionelle Arbeit sehr viel schwerer festzustellen sind als die des Mt und Lk. Das liegt andererseits daran, daß die Untersuchungen entweder nur Einzelaspekte behandeln (so etwa WILLI MARXSEN[2]) oder, wenn sie das ganze Markusevangelium zum Gegenstand nehmen, nicht genügend scharf zwischen Tradition und Redaktion unterscheiden (so JAMES M. ROBINSON[3]). Erst das große Markusbuch von T. A. BURKILL (Mysterious Revelation, 1963) macht hier eine Ausnahme. Auch nach dem Erscheinen dieses Werkes scheinen mir aber die folgenden Erwägungen für ein Einzelproblem noch berechtigt zu sein. Es geht ihnen um die Frage nach der Bedeutung der Geschichte Jesu für die Christologie des Mk.

I.

Zwei Elemente der Theologie des Markusevangeliums sind allgemein anerkannt: Erstens die Gültigkeit der These M. KÄHLERS, die Evangelien seien »Passionsgeschichten mit ausführlicher Einleitung«, speziell für Mk, und zweitens die Erkenntnis W. WREDES von der Theorie des »Messiasgeheimnisses« bzw. der Charakter des Mk als des »Buches der geheimen Epiphanien« (M. DIBELIUS).

---

[1] Die Mitte der Zeit, 1954, ³1960. – Zur Diskussion über Mk vgl. FEINE-BEHM-KÜMMEL, Einleitung in das NT, ¹²1963, 46–53.

[2] Der Evangelist Markus, 1956. – Ferner JOHANNES SCHREIBER, Der Kreuzigungsbericht des Markusevangeliums, Diss. Ev.-Theol. Bonn 1959 (Masch.); DERS., Die Christologie des Markusevangeliums, ZThK 58, 1961, 154–183; EDUARD SCHWEIZER, Anmerkungen zur Theologie des Markus: Neotestamentica et Patristica (Festschrift für O. Cullmann) 1962, 35–46 (Lit.).

[3] Das Geschichtsverständnis des Markusevangeliums, 1956.

Problematisch ist dagegen die These R. Bꜱᴏᴛᴍᴀɴɴꜱ, die Absicht des Mk sei »die Vereinigung des hellenistischen Kerygma von Christus, dessen wesentlicher Inhalt der Christusmythos ist, wie wir ihn aus Paulus kennen (besonders Phil 2, 6 ff; Röm 3, 24), mit der Tradition über die Geschichte Jesu«[4]. Es ist zweifellos richtig, daß Mk den Stoff der Geschichte Jesu für hellenistisch-heidenchristliche Leser sammelt, komponiert und interpretiert. Aber es fragt sich, ob das ihn bestimmende Kerygma mit den beiden genannten Stellen (die natürlich nur paradigmatisch stehen) zutreffend gekennzeichnet ist. Die Vorstellung vom Sühnetod Jesu wurzelt doch wohl in palästinisch-urgemeindlicher Tradition und ist nicht konstitutiv für die markinische Christologie; sie begegnet nur zwei Mal (Mk 10, 45; 14, 24), fehlt aber ganz da, wo man sie am ehesten erwarten würde, in der eigentlichen Passionsgeschichte und in den Leidensweissagungen. Diese stehen unter dem Gedanken des göttlichen δεῖ, des Vorherwissens und der willigen Leidensübernahme Jesu; jene ist bestimmt vom Schriftbeweis und dem Gedanken der erfüllten Weissagung. Hinsichtlich des Christus-Mythos Phil 2, 6 ff hat Bꜱᴏᴛᴍᴀɴɴ selbst schon betont, daß Mk den Präexistenzgedanken nicht aufgenommen hat; doch meint er, Mk habe, »wie wahrscheinlich als hellenistischer Christ der paulinischen Sphäre«[5], diese Vorstellung vertreten, sie aber noch nicht, wie nach ihm Johannes, mit einer Darstellung des Lebens Jesu zu verbinden vermocht[6]. J. Scʜʀᴇɪʙᴇʀ hat zu zeigen versucht, daß Mk die Vorstellung von der Präexistenz, der Sendung und der Erhöhung des Erlösers kenne[7], und daß die Theorie vom Messiasgeheimnis vom Christusmythos bedingt sei[8]. Aber beides hat mich nicht überzeugt. Denn für das Erstgenannte bietet das Winzergleichnis schwerlich genügenden Anhalt; und für das Zweite sind 1 Kor 2, 8 und analoge Stellen kein Beweis: Hier ist der Erlöser den dämonischen Mächten verborgen, bei Mk ist seine wahre Würde gerade ihnen offenbar. Die mythischen Elemente in Mk, auf die Bꜱᴏᴛᴍᴀɴɴ verweist, sind dem Traditionsstoff von Jesu irdischem Wirken verhaftet, während dieses nach Phil 2, 7 f pures Menschsein ohne jeden übernatürlichen Zug ist. Man wird Mk also nicht als Vertreter jenes so charakterisierten hellenistischen Kerygma kennzeichnen können.

Doch auch die Theorie vom »Messiasgeheimnis« ist wohl nicht ganz in Wʀᴇᴅᴇꜱ Fassung zu übernehmen. Zunächst dürfte ihr Verständnis als Apologetik zu eng sein und dem markinischen Sinn nicht gerecht werden. Ferner

---

[4] Die Geschichte der synoptischen Tradition, [5]1961, 372 f.

[5] AaO 270.   [6] AaO 374.

[7] ZThK 1961, 166 f; unter Hinweis auf das Winzergleichnis Mk 12, 1 ff, besonders v. 6 und 10–12.

[8] AaO 156 f unter Hinweis auf Phil 2, 6–11; 1 Kor 2, 8 u. a. Stellen (156, Anm. 2).

hat die formgeschichtliche Forschung gezeigt, daß der von Mk vorgefundene und verarbeitete Traditionsstoff nicht »unmessianisch«, sondern schon von bestimmten christologischen Vorstellungen geprägt war[9]; das gilt besonders von den Wundererzählungen und der Leidensgeschichte. Schließlich ist die Terminologie – »Messiasgeheimnis« und »messianisch« – unpräzis und gibt zu Mißdeutungen, meist unterschwelliger Art, Anlaß. Zwar hat WREDE nachdrücklich betont, daß »Messias« bei Mk nicht im traditionellen jüdischen Sinne zu verstehen sei, sondern das übernatürliche Wesen Jesu bezeichne wie der Titel »Sohn Gottes«[10]. Aber diese Aussage müßte inhaltlich noch genauer bestimmt werden.

Eindeutig werden »der Messias« und »der Sohn des Hochgelobten« – dazu der Menschensohn – Mk 14, 61 f miteinander identifiziert. Trotzdem sind die Titel nicht einfach auswechselbar; sie gehören verschiedenen Aussagebereichen an, kennzeichnen verschiedene Aspekte der Person, der Funktion und des Schicksals Jesu und sind nur darin identisch, daß sie Jesus bezeichnen.

Es ist bezeichnend, daß nur im Petrusbekenntnis der Messiastitel mit dem Schweigegebot belegt wird. Dem entspricht der Gebrauch von (ὁ) χριστός bei Mk. Das Wort ist zwei Mal Eigenname (1, 1; 9, 41), fünf Mal Titel, davon ein Mal auf Pseudomessiasse (13, 21), die anderen Male auf Jesus bezogen, davon zwei Mal in feindlichem Sinn (14, 61; 15, 32). Es verbleibt das Vorkommen im Petrusbekenntnis und in der Davidssohnfrage (8, 29; 12, 35). Letztere stellt eine Debatte dar, in der die Messianität Jesu vorausgesetzt wird[11]. Nur das Petrusbekenntnis enthält eine ausdrückliche Prädizierung Jesu als des Messias. Dieser Sachverhalt zeigt, daß χριστός = Messias nicht der wichtigste Titel Jesu bei Mk ist und daß schon von daher der Ausdruck »Messiasgeheimnis« nur mit Vorbehalt gebraucht werden kann.

Der Häufigkeit nach könnte »Menschensohn« der wichtigste Titel sein; er charakterisiert Jesus als den eschatologischen Richter[12], den Leidenden[13] und den gegenwärtig Wirkenden[14]. Dieser Titel ist in viel stärkerem Maße als der des Messias mit der Geheimnistheorie verknüpft – allerdings nur in seiner Verwendung in den Leidensaussagen, und d. h. im Bereich der esoterischen Belehrung der Jünger und ihres Unverständnisses; nirgends aber wird dieser Titel mit dem Schweigegebot belegt. Hinzu kommt, daß er, abgesehen von

---

[9] Vgl. H. CONZELMANN, ZThK 54, 1957, 294.
[10] Das Messiasgeheimnis in den Evangelien, 1901, 76f.
[11] Hierzu vgl. BULTMANN, aaO 144–146.
[12] Mk 8, 38; 13, 26; 14, 62.
[13] Mk 8, 31; 9, 9. 12. 31; 10, 33. 45; 14, 21 (bis) 41.
[14] Mk 2, 10. 28.

Mk 2, 10. 28, nur in Mk 8, (27). 31–14, 62 vorkommt. Wegen dieser Streuung des Titels und wegen seiner Mehrschichtigkeit kann man nicht von »Menschensohnchristologie« oder von einem »Menschensohngeheimnis« als der tragenden Theorie des Mk sprechen.

Mehrschichtig ist auch der Gebrauch der Bezeichnung »Sohn Gottes« für Jesus, die sieben Mal bei Mk begegnet[15]. Zum größten Teil ist sie durch vormarkinische Tradition gegeben (1, 11; 5, 7: 9, 7; 13, 22; 14, 61?; 15, 39); sicher redaktionell ist sie 3, 11 innerhalb eines Summariums (3, 10–12). Ihr Auftreten in einem redaktionellen Abschnitt zeigt das Interesse des Evangelisten an diesem Titel. Das Schweigegebot begegnet aber nur zwei Mal im Zusammenhang mit ihm, in dem Summarium 3, 12 und im Anschluß an die Verklärungsgeschichte 9, 9; freilich wäre es an allen anderen Stellen (außer 5, 7) wegen Art und Inhalt der Texte auch nicht am Platz. Sein Fehlen nach 5, 7 (dem Ausruf des besessenen Gadareners: »Jesus, du Sohn des höchsten Gottes!«) frappiert freilich im Blick auf 3, 11f, wo Mk als typischen Ruf der Dämonen angibt: »Du bist der Sohn Gottes!«, und als ebenfalls typischen Zug das Schweigegebot hervorhebt (vgl. 1, 34); aber es erklärt sich wohl daraus, daß das Schweigegebot nur Juden auferlegt wird[16]. Das Schweigegebot trifft aber auch eine andere Titulierung Jesu durch einen Dämonischen (»Der Heilige Gottes« 1, 24f). Aber auch andere Wunder Jesu, bei denen kein Hoheitstitel ausgesprochen wird, sollen geheim bleiben[17]. Die Bedeutung dieses Sachverhaltes ist bekannt: die Wunder Jesu sind Äußerungen seiner übernatürlichen Macht, aber nur die Dämonen erkennen dank ihrer übernatürlichen Einsicht, wer er ist (1, 34; 3, 11); damit ist auch der Sinn des Titels »Sohn Gottes (des Höchsten)« (3, 11; 5, 7), aber auch »der Heilige Gottes« eindeutig: Er bezeichnet Jesus als $\vartheta\varepsilon\tilde{\iota}o\varsigma$ $\dot{a}\nu\dot{\eta}\varrho$, als der er durch die Wundererzählungen gekennzeichnet ist. – Dagegen wird er durch die Verklärungsgeschichte und durch die in ihr vorkommende Titulatur (»Dies ist mein geliebter Sohn«) nicht als $\vartheta\varepsilon\tilde{\iota}o\varsigma$ $\dot{a}\nu\dot{\eta}\varrho$ gekennzeichnet. Wenn Mk dem Vorgang und dem Titel durch das Schweigegebot 9, 9 hohe theologische Bedeutsamkeit zumißt, dann deshalb, weil sich hier offenbart, wer Jesus ist. – Aber »Sohn Gottes« ist 3, 11 und 9, 7

---

[15] Mk 3, 11; 5, 7 (im Munde von Dämonen); 14, 61 (Frage des Hohenpriesters); 15, 39 (der Centurio unter dem Kreuz); dazu kommen 1, 11; 9, 7 (Gottesstimme) und 13, 32 (im Munde Jesu). Der Titel »Sohn Gottes« 1, 1 ist textlich zu schlecht bezeugt, als daß er ursprünglich sein könnte.

[16] Vgl. Mk 7, 24–30 und SCHREIBER, ZThK 1961, 156, Anm. 3.

[17] Mk 5, 43; 7, 36; 8, 26. Mk versteht das Gebot an den geheilten Aussätzigen 1, 44 wohl auch im Sinne der Geheimnistheorie, obwohl es in dem Überlieferungstück 1, 40ff ursprünglich den Sinn hat, den Vorschriften der Gesundheitsbehörde korrekt nachzukommen.

in verschiedenem Sinn gebraucht. Da im zeitgenössischen Judentum der Messias nicht als Wundertäter galt und »Gottessohn« keine spezifische Messias-bezeichnung war, ist der Ausdruck »Messiasgeheimnis« ungenau und wegen der inhaltlichen Verschiedenheit des Terminus »Sohn Gottes« auch nicht zur »Be-zeichnung des übernatürlichen Wesens Jesu« geeignet.

Die Bedeutung des Titels »Sohn Gottes« an den anderen markinischen Stellen ist ebenfalls nicht einheitlich. Und doch zeigt sein Vorkommen in allen Teilen des Mk, und zwar an besonders wichtigen Stellen (Taufe, Verklärung, Verhör und Tod), daß er für den Evangelisten von entscheidender Bedeutung ist. Das Schweigegebot 3, 11f und 9, 9 dürfte auch darauf hinweisen, daß Mk die verschiedenen Bedeutungen des Ausdrucks »Sohn Gottes« koordiniert. Es soll versucht werden zu klären, wie Mk ihn versteht.

II.

Der absolute Gebrauch von ὁ υἱός (und zwar in Relation zu ὁ πατήρ) 13, 32 ist in Mk ebenso singulär wie das Motiv der Unwissenheit Jesu. Wie es sich mit Herkunft und Alter des Spruches verhalten mag, die in ihm sich äußernde Auffassung der Gottessohnschaft Jesu ist nicht markinisch und kann hier außer acht bleiben.

Dagegen haben die Frage des Hohenpriesters und die Antwort Jesu vor dem Synhedrium (14, 61f) eine wichtige Funktion im Ganzen des Markusevange-liums; Jesus bekennt sich vor der höchsten Instanz des jüdischen Volkes offen zu seiner wahren Würde. Es ist daher kein Zufall, daß hier die drei wichtigsten Titel, die sonst nur je einzeln in verschiedenen Traditionsstücken auftreten, miteinander identifiziert werden: »Sohn des Hochgelobten« ist Apposition zu ὁ χριστός und ὁ χριστός wird durch »Menschensohn« aufgenommen. Auch wenn der Text keine markinische Bildung, sondern ein Überlieferungsstück ist, ist er traditionsgeschichtlich jung: die Gleichsetzung der Titel verrät eine starke christologische Reflexion[18]; die Charakterisierung des kommenden Men-schensohns mit Hilfe von Dan 7, 13 und vollends die Kombination dieser Stelle mit einem Motiv aus Ps 110, 1 zeigen ein fortgeschrittenes Stadium der Aufarbeitung des christologischen Schriftbeweises; alles Anzeichen für die traditionsgeschichtliche Jugend von Mk 14, 61f, selbst wenn, was keineswegs sicher ist, die Umschreibung des Gottesnamens (der Hochgelobte v. 61, die Macht v. 62) auf palästinische Herkunft weisen sollten[10].

---

[18] Vgl. H. E. TÖDT, Der Menschensohn in der synoptischen Überlieferung, 1959, 33 ff.
[19] Gegen FERDINAND HAHN, Christologische Hoheitstitel, 1963, 181, nach dem der Text »immerhin die älteste Form der urchristlichen Vorstellung von Jesus als dem (zu-

Im Munde des Hohenpriesters scheint die Frage: »Bist du der Messias, der Sohn des Hochgelobten?« den traditionell jüdischen, politischen und nationalen Sinn von Messiaskönig zu haben. Aber daß Jesus die Frage mit der Identifikationsformel ἐγώ εἰμι[20] uneingeschränkt bejaht, macht deutlich, daß Frage und Antwort nicht im jüdischen Sinne verstanden werden sollen – schon in dem Traditionsstück, nicht erst im Zusammenhang des Markusevangeliums.

Erst recht weist die Verschmelzung der Vorstellung vom Messias und des vom Himmel kommenden Menschensohns darauf hin, daß die irdisch-nationalen und politischen Implikationen des jüdischen Messiasbegriffs negiert sind, obwohl die Vorstellung königlicher Macht (v. 62a) betont wird. Die Verschmelzung der beiden Gestalten ist im Judentum noch nicht, sondern erst im Christentum vollzogen. Ferner war, wie schon erwähnt, »Sohn Gottes« im Judentum kein Messias*titel*, wenn auch dieser Ausdruck beziehungsweise seine Äquivalente (Ps 2, 7 und 2 Sam 7, 14) in qumranischer und rabbinischer Exegese auf den Messias bezogen wurden. Das spricht dafür, daß »der Sohn des Hochgelobten« zwar Königstitulatur, aber doch erst interpretatio christiana des Messiastitels ist. Der Skopus von Mk 14, 61 f liegt auf der Identifikation des Messias mit dem Menschensohn, nicht mit dem Gottessohn, wie schon die appositionelle Stellung dieser Prädikation zeigt. Die Antwort Jesu ist ein Drohwort: der als politischer Messiasprätendent angeklagte (und verurteilte) Jesus wird als Menschensohn-Weltrichter seinen Richtern erscheinen. – Die hier vorausgesetzte Christologie beansprucht die Messianität, wenn auch korrigiert, durchaus für Jesus; aber der Akzent liegt auf seiner künftigen Funktion als »Menschensohn«. Die häufig, zuletzt von F. Hahn betonte »Unanschaulichkeit« der Szene v. 62 besteht nur, wenn das Bild von Matthäus (Mt 26, 64 ἀπ᾽ ἄρτι; anders Lk 22, 69) bestimmt wird. Sie wird auch nicht durch Hahns Auskunft beseitigt, die Inthronisation Jesu zum Messiaskönig und sein Kommen auf den Wolken des Himmels fänden gleichzeitig, nämlich bei der Parusie statt[21]; diese Interpretation ist schon sprachlich ausgeschlossen (καθήμενος heißt nie »sich setzend« oder gar »inthronisiert werdend«, sondern »sitzend«). Das ὄψεσθε bezieht sich zwar auf die Parusie; aber was die Angeredeten »sehen werden«, sind nicht zwei Aktionen, Inthronisation und Kommen, sondern ein schon bestehender Zustand – Jesus sitzend zur Rechten Gottes – und ein Ereignis – Jesu Kommen als Menschensohn auf den Wolken des Himmels. »Sohn des Hochgelobten« ist hier Königstitulatur, nicht Wesens-

---

künftigen) Messias (repräsentiert) ...«. Hahn verwechselt hier wie auch sonst geographische Herkunft mit traditionsgeschichtlichem Alter.

[20] Vgl. R. Bultmann, Das Evangelium des Johannes, [2]1957, 167, Anm. 2.

[21] AaO 128. 181 ff.

bestimmung, und charakterisiert Jesus als den eschatologischen, himmlischen Messiaskönig. Über den Zeitpunkt seiner Inthronisation in diese Würde ist dem Text Mk 14, 61f nichts zu entnehmen.

Die Taufgeschichte Mk 1, 9–11 scheint die Frage nach dem Zeitpunkt der Einsetzung Jesu zum »Gottessohn« eindeutig zu beantworten. Doch muß man unterscheiden zwischen dem Sinn, den die Erzählung als ursprünglich selbständiges Traditionsstück hatte, und dem, den sie im Ganzen des Mk gewinnt. Ob sie als isolierte Einheit in einem traditionsgeschichtlichen Zusammenhang mit dem isolierten Stück 14, 61f steht, ist fraglich.

Das isolierte Einzelstück scheint, jedenfalls was das eigentliche Corpus v. 9b–11 betrifft, unverändert vom Evangelium übernommen zu sein. Die wunderhaften Züge: Zerreißen des Himmels, Herabkunft des Geistes und Ertönen der Gottesstimme (v. 10. 11a) sind bekannte Motive der jüdischen Eschatologie, der nationalen wie der apokalyptischen, die alle, ob einzeln oder kombiniert, den gleichen Sinn haben; sie sind Zeichen der anbrechenden Heilszeit. Gelegentlich finden sie sich auch bei der Schilderung der Einsetzung einer eschatologischen Gestalt, des endzeitlichen Hohenpriesters (Test. Levi 18) und des Messias (Test. Jud. 14). Die markinische Taufgeschichte dürfte *helle-nistisch*-jüdischer Herkunft sein, wie der absolute Gebrauch von $\tau\grave{o}\ \pi\nu\varepsilon\tilde{v}\mu\alpha$ und die Taube als Symbol des Geistes zeigen. Eine ältere palästinische Gestalt der Taufgeschichte zu rekonstruieren, in der die Taube fehlte und die Himmelsstimme nicht vom Gottessohn, sondern unter Zitierung von Jes 42, 1 (MT) vom Gottesknecht sprach, scheitert an dem absoluten Gebrauch von $\tau\grave{o}\ \pi\nu\varepsilon\tilde{v}-\mu\alpha$[22]. Nichts weist darauf hin, daß die Himmelsstimme je anders gelautet hat, als sie im heutigen Text lautet. Der Satz v. 11b ist nach Form und Inhalt eine Adoptionsformel[23]. Schon diese Tatsache verbietet es, die Himmelsstimme »in erster Linie zur vox interpres« zu relativieren[24], die die Geistverleihung deutet. Vielmehr liegt das ganze Schwergewicht auf der Adoption. Die Basis des

---

[22] Gegen HAHN, aaO 340ff. Nach ihm zeigt die Schilderung, daß Jesus »als der ›Knecht Gottes‹ sein endzeitliches Amt antritt. Er wird vom Geist ergriffen und kann in wahrer Vollmacht sein Wort und Werk verrichten« (341). In der palästinischen Fassung sei vom Geist als »der brausenden Gottesmacht« die Rede (342). Mit dieser Umschreibung will er das absolut gebrauchte »der Geist« als im palästinisch-jüdischen Sprachgebrauch möglich hinstellen. Dagegen ist auf DALMAN zu verweisen: »In der jüdischen Litteratur ist es so unerhört von ›dem Geist‹ (הָרוּחַ) zu reden, wenn *Gottes* Geist gemeint ist, daß man darunter vielmehr einen Dämon oder Wind verstehen würde« (Die Worte Jesu I, ²1930, 166). In der Qumranliteratur kann entsprechend der Mensch als geistbegabtes Wesen mit absolutem רוח bezeichnet werden.

[23] Vgl. BULTMANN, Syn.Trad. 263f und 264, Anm. 1. Ferner EDUARD NORDEN, Die Geburt des Kindes, 1924, 132.

[24] So HAHN 343.

Satzes ist Ps 2, 7, obwohl kein direktes Zitat vorliegt; ob die beiden Näherbestimmungen Anspielungen auf Jes 42, 1; 44, 2 sein sollen, ist ebenso unsicher wie für das Verständnis belanglos.

»Mein Sohn« = Sohn Gottes ist, wie in Ps 2, 7, altorientalische Königsliteratur, nicht Bezeichnung des ϑεῖος ἀνήρ. Die eschatologischen Motive von V. 10. 11a machen deutlich, daß es sich bei dieser Adoption um ein eschatologisches Ereignis handelt; Jesus wird bei der Taufe durch Johannes von Gott zum König der eschatologischen Heilszeit eingesetzt[25].

Als solcher gilt er bei Mk schon während seines irdischen Wirkens, im Unterschied zu der älteren Tradition, die in der Formel Röm 1, 3f vorliegt und die seine Einsetzung in die Gottessohnschaft auf die Auferstehung von den Toten datiert. – Es fragt sich, ob der Evangelist dieselbe Auffassung von der Art der Gottessohnschaft Jesu und ihrem Beginn vertritt wie das Traditionsstück, das er 1, 9–11 aufnimmt. Hier kann nur so viel gesagt werden, daß nichts in eine andere Richtung weist.

Eng verwandt mit der Tauferzählung ist die Verklärungsgeschichte Mk 9, 2–8. Auf die uferlosen Diskussionen über die ursprüngliche Gestalt und Bedeutung des Stückes kann hier nicht eingegangen werden[26]. Mir scheint sein Verständnis als einer ins Leben Jesu zurückdatierter Ostergeschichte dem Text am ehesten gerecht zu werden[27]. Die Argumente dafür sind nicht widerlegt und brauchen nicht wiederholt zu werden. Von diesem Verständnis aus läßt sich auch die Sohnesprädikation v. 7. angemessen erklären. HAHN bemerkt zu der markinischen Fassung der Erzählung: »Das ganze Gewicht liegt auf der Verwandlung und der göttlichen Proklamation; die Vorstellung der Gottessohnschaft ist die hellenistische, denn Jesus ist hier seinem Wesen nach Sohn Gottes und wird als solcher vor seinen Jüngern offenbar.«[28] Es fragt sich aber,

[25] Das ist das relative Recht des Ausdrucks »Messiasweihe«, wenn man ihn auch besser vermiede, da der christliche »Messias« kein nationaler, irdischer König ist.

[26] Vgl. die letzte Monographie von H. BALTENSWEILER, Die Verklärung Jesu, 1959. HAHN versucht auch hier, eine palästinische Urfassung zu rekonstruieren, in der das »und er wurde verwandelt vor ihnen« (v. 2) gefehlt und die Himmelsstimme Jesus wieder nicht als Sohn Gottes, sondern im Anschluß an Jes 42, 1 als Knecht Gottes bezeichnet habe. Der Sinn der Erzählung sei, Jesus als den endzeitlichen Propheten darzustellen, als der er durch Elia und Mose legitimiert werde; ihr Erscheinen und die weißen Gewänder wiesen darauf hin, »daß Jesus wie diese beiden alttestamentlichen Gestalten zu denen gehört, die in den Himmel entrückt werden und dann bei dem beginnenden neuen Äon wiedererscheinen« (337). Das Schwergewicht ruhe aber auf der Bestimmung des irdischen Auftrags Jesu (v. 7) (Hahn aaO 334ff).

[27] Die Deutung der Geschichte als einer Vorausdarstellung der Parusie ist schwerlich richtig, da das gemeinsame Auftreten von Elia und Mose als den Vorläufern des Messias nur an einer sehr späten Stelle belegt ist (STRACK-BILLERBECK I, 756).

[28] AaO 335.

ob Jesus »hier seinem Wesen nach Sohn Gottes« ist und ob tatsächlich »eine Reflexion über irdische und himmliche Natur« vorliegt[29].

Die Verwandlung – ein in der Antike überaus häufiges und mannigfach variiertes Motiv – gewinnt ihren Sinn erst durch die Näherbestimmung in v. 3: Die glänzende Weiße, in der Jesu Gewänder erstrahlen, ist die Farbe himmlischer Gewänder (wie v. 3 b ausdrücklich betont); weiß ist das Gewand der Engel (Mk 16, 5; Mt 28, 3; Joh 20, 12; Act 1, 10) und der Seligen im Himmel (Apok 6, 11; 7, 9. 13; u. ö.). Diese Vorstellung berührt sich eng mit der Schilderung von der Verwandlung der Auferstandenen syrBar 51, 3–12. Diese Parallele liegt sachlich näher als die paulinische Vorstellung vom $\mu\varepsilon\tau\alpha\mu\rho\rho\varphi\sigma\tilde{\nu}\sigma\vartheta\alpha\iota$ der Christen (Röm 12, 2; 2Kor 3, 18). Die Verwandlung Jesu v. 2f ist die Verwandlung in einen Himmelsbewohner, d. h. in die Leiblichkeit der Auferstandenen, die sich im strahlenden Weiß des Gewandes durch die himmlische Doxa dokumentiert. In diesem Zusammenhang ist auch die Erscheinung Elias mit Mose zu verstehen; sie treten nicht in der Funktion eschatologischer Vorläufer auf – sie erscheinen ja erst, nachdem Jesus schon in seine himmlische Gestalt verwandelt ist –, sondern einfach als Bewohner der himmlischen Welt, zu der hier auch der »verklärte« Jesus gehört. Das $\sigma\upsilon\lambda\lambda\alpha\lambda\varepsilon\tilde{\iota}\nu$ (v. 4) unterstreicht nachdrücklich diese Zugehörigkeit. Wenn Jesus in die Gestalt eines Auferstandenen »verwandelt« wird und die Gottesstimme den Verwandelten als Gottessohn proklamiert, dann ist Jesus eben nicht »seinem Wesen nach«, sondern als »Verwandelter« Gottes Sohn. Dann liegt dieselbe Vorstellung vor wie Röm 1, 4, und »Sohn Gottes« ist Königstitulatur. Dem entspricht auch, daß die Wolkenstimme eine Proklamation ausspricht und daß diese Proklamation vor himmlischen Wesen (Elia und Mose) und Menschen (den drei vertrauten Jüngern) erfolgt.

Nichts weist darauf hin, daß Mk die Sohnesprädikation anders verstanden hat. Aber indem er der Erzählung durch Einbau in das Leben Jesu ihren Charakter als Ostergeschichte genommen hat, hat er auch den Sinn des Geschehens geändert; es ist nun nicht mehr Jesu Einsetzung zum Gottessohn, sondern seine Offenbarung als Gottessohn, und zwar, da die Dämonenaussagen illegitim sind, die erste legitime, durch Gott vollzogene Offenbarung vor den Jüngern und – wie ihre Begrenzung auf den engsten Kreis der Vertrauten und das (allerdings befristete) Schweigegebot zeigen – eine geheime« Offenbarung.

Die letzte Stelle, an der Jesus als Gottessohn bezeichnet wird, ist das Wort des Centurio unter dem Kreuz (Mk 15, 39): $\dot{\alpha}\lambda\eta\vartheta\tilde{\omega}\varsigma$ $o\tilde{\nu}\tau o\varsigma$ $\dot{o}$ $\check{\alpha}\nu\vartheta\rho\omega\pi o\varsigma$ $\upsilon\dot{i}\dot{o}\varsigma$ $\vartheta\varepsilon o\tilde{\nu}$ $\tilde{\eta}\nu$. Das Wort ist dadurch veranlaßt, daß der Centurio Jesus »so verschei-

---

[29] AaO 336.

den sah« (v. 39a), d. h. mit lautem Schrei (v. 37) und unter kosmischen Begleiterscheinungen (v. 33. 38), also durch die wunderhaften Vorgänge bei der Kreuzigung. Es entspricht somit dem akklamatorischen Schluß von Wundergeschichten oder auch von Martyrien[30]. Im Munde des Heiden kann der Ausdruck »Sohn Gottes« nur den Sinn haben, der Gekreuzigte sei ein θεῖος ἀνήρ gewesen[31].

Aber gegen diese Interpretation spricht die Funktion des Satzes als Abschluß des Kreuzigungsberichtes ebenso wie seine formale Struktur. Ist das Markusevangelium wirklich eine »Passionsgeschichte mit ausführlicher Einleitung«, dann kommt der Kreuzigung entscheidende Bedeutung zu, und das letzte Wort interpretiert authentisch das Geschehen. Daß die Leidensgeschichte nicht einfach historischer Bericht sein will, zeigt bekanntlich ihre Durchsetzung mit alttestamentlichen Motiven, durch die Jesu Leiden und Tod als dem Willen Gottes gemäß verständlich gemacht werden. Daß die kosmischen Motive des Kreuzigungsberichtes – die dreistündige, die ganze Erde bedeckende Finsternis (v. 33) und das Zerreißen des Tempelvorhangs (v. 38) – die »kosmische«, universale Bedeutsamkeit der Kreuzigung als des eschatologischen Heilsereignisses dokumentieren sollen, ist bekannt[32]. In diesem Zusammenhang muß das Wort des Centurio »as a confession of the deity of Jesus in the full Christian sense« verstanden werden[33], auch wenn ἦν statt ἐστίν gebraucht ist und damit dem Centurio nicht mehr zugemutet wird, als er als Heide sagen kann: Wie der Spott der Juden (v. 32) hat das Bekenntnis des Heiden einen tieferen Sinn, als den Sprechenden bewußt ist. Der formalen Struktur nach ist v. 39b eine Akklamation, die durch die Versicherungsformel ἀληθῶς in ihrer Gültigkeit unterstrichen wird[34].

Im Zusammenhang der Kreuzigungsszene, die die Vollendung von Jesu Leben und Wirken darstellt, dürfte die Prädizierung Jesu als θεῖος ἀνήρ doch kaum die Absicht des Evangelisten sein. Aber auch die Deutung, Jesus werde als Mensch und Gott gekennzeichnet[35], trifft schwerlich die Meinung des Markus. Dem Kontext der Szene nach ist »Sohn Gottes« vielmehr Königstitulatur:

Titulus am Kreuz: ὁ βασιλεὺς τῶν Ἰουδαίων (15, 26)

---

[30] Vgl. BULTMANN, Syn. Trad. 295ff und J. SCHREIBER, Der Kreuzigungsbericht, 37ff.
[31] Vgl. die Parallele Plutarch, Kleomenes c. 39 bei BULTMANN, aaO 296, Anm. 1.
[32] Vgl. zum Einzelnen SCHREIBER, Kreuzigungsbericht, 120–173.
[33] V. TAYLOR, The Gospel according to St. Mark, 1952, 597.
[34] Nach PETERSON, ΕΙΣ ΘΕΟΣ 1926, 318 »entspricht das ἀληθῶς wahrscheinlich auch dem akklamatorischen Stil«; οὗτός ἐστιν gehört zum orientalischen Prädikationsstil (EDUARD NORDEN, Agnostos Theos, 1913, 187f). Ferner G. SCHILLE, ZThK 52, 1955, 191.
[35] So SCHILLE, aaO 191 und Anm. 6.

Spott der Juden: ὁ Χριστὸς ὁ βασιλεὺς Ἰσραήλ (15, 32)

Akklamation des Heiden: ἀληθῶς οὗτος ὁ ἄνθρωπος υἱὸς θεοῦ ἦν (15,39). Die Steigerung der Würde ist hier ebenso deutlich wie die Steigerung der Paradoxie. Es geht aus dem Kontext m. E. hervor, daß Mk Jesu Gottessohnschaft hier nicht als Wesensbestimmung, sondern als Würde, als Bezeichnung des eschatologischen Königs verstanden hat. Damit rückt die letzte Aussage des Mk über Jesu Gottessohnschaft inhaltlich neben die Stellen 1, 11; 9, 7, mit denen sie formal ohnehin eng verwandt ist. Wie verhalten sich aber diese drei Stellen zueinander?

III.

Bevor wir auf diese Frage eingehen, muß nochmals betont werden, daß »Sohn Gottes« in zweierlei Sinn auf Jesus angewendet wird: Im Sinne einer θεῖος ἀνήρ-Prädikation und im Sinn einer eschatologisch verstandenen Königstitulatur. Als θεῖος ἀνήρ gilt Jesus auch in den Wundergeschichten, in denen er nicht als Gottessohn bezeichnet wird. Das von dieser Vorstellung geprägte Traditionsmaterial ist auf die erste Hälfte des Mk konzentriert, fehlt jedoch auch in der zweiten nicht völlig[36]. Die andere Gottessohnvorstellung erscheint an Anfang, Mitte und Ende des Buches immer bei Ereignissen von entscheidender Bedeutung; wenn der Evangelist sie kompositorisch derart hervorhebt, so zeigt er, daß für ihn die Vorstellung von Jesus als dem König der eschatologischen Heilszeit dominant ist. Die in den Schweigegeboten 3, 11; 9, 9 deutlich werdende »Koordinierung« der beiden Gottessohnbegriffe müßte dann so verstanden werden, daß die θεῖος ἀνήρ-Vorstellung von der des eschatologischen Königs absorbiert bzw. »überformt« ist.

Damit rückt die Gesamtauffassung Jesu nun doch in eine größere Nähe zur jüdischen Messianologie, als WREDE u. a. meinen. Die Verwandtschaft ist nicht nur formaler Art (Jesus der König der eschatologischen Heilszeit wie der Messias). Mk nimmt positiv ein wichtiges Element der jüdischen Messianologie auf, die Vorstellung vom Elias redivivus als dem Vorläufer des Messias, die er wie die christliche Tradition vor ihm auf Johannes den Täufer überträgt[37]. Freilich zeigt sich gerade hier die radikale Umwandlung der jüdischen Messiaserwartung: Das aus der nationalen Messianologie stammende Vorläufermotiv wird mit dem leidenden Menschensohn verbunden (9, 11–13). Das entspricht

---

[36] Die beiden Heilungen 9, 14ff; 10, 46ff, die Verfluchung des Feigenbaums 11, 12ff. 20ff, die Findung des Reittiers 11, 6ff und des Saales 14, 12ff, die Bezeichnung des Verräters und die Ansage der Jüngerflucht 14, 12ff. 27ff.

[37] Mk 1, 2–8; 9, 11–13. Vgl. BULTMANN, aaO 261–263; 131f; dazu 177ff.

der Verschmelzung von Messias und kommendem Menschensohn (14, 61f) und der totalen Umkehrung des jüdischen Messiasbegriffs in der Kreuzigungsszene (15, 26–39). Die Übernahme messianologischer Motive ist bei Mk (zumal in Verbindung mit dem Schriftbeweis) der Absicht entsprungen, die eschatologische Bedeutsamkeit Jesu zur Geltung zu bringen.

Die Übernahme der ϑεῖος ἀνήρ-Vorstellung soll Jesus nicht einfach als Wundertäter kennzeichnen, sondern die kosmischen Dimensionen seines Wirkens anzeigen[38] – besonders deutlich in den Dämonenaustreibungen, aber auch in den anderen Wundergeschichten. Ob nach Absicht des Evangelisten Jesus auch in den Streitgesprächen als ϑεῖος ἀνήρ erscheinen[39], ob diese auch als Äußerungen des kosmischen Kampfes verstanden werden sollen[40], ist fraglich. Doch greift dieses Motiv über die eigentlichen Wunderberichte hinaus; es bestimmt die Versuchungsgeschichte (1, 12f) und die Kreuzigungsszene (15, 33–39). Von daher wird deutlich, daß Mk diesen kosmischen Kampf als eschatologisches Geschehen und den ϑεῖος ἀνήρ Jesus als eschatologische Gestalt versteht (vgl. 1, 24; 5, 7), daß er auch die ϑεῖος ἀνήρ-Prädikation »Sohn Gottes« eschatologisch akzentuiert. Es dürfte bezeichnend sein, daß unmittelbar vor der Versuchung Jesus zum Gottessohn eingesetzt wird und am Ende des Kreuzigungsberichtes der Centurio Jesus als Gottessohn bekennt.

Mit dem Gesagten soll selbstverständlich nicht die Nivellierung, sondern nur die eschatologische Akzentuierung der vormarkinischen Tradition durch Mk behauptet werden. Die Komposition des Buches zeigt deutlich ein theologisches Interesse an Fortgang und Steigerung des Geschehens, der »Geschichte« Jesu. In dieser Komposition kommt der dreimaligen Prädizierung Jesu als Gottessohn bei der Taufe, Verklärung und Kreuzigung hohe Bedeutung zu. Die entsprechenden Dämonenaussagen sind, obwohl inhaltlich zutreffend, illegitim, weil vorzeitig und von unzuständiger Seite ausgesprochen. Die dreimalige »legitime« Prädizierung könnte so verstanden werden, daß Jesus bei der Taufe zum Gottessohn eingesetzt, dann als solcher bei der Verklärung den vertrauten Jüngern geoffenbart und bei der Kreuzigung von einem Heiden bekannt wird, daß also Jesus seit der Taufe Gottes Sohn ist und bei jenen beiden Ereignissen als solcher erkannt wird. Aber dieses Verständnis dürfte weder dem inneren Zusammenhang der drei Stellen noch der deutlich beabsichtigten Steigerung ganz gerecht werden; zu beachten ist, daß die drei Sätze ihrem formalen Charakter nach je eine bestimmte Funktion erfüllen (Adoption 1, 11, Proklamation 9, 7, Akklamation 15, 39). Die Gottesstimme bei der Taufe

---

[38] Zum kosmischen Kampf als Grundmotiv des Mk siehe J. M. ROBINSON, Das Geschichtsverständnis des Markusevangeliums, 1956.

[39] So SCHREIBER, ZThK 1961, 158.   [40] So ROBINSON, aaO 55ff.

spricht eine Adoptionsformel aus, die Jesus allein vernimmt. Die Verklärungsgeschichte zeigt Jesus in der Gemeinschaft mit himmlischen und irdischen
Wesen, und die Wolkenstimme proklamiert diesem Gremium seine Würde.
In der Kreuzigung vollendet sich der Weg des Gottessohnes; das bezeugen die
begleitenden Wunder und der Akklamationsruf des heidnischen Centurio.

Die Zusammengehörigkeit und Dreistufigkeit des Geschehens und die for-
male Struktur der prädizierenden Sätze, die das Geschehen deuten, weisen
m. E. auf das altägyptische Zeremoniell der Thronbesteigung hin, das EDUARD
NORDEN analysiert und für die klassische Philologie und die neutestamentliche
Wissenschaft ausgewertet hat[41]. Dieses Zeremoniell, ursprünglich ein Gott-
Königsdrama, besteht aus drei Akten: 1. Der König empfängt von seinem
himmlischen Vater in feierlicher Symbolhandlung göttliche Eigenschaften
(Leben, Pneuma) und wird dadurch vergottet (Erhöhung, Apotheose); 2. der
vergottete König wird dem Kreis der Götter vorgestellt – mit den Worten:
»Sehet meinen Sohn, vereinigt euch mit ihm«[42] (Präsentation); nachdem die
Götter entsprechend respondiert haben, erfolgt 3. die Übertragung der Herr-
schaft (Inthronisation). NORDEN hat das Nachleben dieses Zeremoniells als
Stilform nachgewiesen, vor allem in VERGILS 4. Ekloge, aber auch im Neuen
Testament, zB in dem Hymnus 1Tim 3, 16[43] und für Einzelheiten auch in den
Geburtsgeschichten der Evangelien. Es ist weitgehend anerkannt, daß dieses
Inthronisationsschema auch Hebr 1, 5–13 zugrundeliegt[44]. Ebenso dürfte
Apk 5 von ihm bestimmt sein[45].

Dieser neutestamentliche Befund läßt es als möglich erscheinen, daß auch
dem Markusevangelium dieses Inthronisationsschema zugrundeliegt bzw.
seinem Stoff aufgeprägt ist, zumal in 1, 11; 9, 7 die Formelsprache des In-
thronisationsrituals verwendet ist[46]. Unter diesem Gesichtspunkt ergibt sich
zwischen den drei Szenen ein sinnvoller Zusammenhang. Die Taufe entspricht
der Apotheose; Jesus erhält die göttliche Gabe des Pneuma und wird zum
Gottessohn adoptiert. Die Verklärung entspricht der Präsentation; er wird
himmlischen und irdischen Wesen in seiner Würde vorgestellt und proklamiert.
Die Kreuzigung entspricht der eigentlichen Inthronisation; dem Gekreuzigten
wird die Weltherrschaft übertragen, wie die kosmischen Wunder, die Akklamation des Centurio als des Vertreters der Welt und dann das Wort des Engels
(16, 6) deutlich machen.

---

[41] Die Geburt des Kindes, 116ff.   [42] Norden, aaO 121.
[43] AaO 127f.
[44] ZB J. JEREMIAS, Die Briefe an Timotheus und Titus, NTD IX, 1934, 17; E. KÄSE-
MANN, Das wandernde Gottesvolk, 1939, 58f.
[45] KÄSEMANN, aaO 59f.   [46] NORDEN, aaO 132.

Ist der Zusammenhang der drei Szenen so richtig gesehen, dann heißt das, daß nach Mk Jesus nicht schon durch die Taufe Gottes Sohn im Vollsinn ist, sondern es erst bei der Kreuzigung wird. Indem der Evangelist den disparaten Stoff der Jesustradition durch das Inthronisationsritual zusammenhält und zäsuriert, deutet er die Geschichte Jesu von der Taufe bis zur Kreuzigung als Inthronisationsvorgang, durch den Jesus zum eschatologischen König, zum Kosmokrator im Himmel eingesetzt wird[47]. Darin liegt die Relevanz der irdischen Geschichte Jesu für die Christologie des Mk und der Sinn dieser Geschichte als Heilsgeschehen.

Es braucht nicht besonders betont zu werden, daß die markinische Geheimnistheorie die Darstellung dieses Vorgangs bestimmt; er ist vom Geheimnis verhüllt: Die wunderbaren Ereignisse bei der Taufe werden von Jesus allein wahrgenommen, dem Täufer bleibt das Geschehen verborgen; die Verklärung ereignet sich an einsamem Ort, nur die himmlischen Gestalten und die drei Vertrauten sind Zeugen; die Inthronisation bei der Kreuzigung ist sub contrario verborgen. Der Offenbarung von Jesu Würde korrespondiert die Verborgenheit, seiner Hoheit seine Niedrigkeit, seiner Inthronisation sein Leidensweg.

Es wären nun die Linien von der Inthronisationsvorstellung zu der Auffassung des Mk von Jesu Leiden und seiner Parusie sowie von der Nachfolge der Jünger zu ziehen. Doch soll hier nur ein Punkt noch hervorgehoben werden.

Die Inthronisationshypothese fügt sich dem Bild des Mk ein, das durch die Thesen von der Passionsgeschichte mit ausführlicher Einleitung und von der Geheimnistheorie bestimmt ist, ergänzt es aber hinsichtlich der Frage, die bei den beiden Thesen offengeblieben war, welchen positiven Sinn die Geschichte Jesu nach Meinung des Evangelisten hat. Einen solchen mußte sie schon aufgrund der vormarkinischen Tradition haben. Denn die vormarkinische Passionsgeschichte war schon als universales Heilsereignis dargestellt – auch der Weissagungsbeweis diente diesem Verständnis, nicht nur der Apologetik[48]. Und die Einzelüberlieferungen aus Jesu Leben waren schon von bestimmten, unter sich sehr verschiedenen Christologien geprägt und wurden nur deshalb weitergegeben, weil die Gemeinden wußten, daß der, von dessen irdischen Taten und Worten berichtet wurde, der Erhöhte ist, d. h. weil sie am Kreuzestod Jesu keinen Anstoß (mehr) nahmen. Wenn Mk die Einzelstücke der Jesustradition mit der Passion zu einem Ganzen verbinden wollte, so mußte er

---

[47] Von hier aus beantwortet sich die Frage, von wann ab nach Auffassung des Mk Jesus als Messias zur Rechten Gottes sitzt (14, 61 f): Seit der Auferstehung.
[48] Vgl. SCHREIBER, Der Kreuzigungsbericht, 120-173.

naturgemäß die Elemente hervorheben bzw. einfügen (Leidensweissagungen), die auf die Passion hinwiesen; das entsprang aber nicht nur kompositorischen Notwendigkeiten, sondern entsprach vielmehr seiner theologia crucis[49]. Diese bestimmt auch die Geheimnistheorie. Die irdische Geschichte Jesu ist für Markus nicht Gegenstand der Apologetik, sondern Heilsgeschehen; das »Buch der geheimen Epiphanien« ist Heilsverkündigung, $\varepsilon\vartheta\alpha\gamma\gamma\acute{\varepsilon}\lambda\iota o\nu$[50].

[49] Vgl. SCHREIBER, ZThK 1961, 154ff
[50] Anders MARXSEN, Der Evangelist Markus, 77–101 und G. BORNKAMM, RGG[3] II, 760f.

DER AUFERSTANDENE UND DER IRDISCHE

Mt 28, 16–20

GÜNTHER BORNKAMM

I.

Die Abschlußszene des Matthäus-Evangeliums ist zugleich weniger und mehr als eine Ostererzählung. Zwar reiht sie sich als letzte an die voraufgehenden Ostergeschichten, die Auffindung des leeren Grabes (28, 1–8), erweitert durch die Erscheinung des Auferstandenen vor den Frauen (28, 9f)[1], und die massiv apologetische Legende von dem Betrug der Hierarchen (28, 11–15)[2]. Nicht ohne wirksamen Kontrast folgt dieser Erzählung, die von der boshaften und hilflosen Feindschaft der jüdischen Gegner handelt, die Schlußszene mit der Erscheinung des Auferstandenen vor den Elf, ausmündend in Jesu Vollmachtswort und Auftrag. Deutlich knüpft die Situationsangabe 28, 16 an das Engelwort 28, 7 und das inhaltlich entsprechende Wort Jesu 28, 10 an, auch wenn die Ortsangabe der letzten Szene, der Berg, und die Bezugnahme auf Jesu Anordnung nicht eigentlich im Evangelium vorbereitet sind. Fraglos gehört Mt 28, 16ff zu der sicher alten, wenn auch nur noch vereinzelt und fragmentarisch erhaltenen Überlieferung galiläischer Erscheinungsberichte und ist dem Typus von Ostererzählungen zuzurechnen, deren Mitte der Missionsauftrag des Auferstandenen an die Jünger ist (wie Lk 24, 44–49; Apg 1, 4–8; Joh 20, 19–23)[3].

Dennoch sieht man sofort, daß der Text an Details eines einzelnen Vorganges kaum noch interessiert ist und der geschichtliche Rahmen nur eben noch angedeutet, um nicht zu sagen völlig gesprengt ist[4]. »Der Berg« ist nicht ein geographisch bestimmbarer Ort, sondern typische Offenbarungsstätte wie häufig auch sonst im Matthäus-Evangelium (vgl 5, 1; 15, 29; 17, 1), auch wenn man keineswegs sofort an ein Gegenbild zum Sinai denken muß. Die Erschei-

---

[1] Vgl. R. BULTMANN, Die Geschichte der synopt. Tradition, ³1958, 313.

H. VON CAMPENHAUSEN, Der Ablauf der Osterereignisse und das leere Grab, SHA, ²1958, 28.

[2] Zu den Ungereimtheiten dieses Textes vgl. v. CAMPENHAUSEN, aaO 28ff.

[3] Vgl. R. BULTMANN, aaO 312ff.

[4] Vgl. M. DIBELIUS, Die Formgeschichte des Evangeliums, ⁴1963, 285.

nung des Auferstandenen wird selbst überhaupt nicht erzählt[5], sondern ist in
der Wendung *καὶ ἰδόντες αὐτὸν προσηκύνησαν, οἱ δὲ ἐδίστασαν* (28, 17)
vorausgesetzt. Schon darum ist die ganze Szene nicht eigentlich als Erschei-
nungsgeschichte zu bezeichnen[6]. Weder findet sich im Text ein Wort über die
Art und Umstände der Erscheinung und das Verschwinden des Auferstandenen
noch über Erschrecken und Freude der Jünger oder über das Wiedererkennen
des Herrn[7]. Besondere Beachtung verdient um so mehr das Auftauchen des
Zweifelsmotivs in 28, 17, das aus der Problematik der späteren Gemeinde
verstanden werden will[8]. Es taucht bekanntlich wiederholt in Ostertexten auf.
Doch wird der Zweifel der Jünger jeweils verschieden überwunden: Lk 24,
41 ff dadurch, daß der Auferstandene sich zu essen geben läßt; Joh 20, 24 ff dadurch, daß der Zweifler Thomas die Wundmale Jesu berühren darf; Mk 16,
14 ff dadurch, daß den zunächst ungläubigen Jüngern der Auferstandene abermals erscheint. Ganz anders Mt 28, 16 ff. Hier wird die Frage nach dem Grund
der Ostergewißheit und der Überwindung des Zweifels unter Verzicht auf alle
sinnliche Vergewisserung allein durch den Hinweis auf das Wort des Erhöhten
beantwortet[9]. Deutlich ist diese Antwort im Blick auf die spätere Gemeinde gegeben, der das bloße *ὅραμα* der ersten Jünger nicht mehr genügen kann und soll,
die aber um so mehr auf Vollmacht und Auftrag des Erhöhten verwiesen wird.

Wie sehr für Matthäus die spätere Gemeinde im Blick steht, zeigt auch, daß
von den Elf, der Überwindung des Zweifels und ihrem Glauben und Bekenntnis nichts mehr verlautet, ebensowenig von Abschied und Auffahrt des Auferstandenen. Die Szene bleibt vielmehr völlig offen auf die Gegenwart hin, die
bis zur Vollendung der Welt währen wird, und auch Jesu Worte Mt 28, 18–20
haben nicht den Charakter einer Abschiedsrede[10]. Die überaus kurz gehaltenen
erzählenden Verse 28, 16 f haben überhaupt nur den Sinn, zu diesen Worten
überzuleiten und sie vorzubereiten. Mit ihnen endet gewichtig nicht nur diese
Szene, sondern das Evangelium des Matthäus im ganzen.

---

[5] Vgl. dagegen die Verklärungsgeschichte Mt 17, 1 ff, par.

[6] Gegen E. LOHMEYER, »Mir ist gegeben alle Gewalt«, In memoriam E. Lohmeyer, 1951,
26 f. – Auch K. STENDAHL spricht in Peake's Commentary, 1962, 798 von einer ›glorious
epiphany‹. – Mit Recht sagt M. DIBELIUS, aaO 91 zur Charakteristik von Epiphanie-
geschichten: »Die Epiphanie im Wunder ist Selbstzweck«. Eben davon kann in Mt 28,
16 ff keine Rede sein.

[7] Vgl. dagegen Joh 20, 16. 20; Lk 24, 25 ff, 31 ff.

[8] Das hat O. MICHEL, Der Abschluß des Matthäus-Evangeliums, EvTh 10, 1950/51,
16 ff einleuchtend gezeigt. Vgl. auch G. BARTH in G. BORNKAMM, G. BARTH, H. J. HELD,
Überlieferung und Auslegung im Matthäus-Evangelium, ³1963, 123 f.

[9] So mit Recht O. MICHEL, aaO 17 ff, der zutreffend auf Joh 20, 29 verweist. – Ebenso
G. BARTH, aaO 124.

[10] Gegen J. MUNCK, Aux sources de la tradition chrétienne, Mélanges Goguel, 1950,
165 und K. STENDAHL, aaO 798.

II.

Mit Recht hat man die Worte des Auferstandenen (Mt 28, 18–20) als einen Schlüsseltext und eine Art Summarium des ganzen Matthäus-Evangeliums bezeichnet[11]. Wie im Folgenden deutlich werden soll, ist in ihnen sehr verschiedenartige Tradition verarbeitet, aber zugleich eigenartig gewendet und interpretiert. Die Gliederung der Spruchgruppe ist klar. Sie enthält: 1) das Vollmachtswort des Auferstandenen (18b); 2) seinen Sendungsbefehl an die Jünger (19. 20a); 3) die Verheißung seines Beistandes (20b). Offensichtlich ist der innere Zusammenhang aller drei Worte[12] von erheblicher Bedeutung. Das zeigt schon die Kette der Wendungen: πᾶσα ἐξουσία (18) – πάντα τὰ ἔθνη (19) – πάντα ὅσα ἐνετειλάμην (20a) – πάσας τὰς ἡμέρας (20b).

Sicher sind die drei Worte nicht frei von Matthäus formuliert, sondern waren ihm, wie schon die Parallelen zu V. 18b (vgl. 11, 27; Joh 3, 35) und V. 20 (vgl. 18, 20) und der formelhafte Charakter des Taufbefehls in V. 19 zeigen, durch die Tradition vorgegeben. Nicht so sicher ist, ob erst Matthäus die drei Logien zu einem Ganzen zusammengefügt hat oder schon die Tradition vor ihm. Wahrscheinlicher ist die erste Annahme[13], denn vergleichbare Parallelen zu Mt 28, 18–20 im ganzen fehlen. Überdies gehört die Zusammenfügung verschiedener Sprüche und ihre Ausgestaltung zu einer einheitlichen Spruchgruppe zu der gerade von diesem Evangelisten mit Meisterschaft geübten Kompositionstechnik.

Wichtiger für das sachliche Verständnis des ganzen Textes ist die Frage nach einem vorgegebenen Schema, das Matthäus bei seiner Komposition leitete. M. DIBELIUS hat dafür auf die Verbindung von Selbstempfehlung und Predigtruf in hellenistisch-gnostischen Offenbarungsreden verwiesen[14]. Doch umschreibt die Wendung ἐδόθη μοι πᾶσα ἐξουσία ἐν οὐρανῷ καὶ ἐπὶ γῆς (V. 18) nicht wie in Mt 11, 27[15] die Qualifikation des Offenbarers, sondern die Inthronisation zum Kyrios über Himmel und Erde, die hier wie oft unmittelbar mit der Auferstehung verbunden, genauer gesagt mit ihr ineins gesetzt wird[16].

---

[11] O. MICHEL, aaO 21; G. SCHILLE, Bemerkungen zur Formgeschichte des Evangeliums. II. Das Evangelium des Matthäus als Katechismus (NTS 4, 1957/58, 113); E.P. BLAIR, Jesus in the Gospel of Matthew, 1960, 45.

[12] Das gut bezeugte οὖν (V. 19) fehlt zwar in einigen Hss. Doch ist es mindestens sinngemäß. Auch καὶ ἰδού (20b) markiert den Zusammenhang.

[13] So O. MICHEL, aaO 20; G. BARTH, aaO 124 Anm. 3; anders G. STRECKER, Der Weg der Gerechtigkeit, 1962, 210f. [14] Formgeschichte, 282ff.

[15] πάντα μοι παρεδόθη ὑπὸ τοῦ πατρός μου, καὶ οὐδεὶς ἐπιγινώσκει τὸν υἱὸν εἰ μὴ ὁ πατήρ, οὐδὲ τὸν πατέρα τις ἐπιγινώσκει εἰ μὴ ὁ υἱὸς καὶ ᾧ ἐὰν βούληται ὁ υἱὸς ἀποκαλύψαι.

[16] Ein besonderer Auffahrts- u. Erhöhungsakt *nach* der Auferstehung wie in den lukanischen und johanneischen Ostergeschichten hat bei Matthäus keinen Raum.

Mit einigem Recht hat man darum dieses bekannte Schema, das zahlreichen urchristlichen Hymnen und Bekenntnissen zugrunde liegt, auch in Mt 28, 18–20 wiedergefunden[17]. Zum Akt der Inthronisation eines neuen Herrschers gehören in der Regel die Motive der Bevollmächtigung, der Präsentation und Proklamation des zum Herrscher Erhöhten vor der Welt und seine Anerkennung durch die Völker und Mächte. In der Tat lassen sich einige Anklänge an dieses christologische Vorstellungsschema in unserem Text finden, auf alle Fälle in dem universalen ἐξουσία-Wort V. 18, schwerlich dagegen in dem ὄνομα-Begriff der Taufformel V. 19 b, wohl aber in dem Völkermotiv in V. 19 a.

Aber man sieht alsbald, wie sehr das traditionelle Schema in dem Matthäus-Text gebrochen und abgewandelt ist. Schon der Abstand des Vollmachtswortes 28, 18 zu den bekannten urchristlichen Hymnen und Bekenntnissen ist nicht zu übersehen. Die Erhöhung des Auferstandenen zum Herrn ist selbst nicht direkt ausgesagt, so deutlich der Text sie auch voraussetzt. Sie ist in Jesu Selbstaussage eingegangen und wird als seine Vollmacht über Himmel und Erde verkündet. Auch fällt kein christologischer Hoheitsname. Zu denken wäre etwa an den Begriff des Menschensohnes, da das erste Wort vielleicht in Anlehnung an das Menschensohn-Wort Dan 7, 14 formuliert ist: καὶ ἐδόθη αὐτῷ ἐξουσία, καὶ πάντα τὰ ἔθνη τῆς γῆς κατὰ γένη καὶ πᾶσα δόξα αὐτῷ λατρεύουσα· καὶ ἡ ἐξουσία αὐτοῦ ἐξουσία αἰώνιος, ἥτις οὐ μὴ ἀρθῇ, καὶ ἡ βασιλεία αὐτοῦ, ἥτις οὐ μὴ φθαρῇ. Doch darf trotz der Anklänge an Dan 7 nicht der Menschensohntitel ohne weiteres von dort in Mt 28 eingetragen und der sachliche Abstand beider Texte übersehen werden; schon darum nicht, weil dieser Titel den Gedanken an die Parusie implizieren würde. Von ihr ist jedoch in Mt 28 nicht die Rede, sondern von der Herrschaft des Auferstandenen über Himmel und Erde bis zum Weltende[18]. Aber auch die Hoheitstitel κύριος (Phil 2) oder υἱός (Hebr 1) fallen nicht, und Mt 28, 18 verzichtet auf alles apokalyptische und mythologische Detail. Nichts verlautet von einer Huldigung der Engel (Hebr 1, 6ff) oder einer Akklamation der kosmischen Mächte und der Völker (Phil 2, 10f; vgl. auch 1Tim 3, 16). Vielmehr hat das Wort V. 18 seine beherrschende Mitte einzig und allein in dem Begriff der ἐξουσία. Dieser kennzeichnet im Evangelium jedoch immer schon die Vollmacht auch des Irdischen, bezogen auf seine Lehre (7, 29), seine heilende Tat (8, 9) oder auch das Wort der Sündenvergebung (9, 6. 8). Das Vollmachtsmotiv als solches dient also noch nicht der Unterscheidung des Auferstandenen vom Irdischen, sondern verbindet sie gerade. Dementsprechend sagt Mt 11, 27 schon der Irdische: Πάντα μοι

---

[17] Vgl. O. MICHEL, aaO 22f; F. HAHN, Das Verständnis der Mission im NT, 1963, 52ff.
[18] So richtig H.E.TÖDT, Der Menschensohn in der synopt. Überlieferung 1959, 261 (gg. SCHNIEWIND u. LOHMEYER); vgl. auch F. HAHN, Mission, 55.

παρεδόθη ὑπὸ τοῦ πατρός μου, womit ebenso wie Mt 28 der Anspruch der Lehre Jesu begründet ist, wie denn auch an beiden Stellen die Anerkennung seiner Vollmacht sich im Gehorsam des Jüngers erweist (μαθεῖν 11, 29 – μαθητεύειν 28, 19). Das Neue in Mt 28 ist darum allein die universale Ausweitung seiner ἐξουσία über Himmel und Erde[19].

III.

Das Sendungswort Mt 28, 19. 20a, nicht nur äußerlich die Mitte der ganzen Spruchgruppe, trägt nach Inhalt und Sprache ganz das Gepräge des Matthäus[20]. Doch darf darüber nicht übersehen werden, in welchem Maße der Evangelist auch hier Traditionen voraussetzt und verwendet, wenngleich in kritischer Weise und mit besonderer Akzentuierung. Wir haben schon eingangs festgestellt, daß die Schlußperikope im ganzen einem bestimmten Typus von Ostergeschichten zuzuordnen ist, die Erscheinungen und Missionsauftrag des Auferstandenen verbinden[21]. Man darf mit Sicherheit annehmen, daß dazu in der Matthäus vorliegenden Form auch Taufbefehl und Taufformel gehörten. Doch ist damit die matthäische Tradition, wie bereits zum Aufbau des ganzen Textes festgestellt wurde und jetzt speziell für das Sendungswort genauer zu bedenken ist, noch nicht hinreichend gekennzeichnet. Das Besondere unseres Textes ist nämlich nicht nur die Verbindung von Erscheinung und Sendung, sondern die von Erhöhung und Völkermission.

Beide Motive gehören keineswegs anfänglich und überall zusammen. Das Logion Mk 13, 10 (Mt 24, 14) »Allen Völkern muß zuerst das Evangelium verkündet werden« bezieht sich weder auf die Auferstehung noch auf die Erhöhung Jesu zum Kyrios. J. JEREMIAS hat das Logion, dessen ursprüngliche Form er in Mt 24, 14 findet[22], mit Apk 14, 6f in Verbindung gebracht und bestritten, daß Mk 13, 10p (auch 14, 9) überhaupt die Weltmission der Jünger, d. h. menschliche Predigt gemeint sei. Ursprünglich sei vielmehr in Mk 13, 10 (bzw. Mt 24, 14) an Weltvollendung und Weltgericht und die »Proklamation

---

[19] So mit Recht G. STRECKER, aaO 211 f.

[20] Vgl. für die Perikope im ganzen G. D. KILPATRICK, The Origins of the Gospel according to St. Matthew, 1946, 48 f; G. BARTH, aaO 123, Anm. 1; G. STRECKER, aaO 209. – Für den matthäischen Sprachgebrauch in 28, 19 f charakteristisch: pleonastischer Gebrauch von πορεύεσθαι, οὖν, μαθητεύειν, τηρεῖν, πάντα, ἐντέλλεσθαι, καὶ ἰδού, συντέλεια τοῦ αἰῶνος.

[21] S. o. S. 171.

[22] Vgl. J. JEREMIAS, Jesu Verheißung für die Völker, [2]1959, 19 f; dagegen mit Recht HAHN, Mission 59 f, 104 f.

der alles vollendenden Gottestat durch Engelmund« gedacht[23]. Das ist schwerlich richtig. Schon die geprägte Missionsterminologie (κηρύσσειν, τὸ εὐαγγέλιον, πάντα τὰ ἔϑνη) und die Tatsache, daß in dem synoptischen Logion eben kein Engel erwähnt wird wie in Apk 14, 6f, spricht gegen seine Annahme[24]. Wohl aber wird man annehmen dürfen, daß im hellenistischen Judenchristentum der apokalyptische Gedanke von Apk 14, 6f, der allerdings nicht von einer von Menschen durchgeführten Mission redet, abgelöst ist durch die Weltmission der Jünger. Der apokalyptische Ursprung des Motivs wird noch daran sichtbar, daß Markus und Matthäus das Wort in die synoptische Apokalypse einfügen, freilich so, daß der neuen Fassung des Wortes entsprechend das überlieferte apokalyptische Vorstellungsschema gesprengt wird. Denn es kann nicht zweifelhaft sein, daß πρῶτον so viel bedeutet wie »erst noch«[25] und sich zwischen Gegenwart und Parusie die beträchtliche Epoche der Weltmission schiebt[26]. Es ist bezeichnend, daß Matthäus das Logion ohne die typisch apokalyptischen Begriffe πρῶτον und δεῖ bietet[27] und Lukas es überhaupt gestrichen hat[28].

Wichtig ist, daß Matthäus dieses vorgegebene Motiv der Völkermission in Kap. 28 dem Erhöhungsgedanken zu- und unterordnet. Auch dieser begegnet weithin ohne diese Verbindung. Wie die große Konzeption der universalen Völkermission, von der eben die Rede war, die Verzögerung der Parusie voraussetzt und ausspricht, hat die christologische Konzeption der Inthronisation Jesu zum Kyrios offensichtlich entscheidend dazu beigetragen, die palästinisch-urgemeindliche Erwartung der Parusie des Menschensohnes aufs stärkste zu relativieren. Nichts wäre unangemessener als den Kyriosglauben einen Ersatz zu nennen, mit Hilfe dessen die spätere Gemeinde über ihre Enttäuschung

---

[23] J. JEREMIAS, aaO 20.

[24] Dazu genauer F. HAHN, Mission 60f. Nicht überzeugend ist freilich seine Behauptung, daß εὐαγγέλιον αἰώνιον Apk 14, 6f nicht *ein*, sondern *das* Evangelium meine (47, Anm. 1). Natürlich ist 14, 6f ebenso wie 10, 7 nicht »irgendeine Gottesbotschaft« gemeint, sondern die Vollendung des letzten Geheimnisses Gottes, die Erfüllung seines eschatologischen, den Propheten verkündeten Heilsratschlusses. Doch ist damit nicht schon die Gleichsetzung von εὐαγγέλιον in Apk 14, 6f und τὸ εὐαγγέλιον Mk 13, 10 gerechtfertigt. Die Sehervision nimmt ein Endgeschehen vorweg, die Evangeliumsverkündigung im Sinne des synopt. Logions dagegen geschieht vor dem Ende. Letzteres bestreitet natürlich auch HAHN nicht (es spricht aber gegen sein Verständnis von Apk 14, 6f). Im übrigen stellt auch er mit Recht fest, daß Apk 14, 6f eine Mission unter den Heiden nicht ein-, sondern ausschließt (47).

[25] Vgl. W. G. KÜMMEL, Verheißung u. Erfüllung, ²1953, 77; F. HAHN, Mission, 62, Anm. 2.

[26] Vgl. E. GRÄSSER, Das Problem der Parusieverzögerung i. d. synopt. Evv u. Apg, 1957, 159, u. H. CONZELMANN, Geschichte u. Eschaton nach Mk 13, ZNW 50, 1959, 218f.

[27] Vgl. F. HAHN, Mission, 105.

[28] Das πρῶτον ist überholt. Die universale Verkündigung ist in der Gegenwart schon verwirklicht (Apg). Vgl. H. CONZELMANN, Mitte der Zeit, ⁵1964, 109.

hinwegzukommen versuchte. Vielmehr hat die positive Kraft dieses schon früh im hellenistischen Urchristentum aufgekommenen Glaubens an den erhöhten Kyrios und seine schon gegenwärtige Herrschaft die Parusieverzögerung überhaupt nicht zu einer Katastrophe für das Urchristentum werden lassen, obwohl, wie besonders Paulus zeigt, Kyriosglaube und Naherwartung sich sehr wohl miteinander verbinden konnten. Die Anfänge dieses Kyriosglaubens liegen sicher bereits in der aus der Apostelgeschichte trotz aller Übermalungen noch einigermaßen erkennbaren Bewegung der bald von Verfolgung betroffenen »Hellenisten«, ihrer von der Jerusalemer Urgemeinde unterschiedenen Stellung zu Tempel und Gesetz, ihrer neuen Gemeindegründungen (Antiochien!) und ihrer gesetzesfreien Mission, ohne die Paulus und sein Werk nicht zu denken wären. Aber darüber hinaus hat unbeschadet aller Modifikationen und Variationen im einzelnen diese neue christologische Konzeption im wahrsten Sinne des Wortes Geschichte gemacht.

Doch begegnet sie keineswegs sofort und überall in Verbindung mit dem Gedanken der Völkermission. Weithin und wohl zunächst bedeutet Erhöhung und Herrschaft Christi über die Welt die Überwindung der Weltmächte[29] – ein Motiv, das in vielfachen Variationen entfaltet werden konnte: in der Akklamation aller himmlischen, irdischen und unterweltlichen Mächte (Phil 2, 9ff), in der Herrschaft Christi über Lebende und Tote (Röm 14, 9), in der Versöhnung des sichtbaren und unsichtbaren Alls (Kol 1, 19f; 2, 9ff), in der »Zusammenfassung« des All in Christus als dem Haupt (Eph 1, 10 u. a.), in der Huldigung der Engel (Hebr 1, 6ff), in der siegreichen Epiphanie und Proklamation Christi in himmlischen und irdischen Sphären (1Tim 3, 16), in der befreienden Botschaft an die ἐν φυλακῇ gefangenen Geister der Toten (1Petr 3, 19)[30].

Nirgends ist an allen diesen genannten Stellen eo ipso das Motiv der Völkermission durch die Jünger mit der Erhöhung Christi verbunden. Und doch zeigt sich, daß sich der Auftrag an Jünger und Apostel für die ganze Welt unmittelbar mit der mythisch, nicht geschichtlich vorgestellten Erhöhung und Epiphanie des Kyrios vor der Welt verbinden konnte und verbunden hat. Aus dieser Verbindung ist der feste, wenn auch mannigfach variierte Predigttypus erwachsen, den N. A. DAHL treffend als Revelationsschema bezeichnet hat[31].

---

[29] Man denke an die Bedeutung, die hier Ps 110, 1 – und zwar der griechische Text, der allein den Hoheitsnamen κύριος bietet – für die Entfaltung der Christologie bekam; vgl. F. HAHN, Christologische Hoheitstitel, 1963, Exkurs II, 126ff u. passim.

[30] Zum Verständnis vgl. R. BULTMANN, Bekenntnis- und Liedfragmente in 1Petr, CN 11, 1947, 4f.

[31] N. A. DAHL, Formgeschichtliche Beobachtungen zur Christusverkündigung in der Gemeindepredigt, Ntl. Stud. für R. Bultmann, BZNW ²1957, 3ff.

Unter Aufnahme und Umformung apokalyptischer Gedanken und Begriffe, die jetzt in den Dienst einer Erhöhungs- und Epiphanie-Christologie gestellt sind, redet dieses Schema von dem Mysterium (d. h. dem eschatologischen Heilsplan Gottes)[32], das einst verborgen jetzt offenbart ist. In dieser Form ist das Schema aus Kol 1, 26f; Eph 3, 4–7. 8–11 und dem sekundären doxologischen Schluß des Römerbriefes (16, 25f) wohl bekannt und begegnet frei variiert (ohne Verwendung der Begriffe »Mysterium« und »verborgen«) reichlich auch in anderer urchristlicher Literatur[33]. Schon Paulus kennt und verwendet es (1Kor 2, 6ff). Doch ist er nicht sein Schöpfer. Das beweist die Tatsache, daß er selbst es gebrochen verwendet mit Korrekturen, die sich offensichtlich gegen die gnostischen Irrlehrer in Korinth wenden[34]. Man wird daraus folgern dürfen, daß diese das Schema in ihrer Verkündigung benutzt haben, freilich in einem von Paulus abweichenden Sinn. Kennzeichnend für die Konzeption als solche ist nicht so sehr das primäre Interesse an der Frage nach dem geschichtlichen Ort und Inhalt der Offenbarung, sondern an der Frage: »Wer kann Offenbarung vermitteln?« oder: »Wie bekomme ich teil am Heilsgut?«[35] Nicht zufällig tauchen im Kontext des Schemas darum zahlreiche Begriffe auf, die sich auf die Verkündigung und den autorisierten Verkünder beziehen: λόγος τοῦ θεοῦ (Kol 1, 25), καταγγέλλειν, διδάσκειν (Kol 1, 28), εὐαγγελίζεσθαι (Eph 3, 8), εὐαγγέλιον, κήρυγμα (Röm 16, 25), κῆρυξ, ἀπόστολος, διδάσκαλος (2Tim 1, 11; vgl. Tit 1, 3), vgl. auch 1Petr 1, 12; 1Joh 1, 3; Ign Magn 6, 1. So wird verständlich, daß gerade im Umkreis dieser Vorstellungen die deuteropaulinischen Konzeptionen von Apostelamt und Kirche als Offenbarungsträger und -mittler für die Welt ausgebildet wurden (Kol und Eph)[36], aber auch die Gedanken der Pastoralbriefe über den berufenen und legitimierten Apostel und die von ihm stammende παραθήκη. Wie sehr auch Paulus solche Gedanken bereits kennt, zeigt seine apostolische Selbstbezeichnung als οἰκονόμος μυστηρίων (1Kor 4, 1) und die Tatsache, daß er sich 1Kor 2, 13f als Pneumatiker seinen Gegnern formal gleich-, in der Sache freilich entgegenstellt und ihnen gegenüber hier wie faktisch im I und II Kor auf Schritt und Tritt das Charisma der Geisterunterscheidung (1Kor 12, 10) ausübt[37].

---

[32] Vgl. G. Bornkamm, Art. μυστήριον, ThW IV, 809ff (bes. 825ff).

[33] Belege bei N. A. Dahl, aaO 5.

[34] Dazu und zum Folgenden vgl. D. Lührmann, Das Offenbarungsverständnis bei Paulus und in den paulinischen Gemeinden, Heidelb. Dissert., 1964, Maschinen-Schrift (noch ungedruckt), 97–121.

[35] Formulierung nach D. Lührmann, aaO, 107.

[36] Dazu D. Lührmann, aaO, der auch mit Recht zeigt, wie sehr der μυστήριον-Gedanke in diesem Bereich über die Apokalyptik hinaus in die Gnosis führt (107ff).

[37] Darauf ist m. E. die Wendung πνευματικοῖς πνευματικὰ (beides neutrisch) συγκρίνοντες 1Kor 2, 13 zu beziehen.

IV.

Es wäre selbstverständlich unerlaubt, alle diese Vorstellungen und Gedanken in den Hintergrund von Mt 28 zurückzuprojizieren. Wohl aber sind wir berechtigt, von den z. T. hoch entwickelten, sehr verschieden differenzierten Konzeptionen hellenistischer Theologie aus, deren Wurzeln immerhin bis zu oder gar vor Paulus zurückreichen, in das hellenistische Christentum zurückzufragen, das eine der bestimmenden Komponenten auch für Matthäus gewesen ist. Was wir hier ins Auge zu fassen haben, ist die enge Verbindung des Kyriosglaubens mit einem bestimmten Verständnis von Prophetie und Charisma, über deren Anfänge in frühester Zeit kein Zweifel sein kann. Kennzeichen des urchristlichen Propheten ist hier, daß er unter charismatischen Zeichen im Namen des Erhöhten Wunder vollbringt. Solche Zeichen und Wunder werden etwa in dem unechten Markus-Schluß (16, 15 ff) im einzelnen aufgezählt[38], unmittelbar in Verbindung mit der Sendung der Jünger in alle Welt, der Verkündigung des Evangeliums an alle Kreatur, der Verheißung an die Getauften und der Beistandsverheißung des Kyrios an die Apostel[39]. Wie sehr dieses Bild des Apostels als Charismatiker die Darstellung der Apg beherrscht und zwar in besonderer Verdichtung gerade die Partien der Darstellung, die sich mit den Hellenisten, mit Antiochien und der von dort ausgehenden Mission unter Barnabas und Paulus befassen, ist aus vielen Einzelheiten zu erkennen. Schon Apg 6, 3. 5 werden »die Sieben« als Männer voll Geist, Glauben und Weisheit charakterisiert[40], Stephanus, voll Gnade und Kraft, tut Wunder und Zeichen (6, 8), entsprechend Philippus (8, 6f. 13). Barnabas und Paulus, vom Heiligen Geist durch Propheten ausgesandt (13, 1–3), verkündigen den Kyrios Jesus in Cypern und Kleinasien und vollbringen in seinem Namen Zeichen und Wunder (13, 6–12; 14, 3. 8 ff), um die Heiden von den Götzen

---

[38] Dämonenaustreibung, Zungenrede, Schlangenaufheben, Gifttrinken ohne Schaden, Krankenheilung (16, 17 f) – hier allen Glaubenden zugesagt, aber zugleich doch Bestätigungszeichen des Kyrios für die verkündigenden Apostel (16, 20).

[39] O. Michel, aaO, 20f, ist darin zuzustimmen, daß Mk 16, 15–18 älteres Material enthält und daß die Wendung ἐν τῷ ὀνόματί μου in v. 17 b und 18 im Unterschied zu Mt 28, 19 charismatisch, nicht liturgisch zu verstehen ist und daß Mk 16, 15–18 keinesfalls nur als Nachklang von Mt 28, 16 ff angesehen werden darf. Doch rückt er beide Texte noch immer zu eng zusammen. In der Tat sind hier wie da Missionsbefehl, Tauf- und Beistandswort des Kyrios in einer Spruchkomposition verbunden. Mk 16, 15–18 wird darum auch nicht frei, sondern mag in Anlehnung an Mt 28, 18–20 formuliert sein (F. Hahn, Mission, 53 f hält es für ein selbständiges und relativ altes Zeugnis). Entscheidend aber ist, daß Mk 16, 15 ff sich ganz in vulgären Anschauungen bewegt und allen Nachdruck auf die Wunder der Apostel legt, wovon Matthäus bezeichnenderweise gerade schweigt (dazu s. u.).

[40] Vgl. auch Barnabas 11, 23 und den Propheten Agabus 11, 27f.

zum lebendigen Gott zu bekehren (14, 15a; vgl. 13, 12)[41]. Wir haben Anzeichen genug, daß Matthäus ein solches hellenistisches Christentum kennt und voraussetzt. Keineswegs verwirft er es überhaupt. Er selbst repräsentiert es sogar in einem gewissen Maße als hellenistischer Judenchrist. Wie sehr das gilt, zeigen, um nur einige besonders deutliche Indizien zu nennen, die Rezeption des ganzen Markus-Evangeliums in seinem eigenen, der Markus noch erheblich überbietende Gebrauch des christologischen Hoheitsnamens Kyrios und nicht zuletzt auch die hellenistischen Traditionen, die Mt 28, 16–20 voraussetzt und reflektiert[42].

Doch darf unter keinen Umständen dieser »hellenistische« Charakter des Matthäus dazu verführen, ihn überhaupt zum Heidenchristen zu machen[43]. Man wird Matthäus vielmehr nur richtig verstehen, wenn man seine doppelte Frontstellung erkennt, einerseits gegen das pharisäische Judentum[44] und andererseits gegen ein hellenistisches Christentum, in dem im Zeichen des Kyriosglaubens das Gesetz seine Geltung und Heilsbedeutung verloren hatte. Wir haben es in dieser Untersuchung nur mit dem zweiten Aspekt zu tun, dem leidenschaftlichen Kampf des Matthäus gegen Verkündigung und Mission gesetzesfreier Hellenisten. Mt 5, 17–20 spricht den Gegensatz zu jeglicher Abrogation des Gesetzes programmatisch aus[45], sogar unter Verwendung des dezidiert judenchristlichen Logions vom Jota und Häkchen (5, 18), das der Evangelist christologisch einleitet (5, 17), gegen hellenistische Lehrer in der Gemeinde wendet (5, 19) und schließlich mit der zusammenfassenden, thematischen Formulierung 5, 20 den Antithesen voranstellt. Dem polemischen

---

[41] F. HAHN rechnet an allen diesen Stellen mit antiochenischem Traditionsgut (Mission, 50ff) und verweist auf den mehrfachen und besonderen Gebrauch von εὐαγγελίζεσθαι (S. 50f, A. 4). In welchem Umfang diese These richtig ist, soll hier nicht erörtert werden. Im Kern wird sie zutreffen. Die Tatsache, daß diese Züge auch zur lukanischen Darstellung und Theologie passen, spricht nicht dagegen. Lukas weiß allerdings nichts mehr von einer theologischen Differenz zwischen den Hellenisten und der Jerusalemer Gemeinde. Das Aufkommen des Kyriosglaubens und seine Bedeutung für die Heidenmission im Gegensatz zur Gesetzesobservanz der Urgemeinde ist darum aus der Apostelgeschichte nur noch ungenügend zu erkennen.

[42] R. BULTMANN, Die Gesch. der synopt. Tradition, 313, bezeichnet sie mit Recht zusammen mit Lk 24, 44ff; Apg 1, 4ff und den johanneischen Geschichten als »ganz späte Bildungen des hellenistischen Christentums (wenn auch vielleicht z. T. des hellenistischen Judenchristentums)«.

[43] Diese These vertritt neuerdings G. STRECKER in seinem sonst in vieler Hinsicht verdienstvollen Buch »Der Weg der Gerechtigkeit«, 1962. Vgl. dagegen die treffliche Arbeit von R. HUMMEL, Die Auseinandersetzung zwischen Kirche und Judenchristentum im Matthäus-Evangelium, 1963 – bes. 26ff (noch vor STRECKERs Buch abgeschlossen).

[44] Und zwar nach der Zerstörung Jerusalems. Vgl. dazu das in der vorigen Anmerkung genannte Buch von R. HUMMEL.

[45] Vgl. dazu G. BARTH, aaO 60ff.

Stück im Eingang der Bergpredigt entspricht ihr nicht minder polemischer
Abschluß. Vorgegeben war dem Evangelisten aus Q bereits die der Feldrede
zu entnehmende Spruchfolge der Logien vom Baum und seinen Früchten (Lk
6, 43–49), der kurze, nicht schon auf das Weltgericht weisende Spruch von den
Herr-Herr-Sagern und die Schlußgleichnisse vom Hören und Tun. Erst Matthäus macht daraus die wirkungsvolle Einheit der Warnung vor den falschen
Propheten und der ausgeführten Schilderung des Weltgerichtes (7, 15–23). Die
Herr-Herr-Sager sind jetzt die Pseudopropheten, die vor dem Weltrichter sich
ihrer »im Namen« Jesu vollbrachten charismatischen Taten rühmen (προφη-
τεύειν, δαιμόνια ἐκβάλλειν, δυνάμεις ποιεῖν) und doch als Täter der ἀνομία
verworfen werden, weil sie den Willen des Vaters nicht getan haben. Ebenso
tauchen nur im matthäischen Text der synoptischen Apokalypse bei der
Charakteristik der Pseudopropheten 24, 10ff die typischen Begriffe des anti-
nomistischen Kampfes auf (ψευδοπροφῆται, πλανεῖν, ἀνομία gegen ἀγάπη,
σκανδαλίζεσθαι)[46].

V.

Es ist höchst lehrreich, auch Mt 28, 18–20 in den Zusammenhang der besprochenen Texte zu stellen. Gewiß, diese Abschlußperikope ist nicht expressis
verbis ein polemischer Text. Und doch werden seine Besonderheiten erst eigentlich auf jenem Hintergrund verständlich. Erhöhung und Vollmacht Jesu als des
Kyrios und Sendung der Jünger in alle Welt sind zwar auch hier wie in den ver-
glichenen hellenistischen Texten eine Einheit. Bezeichnenderweise aber fehlt
bei Matthäus jede Erwähnung der Geistverleihung und der Wunder und Zeichen, die sonst durchgängig in den Paralleltexten begegnen. Auch ist wohl zu
beachten, daß hier nicht einmal die sonst aus den Sendungstexten wohlbekann-
ten Begriffe ἀποστέλλειν, κηρύσσειν, εὐαγγέλιον, εὐαγγελίζεσθαι, μάρτυς
etc. begegnen. Nichts verlautet auch von einer Verkündigung der nahenden
βασιλεία.

In allen diesen Zügen steht die Instruktion der Jünger durch den Irdischen
Mt 10 den übrigen Sendungstexten[47] erheblich näher als die des Auferstandenen. Doch ist die Missionsrede Mt 10 gerade noch nicht universal ausgeweitet,
sondern auf Israel beschränkt (10, 5f). Daraus ergibt sich die merkwürdige
Tatsache, daß Matthäus gerade alle die Züge, die nach hellenistischem Verständnis die nachösterliche Mission kennzeichnen, der Perikope der voröster-

---

[46] Zu Mt 7, 15ff und 24, 16ff vgl. G. BARTH, aaO 60ff und die zusammenfassende
Charakteristik der Antinomisten ebd. 149ff.
[47] Den nachösterlichen wie den vorösterlichen (Mk 6, 7; 3, 14; Lk 9, 1).

lichen Wirksamkeit Jesu zuweist. In dieser Zeit ist Jesus im eigentlichen Sinne der Messias Israels und die Zeit seiner Gegenwart und Wirksamkeit Heilszeit für Israel. Doch ist diese Zeit jetzt nach seiner Verwerfung als Israels König vorbei. Von nun an, nach seinem Tod, seiner Auferstehung und Erhöhung ist er der Kyrios und Richter aller Völker[48].

So sehr Matthäus darin die christologische Konzeption der Hellenisten teilt, ist doch die Interpretation, die er diesem Glauben gibt, unterschieden. Das spricht sich nicht nur negativ in dem Verzicht auf alle charismatischen Züge in dem Sendungswort Mt 28, 19f aus, sondern auch positiv in dem von ihm gewählten und speziell ihm eigenen Terminus μαϑητεύειν[49] sowie in der inhaltlichen Bestimmung des Auftrages.

Es ist bekannt, welche große Bedeutung das Thema der Jüngerschaft im Matthäus-Evangelium hat. Im Begriff des Jüngers faßt sich das matthäische Verständnis der Nachfolge, ja im Grunde sein ganzes Kirchenverständnis zusammen. Οἱ μαϑηταί ist *der* spezifische ekklesiologische Begriff des Evangelisten[50]. Μαϑητής aber ist schon im Jüdischen der Korrelatbegriff zu διδάσκαλος. Das matthäische Jüngerverständnis ist jedoch dadurch gekennzeichnet, daß es durch die Berufung Jesu in die Nachfolge bestimmt ist, in Gehorsam, Niedrigkeit, Leidensbereitschaft sich beweist und nicht ein Durchgangsstadium, sondern ein dauerndes Verhältnis zu Jesus bedeutet. Niemals wird der Jünger selbst zum Rabbi (διδάσκαλος), Vater und Führer (23, 8ff). Offensichtlich wird mit dem entsprechenden Begriff μαϑητεύειν (28, 19), der ursprünglich von dem Verhältnis zum Irdischen hergenommen ist, eben dieses Verhältnis auch jetzt nach der Auferstehung für bleibend verbindlich erklärt.

---

[48] Vgl. zu dieser heilsgeschichtlichen Periodisierung G. BORNKAMM, Enderwartung und Kirche im Matthäus-Evangelium in: Überlieferung und Auslegung, ³1963, 30f und vor allem R. HUMMEL, aaO 141f. HUMMEL stellt mit Recht fest: »Die Erhöhung Jesu ist bei Matthäus nicht wie bei Markus eine Steigerung seiner Messiaswürde, sondern ist ihr in gewissem Sinn entgegengesetzt. Sie ist für Israel ein Verlust. Das Kerygma von der Erhöhung Jesu ist zugleich eine, wenn auch nicht endgültige, Gerichtsbotschaft für das Judentum« (S. 142). F. HAHN, Mission, 103ff will den partikularistischen Missionsgedanken von Mt 10 und den universalistischen von Mt 28 nicht im Sinne eines Nacheinander, sondern nach Art zweier konzentrischer Kreise einander zuordnen (S. 111). Ähnlich G. BARTH, aaO 94 Anm. 2. Darin spräche sich das auch für Matthäus wichtige Motiv des paulinischen πρῶτον ᾿Ιουδαίοις aus. Das ist zwar insofern richtig, als die Mission an Israel für Matthäus sicher nicht eine definitiv abgeschlossene Angelegenheit ist und Mt 10 auch nach ihm in vieler Hinsicht noch für die Gegenwart gültige Weisung sein wird. Doch gilt die ausdrückliche Beschränkung der Mission auf Israel für die Situation seiner Kirche jetzt nicht mehr. Die Prärogative Israels ist durch die Erhöhung aufgehoben und der christologische Status Jesu ist ein anderer.

[49] Vgl. Mt 28, 19; 13, 52; 27, 57. Im NT sonst nur noch Apg 14, 21.

[50] G. BORNKAMM, Enderwartung, 37f; 39f. Die Behauptung, daß der Begriff eine histo-

Das ist von Matthäus nicht im Gegensatz zum Kyriosglauben gesagt. Gerade er geht im Gebrauch des Kyriostitels ja, wie schon gesagt, noch weit über Markus hinaus und ändert konsequent, wo dieser unbefangen traditionell die Jünger Jesus mit διδάσκαλε oder ῥαββί anreden läßt[51]. Sooft auch bei Matthäus die Bezeichnung ὁ διδάσκαλος begegnet, so doch niemals als Anrede der Jünger (mit der einzigen bezeichnenden Ausnahme des Judas Ischariot 26, 25. 49). Pharisäer und Freunde sagen »euer Meister« (9, 11; 17, 24), den Juden gegenüber sagen die Jünger »der Meister« (28, 18), Jesus selbst dagegen reden sie durchgängig mit »Herr« an. Was bedeutet das für Mt 28, 16ff, wo der Begriff des Kyrios zwar nicht fällt, aber doch unmißverständlich vorausgesetzt ist? Die Antwort kann nicht zweifelhaft sein: *hier* liegt der Nachdruck darauf, daß eben dieser Kyrios der Lehrer ist, dessen Lehre verpflichtend bleibt. Sie hat schon während seines irdischen Wirkens ihn als den Herrn in Vollmacht erwiesen (7, 29; vgl. auch 11, 27ff), jetzt gilt es zu verstehen, daß der Erhöhte kein anderer ist als der διδάσκων während seiner Erdenzeit.

VI.

Damit ist das Wesen der Kirche charakterisiert, die von nun an alle Völker umspannen soll[52]. Der Evangelist gebraucht für sie 16, 18 den Begriff der ἐκκλησία (οἰκοδομήσω μου τὴν ἐκκλησίαν). Gerade dieser Begriff aber ist, wie jüngst W. Schrage gezeigt hat[53], im hellenistischen Judenchristentum aufgekommen und keineswegs damit hinreichend gekennzeichnet, daß er LXX-Äquivalent für קְהַל יהוה sei. Vielmehr enthält er von seinem Ursprung her ein Programm, nämlich die Entscheidung gegen die Synagoge als den Ort jüdischer Gesetzes- und Traditionsreligion. Denn in der Synagoge wird Mose verkündet (Apg 15, 21). Mit andern Worten, der Begriff ἐκκλησία ist von seinem Ursprung her Gegenbegriff zu Gesetzesobservanz und Kultus und konnte nur dort geprägt werden, wo der Glaube an den im Geist gegenwärtigen Kyrios bestimmend wurde, das Gesetz nicht mehr als nota ecclesiae galt und damit der Weg des Evangeliums zu den Heiden sich erst eigentlich öffnete. Um so bemerkenswerter ist, daß Mt 16, 18 den Begriff der ἐκκλησία verwendet und zwar keines-

---

risierende Tendenz enthielte und nur den Zwölf vorbehalten sei (so G. Strecker, aaO, 192f), stellt die Dinge auf den Kopf.

[51] Belege bei G. Bornkamm, Enderwartung, 38.

[52] So richtig G. Strecker, aaO 212, gegen E. Lohmeyers Behauptung (Matthäus, 424f), die zu gewinnenden Jünger würden in »die großartige, eschatologische Unbestimmtheit« entlassen.

[53] W. Schrage, Ekklesia und Synagoge, ZThK 60, 1963, 178ff.

wegs nur beiläufig, sondern höchst gewichtig, obwohl er Mt 5, 17ff u. ö. die
ἀνομία einer hellenistischen Theologie doch so energisch bekämpft[54]. Er gebraucht ihn aber auch Mt 16, 18 nicht antinomistisch, sondern in Verbindung
mit der Einsetzung des Petrus als Fundament der Kirche und Inhaber der Schlüsselgewalt, was hier aller Wahrscheinlichkeit nach seine Traditions- und Lehrautorität bezeichnet[55]. Man wird gewiß nicht sagen dürfen, daß schon die Übernahme
des Begriffes ἐκκλησία durch Matthäus eine polemische Absicht verrät. Das ganze
Logion, das ja schon vorgegebener Tradition entstammt, verrät davon nichts.
Sprachliche und sachliche Indizien weisen überdies zurück in die alte palästi-
nisch-judenchristliche Überlieferung. Dennoch dürfte es nicht geraten sein, hier
palästinisch- und hellenistisch-judenchristlich alternativ gegeneinander zu stellen.
Welches aramäische Äquivalent man auch immer hinter ἐκκλησία erschließen
mag, in seiner vorliegenden griechischen Gestalt wird man das Logion schwerlich
ohne weiteres der palästinensischen Urgemeinde zuschreiben dürfen, denn es
verwendet auf alle Fälle diesen jüdisch-hellenistischen Begriff und hat auch insofern einen anachronistisch-idealen Charakter, als es Petrus eine für die Kirche
im ganzen auf Dauer bis zum Weltgericht bleibende Lehrautorität zuspricht,
wie auch der nachösterlichen[56] Kirche Dauer verheißen wird (οὐ κατισχύσουσιν
αὐτῆς). Auch wird nicht einfach die Tora in diesem Wort für verbindlich erklärt, sondern mit »binden« und »lösen« eine unter der Autorität des Petrus
stehende christliche Lehre bezeichnet, der gemäß er in der Gemeinde entscheiden soll, was verboten und erlaubt ist. Alles das spricht nicht dafür, daß man
den Ursprung des Logions in seiner jetzigen Gestalt in der ersten Jerusalemer
Urgemeinde suchen darf, wo alles das, insbesondere auch diese Stellung des
Petrus, historisch schwer vorzustellen ist. Auferstehung, verzögerte Parusie,
der hellenistische Begriff der ἐκκλησία und seine energische Korrektur in
Richtung auf eine neue Verbindlichkeit der Gebote sind hier vorausgesetzt.
Das alles aber bedeutet, daß sich in dem Wort Mt 16, 18f ein Einbruch aus
judenchristlicher Tradition in das hellenistische Christentum manifestiert mit
einer ausgesprochen kritischen Tendenz gegenüber allem freien Pneumatiker-
tum, das hier bereits vorausgesetzt wird[57].

---

[54] Vgl. W. SCHRAGE, aaO 201. Schon R. BULTMANN, Die Gesch. der synopt. Tradition,
146f; E. KÄSEMANN, Die Anfänge christlicher Theologie, ZThK 57, 1960, 165f.

[55] Vgl. H. v. CAMPENHAUSEN, Kirchliches Amt und geistliche Vollmacht in den ersten
drei Jh. (BHTh 14, ²1963) 141; R. HUMMEL, aaO 59ff.

[56] Beachte die Futura οἰκοδομήσω, δώσω, ἔσται.

[57] Stellt man die Frage, wann und wo die in Mt 16, 18f ausgesprochenen Gedanken
proklamiert wurden, so kann man natürlich nur eine Vermutung äußern. Was immer diese
Gedanken und das Logion selbst für eine Vorgeschichte gehabt haben mögen, so darf man
wohl annehmen, daß Formulierung und Geltung dieser Tradition den einschneidenden

Hier etwa wird man geschichtlich auch das Sendungswort Mt 28, 19 an-
setzen und schon den spezifisch matthäischen ekklesiologischen Terminus
μαϑητεύειν als energisches Korrektiv eines in hellenistischer Umwelt vertretenen, mit Kyriosglauben, Charismatiker- und Prophetentum und Heidenmission verbundenen ἐκκλησία-Verständnisses begreifen müssen. Nochmals:
keines von all dem bestreitet Mt einfach. Der Glaube an den Kyrios ist eindeutig
in dem ἐξουσία-Wort wie schon vorher im Evangelium mit Nachdruck ausgesprochen, die Prophetie in der Gemeinde spielt auch und gerade bei Matth. eine
wesentliche Rolle (5, 12; 10, 41; 23, 34; vgl. auch 10, 20), gerade darum ja auch
ihre Unterscheidung von falscher Prophetie (7, 15; 24, 4ff 10ff). Auch das
Sendungswort 28, 19 demonstriert die ἐξουσία des Kyrios, aber damit zugleich
auch die Bevollmächtigung der Jünger (vgl. schon 10, 1. 7f)[58]. Und die Völkermission erfüllt die Verheißung des Irdischen (24, 14). Jetzt ist ihre Stunde gekommen. Alles das ist als gültig vorausgesetzt. Um so mehr aber drängt Matthäus auf die Frage nach dem Lebensgesetz der Kirche, in die die Völker gerufen werden sollen.

Dieses Interesse wird schon durch die Tatsache bekundet, daß das Wort 28, 19
die Taufe vor der Lehre nennt (Did 7, 1 geht die Unterweisung der Taufe voran). Mt 28, 18ff zielt primär also auf das Leben der Kirche selbst, nicht eine
Missionspraxis. Will man die besondere Intention des Matthäustextes erfragen,
wird man darum sein Augenmerk weniger auf den Taufbefehl zu richten haben,
der schon wegen seiner einzigartigen triadischen Gestalt das historische und
theologische Interesse begreiflicherweise am stärksten auf sich zu ziehen pflegt.

Konflikt zwischen Paulus und Petrus in Antiochien und den Abschied des Paulus von der
bis dahin rein hellenistischen Gemeinde voraussetzen. Danach erst konnten sich Anschauungen durchsetzen, die in solcher Weise unter die Autorität des Petrus gestellt wurden. Für
die kirchengeschichtliche Bedeutung des Konflikts Gal 2, 11ff und die Tatsache, daß damals
nicht Paulus, sondern Petrus den Sieg im Raum des hellenistischen Christentums behielt,
vgl. E. HAENCHEN, Die Apostelgeschichte, 13. Aufl. 1961, S. 461ff. Zu nahe darf man die
Texte Gal 2, 11ff und Mt 16, 18f nicht aneinander rücken, denn weder die Frage der Beschneidung noch die Tischgemeinschaft zwischen Juden und Heiden spielt zur Zeit des
Matthäus noch irgendeine Rolle. Vgl. zur Lehrautorität des Petrus R. HUMMEL aaO 59ff.

[58] Wie sehr Jüngerberufung und -sendung gerade bei Matthäus zum messianischen Werk
Christi unmittelbar hinzugehören, zeigt schon die Folge der Perikopen 4, 12–17 und 18–22
im Eingang des Evangeliums. Hier bereits kündigt sich die weltweite Mission im Sinn von
Mt 28 an: Jesus zieht in das »Galiläa der Heiden« (4, 15) und bestimmt die Jünger zu
»Menschenfischern« (4, 19). Für die matthäische Christologie ebenso wie für das Verständnis der Jüngersendung ist weiterhin bedeutungsvoll, daß der zusammenfassende Ausdruck
τὰ ἔργα τοῦ Χριστοῦ (11, 2), rückblickend auf die vorausgegangenen Berichte, den Messias
des Wortes (Kap. 5–7), der Tat (Kap. 8–9) und der Sendung (Kap. 10) charakterisiert. Vgl.
zum Verständnis von 11, 2 H. J. HELD, Matthäus als Interpret der Wundergeschichten, in:
Überlieferung und Auslegung, ³1963, 237ff.

Doch gehört er aller Wahrscheinlichkeit nach bereits zu der vom Evangelisten
vorausgesetzten liturgischen Tradition[59].

Um so wichtiger ist in unserem Zusammenhang die spezifisch matthäische
Fassung des zweiten Partizipialsatzes διδάσκοντες αὐτοὺς τηρεῖν πάντα ὅσα
ἐνετειλάμην ὑμῖν. Zweierlei ist an dieser Formulierung vor allem zu beachten:
1) Die Tatsache, daß die gesamte Jesusbotschaft als Jesu *Gebot* zusammengefaßt
wird, und 2), daß davon in der *Zeitform der Vergangenheit* gesprochen wird:
»was ich euch geboten habe«. Beides ist keineswegs selbstverständlich wie ein
Vergleich mit anderen Texten zeigt. Lk 24, 47 heißt die Botschaft an alle Völker: Vergebung der Sünden in Jesu Namen; Apg 1, 8 wird den Jüngern verheißen, Zeugen des Auferstandenen zu sein; Mk 16, 15 ist von dem Evangelium die Rede, das aller Kreatur verkündet werden soll (vgl. auch Mk 13, 10;
14, 9, Mt 24, 14); Joh 20, 21 ff ist die Sendung der Jünger, ihre Ausrüstung mit
heiligem Geist und ihre Vollmacht, Sünden zu vergeben und zu behalten, Inhalt des Sendungswortes. Alle diese und ähnliche Ausdrücke sind Mt 28, 19 f
vermieden und die Gebote Jesu werden hier und nur hier in äußerster Konzentration zum Inhalt des Jüngerauftrages für alle Völker gemacht.

Nicht minder bezeichnend ist das Praeteritum ἐνετειλάμην. Sendung und
prophetische Geistbegabung der Boten erweisen sich sonst in der Verkündigung
des *gegenwärtigen* Wortes des Erhöhten. Durch den Propheten redet der erhöhte
Herr bzw. der Geist selbst (vgl. Apg 13, 2); Apostel und Propheten gehören
darum engstens zusammen (Apk 18, 20; Eph 2, 20; 3, 5; 4, 11; 1Kor 12, 28),
beide sind nach Eph 2, 20 das Fundament der Kirche. Sogar nach Matthäus
sind die Propheten unmittelbar Gesandte des Herrn (23, 34; 10, 40 f). Bezeichnenderweise schließen die Sendschreiben der Offenbarung Johannes darum:
»Wer ein Ohr hat höre, was der Geist den Gemeinden *sagt*« (2, 7. 11. 17 u. ö.).
Auch von dem Wirken des Parakleten im Johannesevangelium heißt es: »Was er
hört, wird er sagen und das Kommende euch verkünden usw.« (16, 13 ff), auch
wenn seine Offenbarungen zugleich Erinnerungen an das von Jesus Gesagte
sein werden (Joh 14, 26). Das ändert jedoch nichts daran, daß das künftige
Wort des Geistes nach Jesu Fortgang von der Erde ein anderes ist als das Wort
des Irdischen (14, 25 f; 16, 12 ff) und erst der Paraklet in die volle Wahrheit
führt, auch wenn er es nicht »von sich selbst nimmt«. Auf diesem Hintergrund

---

[59] Die triadische Formel ist bekanntlich im NT singulär und weist in relativ späte Zeit;
die älteren Taufformeln sind eingliedrig (1 Kor 1, 13. 15; Apg 2, 38; 8, 16; 10, 48; 19, 5).
Doch ist die triadische Formel nicht völlig unvorbereitet (1Kor 12, 4 ff; 2Kor 13, 13; 2Kor
1, 21 f) und für die Taufpraxis der von Matthäus repräsentierten Gemeinde anzunehmen.
Sie wird durch Did 7, 1. 3 und Justin, Apol. I 61, 3. 11. 13 bestätigt. Die Annahme einer
späteren Interpolation ist darum undurchführbar.

erst läßt sich der besondere Nachdruck verstehen, der bei Matthäus auf der Wendung liegt: »was ich euch *geboten habe*«, d. h. auf der betont exklusiven Fassung der Worte Jesu als Gebot und auf dem Rückverweis auf die Lehre des Irdischen. Das bedeutet: der Auferstandene und Erhöhte macht das Wort des irdischen Jesus für die Kirche auf Erden für alle Zeiten bis zum Ende der Welt verpflichtend. *Hier* liegt der oft genug übersehene[60] Skopus des ganzen matthäischen Textes, ausgesprochen bereits in der ihm eigenen Formulierung des Auftrages: μαθητεύσατε πάντα τὰ ἔθνη.

Inhaltlich kann mit diesen Geboten Jesu nichts anderes gemeint sein als sein Ruf zu der Gerechtigkeit, die die der Schriftgelehrten und Pharisäer weit überragt, ohne die es keinen Eingang in die Himmelsherrschaft gibt. Das heißt zugleich: der in Gesetz und Propheten verkündete, in Jesu Lehre vollmächtig ausgelegte und verwirklichte und im Liebesgebot zusammengefaßte Wille Gottes[61]. Der Begriff einer nova lex wäre hier ganz und gar nicht angemessen. Er widerspräche dem Begriff der »Erfüllung«[62], der durchaus konservativen Tendenz in Traditionsgut und Theologie des ersten Evangelisten und der unverkennbaren Tatsache, daß in seinem Evangelium auf der mit dem Judentum gemeinsamen Basis des Gesetzes eine christliche Halacha ausgebildet und Ansätze eines christlichen Traditionsgedankens entwickelt werden[63]. Auch die nicht unbeträchtliche Kritik des Gesetzesbuchstabens (dritte, fünfte, sechste Antithese, die Kritik der gesetzlichen Opfer- und Reinheitsvorschriften) bleibt bei Matthäus dem Spruch 5, 18 f unterstellt, wie denn auch das Liebesgebot zwar kritisches Auslegungsprinzip ist (9, 13; 12, 7; 23, 23) und doch Inbegriff des Gesetzes bleibt (7, 12).

Die hier dargestellten Züge des Matthäusevangeliums haben ein sehr komplexes Bild ergeben. In Abhängigkeit und Antithese steht das Evangelium in enger Beziehung zum pharisäischen Judentum und hat ohne Frage wesentliche Traditionen des palästinischen Urchristentums aufbewahrt. Nicht minder deutlich sind aber auch die bestimmenden Elemente des hellenistischen Urchristen-

---

[60] Als Beispiel nenne ich hier nur H. GRASS, Ostergeschehen und Osterberichte, [2]1962: »Das Wort des auferstandenen, erhöhten Herrn Mt 28, 18–20 hat seine bleibende kerygmatische Bedeutung in sich selbst: Es verkündigt, daß Christus alle Gewalt im Himmel und auf Erden hat, es ruft in den missionarischen Dienst und verheißt den Beistand bis an das Ende der Welt.« (S. 283) Man sieht sofort, das ist gut hellenistisch geredet, aber verfehlt gerade die Pointe des Matthäus.

[61] 5, 17–20 und die nachfolgenden Antithesen; 7, 12; 22, 34ff; 9, 13; 12, 7 u. a.

[62] πληροῦν = verwirklichen. Vgl. G. BARTH, aaO 64f; G. STRECKER, aaO 147.

[63] Das hat R. HUMMEL, aaO 56ff einleuchtend gezeigt. Vgl. auch seine Analyse der Streitgespräche bei Matthäus (ebd. 36ff) im Unterschied zur christologisch begründeten Gesetzesfreiheit bei Markus (ebd. 53ff).

tums[64]. Beides ist jedoch nicht einfach eklektisch zusammengeschmolzen, sondern zu einer wenn auch spannungsvollen Einheit verwoben. Und zwar so, daß jeweils die Elemente des einen zur Kritik und Korrektur des andern dienen. Das heißt im einen Fall: Nicht nur die Jesusüberlieferung, sondern auch die Christologie gerade des hellenistischen Christentums geben Matthäus die Möglichkeit, den Kampf gegen das pharisäische Judentum zu führen und die theologischen Grenzen der palästinensischen Gemeinde zu sprengen. Aber auch das Umgekehrte gilt: Die enge Verbindung von Tora und Christologie – Gesetz und Schrift als Legitimationsgrund der Messianität Jesu, aber zugleich Jesu Ruf zu Gerechtigkeit und Nachfolge als Erfüllung von Gesetz und Propheten – dient jetzt zu einer strikten und entschlossenen Korrektur eines von jenen Wurzeln gelösten hellenistischen Christentums, seines Kyriosglaubens und seines Apostel-, Propheten-, Kirchen- und Missionsverständnisses[65].

VII.

Daß der Evangelist Matthäus trotz dieser kritischen und gegenläufigen Tendenz als Repräsentant des hellenistischen Judenchristentums angesehen werden darf, mag zum Schluß noch die Tatsache erhärten, daß er das traditionell-jüdische Verständnis des Gottesvolkes energisch bekämpft. Dafür gibt m. E. gleich der erste Satz des ganzen Evangeliums und der damit eingeleitete Stammbaum Jesu einen, soweit ich sehe, bisher noch nicht zureichend ausgewerteten Beweis. Bekanntlich führt dieser Stammbaum in dreimal vierzehn Gliedern über David bis auf Abraham zurück (Mt 1, 1 f). Warum geschieht das? Daß der Messias hier vor allem als Davidide ausgewiesen werden soll,

---

[64] Von da aus wird begreiflich, daß fast gleichzeitig zwei grundverschiedene Darstellungen gegeben werden konnten wie in den Büchern von G. STRECKER (1962) und R. HUMMEL (1963).

[65] In der Terminologie berühren sich das Matthäusevangelium und die johanneischen Schriften vielfältig (vgl. H. GRASS, Ostergeschehen und Osterberichte, 291): μαθηταί wird ebenso von Johannes bevorzugt gebraucht; ἀκολουθεῖν ist hier wie da ein zentraler Begriff (Mt 4, 20. 22; 8, 19. 22 f; 10, 38; 19, 27 f u. ö. – Joh 8, 12; 10, 4 f, 27; 12, 26 u. ö.); zu Mt 28, 20a τηρεῖν πάντα ὅσα ἐνετειλάμην ὑμῖν vgl. Joh 13, 34; 14, 15. 21. 26; 15, 10. 20; 1Joh 2, 3 f; 3, 23 f. Zu Mt 28 20b vgl. 14, 16. Wieweit beidemal eine alte vorgegebene Terminologie zu Grunde liegt oder eine später entwickelte Sprache, soll hier nicht entschieden werden. Der sachliche Unterschied ist gleichwohl unverkennbar: wie Mt der eigenartig johanneische Gedanke des Offenbarers fehlt, so Joh die spezifisch matthäische Verbindung von Gesetz und Christologie. Das ἐγὼ δὲ λέγω ὑμῖν der Bergpredigt-Antithesen darf nicht mit dem johanneischen ἐγώ εἰμι verwechselt werden. Dem entsprechend hat auch die Wendung »alles, was ich euch geboten habe« einen andern Sinn als die exklusive, von johanneischer Offenbarungschristologie geprägte Wendung »meine Gebote«.

steht gewiß außer Frage, wozu der gerade im Matthäus-Evangelium häufig (10 mal) verwendete Titel Sohn Davids stimmt. Auch die nachfolgende Perikope Mt 1, 18–25 gehört damit aufs engste zusammen. Denn diese ist keineswegs, wie K. Stendahl überzeugend gezeigt hat[66], eine analog der lukanischen zu interpretierende Geburtstagsgeschichte, sondern nur »the large footnote to the crucial point in the genealogy«[67]. Sie zeigt, wie wunderbar Jesus Christus von Gott in Davids Stammbaum eingepflanzt wurde. Zugleich dient sie dazu, seinen Jesus-Namen einzuführen, zu begründen und damit seine Bedeutung als ᾿Εμμανουήλ (V. 23; Jes 7, 14) auszusprechen. Die ausdrückliche Betonung der Abrahamssohnschaft Jesu Christi ist damit jedoch noch nicht ausreichend erklärt. Sie entspricht nämlich keineswegs, wie immer wieder behauptet wird, allgemein jüdischer Tradition, schon darum nicht, weil die Abrahamskindschaft Kennzeichen ganz Israels und jedes Israeliten ist. Für den Messias versteht sie sich in solchem Maße von selbst, daß sie niemals eigens als sein Charakteristikum erwähnt wird. Einleitung und Aufbau von Mt 1, 1–17 jedoch erfordern es, die Abrahamssohnschaft nicht weniger gewichtig zu nehmen wie die Davidssohnschaft.

Hinter der schriftgelehrten Arbeit, die die Genealogie verrät und die Matthäus ebenso voraussetzt wie auch selbst repräsentiert, wird, so wird man folgern müssen, eine Theologie sichtbar, für welche die natürliche Abrahamskindschaft nicht mehr eo ipso das Gottesvolk charakterisiert und ihm Anteil an Segen und Verheißung garantiert. Mit um so stärkerem Nachdruck heißt es jetzt betont und exklusiv im Blick auf Christus: ER ist Davids und Abrahams Sohn. Es kann nicht zweifelhaft sein, daß diese Gedanken in das hellenistische Judenchristentum weisen, wie denn auch die Genealogie Namen und Namenfolge der LXX bietet. Dem entspricht auch durchaus der weitere Kontext: der eindeutig hellenistische Hintergrund schon von 1, 18–25 mit dem Motiv der Jungfrauengeburt, begründet mit dem von LXX nur unerheblich abweichenden Zitat aus Jes 7, 14 (Mt 1, 23) und die im weiteren Zusammenhang bis 2, 23 deutliche Abhängigkeit von der jüdisch-hellenistischen Moselegende[68]. Auch zeigt vorausweisend die 2, 1–12 eingefügte, sicher ursprünglich selbstständige Magiergeschichte[69] die Ausweitung des Gottesvolk-Gedankens auf die Völkerwelt. Diese Ausweitung ist auch Mt 1, 21 schon vorausgesetzt, wo der Jesus-Name zwar nicht übersetzt, aber erläutert wird: αὐτὸς γὰρ σώσει τὸν

---

[66] K. Stendahl, Quis et unde? An Analysis of Mt 1–2. (Festschr. J. Jeremias, BZNW 26, 1960, 94 ff).
[67] AaO 102.
[68] Vgl. dazu G. Strecker, aaO 52 ff.
[69] Zur Analyse vgl. zuletzt F. Hahn, Christologische Hoheitstitel, 277 f.

λαὸν αὐτοῦ (!) ἀπὸ τῶν ἁμαρτιῶν αὐτῶν[70]. Schwerlich ist damit im Sinne des Evangeliums das jüdische Volk bezeichnet, sondern im weiteren Sinne das von Jesus erlöste Volk (λαός), wie auch der Begriff ἔϑνος 21, 43 das neue Gottesvolk meint, das »die Früchte der Gottesherrschaft bringt«[71]. »Sein Volk« (1, 21) bereitet also schon die Wendung »meine Gemeinde« (16, 18) vor. Ist diese Interpretation richtig, dann folgt aus ihr, daß schon in Mt 1–2, in dem Motiv der Abrahamssohnschaft des Messias wie in dem Verständnis des ihm zuge-hörigen Gottesvolkes sich hellenistisch-judenchristliche Gedanken melden, die Paulus aufnehmen, wenn auch in völlig anderer Richtung wenden konnte. Von dem *einen* Universalerben der Abrahamsverheißung und nur durch ihn geht Segen und Abrahamskindschaft auf alle Völker (Gal 3, 16. 29).

Nach Matthäus gilt das freilich unter der Bedingung, daß alle Völker, getauft nach der Weisung des Auferstandenen, die Gebote des Irdischen halten (28, 19f), zu Jüngern gemacht, die so wie der Irdische in seiner Taufe »alle Gerech-tigkeit« erfüllte (3, 15ff) den »Weg der Gerechtigkeit« gehen (21, 32; 5, 6; 5, 20: 6, 33 u. ö.). Nach keinem andern Kriterium werden »die Völker alle« gerichtet werden als diesem Gehorsam (Mt 25, 31ff).

Auch hier hat sich uns bestätigt, daß für Matthäus die einstige, für Paulus noch so aktuelle Frage nach dem Anrecht der Heiden auf das Heil kein Problem mehr ist. Das im hellenistisch-judenchristlichen Bereich erkämpfte Verständnis des Gottesvolkes, das auch die Heidenvölker umfaßt, ist hier in jeder Weise vor-ausgesetzt und nicht mehr zweifelhaft. Um so mehr aber ist die Frage nach dem Lebensgesetz der so von dem Auferstandenen und Erhöhten begründeten Kirche für Matthäus entscheidend. Eben darum verbindet er wie gezeigt den hellenistischen Kyriosglauben und Sendungsgedanken mit der Verpflichtung auf die Gebote des Irdischen. Eben darum aber wiederholt er Mt 28 auch nicht einfach den Auftrag des Irdischen, die Nähe der Gottesherrschaft zu verkünden (10, 7). Denn die Kirche zwischen der Auferstehung und dem kommenden Gericht ist gefragt, ob sie den Weg in die künftige βασιλεία findet und im Gehorsam geht. Der Erhöhte, der die Gebote des Irdischen für die Kirche bis zum Ende der Welt in Kraft setzt und verpflichtend macht, gibt ihr die Zusage seines Beistandes (28, 20b), in der sich das Ende des Evangeliums mit dem Emmanuel-Wort im Eingang (1, 23) zusammenschließt.

Es wäre lohnend, von hier aus Matthäus und Paulus zu vergleichen. Doch würde das den Rahmen dieser Studie sprengen. In gebotener Kürze sei hier nur so viel gesagt: beide setzen in höherem Maße als gemeinhin angenommen,

---

[70] Ob hier eine bewußte Anspielung an Ps 130 (129), 8 vorliegt, mag zweifelhaft sein. Trotz des abweichenden Wortlauts ist sie nicht ausgeschlossen.
[71] Vgl. F. HAHN, Mission, 108 f.

gemeinsam Kyriosglauben, Kirchen- und Missionsverständnis des hellenistischen Christentums voraus. Beide begegnen sich auch, obwohl in sehr verschiedener Ausprägung, in ihrem Kampf gegen hellenistischen Antinomismus und
Enthusiasmus. Sie differieren freilich radikal in ihrem Verständnis des Gesetzes,
der Beziehung zwischen dem Erhöhten und dem Irdischen und im Verständnis
der δικαιοσύνη. Es bedarf keines Wortes, daß Matthäus niemals von Christus als
des Gesetzes Ende und der Rechtfertigung des Gottlosen sprechen könnte, wie
Paulus nicht von der heilsnotwendigen Geltung des Gesetzes bis zu Jota und
Häkchen. Es dürfte auch klar sein, daß Matthäus die paulinischen Reflexionen
darüber, daß das Gesetz alle, Juden und Heiden, ohne Unterschied nur schuldig
spricht, völlig fremd sind und der Begriff der δικαιοσύνη ihm dazu dient,
die Frage der Heilsgewißheit fast geflissentlich in der Schwebe zu halten. Nach
Paulus dagegen kann und soll diese Frage nicht in der Schwebe bleiben. Sie ist
durch die Rechtfertigung aus Glauben, nicht aus Werken beantwortet[72]. Darum
führt er den anti-enthusiastischen Kampf auf dem Fundament dieser Botschaft,
während Matthäus zum Gehorsam und zur Nachfolge des Irdischen zurück-
ruft. Beide freilich sind darin eins, daß sie die eschatologische Spannung des
Christseins – jeder in seiner Weise – nicht aufheben und gerade darum in der
Frage des Heils sich nicht etwa in der synergistischen Parole des Jakobusbriefes
»Glaube und Werke« (Jak 2, 20ff) zusammenfinden und harmonisieren lassen.

---

[72] Vgl. dazu R. BULTMANN, *ΔΙΚΑΙΟΣΥΝΗ ΘΕΟΥ*, JBL 83 (1964), 12–16.

LUKAS I, 1–4 ALS THEOLOGISCHES PROGRAMM

GÜNTER KLEIN

Daß der Prolog des Lukasevangeliums formal und inhaltlich traditionelle Züge vornehmlich hellenistischer Historiographie aufweist, ist eine alte Einsicht[1], für die immer neue Belege anfallen[2]. Indes ist die Frage nach einer in solcher konventionellen Gestalt möglicherweise wirksamen spezifischen Intention noch keineswegs erschöpfend beantwortet. Wenn noch M. DIBELIUS im Blick auf den »schematischen Charakter des Lukas-Prologes ... den Abweichungen vom Schema um so größere Bedeutung beimessen« wollte[3] und diesen unkonventionellen Textrest vorwiegend daraufhin abhörte, was ihm über »Anlaß« und »Gesetz« der vorlukanischen Tradition zu entnehmen sei[4], so hat die seitherige Forschung solche hermeneutische Differenzierung zwischen schematischen und nichtschematischen Elementen des Prologs in dieser Grundsätzlichkeit zwar kaum aufrechterhalten[5], jedoch erst ansatzweise sich auf die lukanische Aussageabsicht im Prolog konzentriert[6]. Eine umfassende »redak-

---

[1] Vgl. W. GRUNDMANN, Das Evangelium nach Lukas (ThHK III²) 1961, 43 und die ebd. Anm. 1 genannte Literatur. Ferner M. DIBELIUS, Aufsätze zur Apostelgeschichte (FRLANT 60), ²1953, 79. 108. 127; E. TROCMÉ, Le Livre des Actes et l'Histoire, 1957, 41 f; W.C. VAN UNNIK, Opmerkingen over het doel van Lucas' Geschiedwerk (Luc 1, 4), NedThT 9 (1955), 324. 326ff; J. BAUER, ΠΟΛΛΟΙ Luk 1, 1, NovTest 4 (1960), 263; W.G.KÜMMEL, Einleitung in das Neue Testament, 1963, 76 (= Feine-Behm, NB).

[2] Vgl. BAUER aaO 263 ff. – Herrn Prof. D. H. CONZELMANN bin ich zu Dank verpflichtet für die Mitteilung gewichtigen neuen Vergleichsmaterials.

[3] Die Formgeschichte des Evangeliums, ³1959, 11.

[4] AaO 12.

[5] Vgl. aber noch W. MICHAELIS, ThW V 373, 37ff; TROCMÉ aaO 42.

[6] Am weitesten stößt in diese Richtung vor: E. LOHSE, Lukas als Theologe der Heilsgeschichte, EvTh 14 (1954), 256–274. Dieser Aufsatz hat das Verdienst, die »redaktionsgeschichtliche« Befragbarkeit des Prologs erwiesen zu haben. Ihm eignet für unsere Fragestellung insofern programmatischer Charakter. Da er aber, seinem Thema gemäß, zugleich stark an dem Nachweis heilsgeschichtlichen Denkens im lukanischen Gesamtwerk interessiert ist, muß die Darstellung auf weite Strecken hin den Prolog in den Hintergrund rücken und wichtige seiner Elemente, die nicht unmittelbar in den heilsgeschichtlichen Themabereich fallen (zB V. 2), überhaupt beiseite lassen. Vgl. im übrigen: H. CONZELMANN, Die Mitte der Zeit (BHTh 17), ⁵1964, 3. 6f. 203; VAN UNNIK aaO 323–331; TROCMÉ aaO 41–50. 125

tionsgeschichtliche« Aufarbeitung dieses Textes am Leitfaden der inzwischen wenigstens in wichtigen Schwerpunkten deutlich gewordenen Theologie des Lukas und mit dem Ziele seiner Einordnung in diese ist daher eine noch unerledigte, mit Rücksicht auf den im übrigen fortgeschritteneren Stand der Lukasforschung dringende Aufgabe, ihre Erfüllung eine unter vielen noch ausstehenden Vorbedingungen für den von E. KÄSEMANN[7] mit Recht zum Desiderat erklärten »Entwurf einer lukanischen Theologie«. Im folgenden soll versucht werden, jene Aufgabe anzugehen. –

Die einleitende Berufung auf die dem Lukas vorangegangenen πολλοί ist mit dem richtigen Hinweis[8] auf vielfältige profanliterarische Analogien noch nicht angemessen interpretiert. Das zeigt sich schon daran, daß dieser Topos ganz verschiedenen Sinn haben kann[9]. Wenn ihn J. BAUER hier darauf zurückführt, daß er »eben … dazugehört«, »in gewisser Verbindung« mit dieser Erklärung aber noch eine Tendenz des Lukas zur Legitimierung seines Werkes veranschlagen will[10], so illustriert diese Unausgeglichenheit, wie nichtssagend das Argument der literarischen Konvention als solches bleibt. So hilfreich es gegen eine Überschätzung der konkreten Anzahl der πολλοί wirkt[11], so dringlich ist mit ihm das Problem doch erst gestellt, *warum* sich Lukas die Konvention zu eigen macht.

bis 127; U. WILCKENS, Kerygma und Evangelium bei Lukas (Beobachtungen zu Acta 10, 34–43), ZNW 49 (1958), 228f (um eine Anmerkung vermehrt wieder abgedruckt in: Die Missionsreden der Apostelgeschichte. Form- und traditionsgeschichtliche Untersuchungen [WMANT 5], 1961, 68f); E. HAENCHEN, Das »Wir« in der Apostelgeschichte und das Itinerar, ZThK 58 (1961), 362ff. Außer Betracht bleiben können hier die Versuche, den Prolog mit einer angeblich forensischen Funktion des lukanischen Doppelwerks im Prozeß des Paulus (so H. SAHLIN, Der Messias und das Gottesvolk [ASNU 12], 1945, bes. 39–47) bzw. mit den »Wir«-Abschnitten der Apostelgeschichte (so H. J. CADBURY, zuletzt in: ›We‹ and ›I‹ Passages in Luke-Acts, NTSt 3 [1956/57], 130ff; D. J. DUPONT, Les Sources du Livre des Actes, 1960, 91ff) in Verbindung zu bringen, die sich mit Recht nicht durchgesetzt haben.

[7] Paulus und der Frühkatholizismus, ZThK 60 (1963), 75f Anm. 2.

[8] Vgl. vor allem J. BAUER aaO pass.

[9] Dient er etwa Diosc I 1 der Sicherung der Zuverlässigkeit des Berichts, so Jos bell I 17 der Rechtfertigung einer Themabegrenzung. Wieder anders zielt die vergleichbare Bezugnahme auf die ὁπόσοι bei Hippok περὶ ἀρχαίης ἰητρικῆς I auf leichte Differenzierung von den Vorgängern. CorpHerm XI 1, 1b gilt der aus der Sicht des Mitteilungsempfängers gegebene Hinweis auf πολλοί der radikalen Distanzierung von ihnen. BAUER aaO 264 weist darauf hin, daß der Topos den »Gegensatz zu vielen anderen« ebenso wie den Gedanken einschärfen kann, »daß neben vielem Guten auch noch ein Gutes Platz hat«.

[10] AaO 265.

[11] Vgl. LOHSE aaO 258; K. STAAB, Das Evangelium nach Lukas, 1956, 11; BAUER aaO 266; HAENCHEN aaO 362; W. MARXSEN, Einleitung in das Neue Testament. Eine Einführung in ihre Probleme, 1963, 138, die mit Recht schon eine Drei- bzw. Zweizahl für ausreichend halten. TROCMÉ aaO 42 findet gar schon die Einzahl grundsätzlich genügend.

Rezipierbar wird dieser Topos im Urchristentum jedenfalls erst dort, wo die Reflexion auf den eigenen traditionsgeschichtlichen Ort eingesetzt hat. Ist der Hinweis auf die πολλοί deshalb schon als solcher ein Symptom dafür, daß Tradition zum bewußt empfundenen Problem geworden ist, so bleibt die Frage doch noch völlig offen, welche Einstellung zu den vorgeordneten Traditionsträgern deren Erwähnung hier leitet. Daß dazu nur das Interesse veranlasse, die Berechtigung des eigenen Werkes zu begründen, wie J. BAUER (o. Anm. 10) meint, ist schon an und für sich nicht wahrscheinlich: Wer vorliegenden Werken ein eigenes an die Seite setzt, kann jene nicht in jeder Hinsicht für unüberholbar halten[12].

Über solche allgemeinen Erwägungen hinaus führt zunächst die Wahrnehmung, daß der Begriff ἐπιχειρεῖν, mit dem Lukas die Unternehmungen seiner Vorgänger charakterisiert, schwerlich wertfrei verwendet sein kann, sondern eine Unzulänglichkeit andeuten muß. Dies wird zwar immer wieder bestritten, – sei es, daß man dem Verbum einen spezifisch theologischen Sinn zuschreibt[13], sei es, daß man ihm umgekehrt jeglichen Aussagegehalt abspricht und es auf das Konto plerophorer Rhetorik setzt[14]. Freilich kann ἐπιχειρεῖν durchaus neutral gebraucht werden[15]. Da aber daneben eine Verwendung in malam partem ebenso möglich ist[16], so fällt schwer ins Gewicht, daß diese bei Lukas sonst die Regel bildet[17]. Kommt der negative Klang in Apg 9, 29 »erst durch das folgende ἀνελεῖν« zustande, wie HAENCHEN meint[18], so läßt sich Entsprechendes keinesfalls von Apg 19, 13 sagen, wo vielmehr gerade ἐπιχειρεῖν den negativen Ton der Aussage bedingt. Nimmt man den einzigen noch erübrigenden urchristlichen Beleg des Wortes hinzu (Herm sim IX 2, 6)[19], wo der disqualifizierende Sinn gleichfalls zutage liegt, so dürfte für unsere Stelle die Möglichkeit eines negativen Einschlages sich zumindest nahelegen. Lukas scheint also mit diesem Wort andeuten zu wollen, daß er die schrift-

[12] Vgl. MARXSEN aaO; H. v. CAMPENHAUSEN, Die Entstehung des Neuen Testaments (Heidelberger Jahrbücher 7), 1963, 5.

[13] So zB GRUNDMANN aaO 43: »Ihre Werke sind Versuche und müssen es sein, denn es geht um den Bericht von Ereignissen, die einen besonderen Charakter haben.« Aber nichts deutet darauf hin, daß Lukas hier in diesem Sinne auf eine Unerschöpflichkeit der Geschichte Jesu anspielt, auf Grund derer sie jeglicher adäquater Darstellung prinzipiell entzogen wäre. Im Gegenteil: Die Art, wie er in V. 3 seine eigene literarische Methode beschreibt, zeigt, daß er sehr wohl eine adäquate Darstellung für möglich hält.

[14] So zB H. J. CADBURY, in: The Beginnings of Christianity II, 1922, 404; LOHSE aaO 259; HAENCHEN aaO 362.

[15] Vgl. das Material bei BAUER, WB⁴ 551.

[16] Vgl. ebd.

[17] Vgl. TROCMÉ aaO 43.

[18] AaO.

[19] ... μὴ ἐπιχείρει ὡς συνετὸς ὤν, ἀλλ᾿ ἐρώτα τὸν κύριον, ...

stellerischen Versuche der πολλοί für unzureichend hält[20]. In welcher Hinsicht, werden wir noch sehen.

Das literarische Unterfangen jener Vorgänger heißt ein ἀνατάξασθαι διήγη-σιν. Die hier bestehende Alternative, den Ausdruck auf die schriftliche Reproduktion einer Erzählung oder auf deren Abfassung zu deuten[21], ist sach-lich nicht belanglos: Im ersten Falle wäre die διήγησις als Werk der αὐτόπται von V. 2, im zweiten als Werk der πολλοί verstanden. Darauf ist zurückzu-kommen.

Den Inhalt der διήγησις bilden die πεπληροφορημένα ἐν ἡμῖν πράγματα. Das lukanische Hapaxlegomenon πληροφορεῖν dürfte aus rhetorischen Gründen ein πληροῦν ersetzen[22]. Die Bestimmung dieser Inhaltsangabe ist darum schwierig, weil weder die Bedeutung noch der Zeitpunkt des πληροφορεῖσθαι feststehen.

a) Eine Deutung des Wortes auf die Erfüllung der Verheißungen[23] vermag nicht verständlich zu machen, wieso gar nicht von deren, sondern von der Erfüllung der πράγματα die Rede ist. Da diese das christliche Heilsgeschehen ausmachen[24], sub specie der Verheißungen also selber deren Erfüllungen dar-stellen, so wäre in solcher Hinsicht die Rede von erfüllten Ereignissen wenig sinnvoll. Daher scheint sich ein neutrales Verständnis von πληροφορεῖν nahe-zulegen, demzufolge von den Ereignissen nur gesagt wäre, daß sie sich zuge-tragen haben[25]. Abgesehen davon aber, daß sich solche Bedeutung sonst nicht belegen läßt[26], spricht dagegen zunächst schon der lukanische Gebrauch von πληροῦν, den bereits E. LOHSE als spezifisch erkannt hat[27]. Die gemeinsynop-tische Verwendung des Wortes hält sich vorzugsweise in dem Motivbereich der Schrifterfüllung. Ungleich häufiger als die beiden anderen Synoptiker[28] be-nutzt Lukas den Begriff als theologischen aber auch in anderen Zusammenhän-gen. Dabei hebt sich deutlich ein im übrigen NT sonst kaum vorkommender[29]

---

[20] Vgl. aus der älteren Exegese zB B. WEISS, MeyerK I 2, ⁹1901, 264; zurückhaltend auch H. J. HOLTZMANN, in: HC I 1, ³1901, 303.

[21] Vgl. BAUER, WB⁴ 113.

[22] Vgl. CADBURY aaO 496; LOHSE aaO 261 Anm. 22; TROCMÉ aaO 46; HAENCHEN aaO 363; DERS., Die Apostelgeschichte (MeyerK III, 13. Aufl.), 1961, 68.

[23] So zB N. GELDENHUYS, Commentary on the Gospel of Luke, 1952, 56; LOHSE aaO 264f; TROCMÉ aaO 46. 48; GRUNDMANN aaO 43.

[24] Vgl. CH. MAURER, ThW VI 639, 32.

[25] So zB CADBURY aaO; HAENCHEN (ZThK) aaO; BAUER, WB⁴ 1220.

[26] Vgl. G. DELLING, ThW VI 307, 27ff; BAUER aaO.

[27] AaO 272 Anm. 23; 264 Anm. 30.

[28] So Mk nur 1, 15; Mt 3, 15. Unvergleichbar sind 23, 32, wo der Begriff negativen, und 13, 48, wo er konkreten Sinn hat.

[29] Ob Mk 1, 15; Gal 4, 4 (hier aber das Substantiv) überhaupt vergleichbar sind, ist m. E. höchst zweifelhaft.

Sprachgebrauch ab, wonach die »Erfüllung« als Tilgung chronologischer Ausständigkeit verstanden ist, das »Erfüllte« also als historisch angebahnt gilt[30]. Alles spricht dafür, daß auch dem πληϱοφοϱεῖσϑαι an unserer Stelle eine zeitliche Sinnkomponente eignet[31].

b) Nun muß freilich jede Interpretation dieses Begriffs zugleich mit einer anderen Schwierigkeit fertig werden: Wie nämlich kann von dem ἐν ἡμῖν vollzogenen πληϱοφοϱεῖσϑαι[32] von Ereignissen geredet werden, die doch nicht nur solche der christlichen Vergangenheit sind, sondern auch bereits in zwei vorangegangenen Phasen der Traditionsgeschichte das Tradendum darstellten?[33] Daß sich Lukas, »comme aussi ses lecteurs, se range parmi les contemporains de ces événements, ou du moins de certains d'entre eux«[34], oder daß er hier gar primär auf »the more recent events of Acts« abstellt[35], ist schon deshalb unmöglich, weil er sich samt seinen Vorgängern in V. 2 in bezug auf die πϱάγματα im ganzen den Augenzeugen nachordnet. Dann scheint nur die Möglichkeit übrigzubleiben, das ἐν ἡμῖν prinzipiell, im Sinne von »unter uns Christen«[36], zu verstehen. Doch auch dann bleiben weitere Schwierigkeiten akut. Zunächst läßt sich für das πληϱοφοϱεῖσϑαι kaum ein einleuchtender Terminus ad quem ausmachen. Ist es der Schlußpunkt des Lukasevangeliums?[37]

[30] Vgl. 9, 31; 21, 24; 22, 16; Apg 13, 25; auch 7, 23.30; 19, 21; 24, 27; ferner den analogen Lukanismus συμπληϱοῦν Lk 9, 51; Apg 2, 1.

[31] Vgl. G. DELLING, ThW VI 308, 12 ff.

[32] Die Beziehung des ἐν ἡμῖν auf πϱάγματα (TH. ZAHN, Das Evangelium des Lucas [KNT 3], 1913, 48; K. H. RENGSTORF, Das Evangelium nach Lukas [NTD 3], ⁴1949, 13) scheitert schon an der Wortfolge. Vgl. im übrigen u. Anm. 41.

[33] Dieses Problem ist in der von GRUNDMANN aaO 44 als Möglichkeit erwogenen Deutung A. SCHLATTERS (Ereignisse, die in die »zur Gewißheit gelangte Erkenntnis übergegangen sind«) offenbar empfunden. Sie empfiehlt sich aber schon aus sprachlichen Gründen nicht. Πληϱοφοϱεῖν kann zwar heißen »volle Überzeugung verschaffen« (BAUER, WB⁴ 1220), doch müßte der Text dann von πϱάγματα πεπληϱοφοϱηκότα reden. Überdies liefe solche Deutung darauf hinaus, daß es zur gewissen Erkenntnis erst bei den ἡμεῖς, aber noch nicht bei den αὐτόπται gekommen wäre.

[34] So DUPONT aaO 101; vgl. TROCMÉ aaO 47. 125; KÜMMEL aaO 76.

[35] So CADBURY aaO 496.

[36] So LOHSE aaO 257 Anm. 3; GELDENHUYS aaO; A. R. C. LEANEY, A Commentary on the Gospel according to St. Luke, 1958, 77; HAENCHEN aaO 363; auch E. KLOSTERMANN, Das Lukasevangelium (HNT 5) ²1929, 2 (der πεπληϱοφοϱημένα mit »zum Abschluß gekommen« übersetzt, was den oben, nicht jedoch den hier skizzierten Schwierigkeiten entgeht). Daß GRUNDMANN trotz seiner Deutung des πληϱοφοϱεῖν auf die Erfüllung der Verheißungen nicht die gleiche Konsequenz zieht, sondern zu dem ἐν ἡμῖν bemerken kann: »Im Vollzug dieser Taten Gottes steht Lukas selbst drinnen« (aaO 44), ist schwer verständlich. Es läuft ja darauf hinaus, daß die Verheißungen sich nicht nur im einstigen Heilsgeschehen, sondern auch noch später erfüllen, und stößt sich zudem mit dem Perfekt, das doch einen Abschluß der Erfüllung anzeigt.

[37] So z. B M. J. LAGRANGE, Evangile selon Saint Luc, ⁷1948, z. St.; A. SCHLATTER, Das Evangelium des Lukas, 1931, z. St.; MAURER aaO Z. 31 f.

Aber hat sich das in der Apostelgeschichte Berichtete denn nicht in diesem
Sinne »unter uns« begeben? Also ist es der Schlußpunkt der Apostelgeschichte?[38]
Aber wieso können dann die πράγματα das Thema schon der vorlukanischen
Werke sein? Daß sie es nur »partiellement« seien, wie Trocmé meint[39], scheitert
schon daran, daß sie es nach dem klaren Wortlaut des Textes gerade als πεπληροφορημένα sind. Dies gilt auch gegen die Verlegung des Terminus ad quem in
eine unbestimmte spätere Zeit[40] bzw. auf das Weltende[41], die darüber hinaus die
perfektische Form des Partizips gegen sich hat. – Auf allen erwähnten Verfahren lastet ferner die schwere Hypothek, daß dabei faktisch – auch wenn man
sich das meist nicht klarmacht – mit einem doppelten Sinn der 1. Pers. Plur.
in V. 1f gerechnet werden muß. Denn das ἡμῖν von V. 2 meint eindeutig nicht
die Christen überhaupt, sondern diejenigen unter ihnen, die der παράδοσις der
Augenzeugen nachgeordnet sind. Daraufhin läßt sich dem Schluß kaum ausweichen, daß das ἐν ἡμῖν von V. 1 in gleicher Weise traditionsgeschichtlich
definiert ist[42]. Dann aber kann das πληροφορεῖσθαι der πράγματα mit diesen
nicht gleichzeitig sein, da andernfalls das in der den ἡμεῖς vorausliegenden
Epoche der Augenzeugen Geschehene zu den πράγματα gar nicht gehören
würde, was unvorstellbar ist.

Diese unübersehbare zeitliche Differenz zwischen den πράγματα und ihrem
πληροφορεῖσθαι weist der Auslegung den Weg: Werden jene, die sich in der
ersten christlichen Phase begaben, zu πεπληροφορημένα erst in der daran anschließenden Zeit[43], so muß das Partizip darauf gehen, daß sie sich nunmehr als
vollständig darstellen[44]. Damit ist beides zum Ausdruck gebracht: Die Abge-

---

[38] So zB Zahn aaO 50; Klostermann aaO 2; Trocmé aaO 48.

[39] AaO 47.   [40] So Grundmann (vgl. o. Anm. 35).

[41] So Lohse, wenn er als des Lukas Thema »die Abfolge dieser sich erfüllenden Ereignisse« nennt, und diese bis ans »Ende der Zeiten weitergehen« läßt (vgl. aaO 264f). Anderseits kann Lohse aber formulieren, daß die Wirkung der πράγματα »bis in die Gegenwart
hineinreicht« (264).

[42] Das hat schon Zahn aaO 48 scharf gesehen. Um so merkwürdiger, daß er ἐν ἡμῖν zu
πράγματα zieht und diese dann notwendig auf »die Geschichte des Christentums« deutet,
was ihn nicht nur nötigt, das πληροφορεῖσθαι für ein relatives zu erklären (vgl. 49),
sondern faktisch auch die Elimination der Zeit der Augenzeugen – d.h. des Evangelien-
stoffes! – aus der christlichen Geschichte zur Konsequenz hat.

[43] Diese zeitliche Bestimmung des πληροφορεῖσθαι ist klar erkannt bei O.A.Piper (in:
Union Seminary Review 57 [1945], 15ff), dessen Deutung des lukanischen Doppelwerkes
als Erfüllung des AT freilich daran scheitert, daß gar nicht dieses erfüllt wird (s. o.) und
schon zur Zeit der πολλοί als der Empfänger der παράδοσις sich das πληροφορεῖσθαι
begab, wie aus der Abfolge von V. 1 nach V. 2 zu schließen ist.

[44] Sprachlich dürfte dies ohne weiteres möglich sein, wenn man von der Grundbedeu-
tung »zum Vollmaß bringen« ausgeht (vgl. Delling aaO 307, 27). Auf dieser Linie deutet
auch Klostermann (vgl. o. Anm. 35), nur daß er den Abschluß in die Zeit der ἡμεῖς verlegt. Möglich ist m. E. aber auch ein spezifischer Gebrauch von ἐν, wobei es sich entweder

schlossenheit des Heilsgeschehens, die seine Dignität ausmacht, wie dessen Hinordnung auf weitere Geschichte, von der aus solche Abgeschlossenheit allererst verifizierbar wird. Bei solchem Verständnis löst sich auch das Rätsel, daß infolge der Identität der ἡμεῖς in V. 1 und V. 2 das πληροφορεῖσθαι sowohl auf die Vergangenheit der πολλοί als auch auf die Gegenwart des Lukas zu beziehen ist, nicht jedoch auf die Zeit, die von der παράδοσις der Augenzeugen gedeckt wird. Die Komplettheit des Heilsgeschehens erweist sich nicht an einem fixen Datum, sondern vor der Folgezeit im ganzen.

Läßt insofern das Motiv des πληροφορεῖσθαι die grundlegende Anfangsphase und alle darauf folgende Zeit als zwei in sich undifferenzierte Komplemente der christlichen Geschichte erscheinen, so sind doch beide zugleich in ihrer Erstreckung gesehen. Das zeigt sich für die zweite in der Differenzierung zwischen dem Stadium der πολλοί und dem gegenwärtigen, für die erste in der Vielzahl der sie konstituierenden πράγματα. Solche Nomenklatur ist in der Evangelienliteratur ein Novum[45], und zwar sowohl der Form als auch dem Inhalt nach. Die übrigen Evangelien beziehen sich in ihren einleitenden Sätzen akzentuiert im Singular auf ein personales Geschehen[46], wie verschieden sie dies auch beschreiben. Bei Lukas aber hat sich das eine Heilsgeschehen zerdehnt in eine differenzierte Abfolge, weshalb er die personalen hinter den transpersonalen Kategorien zurücktreten lassen muß. Indem er diese aber zur Inhaltsbestimmung nicht nur seines eigenen Werks, sondern auch der Schriften seiner Vorgänger benutzt, hat er zugleich deren Intention verzeichnet. Daß der Begriff der πράγματα in der profanen Geschichtsschreibung gängig ist[47], ändert an der sachlichen Bedeutung dieses Tatbestandes gar nichts, sondern beleuchtet lediglich die Voraussetzung, die ihn möglich macht.

V. 2 lenkt den Blick über die in V. 1 erwähnten Vorgänger des Lukas hinweg und zurück auf deren Informationsgrundlage. Damit kommt zur Geltung, daß die unter dem Aspekt des πληροφορεῖσθαι grundsätzlich unterschiedenen Phasen des Heilsgeschehens und der anschließenden Geschichte durchaus auch unter dem Aspekt formaler Sukzession aufeinander beziehbar sind. Neben die heilsgeschichtliche Zweiteilung der christlichen Geschichte rückt die traditions-

---

um das ἐν der Beziehung handelt (vgl. BAUER, WB⁴ 467f), das Lukas auch 4, 21 anwendet, oder um einen Ersatz des gewöhnlichen Dativs (vgl. aaO 472) wie in Lk 2, 14; Apg 4, 12.

[45] Den Unterschied zu Mk (und zu Paulus) hat schon LOHSE aaO 264ff scharf herausgearbeitet.

[46] Mk 1, 1: Ἀρχὴ τοῦ εὐαγγελίου Ἰησοῦ Χριστοῦ (dazu W. MARXSEN, Der Evangelist Markus. Studien zur Redaktionsgeschichte des Evangeliums [FRLANT 67], 1956, 87f); Mt 1, 1: Βίβλος γενέσεως Ἰησοῦ Χριστοῦ κτλ. (unter unserer Fragestellung ist die an der Bestimmung von γένεσις hängende Frage nach dem Umfang der βίβλος gleichgültig); Joh 1, 1: Ἐν ἀρχῇ ἦν ὁ λόγος.

[47] Vgl. KLOSTERMANN aaO 2.

geschichtliche Dreiteilung, in der die Zeit der πολλοί nicht mit der des Lukas zusammengefaßt ist, sondern als deren Vergangenheit zurückbezogen wird auf die fernere der αὐτόπται. – Schon diese Aspektverschiebung als solche ist bemerkenswert. Die Legitimation der vorlukanischen Schriften gründet für Lukas nicht in deren Inhalt, sondern in der Qualität ihrer Überlieferungsgrundlage. Die Frage nach der Tradition wird zum leitenden Maßstab der Sachkritik.

Je nachdem, welches Objekt man zu παρέδοσαν ergänzt, bestimmt sich nun auch der Sinn der Wendung ἀνατάσσεσθαι διήγησιν (V. 1), den wir noch offenhalten mußten. Meist werden ohne weiteres die πράγματα als Objekt vorausgesetzt[48], doch scheint eher die διήγησις in Frage zu kommen. 1. sollen sich nach der Gliederung der ganzen Periode offenbar ἀνατάσσεσθαι διήγησιν und γράψαι entsprechen[49]. Diese Beziehung tritt klarer hervor, wenn Lukas seine Vorgänger hier daraufhin in den Blick faßt, daß sie eine überlieferte Erzählung schriftlich reproduzierten, und nicht daraufhin, daß sie einen Bericht von überlieferten Ereignissen verfaßten. 2. ist in diesem Falle die Einstellung des Lukas zu den Vorgängern ohne weiteres begreiflich, da er diese vor einer objektiven Schwierigkeit sieht: Was bisher mündlich umlief, war schriftlich zu fixieren[50]. 3. erklärt sich dann zwanglos ein Rätsel, dem man sich zumeist nicht stellt: Warum beruft sich Lukas in V. 3 nicht auf die Zuverlässigkeit der in V. 2 genannten Gewährsleute, sondern auf diejenige seiner Methode?[51] Wäre in V. 2 die Augenzeugen- primär als Tatsachenüberlieferung beschrieben, so liefe der in V. 3 vollzogene Rückgriff des Lukas auf eigene Wahrheitsfindung auf ein Mißtrauensvotum gegen jene hinaus. Wenn sie aber primär auf ihre Form als mündliche Überlieferung hin gesehen ist, dann wird damit der traditionsgeschichtliche Abstand zwischen der bis heute (vgl. das ἡμῖν!) zugänglichen Kunde und ihrem Ursprung im Zeugnis der Augenzeugen bewußt gemacht. Liegt in solchem Abstand die objektive Schwierigkeit einer sachgemäßen Umsetzung der mündlichen διήγησις in schriftlichen Bericht, so bedeutet ein

---

[48] Vgl. J. WEISS-W. BOUSSET, SNT I, ³1917, 395 f; ZAHN aaO 51; GRUNDMANN aaO 44; HAENCHEN aaO 363. Für einen neutrischen Singular: HOLTZMANN aaO 303.

[49] Vgl. Bl. D. 464.

[50] Zwar ist die Mündlichkeit der διήγησις in dem Begriff als solchem nicht notwendig enthalten (vgl. F. BÜCHSEL, ThW II 911, 24 ff), doch muß sie vorausgesetzt werden, wenn die διήγησις das Objekt des παραδιδόναι ist. Denn dann muß in dem ἀνατάσσεσθαι ein Element der Differenz zur διήγησις stecken, die ja im Sinne des Lukas von den πολλοί nicht einfach rezitiert wurde, und das kann dann nur die Umsetzung der mündlichen Tradition in schriftlichen Bericht sein. Vgl. noch W. MANSON, The Gospel of Luke, ⁸1955, 1: Die Unternehmungen der Vorgänger haben Versuchscharakter auf Grund der »difficulties which inevitably beset the first efforts to reduce to literary shape the floating materials of the oral tradition«.

[51] Daß auch dieser Topos konventionell ist, erhellt wiederum nur die Möglichkeit, nicht den Grund seiner Aneignung durch Lukas.

Rückgriff auf eigene Wahrheitsfindung den Versuch, den hier waltenden Un-
sicherheitsfaktor methodisch zu eliminieren.

Daß der Ursprung der Tradition als solcher für Lukas unantastbar ist, zeigt
sich massiv in der Charakterisierung der ersten Tradenten. Der zunächst verwendete Begriff αὐτόπτης kommt zwar bei Lukas nicht noch einmal vor, bezeichnet aber einen für seine Theologie schlechthin fundamentalen Sachverhalt.
Dessen reflektierte Vergegenwärtigung beweist das beigefügte ἀπ᾽ ἀρχῆς. Das
Motiv des »Anfangs« begegnet bei Lukas auch sonst an zentralen Stellen. In der
Definition der Apostolizität Apg 1, 21 f bildet die Teilhabe an der historia Jesu
ἀρξάμενος ἀπὸ τοῦ βαπτίσματος Ἰωάννου das elementare Postulat[52]. Was dort
in zeitlichen, wird Apg 10, 37 ff in räumlichen Kategorien formuliert: Das
Jesusgeschehen trug sich zu ἀρξάμενος ἀπὸ τῆς Γαλιλαίας μετὰ τὸ βάπτισμα ὃ
ἐκήρυξεν Ἰωάννης, woraufhin die Apostel als die μάρτυρες πάντων ὧν ἐποίησεν
ἔν τε τῇ χώρᾳ τῶν Ἰουδαίων καὶ Ἰερουσαλήμ gelten[53]. Weil das Jesusgeschehen
einen bestimmten chronologisch und geographisch definierbaren Anfang hat,
also erstrecktes Geschehen ist, unterliegt die Integrität der Augenzeugenschaft
einem quantitativen Kriterium. Von daher erklärt sich auch die einschneidende
Veränderung des Markusstoffes in Lk 6, 12 f, wo die Berufung der Zwölf nicht
mehr wie in Mk 3, 13 als Auswahl aus einer unbestimmten Menge, sondern
aus dem schon existenten Jüngerkreis gestaltet ist[54].

Mit alledem ist die Bestimmung der οἱ ἀπ᾽ ἀρχῆς αὐτόπται von Lk 1, 2
freilich erst angebahnt. Sind nämlich für Lukas die zwölf Apostel Augenzeugen ἀπ᾽ ἀρχῆς, so diese doch nicht sämtlich Apostel. Schon Lk 6, 13 setzt einen
weiteren Jüngerkreis von Anfang an voraus. Desgleichen steht nach Apg 1, 21
ein Reservoir von Anwärtern zur Verfügung, die der Forderung des ἀρξάμενος
ἀπό ... genügen. Trotzdem braucht man nicht, wie weithin üblich[55], die Bestimmung der αὐτόπται in der Schwebe zu lassen, da die anschließende Erwähnung der ὑπηρέται τοῦ λόγου zu völliger Eindeutigkeit zu verhelfen vermag.

---

[52] Vgl. für die Einzelheiten: G. KLEIN, Die zwölf Apostel. Ursprung und Gehalt einer
Idee (FRLANT 77), 1961, 204 ff.
[53] Vgl. ebd. 208; zum Zusammenhang mit 1, 22; Lk 1, 2 auch WILCKENS, Missionsreden
147.
[54] Vgl. KLEIN aaO 203 f.
[55] Völlig unbestimmt bleibt der Kreis nicht nur in der älteren Exegese, sondern zB auch
bei LEANEY aaO 77; KLOSTERMANN aaO 2; MICHAELIS aaO 373 f; GRUNDMANN aaO 44.
Auch die präziseren Bestimmungen bleiben zurückhaltend; vgl. zB B. GERHARDSSON,
Memory and Manuscript (ASNU 22), 1961, 243: Es sind »primarily« die Apostel gemeint;
HAENCHEN aaO 363: »Lukas wird dabei in erster Linie an die Zwölf denken.« Eindeutig
auf die Apostel deutet WILCKENS aaO, jedoch ausschließlich auf Grund ihrer Kennzeichnung als »Augenzeugen von Anfang an«, was für sich allein noch kein stringentes Argument
ist; s. sogleich o. im Text.

Nun ist zwar gerade das Verhältnis der einzelnen Glieder innerhalb der Wendung οἱ ἀπ᾽ ἀρχῆς αὐτόπται καὶ ὑπηρέται γενόμενοι τοῦ λόγου bisher nicht überzeugend geklärt[56]. An dieser Stelle läßt sich weiterkommen, wenn man beachtet, daß Lukas das Augenzeugenmotiv auch sonst mit einem anderen charakteristisch verkoppeln kann. – In Apg 13, 31, einer mit 1, 21f und 10, 37ff sachlich nah verwandten Stelle[57], werden – ausgerechnet in einer Paulusrede! – die Auferstehungserscheinungen auf diejenigen begrenzt, die mit Jesus von Galiläa nach Jerusalem heraufgezogen sind. Erscheint hier wiederum – in geographischer Fassung – das Motiv der Augenzeugenschaft ἀπ᾽ ἀρχῆς, so tritt nun eine zweite Prädikation daneben: Die Augenzeugen sind νῦν μάρτυρες Jesu πρὸς τὸν λαόν. Die Möglichkeit, daß hier ein weiterer als der Apostelkreis gemeint sei[58], scheint zunächst erwägenswert. Zwar reserviert Lukas den μάρτυς-Titel in einem primär die Zeugenschaft πρὸς τὸν λαόν meinenden Sinn sonst den Zwölfen[59], so daß insoweit von vornherein alles dagegen spricht, hier darunter eine größere Gruppe zu befassen[60]. Anderseits aber gelten ihm keineswegs nur die Zwölf als Empfänger von Auferstehungserscheinungen. Wie er in Lk 24, 13ff von dem Osterwiderfahrnis der Emmausjünger berichtet, so sind bei der in 24, 36ff erzählten Erscheinung des Auferstandenen nicht nur die Elf, sondern auch die σὺν αὐτοῖς von V. 33 samt den Emmausjüngern als anwesend vorzustellen. Es ergibt sich daraus für Apg 13, 31 die Schwierigkeit, daß von denen, die mit Jesus von Galiläa nach Jerusalem gezogen sind und dort Ostererscheinungen gehabt haben, so geredet wird, daß es sich nur um die Apostel handeln kann (μάρτυρες πρὸς τὸν λαόν), obwohl doch weder die Anabasis nach Jerusalem (vgl. 1, 21f) noch die Ostererscheinungen nur die

[56] Umstritten ist schon, ob es sich bei den αὐτόπται und ὑπηρέται um dieselbe Gruppe handelt, was von K. STENDAHL (The School of St. Matthew [ASNU 20], 1954, 32f) und P. BALDUCELLI (CBQ 20 [1960], 416ff) verneint wird. Vor allem aber ist bislang nicht zwingend entschieden, ob ἀπ᾽ ἀρχῆς, γενόμενοι und τοῦ λόγου jeweils auf das nächstliegende oder auf beide Substantive zu beziehen sind. Für ἀπ᾽ ἀρχῆς kommt die Möglichkeit einer Beziehung auf γενόμενοι noch hinzu (vgl. zu den hier bestehenden Alternativen CADBURY aaO 498).

[57] Vgl. dazu KLEIN aaO 207f.

[58] So jetzt wieder H. CONZELMANN, Die Apostelgeschichte (HNT 7), 1963, 77, gegen HAENCHEN aaO (Apg) 353.

[59] Vgl. 1, 8. 22 (CONZELMANN, Mitte der Zeit 40, findet den Begriff hier über die Apostel hinausreichend; doch kann man m. E. den hier vorausgesetzten weiteren Kreis der Augenzeugen nicht mit den μάρτυρες identifizieren: Zum μάρτυς soll von jenen ja einer erst *werden*, und eine Bedingung dafür ist seine Aufnahme in den Apostelkreis!); 2, 32; 3, 15; 5, 32; 10, 39. 41 in Verbindung mit 42. Paulus ist – dieser Unterschied bleibt in der Analyse des Begriffs bei WILCKENS aaO 146 unberücksichtigt – μάρτυς πρὸς πάντας ἀνθρώπους (22, 15; danach ist 26, 16 zu interpretieren). In der Anwendung auf Stephanus (22, 20) scheint der Begriff bereits martyrologischen Sinn zu haben; vgl. HAENCHEN aaO 557.

[60] Gegen CONZELMANN (HNT) 25.

Apostel betrafen. Diese Spannung löst die Beobachtung, daß in 13, 31 von den Ostererscheinungen in spezieller Weise gesprochen wird: ὤφθη ἐπὶ ἡμέρας πλείους. Die hier angedeutete Erscheinung während der vierzig Tage zwischen Auferstehung und Himmelfahrt (vgl. 1, 3)[61] bildet ein exklusives Vorrecht der Apostel, wie in 1, 2f unter betontem Rückverweis (οὓς ἐξελέξατο) auf ihre Berufung Lk 6, 12f ausdrücklich gesagt ist[62] und wie sich auch aus Apg 10, 41 ergibt. Die Koinzidenz von 40-Tage-Frist und des Titels μάρτυς πρὸς τὸν λαόν in 13, 31, die beide exklusive notae apostolorum sind, stellt sicher, daß οἵτινες einschränkenden Sinn hat, – mit andern Worten: daß hier nicht von den Teilnehmern an der Anabasis insgesamt, sondern ausschließlich von den zwölf Aposteln die Rede ist[63].

[61] Zur Identität der beiden Zeitangaben vgl. WILCKENS aaO 144; CONZELMANN aaO 21.
[62] 1, 22 (ἕως τῆς ἡμέρας ἧς ἀνηλήμφθη) ist keine Gegeninstanz. Lukas hat nämlich dafür gesorgt, daß die Erscheinung der vierzig Tage als exklusives Vorrecht der Apostel hier nicht gefährdet wird: 1, 21 setzt ja lediglich das συνελθεῖν der Apostelkandidaten mit den Elfen für die Zeit von deren Umgang mit Jesus, nicht ein unmittelbares συνελθεῖν der Kandidaten mit Jesus voraus. Es scheint, als sei die reflektierte Formulierung *auch* von dem Motiv bestimmt, keinen weiteren Teilhaber an der vierzigtägigen Erscheinung postulieren zu müssen. Das schließt das in »Die zwölf Apostel« S. 207 genannte Motiv der Abwehr christlicher Außenseiter natürlich nicht aus, sondern tritt ergänzend daneben. Hingegen ist das ebd. Anm. 954 zur Auseinandersetzung mit MENOUD Gesagte zu modifizieren: Zwar ist der Kontakt der Apostelkandidaten mit dem irdischen Jesus als Kandidaturbedingung für das Apostelamt mit dem Hinweis auf die Formulierung unserer Stelle nicht zu bestreiten. Solange Jesu εἰσελθεῖν καὶ ἐξελθεῖν ἐφ᾽ ἡμᾶς allgemein konstatierbar war, war das συνελθεῖν ἡμῖν notwendig zugleich ein συνελθεῖν mit ihm. Nach seiner Auferstehung aber betraf jenes εἰσελθεῖν καὶ ἐξελθεῖν (das ja *beständige* Verbundenheit meint: HAENCHEN, Apg [10. Aufl. 1956] 129 Anm. 6) exklusiv die Apostel. Das wird in 10, 41 eigens eingeschärft (auf die Zwölf deutet hier auch HAENCHEN, 13. Aufl., 298). Daß dort nur die Apostel gemeint sind, beweist 1. der μάρτυς – Titel, 2. das auf 1, 7ff zurückverweisende παρήγγειλεν ἡμῖν κηρῦξαι (V. 42), 3. die Floskel συνεφάγομεν καὶ συνεπίομεν. Diese kann nur den Sinn haben, das ἐμφανῆ γενέσθαι von V. 40 als die Erscheinung der vierzig Tage zu interpretieren. Andernfalls wäre ja die hier vollzogene Beschränkung der Ostererscheinungen auf die μάρτυρες unverständlich, da für Lukas nicht jeder Empfänger von einzelnen Ostererscheinungen μάρτυς ist. Ist aber zwischen Ostern und Himmelfahrt die kontinuierliche Verbindung mit Jesus nach 10, 41 ein allein die Apostel betreffendes, unausweisbares Geschehen, so kann *nunmehr* das συνελθεῖν ἡμῖν der Apostelkandidaten nicht mehr wie zuvor eo ipso auch ein συνελθεῖν mit Jesus sein. Gleichwohl ist nicht jede nachträgliche Kandidatur zum Apostelamt daraufhin prinzipiell unmöglich. Der Hinzukommende soll ja – das hat HAENCHEN aaO 126 bei seiner Bestreitung der Exklusivität des vierzigtägigen Beisammenseins der Apostel mit Jesus nicht berücksichtigt – primär μάρτυς τῆς ἀναστάσεως αὐτοῦ werden, wozu es zwar einer einzelnen, doch nicht der vierzigtägigen Erscheinung bedarf. Man sieht: Lukas hat in 1, 21f die aus der Situation der Ergänzungswahl für seinen Apostelbegriff entstehenden Schwierigkeiten nicht nur empfunden, sondern in überlegten Formulierungen bewältigt.
[63] Auf die Zwölf beschränkt diese Stelle auch HAENCHEN aaO 353. Wenn CONZELMANN (aaO 20) meint: »Der Widerspruch«, daß sich Jesus in 1, 3 nur den Zwölfen, in 13, 31 allen Teilnehmern an seiner Anabasis zeigt, »wiegt nicht schwer«, so scheint mir hier umgekehrt

In ihrer Laufbahn sind demnach drei Stadien zu unterscheiden: Die Anabasis von Galiläa nach Jerusalem (zeitlich ausgedrückt: die Teilhabe am Leben Jesu ἀρξάμενος ἀπὸ τοῦ βαπτίσματος Ἰωάννου), das vierzigtägige Zusammensein mit dem Auferstandenen, ihre jetzige Zeugenschaft πρὸς τὸν λαόν. Dabei sind das erste und das zweite Stadium die Voraussetzung für das dritte. So wie die Zeugenschaft der Apostel das Erdenleben Jesu zum Inhalt hat (10, 39), betrifft sie zugleich seine Auferstehung (1, 22), und beides ist zusammengefaßt, wenn die Apostel die Zeugen Jesu heißen (1, 8; 13, 31; vgl. 10, 41). Daher ist die Zeugenschaft erst Realität, wenn die historia Jesu abgeschlossen, seine Auferstehung vollendet ist. Zwar sind die Apostel als μάρτυρες προκεχειροτονημένοι ὑπὸ τοῦ θεοῦ (10, 41)[64], doch erfüllt sich diese ihre Vorbestimmung erst nach Ablauf der 40 Tage (1, 8), weshalb sie in 13, 31 in offensichtlicher Abhebung von ihrem früheren Stand die νῦν μάρτυρες heißen.

Dieser Befund dürfte in Lk 1, 2 eine präzise Bestimmung der αὐτόπται ermöglichen. Der dort folgende Titel ὑπηρέται τοῦ λόγου kommt zwar bei Lukas kein zweites Mal vor[65], doch ist sein Sinn deutlich: Da λόγος in technischer Verwendung bei Lukas die Predigt meint[66], sind dessen ὑπηρέται die Prediger, nach dem Kontext: die ersten Prediger. Der Ausdruck ist in diesem Zusammenhang also synonym mit dem lukanischen Begriff des μάρτυς πρὸς τὸν λαόν. Nun ist aber weiterhin der αὐτόπτης- mit dem ὑπηρέτης-Titel hier ganz in derselben Weise verbunden wie in Apg 13, 31 (vgl. 1, 8) das Augenzeugenmotiv mit dem μάρτυς-Titel, nämlich in chronologischer Nachordnung. Diese Nachzeitigkeit der Wortdienerschaft ist durch γενόμενοι sichergestellt. Zwar wird dies Partizip immer wieder auf ὑπηρέται und auf αὐτόπται zugleich bezogen[67]. Das ist überhaupt nur dann möglich, wenn man γίνεσθαι hier nicht im Sinne von »werden«, sondern von »sein« faßt, da man ja schwerlich »von Anfang an« etwas »werden« kann. Gegen solches Verständnis spricht

---

argumentiert werden zu müssen: Der eklatante Widerspruch nötigt zur Preisgabe der durch weitere Gründe ohnehin verwehrten Voraussetzung, die ihn hervorrief. Diese ist auch nicht etwa dadurch gefordert, daß andernfalls in 13, 31 von den Aposteln insgesamt gesagt wird, was hinsichtlich der 40-Tage-Frist für den nachgewählten Matthias nicht gilt. Denn diese Schwierigkeit ist ja für 10, 41 in jedem Fall unausräumbar und erklärt sich ohne weiteres daraus, daß an beiden Stellen auf die Situation der Nachwahl gar nicht mehr reflektiert wird.

[64] Dazu vgl. S. SCHULZ, Gottes Vorsehung bei Lukas, ZNW 54 (1963), 105.

[65] Sachlich vergleichbar sind Apg 6, 4 (διακονία τοῦ λόγου in bezug auf die Apostel); 26, 16 (ὑπηρέτης in bezug auf Paulus.)

[66] Vgl. G. KITTEL, ThW IV 116, 4ff; CADBURY aaO 500; CONZELMANN, Mitte der Zeit 209; VAN UNNIK aaO 329; HAENCHEN (ZThK)363.

[67] Vgl. CADBURY aaO 498; DIBELIUS, Formgeschichte 11; BAUER, WB⁴ 223; WILCKENS (ZNW) 228; HAENCHEN aaO; GRUNDMANNS Übersetzung (43; in der Auslegung anders).

aber von vornherein die Stellung des Partizips inmitten des offensichtlich eine Einheit bildenden Ausdrucks ὑπηρέται τοῦ λόγου. Sie ist nur dadurch zu erklären, daß Lukas eine Beziehung des Partizips auf αὐτόπται gerade verhindern und die Bedeutung »geworden« eindeutig erhalten will. Völlige Gewißheit schafft nunmehr der soeben vorgeführte Befund aus der Apg. Da die Nachzeitigkeit von Teilhabe an der historia Jesu und der dafür gutstehenden Zeugenschaft für Lukas sonst konstitutiv ist, so ist die sprachlich ohnehin einzig mögliche Deutung von γενόμενοι an unserer Stelle auch sachlich gefordert.

Läßt sich hier demnach keinesfalls ein »use of αὐτόπτης ... in place of μάρτυς« konstatieren[68], sind vielmehr diejenigen, die von Anfang an Augenzeugen *waren*, zu Dienern des Wortes *geworden*, so kann es sich dabei eindeutig nur um die zwölf Apostel handeln[69]. Denn zwar gibt es für Lukas noch Augenzeugen, die nicht Predigtzeugen (Apg 1, 21f), und Predigtzeugen, die nicht Augenzeugen sind (26, 16), aber beide Begriffe treffen zusammen nur im Apostel.

Dieses Ergebnis hat Konsequenzen für die nähere Bestimmung der πράγματα. Augenzeugenschaft und Predigtzeugnis der Apostel betreffen für Lukas ja die Ereignisse der historia Jesu, und diese erstreckt sich als für apostolische Augenzeugenschaft zugänglich von der Taufe bis zur Himmelfahrt Jesu (Apg 1, 22)[70]. Die von den πολλοί schriftlich reproduzierte apostolische διήγησις reicht also nicht in die Kirchengeschichte hinein. Damit fällt für das vieldiskutierte Problem, ob unser Prolog ausschließlich das LkEv[71] oder das lukanische Doppelwerk[72] einleite, die Bezugnahme auf die πράγματα ἐν ἡμῖν πεπληροφορημένα als Beweisgrund zugunsten der zweiten Möglichkeit aus[73]. Da die Himmelfahrt nicht erst in der Apg, sondern schon am Schluß des LkEv (24, 50ff) vorkommt, ist mit dem LkEv der ganze dem apostolischen Augenzeugnis zugrunde liegende Zeitraum nach vorwärts gedeckt. Damit ist freilich die zweite

---

[68] Gegen CADBURY aaO 499.

[69] Daß sie »die Dinge z. T. (v. mir ausgezeichnet) von Anfang an miterlebt haben« (so KÜMMEL aaO 77), ist daher eine nicht gerechtfertigte Einschränkung.

[70] Vgl. MANSON aaO 2; WILCKENS, Missionsreden 107.

[71] So zB CONZELMANN aaO 7 Anm. 1 (doch vgl. dagegen DUPONT aaO 107 Anm. 2); HAENCHEN (u. Anm. 80); DERS., Apg. S. 105 Anm. 3.

[72] So zB CADBURY aaO 492; S. MacLEAN GILMOUR, in: The Interpreter's Bible VIII, 1952, 26; LOHSE aaO 257; DUPONT aaO 106 Anm. 3; KÜMMEL aaO 76.

[73] Als solcher figuriert die Wendung zB bei KÜMMEL aaO. Wenn KÜMMEL außerdem noch die Wahrscheinlichkeit anführt, daß Lukas »die Fortführung der Erzählung über den Tod Jesu hinaus ... von Anfang an ins Auge gefaßt hatte«, so muß solch ein Vorhaben m.E. nicht unbedingt einen gemeinsamen Prolog für die beiden Bücher zeitigen. Enthält der Anfang der Apg wenigstens die Andeutung eines Prologs (vgl. CONZELMANN HNT S. 20), so müßte aus dessen oder aus unserm Text bewiesen werden, daß die Acta- vom Evangelienprolog noch übergriffen wird. Solch ein Beweis erscheint möglich, s. u.

Möglichkeit noch keineswegs erledigt. In dieser Hinsicht ist eine von Lukas beanspruchte Verschiedenheit den πολλοί gegenüber bedeutsam.

Die Beschreibung seines eigenen schriftstellerischen Verfahrens in V. 3 reflektiert nämlich eine im Vergleich mit jenen veränderte Einstellung zur apostolischen Tradition[74]. Der Begründungszusammenhang zwischen V. 1f und V. 3 läuft ja folgendermaßen: »Da viele versucht haben, die von den Aposteln überlieferte διήγησις aufzuzeichnen, habe auch ich beschlossen, nachdem ich allem ... nachgegangen bin, zu schreiben...« HAENCHEN bemerkt dazu: »So einfach begründet Lukas sein Unternehmen.«[75] Aber der Eindruck der Einfachheit trügt. Denn während Lukas bei der Charakterisierung seiner Vorgänger auf deren Verhältnis zur apostolischen Tradition abstellt, stellt er für sich selbst auf das Verhältnis zu den Tatsachen ab, die deren Inhalt bilden. Als das Objekt seines Tuns bezeichnet er ja nicht die διήγησις, sondern mit einem nicht zufälligen Plural die πάντα[76]. Mögen diese nun mit den πράγματα von V. 1 identisch sein oder nicht – wir werden gleich sehen, daß sie mehr umfassen als jene –, die wesentliche Differenz steckt bereits darin, daß die Vorgänger mit der überlieferten διήγησις _von_ Ereignissen befaßt waren, Lukas hingegen zu den Ereignissen selbst vordringen will. Dabei kommt freilich auch er nicht ohne Berichte aus[77]. Aber wenn er insofern auch in keiner anderen Lage ist als seine Vorgänger, so zeigt seine Ausdrucksweise doch deutlich, daß er in dieser Lage anders verfahren will als jene. Indem er für sich gar nicht auf die Traditionslinie reflektiert, die von den Aposteln zu der von ihnen hinterlassenen Überlieferung führt, sondern auf sein Verhältnis zu den Tatsachen selbst, indem er also die Frage der Quellengrundlage für sich gar nicht stellt, gibt er zu erkennen, daß er einerseits nicht auf einer bestimmten schriftlichen Fassung der διήγησις festliegt[78] und andererseits den traditionsgeschichtlichen Abstand zwischen der διήγησις und den in ihr aufbewahrten Tatsachen zu durchstoßen bestrebt ist. Tendenziell ersetzt für ihn die eigene Wahrheitsfindung den Re-

---

[74] Das ist schon bei B. W. BACON (Le témoignage de Luc sur lui-même, RHPhR 1928, 216) klar erkannt, dessen Deutung auf Bekanntschaft des Lukas mit den Augenzeugen freilich schon an den in V. 3 gegebenen näheren Bestimmungen des lukanischen Verfahrens scheitert; s. u.

[75] AaO (ZThK) 363. Vgl. auch VAN UNNIK 330 Anm. 1: »Uit κἀμοί blijkt duidelijk, dat vs 1 geen critiek op voorgangers bevat, maar dat Luc. zich op één lijn met hen stelt.«

[76] Zur neutrischen Bestimmung von πᾶσιν: KLOSTERMANN, aaO 3; BACON aaO 215; HAENCHEN aaO 365.

[77] Die Deutung des παρακολουθεῖν auf persönliche Beteiligung an den Ereignissen (so CADBURY [NTSt] 130; DUPONT aaO 101ff) hat HAENCHEN aaO 363ff überzeugend destruiert.

[78] »Qu'il dispose d'une documentation – les récits composés par ses devanciers« (so DUPONT aaO 101), betont Lukas ja gerade _nicht!_

kurs auf die apostolische Tradition. Von einer Parallelität zwischen seinem Werk und dem seiner Vorgänger kann also in seinem Sinne keine Rede sein[79].

Die skizzierte Differenz hat für die Frage nach der Begrenzung des von unserm Prolog eingeleiteten Stoffes die Folge, daß dieser sich weder aus der Bezugnahme des Lukas auf Vorgänger als solcher ergibt[80] noch sich nach Analogie des aus V. 2 für die Vorgänger zu erschließenden Darstellungszeitraums bemißt, sondern sowohl nach seinem Einsatz wie nach seinem Abschluß neu bestimmt werden muß.

a) Der Terminus a quo. Was den von den πολλοί behandelten Stoff betrifft, so fällt dessen Einsatzpunkt mit dem des apostolischen Augenzeugnisses zusammen, der für Lukas bei der Taufe Jesu liegt. Demnach müßten die dem Lukas bekannten πολλοί (frühestens) hier beginnen. Ist das der Fall? Wir wissen nur von einem Evangelium, dem des Markus, mit Sicherheit, daß Lukas es gelesen hat, und dieses setzt in der Tat mit Johannes dem Täufer ein. Freilich nicht sogleich mit der Taufe Jesu durch ihn, sondern mit einer kurzen Schilderung seines Wirkens. Doch setzt auch im Sinne des Lukas eine Darstellung der Taufe Jesu eine vorgängige Charakteristik des Täufers kompositorisch voraus. Das zeigt einmal sein eigenes Verfahren Lk 3, 1–20, zum andern seine Bestimmung des Anfangs der dem apostolischen Augenzeugnis unterliegenden historia Jesu in Apg 10, 37 (ἀρξάμενος ἀπὸ τῆς Γαλιλαίας μετὰ τὸ βάπτισμα ὃ ἐκήρυξεν Ἰωάννης), wonach das Wirken des Täufers zwar dem relevanten Anfang vorausliegt (μετά), doch gleichwohl zu dessen Fixierung unerläßlich ist.

Es ist nun aber offensichtlich, daß der Anfang des LkEv jede Parallele mit den so definierten Werken der Vorgänger bricht. Schaltet Lukas seinem Evangelium den großen Komplex der Kindheitsgeschichten vor, so greift er damit auf Material zurück, das nach seiner eigenen Bestimmung des Apostolischen dem Augenzeugnis der Apostel gar nicht offenstand. Es ist von vornherein unwahrscheinlich, daß dieser gravierende Unterschied zu den Werken seiner Vorgänger von ihm im Prolog unberücksichtigt gelassen sein sollte[81]. In der Tat scheint das ἄνωθεν in V. 3 die Vorschaltung der Kindheitsgeschichten anzudeuten. Schon eine all-

---

[79] Von hier aus bestätigt sich die Formulierung E. KÄSEMANNs (VF 1960/62 [1963], 93), Lukas habe »seine Aufgabe … anders als seine Vorgänger verstanden«; vgl. auch MARXSEN, Einleitung 217.

[80] So HAENCHEN aaO 363: »Bereits damit ist deutlich, daß dieser Prolog nur für das Evangelium bestimmt ist: Evangelien … hat es damals mehrere gegeben, Apostelgeschichten aber nicht«.

[81] Daß das ἀπ᾽ ἀρχῆς (V. 2) »sinngemäß die Kindheitsgeschichte nicht mit einschließen« kann (KÜMMEL aaO 77), ist richtig, schließt aber – da V. 2 die Genesis des lukanischen Werkes ja überhaupt nicht betrifft – nicht die Möglichkeit aus, daß auf jenen Vorbau zum LkEv in anderer Weise angespielt wird.

gemeine Erwägung führt darauf, daß dieser Begriff einerseits mit dem ἀπ᾽ ἀρχῆς von V. 2 nicht völlig inkommensurabel sein kann, indem er etwa eine ganz andere Zeitebene meinte[82], anderseits aber weder mit jenem Ausdruck identisch ist[83], noch einen jüngeren Zeitpunkt meint[84], sondern in seiner zeitlichen Beziehung dahinter zurückreicht. In allen anderen Fällen nämlich wäre mit dem die Johannestaufe anvisierenden ἀπ᾽ ἀρχῆς der frühest mögliche Einsatzpunkt auch für das lukanische Werk gegeben, und dann bliebe keine andere als die aus vielen hier nicht zu erörternden Gründen[85] unmögliche Wahl, die Kindheitsgeschichten zu einem sekundären Element des LkEv zu erklären, da man dem Lukas nicht wohl zutrauen wird, er habe mittels jenes Begriffs die Kindheitsgeschichten als Thema seines Werkes zunächst ausdrücklich ausgeschieden[86], um sie anschließend gleichwohl darzubieten. – Darüber hinaus dürfte sich aber direkt zeigen lassen, daß für Lukas ein ἄνωθεν ein ἀπ᾽ ἀρχῆς chronologisch hintergreift.

Beide Begriffe begegnen bei ihm noch einmal vereint in Apg 26, 4f (*Τὴν μὲν οὖν βίωσίν μου ἐκ νεότητος τὴν ἀπ᾽ ἀρχῆς γενομένην ἐν τῷ ἔθνει μου ἔν τε Ἱεροσολύμοις ἴσασι πάντες Ἰουδαῖοι, προγινώσκοντές με ἄνωθεν, ἐὰν θέλωσι μαρτυρεῖν, ὅτι κατὰ τὴν ἀκριβεστάτην αἵρεσιν τῆς ἡμετέρας θρησκείας ἔζησα Φαρισαῖος*). Daß ἄνωθεν hier nicht auf einen jüngeren Zeitpunkt als ἀπ᾽ ἀρχῆς zurückweisen kann, betont HAENCHEN[87] gegen DUPONT mit Recht. Daraus ist aber nicht auf eine Identität beider Bestimmungen zu schließen[88]. In solchem Falle würde der Partizipialsatz V. 5a nichts anderes als der vorangegangene Hauptsatz sagen. Aber warum sollte Lukas den Paulus das, was er in V. 4 prägnant formuliert hat, anschließend mit einer so blassen Wendung einfach wiederholen lassen? HAENCHENS richtige Bemerkung (aaO), daß der ὅτι-Satz in V. 5c das *τὴν ... βίωσίν μου* von V. 4a erläutere, besagt für das Verständnis des Partizipialsatzes um so weniger, als der ὅτι-Satz nach HAENCHENS eigener Feststellung[89] nicht von προγινώσκοντες, sondern von dem ἴσασι des Hauptsatzes abhängt. Um so mehr verdient eine

---

[82] So TROCMÉ aaO 127, der das ἄνωθεν biographisch, nämlich als Ausdruck dafür nimmt, daß Lukas »s'est de tout temps tenu au courant«.

[83] So CADBURY (Beginnings) 502f; CONZELMANN aaO 137; KÜMMEL aaO 118.

[84] So CADBURY (NTSt) 130; DUPONT aaO 104 im Sinne ihrer o. Anm. 73 angedeuteten Auffassung.

[85] Dazu vgl. H.H.OLIVER, The Lucan Birth Stories and the Purpose of Luke-Acts, NTSt 10 (1963/64), 202–226.

[86] Daß ἄνωθεν sich nicht auf γράψαι, sondern auf παρηκολουθηκότι bezieht, ist dafür unbeachtlich. Selbstverständlich bestimmt der Umfang des παρακολουθεῖν den des γράφειν.

[87] AaO 364.   [88] So HAENCHEN aaO; KÜMMEL aaO.

[89] Vgl. Apg. S. 608.

Deutung den Vorzug, die den Partizipialsatz nicht faktisch für ein schlechthin überflüssiges Textelement zu nehmen gezwungen ist.

Zunächst fällt auf, daß der Haupt- und der diesen erläuternde ὅτι-Satz, da
hier von pharisäischer Lebensführung des Paulus die Rede ist, sich nur auf
einen Teil seines Bios beziehen können, – denjenigen nämlich, in dem solche
Lebensführung möglich ist. Das ἀπ' ἀρχῆς meint demnach einen Zeitpunkt
mitten im Leben des Paulus, den Beginn seiner νεότης[90], ist also ein relativer
Begriff. Weiterhin enthält der Partizipialsatz das Verbum προγινώσκειν in einer
eigentümlichen Verwendung. Während dies Wort im NT nämlich sonst –
gleichgültig, ob in bezug auf Gott (Röm 8, 29; 11, 2; 1 Petr 1, 20) oder Menschen (2Petr 3, 17) gebraucht – entsprechend seiner ihm im profangriechischen
Bereich in der Regel eignenden Bedeutung und wie das zugehörige Substantiv
(Apg 2, 23; 1Petr 1, 2) vom Standpunkt des Erkennenden aus auf die Zukunft
bezogen ist, wird es an unserer Stelle im Rückbezug auf die Vergangenheit
gebraucht. Dabei könnte das in dem προ- angedeuteten Vorweg vom Standpunkt des redenden Paulus aus formuliert sein[91]. Es könnte sich aber auch aus
dem Aspekt der in V. 4 anvisierten ἀρχή ergeben. Jedenfalls deutet nichts darauf
hin, daß es für dies προγινώσκειν eine rückwärtige Grenze im Leben des Paulus
gibt. Im Gegenteil: Die in dem προ- liegende starke Betonung der Vorzeitig-
keit des Erkennens enthüllt die Tendenz, das Leben des Paulus als in seiner
Ganzheit auf- und nachweisbares zu charakterisieren. Wer ihn »schon früher«
kannte, der konnte ihn offenbar schon immer kennen. Das aber heißt: Der in
dem ἄνωθεν anvisierte Zeitpunkt liegt noch hinter dem der ἀρχή von V. 4 und
bezeichnet den Lebensanfang des Paulus. Der Partizipialsatz gewinnt dann tatsächlich einen guten Sinn, sofern er gegenüber V. 4 eine Steigerung bedeutet:
Nicht nur die pharisäische Lebensführung des Paulus, sondern darüber hinaus
die Ursprünge seines Bios liegen vor aller Augen[92].

Ist in Lk 1, 3 ἄνωθεν in analoger Weise auf einen ferneren Zeitpunkt als ἀπ'
ἀρχῆς bezogen, so deutet Lukas hier also an, daß er über die den Augenzeugen
zugängliche ἀρχή der Taufe Jesu hinausgegangen ist. Damit ist der Komplex
der Kindheitsgeschichten vom Prolog expressis verbis gedeckt[93] und zugleich

---

[90] Daß diese nicht notwendig das Kindesalter einschließt, demonstriert drastisch 1Tim
4, 12. Aber auch die übrigen urchristlichen Belege verlangen die Beziehung auf ein Alter,
in dem eine bewußte Lebensführung möglich ist; vgl. Mk 10, 20 parr.; 1Clem 63, 3;
Barn 19, 5; Did 4, 9.

[91] So R. Bultmann, ThW I 716, 16f.

[92] Diese Deutung muß natürlich voraussetzen, daß im Zusammenhang nicht speziell
die Juden Jerusalems das Subjekt des προγινώσκειν sind (so Haenchen ZThK S. 364).
Doch läßt nicht nur das πάντες, sondern vor allem die Nebenordnung von ἐν τῷ ἔθνει
und ἐν Ἱεροσολύμοις in V. 4 sowieso keine andere Wahl.

[93] Vermutet hat man dies schon mehrfach, doch – soweit ich sehe – stets ohne Begrün-

ein weiterer Grund dafür sichtbar geworden, daß Lukas die Werke seiner Vorgänger für ergänzungsbedürftig hält[94].

b) Der Terminus ad quem. Hat sich gezeigt, daß für Lukas in diesem Prolog
das Verhältnis seines Werkes zu denen seiner Vorgänger hinsichtlich der rück-
wärtigen Stoffabgrenzung ein Gegenstand der Reflexion ist, so legt sich eine
entsprechende Annahme hinsichtlich des Schlußpunktes nahe. Ob schon das
πᾶσιν dafür ein Beleg sei, sofern der von den Vorgängern behandelte Stoff vom
Standpunkt eines die kirchliche Urzeit dem Thema zuschlagenden Konzepts
notwendig unvollständig erscheinen muß, mag man immerhin fragen. Deutlich redet auf jeden Fall das καθεξῆς. Dieses im NT sonst nie gebrauchte Wort
kommt bei Lukas insgesamt fünfmal vor. An unserer Stelle versteht man es
durchweg als einen Ausdruck des Anspruchs auf wohlgeordnete Stoffdarbietung[95] oder – spezieller – auf Übereinstimmung mit der Abfolge der Ereignisse[96]. Doch scheint das καθεξῆς weniger die Anordnung als den Umfang
des Stoffes bestimmen zu sollen.

Dafür spricht zunächst die Wahrscheinlichkeit, daß Lukas auch hier, indem
er formuliert, was sein Werk auszeichnen soll, zugleich zu erkennen gibt, was
er an den Vorgängern vermißt. In diesem Falle wäre eine Insistenz auf rechte Anordnung des Materials schwer begreiflich, da Lukas der Anordnung seiner Vorlagen, soweit wir sehen können, jedenfalls bis Lk 23, 53 in der Hauptsache folgt[97].

Ungleich schwerer wiegt jedoch, daß der sonstige Gebrauch von καθεξῆς

dung; vgl. B. WEISS aaO 266f; HOLTZMANN aaO 304; W. MICHAELIS, Einleitung in das
Neue Testament, 1954, 64. Übrigens deutet auch HAENCHEN aaO 365 das ἄνωθεν auf den
Einsatz bei der »Kindheitsgeschichte Jesu«, ohne zu erkennen zu geben, ob er auch das ἀπ'
ἀρχῆς von V. 2 so terminiert – was m. E. aus den oben vorgeführten Gründen nicht an-
ginge – oder für unsere Stelle eine andere chronologische Beziehung der beiden Ausdrücke als für Apg 26, 4f annimmt.

[94] Dieser Interpretation läßt sich nicht die Frage entgegenhalten, wie Lukas, wenn er im
Prolog zu seinem Ev die Kindheitsgeschichten miteinbezog, im Prolog zur Apg das LkEv
περὶ πάντων, ὧν ἤρξατο ὁ Ἰησοῦς ποιεῖν τε καὶ διδάσκειν handeln lassen kann. Wer das
ἤρξατο als Entsprechung zu dem ἄνωθεν von Lk 1, 3 faßt (so CONZELMANN aaO 20, der
aber andrerseits Mitte der Zeit 197 Anm. 1 Apg 1, 1 richtig mit dem ἀρχή-Motiv in Lk 1, 2
zusammenbringt) oder auch nur den Hinweis auf Jesu Tun und Lehren im Acta-Prolog
zugunsten einer entsprechenden Deutung von Lk 1, 3 geltend macht, schließt faktisch die
Möglichkeit aus, daß das Material der Kindheitsgeschichten vom Evangeliumsprolog auch
nur implizit mitgedeckt wäre. Erscheint dies als eine kaum vollziehbare Annahme, so
erklärt sich die Ausdrucksweise in dem viel knapperen und nur das Wichtigste andeuten-
den Rückblick Apg 1, 1 daher, daß die Kindheitsgeschichten »in der lukanischen Heils-
ökonomie keine Rolle« spielen (so zutreffend CONZELMANN HNT S. 20).

[95] Vgl. KLOSTERMANN aaO 3; RENGSTORF aaO 14; BAUER, WB[4] 704; KÜMMEL aaO 77.

[96] Vgl. LOHSE aaO 260; TROCMÉ aaO 45; GRUNDMANN aaO 44.

[97] Vgl. LOHSE aaO 258; KÜMMEL aaO 37.78; auch R. BULTMANN, Die Geschichte der
synoptischen Tradition [3]1957, 387: Lukas verfährt »der Ordnung des Mk gegenüber konservativer« als Mt.

bei Lukas solcher Deutung nicht günstig ist. 1) In Lk 8, 1 heißt es zu Beginn eines summarienartigen Stückes: καὶ ἐγένετο ἐν τῷ καθεξῆς καὶ αὐτὸς διώδευεν κατὰ πόλιν καὶ κώμην κηρύσσων … Das substantivierte καθεξῆς bezeichnet hier also einen Zeitraum, und zwar unter dem Gesichtspunkt, daß er an eine ältere Phase anschließt. Es ist also das Moment des Ereignisfortschritts durch den Zeitfortschritt betont[98]. 2) In Apg 3, 24 (καὶ πάντες δὲ οἱ προφῆται ἀπὸ Σαμουὴλ καὶ τῶν καθεξῆς …) dient das Wort ebenfalls dazu, eine spätere mit einer früheren Phase zu verbinden. 3) Desgleichen markiert es in Apg 18, 23 (Paulus ἐξῆλθεν, διερχόμενος καθεξῆς τὴν Γαλατικὴν χώραν καὶ Φρυγίαν) die Abfolge zweier hintereinander liegender Zeiträume. 4) Grundsätzlich nicht anders verhält es sich Apg 11, 4: Petrus ἐξετίθετο αὐτοῖς καθεξῆς λέγων. Indem Petrus der zeitlichen Abfolge in seinem Referat nachgeht, referiert er das Geschehene komplett. Das chronologische Element in καθεξῆς verbindet sich hier mit dem Motiv der vollständigen Stoffdarbietung. Keinesfalls aber läßt sich hier übersetzen: »er setzte es ihnen in guter Ordnung auseinander«. Daß Petrus nicht konfus berichtet, versteht sich für Lukas von selbst.

Angesichts dieses völlig homogenen Befundes ist es höchst unwahrscheinlich, daß καθεξῆς in Lk 1, 3 auf die Stoffanordnung geht. Viel näher liegt, daß es auch hier chronologisch strukturiert ist, also die Verbindung verschiedener Phasen herstellt[99]. Dann aber drängt sich der Schluß auf, daß hier das Nacheinander von historia Jesu und Zeit der Urkirche angedeutet ist. Wie sich also in dem ἄνωθεν die Aufnahme der Kindheitsgeschichten ins Evangelium reflektiert, dürfte in dem καθεξῆς die beabsichtigte Fortsetzung des LkEv durch die Apg zum Ausdruck kommen. Daß Lukas nicht das Ziel verfolge, »neuen Stoff« zu dem von seinen Vorgängern behandelten hinzuzufügen[100], erscheint nach alledem als Auslegung von V. 3 nicht akzeptabel.

Die Nennung des Theophilus scheidet die traditionsgeschichtliche Standortvon der nachfolgenden Zweckbestimmung des Werkes. Daß dieser Empfänger der Widmung nicht eine Symbolgestalt für den φίλος θεοῦ ist, wird heute allgemein angenommen. Weist ihn das κράτιστε als eine Standesperson aus, so berechtigt dies doch schwerlich zu der daraus von DIBELIUS abgeleiteten Folgerung, daß das lukanische Doppelwerk »nicht nur für die christlichen

---

[98] Das gilt auch dann, wenn hier nicht eigentlich eine neue Phase der historia Jesu markiert wird (dagegen mit Recht CONZELMANN, Mitte der Zeit 41).

[99] Zu übersetzen wäre demnach: »Stück für Stück« bzw. »eins nach dem andern«. Schon CADBURY (Beginnings 505) erwog, ob das Wort »in reference to the contents of the following writing« gebraucht sei, doch ist sein Hinweis auf entsprechende Verwendung von ἑξῆς und ἐφεξῆς nicht überzeugend, da diese immer nur am Ende eines Buches bzw. zu Beginn eines Fortsetzungsbandes begegnet; vgl. TROCMÉ aaO 45.

[100] So WILCKENS aaO 228.

Gemeinden bestimmt wa(r), sondern auch für den Büchermarkt«[101]. Wie A. D.
Nock die hier leitenden Vorstellungen von antikem Dedikations- und Publi-
kationswesen zurechtgerückt hat[102], so hat E. Haenchen mit Recht darauf
hingewiesen, daß die Apg – man darf ergänzen: das Ev nicht minder – für einen
gebildeten, mit Judentum oder Christentum unvertrauten Heiden nicht verständlich sein konnte[103]. Dem ist hinzuzufügen, daß auch der von Dibelius
zugunsten seiner These geltend gemachte Hinweis auf die Unergiebigkeit des
Prologs für die christliche Gemeinde nicht stichhält. Konnte diese angeblich
»dem Prolog nur die Versicherung der Zuverlässigkeit entnehmen«, die »ihr
ohnedies fest(stand)«[104], so hieße das, daß sie mit all den Passagen des lukanischen Werkes nichts anfangen konnte, die demselben Fragenkreis wie der Prolog
verpflichtet sind. Das hinter Lk 1, 1–4 stehende Problem der »Zuverlässigkeit«
ist ja faktisch kein anderes als das der legitimen Tradition, welches das Doppelwerk auf weite Strecken hin beherrscht und zB den Apostelbegriff und das
Paulusbild des Lukas so einschneidend prägt[105]. Anzunehmen, dies alles sei im
Sinne des Lukas für die Gemeinde nichtssagend, ist gewiß unmöglich. Behandelt Lukas im Verlauf seines Werkes das Traditionsproblem vielmehr offenkundig als ein innerchristliches, so kann die Problemstellung im Prolog davon
grundsätzlich nicht verschieden sein. Tradition wird zum Problem aber erst
dort, wo die Zeit als Abstände schaffende Macht zum theologischen Thema
geworden ist und Kirche sich als Faktor der Weltgeschichte erfährt. Die von
Dibelius in der Dedikation mit Recht bemerkte »Neutralität«[106] muß als ein
Moment innerhalb der nunmehr virulent werdenden kirchlichen Selbstver-
gewisserung verstanden werden. Der Abstand von den Anfängen bedingt
zugleich eine Veränderung der Aufgabe. Gemäß dem in Apg 1, 8 formulierten
Programm der missionarischen Weltdurchdringung gilt es für Lukas, das Christentum so zu präsentieren, daß es profaner Geistigkeit kommensurabel wird.
Diese vielverhandelte apologetische Tendenz[107] ist es auch, welche die formale
Gestaltung des Prologs bestimmt. Hier macht sich nicht eine Ausrichtung auf
zwei verschiedene Lesergruppen bemerkbar, sondern die Durchführung ein
und desselben theologischen Programms unter zwei Aspekten: Was im Blick
auf die Vergangenheit zu neuartiger Versicherung der heilsgeschichtlichen
Fakten treibt, das treibt im Blick auf die Gegenwart zur Stilisierung des

[101] Aufsätze zur Apostelgeschichte 118; vgl. 127.
[102] Gn 25 (1953), 501.   [103] Apg. S. 105 Anm. 4.
[104] Dibelius aaO 127.   [105] Vgl. Klein aaO 114–216.
[106] AaO.
[107] Vgl. Ph. Vielhauer, Urchristentum und Christentum in der Sicht Wilhelm Kamlahs, EvTh 15 (1955), 325f; Conzelmann aaO 128ff; Ders., HNT S. 10; Haenchen aaO
91f; G. Klein, ZKG 68 (1957), 370.

Christentums als einer konkurrenzfähigen geistigen Größe. Die Dedikation an Theophilus demonstriert: Jenes ist so wenig eine Winkelangelegenheit (vgl. Apg 26, 26), daß seine Dokumentationen allen geistigen Ansprüchen zu genügen vermögen. Unter diesem Gesichtspunkt ist es gleichgültig, ob es sich bei Theophilus um eine historische Figur handelt oder nicht. Die auf Origenes zurückgehende symbolische Deutung[108] scheint jeder historisierenden jedenfalls darin überlegen, daß sie die Dedikation aus kompositorischer Absicht des Lukas zu verstehen sucht.

Für V. 4 folgt daraus, daß Lukas hier sein Werk nicht daraufhin ins Auge faßt, was es für die Überzeugung eines historischen Individuums austrägt. Die Historizität des Theophilus dahingestellt, – die intendierte Wirkung auf ihn steht im Sinne des Lukas jedenfalls repräsentativ für die Wirkung des Werkes auf jeden Leser.

Dabei geht das Bestreben des Lukas dahin, ein bereits bestehendes Verhältnis des Lesers zu den λόγοι zu modifizieren. Die bis heute verschieden beantwortete Frage, ob λόγοι auf Worte bzw. Lehren oder deren Gegenstände gehe[109], scheint im ersten Sinne zu entscheiden zu sein. Zwar müßte, wenn hier auf das Hören der Verkündigung abgestellt wäre, gemäß dem sonstigen lukanischen Sprachgebrauch[110] der Singular stehen. Doch dürfte hier gar nicht die Bekanntschaft mit der Verkündigung, sondern mit der vorlukanischen Literatur vorausgesetzt sein, da sich nur so die behauptete Insuffizienz der ἐπίγνωσις des Lesers im Zusammenhang befriedigend begreifen läßt (s. gleich). Der Plural λόγοι scheint also exakt der Pluralität der πολλοί zu entsprechen. Sollten die λόγοι transverbale Phänomene bezeichnen, also mit den πράγματα von V. 2 identisch sein, so bliebe der Bezug auf die Kenntnis der vorlukanischen Literatur ebenfalls erhalten. Lukas unterstellt ja, daß der Leser bereits informiert ist. Auch wenn der lukanische Gebrauch von κατηχεῖν eine technische Deutung auf das kirchliche Katechumenat[111] keineswegs fordert[112], so kann über den Ursprung des κατηχεῖσθαι doch kein Zweifel sein. Zeigte sich uns in der Art, wie Lukas in V. 1–3 sein Unternehmen von dem seiner Vorgänger absetzt, daß

---

[108] Eigentümlich historisiert begegnet sie heute in der These, bei Theophilus handele es sich um einen σεβόμενος (so H. Mulder, Theophilus de »Godvrezende«, in: Arcana Revelata, 1951, 77–88).

[109] Vgl. einerseits Marxsen aaO 138, anderseits Grundmann aaO 45.

[110] Vgl. die bei Conzelmann, Mitte der Zeit 209 und ebd. Anm. 3 genannten Stellen.

[111] Gegen Mulder aaO. Auch Lohse aaO 270 Anm. 58 läßt nur die Alternative offen, ob Theophilus »schon Christ oder noch ›Katechumene‹ war«. Richtig H.W. Beyer, ThW III 640, 15 ff; Grundmann aaO 45; Kümmel aaO 77.

[112] Nicht einmal Apg 18, 25 läßt sich ohne Schwierigkeiten so verstehen; vollends neutral sind 21, 21. 24.

er dem vorhandenen christlichen Schrifttum gegenüber kritisch ist, so ist er
ebenso kritisch gegen das vorauszusetzende Wissen seines Lesers, das noch der
ἀσφάλεια entbehrt[113]. Beide Tatbestände sind dann dahingehend miteinander
zu verbinden, daß der Leser sein unzureichendes Wissen eben aus den unzurei-
chenden Werken der Vorgänger hat. Erst auf Grund eines die in V. 3 genannten
Bedingungen erfüllenden Werkes wird die bisher unerreichbare ἀσφάλεια
möglich.

Damit stellt sich das von diesem Prolog im ganzen aufgeworfene theologische Problem. Daß dieses nicht mit dem Hinweis auf literarische Konventionen
abzufangen ist, dürfte deutlich geworden sein[114]. Greift Lukas hier auf profane
Stilmittel zurück, so dient ihm der damit verbundene Verzicht auf eine lingua
christiana gerade als Ausdruckselement für die objektive Verifizierbarkeit der
Glaubensgehalte. Zugespitzt läßt sich sagen: Eben *mittels* des Verzichts auf
spezifisch christliche Formulierungen bringt Lukas das spezifische Glaubens-
interesse – wie es sich für ihn darstellt – derart massiert zur Geltung, daß der
Prolog geradezu die lukanische Theologie in nuce repräsentiert.

Programmatisch gibt Lukas gleich zu Beginn seines Werkes zu erkennen,
daß er sich der kirchengeschichtlichen Situation und ihrer Problematik genau
bewußt ist. Zwischen den das Christentum inaugurierenden Ereignissen und
der Gegenwart liegt eine Zeitspanne von solchen Ausmaßen, daß sie sich der
theologischen Reflexion als deren unabweisbares Thema aufdrängt. Die Frage,
wie die Verbindung mit dem Anfang zu wahren sei, also die Frage der Tradition, erlangt entscheidende Bedeutung[115]. Lukas erkennt, daß das Problem
faktisch nicht erst seiner Generation aufgegeben ist. Schon seine Vorgänger
fanden sich vor der Aufgabe, tradieren zu müssen, was auch für sie nur noch
in der Tradition zugänglich war (V. 1). Sie bewältigten sie, indem sie schriftlich
fixierten, was die apostolischen Augenzeugen an Überlieferung hinterlassen
hatten (V. 2). In dieser ihrer Aufgabenstellung, nicht in der Qualität ihrer
Durchführung, sieht Lukas es begründet, daß die Lösung Versuchscharakter
behielt. Wer mündliche Überlieferung literarisch bearbeitet, ist noch nicht zu
den Ereignissen selbst vorgedrungen, sondern hat den traditionsgeschichtlichen
Abstand unreflektiert hingenommen. Mittels solchen Verfahrens aber ist für

---

[113] Daß die Verbindung von ἐπιγινώσκειν mit einem Wort vom Stamme ασφαλ-
gebräuchlich ist (vgl. KLOSTERMANN aaO 3), kann für die Auslegung wiederum nur als
Stachel wirken, nach dem Grund für die Aneignung solcher Sprache durch Lukas zu fragen.

[114] Mit Recht warnt KÄSEMANN aaO davor, »bloß zu fragen, unter welchen Maßstäben
und in welchem Ausmaß Lk griechische Tradition verwendet. Die Tatsache, daß Lukas ...
selbst profane Historiographie auf sich einwirken läßt, stellt ein unübersehbares Problem
dar.«

[115] Vgl. E. DINKLER, RGG³ VI 973.

Lukas keine Sicherheit zu gewinnen (V. 4)[116]. Wer nicht tendenziell zu den Tatsachen selbst vorstößt, bleibt grundsätzlich der Unsicherheit verhaftet. Darum setzt Lukas seinen Vorgängern gegenüber noch einmal neu an, indem er in programmatischer Differenzierung zu ihnen (V. 3) mittels eigenverantwortlicher historischer Rückfrage die Tatsachen selbst zu erheben trachtet.

Dieses Unternehmen ist für Lukas zutiefst notwendig. V. 4 sagt faktisch ja nichts anderes, als daß in dieser traditionsgeschichtlichen Situation Heilsgewißheit bis jetzt unerschwinglich war[117]. Demnach kommt dem die Heilsgewißheit von neuem ermöglichenden lukanischen Werk ein exzeptioneller theologischer Rang zu. Die ihm im Bewußtsein seines Autors eignende fundamentale Bedeutung scheint sich auch darin zu reflektieren, daß in V. 3 der Entschluß zur Konzeption mit der gleichen Wendung umschrieben wird (ἔδοξε κἀμοί), die in derselben Bedeutung bei Lukas sonst nur noch im Zusammenhang mit der Beschlußfassung des Aposteldekrets begegnet, welches im Sinne des Lukas als das Verhältnis der Heidenchristen zu den Judenchristen endgültig konsolidierendes Dokument von epochaler kirchengeschichtlicher Tragweite ist[118].

Wie aber kann ausgerechnet Lukas sein Werk zur Bedingung der gegenwärtigen Möglichkeit von ἀσφάλεια erheben, das doch wesentlich darauf zielt, die Integrität der mit den grundlegenden christlichen Anfängen verbindenden apostolischen Tradition einzuschärfen und sie durch das Prinzip apostolischer Sukzession abzusichern?[119] Wird solcher Entwurf durch die hier postulierte

[116] Der Satz von W. MICHAELIS: »…Lukas hat in der subjektiven Form, die Augenzeugenberichte auszeichnet, noch keine Gewähr für die ἀσφάλεια gesehen« (ThW V 348, 9f) fixiert richtig die von Lukas der vorlukanischen Tradition beigelegte Insuffizienz, wenn auch die Reflexion auf deren formale Eigenart abwegig ist. Daß »die Bürgschaft für die Wahrheit… die von vielen Augenzeugen und Dienern des Wortes bezeugte Botschaft« leiste (so LOHSE aaO 260), sagt Lukas m. E. gerade *nicht*.

[117] Dabei ist es gleichgültig, ob ἀσφάλεια die Zuverlässigkeit der λόγοι (so die meisten) oder die Sicherheit des Lesers (so J. H. ROPES, St. Luke's Preface: ἀσφάλεια and παρακολουθεῖν, JThSt 25 [1924], 67f; VAN UNNIK aaO 330f; SCHULZ aaO 113) bezeichnet (die spezielle Deutung auf »die richtige Einsicht in die jetzigen und in die letzten Dinge«, wie sie G. BRAUMANN, erwägt (Das Mittel der Zeit, ZNW 54 [1963], 145 Anm. 105), ist im Blick auf den Kontext freilich ganz abwegig). Solange die Zuverlässigkeit nicht feststeht, ist auch keine Sicherheit möglich. Vgl. KÜMMEL aaO 77: »Das Ziel des Lukas … war, … volles Vertrauen … zu wecken.«

[118] Vgl. Apg 15, 22. 25. 28. Wird nur in V. 28 als das neben den menschlichen Entscheidungsträgern mitwirkende Subjekt des δοκεῖν der Heilige Geist genannt, so demonstriert dies, daß Lukas sich ihn auch dort wirksam denken kann, wo er ihn – wie an den beiden vorangegangenen Stellen – unerwähnt läßt. Dieser Befund verbietet es, in Auslegung von Lk 1, 3 zu formulieren, Lukas folge bei seinem schriftstellerischen Entschluß seinem eigenen Drang (so ZAHN aaO 54).

[119] Vgl. KLEIN, Die zwölf Apostel 144ff; DERS., ZKG 73 (1962), 361f und die dort genannte Literatur.

theologische Notwendigkeit des selbstverantwortlichen Rückganges auf die Anfänge nicht radikal in Frage gestellt? Das ist deshalb nicht der Fall, weil eben im Zuge dieses historischen Unternehmens die Integrität apostolischer Tradition und Sukzession überhaupt erst an den Tag kommt. Diese muß für Lukas auf der Grundlage der vorlukanischen Schriften notwendig unerkennbar bleiben, da sie sich auf die historia Jesu beschränken (V. 2!) und die historische Kontinuität zwischen Jesus und der kirchlichen Gegenwart nicht thematisch machen. Lukas aber, indem er dem Ablauf der Ereignisse καθεξῆς folgt, hat damit das Kontinuum aufgewiesen, das sich als intakte Traditions- und Sukzessionskette von Jesus über die Urkirche bis in die Gegenwart erstreckt[120]. So wird von hier aus die Beziehung des Prologs auch auf den zweiten Teil des lukanischen Geschichtswerkes noch einmal bestätigt. Anders läßt es sich nicht erklären, daß Lukas die Möglichkeit der historischen Gewißheit, die für ihn die Heilsgewißheit fundiert, exklusiv an sein Werk bindet, obwohl sie für ihn doch von der Apostolizität der Tradition verbürgt ist und schon seine Vorgänger, deren Werke er inhaltlich ja unangetastet läßt, dem apostolischen Zeugnis verpflichtet waren.

Damit aber tritt auch die jedem geschichtstheologischen Konzept unverbrüchliche Aporie hervor. Wer der Heils- die historische Gewißheit vorordnet, der entrückt jene prinzipiell, mit welcher historischen »Akribie« (vgl. V. 3) er auch immer verfahre. Wollte man, wozu hier der Leser bestimmt wird, solche Akribie für die Gewähr der ἀσφάλεια nehmen, so wäre die Zuversicht des Glaubens menschlicher Anstrengung überantwortet. So gewiß aber historische Nachfrage ihrem Wesen nach zur Relativität verhalten bleibt, muß sie für die Glaubensgewißheit immer eine unzureichende Basis abgeben. Wo der Glaubensgegenstand als eine Folge von historischen Tatsachen (πράγματα V. 1; τὰ πάντα, V. 3) aufgefaßt ist, läßt sich dem Dilemma nicht entgehen. Ob und wie es in zeitlicher Entfernung von den für den Glauben grundlegenden Anfängen legitim überhaupt auszuräumen sei, bleibt eine von der lukanischen für jede nachfolgende Theologie von neuem aufgeworfene Frage.

---

[120] Daß er es faktisch nur bis auf Paulus darstellt, tut dem Konzept keinen Abbruch, denn eben mit dem Abgang des Paulus ist für Lukas die erste Epoche der Kirche abgeschlossen. Da sich, was innerzeitlich folgt, für ihn nicht weiter ausdifferenziert, ist mit dem Anschluß an die nachpaulinische Zeit, wie er programmatisch Apg 20, 17–38 hergestellt wird, faktisch die Gegenwart erreicht; vgl. dazu KLEIN, Die zwölf Apostel 180ff.

DIE VORGESCHICHTEN DES LUKAS

Eine Frage nach ihrer sachgemäßen Interpretation

EVA KRAFFT

Nachdem die neutestamentliche Theologie lange Zeit hindurch den Zusammenhang der synoptischen Evangelien mit der mündlichen Tradition erforscht und die Herkunft der einzelnen Überlieferungsstücke festzustellen versucht hat, ist sie in den letzten Jahren dazu übergegangen, die Evangelien als Ganzes wieder ins Auge zu fassen und die einzelnen Evangelisten zB nach ihrer besonderen Theologie zu befragen.

Mit dieser Einstellung ergeben sich aber neue Schwierigkeiten der Interpretation, besonders für zusammenhängende Erzählungskomplexe. Wie ist es, wenn eine Erzählung durch ihre Stellung im Zusammenhang einen Sinn bekommt, der von ihrer ursprünglichen Absicht abweicht? Methodisch werden wir dann doch wohl so vorgehen müssen, daß der Gesamtzusammenhang entscheidend ist. Er kann eine Wahrheit zum Ausdruck bringen, die die Intention des Einzelabschnitts und die Meinung des Verfassers, die wir ohnehin nicht immer erkennen können, übersteigt. Das Problem, um das es hier geht, Spannung zwischen Einzelabschnitt und Sinnganzem, wird gerade an der Vorgeschichte des Lukas besonders deutlich. Wir versuchen, in der folgenden Interpretation immer die Gesamtheit des Erzählungskomplexes im Auge zu behalten und von daher zu deuten. Die Deutung selbst soll als eine Frage verstanden werden.

Wir machen uns zunächst klar, was die wissenschaftliche Analyse bisher ergeben hat: Lukas 1 hat dem Evangelisten schon als schriftlich fixiertes Stück vorgelegen. Von Lukas selbst stammen die Verse 34–37, die die wunderbare Empfängnis ankünden. Der Einschub ist erkennbar an dem störenden Vers 34, der im Mund einer Braut unverständlich ist. Er soll nur die beiden folgenden Verse hervorrufen. Ferner hat Lukas den Lobpsalm, der vielleicht ursprünglich von Elisabeth gesprochen wurde (nach V. 25), der Maria in den Mund gelegt und hinter Vers 46 gestellt. In Kapitel 2 handelt es sich um drei ursprünglich selbständige Geschichten (Geburt, Darstellung im Tempel, der zwölfjährige Jesus im Tempel), die miteinander konkurrierten. Denn alle drei wollten erklären, wann die eigentliche Bedeutung Jesu erkannt wurde. Lukas hat diese Geschichten einfach nebeneinandergestellt. Von ihm stammen die ersten Verse von Kapitel 2, die die Geburtsgeschichte mit der Weltgeschichte verknüpfen und zugleich eine Beziehung zwischen Nazareth-Tradition und Bethlehem-Weissagung herstellen. Er hat auch Vers 21 eingefügt, der die Verbindung zu Kapitel 1 herstellt, ebenso die Verse 22 b und 23, die ein zweites, unverstandenes Motiv für die Anwesenheit der Eltern Jesu im Tempel bringen. Vielleicht darf man hinzufügen, daß auch die Verse 34 und 35 ein Einschub des Lukas sind. Denn die Geschichte findet eigentlich mit der Verwunderung der Eltern über die Weissagung ihr natürliches Ende. Lukas hätte dann die beiden folgenden Verse eingefügt, um die Verkündigung des Simeon deutlicher von der Weihnachtsbotschaft abzuheben, ihr einen etwas andern Charakter zu geben, so daß sie nicht mehr als Wiederholung erscheint.

Soweit die bisherige Analyse. Nun hat aber doch Lukas offenbar mit den Vorgeschichten einen einheitlichen Zusammenhang geben wollen. Nicht nur spielen sich die erzählten Ereignisse in chronologischer Reihenfolge ab: Verkündigung und Geburt des Vorläufers, Verkündigung an Maria, Geburt, Reinigungsopfer im Tempel, Geschichte aus Jesu Kindheit, Lukas hat auch einen einleuchtenden sachlichen Aufbau gegeben. Die Verkündigung erweckt Spannung auf das Folgende. Diese wird gelöst in der Weihnachtsgeschichte, die mit ihrem Glanz, ihrer rückhaltlosen Freude den Höhepunkt bildet. Auf das strahlende Licht, das von hier ausströmt, fallen in den folgenden Erzählungen leise Schatten durch den Hinweis Simeons auf Jesu Ende und durch den ersten Konflikt zwischen Jesus und seinen Eltern. Dürfen wir diesen Zusammenhang außer acht lassen? Wenn wir aber aus ihm her interpretieren, müssen dann nicht gerade die beiden letzten Geschichten in Lukas 2 einen neuen, von dem ursprünglichen Scopus abweichenden Sinn gewinnen? Aber auch in Kapitel 1 müssen Einzelheiten anders gesehen werden.

Auf dem Hintergrund der Zachariasgeschichte hebt sich erst die Verkündigung und Heimsuchung der Maria in ihrer inhaltlichen und sprachlichen Besonderheit ab. Die Zachariasgeschichte (Luk 1 1–25, 57–76) ist in einer kindlich-frischen Weise erzählt, mit Freude an Einzelheiten (vgl. V. 21 u. 22, V. 58–63). Die Geschichte der Maria wird schon sprachlich in eine andre Sphäre gehoben dadurch, daß sich stärkere Anklänge ans Alte Testament finden, (V. 32 u. 33, V. 37), daß Lukas, um die geheimnisvolle Entstehung Jesu anzudeuten, zu einem ungewöhnlichen Bild greift (die Kraft des Höchsten wird Dich überschatten V. 35), daß Elisabeth in überschwengliche Segens- und Heilssprüche ausbricht (V. 42 u. 45). Aber auch die innere Haltung Marias tritt durch den Vergleich mit der des Zacharias stärker hervor. Beiden erscheint der gleiche Engel, Gabriel. Aber während er dem Zacharias zunächst als eine stumme Erscheinung entgegentritt, die Furcht bewirkt (V. 12), begegnet er Maria mit dem wunderbaren Grußwort (V. 28), das die jenseitige Sphäre ihres stummen Schreckens entkleidet und in die Vertrautheit des menschlichen Wortes verhüllt. In der Tat ist Maria nicht über die Erscheinung bestürzt, sondern über den Anspruch, der in den Worten des Engels verborgen ist.

Wichtiger ist natürlich die Verschiedenheit der Antwort: Während Zacharias zweifelt, obwohl ihm doch nicht mehr verheißen ist, als was viele Fromme des Alten Testamentes empfangen haben, beugt sich Maria, der so viel Größeres und Unfaßbareres verkündet worden ist, glaubend unter den Willen Gottes (V. 38). Während Zacharias ein Zeichen fordert, wartet Maria das freiwillig geschenkte Zeichen nicht ab. Wie sehr dem Verfasser das unfaßbare Geschehen, das sich an Maria und durch Maria selbst vollzieht, bewußt ist, zeigt der Abschnitt V. 39–56, in dem Maria doppelt selig gepriesen wird, einmal in einem feierlich formulierten, vielleicht schon der Tradition entnommenen Segensspruch, der sie als die von Gott erwählte Mutter Jesu preist (V. 42), dann aber in einem neuen Heilsruf als die, die geglaubt hat (V. 45). Nur der Glaubenden kann sich die Verheißung erfüllen. Maria antwortet mit einem Psalm, der aus der Überlieferung stammt und in den Lukas Vers 48 eingefügt hat. Wenn BULTMANN meint, daß der Psalm in diese Situation nicht hineinpasse und ein Zusammenhang durch Vers 48 nur mühsam hergestellt sei, so kann ich dem nicht zustimmen. Elisabeth hatte zuletzt den Glauben der Maria gepriesen. Maria antwortet, ihrer demütigen Gesamthaltung entsprechend, daß Gott, der die Niedrigen erhöht hat, allein Preis und Ehre gebühre. Zugleich zeigt sie an, welchen Sinn ihre Erhöhung in der Gesamtgeschichte Gottes mit seinem Volke hat. So wie die späteren Geschlechter auf sie zurückschauen werden (V. 48), so ist für die früheren die Abrahamsverheißung in ihr erfüllt (V. 54 u. 55). Daß Jesus nämlich die Erfüllung der Abrahamsverheißung gebracht hat, ist ein Gedanke, der bei Lukas öfters ausgesprochen ist (vgl. Apg 3, 25f und Lk 1, 37, ein Vers, der auch auf die Abrahamsgeschichte Bezug nimmt). Maria also ist es, die hier in der »Mitte der Zeit« steht. Gewiß steht sie dort, weil sie die Mutter Jesu ist, aber sie steht nach V. 45 *auch* dort, weil sie geglaubt hat, und damit ist das rein äußerliche Schema von der Mitte der Zeit durchbrochen. (Es ist vielleicht kein Zufall, daß nur Lukas in Kap 11, 27f ein Wort aus der Tradition aufgenommen hat, das einen äußeren Lobpreis Marias als der leiblichen Mutter Jesu zurückweist. Für Lukas ist sie die, die geglaubt hat.)

Der erste Geschichtenkreis findet mit der Geburt des Johannes seinen Abschluß. In kindlich-liebenswerter Weise wird die gespannte Erwartung, die den erzählten Ereignissen folgen muß, in die direkte Frage »aller« zusammengefaßt. Aber diese Rede der Leute entspricht doch als letztes Wort nicht der Bedeutung der erzählten Ereignisse, und so fügt der Verfasser noch einen Psalm hinzu. Lukas, der diesen Schluß übernahm, hat in diesem Psalm durchaus eine Beziehung zu dem Vorigen gesehen. Das »Horn des Heils«, das Gott im Hause Davids aufgerichtet hat, ist Jesus, der nach Lukas 1, 27 ja ein Davidsnachkomme ist. Daß Lukas die Abrahamsverheißung auf Jesus bezieht, ist schon bei dem ersten Psalm gezeigt worden. Da ferner die Verse 76 und 78/79 von Lukas stammen, ergibt der Psalm ein sinnvolles Ganzes und einen bedeutsamen Schluß. Gott wird zunächst ganz allgemein gepriesen für die Erfüllung seiner Verheißungen, die jetzt geschieht. Dann wird die Aufgabe des Johannes als des Wegbereiters angekündigt und zuletzt auf die Geburt Jesu hingewiesen, in der sich ja erst die schon erzählte Verkündigung der Maria erfüllt. Der Ernst, mit dem in Vers 79 »Finsternis und Schatten des Todes« dem »Weg des Friedens« entgegengestellt werden, rückt die bisher gezeigte bescheidene Welt in einen großen, weltumspannenden Gegensatz, so daß sie nicht mehr in sich wichtig ist, sondern Hülle wird für einen Schatz, der sie weit überstrahlt.

In keiner Erzählung hat sich so alles Licht gesammelt wie in der Geburtsgeschichte Lk 2, 1–20. Nach der etwas schwerfälligen Einleitung des Lukas wird die Geburt selbst nur ganz kurz berichtet. Doch drängt sich dem Leser, der von Lukas 1 herkommt, von selbst die paradoxe Tatsache auf, daß der Jungfrauensohn, der göttlichen Ursprungs ist, in einer elenden Krippe liegen muß. Die Geschichte selbst eilt auf ihren Höhepunkt zu, die himmlische Botschaft von der Bedeutung dieser Geburt. Mit überirdischem Glanz, der nur langsam erfaßt werden kann, tritt die jenseitige Welt in das Diesseits hinein. Die Botschaft ist gegenüber der Verheißung an Maria erweitert, ihre neue Verkündigung also gerechtfertigt. Christus ist nicht nur, wie der Verkündigungsengel sagte, der Retter Israels, sondern, wie ihn die Menge der himmlischen Heerscharen preist, der Friedensbringer für alle Menschen auf der Erde, an denen Gott Wohlgefallen hat. Der sachlichen Steigerung entspricht ein sprachlicher Wandel. Während der Verkündigungsengel auf die Lage der Hörer Rücksicht nimmt, sie vorsichtig mit der »großen« Freude bekannt macht und ihnen ein Zeichen gewährt, faßt der Chor der »himmlischen Heerscharen« alles Licht, das auf dieser Szene liegt, in einem kurzen, gedrängten, wohl der Tradition entnommenen Hymnus zusammen, in dem die umfassende objektive Bedeutung dieses Geschehens hervortritt. Die Offenbarung ist so überwältigend und zugleich so klar, daß ihr gegenüber gar keine andre Antwort möglich ist, als dem Gebot des Engels zu gehorchen und in Dankbarkeit für das unbegreifliche Geschenk die Kunde von dem Kind, das der Retter der Welt sein wird, weiterzugeben.

Modernes Empfinden ist von dieser Erzählung befremdet, weil hier die himmlische Offenbarung zu bruchlos in die irdischen Verhältnisse eintritt, weil hier niemand Anstoß nimmt an der Niedrigkeit des Offenbarers. Aber sollten wir uns nicht dafür offenhalten, daß das Lukasevangelium vielleicht etwas andres zu sagen hat als Paulus und Johannes und daß es zunächst gilt, vorurteilslos auf *seine* Botschaft zu hören? Ist es nicht möglich, daß Menschen so unmittelbar von der Offenbarung überwältigt werden, daß nur noch Freude, Gehorsam, Weitergabe und Dank übrigbleiben? Der Anstoß liegt dann an einer anderen Stelle, nämlich darin, daß diese überwältigende, erfüllende Erkenntnis den »Hirten« geschenkt wird, also einfachen, unbedeutenden Menschen. Aber sollte hier das Lukasevangelium nicht in legendärer Form eine tatsächliche historische Erfahrung festhalten? Sind nicht die Menschen, die von Jesu Auftreten unmittelbar überwältigt wurden, unbedeutende Leute gewesen? Weder ein Paulus noch ein Johannes war unter den ersten Jüngern Jesu. Es mag gut sein, daß die Theologie, die ja freilich später notwendig wurde, um das echte Verständnis des Christentums in einer chaotischen Welt festzuhalten, sich manchmal daran erinnert, daß sie auf der fraglosen Hingabe der Unbekannten beruht.

Es bleibt noch übrig, Vers 19 in seinem jetzigen Zusammenhang zu deuten. Daß er ehemals, als die Geschichte für sich bestand, das Erstaunen der Mutter über die Bedeutung ihres Kindes, die ihr erst die Hirten erschlossen hatten, ausdrückte, kann für seine jetzige Stellung im Zusammenhang nicht mehr maßgebend sein. Wie Lukas selbst diesen Vers verstanden hat, können wir nicht mehr wissen. Aber auch an diesem Ort ergibt der Vers einen guten Sinn. Die Worte der Hirten bestätigen der Maria ihre eigne Gewißheit. Ihre Freude ist so eine doppelte, das Wiedererkennen der eignen Erfahrung in den andern. Sehr schön drückt ja das Verb συμβάλλειν das stille Erwägen und Vergleichen aus. Es gehört zu den Wundern der Offenbarung, daß das, was einem Menschen im Verborgenen geschenkt zu sein schien, unerwartet an einer andern Stelle auftaucht, daß das Eigne im andern neu wiederkehrt und sich Erkenntnisse zusammenschließen zu einer über den einzelnen hinausführenden Bewegung.

Als der Abschnitt Lukas 2, 25–35 noch selbständig überliefert wurde, hatte er sicherlich seinen Höhepunkt in dem Seherspruch Vers 29–32 und endete mit der Bemerkung über das Staunen der Eltern (Vers 33). Dadurch, daß hier die Erzählung um die Verse 34 u. 35 erweitert wird, gewinnt sie eine andre Bedeutung. Im Tempel, dem Heiligtum der Juden, nachdem die Eltern Jesu gerade das Reinigungsopfer nach jüdischem Ritus dargebracht haben, tritt Simeon zu ihnen und spricht seine Seherworte, als er das Kind auf seine Arme genommen hat. Von ihm war vorher (V. 25) gesagt worden, daß er auf »den

Trost Israels« gewartet habe. Aber in diesem Augenblick preist er, von einem neuen Geist erfüllt, Jesus in erster Linie als das Licht der Heiden. Seine Erwartung ist in höherer Weise erfüllt, als er selbst geahnt hat. Von diesem unerwarteten, überirdischen Licht überstrahlt, wie es auf dem letzten Bild Rembrandts unvergeßlich dargestellt ist, kann er sich in Frieden von der Erde lösen. Die Eltern, die gerade ihre Pflicht als fromme Juden erfüllt hatten, wundern sich, weil in den Worten Simeons eine gewisse Einschränkung des jüdischen Anspruchs liegt, der in den Engelbotschaften nicht gelegen hatte. Daß Simeon tatsächlich eine bestimmte Kritik am jüdischen Volke übt, wird durch die Verse 34 u. 35 bestätigt. Viele werden in der Tat an dem Erlöser Anstoß nehmen und fallen. Zugleich wird das Ende Jesu geheimnisvoll angedeutet in dem Ausspruch, daß ein Schwert durch Marias Seele dringen werde. Warum wendet sich Simeons Blick der Maria zu? Sie, die in besondrer Weise mit ihrem Kind verbunden ist, die bisher nur als die Begnadete gepriesen wurde, wird durch seinen Tod in furchtbarster Weise getroffen. Dann wird sich zeigen, ob sie zu Recht selig gepriesen wurde, weil sie geglaubt hatte, ob sie die Verheißung durch den Tod ihres Sohnes hindurch festhalten kann. Die Gedanken, die dann offenbar werden (V. 35 b), werden auch die ihren sein.

Die Hanna-Episode (V. 36–39), die ursprünglich, wie BULTMANN sagt, eine Dublette zu der Simeon-Geschichte war, gewinnt durch die Aufnahme in diesen Erzählungskreis ebenfalls eine andre Bedeutung. Sie zeigt einmal, wie der Geist, der die gleiche Erkenntnis schenkt, in verschiedenen Menschen doch andres bewirkt. Während er Simeon die prophetische Schau schenkt, macht er Hanna zur eifrigen Verkünderin des Heils unter den Wartenden in Jerusalem. Zugleich weist die Tatsache, daß die Geistesgabe ihr, der alten Frau, geschenkt wird, auf die Wahrheit hin, daß es »in Christus weder Mann noch Frau gibt« oder, wie Johannes es sagt, daß »der Geist weht, wo er will«.

Weihnachtsgeschichte und Simeon-Hanna-Erzählung stehen nebeneinander. Das macht eine bestimmte Beziehung deutlich. Den Hirten wird die Offenbarung ungesucht und unvermutet zuteil, Simeon und Hanna haben lange Zeit hindurch auf das Heil gewartet; besonders bei Hanna wird die Länge und Intensität des Wartens betont. Die Offenbarung aber ist an keine menschlich zu erfüllenden Bedingungen gebunden, sie kann auch nicht herbeigezogen werden: Sie wird dem geschenkt, der sie nicht suchte, wie auch dem, der sehnsüchtig auf sie wartete. So ist das Nebeneinander der beiden Erzählungen eine lebendige Illustration zu dem Doppelgleichnis Jesu vom Schatz im Acker und der kostbaren Perle.

Als letzte Szene bleibt die Geschichte des zwölfjährigen Jesus im Tempel zu erklären. Auch diese Erzählung wollte ursprünglich, als sie allein stand, genau wie die Legenden von Simeon und Hanna zeigen, wann Jesu eigentliche Bestimmung sich kundtat: Nämlich im Tempel, als er als Zwölfjähriger die Lehrer durch seine Fragen und Antworten beschämte. Aber auch diese Geschichte gewinnt jetzt im Zusammenhang einen andern Sinn. Daß Jesus die jüdischen Lehrer durch seine wunderbare Einsicht in Erstaunen setzt, wird verhältnismäßig kurz berichtet. Dagegen schildert die Erzählung ausführlich, wie seine Eltern ihn lange suchten (V. 44 u. 45) und ihm dann, als sie ihn endlich gefunden haben, Vorwürfe machen (V. 48). Dabei fällt auf, daß Maria, seine Mutter, spricht, während es doch Sache des Vaters gewesen wäre, den Sohn zur Rede zu stellen. Aber dieser gehört ja in doppeltem Sinn, der Abstammung und dem Glauben nach, nur seiner Mutter. Jesus weist die Vorwürfe ganz zurück mit dem Hinweis darauf, daß er zu seinem göttlichen Vater gehöre. An dieser Stelle darf man vielleicht darauf hindeuten, daß nur die Form ᾔδειτε (nicht οἴδατε, wie Luther las) den richtigen Sinn gibt. Jesus fühlt sich nicht getroffen, weil sie sein Verhalten hätten verstehen müssen. Was haben sie denn nicht verstanden, und warum begreifen sie die Erklärung ihres Kindes nicht? Sie verstanden und verstehen nicht, daß Zugehörigkeit zu Gott Loslösung von den irdischen Eltern ist. Er ist dem Gebot seines Vaters, nicht dem seiner Eltern, verpflichtet. Es entspricht der menschlichen Schwäche, daß sie sich gern die Verheißung aneignet, ohne ihre Folgen zu bedenken. Vers 51 steht zu dieser Haltung Jesu nicht im Widerspruch. *Wann* er sich gegen die Eltern entscheidet, das zu bestimmen liegt bei ihm. Der Schluß deutet an, daß seine Mutter wenigstens ahnt, daß ihr Sohn einem höheren Gebot folgen muß. Damit hätte die Weissagung des Simeon begonnen, an ihr in Erfüllung zu gehen.

Die Vorgeschichten zeigen uns einfache Menschen, Frauen, Hirten, alte Leute, deren alltägliches Leben, ohne nach außen hin anders zu werden, einen neuen Sinn gewinnt, weil es von einem überirdischen Licht durchschienen wird. Indem wir diese Geschichten aus der Hand der Kirche empfangen, die jedes Jahr wieder neu Weihnachten feiert, werden diese Menschen auch Repräsentanten für uns. Daß heute Lukas weniger Zustimmung findet als Paulus und Johannes, liegt vielleicht nicht an seiner Theologie, die gar nicht seine entscheidende Seite darstellt, sondern daran, daß unsre Alltäglichkeit nicht mehr vom Licht des Christentums durchdrungen ist.

DIE MUTTER DER WEISHEIT

HANS CONZELMANN

I.

Die Suche nach den Ahnen des johanneischen Logos führte den verehrten Jubilar auf die Spuren der »Weisheit«[1]. Er leitete den Logos nicht direkt aus ihr – mythisch gesprochen: als ihr Kind[2] – ab, sondern bestimmte die beiden als Geschwister, Schößlinge aus einer mythischen Wurzel[3], die freilich noch nicht gefunden war[4]. Das gilt trotz emsigen Suchens heute noch[5]. Als Ursprungsorte bieten sich an: Ägypten[6], Kanaan[7], Babylonien[8], Persien[9]. Durch-

---

[1] R. BULTMANN, Der religionsgeschichtliche Hintergrund des Prologs zum JohEv. Eucharisterion, Festschrift für H. Gunkel II, FRLANT NF 19, 1923, 3 ff.

[2] So Philo Fug 109.

[3] R. BULTMANN, Das Ev des Joh, MeyerK, (1941) ²1957, 8, Anm. 9.

[4] Ebd. Anm. 10: »Den Mythus auf einen bestimmten Ursprung zurückzuführen, ist bisher nicht gelungen.«

[5] Übersicht: U. WILCKENS, Weisheit u. Torheit, 1959, 193 ff; G. FOHRER u. U. WILCKENS, Art. σοφία, ThW VII, 465 ff (490 f).

[6] R. REITZENSTEIN, Zwei rel.-gesch. Fragen, 1901, 104 ff; W. L. KNOX, The Divine Wisdom, JThS 38, 1937, 230 ff. An Isis erinnert H. RINGGREN, Word and Wisdom, 1947, 143 ff, lehnt aber Herleitung aus Ägypten ab. Modifiziert ist die Isis-These bei J. PASCHER, ʽH βασιλικὴ ὁδός, 1931, der aus Philo ein Mysterium rekonstruiert, das eng mit dem Isismysterium (Plutarch, Apuleius!) verwandt ist; vgl. A. WLOSOK, Laktanz und die philosophische Gnosis, AAH phil.-hist. Kl. 1960/2, S. 95 Anm. 103.

[7] Die semitische Himmels -u. Liebesgöttin: G. BOSTRÖM, Proverbia-Studien, 1935. Eine kanaanäische Weisheitsgöttin: W. F. ALBRIGHT, The Goddess of Life and Wisdom, AJSL 36, 1919/20, 258 ff; DERS., Von der Steinzeit zum Christentum, 1949, 365–368: In Spr 8 f liege ein kanaanäischer Originaltext zugrunde. Dagegen: G. FOHRER ThW VII, 491 Anm. 180. Im Epos von Baal, auf das ALBRIGHT verweist, liegt keine Personalität der Weisheit vor. Auch die Vertreter anderer Ableitungen finden, daß Ischtar/Anat-Motive eingemischt sind, so KNOX.

[8] ALBRIGHT (s. vorige Anm.): Die babylonische Siduri Sabitu heißt »Göttin der Weisheit, Geist des Lebens«. In den Sprüchen Achikars ist die Weisheit Trägerin der Macht des Schamasch. Wirkliche Analogien sind das nicht.

[9] R. REITZENSTEIN, Das mandäische Buch des Herrn der Größe und die Evangelienüberlieferung, SAH 1919/12, 46 ff; W. BOUSSET-H. GRESSMANN, Die Religion des Judentums, HNT 21, ³1926, 520. Die persische These ist verlockend, da man hier der Alternative: Göttin oder Hypostase enthoben ist (durch die personifizierten Begriffe der persischen Religion). Bes. nahe liegt die Spenta Armaiti, die bei Plutarch Is Os 370a als σοφία erscheint. Freilich bleibt dann die mythisch-erotische Komponente unerklärt.

schlagender Erfolg blieb sämtlichen Ableitungshypothesen versagt. Das
Unbehagen ihnen gegenüber meldet sich darin an, daß bis heute der mythische
Ursprung der »Weisheit« bestritten wird: Ihre Gestalt sei eine typische Personifikation, eine Hypostasierung[10] des Begriffswortes ›Weisheit‹[11]. Andere verneinen überhaupt, daß nach einem Ursprung zu suchen sei, da es sich lediglich
um poetische Ausdruckweise handle[12]. Wieder andere kombinieren die verschiedenen Erklärungen[13].

Die Aussagen der Weisheit selbst bzw. über die Weisheit schillern in der Tat
in so vielen Abtönungen, daß jeder Erklärungsversuch Belege aufbieten kann[14].
Freilich bleiben bei der unmythischen Ableitung allzu viele Aussagen unerklärt. Ohne das Postulat mythischen Ursprungs sind weder die wichtigsten
Weisheitslieder[15] als ganze noch breit gestreute Gruppen einzelner Motive zu
erklären. Die Weisheit erscheint nicht nur als Hypostase, sondern als Person[16].
U. WILCKENS spricht ausdrücklich von einem »zusammenhängenden Weisheitsmythos« als Hintergrund[17]. Mißlich ist dabei, daß er als ganzer erst spät
zu belegen ist[18]. WILCKENS erklärt das: in der Frühzeit sei er gezähmt, vom
Judentum adaptiert. Später, besonders im hellenistischen Judentum, treten die
mythologischen Züge freier hervor. Diese These entspricht dem Befund in den
Texten kaum; außerdem muß eine solche Entwicklung selbst erklärt werden.

[10] RINGGREN. Vergöttlichung von Abstrakta ist verbreitet. Ägypten: A. ERMAN, Die
Rel. der Ägypter, 1934, 57; RINGGREN, 9ff; S. MOREN, Äg. Religion, 1960, 31. 60ff.
117ff. Griechenland: M. NILSSON, Geschichte der griech. Religion I², 1955, 812ff. Rom:
K. LATTE, Röm.Rel.-geschichte, 1960, 233ff. 300ff.

[11] In Ägypten verdient vor allem die personifizierte Maat (Ordnung, Wahrheit usw.)
Beachtung. Sie wird kultisch verehrt. Aber sie hat als Personifikation keinen wirklichen
Mythos, s. ERMAN 57 (anders RINGGREN 52).

[12] B. GEMSER, Sprüche Salomos², 1963, 48f. Vgl. Theognis, Eleg 1, 1135ff: Ἐλπὶς ἐν
ἀνθρώποισι μόνη (s. u.) θεὸς ἐσθλὴ ἔνεστιν ἄλλοι δ' Οὔλυμπόν ⟨δ'⟩ ἐκπρολιπόντες ἔβαν·
ᾤχετο μὲν Πίστις, μεγάλη θεός, ᾤχετο δ' ἀνδρῶν Σωφροσύνη, χάριτές τ', ὦ φίλε, γῆν
ἔλιπον.

[13] H. BECKER, Die Reden des Joh-Ev u. der Stil der gnostischen Offenbarungsrede,
1956, 42, vgl. 46.

[14] T. ARVEDSON, Das Mysterium Christi, 1937, 166. BOSTRÖM, S. 12, Anm. 46:
»Natürlich ist hier nicht die Rede von dem Ursprung der Weisheitsgestalt. Es soll nur be-
tont werden, daß fremder Einfluß sich mit allergrößter Wahrscheinlichkeit in gewissen
Zügen der Weisheitsgestalt geltend gemacht habe.«

[15] Es sind die bekannten, vor allem Spr 8, 22ff u. Sir 24, 3ff.

[16] W. SCHENCKE, Die Chokma (Sophia) in der jüdischen Hypostasenspekulation, 1913,
24 (zu Spr 8); neuestens WILCKENS, aaO (bes. Weisheit u. Torheit, 194). Nur sollte man
nicht von einem »gnostischen« Mythos sprechen (gegen FOHRER 490). Denn die Gnosti-
sierung ist eine Spätstufe. Wichtig ist FOHRERS klare Unterscheidung von Weisheit und
Urmensch.

[17] ThW VII, 508.

[18] Vor allem bei den Barbelioten und im valentinianischen System. Alle nötigen Belege
bei WILCKENS.

Um weiter zu kommen, wird man schärfer als bisher zwischen mythischem Stoff und reflektierender Mythologie als einer damaligen Form von Theologie unterscheiden und das vorliegende Material noch einmal unter diesem Gesichtspunkt durchmustern müssen. Zwei Hindernisse stehen dabei im Wege: Die Vielfältigkeit des Vergleichsmaterials und die Vielfalt der Aussagen über die Weisheit selbst: Ihr Bereich ist der Kosmos und die Menschheit (oder nur ein Volk). Sie *ist* von Uranfang an, doch verborgen, muß also *gesucht* werden. Sie ist aber auch von Gott am Anfang seiner »Wege« *geschaffen* und erscheint, muß also *erkannt* und geehrt werden. Sie ist die Syzygos Gottes und ist wiederum allein[19]. Verwirrend ist die Buntheit der sexuellen Aspekte: Sie ist Frau, Mutter, Geliebte, Jungfrau, also Isis, Ischtar, Aphrodite und Psyche, Demeter und Kore[20].

In diesem Synkretismus ist jede präzise Ableitung verfehlt. Denn die Mischung macht das Wesen dieser Gestalt aus. Sie ist ein hervorragendes Beispiel eines reichlich zu belegenden Göttertyps, der nicht anders als »synkretistisch« existent ist[21]. Es ist daher methodisch unmöglich, nach einer *Göttin* »Weisheit« und einem Mythos derselben im Stammbaum zu suchen, vielmehr: nach einer *echten* Göttin mit ihrem Mythos und weiter nach der mytho-logischen Bearbeitung desselben im (vorhellenistischen und) hellenistischen Synkretismus. *Diese* Schicht ist uns in den Texten greifbar.

Diejenige Göttin, die die weiteste Verehrung erwarb und wie keine andere die genannten Aspekte in sich vereinigte, mit anderen Göttinnen wie Göttern identifiziert wurde und so den Synkretismus schlechthin darstellte, ist Isis, die Ägypterin, Syrerin (Ischtar/Astarte/Anat), Griechin, Mutter, Jungfrau zürnende Schwiegermutter (Aphrodite) und verfolgte Geliebte (Psyche, Io) zugleich. Gerade die Göttergleichung gehört zum festen Bestand des Lobpreises der »vielnamigen« Isis[22].

---

[19] Verborgen: Hi 28, 12. 23 (voraus geht die atl. Version des »πολλὰ τὰ δεινά«); Bar 3, 15 ff. Geschöpf und Gefährtin: Spr 8, 22 ff. Synusie auch Spr 9, 1 ff; Sir 14, 22 ff; 15, 2 ff; 51, 13 ff. Zur Sap. s. WILCKENS, ThW VII, 499; zu Philo ebd., 501 f. – Die Synusie wird auch in der Achikar-Überlieferung sichtbar, s. A. COWLEY, Aramaic Papyri, 1923, The Words of Achikar, Col VI 92–VII 95.

[20] Frau: Sir 15, 2; 51, 13 ff; s. G. HÖLSCHER, Das Buch Hiob, 1937, 65 f. Schwester: Spr 7, 4 = Braut Sap 8, 2. Geliebte: Spr 8, 26 ff; Sir 15, 2; Sap 6, 12 ff. Mutter (der Welt, des Logos): Philo Ebr 30; Fug 109. Jungfrau-Frau-Mutter: Philo Cher 48–50.

Außerhalb der Bibel: Die Weisheit ist die Braut von Act Thom 6 f, wo ja auch die Züge der Mutter klar hervortreten, s. G. BORNKAMM, Mythos u. Legende in den apokryphen Thomasakten, 1933, 82 ff. Sie ist die »Güte«, die Ruferin der 33. Ode Salomos, wo sie als Jungfrau und männlicher Offenbarer zugleich auftritt, also als Kore/Isis und als Horus oder Thot/Hermes. Zur Verschmelzung von Mutter und Sohn, Tochter und Gattin s. ARVEDSON, 167; Plut Is Os 372 e f.

[21] ARVEDSON, 166. [22] Festes Epitheton. Gleichungen zB POxy XI 1380.

Die Beteiligung des Judentums an der Theologie des Isis-Typs läßt sich an einem Text zeigen, der zwar regelmäßig angeführt wird, aber noch nicht wirklich religionsgeschichtlich analysiert wurde, dem Weisheitsliede Sir 24, 3 ff[23].

II.

Sir 24, 3 ff gilt als besonders klares Beispiel für die Anpassung des Weisheitsmythos an das jüdische Denken; das ist natürlich nicht zu bestreiten. Am Ende wird die Weisheit mit der Tora identifiziert[24]. Aber der Stil der Aneignung enthüllt sich erst, wenn man sieht, daß die jetzige Einheit aus heterogenen Bestandteilen zusammengesetzt ist. V 3–6 (7) sind nichts anderes als ein praktisch wörtlich aufgenommenes, nur an ein bis zwei Stellen leicht retouchiertes Lied auf Isis[25]. Schon die Lektüre zeigt den polytheistischen Gehalt[26]: ἐγὼ ἀπὸ στόματος ὑψίστου ἐξῆλθον καὶ ὡς ὁμίχλη κατεκάλυψα γῆν. ἐγὼ ἐν ὑψηλοῖς κατεσκήνωσα, καὶ ὁ θρόνος μου ἐν στύλῳ νεφέλης· γῦρον οὐρανοῦ ἐκύκλωσα μόνη καὶ ἐν βάθει ἀβύσσων περιεπάτησα· ἐν κύμασιν θαλάσσης καὶ ἐν πάσῃ τῇ γῇ καὶ ἐν παντὶ λαῷ καὶ ἔθνει ἐκτησάμην (s. A 43). μετὰ τούτων πάντων ἀνάπαυσιν ἐζήτησα... In diesem Text steht nichts spezifisch Jüdisches[27]. Dafür häufen sich unjüdische Aussagen: Die Weisheit geht aus dem Munde Gottes hervor. Das stammt aus der ägyptischen Theo- und Kosmogo-

---

[23] Den Zusammenhang mit Isis sahen Reitzenstein, Knox. Sie geben aber keine wirkliche Analyse.

[24] Wilckens, Weisheit, 166 ff.

[25] Die Texte: W. Peek, Der Isishymnus von Andros u. verwandte Texte, 1930 (zit. nach Fundorten: Kyme, Andros usw.); R. Harder, Karpokrates von Chalkis u. die memphitische Isispropaganda, APAW, phil.-hist. Kl. 14, 1943; POxy XI 1380; SEG VIII, 1937, 548–551 (Hymnen des Isidoros); Kore Kosmu 64 ff (IV Nock-Festugière). Ägyptologischer Kommentar: D. Müller, Ägypten u. die griech. Isis-Aretalogien, AAL 53, 1, 1961. Zur religionspolitischen Lage: Knox, 236. Beizuziehen ist weiter Apul. Met XI; Ael. Arist In Sarap 17 (dazu A. Höfler, Der Sarapishymnus des Ailios Aristeides, 1935). Noch nicht verwertet ist das Material im antiken Roman, s. jetzt zur Rolle der Isis darin R. Merkelbach, Roman u. Mysterium in der Antike, 1962 (Amor u. Psyche: 1 ff); noch nicht erkannt ist, daß Isis auch im Roman von Joseph u. Aseneth verkleidet ist.

[26] Man hätte das längst gesehen, wenn man nicht durch einige Schein-Anklänge an das AT getäuscht worden wäre. Zum polytheistischen Hintergrund von Spr 8, 22 ff siehe Wilckens, Weisheit, 183 f.

[27] Die erste Person ist charakteristisch für die Weisheitslieder wie für die Isis-Aretalogien. In ὀμίχλη kann man eine Erinnerung an Gen 1, 2 finden; immerhin steht dort das Wort nicht. ἄβυσσος steht in Gen 1, aber innerhalb eines anderen (überdies ebenfalls unjüdischen) Weltbildes. ὕψιστος wird vom Verfasser geschrieben sein, vgl. v 2.23, ist aber gerade typisch als Ausdruck der synkretistischen Situation, überdies Stichwort der Aretalogien (Kyrene 7; Isidor III (SEG 550) 1. »Wolkensäule« wird eine Retouche in Erinnerung an Ex sein. Aber an die Geschichte Israels wird mit keinem Wort erinnert. Zudem ist es hier eine kosmische Säule. Das Motiv stammt also nicht aus der Bibel.

nie[28]. Der Dunst steigt zum Himmel empor. Denn nachher thront Sophia/Isis auf der Wolkensäule, d. h. am Himmel. Die Gegenüberstellung von oben und unten ist die weltbildhafte Grundlage[29]. Besonders auffallend ist der nächste Satz: γῦρον οὐρανοῦ ἐκύκλωσα μόνη. Man denkt an Plut Is Os 372f: Der Urgott *bleibt*, d. h. symbolisch: Er ist das Sein. Isis ist die Bewegung. Das wird in unserem Text mythisch als Schreiten auf der Kreisbahn dargestellt[30]. Das meint: Sie schafft den Kosmos[31]; damit beherrscht sie ihn[32]. Obwohl die Vorstellung vom Himmels- und Weltkreis allgemein verbreitet ist[33], ist sie doch in Ägypten besonders eng in das Weltbild und den Göttermythos verflochten. Der gezogene Kreis umspannt die obere und die untere Welt: καὶ ἐν βάθει ...[34] Die spannungsvolle Ganzheit[35] kommt schon im Stil hervorragend zum Ausdruck.

[28] Jüdisch wäre die Erschaffung der Weisheit, v. 9ff! Spr 8, 22ff. Ägypten: Schöpfungslied AOT, S. 1ff: Der Allherr begattet sich selbst und spuckt Schu (Luft) und Tefnut (Feuchte) aus, vgl. die Kosmogonie von Heliopolis, MORENZ 170f; H. KEES Rel.-gesch. Lesebuch 10, S. 12. Isis ist allerdings nicht die älteste Tochter. Aber in der Aretalogie ist »die älteste« festes Prädikat: Kyme 5 (mit einer sekundären Variante, s. HARDER, 20.37f); Anubishymnus von Kios (PEEK 139) 8; Andros 14f (dazu PEEK 34f). Man muß sich vor Augen halten, daß die Götternamen und -Prädikate austauschbar sind und daß der Mythus unendlich variabel ist (MERKELBACH 67). Als erste Götter sind Osiris und Isis Plut 377a vorgestellt. Sie sind die kosmogonischen Prinzipien, vgl. 372f. Ditt Syll³ 1133: Ἴσιδι Τύχηι Πρωτογενείαι.
Die einzige vergleichbare Stelle aus dem AT, Dt 8, 3, dürfte selbst ägyptisch beeinflußt sein, s. H. BRUNNER, VT 8, 1958, 428f. Dunst: Sap 7, 25. Plut 367a: Horus erstarkt ἀναθυμιάσεσι καὶ ὁμίχλαις καὶ νέφεσι. – Aus dem AT kommt noch Ps 33, 6 in Betracht, ebenfalls eine ägyptisch gefärbte Stelle, s. H.-J. KRAUSS, Die Psalmen I, 1960, 263f. Ferner steht Jes 11, 4.
[29] Diese Säule hat nichts mit den 7 Säulen des Hauses der Weisheit zu tun. Sie ist ägyptisch. Herr Kollege S. SCHOTT belehrt mich: »Die unterägyptische Kronengöttin sitzt oft im ›Korb‹ (Lautwert nb. t, so daß man mit ihm auch Herrin schreibt) der Kronengöttin auf einem Papyrusstengel. Wie der Geier für Oberägypten gilt auch die Kobra als Himmelsgöttin, so daß der Pypyrus bis zum Himmel wächst und ihn trägt. So werden in den Tempeln (Tempel als Abbild der Welt, s. BONNET, Reall. 787) Säulen unter dem Dach (das Dach = Himmel, an seiner Unterseite bestirnt) oft als Papyrusstengel (Papyrussäulen) geformt«. Vgl. auch Bilder: G. ROEDER, Die äg. Götterwelt, 1959, 203, Abb. 30; Taf. 10. 11. Horus auf dem Papyrusstengel: G. ROEDER, Kulte u. Orakel im alten Äg., 1960, 351f (Abb. 52f). [30] Himmels- und »Höllenfahrt« im Rahmen des äg. Weltbildes.
[31] Ob in Spr 8, 22ff die Weisheit Schöpferin ist, können wir dahingestellt sein lassen.
[32] Nephthys, Schwester der Isis, ist Herrin der oberen und unteren Welt. Bei Plut 368e ist die Herrschaft unter beide aufgeteilt (Isis: obere Welt).
[33] Hi 22, 14 – mit deutlichem äg. Einschlag.
[34] A. ERMAN, Die Lit. der alten Äg., 1923, 366 (Harachte): »Der den Himmel befährt und die Unterwelt durchzieht.« KEES, 12 (Ptah): »Deine Füße sind auf der Erde, dein Kopf am Himmel ... Wolkenfeuchte ... Der Kreis, der die beiden Gestade des Himmels umgibt ... der Lufthauch...« Pantheistisch KEES, 16f (Osiris): »Siehe du bist der Mond in der Höhe... Du bist aber auch der Nil ... Ich fand deine Majestät auch als König der Unterwelt ... Du bist in der Höhe am Himmel, aber du reichst auch auf die Erde, und das Jenseitsland untersteht dir bis zu den Enden der Ewigkeit. Plut 368c.
[35] Plut 382; Isis ist die complexio oppositorum.

Ein Angelpunkt der Auslegung ist das merkwürdige μόνη[36]. Der Sinn dieser Prädikation ist: Sie ist Herrin, Aufseherin über die Welt und deren Ordnung[37]. Da sie das All umschritten hat, *weiß* sie alles und kann darüber belehren[38].

Über Isis und das Meer erübrigen sich die Belege: Sie ist die Meergöttin schlechthin[39].

Der Umlauf ist beendet: Isis ist als die Herrin aller Bereiche der Welt erwiesen, auch als Herrin der Gestirnbahnen[40] und des Schicksals. Isis als Schicksalsherrin ist als ägyptisches Motiv in die griechischen Aretalogien eingegangen[41]. Auf diesen Gedanken gründet sich das Isismysterium, in dem der Myste

---

[36] μόνη ist Motivwort der Isis-Theologie, in mehrfacher Variation. Mythisch POxy 1380, 186–189. Gewöhnlich im bekannten der Sinn der μόνος-θεός-Prädikation, also Hervorhebung der Herrschaft. Dabei kann die kosmologische Komponente mehr oder weniger hervortreten. Mit Sap 7, 27 μία δὲ οὖσα πάντα δύναται vgl. Kyrene 4: ᾿Εγὼ τύραννος Εἶσις αἰῶνος μ ό ν η πόντου τε καὶ γῆς τέρμονάς τ᾿ ἐπιβλέπω καὶ σκῆπτρῳ᾿ ἔχουσα καὶ μί᾿ οὖσ᾿ ἐπιβλέπω. (Peek, 130 konjiziert: ἐπικρατῶ). Isidor I (SEG 548) 23 f: ὅτι μούνη εἶ σὺ ἅπασαι αἱ ὑπὸ τῶν ἐθνῶν ὀνομαζόμεναι θεαὶ ἄλλαι. Die Ägypter nennen sie Θιοῦσις, ta-wat. Der Kommentar vermerkt: aeg. ta-wat, unica, cf CIL X 3800; te tibi, una quae es omnia dea Isis. Ael. Arist XLV (In Sar) 17: (die Weisheit) ἣ μόνη τὴν πρὸς θεοὺς συγγένειαν ἀνθρώποις δείκνυσι.... Zur *griechischen* Vorgeschichte vgl. das namenlose Tragikerfragment 503 p 937 Nauck: μόνη γὰρ ἐν θεοῖσιν οὐ δεσπόζεται μοῖρ᾿ οὐδ᾿ ἐν ἀνθρώποισιν, ἀλλ᾿ αὐτὴ κρατεῖ. Isis und Osiris zusammen: Kore Komu 68. Der schönste Beleg wäre Apul Met XI 2, 3: ist luce feminea conlustrans omnia moenia et udis ignibus nutriens laeta semina et *solis ambagibus* dispensans incerta lumina, wenn man ›solis ambagibus‹ mit P. Valette (Apulée, hg.v. S. Robertson, trad P. Valette, Paris 1956) als »einsame« Touren fassen dürfte. Lucrez I 21 (Venus): quae quoniam verum naturam sola gubernas.
Das μόνη-Motiv erscheint in gnostischer Transformation in der Hybris der Sophia, die *allein* schöpferisch tätig sein will: Schrift über das Wesen der Archonten (W. Schenke, ThLZ 83, 1958, 661ff) 142, 5ff; Apokryphon des Johannes 36, 16ff; Hipp Ret VI, 30, 6 (vgl. H. Jonas, The Gnostic Religion, ²1963, 182 Anm. 11); Cairenser Pap I 114, 15ff.

[37] Vgl. die vorige Anm. Isidor III (SEG 550) 24ff an der Nahtstelle von Kosmologie und geschichtlichem Walten: ἢ καὶ ἐν οὐρανῶι ὕψι μετ᾿ ἀθανάτοισι δικάζεις (s. u.), ἢ καὶ ἠελίου ὠκυδρόμου ἅρματα βᾶσα, κόσμον ἅπαν διάγουσα, κατοπτεύουσα (cf. Kyrene 4ff) ἄπλητα ἔργ᾿ ἀνδρῶν ἀσεβῶν τε καὶ εὐσεβέων καθορῶσα ... Anubishymnus von Kios (Peek, 139) 8–10; POxy 1380, 120ff.

[38] Sap 7, 12ff. Isis wird von εἰδέναι abgeleitet, Plut. 351f.

[39] Kyme 15. 39. 49; Apul XI 5, 1. Hier ist die Gräzisierung naturgemäß besonders stark. Isis wird die Schützerin der Schiffahrt (navigium Isidis! Apul Buch XI!); s. Müller 41. 61. Isis wird zur meergeborenen Aphrodite Anubishymnus 5 f. Sie zieht die Meerfahrt der Io an sich, s. Merkelbach, 65 ff.

[40] Sie ist der Sirius (Müller, 33 ff). Kyme 12–14 = Ios 9–11: ᾿Εγὼ ἐχώρισα γῆν ἀπ᾿ οὐρανοῦ. ᾿Εγὼ ἄστρων ὁδοὺς ἔδειξα. ᾿Εγὼ ἡλίου καὶ σηλήνης πορείαν συνέταξα (Ios; Kyme: – μην). Müller, 39: Das ›ist ein Teil der Weltschöpfung‹.

[41] Müller 71ff, Erman, Lit. 187ff (Osiris, 18. Dynastie): »Der Himmel und seine Sterne gehorchen ihm und die großen Tore öffnen sich ihm.« Kyme 46f: ῞Ο ἂν ἐμοὶ δόξῃ(ι), τοῦτο καὶ τελεῖτα[ι]. ᾿Εμοὶ πάντ᾿ ἐπείκει (als ägyptischer Ausdruck belegt, s. Müller

den Kreislauf wiederholt[42]. In der vom Siraciden benutzten Fassung ist der Schicksalsgedanke nicht ausdrücklich ausgearbeitet, aber dem Wissenden schon durch »μόνη« verständlich.

V. 6 verknüpft das Walten der Göttin im Kosmos und dasjenige in der Menschheit[43]. Das entspricht der Thematik, mit der die Aretalogie eröffnet wird: Εἶσις ἐγώ εἰμι ἡ τύραννος πάσης χώρας (Kyme 3 a = Ios 2 a)[44]. Hierher gehört wohl auch Kyme 40: Οὐθεὶς δοξάζεται ἄνευ τῆς ἐμῆς γνώμης. Dem Passus entspricht Sir 24, 11 f.

Damit ist der sicher zu rekonstruierende Isis-Text zu Ende. Vielleicht darf man ihm noch den nächsten Satz zuweisen: μετὰ τούτων πάντων ἀνάπαυσιν (SMEND: eine Residenz) ἐζήτησα: Die Fahrt der Isis ist abgeschlossen. Der unmythische Sinn: Sie hat den Ort ihrer Verehrung gefunden[46]. Das ist ein sinnvoller Abschluß. Man braucht nicht zu postulieren, daß eine Flucht der Weisheit zugunsten ihres Wohnens in Israel weggebrochen sei[47].

71f). Kyme 55f: Ἐγώ τὸ ἱμαρμένον νικῶ. Ἐμοῦ τὸ εἱμαρμένον ἀκούει. Kyrene 15: Ἐμοῦ δὲ χωρὶς γείνετ᾽ οὐδὲν πώποτε. Οὐδ᾽ ἄστρα γὰρ φοιτῶσι τὴν αὐτὴν ὁδόν, ἂν μὴ ἐξ ἐμοῦ λάβωσιν ἐντολ[ὰς ...]. Glorios Apul XI 25, 3, vgl. auch Isis als die sehende Fortuna XI 15, 2 f (gegenüber der blinden). Der »mystische« Sinn ist im Zusammenhang klar.

[42] Apuleius! Vgl. das berühmte »Symbol« XI 23, 7: »Accessi confinium mortis et calcato Proserpinae limine per omnia vectus elementa remeavi.« S. M. DIBELIUS, Botschaft u. Geschichte II, 1956, 30ff. In kosmologische Philosophie umgesetzt bedeutet der Kreislauf: ἐγώ εἰμι πᾶν τὸ γεγονὸς καὶ ὂν καὶ ἐσόμενον (Plut 354c).

[43] Analog Isidor III (SEG 550) 24ff, s.o. Schwierig ist ἐκτησάμην. Doch ist »gewinnen«, in den Machtbereich ziehen (RYSSEL bei Kautzsch) für die »Herrin« Isis sinnvoll. SCHENCKE, 29 Anm. 8 liest nach Syr. ἡγησάμην »war ich Herrscher«, was auf dasselbe hinausläuft. FRITZSCHE z. St. hält ἐκτησάμην für falsche Übs. von קנה, erwerben, schaffen, und liest ἔκτισα, vgl. Spr. 8, 22. Vgl. zu diesem Stichwort POxy 1380, 280. 284 (σὺ ἔκτισας ...); Kyme 51; vom σύνναος der Isis, Sokonopis Isidor II (SEG 549) 11f: κτίστης καὶ γαίης τε καὶ οὐρανοῦ ἀστερόεντος καὶ ποταμῶν πάντων ...

[44] Andros 7–9; Kyrene 4; POxy 1380, 24: [κυ]ρείαν πάσης χώρας SEG 548, 2f; 551, 8; Anubishymnus 9. Plut 355e von Osiris: ὁ πάντων᾽ κύριος und μέγας βασιλεὺς εὐεργέτης. SEG 551 zeigt den Zusammenhang mit der ägyptischen Königsidee. MÜLLER, 20.

[45] MÜLLER 69ff; HÖFLER 50.

[46] ἀνάπαυσις ist Isis- und Weisheits-Motiv. Die Weisheit verheißt Ruhe; also hat sie selbst Ruhe gefunden, Sir 51, 27; Mt 11, 25ff. Der Myste gelangt ›ad portum quietis‹, Apul. XI, 15, 1. Andere Verkleidungen des Motivs: Act Thom 42 (hart im Kontext! s. BORNKAMM, 34f); der Hintergrund des Motivs vom wandernden Gottesvolk (E. KÄSEMANN, Das wandernde Gottesvolk, 1938). In den Isis-Aretalogien findet sich nichts Vergleichbares, wohl aber im Isis-Mythos, zumal wenn man die Göttin in ihren Verkleidungen (Psyche, Io) entdeckt. Eine Parallele findet man im Urmensch-Offenbarer der Pseudoklementinen: nam et ipse verus propheta ab initio mundi per saeculum currens festinat ad requiem (Rec II 22).

[47] Die Flucht gehört nur einer von verschiedenen Varianten an. Wie variabel die Motive sind, zeigt ein Vergleich des hebräischen und griechischen Textes von Spr 8: Die Weisheit spielt 8, 31 auf der Erde; nach LXX ist sie im Himmel. ARVEDSON, 159 Anm. 1 hält LXX für ursprünglich, schwerlich mit Recht. Ägypten: »Wenn der Sonnengott (Re, der »Herr der Maat«) gegen ein Land erzürnt ist, vertreibt er die Maat daraus« (nach MORENZ, 137).

III.

Beim Siraciden folgt dem »ägyptischen« ein jüdischer Teil des Liedes: Die Weisheit findet in Israel ihre Wohnstatt. Eine weitere Stufe der Adaption ist es, wenn sie nach Abschluß des Liedes mit der Tora identifiziert wird[48]. Auch im zweiten Teil kann die Analyse noch weiterkommen. In der Substanz ist er ein neues Weisheitslied, das für sich existieren kann. Es setzt ja auch mit der Erschaffung der Weisheit am »Anfang« ein, vgl. Spr 8, 22. Durch die Verbindung mit dem Isis-Lied entsteht das Schema Walten im Kosmos – Walten unter den Menschen (nämlich ihren Verehrern)[49].

So klar jüdisch nun dieser Teil bzw. dieses Lied ist, so ist doch das Schema als solches vorgegeben; nämlich in den Aretalogien. Und es läßt sich in Ägypten weit zurückverfolgen, sogar in der spezifischen Form, daß im zweiten, »geschichtlichen« Teil die Thematik des Gesetzes, der Gerechtigkeit, beherrschend hervortritt[50]. Die überkommene Festigkeit des Schemas bewährt sich offensichtlich in der hellenistischen, synkretistischen Epoche, eben in den Aretalogien. Es gibt den einzigen Anhalt, um in ihnen eine, wenn auch nicht formale, so doch inhaltliche Gliederung zu erkennen. Formal steht es so, daß beide Aussagengruppen ineinandergeschoben sind und mehrfach wiederholt werden. Alle weiteren Bemühungen um den formalen Aufbau sind gescheitert[51].

Folgende Motive kommen für den Vergleich in Frage: In der Aretalogie ist Isis im Vorspruch als Gesetzgeberin vorgestellt[52]. Das wird dann mehrfach

---

[48] Ist also das ganze Lied vom Siraciden schon vorgefunden? Dann hätten wir drei Etappen der Aneignung.

[49] Es ist, wie oben gezeigt wurde, schon im ersten Teil andeutungsweise enthalten; jetzt tritt es thematisch hervor.

[50] ERMAN, Lit, 187 ff (Lied an Osiris, 18. Dynastie): »Er ist es, der den herrlichen Ka hat in Busiris« (seinem Wohnsitz, s. u.). Es folgt: Seine Stellung unter den Göttern: »Der Himmel und seine Sterne gehorchen ihm ... Opfer werden ihm dargebracht ... Der die Furcht vor sich in alle Lande (s. o.) setzte, damit sie seinen Namen nennten ... Der das *Recht* festigte durch beide Ufer hin.« Dann taucht die trauernde Isis auf: »Die trauernd dieses Land durchirrte und sich nicht niederließ, ehe sie ihn gefunden hatte.«

[51] Man fragt sich ja, ob verschiedene Fassungen der Aretalogie einigermaßen mechanisch ineinandergeschoben wurden. Dagegen wendet PEEK, 158 f ein, daß jedenfalls keine Quellen mehr herausgehoben werden können. Ebenso HARDER 33 Anm. 2: Eine Kompilation ergebe keine solchen Resultate. Es handle sich um »willkürlich« reihenden ägyptischen Stil. Durchsichtiger ist der Aufbau des Karpokrates-Hymnus (HARDER 8. 18). A. J. FESTUGIÈRE, À propos des arétalogies d'Isis, HThR 42, 1949, 209 ff (bes. 220 ff) findet drei Themen (A, B¹, B², C) wobei C zwischen B¹ und B² eingeschoben sei: A. Natur der Gottheit (Kyme 3–11). B. Omnipotenz (12–14. 39 ff). C. εὑρήματα (15–38). Das sei das Schema des griechischen Götterhymnus. Er muß aber selbst zugeben, daß in der Isis-Aretalogie weitere Einschübe und Verwerfungen bestehen. Und auch für die griechischen Hymnen (vor allem den Zeus-Hymnus des Kleanthes) gibt es kein verbindliches *Form*-Prinzip.

[52] Kyme 4 = Ios 3: Ἐγὼ νόμος ἀνθρώποις ἐθέμην καὶ ἐνομοθέτησα ἃ οὐθεὶς δύναται μεταθεῖναι. MÜLLER 26.

ausgeführt. Der einheitliche Gesichtspunkt ist: Recht, Wahrheit, Ordnung, also Maat[53]. Zu den Ordnungen gehört u. a. der Kult: Isis wohnt in Bubastis (Kyme 11 usw)[54]. Sie offenbart den Gottesdienst[55].

IV.

Es lohnt sich, auf einen zu Unrecht kaum beachteten Text hinzuweisen, Ael Arist XLV (In Sar) 17. Er fällt auf, weil er merkwürdig in seine Umgebung eingesprengt ist[56]: τὴν μὲν ψυχὴν σοφίᾳ κοσμῶν [ἡμῶν], ἣ μόνη τὴν πρὸς θεοὺς συγγένειαν ἀνθρώποις δείκνυσι καὶ ᾗ τῶν ἄλλων θνητῶν [ἢ ζῴων] διαφέρομεν[57], ἢ θεῶν τε αὐτῶν ἔννοιαν ἔδωκεν ἀνθρώποις καὶ ἱερὰ καὶ τ ε λ ε- τ ὰ ς καὶ τ ι μ ὰ ς πάσας εὗρεν[58], ἔτι δὲ νόμους καὶ πολιτείαν[59], καὶ μηχανήματα πάντα καὶ τέχνας πάσας ἐδίδαξε καὶ κατεστήσατο, καὶ ψ ε υ δ ο ῦ ς καὶ ἀ λ η- θ ο ῦ ς[60] ἔδωκε διάγνωσιν, ὡς δ' εἰπεῖν, ἐποίησε τὸν βίον[61]. Die Kosmologie fehlt hier. Dem Redner geht es um die Seele. Aber die Verwandtschaft von Isis und Sophia ist auch hier der Schlüssel für die Interpretation.

Das Material erlaubt es, mit noch größerer Sicherheit als bisher ein Papyrusfragment als Isistext zu erklären, das E. HEITSCH als solchen entdeckt hat[62]. Entscheidend ist auch darin das oben aufgezeigte Schema, sogar als Disposi-

---

[53] Kyme 16: Ἐγὼ τὸ δίκαιον ἰσχυρὸν ἐποίησα. 28f: Ἐγὼ τὸ δίκαιον ἰσχυρότερον χρυσίου καὶ ἀργυρίου ἐποίησα. Ἐγὼ τὸ ἀ λ η θ ὲ ς καλὸν ἐνομο[θέ]τησα νομίζε[σ]θαι. SEG 548, 4ff: ὄφρ' ἀναδοίης ἀνθρώποισι βίον (s. u.) τε καὶ ε ὐ ν ο μ ί η ν τε ἄπασι, καὶ θεσμοὺς κατέδειξας, ἵν' εὐδικίη τις ὑπάρχῃ. POxy 1380, 204: Isis hat die νόμιμα gegeben. Sie heißt direkt Δικαιοσύνη Plut 352b, vgl. Kore Kosmu 67; Ditt Syll III 1131. MÜLLER 42ff. Die Beispiele für δικ- u. ä. lassen sich vermehren. Zu Kyme 28f bemerkt HARDER 27, daß diese Verwendung von ἀληθής über den griechischen Wahrheitsbegriff hinausgehe. Er verweist auf das Corp Herm.

[54] Andros 1ff. Vgl. Sir 24, 10.

[55] Das ist wieder fester Bestandteil: Kyme 10f. 22ff; Andros 94ff; Sir 39, 1ff; Sap 7f.

[56] Wie die Stelle über den Logos Sap 18, 14–16, s. A. ADAM, Die Psalmen des Thomas u. das Perlenlied als Zeugnisse vorchristlicher Gnosis, 1959, 31f. Vgl. auch den Befund in der Kore Kosmu (s. o.). Zu Ael Arist vgl. HÖFLER 50: In diesem Abschnitt verdrängt die Sophia den Sarapis. »Möglicherweise ist das ganze Stück mit der dreiteiligen Disposition übernommen.«

[57] Vgl. Plat Prot 322 a/b. Eine wirkliche Parallele ist das nicht. Sie versagt an der entscheidenden Stelle.

[58] Fester Topos der Aretalogien. MÜLLER 22ff. 26ff. 31. 35ff. 49f.

[59] MÜLLER 51f. 72f.

[60] Kyme 29. MÜLLER 53. S. Anm. 53.

[61] SEG 548, 4–6; 549, 3.

[62] Zuerst Mus Helv 17, 1960, 185–188; jetzt in E. HEITSCH, Die griechischen Dichterfragmente der röm. Kaiserzeit I², 1963, Nr. 48. Die Vorbehalte A. WIFSTRANDS, Gnomon 35, 1963, 465ff, kommen gegen das vorhandene Material nicht auf (unbeschadet seiner überzeugenden Ergänzungsvorschläge).

tionsschema[63]. Man wird nun auch das Fragment des Siraciden als Quelle für die Geschichte der Isis-Verehrung verwenden dürfen.

Die angeführten Texte scheinen mir zu zeigen, daß die personifizierte Weisheit nicht auf die Stufe des Mythos, sondern der Mytho-Logie gehört. Ihre Vorgängerin ist die synkretistische Göttin, die am weitesten unter dem Namen Isis bekannt ist. Und la recherche de la paternité? Dazu die analoge Suche nach den Ahnen des Logos?

---

[63] Vgl. die Entpersönlichung der Isis im Gedicht des Mesomedes (PEEK 145). PEEK 147: »Isis ist mehr eine kosmische Potenz denn ein vorgestelltes göttliches Wesen.«

ERNST HAENCHEN

1. Einleitung: das besondere Problem von Apg 27

Kap. 27 der Apostelgeschichte (= Apg) war für die Forschung eine harte
Nuß. Denn erst allmählich wurde deutlich, wieviele und welche Probleme
hier steckten. Dabei sah zunächst alles so einfach aus: Wer anders konnte die
Romfahrt des gefangenen Paulus im ›Wir‹-Stil erzählt haben als der getreue
Arzt Lukas? Noch 1902 schrieb OTTO PFLEIDERER – keineswegs ein Feind
kritischer Wissenschaft! –: »Mit der Abreise des Paulus von Cäsarea setzt wieder der Reisebericht des Augenzeugen mit ›Wir‹ ein (27, 1). Er erweist sich
als solcher durch die genaue Wiedergabe der Reiseroute sowie durch die sehr
anschauliche Schilderung des Seesturms und Schiffbruchs. Bemerkenswert ist
auch in diesem Abschnitt das Fehlen aller eigentlichen Wundergeschichten;
denn was von dem ermutigenden Traumgesicht des Paulus während des Sturmes (27, 23 f) ... erzählt wird, übersteigt in keiner Weise das natürlich Mögliche und Wahrscheinliche.«[1] PFLEIDERER hat nicht geahnt, daß dieses ›Wir‹
auch ein literarisches Mittel sein kann, mit dem der Autor entweder die eigene
Anwesenheit bei dieser Reise oder aber die Benutzung einer auf Augenzeugen
zurückgehenden Tradition andeutet[2]. Er hat weiter nicht berücksichtigt, daß
die anschauliche Schilderung des Seesturms sich auch in antiken Romanen
findet[3], also nicht als Beweis für einen Augenzeugenbericht dienen kann – es
sei denn, daß besondere Umstände auf einen solchen hinweisen. Er hat schließlich unbefangen von einem ›ermutigenden Traumgesicht des Paulus‹ gesprochen, ohne zu bemerken, daß er damit das von Lukas erzählte Wunder psy-

---

[1] »Das Urchristentum, seine Schriften und Lehren, in geschichtlichem Zusammenhang
beschrieben von OTTO PFLEIDERER. Zweite, neu bearbeitete und erweiterte Auflage. 1. Band.
1902, 529.

[2] MARTIN DIBELIUS, Aufsätze zur Apostelgeschichte. Hg. v. H. Greeven. FRLANT
NF 2, 1951, 14, Anm. 2. – Vgl. E. HAENCHEN, Das ›Wir‹ i. d. Apg u. d. Itinerar, ZThK 58,
1961, 338, Anm. 2.

[3] DIBELIUS aaO, 117–119. – Vgl. HANS CONZELMANN, Die Apostelgeschichte (HNT 7)
1963, 146f und 151–154.

chologisch beseitigt, und ohne zu sehen, daß er dabei schon die Zuverlässigkeit dieses Berichts in V. 23 f voraussetzt.

Die Hoffnung, im ›Wir‹ den Beweis für einen Augenzeugenbericht gefunden zu haben, erfüllt zwei Wünsche zugleich: das Verlangen einer ›historischen‹
Epoche nach zuverlässigen ›Quellen‹, und darüber hinaus die Sehnsucht nach
dem Erweis des ›Die Bibel hat doch recht!‹. Dabei hatten die Warner längst
ihre Stimme erhoben: als erster SCHWEGLER und ZELLER 1848 und 1854[4] und
dann vor allem OVERBECK 1870 in der vierten Auflage von DE WETTES Kommentar[5]. Man sieht: die Epochen der Forschung lassen sich nicht scharf gegen
einander abgrenzen. Vorläufer versuchen sich bemerkbar zu machen, und
Nachzügler kommen verspätet hinter ihrem längst abgezogenen Regiment
hinterdrein. Noch 1913 erkannte H.H.WENDT nicht, wieso V. 21–26 und 33–36
unlöslich zusammengehören[6], und noch 1957 bestritt C.S.C.WILLIAMS, daß
die Kritik an V. 9–11 und 31 begründet sei: Warum soll Paulus nicht als ein
geborener Führer hervorgetreten sein und Lukas die Stärke der Persönlichkeit
des Paulus herausgestellt haben?[7] Ja – warum darf man nicht mit solchen Argumenten kommen? Weil man dabei über der lukanischen Darstellung vergißt,
wie Paulus persönlich – er sagt es selbst 2Kor 10.10 – auf seine Gegner gewirkt
hat: »Seine Briefe sind wuchtig und kraftvoll, aber die persönliche Gegenwart
schwächlich und kraftlos.«[8]

Aber bleiben wir bei den speziellen Problemen von Kap. 27! Wer sich mit
ihm einläßt, muß vier Fragenkomplexe bedenken: (1) Wie war es zur Zeit
des Paulus um die Schiffahrt im Mittelmeer und deren Gefahren bestellt?
(2) Wie weit hat sich diese Situation in den zeitgenössischen Romanen abge-
spiegelt? Kann die vermeintliche Anschaulichkeit einem (oder mehreren) der
damaligen Romane zu verdanken sein, die an Spannung und Tricks unseren
heutigen Krimis nicht nachstanden? (3) Was ist mit dem in diesem Zusammenhang gern gebrauchten Begriff ›literarisch‹ eigentlich gemeint? Gehören dazu
schon die *termini technici* des Seewesens, die zu verwenden Lukas bisher wenig
Anlaß gehabt hat? Oder meint ›literarisch‹ jene Wendungen einer gehobenen

---

[4] ALBERT SCHWEGLER, Das nachapostolische Zeitalter, Bd 2 1846; EDUARD ZELLER, Die
Apostelgeschichte nach Inhalt und Ursprung kritisch untersucht, 1854.

[5] »Kurzgefaßtes exegetisches Handbuch zum NT I 4 von W.M.L. DE WETTE, [4]1870, hg.
v. FRANZ OVERBECK.«

[6] HANS HINRICH WENDT, Die Apostelgeschichte (Krit.-exeg. Kommentar über das
NT, begründet von H.A.W.Meyer, 3. Abt. [9]1913, 337, Anm. 2.

[7] C.S.C.WILLIAMS, A Commentary on the Acts of the Apostles, London 1957, 270.

[8] Paulus machte also weder den Eindruck einer ›starken Persönlichkeit‹ noch war er ein
glänzender und schlagfertiger Redner (und gerade so stellt ihn die Apg dar). Daß in seinen
Briefen die Hemmungen zurücktreten, die ihn beim Sprechen behinderten, und er sich
hier als ein vollmächtiger Verkündiger des Evangeliums erweist, ist ebenso richtig.

Sprache, die sich im Zusammenhang einer schlichten Schilderung seltsam fremd und unwirklich ausnehmen? (4) Wie könnte man eigentlich den Erinnerungsbericht eines Augenzeugen von einem literarischen Vorbild unterscheiden, das Lukas benutzt hätte, zumal wenn man auch mit der Möglichkeit rechnen muß, daß Lukas einen solchen ›Erinnerungsbericht‹ durch Wendungen der gehobenen Sprache hoffähig gemacht hat?

2. Die antike Mittelmeerschiffahrt und deren Gefahren

Die Gefahren der damaligen Schiffahrt sind uns viel deutlicher geworden, seit Taucher ein vor Marseille gesunkenes griechisches Schiff fanden, seinen Bauplan feststellten und Stücke der Ausrüstung und Ladung heraufholten. Diese ›Myriamphora‹ (»d. h. ein Schiff von 36 m Länge bei 12 m Breite und 5 m Tiefgang und einer Wasserverdrängung von 700 bis 800 Tonnen«) konnte »10000 Gewichts-Amphoren, d. h. annähernd 260 t tragen«. Es fuhr auf ein unterirdisches Riff auf; seine Reste liegen heute in 40 m Tiefe. Die noch dicht gebliebenen Amphoren tragen das Zeichen des delischen Kaufmanns Markos Sestios. Aber sehen wir von diesem illustrativen Einzelfall ab[9].

In den Tagen des Paulus mußte man zwischen der guten und der schlechten Jahreszeit unterscheiden: Während des Frühjahrs und Sommers konnte man hoffen, ohne Schaden am Bestimmungshafen anzukommen (Ausnahmen immer vorbehalten!)[10]; vom 14. 9. an aber galt die Fahrt schon als unsicher, und vom 11. November bis 10. März ruhte die Schiffahrt so gut wie ganz. Daß Kaiser Claudius – weil Roms Getreideversorgung am Zusammenbrechen

[9] Unerwartete Aufschlüsse brachte das Buch von FERDINAND LALLEMAND: Journal de bord de Maarkos Sestios, Les éditions de Patis 1955; deutsch: Das Logbuch des Maarkos Sestios. Roman der antiken Seefahrt, 1958. 158 S. und 28 Tafeln. – Der Vf. ist selbst mit zu dem 45 m unter dem Meeresspiegel liegenden Wrack hinabgetaucht und hat die abgebildeten Fundstücke selbst heraufgebracht. Nach seinen Angaben wurde das in mehreren Fotos wiedergegebene Modell des ›Delphin‹ gebaut. Dieses Schiff gehörte nach L. zu den schweren Lastschiffen der Antike, die also erheblich kleiner waren, als noch LIONEL CASSON (s. Anm. 12) für die ›Isis‹ annahm (1200 BRT), und erst recht als die von R. RICARD, Navigations de St. Paul (in: Études religieuses, Jahrg. 64, Bd 90, Paris 1927, S. 448–465) S. 455 angegebene Größe der navis oneraria von 60 m Länge, 15 m Breite. Gewiß hat man (s. HEINZ MICHAELSEN, Riesenschiffe im Altertum, Zeitschr. f. Meereskunde 8, Heft 87, Berlin 1914) gelegentlich Schiffe für große Lasten gebaut. Aber Lucians Schilderung der Isis übertreibt offensichtlich und hat JULES VARS, L'art nautique dans l'antiquité, Paris 1887, 192 dazu verführt, der ›Isis‹ die Maße von 55 m Länge, 14,5 m Breite und 13,5 m Tiefe und 2500 BRT zuzuschreiben. Dagegen ist TRÈVES, Le voyage de Paul, Lyon 1887, mit der Schätzung auf 500 T der Wirklichkeit erheblich näher gekommen.

[10] Das trifft zB für den ›Delphin‹ (s. Anm. 9) zu, der nach LALLEMAND im Sommer (»unmittelbar nach dem Jahr 146 v. Chr.«) unterging (S. 132).

war – einmal mitten im Winter Transportschiffe nach Ägypten sandte, alles Risiko auf die kaiserliche Kasse übernehmend[11], galt als ein tolles Wagestück, das wider Erwarten gelang. Die schwerfälligen Getreide- und Passagierschiffe konnten mit ihrem einen Riesensegel, das oben an der 20 m langen Großrahe befestigt war, nicht kreuzen. Allenfalls konnte man noch mit einem Wind vorwärts kommen, der rechtwinklig zur Fahrtrichtung wehte. Außerdem mußten diese plumpen Schiffe – nach Möglichkeit Wind und Strömung nahe der Küste ausnutzend – in Sichtweite des Landes bleiben (es gab ja noch keinen Kompaß); aber sie durften dessen vorgelagerten Riffen und Sandbänken nicht zu nahe kommen. Riß einmal ein schwerer Sturm ein Schiff aus solchem Kurs heraus, dann hing es weitgehend vom Zufall ab, welchen Hafen man anlaufen konnte, wenn man überhaupt einen erreichte[12]. Als Josephus auf einem Schiff mit 600 Fahrgästen an Bord nach Italien fuhr, ging es mitten in der ›Adria‹ unter. Er wurde mit einigen anderen – zusammen waren es 80 Menschen – von einem cyrenäischen Schiff aufgenommen, nachdem sie die ganze Nacht hindurch geschwommen waren[13]. Das erinnert auffallend an 2Kor 11, 25. Dort berichtet Paulus bei der Aufzählung seiner Leiden lakonisch: »Dreimal erlitt ich Schiffbruch, einmal 24 Stunden auf dem Meer treibend.«[14] Merkwürdigerweise hat Lukas das nicht erwähnt. Dafür gibt es eigentlich nur zwei Erklärungen: Entweder wußte Lukas von alledem nichts. Dann war er über die Paulusreisen nur sehr mangelhaft unterrichtet. Oder aber er schwieg von den früheren Schiffbrüchen, um nicht die Spannung bei der Geschichte von der Romreise zu mindern. Damit tut sich das Entweder/Oder auf: Unzureichende Überlieferung oder bewußt unhistorische Darstellung.

3. Die Seereisen im antiken Roman

HANS CONZELMANN hat dankenswerterweise einige wichtige Proben von Seegeschichten in antiken Romanen im Anhang seines Actakommentars abgedruckt. Er konnte nur eine Auswahl aufnehmen, denn diese antike Literatur hatte für See-Abenteuer eine besondere Vorliebe. Diese ausgewählten Stücke zeigen einige der Möglichkeiten, wie man das Motiv der Seefahrt literarisch nützen konnte. Die bösen Seeräuber sind, wie billig, ausgelassen.

---

[11] Sueton Claudius 18.

[12] Die von L. CASSON in seinem Aufsatz ›The Isis and Her Voyage‹ (Transactions and Proceedings of the American Philological Association 81, 1950, 43–56) behandelte Fahrt der ›Isis‹ wird man – sie wird immerhin von Lucian beschrieben – nicht einfach als Tatsachenbericht werten dürfen.

[13] Josephus Vita 15.   [14] D. h. auf irgendeinem Wrackstück.

In LUCIANS ›Toxaris‹[15] hören wir von einem Sturm, der ein Ende Oktober
von Italien nach Athen segelndes Schiff überfällt. Der schwächere von zwei
Freunden stürzt, als er sich, dem Poseidon opfernd, über die Reling beugt,
in die kochende See. Der andere Freund springt ihm, ohne sich einen Augen-
blick zu besinnen, in das mitternächtige Dunkel nach und bewahrt ihn vor dem
Ertrinken. Hier soll der Sturm nur dazu dienen, die höchste Bewährung der
Freundschaft zu zeigen. Er ist ein ganz ausgesprochenes Nebenmotiv. Andere
See-Abenteuer haben ein stärkeres Eigengewicht und betreffen das ganze
Schiff mit allen Insassen. CONZELMANN bietet dafür zunächst ein Beispiel aus
LUCIANS ›Wahren Geschichten‹[16]: Man fährt bei mildem und günstigem
Winde ab. Aber am folgenden Morgen frischt der Wind auf und wird zum
Sturm. Hoher Seegang setzt ein. Es wird dunkel. Da man das Segel nicht mehr
ganz reffen kann, muß man vor dem Winde segeln. So wird man 79 (!) Tage
vom Sturm gejagt[17]. Am 80. aber bricht plötzlich die Sonne durch und zeigt
in der Nähe eine Insel – ohne Riffe davor. Hier kann man ohne Unfall das
Schiff am Strande auffahren lassen, da sich auch die See inzwischen beruhigt
hat. Diese ebenfalls sehr kurz gehaltene Sturmgeschichte leitet nur die folgende
Handlung ein. Kein solches *happy end* gibt es in dem Roman »Leukippe und
Kleitophon« des im 4. Jh. n. Chr. schreibenden ACHILLES TATIUS[18], der – nach
R. HELMS Urteil[19] – die Nachblüte der zweiten Sophistik zeigt. Hier wird es
am dritten Reisetag plötzlich finster. Der Wind springt auf. Die Segelführung
wird behindert. Das Schiff wird bald auf einen Wellenberg emporgerissen,
bald stürzt es in ein Wellental hinab. Dabei drohen die Planken zu brechen.
Schließlich gibt der Kapitän das doch verlorene Schiff auf und geht mit den
Matrosen in das Beiboot. Um dieses beginnt nun ein wütender Kampf. Das
Schiff selbst scheitert und zerbricht. Aber nach einem verzweifelten Gebet an
Poseidon, er möge gnädig einen raschen Tod senden[20], lassen Wind und Wogen
nach: eine Gruppe der Reisenden erreicht bei Pelusium das Land.

---

[15] S. CONZELMANN aaO, 151 (Toxaris 19–20). Die ganze Schrift handelt nur von der
Freundschaft, und diese Anekdote soll auch nur die Größe der Freundschaft zeigen.

[16] S. CONZELMANN aaO, 152 (LUCIAN, Verae Narrationes I 6).

[17] S. CONZELMANN aaO, 144 zu Apg 27, 28. CONZELMANN spricht hier nur von 17 statt
79 Sturmtagen, aber 79 stehen im Text: ἐννέα καὶ ἑβδομήκοντα...

[18] S. CONZELMANN aaO, 152–154.

[19] RUDOLF HELM, Der antike Roman. ²1956 (= Studien z. Altertumswiss., hg. v. BRUNO
SNELL und HARTMUT ERBSE. Hamburg, Heft 14), S. 45: »Verwendung sämtlicher Kunst-
mittel der zweiten Sophistik in Inhalt und Ausdruck«; S. 47: »So ist der Roman ein ausgesprochenes Muster der zweiten Sophistik wie kaum ein anderer.« – Die Angaben HELMS
über den Inhalt antiker Romane zeigen, wieviele andere Beispiele von Seegeschichten
hier noch vorliegen oder doch erschließbar sind.

[20] Dabei verfällt der Autor für unser Empfinden ins Komische: »Wenn du uns töten
willst« – so lautet das Gebet – »so trenne unser Ende nicht. *Eine* Woge möge uns bedecken.

Diese und andere Beispiele lassen erkennen, welche typischen Züge sich bei der Schilderung einer spannenden Seefahrtsgeschichte verwenden lassen. Aber sie zeigen zugleich schon einen wichtigen Unterschied zu Apg 27. Keine dieser Erzählungen schildert die Fahrt in der Weise, daß man sieht: die Verzögerungen durch den Wind und die Strömung lassen die Reise sich in die ungünstige Jahreszeit hinein ausdehnen. Damit hängt ein zweiter Unterschied zusammen: der Seesturm kann, wie bei ACHILLES TATIUS, sehr viel ausführlicher als bei Lukas geschrieben werden. Aber nur er, und nicht die ganze vorhergehende Reise, ist für den Schriftsteller wichtig. Die Darstellung der vorhergehenden Reise schrumpft auf ein Minimum zusammen. Das ist bei Apg 27 ganz anders. Darum erinnert dieses Kapitel in seinem ersten Hauptteil viel mehr an einen Inspektionsbericht, wie den des Arrian an den Kaiser[21], als an einen Roman. Was die Sturmschilderung selbst angeht, so gibt sich Lukas gar keine Mühe, das Heulen des Windes und die Gewalt der Wogen in ihrer Entsetzlichkeit den Leser mitempfinden zu lassen, wie das vor allem ACHILLES TATIUS bis ins Letzte durchführt. Wir ziehen aus diesen Beobachtungen hier noch keine Schlüsse; wir registrieren sie nur. Übrigens überwiegt die Fülle des nautischen Details alles weit, was die Romane in dieser Hinsicht bieten. Kein Wunder: es war für deren Leser ohne Interesse.

4. Die Anzeichen des ›Literarischen‹ in Kap. 27

Wir können hier zwei Klassen unterscheiden. Aber wir wollen nicht verschweigen, daß die erste u. E. nicht in diese Kategorie hineingehört: wir meinen die Fachausdrücke der Seefahrt, die *termini technici*. Sie kommen als

---

Wenn es aber bestimmt ist, daß wir zum Fraß von Tieren werden, so möge *ein* Fisch uns verschlingen, *ein* Magen uns Raum geben, damit wir auch unter Fischen gemeinsam *ein* Grab finden.«

[21] Periplus Maris Euxeini (Geographi Graeci minores, ed. CAROLUS MÜLLERUS, Parisiis 1882, Bd 1, 378–401 = Ἀρριάνου ἐπιστολὴ πρὸς Τραιανὸν Ἀδριανόν, ἐν ᾗ καὶ περίπλους Εὐξείνου Πόντου). Flavius Arrianus war 131 n. Chr. Präfekt von Kappadozien, das bis Sebastopolis reichte. Er unternahm eine Inspektionsfahrt an der Küste des Schwarzen Meeres. Von ihr berichtet diese private Schrift an den Kaiser in griechischer Sprache, neben der ein offizieller lateinischer Bericht an Hadrian ging. Die Schilderung des sich plötzlich erhebenden Sturmes in § 5 und des großen Unwetters in § 6 könnten bei aller nüchternen Genauigkeit in einem Roman stehen. Das Unwetter trifft die Flotte Arrians bei einem Ort namens Athen. Alle Schiffe (außer der im Lee eines Felsens sicher verankerten Triere) wurden auf den Strand gezogen. Eins aber wird beim Auffahren auf den Strand mittschiffs von einer Woge gepackt, auf den Strand geworfen und zerbrochen. Aber es kommt niemand dabei um, und man kann sogar die ganze Ausrüstung bergen, einschließlich des nun abgekratzten dichtenden Wachses.

›literarisch‹ eigentlich nur da in Betracht, wo sich uns die Vermutung nahelegt:
dieser oder jener Zug der Schilderung könnte eher dem literarischen Arsenal
entnommen sein als der Erfahrung, die eine wirkliche lange Reise bot. Aber
wir wollen trotzdem auch auf die nautischen t. t. eingehen.

Eine ganze Reihe von ihnen kommt in der Apg auch bei den früheren Schilderungen paulinischer Seereisen vor[22]. So begegnet ἀποπλέω nicht nur in 27, 1,
sondern auch schon in 13, 4 und 14, 26 und 20, 26. Ebenso aber, wie man bei
einer Seereise abfahren muß, muß man auch ein Schiff besteigen. Darum
kommt ἐπιβαίνω schon in 20, 18, in 21, 26 und in 25, 1 vor. Auch das Verb
πλέω ist bereits in 21, 3 dagewesen und wird in 27, 24 wiederkehren. Sehr
häufig ist naturgemäß auch ἀνάγομαι: 13, 13; 16, 11. 34; 18, 21; 20, 3. 13;
21, 2. 46; 27, 2. Dem Verb κατάγομαι sind wir schon in 21, 3 begegnet: in
28, 12 kommt es wieder vor. Dagegen findet sich ὑποπλέω, ›im Lee segeln‹
nur in 27, 4 und 7. Das führt uns zu einer nicht unwichtigen Erkenntnis: alle
bisherigen Seereisen des Paulus sind nach der Darstellung der Apg glücklich
und ohne Zwischenfall verlaufen. Daraus ergibt sich eine Beschränkung des
nautischen Vokabulars: es fehlt jede Veranlassung, Maßnahmen wie ὑποπλέω
zu erwähnen, die nur unter ungünstigen Umständen nötig wurden. Man darf

---

[22] Die Apg berichtet von einer größeren Anzahl paulinischer Seereisen, als es dem Leser
gewöhnlich bewußt wird, weil der Autor wenig Worte darauf verschwendet und man sich
die dabei zurückgelegten Entfernungen (wir geben sie im Folgenden in Luftlinie an) gewöhnlich nicht vergegenwärtigt. Es handelt sich um folgende Stellen: (1) Apg 9, 30: eine
Reise von Cäsarea nach Tarsus – über 450 km – wird überhaupt nicht als Seereise bezeichnet. (2) Dasselbe gilt von der Reise des Barnabas von Antiochia nach Tarsus (etwas über
100 km) und seiner und des Paulus Rückreise nach Antiochia (vermutlich bis zum Hafen
Seleucia) 11, 25 f. (3) Die Fahrt von Seleucia nach Salamis auf Zypern (über 200 km) wird
13, 4 f nur durch ἀπέπλευσαν als Seereise deutlich. (4) Ähnlich steht es 13, 13 mit der (über
300 km langen) Fahrt von Paphos nach Perge (bzw. Attaleia), und (5) bei der (über 500 km
langen) Fahrt von Attaleia nach Antiochia, die nur durch κἀκεῖθεν ἀπέπλευσαν 14, 26 als
Seereise charakterisiert wird. Immer noch kurz, aber doch schon etwas ausführlicher wird
16, 11 f die Fahrt von Troas über Samothrake nach Neapolis (über 200 km) beschrieben.
(7) Daß Paulus von Beröa nach Athen nicht auf dem Landweg kam, wird nur aus dem
früher meist mißverstandenen ἕως ἐπὶ τὴν θάλασσαν 17, 14 erkennbar (vgl. ὡς =ἕως)
εἰς τὸ πέλαγος Periplus Maris Erythraei (Geographi Graeci minores, Bd. 1, S. 259, § 4).
(8) Die Reise von Paulus, Aquila und Priscilla von Kenchreae nach Ephesus wird nur bei
der Ankunft 18, 19 als Seereise beschrieben (über 400 km). (9) Die Weiterfahrt des Paulus
nach Cäsarea (vermutlich wurde dabei eine Strecke von 1000 km durchsegelt) schildert
der Vf. nur kurz 18, 21 f: »er fuhr aber ab von Ephesus, und ankommend in Cäsarea...«.
(10) Wahrscheinlich ist Paulus von dort nach Antiochia auch per Schiff gelangt; es ist
immerhin eine Entfernung von 450 km. (11) Ausführlich von Station zu Station angegeben wird nur die letzte Reise, die Paulus als freier Mann unternommen hat: Von Philippi nach Troas, Assos, Mitylene, Samos, Milet, Rhodos, Patara (hier Umsteigen auf ein
anderes Schiff, das nach Phönizien fährt), Tyrus, Ptolemais, Cäsarea (21, 8). Wahrscheinlich führte sie über eine Strecke von über 1500 km. Nur hier finden sich nautische t. t. in
größerer Zahl. Die Romreise wäre dann die 12.

---

also Begriffe dieser Art, weil sie erst in Kap. 27 auftauchen, deshalb nicht als schon ›literarisch‹ einstufen. Doch spielen auch andere Faktoren mit hinein: das ›Landwort‹ κατέρχομαι tritt nur in 21, 3 und 27, 5 auf das ›Landen‹ bezogen auf. Außerordentlich häufig ist τὸ πλοῖον: 20, 13. 38; 21, 2. 3. 6; 27, 2. 6. 10. 15. 19. 22. 30. 31. 38. 44; 28, 11. Zweimal kommt 'Αλεξανδρινός vor: in 27, 6 und 28, 11. Während βραδυπλοέω allein in 27, 7 erscheint, hat sich sein Gegenstück εὐθυδρομέω schon in 21, 1 gemeldet. Dem dortigen διαπεράω entspricht hier in V. 5 διαπλέω. Κἀκεῖθεν lesen wir in 21, 1 wie in 27, 4. Dagegen ist μόλις nur bei der immer wieder behinderten letzten Reise notwendig geworden: in 27, 7. 8. 16. Aus 25, 13 kennen wir schon διαγίνομαι von 27, 9. Verständlicherweise kommt ἐπισφαλής nur in 27, 9 vor, dagegen ὁ πλοῦς auch in 21, 7 und 27, 9f. Die Ladung des Schiffes, τὸ φορτίον, wird freilich nur in 27, 10 erwähnt, aber ›ausladen‹, ἀποφορτίζομαι, auch in 21, 3. Kap. 21 bringt auch sonst einige alltägliche Wendungen des Seewesens, die in Kap. 27 fehlen; so ἀναφάναντες 21, 3; καταλιπόντες αὐτὴν εὐώνυμον ebenda; κατηντήσαμεν in 21, 7. Der Reeder, ὁ ναύκληρος[23], und der Kapitän, ὁ κυβερνήτης, werden zwar nur in 27, 11 genannt. Das kann daran liegen, daß in den früheren Kapiteln kein Anlaß vorlag, sie zu erwähnen. Daß Lukas sie in 27, 11 eingeführt hat, wie CONZELMANN vermutet[24], ist durchaus möglich. Man wird sich aber auch fragen dürfen, ob der eine oder andere von ihnen – eher der zweite – nicht ursprünglich auch in dem Zusammenhang der Landung und Strandung und der Rettungsmaßnahmen vorkam und von Lukas hier durch den Centurio ersetzt wurde. Davon wird später noch zu reden sein.

Was wir bisher an Einzelbeispielen gebracht haben, wird sich dahin zusammenfassen lassen: solange in Kap. 27 die Seereise noch normal verläuft, stimmen die nautischen Ausdrücke mit denen in den anderen Schilderungen der Seereisen in der Apg überein. In den meisten dieser Fälle (zu denen auch

---

[23] J. RENIÉ (La Sainte Bible XI 1re partie 1951) sieht im κυβερνήτης den ›pilot‹, im ναύκληρος aber den Kapitän. Denn da die Getreidelieferung verstaatlicht gewesen sei, war kein Reeder beteiligt. Aber das ist, wie CONZELMANN 141f mit Belegen nachgewiesen hat, ein Irrtum: der ναύκληρος ist der Schiffsherr und der κυβερνήτης ist der Kapitän. CONZELMANN 141f zitiert aus PLUTARCHS Moralia 807b: ναύτας μὲν ἐκλέγεται κυβερνήτης, κυβερνήτην ναύκληρος, und verweist auf J. DAUVILLIER, Bulletin de Littérature Ecclésiastique 61, 1960, 17ff. RENIÉ 336f bleibt zwar der lukanischen Darstellung treu, aber auf Grund eines historischen Irrtums: »Im übrigen leitet der Centurio die Aussprache, läßt eine Lösung obsiegen, gerade weil seine offizielle Stellung ihn zum wirklichen Herrn des Schiffes macht.« Ebenso vermutet er zu Unrecht, die πλείονες hätten den Hintergedanken einer Fortsetzung der Fahrt nach Italien gehabt, das man (nach VARS 204) bei einer Geschwindigkeit von 4 Knoten pro Stunde in 5 Tagen erreicht hätte. Davon deutet der Text nichts an.

[24] CONZELMANN aaO, 141.

Wendungen wie ›ein Ort, genannt...‹ oder dergleichen gehören) erinnern die Seeberichte der Apg nicht, wie wir schon oben bemerkten, an die der Romane. Dazu sind sie viel zu sachlich und nüchtern.

Wie steht es aber, wenn die Katastrophe heraufzieht? Von βραδυπλοοῦντες und seinem Gegenstück εὐθυδρομήσαντες 21, 1 haben wir schon gesprochen; ebenso von ὑπεπλεύσαμεν 27, 4 und 7. Von 27, 9–11 wird in anderem Zusammenhang zu reden sein. V. 12 bringt ἀνεύθετος und παραχειμασία; beide sind im NT *hapax legomena*, was nicht verwunderlich ist. Allerdings findet sich παραχειμάζω neben 27, 12 auch in 28, 11. Vorher war ja kein Anlaß, von einem Überwintern zu sprechen. Auch das Wort λιμήν taucht nun erst auf. Ebenso erscheint die Wendung βλέπων κατὰ λίβα κτλ. erst in V. 12. Mit V. 13 beginnen die eigentlichen Nöte der Exegeten, welche die Erzählung der Sturmfahrt, Katastrophe und Rettung hervorruft. Wir wollen darauf in einem besonderen Unterabschnitt eingehen, der jetzt unmittelbar folgt.

Die Aoristform ὑποπνεύσαντος ... νότου besagt wohl, daß ein leise wehender Südwind einsetzt. Ἄραντες hat man früher als ›Segel setzen‹ gedeutet. Aber das war irrig: Das Segel war oben fest an der Großrahe befestigt. Beim ›Reffen‹ wurde das Segel nach oben zusammengezogen und in dieser Stellung festgebunden. Wollte man dagegen Segel setzen, so ließ man das sich entfaltende Großsegel wieder herab. In 27, 13 ist zu ›hochheben‹ zu ergänzen: ›die Anker‹. Der Komparativ ἆσσον steht – wie im hellenistischen Griechisch gern; vgl. zB Apg 17, 21 καινότερον – mit dem Sinn des Simplex, meint also einfach ›nahe‹. Παραλέγομαι, ›entlangfahren‹, ist wieder ein nautischer t. t. Ob die aktive Form ἔβαλεν V. 14 – die den Wind wie ein lebendiges Wesen behandelt – dem persönlichen Stil des Lukas angehört (vgl. Lk 8, 23), ist schwer zu sagen. Ebenso sind wir nicht sicher, ob der Autor den Namen des Sturmwindes richtig wiedergegeben hat; Εὐρακύλων [25] ist eine sehr merkwürdige Form. Der Begriff ἀντοφθαλμεῖν gehört wohl hier der Seemannssprache an, wenn auch die Ableitung umstritten ist [26]. Vielleicht hat Lukas τῷ ἀνέμῳ kunstvoll zwischen ἀντοφθαλμεῖν und ἐπιδόντες gestellt, damit der Leser es auf beides bezieht. Die von CONZELMANN 143 angeführte Parallele aus Lucian ist um so interessanter, als der ›westliche‹ Text nach ἐπιδόντες noch τῷ πνέοντι ergänzt hat. Klauda ist wirklich nur eine kleine Insel und verdient darum das Diminu-

---

[25] Solche Mischbildungen wie Εὐρακύλων können besagen, daß zwei verschiedene Winde miteinander kämpfen. So erwähnt WETTSTEIN II 641 eine Stelle aus THEOPHRASTS De ventis, nach der der Zusammenprall von νότος und εὖρος zu hohem Seegang und gewaltigem Sturm führt.

[26] WETTSTEIN II 641 führt Stellen aus POLYBIUS an, in denen ἀντοφθαλμεῖν bedeutet: (den Feinden) gerade ins Auge blicken, Widerstand leisten.

tiv, ohne daß man sich auf die hellenistische Vorliebe für Formen auf – *ιον*
berufen muß[27]. Wie groß war wohl die σκάφη, das Beiboot? In der oben angeführten Schrift von LALLEMAND wird vorausgesetzt[28], daß dieses Boot, mit
je sechs Ruderern an den Dollen rechts und links, das windlos im Hafen
liegende Schiff – wenn auch mit Mühe – herauszuziehen vermag, bis der weiter
draußen wehende Wind ins Segel fällt. Auch in antiken Darstellungen (die
allerdings vereinfachen) wird die σκάφη als ein kleines Ruderboot dargestellt,
das nicht viel mehr als ein Dutzend Menschen fassen kann[29]. Wenn der Text
in V. 17 lauten würde: »welches sie hoben, Hilfsmaßnahmen anwendend«,
könnte man an die Benutzung des Flaschenzuges am Vormast denken. Aber so,
wie der Text jetzt lautet, wird man die Anwendung von Hilfsmitteln auf das
folgende ›Untergürten‹ beziehen müssen. Dieses wird freilich sonst nur bei
Kriegsschiffen erwähnt, und zwar als eine Maßnahme, die noch im Hafen vor
der Abfahrt vorgenommen wurde[30]. Ob sie sich hier im Sturm bei dem
schlingernden Schiff sich bewerkstelligen ließ? Wenn man ὑποδραμόντες mit
BAUER (Wb 1677) als ›anlegen‹ verstehen dürfte, ließe sich ein solches Untergürten – eigentlich eher ein ›Umgürten‹ – eher vorstellen. Aber konnte man
im Windschutz der kleinen Insel für kurze Zeit vor Anker gehen? Leider
befinden wir uns hier in einem Abschnitt der Erzählung, wo es sich schwer
sagen läßt, ob man einen seemännischen Bericht oder eine schriftstellerische
Darstellung mit Hilfe von allen möglichen t. t. vor sich hat. Lukas kann – auch

---

[27] So in meinem Kommentar zur Apg 1961, 627 zu 27, 16.

[28] LALLEMAND (er ist übrigens »der Archäologe des unter der Leitung von JACQUES-
IVES COUSTEAU stehenden französischen Amtes für Tiefseeforschung. Es ist ihm gelungen,
den Reeder des römischen Wracks nachzuweisen, das seit 145 v. Chr. in 45 m Tiefe auf
dem Riff des Grand-Conclu vor Marseille liegt«: Buchumschlag, Innenseite), Das Logbuch usw. S. 90.

[29] Die Mannschaft eines großen Lastschiffes müßte also sehr gering gewesen sein, wenn –
wie bei ACHILLES TATIUS – der Kapitän mit allen Matrosen darin Platz finden sollte. –
B. WEISS S. 303: »Offenbar meinten die seekundigen Schiffer, nachdem die Anker ausgeworfen, aus irgendwelchen Anzeichen (vielleicht aus der Art der Brandung) zu erkennen,
daß an eine sichere Landung nicht zu denken sei, und suchten aus dem mit dem Untergange bedrohten Fahrzeug zu entkommen.« Das ist zu kurz gedacht: wenn starke Brandung zu hören ist, so kann man noch nicht wissen, wie der Strand einen Kilometer weiter
weg beschaffen ist; das läßt sich erst am Tag feststellen. Und unter solchen Umständen im
Boot zu flüchten, wäre geradezu Selbstmord. Daß das Schiff vom Untergang bedroht ist,
wird ohne Grund vermutet. Das 5 Jahre vorher erschienene Buch von BREUSING kannte
B. WEISS nicht.

[30] CADBURY (Beg. of Christ. V Artikel ὑποζώματα S. 345–354) vermutet, daß solche die
Kriegsschiffe sichern sollten, die bei ihren Rammstößen schwer erschüttert wurden. In
Apg 27, 17 bedeute ὑποζωννύντες irgendeine davon verschiedene und uns unbekannte
Schiffsausrüstung. – Es wäre nicht unmöglich, daß Lukas einen nautischen t. t. mißverstanden und hier zu Unrecht eingesetzt hat.

damit muß man als mit einer Möglichkeit rechnen! – etwas zugesetzt haben, ebenso wie er vielleicht anderes ausgelassen hat. ZB weiß man nicht, was eigentlich mit dem Mast geschieht, der später beim Auflaufen auf den Strand kaum stehen geblieben wäre. Andererseits könnte Lukas die Wendung ἐκβολὴν ποιεῖσθαι einfach aus Jona 1, 5 zur Ergänzung entnommen haben[31]. Wenn man einen bremsenden Treibanker hatte und ein Sturmsegel auf dem Vormast, dann war das Schiff manövrierbar[32]. RENIÉS Vorstellung, daß es hilf- und steuerlos trieb, läßt sich nicht halten. Sobald es sich einmal quer zur Windrichtung gelegt hätte, wäre es rasch von den Wogen zerschlagen worden. Daß – nach V. 20 – die Sonne nicht schien, besagt nicht, daß es völlig dunkel war. Aber die Sonne blieb hinter einer dichten Wolkendecke verborgen und erlaubte keine genaue Standortsbestimmung.

Die Paulusszene ist wohl schon mit V. 20 vorbereitet, wir übergehen sie vorläufig. Die 14. Nacht in V. 27 ist wahrscheinlicher als die 80. bei Lucian. Tatsächlich hat eine Nachrechnung ergeben, daß das Schiff unter den gegebenen Umständen zu dieser Zeit hätte Malta erreichen können. Woran merken (V. 27) die Seeleute, daß Land sich nähert? SMITH, RAMSAY und P. RICARD denken alle an das weithin hörbare Geräusch der Brecher an den Riffen und Klippen von Kap Koura. Aber darf man mit B und gig καταχεῖν (bzw. resonare) lesen? Wie soll hier eine dorische Form ins Spiel kommen? Wahrscheinlicher ist doch κατάγειν als nautischer t. t.; BAUER gibt viele Belege für den Sinn ›sich nähern‹. Vermutlich liegt bei B und gig ein alter Schreibfehler vor. CONZELMANN bemerkt zu V. 28f mit Recht, daß die Schilderung literarisch ist: »Lukas ist schwerlich beim Loten dabeigestanden und hat mitgezählt.« Das wird bestätigt durch den Einwand von VARS: Wenn man dem Lande so nahe ist, daß man die Brecher hört, fängt man nicht erst an zu loten, sondern wirft sofort die Anker aus. Es ist also gut möglich, daß Lukas dem Leser nur anschaulich die Notwendigkeit vor Augen führen wollte, nun vor Anker zu gehen. Daß sofort vier Anker ausgeworfen werden, ist dagegen keine lukanische Phantasie. Die damals benutzten hölzernen, freilich mit Blei beschwerten Anker von je 25 kg Gewicht machten eine solche Anzahl nötig. H. J. HOLTZMANN zitiert aus CAESARS De bello civili 1, 25: »Naves quaternis ancoris destinabat, ne fluctibus moverentur«. Die τραχεῖς τόποι sind Riffe oder

---

[31] Jona 1, 5 LXX: καὶ ἐκβολὴν ἐποιήσαντο τῶν σκευῶν τῶν ἐν τῷ πλοίῳ εἰς τὴν θάλασσαν, τοῦ κουφισθῆναι (vgl. Apg 27, 38!) ἀπ’ αὐτῶν.

[32] Auch wenn die Angaben über das Loten eine schriftstellerische Zutat des Lukas sind (so u. E. zu Recht CONZELMANN 144), darf man nicht mit BREUSING 142 annehmen, der Treibanker habe den Meeresboden berührt. Denn dann wäre es zum Ankern zu spät gewesen, da der Treibanker mit seinem oberen Ende am Wasserspiegel lag (s. in meinem Kommentar 628, Anm. 2).

Klippen. Angesichts solcher wäre es freilich ein heller Wahnsinn, aus einem sicher verankerten Schiff nachts, ohne daß eine besondere Gefahr droht, im Boot zu fliehen. Wenn man überhaupt das Boot zu Wasser lassen kann, so zeigt das schon, daß der Sturm nachgelassen hat und die See sich beruhigt. Die Lage ist also völlig anders als jene, welche – Jahrhunderte später – der Romanautor ACHILLES TATIUS beschrieben hat. Dagegen ist es nicht unwahrscheinlich, daß er eine uralte Schauergeschichte benutzt hat von den Matrosen, die sich auf Kosten der Fahrgäste aus dem scheiternden Schiff retten. Es ist durchaus möglich, daß auch unter den Fahrgästen des paulinischen Schiffes ein solcher Verdacht bestand und sich in der törichten Landung der Soldaten verhängnisvoll auswirkte. Denn als sie mit ihren Schwertern kurzerhand die Seile des Flaschenzuges durchhieben und das Beiboot treiben ließen, führten sie – törichte Landratten, die sie waren – die Strandung am nächsten Morgen herbei. Als Lukas diese Geschichte wiedererzählte, war er sich nicht klar darüber, wie sinnlos die Handlung der Soldaten war, und meinte, er könne hier dem Paulus ein besonderes Verdienst an der angeblichen Rettung des Schiffes zuschreiben. Vermutlich wird der Kapitän außer sich gewesen sein über die verhängnisvolle Dummheit der Legionäre – aber was wollte er gegen sie unternehmen, zumal das Boot doch verloren war?

Die nun folgende Paulusszene übergehen wir zunächst wieder. Der Vers 29 zeigt: der Kapitän beabsichtigte eine Landung an einem günstigen Strand. Dazu paßt gut, daß man zuvor – besonders wohl vorn [33] – die Weizenladung entfernt. Vermutlich war sie feucht und damit noch schwerer geworden. Wenn der Weizen in Säcken eingelagert war (gewöhnlich nimmt man freilich an,

---

[33] BREUSING weist S. 45 auf die mit einer eingeschütteten Weizenladung verbundenen Schwierigkeiten hin. Man durfte mit dem schweren Weizen nicht den ganzen Laderaum füllen. Andererseits durfte oben kein freier Raum bleiben. Sonst rollte oder glitt das Getreide bei schlingerndem Schiff nach der geneigten Seite und gab ihr das Übergewicht, so daß sich das Schiff nicht wieder aufrichten konnte und sogar ganz umschlug. Man werde darum die Ladung oben mit Brettern (vgl. die σανίδες Apg 27, 44!) abgedeckt haben, die durch gegen den unteren Decksboden gestemmte Stützen festgehalten wurden. Außerdem durfte man vorn und hinten den Laderaum nicht füllen, weil sonst das Schiff, von einer Woge in der Mitte hochgehoben, trotz des Kiels leicht auseinandergebrochen wäre. – Unter solchen Umständen kam ein ἐκβολὴν ποιεῖσθαι im Sinne von Auswerfen der Ladung in 27, 18 nicht in Frage, da man damals die Ladeluke wegen überschlagender Brecher nicht offen lassen konnte. Außerdem hätte man den Weizen erst in Säcke oder Körbe einfüllen müssen, und das wäre nur möglich gewesen, wenn man vorher die Bretter und die Stützen fortgenommen hätte. Die Ladung ließ sich also erst auswerfen, als der Sturm abgeflaut war. Wenn man das Schiff auf Strand setzen wollte, mußte man es – besonders vorn – erleichtern, damit es möglichst weit auf den Strand aufgleiten konnte. – Unter den Papyri finden sich auch Quittungen über eine Anzahl von Säcken Getreide. Das besagt aber noch nicht, daß man den Weizen in Säcken einfüllte; es kann vielmehr heißen, daß man den Inhalt der Säcke in den Laderaum einschüttete.

daß er lose eingeschüttet worden war und durch darauf gelegte Bretter festgehalten), wäre diese Arbeit durchaus möglich gewesen. Man hätte nur den
Flaschenzug am Vormast wieder zu reparieren, der ja speziell zum Be- und
Entladen diente. Manche Exegeten haben das Wort σῖτον in V. 38 im Sinne
von ›Proviant‹ verstanden. Aber schon ein Teil der Weizenladung hatte ein
viel größeres Gewicht. Alle diese Maßnahmen: das Ankern, der Versuch, mit
dem Boot die Buganker auszubringen, das Auswerfen der Ladung bei ge-
öffneter Ladeluke, beweisen, daß der Sturm abgeflaut ist. Nur unter dieser
Voraussetzung ist dann auch die in V. 43f beschriebene Rettung von Be-
satzung und Fahrgästen denkbar. Wir möchten annehmen, daß nicht der Centurio, sondern der Kapitän die Anordnung gegeben hat. Daß Lukas hier ungeschickt eingegriffen hat, beweist, daß alle nur deshalb gerettet werden,
damit Paulus am Leben bleibt!

Nun kommen wir zu jenen Bestandteilen des Kap. 27, die man im eigentlichen Sinn ›literarisch‹ nennen kann und die vermutlich auf den Schriftsteller
Lukas zurückgehen. Dazu gehören sehr verschiedene Vokabeln, Wendungen
und Konstruktionen, die zT bei Lukas besonders beliebt sind. Neben dem
participium coniunctum fällt besonders der häufige *genitivus absolutus* auf. Er
erscheint in V. 2, 7, 9, 12, 13, 15, 18, 20, 21, 27, 30 und 42. Auch das im Hellenismus nicht seltene φιλανθρώπως χρῆσθαι sowie das häufige τε (V. 1, 3, 5, 8,
17, 20, 21 [bis] 29 und 43) und die Wendung ἐπιμελείας τυχεῖν sind hier zu
nennen. Dasselbe gilt von der Konstruktion διά mit folgendem substantivierten
Infinitiv + Objekt in V. 4 und 9. Auch der Ersatz des Genitivs durch κατά –
ebenfalls im Hellenismus nicht selten – in V. 2 und 5 muß hier angeführt werden.

Lukas hatte (wie zuerst CADBURY sah) die Gewohnheit, ein soeben benutztes
Wort alsbald wieder zu gebrauchen. Das ist hier mehrfach der Fall: bei dem
(aus der LXX übernommenen?) lukanischen Lieblingswort ἱκανός in V. 7 und
9, bei μόλις in V. 7, 8 und 16, und endlich bei διασῶσαι in V. 43, 44 und 28, 1.
Wir werden später weitere Beispiele erwähnen. Die lukanische Hand zeigt sich
aber auch sehr deutlich in V. 10 (›Paulusrede‹) in den beiden ›literarischen‹
Wörtern ὕβρις (in der Bedeutung ›Ungemach, das die Elemente verursachen‹)
und ζημία (in der Bedeutung: ›Verlust‹). Eben diese beiden Wörter kehren
V. 21 in der zweiten Paulusrede wieder: Paulus nimmt das früher Gesagte
wörtlich wieder auf! Dabei bringt Lukas ein kunstvolles Wortspiel an, das er
freilich nicht erfunden hat[34]: ζημίαν κερδῆσαι. Lukanisch ist aber auch das

---

[34] Für ζημίαν κερδαίνειν verweist WETTSTEIN II 644 auf ARISTOTELES Eth. II καὶ ᾧ κατὰ
λόγον ζημίαν ... ἣν λαβεῖν, τὸν τὸ τοιοῦτο κερδάναντα εὐτυχῆ φάμεν.

in V. 10 auftauchende μέλλειν ἔσεσθαι: dieses doppelte Futur kam zuvor in ebenfalls lukanischen Reden 11, 28 und 24, 15 vor. Im übrigen ist in V. 10 die Redeweise so künstlich, wie man sie von einem auf der Agora sprechenden Rhetor erwarten kann; hier dagegen ist diese rhetorische Kunst verschwendet. Aber Lukas läßt nun einmal Paulus so ›gebildet‹ sprechen. Jedoch nicht nur in den Paulusreden des Kap. 27 kommen solche rhetorischen Floskeln vor, sondern auch in die Beschreibung des Geschehens finden wir sie eingestreut, zB in V. 13 das gezierte δόξαντες τῆς προθέσεως κεκρατηκέναι. Ob die Bildung ἄνεμος τυφωνικός ebenfalls auf die Rechnung des Autors kommt, darf man gleichfalls fragen; wir kennen keine Parallele dazu. Dasselbe trifft wohl auf die Mischbildung Εὐρακύλων zu. Denn sie soll ja nicht – wie andere Bildungen der gleichen Art – den Kampf zweier Winde beschreiben[35], des Εὖρος und des *Aquilo*, sondern eine Bora, einen kalten Fallwind vom Kap Matala. Daß die Wiederholung von ἐφερόμεθα V. 15 und ἐφέροντο in V. 17 dem Autor zuzutrauen ist, wird man nach den oben genannten Wiederholungen vielleicht nicht mehr bezweifeln. Das Verb πειθαρχεῖν hat Lukas schon in der Rede des Gamaliel (5, 29. 32!) verwendet; er scheint es als ein feierlich-eindrucksvolles Wort geschätzt zu haben. V. 22 ist mit ἀποβολὴ οὐδεμία ἔσται wieder literarisch stilisiert. V. 23 enthält eine spezifisch lukanische Eigenart: auf ᾧ folgt das im Deutschen nicht zu übersetzende καί[36]. »Der Gott, dem ich gehöre, dem ich diene« ist abermals eine besonders feierliche Wendung. Die Paulusrede von V. 21–26 gehört untrennbar mit der von 33–36 zusammen. Lukas hat sie mit dem Stichwort ἀσιτία[37] eröffnet. Aber man wartet vergebens auf die Konsequenz: Also eßt jetzt! Dafür tritt in dem rhetorischen ἄσιτοι διατελεῖτε von V. 23 jenes Stichwort wieder auf, und hier folgt nun auch die Aufforderung zum Essen (V. 34). Aber das ist noch nicht alles, was beide Reden verbindet. In V. 25 finden wir den Imperativ εὐθυμεῖτε. Jedoch er hat kein Echo. Aber in εὔθυμοι γενόμενοι von V. 36 wird das Wort entsprechend aufgenommen. Wir kommen später noch einmal auf die ganze Komposition beider Reden zurück. In V. 27 endet die Paulusrede mit dem Wort ἐκπεσεῖν. Lukas wieder-

---

[35] WETTSTEIN II 641 verweist auf THEOPHRASTS De ventis, der von einem Zusammenprall von νότος und εὖρος schreibt: wo eine solche Vermischung der Winde stattfindet, erhebt sich ein großer Wogenschwall und entsteht ein gewaltiger Sturm.

[36] CADBURY hat in seinem Aufsatz, The Relative Pronouns in Acts and Elsewhere, JBL 42, 1923, 150–157 zuerst diesen Gebrauch von καί nach ὅς besprochen.

[37] Wahrscheinlich hatte die Vorlage die ἀσιτία erwähnt. Aber d.h. nicht, daß sie eine Rede des Paulus mit der Aufforderung zum Essen enthielt. Der Sturm machte die Leute schließlich apathisch. Natürlich ist das nicht realistisch, aber Lukas meint wirklich, daß die Menschen – auch Paulus? – seit vierzehn Tagen nichts gegessen haben: V. 33. B. WEISS (Textkrit. Unters. und Textherstellung der Apg 1893, 303) verharmlost nach dem Wahrscheinlichen hin: »ohne ordentliche Mahlzeit«.

holt es alsbald in ἐϰπέσωμεν von V. 29, und in V. 32 kommt es aufs neue vor. In der Paulusrede fehlt die sonst übliche Anrede ἄνδρες. Kaum aus der Erwägung heraus, daß zu den Fahrgästen auch Frauen und Kinder gehörten – das traf ja auch für die Rede in V. 21 ff zu. Paulus beginnt einfach mit der – übertreibenden – Feststellung, daß »ihr heute den 14. Tag wartend ἄσιτοι διατελεῖτε«, die noch unterstrichen wird durch ›nichts zu euch nehmend‹. Sie ist ebenso gewählt ausgedrückt wie das folgende μεταλαβεῖν τροφῆς (V. 34) und wie die weitere Wendung »das ist im Interesse euerer Rettung«. Daß Lukas εἶναι gern durch ὑπάρχειν ersetzt wie hier, ist bekannt. Schon die LXX tat es. Eine sprichwörtliche Wendung schließt in V. 34c das Ganze ab. Alle essen; an dieses ›alle‹ schließt die Zahlenangabe in V. 36 an[38]: In diesem Falle, wo sich das ›all wir‹ auf die 266 bezieht, meint es nicht ›Paulus und dessen Gefährten‹. In V. 38 lenkt der Autor wieder zur 3. Person zurück: diese Arbeit fällt dem Personal zu. In V. 39 entspricht der seltene Optativ der indirekten Rede dem Parallelfall in V. 12. Nur Lukas bedient sich im NT dieser rein literarisch gewordenen Form. Das Wort ἐξωθέω im Sinne von ›auf den Strand laufen lassen‹ ist ein nautischer Ausdruck. V. 40 bietet wieder einen gewählten Stil. Lukas verbindet hier zwei Gedanken: man kappt die Ankertaue und läßt die Anker im Meeresboden zurück. Dabei müssen περιαιρέω und ἐάω als t. t. gefaßt werden, wenn man sie nicht als lukanische Formulierungen faßt – WETTSTEIN II 648 bringt nur Beispiele für ἀγϰύρας ἀναιρεῖν und ἀγϰύρας αἴρειν. Mit ἀρτεμών ist hier das Vormastsegel gemeint, das man τῇ πνεούσῃ scil. αὔρᾳ bietet: wieder eine literarische Wendung. Das Wort ϰατέχω εἰς im Sinne von ›hinsteuern auf‹ kommt schon bei HERODOT vor. In V. 41 gerät die Sprache mit den Wörtern ἐπιϰέλλω und ναῦς in das Homerische: vgl. Od 9, 148 und 546 (auch ἐρείδω kommt bei HOMER vor). Das Auffahren auf eine (unter dem Wasserspiegel liegende) Sandbank schiebt den Bug des Schiffes hoch hinauf, während das Heck unter dem gewaltigen Stoß zer-

[38] B. WEISS aaO, 304 meinte: »Die Angabe der großen Zahl soll wohl erklären, wie man nach V. 38 … das Fahrzeug dadurch erleichterte, daß man den Weizen, den man als Mundvorrat mitführte, hinaus ins Meer warf, da nur bei einer sehr starken Bemannung der Vorrat groß (und schwer) genug war, um diese Maßregel zu rechtfertigen.« Aber der zur Brotbereitung nötige Weizen hätte das Schiff nicht nennenswert erleichtert. Daß Lukas τὸν σῖτον in diesem Sinne verstanden hat, ist nicht anzunehmen. Auch er wird gewußt haben, daß die Getreideschiffe für Rom über Myra liefen. Die Wiederholung von τροφή in V. 34, 36 und 38 verbindet zwar diese Verse miteinander. Aber V. 38 deutet an, daß man erst jetzt, gesättigt von der Speise, imstande war, die Ladung über Bord zu werfen. – DIBELIUS Aufs. 173 f sah in der Zahlenangabe den Rest des alten literarischen Berichts, der mit Paulus nichts zu tun habe. Aber das Literarische gehört nicht der Vorlage an, sondern gerade der lukanischen Bearbeitung. Darum ist es in den paulinischen Reden von Kap. 27 am dichtesten.

bricht. Das erinnert – WETTSTEIN II 649 hat es nicht übersehen – etwas an
AENEIS V. 202 ff: Bei einer Wettfahrt, wo die Schiffe einen Felsen als Wende-
marke umfahren müssen, gerät eines auf den Felsen: »die starken Ruder zer-
brachen an dem felsigen Riff, und wrack bleibt hängen die Barke«. Aber
später kommt das Schiff, wenn auch bös angeschlagen, doch wieder frei. Ein
Modell für Lukas ist das also nicht. ACHILLES TATIUS berührt sich in III 5 auch
nur mit einzelnen Zügen der lukanischen Darstellung: das auf einen Felsen
gelaufene Schiff zerbricht (διελύθη). Aber der Held und seine geliebte Leukippe retten sich auf ein μέρος τῆς πρῴρας. ›Literarisch‹ klingt in V. 42 die
Wendung: τῶν δὲ στρατιωτῶν βουλὴ ἐγένετο; das einfache ›sie wollten‹
hätte genügt. Das folgende ἵνα entspricht freilich der hellenistischen Koine.
In V. 43 klingt ἐκώλυσεν αὐτοὺς τοῦ βουλήματος ebenfalls literarisch.

Wir kommen also zu dem Ergebnis: Besonders die Paulusreden zeigen starke
literarische Einschläge. Aber auch die eigentliche Seefahrtsschilderung (die in
den Paulusreden kaum anklingt) ist nicht frei davon. Manche der nautischen
Fachausdrücke scheinen eher der Literatur als der eigenen Erfahrung entnommen zu sein; man denke an das ›Untergürten‹.

5. Reise-Erinnerung oder literarisches Modell?

Wir stehen hier vor der Frage: Hat Lukas – wie DIBELIUS annahm – seine
eigene Erinnerung an die Romreise (oder die eines anderen Augenzeugen)
unterdrückt und durch eine aus der Literatur entlehnte Schilderung ersetzt?
Oder hat Lukas – wie wir es vermutet haben – einen Erinnerungsbericht nur
literarisch überarbeitet und ergänzt?

Der erste Fall ist psychologisch nicht wahrscheinlich. Welcher Paulusbeglei-
ter hätte die erlebte Wirklichkeit durch eine literarische Fiktion verdrängt?
Vor allem aber spricht noch etwas anderes gegen die Vermutung von DIBELIUS.
Es gab gar keinen Typus von Seereise-Geschichten, dem zu folgen einem Historiker nahegelegen hätte. Bei solchen Seefahrten konnte sich sehr vieles
ereignen; einen Standardtyp der Seegeschichte gab es nicht. Überhaupt scheint
uns der Gedanke, Lukas habe als Historiker das ›Typische‹ darstellen wollen,
im Text keinen Anlaß zu haben. Außerdem sind ›das Typische‹ und ›der
Richtungssinn des Geschehens‹, von denen DIBELIUS gern sprach, zwei sehr
verschiedene Dinge. Wir wollen uns aber nicht mit diesen allgemeinen Sätzen
begnügen, sondern Einzelbeweise zu bringen versuchen.

Daß die in 27, 9–11 geschilderte Szene völlig irreal ist, hat man längst erkannt. Der wegen *seditio* (στάσις) gefangene Paulus konnte unmöglich als

christlicher Prophet – denn er spricht nicht auf Grund seiner Reiseerfahrungen! – mit dem Reeder und dem Kapitän als Autorität über Dableiben oder Weiterfahren diskutieren. Aber es gilt hier noch etwas anderes zu beachten: nach V. 11 geben Paulus einerseits, der Reeder und Kapitän andererseits nur Ratschläge. Die Entscheidung trifft einzig und allein der Centurio[39]. Nach V. 12 dagegen faßte die Mehrheit den Beschluß, nach Phönix weiterzusegeln. Die πλείονες[40] sind natürlich nicht die Mehrheit der 276 Insassen des Schiffes. Einen solchen Beschluß konnte nur das kleine Gremium der wirklich Sachverständigen fassen, die mit dem Wetter und den Landungsverhältnissen auf dieser Route (die Paulus nie befahren hatte) vertraut waren. Besonders wichtig war natürlich die Entscheidung des mitfahrenden Reeders selbst, der letztlich über das Schiff zu bestimmen hatte. Lukas hat offensichtlich gemeint, durch das 2:1-Verhältnis von Reeder und Kapitän gegenüber Paulus seinen Einschub mit V. 12 in Übereinstimmung zu bringen, und wer den Text nicht genau ansieht, merkt denn auch den Widerspruch nicht. Mit dem Befund, daß die Irrealität dieser Szene und der Widerspruch von V. 11 und 12 die Verse 9–11 als lukanischen Einschub erkennen lassen, stimmt endlich ausgezeichnet überein, daß Lukas hier den Paulus in besonders literarisch-rhetorischem Stil reden läßt.

Diese Erkenntnis, daß V. 9–11 offensichtlich vom Autor eingeschoben sind, um Paulus zu verherrlichen, ist besonders wichtig und folgenreich. Es zeigt sich nämlich damit, daß Lukas hier die Paulusszene in einen ihm vorliegenden Text eingesetzt hat. Ist dieser Text nun ein Stück eines vorgefundenen Romans? Nichts deutet darauf hin. Was geschildert wird, ist die Fahrt eines Gefangenen-Transportes (zu dem auch Paulus gehört) unter dem Kommando des Centurio Julius von Cäsarea nach Italien[41]. Dabei scheint Lukas einen Text, der von diesem Transport in der 3. Person Pluralis (›sie‹) sprach, in V. 1f und 6 sehr

---

[39] CONZELMANN aaO, 141f versteht freilich diese Stelle anders: »Merkwürdigerweise sieht es an unserer Stelle aus, als könnte der Centurio entscheiden. Aber Lukas meint das in Wirklichkeit nicht. Er will nur zeigen, daß alle wesentlichen Leute an Bord gegen Paulus Stellung nehmen.« So richtig das Letztere ist, u. E. hat Lukas es doch so gemeint: er läßt den Centurio schon hier als den eigentlichen Leiter des Schiffes auftreten, als der er dann in V. 43 die Rettungsmaßnahmen anordnen wird. Daß dort die Rettung aller und die des Paulus nicht wirklich ausgeglichen sind, darauf weist auch CONZELMANN 146 hin: »Offenbar hat Lukas den Hinweis auf Paulus in die Quelle eingefügt.« Aber dann auch die Bemerkung, daß die Soldaten planten, die Gefangenen umzubringen.

[40] B. WEISS aaO, 229: Die Drei seien die Mehrzahl gegenüber dem Paulus.

[41] DIBELIUS hatte den Eindruck, in Kap. 27 sei ein literarischer, weltlicher Text benutzt. Auch CONZELMANN scheint dieser Ansicht zuzuneigen. Jener Eindruck entsprang einem richtigen Gefühl: Kap. 27 ist so voll von literarischen Wendungen wie kein anderes. Aber sie stammen nicht aus der Vorlage, sondern von Lukas selbst.

ungeschickt in ein ›wir‹ übertragen zu haben. Dieses ›wir‹ sollte die Anwesenheit eines Augenzeugen andeuten, auf dessen Bericht sich der Autor berief. Daß das ›wir‹ in V. 1 und 6 nicht paßt, liegt auf der Hand. Denn beschlossen war die Romfahrt der Gefangenen, nicht aber die eines Freundes des Paulus, der auf demselben Schiff mitreiste. Wer war dieser Freund? V. 2 scheint Aristarch ausdrücklich von den ›wir‹ zu unterscheiden. Trotzdem kann er der Urheber des den Lukas zugekommenen Erinnerungsberichtes gewesen sein (»mit ihnen fuhr ich, Aristarch der Mazedonier, aus Thessalonich«, wobei die ›sie‹ die δεσμῶται sind). Dieser Bericht ist kein von Tag zu Tag mit Eintragungen weitergeführtes Tagebuch, sondern nur ein das Wesentliche dieser Reise festhaltender Bericht, wie ihn jemand geben kann, der sich dieser Fahrt erinnert. Dabei konnte er von Paulus nicht viel berichten, da dieser – in den Gefangenentransport eingegliedert und vermutlich gefesselt – zu keinem besonderen Handeln imstande war. Gerade dieser Umstand nötigte den Autor dazu, besondere den Paulus verherrlichende Szenen einzufügen. Daß schon V. 3 ein solcher Einschub ist, braucht man nicht anzunehmen: hier wird ja Paulus nicht herausgestrichen, wie in den anderen Paulusszenen. Daß ihn bei diesem Landurlaub ein Soldat begleitete, hat Lukas natürlich nicht erwähnt. Ihm lag freilich daran, den Rom repräsentierenden Centurio als dem Paulus gegenüber freundlich zu charakterisieren. Aber das Ausmaß dieser Freundlichkeit ist nicht so groß, daß man diesen Zug als eine lukanische Erfindung ansehen müßte, zumal gerade hier – im Unterschied zu den späteren Szenen – Paulus als Gefangener dargestellt wird.

Der zweite lukanische Pauluseinschub dürfte in V. 20 beginnen. Denn dieser lukanische Diktion verratende Vers zeichnet die Lage als so verzweifelt, daß das Auftreten des Paulus als eines Trost und Mut bringenden Gottesboten in V. 21 unmittelbar vom Leser verstanden wird.

Allerdings kann Lukas den Paulus nicht sofort mit Worten des Trostes beginnen lassen, da er zunächst den Leser daran erinnern muß, daß sich eben das vollzieht, was Paulus vorausgesagt hatte. Williams 272 meint freilich: »If Paul used the argument, ›I told you so!‹ …, it is strange, that he did not meet the fate of Jonah.‹ Selbstverständlich hat WILLIAMS darin recht, daß hier keine realistische Szene gezeichnet wird. Wiederum soll Paulus als der getreue Eckard erscheinen, und das war in diesem Fall gar nicht einfach. Denn Lukas hatte bei der ersten Szene den Paulus einfach prophezeien lassen, daß das ganze Schiff mit Mann und Maus untergehen würde. Denn wenn Paulus gesagt hätte: ›Das Schiff wird stranden, euch allen aber wird nichts passieren!‹, so wäre das nicht besonders eindrucksvoll gewesen. Aber nun muß diese zu weit gehende Prophetie wieder reduziert werden, da ja der Ausgang noch relativ günstig war und niemand zu Schaden kam. Lukas hat die Verwandlung der Drohung des Paulus in einen Trost dadurch gewonnen, daß er annimmt, Gott habe ihm durch einen Engel einen neuen Bescheid zukommen lassen: alle werden um des Paulus willen gerettet! Die Logik dieses Gedankens ist zwar nicht einwandfrei: Paulus hätte auch gerettet werden können, wenn nur eine kleine Gruppe die Strandung überlebt hätte. Aber es liegt Lukas daran, zu zeigen, daß Paulus zum Segen all seiner Gefährten wird, ja daß er, der Gefangene, es ist, dem sie alle ihr Leben verdanken.

Man hat sich – mit Recht – darüber gewundert, daß diese mit dem Motiv der ἀσιτία beginnende Rede gar kein Echo findet und nicht mit der Aufforderung zum Essen endet. Lukas hat statt dessen den Paulus mit der Prophezeiung enden lassen, daß man auf eine Insel treffen werde. Damit wird das, was nun der Bericht meldete, zur Erfüllung der prophetischen Schau des Paulus. Von den Szenen des Lotens und des Beiboots haben wir oben schon gesprochen. In V. 33 nimmt Lukas das Thema der ἀσιτία, des ohne Appetit-Seins, wieder auf, das er zuvor hatte abbrechen müssen. Diese Paulusrede ist durch die Wiederaufnahme der Begriffe (wie oben nachgewiesen) aufs engste mit der von V. 20ff verbunden; man könnte fast sagen, sie führt jene fort. Darum kann nun auch das erzählt werden, was man zuvor vermißte: Die Mahnung zum Essen, die – verstärkt durch das gute Beispiel des Paulus – jetzt Erfolg hat. Im Folgenden hat Lukas den Begriff ναῦται vermieden, obwohl sie es sind, von denen V. 39ff handeln. Aber weil sie durch ihre angebliche Flucht kompromittiert sind, erwähnt sie Lukas nicht mehr. Da das Beiboot nicht mehr verfügbar war, mußte der Kapitän – gewiß nach Beratung mit dem Reeder – versuchen, das Schiff auf einen günstigen Sandstrand zu setzen. Dazu mußte man durch Auswerfen der Ladung den Tiefgang des Schiffes vermindern. Insofern sind V. 39ff durchaus situationsgemäß. Daß in der den Seeleuten nicht bekannten Bucht – sie war ja kein Hafen – eine Sandbank unter dem Wasserspiegel das Schiff stranden lassen würde, war nicht vorauszusehen. Wohl aber lieferte dieses Ereignis dem Lukas das *vaticinium ex eventu* von V. 22.

Auch in die Schlußszene hat Lukas noch einmal eingegriffen, den Soldaten ein eigenmächtiges Vorhaben zugeschrieben und es durch den Centurio verhindern lassen: nun rettet Rom den Paulus. Daß die Rettungsmaßnahmen vom Kapitän auf den Centurio übertragen wurden, war dann nur konsequent.

Durch diese Einschübe machte Lukas die Romfahrt zu einem spannenden und den Paulus immer wieder verherrlichenden Reisebericht, den ihm in dieser Form gerade die Erinnerung eines Reiseteilnehmers nicht geben konnte. Das große literarische Können, mit dem Lukas hier den gefangenen Paulus als den nie verzagenden, immer wachsamen und umsichtigen, von Gott stets beratenen Retter zeigt, ist erstaunlich. Dieses Paulusbild ist geradezu vor das Selbstbildnis des Paulus getreten, das dessen Briefe uns bieten, vor das Bild, das 2Kor 12, 9 bezeugt.

Diese lukanischen Einschübe sind es nun gerade, in denen sich die literarischen Wendungen drängen. Lukas hat in der Überzeugung, daß Paulus ein glänzender Redner war, ihm jene Redeweise in den Mund gelegt, die er selbst für die beste hielt. Nicht die Vorlage ist literarisch, sondern in erster Linie die lukanischen Paulusszenen. Hier und da hat Lukas freilich auch in der Erzählung jenen gewählten und eleganten Stil eingeführt, der uns heute als künstlich, nicht als Kunst erscheint. Wir haben demnach keinen Anlaß mehr, ein literarisches Dokument als Vorlage anzunehmen. Ein schlichter Erlebnisbericht mit der Reiseroute und Andeutungen der nautischen Maßnahmen, das ist alles, was sich für die Vorlage vermuten läßt. Insofern sind wir doch immer noch nicht ganz getrennt von OTTO PFLEIDERER; auch wir meinen noch, daß Lukas auf die Erinnerung eines Augenzeugen zurückgreifen konnte. Das dort vermeintlich Fehlende oder nur Angedeutete hat Lukas dann auf seine Weise ergänzt und nachgetragen.

A CHIASTIC RETRIBUTION-FORMULA IN ROMANS 2

KENDRICK GROBEL

Forty years ago RUDOLF BULTMANN, along with MARTIN DIBELIUS and others, was showing New Testament scholars as GUNKEL had for the Old Testament that attention paid to the *form* of a passage can yield precious hints concerning its pre-history and its function in tradition. Though BULTMANN is justly better known today for the sweeping hermeneutical problems to which he moved on, the impetus which he and his co-workers gave to exegetical deductions based upon form has not yet spent itself. This little essay is offered as a product of that impetus.

The author has long been interested in the phenomenon of chiasm in the Bible and related literature. This interest was first aroused at the University of Chicago by WILLIAM CREIGHTON GRAHAM, who at about the same time was also the teacher of NILS WILHELM LUND. The latter's investigation of many years resulted in his well known book, Chiasmus in the New Testament[1]. Some years ago the present writer presented evidence[2] that Hermas' second Parable was not original with him but had been taken over from an unknown Jewish author resident in central Italy. The form-critical part of the evidence was the detection, in both the initial parable and the ensuing comments upon it, of a peculiar kind of chiasm, for which the not very felicitous name ›stichochiasm‹ was there invented. This was intended to differentiate it from the simple word-chiasm (two pairs of related words in the order A B B' A') which probably occurs in all literatures[3]. But in this peculiar kind a sentence or pair of sentences

---

[1] The University of North Carolina Press, Chapel Hill, N. C., 1942.

[2] Shepherd of Hermas, Parable II in Vanderbilt Studies in the Humanities, Vol. I, Nashville 1951.

[3] When the two groups are divided at the center, the second placed under the first, and lines are drawn connecting the related pairs, those lines make the figure of an uncial Chi, X, which prompted ancient rhetoricians (e. g. Hermogenes, de Inventione 4, 3) to name this device χιασμός; that is,
$$
\begin{matrix} A & B \\ & X \\ B' & A' \end{matrix}
$$
. Strictly speaking, however, the form of the letter Chi is

or even a whole paragraph or strophe winds up and then unwinds in inverse order, with the corresponding elements of the two halves always at the same place in line, but with the direction of march reversed. The observation that these ›elements‹ are often *stichoi*, sense-lines, not merely single words, dictated the coining of the term stichochiasm. Perhaps it would have been better to drop the term chiasm altogether. ›Palindromic parallelism‹ might have been better since it suggests the continuous unwinding of the latter half of the figure; but, as in the case of chiasm (see footnote 3), this also would have involved extension of a Greek word's meaning: by ›palindrome‹ the ancient world understood letter-for-letter recurrence of identical letters as in the famous SATOR AREPO[4] square. But the adjective ›palindromic‹ could be stretched to include word-for-word and phrase-for-phrase ›palindromes‹, in which the corresponding pairs would not need to be identical but might be synonymous, antithetic, or in some other way analogous (e. g. grammatically). (In this terminology we should then say that the figures we here have in mind are a combination of word-palindrome with phrase-palindrome). However, LUND has established the use of the extended term ›chiasmus‹ (which I prefer to anglicize into ›chiasm‹) for a type of elevated diction found in Hebrew and in Hebrew-influenced Greek; we shall retain his term.

In Romans 2 the ἄνθρωπος whom Paul addresses is evidently in some sense a Jew disgusted by and condemnatory of the black picture of Gentile depravity in chapter 1. But surely Paul cannot expect his letter to a Christian congregation to reach any Jews who had not already become Christian. Yet in this chapter, especially vss. 5–13, he speaks to his fictitious representative of some kind of Jews (probably Christian) in unmitigated terms of retribution according to works – as if the gospel of God's rightwising grace had not yet dawned upon them, or him. It is almost as if he were quoting some familiar and authoritative document of the very point of view which Romans was written to refute, a document so familiar to Paul and his (formerly) Jewish reader that neither of them feels any need of identifying it. Perhaps he *is*! In fact, for at least one verse (2, 6) there is no doubt at all that he is doing that; either Ps 62 or Prov 24 is quoted. But instead of a theological rebuttal, which does not come until the

applicable to an inversion of four elements only, since a χ has only four extremities. Hence the phenomenon with which we are here dealing is chiasm-within-chiasm-within-chiasm ... to n degress of complexity – multiple incapsulated chiasm. For this phenomenon, since it did not occur in Greek literature, the Hellenistic rhetoricians neither needed nor had a name. Clearly LUND was speaking of extended chiasm, extended in regard to the number of elements involved, and an extension in meaning, unknown to the Greeks, for their own word.

[4] Cf. DINKLER's article in RGG[3] V 1373.

middle of the next chapter, there follows a development, vss. 7–13, of this idea quite in harmony with the quoted principle. Is this Paul's own discussion? Or is he quoting an expansion of the principle from some unknown traditional formulation? Perhaps the form of these verses can guide us to a reasonable decision.

Many commentators have noticed that vss. 8 and 9 each say the same thing but in inverted order[5]. ALTHAUS suggests that the repetition is only for emphasis: »Paulus macht den Grundgedanken überaus eindrücklich durch die Wiederholung.« He also notes that vss. 7 and 10 likewise correspond to each other. No one seems to have noticed either the intricate internal inversions within vss. 7–10 nor the fact that the whole is framed, vss. 6 and 11, by two complementary statements of the basic principle. It is certainly worth inquiring whether the four words ὀργὴ καὶ θυμός and θλῖψις καὶ στενοχωρια are not the central core of a multiple incapsulated chiasm which escaped LUND's attention.

Working outward in both directions from that hypothetical center one reaches this result:

A 6. *[θεὸς]*
  B *ἀποδώσει ἑκάστῳ κατὰ τὰ ἔργα αὐτοῦ.*
    C 7. *τοῖς μὲν* ⟨   ⟩ *δόξαν καὶ τιμὴν καὶ ἀφθαρσίαν*
      D *ζητοῦσιν*
        E *ζωὴν αἰώνιον.*
          F 8. *τοῖς δὲ* ⟨   ⟩ *πειθομένοις* ⟨   ⟩ *τῇ ἀδικίᾳ,*
            G *ὀργὴ καὶ θυμός.*
            G' 9. *θλῖψις καὶ στενοχωρία*
          F' *ἐπὶ πᾶσαν ψυχὴν ἀνθρώπου τοῦ κατεργαζομένου τὸ κακόν* ⟨ ⟩
        E' 10. *δόξα δὲ καὶ τιμὴ [καὶ εἰρήνη]*
      D' *τῷ ἐργαζομένῳ*
    C' *τὸ ἀγαθόν* ⟨   ⟩.
  B' 11. *οὐ γάρ ἐστιν προσωπολημψία παρὰ*
A' *τῷ θεῷ.*

Here is a system of seven elements A–G (which are mostly phrases, though a few are single words or a single word with its article) answered by seven related elements in the inverse order G'–A'. To get this result nothing has been done to the *order* of vss. 6–11, on which any validity this article may have

---

[5] E. g. NYGREN and ALTHAUS *in loc.*

entirely depends. Two operations, however, have been performed upon the text: (a) as line A ὅς has been conjecturally restored to θεός (if 6–11 was once an independent unit, it began, of course, with a noun, not a relative pronoun; but Paul had just used that noun at the end of v. 5 and hence could gracefully attach the ›quotation‹ – if it be such – with the relative[6]; (b) comments, presumably Paul's, which might be conceived as footnotes if this were a modern text, have been eliminated from C, F, F', and C'. The latter two, identical in wording ('Ιουδαίου [or -ῳ] τε πρῶτον καὶ ῞Ελληνος [or -ι] are certainly Paul's. By means of them he is adapting the originally purely Jewish statement of the doctrine of retribution to the use he makes of it in Romans between chapters 1 and 3: this does indeed, he is saying, apply first of all (πρῶτον) to the Jew, but not exclusively to him, as you may particularistically think whenever you hear this statement recited; yes, the Jew is ahead – in being punished! Only after recognizing that terrible priority may you rejoice in your priority for the reward; but here, too, not merely in the former case, the Gentile is on your heels. Whose comments those in F and C may be, is by no means clear. In v. 8 the wicked are described more fully than is necessary: once with the words clustering around the privative participle ἀπειθοῦσι, once with the positive participle πειθομένοις; either one alone would be adequate. Quite frankly, the single participle in v. 10 (F') leads me to suspect that the prefaced negative statement in v. 8 is an accretion to the original. Was it Paul who added it? 'Εριθεία is a good Pauline word, though οἱ ἐξ ἐριθείας has no real parallel in Paul[7]. 'Απειθεῖν likewise is Pauline (though confined to Romans) but ἀπειθεῖν τῇ ἀληθείᾳ sounds more Johannine (cf. Jn 3, 21; I Jn 1, 6) or alttestamentlich (Gen 32, 10; 47, 29, etc.) than Pauline. Perhaps, then, it was a distorting pre-Pauline addition. From C (vs. 7) I have dropped καθ᾽ ὑπομονὴν ἔργου ἀγαθοῦ as a probable ›footnote‹ of Paul inserted by him to point up the implications that he found in ζητοῦσιν (›strive after‹). These four glosses, three of them probably Paul's, seem to indicate that Paul was either unaware of the form of what he was quoting or that he had no interest in keeping its form intact, just as we in quoting a well known poem might insert a prose comment knowing that the hearer knows well enough the long-established flow of the uninterrupted poem.

A and A' – ›God‹ first and last! – give the Source of retribution. B and B' state the principle of impartial retribution. C and C' bring the grammatical object of the striving of the just. D and D', both participles, denote the right-

---

[6] This seems, indeed, an almost standard device for introducing a non-canonical enclave in the Pauline and deutero-Pauline literature; cf. Phil 2,6; Col 1,13; ITim 3, 16.

[7] In Phil 1, 17 the prepositional phrase is part of the predicate.

eous striver. E and E' declare the transcendent reward. F and F' describe the evil-doer. G and G', each of them a tautological pair of nouns, state the punishment. Syntactically, the lines fall together in a symmetrical pattern to form sentences: AB CDE FG; G'F' E'D'C' B'A'. A–G has only *plural* participles to denote men; G'–A', only *singular*.

This surprisingly regular sevenfold inversion strongly suggests that it comes out of the thought-forms and the language of a people that frequently used this device – the Hebrew. Paul himself, of course, was a Hebrew – ›a Hebrew of Hebrews‹, he says (Phil 3, 5), which may very well declare, as Martin Dibelius thought, that Paul and his family unlike many (most?) Diaspora Jews could also use Hebrew. All the more likely, then, that sometimes, consciously or unconsciously, he would use this inherited scheme of thought. If one may believe Lund at this point[8] large stretches of I Corinthians are built upon this principle, sometimes in a Jewish-traditional setting (as I Cor 11, 8–12; op. cit., p. 148), but also in personal autobiographical statements (I Cor 9, 19–22; op. cit., p. 147). The best indication that Paul in Rom 2, 6–11 is not himself composing in an inherited pattern is the presence of his ›footnotes‹, especially in F' and C', by which he would be ruining his own pattern, if it really were his. The only other indication is that the apparent ›discussion in vss. 7–11, judging from chapters 3 to 8, is not at all what we should expect from Paul himself.

If the passage was Jewish tradition, written down or not, before Paul, it probably once existed in Hebrew or Aramaic, though Paul may never have heard or seen it except in the Koine of Hellenistic synagogues. In crossing the language-boundary the symmetry of the original may already have suffered some loss. For instance, comparison of C, E, and E' suggests that originally a two-noun pattern prevailed, that ἀφθαρσίαν belonged to ζωὴν αἰώνιον (with which it is much better paired in meaning) and was not originally a third object of ζητοῦσιν. The third noun (καὶ εἰρήνην) in E' might then be an effort at a secondary parallelism with C after ἀφθαρσίαν had been drawn out of E and it had been forgotten that E and E' (not C and E') are the corresponding members which designate the divine reward[9]. In our ignorance of the means of transmission and its duration in this case such surmises are interesting and possible but indemonstrable. Nevertheless, even if C and C' or E and E'

---

[8] Op. cit. pp. 145–196, not all of which is convincing.

[9] A shift in language from Semitic to Greek would also explain the curious shift of case from accusative in E to nominative in G, G', and E': the latter three all belong to Hebrew ›nominal‹ sentences; so did CDE originally, but Paul adapted this first sentence to Greek syntactical habit and then fell back to the Semitic construction for the other three cases.

originally lacked as they now do the reciprocal esthetic balance which so artful a scheme inherently implies, the palindromic recurrence of seven chiastically paired elements is clearly there.

LUND [10] has abundantly demonstrated that this is a Hebrew scheme. His analyses, for instance, of Is. 60, 1–3 (p. 44), Amos 5, 4–6 (p. 42) and Ps. 3, 7–8 (p. 34) are convincing. Psalm 3, however, as I analyse it, is much more intricate than he observed, consisting entirely of five chiastic strophes, as exhibited in the diagram which is meant as a supplement to LUND's examples. The strophes are: I (vss. 2–3) [11] 3+3 elements; II (vs. 4) 3+3; III (vs. 5) 3+3; IV (vs. 6) 2+2; V (vss. 8–9) 7+7. This leaves only v. 7, which many have suspected of being a later prose ejaculation in response to the poem. In D' a possibility of syntax other than the usual one is chosen. G' is now lost; could it have been קדשׁי, in apposition with the subject of I', and omitted in transmission by haplography with קדשׁו? M'L' are not convincing as answers to LM, but NO– O'N' indicate that the strophe was longer than P–P'; either M'L' or LM may be corrupt.

[10] Op. cit.; see note 1 above.
[11] The Hebrew verse-numeration is used here.

Psalm III 2–7

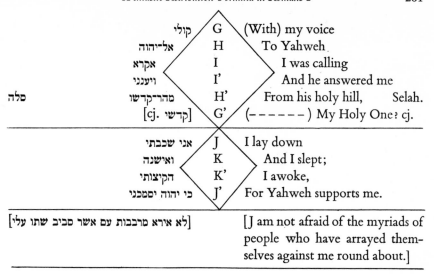

קולי	G	(With) my voice
אל־יהוה	H	To Yahweh.
אקרא	I	I was calling
ויענני	I'	And he answered me
מהר־קדשו	H'	From his holy hill, Selah.
[cj. קדשי]	G'	(- - - - -) My Holy One? cj.

סלה (before מהר־קדשו row, at left)

אני שכבתי	J	I lay down
ואישנה	K	And I slept;
הקיצותי	K'	I awoke,
כי יהוה יסמכני	J'	For Yahweh supports me.

[לא אירא מרבבות עם אשר סביב שתו עלי]

[J am not afraid of the myriads of people who have arrayed themselves against me round about.]

Psalm III 8–9

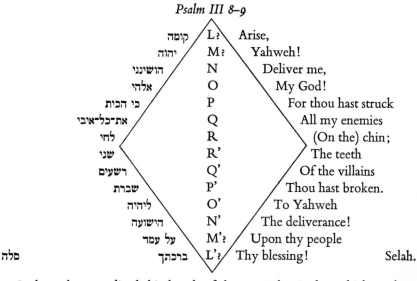

קומה	L?	Arise,
יהוה	M?	Yahweh!
הושיעני	N	Deliver me,
אלהי	O	My God!
כי הכית	P	For thou hast struck
את־כל־איבי	Q	All my enemies
לחי	R	(On the) chin;
שני	R'	The teeth
רשעים	Q'	Of the villains
שברת	P'	Thou hast broken.
ליהוה	O'	To Yahweh
הישועה	N'	The deliverance!
על עמד	M'?	Upon thy people
ברכתך	L'?	Thy blessing! Selah.

סלה (at left, last row)

Such a scheme as lies behind each of these strophes is that which we have recovered from Rom 2, 6–11. Because he would not likely have marred his own handiwork by remarks that distort the scheme, Paul probably took over, ready-made, this self-contained formulation of the principle of retribution. Consideration of form is here a welcome support to deductions reached by other methods. Recognition of this same form may be able to clarify some other passages in the New Testament.

DER VORPAULINISCHE HYMNUS PHIL 2, 6–11

DIETER GEORGI

I.

Die »Kritische Analyse von Phil 2, 5–11« durch E. KÄSEMANN[1] hat noch weit stärker als frühere Arbeiten zu diesem Text die Fruchtbarkeit der religionsgeschichtlichen Fragestellung für die Interpretation des vorpaulinischen Hymnus erwiesen. Der besondere Vorzug dieser Art zu fragen enthüllt sich erst dann, wenn man erkennt, daß es sich dabei nicht nur um den Aufweis dieser oder jener religionsgeschichtlicher Phänomene handelt, sondern um die Erfassung des Welt- und Daseinsverständnisses einer bestimmten geistigen Situation, in der der Text redet und ein kritisches Gespräch beginnt. Bejaht man aber dieses methodische Vorgehen KÄSEMANNS, dann darf man auch fragen, ob die religionsgeschichtliche Situation nicht noch stärker eingegrenzt werden kann, als dies in dem angegebenen Aufsatz geschieht. Der Hinweis auf die Gnosis[2] ist angesichts der Komplexität dieses Phänomens zu allgemein. Die Konturen dieser Größe werden außerdem auch dadurch weiter verwischt, daß wesentliche Motive des Textes nicht aus dem Bereich der Gnosis selbst, sondern aus

---

[1] Exegetische Versuche und Besinnungen I, ²1960, 51–95. Die vorliegende Untersuchung wird sich im wesentlichen auf die Auseinandersetzung mit dieser Arbeit beschränken. Sind doch dort die älteren Fragen wirklich aufgearbeitet und – soweit sie es lohnen – auch vorangetrieben. Zu ergänzen wäre nur die Besprechung der Monographie und des Kommentars von E. LOHMEYER durch R. BULTMANN, DLZ 51, 1930, 774–780. Seit dem ersten Erscheinen von KÄSEMANNS Aufsatz ist die Literatur zum Text weiter gewachsen. Ausführliche Übersicht bei K. WEGENAST, Das Verständnis der Tradition bei Paulus und in den Deuteropaulinen, 1962, 83 ff. Vgl. vor allem E. SCHWEIZER, Erniedrigung und Erhöhung bei Jesus und seinen Nachfolgern, ²1962, und die Exegese G. BORNKAMMS, Zum Verständnis des Christus-Hymnus Phil 2, 6–11, Studien zu Antike und Urchristentum, 1959, 177–187. Leider konnte ich auf die Arbeit von A. KRAMER über die paulinische Christologie nicht mehr eingehen. Ich bedaure es auch, daß mir die Arbeit von H. HEGERMANN, Die Vorstellung vom Schöpfungsmittler im hellenistischen Judentum und Urchristentum, 1961, nicht zugänglich geworden ist; vgl. auch Anlage.

Aus Raumgründen mußte ich es mir versagen, die implizit geführte Diskussion mit der altchristlichen und der altprotestantischen Christologie wie auch mit der durch LESSING und KIERKEGAARD an die moderne Christologie gestellten Frage explizit zu machen.

[2] KÄSEMANN, 69–71, 80–82.

der Welt des religiösen Hellenismus erklärt werden[3]. Damit ist aber ein geistiger Raum anvisiert, der noch weit ausgedehnter und komplexer ist als die dazugehörige Gnosis selbst. Umfaßt er doch eine Unzahl von Bewegungen, die zum Teil im krassen Gegensatz zur Gnosis stehen. KÄSEMANN hat den sogenannten Erlösermythos der Gnosis als das mythische Modell für die Bewegung des Textes herangezogen. Damit ist eine soteriologische Konzeption gemeint, die von dem Abstieg einer himmlischen Gestalt in die durch Urfall oder Urentfremdung entstandene diesseitige Welt der Materie und von der Befreiung und Erlösung der aufgrund der Urereignisse in der Welt verstreuten göttlichen Elemente durch den diesseitigen Einsatz und die Rückkehr des Erlösers in die himmlische Welt redet[4]. Die Tatsache aber, daß KÄSEMANN das mythische Detail des Christushymnus nicht vollständig aus dieser Gestalt des gnostischen Mythos abgeleitet und belegt hat, sondern auch andere Mythen und Mythologeme hat heranziehen müssen[5], macht bereits die Bedeutung dieses bestimmten Modells für unseren Text fragwürdig. Es läßt sich sogar noch deutlicher zeigen, daß diese Form des gnostischen Mythos bei der Entstehung unseres Textes überhaupt nicht Pate gestanden haben kann[6].

Zunächst ist zu beachten, daß in Phil 2, 6f die Vorstellung vom Urgeschick des Urmenschen (insbesondere der Urfall) keine Rolle spielt. Dies hat KÄSEMANN selbst aufs stärkste betont. Das ist aber ein wesentlicher Unterschied zu der von KÄSEMANN herangezogenen Gestalt des gnostischen Erlösermythos, wo der Abstieg des Erlösers analogisch oder antitypisch zu dem Geschick des Urmenschen dargestellt ist, das Geschick des Urmenschen also, weil das mythische Geschehen inaugurierend und konstituierend, nicht unerwähnt bleiben darf[7].

---

[3] KÄSEMANN, 65–71. 73f. 86–88. 92f.

[4] Vgl. dazu die Darstellung von H. JONAS, Gnosis und spätantiker Geist I [2]1954.

[5] S. unter 3.

[6] Dabei möchte ich nicht in die heute so beliebte Skepsis gegenüber der wesentlich mittelbar gewonnenen These von der Existenz einer außer- und vorchristlichen Gnosis und das Vorhandensein eines nichtchristlich beeinflußten gnostischen Erlösermythos einstimmen. Diese Skepsis ist durch keinerlei neue Funde begründet und gerechtfertigt und beweist – sofern sie nicht einfach Zeichen einer gewissen Vorsicht und Zurückhaltung ist – oft eine beschämende Unkenntnis nicht nur von der Möglichkeit, sondern auch von der häufig gegebenen methodischen Notwendigkeit des indirekten und synthetischen Schlußverfahrens in der philologischen und historischen Arbeit. Das Perlenlied aus den Thomasakten bezeugt spätestens für das zweite nachchristliche Jahrhundert die Existenz des gnostischen Mythos vom erlösenden Abstieg und Wiederaufstieg einer himmlischen Gestalt. Christlicher Einfluß ist hier auch nicht von ferne zu greifen. Aus neutestamentlichen Vorstellungen nicht ableitbare Texte wie 1Kor 2, 8 und 2Kor 8, 9 verraten, daß diese mythologische Vorstellung bereits im ersten Jahrhundert existierte.

[7] Beispiele bei JONAS, 105–109. 181–190.

Zweitens ist zu V. 7 zu beachten, daß der gnostische Erlösermythos weder eine wirkliche Menschwerdung noch gar eine »Inkarnation« kennt[8], sondern nur eine Verkleidung. Das Perlenlied aus den Thomasakten diene als der schönste Beleg unter vielen anderen.

Drittens fehlt in unserem Text im Unterschied zum erwähnten Mythos[9] jede aktive Auseinandersetzung des Erlösers mit den widergöttlichen Mächten. Diese tauchen in der ersten Strophe als Handelnde gar nicht auf. Auch in der zweiten Strophe wird von ihrem Einsatz nicht gesprochen.

Noch wesentlicher ist aber die *vierte* Beobachtung, die die Exegese schon früh gemacht hat, daß die Glaubenden im Text nicht erscheinen, ja Objekte der Erlösung gar nicht ausdrücklich erwähnt sind. Der gnostische Erlösermythos aber spricht immer auch von den Objekten der Erlösung und schildert das Handeln des Erlösers sehr anschaulich als ein soteriologisches[10].

Fünftens ist der Aufstieg des Erlösers entweder sein eigenes Unternehmen[11] oder aber – falls noch ein besonderes Werk notwendig geworden ist – durch das Eingreifen eines weiteren Erlösers bewirkt[12], der den Fehler des ersten Erlösers aufhebt. Nie aber wird da, wo von einem sich durchhaltenden Erlösergeschick gesprochen wird, derart das Handeln Gottes als souverän und wunderbar beschrieben wie in Phil 2, 9.

Sechstens wird der Aufstieg des Erlösers in dem Erlösermythos als Rückkehr beschrieben und der Erlösungsvorgang als ›*restitutio in integrum*‹[13]. Da wo die Heimkehr des Erlösers als Einsetzung in herrscherliche Würde dargestellt ist, was selten genug geschieht[14], ist immer eine Wiedereinsetzung in die alte Würde gemeint. Um eine eigentliche Inthronisation geht es also nicht. Ganz anders in Phil 2, 9 ff. Hier geht es nicht um eine Rückkehr in den alten Stand, sondern um die Einsetzung in eine neue, höhere Würde, um den Anfang der Stellung als Weltherrscher, also um eine echte Inthronisation.

Schließlich muß man noch *siebtens* fragen, ob die im Rahmen des Erlösermythos sonst nicht zu findende Anspielung auf den für die spätjüdische Hoffnung sehr charakteristischen Vers Jes 45, 23 wirklich nur deshalb vorgenommen ist, weil in diesem Text von einer kosmischen Proskynese geredet wird. Angesichts der Kürze des Textes und seiner Struktur ist es unwahrscheinlich, daß hier eine Schriftstelle nur als Illustration oder auch als Beleg diente. Hier

---

[8] Vgl. dazu jetzt Käsemanns eigenen Nachweis: Aufbau und Anliegen des johanneischen Prologs, in Libertas Christiana, 1957, 75–99.

[9] Beispiele bei Jonas, 122 f. 208. [10] Beispiele bei Jonas, 120–140.
[11] Dies ist das Normale. [12] So zB im Perlenlied der Himmelsbrief.
[13] Beispiele bei Jonas, 126–133.
[14] So in der Ascensio Jesajae und im Perlenlied ebenso wie in den Oden Salomos.

muß eine unmittelbare Beziehung des alttestamentlichen Textes zum Ganzen des besungenen Glaubens angenommen werden.

Der Rückgriff des Christushymnus auf Jes 45, 23 macht es meines Erachtens zwingend, seine Vorstellungswelt nicht im religiösen Hellenismus im allgemeinen und auch nicht in der Weite der außerchristlichen Gnosis, sondern in dem hellenistischen Judentum zu suchen, in dem die Septuaginta heiliger Text war. Im Verlauf der Untersuchung wird sich zeigen, daß damit die These von einem gnostischen Hintergrund der Vorstellungen des Christushymnus nicht erledigt sein muß, sondern gerade präzisiert und intensiviert werden kann. Es wird dabei auch um die Frage gehen, ob nicht noch andere, wenngleich verwandte Typen des gnostischen Mythos angenommen werden dürfen und müssen, als es bei KÄSEMANN geschieht.

II.

Jes 40ff ist in der spätjüdischen Weisheit oft ausgelegt worden und zu nachhaltiger Wirkung gelangt[15]. Weisheitliche Traditionen wurden hier mit Hilfe des zweiten Teiles des Jesajabuches ausgelegt und umgekehrt. In einer weisheitlichen Schrift aber wird Jes 40ff in besonderer Weise zur Darstellung und Deutung des recht dramatisch empfundenen Geschicks des (und der) Gerechten verwandt, nämlich in der Sapientia Salomonis[16]. Ebenso wie bei Deutero- und Tritojesaja ist auch in der Sapientia die Frage nach der Schöpfung der Heilsfrage koordiniert[17] und zudem mit dem Motiv vom Rechtsstreit zwischen Gott und Welt verbunden[18]. Der Heilsuniversalismus des Deuterojesaja ist in der Sapientia radikalisiert[19]; ebenso aber auch die deuterojesajanische Zweiteilung der Welt[20]. All diese Erscheinungen rücken die sich in der Sapientia ausdrükkende weisheitliche Auslegungstradition zwischen Deuterojesaja und Phil 2, 6 bis 11.

Die Präexistenzaussagen von Phil 2, 6 sind schon oft mit der in Weish 6–9 gegebenen Schilderung des Wesens und Wirkens der präexistenten Weisheit zusammengebracht worden[21]. Die göttliche Daseinsweise der Weisheit wird

---

[15] Es sei zB nur an das Stichwort der Armenfrömmigkeit erinnert.

[16] J. FICHTNER, Weisheit Salomos (HAT II, 6), 1938, passim; J. JEREMIAS, Artikel παῖς ϑεοῦ, ThW, V, 676f; M. J. SUGGS, Wisd. 2, 10 – ch. 5, A Homily based on the Fourth Servant Song (JBL 76, 1957, 26–33).

[17] G. v. RAD, Theologie des Alten Testaments II, 1960, 254–256.

[18] v. RAD, aaO 263.

[19] Da alle Namen in dem Werk gestrichen sind, ist jede geschichtliche Beschränkung weggefallen.

[20] v. RAD, aaO 278; vgl. auch 257.

[21] SCHWEIZER, Erniedrigung Kap. 8f – n; vgl. auch seine Aufsätze, Zur Herkunft der

ebenso wie ihre Gottgleichheit mit beredten Worten geschildert, auch wenn
die Begriffe μορφή θεοῦ und ἰσόθεος (oder ähnliche) nicht vorkommen. Aber
haben überhaupt diese Begriffe in der Welt des religiösen Hellenismus vor der
Abfassungszeit der Sapientia zu der Umschreibung des Daseins- und Welt-
verständnisses gedient, das KÄSEMANN als Voraussetzung für Phil 2, 6ff annimmt[22]? Lassen sich diese Begriffe gar zu Schlüsselbegriffen eines hellenistischen Dualismus machen? KÄSEMANN meint, daß der Bedeutungswandel von
μεταμορφοῦσθαι, die Gleichsetzung von μορφή und δόξα und die Hoffnung
auf eine durch die Kraft der göttlichen μορφή bewirkte ἰσόθεος φύσις Anzeichen
für ein Lebensgefühl seien, das er folgendermaßen charakterisiert[23]: »Wo der
ὁρισμός nicht mehr das Gestaltete und das Ungeschlachte, sondern dualistisch
die irdische Materie von der Lichtnatur scheidet und scheiden muß, um dem
Dasein Sinn zu geben, da tritt an die Stelle des Individuellen das Typische.
Wurde vorher das Wesen vom Spezifischen, von der Gestalt her erfaßt, so nun
von der Substanz als Trägerin einer jeweils bestimmten Energie. Die Begriffe,
die vorher das Wesen charakterisierten, werden beibehalten, um das Wesen zu
bezeichnen. Aber das Wesen wird in einer anderen Perspektive gesehen.« Doch
die vielfältigen, häufig religiös motivierten und nuancierten Verwandlungs-
geschichten, die sich in den sehr verbreiteten und beliebten hellenistischen
Romanen finden[24] und dem Werk des LUKIUS VON PATRAE ebenso wie dessen
Nachbildung durch APULEIUS den Namen Metamorphosen gegeben haben,
beweisen zusammen mit den Metamorphosen des OVID, daß die Mehrheit der
hellenistischen Welt das Motiv der Verwandlung nicht unter dualistischem,
sondern unter monistischem Aspekt sah. Diese Metamorphosen sind gerade
nicht Ausdruck der Lebensflucht, sondern des gesteigerten Lebensgefühls. In
dem hellenistischen Hoffen und Drängen auf Verwandlung und in der Freude
an entsprechenden Erzählungen spricht sich eine Differenzierung und Erweiterung der menschlichen Erlebnis- und Möglichkeitsbereiche unter einem
monistischen Erfahrungs- und Verstehenshorizont aus[25].

Daher kommt es denn auch, daß die hellenistische Religionsgeschichte nur
in den seltensten Fällen die Gottgleichheit als etwas Exklusives kennt. Meistens

---

Präexistenzvorstellung bei Paulus, und, Aufnahme und Korrektur jüdischer Sophiatheologie
im Neuen Testament, beides in E. Schweizer, Neotestamentica, 1963, 105–109 und 110
bis 121.
[22] AaO 65–68.   [23] AaO 66.
[24] Vgl. dazu E. ROHDE, Der griechische Roman, [4]1960, 97–103.
[25] In die gleiche Richtung weisen fast alle von REITZENSTEIN (Hellenistische Mysterienreligionen, [3]1956, 262ff) angeführten Belege für die Bezeichnungen der Verwandlung. Im
Gegensatz zu REITZENSTEIN meine ich, daß das 11. Buch der Metamorphosen des APULEIUS
sowohl für sich selbst als auch durch seinen Zusammenhang mit den übrigen Büchern

ist sie als selbstverständlich gegebene Möglichkeit angesehen, die auch immer
wieder in den ϑεῖοι ἄνδρες verwirklicht wird. Diese sind von den übrigen
Menschen nicht grundsätzlich geschieden, sondern nur über sie hinausgehoben,
und sie dienen ihnen als Beispiel und Ansporn[26]. Hier im Zusammenhang eines
monistisch-evolutionären Denkens ist auch die Tendenz zur Typisierung besonders stark ausgeprägt. Sie ist also nicht durch ein vorgängiges dualistisches
Lebensgefühl bedingt. Sie setzt nicht die Gegensätzlichkeit diesseitiger und
jenseitiger Kräfte voraus, sondern die Anwesenheit und Zugänglichkeit göttlicher Potenzen in der Welt und das Wissen um die Göttlichkeit der Welt als
ganzer. Gewiß, auch in der Gnosis ist das Motiv des Typischen von zentraler
Bedeutung, und sie setzt dabei die bisher geschilderte Vorstellungswelt voraus.
Doch wird sie nicht nur radikalisiert, sondern zur gegensätzlichen Aussage
gebracht. Das Typische ist in der Gnosis nicht mehr das in der phänomenologischen Welt Zuhandene, sondern es ist einer schlechthin anderen Welt
zugehörig und deshalb Inhalt der Offenbarung[27]. So erklären sich die von
Käsemann aus dem Poimandrestraktat angeführten Belege. Der Poimandrestraktat setzt aber wie auch die anderen »gnostischen« Traktate des Corpus
Hermeticum eine Bewegung voraus, die man, will man den Gnosisbegriff
vermeiden, hellenistisch-jüdische spekulative Mystik nennen kann[28]. Von
dieser sehr verzweigten Bewegung geben uns die Sapientia, der allegorische
Kommentar Philos, der Roman Joseph und Asenath und manche der jüdischen
Zaubergebete Kunde. Vergleicht man die drei zuerst genannten Komplexe

---

beweist, daß die Mysterien gerade wegen ihrer Einbeziehung des Jenseitigen in den Er-
fahrungsbereich zu einer Steigerung des Lebensgefühls geführt haben. Belege dafür, daß
dies gerade die Wirkung der hellenistischen Mysterienreligionen war, bieten das Interesse
der Ptolemäer, Seleukiden, Attaliden, Cäsars und vieler späterer Kaiser an den Mysterienreligionen. Aus dem Bereiche der Kunst möchte ich als Beleg nur die etruskische Kunst
seit dem dritten vorchristlichen Jahrhundert und die pompejanischen Wandmalereien nennen. Ein Dualismus liegt hier überall völlig fern. Die von Reitzenstein (S. 262 f) angeführte Senecastelle beweist nur dies, daß eine philosophisch oder auch weltanschaulich
begründete Skepsis zu einer weiteren Differenzierung des Lebensgefühls führte, wobei man
wie schon Plato und unter platonischem Einfluß auch dualistische Motive verwandte, um
die Differenzierung in Richtung auf eine stärkere Transzendenzerhellung zu führen. Einen
Bruch mit dem grundsätzlichen Monismus und der kosmischen Ausrichtung des Denkens
bedeutete das aber nicht, sondern gerade deren Intensivierung.

[26] Vgl. dazu meine Arbeit über die Gegner des Paulus im 2. Korintherbrief.

[27] Zur Auffassung vom Mythos in der Gnosis vgl. Jonas, aaO I, 258 f; II, 4–19. Allerdings scheint mir die These von der Ursprünglichkeit des Mythos in der Gnosis nicht haltbar. Mir scheint alles für einen Prozeß der Mythisierung zu sprechen, der zum Teil mit dem
einer Hypostasierung synchron ist. Vgl. K.H.Ringgren, Word and Wisdom, 1948;
C. Colpe, Artikel Gnosis I. RGG³, II, 1648–1652.

[28] Schon C.H.Dodd, The Bible and the Greecs, 1935, 201 ff, hat jüdischen Einfluß auf
das Corpus Hermeticum nachgewiesen.

miteinander, so sieht man ein Wachsen der Mythisierung. Der weitere Verlauf der Gnosis bestätigt, daß der Mythisierungsprozeß vorangeschritten ist und monströse Blüten getrieben hat, selbst die Philosophie nicht verschonend[29]. Wurzel und Richtung dieses Mythisierungsprozesses lassen sich aber bereits in der Sapientia erkennen[30]. Hier kann man auch schon feststellen, daß die Mythisierung (worunter das oben erwähnte Interesse am Typischen subsumiert ist) zusammen mit dem dualistischen Weltverständnis zu den wesentlichen Strukturmomenten dieses neuen Denkens gehört, das man das gnostische nennt. Ich meine, daß seine Wiege im Judentum stand[31].

[29] Vgl. dazu H. JONAS, II, 1, passim.

[30] Literatur zur Sapientia außer in dem Kommentar von J. FICHTNER in dessen Artikel Salomo-Weisheit, RGG[3], V, 1343 f. Ein wirkliches Bemühen um das Selbstverständnis der Sapientia fehlt in der gesamten Sekundärliteratur, obgleich FICHTNER einen wesentlichen Hinderungsgrund für eine Erfassung der Tendenz des vorliegenden Werkes beseitigt hat: die augenscheinliche Disparatheit des Buches. FICHTNER hat gezeigt, daß es sich um ein einheitliches Werk handelt, das verschiedene Traditionen verarbeitet hat. Ich möchte meinen, daß Traditionen aus Apokalyptik und Apologetik vorherrschen, die ich für die älteren, der spekulativen Mystik vorausgehenden (aber dann auch neben ihr herlaufenden und zum Teil auch noch weiter mit ihr kommunizierenden) Zweige der spätjüdischen Weisheitsbewegung halte, die aus der theologischen Weisheit und der weisheitlichen Skepsis hervorgegangen waren. Die Umformung und Einschmelzung in die neue Traditionsstufe der spekulativen Mystik geschieht nicht nur durch Zusammenordnung und redaktionelle Glossierung, sondern auch durch Änderung des Wortlautes der Traditionen. Die vorliegende Überarbeitung reicht sicher in vorphilonische und vorneutestamentliche Zeit zurück, denn hier können wir bereits eine weitere Entwicklung der spekulativen Mystik feststellen. Das spricht für das 1. vorchristliche Jahrhundert. Stichhaltige Gründe für eine Entstehung in Alexandria lassen sich nicht beibringen, im Gegenteil: PHILO scheint das Werk nicht gekannt zu haben. Ich vermute eine Entstehung in Syrien. Es soll aber zugleich ausdrücklich vermerkt werden, daß der literarische Charakter der Sapientia dafür spricht, sie weniger als schriftstellerisches Einzelwerk auszuwerten und sie mehr als Symptom für einen lebendigen Traditionsprozeß und dessen Tendenz zu nehmen.

[31] Diese schon verhältnismäßig alte These (neuere Vertreter bei SCHWEIZER, Erniedrigung, 181) vermochte sich bisher nicht wirklich durchzusetzen, weil im wesentlichen nur Motive gesammelt, nicht aber nach dem zugrunde liegenden und treibenden Selbstverständnis gefragt wurde.

Die werdende Gnosis wollte nicht mehr und nicht weniger sein als richtige Auslegung des Alten Testaments. Die eigene Leidenschaft bestand eben darin, die Heilige Schrift besser auszulegen, als es die vorausgehenden Strömungen der spätjüdischen Weisheitsbewegung oder auch andere jüdische Gruppen getan hatten. Es lassen sich nicht nur Assoziationen zu alttestamentlichen Stellen und Motiven, nicht nur konkrete Auslegungen bestimmter Stücke und Gedanken finden, und zwar bis in die christliche Gnosis hinein, sondern überhaupt eine Ausrichtung an der Intention des Alten Testaments. Alttestamentlich orientiert erweist man sich nämlich dadurch, daß man sein ganzes Interesse auf die rechte Erfassung der Wirklichkeit des schlechthin überlegenen Gottes richtet und darin zugleich eine Klärung der Wirklichkeit der Welt finden will. Auch dies ist alttestamentlich, daß diese Erfassung und Klärung unter dem Aspekt der Offenbarung gesehen werden, die Offenbarung aber zugleich wie im Alten Testament als rufende Begegnung verstanden wird. Einzelbelege für die Beziehungen der Gnosis zum Alten Testament kann man dem

Die Sapientia läßt die Weisheit, die als der ewige Ausdruck des Wesens Gottes und als Prinzip der Welt gesehen wird, ganz bei Gott und in einer von der Erscheinungswelt völlig geschiedenen Welt sein. Diese Dualität[32] tritt einem schon gleich in dem 1. Kapitel entgegen, und es wird bald klar, daß damit ein Dualismus von Gottes Welt als der eigentlichen unvergänglichen Schöpfung und der teuflischen Welt als einer uneigentlichen und todverfallenen Welt gemeint ist. Es heißt 1, 13 ff[33]: ὁ θεὸς θάνατον οὐκ ἐποίησεν οὐδὲ τέρπεται ἐπ' ἀπωλείᾳ ζώντων. ἔκτισεν γὰρ εἰς τὸ εἶναι τὰ πάντα, καὶ σωτήριοι αἱ γενέσεις τοῦ κόσμου, καὶ οὐκ ἔστιν ἐν αὐταῖς φάρμακον ὀλέθρου οὔτε ᾅδου βασίλειον ἐπὶ γῆς. δικαιοσύνη γὰρ ἀθάνατός ἐστιν. Dies ist die eine durch und durch heile Welt. Sofort darauf aber wird 1, 16 die heillose Welt beschrieben: ἀσεβεῖς δὲ ταῖς χερσὶν καὶ τοῖς λόγοις προσεκαλέσαντο αὐτόν, φίλον ἡγησάμενοι αὐτὸν ἐτάκησαν καὶ συνθήκην ἔθεντο πρὸς αὐτόν, ὅτι ἄξιοί εἰσιν τῆς ἐκείνου μερίδος εἶναι. Daß hiermit nicht nur ein moralisches Verdikt ausgesprochen werden soll, sondern ein grundsätzlicher, ein ontologischer Sachverhalt gemeint ist, zeigt die Gegenüberstellung in 2, 23, wo sowohl in der positiven wie auch in der negativen Aussage auf 1, 12 ff angespielt ist. Der Schluß in V. 23 f stellt mit der radikalisierenden Wiederholung der in 1, 16 über die μερίς gemachten Aussage klar, daß hier nicht von zwei verschiedenen Möglichkeiten für denselben Menschen geredet wird, sondern von zwei verschiedenen Menschentypen, die ganz verschiedenen Bereichen zugehören: ὁ θεὸς ἔκτισεν τὸν ἄνθρωπον ἐπ' ἀφθαρσίᾳ καὶ εἰκόνα τῆς ἰδίας ἀϊδιότητος ἐποίησεν αὐτόν. φθόνῳ δὲ διαβόλου θάνατος εἰσῆλθεν εἰς τὸν κόσμον, πειράζουσιν δὲ αὐτὸν οἱ τῆς ἐκείνου μερίδος ὄντες[34].

Wie sehr es sich bei der Welt der Gottlosen um eine Todeswelt handelt, wird an dem Reden der Gottlosen 2, 1 ff klar. Der Tod ist nicht nur die Grenze des Lebens der Gottlosen, sondern dessen wesentliches Charakteristikum und Motor ihres Handelns.

Damit ist aber die Ausgangssituation für das Heilsgeschehen geschildert, so wie sie auch Phil 2, 6 voraussetzt: der ewigen göttlichen Welt des Lebens steht die menschliche Erscheinungswelt gegenüber, die im Tode ihr Ziel und

Buch von R. M. GRANT, Gnosticism and Early Christianity, 1959, Index s. v. »Old Testament«, entnehmen. Die von GRANT selbst vertretene These über die Entstehung der Gnosis halte ich allerdings für historisch unwahrscheinlich.

[32] Die von den Kommentatoren durchweg verkannt wird.

[33] Diese Stelle und die beiden nächsten entstammen redaktionellen Klammern, in denen die eigentliche Intention des jetzigen Werkes zum Ausdruck kommt.

[34] Daß dies bereits bis zu einem anthropologischen Dualismus führen kann, wird an dem großen Mittelteil (6–9), besonders 7, 1–6; 9, 5. 13–17 deutlich. Daß aber eine geradezu physische Securitas dennoch vorhanden ist, zeigen Stellen wie 7, 28 und 8, 19 f. Vgl. etwa auch 15, 1–3 (vor allem 3); 16, 5–14; 18, 20–25.

Zeichen hat. Die Sapientia ist auch insofern Phil 2, 6–11 verwandt, als die eigentliche Erhellung des Tatbestandes nicht durch die pure Absonderung des Jenseitigen vom Diesseitigen geschieht, sondern durch das Geschick eines göttlichen Werkzeugs[35]. Dieses einzelne Geschehen ist nicht für sich allein gesehen, sondern es ist in der Art seines Vollzugs Offenbarungsgeschehen. Dem dient die Tendenz, durch eine stärkere Mythisierung einen möglichst umfassenden Wirklichkeitshorizont aufzureißen. Es wird eine wesentliche Frage der weiteren Untersuchung sein, wieweit diese in der spekulativen Mystik programmatische Absicht zu mythisieren in dem Christuslied durchgehalten ist. Vorhanden ist sie gewiß.

Das göttliche Werkzeug ist in der Sapientia der Gerechte. Sein Geschick wird 2, 10–5, 23 beschrieben. Doch auch das Ergehen des Volkes der Gerechten wird Weish 10ff in manchem ähnlich gezeichnet, und selbst der aufs ganze gesehen »optimistischen« Schilderung des weisen Königs in Weish 6–9 werden einige »pessimistische« Züge verliehen[36], die das Gefälle dieser »Idealbiographie« mit dem der übrigen Aussagen über die Gerechten und Weisen ausgleichen. Der Gerechte bringt das Göttliche nicht sofort und unmittelbar zur Erscheinung. Er wird vielmehr als arm und schwach vorgestellt (2, 10–11). Aus 2, 17–20 ist zu schließen, daß er sich auch nicht gegen Verfolgung und Leiden wehrt und den Mordabsichten der Gottlosen, die im weiteren Verlauf der Darstellung als vollzogen gedacht sind, nichts entgegengesetzt. Nach 2, 16 preist der Gerechte sogar grundsätzlich den Lebensausgang der Gerechten. Sicher werden hier ältere weisheitliche Darstellungen von der Prüfung des Gerechten und auch vom Märtyrertod vorausgesetzt. Aber die Unterschiede sind doch zu beachten, denn sie tragen alles Gewicht. Die Zeichnung des Gerechten ist beeinflußt durch die Schilderung des Gottesknechts in Jes 52, 13–53, 12[37]. Es soll ein besonderes Geschick berichtet werden, das aber zugleich von allgemeiner Bedeutung ist. Doch Jes 52, 13–53, 12 wird weit überboten. Die Besonderheit des Geschicks wird gesteigert zu völliger Unterschiedenheit, die sich der mensch-

---

[35] Zum Problem der Präexistenz der Weisheit und ihres Verhältnisses zum Gerechten, s. u. S. 276ff.

[36] Vgl. die vorletzte Anmerkung.

[37] Das haben die oben Anm. 16, genannten Arbeiten erwiesen. Die Vergleiche mit Jes 52, 13ff leiden allerdings alle an der engen Bindung an die moderne historisch-kritische Frage, ob Jes 52, 13ff kollektiv oder individualistisch zu verstehen sei, bzw. an die apologetische Diskussion über den messianischen Charakter des alttestamentlichen Textes und seine Bedeutung für die neutestamentliche Christologie, wobei dann meist noch auf das Problem des Sühnetodes eingeengt wird. Weish 2, 10–5, 23 ist eine der spätjüdischen Stellen, die zeigen, daß der Jesajatext ausgelegt werden konnte, ohne auch nur die Frage des Sühnetodes zu streifen. Ebenso deutlich ist, daß hermeneutischer Schlüssel für das weisheitliche Verständnis des Textes die Einleitung 52, 13–15 ist.

lichen Begrenztheit nur zum Schein unterzieht. Die Allgemeinheit der Bedeutung dieses Geschicks wird dementsprechend nun so gedeutet, daß der Gerechte auch alle individuellen Züge verliert. Es ist nicht mehr eine bestimmte Person, sondern es ist der Typ des Gerechten.

Hierher gehört eine Eigentümlichkeit der Sapientia, die den bibelkundigen Leser bestürzt und verwirrt: alle Namen sind gestrichen. Nicht nur irgendwelche Namen sind davon betroffen, sondern gerade auch solche, die durch die Heilsgeschichte ausgezeichnet sind. Hier verrät sich die programmatische Absicht, der Geschichte in all ihrer Konkretheit und Differenziertheit den Abschied zu geben. Es wird sich zeigen, daß dies für die Sapientia ein wesentlicher Aspekt der Soteriologie ist. Genau besehen hat der Weg des Gerechten nur den Schein des Leidens und Sterbens. Es wird mit Absicht doketisch geredet. Im Anschluß an die Rede der Gottlosen, in der sie ihre Verfolgungs- und Mordabsichten äußern, heißt es 2, 21–23: ταῦτα ἐλογίσαντο, καὶ ἐπλανήθησαν. ἀπετύφλωσεν γὰρ αὐτοὺς ἡ κακία αὐτῶν, καὶ οὐκ ἔγνωσαν μυστήρια θεοῦ οὐδὲ μισθὸν ἤλπισαν ὁσιότητος οὐδὲ ἔκριναν γέρας ψυχῶν ἀμώμων. ὅτι ὁ θεὸς ἔκτισεν τὸν ἄνθρωπον ἐπ᾽ ἀφθαρσίᾳ καὶ εἰκόνα τῆς ἰδίας ἀϊδιότητος ἐποίησεν αὐτόν. – 3,1 – 4: δικαίων δὲ ψυχαὶ ἐν χειρὶ θεοῦ, καὶ οὐ μὴ ἅψηται αὐτῶν βάσανος. ἔδοξαν ἐν ὀφθαλμοῖς ἀφρόνων τεθνάναι, καὶ ἐλογίσθη κάκωσις ἡ ἔξοδος αὐτῶν καὶ ἡ ἀφ᾽ ἡμῶν πορεία σύντριμμα, οἱ δέ εἰσιν ἐν εἰρήνῃ. καὶ γὰρ ἐν ὄψει ἀνθρώπων ἐὰν κολασθῶσιν, ἡ ἐλπὶς αὐτῶν ἀθανασίας πλήρης.

Es verhält sich mit dem Gerechten nicht so, wie die Gottlosen in ihrer Verblendung meinen. Was die Gottlosen zu sehen glauben, ist keine Wirklichkeit. Das Leiden des Gerechten geschieht nur dem Augenschein nach. Selbst sein Tod ist nur Schein. Dieser doketische Charakter der Aussagen in 3, 1–4 ist ebensowenig zu übersehen wie seine Bedeutung für die Gesamtauffassung der Sapientia. Gerade das dem Gerechten in der Erscheinungswelt zustoßende Geschick bringt zum Ausdruck, daß für ihn, das wahre Geschöpf Gottes, die durch die Erscheinungswelt gesetzten Gesetze und Grenzen nicht existieren. Der wirkliche Mensch, der in dem Gerechten zutage tritt, ist zur Unvergänglichkeit geschaffen; er hat ebenbildhaft an der göttlichen Ewigkeit Anteil. Er ist also, genau gesehen, ein göttliches Wesen.

Von hier aus gewinnt eine schon häufig beachtete Spracheigentümlichkeit in Phil 2, 6 –11 an Klarheit, zugleich aber auch an Gewicht. Ich denke an die Häufung der partizipialen Wendungen in V. 7. Liturgische Sprache kann hierfür weniger verantwortlich sein als sachliche Gründe. Sind die partizipialen Wendungen doch eingekleidet von finiten Verben. Sieht man aber von den finiten Verben ab, so gewinnen die für sich betrachteten partizipialen Wendungen einen schwebenden Charakter. Es ist bekannt, daß MARCION die Stelle

doketisch verstanden hat[38]. Mir scheint, daß diese Deutung nicht so ganz abwegig ist. Die Daseinsweise des Knechts wird angenommen – wie ein Kleid.
Die menschliche Entsprechungsweise kennzeichnet das Dasein der beschriebenen Gestalt – die Analogie also und nicht die Identität. Die Erscheinungsweise
ist die eines Menschen – aber eben die Erscheinungsweise, und sie wird auch
ausdrücklich nur als die vorfindliche bezeichnet. Der Leser darf fragen, ob
sich dahinter nicht ein Eigentliches verbirgt, etwas, das nicht menschlich,
sondern göttlich ist; was dann also als das Eigentliche und Wirkliche anzusehen
wäre. Gewiß, die finiten Aussagen geben dem deutlich eine andere Wendung.
Sollte sich aber nicht hinter den partizipialen Wendungen eine andere, ältere
Anschauungsweise verraten, die dann durch die Einordnung in das jetzige
Satzgefüge einen Rahmen erhalten hätte, der das Bild entscheidend veränderte?
In diesen Zusammenhang gehört auch die merkwürdige Tatsache, daß in der
ersten Strophe des Christusliedes das besungene Wesen namenlos bleibt. Die
nachklappende Erwähnung des irdischen Namens in der zweiten Strophe, die
doch eigentlich von dem Erhöhten handelt, macht das Fehlen in der ersten
Strophe doppelt auffällig und macht die Erklärung unzureichend, der Name
wäre doch mit der vor dem ὅς zu denkenden Prädikation gegeben. Der Name
des Irdischen allein wird es gewiß nicht gewesen sein. Die Nähe zu der oben
vermerkten Tendenz der Sapientia, die Namen zu meiden, scheint mir offenkundig. Das noch auffälligere Auftauchen des irdischen Namens in der
himmlischen Szene Phil 2, 9–11 könnte gerade auf diesem Hintergrund eine
Erklärung finden, die dem ganzen Lied Kontur verleiht. Die Beantwortung
dieser Fragen kann erst geschehen, wenn es möglich ist, die Geschichte des
ganzen Textes zu überschauen und zu beurteilen.

Die Sapientia zeigt in den Kapiteln 3 und 4, daß an dem Gerechten die
Darstellung dessen, was eigentlich Wert hat und was nicht, geschieht. Dabei
werden die in der bisherigen weisheitlichen Diskussion zur Theodizeefrage
gegebenen Antworten völlig umgekehrt. Kinderlosigkeit und früher Tod
werden zu Heilszeichen erklärt. Für die Sapientia ereignet sich also im Geschick des Gerechten die Umwertung aller Werte. Bei der Behandlung der
Todesfrage greift die Sapientia ohne Zweifel wieder auf die Schilderung des
Leidens und des Todes des Gerechten in Kapitel 2 zurück. Dafür, wie das
Lebensende des Gerechten ›sub specie aeternitatis‹ aussieht, wird 4, 10–17 das
Henochbeispiel bemüht. Der Verfasser hat es aus dem ihm überkommenen und
von ihm veränderten Katalog in Kapitel 10 herausgenommen und hierher
vorgezogen: ein Zeichen dafür, wie wichtig ihm dieses Beispiel ist.

---

[38] A. v. HARNACK, Marcion, [2]1960, 123–126. 125 f*.

Der gottwohlgefällige Gerechte wird in den Himmel versetzt und so der Stätte irdischer Anfechtung und Verführung entrückt. Diese Entrückung ist aber gleichbedeutend mit seiner Vollendung. Sie bedeutet zugleich die Einsetzung in Würde und Funktion des Weltenrichters: κατακρινεῖ δὲ δίκαιος καμὼν τοὺς ζῶντας ἀσεβεῖς (4, 16). Schon 3, 8 sind die »verstorbenen« Gerechten als Weltenrichter vorgestellt, ja nicht nur als Weltenrichter, sondern auch als Weltherrscher: κρινοῦσιν ἔϑνη καὶ κρατήσουσιν λαῶν – wenngleich in deutlicher Subordination unter den Kyrios (Jahwe): καὶ βασιλεύσει αὐτῶν κύριος εἰς τοὺς αἰῶνας. In 5, 1 wird die herrscherliche Stellung des Gerechten so umschrieben: τότε στήσεται ἐν παρρησίᾳ πολλῇ ὁ δίκαιος κατὰ πρόσωπον τῶν ϑλιψάντων αὐτόν. Hier ist die παρρησία des wahrhaft königlichen Menschen gemeint, die königliche Freiheit[39]. Dem entspricht das Verhalten der Gottlosen angesichts des so herausgestellten Gerechten. Sie zeigen Verwirrung, Furcht, Entsetzen und Reue, wie es sich gegenüber dem König geziemt. Der Gerechte ist also nicht gestorben, sondern das, was als sein Tod erscheint, ist in Wirklichkeit seine Entrückung, und seine Entrückung ist gleichbedeutend mit seiner Erhöhung in richterliche und königliche Würde und Funktion. So heißt es 5, 16 noch einmal (diesmal von allen Gerechten): λήμψονται τὸ βασίλειον τῆς εὐπρεπείας καὶ τὸ διάδημα τοῦ κάλλους ἐκ χειρὸς τοῦ κυρίου. Auch Phil 2, 8 versteht den Tod nicht als Ende, sondern als Wendepunkt. Die Erhöhung geschieht auch hier aus dem Tode heraus. Die Verbindung von Tod und Erhöhung, bei der zugleich die Synonymität von Entrückung und Erhöhung impliziert ist, erweist sich also als ein bereits im Spätjudentum gebildeter Topos.

Die Erhöhung impliziert in der Sapientia auch – wenngleich nicht so deutlich wie Phil 2, 9 – die öffentliche Verleihung des weltüberlegenen Würdenamens. Die Gottlosen sagen 5, 5: πῶς κατελογίσϑη ἐν υἱοῖς ϑεοῦ. Damit bestätigt sich, von den Urhebern gerade nicht gewollt, der sarkastische Spott der Gottlosen 2, 18: εἰ γάρ ἐστιν ὁ δίκαιος υἱὸς ϑεοῦ, ἀντιλήμψεται αὐτοῦ.

---

[39] Diese Stelle wird meist verkannt, so auch von H. SCHLIER, Artikel παρρησία, ThW V, 873. Die Stelle ist nicht eschatologisch (im Sinne der apokalyptischen Eschatologie) zu verstehen, wenngleich in diesem Komplex apokalyptische Traditionen verarbeitet sind. Gegen eine solche eschatologische Deutung sprechen einmal die unmittelbare Orientierung am Lebensausgang, zweitens die Vermischung des biographischen Geschicks des einzelnen Gerechten und der Gerechten überhaupt, drittens die Übertragung der futurischen Aussagen über den Gerechten in die Gegenwart bzw. die unmittelbare Vergangenheit im Mittelteil des Werks, wo über die Eigentlichkeit des königlichen Menschen unter stärkerer Zurückdrängung der Problematik der phänomenologischen Welt gesprochen wird. Im dritten Teil kann das alles noch einmal im Tempus der Vergangenheit erzählt werden. Im Kontext von Weish 5, 1 ist auch nichts von einem Gericht über den Gerechten angedeutet. So kann παρρησία nicht die Zuversicht im eschatologischen Gericht meinen, sondern, wie bei Philo häufig, die königliche Freiheit und Vollmacht.

Der »Tod« des Gerechten vollendet nicht den Triumph der Gottlosen, sondern er wird zum Triumph des Gerechten selbst. Seine ἔϰβασις drückt dank göttlichen Eingreifens seinem Leben das bestätigende Siegel auf (Vgl. 2, 17). 18, 13 heißt es nach einem die Gerechten rettenden und die Gottlosen strafenden Eingreifen Gottes von den Gottlosen: ὡμολόγησαν ϑεοῦ υἱὸν λαὸν εἶναι. Dieses Bekenntnis ist ganz im Sinn einer Akklamation zu verstehen: das göttliche Handeln an dem und durch den λαός wird rechtsgültig anerkannt. Überhaupt spielt die Akklamation zu dem Gerechten in der Sapientia eine erhebliche Rolle. Über das Subjekt der Akklamation und über deren Bedeutung soll ebenso wie über Parallelität und Unterschiedenheit zu Phil 2, 10–11 noch ausführlicher gehandelt werden.

Zunächst aber möchte ich nur dem Inhalt der Akklamation nachgehen. Der in der Sapientia ebenso wie in Phil 2 in der Akklamation ausdrücklich erwähnte Titel ist im Unterschied zu Phil 2 υἱὸς ϑεοῦ. Aber gerade dies scheint mir zur Lösung einer Schwierigkeit von Phil 2, 11 beizutragen, die auch KÄSEMANN[40] nicht hat klären können. Die Schlußwendung in Phil 2, 11 εἰς δόξαν ϑεοῦ πατρός verwirrt wegen des absolut gebrauchten πατήρ. Die formale Auskunft, hier liege eine jüdische Doxologie vor, hilft nicht weit. Wenn man der Spur nachgeht, die durch die Zitation von Jes 45, 23 angegeben ist, so entdeckt man in dem Phil 2 nicht mehr zitierten Lobpreis Jes 45, 24 das Stichwort δόξα. Die δόξα-Formel gehört also noch zu dem Inhalt der Akklamation, wofür sich auch formale Gründe anführen lassen[41]. Von daher stellt sich leicht die Frage, ob sich nicht das absolute πατήρ auf den im ersten Teil der Akklamation Prädizierten bezieht. Bei einem υἱὸς ϑεοῦ wäre das selbstverständlich. Man ist an das Weish 2, 16 von den Gottlosen über den Gerechten Gesagte erinnert: ἀλαζονεύεται πατέρα ϑεόν.

Man muß auch beachten, daß es für die Sapientia der δίϰαιος ist, der als υἱὸς ϑεοῦ bezeichnet wird. Der also wird göttlicher Ehren für würdig erachtet, der die δικαιοσύνη, von der gleich der erste Vers des Werkes spricht, zur Erscheinung bringt. Es wäre also durchaus im Sinne des durch die Sapientia vorgezeichneten Interpretationsgefälles, würde man in Phil 2, 11 als Akklamation lesen: ὁ δίϰαιος υἱὸς ϑεοῦ εἰς δόξαν ϑεοῦ πατρός. Eine solche Wendung wäre dann als Auslegung von Jes 45, 24 zu betrachten. Sollte also das ϰύριος Ἰησοῦς Χριστός eine ältere Formel verdrängt haben? Um diese Frage beantworten zu können, muß ich nun auf die Unterschiede zwischen Phil 2, 6–11 und der in der Sapientia sich ausdrückenden Theologie eingehen.

---

[40] AaO 88 f.
[41] E. PETERSON, *Εἷς ϑεός* (FRLANT NF 24), 1926, 133; vgl. 316.

18*

III.

Phil 2, 9–11 mißt dem Erhöhten eine Bedeutung bei, die der Niedrige, ja selbst der Präexistente noch nicht besessen hatte. Dies erklärt sich auf dem Hintergrund einer Tradition, wie sie in der Sapientia greifbar wird, zumal auch da die Erhöhung als Weltenwende verstanden ist. Dies Abhängigkeitsverhältnis springt um so deutlicher ins Auge, als andererseits das Christuslied im Gegensatz zur Sapientia dem Niedrigen auch ein eigenes präexistentes Sein zuschreibt, also von der Menschwerdung einer und derselben Person spricht, was in der Sapientia nicht geschieht. Diese spätjüdische Schrift kann von einer Vermehrung der Würde und Bedeutung des erhöhten Gerechten reden, *weil* sie zwischen ihm und der präexistenten Weisheit *differenziert*. Das Christuslied singt von einer neuen Funktion des Erhöhten, *obwohl* es den Menschen Jesus mit dem Präexistenten *identifiziert*. Welches Interesse hatte die christliche Gemeinde daran, auch von der Präexistenz des Menschen Jesus zu sprechen? Die Konfrontation von Phil 2, 6–11 und der Sapientia soll die Notwendigkeit dieser Frage deutlich machen. Sie läßt sich nicht umgehen durch die Auskunft, man habe in Anlehnung an das religionsgeschichtliche Erbe und um der Verständigung mit der Umwelt willen so gehandelt. Die Entwicklung der Christologie in der hellenistisch-jüdischen Umgebung forderte nicht notwendig und selbstverständlich ein Aufsaugen der Aussagen über die präexistente Weisheit durch die Christusgestalt. Es gibt genügend neutestamentliche Texte, die zwischen der göttlichen Weisheit und Christus differenzieren. Erst recht kann man die Präexistenzaussagen nicht als unausweichliche Konsequenz einer Tendenz bezeichnen, der Bedeutsamkeit Jesu einen für hellenistisches Verständnis angemessenen Ausdruck zu verleihen. Die Theologie des Lukas ist ein Beispiel dafür, daß man in hellenistischer Umgebung eine Christologie ohne Präexistenzvorstellungen entwickeln konnte. Das weitverbreitete $\vartheta\varepsilon\tilde{\iota}o\varsigma$-$\dot{\alpha}\nu\acute{\eta}\varrho$-Motiv implizierte auch gar keine personale Präexistenzvorstellung.

Die in Phil 2, 6 und 7 vorgenommene Identifikation zwischen Präexistentem und Menschgewordenem widerspricht wesentlichen Gründen, die die hellenistisch-jüdische spekulative Mystik bewogen hatte, zwischen Weisem und Weisheit zu differenzieren. Der Widerspruch läßt diese Gründe in einem noch helleren Licht erscheinen. Die Weisheit repräsentiert ja nicht nur das ewige Wesen Gottes[42], sondern auch dessen unzerstörbare Beziehung zur guten Schöpfung[43]; und so ist die Weisheit die unvergängliche Idee der Gotteswelt

---

[42] Dies wird besonders im Mittelteil der Sapientia dargestellt, vor allem in Kapitel 7 und 9.

[43] Das $\dot{\varepsilon}\nu\ \mu o\varrho\varphi\tilde{\eta}\ \vartheta\varepsilon o\tilde{\upsilon}\ \dot{\upsilon}\pi\acute{\alpha}\varrho\chi\omega\nu$ von Phil 2, 6 hat seine Entsprechung in den Aussagen über die Syzygie und Symbiose der Weisheit mit Gott (Weish. 8, 3f; 9, 4. 9f).

und des wirklichen Menschen. Dies hindert nicht daran, von der φιλανθρωπία der Weisheit im Retten und Richten zu sprechen[44]. Das οὐχ ἁρπαγμὸν ἡγήσατο τὸ εἶναι ἴσα θεῷ in Phil 2, 6 könnte auf den ersten Blick eine knappe Zusammenfassung der Aussagen über die Menschenfreundlichkeit der Weisheit sein, die sich in der Kondeszendenz und Prävenienz gegenüber Gottes Erwähltem äußert[45] und zu dessen Heil führt. Ich weise hin auf Weish 6, 16; 7, 11–14 und überhaupt die Kapitel 9 und 10, die von der Weisheit als der Gnadengabe Gottes und von ihrem erlösenden Wirken reden. Besonders aber wären 10, 13–14 und 7, 27 zu nennen. 10, 13–14 heißt es: αὕτη πραθέντα δίκαιον οὐκ ἐγκατέλιπεν, ἀλλὰ ἐξ ἁμαρτίας ἐρρύσατο αὐτόν· συγκατέβη αὐτῷ εἰς λάκκον καὶ ἐν δεσμοῖς οὐκ ἀφῆκεν αὐτόν [ἕως ἤνεγκεν αὐτῷ σκῆπτρα βασιλείας καὶ ἐξουσίαν τυραννούντων αὐτοῦ· ψευδεῖς τε ἔδειξεν τοὺς μωμησαμένους αὐτὸν καὶ ἔδωκεν αὐτῷ δόξαν αἰώνιον.] Hier wird bei aller Nähe zum Aufriß von Phil 2, 6–11 doch auch der ganze Gegensatz deutlich: Die Weisheit begibt sich zwar mit dem Weisen in Sklaverei und bis in die Gefangenschaft in den untersten Orten. Doch sie identifiziert sich nicht mit ihm als einer einzelnen Person und auch nicht exklusiv mit seinem Geschick. Das kann ja auch nicht anders sein, denn von der Weisheit gilt, daß ihr schöpferisches und erhaltendes Wirken sich in ewig gleichbleibendem Wechsel dem All zuwendet. Dies wird Weish 7, 27 in einer bezeichnenden Dialektik beschrieben: μία δὲ οὖσα πάντα δύναται καὶ μένουσα ἐν αὑτῇ τὰ πάντα καινίζει. Dieses schöpferische und erhaltende Wirken der Weisheit geschieht aber nirgends anders als in ihrem erlösenden Wirken; denn der nächste Satz wird mit einem einfachen καί angeschlossen, will also eine parallele Aussage machen: καὶ κατὰ γενεὰς εἰς ψυχὰς ὁσίας μεταβαίνουσα φίλους θεοῦ καὶ προφήτας κατασκευάζει. Das Wirken der Weisheit geschieht also dadurch, daß sie sich fortwährend in den Weisen inkorporiert. Diese Inkorporation wird nicht als personale Menschwerdung verstanden, sondern als mystische Bei- und Einwohnung, als ἱερὸς γάμος. Die alte Vorstellung von der Verborgenheit der Weisheit hat damit eine neue Ausprägung erfahren[46]. Verbergung geschieht hier zum Zweck ewig gleichbleibender Verwirklichung. Das Verhältnis zwischen Weisheit und Weisem spiegelt das Verhältnis Gottes mit der Weisheit wieder. So ist es nicht verwunderlich, daß die Sapientia eine sich in der Gleichartigkeit der Bezeichnungen ausdrückende Identität zwischen

---

[44] Weish 1, 6; 7, 23. [45] Weish 6, 12–20.
[46] Vgl. dazu R. BULTMANN, Der religionsgeschichtliche Hintergrund des Prologs zum Johannesevangelium (*ΕΥΧΑΡΙΣΤΗΡΙΟΝ*, Festschr. H. Gunkel II, FRLANT NF 19), 1923, 6ff; U. WILCKENS, Weisheit und Torheit (BHTh), 1959, 160–188; DERS., Artikel σοφία, ThW VI, 497 ff. Die Meinung, daß ein orientalischer Weisheitsmythos unmittelbar auf die Entwicklung der spätjüdischen Weisheit eingewirkt habe, kann ich allerdings nicht teilen. WILCKENS ist in dem Artikel im ThW von dieser These etwas abgerückt.

Weisheit und Weisem kennt, dem Weisen so auch letztlich göttliches Wesen zu-
schreibend. Es ist aber eine Identität des Wesens und nicht der Person. Die
individuale Differenzierung geschieht ebenso wie auch die Darstellung wech-
selhaften Geschicks, um die ewige Identität göttlichen Wesens aufzuzeigen und
die Bewegtheit der Geschichte als bloßen Schein zu entlarven.

Die Übertragung des Motivs der Präexistenz von der Weisheit auf Jesus in
Phil 2, 6 soll zeigen, daß es bei Jesus um die Wirklichkeit Gottes und deshalb
auch um die Wirklichkeit der Schöpfung[47], die Eigentlichkeit von Welt und
Mensch geht. Mit der spekulativen Mystik teilt man deshalb auch – wie bereits
erwähnt – die Erkenntnis von der dualistischen Verfaßtheit der faktischen
Situation. Aus diesem Grunde wird auch die Soteriologie der Kosmologie
vorgeordnet. Aber bei alledem überrascht doch die Knappheit der über das
präexistente Sein gemachten Aussagen. Hierin äußert sich bereits eine erhebliche Korrektur an den Anschauungen der spekulativen Mystik. Die Präexistenzaussagen sollen nicht mehr und nicht weniger als das Folgende als Offenbarungsgeschehen qualifizieren. Es ist deutlich, daß die Aussagen über das
vorgeschichtliche Sein nicht den eigentlichen Inhalt der Offenbarung ausbreiten, zu dem dann das Geschehen nur als Form der Offenbarung hinzuträte,
also nur vermittelnde oder gar nur pädagogische Funktion hätte. Schon die
unterschiedliche Quantität der Aussagen stellt heraus, daß nicht die kurze Erwähnung des präexistenten Seins, sondern die verhältnismäßig ausführliche
Darstellung des irdischen Geschicks den Offenbarungsinhalt meint. Das
Gefälle von Phil 2, 6ff beweist, daß die Präexistenzaussage für sich betrachtet
nichts hergeben soll, sie nie und nimmer zu klären vermag, was es mit Gott auf
sich hat[48].

So meint das $οὐχ\ ἁρπαγμὸν\ ἡγήσατο\ τὸ\ εἶναι\ ἴσα\ θεῷ$[49] bei näherem Zusehen
etwas völlig anderes als die Philanthropie eines göttlichen Mittelwesens. Nicht
eine Akkomodation, die nichts aufgibt, ist hier anvisiert. Die Gottgleichheit ist
gerade etwas, was preisgegeben wird, wo die wirkliche Offenbarung geschieht[50]. Die Offenbarung hat den Verlust der Gottgleichheit, die Aufgabe des
»Göttlichen« zur Voraussetzung. Die Polemik gegen das Pathos der weisheitlichen Präexistenzaussagen ist angesichts der Wahl des recht ungezwungenen
Ausdrucks $οὐχ\ ἁρπαγμὸν\ ἡγήσατο$ mit Händen zu greifen. Es erscheint mir
zweifelhaft, daß ein hymnisches Stück einen solchen, dem Ton nach im Ganzen

---

[47] Nicht um die Schöpfungsmittlerschaft.
[48] So auch KÄSEMANN, aaO 71.
[49] Zu dieser Wendung vgl. KÄSEMANN, aaO 69–71.
[50] KÄSEMANN hat die Deutung von V. 6 auf den Präexistenten ebenso endgültig klargestellt, wie er die Eintragung des Gedankens einer Versuchung des Präexistenten abgewiesen hat.

des Liedes doch auch wieder vereinzelten Ausdruck von Anfang an enthalten
haben soll. Der persiflierende Unterton deutet eher darauf, daß hier eine bestimmte, anders gerichtete Aussage vorausgesetzt wird, die auf diese Weise, sei
es ergänzend, sei es ersetzend, korrigiert wird.

Das ἐκένωσεν stellt endgültig sicher, daß von einem Aufgeben der Gottgleichheit des Präexistenten gesprochen – und damit gegen eine Grundtendenz
der spekulativen Mystik polemisiert werden soll. Subjekt des ἐκένωσεν ist zwar
der Präexistente, aber das ἀλλὰ ... ἐκένωσεν will einen Gegensatz zum Vorhergehenden beschreiben, was durch die Antithese μορφὴ θεοῦ – μορφὴ δούλου
unterstrichen wird. Es ist also mehr gemeint als nur ein innerer Vorgang.
OEPKE[51] sagt deshalb richtig, daß hier »als entferntes Obj. τοῦ εἶναι ἴσα θεῷ
sinngemäß zu ergänzen« ist. Das κενοῦν meint also ein »entleeren«. Warum
steht aber als unmittelbares Objekt das reflexive ἑαυτόν? Die Auskunft KÄSE-
MANNS[52] ist unzutreffend: »Auf die Frage, wie das möglich war (gemeint ist die
Menschwerdung), antwortet einzig das betonte ἑαυτόν, das auf den eigenen
Willen Christi weist und den Vorgang als Tat bezeichnet.« Ganz abgesehen
davon, daß hier überhaupt nicht nach dem Wie, sondern nach dem Was des
Vorgangs gefragt wird – den Verweis auf den Willen Christi würde wegen der
durch ἀλλά betonten Gegenüberstellung von V. 6 und V. 7 auch das Verb in
Verbindung mit einem τοῦτο leisten. Die Lösung kann nur darin bestehen, daß
das engere und das entferntere Objekt aufeinander bezogen sind, das heißt: die
Preisgabe des göttlichen Wesens ist auch eine Preisgabe des göttlichen Selbst.
Dies scheint völlig im Widerspruch zu dem vorher erwähnten Vorgang zu
stehen, daß nämlich die urchristliche Gemeinde von der Präexistenz einer geschichtlichen Gestalt, des irdischen Jesus, zu sprechen beabsichtigte, also von
einer personalen Identität. Wie kann angesichts dieser Betonung der Selbigkeit
von einer Preisgabe des Selbst gesprochen werden? Die Auskunft, hier solle ein
Wunder beschrieben werden, ist richtig; doch bleibt sie zu pauschal.

Verständlich wird die Aussage erst, wenn man erkennt, daß hier angesichts
einer dezidiert anderen Auffassung vom göttlichen Selbst und dem Selbst
überhaupt gesprochen, also eine profilierte Paradoxie geboten wird. Wenn
etwas der hellenistischen Religiosität gemeinsam war, dann die Frage nach der
anthropologischen (und der theologischen) Identität, das Problem der Selbigkeit und Beständigkeit im Wechsel der Dinge und Geschehnisse[53]. Was das
Selbst sei, was es mit ihm auf sich habe, was hier beständig sei und warum,
danach fragten alle Gruppen, wenngleich sie unterschiedliche Antworten

---

[51] Artikel κενοῦν, ThW III, 661. [52] AaO 72.
[53] Man vgl. dazu die von REITZENSTEIN, aaO 403–417 angegebenen Stellen.

gaben. Schon deshalb ist es nicht anzunehmen, daß die christliche Gemeinde, der wir diesen Text verdanken, dies nicht bewegt haben sollte. KÄSEMANN meint zwar[54]: »Die für uns vielleicht unvermeidliche Frage nach der Kontinuität der Person im Übergang stellen, heißt den Text überfordern, der mit dem ἀλλά nur den Gegensatz betont. Die Zuständlichkeit des Inkarnierten steht im Schatten des Vorgangs der Inkarnation. Und dieser Vorgang wird mythisch beschrieben.« Aber diese Alternative scheint mir nicht zutreffend zu sein. Der Prozeß der Mythisierung in der spekulativen Mystik und der Gnosis ist nämlich wesentlich an dem Identitäts- und Kontinuitätsproblem orientiert. Er gibt nicht erst inhaltlich, sondern auch schon durch die Mythisierung als solche die Antwort, daß das eigentliche Selbst, auch das des Menschen die ewige Wirklichkeit des Göttlichen ist. Sie ist, wie schon erwähnt, trotz aller differenzierenden Individuation eine und dieselbe. Die Selbigkeit wird ganz ausdrücklich auch als sich durchhaltende Substanz verstanden, als Pneuma[55]. So ist also das eigentliche und wirkliche Selbst nicht das Individuum, sondern das, was jenseits der Geschichte und der geschichtlichen Bewegung steht, das also, was un- und antigeschichtlich ist.

Von alledem aber spricht Phil 2, 6–7 nicht, woraus ich nur schließen kann, daß das mit Absicht geschieht. Das ἐκένωσεν ἑαυτόν steht im Gegensatz zu der Inkorporationsaussage der spekulativen Mystik, sei sie als Inspiration oder gar als ἱερὸς γάμος gedacht[56]. Ich möchte sogar annehmen, daß eine entsprechende Formulierung, die von der Einwohnung der Weisheit im Weisen sprach, durch die jetzige Formulierung verdrängt worden ist. Im Gegensatz zur spekulativen Mystik bekennt jetzt christlicher Glaube, daß Offenbarung und Erlösung dadurch in Gang gesetzt worden sind, daß das präexistente Gottwesen seine Göttlichkeit und sogar sein Selbst preisgegeben hat. Eigentlich dürfte dieses Wesen also gar nicht weiterexistieren. Dennoch wird erstaunlicherweise die Aussage gewagt, daß die Identität des Gottwesens in der Preisgabe des ewigen Selbst gewonnen wird. Es ist höchst aufregend, daß dies ausgerechnet durch die folgenden Wendungen ausgedrückt wird, die für sich betrachtet doketisch wirken. Das ἐκένωσεν ἑαυτόν wird nämlich durch die folgenden Partizipien erläutert. Die Selbstpreisgabe geschieht in der Annahme dessen, was dem Göttlichen entgegengesetzt und deshalb nichtig ist. Damit bewegt sich die christliche Aussage durchaus noch in der Logik des religionsgeschichtlichen Vorstellungshorizontes, aus dem heraus geredet wird. Für die spekulative Mystik wäre wirkliche Annahme der Menschlichkeit in der Tat Selbstpreisgabe des

---

[54] AaO 72.
[55] Vgl. die Stellen 1, 5. 6. 7; 7, 7. 22f; 9, 17; 12, 1 miteinander.
[56] Beide Motive wechseln in Weish 7–9 miteinander.

Göttlichen. So ist der Satz für die ehemaligen jüdischen Glaubensgenossen der urchristlichen Gemeinde durchaus verständlich – als ein »häretischer« nämlich. Das was man sich dort unter Heil und unter Ermöglichung von Heil vorstellt, wird hier gerade aufgegeben. Nicht die rettende Ewigkeit des Göttlichen, sondern die Nichtigkeit des Menschlichen wird zum Ausdruck der Identität des Offenbarers. Das, was allein erlösende Kraft und Wirkung hat, das göttliche Selbst, soll nun preisgegeben sein und die Erlösung durch die Wirklichkeit des Nichts bewirkt werden. Der Dualismus ist zwar als Denkvoraussetzung erhalten geblieben, aber dadurch in seinem Kern verkehrt worden, daß er auf das göttliche Geschick übertragen worden ist. Er ist dadurch einerseits radikalisiert, andererseits aber durch die Behauptung der Identität des Gottwesens in seiner Erfahrung des totalen Gegensatzes überwunden worden.

Die Verbindung der partizipialen Ausdrücke mit den finiten Aussagen ἐκένωσεν ἑαυτόν und dem parallelen ἐταπείνωσεν ἑαυτόν dient – wie gesagt entgegen der ursprünglichen Intention – der Darstellung der vollen Menschwerdung. Man darf aber daran zweifeln, daß diese doch spannungsreiche Verbindung nur zur Anzeige des religionsgeschichtlichen Gegensatzes als solchem dient. Die distanzierende Redeweise dürfte in dem sehr gedrängten Stück doch wohl auch eine eigene sachliche Bedeutung haben[57]. Auch das christliche Bekenntnis will nicht sagen, daß der Offenbarer und Erlöser ein Allerweltsmensch geworden sei. Nicht die völlige Gleichheit mit allen Menschen, sondern die Analogie ist behauptet. Doch der Vorbehalt besteht nicht darin, »daß Christus auch Mensch im Kern seines Wesens der geblieben ist, der er vorher war«[58]. Nicht die Vorgeschichte als solche kann das Besondere hergeben, da der Rückgriff darauf durch das ἐκένωσεν ἑαυτόν verlegt ist. Das Besondere liegt darin, daß hier eine einzelne, unverwechselbare Menschengeschichte erzählt ist, nichts Typisches wie in der spekulativen Mystik, sondern etwas Einziges. Darauf deutet nicht nur das Gefälle der Verse 7 und 8 insgesamt, sondern vor allem auch das Nebeneinander von ἐν ὁμοιώματι ἀνθρώπων γενόμενος und von καὶ σχήματι εὑρεθεὶς ὡς ἄνθρωπος.

Schaut man auf dieses beiden Wendungen abgesehen von ihrem Kontext, so verraten sie sich als ein Parallelismus membrorum[59]. Nimmt man den Kontext hinzu, so wird dieser Parallelismus zerstört. Ist doch LOHMEYER[60] darin zuzustimmen, daß das ἐταπείνωσεν ἑαυτόν keinen Satzanfang bilden kann, weil dies

---

[57] Darauf haben J. SCHNEIDER, Artikel ὁμοίωμα, ThW V, 196f, und vor allem KÄSEMANN aaO 74–75, hingewiesen.
[58] So SCHNEIDER, aaO. Dagegen mit Recht Käsemann, aaO.
[59] So richtig BULTMANN in der Besprechung von LOHMEYER, DLZ, 51, 1958, 778.
[60] Kyrios Jesus, 1961, 38.

zu hart ist. Die Parallelität dieser Aussage zu dem ἐκένωσεν ἑαυτόν ist auch nicht zu übersehen und verlangt wegen des gleichen Subjekts nach einer verbindenden Partikel. Sie ist in dem καί vor σχήματι gegeben. Die Schwierigkeit läßt sich leicht lösen, wenn man annimmt, daß der Parallelismus membrorum die ursprüngliche Form des Liedes war – wofür auch noch andere deutliche Spuren sprechen[61] –, dann aber durch eine christliche Überarbeitung gesprengt[61a] und in eine andere Form überführt wurde, die des Dreizeilers, einer poetischen Form, die in der frühchristlichen Dichtung ihre Analogien hat[62]. Die christliche Überarbeitung hat das καὶ σχήματι εὑρεθεὶς ὡς ἄνθρωπος von dem an sich parallelen ἐν ὁμοιώματι ἀνθρώπων γενόμενος abgehoben und so eine differenzierende Nuance gewonnen, die durch das folgende ἐταπείνωσεν ἑαυτόν samt dem erläuternden γενόμενος ὑπήκοος μέχρι θανάτου vollends geklärt wird. Die Trennung des Parallelismus hebt den Unterschied des Singulars εὑρεθεὶς ὡς ἄνθρωπος gegenüber dem vorhergehenden Plural heraus. Das übernommene Menschsein wird zum konstatierbaren Einzelgeschick. Darin bekundet sich die Tatsache, daß die Selbstpreisgabe des Gottwesens sich nicht nur in der Annahme des Menschseins äußert, sondern sogar auf die Selbsterniedrigung zielt.

Es ist nicht von ungefähr, daß ταπεινοῦν und ταπεινός in der Sapientia fehlen, obgleich diese und ähnliche Begriffe in der weisheitlichen Literatur und bei Deuterojesaja verhältnismäßig zahlreich sind und die Sapientia doch das Motiv der Kondeszendenz kennt. Aber für die Sapientia bleibt nicht nur das wahre Gottsein, sondern auch das wahre Menschsein außerhalb und oberhalb der diesseitigen Menschennorm. Dies wird durch das diesseitige Geschick des Gerechten manifestiert, wobei vor allem auch die Überlegenheit über die Grenzen menschlichen Einzeldaseins demonstriert wird[63].

In Phil 2, 8 wird erstaunlicherweise das Gottesverhältnis nicht unmittelbar angesprochen – was den Exegeten immer wieder Not bereitet hat. Menschliche Befindlichkeit im Sinne von Einzeldasein und Einzelgeschick sind die nächsten Orientierungspunkte, die der Text angibt. Im weiteren wäre noch das

---

[61] Vgl. 9a mit 9b und 10a mit 11a. S. J. JEREMIAS, Studia Paulina in Honorem J. de Zwaan, 1953, 153 f.

[61a] Eine christliche Überarbeitung des Liedes nimmt auch BULTMANN, aaO an.

[62] LOHMEYER, aaO 10.

[63] Auch in der Apokalyptik ist das Motiv der Niedrigkeit nicht begrifflich fixiert. Sieht man näher zu, so erkennt man, daß auch in der Apokalyptik der Gerechte durch das Leid im Kern seiner Existenz ebensowenig tangiert wird wie der Gerechte in der spekulativen Mystik. Die spekulative Mystik radikalisiert nur die apokalyptische Anschauung von der prinzipiellen Jenseitigkeit und Ungeschichtlichkeit des Wesens des Erwählten.
Auch die Qumrantexte liefern keine Parallele zu Phil 2, 8, denn hier wird ענוה als die Haltung der Demut verstanden und ist außerdem am Gesetz ausgerichtet.

δοῦλος von V. 7 zu nennen, weil es Parallelbegriff zu ὑπήκοος ist[64]. Das τα-πεινοῦν meint also im Gegensatz zu Apokalyptik, Gnosis und essenischer Theo-logie die radikale Beschränkung auf menschliches Dasein im Sinne des kon-kreten, auf die zufällige geschichtliche Situation beschränkten Daseins eines Einzelnen. So ist auch keine Haltung oder Tugend im Blick, sondern konkretes geschichtliches Tun und Erleiden, tätige Anerkennung der Zufälligkeit und Begrenztheit des Menschenlebens in all seinem Ausgeliefert- und Bedingtsein, seiner Unabgeschlossenheit und Unvollkommenheit. Nicht nur sprachliche, sondern auch sachliche Gründe deuten so darauf, daß V. 8 eine korrigierende Ergänzung des ursprünglichen Liedes darstellt.

Dabei greift in einer gewissen Hinsicht die christliche Korrektur auf die Sprache der israelitischen Erfahrungsweisheit zurück, wie sie in neutestament-licher Zeit noch sprichwortartig gegenwärtig ist[65]. Ist doch in dieser Form der Weisheit עֲנָוָה »Unterordnung unter die Weltordnung«[66]. Auch wenn diese Weltordnung »für israelitisches Verständnis von Jahwe gesetzt ist«, die Unter-ordnung also die »unter Jahwe« ist, so läßt sich doch nicht übersehen, wie spar-sam man mit unmittelbaren Aussagen dieser Art umgeht, wie sehr man es liebt, dieses ständige Bezogensein menschlichen Seins auf Jahwe nur mittelbar durch den Hinweis auf die erlebte Begrenzung von Dasein und Geschick deutlich zu machen. Diese »Profanität« der Sprache findet sich auch Phil 2, 8.

Das in der älteren Weisheit Gemeinte ist nun aber auch wieder radikalisiert und kritisch verändert. Zwar hat Phil 2, 8 mit der Erfahrungsweisheit die Tendenz gemeinsam, eine Aussage über das Menschsein überhaupt durch den Bezug auf alltägliches Leben zu gewinnen, aber die Alltäglichkeit ist jetzt zugespitzt auf die eines Einzigen[67].

---

[64] Ähnlich auch KÄSEMANN, aaO 77–81 – allerdings mit etwas anderen Folgerungen.

[65] Mt 18, 4; 23, 12; Lk 14, 11; 18, 14. Vgl. dazu Bill. I, 774. Diese jüdischen Texte stellen klar, daß bei diesem Sprichwort kein eschatologisches Verständnis obwaltete. Dieses be-wirkt erst eine ›interpretatio Christiana‹.

[66] E. KUTSCH, Artikel Demut II, RGG³ II, 77.

[67] Diese Auskunft bedeutet für eine differenzierende religionsgeschichtliche Beobach-tung die Bündelung und Verdichtung einer sehr langen, bewegten und ungeheuer viel-schichtigen kritischen Auseinandersetzung, wie sie im Bereich der israelitisch-jüdischen Weisheitsbewegung ausgetragen worden ist. Hegte die Erfahrungsweisheit Israels die Hoffnung, innerhalb der dem Menschen gesteckten Grenzen einen eigenen Lebensraum zu gewinnen und zu gestalten, dehnte die theologische Weisheit namens der nun als gött-liche Offenbarungspotenz verstandenen חָכְמָה diesen Raum über die Grenzen des unmittel-bar Zugänglichen bis in das Jenseits der Schöpfung aus, so beschränkte die weisheitliche Skepsis (vgl. G. v. RAD, aaO I, 451–457) umgekehrt diesen Raum nahezu auf ein Nichts, nämlich auf das von Gott je und dann Zugeteilte. Alle späteren Zweige der jüdischen Weisheitsbewegung sind beeinflußt von der weisheitlichen Skepsis und reden deshalb nicht von einer unmittelbaren Zugänglichkeit Gottes oder seiner Weisheit, sondern nur von

Phil 2, 8 schließt nicht nur den Optimismus früherer Weisheit, nicht nur den in der Sapientia bekämpften Trotz der Stärke aus, der mit Resignation gepaart ist, sondern auch die Versuche, gleichsam unter göttlichem Vorbehalt pneumatische Inseln zu bilden und in charismatisch-mystischer Weise die Menschlichkeit des Menschen zu überspielen oder gar zu leugnen. Die völlige Konzentration auf den Zufall eines Einzelschicksals erinnert geradezu an die Rede der weisheitlichen Skepsis vom Menschen und den ihm zugewiesenen Teil. Nur wird eben dieses Schicksal als bewußt übernommen und durchlitten vorgestellt und, was noch mehr ist, als ganzes und volles Leben verstanden. Es wird als vollendetes Wagnis berichtet, daß einer sich der bedrängenden Bedingtheit eines Menschenlebens stellte, sie anerkannte und aushielt, ohne sie als Ruhm oder Verhängnis, als Verklärung oder als Teufelei zu nehmen.

Der religionsgeschichtliche Hintergrund hilft so dazu, die Bestimmung des ὑπήκοος genauer zu treffen, vor allem wenn man mit KÄSEMANN den gleichzeitigen Bezug auf θάνατος einerseits und εὑρεθεὶς ὡς ἄνθρωπος und δοῦλος andererseits mitbedenkt. Während das Geschick des Gerechten in der Sapientia offenbart, daß er nicht den Bedingungen menschlicher Vorfindlichkeit unterworfen ist und diese, insbesondere der Tod, Mächte eines teuflischen Trugs sind, wird nach Phil 2, 8 durch das Ertragen der Bedingungen des Menschseins aufgedeckt, daß die Mächte einschließlich des Todes nur Ausdruck für die mannigfache Bedingtheit und Begrenztheit menschlichen Daseins sind, die nur insofern Anerkennung verdienen. Gerade dies, was der spekulativen Mystik als ein Untergang in der Sklaverei, als ein teuflischer Selbstbetrug erscheinen muß, das bewußte Eingehen auf die Bedingungen menschlicher Vorfindlichkeit, versteht Phil 2, 8 als Gehorsam, sieht also in dem Gehorsam das Ja zum eigenen als *irdischem* Leben.

Das einigt Phil 2, 6–8 mit der spekulativen Mystik der Sapientia, daß die Darstellung eines bestimmten Geschehens als solche schon als die Epiphanie des Urbildlichen und ewig Gültigen angesehen wird, hier also als die Erscheinung des eigentlichen Lebens. Besagt dies aber, daß die vorchristliche Struktur der Offenbarung erhalten geblieben ist? Sollte KÄSEMANN mit folgenden Sätzen recht haben[68]? »Gleichzeitig wird jedoch klar, daß man zu Unrecht die Kenosislehre in unserem Hymnus fand. Denn die Erniedrigung ist nur eine Phase

---

einer wunderbaren, charismatisch vermittelten. Aber eben diese charismatische Gegebenheit wird zu einer pneumatischen Privatsphäre ausgebaut, die zum Heilsort wird und gleichsam ein Tor zu einer weiten Welt besitzt. Zwar stellt sie nicht die unmittelbar greifbare Wirklichkeit dar, aber doch die eigentliche und dauernde. Bei der Apologetik öffnet sich der Weg in eine vergrößerte, bereicherte und schönere Welt, bei der Apokalyptik in eine radikal neue Welt, bei der spekulativen Mystik in eine völlig jenseitige Welt.

[68] AaO 80f.

auf dem Erlöserweg, die als solche eben nicht isoliert werden kann und darf. So ist der Erniedrigte ja auch nicht irgendein Mensch, sondern der Anthropos. Das ist das Recht der Interpretation LOHMEYERS. Das gibt die Möglichkeit dafür, daß Manifestation des Gehorsams als himmlische Offenbarung betrachtet wird … Der Anthropos bleibt himmlisches Wesen …. Er offenbart Gehorsam, aber er macht ihn nicht zur Imitation vor. Er ist Urbild, nicht Vorbild, um es zugespitzt zu sagen. Darum braucht nicht erörtert zu werden, wem gegenüber der Gehorsam erfolgt. Es kommt ja alles auf die Epiphanie des Gehorsamen an.« Dies wäre im wesentlichen das, was die spekulative Mystik auch sagen könnte. So eingekleidet könnte sie sogar vom Gehorsam reden. Die christliche Korrektur, mit der wir es zu tun haben, will aber auf etwas anderes hinaus. Es liegt alles daran, die »Phase« der Erniedrigung in ihrer Flüchtigkeit als volle Wirklichkeit zu erfassen. Die weltbewegende Gültigkeit und Wirksamkeit dieses Geschehens liegt in der radikalen Selbstbeschränkung auf den Einzelfall. Der Rekurs auf das Anthroposmotiv hilft hier nicht weiter, weil die weisheitliche Version des Urmenschmythos in der Jetztgestalt von Phil 2, 6–8 im Kern verwandelt ist. Das Urbild wird nicht mehr im Jenseits gesucht und gefunden, auch nicht als aus dem Jenseits transponiert und transformiert angesehen, sondern als hier geschehend und anwesend bekannt. Es kommt alles auf die Geschichtlichkeit des Gehorsams *dieses Einen* an. Weil *dieser Eine* voll und ganz zu seinem konkreten Menschengeschick gestanden hat, deshalb wird *dieses* Geschick als entscheidendes Geschick bekannt, das alles zu erhellen vermag, als Offenbarung also.

Aber wie kann die Einsamkeit eines Augenblicks, der im Getriebe der Welt verschlungen wird, Offenbarung sein? Diese Frage wird zunächst noch verstärkt, wenn man das Verhältnis zum zweiten Teil des Liedes mitbedenkt. Hier wird ein neues Subjekt eingeführt, das vorher gar nicht erwähnt war. Die Szenerie ist völlig verändert. Auch das Geschehen ist von ganz anderer Art. Fast könnte man denken, die beiden Hälften des Psalms gehörten gar nicht zusammen. Als einzige Klammern dienen das überleitende διό und das zweimalige Ἰησοῦς, das aber erstaunlicherweise im ersten Teil des Liedes gar nicht vorkommt[69].

Ein kurzer Blick auf die Aussagen der Sapientia über die Errettung und Erhöhung des Gerechten verschärft den Eindruck eines ausgeprägten und betonten Gegensatzes in der jetzigen Darstellung von Phil 2, 6–11, besonders auch was das Verhältnis der Verse 9–11 zu den vorhergehenden angeht. In der

---

[69] In der jüdischen Fassung des Liedes wird auch ein διό gestanden haben, aber ähnlich wie Weish 3, 1–9 und 4, 10–17 verstanden worden sein. Entsprechend muß die durch Phil 2, 8 verdrängte Aussage gelautet haben.

Sapientia hängt alles an der Aufdeckung der Unversehrtheit und Unvergänglichkeit des Wesenskerns des Gerechten und damit der Gottesbeziehung. Die
Entbergung dieser Wahrheit ist die Offenbarung, wie etwa die oben zitierte
Stelle Weish 2, 21–23 beweist. Deshalb liegt es der Sapientia daran, Querver-
bindungen zwischen den Etappen des Geschicks des Gerechten zu ziehen, das
ständige Vorhandensein der Heilsgaben festzustellen und in diesem Geschick
statt Gegensätze Übergänge nachzuweisen.

Phil 2, 6–11 nennt dagegen keine Zeichen göttlicher Heilsgarantie in dem
beschriebenen irdischen Geschehen, keine göttliche Integrität, die sich durchhält. Es erzählt vielmehr, daß der Menschgewordene bis zum Tode versehrt
wurde, also schließlich nicht mehr existierte. Das Schweigen über Gott in der
Schilderung dieses Lebens ist sehr auffällig. Natürlich kann man aus V. 9
logisch schließen, daß eine Rede vom Handeln Gottes ein Wissen um Gottes
Vorhandensein voraussetze. Aber an einer solchen Auskunft über eine bloße
Existenz Gottes ist der Text bezeichnenderweise nicht interessiert. Er redet erst
da von Gott, wo er ein Handeln Gottes berichten kann. Dieses Handeln aber
setzt für den christlichen Redaktor des Liedes das Aufhören der Existenz des
Menschgewordenen voraus. Das überleitende διό zeigt sogar, daß die totale
Disintegrierung des Menschgewordenen der Grund für Gottes Tun ist. Es ist
nicht das Eingreifen eines ›deus ex machina‹; denn das göttliche Wirken ist
dadurch bedingt und ermöglicht, daß das vorherige Geschehen wirklich zu
Ende gekommen ist. Dies ist das zweite Paradox des Textes, das dem Paradox
der Menschwerdungsaussage spiegelbildlich entspricht: die Anerkennung und
das Erleiden der völligen Bedingtheit menschlichen Daseins durch Leben und
Sterben des Menschgewordenen schafft die Bedingungen für Gottes freies
Handeln. Erst der Tod Jesu setzt Gott ins Werk.

Wenn so das christliche Lied gerade das leugnet, was nach der Anschauung
der spekulativen Mystik Offenbarungsindiz ist, so dürfte das, was an die Stelle
tritt, für die christliche Gemeinde Kennzeichen der Offenbarung sein: Diskontinuität und Gegensatz, die nur im Paradox zu erfassen sind. Deshalb kann
der erste Teil des Liedes auch nicht nur als stummes Vorspiel des zweiten und
dieser als Beschreibung des eigentlichen Offenbarungsgeschehens angesehen
werden. Umgekehrt will der zweite Teil auch nicht nur das Nachspiel des
ersten wiedergeben. Beide Teile sind gleichgewichtig. Beide zusammen meinen die christliche Offenbarung. Aber in welchem Verhältnis sie zueinander
stehen, ist damit noch nicht genau gesagt. Man könnte mit der Sapientia versuchen, Unanschaulichkeit und Anschaulichkeit der beiden Phasen als Kennzeichen zu nehmen. Doch ist es dem Offenbarungsverständnis der Sapientia
gerade eigen, daß dieser Gegensatz von Unanschaulichkeit und Anschaulichkeit

nur für die Gottlosen gilt, während für die Gerechten das Geschick des Gerechten unmittelbar sprechend ist; denn es ist typisches Geschick. Daß das für
die christliche Zeichnung so nicht zutrifft, ist bereits gesagt. Aber auch für den
zweiten Teil trägt die Parallele nicht bis zum Eigentlichen: eine Identifizierung
mit dem Erhöhten ist für den spekulativen Mystiker gegeben, für den Christen
aber ausgeschlossen. Außerdem kann von Anschaulichkeit in dem zweiten Teil
des Liedes auch nicht gesprochen werden. Während es nach der Sapientia
gottlose *Menschen* sind, die, durch Gottes Eingreifen überführt, akklamieren,
sind es – wie vor allem D_IBELIUS_ und P_ETERSON_ nachgewiesen haben[70] – nach
Phil 2, 10 *Mächte*. Wie sich gleich noch zeigen wird, scheint der christliche
Sänger auf diesen Unterschied Wert zu legen. Phil 2, 9–11 bietet jedenfalls nicht
die unmittelbare Entbergung des Geheimnisses der Offenbarung für die Menschenwelt, sondern eine neue Verbergung. Der Einwand K_ÄSEMANNS_[71] gegen
B_ARTH_ ist berechtigt, daß unser Text nicht das Erkenntnisproblem zum Gegenstand gemacht hat. Von Offenbarung wird unter anderen als unter noetischen
Rücksichten gesprochen.

Um welchen Aspekt es geht, macht das geschilderte Geschehen deutlich: um
den des Rechts, denn es handelt sich um ein Rechtsgeschehen. Das erinnert
wieder an die Sapientia. Auf die Parallelen in bezug auf den Erhöhungsvorgang
und die Akklamation habe ich bereits verwiesen. Ich deutete auch bereits an,
daß das δικαιοσύνη-Motiv hier eine Rolle spielt. δικαιοσύνη ist für Sapientia
die Ewigkeit und Unveränderlichkeit der Bindung Gottes an eine ideale Welt[72].
Der alttestamentliche Bundesgedanke ist hier ins Extrem gesteigert[73]. Da diese
Gottesbindung ewig ist, ist sie faktisch mit der Seinsordnung identisch. Dies
wird vor allen an der Gleichsetzung von Weisheit und Gesetz deutlich[74]. Das
Gesetz, das man im Auge hat, ist das Weltgesetz – wieder eine Steigerung alttestamentlichen Denkens. Angesichts des Bestehens der phänomenologischen
Welt ist es notwendig, daß das Ewige immer wieder neu epiphan wird. Dies
geschieht in den Gerechten. Hier erscheint die Gerechtigkeit. Durch das rettende und erhöhende Eingreifen Gottes wird dieser Sachverhalt zur ewigen
Gültigkeit gebracht, endgültig gemacht. Der Gerechte wird aufgrund seines
zur Erhöhung führenden Geschicks zum Kriterium, zur beständigen Norm,

---

[70] M. D_IBELIUS_, An die Thessalonicher I, II, An die Philipper (HNT 11), ³1937, 79;
P_ETERSON_, aaO 259, 2; 326.
[71] AaO 57f.
[72] Die Stellen Weish 1, 1. 15; 5, 6. 18; 8, 7; 9, 3; 12, 16; 15, 3. Natürlich dann auch alle
Stellen, die vom δίκαιος reden.
[73] Besonders deutlich 15, 3.
[74] 6, 18. Die Kapitel 6–10 setzen außerdem deutlich Sir 24 voraus. Vgl. auch Weish 2, 12;
16, 6; 18, 4 und 9.

an dem sich das Schicksal der Gottlosen entscheidet[75]. Die von ihnen ausgesprochene Anerkennung bedeutet ihr eigenes Todesurteil. Die Zukunftsaussagen der Sapientia dienen dazu, diesen Gegensatz zwischen der Vergänglichkeit der Gottlosigkeit und der Ewigkeit der Gerechtigkeit zu unterstreichen. Die Rechtsaussagen dienen also der Herausarbeitung der Gültigkeit, Wirksamkeit und Dauer der Offenbarung. Das eigene Gewicht von Phil 2, 9–11 neben 6–8 erklärt sich am einfachsten, wenn hier die Gültigkeit und Geltung der Offenbarung beschrieben werden soll.

Der Rechtsgrund für dieses Rechtshandeln Gottes ist aber ein ganz anderer als in der Sapientia, und dementsprechend sind auch die Folgen andere. Nicht die Beständigkeit des Ewigen auch im jeweiligen Zeitlichen ist der Grund, sondern die radikale Vergänglichkeit des Menschgewordenen. Sie wird auch nicht durch die Ewigkeit nachträglich aufgehoben. Die zweite Hälfte des Liedes besagt vielmehr, daß die Ewigkeit zu einem Modus *dieses* irdischen Augenblicks, das Jenseits zu einer Funktion *dieses* Menschen geworden ist. Das διό verbindet die Erhöhung unlöslich mit dem irdischen Geschick des Menschgewordenen. Außerdem ist die Erwähnung des geschichtlichen Namens auffälligerweise bis zur Darstellung der Erhöhung verzögert worden. Natürlich impliziert die Erhöhung eine Erweckung zum Leben. Aber an der Feststellung eines bloßen Lebendigseins ist der Text ebenso wenig interessiert wie vorher an dem Konstatieren eines Vorhandenseins Gottes. Es dürfte auch schon klar geworden sein, daß die Erhöhung nicht einfach als eine Prolongation des irdischen Lebens Jesu angesehen werden kann. Das völlige Abgeschlossensein einerseits und der Neuanfang andererseits sind ganz klar ausgedrückt. Aber beides gehört eben zusammen. Wegen der Abgeschlossenheit einerseits kann von der Erhöhung andererseits geredet werden. Weil Jesus gestorben ist, kann sein Name von einer weltbewegenden Geltung, seine Person von einer weltbeherrschenden Wirkung sein. Das Problem der Kontinuität und Identität der Person wird – wieder veranlaßt durch die religionsgeschichtliche Diskussion – noch einmal aufgenommen und erneut so beantwortet, daß sie in der Diskontinuität und der Preisgabe der Identität zu finden ist.

Das Ἰησοῦς im zweiten Teil des Liedes fällt auch deshalb auf, weil es sich zunächst der Behauptung des Liedes sperrt, dem Erhöhten sei ein überlegener Name verliehen worden. Daß dieser Name nicht der *Jesus*name sein kann, ist eindeutig; also kann es nur die *Kyrios*bezeichnung sein[76]. Die Spannung im Text wirkt geradezu unerträglich, wenn es stimmt, daß der christliche Bear-

---

[75] Vgl. die Kapitel 2–5 und 16–19, besonders 3, 10 und 4, 14–20; 5, 5 f.
[76] Dies ist heute fast zur ›*communis opinio*‹ geworden.

beiter nicht nur das 'Ιησοῦς ergänzt hat, sondern gleichzeitig auch das Κύριος 'Ιησοῦς Χριστός. Das bedingt natürlich, daß auch die Wendung τὸ ὑπὲρ πᾶν ὄνομα auf Konto des Bearbeiters geht[77]. Es würde bei einem nach dem Parallelismus membrorum gebauten Gedicht überschießen. Der Bearbeiter hätte dann nicht nur das für das Empfinden der spekulativen Mystik befremdliche Werk unternommen, einen zufälligen geschichtlichen Namen in die Schilderung eines jenseitigen Vorgangs einzubauen, sondern gar noch unmittelbar mit dem Namen zusammenzubringen, den bei aller Tendenz zur Vergottung selbst die spekulative Mystik noch Gott allein vorbehalten hatte: den Jahwenamen. Es ist nämlich wohl unbestreitbar, daß es sich bei Kyrios um den alttestamentlichen Gottesnamen handelt[78]. Der Zusatz τὸ ὑπὲρ πᾶν ὄνομα zeigt in Verbindung mit ὑπερύψωσεν an, daß der Bearbeiter weiß, was er tut. Es geht nicht um eine Prädikation neben vielen anderen, sondern um den Namen schlechthin. Die christliche Gemeinde behauptet also, Jesus sei Jahwe geworden. KÄSEMANN meint[79]: »Daß damit nicht Gottes Gottheit angetastet werden soll, liegt schon von da aus auf der Hand, daß Gott selbst Christus in diese Würde einsetzt, und wird in der Schlußzeile unterstrichen.« Dies ist zwar für das Selbstverständnis der christlichen Gemeinde richtig[80]. Aber es läßt sich nicht übersehen und wird von dem christlichen Bearbeiter des jüdischen Liedes sicher nicht verkannt worden sein, daß hiermit für jüdische Ohren der Tatbestand der Gotteslästerung eindeutig erfüllt worden war. Dies mußte doppelt schwer wiegen, weil der Bearbeiter offensichtlich von jüdischer Tradition und damit gewiß auch von jüdischer Herkunft war.

Doch damit ist noch nicht geklärt, was mit der Übertragung des Jahwenamens auf Jesus gemeint ist. KÄSEMANNS[81] Verfahren, die Beziehung zu den Akklamierenden und die zu dem Geschehen des ersten Teils des Liedes auszuwerten, ist das allein angemessene. Ist die von KÄSEMANN so betonte Aussage[82], daß hier Mächte und nicht Menschen akklamieren, überall in der hellenistischen und hellenistisch-jüdischen Welt möglich? Gegenüber dem alttestamentlichen Text bedeutet sie jedenfalls eine Erweiterung. Dort ist nur insofern von einer »kosmischen Proskynese« die Rede, als dort die Menschenwelt gemeint ist (genauer gesagt: alle Heidenvölker). Bezeichnenderweise ist dieser Universalismus von der Apokalyptik und von der spekulativen Mystik nicht übernommen worden, obgleich ihn die hellenistisch-jüdische Apologetik in imponierender Weise ausgebaut hatte. Die Sapientia kennt nur eine Akkla-

---

[77] Nicht der Sohnesname, sondern nur der Kyriosname ist in der Sapientia exklusiv gebraucht.
[78] KÄSEMANN, aaO 84f.   [79] KÄSEMANN, aaO 85.
[80] S. unten S. 291.   [81] AaO 89f.   [82] AaO 85–90

mation durch die gottlosen Menschen[83]. Sie versteht diesen Akt der Zustimmung nicht nur als eine Anerkennung des göttlichen Rechts, sondern auch als
Zugeständnis der eigenen Verlorenheit der Gottlosen, also als Selbstverflu-
chung, der dann auch die endgültige Vernichtung auf dem Fuß folgt. Hier ist
also wohl eine Überwindung des Dualismus im Blick, aber um den Preis der
Vernichtung der gottlosen Welt. Diese bereits durch die Apokalyptik vertretene Lösung des Problems der Gottlosigkeit findet sich in der gesamten Gnosis,
selbst und gerade da, wo stärker von Mächten die Rede ist als von Menschen[84].

Vergleicht man aber Phil 2, 10–11 mit den Anschauungen der Sapientia, dann
fällt nicht nur die Erwähnung von Mächten auf, sondern auch dies, daß hier
unqualifiziert von ihnen gesprochen wird. Es wird nicht mehr zwischen guten
und bösen Mächten geschieden, sondern von allen zusammen gesprochen.
Daß auch ursprünglich gottfeindliche Mächte mit eingeschlossen sind, zeigt
spätestens die Erwähnung der Unterirdischen. Diese dualistische Differenzierung wird eben nicht aufrechterhalten. Alle Mächte stehen nun in einem Chor.
Dies schließt den Gedanken an eine Vernichtung der gottfeindlichen Kräfte
aus. Im Gegenteil, die Einheit der Welt wird unter Einschluß der gottlosen
Welt bekannt. Was vorher in der Darstellung des Geschicks des Menschgewordenen ausgesagt wurde, die Überwindung des Dualismus, das wird nun zu
kosmischer Gültigkeit erhoben. Die Erwähnung der Mächte, die eine drei-
geteilte Welt beherrschen, entspricht also der Tendenz des christlichen Bearbeiters des jüdischen Liedes, der damit eine Formel übernommen hat, wie sie
in verschiedenen Gruppen eines monistisch-orientierten hellenistischen Synkretismus zu finden war. Diese Annahme eines Zusatzes wird wieder dadurch
unterstrichen, daß ohne die Erwähnung der Mächte der Parallelismus membrorum glatter wäre, durch sie aber die Dreizeiligkeit hergestellt wird. In die
gleiche Richtung wie dieser Zusatz weist auch die Änderung des Futurs des
alttestamentlichen Zitates in den Konjunktiv des Aorists. Sie dürfte also wohl
auch durch den christlichen Redaktor vorgenommen worden sein.

Jesus ist insofern Jahwe geworden, als er Herr der Welt geworden ist. Dies
entspricht ebenso der alttestamentlichen Vorstellung von Jahwe wie auch dies,

---

[83] Weish 5 und 18.

[84] Ein Sonderproblem stellt die sogenannte judaisierende Gnosis dar, die uns in ihrer
christlichen Spielart zuerst in Gestalt der Häresien des Galaterbriefes, des dritten Fragments
der philippischen Korrespondenz (das heißt eines späteren als des, zu dem das Lied gehört),
des Kolosserbriefes und des Epheserbriefes entgegentritt. Aber solche Verbindung kosmologischer Spekulationen mit nomistischen Anschauungen, wie wir sie als Stoicheiatheologie
aus den genannten Briefen rekonstruieren können, lassen sich für die Tradition von Phil 2
nicht nachweisen. Die Anschauungen von der Welt und dem Gesetz, die in Phil 2, 6–11
vorausgesetzt werden, sind nicht emanatistisch und die Soteriologie nicht evolutionistisch.

daß diese Herrschaft Subordination von Mächten ist. Vielleicht spricht auch der im Spätjudentum zu neuer Fruchtbarkeit gelangte Gedanke eine Rolle, daß Jahwe der Überwinder des Chaos und das heißt auch der Chaosmächte ist. Dann würde also die christliche Bearbeitung auch von Jesus als dem Schöpfer reden, nicht als dem präexistenten Schöpfungsmittler wie andere christliche Texte, sondern als dem Neuschöpfer in der Geschichte. Daß die zweite Hälfte des jetzigen Liedes von der Neuschöpfung reden will, ist jedenfalls klar. Nun darf aber dies nicht außer acht gelassen werden, daß sich für die christliche Gemeinde, die sich dieses Lied zu eigen gemacht hat, die Herrschaft des Christus in der Akklamation der Mächte offenbart. Damit redet die christliche Gemeinde also von der Verbergung der Herrschaft des Erhöhten in der Bekundung der gegenwärtigen Gültigkeit dieser Herrschaft durch die Mächte. Das besagt nichts anderes als dies, daß die christliche Gemeinde in der Erfahrung der Bedingtheit ihres weltlichen und menschlichen Geschicks die Herrschaft dessen erlebt und bekennt, der die Welt zur Welt und die Menschen zu Menschen gemacht hat. Anders ausgedrückt, Jesus hat die Welt zum Reden gebracht dadurch, daß er sich ihr in seinem Geschick mitgeteilt hat, und die Welt muß nun zum ständigen Zeugen dafür werden, daß die Menschwerdung des Menschen geschehen ist[85] und damit die Weltwerdung der Welt.

Die Übertragung des Jahwenamens auf Jesus bedeutet, daß Gott sein eigenes Recht und seine Funktion delegiert und so auf seine Identität verzichtet. Doch die Schlußwendung besagt jetzt, daß in diesem Rechtsverzicht das Gottesrecht aufgerichtet und das Bekenntnis zu Gott ermöglicht wird, wie es das hellenistische Judentum kennt, nämlich zu Gott als dem Vater im absoluten Sinn[86]. Es wird dadurch bekannt, daß gerade Gottes Rechtsverzicht Zeichen seiner weltweiten Fürsorge und seines Rechts an der Welt ist und zugleich die eigentliche Bekundung seiner weltüberlegenen Transzendenz.

IV.

Ich meine, in diesem Aufsatz den Nachweis dafür geführt zu haben, daß dieses Lied sich ganz aus hellenistisch-jüdischer Tradition erklärt. Die christliche Bearbeitung dürfte deshalb in einer hellenistisch-judenchristlichen Gemeinde zu suchen sein. Damit ist bereits einiges über das relative Alter gesagt. Durch den Vergleich lassen sich noch andere Indizien finden. So setzt der Text eine ältere Version der frühgnostischen Christologie voraus, als sie Paulus sonst kennt, ja die christliche Fassung des Liedes setzt sich anscheinend noch von dem

---

[85] So Käsemann im Gefolge Barths.   [86] Vgl. G. Schrenk, ThW V, 956 f u. 978.

Motiv des Sohnes Gottes ab, den Paulus bereits als selbstverständlichen christologischen Titel voraussetzt. Auch die Version einer judaistischen Gnosis, die
sich auf dem paulinischen Missionsfeld findet, scheidet für unseren Text aus.
Kyrios ist außerdem in Phil 2, 10 noch nicht als Kultheros verstanden, was Paulus bereits als gemeinchristliche Tradition behandelt. Das Auferstehungsmotiv, das für Paulus selbstverständlich ist und zur Zeit der Abfassung seiner
Briefe wohl auch ziemlich zur Allgemeingeltung gelangt ist, fehlt in Phil 2, 8.
Statt dessen findet sich das Erhöhungsmotiv, das in der Vorlage des Textes mit
dem Entrückungsmotiv konform geht[87]. Die Entrückungsvorstellung dürfte
aber älteste christologische Tradition sein[88], und zwar nicht in Ergänzung der
Auferstehungsvorstellung, sondern an ihrer Stelle und vor ihr. Unser Text ist
die hellenistisch-jüdische Version dazu. Die größte Nähe aber zu der Christologie der aramäisch-sprechenden Urgemeinde hat die hellenistisch-sprechende
Urgemeinde, die sich um den Stephanuskreis gesammelt hatte. Es ist nicht
wenig, was wir von ihr wissen[89]. Sie beginnt mit der organisierten Mission,

[87] F. Hahn hat neuerdings in seinem Buch Christologische Hoheitstitel (FRLANT,
1963) die These vertreten, die Erhöhungsvorstellung sei erst in einer jüngeren Epoche der
urchristlichen Christologie aufgenommen worden und setze eine ältere, an der Naherwartung orientierte Christologie voraus, in der besonders die Vorstellungen vom kommenden
Menschensohn und vom wiedererwarteten Herrn vorherrschend waren. Diese These wird
durch die mehrfach vertretene Behauptung gestützt, die Auferstehungsvorstellung habe
die älteste Verkündigung der Urchristenheit durchgängig bestimmt, sei aber nicht christologisch ausgewertet worden. Äußerungen über die Gegenwart des Herrn seien dementsprechend verhältnismäßig spät. Aber schon die ersten Bewegungen der Urchristenheit,
von dem Zug von Galiläa nach Jerusalem angefangen, lassen sich meines Erachtens nicht
erklären ohne die Vorstellung einer lebendigen und autoritativen Gegenwart Jesu. Umgekehrt zeigen Texte wie Phil 2, 6–11, daß das Auferstehungsmotiv die Anfänge der urchristlichen Theologie nicht beherrscht haben kann. Denn dann wäre es unverständlich, daß man
in Texten wie dem unseren einfach darauf verzichten konnte. Der Behauptung Hahns,
man müsse streng zwischen Entrückung und Erhöhung unterscheiden, stehen, wie urchristlichen Texten einmal abgesehen, Stellen aus der Sapientia und aus der hellenistisch-
jüdischen Apologetik (über das Ende des Mose) entgegen. Phil 2, 9 ff widerlegt auch das
Hahnsche Argument, daß die neutestamentlichen Erhöhungsaussagen auf eine bestimmte
Exegese von Ps 110 zurückgingen, die es erlaubt habe, die Erhöhung proleptisch zum
Ausdruck zu bringen und doch den eschatologischen Vorbehalt zu wahren. Ps 110 spielt
für das Christuslied keine Rolle.

[88] Apg 3, 20f und Mk 2, 18–20 ist davon die Rede (vgl. dazu Hahn, aaO 106f. 126f.
184–186). Ich würde auch mindestens noch Lk 23, 43 hierzu zählen. Es wäre zu fragen, ob
sich die Hahnschen Argumente nicht noch verstärken lassen, wenn man noch stärker, als
er es tut, der Beziehung der Eliahoffnung und der Hoffnung auf den eschatologischen
Propheten wie Mose zur christologischen Entwicklung nachgeht. Es ist mir unklar, wie
Hahn die Erscheinungen Jesu nach seinem Tode anders verstehen kann, als Erscheinungen
des Entrückten vom Himmel her, was aber wieder für den Glauben an eine lebendige
Gegenwart spräche.

[89] Vgl. dazu die Darstellungen von E. Haenchen und H. Conzelmann in ihren Kommentaren zur Apostelgeschichte.

wobei sie zugleich den Vorwurf der Gotteslästerung und Gesetzesfeindschaft, nicht nur bei aramäisch sprechenden Juden, sondern vor allem auch bei hellenistischen Juden, erregt. Eine bloße Liberalität kann den Grund für diesen energischen Vorstoß nicht hergegeben haben. Ohne eine entsprechende dezidierte Christologie kann ich mir diese Bewegung nicht vorstellen. Hier in Phil 2, 6–11 wäre eine solche Christologie[90]. Die Vorstellung, daß Jesus Jahwe geworden ist, der Herr der Welt, könnte den Elan des Stephanuskreises wohl erklären. Sie könnte aber auch den Vorwurf der Gotteslästerung und schließlich auch eine Gesetzeskritik ermöglicht haben. Während in der Sapientia nämlich die Weisheit das ewige Gesetz ist, dessen Ewigkeit sowohl die Inkorporation der Weisheit in den Weisen als auch die Erhöhung der Weisen bezeugt, durchbricht die christliche Version von Phil 2, 6–11 energisch den Gedanken einer ewigen und unveränderlichen Ordnung und setzt alles auf die geschichtliche Zufälligkeit eines Einzelnen, der nun in der jeweiligen geschichtlichen Gegenwart »zufällt«. Wir hätten es dann in Phil 2, 6–11 mit der ältesten ausgebauten christologischen Aussage des Neuen Testaments zu tun, mit einem sowohl methodisch wie sachlich zukunftsweisenden Beispiel für die Eigenart christlicher Theologie.

[90] Es wäre durchaus möglich, daß die Akklamation in der christlichen Fassung des Liedes ursprünglich nur Κύριος Ἰησοῦς lautete und der Christustitel erst später eingefügt wurde, falls er späteren Datums ist, wofür viel spricht.

Korrekturnachtrag: Nach Fertigstellung des Aufsatzes erhielt ich freundlicherweise Einblick in die beiden neuesten Arbeiten zu Phil 2, 6–11: J. JEREMIAS, Zu Phil 2, 7 (NovTest IV, 1963, 182–188) und G. STRECKER, Redaktion und Tradition des Christushymnus, ZNW 55, 1964 (Korrekturabzug). Beide Aufsätze richten – wenngleich unterschiedlich nuanciert und meines Erachtens nicht ausreichend – das Augenmerk auf Spannungen im jetzigen Text. Sie rechnen beide mit einem ursprünglichen, nach dem Parallelismus membrorum gebauten, urchristlichen Lied und nehmen eine stärkere Bearbeitung durch Paulus an als sie LOHMEYER vermutet hatte. Doch gelingt es beiden nicht, die unterschiedlich angesetzten Glossen – über das bereits von LOHMEYER ausgeschiedene θανάτου δὲ σταροῦ hinaus – wirklich als paulinisch nachzuweisen. Schon allein deshalb werden die vorgeschlagenen (von einander differierenden) Rekonstruktionen fragwürdig. Der Wortlaut der eruierten Vorlagen ergibt in keinem Fall ein konsequent durchstilisiertes Ganzes. Mir scheint das eine Bestätigung dafür zu sein, daß der jetzige Wortbestand einer vollständigen Rekonstruktion des ursprünglichen Wortlautes im Wege steht. Beiden Autoren gelingt es vor allem nicht, die sachliche Ganzheit der Vorlage und auch der Bearbeitung aufzuweisen. Mir scheint aber das Vorliegen von liturgischem Gut zu einer verstärkten Beachtung der Sachfrage zu zwingen, erst recht die Annahme einer Überarbeitung. So halte ich die enge Verbindung von Form- und Sachfrage für geboten und meine, daß die besondere Problematik dieses Textes der Sachfrage sogar den größeren heuristischen Wert verleiht. Leider muß ich auf alle Einzelheiten verzichten, obgleich gerade im Detail viele Berührungen zwischen den beiden genannten Aufsätzen und der vorliegenden Untersuchung bestehen.

DIE THESSALONICHERBRIEFE
ALS BRIEFKOMPOSITIONEN[1]

WALTER SCHMITHALS

Das Thema dieses Beitrags möchte einiges Unbehagen erwecken. Man erinnert sich an den recht mutigen, leider aber auch mißglückten Versuch K.-G. ECKARTS[2], den 1Thess als Komposition von zwei echten Paulusbriefen zu erweisen. ECKART, der außerdem größere Abschnitte des 1Thess als unpaulinische Einschübe des Redaktors ausscheidet, hat es seinen Kritikern leicht gemacht, und W. G. KÜMMEL[3] scheint mir das an Kritik Erforderliche in überzeugender Weise gesagt zu haben. Wenn man auch gelegentlich bereits versucht hat, die Integrität des 1Thess insoweit in Frage zu stellen, als man einzelne Glossen im Brief entdecken zu können meinte[4], so hat doch erst ECKART die These zu begründen versucht, der 1Thess sei eine Briefkomposition. Erledigt darum nicht die begründete Kritik an ECKARTS unglücklichem literarkritischen Versuch von selbst *jedes* derartige Unterfangen? Dieser Schluß liegt nahe und macht das genannte Unbehagen wohl verständlich. Dennoch dünkt mich, daß die Tatsache der literarischen Komposition bei keinem der Briefe des Corpus Paulinum so offenkundig und zugleich eindeutig, so notwendig und zugleich einleuchtend ist wie bei den Thessalonicherbriefen. Der Versuch ECKARTS, die literar-analytische Methode auch bei den Thessalonicherbriefen auszuprobieren, ist darum ohne Zweifel verdienstvoll.

Es ist nur scheinbar ein Umweg, wenn wir bei der Behandlung unseres Themas mit dem Problem der Echtheit des 2Thess beginnen. Den Tübingern galt der 2Thess als mit Sicherheit unecht. Daß in ihm nichts vom Kampf des

---

[1] Dieser Aufsatz wurde am 3. 9. 1963 auf dem Theologenkongreß in Wien auszugsweise vorgetragen.

[2] Der zweite echte Brief des Apostels Paulus an die Thessalonicher, ZThK 58, 1961, 30 ff. Vgl. bereits E. FUCHS in: Theologia Viatorum 7, 1959/60, 46.

[3] Das literarische und geschichtliche Problem des ersten Thessalonicherbriefes, in: Neotestamentica et Patristica, Freundesgabe für O. Cullmann, Novum Testamentum Suppl. 6, 1962, 213 ff.

[4] Besonders 1Thess 2, 14–16; vgl. die Einleitungen und Kommentare sowie C. CLEMEN, Die Einheitlichkeit der paulinischen Briefe, 1894, 13 ff.

Paulus mit den Judaisten zu entdecken war, machte ihn verdächtig, und schon F.H.Kern[5] hatte, vor allem an Hand von II 2, 1–12, die nötigen Argumente gegen die Echtheit des Briefes geliefert. Als die Überzeugungskraft des Tübinger Geschichtsbildes verblaßte, verschwand mit dem heimlichen Hauptgrund für die Unechtheitserklärung des 2Thess auch die Überzeugungskraft der Argumente, auf die F.H.Kern und die Tübinger ihr Urteil im einzelnen stützten. Um die Jahrhundertwende hatte sich auch bei den kritischen Forschern die Waage wieder zugunsten der Echtheit des zweiten Briefes geneigt. Freilich lagen damals die Waffen schon bereit, die, als sie recht angewandt wurden, die Gewichte erneut verlagerten und überzeugender und kräftiger als bei den Tübingern die Waagschale füllten, die sich zur Unechtheit neigt. Die literarische Abhängigkeit des zweiten Briefes vom ersten war diese Waffe, mit der die Zuversicht, der 2Thess sei entgegen der Meinung der Tübinger doch ein echter Paulusbrief, nachdrücklich erschüttert wurde[6].

Schon F.H.Kern hatte darauf hingewiesen, daß der Verfasser des 2Thess den apokalyptischen Abschnitt II 2, 1–12 mit einem Rahmen umgeben habe, dessen Material vornehmlich aus 1Thess stamme. P.W.Schmiedel druckt im Handcommentar zum Neuen Testament (1891; ²1892) den Text des 2Thess so ab, daß er die Übereinstimmungen des zweiten Briefes mit dem ersten durch gesperrten Druck fortlaufend kenntlich macht. C.Weizsäcker[7] meint ausdrücklich, der Grund für die »notwendige Thatsache«, die Echtheit des 2Thess anzufechten, »liegt vor allem in dem auffallenden Verhältnis desselben zum ersten Brief«. Dieses Argument nimmt H.Holtzmann[8] verstärkt auf. Mit Ausnahme von II 2, 1–12 und einiger anderer Notizen geringen Umfanges sei der 2Thess »lediglich Auszug, Paraphrase und Variation des größeren Briefes, vielfach geradezu steigernde Wiederholung paralleler Stellen desselben« (S. 104) und: »Die Hauptsache bleibt unter allen Umständen, daß der Parallelen zu 1Thess mehr sind als die zu allen übrigen neutest. Schriften zusammen« (S. 106 Anm. 1). Das Verhältnis des Zukunftsbildes von II 2, 1–12 zu dem von I 4, 13–5, 11 bildet auch für diese Forscher ein entscheidendes Moment der Kritik, aber sie stellen mit Recht heraus, daß der Nachweis, der Rahmen des apokalyptischen Stückes II 2, 1–12 sei lediglich Auszug, Imitation und Paraphrase des 1Thess, einen hohen und selbständigen Wert für die Kritik habe. Darum widmen sie ihre Aufmerksamkeit vor allem diesem Rahmen, den der

---

[5] Über 2 Thess 2, 1–12, Tübinger Zeitschrift für Theologie, 1839, 145–214.
[6] Vgl. den Forschungsbericht bei J.Wrzol, Die Echtheit des zweiten Thessalonicherbriefes, BSt 19, 1916, 11ff.
[7] Das apostolische Zeitalter der christlichen Kirche (1886; ²1892) ³1902, 249ff.
[8] Zum zweiten Thessalonicherbrief, ZNW 2, 1901, 97ff.

Verfasser des 2Thess an Hand des 1Thess angefertigt habe, um dem Kern seines Briefes, dem unpaulinischen Abschnitt II 2, 1–12, an dessen Publizierung ihm lag, eine möglichst überzeugende apostolische Autorität zu geben.

Ein durchschlagender Erfolg war allen diesen kritischen Versuchen noch nicht beschieden. Denn auch von kritischen Forschern wie A. JÜLICHER, H. GUNKEL und W. BOUSSET wurde mit guten Argumenten bestritten, daß II 2, 1–12 Paulus abgesprochen werden müsse: weder sei dies aus religionsgeschichtlichen Gründen vonnöten noch stehe II 2, 1–12 in unlösbarem Widerspruch zu I 4, 13–5, 11. Dann aber verlor auch das literarische Argument viel von seinem Gewicht; denn läßt sich die besondere literarische Verwandtschaft von 1Thess und 2Thess, (die als solche *besondere* Verwandtschaft zudem oft überbetont wurde, da 2Thess auch zu anderen Paulusbriefen zahlreiche Verbindungen hat), nicht aus der gleichen Situation und der engen zeitlichen Nähe beider Briefe erklären? Dieser Meinung sind zum Beispiel W. BORNEMANN[9], A. JÜLICHER[10], T. ZAHN[11] und andere. Es war darum geschickt, daß W. WREDE zu Beginn seiner Untersuchung über die Echtheit des 2Thess[12] einräumt, aus II 2, 1–12 sei kein wirklich überführender Beweis gegen die paulinische Herkunft des zweiten Briefes zu führen. Das »schlagende Hauptargument« müsse man vielmehr »in einem anderen Punkte finden: in dem literarischen Verhältnis des zweiten zum ersten Thessalonicherbriefe« (S. 2). Und es war scharfsinnig, daß er die literarische Verwandtschaft nicht so sehr in einzelnen Gedanken, Worten, Begriffen und Wendungen aufzeigte, wie es bis dahin und auch noch bei H. HOLTZMANN vor allem geschehen war, sondern in dem *Aufbau* der beiden Briefe. Das, was begriffen werden will, ist nach W. WREDE »gar nicht bloß die Massenhaftigkeit der Berührungen«, sondern »die sonderbarste Kongruenz im Einzelnen und namentlich auch im Kleinen und Äußerlichen, ferner die eigentümliche Stellung der Parallelen« (S. 31).

W. WREDES Untersuchung war von imponierender Überzeugungskraft. Das bezeugen jene Forscher, die unter dem Eindruck von W. WREDES Argumenten ihre Meinung änderten, wie zum Beispiel A. JÜLICHER in der 7. Auflage seiner Einleitung in das Neue Testament (1931). Das bezeugen die zahlreichen Forscher von E. v. DOBSCHÜTZ bis W. G. KÜMMEL, die die *eigentlichen* Argumente W. WREDES, die den Aufbau beider Briefe betreffen, ignorieren oder bagatellisieren. Das bezeugt jene skurrile These von J. WRZOL[13],

---

[9] Die Thessalonicherbriefe, MeyerK X [5 + 6], 1894, 473 ff.
[10] Einleitung in das Neue Testament, [2 + 4] 1901, 47.
[11] Einleitung in das Neue Testament, [3]1906 173 ff.
[12] Die Echtheit des zweiten Thessalonicherbriefes, TU NF IX 2, 1903.
[13] Siehe Anm. 6.

Paulus habe, weil er die falsche Interpretation seines ersten Briefes in Thessalonich vermutete, den 2Thess bewußt als Imitation des 1Thess, der ihm im Manuskript noch vorlag, angefertigt, um so dem echten ersten Brief zu der gebührenden Autorität zu verhelfen. Das bezeugen schließlich die zahlreichen Forscher, die bis heute – vor allem auf Grund der Argumente W. WREDES – die Echtheit des 2Thess bezweifeln und bestreiten.

Welche Argumente stützen bei W. WREDE im einzelnen die These, 2Thess sei eine literarische Imitation von 1Thess? Es ist unmöglich und auch unnötig, hier alle von W. WREDE aufgewiesenen Parallelen durchzugehen. Die meisten dieser Parallelen bedeuten für sich genommen und auch insgesamt wenig oder nichts. Sie werden durch gleiche Verfasserschaft und gleiche Situation hinreichend erklärt. Das gilt auch für die von W. WREDE stark herausgestellte Parallele II 3, 8 // I 2, 9; der Hinweis, daß Paulus Nacht und Tag mit Mühe und Schweiß sich selbst den Unterhalt verdient und niemand belastet, ist als *stereotype* Apologie in einer Umwelt anzusehen, in der der Goët eine gewöhnliche Erscheinung war. Daß Paulus aus gegebenem Anlaß die Thessalonicher zweimal auf die Uneigennützigkeit seiner Predigt hinweist, kann kein Grund zu Mißtrauen sein. Alle von W. WREDE aufgewiesenen Parallelen bekommen ihr Gewicht erst von einer doppelten Beobachtung her, einer Beobachtung, die sich auch schon bei P. W. SCHMIEDEL (aaO 10), H. HOLTZMANN (aaO 101) und anderen findet, die aber erst von W. WREDE genügend herausgestellt wurde.

Im ersten Brief wird die Danksagung, die in 1, 2 beginnt und in 1, 10 förmlich zum Abschluß kommt, in 2, 13 wieder aufgenommen oder wiederholt. Zwischen beiden Proömien steht ein wesentlicher Teil des Briefkorpus. Das ist eine für die echten Paulusbriefe singuläre Form des Briefeingangs. Eben diese ungewöhnliche Form wiederholt sich im zweiten Brief: Das Proömium, das in 1, 3 formgerecht beginnt, wird, nachdem 2, 1–12 schon ein wichtiges, ja das offensichtlich wichtigste Stück des eigentlichen Briefinhaltes gebracht hat, in 2, 13 ebenfalls wieder aufgenommen oder wiederholt.

Das ist die eine Beobachtung. Ihr ist die andere an die Seite zu stellen. Es ist schon manchmal gesehen worden, daß Paulus den Schluß seines ersten Briefes bereits in 3, 11 und 4, 1 ins Auge faßt[14]. ECKART meint zu I 3, 11–13; »Formal wie inhaltlich handelt es sich offenbar um einen Briefschluß« (aaO 35). Richtig ist jedenfalls, daß sich in 3, 11–4, 2 typische Wendungen des paulinischen Briefschlusses in typischer Reihenfolge finden. Den persönlichen Bemerkungen, die bis 3, 10 reichen, folgt ein mit einer Fürbitte verbundenes doxologie-

---

[14] W. WREDE, aaO 78; H. HOLTZMANN, aaO 103; W. G. KÜMMEL – P. FEINE – J. BEHM, Einleitung in das Neue Testament, [12]1963 NB, 228.

artiges Stück 3, 11–13, an das sich eine Paränese 4, 1–2 anschließt. Diese Stücke sind, wie gesagt, in dieser Reihenfolge für paulinische Briefschlüsse typisch. Dazu kommt im einzelnen, daß sich die Ankündigung, Paulus gedenke bald zu den Empfängern des Briefes zu kommen (I 3, 10), in der Regel in den persönlichen Bemerkungen findet, die zur *clausula epistolae* überleiten: Röm 15, 28f; 1Kor 16, 5ff = KorB; 2Kor 13, 1ff 10; Phlm 22; vgl. Hebr 13, 18f. Das αὐτὸς δὲ ὁ θεός (I 3, 11) oder eine ähnliche Formel ist den Eschatokollen bei Paulus vorbehalten: Röm 15, 33; Röm 16, 20; 2Kor 13, 11; Phil 4, 9; 1Thess 5, 23; 2Thess 3, 16; vgl. Hebr 13, 20. Das gleiche gilt von (τὸ)λοιπόν oder τοῦ λοιποῦ o. ä. (I 4, 1) mit oder ohne folgendem ἀδελφοί im Sinne von ›schließlich‹, ›zuletzt‹: 2Kor 13, 11; Phil 3, 1 = Phil C; Phil 4, 8; Gal 6, 17. Paulus setzt also anscheinend in 1Thess 3, 9 oder 3, 11 zum Briefschluß an, um ihn dann freilich nach 4, 2 zu unterbrechen und ihn nach längeren Ausführungen in I 5, 23 zu wiederholen und zu vollenden. Dieser merkwürdige Tatbestand wiederholt sich im zweiten Brief. In II 2, 16 beginnt wiederum mit αὐτὸς δὲ ὁ κύριος in der für Paulusbriefe typischen, Doxologie und Fürbitte verbindenden Weise das Eschatokoll. Mit τὸ λοιπόν schließt sich wie in I 4, 1 eine Paränese an, die als typisches Merkmal einer Schlußparänese noch die konkrete Aufforderung zur Fürbitte für den Apostel aufweist[15].

Daß der Verfasser in II 2, 16 zum Briefschluß ansetzt, ist natürlich ebenfalls nicht selten beobachtet worden. B. Rigaux[16] meint, 3, 6–15 wirke wie an einen Brief angehängt; er erklärt diese wichtige und richtige Beobachtung mit der Vermutung, Paulus, der ihm als der Verfasser des Briefes gilt, habe nach Abschluß und vor Absendung des Briefes noch neue Nachrichten aus Thessalonich empfangen. Nun wäre diese Erklärung schon dann unbefriedigend, wenn wir es nur mit dem 2Thess zu tun hätten. Denn daß Paulus gerade in dem Moment neue Nachrichten empfängt, in dem er die Schlußparänese, aber noch nicht die Schlußgrüße geschrieben hat, wäre ein seltsamer Zufall gewesen, den er wie den plötzlichen Empfang neuer Nachrichten überhaupt bei der Unterbrechung des Eschatokolls schwerlich hätte unvermerkt lassen können. Aber wir haben es ja nicht mit einem Problem nur des zweiten Briefes zu tun. Entscheidend ist vielmehr, daß der eigenartige Ansatz zum Briefschluß in II 2, 16 –3, 1ff eine genaue Parallele zu der gleichen Erscheinung in I 3, 11 bis 4, 1f bildet. Und dieser Tatbestand steht nicht für sich; denn er wiederholt nur, was von der Wiederaufnahme oder Wiederholung des Proömiums in beiden Briefen gilt.

---

[15] Solche Aufforderung findet sich nur in Schlußparänesen: Röm 15, 30; 1Thess 5, 25; vgl. Phlm 22; Hebr 13, 18.

[16] Les Epîtres aux Thessaloniciens, Ét. bibl., Paris, 1956, 73; 710.

Diese doppelte Beobachtung bildet in Wahrheit das literarische Problem der Thessalonicherbriefe; alle anderen literarischen Parallelen zwischen dem ersten und dem zweiten Brief haben ein Recht auf Beachtung nur von dieser grundlegenden Beobachtung her, wie W. WREDE zwar nicht in aller, aber in relativ großer Deutlichkeit erkannt hat.

Die *einzige* plausible Erklärung, die dieser Tatbestand bisher gefunden hat, ist eben jene, daß der 2Thess eine Imitation des 1Thess ist. Diese Erklärung ist zugleich seit H. HOLTZMANN und W. WREDE das entscheidende Argument gegen die Echtheit des zweiten Briefes. Denn sie zwingt unausweichlich zu dem Schluß, daß der 2Thess nicht von Paulus stammt, es sei denn, man akzeptiere die verzweifelte These von J. WRZOL, Paulus selbst habe in der beschriebenen Weise seinen ersten Brief imitiert.

Die These, daß der 2Thess eine literarische Imitation des 1Thess ist, ist aber nicht nur die *einzige* plausible Erklärung, die das literarische Phänomen des 2Thess bisher gefunden hat. Sie ist auch eine *plausible* Erklärung. Wem würde es nicht einleuchten, daß der Verfasser des 2Thess, um seinem Produkt ein echtes paulinisches Gewand zu geben, den 1Thess in einzelnen Wendungen, Themen und im literarischen Aufbau, der das vor allem Verräterische ist, imitierte? Oder soll man Bedenken gegen die Imitationshypothese äußern, weil die Imitation nicht in allem korrekt durchgeführt ist? Während im 1Thess zwischen dem wiederholten oder wiederaufgenommenen Proömium und dem unvollständigen Briefschluß ein gutes Stück des Briefkorpus zu finden ist, hat der Verfasser des zweiten Briefes diese beiden imitierten Rahmenstücke direkt aufeinander folgen lassen. Nur der Vers II 2, 15 steht zwischen dem wiederholten Proömium 2, 13 f und dem Ansatz des Eschatokolls in 2, 16 bis 3, 1 f. Aber das besagt nichts Entscheidendes gegen die These W. WREDES. Auch wird man Verständnis dafür haben, daß der Verfasser des 2Thess den literarisch ungewöhnlichen ersten Brief nach Thessalonich imitierte und seiner Imitation nicht die normalere Form sonstiger Paulusbriefe gab, die ihm zweifellos nicht unbekannt waren: Er wollte eben einen zweiten *Thessalonicher-Brief* schreiben. Auch wird niemand auf die Idee kommen, das Verhältnis beider Briefe umzukehren und den ersten Brief als Imitation des zweiten zu erklären. Auffällig ist freilich, daß die literarischen Parallelen solche Umkehrung erlauben. In keinem einzigen Fall ergibt sich zwingend aus der Parallele selbst, daß der zweite Brief eine Imitation des ersten ist. Die Imitationshypothese ist die bisher einzige plausible *Deutung* der Parallelen, und diese Deutung läßt *an sich* ebensowohl eine Abhängigkeit des ersten Briefes vom zweiten zu. Dem widerspricht jedoch die im übrigen unanfechtbare Echtheit des 1Thess. Die bemerkenswerte Tatsache, daß die in Frage kommenden Partien des 2 Thess ihren *Imitations*charakter nirgendwo eindeutig verraten, weist unter der Voraussetzung der These W. WREDES auf das Geschick des Imitators hin.

Darum gilt in der Tat: Das literarische Problem des zweiten Thessalonicherbriefes ist von W. WREDE erkannt und plausibel gelöst worden. Freilich: Gelöst wurde das literarische Problem des *zweiten*, nicht das des *ersten* Briefes. Das heißt aber: Im Blick auf das literarische Problem der Thessalonicherbriefe überhaupt ist W. WREDES Lösung nur eine halbe Lösung und als solche halbe Lösung, wie leicht zu begreifen sein wird, in Wahrheit überhaupt keine Lösung.

Kann man der Tatsache, daß sich im 2Thess zwei Proömien und zwei Eschatokolle finden, auch leicht mit der Auskunft begegnen, der Verfasser des zweiten habe eben den ersten Brief aus verständlichen Gründen literarisch imitiert, so bleibt doch die Frage, wie denn der literarische Charakter des ersten Briefes zu erklären ist, der vom zweiten Brief imitiert wurde. Wie kommt es, daß der 1Thess ein zweites Proömium und zwei Briefschlüsse, den einen davon unvollständig, enthält, und zwar zwei formal korrekte Proömien und zwei formal korrekte Briefschlüsse?

Es lag für Paulus keinerlei Notwendigkeit dazu vor, das Proömium, das in I 1, 2 beginnt, in I 2, 13 zu wiederholen oder wiederaufzunehmen, zumal es – ähnlich wie die Proömien des 1Kor in 1, 9 und des Philipperbriefes in 1, 11 – in 1, 10 einen förmlichen Abschluß gefunden hatte. Will man aber I 1, 10 nicht als förmlichen Abschluß des Proömiums anerkennen, so zeigen die Proömien des Römerbriefes, des zweiten Korintherbriefes und des Briefes an Philemon, daß ein paulinisches Proömium einen förmlichen Abschluß nicht nötig hatte. Sollte aber Paulus ausgerechnet bei der Abfassung des 1Thess der Meinung gewesen sein, er habe den Abschluß des Proömiums vergessen (was ja keineswegs der Fall war) und müsse darum – schon in beachtlicher Nähe zur Briefmitte – die Danksagung in diesem Fall wiederholen, so hätte er unbedingt den Abschluß des wiederholten Proömiums deutlich markieren müssen. Aber das in I 2, 13 beginnende Proömium findet keineswegs einen formellen Abschluß.

Und gibt es eine einleuchtende Erklärung dafür, daß Paulus in I 3, 11 förmlich zum Briefschluß ansetzt, vor den Schlußgrüßen aber das Eschatokoll mit 4, 2 abbricht, um ohne weitere Umstände nicht nur wesentliche, sondern offenbar die entscheidenden theologischen Probleme seines Briefes abzuhandeln und schließlich in 5, 23 erneut mit dem Eschatokoll zu beginnen? Ich zweifle nicht daran, daß erfahrene Theologen diese Tatsache für keineswegs verwunderlich und findige Theologen sie für leicht erklärbar halten. Ich persönlich halte diese Tatsache für verwunderlich und unerklärlich. So schreibt kein normaler Mensch seine Briefe, auch kein Theologe, und wenn Paulus auch ein unnormaler Theologe gewesen sein mag, so war er doch ein normaler Mensch; wie sollte er so haben schreiben können? Daß das Phänomen des doppelten Briefschlusses im Corpus Paulinum häufig begegnet, hat W. G. KÜMMEL[17] unter Verweis auf Röm 15, 30ff // 16, 17ff und Phil 4, 8f // 4, 19ff mit Recht bemerkt. Aber diese Beobachtung bedeutet keine Erklärung, sondern eine verschärfte Stellung unseres Problems. Oder will jemand ernsthaft behaupten, Paulus sei mit einiger Regelmäßigkeit während der Niederschrift des Briefschlusses von neuen Nachrichten oder Einfällen überrascht worden, auf die er dann stets unvermittelt im Anschluß an den abgeschlossenen Brief und mit Wiederholung des unterbrochenen Eschatokolls einging?[18]

Erklärlich ist die beschriebene Tatsache nur dann, wenn der 1Thess eine Briefkomposition darstellt. Ein Brief mit zwei Proömien und zwei Eschatokollen ist nicht *ein* Brief, sondern eine Komposition aus *zwei* Briefen. Der 1Thess besteht also aus einem Brief, der 1,1–2,12 + 4, 3–5, 28 umfaßt und einem anderen Brief, der von dem Mittelstück des 1Thess, nämlich von 2, 13 bis 4, 2 gebildet wird.

Der erste dieser beiden Briefe dürfte – abgesehen von getilgten persönlichen Bemerkungen – vollständig erhalten sein. Jedenfalls fehlt ihm kein notwendiges Stück des Briefrahmens, und zu der Annahme, daß Teile des Briefkorpus ausgefallen sind, ergibt sich auch bei gründlicher Exegese des Briefes kein Anlaß.

Das letztere gilt auch von dem zweiten rekonstruierten Brief, dessen persönliche Bemerkungen für den ganzen 1Thess bestimmend wurden, dessen Briefrahmen jedoch nur unvollständig erhalten ist. Es fehlt das Praeskript und es fehlen vom Eschatokoll die Schlußgrüße und der abschließende Segenswunsch. Beide Rahmenstücke konnten naturgemäß bei einer Briefkomposition nicht erhalten bleiben und sind auch bei keiner der anderen Briefkompositionen im Corpus Paulinum erhalten geblieben.

Das literarische Problem des 1Thess löst sich also zwanglos durch die Annahme, daß der 1Thess eine Briefkomposition darstellt. Ich scheue mich nicht, diese Lösung die einzig mögliche zu nennen, um so weniger, als mir überhaupt kein Versuch bekannt geworden ist, das literarische Problem des 1Thess zu lösen. Noch ECKART hat es in seiner eigentlichen Problematik nicht erkannt.

---

[17] Einleitung in das Neue Testament, 1963, 228.

[18] Es ist kein Zufall, daß W. G. KÜMMEL bei seinem überzeugenden Versuch, K.-G. ECKARTS Thesen vom literarischen Charakter des 1Thess zu widerlegen, zwar die Beobachtung, I 3, 11–13 sei Teil eines Briefschlusses, als einen Eckpfeiler der ECKARTschen Aufstellung bemerkt, eben diese Beobachtung aber nicht zu widerlegen versucht. Sie ist unwiderlegbar.

Unser Vorschlag löst freilich nicht nur das literarische Problem des 1Thess, sondern auch andere, oft bemerkte und manchmal auch als unlösbar empfundene Probleme dieses Briefes. Ich gebe dafür einige Beispiele.

Bemerkungen, die das Verhältnis von Paulus zu den Empfängern seiner Briefe betreffen, finden sich bei Paulus durchweg am Anfang oder am Ende des Briefes[19]. Dort gehören sie auch hin. Der 1Thess macht in dieser Hinsicht eine Ausnahme. Nun zeigt sich, daß diese Ausnahme – ähnlich wie Phil 2, 19 bis 3, 1 – in der Tatsache begründet ist, daß der Abschnitt I 2, 17ff erst von der Redaktion in der Mitte des 1Thess plaziert wurde. Tatsächlich schließt er sich direkt an das in I 2, 13 beginnende Proömium eines selbständigen Briefes an und leitet zugleich zu dessen Briefschluß über.

Dieser selbständige Brief I 2, 13–4, 2 ist – um ein zweites Beispiel zu erwähnen – ein Freudenbrief. Wir erfahren aus ihm, daß Paulus in großer Sorge um die Gemeinde in Thessalonich Timotheus nach dort gesandt hatte, da er selbst am Kommen verhindert war (3, 1–5). Timotheus kam zurück und seine Nachrichten aus Thessalonich befreiten Paulus von der Last seiner Sorgen um die Gemeinde. Die Erleichterung, die Paulus verspürt, ist eine vollkommene. Nichts bleibt zu klagen übrig (I 3, 6ff). Dieser Tatbestand steht in eklatantem Widerspruch nicht nur zu I 4, 3–5, 22, wo Paulus sich intensiv bemüht, die beachtlichen ὑστερήματα τῆς πίστεως der Thessalonicher zu vermindern, obgleich er in 3, 10 erklärt hatte, das erst bei seinem erhofften Besuch tun zu wollen, sondern vor allem zu der ausgedehnten Apologie, zu der der Apostel sich in 1, 5–2, 12 genötigt sieht. Hier verteidigt Paulus sich gegen die Vorwürfe, seine Predigt sei nur ἐν λόγῳ und nicht ἐν πνεύματι ergangen (1, 5), sein Auftreten in Thessalonich sei schwächlich und leer gewesen (1, 9; 2, 1f), er habe mit Verführung, Unsauberkeit und List gepredigt, mit Menschengefälligkeit und Schmeichelei bei den Thessalonichern jene Ehre gesucht, hinter der sich die Habsucht des Goëten verbarg (2, 3–12). Wie kommt es zu dieser ausführlichen und überaus persönlichen Apologie, um deretwillen ja auch Timotheus nach Thessalonich gesandt wurde, wenn zumindest jetzt, wie Paulus in 3, 6 auf Grund der Nachrichten des Timotheus versichert, die Thessalonicher ihn allezeit in bester Erinnerung haben und ebensosehr wünschen, Paulus bei sich zu sehen, wie Paulus sich nach den Thessalonichern sehnt?
Wie lösen die Exegeten diese Schwierigkeit?

---

[19] Die einzige echte Ausnahme von dieser Regel bildet 1Kor 4, 14–21. Diese Ausnahme bestätigt aber die Regel, wenn man beachtet, in welcher Weise an dieser Stelle die Bemerkungen über die Sendung des Timotheus nur dazu dienen, die paränetischen Ausführungen des Paulus zu unterstreichen. Auf diese Sendung als solche kommt Paulus darum erst am Briefende gesondert zu sprechen (1Kor 16, 10f)!

H. Olshausen[20] meinte, 2, 1–12 sei eine prophylaktische Abwehr von möglicherweise sich einstellenden Judaisten. W. Bornemann[21], dem sich u. a. E. v. Dobschütz[22] anschließt, will 1, 5–2, 12 aus der Stimmung des Paulus erklären, der noch deprimiert war von dem Aufenthalt in Athen und befürchtete, man hielte ihn in Thessalonich *womöglich* für einen Goëten. Als er von Timotheus hört, das sei niemals der Fall gewesen, muß er sich doch seine unbegründete Sorge noch vom Herzen schreiben! M. Dibelius[23] wendet sich dagegen, daß man seine Phantasie zu viel spielen läßt. Es handele sich bei der Apologie, meint er, einfach um ein Lieblingsthema des Paulus, das man auch ohne besondere Notwendigkeit behandele. Die Apologie sei in Wahrheit eine Meditation über den Gegensatz zwischen unlauteren Goëten und ernsthaften Missionaren.

Nun, das alles sind schon angesichts des Charakters der Apologie in 1,5–2,12 »psychologische Ungeheuerlichkeiten«, die auch daran scheitern, daß Timotheus nicht auf Grund einer deprimierten Stimmung oder einer meditativen Anwandlung des Paulus nach Thessalonich geschickt worden war, sondern auf Grund konkreter Befürchtungen hinsichtlich der schwindenden Autorität des Paulus und seiner Botschaft in Thessalonich. Sind diese Befürchtungen aber ausgeräumt, wie Paulus in I 3, 6ff dankbar und erleichtert feststellt, so ist es psychologisch undenkbar, daß der Apostel sie als angebliches ›Lieblingsthema‹ dennoch vorträgt. Und wenn, wie A. Oepke[24] meint, das reizbare Gemüt des Paulus nur Gespenster gesehen hatte, als er Timotheus schickte, so beschwört man diese doch nicht mehr, wenn sie sich längst in Nichts aufgelöst haben.

Das Problem des Verhältnisses von 1,5–2, 12 zu 3,6ff läßt sich nur literarkritisch lösen. 1, 1–2, 12 + 4, 3–5, 28 ist ein Brief, der der Sendung des Timotheus vorausging und im wesentlichen denselben Anlaß wie diese Sendung hatte, 2, 13–4, 2 ein Brief, der dieser Sendung folgte.

Ein letztes Beispiel: Die Exegeten bemerken allgemein, daß das καὶ διὰ τοῦτο καὶ ἡμεῖς zu Anfang von I 2, 13 im Zusammenhang ohne einsichtigen logischen Bezug ist. Weder ist zu sagen, worauf sich das διὰ τοῦτο bezieht, noch ist erklärbar, was das betonte καὶ ἡμεῖς soll. Nicht selten resignieren die Exegeten ausdrücklich vor diesen Problemen, und solche Resignation bemerkt man erfreut, wenn man daneben die gewaltsamen Erklärungen solcher Forscher setzt, die dem καὶ διὰ τοῦτο καὶ ἡμεῖς einen im Zusammenhang

---

[20] »...wahrscheinlich sah aber Paulus voraus, daß die Judaisten nicht zögern würden, ihm auch in dieser Gemeine Abbruch zu thun, und sprach sich deshalb hier vorbauend über die Punkte aus, welche man an ihm zu tadeln pflegte«.

[21] AaO 265ff.　　　　　　　　　　　　　[22] AaO 107.

[23] AaO 10f.　　　　　　　　　　　　　　[24] NTD 8, ⁷1955, 133.

logischen Bezug abpressen wollen[25]. Tatsächlich ist das καὶ διὰ τοῦτο καὶ ἡμεῖς eine redaktionelle Floskel, die das Proömium des zweiten Briefes, das mit εὐχαριστοῦμεν beginnt, mehr formal als sinnvoll mit den vorhergehenden Versen verbinden, ihm also den Charakter des unvermittelt einsetzenden Proömiums nehmen soll.

Diese Beispiele zeigen, daß die Erkenntnis, der 1Thess sei eine Briefkomposition, nicht nur das literarische Problem des Briefes, sondern auch andere, bisher ungelöste exegetische Probleme zwanglos löst.

Ist aber der 1Thess eine Briefkomposition, so zeigt sich, daß die von W. Wrede und anderen vorgeschlagene Lösung für das literarische Problem des 2Thess eben deshalb, weil es sich dabei nur um eine halbe Lösung handelt, in Wahrheit gar keine Lösung darstellt. Gewiß berührt unsere Lösung des literarischen Problems des ersten Briefes nicht direkt den Vorschlag, den zweiten Brief als Imitation des ersten zu verstehen. Aber bedenkt man, daß die älteste paulinische Briefsammlung, bei deren Herausgabe die redaktionelle Zusammenstellung der Paulusbriefe zu nach meiner Meinung 7 Schreiben erfolgte[26], schwerlich lange vor dem Jahre 90 erfolgte, so wird eine Imitation des für diese Sammlung redigierten 1Thess durch den zweiten Brief schon aus zeitlichen Gründen unwahrscheinlich. Vor allem aber enthielt die genannte älteste Sammlung bereits beide kanonischen Thessalonicherbriefe; daß der Redaktor des ersten Briefes zugleich der Autor des zweiten Briefes sei, der den von ihm redaktionell verfertigten ersten Brief imitierte, ist jedoch eine recht abwegige Vorstellung. Wie es sich damit aber auch verhält: Es liegt in jedem Fall näher, das in beiden Briefen nach Thessalonich im wesentlichen parallele literarische Problem ebenso parallel zu lösen, also mit dem Vorschlag, auch den 2Thess als Briefkomposition anzusehen, als daß man den zweiten Brief als Imitation des ersten deutet. Ist, wie W. Wrede mit Recht feststellt, das literarische Problem des 2Thess der Hauptpunkt, dessen Echtheit zu bestreiten, und läßt sich dieser Hauptpunkt mit Hilfe der Literarkritik ohne die die Echtheit des 2Thess negierende Imitationshypothese lösen, so bleiben stichhaltige Argumente gegen die Echtheit des 2Thess nicht mehr bestehen; der Vorschlag, auch den 2Thess als Briefkomposition zu deuten, kann also nicht auf den Einwand stoßen, ein unechter Brief könne keine echte Briefkomposition darstellen. Es ist außerdem zu beachten, daß das Eschatokoll II, 2, 16–3, 5 in der Fürbitte II, 3, 1 f ein *typisches* Stück des paulinischen Briefschlusses enthält, das keine Imitation von I 3, 11–4, 2 darstellt. Unmöglich aber hat der Autor des zweiten Briefes den

---

[25] Vgl. zB W. Wrede, aaO 20f.
[26] W. Schmithals, Zur Abfassung und ältesten Sammlung der paulinischen Hauptbriefe, ZNW 51, 1960, 225 ff.

im Corpus des 1Thess befindlichen *Briefschluß als einen solchen* imitiert und ihn aus anderen Eschatokollen ergänzt. II 3, 1 f gehört also zu einem originalen Eschatokoll. Daß, wie wir bereits bemerkten, die Parallelen selbst, die zwischen beiden Briefen bestehen, die Tatsache der Imitation nicht verraten, empfiehlt nun auch nicht gerade die Imitationshypothese. Nicht zuletzt aber ist es deshalb unumgänglich, den 2Thess als eine redaktionelle Komposition aus zwei echten Paulusbriefen zu verstehen, weil diese beiden Briefe zur Vervollständigung der Korrespondenz des Paulus mit der Gemeinde in Thessalonich unerläßlich sind, wie sich gleich zeigen wird.

Zuvor freilich stehen wir vor einer nicht geringen Schwierigkeit. Lösen wir aus dem 2Thess den Abschnitt heraus, der – von dem zweiten Proömium bis zu dem ersten Briefschluß, von 2, 13 bis 3, 5 reichend – den eingefügten Brief bilden müßte, so ergibt sich, daß dieser Brief fast nur aus einem Briefrahmen besteht. Das Proömium umfaßt mindestens 2, 13–14; spätestens in 2, 16 beginnt das Eschatokoll. Ein Brief, der nur aus dem Rahmen besteht, ist ein Unding. Sollte der Redaktor das Corpus dieses Briefes für unwichtig oder untragbar gehalten haben? Enthielt das Corpus etwa nur die kurze Empfehlung eines reisenden Bruders? Aber welchen Wert legte er auf die Überlieferung nur des Briefrahmens? Auch scheint er sich sonst keineswegs an irgendwelchen Äußerungen des Paulus gestoßen zu haben; jedenfalls läßt sich an keiner Stelle des Corpus Paulinum nachweisen, daß der Redaktor andere als Rahmenstücke und persönliche Bemerkungen der originalen Paulusbriefe gestrichen hat. Näher liegt jedenfalls die Annahme, der Redaktor habe aus irgendwelchen Gründen das Corpus des von 2, 13–3, 5 reichenden Briefrahmens an eine andere Stelle versetzt. Diese Annahme bestätigt sich. Der Redaktor war so freundlich, *einen* Satz des Corpus an seiner ursprünglichen Stelle zu belassen. Es ist der Vers 2, 15, der als einziger Satz zwischen 2, 13 und 3, 5 nicht dem Briefrahmen angehört.

Dieser Vers II 2, 15 aber bezieht sich unzweifelhaft auf II 2, 2, und das heißt: auf den zusammenhängenden Abschnitt II 2, 1–12. V. 15 ist die abschließende Folgerung aus 2, 1–12. Das ἄρα οὖν in 2, 15 schließt direkt an 2, 1–12 an, während es jetzt recht unglücklich auf 2, 13 f folgt. Paulus hatte erfahren, daß man in Thessalonich die Behauptung aufstellt, der Tat des Herrn sei schon da – übrigens eine nur bei Gnostikern nachgewiesene und zugleich typisch gnostische Behauptung[27] – und diese Behauptung mit menschlichen Worten, mit ekstatischen Äußerungen des Geistes und mit Verweis auf einen angeblichen Paulusbrief vorträgt. Da die Gegner des Paulus sich gerne zum Erweis

---

[27] Vgl. W. SCHMITHALS, Paulus und die Gnostiker, ThF 35, 1964.

ihrer Behauptungen auf angeblich gleichlautende Bemerkungen des Paulus stützten (»auch Paulus muß das ja zugeben«[28]), ist anzunehmen, daß sie auf den Abschnitt I 5, 1–11 verwiesen haben[29], wie schon manchmal vermutet worden ist; denn die Verse 4 f u. 8 können, wenn man sie ohne Rücksicht auf den Zusammenhang liest, durchaus die Meinung stützen, der Tag des Herrn sei schon da. Paulus weist nach, daß die Behauptung der Irrlehrer in Thessalonich, der Tag des Herrn sei bereits eingetroffen, nicht stimmt (2, 3–12), diese Meinung von ihm also auch nicht brieflich vorgetragen worden sein könne. Ob ein Brief von ihm in Thessalonich falsch ausgelegt wurde oder ob ein gefälschter Paulusbrief in Thessalonich in Umlauf gebracht wurde, weiß Paulus nicht und läßt er unentschieden. Gegen die erstere Möglichkeit sichert er sich, indem er in 2, 1–12 seine Meinung zum umstrittenen Problem fixiert, gegen die zweite durch die Schlußbemerkung in II 3, 17. Angesichts dieser Argumentationsweise ist es sachlich, die Ausführungen von 2, 1–12 mit 2, 15 zu schließen: Darum nun (weil die Macht des Satans die Verlorenen verblendet, die Wahrheit nicht anzunehmen: 2, 9–12) stehet fest und haltet an den Überlieferungen, welche ihr mündlich oder brieflich von uns gelernt habt[30]. Mit Bedacht verzichtet Paulus dabei darauf, auch auf den in 2, 2 erwähnten ›Geist‹ zu verweisen; denn er ist mit Recht überzeugt, daß in Thessalonich zur Zeit ein Irrgeist am Werke ist, daß ein ἄλλον πνεῦμα in der Gemeinde umgeht.

Setzt man nun 2, 1–12 vor 2, 15, so wird nicht nur das ursprüngliche Gefüge des eingeschobenen Briefes wiederhergestellt (Proömium: 2, 13–14; Corpus: 2, 1–12+15; Eschatokoll: 2, 16–3, 5), sondern auch deutlich, was den Redaktor zu der Umstellung des Corpus dieses Briefes bewegte: er wollte vermeiden, daß beide Proömien unmittelbar aufeinander folgten[31]. Durch die Umstellung erhält der zweite Brief – gewiß unbeabsichtigt – einen dem 1 Thess sehr ähnlichen Aufbau, der die Imitationsthese maßgeblich bestimmte; auf das erste Proömium folgt ein Stück des Briefkorpus, und daran schließt sich das zweite Proömium an[32].

Aus dem oben Gesagten ging bereits hervor, daß II 3, 17 sich auf 2, 2 und 2, 15 bezieht und folglich zu dem Brief gehört, der 2, 1–3, 5 umfaßt. Der

---

[28] Vgl. ebd.   [29] Vgl. ebd.

[30] II, 2, 15 erinnert sehr an 1 Kor 16, 13, eine Stelle, die auch zum Briefschluß überleitet.

[31] Der Absatz, den die modernen Ausgaben und Übersetzungen nach II 2, 12 machen, ist gewiß nicht im Sinne des Redaktors, der II 2, 1–15 weiterhin als einen einheitlichen Abschnitt verstanden wissen wollte, von ihm bereichert durch die Verse 13 f, die wegen ihres kontrastierenden Anschlusses an V. 10–12 nicht ungeschickt in den Gedankengang eingefügt worden sind.

[32] Es liegt am Tage, daß die Erkenntnis dieser im zweiten Brief vorgenommenen Umstellung die Imitationshypothese gänzlich zu Fall bringt.

2Thess enthält also wie der 1Thess zwei Schreiben des Paulus, von denen das eine durch 1, 1–12 + 3, 6–16 gebildet wird. Es scheint bis auf den letzten Teil des Eschatokolls und gegebenenfalls vom Redaktor gestrichene persönliche Bemerkungen vollständig erhalten zu sein. Der letzte Teil des Briefschlusses ist durch den entsprechenden Teil des anderen Briefes ersetzt, dessen ἀσπασμός dem Redaktor wohl wegen des damit verbundenen Echtheitsmerkmals besonders wertvoll war. Das andere Schreiben besteht aus 2, 13–14, + 2, 1–12 + 2, 15–3, 5 + 3, 17–18. Diesem Schreiben scheint außer persönlichen Bemerkungen, die es ursprünglich enthalten haben mag, nur das Praeskript zu fehlen.

Wir geben den nun vollständig rekonstruierten Briefen folgende durch ihre zeitliche Reihenfolge bestimmte Bezeichnungen:

Thess A II 1, 1–12 + 3, 6–16,

Thess B I 1, 1–2, 12 + 4, 3–5, 28,

Thess C II, 2, 13–14 + 2, 1–12 + 2, 15–3, 5 + 3, 17–18,

Thess D I 2, 13–4, 2.

Es liegt am Tage, daß unser Teilungsvorschlag das literarische Problem des zweiten Briefes völlig und darum jedenfalls nicht schlechter löst, als die Imitationsthese bestenfalls zu tun imstande ist. Wie beim ersten Brief lösen sich so aber auch andere exegetische Probleme.

Ich verweise zum Beispiel auf das ἡμεῖς δέ zu Anfang von II 2, 13. Schon P.W. SCHMIEDEL, aaO z.St.; W. BORNEMANN, aaO z. St.; H. HOLTZMANN, aaO 101; W. WREDE, aaO 21 haben bemerkt, daß das ἡμεῖς δέ einen schiefen Gegensatz entstehen läßt: Den Gegensatz zu den ἀπολλυμένοι in 2, 10ff könnte nur die Gemeinde bilden; tatsächlich wird er jetzt aber von den Absendern des Briefes gebildet. Darauf stützte sich die Imitationsthese: das ἡμεῖς δέ ist mechanisch aus I 2, 13 herübergenommen. Diese Auskunft ist nicht ungeschickt. Nur wird das ebenso rätselhafte διὰ τοῦτο καὶ ἡμεῖς in I 2, 13 damit nicht erklärt. In Wahrheit stellt das ἡμεῖς δέ in II 2, 13 genauso wie das διὰ τοῦτο καὶ ἡμεῖς von I 2, 13 eine redaktionelle Klammer dar. (Versuche, das ἡμεῖς δέ als ursprünglich im Duktus des echten und einheitlichen 2Thess verständlich zu machen, wie sie zum Beispiel W. BORNEMANN, aaO z.St. und J. WRZOL, aaO 103f unternehmen, zeigen nur die Unmöglichkeit solchen Unterfangens auf).

Bekanntlich haben nicht wenige Forscher die zeitliche Reihenfolge der Thessalonicherbriefe umgekehrt und den 2Thess vor den 1Thess gesetzt. Sie waren auf keiner ganz falschen Fährte. Gute Gründe sprechen für diese Umstellung. Nicht weniger gute Gründe aber sprechen für die kanonische Reihenfolge. Das Problem bewegte sich wie in einem Zirkel. Beachtet man, daß die beiden Thessalonicherbriefe aus vier ursprünglichen Schreiben bestehen, die ohne Rücksicht auf ihre zeitliche Reihenfolge zu zwei Einheiten verbunden wurden, so stellt sich das Problem naturgemäß anders. Die bei jeder gewählten Reihenfolge bestehenden Schwierigkeiten fallen fort und die Argumente beider Seiten kommen zu ihrem Recht. Ich gebe dafür einige Beispiele:

Sowohl im ersten wie im zweiten Brief werden die ἄτακτοι erwähnt. Dazu schreibt W. HADORN[33] im Anschluß an J. WEISS[34]: »Die Verfasser berufen sich in Kap 3 (sc. des 2Thess) auf ihre wiederholten Anordnungen und Ermahnungen, als sie bei ihnen waren, nicht aber auf einen Brief. In I 5, 14 werden die Unordentlichen als bereits erwähnt behandelt (J. WEISS), so daß die ganze Sache in I 4, 11. 12 kürzer abgetan werden kann. Man würde sie auch hier nicht recht verstehen, wenn man nicht II 3 kennen würde. In I 4, 11. 12 haben wir noch die verhallenden Donner eines abziehenden Gewitters vor uns, dessen Auftakt in II 3, 11 zu hören ist. Wie soll man auch diesen Satz verstehen: wir hören, daß etliche unordentlich wandeln, Torheiten treiben und nichts arbeiten, wenn von dieser Sache bereits in einem Briefe die Rede gewesen war?« J. WEISS bemerkt noch (S. 218 Anm. 1), daß die Verfasser sich in I 4, 11 auf einen ganz bestimmten Befehl berufen »(παρηγγείλαμεν Aorist 4, 11), der sich gut auf den früheren Brief beziehen kann«. Diese Argumentation ist überzeugend. Die Lösung liegt darin, daß II 3, 6ff zu Brief A gehört, I 4, 10ff zu Brief B. Auch stimmt es, daß die Bedrängnisse der Gemeinde zur Zeit des 2Thess auf dem Höhepunkt stehen (II 1, 3–12), zur Zeit des 1Thess aber als im wesentlichen überwunden erscheinen (I 2, 13–3, 10); vgl. J. WEISS, aaO 217f. Die Erklärung für diesen Tatbestand ist freilich nicht, daß ›2Thess‹ vor ›1Thess‹ geschrieben wurde; vielmehr gehört II 1 zu Brief A und ist also früher als I 2, 13–3, 10 = Brief D. Richtig ist ferner, daß Sendung und Rückkehr des Timotheus weitere Korrespondenz bis zur Ankunft des Paulus in Thessalonich unnötig zu machen scheinen, ›2Thess‹ also vor ›1Thess‹ gehört (s. I 3, 7–10); daß der Reise des Timotheus im 2Thess keine Erwähnung getan wird, fände so seine Erklärung. In der Tat schließt zwar nicht der ›1Thess‹, wohl aber I 2, 13–4, 2 = Brief D die Korrespondenz mit Thessalonich ab.

Anderseits blickt, wie wir bereits sahen, II 2, 2. 15 vermutlich auf I 5, 1–11, jedenfalls aber auf einen vorangegangenen Brief des Apostels zurück. Nicht zuletzt an dieser Beobachtung scheiterte bisher die These, 2Thess gehöre vor 1Thess, mit Recht; tatsächlich verhält es sich so, daß I 5, 1–11 zu Brief B gehört, II 2, 2. 15 zu Brief C. Dies gleiche Verhältnis bestätigt auch ein anderes wesentliches Argument derer, die die Priorität des 1Thess verfochten: Die

---

[33] Die Abfassung der Thessalonicherbriefe in der Zeit der dritten Missionsreise des Paulus, BFChrTh 24, 1919, 123.
[34] Das Urchristentum, 1917, 217ff.

Diskussion der Eschatologie in II 2, 1–12 setzt die Behandlung der gleichen Frage in I 5, 1–11 voraus.

Diese Beispiele mögen genügen. Sie zeigen nicht nur, daß und wie unsere literarkritische Analyse das literarische Problem *beider* kanonischer Thessalonicherbriefe löst, sondern auch, daß bisher nur unbefriedigend gelöste oder gar unlösbare exegetische Probleme geklärt werden bzw. entfallen. Vor allem aber ist auf diese Weise das Echtheitsproblem des 2Thess positiv entschieden. Das einzige durchschlagende Argument gegen die Echtheit[35], der literarische Charakter des zweiten Briefes, wird nun zum Ausgangspunkt der Echtheitserklärung. Denn die Tatsache, daß der 2Thess eine Briefkomposition darstellt, zwingt bei der Annahme der Unechtheit dieses Briefes zu der Behauptung, der Redaktor habe gefälschte Briefe komponiert oder Briefe zum Zwecke der redaktionellen Komposition zunächst einzeln gefälscht: zwei aus vielerlei Gründen unmögliche Annahmen. Tatsächlich verhält es sich vielmehr so – wir wiesen schon darauf hin – daß die beiden im 2Thess enthaltenen ursprüng-

---

[35] W. WREDE hielt außer der entscheidenden literarkritischen Beobachtung nur noch den Hinweis auf II 3, 17 aus dem Arsenal der gegen die Echtheit des 2Thess vorgebrachten Argumente für überzeugend. Diese ablehnende Wertung der mancherlei kritischen Einwände gegen die Echtheit des zweiten Briefes ist berechtigt und begründet, nur muß man den Hinweis auf II 3, 17 ebenso beurteilen. Dieser Vers ist zwar unter der Voraussetzung der Unechtheit des 2Thess wohl verständlich, jedoch ordnet er sich erst recht einer Erklärung, die die Authentizität des Briefes voraussetzt, zwanglos ein, da er deutlich auf 2, 2. 15 zurückblickt. Beachtet man diesen Rückbezug, so wird ersichtlich, daß 3, 17 nicht die Echtheit des diesen Vers enthaltenden Briefes bestätigen, sondern einen Anhalt bieten soll, einen in Thessalonich bereits umlaufenden und diskutierten Brief auf seine Echtheit zu prüfen. Wer mit dem Vers II, 3, 17 zugunsten der Unechtheit argumentiert, muß den Bezug auf 2, 2. 15 unberücksichtigt lassen; solches Vorgehen ist schwerlich einleuchtend.

Von den W. WREDE noch nicht vorliegenden Einwänden gegen die Echtheit des 2Thess sind lediglich Einzelbeobachtungen zur Theologie des angefochtenen Briefes bemerkenswert. Dabei hat ein Aufsatz von H. BRAUN, Zur nachpaulinischen Herkunft des zweiten Thessalonicherbriefes (ZNW 44, 1952/53, 152ff) am meisten Beachtung gefunden. H. BRAUN meint, vor allem in II 1, 3–12 in beträchtlichem Maße nachpaulinische Züge der theologischen Begriffswelt feststellen zu können: Die βασιλεία (V. 5) ist eindeutig etwas Zukünftiges (wie meist bei Paulus!); ἄξιος steht bei Paulus stets in Beziehung auf das gegenwärtige Wunder des Christseins (was für das Zeitwort (κατ)αξιοῦν jedoch nichts besagt!); das Glauben des Christen unterliegt nach keiner paulinischen Äußerung dem Gericht (auch nach V. 10 rettet der Glaube durch das Gericht hindurch); der Gebrauch von δίκαιος in V. 5f ist nicht genuin paulinisch (gewiß, aber er findet sich auch sonst bei Paulus: Röm 2, 5; 3, 8. 25); die Ausführungen in V. 3–12 sind stark moralisierend (wenn dies Urteil wirklich zutrifft, ist die moralisierende Tendenz eine Folge der angesichts der Verfolgungssituation in Thessalonich gebotenen Verwendung des spätjüdischen Kompensationsgedankens, der, wie auch H. BRAUN feststellt, nicht unpaulinisch ist). Kurzum: Beachtet man die Situationsbezogenheit der Ausführungen des Paulus in II 1, 3–12, so wird man schwerlich nur genuin paulinische Gedanken erwarten dürfen, zugleich aber auch keine genuin unpaulinischen finden können.

lichen Briefe zur Vervollständigung der Korrespondenz zwischen Paulus und den Thessalonichern unentbehrlich sind. Freilich haben wir die Zusammengehörigkeit der vier rekonstruierten Briefe in einem geschlossenen Briefwechsel und auch ihre oben angegebene Reihenfolge noch nicht umfassend begründet, obschon die vorgeschlagene Reihenfolge bereits aus der Summe der bisherigen Einzelargumentationen zwingend hervorgeht. Solche umfassende Begründung, die ihr besonderes Augenmerk auf die eschatologischen Abschnitte in Brief B und C richten müßte, kann hier nicht geschehen, denn diese Aufgabe setzt eine eingehende Exegese aller vier Briefe voraus, die ich in meiner Untersuchung über ›Paulus und die Gnostiker‹[36] vorlegen werde. Ich darf mich darum an dieser Stelle auf das Nötigste beschränken.

Thess A: II, 1, 1–12 + 3, 6–16.

Paulus *hört* (II 3, 11), daß in Thessalonich eine Agitation von Irrlehrern im Gange ist. Er gibt keine Informationsquelle an, jedoch ist bemerkenswert, daß sich auch zu Beginn der Korrespondenzen mit Korinth (1Kor 11, 18 = Kor A) und Philippi (Phil 1, 27) das ἀκούω findet. Er ermahnt in einem ersten Schreiben die Gemeinde, sich von den eifrig sich betätigenden Predigern und ihrem Anhang fernzuhalten. Auf eine Diskussion mit den in Thessalonich neuerdings verbreiteten Anschauungen läßt er sich bewußt nicht ein; er nennt sie nicht einmal. Er taktiert vielmehr anders und fordert, die Gemeinde solle sich diejenigen, die trotz seines Briefes weiterhin unordentlich wandeln und geschäftig durch die Häuser laufen, statt dem Geschäft ihrer täglichen Arbeit nachzugehen, merken und keine Gemeinschaft mehr mit ihnen haben. Die Forderung: μὴ συναναμίγνυσθαι αὐτῷ ist – wie in 1Kor 5, 9–11 – die Forderung nach Exkommunikation. Man sieht, für wie gefährlich Paulus seine Gegner auch in Thessalonich hält. Die Exkommunikation soll in der Hoffnung geschehen, der Bruder, dem die Gemeinschaft mit den Brüdern versagt wurde, möchte beschämt Buße tun. Diese nicht leichthin vorzubringende Forderung wird durch das feierliche und formvollendete, aber keineswegs förmliche, sondern sehr persönliche und teilnahmsvolle Proömium dieses Briefes, das man wegen seiner eigenwilligen Gestalt oft als unecht angesehen hat, besonders sorgfältig vorbereitet. Die für paulinische Briefe auffallende Form dieses Proömiums erklärt sich zugleich daraus, daß Paulus mit ihm zum anscheinend ersten Male seit seinem Gründungsbesuch in (brieflichen) Kontakt mit der Gemeinde zu Thessalonich tritt und sich offenbar nicht sicher ist, ob er seine Autorität in Thessalonich noch ohne weiteres geltend machen kann.

[36] ThF 35, 1964.

Thess B: I 1, 1–2, 12 + 4, 3–5, 28.

Nicht lange nach diesem Brief scheint Paulus die – berechtigte oder unberechtigte – Überzeugung gewonnen zu haben, daß sein im ersten Schreiben eingeschlagener taktischer Weg nicht ausreiche oder daß dies Schreiben die erhoffte Wirkung nicht hatte bzw. angesichts der fortschreitenden Agitation der ἄτακτοι nicht werde haben können. Er fürchtet den Eindruck der *Argumente*, die in Thessalonich gegen ihn persönlich und für eine Reihe neuer Lehren vorgebracht werden. So schreibt er einen zweiten Brief, in dem er zunächst seine Predigt und sich selbst gegen die Vorwürfe verteidigt, er sei kein Pneumatiker (I 1, 4–2, 3) und predige um des Geldes willen (2, 4–12). Dann ermahnt und belehrt er die Gemeinde im Hinblick auf die neuerdings unter ihnen verkündigten oder praktizierten Novitäten: Unzucht (4, 3–8); Enthusiasmus (4, 9–12); Leugnung der Auferstehung (4, 13–18) und der Parusie (5, 1–11). Man soll den bisherigen Leitern der Gemeinde weiterhin folgen (5, 12f). Einzelne Ermahnungen, die insgesamt die Lage in Thessalonich im Auge haben, beschließen den Brief (5, 14–22). Persönliche Bemerkungen dürften hinter Vers 22 ausgefallen sein, weil die Situationsangaben des 1Thess jetzt von Brief D dargeboten werden. Der vorsichtige Ton des zweiten Schreibens zeigt, daß Paulus die Gemeinde seinen Händen noch nicht entglitten, wohl aber die Argumente seiner Gegner in ihr wirksam sieht.

Thess C = II 2, 13–14 + 2, 1–12 + 2, 15 – 3, 5 + 3, 17–18

Wenig später hört Paulus, daß man sich außer auf Wort und Geist auch auf einen angeblich von ihm stammenden Brief – offenbar Brief B – beruft, um die Behauptung zu stützen, der Tag des Herrn sei schon da. Darum schreibt er einen kurzen Brief, der die Aufgabe hat, die eschatologischen Irrtümer richtigzustellen und der mißbräuchlichen Benutzung seines (echten oder gefälschten) Briefes zu wehren.

Thess D = I 2, 13–4, 1.

Die bleibende und durch Nachrichten aus Thessalonich oder Erfahrungen in anderen Gemeinden möglicherweise vermehrte Sorge um die Gemeinden führt dazu, daß Paulus nach Absendung von Brief C Timotheus nach Mazedonien schickt, um unter anderem oder vor allem auch in Thessalonich nach dem Rechten zu sehen. Timotheus kommt mit guten Nachrichten aus Thessalonich zurück. Anscheinend waren die Sorgen des Paulus – wenigstens in ihrem Ausmaß – unbegründet, darum seine Briefe möglicherweise auch nicht in allem ganz angebracht gewesen. In Freude über die befriedigenden Zustände in Thessalonich schreibt Paulus seinen ›Freudenbrief‹ nach dort, der von Lob und Dank bestimmt ist und vergessen lassen soll, wie kritisch und sorgenvoll er in den vorangehenden Schreiben an die Thessalonicher gedacht hatte. Nicht ungeschickt motiviert Paulus die Sendung des Timotheus nachträglich in diesem Schreiben statt mit der Befürchtung, die Gemeinde möchte von ihm abgefallen sein, wesentlich mit dem Hinweis auf die Verfolgungen, unter denen die Thessalonicher hatten leiden müssen. Paulus rechnet mit seinem baldigen Besuch in Thessalonich (3, 10–11); was noch an sachlichen Problemen zu klären ist, will er bis dahin zurückstellen. Die Korrespondenz ist geschlossen. Wenig später tritt Paulus tatsächlich seine Reise nach Mazedonien an.

Nur dieser Brief D enthält ausdrückliche Situationsangaben. Den übrigen Schreiben haben solche Angaben ursprünglich kaum gefehlt. Sie sind jedoch vom Redaktor gestrichen worden, der für den 1Thess die Angaben von Brief D bestimmend sein ließ und deshalb vermutlich auch in dem ›späteren‹ 2Thess die Situationsangaben tilgen mußte.

Die Reihenfolge der Briefe ergibt sich aus ihrem erhaltenen Inhalt so zwingend, daß wir zur Rekonstruktion dieser Reihenfolge die weggefallenen Situationsangaben nicht vermissen.

Die hier vorgeschlagene literarkritische Analyse der Thessalonicherbriefe klärt das literarische Problem beider Briefe, löst eine große Anzahl bisher ungelöster und unlösbarer exegetischer Probleme, entscheidet die Echtheitsfrage des 2Thess und erledigt die Frage nach der Reihenfolge und nach den Empfängern[37] beider Briefe.

Wer sich die Mühe machen würde, die von P. W. SCHMIEDEL, H. HOLTZMANN, W. WREDE und anderen herausgestellten Parallelen zwischen 1. und 2. Thess unter der Voraussetzung unserer literarkritischen Analyse zu vergleichen, würde erkennen, daß diese Parallelen unter solcher Voraussetzung sämtlich Zeichen einer echten und lebendigen Korrespondenz aus der gleichen Hand darstellen und nicht mehr im entferntesten Anlaß bieten, von einer bewußten Imitation durch Paulus selbst oder einen Fälscher zu reden.

Daß unsere Analyse auch entscheidende Bedeutung für die Fragen nach dem Anlaß der Korrespondenz mit Thessalonich und nach der Abfassungszeit dieser Korrespondenz hat, liegt am Tage. Doch können diese Probleme nur im Rahmen einer umfangreicheren exegetischen Untersuchung der Briefe geklärt werden[38].

[37] Zur Lösung der Schwierigkeiten des 2Thess wurde bekanntlich von M. GOGUEL (Introduction au Nouveau Testament IV 1, 1925, 335ff) der Vorschlag gemacht, als ursprüngliche Adresse des 2Thess Beröa anzunehmen. E. SCHWEIZER (ThZ 1, 1945, 90ff; 286ff; 2, 1946, 74f) empfahl, die Empfänger in Philippi zu suchen. A. v. HARNACK (SAB 1910, 560ff) und M. ALBERTZ (Die Botschaft des Neuen Testaments, 1955, Bd. 1, 324f) ließen 2Thess an eine judenchristliche Minderheit in der Gemeinde zu Thessalonich adressiert sein, und auch M. DIBELIUS (HNT 11, ³1937, 58) nahm für den 2Thess einen besonderen Adressatenkreis innerhalb der Gemeinde in Thessalonich an.

[38] S. o. Anm. 36.

Eine Bemerkung zum Schluß. Nicht nur die Thessalonicherbriefe, auch der
Römerbrief, beide Korintherbriefe und der Philipperbrief stellen Briefkompositionen dar. Es gibt in der Antike keine Parallelen, aus denen man das Phänomen der Briefkompositionen im Corpus Paulinum erklären könnte. Solche
Erklärung muß also aus dem Corpus Paulinum selbst gewonnen werden. Die
Tatsache, daß zwar mit Ausnahme des Galaterbriefes *alle* paulinischen Hauptbriefe redaktionell verfertigte Briefkompositionen darstellen, die überdies
alle in der gleichen Weise aus echten Paulusbriefen hergestellt sind, daß dies
Verfahren aber sonst durchaus ungewöhnlich war[39], schließt es auch aus, daß
die einzelnen kanonischen Briefe des Corpus Paulinum zu verschiedenen
Zeiten an verschiedenen Orten, von verschiedenen Händen und aus jeweils
verschiedenen originellen Gründen zusammengesetzt worden sind. Die Briefkompositionen im Corpus Paulinum verlangen vielmehr eine umfassende und
einheitliche Erklärung. Ich habe eine solche Erklärung früher unter Verweis
auf die älteste paulinische Briefsammlung gegeben[40], die aus theologischen

---

[39] Die Komposition des Polykarpbriefes dürfte die paulinischen Briefkompositionen
zum Vorbild gehabt haben.

[40] Die Frage, ob solche Kompositionsarbeit denn unbemerkt bleiben konnte, geht
m. E. von falschen Voraussetzungen aus. Die Ausgabe der ersten, redaktionell verfertigten
Briefsammlung war offenbar ein öffentliches kirchliches Unterfangen, dazu bestimmt,
die Autorität der in den Paulusbriefen dargebotenen apostolischen Weisungen einzuschärfen.
An eine Täuschung irgendwelcher Benutzer der Sammlung war dabei nicht gedacht. Daß
die erste ›offizielle‹ Sammlung der Paulusbriefe eine Redaktionsarbeit darstellt, scheint
noch Polykarp (Pol Phil 3, 2!) als allgemein bekannt vorauszusetzen.
   Unter diesem Gesichtspunkt ist auch die Frage zu beurteilen, ob der Redaktor bei seiner
Arbeit mit genügendem Geschick verfahren sei, um sich nicht zu verraten. Da er nichts zu
verbergen hatte, konnte er sich auch nicht verraten! Es ging ihm darum, das an paulinischer
Überlieferung vorhandene Material in 7 brieflichen Einheiten gefällig zu ordnen; das ist
ihm mit beachtlichem Geschick gelungen. Nur wenn man ihm unberechtigterweise
Täuschungsabsichten unterstellt, könnte man sein Geschick – kaum zu Recht – bezweifeln.
Auch dabei ist es jedoch grotesk, wenn, wie es in einer Diskussion geschah, die Integrität
der Thessalonicherbriefe mit dem Argument verteidigt wird, als Kompositionsarbeit seien
sie zu ungeschickt und in ihrer redaktionellen Verklammerung zu durchsichtig verfertigt;
also müßten sie ursprüngliche Einheiten darstellen! Wer die Integrität der Briefe behauptet,
kann nicht zugleich dem etwaigen Redaktor Ungeschick vorwerfen!
   Es wurde auch gefragt, warum der Redaktor die 4 Briefe nicht in ihrer ursprünglichen
Reihenfolge komponiert habe (also A + B = 1Thess; C + D = 2Thess), wie es bei den
Korintherbriefen der Fall ist. Diese Frage setzt – womöglich zu Recht – ein waches
historisches Bewußtsein bei unserem Redaktor voraus. Gerade solchem Bewußtsein aber
muß es deutlich gewesen sein, daß A und B wegen der doppelten Bezugnahme auf die
ἄτακτοι schlecht komponiert werden konnten. Da auch B und C wegen der verschiedenartigen eschatologischen Stücke nicht in einen Brief paßten, blieb nur die Komposition
B + D und A + C übrig. Die Reihenfolge der beiden so komponierten Briefe wurde
dann durch ihre unterschiedliche Länge und durch die ursprüngliche, aufeinander bezogene Reihenfolge der eschatologischen Abschnitte in B und C zwangsläufig bestimmt.

Gründen sieben Briefe umfassen sollte und mit Hilfe der Redaktionsarbeit tatsächlich auch umfaßte[41], und ich hoffe, diese Erklärung demnächst in weiter ausgebauter Form erneut vorlegen zu können. Ob man dieser Erklärung zustimmt oder nicht, ob man sie für beweiskräftig hält oder für unbewiesen: eine *denkbare* Erklärung des Phänomens der paulinischen Briefkompositionen stellt sie in jedem Fall dar, so daß man sich nicht mit der Behauptung, es gebe schlechterdings keine geschichtliche Wahrscheinlichkeit für sekundäre Kompositionen im Corpus Paulinum[42], allen literarischen Befunden zum Trotz gegen die Feststellung wenden kann, ein Teil der paulinischen Briefe stelle solche Kompositionen tatsächlich dar. Ja, nicht einmal die *begründete* Behauptung, ein denkbares Motiv für die Vermutung, das Corpus Paulinum enthalte Briefkompositionen, sei noch nicht genannt, kann gegen diese Vermutung überzeugend ins Feld geführt werden. Denn das Fehlen solchen Motivs wäre nur ein angesichts unserer überaus bescheidenen Kenntnisse der frühchristlichen Geschichte wohl verständlicher Zufall. Die literarische Verfassung des Corpus Paulinum ist dagegen auch als Zufall unverständlich.

---

[41] Siehe oben Anm. 36.

[42] Vor allem mit dieser Behauptung argumentiert W. G. KÜMMEL gegen alle derartigen literarkritischen Versuche an den Paulusbriefen; vgl. seine Einleitung in das Neue Testament, 1963, 205; 229; 240f. Wenn er auf der anderen Seite den Versuch, eine geschichtliche Situation für die Entstehung von paulinischen Briefkompositionen zu finden, mit Hinweis auf die »Fragwürdigkeit der Annahme einer solchen Redaktion« (S. 354) abweist, so bewegt er sich mit seiner Argumentation zudem in einem Zirkel, der die Kritik als solche ad absurdum führt.

CHAOS UND SCHÖPFUNG IM MYTHISCHEN DENKEN UND IN DER BIBLISCHEN URGESCHICHTE

ERNST WÜRTHWEIN

In seinem schönen und originellen Buch »Der hebräische Mensch« (1953) beschäftigt sich L. KÖHLER auch mit dem hebräischen Weltgefühl und meint, »das dämmerhafte Wissen um die kosmische Unsicherheit bildet die Grundlage des hebräischen Weltgefühls« (S. 114). Dafür beruft er sich besonders auf Gen 1, 2, wo der babylonische Mythus »noch nachhallt«. »Im Mythos ist die Welt den Urwassern abgerungen; sie wird vom Chaos bestürmt, das sie zu verschlingen droht. Diese Erzählung, von Neuern flüchtig als bedeutungslos überlesen, ist sehr bedeutsam. Weder die Entstehung unserer Erde noch ihr Fortbestand ist selbstverständlich, sondern die Erde, das Festland ist dauernd in seinem Bestehen durch den Ansturm des Meeres bedroht. Die Belege dafür ziehen sich durch das ganze Alte Testament hin. ›Ich habe den Sand dem Meer als Grenze gesetzt, als Ordnung für immer; es wird ihn nicht überschreiten‹ (Jer 5, 22). ›Der du das Tosen der Meere, das Tosen ihrer Wellen zur Ruhe bringst‹ (Ps 65, 8). Diese Belege sind weder verklungene Mythologie noch gar poetische Floskel, sie sind im Bewußtsein des hebräischen Menschen Tatsachen. Die Menschenerde ist dauernd von den Untergangsmächten des Chaos bedroht und bestürmt. Wenn nicht Gott wäre, das Chaos möchte über die Erde Meister werden, und der Untergang wäre da. So schlummert – aber nicht ohne wieder einmal wach und rege zu werden – im Grunde des Bewußtseins eine beständige Unsicherheit« (S. 114).

Ist damit das hebräische Weltgefühl richtig beschrieben oder liegt nicht gerade in dem Verhältnis zum Chaos ein wichtiger Unterschied zwischen dem mythischen Denken und dem Glauben des Alten Testaments? Wir gehen dieser Frage nach, indem wir uns zuerst die Bedeutung des Chaos im mythischen Denken vergegenwärtigen.

I.

Es ist bekannt, daß in vielen kosmogonischen Mythen Aussagen über »die Welt vor der Schöpfung« gemacht werden. So hat H. Grapow 1931[1] unter diesem Titel eine Reihe von Stellen aus ägyptischen Texten gesammelt, denen er Parallelen aus anderen Kulturkreisen zur Seite stellte, »nicht freilich als angebliche Belege für die Abhängigkeit etwa des Babylonischen vom Ägyptischen oder dergleichen, sondern als merkwürdige Zeugnisse für die im Allgemeinmenschlichen selbst begründete Gemeinsamkeit urverwandter Vorstellungen und ihres sprachlichen Ausdrucks« (S. 35).

Bei näherem Zusehen lassen sich solche Aussagen in zwei Kategorien einteilen: die einen reden nur in Negationen, die anderen suchen über den Urzustand etwas »Positives« auszusagen.

a) Vielfach hat es den Anschein, als solle ein »Nichts« beschrieben werden, das vor der geschaffenen Welt lag. Die Formel »als noch nicht ... entstanden war« ist kennzeichnend für diese Gruppe. So heißt es in dem »Buch von der Vernichtung des Apophis« von dem Zustand vor der Schöpfung: »Noch war nicht der Himmel entstanden, noch war nicht die Erde entstanden, noch waren nicht der Erdboden geschaffen und die Würmer an jenem Ort«, »noch war nicht irgendeine Gestalt entstanden in diesem Lande« (Grapow S. 34). Ein Pyramidentext beschreibt den Zustand so: »Als noch nicht der Himmel entstanden war, als noch nicht die beiden Stützen (d.h. Schu und Tefnet) entstanden waren, als noch nicht Störung entstanden war, als noch nicht jene Furcht entstanden war, die betreffs des Horusauges entstand« (ebd. S. 35). Ein anderer spricht davon, »als noch nicht der Himmel entstanden war, als noch nicht die Erde entstanden war, als noch nicht die Menschen entstanden waren, als noch nicht die Götter geboren waren, als noch nicht das Sterben entstanden war« (ebd. S. 35).

Wer von »der Welt vor der Schöpfung« sprechen will, kann es nur von seinem eigenen Standort innerhalb der vorhandenen Welt und der damit gegebenen Vorstellungen tun. Will er vor diese Welt hinausgreifen, ist er notwendig auf Negationen, auf ein »noch nicht« angewiesen, um das Unvorstellbare sagbar zu machen. So ist es nicht verwunderlich und darf nicht sogleich im Sinne einer Abhängigkeit gedeutet werden, wenn wir in anderen Kulturkreisen auf ähnliche Aussagen stoßen. Berühmt ist der Eingang des babylonischen Weltschöpfungsepos Enuma Elisch:

---

[1] ZÄS 67, 1931, 34–38. – Zu den Schöpfungsmythen vgl. jetzt auch u. a.: La naissance du monde, Sources Orientales I, 1959; S. G. F. Brandon, Creation Legends of the Ancient Near East, 1963.

»Als droben der Himmel nicht genannt war,
Drunten die Feste einen Namen nicht trug,
...... [sehen war,
Das Strauchwerk sich nicht miteinander verknüpfte, Rohrdickicht nicht zu
Als die Götter nicht existierten, niemand,
Sie mit Namen nicht genannt, Geschicke ihnen nicht bestimmt waren...«[2]

b) So verständlich das Reden in Negationen ist, es reicht für die Spekulation, die sich in die fernsten Bezirke wagt, nicht aus; es genügt aber auch nicht zum Ausdruck des mythischen Weltgefühls. Es ist nicht nur eine Nicht-Welt, ein Nichts, das dieser Welt vorausgeht. In mancherlei Texten wird von einem Ur-Etwas gesprochen, und diese sind es, die für unseren Zusammenhang von besonderem Interesse sind. Mitten zwischen den Negationen im Eingang des Enuma Elisch findet sich ein Satz, den ich vorhin beim Zitieren ausgelassen habe, und der besagt, daß damals »Apsu, der Uranfängliche, ihr Erzeuger,
Mummu (und) Tiamat, die Gebärerin von ihnen allen,
Ihre Wasser in eins vermischten«.

»Der früheste Zustand des Universums wird hier als ein wäßriges Chaos beschrieben, das aus drei miteinander vermischten Elementen bestand: Apsu stellt das Süßwasser dar; Ti'amat vertritt das Meer; Mummu kann nicht völlig sicher identifiziert werden, bedeutet aber möglicherweise die Wolkenbänke und den Nebeldunst. Diese drei Wasserarten waren in einer großen, unterschiedslosen Masse vermengt .... Dann treten, inmitten dieses Wasserchaos, zwei Götter ins Dasein...«[3].

Auch im *Ägyptischen* gibt es über die Negationen hinaus Aussagen über die Welt vor der Schöpfung, über deren Sinn in den letzten Jahren aufschlußreiche Beiträge von ägyptologischer Seite veröffentlicht wurden[4]. In dem Gespräch zwischen dem Urgott Atum und Osiris wird von Atum das allgemeine Weltende angekündigt: »Du (Osiris) wirst länger als Millionen von Millionen Jahren leben, eine Zeit von Millionen. Ich aber werde alles, was ich geschaffen habe, zerstören. Die Erde wird wieder als *Urozean* erscheinen, als *Wasserflut* wie in ihrem Anfangszustand. Ich bin das, was übrigbleibt..., nachdem ich mich wieder in eine Schlange verwandelt habe, die kein Mensch kennt, die kein Gott sieht.«[5]

---

[2] Übersetzung von Ebeling, AOT, [2]1926, 109.
[3] TH. JACOBSEN in »Frühlicht des Geistes«, 1954, 188f.
[4] H. BRUNNER, Die Grenzen von Zeit und Raum bei den Ägyptern, AfO 17, 1954 bis 1956, 141–145. – E. HORNUNG, Chaotische Bereiche in der geordneten Welt, ZÄS 81, 1956, 28–32. – S. MORENZ, Ägyptische Religion, 1960, 167ff.
[5] Übersetzung nach KEES, Ägypten, im Religionsgeschichtlichen Lesebuch von BERTHOLET, S. 28; vgl. BRUNNER, aaO 141; MORENZ, aaO 177f.

Ein Urozean, eine Wasserflut war also vor dem Kosmos da. Dem entspricht, daß andere Texte von dem Urwasser *Nun* sprechen. Aus ihm kommt Ptah (GRAPOW S. 36), aus ihm kommen Himmel und Erde, aus ihm taucht der Urhügel, aus ihm die schöne Stadt Philae auf (ebd. S. 36f). Aber das Urwasser ist nicht allein, Dunkelheit und Endlosigkeit, vertreten in den Urgöttern Kuk und Huh, gesellen sich dazu. Vor dieser Welt liegt eine chaotische Finsternis.

Was ist der Sinn dieser Aussagen? H. BRUNNER hat nachdrücklich darauf hingewiesen, daß man beim Mythos zwischen *Form* und *Sinn* scheiden müsse. Der Mythos spielt in der Vergangenheit, insofern ist er historisch in der Form. »Sein *Sinn* dagegen ist auf die Gegenwart gerichtet. Niemals ist ein Mythos ›historisch‹ im Sinne der israelitischen oder einer späteren Geschichtsbetrachtung gemeint, niemals will er ein einmaliges, unwiederholbares Ereignis schildern, das der Hörer in Distanz zur Unterhaltung oder auch Belehrung zur Kenntnis nimmt[6]. Die Zeit, die der Mythos meint, ist vielmehr stets auch das Hier und Jetzt; durch das Einst erhöht sich höchstens das Gewicht seiner Aussage. Diese geht alle Hörer unmittelbar an.«[7]

Auf den zitierten Text angewendet bedeutet das, daß die Aussagen über das finstere Chaos nicht verstanden werden dürfen als solche über einen fernen, vergangenen Zustand, sondern über eine gegenwärtige Möglichkeit. »Die ungeordneten Bereiche des Chaos ... (sind) durch die Schöpfung nicht aufgehoben, sondern (sie umgeben) die geordnete Welt unaufhörlich. Darin liegt zugleich eine ständige Bedrohung beschlossen, die sich für uns hauptsächlich in dem vielberufenen Mythus von dem immer neuen Kampf des Sonnengottes gegen die Apophisschlange spiegelt, die ›abgewehrt‹, aber als unsterbliche Urmacht nicht getötet wird.«[8] Von da aus ist es zu verstehen, daß in Ägypten nicht von einer einmaligen Schöpfung »am Anfang« die Rede ist, sondern davon, daß die Schöpfung »beim ersten Male« geschah. »Wir finden hier also die Schöpfung der Erde zugleich als Handlung des ersten Males und als Anfangen genannt, das seinem Wesen nach wenn nicht das Vollenden, so das Wiederholen fordert.«[9] Diese Wiederholung vollzieht sich im täglichen Neuvollzug der Schöpfung im Naturlauf, vor allem dadurch, »daß der Sonnengott an jedem Morgen aus dem Urwasser Nun auftaucht und mit seinem Tageslauf die kosmische Ordnung nach sich zieht«[10]. Aber auch im geschichtlichen Bereich wird die Schöpfung wiederholt, vor allem mit jeder Thronbesteigung

---

[6] Dies will freilich auch nicht die israelitische Geschichtsbetrachtung! vgl. S. 326f (Anm. d. Verf.).

[7] H. BRUNNER, aaO 142.   [8] Morenz, aaO 176f.

[9] Ebd. 176.   [10] Ebd.

und Tempelgründung und überall da, wo gegen einen feindlichen Einbruch die ursprüngliche Ordnung wiederhergestellt wird.

Daß im ganzen Alten Orient der Glaube von der jährlichen Rückkehr ins Chaos, der eine neue Schöpfung folgt, weit verbreitet ist, ist bekannt, und braucht hier nicht im einzelnen belegt zu werden[11]. Es kam uns hier darauf an zu zeigen, daß im mythischen Denken das Chaos nicht nur charakteristisch ist für die »Welt vor der Schöpfung«, sondern daß es fortdauert und immer neuer Überwindung bedarf. Hier muß man in der Tat von »kosmischer Unsicherheit als Grundlage des Weltgefühls« (KÖHLER) sprechen. Gilt das auch für das Alte Testament?

II.

Im *Alten Testament* finden sich, wie in Ägypten und Babylonien, negative Aussagen zur Beschreibung der Welt vor der Schöpfung. So etwa in Ps 90, 2:
»Ehe die Berge geboren waren
und die Erde und die Welt geschaffen...«
oder in Spr 8, 23 f, wo von der Existenz der Weisheit *vor* der Schöpfung gesprochen wird:

»Von Ewigkeit her bin ich gebildet,
vor Anfang, vor Ursprung der Welt.
Als noch nicht die Wassertiefen waren,
wurde ich geboren,
Als noch keine Quellen,
reich an Wasser.«
Auch der Eingang der jahwistischen Schöpfungsgeschichte (Gen 2, 4b–7), gehört hierher.

Für unsere Fragestellung ist jedoch die Hauptstelle, die die Welt vor der Schöpfung als Chaos beschreibt, von besonderem Interesse, nämlich Gen 1, 2:
»Und die Erde war öde und leer, und Finsternis lag über dem Urmeer, und ein Gottessturm fuhr über dem Wasser hin und her.«
Für die exegetischen Einzelheiten des Verses kann ich mich weitgehend der Auffassung von K. GALLING[12] anschließen. Vers 2 hat – ob man V. 1 als Temporalsatz auffaßt und mit V. 3 verbindet (»Als Gott anfing, Himmel und Erde

---

[11] Vgl. etwa M. ELIADE, Der Mythos der ewigen Wiederkehr, 1953.
[12] Der Charakter der Chaosschilderung in Gen. 1, 2, ZThK 47, 1950, 145–157.

zu schaffen, ..., da sprach Gott«) oder ihn als selbständigen Aussagesatz versteht, der den Leitgedanken von Gen 1 formuliert[13], – den Charakter eines
Zwischensatzes, der in seiner Gänze[14] von einer chaotischen Welt vor der
Schöpfung handelt. Aber welchen Sinn hat die Erwähnung dieses Chaos? Die
Frage erhebt sich um so dringlicher, als V. 2 gegenüber V. 1 »keinen Fortschritt,
ja fast einen Rückschritt bedeutet«[15], auf jeden Fall aber sich mit der »personalistischen Sicht des in freier Souveränität schaffenden... und durch das gebietende
Wort gestaltenden Gottes«[16] zu stoßen scheint. Sie hat angesichts der verwirrenden, wie heute allgemein zugegeben wird, aus einer reichen mythologischen
Vorgeschichte kommenden Aussage die verschiedensten und zum Teil recht
gewagte Antworten gefunden.

a) Kurz erwähnt sei die von Luther und Calvin aber auch noch von Wellhausen u. a. vertretene Auffassung, wonach V. 1 nicht auf Himmel und Erde
in ihrer jetzigen Gestalt zu beziehen sei, sondern auf eine »*informis materia*« des
folgenden Werkes. Da nach dem sonstigen Sprachgebrauch unter Himmel und
Erde immer diese gestaltete Welt verstanden wird und die Beziehung auf ein
ihr vorausliegendes Chaos ohne nähere Charakterisierung singulär wäre, ist
diese Auffassung heute allgemein aufgegeben.

b) Ebenso steht es mit der sogenannten *Restitutionshypothese*, die zwischen
V. 1 und 2 einen großen Fall annimmt, durch den die Schöpfung wieder zum
Chaos geworden wäre. Ihr rein spekulativer Charakter, ohne Anhalt am Text,
liegt auf der Hand.

c) Einen, soweit ich sehe, neuen Versuch des Verständnisses von V. 2 hat
Zimmerli[17] vorgelegt. Er geht davon aus, daß P in V. 1 eine creatio ex nihilo
(ברא!) behauptet. In V. 2 nun bemühe er sich, »dieses Nichts, aus dem Gott die
Welt werden läßt, zu beschreiben. V. 2 enthält nach seiner Absicht die Be-

---

[13] Neuerdings hat sich u. a. Humbert, Interpretationes ad VT pertinentes S. Mowinckel
missae, 1955 (= Opuscules d'un hébraisant, 1958, 193 ff) und S. Herrmann (ThLZ 86,
1961, 415 ff) für die erste Auffassung ausgesprochen. Aber nach wie vor spricht viel dafür,
V. 1 als eine Art thetische Überschrift, die den Leitgedanken des Folgenden anschlägt, zu
verstehen. Der Frage kann in diesem Zusammenhang nicht nachgegangen werden. Gegen
Humbert vgl. jetzt W. Eichrodt, In the Beginning, in: Israel's Prophetic Heritage, Essays
in honor of J. Muilenburg, 1962, 1 ff.

[14] Auch der dritte Teil von V. 2 spricht vom Chaos. Die Übersetzung von S. Herrmann, aaO 415, »und lebensträchtiger Windhauch brütete über der Wasseroberfläche«
führt in *diesem* Zusammenhang zu großen Schwierigkeiten. O. Eissfeldt (Das Chaos in der
biblischen und in der phönizischen Kosmogonie, FF 16, 1940, 1 ff = Kleine Schriften II,
1963, 258 ff) hat schon 1940 die Wiedergabe „und ein mächtiger Wind fegte über das Wasser
dahin" als „zum mindesten sehr wahrscheinlich" vertreten.

[15] G. v. Rad, Das erste Buch Mose, ATD, ⁴1956, 38.

[16] Galling, aaO 145.

[17] W. Zimmerli, 1 Mose 1–11, Die Urgeschichte. 1. Teil. 1943.

schreibung dieses Nichts. Wenn wir dagegen einwenden, daß der biblische Erzähler ja nicht einfach von einem Nichts rede, sondern von einer Urflut und einer Erde, die wüste und öde lag, so müssen wir uns klar machen: das ist offenbar die ungelenke Weise, in der der biblische Erzähler allein im Stande ist, dieses Nichts, das er beschreiben möchte, anschaulich zu machen«[18]. Diese Auskunft scheint mir wenig befriedigend; sie könnte höchstens für den ersten Satz zutreffen, da sich in der Tat תהו in Parallele zu אין u. ä. findet[19]. Für den zweiten und dritten Satz scheint sie mir nicht möglich. Gerade P, dem man sonst eine sehr genaue und subtile Formulierung zuschreibt, ist ein solcher Versuch mit untauglichen Mitteln kaum zuzutrauen. Das Vorbild reiner Negationen war ihm, wie wir bestimmt voraussetzen dürfen (vgl. unsre obigen Beispiele), bekannt. Mit ihnen hätte sich die ihm von ZIMMERLI zugeschriebene Absicht viel einfacher und unmißverständlicher verwirklichen lassen. Wenn er dem Vorbild nicht folgte, mußte ihm doch wohl an den positiven Aussagen, die er nun einmal macht, gelegen sein[20].

d) Ganz anders deutet G. VON RAD die Aussagen über das Chaos. V. 2, gegenüber der lapidaren Aussage von V. 1 kein Fortschritt, ja fast ein Rückschritt, habe neben dem zweifellos dominierenden V. 1 ein besonderes Anliegen des Glaubens zu wahren. »So redet auch dieser Vers 2 nicht nur von einer Wirklichkeit, die einmal vor Urzeiten war, sondern zugleich von einer Möglichkeit, die immer gegeben ist. Daß hinter allem Geschaffenen der Abgrund der Gestaltlosigkeit liegt, daß ferner alles Geschaffene ständig bereit ist, im Abgrund der Gestaltlosigkeit zu versinken, daß also das Chaotische schlechthin die Bedrohung alles Geschaffenen bedeutet, das ist eine Urerfahrung des Menschen und eine ständige Anfechtung seines Glaubens. An ihr mußte sich der Schöpfungsglaube bewähren. So lehrt Vers 2 das Wunder der Schöpfung aus seiner Negation heraus verstehen und redet deshalb zuerst von dem Gestaltlosen und Abgründigen, aus dem Gottes Wille die Schöpfung herausgehoben hat und über dem er sie unablässig hält. Denn dieses tragenden Schöpferwillens bedarf der Kosmos fortgesetzt.«[21].

---

[18] ZIMMERLI, aaO 35 f.

[19] Vgl. RIDDERBOS, OTS XII, 1958, 225 f.

[20] Zu der, aus dem Text nicht ablesbaren, Auffassung von KARL BARTH – V. 2 mit all seinen bewußt aufgenommenen Mythologemen »eine Wiedergabe der Karikatur ..., als die sich der Weltzustand vor der Schöpfung – genauer gesagt: abgesehen von Gottes Schöpfung, abgesehen von dem Licht, das des wirklichen Schöpfers Offenbarung über die wirkliche Schöpfung verbreitet – dem Verfasser dargestellt hat« (III, 1, 1957, 118) – vgl. K. GALLING, aaO 146–148.

[21] G. VON RAD, Das erste Buch Mose, 38 f; vgl. auch ders., Die Priesterschrift im Hexateuch, 1934, 169 und Theologie des AT I, 1957, 148; ebd. 156 heißt es unter Heranziehung anderer Stellen des AT: »Es war eine bedrohte Welt, in der sich Israels Geschichte begab«.

Diese unser natürliches Weltgefühl unmittelbar ansprechende Deutung des Chaos als einer ständig drohenden Möglichkeit befindet sich ganz in der Nähe des oben dargelegten mythischen Denkens. Hier ist nun zu fragen: verträgt sich diese Deutung mit der Gesamttendenz der alttestamentlichen Weltschau, insonderheit mit dem Anliegen der Priesterschrift? Die Ägyptologen, die sich um die Erkenntnis des mythischen Verständnisses bemüht haben, glaubten beiläufig auf einen entscheidenden Unterschied zum Alten Testament aufmerksam machen zu sollen[22], und zwar, wie ich glaube, mit vollem Recht.

Zunächst ist zu bedenken, daß die priesterschriftliche (und jahwistische) Schöpfungsgeschichte insofern der mythischen Vorstellung von urzeitlichem und immer wiederkehrendem Geschehen fernsteht, als sie als Anfang einer Geschichte erscheint. Die Schöpfung ist in Gen 1 so sehr in den geschichtlichen Bereich hineingenommen, daß ihr Vollzug nach Tagen datiert werden kann und von ihr gesagt werden kann, daß sie am siebenten (oder sechsten?) Tag ihren Abschluß gefunden habe. Diese letzte Aussage könnte bei dem längst bemerkten polemischen, abgrenzenden und abwehrenden Charakter, der die priesterschriftliche Schöpfungsgeschichte weithin prägt, geradezu als Abwehr solcher Spekulationen von der immer neu sich vollziehenden, weil immer neu notwendigen Schöpfung verstanden werden. Schließt das nicht ein, daß damit auch das Chaos – was immer es früher war – ein für allemal zu einem Ende gekommen ist? Daß es nicht mehr drohende Wirklichkeit sein kann wie in Ägypten und anderwärts in der mythischen Welt, und daß alle Weltangst, die sich an das Wissen um die Möglichkeit eines chaotischen Einbruchs knüpft, unnötig ist? So gewiß in V. 2 Aussagen aus der mythischen Welt aufgenommen sind, sie gewinnen damit, daß sie in einen anderen, nämlich geschichtlichen, Kontext gestellt werden, auch einen neuen Sinn.

Die Auffassung vom Chaos als stets drohender Möglichkeit würde auch der Absicht der priesterschriftlichen Erzählung als ganzer widersprechen. Wie alles alttestamentliche Schrifttum ist sie aus einer bestimmten geschichtlichen Situation und Fragestellung herausgewachsen und spricht in sie hinein. Sie will insbesondere die Deportierten in ihrer Not aufrichten und trösten. Deshalb verkündigt sie ihnen die ewige Gültigkeit des von Jahwe errichteten Bundes und der damit verbundenen Landverheißung[23]. Aber sie weist sie auch darauf hin, »daß Gottes Schöpfung uneingeschränkt *tob*, sinnvoll, sei, auf die besondere und

---

B. S. Childs, Myth and Reality in the Old Testament, 1960, 42 hat sich von Rads Auffassung von Gen 1, 2 angeschlossen.

[22] Brunner, aaO 124; Hornung, aaO 28.

[23] Vgl. K. Elliger, Sinn und Ursprung der priesterlichen Geschichtserzählung, ZThK 49, 1952. 121–143.

einzigartige Stellung des Menschen als Abbild Gottes innerhalb dieser Schöpfung ..., auf den ihm erteilten Segen, auf seine universale Aufgabe und schließlich am Ende des Flutberichtes auf die feste, in göttlicher Willenssetzung beruhende Ordnung eines Gottesbundes mit allem Fleisch. Überall weist er auf eine tragfeste Basis, auf das, was Standfestigkeit verleiht, auf das verläßlich Gültige zunächst in der Gesetzmäßigkeit der Schöpfung, weiterhin in der kultischen und sozialen Ordnung, die dem völkischen Dasein schützende und bergende Hülle ist.«[24] Mit dem tröstenden und aufrichtenden Gesamttenor der Priesterschrift würde die Anschauung von einem potentiell stets gegenwärtigen Chaos sich schwerlich vereinen lassen.

Die Art nun, wie der priesterschriftliche Erzähler von den Wassern der Urflut handelt, zeigt, daß sie für ihn schon *vor* der Schöpfung keine chaotische Qualität im Sinne einer mythischen widergöttlichen Macht haben. Ganz Gott dienstbar, sammeln sie sich auf seinen Befehl an einem Ort, damit das trockene Land sichtbar werde (V. 9). Schon GALLING hat darauf hingewiesen, wie sehr die priesterschriftliche Schilderung des Chaos von dem Weltbild und nicht vom Mythos her motiviert ist[25]. Das gilt auch noch in einem anderen als dem von ihm herausgestellten Sinne. Das alttestamentliche Weltbild rechnet bekanntlich wie das altorientalische mit Wassern über dem Himmel und unter der Erde. Wie sie an ihren Ort gekommen sind, mußte in einem Schöpfungsbericht gesagt werden. Die Vorstellungen, die in seiner Welt bereit lagen – Urwasser und schöpferisches Scheiden –, gaben P kaum eine andere Möglichkeit der Darstellung, als er sie gewählt hat. Was die Mythen der Umwelt erzählten, hat er, unmythisch, weltbildlich verwendet. GALLING hat recht mit seiner Feststellung: »Das Urmeer mit Finsternis und Sturm ist nicht selbstmächtig und das Chaos tritt erst von der Schöpfung aus in das Blickfeld.«[26] Dann ist aber die Existenz *chaotischer* Bereiche im mythischen Sinne (und andere gibt es nicht!) *nach* der Schöpfung, über denen die geschaffene Welt von Gott gehalten werden müßte, im Sinne der Priesterschrift erst recht undenkbar. Nichts deutet darauf hin, daß sie die himmlischen oder unterirdischen Wasser so verstanden wissen wollte.

III.

Unsere Auffassung hat sich nun noch an der Sintflutgeschichte zu bewähren. Wenn auch die priesterliche Fassung in ihren Dimensionen weit über die jah-

---

[24] L. HENRY, Jahwist und Priesterschrift, Arbeiten zur Theologie 3, 1960, 20.
[25] K. GALLING, aaO 154 f.
[62] K. GALLING, aaO 155. Vgl. auch O. KAISER, Die mythische Bedeutung des Meeres in Ägypten, Ugarit und Israel. BZAW 78, ²1962, 112 ff.

wistische hinausgeht, so ist doch keine Frage, daß die Wasser keine Eigenmächtigkeit haben, sondern lediglich im Dienste des göttlichen Gerichtes stehen. Sie kommen auf Gottes Beschluß (6, 13) und versiegen, als Gott Noahs gedenkt (8, 1). Wenn sie auch alle hohen Berge bedecken, so werden sie doch nicht in chaotischen Farben geschildert (7, 19f). Ein Wind genügt, um sie allmählich auszutrocknen (8, 1). Es sind gewöhnliche Wasser, die als Regen und Quellen befruchtend wirken, hier aber im Übermaße im Dienst des göttlichen Gerichtes stehen.

Am stärksten jedoch kommt die Entmythisierung in der *geschichtlichen* Motivation der Sintflut zum Ausdruck. Nicht weil Chaosmächte in die geordnete Welt eindrängen, ereignet sie sich, sondern weil alles Fleisch einen verdorbenen Wandel auf Erden führte (6, 11f). Es liegt der Priesterschrift wie schon dem Jahwisten daran, zu zeigen: die Bedrohung kommt nicht von außen, von der mythisch gedeuteten Welt her, sondern von der Kreatur, die sich über die ihr auferlegte Ordnung hinwegsetzt, indem sie sich eine Gewalt anmaßt, die ihr nicht zukommt (חמס 6, 11).

Besagen die echt mythisch verstandenen Sintfluterzählungen, wie prekär es mit der Welt steht, in der der Mensch lebt, weil sie einem Einbruch vernichtender Chaosmächte stets offensteht, so wehrt die alttestamentliche Sintflutgeschichte mit allem Nachdruck den Gedanken an eine Wiederkehr ab, so daß eine Auslegung im Sinne des mythischen Denkens unmöglich wird. Schon am Ende der jahwistischen Fluterzählung spricht es Jahwe in seinem Herzen aus: »Nicht wieder will ich verfluchen die Erde um des Menschen willen…, nicht wieder schlagen alles Lebendige, wie ich getan habe« (8, 21f). Ein einmaliger Entschluß, geschichtlich fixiert, Wort geworden, bestimmt die Folgezeit, die damit der ewigen Wiederkehr von Chaos und Schöpfung entnommen ist.

Die Priesterschrift gießt diese geheimen Gottesgedanken um in die solenne Form der Bundeszusage (9, 8–17). »Meinen Bund richte ich mit euch auf, daß nicht mehr alles Fleisch von den Wassern der Flut vernichtet werde und nicht wieder eine Flut geschehe, die Erde zu verderben« (9, 11). Was ist der Inhalt dieses Bundes? Schutz vor den chaotischen Mächten? Kaum. Die Priesterschrift wußte, daß auch die noachitische Menschheit wie die vor der Flut von Gewalttat erfüllt ist. Aber Gott will dies nicht zum Anlaß einer neuen Vernichtung nehmen. Wenn er schon die Vorbereitung dazu trifft, indem er Gewölk zusammenzieht – wie entmythisiert sind hier die Himmelswasser! –, will er sich seiner Zusage erinnern. Wie beim Jahwisten (8, 21f) handelt es sich nicht um Schutz vor dem Chaos, sondern um die vergebende Gnade über einer Welt, die eigentlich das Gericht verdient hat.

Damit ist in der Tat »das kyklische Denken in ein lineares verwandelt, aus dem mythischen Ereignis ist ein historisches geworden«[27]. Aber diese Historisierung richtet nicht eine Distanz auf zwischen dem Geschehen und dem Hörer. Würde man es so verstehen, würde man dem tiefsten Anliegen des alttestamentlichen Zeugnisses nicht gerecht. Das einmal ergangene Wort richtet sich, sooft es verkündet wird, an den jeweiligen Hörer, daß er es ergreife und von ihm her und auf es hin lebe, d. h. glaube. Diesen Glauben an seines Gottes Wort hatte der hebräische Mensch inmitten einer von Mythen und kosmischer Unsicherheit erfüllten Welt zu bewähren. Mag sein, daß er immer wieder in Gefahr war, dieser Welt zu verfallen. Kosmische Unsicherheit kann jedoch »Grundlage des hebräischen Weltgefühls« (KÖHLER) nur da gewesen sein, wo man aus dem Glauben in das mythische Denken des Alten Orients fiel. Denn: »Wer glaubt, gerät nicht in Angst«[28] (Jes 28, 16)[29].

[27] BRUNNER, aaO 124, Anm. 8.
[28] Zu dieser Übersetzung vgl. G. R. DRIVER, JTS 32, 1931, 253 f.
[29] Zu den Anspielungen auf einen Drachenkampf Jahwes, wie sie sich in der prophetischen und poetischen Literatur des Alten Testaments finden und auf die ich in dieser Untersuchung nicht eingehen konnte, vgl. O. KAISER, Die mythische Bedeutung des Meeres, 140 ff.

TRANSZENDENZ UND IMMANENZ
ALS AUFGABE
DES SICH VERSTEHENDEN GLAUBENS

OTTO KAISER

Wer einen oberflächlichen Blick auf die westliche, abendländische Welt wirft, findet sie primär mit technischen, organisatorischen und politischen Problemen beschäftigt: Die Notwendigkeit, den fortlaufend anwachsenden Menschenmassen ein menschenwürdiges Dasein zu ermöglichen, ist offenbar. Daß dieses Ziel nur mittels des technischen Fortschritts und einer immer umfassender werdenden weltweiten Organisation erreicht werden kann, ist eine Binsenweisheit. Daß die politischen Spannungen friedlich gelöst werden müssen und daß diese Lösungen wiederum die Freiheit des Menschen und damit ein menschenwürdiges Dasein im Auge haben müssen, ist ebenso selbstverständlich. Aber in dieser gemeinsamen Zielsetzung technischer Entwicklung und politischen Handelns wird deutlich, daß es letztlich um mehr und um anderes geht als um Technik, Wirtschaft und Politik, nämlich um den Menschen und sein Selbstverständnis. Denn wo von der Freiheit und der Würde des Menschen die Rede ist, wird der Anspruch erhoben, daß der Mensch letztlich mehr und anderes ist als eine Funktion ökonomischer Verhältnisse und eine Summe psychosomatischer Komponenten. Wollen wir diese Freiheit wahren, so müssen wir wissen, worin sie letztlich gründet. Haben wir keine klare Antwort auf die Frage nach dem Wesen des Menschen, nach dem Grunde seiner Freiheit, so wird unser technisches Planen und unser politisches Wollen nicht das gewählte und zugleich schicksalhafte Ziel erreichen, dem Menschen diese Erde zur Heimat werden zu lassen.

Die Frage nach dem Wesen des Menschen und dem Grunde seiner Freiheit ist unauflöslich mit der Frage nach der Wirklichkeit Gottes und der Wirklichkeit seiner Offenbarung verbunden. Die gegebenen Antworten sind, jedenfalls im abendländischen Kulturkreis, in Anknüpfung und Widerspruch zu der christlichen Tradition formuliert worden. Das Grundthema der abendländischen Geistesgeschichte, die Verhältnisbestimmung zwischen Vernunft und Offenbarung, Glauben und Wissen gehört damit nicht der Vergangenheit an. Es ist unser eigenes Problem geblieben. Denn so wahr die Beherrschung der Welt und ihrer Möglichkeiten unser Wissen erfordert, verlangt die Wahrung der Freiheit des Menschen unseren Glauben. Es ist vielleicht die Tragik dieses Jahrhunderts, daß es die ihm damit gestellte zweite, wesentliche Aufgabe, die Begründung der Freiheit des Menschen im Horizont der Gegenwart Gottes weniger leidenschaftlich angegriffen hat als die andere. Denn je enger die Räume und je intensiver die Berührung zwischen den Völkern, ihren Kulturen und Religionen werden, desto dringlicher werden wir gefordert, das Erbe der christlichen abendländischen Vergangenheit verstehend anzueignen oder als leblos gewordenen Ballast von uns zu werfen.

Das weithin die Auseinandersetzung kennzeichnende Verständnis der Frage nach dem Verhältnis zwischen Vernunft und Offenbarung, Glaube und Wissen, ist ein *survival* christlich mittelalterlicher Theologie und Philosophie. Es ist bestimmt durch die Unterscheidung zwischen rationaler Vernunfterkenntnis und einem sie überhöhenden Offenbarungswissen übernatürlichen, inspirierten Ursprungs, dessen Wahrheit entweder nur durch die inspirierten Verfasser der Heiligen Schrift oder (und zugleich) durch die Autorität der Kirche garantiert wird. Aber diese mittelalterlichen oder nachreformatorisch-orthodoxen Lösungsversuche haben in den zurückliegenden vierhundertundfünfzig Jahren fortlaufend an Überzeugungskraft verloren. Die heraufziehende Krisis des Problemverständnisses läßt sich bis in die Spätscholastik zurückverfolgen. Die Reformation schlug eine entscheidende Bresche, indem sie an die Stelle der Kirchenautorität das Einzelgewissen setzte, das selbst von der Wahrheit der Schrift überzeugt sein will. Es ist nicht unsere Aufgabe zu zeigen, wie zumal unter dem Druck miteinander rivalisierender und je einen absoluten Wahrheitsanspruch erhebender Konfessionen seit dem Zeitalter der Renaissance, des Barock und der Aufklärung die Bastionen eines zur Weltanschauung gewordenen Glaubens unterhöhlt worden sind, wie in diesem Prozeß säkulare Wissenschaft und säkularer Staat entstanden; noch ist es unsere Aufgabe, dem verschlungenen Wege der Theologie in diesen Jahrhunderten zu folgen. Es reicht aus, wenn wir feststellen, daß die empirischen Wissenschaften ein zur Weltanschauung gewordenes mythisches Weltbild gestürzt haben. Es reicht aus, wenn wir uns daran erinnern, daß die kritische Philosophie dem Menschen die Grenzen seines Erkennens demonstriert und damit das Ende jeder naiven Metaphysik heraufgeführt hat. Es liegt nur in der Konsequenz dieser Feststellungen, wenn wir sagen, daß die Theologie wie die kirchliche Verkündigung an den Erkenntnissen der empirischen Wissenschaften und der kritischen Philosophie nicht vorübergehen kann. Ja, wir sind der Meinung, daß sie dazu, recht verstanden, auch gar keinen Anlaß hat. Ihr ist durch das Zu-sich-selbst-Kommen der menschlichen Vernunft letztlich nur die Aufgabe gestellt, die uralte Rede

von der Transzendenz Gottes folgerichtig zu durchdenken. Es wird daher nicht
Wunder nehmen, wenn die folgenden Überlegungen eines Alttestamentlers
letztlich im Horizont der kritischen Philosophie geschehen. Denn mag man darin
von mancher Seite auch nur eine bedauerliche nachkantische Verengung und
Verkürzung der biblischen Botschaft sehen, so sind wir doch der Überzeugung,
damit der Befreiung der kirchlichen Verkündigung zu ihrer eigentlichen Aufgabe zu dienen, die darin besteht, den Menschen vor seinen nichtobjektivier-
baren Gott zu rufen. Suchen wir den traditionellen Ort des Verständnisses des
Alten Testamentes auf, so begegnen wir seiner Einordnung in das heilsgeschichtliche Denken mittels des hermeneutischen Schlüssels von Weissagung
und Erfüllung. Am Anfang der Weltgeschichte stehen Schöpfung und Fall. Auf
ihn folgt, als eine weissagende Präfiguration des neutestamentlichen Heilsgeschehens, die Erwählung der Väter, die Begründung des davidischen Reiches.
In seinen Zerfallszeiten erheben die Propheten ihre Stimme, um den kommenden Messias anzukündigen. Der gegenwärtige Alttestamentler ist gefragt, ob
er mit seiner historisch-kritischen Arbeit dieses heilsgeschichtliche Bild stützen
kann oder ob und wie er es auf Grund seiner Forschungen zu variieren gedenkt. Dabei spitzt sich die Frage dahingehend zu, ob er als Historiker so
etwas wie einen Gottesbeweis aus der Geschichte Israels erbringen kann.
So wird in der gegenwärtigen alttestamentlichen Wissenschaft über die
Frage diskutiert, ob der Alttestamentler als Theologe letztlich nur an das
sich in diesen Büchern heiliger Schrift ausdrückende Selbstverständnis, an
das Kerygma oder auch und primär an die historischen Fakten gewiesen ist[1].
Das Problem erfährt nur eine scheinbare Entspannung, wenn man historisch
richtig einwirft, daß Geschichtsverlauf und glaubendes Verstehen eine viel-
schichtige und unauflösbare Einheit bilden[2]. Denn im Blick auf die grundsätzliche Entscheidung ist damit nicht mehr gesagt, als daß das menschliche
Selbstverständnis immer auch ein Weltverständnis einschließt, daß sich menschliches Selbstverständnis angesichts der konkreten Herausforderung durch die
geschichtliche Situation bildet. Gewiß bietet nun der faktische, vom Historiker
ermittelte Geschichtsverlauf ein immanentes Kriterium für das sich in einem

---

[1] Vgl. G. v. RAD, Theologie des Alten Testaments I, 1957, 112f. (= 1962⁴, 118f);
F. HESSE Kerygma oder geschichtliche Wirklichkeit?, ZThK 57, 1960, 24.

[2] Vgl. R. RENDTORFF, Geschichte und Überlieferung, Studien zur Theologie der alt-
testamentlichen Überlieferungen (v. Rad-Festschrift), 1962, 93; aber auch J. KÖBERLE,
Sünde und Gnade im religiösen Leben des Volkes Israel bis auf Christus, 1905, 2 und
F. HESSE, Die Erforschung der Geschichte Israels als theologische Aufgabe, KuD 4, 1958,
15: »Wir dürfen die ›äußere‹ Geschichte Israels weder methodisch noch sachlich von der
Glaubensgeschichte trennen; sie liegen völlig ineinander und ›tragen‹ miteinander die
Heilsgeschichte.« Sowie von demselben ThLZ 88, 1963, 753.

Geschichtsglauben äußernde Selbstverständnis der biblischen Zeugen an[3]. In diesem Sinne besitzen die Ergebnisse historischer Arbeit zugleich eine theologische Relevanz, indem sie zu der notwendigen Klärung beitragen, was an den jeweiligen biblischen Zeugnissen auf alle Fälle als zeitgebunden, durch den Gang der Geschichte selbst widerlegt und daher für den gegenwärtigen Glauben als unverbindlich anzusehen ist. Und gewiß muß der Exeget dabei immer zunächst und vor allem bemüht sein, den äußeren Ablauf der Geschichte und das innere Deutungsgeschehen in ihrem wechselseitigen Verhältnis darzustellen, weil er nur so seiner ersten Aufgabe, das jeweilige biblische Zeugnis aus seiner ursprünglichen Situation in seiner ursprünglichen Intention verständlich zu machen, gerecht werden kann. Aber der Exeget muß sich dabei der Grenze der historischen Methode und der Grenze historischen Verstehens bewußt bleiben. Als Historiker bekommt er den Glauben Israels nicht anders in den Blick als ein historisches, und sei es nun auch als ein diese Geschichte zentral bewegendes Faktum. Die eigentliche theologische Sachfrage, ob der hier bezeugte Gott *unser Gott* ist, findet auf diesem Wege keine Antwort und kann auf diesem Wege, recht verstanden, auch gar keine Antwort finden. Der Gott des Alten Testaments kommt hier nicht anders in den Blick als etwa die Götter der Kanaanäer: So wie der Glaube an sie das Selbstverständnis der unmittelbaren Umwelt Israels bestimmt hat, hat eben der Glaube Israels auch sein geschichtliches Verhalten bestimmt – oder, wie die prophetische Polemik zeigt, auch nicht bestimmt. Die historische Wissenschaft kann eben, um ein Wort des Jubilars zu zitieren, »als historisches Phänomen nur den Glauben an Gottes Handeln wahrnehmen, aber nicht Gott selbst«[4]. Und das heißt ja nichts anderes, als daß sich Gott von unserem menschlichen Verstande nicht objektivieren läßt[5].

Denn alles, was sich von uns objektivieren, was sich von uns im distanzierten Sehakt betrachten läßt, gehört der Welt der Erscheinungen an, bleibt immanent. In dieser Welt der Erscheinungen lassen sich alle Dinge nach den Gesetzen von Ursache und Wirkung auf immanente Bedingungen zurückführen. Dabei geht die Kette der Verknüpfungen ad infinitum weiter, bis der Mensch an die Grenze des Erkennbaren gekommen ist[6]. Und wenn der Mensch schließlich

---

[3] Das Problem der Eschatologie des Neuen Testaments verdeutlicht diese Feststellung wohl am schnellsten. Vgl. dazu R. BULTMANN, Eschatologie und Geschichte, ²1964, 44 ff.

[4] R. BULTMANN, Zum Problem der Entmythologisierung. Archivio di Filosofia 1961, Rom 1961, 23; vgl. auch E. LOHSE, Die Frage nach dem historischen Jesus in der gegenwärtigen neutestamentlichen Forschung, ThLZ 87, 1962, 134.

[5] Das schließt natürlich nicht aus, daß Gott in seinem »Daß« Gegenstand des Denkens sein kann; vgl. dazu S. HOLM, Religionsphilosophie, 1960, 141 f.

[6] Vgl. dazu M. HARTMANN, Die philosophischen Grundlagen der Naturwissenschaften, 1959, 23 f.

an die seinem Erkennen gezogene Grenze gekommen ist, wird für ihn die Gültigkeit des Satzes vom zureichenden Grunde nicht aufgehoben. Ja, er wird es dahingestellt sein lassen, ob er mit der gegenwärtig erkannten Grenze bereits an eine absolute Erkenntnisgrenze gestoßen ist oder nicht. Und er wird in der Konsequenz feststellen, daß hinter dem Erforschten ein Meer des Unerforschten liegt. Ein Vorstoß in die Transzendenz Gottes erscheint auf diesem Wege unmöglich. Das Irrationale, auf das menschliches Erkennen stößt und um das ein seine grundsätzlichen Grenzen anerkennendes Denken weiß, ist noch nicht mit der Transzendenz Gottes zu identifizieren. Entsprechend enthält auch die Geschichte, solange wir sie objektivierend betrachten, ausschließlich Relationen, aber keine absoluten Begebenheiten[7]. Gibt der Historiker aber seine objektivierende Betrachtung der Vergangenheit auf, so wird er seinem Auftrage untreu, Gewordenes aus seinem Werden verständlich zu machen. Es führt demnach kein unmittelbarer Weg von der objektivierenden Geschichtswissenschaft zur eigentlichen theologischen Aussage, zur Entscheidung der Gottesfrage. Niemand kann durch die Ergebnisse historischer Forschung gezwungen werden, die Existenz eines Gottes oder gar die des Gottes Israels anzuerkennen.

An dieser Feststellung ändert sich weder etwas, wenn wir die alttestamentliche Geschichte und Geistesgeschichte bis in das Neue Testament hinein verfolgen, noch wenn wir genötigt sein sollten, Ereignisse zu konstatieren, die unserem bisherigen Wirklichkeitsverständnis zuwiderlaufen. Im ersten Falle entdecken wir, wie überall in der Geschichte, Kontinuität und Diskontinuität. Im zweiten Falle stehen wir vor der Einsicht, daß hinter dem Erforschten ein Unerforschtes liegt. Aber wir stoßen wiederum nicht auf die Transzendenz Gottes. Diese spiegelt sich nach biblischem Verständnis auch keineswegs nur in außergewöhnlichen Phänomenen, sondern in der ganzen raumzeitlichen Wirklichkeit[8].

Man könnte dem bisherigen Gang der Überlegungen den Vorwurf machen, er sei nur deshalb zu einem derartig negativen Ergebnis gekommen, weil hier ein Hiatus zwischen der objektivierenden Geschichtswissenschaft und der Subjektivität des Historikers aufgerissen worden ist, der so lediglich eine künstliche Abstraktion ist[8a]. Und eben deshalb habe sich hier das Verhältnis des

---

[7] Vgl. dazu HOLM, aaO, 272f; U. MANN, Theologische Religionsphilosophie im Grundriß 1961, 199f.

[8] Vgl. dazu W. PHILIPP, Die Absolutheit des Christentums und die Summe der Anthropologie, 1959, 254f; H. v. OYEN, Theologische Erkenntnislehre, SDGSTh 6, 1955, 233 und speziell zum Problem des Wunders R. BULTMANN, Glauben und Verstehen I, [4]1961, 214ff; F. GOGARTEN, Die Verkündigung Jesu Christi. Grundlagen und Aufgabe, 1948, 97ff.

[8a] Denn wo immer der Historiker mehr als bloße »chronologisch fixierbare Vorgänge

Glaubens zu seinem geschichtlichen Ursprung in ein nebelhaftes Unbestimmt aufgelöst. Ist denn der Glaube etwa nur eine beliebige, gegenüber dem biblischen Zeugnis willkürliche, parteiische Stellungnahme? Das ist selbstverständlich nicht unsere Meinung. Aber diese Stellungnahme erfolgt auf einer anderen Basis als der eines objektivierenden, historischen Verstehens. Der Forscher ermittelt mit seiner in leidenschaftlicher Leidenschaftslosigkeit, mit seiner im distanzierten Sehakt erfolgenden Arbeit schließlich und letztlich das Selbstverständnis der Menschen, die Träger der von ihm untersuchten Geschichte gewesen sind. Er hat es letztlich mit dem Menschen als einem sich verstehenden und sich verantwortenden Wesen zu tun. Und nun ist er wie jeder andere Mensch gefragt, ob sich sein eigenes Dasein im Lichte dieses vergangenen Selbstverständnisses besser verstehen oder anders verstehen läßt als zuvor. Bei dieser Begegnung mit dem Selbstverständnis der Vergangenheit und bei dieser Entscheidung angesichts des Selbstverständnisses der Vergangenheit ist seine Subjektivität im höchsten Maße gefordert. Und wie immer er sich angesichts der Möglichkeiten entscheidet, die ihm von den Zeugnissen vergangenen Menschseins angeboten werden, wird die von ihm getroffene Entscheidung seine eigenste und von ihm selbst zu verantwortende sein.

Wir verdeutlichen das an zwei Beispielen: Wenn der Alttestamentler die Schlußphase der judäischen Geschichte untersucht, wird er dabei die Prophezeiungen eines Jeremia zur Kenntnis nehmen, der seinen König Zedekia vor die Entscheidung stellte, sich entweder im Vertrauen auf Gott, den Gott Israels, dem babylonischen König Nebukadnezars auszuliefern oder ein katastrophales Ende in der Fremde zu finden (vgl. Jer 27, 12ff; 34, 1ff). Er muß dann weiter feststellen, daß Zedekia, der die Übergabe der Stadt Jerusalem ablehnte, in der Tat geblendet und in Ketten im babylonischen Verließ verschwunden ist (2 Kö 25, 1ff; Jer 52, 6ff). Aber er kann weder beweisen, daß Jeremia wirklich im Namen Gottes redete, noch daß Zedekia im anderen Falle wirklich dies Schicksal erspart geblieben wäre. Er sieht sich vor die verschiedensten Erklärungsmöglichkeiten gestellt. Er mag an parapsychologische Phänomene oder an eine immanente Wahrscheinlichkeit denken, um das Übereinstimmen zwischen Prophezeiung und weiterem Geschichtsverlauf, zwischen Gerichtsankündigung und Erfüllung, zu erklären. Er kennt auf jeden Fall nur den faktischen Verlauf, aber niemals die Möglichkeiten der Vergangenheit als die Möglichkeiten Gottes. In seiner selbstverantworteten Stellungnahme zu dieser Geschichte fällt er daher immer auch eine glaubende Entscheidung für oder gegen den von Jeremia bezeugten Gott.

des Gewesenen« (BULTMANN, Jesus, 1951, 9) ermittelt, indem er etwa nach den bewegenden Kräften der von ihm behandelten Epoche fragt, ist seine Subjektivität beteiligt.

Man mag dagegen einwenden, es handle sich hier eben nur um ein alttesta-
mentliches Beispiel. Im Neuen Testament lägen die Dinge anders. Aber liegen
sie wirklich anders? Steht der Historiker als Historiker vor dem neutestamentlichen Osterzeugnis nicht noch hilfloser, weil es hier für ihn letztlich überhaupt
keine historischen Kontrollmöglichkeiten gibt, weil seine Analogien hier versagen, ihn bestenfalls auf das Feld der Mythenbildung, der Tiefenpsychologie
oder der Parapsychologie führen? Ja, selbst wenn es ihm eines Tages möglich
sein sollte, die Auferstehung Jesu als historisches Faktum zu beweisen, – was
bei der gegenwärtigen Quellenlage unmöglich erscheint[9] – hätte er damit
historisch bewiesen, daß dieses Geschehen die entscheidende Offenbarung Gottes ist? Wird nicht auch das neutestamentliche Heilsgeschehen erst dadurch für
uns zum Offenbarungsgeschehen, daß es uns als verkündigtes, in Fortsetzung
der Verkündigung Jesu und in Kontinuität mit der Verkündigung der Kirche
in unserem Gewissen trifft und uns so das Rätsel unseres Daseins aufschließt?

Wie sehr hier unsere Subjektivität gefordert und wie unaufgebbar und unauf-
hebbar der Unterschied zwischen einem objektivierenden und einem sich entscheidenden Verstehen ist, mag ein letztes Beispiel verdeutlichen, das die uns
allen mögliche Glaubenserfahrung der Gebetserhörung in den Kreis der Untersuchung einbezieht. Gesetzt, ein Mensch befindet sich in äußerster Not. Er sehe
vor sich nichts als den gewissen Tod. Und nun wende er sich in seiner Angst
betend an den ihm bislang zwar bezeugten, aber von ihm nicht geglaubten
Gott. Und gesetzt, es öffne sich ihm ein überraschender Weg der Rettung, so
daß der gerettete Beter seinem Gott überschwänglich dankt. Er hat die Wirklichkeit Gottes erfahren. Und vielleicht tat sie sich ihm vielmehr in dem Gefühl
der bergenden und tragenden Nähe Gottes, vor dem alles Fragen nach dem
Wohin verstummt, als in der Rettung selbst kund. – Aber gesetzt, er fängt an
zu grübeln, ob er denn wirklich die Nähe Gottes und seine Hilfe erfahren hat
oder ob nicht alles »ganz natürlich« zugegangen ist: wird ihm seine objektivierende, die innerweltlichen Zusammenhänge analysierende Vernunft einen
Gottesbeweis liefern? Der Mensch, der immer nur das bereits Eingetretene,
aber nicht die Möglichkeiten des Augenblicks als die Möglichkeiten Gottes
kennt, kommt nicht aus dem Zweifel heraus. Denn seine Vernunft kann, solange sie objektiviert, nichts anderes als ein immanentes Kausalgeflecht feststellen, und dieses in seiner ganzen unendlichen Verkettung.

Auf der anderen Seite versteht er sich immer und mit Notwendigkeit als ein
verantwortliches, zur Entscheidung angesichts der Möglichkeiten der Zukunft
aufgerufenes Wesen. Er steht vor der Antinomie zwischen Freiheit und Not-

---

[9] Vgl. dazu H. Grass, Ostergeschehen und Osterberichte, [3]1963, zumal 257ff.

wendigkeit. Er kann angesichts seiner objektivierenden, der Vergangenheit zugewandten Erkenntnis, die an die Anschauungsformen von Raum und Zeit
gebunden ist und nach dem Satze vom zureichenden Grunde arbeitet, seine
Entscheidungsfreiheit nur postulieren, und er muß sie postulieren. Ob er
diese seine Freiheit aus sich selbst oder von dem transzendenten, sich im Gebet
nach vorgängiger Verkündigung erschließenden Gotte her versteht, bleibt – *sit
venia verbi* – seine frei verantwortete Entscheidung. Da der Glaube sich nicht
aus der Vergangenheit rechtfertigen kann, hat er es offenbar immer mit dem
Augenblick zu tun. Und der einzige Zugang, der sich zu Gott hin öffnet, ist so
für den Exegeten nicht anders als für jeden anderen auch der Glaube, der sich
selbst freilich nur als eine geschenkte Entscheidung verstehen kann.

Ist dieser Glaube damit zu einem bloßen subjektiven Meinen geworden? Ist
er damit Ausdruck für ein *asylum ignorantiae* im Blick auf das Weltganze oder
das Geheimnis des konkreten Lebens? Diese Unterstellung widerspricht jedenfalls dem Selbstverständnis des Glaubens auf das Entschiedenste: Er versteht
sich gerade nicht in sich selbst befangen, seinem subjektiven Wünschen und
Meinen ausgeliefert, sondern von einem Letztgültigen gehalten und gefordert.
Er ist davon überzeugt, daß es eine letzte Entsprechung zwischen Existenz und
Offenbarung gibt, daß das Rätsel seines Daseins in der christlichen Verkündigung und in dem alt- und neutestamentlichen Heilsgeschehen aufgedeckt
wird. Er weiß, daß diese Aufdeckung nur im konkreten Zuspruch der Verkündigung erfolgen kann. Offenbarung ist für ihn kein verfügbarer Besitz,
kein festes, objektivierbares Wissen, sondern ein unter dem verkündigten Wort
sich ereignendes Geschehen.

Wir können dieser Entsprechung zwischen Existenz und Offenbarung, diesem Angewiesensein des Menschen auf das ihn fordernde Wort hier nur sehr
summarisch nachgehen. Wir verdeutlichen es uns an dem ethischen Phänomen.
Trotz aller Rede von der Relativität des Sittlichen, aller oberflächlichen Einsicht in die Vielfalt des menschlichen Ethos versteht sich der Mensch, ist er nicht
pathologisch entartet, als ein verantwortliches Wesen. Entsprechend beurteilt
er auch das Verhalten seiner Mitmenschen nicht als ein lediglich kausiertes
Geschehen. Er rechnet es ihnen zu. Er beurteilt ihr Verhalten als gut oder böse.
Er weiß, implizit oder explizit, daß er weder sich selbst noch den anderen als
bloßes Mittel gebrauchen darf, sondern daß er ihn als Zweck ehren soll[10]. Und
wo dies nicht geschieht und in der Geschichte geschehen ist, da läßt sich stets
zeigen, daß eine ganz bestimmte Eingrenzung des Nächsten nach rassischen,

---

[10] Vgl. dazu I. KANT, Grundlegung zur Metaphysik der Sitten, hg. v. K. VORLÄNDER,
PhB 41, 1957 (1906), 54, 429; zum Problemkreis H. J. PATON, Der kategorische Imperativ, 1962, und K. E. LØGSTRUP, Die ethische Forderung, 1959.

weltanschaulichen oder religiösen Gesichtspunkten vorgenommen ist. Es läßt sich aber ebenso nachweisen, daß die daraus resultierenden Gewissensüberdeckungen und -verbildungen immer wieder spontan durchbrochen worden sind[11]. Man wird es von hier aus nur bedauern können, daß das Wissen um das Sittengesetz so weitgehend zerredet worden ist. Theologisch entscheidend ist die Frage, ob nicht letztlich hinter jedem Übertreten der ethischen Forderung, den Anderen als den Nächsten, den möglichen, ja den immer schon faktischen Bruder zu achten und zu lieben, die Angst steht, gerade als Achtende und Liebende das Leben zu verlieren[12], der Macht des Todes, die tief in das Leben reicht, zu verfallen. Und macht nicht gerade das das Wesentliche der Gewissenserfahrung aus, daß sie den Übertreter der ethischen Forderung nun erst recht der Angst ausliefert, daß sich der vom Schlage des Gewissens Getroffene als gerichtet, als genichtet erfährt? Und tritt neben die Schuldangst und mit ihr mannigfach verbunden nicht die rätselhafte Schicksalsangst[13]? Muß sie nicht als ein Gefühl, als eine Grundstimmung beschrieben werden, dem Tode, dem Nichts ausgeliefert zu sein? Und wenn das so ist, erhebt sich dann nicht die Frage, warum sich der Mensch in einem derartigen Selbstwiderspruch findet, warum er, zu Achtung und Liebe aufgerufen, bei dem Versuch, sein Dasein zu sichern, faktisch immer wieder seinem Wesen zuwider handelt? Und zeigt nicht die Weltgeschichte, daß den Menschen das Wissen um sein Sollen allein nicht befreit? Sind wir damit nicht in der Nähe des paulinischen Bekenntnisses »Denn das Gute, das ich will, das tue ich nicht; sondern das Böse, das ich nicht will, das tue ich«? (Röm 7, 19).

Dem sich ängstigenden Israel – wir bezeichnen damit jetzt seine Wesensgröße – enthüllte sich die Überraschung der Zukunft. Als die aus Ägypten fliehende Gruppe am Meere nur noch Tod und Verderben vor sich sah, fand sie überraschendes Leben (Ex 14, 1 ff)! Dem geretteten Israel war bewußt, daß die Macht, der die Überraschung in der Zukunft zu Gebote steht, und die Macht, die von uns Achtung und Liebe fordert, die gleiche ist[14]. Entsprechend erkannte es in dem Vergehen gegen die Forderung und in der auf dem Grunde des Daseins lauernden Schicksalsangst die Folge des mangelnden Vertrauens zu dieser Macht, das dem Menschen durch sein Dasein selbst abverlangt wird. Und als das Alte Testament mit seinem Versuch an das Ende gekommen war, Gehorsam gegenüber der Forderung und innerweltliches Heil

---

[11] Vgl. dazu O. KAISER, Kameradschaft, Freundschaft, Bruderschaft, ZEE 3, 1959, 16.
[12] Vgl. dazu M. HEIDEGGER, Sein und Zeit, 1963[10], 186 f. 265 f; aber besonders W. HERRMANN, Ethik, (1901) 1921[6], 169.
[13] Vgl. dazu O. HAENDLER, Angst und Glaube, 1953, 55 ff.
[14] Vgl. dazu auch O. KAISER, Wort des Propheten und Wort Gottes, Tradition und Situation (Festschrift A. Weiser), 1963, 89.

in einer dem Menschen zugänglichen Rechnung gegeneinander aufzurechnen, als es sich zwischen einer den Gehorsam am Lebensausgang messenden, einer prädestinatianischen und einer die Todesgrenze übersteigenden Lösung hin und her wandte[15], verkündete Jesus die grenzenlose Gegenwart und Liebe Gottes, verkündeten die Jünger angesichts des Gekreuzigten die Liebe Gottes und die Zukunft Gottes, die für uns kein Ende nehmen will[16]. Angesichts dieser, sich in der Predigt der Kirche fortsetzenden Verkündigung des Alten und des Neuen Testamentes sind wir zu der Entscheidung aufgerufen, ob wir dem Sein selbst einen inneren Widerspruch zuschreiben oder ob wir glauben wollen. Der Widerspruch läge darin, daß wir zwar zum Gehorsam der Achtung und Liebe aufgerufen sind, durch diesen Gehorsam aber wie der irdische Jesus dem Tode verfallen können. Der Glaube läge darin, darauf zu vertrauen, daß wir in der Macht dessen stehen, der uns überraschend Zukunft geben kann, auch dort, wo wir nur Tod und Sterben sehen.

Wenn uns die Entscheidung für die zweite Möglichkeit geschenkt wird, dann hat sich Gott offenbart. Das Wissen des Glaubens ist somit ein Wissen um das letzte Woher unseres Seinkönnens und unseres Gefordertseins. Es tritt mit keinem innerweltlichen, objektivierbaren Wissen in Konkurrenz. Und es enthält im Blick auf unsere Zukunft im Reiche Gottes kein konkretes Wissen, es bleibt reine Hoffnung[17]. Damit sagen wir im Blick auf das Zeugnis des Neuen Testamentes wie auf das Zeugnis der Reformation nichts Neues. Denn es war Paulus, der davon sprach, daß wir jetzt nur δι' ἐσόπτρου ἐν αἰνίγματι Gott erkennen (1Kor 13, 12), und Luther, der bekannte: »Quando ego occidor, video, quibus modis et circumstantiis pereat vita: sed circumstantias non video, quibus vita sit reditura, nec tempus, nec locum. Cur igitur credo hoc, quod nusquam video? Quia habeo promissionem et verbum Dei, id non patitur, ut spem vitae abiiciam, aut dubitem de haereditate, quae Christi est, per quem nos adoptati sumus in filios.«[18] Die Unterscheidung zwischen Glauben und Wissen, zwischen geschenkter Entscheidung und distanzierter historischer Arbeit, die der Jubilar zwei Generationen von Theologen gelehrt hat, ist letztlich kein innertheologisches Problem. Sie ist die Lebensfrage der sich säkular verstehenden Welt, in der christlicher Glaube und christliche Verkündigung darüber wachen, daß Gott Gott und die Welt Welt bleiben und Religion, Wissenschaft, Technik und Politik nicht zu lebensfeindlichen Ideologien entarten.

---

[15] Gemeint sind die Versuche des Chronisten, eines Jesus Sirach und die der Apokalyptiker.

[16] Vgl. R. BULTMANN, Das Urchristentum im Rahmen der antiken Religionen, 1963³, 233.

[17] Vgl. dazu F. GOGARTEN, Die christliche Hoffnung, DUZ 9, 24, 1954, 3 ff.

[18] AW XLIII, 205. Zeile 3-8.

II. SYSTEMATISCHE BEITRÄGE

a) ZUR THEOLOGIE

ZEIT UND WORT[1]

GERHARD EBELING

Daß im Konzert der Fakultäten der Theologie je nachdem das Präludium oder das Finale zufällt, entspricht akademischem Herkommen. Aus der heutigen Wirklichkeit der Universität rechtfertigt sich das freilich nur als Verlegenheits-lösung. Wie sollte man sich sonst über einen Vorrang einigen, wem sonst das erste oder letzte Wort überlassen? Nicht daß man dieses der Theologie wirklich zutraute. Man erwartet es von niemandem. Unsere Zeit ist so sehr der Zeit aus-geliefert, daß uns kein erstes und kein letztes Wort zur Verfügung steht. Die Theologie, so scheint es, erhebt zwar einen solchen unzeitgemäßen Anspruch, weil sie eine andere Zeit repräsentiert. Darum läßt man ihr, solange sie noch da ist, nicht ohne Ironie den Vortritt oder das Schlußwort: gerade ihre mangelnde Einsicht in die Unmöglichkeit solcher Rolle qualifiziere sie dazu. Und so sei die Theologie schließlich auch am besten untergebracht: statt mitten unter den übrigen Fakultäten an deren Peripherie, als seltsamer Grenzfall der Universität.

Das Konzert, das unter dem Generalthema »Das Zeitproblem im 20. Jahr-hundert« stand und nun in einen letzten Beitrag ausklingen soll, täuschte aller-dings, mit Recht, nicht ein so gut abgestimmtes und durchgegliedertes Pro-gramm vor, daß man sich von der letzten Nummer den überzeugenden Ab-schluß des Ganzen versprechen dürfte. Die eher verwirrende Vielfalt war nicht Zufall, sondern Ausdruck unseres Zeitgeschicks. Wenn etwas klar geworden ist, so ist es die Unerfüllbarkeit des begreiflichen Verlangens nach endlich klärender Zusammenfassung des Ertrags. Für ein solches umfassendes Wort über die Zeit ist unsere Zeit offenbar nicht reif.

Aber auch wenn man sich von der überfordernden Zumutung entbunden wissen darf, ein abschließendes Wort zu sagen, befindet sich der Theologe, der entschlossen ist, zum gemeinsamen Thema zu reden, sich also dem Zeitproblem im 20. Jahrhundert zu stellen, in der Schwierigkeit, wie er das tun solle. Was

[1] Vorgetragen am 25. Februar 1964 in der Ringvorlesung der Universität Zürich über »Das Zeitproblem im 20. Jahrhundert«. Die gesamte Ringvorlesung erscheint im Francke Verlag Bern.

wäre *sein* Thema zu diesem Thema, was also der spezifisch theologische Beitrag zum Zeitproblem im 20. Jahrhundert?

Für die Verschiedenheit, in der sich das Zeitproblem den einzelnen Wissenschaften stellt, ist schon dies charakteristisch: Die spezifische Themaformulie-
rung ergibt sich für die einen wie von selbst, während den andern die sachgemäße Themafindung erhebliche Mühe bereitet. Das bedeutet nicht, im einen
Fall sei das Zeitproblem eigentlich schon gelöst, im andern Fall gar nicht recht
akut. Der verschiedene Grad der Evidenz der Problempräzisierung ist auch
nicht bloß durch die zufällige Situation in den einzelnen Wissenschaftszweigen
bestimmt, sondern vor allem durch die jeder Wissenschaft eigene Hinsicht, die
darüber präjudiziert, in welchem Maß die Vielschichtigkeit des Zeitphänomens
bewußt reduziert oder im Gegenteil provoziert wird. Es ist eine nüchterne
Feststellung, unabhängig vom Streit der Fakultäten, daß der Theologie das
Zeitproblem in besonders bedrängender Vielfalt der Aspekte zu schaffen macht.
Deswegen führt hier die Entscheidung in bezug auf die Problemfixierung
schon mitten in die Strittigkeit des Zeitproblems selbst.

Man könnte sich dem zu entziehen suchen durch Wahl eines historischen
Spezialthemas. Im Umkreis der theologisch unmittelbar relevanten Text-
überlieferung – der biblischen und kirchengeschichtlichen – fließen die Quellen
zum Zeitproblem ungewöhnlich reich. Die aktuelle Bedeutung ihrer Auswertung steht, auch allgemein geisteswissenschaftlich, außer Diskussion. Als illu-
strierendes Beispiel genügt Augustin. Doch würde ein historischer Beitrag
der Frage nach dem Zeitproblem im 20. Jahrhundert nur indirekt gerecht:
in dem Maße, aber auch in den Grenzen, wie die Problematik der eigenen Zeit
in der interpretatorischen Begegnung mit dem Selbstverständnis einer andern
Zeit mitschwingt, gefördert, aber auch relativiert und in Frage gestellt wird.

Deshalb läge es näher, über das Zeitproblem in der Theologie des 20. Jahrhunderts zu berichten. An Material dafür mangelte es nicht. Nur bliebe man
damit ebenfalls im Historischen, solange man nicht zu selbständig kritischem
Urteil vorstößt: ob überhaupt und inwiefern das Zeitproblem unserer Zeit
darin zur Sprache gekommen ist, wie die zeitgenössische Theologie das Zeitproblem erörtert hat. Es könnte ja sein, daß sie trotz aller Diskussion über das
Thema ›Zeit‹ an dem Zeitproblem ihrer eigenen Zeit vorbeigeredet hat, allenfalls apologetisch darauf eingegangen ist, aber nicht einen authentischen Beitrag dazu geliefert hat. Will man als Theologe in das Gespräch über das Zeitproblem im 20. Jahrhundert eingreifen, wird man allerdings bei der zeitgenössischen theologischen Problemlage einsetzen müssen, in der sich übrigens,
wie wir sehen werden, das Zeitproblem unserer Zeit überhaupt nun doch sehr
ausgeprägt abzeichnet. Wenn es aber das Ziel des Vortrags ist, eben dies her-

auszuarbeiten, empfiehlt es sich, statt den Anschein eines bloßen Berichts zu erwecken, schon durch die Themafassung die Richtung anzukündigen, wie das Zeitproblem im 20. Jahrhundert theologisch zu präzisieren wäre.

»Zeit und Wort« – das ist der Versuch einer solchen Richtungsangabe. Dies mag befremden; gibt sich doch die Formulierung nicht ausdrücklich als theologisch zu erkennen. Sie scheint in Konkurrenz zu treten mit den sprach- und literaturwissenschaftlichen Fragestellungen. Oder sie läßt nun doch die Absicht einer Rückbesinnung auf unser gemeinsames Unternehmen vermuten, mit dem flüchtigen Wort die flüchtige Zeit zu erhaschen. Worte über die Zeit –: Was kommt dabei heraus? Was widersetzt sich der Verständigung darüber? Warum entzieht sich die Zeit dem Wort? Was nötigt trotzdem zum Reden über die Zeit? – Verstünde man das Thema so, ergäben sich nicht unwichtige Perspektiven allgemeiner Art. In theologischer Meinung geprägt, scheint dagegen das Thema »Zeit und Wort« eher spezialistisch und abstrakt, – in Widerspruch zu der ausdrücklichen Versicherung, sich theologisch dem Zeitproblem des 20. Jahrhunderts zu stellen; und zugleich in Widerspruch zum Wesen der Theologie. Denn wenn sie sich recht versteht, schuldet sie das Wort, das sie zu sagen hat, ihrer Zeit, läßt sie also ihre Zeit das Forum ihres Wortes sein. Trotz des Verzichts auf den Anspruch einer abschließenden Äußerung darf deshalb der theologische Beitrag nicht absehen wollen von dem, was die anderen Fakultäten zur Sache zu sagen haben. Dieser Weite einer zumindest stillschweigenden Rechenschaft kann er sich nicht entziehen. Ob er – wenn auch nicht der Aufgabe selbst Genüge tut; das wäre im Rahmen eines Vortrags ohnehin ein anmaßendes Unterfangen – so doch wenigstens dieser Aufgabe mit der Formulierung »Zeit und Wort« die Richtung weist und was diese Themastellung eigentlich meint, das muß sich im folgenden zeigen. Es wäre schon viel, wenn am Ende statt einer abschließenden Antwort eine Frage steht, die aufgeschlossen macht.

Wir beginnen, wie schon angedeutet, mit Bemerkungen über die Hauptknotenpunkte der Arbeit am Zeitproblem in der Theologie des 20. Jahrhunderts. Eine kurze Vorverständigung über den Gebrauch der Vokabel »Zeit« ist dazu erforderlich. Mancher mag schon an der, wie es scheint, schillernden Verwendung in meinen einleitenden Bemerkungen Anstoß genommen haben: daß unsere Zeit so sehr der Zeit ausgeliefert sei, oder: daß man nicht an dem Zeitproblem der eigenen Zeit vorbei über das Zeitproblem reden dürfe. Der Eindruck verwirrenden Fluktuierens entsteht aus dem Nebeneinander von Zeit überhaupt und bestimmter Zeit, abstrakter und konkreter Zeit, formaler und inhaltlich gefüllter Zeit, mathematisch-physikalischer und geschichtlicher Zeit, meßbarer und erlebter Zeit, objektiver Zeit und Zeit des Bewußtseins oder wie immer sonst man die zwei grundlegend differierenden Weisen, die Vokabel »Zeit« zu gebrauchen und entsprechend von einem Zeitproblem zu reden, kennzeichnen mag. Nur ist die Unterscheidung schwieriger, als daß die erwähnten Schlagwortpaare unter sich eins wären und auch nur annähernd befriedigend die Unterscheidung fixierten.

Das Recht zu einer Unterscheidung gibt zwar schon unser gemeinsames Thema »Das Zeitproblem im 20. Jahrhundert« oder wie wir auch sagen könnten: »Das Zeitproblem in unserer Zeit«. Doch läßt sich dieses zweifache Vorkommen der Vokabel nicht einfach identifizieren mit jener schlagworthaften Bedeutungsunterscheidung. »Unsere Zeit«, d. h. die erlebte, konkrete, inhaltlich bestimmte, qualitativ besondere Zeit ist doch auch abstrahierbar, quantitierbar, chronologisch meßbar. Und entsprechend weist ebenfalls der Ausdruck »Zeitproblem« in beide Bedeutungsrichtungen. Gerade in deren Beziehung liegt ein Hauptproblem. Trotzdem müssen wir uns auf die wenn auch noch unscharfe Unterscheidung einlassen, wie sie sich als verschiedene Fragehinsicht von Natur- und Geisteswissenschaften darstellt: als quantitativer und qualitativer Zeitbegriff, als mathematisch bestimmte und geschichtlich bestimmte Zeit. Mit den Geisteswissenschaften zieht auch die Theologie die Zeit daraufhin in Betracht, wie diese im Verhältnis des Menschen zu ihr zum Problem wird.

Diese Blickrichtung läßt nun in der Theologie unseres Jahrhunderts das Zeitproblem in drei Hauptaspekten akut werden, die mit den Stichworten Ewigkeit, Eschatologie und Geschichte zu kennzeichnen sind. Als tief in der Tradition begründete Themen sind sie in der heutigen geistigen Situation miteinander in eine Krise geraten, deren Konvergenzpunkt das Zeitproblem ist. So greifen die Fragenkreise eng ineinander, müssen aber zunächst gesondert skizziert werden.

Der Gedanke der Ewigkeit signalisiert – so möchte man meinen – am augenscheinlichsten die Stelle, wo die Sache der Theologie mit dem modernen Wirklichkeitsverständnis zusammenprallt. »Nur die Existenz in Raum und Zeit ist Existenz«, formuliert LUDWIG FEUERBACH die Selbstverständlichkeit des nachidealistischen Menschen, der die HEGELsche Philosophie als den »letzten Zufluchtsort«, die »letzte rationale Stütze der Theologie« hinter sich gelassen hat[2]. Die Ewigkeit als Inbegriff der Vollkommenheiten Gottes und als tragender Grund aller theologischen Aussagen über das ewige Wort, das die Zeit und alles Zeitliche schafft und gegen Ende der Zeit in die Zeitlichkeit hinein Mensch

---

[2] Vorläufige Thesen zur Reform der Philosophie, 1842. In: L. FEUERBACH, Sämtl. Werke, neu hg. von W. BOLIN und FR. JODL, 2. Aufl. II (1959), 232 und 239.

wird, um den Menschen teilzugeben am ewigen Leben, – dies alles ist nun vom Grunde her bis in die äußersten Folgen hinein in Frage gestellt, indem die Zeit selbst an die Stelle Gottes tritt und den Schöpfer der Zeit zum Produkt der Zeit erklärt. Wie alles ist auch Gott der Zeit unterworfen. Und eben mit dieser Erkenntnis hat er seine Zeit *gehabt*, ist er tot.

Diese Vernichtung der Ewigkeit durch die Zeit ist Symptom der jetzt nicht historisch zu analysierenden Entfremdung der Moderne von der aus griechischem und christlichem Erbe geformten abendländischen metaphysischen Tradition. Nietzsche nennt diesen Vorgang ein Wegwischen des ganzen Horizonts, ein Losketten der Erde von ihrer Sonne[3]. Mit Recht. Gehörten doch in der Tradition Zeit und Ewigkeit als dialektisch aufeinander bezogene Bestimmungen zusammen: die Ewigkeit als Horizont der Zeit, die Zeit als gehalten durch die Ewigkeit. Freilich, auch die Entstellung ins Triviale und damit ins Unverständliche war in der Tradition angelegt: die Ewigkeit als bloße Fortsetzung der Zeit oder, im Sinne von Zeitlosigkeit, als Negation der Zeit. Beides mußte ein Ernstnehmen der Zeit zur Negation der Ewigkeit treiben.

In der Theologie der letzten Jahrzehnte sind demgegenüber, wenn man schematisieren darf, drei Wege eingeschlagen worden. Der eine, obwohl bloß kurzer Übergang, doch indirekt von stärkster Auswirkung, war – der Unruhe in der Uhr vergleichbar – die Bejahung des unendlichen qualitativen Unterschiedes von Zeit und Ewigkeit als alternierend sich setzender und aufhebender Gegensätze in der frühen dialektischen Theologie Karl Barths. Die Ewigkeit als Negation, als Gericht der Zeit läßt es nicht zur Beruhigung in der Zeit kommen, und die Zeit als die Negation der Ewigkeit nicht zum vermeintlichen Haben von Ewigkeit. So gewinnt die Theologie gerade aus der Krisis den Sprengstoff zur Radikalisierung der Krisis, aus der Einsicht in die Unverfügbarkeit des theologischen Redens eine neue Dynamik theologischen Redens, aus der Einschärfung der Zeitlichkeit ein neues Erschwingen der Ewigkeit als des Ganz Andern.

Ein anderer Weg bahnte sich, weniger pathetisch, in der historisch-exegetischen Arbeit an. Im Zuge der Abkehr von Idealismus und Kulturprotestantismus wurde man schärfer der tiefen Spannungen schon an den Wurzeln der Synthese von Christentum und Antike gewahr. In Abhebung gegen das griechische metaphysische Denken über die Zeit als bewegtes Abbild der unbewegten Ewigkeit und darum als Bereich ontologischen Mangels, des bloßen Werdens statt des unwandelbaren Seins[4], arbeitete man die Besonderheit des biblischen Zeitverständnisses heraus.

---

[3] Fröhliche Wissenschaft 125.   [4] Vgl. Platon Tim. 37 a 6ff.

Schon die eigentümliche Struktur der hebräischen Sprache weist auf die tiefe Verschiedenheit vom Griechischen[5]. Statt der drei Zeitphasen im Indogermanischen – Vergangenheit, Gegenwart und Zukunft – kennt das Hebräische nur eine temporale Bipolarität, deren Kennzeichnung mit Termini unserer grammatischen Denkweise schon irreführt. An die Stelle der objektiv erfaßten Sukzession innerhalb des leeren Zeitkontinuums tritt die Unterscheidung, ob von etwas in seinem fertigen Bestand oder in seinem Sich-Vollziehen die Rede ist. Die Zeit wird hier nicht von ihrer formalen Dauer her erfahren, sondern von Anfang und Ende des Sich-Zeitigenden, des Heranreifenden her. Zeit ist darum stets konkrete Zeit: Zeit des Weinens und Lachens, Zeit der Not oder Zeit des Heils. Darum dient die scheinbar dürftige und ungenaue temporale Sprachstruktur gerade der Dominanz ereignishafter Wirklichkeitsstruktur. Denn »alles hat seine bestimmte Stunde, jedes Ding unter dem Himmel hat seine Zeit«[6]. Die Welt ist von Gott zeitlich geordnet. Ihre Erhaltung ist Wahrung des Unterschiedes der Zeiten: »Solange die Erde steht, soll nicht aufhören Saat und Ernte, Frost und Hitze, Sommer und Winter, Tag und Nacht.«[7] Gott gilt darum als der Herr der Zeit, der so wenig im Gegensatz zur Zeit gedacht ist, daß das Alte Testament »Ewigkeit« als Gegenbegriff zur »Zeit« nicht kennt. Was man mit »ewig« und »Ewigkeit« zu übersetzen pflegt, ist eine vieldeutige Vokabel für Zeit, die auf Gott bezogen so viel sagt wie: Gott hat unbeschränkt Zeit und verfügt souverän über die Zeit im Zumessen der Zeiten. Gottes Ewigkeit ist nicht Zeitlosigkeit, sondern Zeitfülle und Zeitvollmacht.

Obwohl sich demgegenüber im Neuen Testament das Zeitverständnis im Gefolge der jüdischen Apokalyptik erheblich verschoben hat und nun das im Alten Testament erst ganz am Rande auftauchende Problem, was nach dem Tode und nach dieser Weltzeit sein wird, bestimmend wird, bleibt doch der temporale Bezug im Gedanken der Ewigkeit erhalten. Das heute beliebteste Deutungsschema stellt der griechischen zyklischen Zeitvorstellung die neutestamentliche als linear entgegen, wobei die sogenannte Zeit nur ein begrenztes Stück der unendlichen Zeitdauer Gottes sei[8]. So wichtig das darin aufgenommene Moment irreversibler Zeitrichtung ist, verkehrt doch das formalisierende Schema in ein sukzessives Verhältnis, was nach biblischem Denken auf konkrete Zeitbestimmung von Gott her abzielt. Daß ewiges Leben neutestamentlich zumindest auch als Qualifikation dieses zeitlichen Lebens verstanden

---

[5] Vgl. Th. BOMAN, Das hebräische Denken im Vergleich mit dem Griechischen. 1954[2], 104 ff. M. KARTAGENER, Zur Struktur der hebräischen Sprache. Stud. Gen. 15, 1962, 31–39.
[6] Pred 3, 1 ff.   [7] Gen 8, 22.
[8] O. CULLMANN, Christus und die Zeit. Die urchristliche Zeit- und Geschichtsauffassung. [2]1948.

wird und auf jeden Fall durch das Wort in der Zeit als zeitbestimmendes Wort eröffnet wird, widerspricht der Objektivierung zu einem Nacheinander.

Doch ist mit diesen Bemerkungen die historisch-exegetische Problemsituation in bezug auf das Zeitverständnis ganz unvollständig umrissen, weil die Eschatologie noch ausgeklammert blieb, von der gleich die Rede sein wird. Das lawinenhaft anwachsende Übergewicht dieser Thematik ließ einen dritten Weg der neueren Theologie, sich mit der atheistischen Interpretation der Zeit auseinanderzusetzen, bisher nicht sonderlich gedeihen, nämlich jene biblisch-exegetischen Einsichten über Zeit und Ewigkeit nun systematisch-theologisch fruchtbar zu machen. In der RITSCHLschen Schule war die Aufgabe erkannt, in kritischer Revision der Verschmelzung biblischer und metaphysischer Tradition das Verhältnis von Zeit und Ewigkeit theologisch neu in Hinsicht auf die Geschichtlichkeit der Offenbarung zu durchdenken. Eine Äußerung WILHELM HERRMANNs mag das veranschaulichen: »Für den rechten Mystiker ist Gott das Ewige im Gegensatz zum Zeitlichen... für uns ist Gott nicht das Ewige selbst, das uns begeistert und demütigt; sondern es ist die Macht, die das Ewige und Zeitliche beherrscht und uns in der Zeit lebende Menschen zu einem Leben im Ewigen bringt ... Nicht in dem Ewigen selbst, sondern in dem zeitlichen Vorgang, der uns ein Leben im Ewigen möglich macht, finden wir den Gott, der sich uns hilfreich zuwendet.«[9] Statt solcher theologischer Einklammerung des griechischen Ewigkeitsbegriffes und statt einer bloßen Ausklammerung des ontologischen Problems aus der Theologie wäre es erforderlich, das Thema Gott und Zeit so anzugehen, daß alles Reden von Gott auf seinen temporalen Sinn hin interpretiert wird. Die klassische christliche Dogmatik könnte gerade in ihrer metaphysisch gefaßten Gotteslehre Ansatzpunkte dafür bieten, wenn man den Gesichtspunkt temporaler Interpretation durchhält: Gott als gegenwärtig machende Gegenwart, dessen Prädestination die Präsenz der Zukunft, dessen Gericht die Präsenz der Vergangenheit, dessen Wort die Präsenz der Gegenwart ist. Es hat den Anschein, daß die durch das Thema der Eschatologie vorübergehend verdrängte Problematik von Gott und Zeit sich jetzt wieder neu anmeldet und damit das Eintreten der Theologie auf das Zeitproblem im 20. Jahrhundert erst in das entscheidende Stadium gelangt.

Wie unter dem Stichwort »Ewigkeit« das metaphysische Zeitverständnis, so droht der Theologie unter dem Stichwort »Eschatologie« das mythische Zeitverständnis zum Verhängnis zu werden. Zukunftsaussagen unterliegen an sich schon dem Einwand, die Zukunft als Zukunft nicht ernst zu nehmen, sofern

---

[9] W. HERRMANN, Der Verkehr des Christen mit Gott, im Anschluß an Luther dargestellt. ⁴1903, 162 f.

sie sich nicht entweder auf naturwissenschaftlich Berechenbares beschränken oder ausdrücklich als Prognose oder Utopie verstehen. Darstellungen der Endzeit wie der Urzeit sind Projektionen kosmologischer Anschauungen in mythische Zeit, die im Unterschied zur historischen Zeit nicht nur sich der Feststellbarkeit und dem Prinzip der Erfahrungsanalogie entzieht, sondern auch über die Zeit der Geschichte selbst bis zu einem gewissen Grade verfügt, ihr gegenüber gleichgültig oder blind macht. Die Tatsache, daß die biblischen Aussagen über Urzeit und Endzeit neben anderen Anzeichen antimythischer Tendenzen auf chronologische Verknüpfung mit der datierbaren Geschichte, also gewissermaßen auf eine Historisierung von Urzeit und Endzeit aus sind, hat bekanntlich den Konflikt mit dem historischen Denken nicht gerade gemildert. Rückzugsgefechte gegenüber der prähistorischen Forschung sind ein tragikomisches Kapitel der Theologiegeschichte. Und die apokalyptischen Zukunftsvisionen als eine Art antizipierender Reportage repristinieren wollen, zwingt zu nur um so stärkerem Anstoß an dem hier besonders reich verarbeiteten mythologischen Material. Diese Dinge sind grundsätzlich seit langem klar. Daß sie in der Theologie unseres Jahrhunderts erneut buchstäblich so viel Staub aufwirbeln, ist einerseits beschämend, anderseits nun doch in einer neuen Situation begründet.

Wenn man bedenkt, daß die Lehre von den letzten Dingen in der kirchlichen Dogmatik seit jeher an den Rand gedrängt war zu einem das biblische Material harmonisierenden und systematisierenden Schlußkapitel und daß erst recht in der Theologie der Neuzeit der Schrumpfungsprozeß der Eschatologie rapide Fortschritte machte, so überrascht nichts mehr, als daß in unserm Jahrhundert Eschatologie zu einem theologischen Hauptthema wurde. Zwei sehr verschiedene Faktoren wirkten zusammen. Zunächst wiederum die historische Exegese, die mit religionsgeschichtlich komparativer Methode schärfer als bisher das Gewicht des Apokalyptischen im Urchristentum erkennen ließ. Sogar bei Jesus selbst meinte man, im Gegensatz zu Ritschls religiös-ethischer Deutung der Reich-Gottes-Verkündigung, die konstitutive Rolle unmittelbarer apokalyptischer Naherwartung aufweisen zu können. Das schien katastrophale Folgen zu haben. Selbst die Person Jesu, die Zuflucht des 19. Jahrhunderts vor dem dogmatischen Christus, verfiel nun gerade als historisch rekonstruierter der Verfremdung. Mehr noch: Was nun als Kern des Urchristentums aufgewiesen war, ließ sich nicht übernehmen. Es war durch die ausgebliebene Parusie widerlegt. Die Kirchen- und Dogmengeschichte wird zum Versuch, sich damit abzufinden. Die Vorkämpfer dieser Sicht dachten weder daran, die urchristliche Eschatologie wiederherzustellen – »konsequente Eschatologie« nannte man nun deren innere Selbstauflösung –, noch auch etwa den christlichen Glauben überhaupt preisgeben zu müssen – ihr bedeutendster Vertreter wurde gar zu einem Heiligen unseres Jahrhunderts, ALBERT SCHWEITZER.

Seither hat sich die Beurteilung des historisch-exegetischen Sachverhalts nicht wenig verändert. Aber nicht erst dadurch trat ein anderer Faktor auf den Plan. Die frühe dialektische Theologie – durch RUDOLF BULTMANN sogar in Personalunion mit der religionsgeschichtlichen Schule und der großen Tradition historisch-kritischer Bibelwissenschaft – sah sich durch das Zerbrechen des historischen Jesus als Glaubensstütze in ihrer Abkehr von der RITSCHLschen Theologie und vom Historismus bestätigt. Darüber hinaus fühlte sie sich – auf dem Hintergrund des eigenen Zeiterlebens – angesprochen durch den Ernst und die Wucht endzeitlichen Selbstverständnisses. Die Differenz zur urchristlichen futurischen Naherwartung wurde dabei zunächst durch deren Umdeutung in allgemeine Strukturen der Zeitlichkeit überrannt. Die Zeit als solche ist eschatologisch: als befristete Zeit, die in unumkehrbarem Gefälle auf ein Ende zutreibt, das als Angst oder Hoffnung erweckende Zukunft existenzbestimmend ist, jede Zeit zur Entscheidungszeit, zum eschatologischen Augenblick qualifiziert und deshalb Einmaligkeit – und insofern Endgültigkeit – und Vorläufigkeit zugleich Charaktere der Zeitlichkeit sein läßt. Die primäre Erfahrungsbasis dieses Verständnisses des Eschatologischen ist zwar das Sein zum Tode, also das, was in der kirchlichen Lehre von den letzten Dingen als individueller Aspekt in die universalgeschichtlich ausgerichtete Eschatologie eingefügt ist. Doch lassen sich auch einer Analyse des Geschichtsverlaufs als ganzem Erfahrungshinweise auf das Problem der Eschatologie entnehmen, etwa das Moment der Irreversibilität der Entwicklung der Menschheit und einer zunehmenden Interdependenz, Universalisierung und Beschleunigung des Geschehens[10]; wie ja auch umgekehrt universalgeschichtliche Betrachtungsweise und Geschichtsphilosophie eschatologischem Denken als dessen Säkularisierung entsprungen ist.

Mit all dem ist freilich nur die Bedingung der Möglichkeit von Eschatologie oder, ungeschützt ausgedrückt, eine »natürliche« Eschatologie konstituiert. Was jedoch die Sache der Theologie in spezifischem Sinne eschatologisch sein läßt, ist weder die skizzierte Zeitlichkeitsstruktur als solche noch auch das apokalyptische Vorstellungsmaterial, das als solches dem christlichen Glauben nicht eigen und wesentlich ist. Entscheidend ist vielmehr ein neues Zeitverständnis, das jener »natürlichen« Eschatologie und ihrer apokalyptischen Version darin widerspricht und ihr Grundverständnis dadurch sprengt, daß das eschatolo-

---

[10] G. KRÜGER, Geschichte und Tradition. Lebendige Wissenschaft, H. 12, 1948. Jetzt in: G. KRÜGER, Freiheit und Weltverwaltung. Aufsätze zur Philosophie der Geschichte. 1958, 71 ff.

gische Futurum zwar nicht verschwindet, aber seinen Sinn verändert unter dem Anspruch eines scheinbar widersinnigen eschatologischen Perfectum. Alle Glaubensaussagen über Jesus – seine messianischen Titel wie das Bekenntnis seiner Auferstehung von den Toten – haben diesen Charakter eines eschatologischen Perfectum. Das besagt: Die vom Ende dieser Zeit erwartete Wende vom alten Aeon zum neuen, von der Unheilszeit zur Heilszeit ist bereits da: »Ist somit jemand in Christus, so ist er ein neues Geschöpf. Das alte ist vergangen, siehe es ist neu geworden.«[11] »Siehe, jetzt ist die hochwillkommene Zeit; siehe, jetzt ist der Tag des Heils.«[12]

Das schließt nicht den Bezug zur Zukunft aus. Muß doch der Mensch noch sterben, die Welt noch vergehen. Neu ist jedoch die Freiheit zu dieser Zukunft, die zugleich Freiheit von dieser Zukunft ist. Diese Freiheit erwächst nicht aus der Zukunft. Denn was der Zukunft gegenüber unfrei macht, ist gerade die Flucht in die Zukunft, d. h. die Flucht vor der Zeit. Die Zeit, die in die Flucht zur Zukunft treibt, ist die nicht bewältigte, nicht vergegenwärtigte Vergangenheit. Die neue Zeit als Freiheit zur Zukunft erwächst aus der Freiheit von der Vergangenheit. Das Heil in Christus als dem eschatologischen Perfectum interpretiert Paulus darum temporal in bezug auf Sünde und Tod als Freiheit *von* der Vergangenheit, die nun gerade Freiheit *zur* eigenen Vergangenheit einschließt, und als Freiheit *zur* Zukunft, die recht verstanden zugleich Freiheit *von* der Zukunft ist. Denn der Glaube als Versetztsein in die gegenwärtig machende Gegenwart Gottes überläßt Vergangenheit und Zukunft dem Herrn der Zeit.

Dieses neue eschatologische Zeitvertändnis ist mit der herkömmlichen futurischen Eschatologie schon sehr früh durch das Schema heilsgeschichtlicher Chronologie kombiniert worden. Damit hat der Gesichtspunkt des formalen Zeitkontinuums die Oberhand gewonnen, – ein ungeheuer folgenreiches Geschehen. Es ließe sich zeigen, daß das traditionelle Verständnis von Kirche und die traditionelle Struktur der Dogmatik in einem Zeitverständnis wurzeln, das den durch die Erscheinung Jesu inaugurierten Umbruch im eschatologischen Zeitverständnis entschärft durch sukzessive Aneinanderreihung eschatologischer Stationen in dem Sinne: Die eschatologische Zukunft hat zwar begonnen; aber sie dehnt sich nun von dem Perfectum des Christusgeschehens über das Präsens der Kirche zu dem Futurum der Eschatologie. Dieses Schema hat den großen Vorzug umfassender und verständlicher Ordnung und ist uns so vertraut, daß die Kritik daran befremdet. Es wird auch heute mit Eifer theologisch restauriert. Aber es bedroht das Zeitverständnis des christlichen Glaubens. Es

---

[11] 2Kor 5, 17.   [12] 2Kor 6, 2.

ist zwar ebenfalls nicht unbedenklich, das Schlagwort einer präsentischen Eschatologie dagegen zu setzen, sofern die eschatologische Qualifikation des Augenblicks als Entscheidungszeit das Problem der Erstreckung von Leben und Welt in die Zukunft ignoriert und damit die im christlichen Glauben eröffnete Hoffnung und die ihn begleitende Anfechtung, das Beieinander von »schon jetzt« und »noch nicht«, eliminiert.

Daß in dem Zeitverständnis das Sachverständnis der Eschatologie auf dem Spiel steht, zeigt sich an Folgendem: Das traditionelle Verständnis der Eschatologie läuft auf eine schließliche Aufhebung der Theologie des Kreuzes hinaus. Man meint zu wissen, was Heil, was Auferstehung, was ewiges Leben ist, ob man nun sich daran hält oder es gerade als so Gedachtes verneint. Die Herrlichkeit des Endes empfängt ihre Farben aus dem Kontrast zum Leiden. Wenn aber die Hingabe die Sprache der Liebe ist, soll ihr dann am Ende mit der Sprache des Triumphs widersprochen werden? Sollte nicht vielmehr die Liebe das letzte Wort haben und die eschatologische Freude die Stimme *der* Freiheit sein, die sich am Kreuz vollendete?

Die Ausführungen zu »Ewigkeit« und »Eschatologie« berührten schon das dritte Stichwort, unter dem sich für die Theologie heute das Zeitproblem stellt: die Geschichte. Neben dem metaphysischen und dem mythischen ist es nun das historische Zeitverständnis, das zur Auseinandersetzung herausfordert. Das mag verwundern, nachdem es sich gegen das metaphysische und mythische Zeitverständnis als Bundesgenosse erwies. Jedenfalls bezogen wir uns jeweils auf historische Forschung, um von daher neue Ansätze für die theologische Erfassung des Zeitproblems zu gewinnen. Ist es nicht inkonsequent, jetzt auch das historische Zeitverständnis der Kritik zu unterziehen? Es geht jetzt nicht um die Notwendigkeit historisch-kritischer Methode und ihre gewissenhafte Anwendung im Bereich der Theologie. Es steht auch darüber hinaus jetzt nicht dies zur Diskussion, was die alles in sich verschlingende Macht des Geschichtlichen der Theologie für Aufgaben stellt. Die Solidarität der Theologie mit der heute radikal geschichtlich gewordenen Welt muß sich nun aber gerade an dem Punkt bewähren, wo aus dem geschichtlichen Denken selbst heraus das Verstehen von Geschichte überhaupt strittig wird. Wie sind Geschehen und Verstehen aufeinander bezogen? Was geschieht eigentlich in diesem Verhältnis? Und was hat es zu tun mit dem, was in der Zeit der Geschichte eigentlich in Frage steht?

Statt in der Breite des hier sich einstellenden, alle Fakultäten verbindenden hermeneutischen Problems anzusetzen, gehen wir vom innersten theologischen Aspekt aus. Als die eigentliche Thematik von Ewigkeit und Eschatologie erwies sich die Zeit im Hinblick darauf, was in der Zeit in Frage steht, genauer: *wie*

Zeit in Frage steht. Ewigkeit und Eschatologie meinen nicht Abkehr von der Zeit, sondern sind als kontrapunktische Zeitbestimmungen Weisen des Zeitverstehens. Deswegen hat es die Theologie mit Ewigkeit und Eschatologie als geschichtlich Begegnendem zu tun. Wie kommen aber Ewigkeit und Eschaton geschichtlich auf uns zu, damit in der Zeit die Strittigkeit der Zeit zum Austrag kommt? Nicht als zeitlose Erfahrung von Ewigkeit, nicht als apokalyptische Schau endzeitlicher Geschichte. Oder richtiger: sofern auch auf solche Weise, dann doch nur als verhüllte Weisen von Worterfahrung. Ewigkeit und Eschaton geschehen als Wort. Ewigkeit, theologisch verstanden, ist das Zur-Sprache-Kommen der Zeitherrschaft Gottes im Wort Gottes. Eschatologie, theologisch verstanden, ist das Zur-Sprache-Kommen des Zeitverständnisses Jesu[13] im Evangelium. Gerade weil die Sache des christlichen Glaubens das rechte Verhältnis zur Zeit ist, lebt er vom Wort und nur *so* lebt er in tätigem Lieben und duldendem Hoffen.

Daß deshalb die Sache der Theologie das Wort ist, das der kirchlichen Verkündigung aufgetragen ist, weiß jeder auch ohne nähere Einsicht in einen Sachverhalt, der durch die blaß gewordene Vokabel »Verkündigung« und durch das Modell üblicher kirchlicher Sonntagspredigt nicht gerade deutlich repräsentiert ist. Aber so viel ist immerhin deutlich, dem Fernstehenden vielleicht noch eher als dem Kirchlichen, daß eben darum für die Theologie das Verhältnis von Wort und Zeit zum brennenden Problem werden muß. Und zwar in doppelter Hinsicht. Das Wort ist offensichtlich durch die Zeit bedroht. Das Wort des Glaubens kommt von fern her. Zwar ist es in ununterbrochener Überlieferung durch Jahrhunderte in die Gegenwart weitergesagt worden. Um es aber nicht Tradition werden zu lassen, sondern immer wieder wie Quellwasser rein und frisch zu haben, ist es in seiner als Schrift fixierten Ursprünglichkeit aufzusuchen: doch so, daß aus Vergangenheit Gegenwart wird, aus dem zum Text gewordenen Wort wieder zum Wort gewordener Text. Die Theologie hat darum in der Weise mit dem Verhältnis von Wort und Zeit zu tun, daß sie ihren Aufenthalt in der hermeneutischen Grunddifferenz von Zeit des Textes und Zeit des Interpreten als der Zeit des gegenwärtigen Wortes hat. Aber – das ist nun der andere Aspekt von Wort und Zeit – es fragt sich, ob das gelingen kann, ob nicht die Zeit schneller ist als das erst aus dem Text durch Übersetzung hervorgehende Wort. Ist ein solches Wort nicht, sobald es geschieht, schon überholt, anstatt, wie es sollte, die Zeit zu überholen, veraltet, anstatt seinem Anspruch gemäß nicht etwa modern, sondern von jener neu

---

[13] Vgl. dazu E. Fuchs, Das Zeitverständnis Jesu. In: Zur Frage nach dem historischen Jesus. 1960, 304 ff.

machenden Neuheit zu sein, der das Neue Testament diesen seinen eschatologischen Namen verdankt?

Ob das Wort als das gelingt, was es, theologisch geurteilt, sein soll, dafür ist
Kriterium seine Macht in bezug auf die Zeit, jetzt aber nicht in dem Sinne Zeit
überbrückender Übersetzung, also auch nicht im Sinne eines Wettlaufs mit der
Zeit, sondern im Sinne schöpferischer Vollmacht über die Zeit. Im Umgang
mit dem Wort geht es letztlich um das Ereignis von Vollmacht. Darum sind
leere Worte der Inbegriff des Nichtigen. Vollmacht aber hat temporalen Sinn.
Vollmächtig ist das Wort, das an der Zeit ist, d. h. das die Situation so trifft,
daß es einen überhaupt erst in die Situation bringt, indem es die Situation erhellt und verändert. Die Situation, die das vollmächtige Wort schafft und die
überhaupt nur durch Wort geschaffen werden kann, ist Freiheit in bezug auf
die Zeit, also eine Situation nicht der Vergewaltigung der Zeit und der Ver-
sklavung durch die Zeit, sondern eine Situation der Freiheit zur Zeit und sogar
der Freiheit durch die Zeit, nämlich durch die im Wort vollmächtig angesagte
Zeit.

Das historische Zeitverständnis erweist sich trotz aller begrenzten Richtigkeit darin als kurzatmig, daß es die festgestellte Zeit absolut setzt als das fraglose Element der Geschichte. Aber ist nicht das, was in der Zeit eigentlich in
Frage steht, die Zeit selbst? Ist darum nicht das eigentliche Geschehen in der
Zeit die Strittigkeit der Zeit selbst? Vollzieht sich nicht darum auf dem Grunde
des Zeitgeschehens ein Wortgeschehen, in dem die Strittigkeit der Zeit zum
Austrag kommt? Gibt das nicht einen Hinweis, wie in der Geschichte Geschehen und Verstehen letztlich aufeinander bezogen sind? Ist nicht die Zeit, als
geschichtliche Zeit verstanden, wesenhaft Zeit-*Problem*, also Zeit, die Wort
hervorruft, und Wort, das Zeit hervorruft? Sollte nicht das Thema »Zeit und
Wort«, weit davon entfernt, ein spezielles theologisches Thema zu sein, andeuten, was das Zeitproblem als solches jedem, der sich ihm stellt, zu denken
gibt?

Das wäre die Frage, von der ich eingangs sagte, sie könnte am Ende statt
einer abschließenden Antwort stehen. Damit aber eine Frage wirklich aufgeschlossen macht, muß man sich von ihr auf den Weg bringen lassen. Das sei
wenigstens noch mit drei Schritten versucht.

Der erste Schritt ist, daß wir die Sprachlichkeit der Zeit bedenken. Ohne
Anspruch auf Originalität ist an Wohlbekanntes zu erinnern. Der Mensch ist
nicht einfach in der Zeit wie alles Zeitliche sonst, dessen Sein zwar der Mensch
als Nacheinandersein chronologisch fixiert und kausal erklärt, dessen Seins-
weise aber nicht durch Erfahrung von Zeit bestimmt ist. Der Mensch dagegen
ist in der Zeit, indem er sich zur Zeit verhält, d. h. indem er so in der Zeit ist,

daß er zugleich außerhalb der Jetztzeit ist. Er erinnert sich der Vergangenheit; er versetzt sich in die Zukunft. Ihm ist also das nicht mehr und das noch nicht Gegenwärtige gegenwärtig. Und nur so weiß er um seine Gegenwart, daß er sich von seiner Gegenwart distanziert, gleichsam gegenwärtig außer sich ist. Sein Zeitverhältnis ist deshalb einerseits Zeitüberlegenheit: Er ist nicht in der unmittelbaren Gegenwart eingesperrt, sondern kann sich über sie erheben. Andererseits liegt darin Zeitverfallenheit: Ihn nimmt die Vergangenheit oder die Zukunft gefangen und läßt ihn nicht gegenwärtig sein. So wird die Zeit überhaupt erst virulent, indem sie in Verwirrung gerät. Erst die aus dem Nacheinander ins Ineinander geratene Zeit wird problematisch. Deshalb wird Zeit *erfahren* überhaupt nur als *problematisch*. Und zwar als die Problematik des Menschen in seiner Welt, als die Frage nach der rechten Unterscheidung der Zeiten und nach der Gewinnung der wahren Gleichzeitigkeit mit sich selbst.

Diese Explosion sukzessiv geordneten In-der-Zeit-Seins zum problemgeladenen Umgang mit der Zeit ist identisch mit dem Ursprung der Sprache. Auch ohne sich jetzt auf die damit berührten schwierigen Detail- und Grenzfragen einzulassen, darf man die Evidenz der Gleichursprünglichkeit von Zeiterfahrung und Sprache statuieren. Die Strittigkeit der Zeit wird als Anspruch der Zeit und In-Fragestellung durch die Zeit, als Gewährung und Versagung in unendlicher Mannigfaltigkeit sprachlicher Bezüge erfahren. Nur durch Sprache wird Vergangenheit und Zukunft gegenwärtig und gewinnt Gegenwart die Tiefendimension von Vergangenheit und Zukunft. Der Zeitbezug der Sprache wurzelt viel tiefer als darin, daß man mit Reden Zeit ausfüllen oder gar totschlagen kann. Sprache kommt schon immer her von der sprachlich erfahrenen Zeit und ist herausgefordert, den Anspruch der Zeit zu erfüllen, aber auch dem Anspruch der Zeit zu widerstehen. Denn abstrakte Zeit ist sprachlos gemachte Zeit. Konkrete Zeit ist, als Zeit *zu* etwas, sinnvolle, im Sprachzusammenhang wahrgenommene Zeit, freilich immer auch wieder den Sprachzusammenhang sprengende, sprachlich nicht zu bewältigende, sprachlos machende Zeit. Die Dimensionen sprachlich erfahrener Zeit reißen den Menschen ins Unendliche und machen das Endliche unerschöpflich und grenzenlos.

Der zweite Schritt betrifft die Zeitlichkeit des Wortes. Wort, ursprünglich erfaßt, ist ja nicht Vokabel, sondern die Sinneinheit der Rede im temporal strukturierten Satz oder zumindest in der Zeitintention eines Ausrufs. Wort ist darum im Grunde Zeitwort. Verkümmerung der Temporalität ist Sprachverfall als Symptom der Zersetzung des Humanum. Die Sprache jugendlicher Gangster in New York kennt nur noch den Gebrauch des Präsens. Umgekehrt hängt der Reichtum der Sprache an der in ihr versammelten Geschichte. Doch all dies ist ja nur Folge des zeitlich sich vollziehenden Wortgeschehens. Wortgeschehen ist, strenggenommen, eine Tautologie. Darum heißt interpretieren stets die Herkunft und Hinkunft[14] des Wortes bedenken, die Situation aufsuchen, der es entsprungen ist, und sich der Situation öffnen, die aus ihm entspringt. Das Verständnis des Wortes als Geschehen bewahrt vor der unterschätzenden Isolierung zu bloßem Wort, aber auch vor der Überschätzung des ausgesprochenen Wortes gegenüber der worthaften Tat oder dem schweigenden Achten auf das Unausgesprochene. Die Betonung des Geschehenscharakters des Wortes unterstreicht ferner den eigentümlichen Doppelaspekt der Konservierbarkeit des Wortes durch Schrift oder selbst durch Speicherung der Stimme und der Nichtkonservierbarkeit der Wortverantwortung. Die Differenz der Zeit, die sich konkretisiert in der mitmenschlich differenzierten Zeit – denn jedem schlägt die Stunde anders, – verträgt nicht das uniforme Wort, sondern ruft nach dem sich ins Einmalige verschwendenden Wort. Die Zeit verändert das unverändert gebliebene Wort. Und dasselbe läßt sich zu anderer Zeit gegebenenfalls nur sagen, indem es anders gesagt wird. Ist doch auch nicht jederzeit Zeit zum Wort. Und nicht jederzeit, wenn es Zeit zum Wort ist, steht das Wort zur Verfügung. Das Wort hängt an der Erlaubnis, der Freiheit, der Vollmacht zum Wort[15].

Mit dem dritten Schritt kommen wir zur entscheidenden Beziehung von Zeit und Wort: der Zeitmacht des Wortes. Die Formulierung läßt absichtlich in der Schwebe, was in der Zeit zu entscheiden bleibt: ob das Wort die Macht der Zeit vollstreckt oder eine solche Macht über die Zeit ausübt, daß sie von der Macht der Zeit befreit. Dieses Entweder-Oder ließe sich in vielen Variationen entfalten. Wir stoßen gleich durch zur theologischen Fassung. Das Wort, das der Macht der Zeit unterwirft, nennen wir das Wort des Gesetzes. Es sorgt schlecht und recht dafür, daß äußerlich und notfalls mit Zwang das Nötige zu rechter Zeit geschieht. Der Terminkalender, in dem auch Anlässe zur Freude nicht fehlen, ist ein vertrautes Symbol des temporalen Charakters des Wortes des Gesetzes. Freilich zugleich ein Symbol, an dem uns der Fluch des Gesetzes ahnungsweise deutlich wird: das Ausgeliefertsein an die Forderungen der Zeit, deren Macht uns keine Zeit mehr haben läßt, sowie das Ohnmächtigsein gegenüber der Anklage verlorener Zeit, versäumter Gelegenheit, verwirkten Lebens. Das Wort dagegen, das Freiheit in bezug auf die Zeit eröffnet, nennen wir das Wort des Evangeliums. Es bevollmächtigt dazu, die Last des Nicht-Vergangenen vergeben, über die nicht verfügbare Zukunft verfügt sein zu

---

[14] Mit dieser Wortbildung nehme ich dankbar eine Anregung meines Kollegen EMIL STAIGER auf.

[15] Zum Begriff der »Freiheit zum Wort« vgl. E. FUCHS, Zur Frage nach dem historischen Jesus. 1960, 271 ff, 296 ff.

lassen, sich auf die Gegenwart einzulassen, zu erkennen, was an der Zeit ist, sich selbst gleichzeitig zu werden, und als das Maß der zugemessenen Zeit die freimachende Liebe gelten zu lassen. Als das Wort des Herrn der Zeit macht es unter dieser Herrschaft zu Herren der Zeit, die frei sind zum Dienen in der Zeit.

Wenn wir noch einmal zurückschauen auf die drei Brennpunkte des Zeitproblems in der Theologie unserer Zeit, so läßt sich schlicht sagen, wie Zeit und Wort zusammengehören.

Geschichte ist die als zugemessene zu verantwortende Zeit.

Eschatologie meint die als erfüllte zu verkündigende Zeit.

Ewigkeit ist die als vollendete zu bejahende Zeit.

DAS HERMENEUTISCHE PROBLEM[1]

ERNST FUCHS

I. Einführung und Literatur

Exegese, wie wir Theologen sagen, oder Interpretation von fremdsprachlichen oder zB auch dichterischen Texten endigt in der Aneignung des Textes. Dafür mag das Wort Übersetzung gutstehen. Übersetzung ist zunächst so etwas wie eine aneignende Wiederholung des Textes unter neuen sprachlichen Bedingungen. Man kann auch vom Dichter in irgendeiner Weise sagen, er übersetze. Übersetzt er nicht, was er sagen will, in einen Text? Was ist dann Übersetzung? Diese Frage umschreibt fürs erste den ganzen Fragebereich des hermeneutischen Problems, das also überall dort entsteht, wo Sprachliches sprachlich übertragen wird.

Modern gefragt – wohin wird eigentlich übersetzt? Soll ich selber übersetzen, so muß ich wohl sagen: in meine eigene Sprache. Daß wir etwas in eine fremde Sprache übersetzen, ist demgegenüber erst ein zweiter Schritt. Was ist denn »eigene« Sprache? Vielleicht diejenige Sprache, in welcher mir, wie in der Muttersprache, die Worte sich nur so aufdrängen, wie von selber zufliegen. Daher ist es schwer, eine fremde Sprache zu erlernen. Das Problem der Sprachaneignung besteht eben nicht nur im Kennenlernen neuer Wörter – man muß zu den Müttern gehen. Denn es gibt so etwas wie einen je besonderen Sprachgeist, zB der französischen Sprache. Wir reden von Klassikern der Literatur. Nun, die Klassiker sind »klassisch«, wenn sie den Sprachgeist ihrer Nation oder mehrerer Nationen so rein zur Sprache gebracht haben, daß sich eine Nation oder also Nationen in ihren klassischen Sprachwerken wiedererkennen. Aber wir stellen fest: der Sprachgeist ändert sich mit der Zeit, in welcher wir leben, auch und gerade durch die Literatur, die er schafft. Warum kommen die modernen Sprachen einander immer näher? Sicher auch infolge jenes Gebildes, das wir »die« moderne Literatur nennen können, wie sie etwa durch den Nobelpreis ausgezeichnet wird. Aber zuvor noch durch das Phänomen der Welt-

---

[1] Überarbeitete Vorlesung vor einem Kreis französischer Germanisten am 1. Aug. 1963, die in einem Marburger Ferienkurs auch FRANZ KAFKA lasen.

presse. Die Zeitung diktiert sogar der Sprache. Durch diesen geschichtlichen Vorgang werden unsre Sprachen als Sprachen immer kümmerlicher, ärmer, oberflächlicher und einander ähnlicher, wenn sie nicht gar verkommen. Dem widerstehen wir. Und so kommt es, daß Problemdichter in der Weltliteratur Weltrang erhalten, zB FRANZ KAFKA. KAFKA weiß um das »Du kannst dir nicht entfliehen!« Er fragt: Wer hat denn überhaupt noch etwas zu sagen? Wir fragen auch so, wenn wir fragen: wohin sollen wir denn große Texte der Vergangenheit übersetzen, wenn uns modernen Menschen gerade unsre eigene Sprache verlorenzugehen droht? Oder kann uns gerade der Vorgang des Übersetzens selber Sprache verschaffen? Sprache schenken? Nun, genau diese Frage hält das hermeneutische Problem in Atem. Soviel als Vorbemerkung.

Aber ich möchte in dieser Vorlesung aus meinem Fach referieren. Über das hermeneutische Problem ist in der protestantischen und der katholischen Theologie eine ganze Literatur entstanden. Sie befaßt sich insbesondere mit der Arbeit des Marburger Theologen RUDOLF BULTMANN. BULTMANN ist der geistig interessierten Welt durch das Schlagwort »Entmythologisierung« bekannt geworden. Er hat sich der Aufgabe gestellt, die noch an mythische Vorstellungen gebundene Sprechweise des Neuen Testaments zu entmythologisieren und so die Sache des Neuen Testaments in dem modernen Horizont des wissenschaftlichen Weltverstehens zur Geltung zu bringen, ohne daß dabei das verlorengeht, was das Neue Testament zu sagen hat. Sollen wir etwa die Glaubensurkunden des Neuen Testaments neu schreiben? Im Gegenteil, sagt BULTMANN; sehr zum Unterschied von der liberalen Theologie, die meinte, den inhaltlichen Kern retten zu können, wenn sie auf alles andere, auf das Vorstellungsgefüge, verzichte. Denn das hieße, viele Aussagen des Neuen Testaments als archaisch sich selbst zu überlassen, also praktisch zu eliminieren (also etwa die Aussagen über Gott als Vater, über den Menschen als Sünder). BULTMANN lehnt solche Eliminierung ab. Er fordert vielmehr Interpretation: Die Texte bleiben stehen! Ist aber Interpretation die Aufgabe, so befinden wir uns beim hermeneutischen Problem, also bei der Frage nach der uns treffenden Übersetzung. Wohin kommen wir da? Die katholische Theologie, die immer zugab, daß sie die Bibel interpretiert, hat diese Aufgabe zum Teil besser verstanden als die protestantische, merkwürdigerweise ihren Lehren starrer verpflichtete. Auch in Amerika ist man dem Problem gegenüber aufgeschlossener als bei uns in Deutschland; mehr und mehr Theologen machen sich dort an hermeneutische Untersuchungen.

Man verdeutlicht sich den ganzen hermeneutischen Problembereich am besten an einigen wichtigen Titeln der *Literatur*. Ich nenne:

GOTTHOLD HASENHÜTTL, Der Glaubensvollzug. Eine Begegnung mit Rudolf

Bultmann aus katholischem Glaubensverständnis; mit einem Geleitwort BULTMANNS[2]. Bultmann betont Differenzen zwischen HASENHÜTTL und ihm erst beim Kirchenverständnis.

SCHUBERT M. OGDEN, Christ without Myth. A Study Based on the Theology of Rudolf Bultmann[3]. Eine ebenso bedeutsame wie liebevoll kritische Auseinandersetzung mit BULTMANN über dessen »structural inconsistency«.

BULTMANNs eigener wichtigster Beitrag ist die deutsche Übersetzung seiner Gifford Lectures 1955[4], nachdem BULTMANN schon 1950 einen programmatischen Aufsatz über »Das Problem der Hermeneutik« veröffentlicht hatte[5].

Entmythologisierung, Interpretation, Geschichte und Eschatologie, das Problem der Hermeneutik, diese Stichworte verweisen in einen einzigen Zusammenhang, in eine Forschungsbemühung historischer, aber auch philosophischer Prägung. BULTMANNs Theologie enthält also auch eine philosophische Komponente – eben dies hat man ihm im Heimatlande der Reformation übelgenommen. Ich nenne:

MARTIN HEIDEGGER, Sein und Zeit[6]. Von diesem Buch hat BULTMANN viel, nicht alles, kritisch übernommen, vor allem die prinzipielle, von BULTMANN dialektisch verstandene Unterscheidung zwischen eigentlicher und uneigentlicher Existenz, die von BULTMANN auf Glauben und Sünde verteilt wird.

HANS-GEORG GADAMER, Wahrheit und Methode, 1960. GADAMER setzt Wahrheit und Methode einander geradezu entgegen; er will, mit Recht, auf die Fallstricke positivistischer Forschung, vor allem des ›Protokolls‹, aufmerksam machen und diskutiert die durch HEIDEGGER geschaffene Problemlage aus der generellen Aufgabe des Verstehens, indem er zum Vergleich das Phänomen des Spiels heranzieht.

Von den Theologen haben sich nach FRIEDRICH GOGARTEN vor andern beteiligt GERHARD EBELING, Wort und Glaube[7] und Das Wesen des christlichen Glaubens[8], ferner Theologie und Verkündigung[9].

---

[2] Koinonia. Beiträge zur ökum. Spiritualität u. Theologie. Bd 1, 1963.

[3] New York 1961.

[4] History and Eschatology. Edinburgh University Press 1957. Deutsche Übers. von EVA KRAFFT, Geschichte u. Eschatologie, (1958) [2]1964.

[5] ZThK 47, 1950, 47–69 (= Glauben u. Verstehen 2, [3]1961, 211–235).

[6] 1. Aufl. Halle 1927, jetzt Tübingen [10]1962. – Vgl. zur Sache den englischen Aufsatz von E. DINKLER, Martin Heidegger, in: Christianity and the Existentialists, ed. CARL MICHAILSON, New York 1956.

[7] Gesammelte Aufsätze mit wesentlichen Beiträgen zum Thema, besonders zur historisch-kritischen Methode, [2]1962.

[8] Züricher Vorlesungsreihe für Hörer aller Fakultäten im WS 1958/59, 1959; jetzt auch als Siebenstern-Taschenbuch, 1964.

[9] = Herm. Unters. z. Theol 1, [2]1963.

ERNST FUCHS, Hermeneutik [10], ein Versuch, das hermeneutische Problem mit Hilfe des Phänomens des »Einverständnisses« als des Grundes alles Verstehens in die Dimension der Sprache zurückzubringen. Das Buch entwickelt seine Absicht nicht in systematischer, sondern in einer um exegetische Schwerpunkte kreisenden Darstellung im Blick auf BULTMANNs und HEIDEGGERs Arbeit. Dazu kommen noch zwei Bände Gesammelter Aufsätze [11].

EBERHARD JÜNGEL, Paulus und Jesus [12]. JÜNGEL bemüht sich besonders um das Phänomen des Gleichnisses bei Jesus und um die Struktur der Analogie [13].

Wir sehen: Die Arbeit gilt innerhalb der Theologie wohl zunächst auch der bleibenden Bedeutung der historisch-kritischen Methode, aber darüber hinaus doch vorwiegend der Frage nach dem Zusammenhang von »Wahrheit und Methode«, wie GADAMER sagt. Fragt BULTMANN als wissenschaftlicher Exeget nach den sachgemäßen Begriffen für die Auslegung des Neuen Testaments, so fragt der Philosoph nach den sachgemäßen Begriffen für jedes mögliche Selbstverständnis des Menschen. Daraus ergibt sich BULTMANNs Begriff der »existentialen Interpretation«, in der er die anthropologische Frage des Philosophen aufnimmt. Dahinter steht die Einsicht in ein »Vorverständnis«, das konkret fragt: Woran soll sich der Mensch heute orientieren, wenn ihm auf die existentielle Frage nach sich selber weder eine mythische noch eine naturwissenschaftliche Weltsicht antworten kann?

So ist das hermeneutische Problem weit über die speziellen Sorgen eines Verständnisses bloß etwa philosophischer oder anderer Texte der Vergangenheit hinausgewachsen. Weichen wir aus, so droht uns der Untergang des Geistes wie der Sprache in einem immer tyrannischer auftretenden Positivismus, dessen Zeichen das Kalkül ist, die pure Rechnung. Eben diese Drohung hat auch KAFKA gesehen. Der Geist rechnet nicht ab. Er spricht, wenn er nicht schweigt, nur unter seinesgleichen. Dem kann durch eine Vorlesung schwerlich abgeholfen werden, es sei denn, die Fragen hätten uns gepackt.

II. Ergebnisse

1. BULTMANN ist noch zu danken die bereits erwähnte Teilnahme junger katholischer und amerikanischer Theologen an der hermeneutischen Besinnung.

---

[10] 1954. [3]1963 mit Ergänzungsheft.

[11] E. FUCHS, Zum hermeneutischen Problem i. d. Theol (= Ges. Aufs. 1) 1959 u. ders., Zur Frage nach dem historischen Jesus (=Ges. Aufs. II) 1960.

[12] Herm. Unters. z. Theol 2, [2]1964.

[13] Zum Ursprung der Analogie bei Parmenides und Heraklit, 1964. Ferner: Die Möglichkeit theologischer Anthropologie auf dem Grunde der Analogie (EvTh 22, 1962, 535–557).

Diese Besinnung hat neben GERHARD EBELING auch andern Systematikern die entscheidenden Aufgaben gestellt. KARL BARTH hat sich ihr freilich verweigert, obwohl auch er auf seine Weise in die Auseinandersetzung mit der Philosophie eintrat. So hat er sich zB um das Problem der Analogie bemüht, das er um einen christologischen Beitrag bereichert hat. Sein und BULTMANNS Schüler HEINRICH OTT[14] versuchte, BARTH eines Besseren zu belehren, hat aber m. E. das Problem selber bisher nicht gefördert. HELMUT GOLLWITZER versuchte, wenigstens das Phänomen der Existenz theologisch zu fixieren[15], steht aber teilweise noch im Banne cartesianischer Denkvoraussetzungen, die er (wie andere) freilich seinerseits seinen Diskussionspartnern vorwirft. An diesem Punkt sollten wir in der Tat weiterkommen. Denn wir *alle* wissen etwas davon, daß zB Luther das *extra nos* nicht cartesianisch, sondern als ein *nos extra nos esse* verstanden hat, weil Luther als Exeget vor der modernen Differenzierung zwischen Subjekt und »Gegenstand« im Sinne der Frage nach der Realität der Außenwelt behütet blieb. Gott ist in keinem Sinne ein »Gegenstand«. Und darnach sollte sich unser Begriff des Gegenstands allerdings richten können. Die Streitfrage ist also gerade die nach dem »Wie« (Gott und der Mensch »ist«) und nicht schon die nach dem »Daß«! Ebenso scheint mir die Frage nach dem »Wer« in dieser »Sache« der ›Existenz in der Relation zwischen Gott und Mensch‹ eher »dran« zu sein als die sture Frage nach dem »Was« (irgend jemand »ist«), und dem sollten gerade diejenigen zustimmen, die sich in unsrer Diskussion auf das Alte Testament berufen. Der ›späte‹ HEIDEGGER will ja uns Theologen auf unsere eigene ›Sache‹ zurückverweisen. Unsre Diskussion bleibt also der Exegese verhaftet.

2. Auch zwischen Theologie und Philosophie entstand ein 1927 nicht vorauszusehender Streit, der deshalb schwer faßbar ist, weil unklar blieb, wie weit sich HEIDEGGER von seinem Buche »Sein und Zeit« distanziert. Etwa genau so weit, als BULTMANN von der Unterscheidung zwischen eigentlicher und uneigentlicher Existenz theologisch Gebrauch machte? Nun, nach BULTMANN gilt nach wie vor als Mitte der hermeneutischen Besinnung die Frage, wie sich der Mensch selber verstehen kann und heute zu verstehen hat. Diese Frage kann die Theologie gar nicht allein lösen wollen. Denn niemand wird ohne weiteres zugeben, daß er nur im Glauben als er selber existieren kann. Wohl aber wendet sich die christliche Botschaft vom Glauben an jedermann. Sie muß sich also jedermann verständlich machen wollen. Die zentrale Frage ist deshalb nach wie vor die, ob es »Strukturen« gibt, die für das Sein des Menschen,

---

[14] HEINRICH OTT, Denken und Sein. Der Weg Martin Heideggers und der Weg der Theologie, Zürich 1959.
[15] Die Existenz Gottes im Bekenntnis des Glaubens, 1963.

sozusagen ontologisch, konstitutiv sind. *Hier* sitzt das hermeneutische Problem, mag es auch durch Aporien der historischen Exegese veranlaßt worden sein, so daß die Frage nach der Möglichkeit der »Entmythologisierung« entstand. Die frühe Philosophie HEIDEGGERs beantwortete die Frage nach den Strukturen der menschlichen Existenz (ähnlich und doch anders K. JASPERS) mit den »Existenzialen«. Waren in diesen Existenzialen jene sachgemäßen Begriffe gefunden, die wir für unsre Interpretation der biblischen Aussagen von der menschlichen Existenz etwa als »anthropologische« Leitbegriffe oder besser Leitphänomene brauchen?

3. Die Theologie leistete in dieser Sache selber einen Beitrag zur philosophischen Arbeit. BULTMANN hat im Anschluß an »Sein und Zeit« vom »Selbstverständnis« des Menschen gesprochen. Das Selbstverständnis ist nicht einfach gleich das Selbstbewußtsein, obwohl wir uns unser Selbstverständnis zu Bewußtsein bringen müssen, wenn wir vom Selbstverständnis reden wollen. Vom cogito me cogitare DESCARTES' aus kommt man freilich eher zu einem Ichbewußtsein als zum Selbstbewußtsein. Das Ichbewußtsein ist ja merkwürdig konstant. Man kann sich fühlen wie »damals«. Aber das Selbstbewußtsein besteht doch aus einer Korrelation zum »Selbst«, wie KIERKEGAARD mit psychologischen Mitteln gezeigt hat? Was heißt das? Im Ichbewußtsein versteckt sich unter der Maske des Selbstbewußtseins eine *Frage*, eben die Frage nach dem »Selbst«. Gehen wir nun zur Antwort, zum Selbstverständnis, über, so werden wir sagen müssen: im Selbstverständnis steht das »Selbst« gerade auf dem Spiel! »Bin« ich denn das, was ich in meinem Selbstbewußtsein bin? Kann es sein, daß ich mich als Sünder »verstehe«, obwohl ich mich gar nicht als Sünder fühle? Die gleiche Frage hat ja Luther bewegt. Und wenn es sich zeigen sollte, daß ich mich gegen mein Bewußtsein nur als Sünder verstehe, wie und wann werde ich dessen, also meines wahren Selbstverständnisses, inne? Etwa so, daß ich mich erst als Sünder verstehen kann, nachdem ich gar nicht mehr in der Sünde stecke? Aber wo bin ich dann? Dann, wenn ich mich als Sünder »objektiviere«, weil ich mich als Sünder los bin? Fallen vielleicht Selbstverständnis und Selbstbewußtsein nur im Glauben zusammen? Dann ist die Frage nach dem uns möglichen Selbstverständnis allerdings ohne den Glauben nicht beantwortbar, obwohl sie als Frage gerade im Horizont einer Analyse des Selbstbewußtseins schwerlich abweisbar ist. Unser Ich ist ebenso offensichtlich trotz DESCARTES eine dialektische Größe. Es bleibt die Frage: wann bin ich ich selbst? So hat KIERKEGAARD gefragt, aber auch schon FICHTE.

Es ist mir nicht unbekannt, daß manche KIERKEGAARD nicht in einer theologischen Diskussion begegnen wollen, weil sie ihn moralisch als dafür nicht qualifiziert erachten. Wenn diese heuchlerische Prämisse um sich greift, ist es weiter nicht verwunderlich, daß echte theologische Diskussion bei uns mehr und mehr zu erliegen droht. Im Neuen Testament geht es anders zu. Dort werden die existentiellen Fragen nicht bloß zugelassen, sondern sogar ermutigt. Ohne Problem zu sein ist in der Theologie sicher nicht das Kennzeichen aufrichtigen Glaubens, sondern einer sehr gefährlichen, weil sich anscheinend mit Anstand bewegenden Unverschämtheit erster Klasse.

4. Also *ausdrücklich* nach dem »Selbst« gefragt wird, erst wenn man in dem Bereich angelangt ist, wo das »Selbstverständnis« diskutiert werden muß, das sich zunächst, vielleicht um der Sünde willen, vom Selbstbewußtsein unterscheidet. Das mögliche und in der Regel gefährdete Selbstverständnis weckt im einzelnen Menschen schon vom Gewissen her die Frage nach seiner »Eigentlichkeit«, und eben das ist auch KAFKAS Frage: wie komme ich ins »Schloß«? »Lieber Freund«, fragt in einem lustigen Buch ein Jüngling den andern (man befindet sich auf Ungarisch in Paris), »hast auch du dein Leben verfehlt?« Jeder kann eben nur als der existieren, der er »ist«. Eigentlich existiere ich bloß, indem ich meine Existenz als meine Existenz übernehme. Das wird praktisch ohne Selbstpreisgabe schwerlich abgehen. Gerade der Glaubende gibt sich preis, meint BULTMANN. Nur so wird geliebt, weiß KIERKEGAARD. Mag der Unglaube diese Existenz als eine Existenz im Nichts mißverstehen müssen, Glaube versteht sich als Existenz in Gott »vor« Gott. Und so tritt dieser Glaube gerade dem Nihilismus entgegen. Nur so entspricht er unsrer »nachchristlichen« Ära (das Problem beschäftigt auch ein von BULTMANN hoch geschätztes Buch von GABRIEL VAHANIAN, The Death of God. The Culture of Our Post-Christian Era[16]). Trotzdem ist der Glaube nicht eigentlich Partner des Nihilismus. – Ob es möglich ist, Gottes eigene Existenz ontologisch, oder besser, analogisch zu verstehen, wie neuerdings OGDEN im Anschluß an seinen Lehrer CHARLES HARTSHORNE will[17], lasse ich hier dahingestellt, obwohl ich skeptisch bin; diese Frage muß erst noch genauer studiert werden.

III. Neue Fragen

Mir selber scheint in BULTMANNS Beschreibung der menschlichen Existentialität ein anderes konstitutives Moment nicht berücksichtigt zu sein. Schuld

---

[16] Bei George Brazillier, New York 1961.
[17] SCHUBERT M. OGDEN, Bultmann's Demythologizing and Hartshorne's Dipolar Theism (in: Process and Divinity. Essays in Honor of Charles Hartshorne, La Salle, Illinois 1963). Jetzt deutsch: Zur Frage der »richtigen« Philosophie (ZThK 61, 1964, 103–124). Vgl. dazu R. BULTMANN, Zur Frage einer »philosophischen Theologie« (in: Einsichten. Gerhard Krüger z. 60. Geburtstag. 1962, 36–38).

daran ist jene Doppelbödigkeit in Heideggers Buch »Sein und Zeit«, die es
erlaubte, jenes Buch als »transzendentale« Analyse des menschlichen Seins zu
verstehen (während doch schon das Phänomen der »Existenz« jeden transzendentalen Horizont eigentlich sprengt). Ich meine die *Sprachlichkeit* der menschlichen Existenz. Die Natur spricht nicht, wohl aber der Mensch. Gewiß, man
kann bezweifeln, ob gerade wir heute »unterwegs zur Sprache« sind, trotz
dieses Buchtitels einer Aufsatzsammlung von Heidegger[18]. Jedenfalls darf der
Sprache nicht ein selbständiges metaphysisches Wesen zugeschrieben werden.
Aber die Sprache gehört konstitutiv zum Wesen des Menschen. Allein der
Mensch kann zB ein sprachliches Kunstwerk hervorbringen.

Was zeigt sich nun in der Sprache als Sprache? Nicht nur ein Namengeben
(das betont auch Platon in seinem Dialog Kratylos), erst recht nicht bloß
Information, sondern eine besondere Kraft des Verstehens, des zu verstehen
Gebens, in welcher sich jemand einem andern zu verstehen gibt (Friedrich
Gogarten). Das kann auf durchaus indirekte Weise geschehen. Als mir neulich
meine Schwester aus dem Nachlaß meiner Mutter mein erstes Kinderhemd-
chen überlieferte, hatte mir dieses bescheidene Gebilde deshalb sehr viel zu
sagen, weil ich wußte, daß ich damals infolge einer heimtückischen Krankheit
zwischen Leben und Tod von meinen Eltern buchstäblich durchgetragen
wurde. So sammelt uns Sprache über Zeit und Tod hinweg in das Verstehen.
Und doch wird gerade das verstanden, was einst zu Wort kam und zur gegebenen Zeit wieder ins Wort drängt. Und das ist das »zu« Verstehende, nicht
nur das Verstehen, sondern das das Wort, ja sich als Wort Gewährende, das des
Ausdrucks unter Umständen so wenig bedarf wie das Verstehen, weil hier
die Sprache nicht mehr nur Instrument ist, sondern ihr Wesen geschehen läßt.
Die Sprache tut etwas. Sie *läßt* den Menschen in das Seine *ein*, sei es in eine
Geschichte, sei es in einen Welt hervorbringenden Umgang mit der Natur.
Und so gehört freilich zur Sprache der sich in seine Welt einrichtende Geist
(W. v. Humboldt). Aber der Geist konzentriert sich in der Sprache. Sprache
wird nicht eigentlich erfunden, sondern gefunden. Und deshalb haben wir in
unserem Dasein auch unsere Sprache (jeder seine!) zu verantworten. Es kann
also sehr wohl geschehen, daß wir einander eigentlich nichts zu sagen haben
und daß andere, gerade auch solche, die nicht mehr bei uns leben, uns weit
mehr und Wichtigeres sagen als der sog. Mitmensch. Die geläufige Rede
vom »Anspruch« unseres Nächsten an uns scheint mir denn ganz undurchsichtig zu sein. Weit dringender sind wir vermutlich durch das gefordert, was uns
miteinander gemeinsam fordert, eben die Sprache, so daß zu fragen ist, was

---

[18] Martin Heidegger, Unterwegs zur Sprache, 1959.

wir einander »zu sagen« haben. Informatorisches Reden kommt so eher dem Schweigen gleich, bis sich das Zuhören in ein neu notwendiges Hören vertieft. Christliche Verkündigung jedenfalls will nicht informieren, sondern hören lassen, was neu zu hören ist.

In diesem Zusammenhang habe ich die »Freiheit zum Wort« das m. E. wichtigste Existenzial genannt. Ob wir eigentlich existieren, zeigt sich an der Freiheit zum Wort. Sie fehlt faktisch, wenn einer zB dem Bekenntnis seines Glaubens aus dem Wege geht. Ob sie in der echten Frage fehlt, will ich offen lassen. Hält man sich an dieses Existenzial, so wird das, was wir gemeinhin in der Theologie »Anthropologie« nennen, zur Sprachlehre (EBELING sagt gelegentlich: Sprachschule). Theologie muß dann »Sprachlehre des Glaubens« sein, weil sie hermeneutischen Charakter angenommen hat. Aber diese Bestimmung der Theologie entspricht ja ihrerseits durchaus der Tradition. War christliche Theologie auf ihren Höhepunkten nicht schon immer Theologie des Wortes? Ist Jesu eigene Verkündigung als Gleichnis nicht immer schon ein »Sprachereignis« gewesen (Gleichnisse vom Schatz im Acker, von der kostbaren Perle, vom verlorenen Sohn)? Wollen denn solche Gleichnisse etwas Fernes zeigen, das man sich erst durch analoge Vorstellungen annähern, näherbringen lassen muß? Schwebt das Reich Gottes hinter den Wolken? Oder ist es nicht so, daß Jesus in der Lage war, von dem Reiche Gottes eben Gebrauch zu machen, so, wie die Sprache von dem Gebrauch macht, was uns in unsre Existenz gerade einläßt? Gewährt nicht Gottes Reich bis hin zu den johanneischen Aussagen die Möglichkeit von so etwas wie Wiedergeburt? Von Gegenwart? Wenn der johanneische Jesus »zum Vater« geht, geht er dann nicht gerade in die – Gegenwart, welche uns der Dichter Tod verstellt? Und wenn das Reich Gottes Gegenwart *schafft*, brennt es dann nicht so stark, daß der Mensch, so, wie er ist, gegen dieses Feuer abgeschirmt werden muß? Der »nahe« Gott konnte damals offenbar nur im Gleichnis, nur indirekt verkündigt werden. Hat KAFKA etwas Fernes hergezerrt? Hat er nicht vielmehr das Nächste barmherzig versinnbildlicht?

Das etwa sind die Fragen, die von G. EBELING und mir als Inhalt des hermeneutischen Problems behandelt werden, weil wir meinen, daß die Texte zuvor uns übersetzen müssen, bevor wir sie übersetzen können. Wenn unsre Texte, also zB das Neue Testament, weitgehend zu Quellen der historisch-kritischen Analyse geworden sind, zu Daten in der Dimension nicht der Existenz, sondern der Ansammlung von irgendwelchen Vorstellungen »über« Gott, den Menschen, allerlei Geschehen, so ist die Frage für uns die, ob wir die Texte wieder als Texte der Verkündigung zurückgewinnen können. Alle Texte können zu bloßen Quellen der Forschung werden, weil sie Sprache waren. Sie sollen aber je und dann wieder zur Sprache kommen. Wie bringt man sie zum

Reden, ja zu *ihrem* Wort? Bleiben wir Herr über sie, so bleiben die Texte eben Quellen etwa der historisch-kritischen Auslegungsmethode. Werden sie aber Herr über uns, dann sind sie wieder Texte der Verkündigung geworden, wenngleich, gewiß, in einer neuen Situation. Das hermeneutische Ereignis könnte in der Erkenntnis bestehen, daß zwischen der ›Konstanten‹ und der ›Variablen‹ nicht mehr unterschieden werden kann, eben weil Gott uns sagen will, was er einst Jenen gesagt hat. Gott sagt sich nicht aus, sondern er spricht sich zu. Der formal anzusetzenden Dialektik unsrer menschlichen Existenz in Eigentlichkeit und Uneigentlichkeit entspricht doch wohl theologisch nur das Eine, unausweichliche Wort Gottes, das tut, was es sagt?

EXISTENTIALE INTERPRETATION
UND ANONYME CHRISTLICHKEIT

HEINRICH OTT

Die eigentliche theologische Tendenz meines Lehrers RUDOLF BULTMANN habe ich immer so verstanden: daß es ihm um die existentiale Interpretation der Rede des christlichen Glaubens zu tun ist. Dies ist sein wirkliches Anliegen. Die vielleicht allzuviel diskutierte »Entmythologisierung« ist nur Mittel zum Zweck. Man hat sich durch dieses Schlagwort in den Debatten zuweilen vom tatsächlichen Skopus, Problem und Motiv BULTMANNs ablenken lassen.

Existentiale Interpretation der Rede des christlichen Glaubens bedeutet: daß um der Echtheit der Verkündigung und um der intellektuellen Redlichkeit willen bei jeder Aussage des Glaubens, sei sie nun kerygmatisch oder theologisch, sei sie in der Bibel selber vorgegeben oder werde sie – in Auslegung eines biblischen Textes oder im Vollzug systematischer Klärung – heute oder zu irgendeinem Zeitpunkt in der Geschichte der christlichen Kirche gemacht... daß bei jeder Aussage des Glaubens nach ihrer Bedeutsamkeit für mich, für uns, gefragt werden muß.

Was bedeutet es für mich, was bedeutet es für einen Menschen, wenn er das glaubt? Was hat es für Folgen? Was verändert sich für mich? Wie greift es in mein wirkliches Leben ein? – wir kommen bei Aussagen des Glaubens nicht darum herum, diese Frage zu stellen. Bei objektiv nachprüfbaren Aussagen der Naturwissenschaft zB, komme ich sehr wohl darum herum. Ich brauche keineswegs zu fragen, was eine naturwissenschaftliche Erkenntnis oder Behauptung für mich oder für irgendeinen Menschen bedeute. Ich werde einer solchen Aussage durchaus gerecht, wenn ich sie nachprüfe und ihr, wenn sie sich verifizieren läßt oder wenn ich sie durch andere, sachverständigere Menschen für verifiziert halten darf, zustimme. Entsprechend verhält es sich mit zahllosen anderen Aussagen im Umkreis unseres täglichen Lebens. Anders verhält es sich aber mit den Aussagen des Glaubens. Zu ihnen gibt es ja keinen objektiven Zugang im gleichen Sinne, d. h. sie lassen sich nicht durch neutrales, unbeteiligtes Hinsehen verifizieren oder falsifizieren. Wenn sie sich aber weder verifizieren noch falsifizieren lassen, dann sind sie offenbar Aussagen ohne Sinn, leere Behauptungen, eine Art Deklamationen oder Interjektionen, die uns nichts anzugehen brauchen, sondern beziehungslos über den uns angehenden und bestimmenden Wirklichkeiten schweben – es sei denn, daß sich ein anderer Weg zu ihrer Verifikation finden läßt. Ein solcher Weg ist für BULTMANN die existentiale Interpretation.

Früher glaubte man wohl, eine Glaubensaussage durch simple Rückbeziehung auf die Heilige Schrift verifizieren zu können. Man brauchte sich nur darauf zu berufen, daß etwas »geschrieben steht«. Dieser Weg ist uns verbaut, seitdem wir gelernt haben, die Bibel historisch zu sehen. Das tut ihrem besondern Charakter und ihrer einzigartigen Autorität keinen Eintrag. Aber wir wissen, daß die Aussagen der biblischen Zeugen als Glaubensaussagen ihrerseits verifiziert werden müssen, damit wir sie uns aneignen können und sie für uns nicht einfach sinnlose Sätze bleiben. Gewiß sind unsere Glaubensaussagen in den Glaubensaussagen der alt- und neutestamentlichen Schriftsteller begründet. Aber nun sind der Grund und das Begründete beide zu verifizieren, damit ihr Sinn, ihre Bedeutsamkeit, ihre Wirklichkeitsbezogenheit sichtbar werde.

Diese Verifikation sowohl der Aussagen biblischer Texte als auch alles dessen, was zu ihrer Auslegung gesagt werden mag, hat zu geschehen in der Weise der existentialen Interpretation. Und zwar verlangt jede einzelne Aussage des Glaubens nach existentialer Interpretation. D. h. es genügt nicht, nur zB eine Grundlage anzunehmen und diese zu verifizieren, um hernach aus dieser Grundlage gleichsam unbeteiligt alles Weitere zu folgern. In einer Predigt etwa folgere ich nicht in kühler Distanz aus einer Glaubensgrundlage irgendwelche praktischen Details (so wie man zB in einem Vortrag aus einem geltenden Reglement praktische Nutzanwendungen ziehen kann), sondern ich bekenne, im Hören auf einen bestimmten Text, der mir als Glaubensaussage entgegentritt, gewissermaßen in jedem einzelnen Satz meinen eigenen Glauben. Glaubensaussagen haben konfessorischen Charakter, und es steht in jeder Glaubensaussage, kerygmatischer oder theologischer Art, stets wieder das Ganze des Glaubens auf dem Spiel. Darum muß jede Glaubensaussage einzeln verifiziert werden. Und damit wird die existentiale Interpretation, als theologischer Weg der Verifikation, zu einer umfassenden Methode theologischen Denkens überhaupt. Als solche ist sie von BULTMANN gemeint.

BULTMANN selber braucht das Wort Verifikation nicht. Es scheint mir aber – recht verstanden – die *Sache*, um die es ihm geht, genau zu treffen. Existentiale Interpretation und Verifikation bedeuten in der Theologie dasselbe. Denn die Theologie kennt keinen andern Weg der Verifikation – sie darf, weil es ihr um *Glauben*saussagen geht, keinen andern kennen wollen. Sie muß aber ihre Aussagen verifizieren, denn eine nicht verifizierbare Aussage ist sinnlos.

Verifikation ist in diesem Falle (im Unterschied zu andern Bereichen des Denkens) keine Demonstration. Die existentiale Interpretation kann und will nichts »beweisen«. Ein Beweis der geglaubten Wahrheit würde mir ja den Glauben abnehmen, und ich könnte und müßte als Unbeteiligter einfach zustimmen. Die existentiale Interpretation soll nur zeigen, was ich glaube, und was mit mir geschieht, indem ich es glaube. Sie soll den Sinn der Glaubensaussage zeigen, indem sie zeigt, daß es einen Unterschied macht, ob diese Aussagen wahr sind oder falsch, einen Unterschied, ob ich sie glaube oder nicht glaube – resp.: ob ich den Glauben, der hinter solchen Aussagen steht, vollziehe oder nicht vollziehe. Und zwar nicht nur einen behaupteten Unterschied, sondern einen realen: einen Unterschied, der in die Wirklichkeit, die ich selber bin und zu sein habe, in die Wirklichkeit, die mich umgibt und betrifft, eingreift. BULTMANN hat dies so ausgedrückt: Wir gewinnen im Glauben ein neues Selbstverständnis. Das bedeutet eine einschneidende ontische Wandlung. Der Mensch, der ein wirklich neues Selbstverständnis gewinnt, wird ein Anderer – ohne daß er aufhört, er selbst zu sein. Er wird eine neue Kreatur. Entgegen immer wiederkehrenden Mißverständnissen in den Debatten muß festgehalten werden, daß das Selbstverständnis etwas sehr Reales ist. Dieser Begriff – vielleicht das wichtigste Begriffsinstrument in BULTMANNs Ausführung der existentialen Interpretation – meint nicht bloß irgendein Bewußtseinsphänomen, eine Meinung, die der Mensch von sich selbst und von den Dingen haben mag, sondern er zielt auf des Menschen eigentliche Wirklichkeit. Der Mensch ist wirklich, indem er sich selber versteht. Das Kind existiert als Kind, indem es sich selber im Verhältnis zu Vater und Mutter als Kind versteht. Dieses Verstehen braucht ihm nicht ins reflexe Bewußtsein zu steigen, sondern es wird von ihm primär einfach vollzogen in seinem Leben, in seiner Haltung, in seinen kindlichen Entscheidungen und Erwartungen.

Wenn die existentiale Interpretation zeigen kann, daß ich im Glauben ein wirklich neues Selbstverständnis gewinne, dann zeigt sie damit, daß es wirklich einen Unterschied macht ..., d. h. daß der Glaube nicht eine indifferente, über der Wirklichkeit schwebende Sache ist. Und wenn sie jede einzelne kerygmatische oder theologische Glaubensaussage dergestalt auf das neue Selbstverständnis des Glaubens beziehen kann, wenn sie zeigen kann, daß es für mein (für unser, für des Menschen) Selbstverständnis einen Unterschied macht, ob sie wahr ist oder nicht, dann hat sie erwiesen, daß die Glaubensaussage keine leere, sinnlose Behauptung ist. Mit andern Worten: sie hat die Glaubensaussage verifiziert. Eine andere Frage ist dann, ob ich den Schritt des Glaubens wage, ob und wie weit ich das neue Selbstverständnis selber gewinne. (Ich sage bewußt: *wie weit*... – denn der Glaube kann wachsen; er ist nicht ein

Punkt ohne Geschichte). Denn Verifikation bedeutet darum nicht »Beweis«, sondern Aufweis des Wirklichkeitsbezuges.

Die theologische Rede und Forderung der existentialen Interpretation meint: Es muß in meiner existentiellen Situation einen Unterschied machen, ob ich einen Schöpfer habe, Gott, oder nicht, und ob die Welt einen Schöpfer hat oder nicht. Die Lehre von der Schöpfung ist keine bloße naturwissenschaftliche Hypothese, die man in neutraler Abwägung der Gründe und Gegengründe bejahen oder verneinen kann. Es muß in der menschlichen Situation einen Unterschied machen, ob Gott ist oder nicht. Es muß einen Unterschied machen, ob Jesus Christus für uns gekreuzigt und ob Er von den Toten auferstanden ist oder nicht. Und so fort. Und jener Unterschied in der Situation muß aufzeigbar, er muß ansprechbar sein. Wäre dem nicht so, so hätte ich kein Recht, alle jene Glaubensaussagen zu machen, und wenn ich es trotzdem täte, so wäre es eine Art Spielerei und wäre für den, der mir zuhört, unglaubwürdig.

Existentiale Interpretation ist das Aufzeigen dieses Unterschiedes in der menschlichen Situation. Existentiale Interpretation der Auferstehung Jesu Christi von den Toten heißt zeigen, was sich durch dieses Geschehen in meiner Lage geändert hat. Und nur, wenn wir diesen Unterschied verstehen, haben wir ein Verhältnis zum Bekenntnis der Auferstehung und können aufrichtig einstimmen.

Ich meine nun freilich, daß im Grunde alle ernsthafte Theologie zu allen Zeiten so vorgegangen ist. So fragt beispielsweise der *Heidelberger Katechismus* (Frage 45): »Was nützet uns die Auferstehung Christi?« und antwortet: »Erstlich hat Er durch Seine Auferstehung den Tod überwunden, daß Er uns der Gerechtigkeit, die Er uns durch Seinen Tod erworben hat, könnte teilhaftig machen. – Zum andern werden wir auch jetzt durch Seine Kraft erwecket zu einem neuen Leben. – Zum dritten ist uns die Auferstehung Christi ein gewisses Pfand unserer seligen Auferstehung.« – Das alles ist bereits existentiale Interpretation. Aber gewiß verlangen heute auch die dort gegebenen Auskünfte nach weiterer existentialer Interpretation: Was ist das Teilbekommen an der erworbenen Gerechtigkeit? Was ist das Erwecktwerden zu einem neuen Leben, und wie äußert sich die Kraft, durch die solches an uns geschieht? Was bedeutet das »gewisse Pfand«, das wir für unsere eigene selige Auferstehung haben? Man ist geneigt zu sagen: Existentiale Interpretation ist im Grunde gar nichts anderes als eine möglichst vollständige, umsichtige, methodisch-präzise und aufrichtige Beschreibung des Heilsgeschehens. Dieses Heilsgeschehen ist ja doch das eine Thema der Theologie. Die Theologie hat darüber nachzudenken. Und wenn wir uns, wie es unsere Pflicht ist, möglichst vollständig, umsichtig, methodisch-präzis und aufrichtig fragen und zu beschreiben versuchen, was das denn alles ist und bedeutet, dann landen wir unweigerlich bei der menschlichen, bei unserer eigenen Existenz (in allen ihren Dimensionen und Implikationen: der mitmenschlichen, der kosmischen usw.). Mit andern Worten: dann treiben wir existentiale Interpretation.

Allerdings wären hier nun eine Anzahl von Fragen anzuschließen. Denn so einfach und im Grunde selbstverständlich die theologische Forderung der existentialen Interpretation erscheinen mag, stellt sie doch, was ihre Durchführung anbetrifft, ein komplexes Problem dar. Es wäre beispielsweise zu fragen, wie die menschliche »Situation« zu definieren ist. Bedeutet das die Situation, soweit sie dem Menschen bewußt ist, soweit er sie tatsächlich als die seine wahrnimmt und erfährt? So darf man es wohl nicht verstehen – denn auf rein psychologischem Wege ist ja der Sinn der Glaubensaussagen keineswegs zu verifizieren, ist jener »Unterschied«, die Veränderung der menschlichen Situation, nicht zu beschreiben. Vielmehr muß der von uns gebrauchte Begriff der menschlichen Situation in einem umfassenderen Sinne verstanden werden: als Situation des Menschen vor Gott, des Menschen in seinem Beanspruchtsein, Gefordertsein und Schuldigsein. Und so umschließt der Situationsbegriff eine Dimension, die weit über die Sphäre der reinen psychischen Data hinausgeht. Der Mensch kann ja auch in Situationen stehen, deren er sich noch nicht bewußt ist, die er noch keineswegs als solche wahrnimmt und empfindet. – Weiter wäre etwa zu fragen, worin denn der »Unterschied« besteht, den aufzuzeigen die Aufgabe der existentialen Interpretation der Glaubensaussagen ist. Ist er ein bereits eingetretener und spürbarer? Oder ist er ein solcher, der erst sichtbar wird, indem er vom Menschen im Wagnis des Glaubens gewissermaßen »vollzogen« wird? Usw. Ich muß es mir hier versagen, diesen weitreichenden Fragen ferner nachzugehen.

Obwohl ich bisher teilweise an andern Punkten einsetzte als BULTMANN, mich teilweise einer andern Terminologie bediente und teilweise andere Akzente setzte, hoffe ich doch, in den Grundzügen RUDOLF BULTMANNS Postulat und Programm der existentialen Interpretation sachgemäß nachgezeichnet zu haben und von seiner Seite keinen grundsätzlichen Widerspruch erwarten zu müssen.

Und so möchte ich denn gerne an zweiter Stelle diesen zentralen Gedanken eines Mannes, der durch sein Lebenswerk das protestantische Denken unserer Zeit entscheidend geprägt hat, mit einem ähnlich durchschlagskräftigen Gedanken des vielleicht bedeutendsten katholischen systematischen Theologen unserer Tage, des Jesuiten KARL RAHNER, konfrontieren. KARL RAHNER versucht in seinem Aufsatz »Dogmatische Randbemerkungen zur ›Kirchenfrömmigkeit‹«[1] die Erfahrung, das Verständnis, zu skizzieren, das der heutige katholische Christ vom Christentum, von Kirche und Glaube, hat, und die Tendenzen, die sich in diesem Verständnis abzeichnen:

»Der Christ von heute erfährt die Kirche nicht so sehr als den Kreis der Heilserben, sondern als ihren geschichtlich und soziologisch greifbaren Vortrupp. Natürlich ist die Kirche die Arche des Heiles, das Volk der Erlösten, die Gemeinschaft der zum Heil Berufenen. Selbstverständlich gilt heute wie in der Zeit der Väter, daß es ›außerhalb‹ der Kirche kein Heil gibt, daß die Kirche, so wie die Taufe, mittelhaft und nicht nur gebothaft heilsnotwendig ist. Aber hinsichtlich dieses Dogmas von der mittelhaften Heilsnotwendigkeit der Kirche hat das Glaubensbewußtsein eine lange und bedeutsame Entwicklung durchgemacht, deren Ergebnis heute von existentiellster Bedeutung ist. Der Christ weiß heute deutlich vom allgemeinen Heilswillen Gottes. Er hat begriffen, daß Gnade nicht dadurch erst Gnade wird, daß sie etwa nur wenigen zuteil würde...« (S. 397).

RAHNER beginnt hier mit besonderem Nachdruck und besonderer Deutlichkeit einen Gedanken zu formulieren, der sich auch sonst durch sein Werk hin findet und der von vielen seiner theologischen Schüler und Freunde im römischen Lager vertreten wird, den Gedanken, dem er an anderer Stelle den Titel der *»anonymen Christlichkeit«* gibt: Es gibt anonyme Christen! anonyme Gläubige, denen man es nur noch nicht ansieht, und die es auch selbst noch nicht wissen, daß sie Glaubende sind.

Das alte Dogma »Extra Ecclesiam nulla salus« bleibt wohl bestehen (wobei es, nebenbei gesagt, heute am Konzil in die Schwebe geraten ist: ob man katholischerseits den Begriff »Kirche«, nun als sichtbare Kirche verstanden, noch mit derselben Ausschließlichkeit nur für die römisch-katholische Kirche gebrauchen will, wie dies bisher der Fall zu sein schien). Aber die Grenzen dieser wahren, heilsmitteilenden Kirche werden nun in einer fast schwindelerregenden Weise über die sichtbare, »geschichtlich und soziologisch greifbare« Kirche hinaus ausgeweitet.

Der Gedanke RAHNERS ist indes (wie fast alles in der römischen Theologie) nicht *absolut* neu. RAHNER kann sich dafür auf gewisse lehramtliche Äußerungen berufen. So vor allem auf jenen Entscheid des heiligen Stuhls aus dem Jahre 1949 im sogenannten *Boston heresy case* um die Lehre des Jesuiten LEONHARD FEENEY, in welchem gegen FEENEY entschieden wurde, das an sich unumstößliche Dogma, daß außerhalb der Kirche kein Heil zu finden sei, sei in einem weiten Sinne auszulegen und es könne einem Menschen, auch wenn er sich

---

[1] Schriften zur Theologie, Bd. V, 1962, S. 379ff.

außerhalb der sichtbaren Kirche befindet, dennoch unter Umständen die Heilswirkung der Kirche zugute kommen – dann nämlich, wenn er wenigstens den Wunsch, das Begehren hat, der Kirche anzugehören. Dieser Wunsch, dieses Begehren könne aber unter Umständen auch implizit, d. h. unbewußt, sein – nämlich in einem Fall, wo der Mensch gar nicht weiß, was Kirche und Glaube *eigentlich* sind, wo er in dieser Hinsicht in einer »unüberwindlichen Unkenntnis« befangen ist. Es gibt auch noch ältere Erklärungen des Lehramtes, auf die sich RAHNER berufen kann und tatsächlich beruft, auf die sich übrigens auch jener Entscheid von 1949 bezieht. RAHNER sagt: »Er (der Christ von heute) weiß, daß die Taufe auch schon im Verlangen danach sich ihre erste, wenn auch noch so undeutliche, Sichtbarkeit schafft und so schon (als Glaube und Liebe) wirksam werden kann, bevor sich diese in Freiheit angenommene Dynamik der Gnade in der gesellschaftlichen Öffentlichkeit der Kirche als sakramentale Wassertaufe konkretisiert hat.« (S. 397). Damit ist offensichtlich angespielt auf den dogmatischen Entscheid des Tridentinums: daß auch das Verlangen nach der Taufe, das *votum* oder *desiderium Baptismi*, bereits anstelle der sakramental vollzogenen Taufe angerechnet werden kann und gilt (vgl. Denzinger 796). Man hat darum in der katholischen Theologie seit je von der »Begierdetaufe« gesprochen. Dasselbe gilt ja übrigens auch von der Beichte als Wiederherstellung der Taufgnade (Denzinger 807). Und entsprechend gibt es nun auch ein *votum Ecclesiae*, einen Wunsch nach der Kirchenzugehörigkeit, welcher anstelle der sichtbaren Kirchenzugehörigkeit angerechnet wird und gilt. PIUS XII. geht in jener Erklärung zum Bostoner Fall noch einen Schritt weiter, indem er erklärt, daß das *votum Ecclesiae* auch implizit sein könne. Und RAHNER geht heute als Theologe noch weiter, indem er auch den Glauben, als Ursache jenes Wunsches, gegebenenfalls implizit sein läßt. Er selber sieht in dem ganzen Prozeß einen bedeutsamen Fall von Dogmenentwicklung (das Dogma ist ja nach römischer Auffassung, obgleich in seinen lehramtlichen Formulierungen unwiderruflich, dennoch stets in einer Entwicklung zu noch klarerer Erkenntnis und Formulierung hin), eine konsequente Entwicklung des »Glaubensbewußtseins der Kirche«. Taufe, Glaube und Kirche gehören ja zusammen (Taufe als Zeichen der Kirchenzugehörigkeit, Glaube als das, was die Kirche eigentlich ausmacht), und was vom einen gilt, muß in angemessener Weise folgerichtig auch von den andern gelten.

Seinen eigenen Schritt begründet RAHNER damit: daß der Christ von heute doch ehrlicherweise gar nicht mehr anders denken *könne* über die Kirche und die, die ihr nicht angehören. »Er kann nicht anders, als den anderen ebensoviel Chancen des guten Willens und des Gehorsams gegen das Gewissen einzuräumen und gegen das darin sprechende Wort Gottes; er kann nicht anders, als ihnen diese Chance auch dann einzuräumen, wenn dieser vorausgesetzte, vermutete, erhoffte gute Wille bei ihnen bisher oder bis zu ihrem Tode nicht zu einer amtlichen Kirchenzugehörigkeit geführt hat« (S. 398 f). – Der äußere, geschichtliche Grund für dieses Nicht-mehr-anders-Können wird von RAHNER so entfaltet: »Der Mensch und Christ von heute kann nicht mehr anders denken. Schon aus einem ganz einfachen Grund, der früher nicht bestand. Im großen und ganzen waren früher die ›Weltanschauungsgruppen‹ auch gleichzeitig völkisch, kulturgeographisch, soziologisch, geschichtlich voneinander abgesetzte Gruppen ... Heute aber ist der ›Ungläubige‹ der Nachbar, der Verwandte, der Mensch, auf dessen Ehrlichkeit, Zuverlässigkeit und Anständigkeit man ebenso bauen muß wie auf die entsprechenden Eigenschaften seiner Glaubensgenossen (wobei man manchmal den erschütternden Eindruck hat, man könne es besser in jenem als in diesem Fall). ... Die Frage ist hier ..., wie der Katholik, der die Kirche als den allgemeinen Heilsweg für alle glaubt und gleichzeitig in Theorie und in seiner existentiellen Hoffnung an dem *allgemeinen* Heilswillen Gottes festhält, mit dem fertig wird, was er so erlebt: dem auf absehbare Zeit nicht überwindbaren Pluralismus der Weltanschauungen auch gerade dort, wo sich die Menschen dieser verschiedenen Weltanschauungen friedlich in demselben Daseinsraum begegnen...« (S. 399 f).

Und die Antwort, die RAHNER auf die große Frage gibt, liegt beschlossen in eben jenem Begriff der »anonymen Christlichkeit«, die »›außerhalb‹ der Kirche noch nicht zu sich selbst gekommen ist, ›drinnen‹ in der Kirche aber ›bei sich‹ ist« (S. 401). Darum: »wenn der Christ... dem ›Nichtchristen‹ das Christentum predigt, wird er nicht so sehr von der Vorstellung ausgehen, einen andern zu etwas machen zu wollen, was er bisher schlechterdings nicht ist, sondern er wird versuchen, ihn zu sich selbst zu bringen. Natürlich nicht, weil das Christentum modernistisch nur die Explikation eines natürlichen religiösen Bedürfnisses ist, sondern weil Gott in seiner Gnade wegen seines allgemeinen Heilswillens schon längst die Wirklichkeit des Christentums dem Menschen angeboten hat, und weil es durchaus möglich und wahrscheinlich ist, daß der Mensch diese Wirklichkeit schon angenommen hat, ohne es reflex zu wissen« (S. 405 f).

Es ist auffällig und interessant, zu sehen, wie RAHNER damit der Erfahrung der geschichtlichen Situation durch den Christen eine gewisse normative Kraft für das theologische Denken zutraut: Der Christ *kann* heute (ich möchte sagen: ehrlicherweise!) nicht mehr anders, als so denken, als die Kirche und den Menschen außerhalb der Kirche so sehen und erfahren. Und die Theologie hat sich danach zu richten, daß der Christ offenbar nicht anders kann. Freilich kann sich der Gedankengang RAHNERS auch auf viele universalistische Gedanken in der Bibel berufen. Aber RAHNER begründet seine These in dem zitierten Aufsatz nicht biblisch, sondern eben – oberflächlich gesagt – »soziologisch«. Ich würde indessen meinerseits meinen, daß derartige Beobachtungen und Erwägungen für die Theologie tatsächlich bedeutsam sind. Denn wir vernehmen ja das biblische Kerygma nicht im leeren Raum, sondern im Horizonte unserer geschichtlichen Situation. Und das Kerygma ist auch darauf angelegt, uns in unserer Geschichtlichkeit zu treffen.

Nun ist das gewiß nicht so zu verstehen, als ob die Geschichte, die geschichtliche Situation, zu einer zweiten »Offenbarungsquelle« neben dem biblischen Kerygma würde. Vielmehr will ja das Kerygma gerade in geschichtliche Situationen hinein ergehen, und wenn wir das Kerygma vernommen haben, können wir die uns heute vorgegebene geschichtliche Situation nicht anders deuten als so, wir können aus ihr keine andern Folgerungen ziehen als diese. Gerade aus dem Geiste des Evangeliums folgt diese Deutung. In der Tat dürfte bei der heutigen Lage der Menschheit und bei den Erfahrungen, die wir alle machen, nur noch eine sektiererische Gesinnung es fertigbringen, alle Menschen ohne explizites Bekenntnis zu Christus von vornherein als verloren zu betrachten, sie aus dem Bereich des heilbringenden Handelns Gottes auszuschließen. Solches wäre heute weder »katholisch«, noch »evangelisch«. Und gerade jene christliche Weite des Herzens, jenes vorurteilslose Ernstnehmen des Menschen in seinem Menschsein vor Gott, wie es bei RAHNER seinen systematischen Ausdruck findet, ist uns stets im Denken RUDOLF BULTMANNS begegnet.

Damit kommen wir noch tiefer in unser Thema hinein und gelangen an den Punkt, wo die sachliche Verwandtschaft zwischen BULTMANNS »existentialer Interpretation« und RAHNERS »anonymer Christlichkeit« sichtbar wird: Der Mensch in seinem Menschsein vor Gott – gleichgültig, ob er zur sichtbaren Kirche gehört oder nicht – vermag in einer anonymen Christlichkeit zu leben, er vermag Akte zu vollziehen, die dem Akt des christlichen Glaubens genau entsprechen, ja mehr noch: mit ihm zusammenfallen – ohne daß der Mensch dies weiß. Solches »Vermögen« ist freilich (außerhalb wie innerhalb der Kirche) nicht ein solches, das der Mensch aus sich selber hat, sondern es wird ihm als Gottes Geschenk zuteil. – RAHNER sagt über diesen *anonymen Glaubensakt*: »Er (der Christ von heute) weiß, daß jene innerste existenzbegründende Haltung und Tat des Glaubens, also des erkennend, hoffend und liebend annehmenden, im Grunde der Person geschehenden Sichöffnens gegenüber der in der Tat der göttlichen Selbstmitteilung als Ereignis geschehenden und in dieser Gnadentat auch das Bewußtsein des Menschen, wenn auch vielleicht nur sehr ungegenständlich, verändernden ›Offenbarung‹ unter Umständen geschehen kann in einer Weise, in der die begrifflich gegenständliche Inhaltlichkeit dieses Bewußtseins wenig oder fast gar nichts (oder gar nichts?) aus dem ... Strom worthafter göttlicher Mitteilungen innerhalb der amtlichen Heilsgeschichte bezieht, ohne daß darum eine solche Haltung aufhören müßte, ›Glaube‹ im theologischen Sinn des Wortes zu sein. Er weiß, daß er mutig hoffen darf, daß sehr viele Menschen durch solchen Glauben das Heil finden...« (S. 397f).

Die Frage nach dem Heil der Menschheit, nach dem eschatologischen Schicksal auch derer, die das Kerygma nicht vernehmen, ist freilich, so weit ich sehe, für BULTMANN nie eine theologische Frage gewesen, zu der er sich thematisch geäußert hätte. Was für ihn stets im Vordergrund stand, war die Frage nach dem Glaubensvollzug, nach dem Glaubens-Verstehen derer, die das Kerygma vernehmen und annehmen. – Dennoch scheint mir eine tiefe Verwandtschaft in der Fragestellung zu bestehen: BULTMANN geht es mit der existentialen Interpretation um den wirklichen existentiellen Vollzug des Glaubens. Der Glaube ist nicht ein bloßes Fürwahrhalten, ein *sacrificium intellectus* vor einem falschen Skandalon, sondern Glaube ist für BULTMANN ein Wagnis vor dem echten Skandalon. Darum ist der Glaube nicht nur ein Bewußtseinsakt, sondern eine Bewegung der Existenz. Und darum ist er existential beschreibbar. Die Glaubens-Aussage ist auf die Glaubens-Bewegung hin existential interpretierbar. Die existentiale Interpretation läßt die Wirklichkeit, die wirkliche Bewegung des Glaubens, sichtbar werden. Derselbe Sachverhalt tritt nun aber bei RAHNER ins Blickfeld, wenn er sagt, daß der wirkliche Glaube (»im theologischen Sinn«, d. h. der Glaube, der zur Rechtfertigung erforderlich ist) unter Umständen auch unabhängig vom Bewußtseinsakt, vom expliziten, reflexen Glaubens-Bekenntnis Ereignis werden kann.

Der explizite Glaubensakt, als Bekenntnisakt, das bewußte Annehmen des Kerygmas, behält seine Stellung bei BULTMANN wie bei RAHNER. Doch der Glaube als solcher wird damit nicht schlechterdings identifiziert.

Und nun müssen beide Theologen hier die Frage anschließen und weiterdenken: *Was geschieht eigentlich im Glauben?* – Sie haben es beide auch in ihrer Weise getan und sind der Frage in ihrer Weise ein Stück weit nachgegangen. Es ist dies die Frage nach der existentialen Beschreibung der Existenzbewegung zu Gott hin, als welche der Glaube west. Je klarer es gelingt, dieser Frage zu genügen, sie auszuhalten, sie auszuarbeiten und sie schrittweise zu beantworten, desto größer wird die Hilfe sein, die die Theologie der Glaubwürdigkeit der Verkündigung heute leisten kann.

Ich möchte jetzt wenigstens noch versuchen, ein paar Schritte in der Richtung auf eine Ausarbeitung und Lösung dieser Frage zu tun.

Eine gewisse Hilfe für die Ausarbeitung liegt ja darin, daß sich der Glaube stets *in* bestimmten konkreten, und insofern beschreibbaren Gesinnungen und Entscheidungen aktualisiert – obschon er andererseits nicht ohne weiteres mit diesen Orten oder Weisen seiner Aktualisierung identisch gesetzt werden darf (denn der Glaube ist ja kein Werk). Wir haben uns also die existentiellen Orte der Aktualisierung des Glaubens zu vergegenwärtigen.

Als ein solcher Ort kommt vor allen andern die Mitmenschlichkeit in Betracht. Im Verhältnis zum Nächsten entscheidet sich des Menschen Verhältnis zu Gott. Hier, in diesem Bereich, wird ihm Gott wirklich; hier ist auch sein Glaube wirklich, und darum wird ihm hier die christliche Verkündigung glaubwürdig sein. So hat Rudolf Bultmann in seinem Vortrag »Der Gottesgedanke und der moderne Mensch«[2] von den »Wandlungen Gottes« gesprochen: »Dann gilt es also, sich jeweils offenzuhalten für die *Begegnungen Gottes in der Welt, in der Zeit.* Nicht die Anerkennung eines Gottesbildes, mag es noch so richtig sein, ist wirklicher Gottesglaube; vielmehr die Bereitschaft dafür, daß uns das Ewige jeweils in der Gegenwart begegnen will – jeweils in den wechselnden Situationen unseres Lebens. Die Bereitschaft besteht in der Offenheit, uns etwas wirklich begegnen zu lassen, das uns nicht das Ich sein läßt, das in seinen Zwecken und Plänen in sich abgeschlossen ist, sondern dessen Begegnung uns wandeln, uns immer neu werden lassen will. Die Situationen können ebenso solche der Beglückung wie der Enttäuschung, des Gefordertseins wie des Erleidens sein. Gefordert ist die Selbstlosigkeit, nicht als Methode moralischen Verhaltens, sondern als die Bereitschaft, uns nicht an unserem alten Selbst festzuhalten, sondern unser eigentliches Selbst immer neu zu empfangen. Diese Bereitschaft kann eine fragende, aber sie kann auch eine völlig unbewußte (!) sein« (S. 347). – Mit den »Wandlungen Gottes« meint Bultmann hier die Verkleidung Gottes in die (außerordentlichen oder alltäglichen) Situationen unseres zeitlichen Lebens, in denen Er uns entgegentreten will. Und Bultmann fügt gegen Ende seines Vortrages hinzu: »Die eindrücklichste Predigt von den ›Wandlungen Gottes‹ enthält das Neue Testament, und zwar in dem Bild, das Jesus vom Weltgericht entwirft (Mt 25, 31–46) ...« (S. 348).

Ein anderer »Ort« der Aktualisierung des Glaubens ist das Verhältnis des Menschen zu seinem Tod. Karl Rahner sagt darüber: »Wenn der Christ den ›Heiden‹ willig sterben sieht, wenn er merkt, wie der andere sich, als ob es nicht anders sein könnte (ach, es kann anders sein, da man die letzte Kraft des ganzen geballten Daseins verwenden kann zum absoluten Protest und zum

---

[2] ZThK 60, 1963, S. 335–348.

absoluten zynischen Zweifel), sich willig im Tod fallen läßt in den bodenlosen
Abgrund, den er nie ausgelotet hat (weil er, um Gott zu fassen, unendlich sein
muß), und in dieser nicht mehr genannten Willigkeit bekennt, daß dieser
Abgrund der Abgrund des sinnvollen Geheimnisses und nicht der verdammen-
den Leere ist, dann sieht der Christ in einem solchen Sterbenden den zur
Rechten Christi an das heilbringende Kreuz des Daseins Genagelten, und diese
Wirklichkeit, die personale vollzogene und angenommene Wirklichkeit dieses
Sterbenden, spricht ohne Worte: Herr, gedenke meiner, wenn Du in Dein
Reich kommst.«[3] – Hier ist der Mensch, ohne den Mitmenschen, allein vor
Gott. Es mag auch noch andere Orte geben, existentielle Bereiche, in denen
sich der Glaube aktualisiert, in denen er sich als Existenzbewegung bewährt,
zB den Umgang des Menschen mit seiner ihm zugemessenen Zeit.

Freilich genügt es zum Zwecke der existentialen Interpretation noch nicht,
einfach diese Orte aufzuzeigen. Es gilt vielmehr, darüberhinaus die Eigenart der
Glaubens-Bewegung, die in diesen Bereichen geschieht, sichtbar zu machen.
Ferner dürfen wir nicht meinen, daß die Wirklichkeit des Glaubens nun einfach in diesen existential beschreibbaren Existenzbewegungen und Selbst-
verständnissen »aufgehe«, daß man also den Namen Gottes inskünftig aus dem
Vokabular der Theologie streichen könne. Der Glaube ist ja personale Begegnung mit dem persönlichen Gott, wie sie sich im Gebet des Glaubenden,
in Lobpreis und Klage, in Danksagung, Bitte und Fürbitte ausspricht. Der
primäre ontologische Ort des Glaubens ist ja nicht einfach das »Selbstverständnis« des Menschen in der Welt, sondern das, was Martin Buber das »Zwischen«
genannt hat, jener Bereich zwischen Ich und Du, der durch die Beziehung beider eröffnet ist, der Bereich des Zwischen zwischen der Person des Glaubenden und der Person Gottes. Insofern transzendiert die Wirklichkeit des
Glaubens den Raum des »Selbstverständnisses« im engeren Sinn. (Der Begriff
»Selbstverständnis« kann freilich auch in einem weiteren Sinne gefaßt werden,
so daß er das Zwischen mit einschließt. Dies wäre aber begrifflich eigens zu
entfalten.)

Dennoch bleibt es dabei, daß die Wirklichkeit des Glaubens in jenen oben
genannten existentiellen Bereichen zu verifizieren ist. Der Charakter des
Glaubens als personale Beziehung zur Person Gottes ist aber nicht etwas, das
den existentiellen Vollzügen in jenen existentiellen Bereichen gleichsam auf-
gestockt wird und ihnen als zusätzliche Behauptung äußerlich bleibt. Sondern
dies eben wird in der existentialen Interpretation des Glaubens aufzuweisen
sein: daß gerade der Glaube als Person-Beziehung die innerste Struktur jener

[3] AaO S. 404.

existentiellen Vollzüge ausmacht, daß die personale Beziehung zu Gott diese allererst ermöglicht. Methodisch wird die existentiale Interpretation so vorgehen müssen, daß sie die Glaubensbeziehung zu Gott in einer gewissen Analogie zu zwischenmenschlichen Person-Beziehungen denkt.

Damit sind die Probleme erst genannt. Daß sie sich uns heute durch die Konfrontation der beiden Theologen RUDOLF BULTMANN und KARL RAHNER so stellen, ist wohl kein Zufall. Abgesehen vom innern Duktus der Sache selbst muß man hier mitbedenken, daß beide Theologen in ihrer Weise versucht haben, die von MARTIN HEIDEGGER in »Sein und Zeit« entwickelte Begrifflichkeit für die theologischen Fragestellungen fruchtbar zu machen. Gewiß ergeben sich auch dabei wieder verschiedene Akzente: Während BULTMANN die Annahme des Kerygmas, die Aneignung des Heils durch den Menschen, existential zu interpretieren sucht, spricht RAHNER vom »übernatürlichen (christologischen) Existential« als einem gleichsam »objektiven«, aller Aneignung voraufgehenden Verfaßtsein des menschlichen Daseins durch das Christus-Geschehen. Indessen bedeutet diese charakteristische Differenz keinen definitiven Gegensatz. Sondern es ergibt sich, wie wir gesehen haben, eine Konvergenz beider theologischen Denk-Wege in der Richtung auf die eine Frage: Wie der Glaube *wirklich* ist und wie die glauben-weckende Botschaft heute für alle Menschen glaubwürdig gesagt werden kann. In dieser Frage muß sich die Theologie der christlichen Konfessionen finden.

THE TEMPORALITY OF GOD

SCHUBERT M. OGDEN

I

It is generally acknowledged that the philosophy of MARTIN HEIDEGGER has been one of the most important influences on much of the significant theological thinking of our time. Less commonly recognized is that the converse of this proposition is equally true – that, at decisive points, HEIDEGGER's work as a philosopher has been stimulated and even determined by influences emanating from contemporary theology.

One of the many merits of the recent study by OTTO PÖGGELER[1] is to have made clear both the fact and the nature of this reciprocal influence. Speaking of the marked shift in HEIDEGGER's thinking during the years immediately after the First World War, PÖGGELER comments: »Heidegger began his pilgrimage in proximity to a theology which had become ever more firmly convinced that now, after centuries and even millenia of obscuring primitive Christian faith by philosophy as well as theology, it was necessary to experience this faith anew in its primal meaning. Witnesses of faith like LUTHER and KIERKEGAARD supported this view, and it was just they who became important to the young HEIDEGGER. From the outset, HEIDEGGER's relation to the modern thinking about history, which with DILTHEY became philosophically self-conscious, was eclipsed by a relation to another more primal historical thinking: prior to the modern form of thinking about history was the experience of history as manifested by primitive Christian faith.«[2]

According to PÖGGELER, it was just by reflecting on primitive Christian religiousness as the model of an experience of life as »factual« or »historical« that HEIDEGGER acquired the guiding concepts by means of which he subsequently undertook in *Sein und Zeit* to explicate the ontological structure of human existence. At the same time, HEIDEGGER increasingly recognized that a

---

[1] O. PÖGGELER, Der Denkweg Martin Heideggers, 1963.
[2] Ibid. 35f.

clear focusing of this primal experience could lead to nothing less than a »dis-
mantling« *(Destruktion)* of the whole metaphysical-theological tradition origin-
ating in classical Greece. His studies of AUGUSTINE, for example, convinced
him of the irreconcilable opposition between the conceptuality of this metaphysical tradition and the understanding of existence AUGUSTINE and others
had sought to explicate theologically by means of it. He saw that, given this
traditional conceptuality, one could do justice neither to »the actualization of
factual existence« (i. e., the historicity of man) nor to »the godness of God« as
Christian faith understands them[3]. On the other hand, he realized that an
ontological analysis that would look to this understanding of faith for its
guiding concepts could only result in the most radical reorientation of traditional metaphysical thinking. Thus, in PÖGGELER's view, the author of *Sein
und Zeit* was a thinker whose mediated encounter with the New Testament and
with theologians like AUGUSTINE, LUTHER, and KIERKEGAARD had aroused »the
suspicion that the God of philosophy is not the living God of faith and that
metaphysical theology is not the final answer to the questions of thinking«[4].

The importance of PÖGGELER's view for our concern here is that it may help
us the better to understand a passage from *Sein und Zeit* that I propose to
consider in this essay. In a footnote to the section of this work in which HEI-
DEGGER discusses the genesis of »the vulgar concept of time«, there occur the
following remarkable sentences: »It requires no extensive discussion to show
that the traditional concept of eternity, in the sense of the ›stationary now‹
(nunc stans), is drawn from the vulgar understanding of time and is limited by
an orientation to the idea of ›constant‹ presence-on-hand. If the eternity of
God would admit of being ›construed‹ philosophically, then it could be
understood only as a more primal and ›infinite‹ temporality. Whether the *via
negationis et eminentiae* could offer a possible way to this goal would remain
uncertain.«[5]

I have called these sentences remarkable, and that for four closely related
reasons. First, they constitute one among only a very few explicit references
to God or to theology in a work whose central purpose and theme are quite
different from those that properly determine the task of the theologian. Second,
this passage is the only place in the book where Heidegger at all makes explicit what his attempt to reorient traditional metaphysical thinking would
mean for a philosophical doctrine of God. In his other directly theological
references, his purpose is invariably historical or critical – either to point to the

[3] Ibid. 45.
[4] Ibid. 46.
[5] M. HEIDEGGER, Sein und Zeit, 1927, 427 n. 1.

antecedents of certain ideas in the theological tradition or else to distinguish his own »ontological« use of concepts from their »ontic« meaning as generally used by theologians. Here, however, in this one footnote, his purpose is primarily constructive – to make clear at least the bare outlines of the philosophical »construction« of God suggested by his new analysis of the basis of metaphysical reflection. Third, the philosophical theology that HEIDEGGER here presents, as it were, *in nuce* involves a radical departure from the classical philosophical-theological tradition. Judged from the standpoint of this tradition, his proposal that the eternity of God should be construed as his »›infinite‹ temporality« represents the abandonment of just those premises from which alone an adequate doctrine of God can be developed.

If, however, PÖGGELER's view of the theological background of *Sein und Zeit,* is correct, there is also a fourth and more important reason why these sentences are worthy of consideration. Even as, on this view, HEIDEGGER's phenomenological analysis of human existence represents the translation into formal ontological terms of the understanding of man set forth in the New Testament, so his proposal for a philosophical construction of God's eternity as infinite temporality would seem to represent a similar »ontologizing« of the primitive Christian understanding of God.

Admittedly, HEIDEGGER himself does not seem anywhere to have interpreted his remarks in this passage in the way PÖGGELER suggests. On the face of it, the footnote does nothing more than propose a philosophical interpretation of God that is congruent with HEIDEGGER's analysis of human existence and that, like this analysis, is thoroughly revolutionary of the conventional metaphysical wisdom. Even so, I am persuaded we are not far from the truth if we regard his proposal as stimulated and perhaps even determined by the same theological influences that were otherwise so decisive for this phase of his work. I regard it as highly probable that here, as in *Sein und Zeit* generally, the historical background of HEIDEGGER's statements is the understanding of man and God with which his encounter with Christian theology served to acquaint him.

But be this as it may, my main concern in this essay is less with the historical antecedents of HEIDEGGER's proposal than with the meaning and relevance of the proposal itself. To my knowledge, this passage in *Sein und Zeit* has rarely if ever been carefully considered by other students of HEIDEGGER's thought; and on this ground alone, there would seem ample room for the kind of consideration of it to be attempted here. At the very least, an interpretation of HEIDEGGER's footnote may itself provide something like a footnote to the extensive interpretation of his philosophy that continues to preoccupy so many learned and capable minds. But this is not, if I am correct, the most that can be claimed for an effort to interpret this passage. As I shall subsequently argue, the usual attempts by theologians today to restate the Christian understanding of God typically lead to an impasse from which the conventional philosophical wisdom, both old and new, provides no possibility of escape. My conviction, however, is that a way out of this impasse *is* provided by just the kind of philosophical theology that HEIDEGGER here seems to propose. Therefore, if this conviction can be proved correct, an attempt to understand his proposal may claim a theological importance more than sufficient to justify undertaking it.

In what follows, then, we shall be concerned with two main tasks: first, to interpret HEIDEGGER's footnote by drawing out its several implications in its larger context in *Sein und Zeit* as a whole; and, second, to show that what he there proposes as a philosophical interpretation of God's eternity has a unique relevance for the attempts of Christian theologians to develop an adequate doctrine of God for our time.

II

We may begin by asking about the purely formal meaning of a philosophical interpretation of God, given HEIDEGGER's general method and approach in this work. Since HEIDEGGER nowhere directly speaks to this question, we can seek an answer to it only by the indirect route of seeing how principles otherwise employed in his analysis might also be applied to the task of a philosophical theology. That this does not throw open the door to a merely subjective interpretation of his thought, but, rather, enables us to find an answer to our question whose legitimacy can be defended should become evident from the course of our argument itself.

In general, HEIDEGGER understands the task of philosophy to be that of formal ontological analysis. Unlike the special sciences, which are directed toward understanding some particular being or region of beings *(das Seiende)*, philosophy has as its ultimate objective a completely general ontology, i. e., an understanding of the meaning of being as such *(das Sein)*. Provisionally, this task requires a »fundamental-ontological« analysis of human existence *(Dasein* or *Existenz)* as the being that has a unique ontic and ontological priority. Even so, the purpose of this preliminary analysis does not reside in itself, as though philosophy's objective could be exhausted in simply providing an anthropology. Rather, human existence is made the object of inquiry primarily in order, on this basis, to answer the ultimate philosophical question of the meaning of being itself. Furthermore, even as existentialist analysis, philosophy's function is formal and ontological, rather than material and ontic. Thus

HEIDEGGER distinguishes between the »existentialist« *(existenzial)* understanding that is the proper business of philosophy and the »existential« *(existenziell)* understanding that is uniquely the concern of each existing person.

It seems evident, then, that the special task of a philosophical theology which would proceed in accordance with these general principles of method could only be to offer a formal ontological analysis of the being of God. The question to be asked by such a theology would not be the »existential« question of God, which every man may be supposed to ask in asking about his own »authenticity« *(Eigentlichkeit)*[6], but rather a more purely theoretical question about God, which would parallel in this inquiry the »existentialist« question that philosophy properly addresses to human existence. This implies, in turn, that the object of philosophical theology would not be the divine »existence« *(Existenz)*, but, in some sense of the word, the divine »existentiality« *(Existenzialität)*, i. e., the basic structure or essence that determines »the godness of God«, even as existentiality in the human case is the ontological structure determining the manness of man.

The import of such a view is that the task of philosophical theology would in no way conflict with, but rather provide a necessary complement to, the task of a confessional theology grounded in faith. Just as there can be, in principle, no opposition between a philosophical analysis of human existence and a theological explication of the particular self-understanding of Christian faith, so there also could be no incompatibility between a proper philosophical construction of the being of God and a theological proclamation of God's concrete action as revealed in Jesus Christ. On the contrary, such a construction would provide the only possible means for making a *theological* proclamation of God's action, as distinct from the proclamation of preaching and personal witness[7]. The prerequisite of all adequate theological statement is a conceptuality at once appropriate to faith itself and understandable in the given historical situation. If, then, faith as self-understanding is by its very nature also an understanding of God and his gracious action, no theological explication of faith can be adequate apart from the concepts that a proper philosophical theology alone is in position to provide.

A possible objection to this interpretation of HEIDEGGER is that it presupposes a strict analogy between the being of man and the being of God – even, indeed, to the extent of holding that the same distinction in the case of man between essential structure (existentiality) and the concrete actualization of that struc-

---

[6] Cf. R. BULTMANN, Glauben und Verstehen II, 1952, 231 f.

[7] Cf. BULTMANN's discussion of the difference between theology and preaching in »Die Geschichtlichkeit des Daseins und der Glaube«, 348 ff (in: ZThK NF 11, 1930, 339–364).

ture (existence) must also be affirmed in the case of God. The reply to this objection, however, is that this is just what HEIDEGGER himself assumes in speaking of God's more primal temporality. As HEIDEGGER otherwise uses the term, »primal temporality« *(ursprüngliche Zeitlichkeit)* is distinguished both from the »within-timeness« *(Innerzeitigkeit)*, which is the derived mode of being temporal appropriate to mere objects or »presence-on-hand« *(Vorhandenheit)*, and from the actual occurrence of »primal time« *(ursprüngliche Zeit)* as the »temporalizing of temporality« *(Zeitigung der Zeitlichkeit)*. Such usage clearly implies that the relation between primal temporality and the event of primal time itself exactly parallels – and, in fact, is but another way of expressing – the relation between existentiality and existence. Therefore, it is not at all surprising that HEIDEGGER can define the existentiality of existence as »care« *(Sorge)* and can then say that the meaning of authentic care is disclosed as temporality.

But granting that HEIDEGGER does thus assume a strict analogy between the being of man and the being of God, we still must become clear about just what this analogy involves. At the risks of oversimplifying HEIDEGGER's meaning and restating it in somewhat different terms, I submit we understand the analogy he intends if we take into account two main considerations.

First, in affirming that the eternity of God is to be construed as his more primal temporality, HEIDEGGER necessarily implies that God's being, like man's, is in some sense a »being-in-the-world« *(In-der-Welt-sein)*. According to HEIDEGGER, man is completely misunderstood unless it is recognized that real internal relatedness to others, both human and non-human, is not an accident of his being but its essential structure[8]. The Cartesian notion of the self as a worldless ego whose possibility of relating to others is in principle uncertain can only be regarded as a basic misreading of the phenomenological data. Man's very being is his being with others, and the possibility of any particular relation is always already guaranteed by the fact of his primal relatedness. Nor is the character of this relatedness adequately understood as the mere theoretical knowing whose importance has been so overrated in the classical philosophical tradition. Man's relation to his world is not primarily the disinterested registration of bare data in consciousness, but an active participation in others of an essentially practical and emotional kind. Indeed, HEI-

---

[8] On the distinction implied here between internal and external relations, cf. C. HARTSHORNE, The Divine Relativity, New Haven 1948, 60–115. That this distinction may be legitimately invoked in interpreting HEIDEGGER is confirmed later in the argument, where it is disclosed as grounded in HEIDEGGER's basic distinction between primal and derived temporality.

DEGGER holds, the only term by which man's »being-in« *(In-Sein)* can be comprehensively described is the eminently nontheoretical term »care«. And it is just this care, this real affective relation to others, that constitutes the existentiality or essential structure of human existence.

By analogy, then, God must be understood as essentially related to a world of others in whose being he actively participates by reason of a similar basic structure of care. To the question of just what is comprised within God's world, the only answer, as we shall see more clearly hereafter, is the totality of beings, both present and past, who are individually distinguishable from God himself. Here, however, the point to notice is that HEIDEGGER's concepts of »temporality« and »care« are logically so related that God can be construed as temporal only by also construing his being as care, and thus as essentially a being-in-the-world with others, in real internal relation to them.

In affirming God's temporality, therefore, HEIDEGGER departs quite radically from the classical Western tradition in philosophical theology. The hallmark of this tradition has always been its denial that God is in any sense structurally related to beings other than himself. As the »*causa sui*«, whose being is utterly and completely »from itself« *(a se)*, God's only relation to the world is the wholly external relation of the metaphysical »Absolute«. Naturally, in the versions of the tradition where the influence of distinctively Christian experience has been more than merely token, this denial of real relatedness to God has never been unequivocal. Recognizing that the God of Scripture is undeniably a God who is related to his creatures, theologians have generally allowed that relational concepts may be predicated of deity, provided only that they are understood analogically instead of literally. The difficulty, however, is that, on conventional metaphysical premises, to say that God is not literally related to the world could only mean that he is literally not related to it; and so the classical *analogia entis*, like traditional theism in general, has been continually threatened by incoherence and self-contradiction. But in proposing that the being of God be conceived as temporality, HEIDEGGER breaks away from just such a theism. He opens the way to a view of God as himself essentially being in relation to other beings, and therefore as radically different from the Absolute of the metaphysical tradition.

Likewise implied in the analogy HEIDEGGER proposes is that God, no less than man, has a past and a future, as well as a present, in the general sense conveyed by the term »primal temporality«. It is usually recognized that one of HEIDEGGER's most important contributions to philosophy is the general clarification of the phenomenon of time to which a considerable part of *Sein und Zeit* is devoted. The guiding insight of this clarification is that our everyday experience of time, in which the so-called »vulgar« concept of time has its basis, is not original, but derived, itself grounded in a more primal temporality. Building on a foundation first laid by AUGUSTINE, in his discussion of time in the Confessions, HEIDEGGER argues that the truly primary time of our experience is not the within-timeness, in which we order the objects of our ordinary external perceptions, but the time constituted by the fact of our experiencing itself as actual occurrence. Precisely as care, human existence has a relation not only to the being of others, but also to itself: to its past through memory, and, still more importantly, to its own future possibilities by anticipation. HEIDEGGER claims, indeed, that it is only by virtue of a relation to his future, and thence also to his past, that man has any world, any present relation to others, at all. Only because we continually project ourselves into the future in terms of some specific range of possibilities inherited from our past do we participate in the ordered whole of »significance« (*Bedeutsamkeit*) that makes up our phenomenal world. Hence, when it is conceived in its primal meaning, the present is not an extensionless instant within our experience, but the decisive »moment« (*Augenblick*) in which our experience itself occurs and is constituted. As such, the present extends beyond itself into both the past and the future and is, in fact, the unification of these other modes or »ecstasies« (*Ekstasen*) of time. Thus primal temporality is simply the structure of our own being as experiencing selves, in whose successive occasions of experience this structure is continually temporalized in the form of ever-new syntheses of anticipated future and remembered past into ordered wholes of significance.

If, then, temporality is to be predicated in some sense also of God, this can mean nothing less than that he, too, is an experiencing self who anticipates the future and remembers the past and whose successive occasions of present experience are themselves temporal occurrences. In affirming this, of course, HEIDEGGER once again comes into sharp opposition to the classical theological tradition. As he points out in the footnote, the traditional concept of God as eternal belongs to the general orientation of classical philosophy to the vulgar understanding of time, which is derived from our ordinary perception of objects as located within the field of our phenomenal world. On this understanding, the present is an extensionless instant or »now« (*Jetzt*), and time as a whole is the endless continuum of such instants in which the now is, so to speak, constantly moving as one instant follows upon another. By reference, then, to this conception of time as its »moving image«, eternity is defined as the »stationary now«, or as sheer nontemporality or timelessness. When traditional theologians speak of God's eternity, it is to just such utter timelessness, such complete absence of temporal distinctions, that they in reality refer. True, at this point also, their absolute negation of a basic concept with reference to God is more or less ambiguous. Analogically, at least, God is conventionally conceived as having a will or purpose and yet other perfections that imply temporal distinctions. Yet once again, such analogical speaking is completely emptied of meaning by the nonanalogical denial that the being of God is in any sense temporal being. The concept of his eternity is so understood that it can only mean the literal negation or exclusion of the distinctions that the concept of temporality entails. For HEIDEGGER, on the other hand, the logical relations between the two concepts are not those of mutual negation and exclusion, but are wholly positive and mutually implicative. We can rightly conceive God's eternity, he holds, only by construing it as in a certain sense precisely his temporality.

With this, however, we come to the second consideration that is crucial for understanding HEIDEGGER's meaning. Throughout our discussion, we have assumed, for reasons which in part have been explained, that the relation between man and God which HEIDEGGER affirms is an analogical relation. So far, our argument has sought to show the least that must be implied if this analogy is to have any meaning. Thus we have said that, if the being of God is to be construed somehow as a more primal temporality, this can mean no less than that God, like man, essentially exists as being-in-the-world, in real internal relation to others, and that, as this kind of a caring, experiencing self, his successive occasions of present experience each involve the same relations to the future and the past exhibited by our own occasions of experience as men. But if this were all we were to say, we would fail to interpret the relation between man and God as the analogical relation that HEIDEGGER evidently intends. By its very meaning, an analogy implies a difference as well as a similarity between the two analogues it serves to relate. Thus, if God's being is to be construed as analogous to the being of man, this must mean that God's essential structure is not only the same as man's, but also, in some significant respect, different from it. This, however, is just what HEIDEGGER asserts in proposing that God's eternity be construed not simply as temporality, but as a temporality which is »infinite« *(unendlich)*[9]. Our purpose now must be to understand the implications of this important qualification.

---

[9] It must be noted that, in this context, HEIDEGGER places the word »infinite« in quotation marks. The reason for this, clearly, is that »infinite« is otherwise used by him solely in connection with the vulgar concept of time, to refer to the »endless« continuum of nows that constitutes within-timeness. Like the other terms having to do with time, »infinite« has a different meaning, depending on whether it is understood in relation to the derived time of our external perception or the primal time of our inner experience as selves. The

As HEIDEGGER views him, the distinctive thing about man is not his temporality, but his »finitude« *(Endlichkeit)*. Man is not only being-in-the-world, in relation to others and to his own future and the past; his is also a being circumscribed by definite limits and therefore encompassed by what he himself is not. Thus, for example, his temporality is itself temporally conditioned or determined. In the first place, he is not his own ground or beginning, but finds himself »thrown« *(geworfen)* into the world, and hence as having come from a source beyond himself. His birth is the constant reminder that there once was when he was not, and the fact of this »nothing« *(Nichts)* sets an impassable limit to his being as a man. Nor is this precedent nothing the only temporal limit that presses itself upon him. He is determined, in the second place, by the subsequent nothing of death, beyond which he knows he shall be no more. In fact, HEIDEGGER insists, it is just as »being-toward-death« *(Sein-zum-Tode)*, as the resolute affirmation of the finitude in time which death most powerfully discloses, that man realizes his possibility of authentic existence. Because the temporality that defines his being is itself in principle temporally finite and limited, he can be who he truly is only in the full consciousness of this finitude and the deliberate acceptance of his temporal limitations.

In the case of God, however, the distinctive thing is the complete absence of just such temporal finitude and limitation. HEIDEGGER's statement that God's is an infinite temporality can only mean that, radically otherwise than with man, God's temporality is not itself temporally determined, so that there is neither a time when God was not yet nor a time when he shall be no more. Unlike man's, God's being has neither begun nor will it end, and the past and future to which he is related in each successive occasion of his present experience can be nothing less than a literally limitless past and future.

But if this is so, HEIDEGGER's departure from the theological tradition, however radical, does not involve a complete denial of its claims. For him, too, there is a qualitative difference, a distinction not merely in fact but in principle, between the finite being of man and the infinite being of God. HEIDEGGER's difference from the tradition, however, is that he defines God's distinctiveness not as an utter negation of temporality, but as its eminent exemplification. God's eternity is not sheer timelessness, but an infinite fullness of time, for which our own finite temporality provides a real but hardly univocal likeness. This means that HEIDEGGER's implied reformulation of the *analogia entis* is not, like its classical precedent, exposed to the threat of incoherence. Perfections

following interpretation assumes that it is the latter meaning which HEIDEGGER naturally intends.

entailing temporal distinctions may be predicated of God without being emptied of meaning by contradictory negations; and the assertion of God's qualitative distinction from other beings does not exclude, but positively implies, the meaningfulness of such predication.

But man's finitude, as HEIDEGGER sees it, is not only the limitation of his temporality in time; his being is also radically limited in space. Man's world, as comprising the other beings to which he is essentially and really related, never coincides with the totality of beings as such, but is always a restricted phenomenal field bounded by an external environment. The reason for this, as we have seen, is that man's having a world at all is grounded not in his openness to possibility as such, but in his being necessarily confined to some specific range of possibilities inherited from his finite past and projected into his finite future. Thus man's relatedness to others is itself relative. He does not participate in them fully, as they are in themselves, but is in principle required to encounter them under the perspectives imposed by his own particular projects of self-understanding. Naturally, in his average, everyday existence, man is not fully conscious of this spatial limitation of his world and, in fact, hides from himself the situational character of the »truth« *(Wahrheit)* constituted by his highly restricted encounters with others. He treats other things and persons as the mere objects of his own finite appreciations, and so »falls« *(verfällt)* or succumbs to his world by absolutizing its limitations. As authentic existence, however, man acknowledges that the truth in which he stands is always a relative truth, and he holds himself open for ever new encounters with the others whose being in themselves transcends their being for him as objects in his world. Though as a man, he must continue to exist within his world and may always succumb to a new bondage to it, his authenticity consists in being dialectically free from it, and thus free for both himself and the other beings that make up the environment beyond him.

In this respect, too, however, HEIDEGGER's qualification of God's temporality as infinite can only mark his qualitative difference from man. Though God's being, like man's, is also being-in-the-world, in real relation to others, God's relatedness to others is radically unlike man's in being itself not simply relative, but wholly absolute. *That* God is related to other beings is itself relative to nothing beyond God himself, but is grounded solely in his own complete openness to possibility or to the future simply as such. Therefore, God's world can comprise nothing less than the sum-total of all beings other than himself, both present and past, and his only environment is the wholly internal environment encompassed by his not merely finite but infinite care. Furthermore, the truth constituted by God's encounter with his world is not simply some relative truth, but _the_ truth – truth in its absolute and definitive meaning. The final measure of all beings as they are in themselves is precisely their being in and for God's infinite care; and the ordered whole of significance that in each present constitutes his actual world is the ultimate integrity of all the significance there is.

Once again, we see that HEIDEGGER's opposition to the theological tradition, sharp as it is, is not unqualified. In his view, also, God is in principle different from man by being in a real sense nonrelative or absolute. But whereas, for the tradition, God's absoluteness entails the denial of his real relation to others, for HEIDEGGER, it is just God's eminent relatedness, his real relation to _all_, rather than merely to some others, that defines his being as absolute. The one thing in God that is strictly independent, relative to no other being whatever, is his essential structure as eminent being-in-the-world, eminent being in real relation to others, and thus in genuine dependence upon them. Of such limitless relativity and dependence our own limited being-in-the-world is, in truth, but the faintest image. And yet it is in just this image that the perfections of God which are so distinctive of the understanding of Christian faith and of Holy Scripture have their analogical basis. On HEIDEGGER's proposal, these perfections are not contradicted by God's infinity or absoluteness, but are disclosed as expressing its essential meaning.

From this, as from the whole of the preceding argument, it should now also be clear why HEIDEGGER must regard it as at best uncertain whether the traditional _via negationis et eminentiae_ can still provide a valid theological method. On the interpretation of his proposal developed here, he points to a rather different theory and practice of analogy than this traditional way represents. We have noted that the difficulty with the traditional way, as with the whole classical theistic position of which it is a part, is the implicit and sometimes explicit contradiction between the two elements of which it is composed. The positive perfections predicated of God by the way of eminence are in reality emptied of meaning by the absolute denials arrived at by the way of negation. Thus, while pretending to pursue a middle way between anthropomorphism and agnosticism, the classical way of analogy really succeeds in avoiding neither, but merely trades on both of them as occasion may demand.

The reason for this is that the traditional _via negationis_ leads to the literal denial in God not merely of the limitations of finitude, but also of what, as HEIDEGGER shows, are positive perfections inherent in the meaning of being as such and also implied by the usual predications of the way of eminence – namely, primal temporality and real internal relatedness to others. Such denial cannot but seem arbitrary until one recognizes with HEIDEGGER that the _via_ *negationis*, like the *via eminentiae* and the whole metaphysical position to which they belong, is oriented not to the primal phenomenon of our own existence as experiencing selves, but to the derived phenomenon of the objective world as the field of our ordinary perception. Given this orientation, temporality can mean only the succession of wholly externally related instants, and relatedness to others, merely simple location in relation to an external environment. Therefore, to speak of an infinite or eminent temporality and relatedness can only be a stark *contradictio in adiecto*, and God's qualitative uniqueness can be defined solely by negating all temporal distinctions and relation to others. But since the usual anthropomorphic portrayal of God arrived at by the way of eminence is itself oriented to the same derived phenomenon, and thus assumes the same meaning for temporality and relatedness, such negation can only entail its complete denial or contradiction. Hence the familiar situation where the personal God portrayed in the mythological language of Scripture is »demythologized« in terms of a metaphysical construction of infinite being that utterly empties such language of meaning.

On HEIDEGGER's proposal, however, this situation is fundamentally transcended, and the direction is pointed to a theory and practice of analogy beyond the *via negationis et eminentiae*. Because HEIDEGGER's basic ontological orientation is not to the objective world of ordinary perception, but to the more primal phenomenon of human existence, finitude is seen by him to consist not in temporality and relatedness as such, but in the limited mode of these perfections appropriate to our own being as men. In their truly primal meaning, temporality and relational structure are constitutive of being itself, and God's uniqueness is to be construed not simply by denying them, but by conceiving them in their infinite mode through the negation of their limitations as we experience them in ourselves. The way to this goal, however, can hardly be less different than the goal itself. Although the method of analogy HEIDEGGER implies has certain clear parallels to the classical method, there is no mistaking their essential distinction. On his view, one may indeed continue to speak of both eminence and negation, but only in a quite new and different sense from that of the theological tradition.

III

If this interpretation of HEIDEGGER's footnote is correct, I believe one can only conclude that what he there proposes has a most important bearing on the discussion currently going on in Christian theology. To make clear the reasons for this conviction, I must now venture a brief and perforce schematic

characterization of this discussion so far as it has to do with the central task
of developing an adequate doctrine of God in our situation.

The usual attempts by theologians today to treat the problem of God represent one or the other of two general positions. The first of these is the position of classical Christian theism, which has been present in the church ever
since the age of the fathers, and the union they effected between the faith
expressed in Holy Scripture and the metaphysics of classical antiquity. The
method of this theism has consistently been some form of the traditional *via
negationis et eminentiae*, and its most characteristic assertions have always involved the denial that God is in any literal sense temporal or really related to
the world. In our time, probably few theologians hold to this position in its
classical medieval purity. Among Protestants, at any rate, the influence of
postclassical forms of philosophy has been great enough to effect certain minor
transformations and refinements. Thus, in Britain, for instance, in the work of
IAN RAMSEY and others, this classical theism is in process of being restated by
means of resources provided by the quite modern philosophy of linguistic
analysis. In America, PAUL TILLICH has written a brilliant new chapter in the
same long history with a position that clearly bears the marks of the German
philosophy of the nineteenth century and, to a lesser extent, contemporary
existentialism. But even in such modern treatments as RAMSEY's and TILLICH's,
the characteristic features of classical theology are still easily discernible. With
whatever qualifications, they, too, affirm a nontemporalistic theism.

The other main position in the current discussion is both more distinctively
modern and less readily described. Its possible philosophical bases are more
varied, and it assumes several somewhat different forms. Typical of all of
them, however, is a sharp rejection of classical theism with its way of analogy
and a deep conviction as to the reality and significance of time and history
that can hardly be reconciled with classical metaphysics. On the Continent, the
chief expression of this general view is the theology whose principal con-
ceptual resource has been existentialist philosophy, either in HEIDEGGER's form
or in some other. This theology shares in a general suspicion of all metaphysics and »natural theology« and seeks to interpret statements about God as
either wholly or primarily statements about human existence, i. e., as expressive
of a certain possibility of existential self-understanding. In the Anglo-Saxon
countries, a quite similar view is often held by theologians who have been
strongly influenced by analytic philosophy. Here the rejection of metaphysics
and the way of analogy is justified not only by pointing to the inherent contradictions in their traditional forms, but by appeal to an empirical criterion of
meaning and truth that makes any metaphysics or theological analogy in

principle impossible. On this empiricist basis, then, theological utterances are characteristically interpreted as not really assertions at all, but as expressing a »*blik*« (R. M. HARE) or »an intention to behave in a certain way« (R. B. BRAITHWAITE) – both of which notions are probably quite close in meaning to some uses of the existentialist concept of »self-understanding«.

The most provocative statement of this view yet to appear is that of the American theologian, PAUL M. VAN BUREN, in his recent book, The Secular Meaning of the Gospel[10]. In virtually the same terms as BRAITHWAITE, he holds that ostensible theological assertions about God and his action are really expressions of a human »historical perspective«, which is somehow causally connected with the »story« of the life, death, and resurrection of Jesus of Nazareth as the story of man's radical freedom. So, for example, the real meaning of the utterance, »God is love«, is said to be something like, »I, the person making the utterance, intend to lead a life of loving service to my fellows.« The advantage of such an interpretation, VAN BUREN argues, is not only that it fully respects the narrow limits of the modern man's empiricism, but that it also for the first time makes really clear the wholly human, ethical, and so »secular« meaning of the Christian gospel.

VAN BUREN's view is no doubt extreme, and probably few who share his appreciation for analytic philosophy would be willing to draw such radical conclusions. But the significance of his book is to have made fully explicit the nontheistic tendency implicit in many of the attempts to deal with the problem of God from this second main position. To be sure, there are other such attempts where this tendency is stoutly resisted. RUDOLF BULTMANN, notably, has for some time asserted the indispensability of some kind of theological analogy and, in one of his most recent writings, has set forth a clear, though certainly not classical, theistic interpretation of the idea of God[11]. But even BULTMANN's view is not fully secured against a misunderstanding of its intention[12]. Even when it is obviously qualified, the second position is not sufficiently distinguished from a non- or merely quasi-theistic temporalism.

---

[10] P. VAN BUREN, The Secular Meaning of the Gospel, New York 1963.

[11] R. BULTMANN, »Der Gottesgedanke und der moderne Mensch« (in: ZThK, 60, 1963, 335–348). In the work of G. EBELING also, there are many clear evidences (confirmed by recent conversations) of a neoclassical theistic intention. Cf., e. g., Das Wesen des christlichen Glaubens, 1959, 86–101; and Wort und Glaube, 1960, 90–160, 192–202, 372–380. On the other hand, the work of HERBERT BRAUN (Gesammelte Studien zum Neuen Testament und seiner Umwelt, 1962, 297f, 325–341) occasionally seems to reflect a position not too unlike VAN BUREN's. BULTMANN, to be sure, interprets BRAUN's intention as quite close to his own (Ibid. 347 n. 45), and this is probably the better interpretation.

[12] Cf. my essay, »Zur Frage der ›richtigen‹ Philosophie« (in: ZThK 61, 1964. 103–124).

It should be clear from even this brief characterization of the usual theological alternatives why the contemporary discussion of the doctrine of God so inevitably leads to a typical impasse. On the one hand, those who represent the position of classical theism can explicate faith's reference to a transcendent God only by denying or seriously obscuring the reality and significance of temporality. On the other hand, the spokesmen for the more modern view succeed in doing justice to temporality, and thus to man and his historicity, only by denying or failing adequately to explicate the certainty of faith in its eternal ground. It is no doubt only in the most extreme expressions of the two positions that this impasse becomes obvious. In most views, it tends to be hidden, and we witness the familiar sight of classical theists trying to adjust to the demands of temporality and modern temporalists inconsistently appealing to the God of traditional theism. But in neither case are we offered anything like a real third alternative, but are left to choose either the sacrifice of time and man to God's eternity or the abandonment of God and infinity for the temporality of man. On occasion, indeed, as with VAN BUREN, this tragic choice is actually put to us, and the real poverty of our situation is revealed.

But it is from just this situation, this choice which even the most extreme view can hardly fully accept, that HEIDEGGER's thesis of the temporality of God provides a real avenue of escape. Unlike those who would merely qualify the two extremes, HEIDEGGER goes to the root of the problem and makes clear in principle why they are not our only real alternatives. By construing being itself, and thus even God, as essentially temporal, he affirms all that the temporalist himself can possibly affirm and, at the same time, implies a method of analogy free from the contradictions which justify rejecting the traditional method. In doing this, however, HEIDEGGER also does what the temporalist either cannot or does not do – namely, shows both that and how God can be construed philosophically, and thus at least outlines a genuine philosophical theology.

From the classical standpoint, of course, HEIDEGGER's third alternative will almost certainly be regarded as fatally compromised by its concessions to modernity. His radical temporalism will be seen as the denial of essential Christian truth, and his avoidance of contradiction will be dismissed as a rationalistic dissolution of unavoidable »mystery«. But to this one can only reply that Christian faith has no stake in unnecessary logical confusion, even when such confusion is piously called mystery, and that, so far from being the denial of this faith, a deep conviction as to the essential significance of temporality is in reality one of its chief fruits. As FRIEDRICH GOGARTEN and others have shown, our distinctively modern sense of the importance of the secular, and thus of time and history, cannot be understood except against the background of the Reformation conception of faith, with its stress on man's paradoxical freedom from the world and responsibility for it[13]. Nor is the fundamental insight that God is essentially temporal and related to others an invention of HEIDEGGER and certain other modern philosophers. It is, rather, the central discovery implicit in biblical faith, and its *locus classicus* is the Old and New Testaments. One thinks, for example, of Jesus' summary of the law in Mark 12:28–34, where the God who is proclaimed is so intimately related to the self and the neighbor that a proper love of them is implicitly contained in the whole and unreserved love of him. Or, as an equally striking expression, there is the portrayal of the Last Judgment in Matt. 25:31–46, to which BULTMANN has recently referred as the most impressive of all the proclamations of what ERNST BARLACH called »the metamorphoses of God«[14].

Therefore, when HEIDEGGER asserts God's temporality, this is no mere concession to the modern temper, but the restatement in formal ontological terms of the understanding of God implicit in Holy Scripture. This is the deeper reason, of course, for regarding PÖGGELER's view of the general theological background of HEIDEGGER's thought as also confirmed here. The chief evidence of such theological influence is that the temporal God of whom HEIDEGGER speaks as a philosopher is the same God who was experienced and known in primitive Christian faith.

But if HEIDEGGER's proposal seems certain to raise questions in the minds of classical theists, one fears the same will be true of those who represent the other main position in contemporary theology. From their standpoint, his view will almost surely appear as a falling back into metaphysics and natural theology which can at best have a negative theological relevance. But here, too, the critics' most likely objections can be met. If HEIDEGGER's proposal involves metaphysics and even natural theology, they are nevertheless radically different from what has traditionally gone under those names, and it will not do to obscure the distinction by the indiscriminate denunciations of metaphysics so often heard from representatives of this position. We have pointed out at some length how HEIDEGGER's analogical statements about God are sufficiently free from the usual contradictions to escape »the death of a thousand qualifications« that threatens assertions made by the traditional method of analogy[15]. Moreover, the God of whom he speaks, far from being irrelevant

---

[13] Cf. FR. GOGARTEN, Verhängnis und Hoffnung der Neuzeit, 1953.
[14] »Der Gottesgedanke und der moderne Mensch«, 348.
[15] Cf. A. FLEW and A. MACINTYRE (eds.), New Essays in Philosophical Theology, London 1955, 96 ff.

to our ethical and secular decisions, is most intimately involved in them, and is, in fact, the ground of their ultimate significance. Because God is himself essentially being-in-the-world, in real internal relation to us and to all others, the final context of our finite decisions is God's own eternal life, and we can at last render really intelligible our conviction as to their infinite importance[16]. Finally, the common claim that the God of faith is not the *deus philosophorum* is also deprived of its force by HEIDEGGER's proposal. If this claim means that the being of God is not that of the metaphysical Absolute, but the being of One who is genuinely and eminently personal, then this is the very thing HEI-DEGGER himself tells us. If, on the other hand, the claim means that faith in God is something other than a philosophical interpretation of God's essential being, then this, too, as we have seen, is fully taken into account in HEIDEGGER's view. Indeed, by conceiving God as infinite temporality, he provides the only possible basis for making just this distinction in a clear and self-consistent way.

Therefore, I can only conclude that the proposal HEIDEGGER makes in this remarkable footnote in *Sein und Zeit* has a unique importance for our present theological situation. This does not mean, of course, that I regard these few sentences as the only or even the most adequate form in which some such proposal has been made. So far as I can tell, HEIDEGGER himself nowhere really develops the view he there outlines, and it is even possible that the so-called »later« phase of his work entails its repudiation. In any case, there are other contemporary philosophers – most notably, the American thinker, CHARLES HARTSHORNE[17] – for whom such a view is not confined to a footnote, but is carefully expounded in the setting of a fully developed neoclassical metaphysics. Even so, I am convinced that the profound truth of the temporality of God is something that we as theologians are all sooner or later going to have to learn, and that HEIDEGGER's footnote is able to teach us that truth. In this connection, I cannot but recall the words of GOGARTEN in a quite similar context: »Needless to say, it does not have to be HEIDEGGER from whom one learns this. If one thinks he can learn it better elsewhere, all well and good. But, in one way or another, learned it must be.«[18]

---

[16] Cf. H. JONAS, »Unsterblichkeit und heutige Existenz« (in: Zwischen Nichts und Ewigkeit, 1963, 44–62).

[17] Cf. my essay referred to above in n. 12; also RGG[3] VI, 1303.

[18] FR. GOGARTEN, Entmythologisierung und Kirche, 1953, 57 n.

GOTTES EXISTENZ UND MEINE GESCHICHTLICHKEIT IM NEUEN TESTAMENT

Eine Antwort an HELMUT GOLLWITZER

HERBERT BRAUN

I.

Die Existenz Gottes ist im Neuen Testament unbezweifelt; die Predigt der Texte ergeht teils an Juden, die Gottes Existenz glauben, teils an Heiden, die im Annehmen der Predigt sich von den Götzen (1Thess 1, 9) oder den untergöttlichen Elementargeistern der Gestirne (zB Gal 4, 3) dem lebendigen und wahren Gott zugewendet haben. Ehe man Christus annimmt, gilt man als dem Zorn Gottes entgegengehend (Röm 5, 9), ist praktisch »ohne Gott« (Eph 2, 12); das Phänomen der Bestreitung oder der Bezweiflung der Existenz einer Gottheit erscheint im Neuen Testament jedoch nicht. Der Gott, den Jesus von Nazareth durch das Medium des zeitgenössischen Judentums vom Alten Testament her überkommen hat, steht als Herr dem Weltenlauf gegenüber und greift in ihn souverän ein. Wird solch ein Eingreifen im Alten Testament in der Hauptsache als ein Einbruch in die weiterlaufende Welt verstanden, so rechnet die Apokalyptik und mit ihr das Neue Testament mit solch einem Einbruch vor allem als mit einem Geschehen der durch Gott in die nächste Nähe gebrachten Endzeit: sein Königsein, das er heraufführt, Jesus, der von ihm gesandt ist und der nach seiner Erhöhung als Endheilbringer und Endrichter kommt, sind endzeitliche Einbrüche Gottes in den Weltenablauf, welcher damit in Bälde vor seinem Ende steht. Gott hat einen Ort, wo er wohnt, die Himmel, seinen Thron (Mt 5, 34). Von dort kann er Boten, Engel mit Einzelnamen, entsenden, die auf Erden dann auch wieder auf einem bestimmten Platz »stehen« (Lk 1, 26. 11). Aus den Himmeln sendet Gott Jesus. Die wunderhaften Erweisungen, die Jesus tut, sind nachprüfbar im Sinne rechnenden Zählens (Mk 6, 43 f; Joh 4, 53). Die Dämonen, die er exorzisiert, nehmen einen Raum ein, den sie wechseln können (Mk 5, 12 f; Mt 12, 43–45). Jesu Auferstehung wird von einem Teil der Tradition als welthaftes Ereignis gefaßt: die Augenzeugen sind daraufhin befragbar (1Kor 15, 6); er demonstriert durch Essen, daß er Fleisch und Knochen besitzt (Lk 24, 39–42). Später malt man seine Auffahrt aus als räumliches Hinauf durch die Wolken. Vom Himmel kommt er bei seiner Ankunft wieder herab, so daß die Gläubigen ihm in den Wolken begegnen (1Thess 4,

16f). Solche Texte lassen sich beliebig vermehren. Sie reden bei alledem nicht analogisch, also nicht so, wie in Lk 15, 11 ff die Vergebung dargestellt wird daran, daß der Vater den fortgelaufenen Sohn wieder aufnimmt. Die Texte meinen vielmehr Wirklichkeiten, die sich in der Sphäre welthafter Vorfindlichkeit ereignen oder ereignen werden. Die Texte reden also in der Tat von einer Gegenständlichkeit im Sinne dinglich-objektiver Gegebenheit[1]. Solch eine kurze Zusammenfassung wie diese wäre unnötig, wenn auch die materiale Seite des Aufsatzes von RUDOLF BULTMANN[2] mit ihrem Gewicht allen Partnern der Diskussion vor Augen stünde.

Diese Gegenständlichkeit und Objektivität im Denken über Gott und seine Welt teilt das Neue Testament – bei aller sonstigen, sehr gewichtigen Differenzierung zur religiösen Umwelt – mit einem großen Teil der Gesamtantike. Für den homerischen oder vorhomerischen Mythus ist das ja bekannt: oder zeugt Zeus keine Kinder mit irdischen Frauen, mischen die Götter des Olymp sich nicht in mannigfacher Menschen- und Tiergestalt unter die Sterblichen und greifen entscheidend in ihr Schicksal ein[3]? Und auch nach aller philosophischen Sublimierung im Griechentum hat dieses gegenständliche Denken sich in der hellenistisch-orientalischen, dem Neuen Testament gleichzeitigen Welt in einem für uns freilich nicht sicher abschätzbaren Umfang durchgehalten. Hekate, die Göttin der Unterwelt, erscheint vor Zeugen in einem tiefen Waldschlund; sie ist dreihundert Fuß hoch, hat Fackel und Dolch in ihren Händen, ihre Füße sind Drachen, ihre Haare Schlangen; Hunde, größer als indische Elefanten, umgeben sie (gegen diese Vorstellung satirisch LUKIAN, Philopseudes 22–24). Aber auch unsatirisch, also ernst gemeint, wird etwa Isis bei Apulejus (met. 11, 3f) sinnenfällig gegenständlich beschrieben, wie sie dem Lucius epiphan wird: ihr Haar, ihr Kopfputz mit Mond-Abbild, Schlangen und Ceres-Ähren, ihr bunt schillerndes Gewand, ihr schwarzer Mantel mit Sternen, Vollmond und Blumen; Klapper und goldenes Gefäß in ihren Händen, die Füße in Sandalen aus Blättern der Siegespalme. Es gibt menschliche Zeugen für das, was ein Gottwesen »alles kann«[4] (LUKIAN, Philopseudes 19). Der Dämon existiert derart räumlich, daß er beim Herausfahren aus dem Menschen ein Gefäß zertrümmert (Jos, ant. 8, 48). Das ist nicht gegenständ-

---

[1] Gegen H. GOLLWITZER, Die Existenz Gottes im Bekenntnis des Glaubens. 1963; (künftig ohne Titelangabe zitiert) 88–90.

[2] Neues Testament und Mythologie (in: Offenbarung und Heilsgeschehen, 1941) 27–34. Vgl. auch G. BORNKAMM, Die Theologie Rudolf Bultmanns in der neueren Diskussion ThR 29 (1963) 95. 129. 135.

[3] H. KLEINKNECHT, ThW III, 70. M. P. NILSSON, Geschichte der griechischen Religion I[2], 1955, 368–374.

[4] Vgl. GOLLWITZER 137 A. 200.

lich und objektiv und massiv gedacht?[5] Diese massive Gegenständlichkeit der göttlichen Wesen und ihres Eingreifens in die Welt eint sich damit, daß sie von dem Menschen fordern und ihm helfen[6], indem sie ihm irdisches Glück und auch ewiges Heil gewähren: *ibi* (in der Unterwelt) – *me* – *adorabis*, wird dem Mysten von seiner Göttin Isis zugesagt (APULEIUS, met. 11, 6, 5). Und diese Zusage ist hier durchaus so gemeint, daß sie »gilt in alle Ewigkeit«[7].

Das Neue Testament fußt auf dem Alten; das ist gar keine Frage. Einige Schriftsteller des Neuen Testamentes waren Juden; aber auch bei den heidenchristlichen Autoren schlägt das griechische Alte Testament in Sprachschatz und Denken vielerorts spürbar durch. Ist die Verbindung zwischen Altem und Neuem Testament so zu denken, daß man sagen kann[8]: beide verkünden den gleichen Gott, יהוה? Daß das Alte Testament im Neuen als Autorität zitiert wird, scheint ein Ja als Antwort auf diese Frage zu fordern. Aber nur: scheint. Denn das Alte Testament wird im Neuen zT sinngemäß zutreffend, aber in starkem Umfange gerade zu den Aussagekomplexen, die theologisch zentral sind, also zu der Christologie und Eschatologie, auch entgegengesetzt dem alttestamentlichen Ursinn zitiert. Ferner ist mitzubedenken: die einzelnen neutestamentlichen Autoren machen von dem Alten Testament, was die Häufigkeit des Zitierens anlangt, einen äußerst unterschiedlichen Gebrauch. Ich verzichte hier auf eine eingehende Darlegung dieses Sachverhaltes[9]. Das Neue Testament deutet das Alte, es berichtet[10] aber auch das Alte, und dies stillschweigend und selbstverständlich (vgl. nur Röm 3, 20: die entscheidende Wendung »aus Gesetzeswerken« steht in Ps 143, 2 nicht). Machen wir uns diesen Vorgang der Alterierung, der auf dem Wege vom Alten zum Neuen Testament geschieht, kurz klar. יהוה ist der hauptsächlichste alttestamentliche Gottesname; er ist Eigenname. Daneben stehen die Gattungsbezeichnungen אל in Singular und Plural sowie אדני. Das Verhältnis des Gebrauchs von Eigennamen und Gattungsbezeichnung kann man sich an Hand der Septuaginta-Konkordanz[11] vor Augen führen. θεός, die Hauptübersetzung für אלהים, begegnet in LXX etwa 3640mal[12]; κύριος, die Hauptwiedergabe von יהוה, (neben gelegentlicher, aber zahlenmäßig unbedeutender Wiedergabe von אל-

---

[5] Gegen GOLLWITZER 89.

[6] H. BRAUN, Ges. Studien, 1962, 259–263.

[7] Gegen GOLLWITZER 155.

[8] Wie GOLLWITZER 92; 135; 157.

[9] Vgl. H. BRAUN, Das Alte Testament im Neuen Testament, ZThK 59, 1962, 16–31.

[10] Was nach GOLLWITZER (90f; 96f) der Interpretation verboten ist.

[11] HATCH-REDPATH (1897ff) zu θεός und κύριος.

[12] 52 Spalten der Konkordanz zu je etwa 70 Stellen; die Stellenzahl je Spalte ist niedrig angesetzt.

und אָדוֹן-Formen), etwa 7190mal[13]. KÖHLER-BAUMGARTNER[14] zählt für יהוה 6823 Stellen. Das Überwiegen des Eigennamens im hebräischen Alten Testament liegt auf der Hand. Ebenso ist deutlich: die Septuaginta leitet den Vorgang der Enteignung des Eigennamens ein, und zwar mit Hilfe der freilich nicht die Ausschließlichkeit, wohl aber das göttliche Wesen aussagenden Vokabel *κύριος*, welche von der nicht-biblischen Religionsgeschichte geliefert wird[15]. Das Neue Testament kann zwar *κύριος* im Blick auf Gott verwenden; aber der Gattungsbegriff *θεός*, im Neuen Testament etwa 1250mal, ist die weit überwiegende Bezeichnung. Die 150 Stellen, die Gott *κύριος* nennen, sind mehrfach interessant. Einmal: das alttestamentliche Verhältnis von Eigenname und Gattungsbezeichnung erscheint nun im Neuen Testament ins vielfache umgekehrt: im Alten Testament יהוה (*κύριος*) 6800 zu אל usw. (*θεός*) 3640, also 1, 86 zu 1, 0; im Neuen Testament *κύριος* 150 zu *θεός* 1250, also 0,12 zu 1,0. Sodann sind die neutestamentlichen Fundstellen von *κύριος* qua Gott zu beachten: oft in alttestamentlichen Zitaten und in Texten jüdischen Kolorits (wie Lk 1f). Ich gebe das Vorkommen von *κύριος* (Gott) für jedes der 27 neutestamentlichen Bücher: Mt: 17; Mk: 5; Lk: 35; Joh: 3; Apg: 31; Röm: 9; 1Kor: 4; 2Kor: 3; Gal: –; Eph: –; Phil: –; Kol: –; 1Thess: – ; 2Thess: – ; 1Tim: 1; 2Tim: –; Tit: –; Phln: –; Hebr: 12; Jak: 9; 1Petr: 3; 2Petr: 2; 1Joh: –; 2Joh: –; 3Joh: –; Jud: 3; Apk: 13. In den Acta ist *κύριος* qua Gott oder qua Jesus nicht immer mit Sicherheit auseinanderzuhalten. Vor allem fällt auf: Joh wie Paulus verwenden das יהוה-Äquivalent *κύριος* für Gott ausgesprochen selten; Paulus trotz seines intensiven Septuaginta-Gebrauchs, Johannes in Einklang mit seinem schmalen Septuaginta-Gebrauch. Das Gefälle ist deutlich: das Neue Testament legt, was die Bezeichnung Gottes anlangt, in einem Teil gar nicht, in dem anderen sehr unbetonten Wert darauf, die Identität des von ihm verkündeten Gottes speziell mit dem Jahwe des Alten Testamentes zu unterstreichen[16]. Ebensowenig läßt sich mit der Wendung »der lebendige Gott« eine Brücke vom Alten zum Neuen Testamente schlagen[17]. In der Septuaginta zähle ich diese Wendung 27mal unter insgesamt über 10800 Stellen, die Jahwe oder Gott nennen; wobei eine größere Anzahl alttestamentlicher Stellen davon redet, daß Gott »lebt«. Im Neuen Testament findet sich *θεὸς ὁ ζῶν* (nota bene auch im Munde des Kaiphas Mt 26, 63, analog

---

[13] 103 Spalten der Konkordanz zu je etwa 70 Stellen; davon gehen ab etwa 20 auf den Menschen bezügliche Stellen.

[14] Lexicon in Veteris Testamenti Libros, 1953, 368.

[15] S. SCHULZ, Maranatha und Kyrios Jesus, ZNW 53, 1962, 125–144.

[16] Gegen GOLLWITZER 92; 135; 157.

[17] Wie GOLLWITZER (127f) will.

rabbinischem Gebrauch[18]) 17mal unter insgesamt 1200 $\vartheta\varepsilon\acute{o}\varsigma$-Stellen, die Aussage »ich lebe« von Gott 3mal. Das Hochgespielte in der Behauptung, diese alttestamentliche Wendung, die im Neuen Testament als Missionsterminus ja gegen den Polytheismus abgrenzt, stelle eine wesentliche Klammer vom Alten zum Neuen Testament dar, ist deutlich. Zu dem Schwund des alttestamentlichen Eigennamens im Neuen Testament kommt ein Weiteres: Paulus (1Kor 8, 6; Röm 11, 36) wie der Acta-Verfasser (17, 27f) stellen stoisch-pantheistische Formeln in den Dienst ihrer Verkündigung von Gott: von Gott weiß jeder, wenn er auch – ohne Glauben an Christus – gegen dies Wissen gerade ungehorsam ist (Röm 1, 21).

Wie der Gottesname, so werden auf dem Wege vom Alten zum Neuen Testament auch Gottes Verhaltungsweisen alteriert. Jahwe kommt herab; das Herabkommen ist im Neuen Testament Sache der Engel oder des gnostisch verstandenen Erlösers (besonders bei Johannes und in nachpaulinischen Texten). Jahwe geht (Gen 18, 33; Num 12, 9); im Neuen Testament tut das nur der Engel (Lk 1, 38; 2, 15; Apg 10, 7). Jahwe schwört im Alten Testament oft; Gott im Neuen Testament nur noch innerhalb einer Beweisführung, die das Alte Testament zitiert. Nach einer breiten alttestamentlichen Tradition wohnt Gott im Tempel und verlangt kultische Heiligkeit, ohne welche eine Berührung etwa der Lade tödlich wirkt (ist das nicht »dingliche Heiligkeit«[19]?); für Jesus wird der Kult gleichgültig, und Paulus kennt kein Ding, das durch sich unrein ist (Röm 14, 14). Oft entbrennt im Alten Testament Jahwes Zorn in sinnlicher Weise; das Neue Testament redet auf seinen verschiedenen Stufen zwar auch von Gottes Zorn und seinem Zürnen, aber weniger als das Alte Testament und dann unsinnlich, was sich auch darin ausdrückt, daß die $\dot{o}\varrho\gamma\acute{\eta}$ bei Paulus sich auf dem Übergang zu einer Hypostase befindet. Die gleiche Reduzierung zeigt sich auch darin an, daß Jahwe im Alten Testament oftmals die Ungehorsamen »hingibt« ($\pi\alpha\varrho\alpha\delta\iota\delta\acute{o}\nu\alpha\iota$ etwa 4 Spalten in der Septuaginta-Konkordanz, also etwa 200mal[20]), während das Neue Testament den gleichen Begriff 6 mal bringt (Apg 7, 42; Röm 1, 24. 26. 28; 2Kor 4, 11; 2Petr 2, 4). Kurz: die Gottesvorstellung befindet sich vom Alten zum Neuen Testamente unverkennbar auf dem Wege von der Gegenständlichkeit zur Vergeistigung[21]. Die Anthropomorphismen dienen nicht der Zuspitzung der konkretisierend-personalen Redeweise; denn dann redete der Jahwist ja konkret-personaler als

---

[18] STR.-BILLERBECK II, 674; III, 790; ThW II, 857 A. 173.

[19] Gegen Gollwitzer 103.

[20] Hier enthalten die Konkordanzseiten weniger Stellen als bei der Berechnung von Seite 3.

[21] Gegen GOLLWITZER 32; 122 A. 180.

26*

das Neue Testament[22]. Eine erhebliche Modifizierung des Alten Testamentes stellt der eschatologische Horizont des Neuen Testamentes dar. Dieser Horizont leitet sich aus jener Übernahme iranischen Gutes in den alttestamentlichen Gottesglauben her, die im Alten Testament selber nur in den apokalyptischen Randstücken des Kanons erfolgt; diese Erwartung ist also nur sehr indirekt eine Frucht alttestamentlicher Gottesverkündigung[23]. Diese dualistische Enderwartung prägt das apokalyptische Judentum und geht von dort in einen großen Teil des Neuen Testamentes ein. Mit diesem Erbe hat das Neue Testament, das einerseits alttestamentliche Anthropomorphismen nur zögernd und zurückhaltend übernimmt, andererseits hochmythologische, im wesentlichen nach-alttestamentliche Vorstellungen zu den seinen gemacht: Gott in dem obersten der Himmel, sein oder seiner Mandatare wie des Menschensohns Kommen, die dafür errechneten Zeitpunkte, – alles das ist nicht als Bild oder als Analogie, sondern als welthaft erwartete Realität gedacht. Das Neue Testament vergeistigt also einerseits die Gottesvorstellung des Alten Testamentes, es bringt aber besonders in der Eschatologie neue mythologische Vorstellungen auf den Plan[24]. Es berichtigt[25] und es alteriert. Es liegt dem Zugriff des Interpreten nicht ohne Eigenbewegung, nicht sozusagen tot zur Hand. Wer interpretieren will, kann diese eben geschilderte Eigenbewegung vom Alten Testament über die Apokalyptik zum Neuen Testament ja gar nicht übersehen. Von Gen 1 bis Apk 22 *wollen* die Texte Offenbarung sein; auch in ihren sehr starken Alterierungen. Sie sind Offenbarung aber derart, daß *sie selber* dem geschulten Leser deutlich machen, wie ihre Aussagen sich wandeln. Dieser Wandel ist ein Wandel im geistigen Aspekt der damaligen Menschen, ein Wandel *secundum hominem recipientem*. Der heutige Interpret braucht das nur wahrzunehmen und fortzusetzen[26]. Der Gedanke, in diesen zT abgestoßenen Anthropomorphismen und in der nach-alttestamentlich neu aufgenommenen Apokalyptik des Neuen Testamentes – umfangsmäßig keineswegs bloß in einem Rest! – die Überlegenheit der im Text begegnenden Person Jahwes finden zu können[27], ist mir unfaßbar. Hier die Entmythologisierbarkeit bestreiten[28], hieße ja, die vielfach Objektivismen abstoßende und neue Objektivismen einbringende Lebendigkeit verkennen, die dem religionsgeschichtlichen Wege vom Alten zum Neuen Testament *in sich selber* innewohnt. Der Glaube an Jahwe im Alten Testament und der daran anschließende Glaube an Gott im Neuen Testament ist, religionsgeschichtlich betrachtet, – und die

---

[22] Gegen GOLLWITZER 127f.
[24] Gegen GOLLWITZER 163.
[26] Gegen GOLLWITZER 96f.
[28] Wie GOLLWITZER 32.

[23] Gegen GOLLWITZER 92.
[25] S. zu GOLLWITZER 90f.
[27] Gegen GOLLWITZER 94.

Bibel steht von A bis Z im Flusse der Religionsgeschichte – nur ein Spezialfall der Religionsgeschichte und insofern gerade nichts Besonderes, was den Wandel der Vorstellungen anlangt[29]. Sofern es hier um Gott geht, so doch immer und überall *secundum homines recipientes*, die auf Grund je ihrer Begegnung mit der Größe, die sie »Gott« nennen, ihre Vorstellungen über Gott erkennbar *alterieren*: von den polytheistischen Hintergründen des Alten Testamentes über den Henotheismus bis zum Monotheismus des Alten und Neuen Testamentes[30] in seinen soeben dargestellten Spielarten.

II.

Ich kann Gründe haben, nach all diesen religionsgeschichtlichen Erwägungen die Texte der Bibel nicht aus der Hand zu legen, sondern jetzt mit dem Hören auf sie anzufangen. Diese Gründe liegen dann aber jedenfalls nicht darin, daß ich Theologe von Beruf bin; wollte ich als Religionshistoriker der Antike solche Texte wirklich verstehen, so müßte ich genau so weiterfahren und jetzt mit dem Hören beginnen. Es wird für dies Hören allerdings einer sehr erheblichen »Begegnungshilfe«[31] bedürfen. Denn ich kann ja nicht bloß nachsprechen. Die Bibel selber wandelt ja ihr Gottesbild und viele ihrer damit zusammenhängenden Aussagen erkennbar derart, daß sie sie berichtigt. Ich müßte, wollte ich es bei dem Nachsprechen bewenden lassen, dann also eine der Berichtigungen annehmen. Aber sofort meldet sich die Frage: muß ich dann nicht selber diesen Prozeß der Berichtigung, den die biblischen Schriftsteller jeweilig nach *ihrem recipere* vollziehen, nun nach meinem *recipere* weitervollziehen? *Muß* gerade dann, wenn ich nicht ein Affe, sondern ein verstehender Schüler des Neuen Testamentes sein, wenn ich an ihm nicht wie ein Apfel am Weihnachtsbaum, sondern wie eine organische Rebe (Joh 15, 1–5) hängen will. Ich kann also nur herauszuhören versuchen, was die Texte auf ihren verschiedenen Stufen mir sagen. Solch ein Hören ist nur möglich, indem ich auf den Aussagewillen der Texte eingehe, selber also nicht neutral bleibe[32]. Für das Alte Testament ist das mir schon deswegen nur sehr unvollkommen möglich, weil das Alte Testament sich in dem Grundtenor seiner Verkündigung an Israel wendet; meine Väter und ich aber wurden nicht aus Ägypten geführt. So exemplifiziere ich auf das Neue Testament, dessen Texte ja sehr bald in der Geschichte des Urchristentums den Heiden anreden.

---

[29] Gegen GOLLWITZER 92.
[30] Vgl. WÜRTHWEIN RGG³ II, 1707; HOLSTEN RGG³ IV, 1111 f.
[31] GOLLWITZER 96.
[32] Da bin ich mit GOLLWITZER (62; 100; 104–106; 165) einig.

Und nun erweist sich eine Verstehenshilfe in der Tat als sehr notwendig.
Denn die Texte sagen (pauschal gesprochen): Gott handelt durch Jesus an dir.
Dies »Gott handelt« sagen sie aber so, daß sie es in eine Fülle von Vorstellungen
einfangen, die sich innerhalb des Neuen Testamentes erkennbar modifizieren
und berichtigen[33]. Ich brauche hier das Material meines in Frage stehenden
Aufsatzes[34] nicht zu wiederholen. Alle gemeinsam kann ich diese Vorstellungen gar nicht wörtlich nehmen[35], denn sie gehen – oft ohne Blick aufeinander –
zeitlich neben- und nacheinander her und schließen sich zum Teil aus. Sie sind
geformt deutlich erkennbar jüdisch oder hellenistisch, *secundum homines
recipientes*. Gerade die Einsicht in diese Vielfalt und in die menschlich bedingte Art ihrer Formulierung befreit mich nun aber auch zu dem Versuch:
dann werde ich einmal einfach hören, was sie von mir wollen, und werde
dabei dahingestellt sein lassen, ob zB Jesus präexistent war oder nicht, welche
christologische Aussageform also die gemäßere ist; ob die Heilserlangung syn-
optisch oder paulinisch angemessener gedacht ist; welchen Umfang die Ge-
setzesforderung und welche Heilsbedeutung das Gesetz als Gesetz für mich hat;
ob die Eschatologie zeitlich oder nur im *hic et nunc* des Hörens zu nehmen ist;
ob das Herrenmahl eschatologisch unsakramental wie in der Urgemeinde
gemeint ist oder ob der hellenistisch später damit verbundene Sakramenta-
lismus als das Rechte gelten soll. Wofern es nur zum Hören kommt, ist gerade
dies Dahingestelltseinlassen das dem vielschichtigen Inhalt des Neuen Testamentes Angemessene: der Hörer des Paulus sollte damals zunächst nicht die
Synoptiker und die johanneische Predigt gleichzeitig mitbedenken, er sollte
hören. Freilich, hörte er dann mehrere, Paulus und Johannes und Markus
nacheinander, dann mußte er sich *seinen* Vers darauf machen, mit aller Sachkenntnis und Behutsamkeit, aber eben doch *seinen* Vers, so wie jeder neutestamentliche Schriftsteller sich auf Jesus eben auch *seinen* Vers gemacht hat. Daß
dieser Vers schon im zweiten Jahrhundert weithin in einer die einzelnen Pro-
file nivellierenden Harmonisierung bestand, ist eine Tatsache. Diese Harmonisierung ist eben auch ein *eigener* Vers auf das Neue Testament, wenn auch nicht
ein vorbildlicher und nachahmenswerter. So ermutigt gerade die Vielfalt des
Neuen Testamentes den Hörer und Leser zu einem nicht wörtlichen, zu einem
sich selber in das Gehörte verrechnenden, zu einem produktiven Verstehen.

Bei einem solchen im eben geschilderten Sinne »dahingestellt sein lassenden«
Hören und Lesen kann es geschehen, daß ich gewissensmäßig merke: das und
das soll ich tun, das und das soll ich lassen. Ich werde dann sagen: hier liegt ein

---

[33] GOLLWITZER 90 f.
[34] Ges. Studien (1962) 325–331.
[35] GOLLWITZER (69) beanstandet das Nicht-wörtlich-nehmen.

mich unbedingt angehendes Soll vor, Gott will es. Wenn ich mich mit den neutestamentlichen Texten weiter beschäftige und dabei wach lebe, werde ich merken: dies »ich soll« kann ich nicht angemessen tun. Und es kann geschehen, daß mir unter dem Text und wohl nie ganz ohne Zusammenhang mit dem, was Mitmenschen an mir tun und mir sagen, in Scham und Freude klar wird: ich soll trotzdem, obwohl ich so bin, und dies mein Sollen gelingt in einer mir selber unfaßlichen Weise, die mich sehr bescheiden und sehr dankbar macht. Ich werde dann sagen: Gott ermächtigt mich. »Ich darf« und »ich soll« geschieht, und damit geschieht Gott, im Hören und Tun des Wortes.

Wenn es dazu kommt, so geschieht das[36] auf Grund einer Wahl, einer gewissensmäßigen Nachprüfung, die ich vollziehe. Ich soll, nach Jesus, die Kosten überschlagen (Lk 14, 28–32), ich soll gewissensmäßig urteilen, zB ob der Mensch für den Kult oder der Kult für den Menschen dasein darf (Mk 3, 4; 2, 27), ich muß gewissensmäßig urteilen, ob Römer 7 mich zutreffend beschreibt oder ob ich darüber hinweggehen darf, und der johanneische Jesus (7, 17) leitet mich an, seine Lehre als von Gott stammend, als bindend zu erkennen dadurch, daß ich mich praktisch gewissensmäßig auf sie einlasse. Dies gewissensmäßige Urteilen schließt aber *meine Distanz* zu dem Inhalt der Anrede nicht ein, sondern aus[37]. Wie kommt es zu dieser Ermöglichung des »ich darf« und zu dieser Bindung des »ich soll«? Das zustande kommende Neue hängt an der Botschaft, sie schafft dies neue Existieren[38], und sie ist keine allgemeine Wahrheit[39]. Der Atheist bedarf weder meiner theologischen Redeweise[40] noch meines Streitens[41], er bedarf des Textes und der Begegnung mit ihm[42]. Ich bedarf des Textes auch, denn ich bin unwahr[43], das erkenne ich vom Text her. Daher brauche ich die Botschaft immer neu[44]: nicht als abstrakte Belehrung (die kann ich qua Formel durchaus behalten), aber wohl als ein mich bergendes und mich aufrufendes Geschehen. Dies Geschehen ist nicht[45] Selbstauslegung ohne Wortbegegnung, es wird nicht[46] durch Selbstbesinnung ohne anredendes Wort gefunden. Meinem »ich soll«, viel mehr

---

[36] Gegen GOLLWITZER 42; 72.
[37] Gegen GOLLWITZER 103.
[38] Wie GOLLWITZER (51 f) meine Meinung ganz richtig beschreibt.
[39] Wie GOLLWITZER (50) mich mißversteht.
[40] Wie GOLLWITZER (75) mich mißversteht.
[41] Gegen GOLLWITZER 93.
[42] Zu GOLLWITZER 74.
[43] Da hat GOLLWITZER (73) ganz recht.
[44] Was GOLLWITZER (71 f) mir zu konzedieren, dann aber als meine wirkliche Meinung mir wieder (27; 72) zu bestreiten scheint.
[45] Wie GOLLWITZER (112) mich mißversteht.
[46] Wie GOLLWITZER (136) mir zutraut.

noch meinem »ich darf« *gebe* ich nicht ein Woher; Gott geschieht vielmehr *in* diesem »ich darf« und »ich soll«[47]. Insofern wird mein Erkennen *in* dem »ich darf«, nämlich in der von dem Wort mir zukommenden Ermöglichung des »ich darf«, allerdings toto coelo erweitert[48]. Ich konzediere freilich: »Woher« ist mißverständlich. Ich wähle die Vokabel »Woher«, um auszudrücken, daß ich über das in Frage stehende Geschehen nicht verfüge; ich meine damit aber nicht ein kausales Folgern über die Welt hinaus auf Gott *hin*. Daß die Liebe zu Gott nicht in einem Sonderverhältnis zu dem mich Liebenden, sondern in der Liebe zum Nächsten besteht, ist[49] kein theologisches Dekret, sondern Meinung des Neuen Testamentes: Das Gericht ergeht nach den Werken; auch bei Johannes, wo gemahnt wird, sein Wort, seine Gebote zu bewahren im Lieben; der Reiche Jüngling wird gefragt nach den Werken der *zweiten* Tafel, und Jesus *in* dem bedürftigen Nächsten stellt beim Weltgericht (Mt 25, 31 ff) das entscheidende Kriterium dar. Darum sollte uns der Ruf nicht schrecken: hier wird die Theologie in den Humanismus aufgelöst[50]. Man sage statt »Humanismus« »Liebe, die von dem ›ich darf‹ lebt«, dann sitzen wir dem Neuen Testamente mitten im Schoße. Der *große Königsberger* hat recht, aber nur halb: er weiß um Gott als das Subjekt des kategorischen Imperativs; er erkennt aber nicht, daß ich zu dem »ich soll« entbunden werde nur durch das »ich darf«[51]. Es ist also nicht gemeint[52], Gott sei die der sittlichen Forderung entsprechende Art der Mitmenschlichkeit. Er ist *die* Art von Mitmenschlichkeit, die von der Begegnung her zum Lieben ermächtigt wird. Ohne das begegnende Wort verfehle ich mich selber, in ihm wird Gott erst voll aufgeschlossen[53].

Dies Geschehen von »ich darf« und »ich soll« ist nun nach einigen Bezügen hin noch deutlicher herauszuarbeiten. Gern wird in der Diskussion der bisher dargelegte Existenzvollzug, der in Wortbegegnung und Selbstverständnis sich begibt, verwechselt mit dem Zustandebringen eines Selbstbewußtseins, welches sich selber psychologisiert und reflektiert. Nie aber ist von mir gemeint: ich untersuche mich analysierend, sondern : ich *lebe* als ein dem Anruf und dem Mitmenschen Begegnender. BULTMANNS Aversion gegen das Bewußtsein ist geeignet, vor diesem Mißverständnis zu warnen[54]. Hört man auf diese Warnung nicht, so tritt mit Notwendigkeit die falsche Alternative auf den Plan: der Liebende interessiert sich doch wohl, wenn er nicht pervers ist, mehr

---

[47] Gegen GOLLWITZER 167.
[48] Gegen GOLLWITZER 76.
[49] Gegen GOLLWITZER 190.
[50] So GOLLWITZER 39; 90.
[51] Zu GOLLWITZER 168.
[52] Wie GOLLWITZER (190) mich mißdeutet.
[53] Da bin ich mit GOLLWITZER (198) einig.
[54] GOLLWITZER (24) beobachtet das Phänomen, verkennt aber die in ihm liegende Warnung.

für den Geliebten als für den eigenen Akt seines Liebens?[55] Man merkt: der eigene Akt der Liebe wird hier gleichgesetzt damit, daß ich meine Liebe mir reflektierend bewußt mache; und meint man es so, dann ist jene Alternative und das mit ihr als Beweis intendierte Übergewicht des Geliebten gegenüber dem Bewußtsein meines Liebens in der Tat vollauf zutreffend. Aber diese Alternative irrt ja sowohl im Bild wie in der Sache. Im Bild: die Begegnung in der Liebe läßt[56] den Geliebten, der bisher Gegenstand war (Gegenstand und Objekt sind eben nicht zu trennen!), derart in meine Existenz eingehen, daß das objektive Weiterexistieren des Geliebten als Gegenstand unwesentlich wird gegenüber dem Neuen: der Geliebte wird meine Existenz, er steht mir nicht mehr – zum mindesten: nur – entgegen. Größer scheint mir der Irrtum auf der Sachseite. Ich liebe Gott nicht wie meine Frau oder meinen Freund; s. u. speziell zum Begriff des Personalen. Gott lieben heißt nach Johannes, aus dem »ich darf« heraus Liebe tun (1Joh 5, 3), nach Paulus, die neue Kreatur sein, in welcher der Glaube sich in der Liebe betätigt (Gal 5, 6); nicht ohne Grund redet 1Kor 13 nicht speziell von der Liebe zu Gott, sondern von der Liebe objektlos. Die obige Alternative verkennt also: in dem von dem »ich darf« und »ich soll« bestimmten Selbstverständnis interessiere ich mich nicht für meine gläubige Haltung, ich lebe, ich existiere glaubend und liebend; d. h. Gott geschieht ja in *diesem* Leben und Existieren. Dies Selbstverständnis ist eben nicht[57] Selbstauslegung, sondern Begegnungsauslegung. *In* diesem Geschehen vollzieht sich das Neue. Die Wirklichkeit des Neuen darf also nicht gegen das Selbstverständnis gesetzt werden[58]. Das Selbstverständnis ist nämlich rationalistisch oder moralistisch mißverstanden, wenn man verkennt, es meint ja gerade dies neue Geschehen. In ihm ist Gott drin; so wie tatsächlich[59] die Powerth in der Armut (bei Reuters Onkel Bräsig) drin ist. Darum ist dies Geschehen keine beizubringende Leistung, keine aufzubringende Haltung[60]: es ist ja Widerfahrnis vom Wort und vom Mitmenschen her. Leistung woraufhin sollte es sein? Es hat ja schon und will nicht erst gewinnen; beachte das johanneische »Haben« des Heils! Es führt in die Irre, hierfür[61] *propter fidem* und *propter Christum* gegeneinander zu stellen. Die letztere Wendung fehlt dem Neuen Testament außer etwa 1Joh 2, 12. Die erstere ist nahe benachbart dem häufigen paulinischen ἐκ πίστεως; oder vgl. das wiederholte synoptische »dein Glaube hat dich gesund gemacht«. Paulus bezeichnet in der Tat Glaubensakt und Glaubensinhalt (also das Glauben und Christus) mit der gleichen Vokabel

[55] Vgl. Gollwitzer 24; 87f; 190.
[56] Gegen Gollwitzer 88.
[57] Gegen Gollwitzer 112.
[58] Wie es Gollwitzer (48f) tut.
[59] Zu Gollwitzer 76.
[60] Wie Gollwitzer (50) mich mißversteht.
[61] Wie Gollwitzer (109f) es tut.

($\pi i \sigma \tau \iota \varsigma$; Gal 3, 23. 25 neben Gal 4, 4)[62] und zeigt damit an, in dem Akt des
Glaubens ist Christus enthalten; dieser Akt darf also nicht zu der Haltung der
Gläubigkeit ver-psychologisiert werden. Offenbar hat Paulus – schon ganz
vorsichtig gesagt – viel weniger das Bestreben, Christus und Faktum einerseits
und meinen Glauben andererseits zu unterscheiden[63] als vielmehr das Bedürfnis, beides zu verklammern. In diesem Geschehen des »ich darf« und »ich soll«
ist genausowenig wie in dem paulinischen $\dot{\epsilon}\nu$ $X\varrho\iota\sigma\tau\tilde{\omega}$ und in dem johanneischen »Bewahren seiner Gebote« *notwendigerweise* (möglicherweise wohl; aber
wo wäre das nicht der Fall?!) die[64] Gefahr einer Vergesetzlichung des Geschehens zu einer Haltung eingeschlossen. Das gilt ebenso von dem »Augenblick«, den ich meine: er ist gefüllt von *dieser* Begegnung und *dadurch* meinem
freilich immer wachen gesetzlichen Leistungswillen entnommen[65].

Dieses Selbstverständnis erschließt sich mir in dem Hören auf die Texte des
Neuen Testaments. Diese Texte sind aber antike Texte; sie nehmen antik Gott
und sein Tun als objektiv gegeben (s. S. 399). Sie berichtigen und modifizieren
sich erkennbar in vielfacher Weise (s. S. 400–405) und legen mir eine gleiche
Behandlung nahe, wie sie schon in ihrer Eigenbewegung sichtbar wird. Damit
greife ich auf Teil I zurück. Dieser antike und ein wörtliches Übernehmen ver-
bietende Charakter der Texte selber verhindert es erfahrungsgemäß aber nicht,
daß sie mich binden und halten (S. 405–408). Wie verhält sich diese Kraft der
Texte, das, was mir von ihnen zukommt, zu ihrem antiken Charakter und zu
dem ihnen selber innewohnenden Fluktuieren?

Es trifft zweifellos zu: keine Umsetzung dieser Texte in meine Denk- und
Redeweise vermag zu garantieren oder zu bewerkstelligen, daß das »ich darf«
und »ich soll« mir aus diesen Texten geschieht[66]. Keine: freilich auch nicht die
Umsetzung der Texte in Dogmatik. Die Absicht der Dogmatik, das Systemati-
sieren des Exegeten zu zerbrechen[67], ist hilfreich, wenn sie selber die Vielfalt
neutestamentlicher Aussagen nicht zum vereinfachten System macht und wenn
sie die verschiedenen Grade objektiver Dinglichkeit im biblischen Reden von
Gott nicht vergißt. Wir können uns gegenseitig nach dem rechten Verstehen des
Textes nur fragen; denn in der Tat: wer redete nicht anthropomorph[68]!
Menschliche Redeweise kann Gott entsprechen[69], das stimmt. Ob sie entspricht, sagt mir mein Gewissen in Begegnung mit dem Wort, und zwar mit

---

[62] Gegen GOLLWITZER 109.
[63] Wie es GOLLWITZER (110) am Herzen liegt.
[64] Von GOLLWITZER (109f) befürchtete.
[65] Gegen GOLLWITZER 189.   [66] Da hat GOLLWITZER (31) ganz recht.
[67] So GOLLWITZER 64.   [68] Richtig GOLLWITZER 119.
[69] GOLLWITZER 120.

dem verstehbaren, mich richtenden und aufrichtenden Wort (1Kor 14, 24f; vgl. auch S. 406 f). Es kommt also offenbar auf das an, *was* die Rede sagt, wenn sie Gott wirklich aussagen soll; nicht darauf, daß diese Möglichkeit als die lediglich Gott gehörende unterstrichen wird[70]. Und das »Was« befindet sich innerhalb der Bibel nun kräftig in Bewegung. Das Alte Testament berichtigt auf dem Wege zum Neuen seine Aussagen, das Neue variiert sie in seiner Weise mannigfach (s. oben S. 400ff). Es gibt da also offenbar beträchtliche Abstufungen innerhalb des »Was«; hier wird zwar nicht die Toga[71], wohl aber das Geschäft des Historikers unentbehrlich sein. Die Götter als Ochsen gemalt (XENOPHA-NES)[72], das ist in der Tat unangemessener als der den fortgelaufenen Sohn wieder aufnehmende Vater in Lk 15. Nur wenn man diese dem historischen Blick offenliegenden Stufen vergißt, wird man das Bemühen um angemessene Rede von Gott für aussichtslos und überflüssig halten[73].

Ich nehme ja an, eine Reihe Massivitäten würden die Dogmatiker auch dann aufgeben, wenn sie die darin implizierte objektive Gegenständlichkeit als einen damals wirklich gemeinten Sinn sich klarmachten; den antik-lokalen Sinn von »Himmel« zB wird m. E. niemand wörtlich nehmen. Aber wie steht es um den *deus per se* und um die Annahme *zweier* Welten, also um die Verneinung der Nur-Immanenz, also um solch eine Transzendenz, die außerhalb dieser Welt angesiedelt ist? Natürlich meine ich nicht, daß der Glaube illusionäre Einbildung sei[74]; als Glaube weiß der Glaube, daß er es nicht ist. Wir dürften uns alle auch darin einig sein, daß die Wirklichkeit des Geglaubten, das Reale des »ich darf« und »ich soll«, von außen nicht beurteilbar ist. Dort vielmehr beginnt der Dissensus: impliziert das Geschehen, in welchem das mich bergende »ich darf« und »ich soll« zu mir kommt, das Bekenntnis zum *deus per se* und das Bekenntnis zum Aufbrechen dieser Welt von einer anderen Welt her?

GOLLWITZER unterstreicht energisch: im Worte begegne Gott von Person zu Person[75]. Gott als Person sei dabei nicht welthaft, nicht mitmenschlich, er sei der Ganz-Andere[76]. Das gebotene Verhalten des Menschen zu ihm werde das, was es sein solle, also glauben, lieben, sich fürchten, nur durch das Übergewicht dieser Person Gottes, die für sich existiere und die diese Akte des Menschen setze und ermögliche[77]. Glaube sei Beziehung auf das vorgängige Wort und durch das Wort auf Gott vor seinem Wort[78]. Aber schon hier ist GOLLWITZER zu fragen: woher hat er diese Person? Die richtige Antwort »aus dem mich an-

[70] Gegen GOLLWITZER 120f.
[71] Zu GOLLWITZER 64.
[72] Zu GOLLWITZER 119.
[73] Gegen GOLLWITZER 121.
[74] Zu GOLLWITZER 195.
[75] GOLLWITZER 33.
[76] GOLLWITZER 98 f.
[77] GOLLWITZER 49; 81 f; 158 f.
[78] GOLLWITZER 181.

redenden Wort«, die Gollwitzer auch gibt, wird von ihm selber ja sofort überschritten. Denn das Wort redet zwar zu mir und setzt zwar bei mir in Gang ein Michfürchten, ein Sollen, ein Getröstet- und Gehaltenwerden und bei alledem ein Wissen darum, daß nicht *ich* mich halte (s. S. 408–410). Aber eine Person Gottes, von welcher mein Sollen und Dürfen erst als richtig und gültig qualifiziert wird, also eine Person Gottes *vor* meinen frommen Akten setzt das Neue Testament zwar in seiner verdinglichenden Redeweise voraus, betont sie aber nicht explizit, modifiziert vielmehr selber diese Redeweise (s. unter I). Denn ich erfahre vom Wort und vom Menschen her Anrede und Bindung und Halt, und daß das Wort bindet und hält, das drücke ich damit aus, daß ich es als Gottes Wort erkenne. Die Entdeckung dieser Umschreibbarkeit Gottes erschreckt und erfreut in Einem, wenn man sie begreift; dem Entdecker nur Freude zuzutrauen, ist unbehutsam[79]. Gollwitzer setzt richtig beim Wort an, aber er transzendiert das Wort – entgegen dem, was es bei mir wirkt – auf eine Person Gottes hin, welche die vom Wort gewirkten Akte erst qualifizieren soll. Diese Unterstreichung der Person Gottes bringt Gollwitzer mit dem Neuen Testament selber in Konflikt: nicht christliche Liebe, sondern Liebe, die an Jesus nicht einmal gedacht hat, ist gefordert (Mt 25, 35–40); das Gericht ergeht nach den Werken, nicht nach von Gottes Person qualifizierten Werken (Röm 2, 6–11 u. ö.). Diese begegnende Person Gottes heißt nach Gollwitzer[80] יהוה. Das trifft dem Vokabelbestand nach für das Neue Testament nicht zu (s. o. S. 401 f). Aber auch nach Gollwitzers eigener Voraussetzung (Gott begegnet mir im Kerygma) stimmt es nicht: der alttestamentliche Text redet von יהוה her primär Israeliten, nicht Nichtjuden an. Nach Gollwitzer[81] entscheidet die Person Gottes als Subjekt über die ihr zugeordneten Prädikate. Die Zuspitzung des Satzes »Gott begegnet persönlich« zu dieser Überlegenheit des Subjektes über die Prädikate macht den richtigen Satz (wenn ich »Gott« sage, bin ich als Person gefordert) falsch und unneutestamentlich: denn ich soll ja, was »Gott« heißt, von den Prädikaten des *so* handelnden Vaters (Lk 15, 11–32) lernen. Das darf man durch eine Unterscheidung von »buchstäblich« und »wörtlich« dem Text doch nicht ausdisputieren, als wollte die Parabel nicht über Gottes Ja zum Sünder, sondern über Gottes rechte, mit allem Menschlichen unvergleichbare Vaterschaft lehren! Das richtige *extra me*, die wahre Transzendenz meines Heiles meint ja, daß das »ich darf« und »ich soll« mir zukommt, daß ich darüber nicht verfüge, es nimmt das Räumliche im *extra*[82]

---

[79] Zu Gollwitzer 28.   [80] Gollwitzer 135.   [81] Gollwitzer 130 f.

[82] Gollwitzer nimmt (177) das Räumliche zwar auch »symbolisch«, hält dann aber (161) räumliche Präpositionen doch wieder für »tauglicher« »als solche, die den Unterschied von Innen und Außen ignorieren«.

gerade uneigentlich, unräumlich. Von GOLLWITZER[83] wird aber dies *extra* so energisch in das *extra* eines wirklich Anderen, in das *extra* der Person Gottes verlegt, daß das ἐν Χριστῷ der Begegnung mit dem Wort nun bestürzend eingeengt und auch durch GOLLWITZERS verhaltene Abweisung des »schlechten« Außen[84] nicht mehr annähernd genügend zum Zuge gebracht wird: Christus bleibt dann ein faktisches Gegenüber, das man daher als vorfindlich κατὰ σάρκα verstehen müßte (gegen 2Kor 5, 16). Christi Selbstsein ist auch nicht durch GOLLWITZERS Unterscheidung zwischen »für uns« und »um unsretwillen« zu retten: man führe das einmal an dem paulinischen ὑπὲρ ἡμῶν durch! Christus ist so sehr »für uns« und »um unsretwillen«, also in unserem »ich darf«, da, also als unsere rechte Existenz (1Kor 1, 30) da, daß, nimmt man das weg, auch nicht das objektive Faktum an sich (ohne seine Folge des »für uns«) übrig bleibt (1Kor 15, 16). Es trifft zu, daß Jesus nicht bloß Vermittler ist[85]. Aber wie kann er Person sein, wenn bei Johannes *er* im Tun des Parakleten, d. h. in den predigenden Jüngern, nun neu und größer als zu der Zeit seines irdischen Wirkens zum Zuge kommt; wenn bei Paulus die Existenz des Glaubens sich »in Christus«, unter dem Anruf des Wortes, versteht? Gottes Erweisungen, wie das Neue Testament sie meint, »stehen« eben nicht »entgegen«, wenn der Mensch glaubt; so daß Gott als Gegenstand bezeichnet werden dürfte[86] (s. auch S. 409). Gott ist Beziehungsbegriff[87]; aber es geht um Beziehung zum Wort, nicht zu einer gegenständlichen Person. Darum verfehlt der Atheist sich und die rechten Lebensvollzüge nicht qua Atheist, sondern dann, wenn ihm das »ich soll« und »ich darf« in Botschaft und Mitmenschlichkeit entschwindet[88]. Wo im Neuen Testament will, wie GOLLWITZER[89] behauptet, Gott sich selber derart geben, daß das unterschieden würde von seinen *beneficia*? Ob es um »Heil«, »Kindschaft« oder »Liebe« geht: es sind *Zuwendungen* an uns, *in* denen Gott geschieht und von denen im gleichen Atemzug gesagt wird (zB Gal 5, 25), wir sollten in ihnen wandeln (also nichts von Profit![90]). Wo gibt es eine Gemeinschaft mit der Person Gottes, eine *fruitio dei*, die rangmäßig derjenigen Liebe zu Gott, welche im Halten seiner Gebote besteht (1Joh 5, 3), über wäre? Schließlich ist es MELANCHTHON gewesen, der gelehrt hat: *hoc est Christum cognoscere, beneficia eius cognoscere*. Darum sind die Grenzen zwischen Gebet und Meditation[91] gerade fließend: Friedensgruß und Danksagung neutestamentlicher Briefe und manche neutestamentlichen Texte (zB 1Thess 3, 11–13) reden von Gott in der

---

[83] GOLLWITZER 177.
[85] GOLLWITZER 70 f.
[87] Richtig GOLLWITZER 149 f.
[89] GOLLWITZER 191.
[91] Gegen GOLLWITZER 99.

[84] GOLLWITZER 162.
[86] Gegen GOLLWITZER 87 f.
[88] Zu GOLLWITZER 197 f.
[90] GOLLWITZER 191.

dritten Person der Meditation und meinen doch nicht unverbindliche Gedanken, sondern teilen mit dem Gebet die Erwartung, es werde wirksam so geschehen. Wenn man in der Intensität, mit der GOLLWITZER das tut, Gott als Person über seine Erweisungen hinausragen läßt, dann kommt es zu solchen Thesen wie[92]: Gott sei unterscheidbar von unserem Gottesverständnis (durch wen
unterscheidbar?!); der Gott der Pharisäer und Apostel, der Reformatoren und
des Papstes könne als der gleiche Gott erwogen werden. Greift man hier nicht
mit Händen die Neutralisierung des Gottesbegriffs, die GOLLWITZER ja selber
vermeiden will? Das verschiedene Verstehen des – nach GOLLWITZER – gleichen
Gottes ist nach den Synoptikern immerhin so relevant, daß Jesus von Nazareth
darüber das Leben verliert (der Haß der Juden ist als *movens* sicher historisch,
unbeschadet des politischen Anteils der Römer an der Passion); und Johannes
(8, 42–44) bestreitet den gleichen Gott sogar explizit. Zu solchen wie den eben
referierten Thesen gelangt man, wenn die faktische Bedeutsamkeit der Verstehbarkeit übergeordnet und damit entleert wird[93]: als hätten wir in der Verkündigung und in den Texten schon primär etwas anderes als Menschenworte,
als müßten diese nicht erst *in dem Verstehen* zu Gottes Wort werden! GOLLWIT-
ZER[94] hat schon recht: Gott ist nicht die Befriedigung unseres Bedürfnisses.
Aber diesem Anliegen kann man theologisch nicht dadurch Rechnung tragen,
daß man die Person Gottes rangmäßig über seine Gaben stellt; sondern nur
dadurch, daß man Gott *in* seinen *beneficia* als die *unerwartbar* gnädige Zuwendung beschreibt. Dieser Widerspruch, der in der Konzeption GOLLWITZERS
liegt – Gottes Person nur durch das Wort und doch eine Person vor dem Wort –
macht gelegentlich GOLLWITZER selber zu schaffen. Er kann so schön sagen:
Gott ist nicht Person, er begibt sich in die Art persönlicher Begegnung[95];
Gott existiert in vollem Maße erst als der, der sich in Jesus Christus aufgeschlossen hat[96]; man kann nicht in einem Vorgang von Gottes Existenz und
dann in einem Nachgang von der Bedeutung dieser Existenz für uns reden[97].
Wie GOLLWITZER solche zutreffenden Äußerungen mit dem sonst passim von
ihm vertretenen *deus per se* vereinen will, ist mir nicht klar. Es ist ja richtig:
nicht *daß* Gott Person ist, muß verkündet werden; aber wie soll verkündet
werden, *welche* Person Gott ist (wie GOLLWITZER[98] will), wenn nicht dadurch,
daß das mich anredende Wort etwas an mir tut? Doch nicht durch einen Namen, der ja auch wieder ungefüllt bliebe, wenn nicht seine *beneficia* ihn erklärten! Gestellt werde ich ja nicht durch Gott in Person, sondern durch ein

---

[92] GOLLWITZER 108 f; 187.
[94] GOLLWITZER 179 f.
[96] GOLLWITZER 198.
[98] GOLLWITZER 156.

[93] Wie bei GOLLWITZER 48.
[95] GOLLWITZER 130.
[97] GOLLWITZER 172.

mich anredendes Wort[99], und dies Wort ist Menschenwort[100], welches freilich, von seinem Inhalt her, mich binden und so Gottes Innesein im Wortgeschehen mir aufschließen kann (1Kor 14, 24f; vgl. S. 410f). Man darf nur eben Glauben und Evangelium nicht[101] trennen, s. S. 409f. Man darf durch die Unterscheidung zwischen Liebesakt und geliebter Person[102] sich nur nicht aus dem Wortgeschehen als einem angeblich Vorläufigen in ein vermeintlich Eigentliches hineinlocken lassen, als wäre Gott noch nicht richtig *in* dem von dem »ich darf« und »ich soll« eröffneten Leben drin. Dies Geschehen bezeugt sich in der Tat in sich selber, aber eben in dem angesprochenen Menschen[103]. Gottes Selbstbezeugung vollzieht sich ja in diesem Wortgeschehen; daß die Welt zu Gottes Welt wird, vollzieht sich ja darin, daß sie sich derart verstehen lernt[104]; dies Verstehen ist ja mehr als ein Bewußtseinsakt (s. S. 408f). Solange ich in der Begegnung mit dem Wort darum weiß, daß ich mir ja nicht selber zu dem »ich soll« und »ich darf« verhelfe (s. S. 412 oben), so lange ist, wenn ich »Gott« sage, Gott weder als abhängig noch als unaktiv gedacht[105], und solange sehe ich keinen Anlaß, mir »Gott« oder »Jesus« als Chiffre für dies auf mich zukommende Geschehen verboten sein zu lassen[106]. Man darf das *extra* nur nicht starr-räumlich fassen, sondern muß es das bleiben lassen, was es im Neuen Testament ist: Ausdruck für das Gnadenhafte des »ich darf« und »ich soll« (s. S. 412f).

Diese starre Räumlichkeit des *extra nos* ist es, die es mir verwehrt zu sagen, Gott greife konkret in den Weltenlauf ein[107], unser Gott könne das[108]. Daß dies das Selbstverständnis der biblischen Texte ist[109], trifft zu. Aber es ist bei ihnen nicht (wie bei GOLLWITZER) betontes, mit erhobenem Zeigefinger verbindlich gemachtes, sondern ein beiläufiges Selbstverständnis; denn es wird von den biblischen Texten mit weiten Teilen der antiken religiösen Literatur geteilt (siehe S. 400). Zudem modifizieren die biblischen, auch die neutestamentlichen Texte dies ihr Selbstverständnis in einer keine Gesetze aufrichtenden Beiläufigkeit. Nicht hier liegt also ihr Eigentliches[110]. So bleibe ich in der Tat entschlossen in dem diesseitigen Rahmen und halte diesen Rahmen[111] für naturgesetzlich und historisch geschlossen[112]; dem steht nicht entgegen, daß die Zukunft uns eine beträchtliche Ausweitung dieses Rahmens bescheren könnte, aber auch diese und alle denkbare künftige Ausweitung würde dann ja doch wiederum der

---

[99] Gegen GOLLWITZER 156.
[101] Gegen GOLLWITZER 109.
[103] Zu GOLLWITZER 46.
[105] Zu GOLLWITZER 38.
[107] Zu GOLLWITZER 42.
[109] Zu GOLLWITZER 47.
[111] Gegen GOLLWITZER 73.

[100] Gegen GOLLWITZER 144.
[102] So GOLLWITZER 23; 87f; 190.
[104] Zu GOLLWITZER 93.
[106] Zu GOLLWITZER 29.
[108] Zu GOLLWITZER 137 A. 200.
[110] Gegen GOLLWITZER 40.
[112] Gegen GOLLWITZER 48.

Immanenz angehören. Gott ist nicht in einem räumlichen Außerhalb der Welt;
es gibt kein Gotteswort, das uns nicht als Menschenwort entgegenträte und
das also nicht *secundum hominem recipientem* gestaltet wäre. Freilich, wo diese
Botschaft mir entgegentritt in Menschenmund und Menschentat, dort kann
nun jenes rechte *extra* mir begegnen: ich werde aus meiner Selbstverhaftung
herausgeholt, ich lerne mich als Lügner kennen, ich erfahre Liebe und werde
zum Lieben ermächtigt. So lerne ich, recht »Gott« sagen und bezeichne dabei
das Ja zur Geschlossenheit der Immanenz doch nicht als Irrtum. Denn dies
durch die Begegnung vermittelte Umlernen bezieht sich nicht auf die Erkenntnistheorie; das Zerbrechen meiner Selbstverhaftung von dem *extra* her meint
nicht jenes *extra*, das von jenseits der Immanenz käme. Von Gottes eigenem
Sein außerhalb der Welt weiß ich dabei nicht zu reden[113]. Daß das »ich darf«
und »ich soll« nicht von mir kommt, sondern mir widerfährt, steht dabei außer
Frage. So kann ich Gott denken *in* diesem Widerfahrnis; gerade so wird Gott
konkret sagbar. Er wird es, indem ich die gleiche interpretatorische Berichtigung
weitervollziehe, die das Neue Testament selber im Laufe seiner Entstehung an
seinen eigenen Aussagen übt (s. oben S. 400 ff).

So brauche ich nicht die Inkonsequenz zu begehen, allzu massive Gegen-
ständlichkeiten des Neuen Testaments (wie den Himmel als Ort, vgl. S. 411)
zwar aufzugeben, die Nicht-Immanenz und Aseität Gottes aber festzuhalten. Diese Inkonsequenz als beabsichtigt zu erklären[114], nützt gar nichts;
die Örtlichkeit der Wohnung Gottes und sein räumliches Eingreifen gehören
ebensosehr zum Selbstverständnis neutestamentlicher Texte wie die transzen-
dente Aseität Gottes. Solche von einem Interpreten etwa beabsichtigte Inkonsequenz wird vom Neuen Testament selber also nicht gedeckt; zudem modifiziert hinsichtlich seiner Vorstellungen das Neue Testament sich selber, vgl.
S. 400 ff. *Quo jure* unterscheidet man dann – in dieser beabsichtigten Inkonsequenz – interpretationsbedürftige und interpretations-verbotene Aussagen?
Diese Inkonsequenz läßt sich auch nicht durchhalten. Es wird dabei doch wieder
zu einer *Interpretation* der Aseität Gottes kommen. Oder interpretiert GOLL-
WITZER – inkonsequent gegen seine geplante Inkonsequenz – die Trinität nun
nicht doch (»will nicht mehr aussagen, als daß –«; »So gehört –«[115])?! Als unmöglich erkennbar wird dieser Verzicht darauf, Gott und Transzendenz zu
interpretieren, besonders angesichts neutestamentlicher Sachverhalte. Denn
daß Gott, an sich genommen, Juden und Apostel, Reformatoren und Papst
verbinden soll, macht ihn zu einem leeren Begriff, hier nun wirklich zu einem

---

[113] Zu GOLLWITZER 167.   [114] Wie bei GOLLWITZER 41; 45.
[115] GOLLWITZER 105.

»Begriffsgötzen«[116], bei dessen Auslegung beide angeblich im Begriff einigen Parteien wie Feuer und Wasser auseinanderfahren, wie wir schon oben feststellten (S. 414 oben). Vor allem aber zeigt das Neue Testament: *diese* Einheit im Begriff »Gott« waltet nicht nur[117] zwischen den Juden und Jesus oder den Juden und Paulus ob. Sie spielt ihre Rolle auch zwischen den *Heiden* und den Christen (Röm 1, 21; Apg 17, 27–29), zwischen den außerbiblisch-gnostischen Vorgaben, die der vierte Evangelist benutzt, und dem vierten Evangelisten selber. Die Einheit im Begriff »Gott« ist ein menschliches Phänomen, an dem das Neue Testament bewußt Anteil nimmt. Die neutestamentliche Verkündigung legt diesen (von dem Judentum, aber auch von dem Heidentum und von der Gnosis) überkommenen Begriff je neu aus auf Grund eines je neuen Widerfahrnisses, und es ist eine Selbsttäuschung, in der Vokabel ein Restchen Einheit zu suchen, wenn die Begegnung auf Grund von Wort und Glauben[118] (nicht: die menschliche Selbstauslegung[119]) für »Gott« wesentlich verschiedene Inhalte zeitigt. Man kann sich das schlagend klarmachen an GOLLWITZERS[120] Aussage, daß nur Gottes Für-sich-sein das Wunder der freien Gnade sichere: der mit dem Leviathan spielende und die Halacha studierende Gott[121], der Gott des Poimandres (CorpHerm I) mit seiner Jenseitigkeit, das sind doch nun wirklich Modellfälle eines Gottes für sich; aber daß in ihm als dem Wunder der Gnade der Mensch, wie im Neuen Testament, geborgen ist, das ist mit der für sich existierenden Gottheit in den genannten Texten gerade eben nicht verbunden.

Die beiden[122] heute in der diesbezüglichen Diskussion gern angeführten Testfragen, welche den richtigen Glauben an Gott gegen einen illusionären meinen abgrenzen zu können, die Frage nach dem Bittgebet und nach dem Absolutheitsanspruch der Erscheinung Jesu, schaffen eher Unklarheit als Klarheit. Ja, wenn es darum ginge, bei dem Befragten festzustellen, ob er seinen Glauben für eine Illusion hält! Aber der Befragte legt sich ja nicht selber aus, er redet von der Begegnung mit dem Wort her (S. 408ff); er behauptet, es mit seinem »ich darf« und »ich soll«, d. h. mit Gott *darin*, nicht illusionär zu meinen (S. 411). Zu dem Bittgebet, das man besser bleiben ließe, was es ist, statt es aus seinem[123] Vokativ in die Theorie eines »Testes« zu überführen: das Bitt-

[116] GOLLWITZER 197.
[117] Wie GOLLWITZER (108–112) meint.
[118] So GOLLWITZER (105) selber.
[119] Wie GOLLWITZER (112) mißversteht.
[120] GOLLWITZER 178.
[121] STR.-BILLERBECK III, 160; IV, 777.
[122] Von GOLLWITZER (41) ebenfalls genannten.
[123] Von GOLLWITZER (118 A. 176) mit Recht geschätzten.

gebet soll nicht bestritten werden. Aber es findet sich auch in der Breite der außerbiblischen Religionswelt: der Isismyste, der bei Asklepios Heilung Suchende beten zu ihrem *numen praesens*. Was besagt das für unsern Fall? Doch nur, daß viele Menschen mancher Religion das Bittgebet üben; daß es also gerade kein Spezifikum der Auslegung ist, die Gott im Neuen Testament erfährt. Wenn solch ein Beten etwa die Gesundung eines Kranken erbittet, so ist das dem Neuen Testament (zB Apg 28, 8) wie der außerbiblischen Antike (etwa die Gebete zu dem Heros Protesilaos; PHILOSTRAT, Heroicus, 2, 6 p. 293) gemeinsam: beide Seiten erwarten den heilenden Eingriff der Gottheit direkt oder in Zusammenhang mit heilenden Praktiken, die dann aber von dem Mandatar der Gottheit geübt werden und nicht als profan-immanent gelten[124]. Dagegen meint unser Beten heute nicht, wie im Neuen Testament und in der Antike, den direkten Eingriff des *numen;* es ersetzt nicht den Arzt, sondern es begleitet seine Kunst, und der Arzt braucht sich dabei nicht als Werkzeug Gottes zu verstehen; tut das der Arzt, so hat das jedenfalls keinen Einfluß auf seine von einer in sich genommenen Immanenz her gesteuerten Maßnahmen. Damit entspricht unser Beten in dem eben bedachten weltanschaulichen Punkte aber nicht dem Aussagewillen neutestamentlicher und antiker Texte. Dieser Tatbestand zeigt freilich an: unserem Beten liegt, ob von dem Beter durchreflektiert oder nicht, die Ersetzung des *deus per se* durch *den* Gott zugrunde, der *in* der Welt durch Menschen und Dinge wirkt und nicht von einem *extra mundum* her eingreift. Zudem lehrt das Neue Testament selber, das höchste Gebet bitte darum, daß der Mensch sich gehorsam in Gottes Willen schickt (Mk 14, 36 Par.), und dieser Tatbestand sowie manche Texte (etwa Röm 8, 26f; vgl. auch S. 413f) leiten ohne weiteres zur Meditation über. Wie wäre sonst auch die – übrigens unjüdische[125] – Aufforderung des Neuen Testamentes zu *ständigem* Beten und Danken (Lk 18, 1; Eph 5, 20; 1Thess 5, 18) zu erklären?! Gemeint ist ja nicht die Einrichtung einer *oratio continua*. Und der Absolutheitsanspruch: ich kann ihn dem Evangelium doch in keinem Falle *a priori* konzedieren. Ich soll hören und mich von dem Gehörten mitnehmen lassen. Und dann wird man ja sehen. Mir hat die Breite der jüdischen und hellenistischen Religionswelt bisher nichts geboten, was mich im Gewissen kräftiger bände als das Wort des Neuen Testaments.

Aber führt das nicht in den Relativismus? Von woher entsteht denn die Autorität? Von woher kommt die Gewißheit, daß ein wie bisher von mir be-

---

[124] S. G.DELLING, Zur Beurteilung des Wunders durch die Antike, Wissenschaftl. Zeitschrift der E.M.Arndt-Universität Greifswald, Gesellschafts- und sprachwissenschaftl. Reihe Nr. 4/5 Jahrgang V 1955/6 S. 221–229.
[125] S. STR.-BILLERBECK II, 237f.

schriebener Glaube nicht Illusion ist (vgl. S. 411 Mitte; 417)[126]? GOLLWIT-
ZER formuliert eine Antwort, die auf diese Fragen weithin gegeben wird: nur
der *deus per se*, der direkt in den Weltlauf eingreift, autorisiert zum Zusprechen
des »ich darf« und »ich soll«[127], denn eine objektive Wirklichkeit außer mir muß
meine Entscheidung decken und sichern, damit die Gnade nicht Postulat wird[128].
Es kommt also darauf an, als Vorgegebenheit die Voraussetzung anzunehmen,
daß es eine biblische Botschaft gibt, die zu einer bestimmten Zeit auftritt und
an die Gestalt Jesu und an das Volk Israel gebunden ist, und daß die Texte dieser
Botschaft verstanden werden müssen als Zeugnisse eines Gegenübers von Gott
und Mensch[129]. Nur so ist man gegen die Anfechtung gesichert, die es zweifelhaft macht, ob der Gottesgedanke von der Wirklichkeit Gottes zeuge[130]. Diese
übliche Auskunft verkennt, daß sie ja danach gefragt werden wird, woher sie
diese Vorgabe habe. Daß es eine biblische Botschaft gibt und daß Israel und
Jesus in ihr eine zentrale Stellung besitzen, scheint freilich keine Vorgabe,
sondern einfach die Anerkennung zu sein, daß es diese Texte mit solch einem
Inhalt gibt. Aber so pragmatisch meint GOLLWITZER es ja nicht. Er meint auch
dies als Vorweganerkennung dessen, daß hier der außerweltliche Gott redet
und, in die Welt eingreifend, handelt. Die Antwort auf die Frage, woher diese
Vorgabe stammt, wird[131] dann lauten: aus dem Selbstverständnis der biblischen
Texte. Aber der Frager könnte insistieren: die biblischen Texte reden, zudem
recht gestuft, von einem *deus per se* und seinem Eingreifen in die Welt in einem
deutlichen Unisono mit einem großen Teil der Antike (S. 399 ff). Inwiefern
bindet diese Tatsache denn mich, inwiefern trägt und mahnt sie mich? Es sind
ja *Menschen*, die das alles von Gott sagen. Wird mir ein Sollen dringlich dadurch, daß ich höre, ein jenseitiger Gott will das? Trägt ein Trost mich dadurch,
daß ich versichert bekomme, er stamme von einem jenseitigen Gott? Der
Frager wird, gerade weil er mit offenen Karten spielen will[132], nicht begreifen,
inwiefern der *deus per se* autorisiert. Die Forderung dieser Vorgabe wird seinem
Verstehen des Neuen Testamentes und ihm selber schaden; denn nun wird er
in der ihm nicht annehmbaren Meinung bestärkt, das Hören des Neuen Testamentes, an dem für ihn alles hängt, sei unmöglich ohne die genannte Vorgabe
des Hörers. Im Neuen Testamente selber aber wird solch eine Vorgabe gerade
nicht erwartet. Freilich teilen die Menschen des Neuen Testamentes den Glauben an den jenseitigen Gott mit dem Judentum und einem großen Teil der
Nichtjuden. Aber nicht darauf wird im Neuen Testament reflektiert und in-

---

[126] S. GOLLWITZER 195.   [127] GOLLWITZER 27.
[128] GOLLWITZER 173.   [129] GOLLWITZER 45.
[130] GOLLWITZER 112.   [131] Wie bei GOLLWITZER 47.
[132] Zu GOLLWITZER 64.

sistiert. Die Menschen hören Jesus, sie hören Paulus und sie werden zur urtei-
lenden Stellungnahme des Gewissens aufgerufen (S. 406f). Beugen sie sich
verstehend dem gehörten Inhalt, dann ist Trost und Mahnung zur Stelle, dann
sagen sie: Gott ist da (1Kor 14, 25). Dann hören sie in den Worten Jesu und der
Apostel das Bindende des »ich darf« und »ich soll«, dann hören sie im Menschenwort Gottes Wort. Das rührt nicht daher, daß Jesus oder Paulus im Sinne der
eben referierten Vorgabe verlangen, der Hörer müsse ihre Worte von vornherein als Gottes Wort nehmen; die Verkünder der neutestamentlichen Botschaft rechnen vielmehr offenbar damit, daß der Inhalt selber sich autorisiert.
So autorisiert Gott sich selber; *so* werden wir durch ihn[133] sicher. Glaube kommt
zustande durch das Hören dieser Botschaft (Röm 10, 17), nicht durch die
Leistung einer Vorweganerkennung. Auch von den Verhaltungsweisen des
nicht mit der Botschaft des Neuen Testaments Vertrauten meint das Neue
Testament (etwa Röm 2, 14f und Mt 25, 37–40), sie gewönnen ihre bindende
Kraft nicht dadurch, daß Gott oder Jesus die Gebote autorisierten[134], sondern
dadurch, daß im Hören auf das Gewissen *de facto* Gottes Wille gehört wird, mag
das wirkliche Tun hinter dem im Gewissen Gebotenen auch sehr beträchtlich
oder gar unendlich zurückbleiben, ja ihm zentral widersprechen. »Ich glaube
an die Bibel, weil Römer 7 darin steht«, ist ein gutes Wort von MARTIN KÄH-
LER[135]. Auch GOLLWITZER[136] muß schließlich – glücklich inkonsequent gegen
die das Wort begründen sollende Objektivität und Gegenständlichkeit Gottes
und der Gnade – zum Nutzen der Sache zugestehen, »von nirgend anderswoher« – »als wiederum vom Worte her« sei eine befriedigende Antwort zu bekommen. Und zwar von dem Worte her, – das sagt GOLLWITZER nun leider
nicht – welches keine Vorgabe verlangt; sonst würde der Hörer ja vor-leisten
müssen, was die Begegnung mit Wort und Mitmensch erst schafft (nämlich
den ganzen Glauben, daß das Wort gilt und trägt, daß Gott also *in* dem Worte
ist), und dann wäre der Hörer damit zu seinem eigenen Unheil verhängnisvoll
unter das Gesetz gestellt. Seine Vorgabe (*de facto* enthielte sie das Ganze!) wäre
ja – bei aller Anerkennung des *deus per se* – sein, des Hörers, Werk. Daß GOLL-
WITZER diese Konsequenzen nicht *will*, ist mir völlig klar; aber wie sollen sie
vermeidbar sein? Damit ist auch deutlich, daß gerade die Forderung der Vorgabe die Anfechtung nicht überwindet[137]. Denn hinter der Vorgabe wird immer
der Argwohn lauern, ich setzte selber – eben in Gestalt der Vorgabe – den *deus
per se*. Solange ich mich mit der Vorgabe herumschlage, bleibe ich im Formalen und kann jenen Argwohn durch einen Willensakt wohl unterdrücken, aber

---

[133] Zu GOLLWITZER 194.   [134] Gegen GOLLWITZER 188.
[135] Theologe und Christ (1926) 370.   [136] GOLLWITZER 173f.
[137] Zu GOLLWITZER 112.

nicht überwinden. Darum lasse ich die Vorgabe fahren. Nun reden im Neuen Testament *Menschen* zu mir. Sie behaupten, von einer Begegnung mit Gott zu reden. Ich kann wahrnehmen, daß sie das in ihrer antiken Weltsicht tun und ihr Reden innerhalb des Kanons erheblich variieren und berichtigen. Auch hier wartet also die Anfechtung[138]: sind es vielleicht doch nur Meinungen ohne Wirklichkeit, wenn sie mir das »ich darf« und »ich soll« sagen? Der die Vorgabe Vertretende wie der Gott immanent *in* der Begegnung mit Wort und Mitmensch Findende, beide sind der Anfechtung nicht entnommen. Insistiert der die Vorgabe Vertretende auf der Vorgabe und flieht er nicht – glücklich inkonsequent gegen den eigenen Ansatz – zum Wort, so wird er die Anfechtung unterdrücken müssen und nicht überwinden können. Bleibt er beim Wort und läßt er die Rückfrage nach der Autorisierung des Wortes durch ein Außerhalb des Wortes fahren, so tut er das gleiche wie sein Frager, der die Vorgabe abweist. In der Begegnung mit dem Wort und dem Menschen, da wird die Gewißheit gewonnen und die Anfechtung überwunden. Wohlgemerkt: nicht in der Beschreibung dieser Begegnung, sondern in der Begegnung selber, »im realen Leben, in der Existenz«[139]. Der *davon* Redende wird dann freilich nicht bekennen: »Er ist«[140]; er wird lieber mit vielen analogen Texten des Neuen Testamentes das, was der antike Autor *seiner* Zeit gemäß formulierte, aufnehmen, es im Lichte der innerweltlichen Begegnung mit Wort und Mitmensch, also unwörtlich, verstehen und sagen: vortrefflich hat er alles gemacht: die Tauben läßt er hören und die Stummen reden (Mk 7, 37).

[138] Wie GOLLWITZER (112) richtig sieht.
[139] R. BULTMANN, Ist der Glaube an Gott erledigt? (Die Zeit Nr. 19, 10. 5. 1963, S. 18).
[140] Zu GOLLWITZER 198.

REDLICHE PREDIGT

MANFRED MEZGER

Redliche Predigt ist bereit zur Verantwortung ihrer Begriffe. Sie sagt woher sie ihre Sache hat und auf was sie hinaus will. Unredliche Predigt entzieht sich der Verantwortung; sie gibt auf Fragen keine Antwort oder auf alle Fragen dieselbe Antwort. Will die Predigt einem verbindlichen Sachverhalt oder einer ethischen Forderung Nachdruck verleihen, und zwar ›mit letztem Ernst‹, so erscheint mit Sicherheit der Begriff »Gott«. Der Prediger zeigt dadurch an, von wem er selbst in Pflicht genommen ist und für wen er den Hörer in Pflicht nehmen will. Gibt sich der Hörer zufrieden, so ist der Prediger weiterer Verantwortung enthoben. Fragt der Hörer, laut oder wortlos: Woher weißt du das? Warum soll ich mich unterwerfen? – so meldet sich sogleich

1. Die Frage nach Gott

Wie wird sie beantwortet? Spricht der Prediger vom Verbot zu töten, will er also einsichtig machen, daß wir dem Nebenmenschen nicht ans Leben gehen dürfen, so mag er ›mit letztem Ernst‹ sagen: »Gott hat es verboten.« Er ka n solches nur predigen, wenn er die nicht weiter befragbare Instanz »Gott« bei seinen Hörern voraussetzt als ein jenseitig Seiendes, als methodisch Unbestrittenes. Wie aber, wenn der Hörer keck genug ist, solch jenseitig Seiendes (auch als Masculinum) sich nicht imponieren zu lassen? Und wenn beim Gebrauch des Wortes »Gott« keine Übereinstimmung zu gewinnen wäre, was Prediger und Hörer darunter zu verstehen hätten? Dann könnte beim Verbot des Tötens auf die Untat wohl die Vokabel »Gott« gleich einem Warnschild geklebt werden: Wer ließe sich dadurch etwas verbieten? Freilich klingt, wenn wir »Gott« sagen, bis jetzt noch die innerste Saite mit; Gewissen und Erziehung bewirken eine Scheu oder Bindung, die nicht weiter erklärbar ist. Vielleicht ließe sich aber, was der Prediger meint, viel besser sagen durch den Hinweis aufs menschliche Verhalten? Wenn mir einer den Rat oder Befehl gibt, zu töten, kann ich ihn abweisen: »Es ist gegen Gottes Gebot!« Bleibe ich dabei, so ist der Gehorsam zu loben; ich befinde mich jedoch im Bereich einer rein formalen Autorität. Würde ich auf das böse Ansinnen antworten (und im Neuen Testament ist diese Antwort vorgezeichnet, Mt 7, 12): »Das tue ich nicht, denn niemals will ich, daß *mir* das angetan werde«, so wäre ich einer inhaltlichen, einleuchtenden Begründung schon näher. Mag sie dem KANTschen Begriff der Maxime ähneln, so muß sie darum doch nicht abwegig sein. Sie wäre aber viel zu umständlich, denn in der Versuchung zur verbotenen Tat kann man die Maxime nicht lange beschwören. Es muß schnell gehen. Die Sprache der undiskutierbaren Bindung lautet anders; viel einfacher. »Ich kann nicht.« Und die Begründung hiefür würde keineswegs heißen: weil Gott das verboten hat und weil ich sein Gericht fürchte. Sondern: »Ich kann nicht mehr leben, wenn ich das tue.« Machen wir die Probe, so würde die Antwort also nicht lauten wie in mancher Predigt: »Ich habe dann ein böses Gewissen« (das vielleicht auch). »Ich wäre ewig in Angst« (möglicherweise). »Jedes Menschenantlitz wäre mein Richter« (das leuchtet ein). Die Probe würde vielmehr lauten: »Eher lasse ich mich selber töten, bevor ich einen andern töte.« Jetzt sind wir, ganz und allein, bei uns selber. Die Währung gilt, der Wechsel ist gedeckt, – nämlich mit der Person; mit meiner puren, nicht vertauschbaren, nicht heteronomen, sondern mir selbst zugemuteten Existenz, hinter die ich auf keinen Fall zurück, über die ich auch nicht hinaus kann, es sei denn, ich würde dem Wahnsinn verfallen. Diese einfache Probe versteht jeder, wenngleich sich unsere Entscheidungen nicht immer als Einsatz der Existenz vollziehen. Aber letzte Entscheidungen vollziehen sich so, auch wenn sie nicht in solche Worte gekleidet werden.

Die Frage nach »Gott« führt rasch und notwendig zur Frage nach dem konkreten Handeln; die Frage nach dem Handeln aber weist auf den Menschen, auf uns selbst. Nicht weil wir unser eigener Gott wären, sondern weil »Gott«, das strapazierte Wort, in jedem Fall gedeckt werden muß mit der harten Währung eigener Existenz. Was mit »Gott« gemeint ist, ist allemal dies, was uns sofort, phänomenal und radikal, zur Person macht[1]. Das heißt: »Du wirst bei dir selbst behaftet; und für die Wahrheit deines Wortes hast du nichts einzusetzen als deine Existenz höchstselbst.« Es gibt im Existieren kein Voraus, sondern nur ein Zugleich. Wer sagt: »Gott ist mein Zeuge«, kann es verbindlich nur so sagen, daß er selber jetzt für Gott Zeugnis gibt. Es geht bei der Frage nach letzter Begründung und undiskutierbarer Bindung um eine merkwürdige Einheit in der Unterscheidung. Das Hinter-mich-Zurückgreifen auf die abso-

---

[1] Das ist der Sinn der paradoxen Formel: »Von-Gott-reden-Müssen – in freier Tat«. In: R. BULTMANN, Glauben und Verstehen I⁴ 1961, 34.

lute Autorität geschieht so (und niemals geschieht es anders), daß ich dazu stehe: »Ich kann nicht hinter mich zurück.« Eben diese letztmögliche Aussage bringt an den Tag, daß ich schlechterdings gehalten bin, etwas zu tun oder zu lassen. Ich kann also nicht darüber verfügen, ob mir etwas freigestellt oder verwehrt ist; das liegt völlig außerhalb. Die Stelle aber, wo es sich begibt, bin durchaus ich[2]. Sagbar und verstehbar wird das nur, wenn es, indem es an und bei mir vorgeht. Und da mir nichts greifbar wird, was sich nicht in der Wirklichkeit meines Lebens antreffen und begreifen läßt, so ist es aufs Haar dasselbe, ob ich den Grund oder den Vorgang meiner absoluten Bindung namhaft mache. Der Akt versteht sich aus dem Grund, aber der Grund versteht sich nur im Akt. Somit sind alle Redeweisen von »Gott« entweder als unsere menschliche Wirklichkeit oder überhaupt nicht sagbar. Natürlich gibt es darüber hinaus metaphysische Denkversuche. Aber sie schweben und sind stumm. Stumme Dinge kann man nicht befragen. Redliche Predigt schickt den fragenden Hörer nicht von einer mathematischen Unbekannten zur andern. Sie antwortet mit der eigenen Wirklichkeit des Hörers. Da muß er sich stellen lassen; da allein läßt er sich auch wirklich stellen.

2. Die Frage nach dem Menschen

Was die Frage nach Gott eigentlich meint, erweist sich an der bestimmten Frage nach dem Menschen: »Wer bist du? Was tust du?« Noch strenger: »Wo bist du? Mit wem hast du es jetzt zu tun?« Die Sorge, Gott könnte im Menschen aufgehen, würde gar nicht aufkommen, wenn der Ort Gottes in der Welt verstanden wäre. Das vielberufene »extra nos« im Gottesbegriff ist nur sagbar als konkreter, kontrollierbarer Ort »zwischen dir und mir«. Ich kann ihn weder wählen noch abschaffen. Und die Unverfügbarkeit Gottes ist darstellbar allein in dem Gegenüber der Begegnung[3]. Der Mensch, der mir begegnet, ist nicht identisch mit mir. Er ist anders, einfach anders. Das tut sich doppelt kund: an seiner überraschenden Güte wie an seiner planmäßigen Bosheit. Gottes Wirklichkeit in menschlicher Begegnung ist kein Dogma von Optimisten, sondern nüchterne Erfahrung des ganzen Menschen[4]. Gerade das Unerklärliche gibt

---

[2] Vgl. E. Fuchs, Hermeneutik, [2]1958, § 7, 134ff: Der Zusammenhang von Verstehen, Einverständnis, Selbstverständnis.

[3] »Die Wirklichkeit Gottes (ist) allein in Hinsicht auf die Wirklichkeit der Welt aussagbar.« G. Ebeling, Elementare Besinnung auf verantwortliches Reden von Gott. In: Der Auftrag der Kirche in der modernen Welt (Festgabe f. E. Brunner); 1959, 31.

[4] »Die Theologie und die Verkündigung hat in jedem Satz von der Wirklichkeit als ganzer zu reden.« W. Bernet, Verkündigung und Wirklichkeit, 1961, 13.

dieser Begegnung Tiefe. Man kann allenfalls aus der beglückenden oder erschreckenden Andersartigkeit des Nebenmenschen verstehen lernen, was unter dem »ganz anderen Gott« zu verstehen sei. Man kann aber nicht aus der Idee oder dem Postulat der Andersartigkeit Gottes die Einsicht in menschliche Begegnung ableiten. Das heißt nicht, Gott – anstatt mit mir selber, mit dem Nebenmenschen verrechnen; es wird überhaupt nichts verrechnet, es wird eine Ortsangabe gemacht: »Willst du Gott begegnen oder etwas über ihn aussagen, so fange nur beim lieben Nächsten an. Da wird dir alle Spekulation vergehen.« Eine Ortung ist keine Identifizierung, sondern eine Konkretisierung. Das ist ein Unterschied. Die Predigt wird um etliches verständlicher und redlicher, wenn sie sich dessen bewußt bleibt; sie spricht dann von einsichtiger, überführender Wirklichkeit, und der Hörer antwortet dem Prediger im Herzen: »Da hat er recht. So ist's.« Gott ist kein Sein, sondern ein Geschehen; kein Begriff, sondern ein Vorgang. Wer ohne ein Geschehen, ohne einen Vorgang zwischen Mensch und Mensch, in dieser unsrer Welt, von Gott spricht, sagt nichts; höchstens eine Vokabel. Dieser Vokabel ist durch keine pathetische Überhöhung, durch keinen Appell an heilige Empfindungen aufzuhelfen. Und zwar deshalb nicht, weil uns Definitionsfragen heute nicht mehr interessieren; uns interessieren nur Ortsfragen: »Du sagst immer ›Gott‹. Wo ist er denn anzutreffen, damit ich verstehe, was du meinst?«

Man mache sich einmal die Mühe, aus einer Predigt alle Gott-Vokabeln herauszustreichen. Man wird merken, daß dann entweder die Predigt zusammenfällt wie ein Kartenhaus (weil der Konkretionstest ihre Nichtigkeit erwiesen hat) oder daß sie – nicht wegen, sondern trotz der Gott-Vokabeln etwas zu sagen hat (dann waren sie ohnehin entbehrlich). Wir sprechen von einem Beispiel, nicht von einem Gesetz. Selbstverständlich ist mit der Vermeidung einer Vokabel sowenig gesagt wie mit ihrem bedenkenlosen Dauergebrauch. Zu fordern aber ist Redlichkeit, d. h. Verantwortung der Begriffe; und für den höchsten aller ›Begriffe‹ gälte doppeltstrenge Verantwortung. Ein Heide hat heute bei uns Seltenheitswert. Es ist im Ernst der heitere Vorschlag gemacht worden, man solle sich – z. B. für Gespräche in Akademien – einen obligaten Hausheiden, einen »Ungläubigen zu Übungszwecken«, halten, »den man wie eine Kostbarkeit pflegt, weil in den eigenen Reihen bloß Glaube zu finden ist«[5]. Wirklich? Nun, die gesuchte Gestalt des Unglaubens ist keine Rarität; sie ist die Regel, jedoch unter scheinbarer Aufrechterhaltung ihrer umgekehrten Version. Mit KIERKEGAARD gesprochen: »Sind sie alle Christen, so sind alle

---

[5] H. THIELICKE/A. SOMMERAUER, Vom Geistlichen Reden (Begegnung mit Spurgeon). 1961, 270.

eo ipso Nichtchristen.« NIETZSCHE hat den gleichen Tatbestand, nur eben von der anderen Seite, angegangen, wenn er den tollen Menschen die Totenmesse für Gott zelebrieren läßt, in den Kirchen, die nur noch Grüfte und Grabmäler Gottes sind. So sehr uns das angeht, – erschüttern könnte es nur den, der Gott jemals für etwas hielt, das man umbringen kann. Wer Gott gegenständlich denkt (und in der christlichen Theologie ist von Gott sehr gegenständlich gedacht worden), der muß für diesen ›Gegenstand‹ auch fürchten. Zieht man nämlich diesen Gegenstand, die Basis aller Metaphysik, dem Menschen unter den Füßen weg, so muß er ins Bodenlose stürzen. In alter Zeit hätte man das auch für die Welt befürchtet, wofern ihr die ›Grundfeste‹ entzogen würde. Aber wir stürzen nicht, so wenig wie die Erde, die sich munter weiterdreht.

Wenn die Frage nach Gott zugleich die Frage nach dem Menschen ist, wenn also Gott nur in der Welt zu finden ist: Ist dann der Mensch das Maß aller Dinge? Keineswegs. Aber er ist, wenigstens bis jetzt, der einzige, der alle Dinge zu befragen vermag. Ist Gott wesentlich und zuerst nur der »ganz Andere«, so können wir von ihm nichts wissen und nichts sagen, weil sich das ganz Andere jeder Sagbarkeit entzieht. Der Einwand: So sei es nun auch wieder nicht gemeint; Gott lasse sich ja aussagen, denn er sei sprechendes Wort, einfacher Mensch, geworden – zeugt just wider sich selbst, denn er gibt zu, daß Gott von da ab sagbar wird, wo er in unsere Welt eintritt. Und da wir keine Ideen sind, sondern geschichtlich lebende Menschen, wird Gott nur sagbar im Geschehen, im Ereignis, in der Bewegung menschlichen Verhaltens. Die vom Geist Gottes Bewegten sind Gottessöhne (Röm 8, 14)[6]. Fragt man also: »Woher kommt's, daß du dich so verhältst?« so lautet die Antwort: »Von dem, der mich dazu treibt.« Wie macht er das? »Er sagt mir durch Wort und Predigt, was ich soll und darf«. Was sagt er denn? »Er sagt mir, wo ich bin und wohin mein Weg geht«. Und wohin denn? »Zum Nebenmenschen.« Er, der Nächste, als Ausweis meines Verhaltens, ist Zeuge dafür, daß ich mich nicht aus mir selber verstehe, sondern aus dem Ruf, der durch diesen Menschen an mich ergeht, mich fordert, mich beschenkt, gegebenenfalls mich auch reizt, ärgert oder sich mir versagt. Aber es geschieht so oder es geschieht überhaupt nichts – als Vokabeln. Die Formel: »Gott ist das Woher meines Umgetriebenseins« mag ein wenig abstrakt klingen; ihr Wille ist höchst konkret, ihr Inhalt gut paulinisch, ihr Sinn schlicht[7]. Es ist wunderlich, daß es darüber Streit gibt. Es ist peinlich, daß man sie, wie oben geschehen, Theologen heute extra wie in einem

---

[6] Gott ist durchaus ein ›Gegenüber‹, aber kein mythologisches oder metaphysisches. Zu H. GOLLWITZER, Die Existenz Gottes im Bekenntnis des Glaubens, 1963, 26–29; 167.

[7] Vgl. dazu H. BRAUN, Vom Verstehen des Neuen Testaments (Gesammelte Studien zum Neuen Testament und seiner Umwelt) 1962, 281; bes. 297f.

Kinderkatechismus erklären muß. Aber es ist gern geschehen. Offenbar ist das Einfachste immer das Schwierigste.

Die Gottesfrage als unmittelbare Frage nach dem Menschen lernt man bei Jesus. Fragt einer nach dem Gottesreich, nach dem Heil, nach dem ewigen Leben, so verweist Jesus den Frager so klar auf seine eigene geschichtliche Wirklichkeit, daß er zustimmt und gehorcht oder verstimmt wird und weggeht[8]. Er gibt, in Gleichnis oder Gegenfrage, die Antwort: ›Du weißt doch, was du zu tun hast. Haben wir uns verstanden?‹ Anders gesagt: ›Spekuliere nicht, als wäre es schwierig, den Ruf dieser Stunde zu hören! Tue das, so wirst du leben!‹ Im Kern sagt die Predigt heute nichts anderes. Wir haben Jesus nicht in persona in unserer Mitte – und doch in persona, wenn sein Wort durch unsere Predigt durchklingt. Das Ereignis der Selbsterschließung Gottes erfolgt dann geschichtlich, nämlich darin, wo und wie er hier bei uns geschieht. Somit ist die Frage nach Gott in ihrer sofortigen Gleichzeitigkeit als Frage nach dem Menschen keine eigenwillige Erfindung von Leuten, die die Theologie »in Anthropologie auflösen«, sondern sie ist sachgemäß und notwendig. Die Verweisung des Menschen, der nach Gott fragt, auf seine Welt, auf seinen Nebenmenschen und die klare Forderung der Stunde, ist keine »Auflösung« (was wird denn hier aufgelöst?), sondern die unausweichliche Behaftung bei dem, was ist. Stellt man das fest, so kommt mit Sicherheit das herablassende Urteil: »Also ein bißchen Moral?« Gewiß, wenn Jesu eigene Verkündigung nichts sein sollte als ein bißchen Moral.

Es ist niemandem verboten, die Vokabel ›Gott‹ in der Predigt zu nennen; es ist aber jedem Prediger geboten, seine Predigt mit dieser Vokabel oder mit anderen frommen Vokabeln nicht zu überschwemmen, als sei mit den Vokabeln etwas gesagt. Die Tatsache, daß sich beim Hörer durch die Vokabeln »Christus, Gnade, Sünde, Erlösung, Seligkeit« allerlei erhebende und erschreckende Gefühle einstellen, verstehen viele Prediger als ausreichende Wirkung ihrer Rede. Sie hoffen, der Hörer werde sich auf die unerklärten Sachverhalte schon selber seinen Vers machen. Dazu hat er aber weder Lust noch Zeit. So ist die Predigt eine – mehr oder weniger annehmbare – Führung entlang einer Bilderwand, dem sonntäglichen Museumsgang des Kunstfreundes zu vergleichen; es fehlt nicht an der Aufforderung, das Gehörte nach Möglichkeit

---

[8] Jesus hält die Notlage des Hilflosen für so klar, daß es keiner »schöpferischen Phantasie« bedarf, sie zu sehen und sofort das Rechte zu tun. Der Priester und der Levit, für welche »die Wirklichkeit Gottes und seiner Offenbarung schon für sich feststand«, waren blind. Der Samariter, der diese Voraussetzung nicht hatte, sah, erbarmte sich und handelte recht. Lk 10, 33 ist zwischen v 33a und 33b im Text keine Sekunde der Überlegung berichtet. Dies gegen W. PANNENBERGS Zweifel an der diskussionslosen Evidenz des Ethischen, in: Die Krise des Ethischen und die Theologie. ThLZ 1962, 12 u. 14.

auch zu praktizieren, und wenn der Prediger Talent hat, so »steigen mir der Vorwelt silberne Gestalten auf / und lindern der Betrachtung strenge Lust«. Das ist wohl nicht die Regel; leider auch nicht die Ausnahme. Wer fleißiger Predigthörer ist, weiß es. Wer von Berufs wegen die anscheinend ziemlich hemmungslos zum Druck gegebenen Predigten bandweise lesen muß, merkt es. So müßte für die ›Gott‹-Vokabel in der Predigt (und für etliche andere Begriffe) jene Anregung aufgenommen werden, die für einen anderen Ausdruck in Vorschlag gebracht worden ist: »Wenn es möglich wäre, für einen geistlichen Effekt auch weltliche Gepflogenheiten einzusetzen, dann würde ich eine Tischkasse vorschlagen, in der jedes ›Gott‹ eine Mark kostet. In einer Predigt sollte es allerdings nicht unter zehn Mark abgehen. Dann kann es immer noch einer sagen, dessen theologische Seele daran hängt. Aber es soll ihn wenigstens auf diese Weise etwas kosten.«[9] Im eigentümlichen Gegensatz zur beständigen Gemeindekritik an der »welt- und alltagsfremden Predigt« wird diejenige Predigt geschätzt, die mit Inbrunst die Überwelt ausmalt oder von der kommenden Wunschwelt spricht; d. h. diejenige Predigt, die mit keiner Silbe unsere heutige Welt tangiert und um jeden Preis die Gegenwart meidet. Überwelt und Wunschwelt verpflichten nämlich zu nichts. Predigt man aber jene Wahrheit, die wirklich bei uns, an uns, durch uns geschieht, und nirgends anders, so rückt dem Hörer einiges auf den Leib. Dem Prediger auch, denn was er sagt, wird nachprüfbar[10].

Hier erheben sich *zwei Fragen*: Ist also der Mensch der Verwirklicher Gottes? Ist Gott nur ein Wechselwort für den Menschen?

1. Wäre der Mensch der Verwirklicher Gottes, so wäre das oben genannte ›Zugleich‹ eine logische Identität. Die Mystik hat sich zuweilen nicht gescheut, solche Identität auszusprechen[11]. Davon kann aber keine Rede sein. So wenig ich mit meinem leiblichen Vater identisch bin, so wenig bin ich der ›Macher‹ jenes Geistes, der mich treibt. Zwar könnte der Mensch sich hierin täuschen, das Innen und Außen vertauschen und die selbst verursachte fromme Gemütsbewegung beharrlich seinem erdachten ›Gott‹ unterschieben. Es käme aber bald ans Licht, denn seine Sprache würde ihn verraten. Mystik und Identititätsphilosophie kommen, das ist bezeichnend, ohne den Nebenmenschen recht

---

[9] H. Thielicke/A. Sommerauer, aaO, 273 f. Im Orig. steht ›zentral‹.

[10] Gemeint ist hier »Existenzträchtiges Wort aus wortträchtiger Existenz«, als »ursprüngliches, aufgeschlossenes und unbedingtes Wort«, im Zusammenhang: »Elementare Predigt«. W. Jetter, Tübinger Antrittsvorlesung. ZThK 1962, 346ff. (Hier bes. S. 350; 382 bis 388).

[11] K. Barth spricht, für Joh. Scheffler und R. M. Rilke, bezügl. ihrer Identitäts-Mystik, von »frommen Unverschämtheiten«. KD II, 1, 316. Sie sind aber respektabel formuliert!

gut zuwege; dieses Interpretament würde sie nur stören. Und bei SCHLEIER-
MACHER, dessen Kirchenbegriff die Versammlung ist, nicht die Gemeinde, tritt
der Nächste keineswegs als Bedingung christlicher Existenz in den Horizont.
Der Verdacht, es handle sich heute nur um die matte Wiederholung dieses
Originals, ist gegenstandslos. Außerdem würden wir uns jene Triebkraft,
wenn sie denn also nur die nach außen projizierte Spiegelung unserer religiösen
An- und Aufregung wäre, wesentlich bequemer gestalten. Dem allem gegenüber sprechen wir von dem uns gegebenen, nicht von uns erfundenen, einfachen Gebot der Liebe: Es ist »das ganze Gesetz und die Propheten«. Es ist für
Jesus (Mk 12, 29ff), für Paulus (Röm 13, 10) und Johannes (Joh 12, 34f,
1Joh 4, 16) kein Zweites, sondern die Mitte, das Größte, das Ziel, die Erfüllung.

Ist dies außer Zweifel, so ist die Formulierung, der Mensch in der Begeg-
nung mit dem Nebenmenschen ›verwirkliche‹ Gott, richtig und auf keine
Weise anzufechten. Ihre Erläuterung hieße: »Verwirklichst du Gott nicht, in
deinem geschichtlichen Leben, was hülfe uns ein Wesen, das bei dir nicht anzutreffen ist, sondern als logisches ›Prae‹ im Himmel schwebt?«Was nicht per
Du geht, ist perdü. Es ist abstrakt und langweilig. Einem ungeschichtlichen
Gottesbegriff leisten wir in der Predigt keine Hilfsdienste. Mit keinem Wort.
Ob freilich der Mensch, auch bei treulich und redlich übersetzter Gott-
Vokabel, sich in Wirklichkeit nicht dennoch an die erste Stelle setzt, erweist
sich allein in seiner konkreten Existenz; darin nämlich, ob er sich dem Neben-
menschen oder ob er den Nebenmenschen sich vorordnet.

2. Ist Gott nur ein Wechselwort für den Menschen? Nein. Wir meinen ja,
wenn wir ›Gott‹ sagen, gerade die Macht, die unser Leben umfängt und bestimmt. Das ist ausgedrückt durch das unumkehrbare Verhältnis von Schöpfer
und Geschöpf. Wir haben uns nicht selbst geschaffen. Wir können auch nicht
einfach »machen, was wir wollen«. Wir sind auf Hilfe angewiesene, auf den
Ruf wartende, auf Zukunft hoffende Menschen. Wir befragen nicht unseren
Wesensgrund auf Wahrheit und Erleuchtung, wenngleich auch in ihm einige
unvermutete Einfälle umherschweben, sondern jene Texte, denen wir Geist
und Leben zutrauen. Wir tun das freilich nicht deshalb, weil sie Diktate des
Jenseits wären, sondern weil sie Welt und Menschheit (man muß nur lesen und
hören können) mit unvergleichlicher Tiefe aufdecken und aussprechen. Nicht
nur dies. Sie zeigen uns jenes Heil, jenes Leben, das wir nicht zustandebringen,
auch gar nicht bewirken können, weil es reines Geschenk ist. Sie nehmen uns,
je mehr wir ihnen Einlaß gewähren, allen Selbstruhm freundlich aus der Hand.
Und sie gewinnen beim redlichen Prediger und verständigen Hörer eine
Sprachgewalt, die uns überzeugt, weil sie uns nie überredet. All dies geschieht
rein durch den Inhalt der biblischen Texte; im einen Fall mehr, im andern

weniger. Zuweilen auch gar nicht. Aber geschehen kann es nur in dem Maße, als die biblischen Worte ihren eigentlichen, eigenen Willen bei uns zu Wort kommen lassen, also in Tag und Werk hinein übersetzt werden. Mit dem Titel ›Heilige Schrift‹ wäre wenig gesagt. Durch die Auslegung, als Verkündigung, gehen sie uns etwas an. Und wenn der Glaube sie versteht, weil er sich ihrer Vollmacht nicht entziehen kann, dann dämmert die Erkenntnis: ›Es ist zu mir gekommen. Ich hätte es mir nie und nimmer selber sagen können.‹ Es führt demgegenüber keinen Schritt weiter, mit den üblichen Vorgaben zu arbeiten: ›Wir meinen die unbedingte Jenseitigkeit Gottes.‹ Was soll das heißen? Dieser Begriff würde auch nicht davor schützen, daß man Selbstdachtes vorbringt und unbewußt Gott und Mensch verwechselt[12]. »Es gibt keine Flucht aus der Welt in ein Jenseits, sondern Gott begegnet im Diesseits. Es gilt nur, diese Paradoxie zu verstehen, was letztlich nicht in der theologischen Reflexion geschieht, sondern im realen Leben…«[13] Die ›Beweisführung‹ wird zwar immer wieder versucht, der Bibel als solcher eine vorauslaufende Autorität zu sichern, noch bevor ihre Texte durch Auslegung zur Sprache gekommen sind. »Sie ist doch von vornherein Wort Gottes, also absolute Wahrheit. Wie kann man sie mit Urkunden anderer Religionen auf gleiche Ebene stellen?« Nun, eben dies sagen ja die anderen Religionen auch: »Wir haben geoffenbarte Wahrheit.« Es ist Naivität, der Bibel von vornherein einzuräumen, was man den anderen Büchern verweigert, denn es muß sich ja erst herausstellen, welche Texte zum glaubenschaffenden Wort werden, das weitere Diskussion erübrigt. Daß se ine Sache die absolute sei, kann jeder behaupten. Es geht aber nicht um Behauptungen, sondern um die Beweisung des Geistes und der Kraft. Durch Hinzufügung vorweggenommener Werturteile (in Wirklichkeit sind es nur fromme Vorurteile) beraubt man die evangelische Botschaft gerade ihrer entscheidenden Kategorie: nämlich ihrer Freiheit des Erscheinens im vollmächtigen Zeugnis. Steht es als allgemeine Wahrheit von vornherein fest, was doch im Sagen, Hören und Glauben erst geschieht, so sind wir beiderseits aller Mühe und alles Wagnisses quitt; der Pfarrer braucht keine Predigt zu machen, die Gemeinde keine zu hören. Das bißchen Aktualisierung ist nicht der Rede wert. Gewiß ist die Botschaft »schon da«, der Text» schon gegeben«, wenn die

---

[12] Vgl. H. GOLLWITZER, Die Existenz Gottes, 181. »Die Unterschiedenheit des Kerygmas von dem Ereignis, dessen Kunde es ist«, ist zwar denkbar, aber nicht sagbar und deshalb ohne Belang. Denn das Ereignis ist uns absolut nur als Kerygma und nur in der Verkündigung zugänglich. Was wäre es denn abgesehen hievon? Und was bedeutet es, hinter das Kerygma zurückzufragen? Ereignis ohne Kerygma ist – ein Vermerk in der Zeittafel. Welche Bedeutung hätte es für den *Glauben?*
[13] R. BULTMANN, Ist der Glaube an Gott erledigt? in: DIE ZEIT, Nr. 19/1963 (10. 5. 1963), S. 18.

Gemeinde sich zur Predigt versammelt. Das Entscheidende aber kommt erst ins Spiel: Daß der Text jetzt zum Wort wird und die Herrschaft antritt bei den Hörern. Das Kunstwerk, die Partitur, ist auch »schon da«, nebst Spielern, Sängern, Bühne und allem Zubehör, wenn die Oper beginnt. Seinen »Anfang« aber, neu und nie gewesen, nimmt das Werk erst, wenn es in Gang kommt. Was würden die Hörer sagen, wenn man nach dem Grundsatz musizieren wollte: »Ihr braucht nur herunterzuspielen und abzusingen, was dasteht«? Nein, ihr habt zu interpretieren und darzustellen, was drin steht. Was also soll die Meinung, der Prediger habe eigentlich »den Text nur nachzusagen«? Nein, er hat ihn selber zu sagen, mit vollem Risiko des Gelingens oder Mißlingens. Gälte es, lediglich von der Substanz der absoluten Wahrheit in sonntäglichen Portionen herunterzuleben, so wäre der Prediger nur ein geistlicher Speisemeister. Die Sache geht aber nicht auf solche Art an ihm vorbei zu den Hörern; sie will, durchs Medium der Person, jetzt so geschehen, als käme sie heute in die Welt. Hier kommt's heraus, wer in Wahrheit Gott und Mensch streng unterscheidet: die Nachsager der historischen oder die Ausleger der geschichtlichen Wahrheit[14]. Wir sind keine Briefträger eines Potentaten, sondern Botschafter an Christi Statt.

3. Die Frage nach dem Text

Redliche Predigt hält dem Text stand: seiner Fremdheit, seiner Sprachgestalt, seinem Weltverständnis. Begegnen im Text solche Schwierigkeiten – und eine dieser genannten Schwierigkeiten wird fast jeder biblische Text enthalten –, so müssen sie klar erkannt und deutlich benannt werden. Dann haben sie positive Folgen bei Prediger und Hörer. Die Zeugen und Verfasser der biblischen Botschaft sagten und schrieben ihre Sache (wir unterstellen das einmal) auf bestmögliche Weise, mit der Weite und mit der Begrenzung ihres Weltverstehens. Sei es die magische, die dämonische, die mirakulöse Welt: Es sind selbstverständliche Denk- und Lebensvoraussetzungen der Bibel. Womit gar nicht gesagt werden soll, diese für uns fremden Erscheinungen seien in den Texten immer vorherrschend oder in der Auslegung besonders störend. Sie sind einfach Tatsache, und sie gehören zur biblischen wie zur antiken Vorstellungswelt überhaupt, ohne daß man sie als peinlich empfinden müßte. Das

---

[14] Vgl. H. Traub, Die Predigt von Kreuz und Auferstehung Jesu Christi. ThEx, NF 43/1954, 8: »Das Hören aber, von dem die Bibel spricht, hört aufs Wort. Es bejaht das Wort nicht, weil es dieses verstehen könnte.« Wie kann man hören und bejahen, ohne verstanden zu haben, daß es einen anging?! – ebd 19: »Nicht ich als so oder so Verstehender, sondern lediglich als Bote, als Gesandter, soll sprechen, die Botschaft ausrichten.« Da kann ich kommentarlos einen Bibeltext vorlesen.

heißt aber: Sie sind bestimmende Merkmale biblischer Sprache und Überlieferung. Bis dahin sind sich Predigt-Lehrbücher und Prediger aller Richtungen so ziemlich einig. Man hat gelernt, wenn auch mit Widerstreben, sich den
historischen Bedingungen der Texte zu stellen. Strittig ist nur, was man daraus
folgert. Die Erkenntnis des Sachverhalts wird leicht überschattet von anderen
Erwägungen. Eigentlich sollten die Zeugen der Wahrheit doch nicht befangen
sein in Vorstellungen, die offenkundig falsch sind? Und die Vorgänge, in denen
grundlegende Sachverhalte des Glaubensbekenntnisses beschrieben sind:
Menschwerdung (Mt 1, 18–25), Auferstehung (Lk 24, 1–9), Erhöhung
(Apg 1, 9), Wiederkunft (1Thess 4, 16f), sollten als Berichte von ›Heilstat-
sachen‹ eigentlich doch auch in der Beschreibung unanfechtbar sein? Wie
könnte man sie sonst noch als Wahrheit verkündigen? »Absolute Wahrheit muß
irrtumsfrei sein. Ist sie es nicht, so machen wir sie dazu. Möglichkeiten gibt es
viele. Entweder müssen wir unsere heutigen Vorstellungen vom Welt- und
Naturgeschehen korrigieren, also auf den damaligen Stand zurückschrauben;
das ist ja nur ein kleines Opfer; und wer weiß, ob damals nicht Dinge passiert
sind, die es heute nicht mehr gibt? Oder wir müssen die Schilderungen der
Zeugen eben symbolisieren, transponieren, allegorisieren, damit unsere Hörer
nicht abgestoßen werden.« Was im Text steht, ist dann zwar nicht wörtlich,
auch nicht etwa gar nicht, sondern »irgendwie« geschehen. Im höheren Bereich der Übernatur oder der Ausnahme-Ereignisse sind alle Unbegreiflich-
keiten leicht anzusiedeln. Sollte es einem etwas hartnäckigen Hörer beikom-
men, den Prediger zu fragen: »Was nun eigentlich – gehen Tote aus Gräbern
oder nicht?« so kann man ihm antworten: »Solche direkten Fragen treffen die
›biblische Wirklichkeit‹ nicht. Totenauferstehung ist ›zeichenhaft‹. Verstehst
du die ›biblische Wirklichkeit‹, so wirst du auch verstehen, daß dieses Zeichen
die notwendige, ja die einzig richtige Aussageform für die ›biblische Wirklichkeit‹ ist – und wirst alles glauben.« Sonderbare Auskunft. Damit hat man sich
selber aus allem herausgezogen, den Hörer abgefertigt (dazuhin noch als
töricht oder glaubenslos stehen lassen) und den Text verdorben. Der Text ist
nicht in der Absicht geschrieben, uns eine Totenerweckung als etwas Einmaliges verbindlich zu machen. Totenerweckungen gab's in der Umwelt der Bibel
viele. Als Vorstellung ist den biblischen Zeugen solches gar nicht unerhört.
Der Text ist dazu geschrieben, damit die Hörer Jesu Vollmacht und Gegenwart jetzt erfahren, seine Herrschaft in der Welt ausrufen und im Glauben an
sein Wort keinen Tod mehr fürchten. Das Sprachmittel, solche Frohbotschaft
zu verkündigen, war damals die Totenauferstehung. Für den antiken Menschen
eine sehr wohl angängige Vorstellung und Wirklichkeit. Wir finden sie weder
schlimm noch anstößig, sondern einfach überholt. Heute ist solche Vorstellung

unbrauchbar, um die Vollmacht und Gegenwart des lebendigen Herrn anzuzeigen.

Wollten wir uns darauf verlassen, daß man Jesu Macht und Herrschaft nur mittels dieser Vorstellung heute glauben und verkündigen könne, so würden wir uns und unsere Hörer auf eine Bedingung festlegen, auf die uns die biblischen Zeugen nicht festlegen wollen; d. h. wir würden das Heil wie das Ärgernis an einer Stelle suchen, wo es nicht zu finden ist. Denn Heil und Ärgernis der biblischen Botschaft bestehen heute nicht darin, daß Tote lebendig werden (das würde uns nicht ärgern, höchstens ein wenig wundern), sondern darin, daß im Glauben an Jesu Wort das ewige Leben schon begonnen haben soll (Joh 5, 24). Lieber halten wir alles Unmögliche für möglich, als daß wir uns auf solchen Anspruch, ohne Beweise, einlassen möchten. Die Zeugen der Vollmacht Jesu benützen selbstverständlich Vorstellungen und Sprachmittel ihrer Zeit, um das auszusagen, was sie verkündigen wollen. Dadurch ermächtigen sie uns nicht nur, sondern sie veranlassen uns, mit unseren Sprachmitteln Jesu Vollmacht heute ebenso selbständig zu predigen. Begeht der Prediger, aus Angst oder Mißverständnis, die Unredlichkeit, seine Hörer heute auf die Vorstellungen und Sprachmittel der damaligen Zeugen festzulegen, so leistet er dem Irrtum Vorschub, Glaube sei die Annahme unmöglicher oder vernunftwidriger Vorgänge oder Vorstellungen: das Gegenteil des Glaubens, ein Werk des Menschen. Der Prediger vereitelt hiedurch gerade das, was der Text bei uns bewirken will: nämlich Jesus – nicht die Vorstellungswelt früherer Zeiten – zur Herrschaft zu bringen.

Gibt es Texte, die selber in einer anfechtbaren Beweisführung befangen sind? Gewiß; sei es in Hinsicht auf die Verbindlichkeit einer Zeugenreihe (1Kor 15, 5–8)[15], sei es in Hinsicht auf die Autorität des Zeugen (Joh 19, 35) oder die Integrität des Textes (Apk 22, 18f). Die Predigt kann bei solchen Perikopen, wenn sie dem Zeugniswillen des Textes gerecht werden will, nur im Widerspruch zu seinen Beweismitteln oder seiner Sprachform verfahren. Freilich nicht so, daß sie den Textzeugen verachtet, sondern so, daß sie mit Geduld und Redlichkeit dem Hörer klarmacht: »So sagt es Paulus, um den lebendigen Christus zu bezeugen. Wollen wir inhaltlich dasselbe sagen, so können wir es gerade nicht auf diese Weise sagen, sonst verfehlen wir den Willen des Textes.« Bibel und Bibeltext sind keine formale, sondern inhaltliche Autorität, soweit der Inhalt uns heute Autorität werden kann. Hat Luther, von seinem Auslegungskanon her, Jakobus – und nicht nur ihn – kritisiert, so haben wir die Freiheit, dasselbe bei anderen Texten zu tun (Mt 5, 18; Hebr 6, 4–6); nicht nach Willkür, sondern nach dem einzig verbindlichen Maßstab, daß

---

[15] Zu 1Kor 15 vgl. H. BRAUN, aaO 278.

Jesus heute durch sein Wort bei uns Vollmacht gewinne. Die Gemeinschaft mit ihm ist an keine Bedingung zu binden als allein an Wort und Glauben. Methodisch bedeutet das für den Prediger, daß er sich nur *einem* Anspruch unterwerfen darf: Jesus bei uns in größtmögliche Freiheit zu setzen. Das geschieht durch die Korrelation von Wort und Glauben, denn Jesus wollte, daß sein Wort Glauben finde. Andere Bedingungen würden sowohl Jesus als die Gemeinde jenem Gesetz unterstellen, dessen Ende Jesus faktisch war. Der Verkündigungswille des Textes (vorausgesetzt, daß überhaupt ein solcher erkennbar wird) ist also das Kriterium seiner Sprachgestalt, und nicht umgekehrt! Gehorsam gegen den Text heißt nicht, die Zahl seiner Wörter unverkürzt in der Predigt zitieren oder nachrechnen, sondern alle Sprach- und Arbeitsmittel, auch die Vorstellungswelt des Textes selbst, dem Aussagewillen des Textes kritisch dienstbar machen.

Gegenüber der Redlichkeitsforderung wird, gleichsam als Test, zuweilen die Frage laut: »Was hat der ›redliche Prediger‹ anstelle der kritisierten oder interpretierten Vorstellungen des Textes anzubieten?« Als ob es sich darum handelte, die Steinchen des Text-Mosaiks am Ende der Predigt, nur eben mit erlaubtem Farbenwechsel, zahlengleich abzuliefern. Die Redlichkeit der Predigt besteht nicht darin, daß man für überholte antike Vorstellungen eine gleiche Zahl an Gegenwartsvorstellungen beibringe, sondern daß man diese Vorstellungen überwinde. Für viele biblische Vorstellungen – Paradies, Himmel, Hölle – ist unserer Predigt heute der ›Ersatz‹ nicht nur unmöglich, sondern versagt. Umgekehrt aber gilt, daß uns für viele abstrakte Vorstellungen der Bibel – Geist, Gnade, Herrlichkeit – heute eine sehr konkrete Übersetzung möglich ist, die durch Ortung in dieser unserer Welt geschichtlich, verständlich und nachprüfbar ist. Hinter solchen Testfragen steht die Verwechslung von massiv und konkret. Massive, antik-naive Bilder hält man für konkret; für das also, woran der Mensch in Angst und Hoffnungslosigkeit sich halten könne. Welche Selbsttäuschung! Man sagt: »Bei der Bestattungspredigt bedeutet es Bankerott, wenn wir nicht die dramatische Eschatologie oder die himmlische Stadt predigen dürfen!« Was ist denn an solchen Vorstellungen oder Entwürfen konkret, wenn sie doch, zugegebenermaßen, nicht wirklich sind? Ihre sogenannte Anschaulichkeit? Die würde gerade unters Urteil der Vergänglichkeit fallen (2Kor 4, 18). Besser und griffiger ist es, zu sagen: »Wir sind mit Jesus vom Tode ins Leben versetzt. Wer sein Wort hört und glaubt, dem ist die Sorge um seine Zukunft abgenommen.« Da weiß jeder, wessen er sich zu freuen hat, denn es ist da[16]. Bei Texten, die einen massiv gefüllten Zukunftsentwurf enthalten, liegt die Problematik grundsätzlich nicht anders

---

[16] Dazu G. EBELING, Der Grund christlicher Theologie, ZThK 1961, 238–244.

als bei jenen, die einen ausgemalten Schöpfungsbericht geben. Ihr Interesse ist nicht, uns diese Vorstellungswelt zuzuspielen, sondern uns samt unserer Angst und Ungewißheit vorbehaltlos im Wort zu bergen: »Ich bin bei dir; fürchte dich nicht!«

Es ist selbstverständlich, daß die Schöpfungsberichte keine historischen Vorgänge berichten; nach »rückwärts« also hat man bereits entmythologisiert. Nach »vorwärts« meint man, es entweder nicht tun zu können, weil ohne massiv gefülltes Zukunftsprogramm alle Hoffnung dahinstürze, – oder es nicht tun zu müssen, weil ja in Sachen, die noch ausstehen, alles möglich sei und nichts bestritten werden könne. Eine brüchige Beweisführung, um die es, im Blick auf die laufend erforderliche Korrektur der eschatologischen Termine, schwach bestellt ist. Als ob man nach rückwärts entmythologisieren könnte und nach vorwärts nicht![17] Wenn wir wissen, daß der Mensch sich verstehen kann in Freiheit, Verantwortung und Liebe, ohne die Schöpfungsberichte als Tatsachen zu betrachten: warum soll der Mensch dann nicht auch in Freude und Hoffnung seiner Zukunft entgegen gehen können, ohne daß er »die letzten Dinge« für Tatsachen hält? Merkwürdige Zwiespältigkeit. Sie schwebt völlig im Leeren.

Man wendet ein, der Prediger komme in ausweglose Verlegenheit, wenn er die massive biblische Vorstellungswelt nicht, oder nicht mehr unkritisch, verkündigen könne. Das Gegenteil trifft zu: Er kommt in Zwiespalt und Gewissensnot, sofern er meint, diese Vorstellungen beibehalten oder retten zu müssen, obwohl er sie längst nicht mehr übernehmen kann. Unter dem Schein eines sogenannten ›biblischen Reichtums‹ wird seine Verkündigung innerlich hohl; eine gespenstische Glasperlenspielerei, bei der kein Hörer wissen kann, was ›eigentlich‹ und ›uneigentlich‹ gemeint ist. Unter dem Namen eines sogenannten ›biblischen Realismus‹ ziehen Akten und Fakten vorüber, die nur die *eine* Eigenschaft haben, daß sie in der Welt des Hörers samt und sonders nicht anzutreffen sind. So geht es, wenn die Predigt eine doppelte Wirklichkeit hat: Der Hörer fällt zwischen beiden hinunter[18]. Redliche Predigt sagt das, was ihr im Maße des Glaubens (Röm 12, 3) als eigene Betroffenheit zuteil geworden ist. Keiner weiß mehr, als ihm gegeben wird. Was darüber ist, ist Maske.

Hier ist *ein methodisches und ein sprachliches Problem* zu klären.

1. Verfährt redliche Predigt etwa so, daß sie bei jedem mythologisch befrachteten Text vorweg mit Eifer die biblischen Vorstellungen zertrümmert,

---

[17] »Man kann das mythische Weltbild nur als Ganzes annehmen oder verwerfen.« R. Bultmann, Kerygma und Mythos I, 22.

[18] Die von K. Frör, Biblische Hermeneutik, 1961, 368 geforderte »Doppelzeitigkeit der Verkündigung als Grundform der christlichen Existenz« ist ein absurdes Experiment, vergleichbar dem Satz: »2 + 2 = 4 oder = 7«. Was soll wahr sein? Antwort: »Beides gleichzeitig«. Man zeige uns eine redliche Predigt, in der das auszulegen gelungen wäre.

in der Meinung, dadurch werde der Weg zum Glauben gebahnt? Keine Rede. Mit solchem Gesetz kommt man nicht zum Evangelium. Der Text in seiner jeweiligen Gestalt zeichnet dem Prediger den Weg zur rechten Auslegung vor. Das geschieht in aller Freiheit der Sache. Das eine Mal wird man sich veranlaßt sehen, ein Hindernis wegzuräumen, weil es den Textwillen an falsche Sprachmittel bindet (z.B. Joh 11, 17–45; die Wirklichkeit von v 25 f wird nicht sagbar, wenn v 17 und 39 nicht redlich behandelt werden). Das andere Mal wird man die Rückfrage an die Wirklichkeit der Vorgänge im Text gleichsam im Vorübergehen beantworten können, weil die Mitte der Perikope ihre mythologischen Züge durchsichtig macht (Mk 1, 9–11). Wer immer redlich predigt, gewinnt in der Methode stetig wachsende Freiheit. Wer jede Entscheidung umgeht, tut bei jedem Text schwerer. Es gibt keine Vorschriften, wie man in jedem Fall zu verfahren habe. Es gibt aber das Grundgebot der Wahrhaftigkeit, und keiner wird es ohne Schaden mißachten. Die Gemeinde erkennt den Weg des Predigers, auch wenn sie lange Zeit schweigt[19].

Ist Redlichkeit der Predigt dies, daß man die Vorstellungs- und Bildwelt ängstlich verbannt? Durchaus nicht. Hat der Prediger sich selbst und seiner Gemeinde, bei entsprechendem Text, die offenen Fragen nicht erspart, so kann er in einer neuen, kritisch geläuterten Naivität sich der Vorstellungen und Sprachmittel in der Bibel bedienen, ja sie mit einfließen lassen; seine Hörer werden ihn richtig verstehen, denn sie wissen, wo sie mit dem Text und dem Prediger dran sind. Verwerflich aber ist der Kurzschluß: »Da die Gemeinde ohnehin nicht merkt, ob ich kritisch oder unkritisch beim biblischen Sprachgebrauch verweile, so kann ich mir alle Mühe der Redlichkeit sparen.« Diese Gesinnung hat durch Generationen hindurch den schlimmen Zustand mitgeschaffen und mitverschuldet, in welchem wir uns heute befinden. Es ist das Zwielicht der auswechselbaren doppelten Wahrheit. Es kann keinen Schritt vorwärtsgehen in der von innen heraus vollmächtigen Verkündigung der Kirche, wenn die Frage nach der redlichen Predigt nicht beantwortet wird. Daß man leicht darüber hinfährt: »Als ob dies die Hauptsorge der Kirche sein müßte!« bessert nichts. Die Klage, es werde »Unruhe in die Gemeinde getragen«, verwechselt Ursache und Folge. Die Unruhe, zu der es höchste Zeit war, kam aus der Mitte der Gemeinde selbst, und zwar von ihren lebendigsten Gliedern. Sie glauben es nicht mehr, daß Christ sein dies bedeute: zwischen zwei ›Wahrheiten‹ nach Belieben oder Befehl hin- und herwechseln zu können. Sie unterschreiben es nicht mehr, der Glaube bestehe im Opfer des Verstandes

---

[19] »Vor allem darf sie (die Predigt) den Hörer auch nicht darüber im Unklaren lassen, was der Prediger selbst heimlich eliminiert, und auch er selbst darf darüber nicht im Unklaren sein.« R. Bultmann, Kerygma und Mythos I, 22.

(was für manche Leute gar kein Opfer ist). Sie erwarten von der Predigt Wahrheit, vom Prediger Wahrhaftigkeit. Fühlt sich die Kirche dadurch überfordert?

2. Bewirkt redliche Predigt Sprachverarmung? Diese Meinung gibt es. »Man lebt zwischen Zäunen und weiß nicht mehr, was man sagen darf und soll.« Ein Irrtum, dem sich der andere beigesellt: »Mit solchen Grundsätzen kann man nicht predigen.« Kann man nur mit der Vorgabe der Unwahrhaftigkeit predigen? Wer den Zwiespalt der doppelten Wahrheit meidet, gewinnt ungeahnte Freiheit, große Freudigkeit und neue Liebe zum Text. Zu jedem. Er hat den Bann des Verschweigens, des Zurechtbiegens, des Beschönigens gebrochen. Die Lust zur Predigt und Unterweisung wächst, die Zermürbung hört auf und mit ihr die heimliche, wahre Ursache der Pfarrerskrisen und -zusammenbrüche. Psychiater und Psychotherapeuten wissen einiges davon zu berichten, wie Pfarrer zerrieben werden und verzweifeln, durch den Widerspruch zwischen dem, was sie theologisch wissen, und dem, was sie homiletisch zu sagen wagen. Diese Perspektive von Schuld und Krankheit fehlt in den Lehrbüchern der Pastoraltheologie. Wer *ein* Mal durchbricht zur furchtlosen Redlichkeit der Predigt, hat den Rücken frei; er darf ohne reservatio mentalis sagen, was da steht; er kann ohne pia fraus predigen, was drin steht. Er wird sich selbst nicht übernehmen, die Hörer nicht überfordern, und die Einsicht in die historische Gestalt biblischer Wahrheit gibt Mut, den Text unverstellt geschichtlich zu verstehen und zu Wort kommen zu lassen. Er hat es nicht nötig, daß man sich für ihn schämt oder seine Unstimmigkeit harmonisiert. Das ist ein würdiger und wichtiger Dienst. Nicht auf seiten der Entmythologisierung trifft man den Doketismus, sondern auf seiten ihrer Kritiker, die sich an der Menschlichkeit und Profanität der Bibel stoßen, in der Meinung, dann könne sie keine göttliche Wahrheit sein. Das Wort ist aber wirklich Fleisch geworden; nicht zum Schein und nicht zur Hälfte. Gerade darin (und nicht trotzdem) ist der Text für den verstehenden Glauben Gottes Wort.

Wer das begriffen hat, dem tut sich in der Sprache die ganze Welt auf. Er kann die Dinge sagen, wie sie sind. Er ist immun gegen eine Rechtgläubigkeit, die Textwidersprüche nicht aufkommen läßt; er ist bewahrt vor einer Modernität, die das Evangelium zu jedem Preis zu verkaufen bereit ist. Das Problem der sogenannten Predigtsprache ist keine Form-, sondern eine Sachfrage. Es geht hiebei um Dinge, die einfach, aber eben deswegen schwierig sind: Um jene Wahrheit, die man deutsch, klar, verständlich und ohne Zweideutigkeit freigeben soll. Um jene Redlichkeit, die Immanuel Kant meinte: »Es mag sein, daß nicht alles wahr ist, was ein Mensch dafür hält; dann kann er irren. Aber in allem, was er sagt, soll er wahr sein; er soll nicht täuschen.«

DIETRICH BONHOEFFER UND RUDOLF BULTMANN

GERHARD KRAUSE

Im Zusammenhang mit dem gegenwärtigen Stande der theologischen Bemühung um das Werk Bonhoeffers soll nach dem Recht der mehrfach vertretenen, die Klärung entscheidender Fragen damit vorweg festlegenden These gefragt werden, die jede inhaltliche Beziehung zwischen Bonhoeffers testamentarischer Forderung einer nichtreligiösen Interpretation biblischer Begriffe und Bultmanns Entmythologisierungsprogramm bestreitet. Diese Teilfrage eines umfangreicheren Problemkomplexes wird auf eine Skizze der wichtigsten Literatur (I) und die Befragung der direkten Äußerungen Bonhoeffers selbst zum Thema (II) beschränkt. Das entspricht der doppelten Absicht dieser Untersuchung: Der Forschung eine Tür offenzuhalten, deren vorzeitiges Zuschlagen Bonhoeffers Wort und Wirkung für unsere Zeit entstellen würde, und die Stimme der Quellen der von Bonhoeffer selbst vertretenen intellektuellen Redlichkeit zu empfehlen, weil sie ihr noch immer den zuverlässigsten Schutz gegen Willkür-Deutungen bietet. Die (hier nicht auszuführende) Voraussetzung lautet: Die beherrschende Konstante in Bonhoeffers Denken war die Frage nach dem Christus für heute; sie wurde in verschiedenen Ansätzen, aber immer im Blick auf das Verhältnis von Kirche und Welt vorgetrieben und stellte ihn von seinen frühesten Publikationen an vor die Aufgabe einer – so freilich erst im letzten Lebensjahr formulierten – nichtreligiösen Interpretation[1].

---

[1] Für die Schriften Dietrich Bonhoeffers werden die üblichen Abkürzungen gebraucht:
SC   = Sanctorum Communio, ³1960.
AS   = Akt und Sein, 1956.
SF   = Schöpfung und Fall, 1933.
N   = Nachfolge, 1937.
E   = Ethik, hg. von E. Bethge, 1953.
R   = Dein Reich komme, hg. von E. Bethge, (Furche-Bücherei 146) 1957.
WE   = Widerstand und Ergebung, hg. von E. Bethge, ⁵1955.
GS   = Gesammelte Schriften, hg. von E. Bethge, 1958–1961 (bisher 4 Bde). Dazu die
       Sammelbände mit Arbeiten über Bonhoeffer:
MW   = Die mündige Welt. Bd. I–IV, 1955–1963.

I.

a) Niemand hat schneller und schärfer die durch die Edition des BONHOEF-
FERschen Nachlasses aufgegebene Problematik erkannt als K. BARTH. Sein
Versuch, sie alsbald im Keime zu ersticken, schien berechtigt, weil gerade er
früher als andere auf die grundsätzliche Bedeutung der meisten Schriften
BONHOEFFERS hingewiesen hatte mit einem sonst in der »Kirchlichen Dogmatik«
nur seltenen und daher – trotz einiger Kritik an BONHOEFFER – besonders ein-
drucksvollen Lob[2]. Seinen Verzicht auf Auseinandersetzung mit BONHOEFFERS
kritischen Fragen und Angriffen gegen BARTHS frühere Theologie[3] wird man
jedenfalls auch im Blick auf die seit 1931 bestehende und für BONHOEFFERS
Entwicklung entscheidende sehr persönliche Bekanntschaft zwischen BARTH
und BONHOEFFER verstehen dürfen, weil sie trotz der »strukturellen Schwierigkeiten des gegenseitigen Verstehens zwischen beiden«[4] nicht nur »not a very
lucky one«[5] war, sondern, soweit Außenstehende zu erkennen vermögen, in den
Bereich jenes Charismas führte, das »nicht eifert«.

Freilich gewinnt man auch von daher nur teilweise Verständnis für BARTHS
nach Inhalt und Methode völlig andersartiges Urteil über BONHOEFFERS Konzeption einer nichtreligiösen Interpretation. Der schnell verbreitete und wirksame Brief an P. W. HERRENBRÜCK vom 21. 12. 1952 über Person und Werk
BONHOEFFERS ist ein geist- und liebevoller »Versuch ihn zu verstehen«[6], aber

---

[2] Schon 1945 bescheinigte BARTH BONHOEFFERS Vorlesung »Schöpfung und Fall« im
Blick auf die Erklärung von Gen 1, 26f »wichtige Förderung« und »Fortschritt in die
Textnähe« (KD III, 1. 218f); 1951 wird BONHOEFFERS »Ethik« wegen ihrer »Ausrichtung
auf den dogmatischen Zusammenhang« und als »geistvoll« gerühmt (KD III, 4. 2); die
»Nachfolge« nennt er 1955 »mit Abstand das Beste«, was über den Ruf in die Nachfolge
geschrieben sei. BARTH möchte sie fast »als großes Zitat« in den Gang seiner eigenen Ausführungen einrücken (KD IV, 2. 604) und nimmt BONHOEFFERS Terminologie eines Gegensatzes von »billiger und teurer Gnade« mehrfach positiv auf (KD IV, 1. 74; IV, 2. 571, 626);
»Sanctorum Communio« wird »mit ihrer weiten und tiefen Sicht« nicht nur vorgestellt als
»instruktiver, anregender, erleuchtender, wirklich ›erbaulicher‹ ... als allerlei Berühmtes,
was seither zum Kirchenproblem geschrieben«, sondern macht BARTH selber Sorge, »die
von BONHOEFFER damals erreichte Höhe« seinerseits halten zu können (KD IV, 2. 725).
[3] BARTH erwähnt BONHOEFFERS Habilitationsschrift »Akt und Sein« (1931) gar nicht.
In ihr findet sich die ausführlichste und bis heute nicht überholte Kritik an BARTH und der
dialektischen Theologie, wie R. PRENTER (Dietrich Bonhoeffer und Karl Barths Offenbarungspositivismus. MW III. 1960, 36ff) und H. GOLLWITZER (Die Existenz Gottes im
Bekenntnis des Glaubens, 1963, 9, 98, 125, 149, 180) bestätigen.
[4] So W. FÜRST, Motive der theologischen Arbeit DIETRICH BONHOEFFERS. In: Hören
und Handeln, Festschr. f. ERNST WOLF, 1962, 136.
[5] So E. BETHGE, The Challenge of Dietrich Bonhoeffer's Life and Theology. In: The
Chicago Theological Seminary Register, Vol. II, Febr. 1961, Nr. 2, 7.
[6] Veröffentlicht in EvTh 15. 1955, 243–245 und MW I. 1955, 121ff.

trotz der zweimal betonten Absicht, den »Stachel« der Gefangenschaftsbriefe nicht entschärfen zu wollen, wird eine dreifache Mauer der »von jeher und ... auch jetzt« bestehenden Deutungsschwierigkeiten aufgebaut: 1) BONHOEFFER war persönlich ein »impulsiver, visionärer Denker«, dessen lebhaft geäußerte Einsichten nie endgültig erschienen. Man mußte ihm immer vorgeben, »daß er sich gewiß ein anderes Mal ... noch klarer und konziser äußern, evtl. sich zurücknehmen, evtl. weiter vorstoßen werde«, so daß BARTH ihn immer mit der Frage las, »ob er nicht – um irgend ein Eck herum gesehen – recht haben möchte«. 2) Die Situation der Gefängniszelle zwang zur Denkarbeit mit einem »Erinnerungsbild«; die Bücher BARTHs und (das schreibt BARTH nicht) BULTMANNs waren nicht zur Hand. 3) Formal enthalten die Gefängnisbriefe »änigmatische Äußerungen«, Ahnungen von etwas, das »ihm selbst nicht greifbar vor Augen stand« und somit auch uns »sicher ... nichts Greifbares hinterlassen« haben. – Welche Absicht konnten diese blendend formulierten Impressionen haben, die über BONHOEFFERS Werk plötzlich so viele liebenswürdige Negativa ans Licht brachten? Gewiß sollte der »primär psychologische«[7] Hinweis auf die Unbeständigkeit der Einsichten BONHOEFFERS nicht sein von BARTH so rühmend hervorgehobenes selbstediertes Werk, wohl aber die Gefängnisbriefe treffen. Die durchaus richtige Betonung der technisch-stilistischen Vorläufigkeit der Briefe führte nicht dazu, nach ihrem legitimen Kontext in den früheren Werken zu fragen, sondern diskreditiert sie faktisch. Der zweite Teil des Briefes zeigt den Grund. Die genannten Deutungsschwierigkeiten hindern BARTH nämlich nicht, nun doch auffallend bestimmt zu wissen, in welchem Verhältnis BONHOEFFER zu BULTMANN stehe. In bezeichnender Abänderung der Terminologie BONHOEFFERS spricht BARTH konsequent nur von seinem »Programm eines unreligiösen Redens«. Dieses sei »im Unterschied zur ›Entmythologisierung‹ geistlich beunruhigender Art« und weise nicht »in die Richtung Existentialismus, Vorverständnis usw.«, da ja BONHOEFFER »durchaus nicht Miene gemacht hat, etwa ›andere Wörter‹ zur Umschreibung des Kerygmas einzusetzen, also das zu tun, auf was es bei BULTMANN praktisch hinausläuft«. BONHOEFFER könne nicht mehr »als eine Warnung vor allem christlichen Papperlapapp, vor allem unmeditierten Rezitieren biblischer und traditioneller Bilder, Redensarten, Begriffskombinationen« gemeint haben. Vergeblich, nach einem »Tiefsinn zu forschen«, den er nicht ausgebreitet, »vielleicht auch selber noch nicht zu Ende gedacht hat«. BARTH sieht nur eine direkte Beziehung zwischen BONHOEFFER und BULTMANN (er meint es humorvoll, es wurde aber schnell zum geflügelten und wirksamen Wort): beide gehören in die

---

[7] So H. SCHMIDT, Das Kreuz der Wirklichkeit. MW IV. 1963, 79.

»schwermütige Theologie der norddeutschen Tiefebene«, die »lutherisch« sei, aber noch nicht »sieghaft herausgebracht« habe, daß in dieser Richtung das eine und letzte Wort zu suchen sei.

Solche im wesentlichen karikierende und bagatellisierende[8] Charakteristik zeitgenössischer Theologen ist gut, ja bisweilen wünschenswert, solange man über sie lächelt; indem sie beflissenen BONHOEFFER-Interpreten Argumente lieferte, wurde sie gefährlich. Diese hier noch unter Imponderabilien und Geistreichigkeiten versteckten Argumente hat BARTH später mit wünschenswerter Deutlichkeit in die Debatte geworfen. Das eine empfiehlt die Beschäftigung mit dem in seinen früheren Schriften klar und deutlich redenden BONHOEFFER, »statt« auf dem unsicheren Boden der Briefe der Eintragung von Herzenswünschen in die Schlagworte zu erliegen[9]. Weshalb die gute Regel der Interpretation dunkler Texte von den hellen her nicht empfohlen wird, erklärt sich durch BARTHS Abneigung, überhaupt auf das Thema der nichtreligiösen Interpretation einzugehen. Den Grund dafür nennt 1959 einer der berühmten kleingedruckten und scharfen Seitenblicke in der »Kirchlichen Dogmatik«[10]. Es habe »wohl noch selten eine so gegenstandslose Unterhaltung gegeben wie die über die sogenannte religiöse und die sogenannte nicht-religiöse Sprache«. Es gäbe doch nur die eine menschliche, weltliche Sprache, auch die »religiös« genannte sei primär immer nichtreligiös und beide stünden dem Wort der christlichen Gemeinde gleich nah und fern. Diese könne das ihre nur bis auf den Grund der Worte weltlich sagen, der Profanität nicht entrinnen oder aus einem gar nicht exisitierenden Sprachheiligtum in sie flüchten, »um sich vielleicht dort besser und leichter verständlich zu machen«. Diese rigorose Nicht-existent-Erklärung des Sprachproblems für Theologie und Kirche bezahlt BARTH mit souveräner Ignorierung der das Gegenteil seiner These vom primären Profancharakter der Sprache behauptenden Sprachwissenschaft, mit Ignorierung der dem Glauben aufgegebenen und also auch theologisch zu bedenkenden Verantwortung um Verständlichkeit kirchlicher Rede und mit Ignorierung der Tatsache, daß es BONHOEFFER zunächst gar nicht um

---

[8] Der letzte Ausdruck bei G. EBELING, Die ›nicht-religiöse Interpretation biblischer Begriffe‹, ZThK 52. 1955, 298 (der Aufsatz ist abgedruckt in MW II. 1956, 12–73 und in dem Band: G. EBELING, Wort und Glaube, 1960, 90–160). In welcher Weise BONHOEFFER seinerseits auch BARTH geographisch und historisch zu verstehen suchte, zeigt das von J. GLENTHØJ, Dietrich Bonhoeffer und die Ökumene (MW II. 200) aus dem Jahre 1932/33 zitierte Wort: »BARTH kommt nicht aus dem Schützengraben, sondern von einer kleinen Schweizer Dorfkanzel.«

[9] Mündlich mitgeteilt von ERNST WOLF 1956: MW II. 5.

[10] KD IV, 3. 841. BARTH nennt BONHOEFFER hier nicht, doch bezieht auch H. DIEM den Abschnitt auf die »nichtreligiöse Interpretation religiöser Begriffe« (Theologie als kirchliche Wissenschaft. III. Die Kirche und ihre Praxis, 1963, 86).

evangelisatorisch wirksamere Predigtsprache ging, sondern um die betont theologisch-dogmatische Arbeit einer ausdrücklichen »Uminterpretation«[11] der biblischen Hauptbegriffe von der geglaubten Mitte her und auf das geglaubte Ziel hin, daß Christus der Herr der Religionslosen sei. Will man das »geistlich Beunruhigende« der Briefe BONHOEFFERS darin sehen, daß er sich im Gefängnis mit Gespenstern herumgeschlagen habe, dann müßte sich das wohl auf etwas breiterer Basis glaubhaft machen lassen. Soll es nur die »Abkehr vom Phraseologischen«[12] sein, so bliebe sein intensives Ringen um solche moralische Selbstverständlichkeit unbegreiflich. Dann hätte er uns nichts Neues zu sagen. Schrieb BONHOEFFER 1944: BARTH »hat in der nichtreligiösen Interpretation der theologischen Begriffe keine konkrete Wegweisung gegeben, weder in der Dogmatik noch in der Ethik«[13], so muß man 1964 hinzufügen: er will es auch gar nicht, denn – das ist die Prämisse aller genannten Äußerungen – BONHOEFFER kann und darf nichts annähernd Ähnliches gemeint haben wie BULTMANN.

b) Inhaltliche oder ausdrückliche Übereinstimmung mit diesem Urteil hinderte mehrere, in ihrer Art wertvolle Arbeiten über BONHOEFFER, wichtige eigene Gesichtspunkte zur genaueren Durchleuchtung unseres Themas und schärferen Erfassung des Besonderen bei BONHOEFFER fruchtbar zu machen. So bleiben es Andeutungen, die das Gesamtverständnis BONHOEFFERS nicht bestimmen, wenn H. SCHLINGENSIEPEN ganz richtig feststellt, er bringe »das echte Anliegen des Liberalismus ... zu einer erstaunlichen Erfüllung«[14], wenn R. GRUNOW richtig bemerkt, daß er »von einer Auseinandersetzung mit der literarkritischen Forschung und der Entmythologisierungsfrage« fast völlig absehe[15], wenn W. FÜRST mit Recht fragt, ob er »Barths Vorordnung des Evangeliums, die er in seiner Weise mitgemacht hat, als Methode der Verkündigung in Frage gestellt haben« sollte[16]. Genaue Untersuchung dieser Einsichten hätte die Grundlagen des BONHOEFFERSchen Denkens freilegen und eine überzeugendere Bestimmung seines wirklichen Verhältnisses zum Denken BULTMANNS geben können als die pauschale Behauptung einer völligen Diskontinuität zwischen beiden.

---

[11] WE 185.   [12] WE 174.

[13] WE 219.

[14] H. SCHLINGENSIEPEN, Zum Vermächtnis Dietrich Bonhoeffers. EvTh 13. 1953, abgedruckt in MW I. 102. Dort auf S. 104: »Es geht ihm weder um einen ›Anknüpfungspunkt‹ noch um etwas Ähnliches wie das BULTMANNsche ›Vorverständnis‹.«

[15] R. GRUNOW, Dietrich Bonhoeffers Schriftauslegung. EvTh 15. 1955, 201 (abgedruckt in MW I.). Dort auf S. 204: Mit BONHOEFFERS Forderung einer nicht-religiösen Interpretation »ist BULTMANNS Entmythologisierungsforderung überholt, ja – dürfen wir es so ausdrücken?! – geradezu veraltet«. Neuerdings differenziert G. genauer im Vorwort zu MW IV. 13 ff.

[16] W. FÜRST aaO, 147.

G. Harbsmeier hat als einziger bisher »die ›nicht-religiöse Interpretation biblischer Begriffe‹ bei Bonhoeffer und die Entmythologisierung« zum Gegenstand einer ausführlichen Erörterung gemacht[17]. Zur Ausführung seiner Absicht, »das Erbe Bonhoeffers nicht in ein ›genus‹ hinübergetragen zu sehen, in dem es seine eigentliche Leuchtkraft verliert«[18], konstruiert H. einen Begriff der Hermeneutik, von dem man nicht weiß, ob er der Bonhoeffers oder H.s selbst sein soll. Hermeneutik ist nicht, wie bei Bultmann, die reformatorische und kritische Wissenschaft vom Sachverstehen, die von Anfang an die in Geschichte und Wort begegnende Offenbarung und den Angeredeten hinsichtlich des Vollzuges der Begegnung in den Blick faßt, sondern sie ist »hohe Kunst«, »Erörterung des hermeneutischen Prinzips und der anzuwendenden Methode«, nur mit »bloßen« Verstehensschwierigkeiten eines »hellenischen« Verstehens beschäftigt. Der Bonhoeffer umtreibenden Anfechtung durch das Mündiggewordensein der Welt »hilft *keine* Hermeneutik auf, so notwendig diese auch immer an ihrem Orte sein mag«. Es besteht eine grundlegende »Divergenz in der Hermeneutik auf beiden Seiten«, bei Bonhoeffer findet sich »nichts von jenem Abstand des Nachdenkens zum Vollzug, nichts von einem ›Denken des Denkens‹, von einem absichtlich offengehaltenen Graben zwischen einer existentialen Theologie und einer existentiellen Verkündigung«, er drängt »überhaupt nicht auf das Problem ›Glaube (!) und Verstehen‹«, seine Fragestellung liegt »ganz auf anderer Ebene als bei Bultmann«, der Grund seines Fragens »wesentlich tiefer«, er hat »ein ganz anderes Interesse«, denn er macht die für Bultmann grundlegende Unterscheidung von existential und existentiell, ontologisch und ontisch »nicht zum Fundament aller weiteren Erwägungen«[19]. Muß es schon verwundern, daß die Eigenart Bonhoeffers mittels solcher Entstellung der Hermeneutik Bultmanns fixiert wird, so stellt H. vor weitere Rätsel, indem er Bonhoeffer (ohne Beleg und Belegbarkeit) eine, betont K. Barth verwandte, »geradezu instinktive, theologische Aversion« gegen Bultmanns Hermeneutik unterlegt und diese nicht von seiner fast gleichzeitig andernorts geäußerten Einsicht: »die bloße Aversion gegen hermeneutische Erwägungen bei Bultmann reicht doch nicht aus, um das Problem liegen zu lassen und seines Wegs zu gehen«, kritisch untersucht[20]. Den kategorialen Unterschied zwischen Bonhoeffer und Bultmann sieht H. in

---

[17] G. Harbsmeier, Die ›nicht-religiöse Interpretation biblischer Begriffe‹ bei Bonhoeffer und die Entmythologisierung. MW II. 74–91, abgedruckt in: Antwort, Festschr. f. K. Barth, 1956, 545–561.

[18] G. Harbsmeier, aaO, 90.

[19] AaO, 74–79.

[20] AaO, 75 vgl. 88. Das 2. Zitat aus: G. Harbsmeier, Was ist Freiheit? EvTh 15. 1955, 486.

ihrer Zuordnung zur Weisheit und Theologie, die wie Vollzug und Denken konfrontiert werden. Nichtreligiöse Interpretation ist Sache der Weisheit, Entmythologisierung Sache der Theologie[21]. Sieht man einmal von der Problematik dieses Weisheitsbegriffes ab[22] und auch davon, daß hier seine Überspitzung zu einem (andernorts von H. sorgsam vermiedenem[23]) ausschließlichen Gegensatz zur Theologie BONHOEFFERS Charisma geradezu in einen Elfenbeinturm stellt und vor theologischer Befragung tabuisiert, so bleibt immer noch die allerseits mit Schmerz konstatierte Tatsache von H. unbeachtet, daß BONHOEFFER nämlich kein einziges Mal in den Briefen »im Vollzug«, sondern nur in Reflexionen über den Vollzug, ja genau in einem »Denken des Denkens« für die hermeneutischen Grundlagen einer nichtreligiösen Interpretation Vorerwägungen anstellt. Indirekt beweist H. obendrein selbst die Unzulänglichkeit seiner Unterscheidungskategorien. Zur Ausarbeitung von BONHOEFFERS Begriff des »mündigen Menschen«, um dessentwillen nichtreligiöse Interpretation gefordert wird, macht H. diesen von der Sorge unentrinnbaren Selbst-verantwortlich-sein-müssens verständlich[24]. Er hat damit, wie mir scheint, ganz im Sinne BONHOEFFERS, das getan, wovon er uns glauben machen wollte, daß dieser es ganz anders gemeint habe: er hat BONHOEFFER ohne Substanzverlust im besten Sinne existential interpretiert.

Daß ein weithin wirksamer Kenner und Anwalt der Hermeneutik BULTMANNS wie G. HARBSMEIER[25] den von K. BARTH behaupteten diametralen Gegensatz zwischen BONHOEFFER und BULTMANN bestätigte, konnte nicht ohne Folgen bleiben. Nicht nur, daß R. PRENTER sein früheres und fragwürdiges Urteil über BULTMANN nun mit ausdrücklicher Berufung auf HARBSMEIER in seine Bonhoeffer-Interpretation hineintrug, um festzustellen, daß dieser »im wesentlichen mit den Intentionen BARTHS und nicht mit denjenigen BULTMANNS« übereinstimme[26]; auch die erste deutsche Gesamtdarstellung der

---

[21] MW II. 90f.

[22] Dazu H. DIEM aaO, 31ff (in Auseinandersetzung mit H. SCHLIER).

[23] G. HARBSMEIER, Was ist Freiheit? EvTh 15. 1955, 482ff, wo dieselbe Unterscheidung zwischen Weisheit und Theologie auf BARTH und BULTMANN angewendet wird, die er gerade nicht in einem objektiven Gegensatz sieht.

[24] MW II. 79f.

[25] Vgl. die Literaturangaben bei G. BORNKAMM, Die Theologie Rudolf Bultmanns in der neueren Diskussion. ThR 29. 1963, 38.

[26] R. PRENTER, Dietrich Bonhoeffer und Karl Barths Offenbarungspositivismus. MW III. 21, dazu den ganzen Abschnitt ab S. 17, wo die nun wahrhaft »änigmatischen« Sätze stehen: »Das Wort Gottes, das durch die religionslose Interpretation zum mündigen, weltlichen Leben als solchem in Beziehung gesetzt wird, braucht nicht zuerst durch irgendeine ›Übersetzung‹ (...) verständlich gemacht zu werden. Das ist (es) ja eben, was in der religiösen Interpretation geschieht. Denn die biblischen Begriffe (...) haben schon – ohne ›Übersetzung‹ – ihren Sinn, der sie verständlich macht, von dem Fürsein Gottes eben für

Theologie Bonhoeffers von H. MÜLLER, die schon wegen ihrer methodischen Klarheit und Stringenz besondere Beachtung verdient, beruft sich hinsichtlich der nichtreligiösen Interpretation gerade auf SCHLINGENSIEPEN und HARBS-MEIER[27]. Hatten diese BONHOEFFERS Forderung der theologischen und hermeneutischen Kritik entzogen, so nimmt ihr M. nun in mehreren dialektischen Operationen erst den Charakter der »Interpretation«, danach den des »weltlichen Redens«, um sie endlich als »nichtreligiöses Tun« und als »Predigen« hinzustellen, das aber nicht das Evangelium verständlich machen will, sondern unter Verzicht auf immanenten Sinn und Zweck in der Schwebe dialektischer Formeln verharrt, die – bestenfalls – den Christus für den Religionslosen in pure Innerlichkeit auflöst[28]. Es ist des Nachdenkens wert, daß nicht BULTMANN, sondern MÜLLERS Bonhoeffer-Deutung »im Gegensatz zu BULTMANN« zu einer BONHOEFFER widersprechenden Auflösung der Kirche in die Welt führte.

Folgenschwerer und stete Mahnung zu kritischer Selbstprüfung ist es, daß auch E. BETHGE, der beste Kenner und verdiente Verwalter des BONHOEFFER-schen Nachlasses, sich in dieser Frage fast ganz der Führung BARTHS und HARBSMEIERS anvertraut hat. Zwar versichert er entgegen der Empfehlung BARTHS, »nicht ... die Sache des späten BONHOEFFER liegenlassen und ängstlich werden« zu wollen[29], und er plante für einen BONHOEFFER-Artikel in der Encyclopedia Britannica den (dann von der Redaktion wegen Unverständlichkeit zurückgewiesenen) Satz: »His fragmentary ›non-religious interpretation‹ programme is under discussion together with BULTMANN's demythologisation.«[30] Aber sonst durchzieht fast alle seine Äußerungen die Sorge, BONHOEFFER könne im Sinne derjenigen Hermeneutik mißverstanden werden, die BARTH perhorresziert und HARBSMEIER bestätigt hatte. Das Programm der Tegeler Briefe kommt nicht aus »Sorgen der Exegese und der Interpretation..., die einer am Schreibtisch hat«, »macht nicht durch Subtraktionsverfahren annehmbar, was die Zollschranke des Modernen allenfalls

die Welt«. PRENTER möge mir verzeihen, wenn ich beim Lesen seiner Sätze an die berühmten von Dänemark ausgesandten Missionare ZIEGENBALG, EGEDE, STACH u.a. denken muß, die bedeutende Übersetzungsarbeiten leisteten, und mich frage, was sie wohl mit solcher Theologie angefangen hätten. – Zu R. PRENTERS früheren Äußerungen über BULTMANNS Entmythologisierungsprogramm s. G. BORNKAMM, aaO, 57.

[27] H. MÜLLER, Von der Kirche zur Welt, 1961, 548 Anm. 1129 u. 554 Anm. 1184.

[28] AaO, 400–421. – S. 356: »Die Verbindung der theologia crucis mit immanentem Optimismus also erscheint uns als der neue Weg, den BONHOEFFER uns in den letzten Briefen erschließt.« Auf dies eindeutige Mißverständnis der Aussagen BONHOEFFERS über die mündig gewordene Welt führt es auch H. PFEIFER zurück, daß M. »mit Bonhoeffers Forderung einer religionslosen Interpretation biblischer Begriffe nichts anzufangen weiß« (EvTh 24. 1964, 52).

[29] E. BETHGE, Vorwort zu MW II. 5.

[30] E. BETHGE, The Challenge..., 26.

passieren kann«, »eine neue Vokabelverknüpfung kann nicht gemeint sein«.
B. stellt in Gegensatz »die Öffnung bunter Säle der Hermeneutik und die Führung durch ihre Interpretationsgeheimnisse ... (und) ... die redliche Hermeneutik, die nicht alles von sich abhängig macht«. Noch schärfer in der sonst
ausgezeichnet in BONHOEFFER einführenden Chicago-Vorlesung: »BULTMANNS
interpretation is undressing and redressing existence understanding, BON-
HOEFFER, with his worldly interpretation, means more than hermeneutic,
language, vocabulary, terminology, translation.«[31] Unter Wiederholung der
HARBSMEIERSchen Gedanken wird der Gegensatz zwischen BONHOEFFER und
BULTMANN immer wieder eingeschärft, zusammengefaßt in dem Satz: »It
appears that BONHOEFFER's non-religious interpretation, if acknowledged and
accepted, is somewhat more explosive for the substance and structure of our
present church than that of BULTMANN's existential interpretation.«[32] Folgerichtig lobt B. H. MÜLLERS »wichtige Abhebung der nicht-religiösen Interpretation von der Kathederfrage der Hermeneutik«[33]. Hier hat sich die in
der Bonhoefferforschung einmal konzessionierte »Aversion« offenbar zu einem
Komplex ausgewachsen, bei dem man sich nur erstaunt fragen kann, wer denn
je unter der Sonne dies Zerrbild von Hermeneutik vertreten habe, dem gegenüber das Verständnis BONHOEFFERS gesichert werden muß für den Preis, daß nun
seine energische Forderung faktisch wirklich »nichts Greifbares« mehr besagt.

KL. WILKENS faßt das Ergebnis dieser Bemühungen um BONHOEFFER, wieder
unter Berufung auf HARBSMEIER, so zusammen: »Es springt ja doch im Blick
auf das ganze Schrifttum BONHOEFFERS ins Auge, wie erstaunlich unberührt
von jeder Verstehensproblematik er sich gibt ... daß BONHOEFFER von jeher

---

[31] Die Zitate sind aus: E. BETHGE, Dietrich Bonhoeffer, Person und Werk. EvTh 15.
1955, 158 (abgedr. in MW I.); Dietrich Bonhoeffer, der Mensch und sein Zeugnis. Kirche
in der Zeit, X. 1955, Sonderdruck Sp. 6 (abgedr. in MW II. S. 100); Nachwort zu R 38;
Vorwort zu GS 4. 8; The Challenge, 36.

[32] The Challenge, 37. Dort hieß es auf S. 36: »BULTMANN's problem is that of faith
and understanding. This problem is not to be found in BONHOEFFER's letters. Where BULT-
MANN is worried about how the modern man might comprehend, there BONHOEFFER is
troubled about the man come of age without any religion. The hindrance with BONHOEFFER
is not just misunderstanding, but God's absence and hiddeness ... Second, BONHOEFFER's
accusation of liberalism might mean the obvious distinction which BULTMANN draws between appearance and essence. The mythological facts stand for something else behind. But
resurrection for BONHOEFFER is not a clithing for something else behind. It is the extra nos
itself, pro nobis, and not a signal only for another reality.«

[33] E. BETHGE, Besprechung: HANFRIED MÜLLER, Von der Kirche zur Welt. MW IV.
173. – E. HÜBNER hat H. MÜLLERS Absicht u.a. auch hierin mißverstanden, wenn er
schreibt: »Indem er so die Formel aus der christologisch-soteriologischen Mitte des Neuen
Testaments heraus definiert, gelingt es ihm, BONHOEFFERS scheinbar widersprechende
Äußerung gegen BULTMANN ... zu ihr in Beziehung zu setzen« (Eine marxistische Bonhoeffer-Interpretation. Kirche in der Zeit, XVI. 1961, 380).

an Fragen des Verstehens und der Sprache eigentümlich desinteressiert gewesen ist.«[34] Mit solchen Pauschalurteilen ist freilich wenig gewonnen, zumal die angeführten Belege gar nicht vom Verstehensproblem reden wollen[35]. Eine Ausarbeitung der Hermeneutik BONHOEFFERS müßte sich schon die Mühe machen, seine Denkstrukturen in ihrer Verwurzelung in der Berliner Theologie und allgemeinen Geistigkeit der zwanziger Jahre aufzusuchen und in ihren sehr unterschiedlichen Modifikationen durch die dialektische Theologie im Zusammenhang mit der Entwicklung BONHOEFFERS zu verfolgen. Vermutlich könnte BONHOEFFERS eigenes Verständnis von »Interpretation« dadurch wesentlich geklärt werden. Ob dann die von HARBSMEIER erwartete »Hermeneutik der Weisheit« zutage kommt, weiß z.Z. wohl noch niemand[36]. Im Gegensatz zu WILKENS aber weiß man, daß er die früh angegriffene Aufgabe einer »echten theologischen Begriffsbildung« nicht nur ausführte, um »die in der Offenbarung in Christus gegebene Wirklichkeit einer Kirche Christi sozialphilosophisch und soziologisch strukturell zu verstehen«, sondern noch grundsätzlicher formulierte: »das Verhältnis zwischen Theologie und Philosophie im Hinblick auf den Gebrauch allgemeiner philosophischer Denkformen im Bereich der Theologie zu untersuchen.« So forderte er später im Blick auf »die veränderte ethische Problematik ... eine veränderte Terminologie«[37].

[34] KL.WILKENS, Die Frage Dietrich Bonhoeffers und unsere Antwort. VF 1958/59, 1962, 160, 163.

[35] Die von WILKENS, aaO, 160 Anm. 10 u. S. 163 angeführten BONHOEFFERtexte handeln – bezeichnend für das, was hier unter »Verstehensproblematik« gemeint ist – von der Klarheit des göttlichen Selbstwortes (N 140f), der unverbrüchlich wörtlichen Geltung des Friedensgebotes (GS 1. 216), vom Richten über Gottes Wort (SF[4] 84ff), vom »nicht an das Gesetz logischer Alternativen« gebundenen Reden Jesu mit den Pharisäern (E 136ff), von der im Jakobusbrief geforderten Einheit von Hören und Tun (E 151f), von der »Konkretion« des Willens Gottes in der Tat (E 221 Anm. 1), von der Selbstverständlichkeit der Moral (E 204). Wie unzulänglich W. die Sachfrage erfaßt hat, zeigen die beiden letzten »Belege«: BONHOEFFER schreibt vom Schaffen neuer Dekaloge in der Verkündigung, womit die Gebote zwar nicht begründet, aber inhaltlich »besser aufweisbar« würden (GS 1. 64) und eben das erfordert selbstredend »Interpretation«. Der Vortrag »Vergegenwärtigung neutestamentlicher Texte« (GS 3. 303ff) zeigt im ganzen BONHOEFFERS damaligen Zwiespalt zwischen BARTHscher Theologie und liberal-idealistischer Hermeneutik (»Vergegenwärtigung heißt... ›Auffindung‹ der ewigen Lehre, bzw. der allgemein ethischen Norm, bzw. des Mythos, den die Heilige Schrift enthält, und es heißt sodann Anwendung dieses Allgemeinen auf die Gegenwart ...«, 309); wird er als Ganzer zitiert, hätte W. doch sehen müssen, daß er auch von der Notwendigkeit der Auslegung, der Übersetzung und von theologischen Kriterien für die Sprache der Verkündigung handelt!

[36] G. HARBSMEIER, MW II. 91. – Man wird zur genauen Untersuchung der Hermeneutik BONHOEFFERS auch seine in R. SEEBERGS Seminar vorgelegte Arbeit über pneumatische und historische Exegese heranziehen, von deren Existenz ich durch freundlichen Hinweis von E. BETHGE erfuhr.

[37] AS 9; SC 14, dazu E. BETHGE: »He uses sociology for interpreting the shapes of this pretentious and mysterious body, the church« (The Challenge, 8); GS 3. 538; E 173.

Man weiß, daß seine Vorlesung über Gen 1–3 ein exemplarischer Versuch ist, »die alte Bildersprache der magischen Welt in die neue Bildersprache der technischen Welt zu übersetzen« und zwar »immer unter der Voraussetzung, daß dort wie hier *wir* die Gemeinten sind«, also schon ohne BULTMANNs Terminologie zu kennen, existentiale Interpretation der Mythen versucht[38]. Man weiß auch, daß er speziell in der Christologie-Vorlesung und in der »Nachfolge« die Transzendenzfrage nur als die Existenzfrage und »Erkenntnis nicht getrennt ... von der Existenz« gelten lassen will, und daß er das für ein »ontologisches« Problem hält[39]. Man weiß endlich, daß Bemühungen um das theologische Problem der Sprache nicht erst in den Gefängnisbriefen und -dichtungen anfangen, sondern schon in Sanctorum Communio[40]. »Erstaunlich«, um mit WILKENS zu reden, ist hier doch nur dies, daß eine ansehnliche Schar von BONHOEFFER-Interpreten diese hier nur angedeutete, tatsächlich aber sehr starke Linie bei BONHOEFFER, die gewiß nicht alles ausmacht, was er zu sagen hat, wohl aber zum sachgerechten Verständnis seiner Forderung einer nichtreligiösen Interpretation unerläßlich ist, meint einfach deshalb ignorieren und leugnen zu dürfen, »weil nicht sein kann, was nicht sein darf«, weil keinerlei Verwandtschaft zwischen den theologischen Intentionen BONHOEFFERS und BULTMANNS zugegeben werden darf.

c) Hat BARTHS vorausschauende Warnung also recht behalten? Wohl kaum! Auch die wichtigen Arbeiten, die BONHOEFFERS Kirchenbegriff, seine Ethik, sein Geschichtsdenken und seine neue Theorie der Arkandisziplin aus dem Gesamtwerk einheitlich zu interpretieren versuchen und dabei zunächst von der Klärung der nichtreligiösen Interpretation und einer Bestimmung seines Verhältnisses zu BULTMANN absehen, verstehen sich doch nur als Vorarbeit für dieses entscheidende Problem[41]. Noch deutlicher spricht gegen die Berechtigung der BARTHSchen Warnung das Vorhandensein einer anderen Forschungsrichtung, die BONHOEFFERS Programm in einem großen, wiewohl nicht un-

---

[38] SF 43 (4. Aufl. S. 58f).

[39] GS 3. 170–175; N 8.

[40] SC 42 ua.

[41] H. CHR. VON HASE, Begriff und Wirklichkeit der Kirche in der Theologie Dietrich Bonhoeffers. EvTh 15. 1955, 164–184 (abgedr. in MW I.).

O. HAMMELSBECK, Zu Bonhoeffers Gedanken über die mündig gewordene Welt. EvTh 15. 1955, 184–199 (abgedr. in MW I.).

G. MEUSS, Arkandisziplin und Weltlichkeit bei Dietrich Bonhoeffer. MW III. 68–115.

J. MOLTMANN, Herrschaft Christi und soziale Wirklichkeit nach Dietrich Bonhoeffer. ThEx Heft 71. 1959.

DERS., Die Wirklichkeit der Welt und Gottes konkretes Gebot nach Dietrich Bonhoeffer. MW III. 42–67.

E. WOLF, Das Letzte und das Vorletzte. MW IV. 17–32.

problematischen Zusammenhang mit BULTMANNS Entmythologisierungsprogramm sieht.

G. EBELING hat 1955 als erster in einer großen systematischen Studie »die nicht-religiöse Interpretation biblischer Begriffe«[42] in methodisch und kritisch das Quellenmaterial des späten BONHOEFFER vollständig berücksichtigender Weise auf ihre Voraussetzungen im Denken BONHOEFFERS (Christologie, intellektuelle Redlichkeit, Ausrichtung auf die Verkündigungsaufgabe) und durch Analyse der speziellen Quellen des Begriffs (theologische Deutung der heutigen Situation, Begriff der Religion, Gegensatz zwischen christlichem Glauben und Religion) untersucht. Inhaltlich wird »religiöse« Interpretation als gesetzliche, nichtreligiöse als »Gesetz und Evangelium unterscheidende Interpretation« bestimmt. Die von BONHOEFFER erkannte und gestellte Aufgabe zielte auf eine Art geistlicher Auslegung des Gesetzes, welche die Christuswirklichkeit (als des in dieser Welt leidenden Gottes) so auf die Wirklichkeit des religionslosen Menschen beziehen sollte, daß sich beide gegenseitig verifizieren wie Gesetz und Evangelium[43]. Zu unserer besonderen Frage kommt E. zu dem Ergebnis, daß BONHOEFFER »damit tatsächlich in enge Nähe zu BULTMANN kommt«. Eine im einzelnen »keineswegs BONHOEFFER gleich BULTMANN« setzende und »die wirklichen Unterschiede« an der richtigen Stelle suchende Bestimmung des Verhältnisses beider zueinander müsse berücksichtigen, daß a) BONHOEFFER in den Gefängnisbriefen »die ausdrückliche Intention BULTMANNS verkennt«, b) »nicht-religiöse Interpretation … eo ipso die Befreiung der biblischen Botschaft aus dem … mythologischen Mißverständnis bedeutet«, c) BONHOEFFER »noch einen entscheidenden Schritt über BULTMANN hinaus – und damit erst wirklich theologisch vorzugehen« plant, indem er nicht nur mythologische Begriffe, sondern alle religiösen überhaupt interpretieren will[44]. In seinem Artikel »Hermeneutik«[45] bemerkt G. EBELING im Zusammenhang einer Darstellung der nach dem 1. Weltkrieg vorgelegten Entwürfe einer Hermeneutik: »In ähnlicher Weise bringt auch D. BONHOEFFERS

---

[42] S. o. Anm. 8.

[43] ZThK 52. 1955, 341, 355ff. Ich muß es mir hier versagen, auf die Kritik an EBELINGS Verwendung der Begriffe Gesetz und Evangelium einzugehen, die J. MOLTMANN kurz (ThEx 71. 1959, 40 Anm. 43 »… nicht eine Anwendung des Dogmas von Gesetz und Evangelium…«) und in seiner Folge KL. WILKENS ausführlicher (aaO, 161–164) vorgebracht haben, bin aber überzeugt, daß eine gründliche Untersuchung ihres Wahrheits- und Fehlergehaltes die kategorialen Grundlagen des ganzen gegenwärtigen theologischen Gespräches, gewiß auch zur Förderung des Verständnisses BONHOEFFERS, in Bewegung bringen würde, weshalb man denn doch besser mit diesen Einwänden nicht am Rande operieren sollte.

[44] ZThK 52. 1955, 338–340.

[45] Artikel »Hermeneutik« in: RGG[3] III. 257.

Idee einer ›nicht-religiösen Interpretation biblischer Begriffe‹ das hermeneutische Problem in Zusammenhang mit den fundamentalen geschichtlichen Wandlungen des Wirklichkeitsverständnisses.«

Ganz unabhängig von der Kontroverse Harbsmeier-Ebeling hat A. D. Müller schon 1958 »die anregendsten Interpretationsversuche..., die uns in letzter Zeit bewegt haben: den Bultmannschen und den Bonhoefferschen« in einem Atem genannt[46]. 1961 hat er in einem fast alle Schriften Bonhoeffers und die wichtigsten Diskussionsbeiträge verarbeitenden Referat der Forschung durch drei überzeugend begründete Erkenntnisse entscheidend vorwärts geholfen: 1) Bonhoeffers Forderung will »zweifellos grundsätzlich theologisch verstanden« sein[47]; 2) Bonhoeffers Hauptbegriffe müssen kritisch angeeignet werden[48]; 3) nichtreligiöse Interpretation ist die Konsequenz »einer von den ersten literarischen Anfängen an durchgeführten theologischen Grundhaltung«[49]. Als erster nach Ebeling und Bethge[49a] wagt M. zu sagen, was jeder unbefangene Kenner der Materie bemerkt, daß Bonhoeffer in seinen brieflichen Äußerungen über Bultmann diesem »sicher nicht ganz gerecht wird«. Diese »charakteristisch zwiespältigen« Notizen seien für Bonhoeffers Absicht insofern jedoch aufschlußreich, als nach ihr die mythologischen Begriffe »bestehenbleiben müssen«. Dann würde freilich »Interpretation« überflüssig, die Bonhoeffer jedoch energisch verlangt. Aus dieser Aporie hilft sich M. mit seinem bekannten Begriff des »unbedingten Realismus«, der mir trotz seiner Geschlossenheit dem Anliegen Bonhoeffers nicht ganz zu entsprechen scheint[50].

[46] A.D. Müller, Die Sprache als Problem der Praktischen Theologie. In: Das Problem der Sprache in Theologie und Kirche. Referate v. dt. ev. Theologentag 1958 in Berlin, hg. v. W. Schneemelcher, 1959, 108.

[47] A. D. Müller, Dietrich Bonhoeffers Prinzip der weltlichen Interpretation und Verkündigung des Evangeliums. ThLZ 86. 1961, 723.

[48] Der Begriff der »Mündigkeit« bedarf der »Unterscheidung von Mündigkeitsanspruch und wirklicher Mündigkeit«, um nicht bloße »Mündigkeitsrhetorik« zu werden (aaO, 738 f.). Bonhoeffers intellektualistisches Verständnis der Religion muß durch Aufweis der theologischen und anthropologischen Wirklichkeit der Religion ergänzt werden (739–742). Zustimmend weitet Gründe und Folgen dieser Kritik aus M. Stallmann, Die biblische Geschichte im Unterricht 1963, 247 f. Anm. 71.

[49] Dazu: »Der ›änigmatische Charakter‹ der Gefangenschaftsbriefe, auf den Karl Barth hingewiesen hat, verliert daher seine absolute und seine verwirrende Bedeutung... Richtig dürften sie nur dort interpretiert sein, wo sie nicht als Bruch mit den früheren Anschauungen, sondern als eine diese Anschauungen nicht aus-, sondern einschließende, nicht aufhebende, sondern bestätigende scharfe Akzentuierung und Beleuchtung der dort gemeinten Sachverhalte verstanden werden« (735). – Das obige Zitat aaO, 723.

[49a] In den in Deutschland leider kaum bekannten Chicago Lectures hatte E. Bethge eingeräumt, daß Bonhoeffers Vorwurf des Liberalismus „explizit Bultmanns Intention nicht trifft" (The Challenge..., 36).

[50] AaO, 729f.

Im Ausland ist BONHOEFFERS Forderung einer nichtreligiösen Interpretation von Anfang an in engem Zusammenhang mit der ganzen Erneuerung der Theologie im Deutschland der Nachweltkriegszeit gesehen worden. W. HAMILTON versteht sie als Herausforderung BARTHS, BULTMANNS und TILLICHS[51], J. GODSEY als von diesen und R. NIEBUHR unterschieden durch ihren Ausgangspunkt von der konkreten Kirche her[52]. Demgegenüber stellen R. G. SMITH[53] und J. A. T. ROBINSON[54] BONHOEFFER in eine Linie mit BULTMANN und TILLICH, die sie – trotz Kritik im einzelnen – in der gemeinsamen Bemühung um Überwindung des metaphysisch-religiösen Weltbildes sehen. Auch J. GLENTHØJ sucht den Unterschied zwischen BONHOEFFER und BULTMANN auf dem Boden einer umfassenderen Gemeinsamkeit[55]. Für BONHOEFFERS im Ausland über theologische Fachkreise weit hinausgehende Breitenwirkung wird man im Blick auf seine bedenkliche Verharmlosung in Deutschland daher den Grund nicht nur in seinen Pionierdiensten für die Ökumene, sondern mindestens auch darin suchen dürfen, daß man sich dort seinen Plädoyers für Ketzer und Katholiken, Liberalismus und unbewußte Christen, seinen Angriffen gegen theologische Restauration aussetzte, daß man ihn weder aus dem hermeneutischen Fragenbereich kategorisch verbannte, noch seine Briefe als billige Propagandamunition in der Schlacht um BULTMANN verbrauchte, daß man endlich das Werk des Mannes, der von jeder Predigt verlangte, daß sie »bis an die Grenzen der Ketzerei« gehen müsse[56], nicht auf die Geleise einer Orthodoxie zu schieben trachtete, wo er offenbar, auch als Weisheits-, Erbauungs- oder Bußprediger, weder die Welt noch die Kirche in Bewegung bringt, auch nicht, wenn man ihm einen Segen zum marxistischen Totalitarismus abringt.

Ein letztes, fortan nicht mehr zu übersehendes Argument gegen die Richtigkeit der BARTHSchen Warnung hat R. BULTMANN selbst gegeben in seinem Aufsatz »der Gottesgedanke und der moderne Mensch«[57]. Ohne Bezug auf BONHOEFFERS problematische Äußerungen über ihn in den Gefängnisbriefen dokumentiert BULTMANN hier eine Einigkeit mit der großen Intention dieser Briefe, die charakteristischerweise ohne Gebrauch der Terminologie »nicht-

---

[51] W. HAMILTON, A Secular Theology for a World Come of Age. In: Theology Today, Princeton 1962. – Zum ganzen Abschnitt vgl. J. A. PHILLIPS, Die Bedeutung des Lebens und Werkes Dietrich Bonhoeffers für Britische und Amerikanische Theologen. MW IV. 152–169.

[52] J. GODSEY, Theology of Dietrich Bonhoeffer. Philadelphia und London, 1960.

[53] R. G. SMITH, The New Man. London, 1956. Daraus Kap. 5 »Diesseitige Transzendenz« in deutscher Übersetzung in MW II. 104–115.

[54] J. A. T. ROBINSON, Honest to God. London, 1963. Deutsche Übersetzung unter dem Titel »Gott ist anders«, München, 1963.   [55] AaO, MW II. 200.

[56] Vorwort zu GS 4. 10.   [57] ZThK 60. 1963, 337–348.

religiöse Interpretation« und »Entmythologisierung« nachgewiesen und nicht auf die jeweils eigenen Entwürfe zur Ausführung dieser Intention ausgedehnt wird. Einig weiß sich BULTMANN mit BONHOEFFER (wie mit anderen Philosophen und Theologen) darin, »daß das Christentum selbst ein entscheidender Faktor für die Ausbildung der Säkularisierung der Welt war«, daß »mit dem Verlust des Bezuges zum Transzendenten auch die Sicherheit des Wissens des Menschen um sich selbst verlorengegangen ist«; ferner im Verständnis der Offenbarung als einem Handeln Gottes, »das dem objektivierenden Denken der Vernunft nicht sichtbar ... die Existenz des Menschen trifft« und den christlichen Glauben in den Kampf gegen die Ideologisierung der Religion führt; endlich in der Folgerung: »Nachdem aus dem Gott oberhalb der Welt der Gott jenseits der Welt geworden war, gilt es heute, Gott mitten in der Welt, in der Gegenwart zu finden.«[58] Zusammengefaßt: In der Erkenntnis der historischen und theologischen Ursachen für die Notwendigkeit und Struktur eines neuen Gottesbegriffes weiß sich BULTMANN mit BONHOEFFER einig. BULTMANN wollte keinen Beitrag zur BONHOEFFER-Forschung leisten, er hat es aber durch die bejahende Aufnahme des genannten Sachgehaltes aus dem (detaillierteren) Programm BONHOEFFERS indirekt doch getan. Denn will man schon neben den Quellen die von BONHOEFFER zur Verdeutlichung seiner Absicht herangezogenen Theologen nach ihrem Verständnis der Sache befragen, so darf ebenso wie BARTHS Nichtverstehen und Warnen vor den Gefängnisbriefen erst recht BULTMANNS Verstehen und Hinweis auf sie der Forschung als hilfreicher Wink gelten.

II.

BONHOEFFER hat 1944 mit dem zweimaligen Versuch, brieflich seine Intention der nichtreligiösen Interpretation in der Form einer Auseinandersetzung mit BULTMANNS Aufsatz »Neues Testament und Mythologie« zu verdeutlichen, jede spätere Klärung der Sachfrage eng mit einer Bestimmung seines Verhältnisses zur Theologie BULTMANNS verknüpft. Da beide Briefstellen[59] vor eine Reihe von aus ihnen selbst nicht lösbaren Schwierigkeiten stellen, bietet sich als Hilfe die Befragung der in wichtigen Stadien überschaubaren, fast zwanzigjährigen Geschichte seiner Auseinandersetzung mit der Theologie BULTMANNS an. Fände sich in ihr eine gewisse Richtungskonstante, ließen sich jene Briefe als Endpunkt einer erkennbaren Linie verständlich machen, so wäre zugleich ein weiterer Beweis gegen die Interpretation BONHOEFFERS aus seinen »Brü-

---

[58] AaO, 338–343.　　　　[59] WE 183, 220f.

chen« erbracht. Schon ein erster Blick in die einschlägigen Texte zeigt, daß BULTMANN kein einziges Mal als Exeget, sondern nur in seinen systematischen, die Grundlagenproblematik der Theologie betreffenden Gedanken zitiert wird. Da sich BONHOEFFER mit diesen Problemen vorwiegend in der Früh- und Spätzeit, weniger in den Kampfjahren 1934–39 beschäftigte, fehlt BULTMANNs Name in der mittleren Zeit seiner Wirksamkeit.

a) BONHOEFFER hat in den Jahren zwischen seiner Promotion und Habilitation (1927–30) in kritischer Auseinandersetzung Entscheidendes von den Initiatoren der dialektischen Theologie übernommen und sehr eigenständig verarbeitet, dabei aber auch scharfsichtig bedeutsame Unterschiede zwischen ihnen beobachtet. Als er in »Sanctorum Communio« nichtreligiöse Interpretation als Ausarbeitung der »sozialen Intention sämtlicher christlichen Grundbegriffe« versuchte, berief er sich gegen BARTHS Bestimmung der Nächstenliebe, die seines Erachtens den konkreten Nächsten unberechtigt vergleichgültige, mit voller Zustimmung auf Sätze aus BULTMANNs Jesusbuch, welche die Einheit von Gottes- und Nächstenliebe im Vollzug des Glaubensgehorsams behaupteten[60]. In engem Zusammenhang mit dieser Bejahung von BULTMANNs theologischem Verständnis des »konkreten« Du stehen einige Sätze in »Akt und Sein«, der Habilitationsschrift, in der BONHOEFFER, um die »Auslegung« der Offenbarung, die »Seinsart« und das »Daseinsverständnis« des Menschen in der Kirche bemüht, auch für »die Notwendigkeit eines gewissen formalen ›Vorverständnisses‹« eintritt[61]. In ihnen stimmt BONHOEFFER der BULTMANNschen Ableitung der Dialektik »aus der Geschichtlichkeit des Daseins« zu und resümiert dessen Meinung völlig richtig: »Der Mensch in der geschichtlichen Situation stellt bzw. ›ist‹ die Frage, auf die Gott in Freiheit seine Antwort gibt, und über diese Antwort ist in der Geschichtlichkeit nicht anders als dialektisch zu reden.«[62]

Aber wenn BONHOEFFER bei der Entfaltung »einer theologischen Lehre vom Selbstverständnis des Menschen in seinem Zusammenhang mit dem ›In-Wahrheit-gestellt-Werden‹ durch die Offenbarung« auch mehrfach anerkennt, daß BULTMANN (wie auch GOGARTEN) darum bemüht sei, »in der ›konkreten‹ Situation‹ in der ›Geschichtlichkeit‹ den Menschen seiner eigenen Verfügbarkeit entheben« zu wollen[63], so kritisiert er doch entschieden die theologische Unangemessenheit anderer von BULTMANN zur Auslegung der Existenz verwendeter Kategorien. Versucht man, nur im Blick auf unser Thema BONHOEFFERS Meinung ohne Rücksicht auf die Richtigkeit seines Verständnisses der

---

[60] SC 7, 118 Anm. 2.
[62] AS 62 Anm. 9; vgl. 102 Anm. 47.
[61] AS 130f.
[63] AS 113, 8, 74; GS 3. 77.

von ihm herangezogenen Autoren und auf die innere Logik seiner eigenen
Gedanken zu vergegenwärtigen, so ergeben sich zwei – freilich eng ineinander-
greifende – Fragenkomplexe. Er kritisiert einmal (mit K. Löwith) Bultmanns
Bestimmung des Verhältnisses von Philosophie und Theologie. Sie habe ihre
Voraussetzung »in Bultmanns nicht weiter begründeter Behauptung: ›das
gläubige Dasein ist doch jedenfalls Dasein‹«. Bonhoeffer bestreitet sowohl die
Einheit des Daseins als auch die Denkbarkeit der Offenbarung außerhalb des
Bezuges beider zum Ereignis der Offenbarung als der freien Tat Gottes. Denn
»in dem existentiellen Ereignis der Offenbarung wird die existentiale Struktur
des Daseins mitbetroffen und umgeschaffen«. Bonhoeffer meint, daß »ein
Reden von uns erst möglich ist durch ein Reden von Gott« und sieht Bultmanns bekannten umgekehrten Satz »in bedenklicher Verkennung dessen,
daß der Glaube sich allein und ausschließlich auf Gott richten kann«, und jedenfalls in Gefahr, »das Anliegen eines echten Gottesglaubens, nämlich das Sein
Gottes außerhalb des Ich behaupten zu können«, preiszugeben[64]. – Zweitens
begründet Bonhoeffer »die Gefahr des außerhalb der Offenbarung gewonnenen Existenzbegriffs« durch Kritik des Begriffes der ›Möglichkeit‹ in
Bultmanns Anthropologie. Dieser »für Bultmann offenbar durch Heideggers existential-ontologische Analyse des Daseins« nahegelegte Begriff, der das
Sein des Menschen als Seinkönnen bestimmt und »die Idee des Menschen an
der Grenze mit der des Menschen der unendlichen Möglichkeiten« zu vereinen
scheint, verfehle die Wirklichkeit des Menschen unter der Offenbarung, sofern
von ihr aus »möglich sein« im Blick auf Gnade und Sünde immer schon »wirklich in ihr sein« meine, und zwar existential und existentiell; so sei auch der
Begriff der Glaubensentscheidung »keine existentiale noch existentielle Möglichkeit meiner Existenz«. Weil dieser Begriff sich weit »von einem reinen
Aktverständnis« der Offenbarung entfernt, ist er »letztlich irrelevant für die
Theologie«[65]. – Nun will Bonhoeffer aber selbst über das reine Aktverständnis
hinauskommen und die Kontinuität des Gesamt-Ichs und der neuen Existenz
des Glaubenden wahren. Daher muß er einräumen (formal ganz ähnlich der
1944 konstatierten Überwindung der Grenzen Barths durch Bultmann[66]):
Während Barth das neue Ich des Glaubenden nicht in Einheit mit dem empirischen Gesamt-Ich, sondern nur »auf Kosten der Geschichtlichkeit des Menschen« gleichsam nur als dessen »himmlischen Doppelgänger« zu denken ver-
möge, habe Bultmann »durch seinen Begriff der Geschichtlichkeit die Kontinuität des neuen Ich mit dem Gesamt-Ich ... gewiß richtig« erfaßt. Zu fragen

---

[64] AS 54–56 Anm. 89; 72 f; 23 f.
[65] AS 75; 74 Anm. 24; GS 3. 77; AS 79. 56 Anm. 89.
[66] WE 220.

bliebe, weil »undurchsichtig«, wie BULTMANN die Kontinuität des neuen Ich
als eines glaubenden denke, wenn es »nur durch jeden bewußten Entscheidungs-
akt für Christus konstituiert« wäre. Die aus diesem Widerspruch für BON-
HOEFFER resultierende Aufgabe bleibt bezeichnenderweise (und wohl ohne daß
BONHOEFFER es deutlich bemerkt hätte) terminologisch und inhaltlich ganz im
Sinne der Theologie BULTMANNS: »Es käme alles darauf an, soll nicht ein dis-
kontinuierliches, neues Ich angenommen werden, dies Sein des neuen Ich
irgendwie in Zusammenhang mit dem Existenzbegriff zu bringen. Das aber
scheint uns nur möglich durch den Kirchengedanken.«[67]

BONHOEFFERS eindringende, BARTH, BULTMANN und HEIDEGGER nicht voll
gerecht werdende[68] und, soweit ich sehe, einer letzten Durchdringung des
Verhältnisses von Glauben und Denken ermangelnde Analyse der Probleme
sucht in kritischem Lernen und sorgsamem Abgrenzen von BULTMANN einen
eigenständigen Weg. Erst auf dem Boden des zugegebenen Consensus über die
Unverfügbarkeit der Offenbarung und die Geschichtlichkeit des Menschen
unter ihr, dem sich die Frage nach der Einheit der existentiellen Betroffenheit
von ihr mit der Kontinuität zwischen gläubigem und vorgläubigem Ich als ausgesprochene Aufgabe theologischer Besinnung stellt, erhebt sich ein Dissensus,
der nicht die Brauchbarkeit allgemeiner Begriffe in der Theologie generell, wohl
aber ihre Eignung zur Erfassung der Wirklichkeit des Menschen und der Glau-
bensphänomene von Fall zu Fall bestreitet bzw. theologisch nachweisen möchte.
Konsensus und Dissensus bewegen sich, ohne daß BONHOEFFER den Terminus
gebraucht, im Horizont der innerhalb der Theologie unerläßlichen hermeneutischen Problematik. Es sei angemerkt, daß BONHOEFFER nirgends die Theologie
BULTMANNS mit der grobschlächtigen Vokabel »anthropozentrisch« charakterisiert, wie es im Blick auf die erwähnten Texte heute üblich zu werden beginnt[69].

b) Erst nach zehnjährigem Schweigen der Quellen zu unserer Frage beruft
sich BONHOEFFER in dem mitten in seiner konspirativen Tätigkeit verfaßten
Essay über »Die Geschichte und das Gute« auf zwei Stellen aus BULTMANNS
gerade erschienenem Johanneskommentar[70]. In beiden Fällen nimmt BON-

[67] AS 79; vgl. schon 76ff.
[68] Mit Recht nennt H. MÜLLER, aaO, 467 Anm. 354 HEIDEGGERs Darstellung in AS
»zwielichtig«; vgl. auch J. MOLTMANN, ThEx 71. 25ff. Daß BONHOEFFERS »Stilisierung« der
neueren Theologie als Transzendentalphilosophie und Ontologie wie auch seine, von
R. SEEBERGS Bestimmung des Gegensatzes zwischen Wirklichkeit und Möglichkeit abhängige Fassung der Begriffe Akt und Sein gewaltsam sei, zeigt W. PANNENBERG, Akt und
Sein im Mittelalter, KuD 7. 1961, 197ff.
[69] So J. MOLTMANN, ThEx 71. 25 u. E. BETHGE, The Challenge, 36.
[70] E 169f. (6. Aufl. S. 231f). Das zweite Zitat aus BULTMANNS Johanneskommentar ist
auch insofern interessant, als BULTMANNS dort (S. 308) zu lesende Bemerkung, das verheißene Leben stehe »jenseits der menschlichen Möglichkeiten«, BONHOEFFER zeigen

HOEFFER BULTMANNS theologische Interpretation des johanneischen Begriffs des Lebens auf. Seine Benutzung und Wertschätzung des Johanneskommentars ist auch sonst nachweisbar[71].

Alle übrigen (vier) Erwähnungen BULTMANNS bei BONHOEFFER beziehen sich auf dessen 1941 erschienenen Aufsatz »Neues Testament und Mythologie« und müssen, obwohl sie im einzelnen mehrfach behandelt wurden, hier in ihrem inneren Zusammenhang bedacht werden.

In einem leider unvollständig überlieferten Brief an ERNST WOLF v. 24. 3. 1942 äußert BONHOEFFER »große Freude« über BULTMANNS Aufsatz. Ihn beeindruckte »die intellektuelle Redlichkeit seiner Arbeiten immer wieder«. Unter der Ägide von O. DILSCHNEIDER »in ziemlich blöder Weise« über BULT-MANN herziehende, nur protestierende Aufregung Berliner BK-Pfarrer nennt er wegen mangelnder Sachkenntnis »Dünkelhaftigkeit ... für die Bekennende Kirche eine wirkliche Schande... «[72]. Zeigt diese, soweit mir bekannt, bisher nur von E. BETHGE erwähnte[73] Notiz im wesentlichen den »aristokratischen Christen ... der einem in den verschiedensten Dimensionen voranzueilen schien« (wie K. BARTH trefflich formuliert[74]), so substanziiert der am 25. 7. 1942 an *meinen Bruder Winfrid* ins Lazarett nach Marburg geschriebene Brief darüber hinaus auch Kritik an BULTMANN[75]. Als der bisher ausführlichste be-

konnte, daß seine jugendliche Polemik gegen BULTMANNS Begriff der Möglichkeit am Kern der Sache vorbeiging; sie taucht jetzt auch nicht mehr auf.

[71] GS 3. 46. Auch in den Meditationen zu johanneischen Texten (GS 4. 480–504) spürt man BONHOEFFERS Arbeiten im Johanneskommentar.

[72] GS 3. 45 f. – DILSCHNEIDERS damalige und in der Tat recht verwirrende Reaktion auf BULTMANNS Programm der Entmythologisierung findet sich in seinem Aufsatz: Mythos? Gedanken über ein Thema unserer Zeit. DtPfrBl 46. 1942, 153 f.

[73] E. BETHGE, The Challenge, 36.

[74] In dem oa Brief an P.W. HERRENBRÜCK: EvTh 15. 1955. 243.

[75] Der bisher nur von E. BETHGE in seinem Vorwort zur deutschen Ausgabe von J. A. T. ROBINSONS »Gott ist anders« (S. 17), leider mit einem recht sinnentstellenden Fehler wiedergegebenen Brief lautet in dem unsere Frage betreffenden Teil:
»..Nun zu BULTMANN: ich gehöre zu denen, die seine Schrift begrüßt haben; nicht weil ich ihr zustimmte, ich bedaure den doppelten Ansatz in ihr (das Argument von Joh 1, 14 und vom Radio her sollte nicht vermischt werden, dabei halte ich auch das zweite für ein Argument – nur müßte die Trennung klarer sein), soweit bin ich also vielleicht noch ein Schüler HARNACKS geblieben. Grob gesagt: B. hat die Katze aus dem Sack gelassen, nicht nur für sich, sondern für sehr viele (die liberale Katze aus dem Bekenntnissack) und darüber freue ich mich. Er hat gewagt zu sagen, was viele in sich verdrängen (ich schließe mich ein) ohne es überwunden zu haben. Er hat damit der intellektuellen Redlichkeit einen Dienst geleistet. Der Glaubenspharisäismus, der nun dagegen von vielen Brüdern aufgeboten wird, ist mir fatal. Nun muß Rede u. Antwort gestanden werden. Ich spräche gern mit B. darüber und möchte mich der Zugluft, die von ihm kommt, gern aussetzen. Aber das Fenster muß dann auch wieder geschlossen werden. Sonst erkälten sich die Anfälligen. – Wenn du B. siehst, grüße ihn doch von mir ... sage ihm, daß ich ihn gern sähe u. wie ich die Dinge sehe...«.

kanntgewordene Brief Bonhoeffers über Bultmanns Entmythologisierungs-
heft aus der Zeit seiner Freiheit, in der er noch den Text zur Hand nehmen
konnte, wird er den Kanon zum Verständnis der in ihrem genauen Sinn weniger deutlichen Gefängnisbriefe zur Sache abgeben müssen. Geblieben ist das
aus Bonhoeffers Frühzeit bekannte Nebeneinander von Ja und Nein zu
Bultmann: Er begrüßt, aber er kritisiert auch; er freut sich der intellektuellen
Redlichkeit, die den in Theologie, Kirche und bei ihm selbst nur verdrängten
Liberalismus bei Namen nennt und kritischer Überwindung empfiehlt, ja er
wünscht sich das klare Gespräch mit Bultmann und verabscheut den statt
seiner (nur zu sehr) befürchteten »Glaubenspharisäismus ... von vielen Brüdern«; aber er möchte auch »die Anfälligen« bewahrt wissen. Seine Kritik
richtet sich nur gegen den »doppelten Ansatz« bei Bultmann. Mit dem »Argument vom Radio her« greift Bonhoeffer eines von vielen Beispielen heraus,
die Bultmann in der Problementfaltung für die Unvereinbarkeit des mythischen Weltbildes mit dem neuzeitlich-wissenschaftlichen genannt hatte[76]. Mit
dem »Argument von Joh 1, 14 her« kann er sich nur auf Bultmanns pointierte Anführung dieses Textes am Schluß seines Aufsatzes beziehen, in der
Jesus, Wort Gottes, Verkündiger und Kirche zusammenfassend in der Paradoxie ihres weltlichen und eschatologischen Charakters folgendermaßen
gekennzeichnet werden: »Alles Phänomene, die der historischen, der soziologischen, der psychologischen Betrachtung unterliegen, und doch für den
Glauben eschatologische Phänomene sind. ... Die Jenseitigkeit Gottes ist nicht
zum Diesseits gemacht wie im Mythos, sondern die Paradoxie der Gegenwart
des jenseitigen Gottes in der Geschichte wird behauptet: ›Das Wort ward
Fleisch.‹«[77] Wer Bonhoeffers Gesamtwerk überblickt, kann nicht übersehen,
daß hier sein vielfältig und intensiv bearbeitetes Generalthema: soziologische
Betrachtung und Glaubensrealität, Jenseitigkeit und Diesseitigkeit Gottes,
Christus und die Kirche – in ihrer angefochtenen Wirklichkeit in dem historischen Menschen Jesus, in dem Gott gegenwärtig handelt, vom Glauben und
für den Glauben erkannt und behauptet – in prägnanter Formulierung anklingt. Er mußte von seiner eigenen Theologie her Bultmanns Schrift begrüßen. Bonhoeffer wendet sich nicht gegen die Zweiheit der Argumente;
vielmehr hält er beide für legitim. Aber er wünscht eine klarere Trennung. Da
der Aufriß und Inhalt des Bultmannschen Aufsatzes es an Klarheit in dieser
Hinsicht faktisch nicht fehlen läßt, ist der Schluß kaum zu umgehen, daß
Bonhoeffer sich die Zeit zur Überprüfung seines Urteils am Text selber nicht

---

[76] R. Bultmann, Offenbarung und Heilsgeschehen, 1941, 30f (abgedr. in: Kerygma
und Mythos, Bd. I. hg. von H.-W. Bartsch, 1954³, 18).
[77] AaO, 69 (= Kerygma und Mythos I. 48).

mehr genommen hat. Dieser gewiß nie voll befriedigende Ausweg ändert aber
nichts an den eindeutigen Tatsachen, daß a) in Tenor und Begründungen die
BULTMANN bejahenden Motive überwiegen und b) die späteren Vorwürfe des
Liberalismus noch nicht gegen BULTMANN erhoben werden; die Provokation
des unüberwundenen Liberalismus bejaht BONHOEFFER vielmehr und macht sie
unter ausdrücklicher Berufung auf seine HARNACK-Schülerschaft zu seiner
eigenen Sache.

Zwischen diesem Brief und den beiden zwei Jahre später aus dem Gefängnis
geschriebenen liegen nicht nur BONHOEFFERS fortgesetzte Arbeiten an der
»Ethik«, in der sich die Klärung des Horizontes und der Struktur seiner Forderung einer nichtreligiösen Interpretation biblischer Begriffe bereits abzeichnet, sondern wohl auch Gedanken und Gespräche über BULTMANNs Entmythologisierungsprogramm, die sein Urteil darüber modifizieren konnten[77a]. Will
man die beiden Briefe vom 5. 5. und 8. 6. 1944[78] im Blick auf die Situation
ihrer Niederschrift behutsam, aber im Zusammenhang mit den früher in
größerer Freiheit und Eindeutigkeit geäußerten Absichten BONHOEFFERS doch
als deren sachgemäße Bearbeitung verstehen, so ergibt sich: BONHOEFFER
skizziert seine Forderung nichtreligiöser Interpretation biblischer Begriffe in
pointierter Auseinandersetzung mit BULTMANNs Entmythologisierungsent-
wurf und stellt ihn entgegen allen anderen theologischen Programmen in die
Nähe seiner Absicht. Wie BULTMANN bestimmt er die gegenwärtige Aufgabe
der Theologie im Gegensatz zu konservativer Restauration und zur »Grenze
BARTHS« als Interpretation. Wie er will er die Anliegen der liberalen Theologie
aufnehmen und überwinden. In dieser Bestimmung der Aufgabe besteht kein
Gegensatz, wohl aber hinsichtlich ihrer Ausführung. 1) Im Blick auf den
Umfang: BONHOEFFER will nicht nur (wie BULTMANN) die mythologischen,
sondern alle, von ihnen prinzipiell nicht trennbaren, aber ebenso problematischen religiösen Begriffe (wie Gott, Glauben etc.) einbeziehen. Dieser Gegensatz darf heute einerseits wegen des von fast allen Seiten für unzulänglich
erklärten Begriffes der »Religion« bei BONHOEFFER, andererseits durch BULT-
MANNs neueste Einbeziehung des Gottesbegriffes in seine Interpretations-
Überlegungen als erledigt gelten. 2) Im Blick auf die Kriterien der Interpretation: BONHOEFFER hält in falscher Erinnerung der BULTMANNschen Konzeption (»nicht Auswahl und Abstriche«[79]) diese insofern für liberal, als wolle sie

[77a] Leider fehlen bisher Unterlagen darüber, ob BONHOEFFER während seiner angespann-
ten politischen Tätigkeit die schon 1942 beginnende Zeitschriftendebatte, vor allem BULT-
MANNs Antwort an H. THIELICKE (DtPfrBl 47. 1943, 3 f. = KuM I. ³1954, 221–226) überhaupt noch zur Kenntnis nehmen konnte.   [78] WE 183–185, 215–221.
[79] So die erste Überschrift in BULTMANNs Entfaltung der Aufgabe: aaO, 34 (= Kerygma und Mythos I. 21).

durch Streichung mythologischer Elemente ein »Wesen« des Christentums auswählen und so das Evangelium verkürzen. Diese Kritik erweist sich im Vergleich mit dem wahren Sachverhalt als hinfällig. Nicht als hinfällig jedoch erweist sich BONHOEFFERS positive Absicht, daß »die Sache selbst« bei der theologischen, am paulinischen Gesetzesverständnis orientierten Interpretation erhalten bleiben muß. Er hat die Skylla »des Abgleitens von der Sache« und die Charybdis, »daß auch die biblische Terminologie nicht gefahrlos gebraucht werden kann«[80] deutlich markiert – und auch darin besteht inhaltlich heute kein Gegensatz zu BULTMANN, wenngleich BONHOEFFER ihn damals an dieser Stelle markieren zu müssen glaubte. Er hat diese mit seltener Entschlossenheit erkannte Aufgabe der Ausarbeitung theologischer Kriterien für die zeitgemäße Interpretation des Evangeliums, mit der er »für die Zukunft der Kirche einen Dienst tun zu können« hoffte[81], nicht mehr ausführen können. Wer sich ihr in Wahrnehmung seines Erbes und gewiß auch in der von BULTMANN immer gelehrten Freiheit der Verantwortung gegenüber Zeit und Geschichte widmet, wird das im Sinne BONHOEFFERS jedenfalls nicht in ausschließlichem Gegensatz zur Arbeit BULTMANNS tun dürfen.

[80] E 173 f.   [81] WE 262.

SCHULD UND VERANTWORTUNG DER THEOLOGIE

FRIEDRICH GOGARTEN

Soll von Schuld und Verantwortung der Theologie die Rede sein, dann erwartet man doch wohl, daß von dem gesprochen wird, was die Theologie als
Wissenschaft der Welt schuldet. Nämlich daß auch diese von dem wisse, was
Inhalt des theologischen Wissens ist, und für das die Theologie die Verantwortung trägt, daß es der Welt bekannt, und zwar richtig bekannt sei, so
nämlich, daß die Vorstellung, die man vom Inhalt des theologischen Wissens
hat, diesem entspricht. Es darf wohl als selbstverständlich gelten, daß der
Gegenstand des theologischen Wissens das Christentum ist, und zwar das
Christentum als die Offenbarung Gottes und das heißt die Wirklichkeit, in der
der Mensch und seine Welt ihr Heil haben. Aber schon indem man diese
Selbstverständlichkeit ausspricht, kann einem die sehr tiefgreifende und
überaus aktuelle Problematik bewußt werden, in die man gerät, wenn die
Frage nach der Schuld und Verantwortung der Theologie laut wird.

Seit etwa einem Menschenalter, also seit der tiefen Erschütterung des gesamten geistigen Lebens durch den ersten Weltkrieg, ringt die Theologie mit einer
Erkenntnis, die ihr das Verständnis dessen, womit sie zu tun hat und wovon sie
wissen sollte, als eines objektiv zu erfassenden Gegenstandes, wie das sogenannte Christentum einer wäre, immer fragwürdiger gemacht hat. Die Art
und die Bedeutung dieser Erkenntnis, mag noch deutlicher werden, wenn ich
sage, daß diese Erkenntnis eine überraschende Ähnlichkeit hat mit derjenigen,
durch die die heutige Physik vor ganz neue Fragen geführt worden ist. In der
Physik besagt diese Erkenntnis, wie HEISENBERG es formuliert hat, daß die
moderne Naturwissenschaft es nicht mehr, wie noch im 19. Jahrhundert, mit
der Natur »als einem gesetzmäßigen Ablauf in Raum und Zeit« zu tun hat, bei
dessen Erfassen »vom Menschen und seinem Eingriff in die Natur wenn nicht
praktisch, so doch grundsätzlich abgesehen werden kann«. Im Blickfeld der
modernen Naturwissenschaft steht danach vor allem das Netz der Beziehungen
zwischen Mensch und Natur, der Zusammenhänge, durch die wir als körperliche Lebewesen abhängige Teile der Natur sind und sie gleichzeitig als Men-

schen zum Gegenstand unseres Denkens und Handelns machen. Die Naturwissenschaft steht nicht mehr als Beschauer vor der Natur. Der Gegenstand
der Forschung ist, so sagt HEISENBERG, dementsprechend »nicht mehr die
Natur an sich, sondern die der menschlichen Fragestellung ausgesetzte Natur«[1].

Es ist dieselbe Erkenntnis, die fast zur gleichen Zeit wie in der Physik, aber
unabhängig von ihr und auf völlig andere Weise als in dieser gewonnen, die
Theologie vor ganz neue Fragen geführt hat. Ja, man muß sagen: vor eine
ganz neue Art des Fragens nach dem, womit sie zu tun hat. Das ist gemeint,
wenn ich sage, daß die Theologie nicht mehr mit der Selbstverständlichkeit,
mit der sie es durch zwei Jahrhunderte bis zur Zeit des ersten Weltkrieges
getan hat, das Christentum als ihren Gegenstand betrachten kann. Wie nach der
Aussage HEISENBERGS für die heutige Naturwissenschaft, insbesondere für die
Atomphysik, der Gegenstand der Forschung nicht mehr die Natur an sich ist,
sondern »die der menschlichen Fragestellung ausgesetzte Natur«, so kann für
die Theologie die Wirklichkeit, die sie angeht und von der sie wissen soll, nicht
mehr das in dem, wie man bis dahin meinte, in der Geschichte objektiv vor-
findlichen und festzustellenden Christentum an und für sich vorhandene Heil
sein. Wie die Naturwissenschaft nicht mehr als Beschauer vor der Natur steht,
sondern sich selbst als Teil des Wechselspiels zwischen Mensch und Natur
erkennt, »in dessen Mitte sie von Anfang an steht«, so ist es auch der Theologie,
wenn sie jene Erkenntnis einmal gemacht hat, nicht mehr möglich zu meinen,
in diesem historisch-gegenständlich vorgestellten Christentum die Offenbarung Gottes und die Wirklichkeit des Heils des Menschen und seiner Welt
erkennen zu können. Es geht ihr vielmehr genauso wie der Naturwissenschaft:
wie diese sich selbst als Teil des Wechselspiels zwischen Mensch und Natur
erkennt, so muß die Theologie sich selbst als Teil des Wechselspiels zwischen
dem Menschen und dem Heil und Unheil erkennen, in dessen Mitte sie von
Anfang an steht. Und wie für die Naturwissenschaft die Naturgesetze »nicht
mehr von den Elementarteilchen an sich handeln, sondern von unserer Erkenntnis der Elementarteilchen«, ebenso betrifft das Wissen der Theologie
nicht das Heil und Unheil des Menschen als etwas an und für sich Vorhandenes,
sondern unsere Kenntnis, genauer, unser Betroffensein von ihm. Die Kenntnis
und das Betroffensein von der Wirklichkeit des Heils und Unheils aber gibt es
entsprechend dem Wesen dieser Wirklichkeit nicht anders als im Glauben, bzw.
im Unglauben. Und schließlich: begegnete in der Naturwissenschaft der
Mensch sich selbst, weil deren Forschung nicht mehr die Natur an sich betrifft,
sondern die Natur, wie sie der menschlichen Fragestellung ausgesetzt ist, so

---

[1] Das Naturbild der heutigen Physik, in: Die Künste im techn. Zeitalter, 1954, 43 ff.

gilt dieses Sich-selbst-begegnen des Menschen für die Theologie in einem besonders hohen Maße.

Es ist sehr eindrücklich, wenn ein Naturwissenschaftler wie HEISENBERG meint, ein von der Situation der modernen Naturwissenschaft ausgehender Versuch, sich zu den in Bewegung geratenen Fundamenten unserer geistigen Welt vorzutasten, führe zu dem Eindruck, daß man die Verhältnisse vielleicht nicht allzu grob vereinfache, wenn man sage, zum erstenmal im Laufe der Geschichte stehe der Mensch auf dieser Erde nur noch sich selbst gegenüber. Das gilt nun, wie ich meine, für die Theologie in der Weise einer besonderen Entschlossenheit. Und man muß wohl fragen, ob es nicht diese besondere Entschlossenheit ist, die allein es dem Menschen möglich macht, in Wahrheit, und das heißt hier, in vollkommener Ausschließlichkeit nur noch sich selbst gegenüber zu stehen.

Steht der Mensch in der Naturwissenschaft dementsprechend, daß ihr Gegenstand die der menschlichen Fragestellung ausgesetzte Natur ist, sich selbst gegenüber, so begegnet er da doch sich selbst immer nur als dem, der mit der Natur befaßt ist. Ebenso ist es mit den anderen Wissenschaften, je nachdem, womit sie sich befassen und wonach sie fragen. In der Theologie dagegen begegnet der Mensch sich selbst als dem, der nur noch mit sich selbst befaßt ist und nach sich selbst fragt. Er fragt hier auch nicht etwa so nach sich, daß er noch in Beziehung auf sich mit diesem oder jenem zu tun hätte, wie das zB in der Medizin oder Psychologie der Fall ist. Das wäre ja immer noch die Frage nach etwas, das nicht er selbst ist. Diese Frage nun, in der der Mensch nur noch nach sich selbst fragt, in der er also sich selbst fraglich geworden ist, kann keinen anderen Sinn haben als den, daß er danach fragt, ob er, der *Mensch*, ob er *als* Mensch heil ist oder nicht. Das ist, so können wir auch sagen, die Frage nach seinem Wesen. Diese Frage ist immer schon, wenn sie gestellt wird, beunruhigt, sie ist aufgestört von seinem Un-wesen. Unwesen, das ist das verkehrte, das in sein Nicht verwandelte Wesen. Wie zB die Unehre, die Schande, die verkehrte, die in ihr Nicht verwandelte Ehre ist. Nennen wir das Wesen des Menschen sein Heil, so ist sein Unwesen sein Unheil. Der Mensch also, in dem die Frage, in der er ausschließlich nach sich selbst fragt, einmal laut geworden ist, steht in der Entscheidung zwischen seinem Wesen und seinem Unwesen, zwischen seinem Heil und Unheil.

Es ist hiermit aber das Eigentliche des Sich-selbst-fraglich-werdens des Menschen, das für das Wissen und Fragen der Theologie eigentümlich ist, noch nicht ausgesagt. Das wird erst deutlich, wenn man erkennt, daß bei einem solchen Fragen gar nicht der Mensch der eigentlich Fragende, sondern daß er in Wahrheit der Befragte ist. Insofern er in diesem äußersten Sinn nur noch nach sich selbst fragt, wiederholt er nur eine Frage, die an ihn gestellt ist. Er vernimmt diese Frage nach sich selbst aus dem ihm nur auf diese Weise zugänglichen Grunde seiner selbst. Hat er sie aber von dorther einmal vernommen, dann kann er sie nicht wieder vergessen: er behält sie im Sinn und muß sie wiederholen. Denn diese Frage fragt nach ihm, und da sie nicht nach diesem oder jenem fragt, sondern nur nach ihm, so kann er die Antwort auf sie nur mit sich selbst geben, mit seinem Wesen oder seinem Unwesen. Der Mensch also, der die Frage, in der ausschließlich nach ihm selbst gefragt wird, wiederholen muß, steht in der Entscheidung zwischen seinem Heil und seinem Unheil. Heil ist er, wenn er bereit ist, sich selbst auf diese Frage zur Antwort zu geben; unheil ist er, wenn er sich ihr versagt. Er hat in dieser Entscheidung insofern allein mit sich selbst zu tun, als er diese Frage mit nichts anderem beantworten kann, als mit sich selbst.

Gilt es nun für die Theologie, daß der Mensch sich in ihr, wie wir vorhin sagten, in einer besonderen Entschlossenheit gegenübersteht, so ist deutlich, daß sie diese Entschlossenheit niemals aufbringen könnte, wenn sie meinte, des Heils oder des Unheils des Menschen in einer objektiven Realität habhaft sein zu können oder gar zu müssen. Dieser Entschlossenheit ist sie darum nur fähig, wenn sie sich mit ihrem Fragen und Wissen als in der Mitte des Wechselspiels oder sagen wir richtiger: als in der Mitte der Entscheidung zwischen Heil und Unheil stehend erkennt. So betrifft also das Wissen, das die Theologie der Welt schuldig ist, unser Wissen davon, daß Menschsein in dem äußersten Sinn, in dem wir danach fragen können und sollen, heißt, in der unausweichlichen Entscheidung zwischen Heil und Unheil stehen. Oder, anders ausgedrückt, das Wissen der Theologie betrifft den Menschen, wie er, sich selbst fraglich geworden, vor der Entscheidung steht, ob er sich dem Grunde seines Menschseins, aus dem er die Frage nach ihm selbst vernimmt, zur Antwort zu geben bereit ist oder ob er sich ihr versagt.

Wenn wir nun weiter sagen, das Wissen, das die Theologie, von der wir sprechen und die ja nicht irgendeine, sondern die christliche ist, der Welt schuldet und für das sie die Verantwortung trägt, daß es dem entspricht, wovon hier gewußt werden soll – wenn wir von diesem Wissen sagen, es sei das Wissen von Jesus von Nazareth als dem Menschen, in dem das Heil für die Menschen gegenwärtig ist, dann ist damit ein Wissen von derselben Art gemeint wie das, von dem wir bisher sprachen. Das heißt zunächst, was das Menschsein dieses Menschen angeht, daß das Wissen von ihm, das die Theologie der Welt schuldet, nicht von der Art ist wie etwa das Wissen, das die Geschichte von einem Menschen hat. Die Theologie würde also der übrigen Welt nicht leisten, was sie ihr schuldig ist, wenn sie nur ein Wissen von den etwaigen geschichtlichen

Leistungen Jesu oder von seiner Individualität und deren Eigenart und Fähigkeiten vermittelte. Ihr Wissen von dem Menschen Jesus, das sie der Welt schuldet, betrifft lediglich den Menschen selbst, so wie er in der äußersten Weise als er selbst, jenseits von den Leistungen und individuellen Eigenschaften, sich fraglich wird, wenn die Frage nach Heil oder Unheil laut wird, die Frage also, die er mit nichts anderem als nur mit sich selbst zu beantworten vermag. Danach ist der Mensch Jesus, von dem die Theologie weiß oder von dem allein sie doch wissen sollte, der bloße, nackte Mensch, dem die Frage nach dem Heil oder Unheil des Menschen vernehmbar ist.

Was nun das Wissen der Theologie davon angeht, daß in diesem bloßen, nackten Menschen Jesus von Nazareth das Heil gegenwärtig ist, daß, so sagt dasselbe das Neue Testament, der Gekreuzigte der Christus ist, so ist auch das nicht ein Wissen von dem Heil als einer objektiven Realität. Auch hier kommt alles darauf an, daß es ein Wissen bleibt in der Mitte der Entscheidung zwischen Heil und Unheil. Denn nur so vermag es ein Mitwissen zu sein mit dem, der mit seinem nackten, bloßen Menschsein die Frage nach dem Menschen bis in die bitterste Erkenntnis seines Unheils durchgehalten hat. Und nur so, in diesem Mitwissen von dem tiefsten Unheil des Menschen, das in diesem Menschen Jesus von Nazareth offenbar geworden ist, ist das Mitwissen damit möglich, daß der selbe Mensch, indem er sich selbst der Frage nach dem Menschen in das tiefste Unheil hinein zur Antwort gab, das Heil des Menschen an den Tag gebracht hat. Nur dieses doppelte Mitwissen ist der Glaube an den Gekreuzigten, der der Christus ist.

Wenn es tatsächlich so ist, daß nicht nur in der Naturwissenschaft, sondern in allen Bereichen des Lebens der Mensch sich selbst heute in einer Weise begegnet, wie das niemals vorher der Fall war, und wenn es zugleich so ist, daß der Mensch, als dem er sich da begegnet, der mit irgend etwas, das nicht er selbst ist, Befaßte und darum über dem, womit er sich befaßt, sich selbst Vergessende ist, so läßt sich leicht erkennen, wie groß heute die Gefahr ist, daß der Mensch die Frage nach sich selbst, die die Frage nach seinem Heil und Unheil ist, nicht mehr vernimmt, und daß er auf diese Weise seinem Unwesen verfällt. Man wird dann aber auch verstehen, wie groß und aktuell die Verantwortung ist, in der die Theologie der Welt das rechte Wissen vom Heil und Unheil und davon schuldet, wie es in Jesus Christus offenbar geworden ist.

DIE THEOLOGIE RUDOLF BULTMANNS
UND DIE PHILOSOPHIE[1]

GÖTZ HARBSMEIER

I.

Man hat RUDOLF BULTMANN den Vater der Existenztheologie genannt. In welchem Sinne ist diese Kennzeichnung zutreffend? Diese Frage soll uns jetzt beschäftigen.

Will man die Eigenart der Verbindung verstehen, die der Theologe BULT-MANN tatsächlich mit der Existenzphilosophie eingegangen ist, so bedarf es zunächst einer geschichtlichen Orientierung. Blicken wir zurück, so sehen wir von den Briefen des Paulus an ein sehr bewegtes Hin und Her der Beziehungen der christlichen Verkündigung und Theologie zu der jeweils zeitgenössischen Philosophie. Das Verhältnis war das der gegenseitigen Anregung und der Verbrüderung, aber zu Zeiten auch das der Abweisung und der Feindschaft, des Mißtrauens und der Indifferenz, der Verteufelung, aber auch der gelegentlichen Vergötzung, der Warnung voreinander, aber auch der Hilfeleistung füreinander. Es hat großartige Systembauten der Theologie auf der Basis einer *philosophia perennis* gegeben, aber auch den feindseligen Festungsbau gegeneinander, die gegenseitige Durchdringung und die gegenseitige Beherrschung. Es hat nicht an »endgültigen Grenzziehungen« zwischen den einander zugeordneten Bereichen und nicht an endgültigen gegenseitigen Anathematisierungen gefehlt. Doch zu einem ewigen Frieden ist es niemals gekommen, geschweige denn zu einem endgültigen Abschied voneinander.

Ob die Philosophie nun der Theologie die Fackel voran oder ihr die Schleppe nachzutragen habe, ist niemals zu einer endgültigen Entscheidung gebracht worden. Das bleibt eine offene Frage, deren Beantwortung nur im konkreten Fall geschieht. Es fragt sich immer von neuem, ob nicht dieser oder jener Philosoph der bessere Theologe und ob nicht dieser oder jener Theologe der überlegenere Philosoph ist. Für eine jede neue Theologengeneration ist das philosophische Denken ihrer Gegenwart und Vergangenheit eine Zumutung, und für die Philosophie ist das mit der Theologie erst recht so.

---

[1] Ein gemeinverständlicher Vortrag, im Westdeutschen Rundfunk gehalten.

II.

Es ist BULTMANNS Besonderheit, daß er im Gegensatz zu einer unterströmigen starken theologischen Tradition sich von einem jeden antiphilosophischen Affekt freizuhalten gewußt hat. Jegliches Freund-Feind-Denken des Theologen im Verhältnis zur Philosophie liegt ihm fern. So ist ihm also auch die Vorstellung einer theologischen Bündnispolitik mit der Philosophie zugunsten des apologetischen Interesses an dem Erweis der philosophischen Zeitgemäßheit des theologischen Denkens fremd.

Für BULTMANN sind Theologie und Philosophie von vornherein nicht als zwei einander gegenüberstehende »Größen« gedacht, um deren Zuordnung zueinander oder Fernhaltung voneinander nun zu verhandeln wäre. Darin ist BULTMANN alles andere als ein solcher Dogmatiker, der nun etwa die Existenzphilosophie zum Fundament seiner Theologie machen möchte. Man wird sagen müssen, für BULTMANN handelt es sich im Verhältnis zur Existenzphilosophie um die christliche Freiheit im Denken, sich das zum Besten dienen zu lassen, was immer auf diesem Gebiet »wahrhaftig ist, ehrbar und gerecht« (Phil 4, 8). Es gibt kein Prinzip, aus dem heraus sich BULTMANN der Existenzphilosophie zugewandt hat, um sie für seine Theologie dienstbar zu machen. Allein die Einsicht, daß hier wahrhaftig und sachgerecht gedacht ist, hat zu den wesentlichen Anregungen geführt, die das frühe HEIDEGGERsche Werk »Sein und Zeit« ihm gegeben hat. Allerdings ist dabei hinzuzufügen, daß ja auch HEIDEGGER seinerseits entscheidend angeregt ist durch KIERKEGAARD, AUGUSTIN und LUTHER. Auch er also ist kein Philosoph in dem Sinne der strengen Unterschiedenheit von allem theologischen Denken.

III.

Das Hauptproblem BULTMANNS ist das des Verhältnisses von »Glauben und Verstehen«. Das dem Glauben innewohnende Verstehen, das durch die Theologie expliziert wird, hat keine andere Möglichkeit des Vollzuges als die des vernünftigen Denkens in einer verantwortlichen Begrifflichkeit. Das ist für BULTMANN eine fundamentale theologische Erkenntnis. Sie verneint die theologische Tendenz zu einem »Glaubensdenken« mit nur glaubenseigenen Denk- und Begriffsmitteln. Sie behauptet die Solidarität des Glaubenden mit allen denkenden Menschen und die Forderung einer denkenden Rechenschaft vor jedermann, der sie fordert. Diese Forderung weist den Glaubenden, sofern er Theologie treibt, auf das Verstehen, das allen Menschen grundsätzlich möglich ist und das von einer jeden rechtschaffenen Philosophie durchdacht wird.

Das Motiv also, das BULTMANN zur Philosophie gebracht hat, ist nicht etwa das der Fundierung der Theologie durch philosophische Erkenntnisse, sondern das der Verpflichtung zur vernünftigen Rechenschaft. Das Motiv ist nicht das der Suche nach Unterstützung durch die Philosophie, sondern das der intellektuellen Redlichkeit des Glaubenden und seiner Nüchternheit, der Bewahrung vor der Selbstüberheblichkeit, als sei der Glaube der Besitz übernatürlicher und übervernünftiger Geistigkeit und der Glaubende der Rechenschaft vor der Welt enthoben. BULTMANN will der mißverstandenen Entweltlichung und Weltfremdheit der Christen wehren, indem er sie bei ihrer denkerischen Verantwortung zu behaften sucht.

Diese Verantwortlichkeit im Denken und Verstehen des Christen ist aber zugleich die Ermöglichung der wohlverstandenen Entweltlichung der christlichen Existenz. Denn nur, wenn sie, diese Entweltlichung, im Verstehen vor der Welt und für die Welt wirklich verantwortlich ist, ist sie echte Entweltlichung und dient sie in der Liebe dem Nächsten. Nur so ist die Bezeugung des Glaubens in der Welt möglich. Nur so kann auch erst die Entweltlichung des Menschen als die einzige Möglichkeit begreiflich gemacht werden, in deren Ergreifung das Heil liegt.

Das philosophische Denken und Verstehen hat nun Bedeutsamkeit für den Glauben nicht als Prädisponierung, nicht als Vorstufe, sondern als das vorfindliche Welt- und Selbstverständnis, in dem sich eben der Mensch auslegt, dem das erlösende Erbarmen Gottes gilt. Dieser Mensch denkt, spricht und handelt nach seinem Gutdünken. Er weiß um sich und die Welt, in der er sein Leben hat. Die von ihm so denkend und handelnd ausgelegte Existenz ist die von der Erlösung betroffene.

Wie kann ihm das begreiflich gemacht werden, ohne daß eben diese seine Existenz in ihrer jeweiligen Ausgelegtheit zur Sprache gebracht wird? Wie kann er sich getroffen fühlen, wenn ihm nicht klargemacht wird, daß ihn die christliche Verkündigung auf das Leben hin anredet, das er tatsächlich lebt? Dieses Leben, sofern es philosophisch ausgelegt ist, bietet der Verkündigung nicht einen Anknüpfungspunkt dergestalt, daß es durch die Erlösung nur noch überhöht, gekrönt und vollendet würde. Es soll ja im Gegenteil von ihm genommen und er soll mit einem anderen, neuen Leben beschenkt werden.

Aber es ist derselbe Mensch, der da denkt, spricht und handelt, derselbe, der dieses Selbstverständnis in der Welt hat, der zu einem neuen Sein befreit werden soll. Dieser selbe Mensch wird auch als der so befreite denken, weiter dieselbe Sprache sprechen, und er wird überlegt handeln. Nach dem Glauben wie vor ihm ist ein Verstehen im Schwange, ein Denken, Sprechen und Handeln, in dem derselbe Mensch sich seine Existenz bewußt macht und sie auslegt. Er hat seine

Existenz im Glauben ganz und gar anders als ohne den Glauben. Ja, sein Sein ist ein neues Sein. Das alte ist vergangen. Aber nach wie vor ist er sich doch bewußt, denkt, spricht und handelt er. Und nicht nur das. Nach wie vor ist er denkend, sprechend und handelnd auf dieselbe Sprache, dieselben Denkmöglichkeiten, dieselben Bedingungen und Voraussetzungen seines Handelns angewiesen. Er wird nicht anders, sondern anderes denken, nicht anders sprechen, sondern etwas anderes sagen, nicht anders handeln, sondern etwas anderes tun, wenn er glaubt.

Er wird daher auch nicht anders philosophieren können, wohl aber anderes bedenken, wenn er glaubt. Treibt er Theologie, so wird er auch und gerade da nicht über den Schatten des Denkens springen können, unter dessen Bedingungen alle Menschen immer stehen. Er wird der Philosophie so wenig entraten können, wie er derselben Sprache entraten kann, die auch die Sprache des Unglaubens ist.

Das Interesse BULTMANNs an der Philosophie, sei es nun die der Stoa oder der Gnosis, der Lebensphilosophie oder der Existenzphilosophie, hat seinen Grund keineswegs in einem theologischen Programm der Synthese zwischen beiden, sondern einzig und allein in der faktischen Unumgänglichkeit des Denkens in der Theologie.

Theologie ist wesentlich Denken und Sprechen vom Glauben. Sie ist also auf jeden Fall, ob sie will oder nicht, ein geistiges »Handwerk«, dessen »Handwerkszeug« sie mit der Philosophie gemein hat. Und es ist dabei völlig gleichgültig, wozu dieses »Handwerkszeug« der verantwortlichen Begrifflichkeit in einer jeweiligen Philosophie gebraucht wird. Ohne das »irdene Gefäß« des philosophischen Denkens gibt es keine rechtschaffene Theologie.

IV.

Wenn das aber so ist, dann erhebt sich die Frage: Welche Philosophie? Es gibt deren viele. Für BULTMANN handelt es sich bei dieser Frage nicht um die Wahl derjenigen Philosophie, die dem christlichen Glauben, bzw. der Theologie die wenigsten Hindernisse und die besten Anknüpfungsmöglichkeiten bietet. Es geht vielmehr darum, welche Philosophie der Existenz des Menschen sachlich und begrifflich am meisten gerecht wird. Das Kriterium dafür ist das der Existenz selbst, nicht das der Nähe zum christlichen Glauben. Allerdings ist die Nähe einer Philosophie zur Wirklichkeit gelebter Existenz genau das, worauf es dem Theologen BULTMANN ankommt. Denn dieser Existenz gilt die Verkündigung des Evangeliums.

Das ist nun aber etwas völlig anderes als die Anknüpfung an eine Philosophie, die dem christlichen Glauben besonders weit entgegenkäme. BULTMANN läßt in allen seinen theologischen Äußerungen keinen Zweifel darüber, daß es vom Selbstverständnis des Menschen in seiner tatsächlichen Existenz zum Selbstverständnis des Glaubens keinen Übergang gibt. Für ihn liegt zwischen beiden ein nicht zu überbrückender, unendlicher, qualitativer Unterschied. Nicht auf die Nivellierung dieses Unterschiedes, sondern auf seine Verständlichmachung kommt es an. Sie ist nur möglich mit den Mitteln des Denkens der Philosophie.

V.

Natürlich ist es nicht ohne Grund, daß die Möglichkeit der Verständigung zwischen Glauben und dem Denken der Zeit immer besteht. Der Grund ist der, daß der Mensch auf jeden Fall, ob er glaubt oder nicht, um Gott weiß. Auch im Widerspruch gegen Gott weiß er um den, dem er widerspricht. Er weiß auch um seine eigentliche Freiheit, wiewohl er sie nicht will, sondern auch ihr mit seiner Bindung an das, was in der Welt ist, und an sich selbst schuldhaft widerstrebt. Er weiß um die Verkehrtheit seiner Existenz, wiewohl er sie willentlich und wissentlich betreibt. Er weiß, daß es mit ihm nicht so steht, wie es stehen müßte, wiewohl er alles tut, um alles beim alten bleiben zu lassen. Er weiß um die Forderung, die mit seinem Dasein in der Welt gegeben ist. Er kennt den Zumutungscharakter des Lebens und deshalb auch seine Verantwortlichkeit, obwohl er sie im Ernstfall weit von sich weist und sie umlügt in seine Ansprüche an die Welt, an das Leben und den Anderen. Er weiß, wie er zu den Anderen sein sollte, wiewohl er von den Anderen das erwartet, was er ihnen beständig versagt. Er weiß um Liebe und um Vergebung, denn er erwartet sie von seinem Nächsten, dem er sie seinerseits schuldig bleibt.

Dieses Wissen um seine wahre Eigentlichkeit, die darin bestehen müßte, von sich selbst loszukommen, um frei für den Anderen zu sein, dieses Wissen ist angesprochen, ja sogar bestätigt durch die christliche Verkündigung. Deshalb kann die Anrede der Verkündigung niemals ohne den Bezug auf jenes Wissen des Menschen um seine wahre Existenz auskommen. Sie besteht wesentlich darin, dieses »Wissen« des Menschen um sein Gefordertsein und sein Versagen zur Sprache zu bringen. Sie kann das niemals anders als dadurch tun, daß sie den Menschen bei seinem Selbstverständnis packt, wie es sich in seinem Denken auslegt. Das heißt, sie kann es nicht anders als im Eingehen auf sein Philosophieren tun. Sie kann von dem Heilshandeln Gottes an uns nicht verständlich reden, wenn sie nicht davon ausgeht, daß und wie der Mensch auch in seinem Unheil Gottes ist. Auch außerhalb des Glaubens ist die menschliche Existenz durch ihr Verhältnis zu Gott qualifiziert, auch und gerade dann, wenn es sich um die faktische Verneinung oder Umkehrung dieses Verhältnisses handelt. Wer immer Zutreffendes von der menschlichen Existenz sagt, der sagt immer auch Wahrheit über des Menschen Verhältnis zu Gott. Er expliziert auf bestimmte Weise immer auch das Unheil des Menschen, der im Widerspruch zu seinem Gotte lebt. Das ist es, was den Theologen interessieren muß. Das hat er zu erkennen. Er praktiziert damit nicht ein Verstehen, das von der Philosophie zur Theologie emporsteigt, sondern ein theologisches Erkennen, das philosophisches Verstehen im Lichte der Offenbarung sieht.

Dieses Licht der Offenbarung macht gegebenenfalls den Theologen zum Schüler einer jeden rechtschaffenen Philosophie, sofern diese nur zutreffend unsere menschliche Existenz auslegt. Es macht ihn zu einem Schüler, zu einem kritischen Schüler zweifellos, da er die Auslegung der Existenz unter dem ihr selbst nicht notwendigen Gesichtspunkt der Mitteilung einer guten Nachricht für sie sieht! Diese Auslegung der Existenz ist der Adressat, dem die theologische Mitteilung gilt, für den sie da ist. Kennt der Theologe seinen Adressaten nicht, wie kann er dann mit ihm reden, was soll er ihm sagen? Wie kann er ihm klarmachen, daß gerade ihm gilt, was er zu sagen hat? Wo aber auch soll der Theologe sonst zuverlässig erfahren, wie der Mensch seine Existenz versteht, wenn nicht von den Philosophen, die das Existenzverständnis explizieren?

VI.

Die Beschäftigung BULTMANNs mit der Existenzphilosophie ist im Grunde ein Akt der Schriftauslegung. BULTMANN ist unter seiner Arbeit am NT auf die Existenzphilosophie gestoßen. Er ist nicht durch die Philosophie zur Bibel gekommen.

Er hat die Philosophie in der Bibel entdeckt. Genauer gesagt: BULTMANN ist als Bibelexeget und Interpret in Wahrnehmung der damit gestellten Aufgabe und in der Erwägung dessen, was Exegese und Interpretation ist und wie sie zu verfahren habe, zum Schüler der Philosophie HEIDEGGERS geworden. Es handelt sich um eine faktische, nicht um eine prinzipielle, geplante, auch nicht um eine als zwingend notwendig angesehene Schülerschaft. Die vorgelegten großen exegetischen Werke BULTMANNs, der Johanneskommentar und die neutestamentliche Theologie ebenso wie die gesammelten Aufsätze zum Thema »Glauben und Verstehen« und auf ihre Weise auch seine Predigten sind praktische Erprobungen einer Schriftauslegung nach den Kategorien der existentialen Interpretation. Nicht prinzipiell sondern faktisch soll sich zeigen, was ein so angelegtes Unternehmen hergibt. Es mag bessere Weisen der Interpretation geben. BULTMANN hält sich ausdrücklich offen für sie. Es gibt für ihn kein prinzipielles Ausgeschlossensein anderer und besserer Wege. Es hat sich ihm bislang keiner gezeigt, der besser wäre. Er hat den einen Weg gewagt, ihn gründlich durchdacht und beschritten. Andere mögen sich anders versuchen.

Das »Zufällige« der engen Verbindung mit der existentialen Interpretation ist offenkundig. Es ist aber auch als solches durchdacht. Es liegt darin ein Stück Glaubensgehorsam gegenüber der Forderung der geistesgeschichtlichen Situation, wie BULTMANN sie während HEIDEGGERS Marburger Zeit höchst konkret vorgefunden hat. Ihr sich als neutestamentlicher Exeget zu stellen war für BULTMANN mit dem Werk HEIDEGGERS »Sein und Zeit« ganz einfach gegeben. Es war gegeben vom Neuen Testament her! Wenn HEIDEGGER das Sein des Menschen als ein Sein zum Tode kennzeichnet, wenn er die Grundbefindlichkeit des Menschen als die der Angst bezeichnet, wenn er das Dasein des Menschen in seiner Geschichtlichkeit erkennt und die Entschlossenheit als den Mut zum Sein qualifiziert, wenn er die Wahrheit des Menschen als je meine kennzeichnet im Unterschied zur allgemeinen Wahrheit der Naturgesetzlichkeit, so geht das den Neutestamentler unmittelbar an, weil es sich für ihn auf alle Fälle fragt, was diese Aussagen, die die Existenz betreffen, mit der Verkündigung des Neuen Testamentes zu tun haben, die ebenfalls die Existenz angeht.

Es verhält sich überdies nach BULTMANN infolge der biblischen Verkündigung so, daß der Anspruch Gottes auf den Menschen ihm in seinem Nächsten begegnet, und zwar auch in dem Denken des Menschen, mit dem ich unmittelbar zu tun habe. Dieses Denken hat die Vollmacht des Anspruches auf das Denken der Theologen nicht erst dann und keineswegs erst dadurch, daß es ein ausgemacht legitim christliches Denken wäre, sondern dadurch allein, daß es als Zumutung für mich da ist und mich auffordert, ihm mit Liebe gerecht zu werden. Das heißt nicht, das Denken so, wie es lautet, mit dem Willen Gottes an mich zu identifizieren. Es heißt aber, aus ihm den Ruf an mich zu vernehmen, ihm so zu begegnen, daß ihm dabei alle nur erdenkliche Gerechtigkeit widerfährt. Ich muß es ernst nehmen, es prüfen und auf es eingehen in der Erwartung, daß hier ein Mensch die Wahrheit sagen könnte, bei der auch das Evangelium den Menschen behaftet, auf die hin es ihn anredet. Das ist nichts anderes als das, was auch mitten in der Bibel geschieht. Auch da werden den Zeitgenossen, mit denen Jesus es zu tun hat, nicht bisher nie gekannte Neuigkeiten über Gott, Mensch und Welt mitgeteilt. Auch da wird vielmehr der Heide so gut wie der Jude bei seinem Wort genommen, durch das er verrät, wie sehr er um seine Eigentlichkeit und Wahrheit immer schon weiß. Die

Erkenntnis und das Denken der Schriftgelehrten und der Pharisäer werden in den Streitgesprächen Jesu mit ihnen nicht überhaupt als unmöglich abgetan und durch etwas ganz anderes und neues ersetzt. Jesus spricht ihre Sprache und denkt in ihren Gedanken. Er macht mit ihrem Denken und Reden nicht einfach Schluß. Er denkt es vielmehr radikal zu Ende und läßt ihnen gerade nicht die Entschuldigung, sie hätten nicht die Voraussetzung, ihn zu verstehen. Sie haben durchaus dieselbe Voraussetzung. Auch Paulus hat nach seinem Damaskuserlebnis durchaus so gesprochen und gedacht, wie er es vorher getan hat. Seine Bekehrung war nicht die Abkehr von seinem bisherigen Denken und Sprechen, sondern nur die Indienstnahme desselben Denkens und Sprechens für den Gekreuzigten, den er zuvor verfolgt hat. Die Veränderung kam für Paulus aus dem Anspruch Jesu, nicht aus der Sprache, die er mit ihm gemeinsam hatte.

VII.

Für BULTMANNs Beschäftigung mit der Philosophie steht das Sprachproblem im Vordergrund. Es geht ihm darum, daß die kirchliche Verkündigung und Theologie der Forderung gehorchen, in ihrem Denken und in ihrer Sprache für die Welt dazusein. Er meint damit nicht den missionarischen Methodismus, der den Leuten aufs Maul sieht, um sie besser für Christus fangen zu können. Er meint vielmehr damit, daß es zum Wesen des Glaubens selbst gehört, keine denkerische und sprachliche Eigengestalt zu besitzen oder hervorzubringen. Es ist nicht eine Sache der Wahl zwischen zwei Grundmöglichkeiten, für deren eine sich der Glaube entscheidet, wenn er die Sprache des Unglaubens spricht. Es ist nicht ein Verzicht, den er damit auf sich nimmt. Es ist vielmehr zutiefst in dem Heilshandeln Gottes in Jesus von Nazareth begründet, daß der Glaube an ihn sich immer in der Sprache zu verstehen gibt, die auch die des Unglaubens ist: In dieser Solidarität mit der Welt wird der Glaube durch die Liebe festgehalten. Die Entweltlichung des Menschen, die der Glaube tatsächlich ist, liegt in seiner Menschwerdung, in seiner Menschlichkeit, mit der er dem anderen entgegenkommt. Die Weltlichkeit, von der er frei ist und frei macht, besteht in der Errichtung immer neuer Grenzen des Verstehens durch immer neue entzweiende Systeme der Selbstbehauptung und Selbsterlösung. Die Entweltlichung durch den Glauben besteht in der Freiheit davon und zugleich doch auch in dem befreienden Verstehen für den Menschen in seiner Hoffnung, seinem Verhängnis und seiner Not, seiner eigentlichen Wahrheit und seinem heillosen Leiden unter dieser selben Welt, der er unentrinnbar hörig ist.

In dem Sinne ist BULTMANN Existenztheologe, daß er in der Weise der Existenzphilosophie den christlichen Glauben verständlich zu machen sucht, den Glauben, der sich weder auf diese noch auf irgendeine andere Philosophie reduzieren noch gründen läßt. Sein Eingehen auf diese Philosophie entspringt einer Freiheit von ihr, die die Begegnung erst fruchtbar werden lassen kann. BULTMANN will damit nur dasselbe tun, was zum Beispiel das Johannesevangelium oder Paulus auf je ihre Weise zu ihrer Zeit getan haben. Es kommt ihm nicht darauf an, die Existenzphilosophie in die Theologie hinein zu verewigen, sondern allein darauf, die Forderung, die sie in der Tat einmal an die Theologie dargestellt hat, ernst zu nehmen und ihr mit dem Verstehen des Glaubens gerecht zu werden.

Dieses Unternehmen ist selbst ein geschichtliches, das seine Zeit und Stunde hatte und seine Früchte zweifellos für die protestantische, die katholische und die jüdische Theologie getragen hat und noch bringen wird, aber auch für die Philosophie. Es ist aus der Geschichte der Theologie und Geistesgeschichte sicher nicht mehr wegzudenken.

II. SYSTEMATISCHE BEITRÄGE

b) ZUR PHILOSOPHIE

MARTIN HEIDEGGER
UND DIE MARBURGER THEOLOGIE

HANS GEORG GADAMER

Wir versetzen uns in die zwanziger Jahre, in die große spannungsvolle Zeit, in der sich in Marburg die theologische Abwendung von der historischen und liberalen Theologie vollzog, die Zeit, in der philosophische Abkehr vom Neukantianismus erfolgte, die Marburger Schule sich auflöste und neue Sterne am philosophischen Himmel aufgingen. Damals hielt EDUARD THURNEYSEN vor der Marburger Theologenschaft einen Vortrag, für uns junge Leute ein erster Bote der dialektischen Theologie in Marburg, und empfing danach die mehr oder minder zögernden Segenssprüche der Marburger Theologen. In jener Diskussion ergriff auch der junge HEIDEGGER das Wort. Er war gerade als außerordentlicher Professor nach Marburg gekommen, und es ist mir bis zum heutigen Tage unvergeßlich, wie er seinen Diskussionsbeitrag zu dem Thurneysenschen Vortrag schloß. Er sagte nämlich, nachdem er die christliche Skepsis FRANZ OVERBECKS beschworen hatte, es sei die wahre Aufgabe der Theologie, zu der sie wieder finden müsse, das Wort zu suchen, das imstande sei, zum Glauben zu rufen und im Glauben zu bewahren. Ein echter HEIDEGGER-Satz, voll von Zweideutigkeit. Als ihn damals HEIDEGGER sprach, klang er wie eine Aufgabenstellung für die Theologie und war doch vielleicht mehr noch als jener Angriff FRANZ OVERBECKS auf die Theologie seiner Zeit, den HEIDEGGER zitiert hatte, eine Bezweiflung der Möglichkeit der Theologie selbst. Es war eine spannungsvolle Epoche philosophisch-theologischer Auseinandersetzung, die damals begann. Auf der einen Seite die würdevolle Kühle RUDOLF OTTOS, auf der anderen Seite die scharf zupackende Exegese RUDOLF BULTMANNS; auf der einen Seite NICOLAI HARTMANNS scharfsinnige Ziselierkunst, auf der anderen Seite der atemberaubende Radikalismus der HEIDEGGERschen Fragen, der auch die Theologie in seinen Bann zog. Die Urform von ›Sein und Zeit‹ war ein Vortrag vor der Marburger Theologenschaft (1924).

Was sich in HEIDEGGERS Diskussionsvotum bei dem Thurneysen-Vortrag ankündigte, läßt sich als ein zentrales Motiv seines Denkens bis zum heutigen

Tage durchverfolgen: das Problem der Sprache. Dafür war in Marburg kein Boden bereitet. Die Marburger Schule, die jahrzehntelang innerhalb des zeitgenössischen Neukantianismus durch ihre methodische Strenge ausgezeichnet war, richtete sich auf die philosophische Grundlegung der Wissenschaften. Es stand für sie mit völliger Selbstverständlichkeit fraglos fest, daß in den Wissenschaften die eigentliche Vollendung des Wißbaren überhaupt liege, daß die Objektivierung der Erfahrung durch die Wissenschaft den Sinn von Erkenntnis ganz und gar erfülle. Die Reinheit des Begriffs, die Exaktheit der mathematischen Formel, der Triumph der Infinitesimalmethode: das, und nicht das Zwischenreich der schwankenden Sprachgestalten, prägte die philosophische Haltung der Marburger Schule. Auch als ERNST CASSIRER das Phänomen der Sprache in die Thematik des Marburger neukantianischen Idealismus einbezog, geschah dies unter dem methodischen Grundgedanken der Objektivierung. Seine Philosophie der symbolischen Formen hatte es zwar nicht mit einer Methodenlehre der Wissenschaften zu tun, sondern sie sah Mythos und Sprache als symbolische Formen, d. h. aber: als Gestalten des objektiven Geistes, und doch so, daß sie in einer Grundrichtung des transzendentalen Bewußtseins ihre methodische Basis haben sollten.

Nun fing damals die Phänomenologie an, in Marburg Epoche zu machen. MAX SCHELERS Begründung der materialen Wertethik, die mit einer blindwütigen Kritik am Formalismus der kantischen Moralphilosophie verknüpft war, hatte auf NICOLAI HARTMANN, den Avantgardisten innerhalb der damaligen Marburger Schule, schon früh einen tiefen Eindruck hinterlassen[1]. Es war überzeugend – wie es ein Jahrhundert früher für HEGEL gewesen war – daß man vom Phänomen des Sollens aus, d. h. in der imperativischen Form der Ethik, an das Ganze der ethischen Phänomene nicht herankomme. So zeigte sich im moralphilosophischen Felde eine erste Begrenzung der subjektiven Ausgangsbasis des transzendentalen Bewußtseins: das Sollensbewußtsein konnte den Umfang des sittlich Wertvollen nicht ausfüllen. Noch stärker aber wirkte die phänomenologische Schule dadurch, daß sie die selbstverständliche Orientierung der Marburger Schule am Faktum der Wissenschaften nicht mehr teilte, hinter die wissenschaftliche Erfahrung und die kategoriale Analyse ihrer Methoden zurückging und die natürliche Lebenserfahrung – das, was der späte HUSSERL mit einem berühmt gewordenen Ausdruck die Lebenswelt nannte – in den Vordergrund ihrer phänomenologischen Forschung rückte. Beides, die moralphilosophische Abwendung von der imperativischen Ethik

---

[1] Vgl. N. HARTMANNS Rezension des 1. Bds d. Jahrbuchs für philosophische u. phänomenologische Forschung (Zeitschrift Die Geisteswissenschaften I, 1914, 35, 971 f) u. ders. Kleine Schriften III, 1958, 365 ff.

wie die Abwendung von dem Methodologismus der Marburger Schule, hatte seine theologische Entsprechung. Indem die Problematik des Redens von Gott neu bewußt wurde, gerieten die Fundamente der systematischen und historischen Theologie ins Wanken. RUDOLF BULTMANNS Kritik am Mythos, sein Begriff des mythischen Weltbildes, auch und gerade, soweit es im Neuen Testament vorliege, war zugleich eine Kritik an dem Totalitätsanspruch des objektivierenden Denkens. BULTMANNS Begriff der Verfügbarkeit, mit dem er in gleicher Weise das Verfahren der historischen Wissenschaft wie das mythische Denken zu umfassen suchte, bildete geradezu den Gegenbegriff zu der eigentlich theologischen Aussage.

Und nun trat HEIDEGGER in Marburg auf, und ganz gleich, was er las, ob DESCARTES oder ARISTOTELES, PLATO oder KANT den Anknüpfungspunkt bildete – immer ging seine Analyse auf die ursprünglichsten Daseinserfahrungen, die er hinter den Verdeckungen der traditionellen Begriffe freilegte. Und es waren theologische Fragen, die von Anfang an in ihm drängten. Ein frühes Manuskript, das HEIDEGGER 1922 an PAUL NATORP geschickt hatte, und das ich damals zu lesen bekam, bezeugte das gut (es war eine grundsätzliche Einleitung in die von HEIDEGGER vorbereiteten ARISTOTELES-Interpretationen, und es sprach vor allem von dem jungen LUTHER, von GABRIEL BIEL und von AUGUSTIN. HEIDEGGER würde es wohl damals eine Ausarbeitung der hermeneutischen Situation genannt haben: es suchte bewußt zu machen, mit welchen Fragen, mit welchem geistigen Gegenwollen wir ARISTOTELES, dem Meister der Tradition, gegenübertreten). Heute wird niemand zweifeln, daß es eine kritisch-destruktive Grundabsicht war, die HEIDEGGER bei seiner Vertiefung in ARISTOTELES leitete. Damals war das gar nicht so klar. Die großartige phänomenologische Anschauungskraft, die HEIDEGGER in seine Interpretationen einbrachte, befreite den aristotelischen Urtext so gründlich und wirkungsvoll von den Übermalungen der scholastischen Tradition und von dem kläglichen Zerrbild, das der damalı́ Kritizismus von ARISTOTELES besaß – COHEN liebte es zu sagen: »Aristotelɛ̗ war ein Apotheker« –, daß er auf eine unerwartete Weise zu sprechen begann. Vielleicht ist es damals nicht nur den Lernenden, sondern HEIDEGGER selbst so gangen, daß die Stärke des Gegners, ja daß die Verstärkung des Gegners, d HEIDEGGERs Interpretation getreu dem platonischen Grundsatz, den Gegner stärker zu machen[2], wagte, zeitweise über ihn Herr wurde[3]. Denn was ist Interpretieren in der Philosophie anderes, als es mit der Wahrheit des Textes aufzunehmen und sich ihr auszusetzen wagen?

---

[2] Plato, Soph. 246 d.
[3] Man beachte in dieser Hinsicht den Hinweis auf Aristoteles; Eth. Nic. 2 und Met. 10 in ›Sein und Zeit‹ S. 225[1].

Erstmals wurde mir davon etwas bewußt, als ich HEIDEGGER 1923 – noch in Freiburg – kennenlernte und an seinem Seminar über die Nikomachische Ethik des ARISTOTELES teilnahm. Wir studierten die Analyse der Phronesis. HEIDEGGER zeigte uns am Aristoteles-Text, daß alle Techne eine innere Grenze besitze: ihr Wissen sei kein volles Entbergen, weil das Werk, das sie zu erstellen verstehe, in das Ungewisse eines unverfügbaren Gebrauchs entlassen werde. Und nun stellte er den Unterschied zur Diskussion, der all solches Wissen, insbesondere auch die bloße Doxa, von der Phronesis schied: λήθη τῆς μὲν τοιαύτης ἕξεως ἔστιν, φρονήσεως δὲ οὐκ ἔστιν (1140 629). Als wir an diesem Satz unsicher und ganz in die griechischen Begriffe verfremdet heruminterpretierten, erklärte er brüsk: »Das ist das Gewissen!« Es ist hier nicht der Ort die pädagogische Übertreibung, die in dieser Behauptung lag, auf ihr Maß zu reduzieren, und noch weniger, den logischen und ontologischen Druck aufzuweisen, der in Wahrheit auf der Phronesis-Analyse bei Aristoteles lastet. Was HEIDEGGER daran fand, wodurch ihn die aristotelische Kritik an PLATOS Idee des Guten und der aristotelische Begriff des praktischen Wissens so faszinierte, ist heute klar: Hier war eine Weise des Wissens (ein εἶδος γνώσεως)[4] beschrieben, die sich schlechterdings nicht mehr auf eine letzte Objektivierbarkeit im Sinne der Wissenschaft beziehen ließ, ein Wissen in der konkreten Existenzsituation. Konnte Aristoteles vielleicht sogar die ontologischen Vorurteile des griechischen Logosbegriffs überwinden helfen, die HEIDEGGER später temporal, als Vorhandenheit und Anwesenheit, interpretierte? Man denkt bei dieser gewalttätigen Heranreißung des aristotelischen Textes an seine eigenen Fragen daran, wie in ›Sein und Zeit‹ der Ruf des Gewissens es ist, der jenes ›Dasein im Menschen‹ erstmals in seiner sein-zeitlichen Geschehensstruktur sichtbar machte. Es war ja erst sehr viel später, daß HEIDEGGER seinen Begriff des Daseins im Sinne der »Lichtung« von allem transzendentalen Reflexionsdenken ablöste[5]. Konnte am Ende auch das Wort des Glaubens durch die Kritik am Logos und dem Seinsverständnis der Vorhandenheit eine neue philosophische Legitimation finden, so wie später HEIDEGGERS »Andenken« die alte, von HEGEL schon beachtete Nähe zu »Andacht« nie ganz vergessen läßt? War das der letzte Sinn des zweideutigen HEIDEGGERschen Beitrags zur THURNEYSEN-Diskussion gewesen?

Später, in Marburg, gab es noch einmal einen ähnlichen Augenblick, bei dem wir aufmerkten. HEIDEGGER bemühte da einen scholastischen Gegensatz und sprach von dem Unterschied des actus signatus und des actus exercitus.

---

[4] Aristoteles, Eth. Nic. VI, 9, 1141 633f.
[5] Daß auch dabei der aristotelische Begriff der φύσις für HEIDEGGER wichtig war, lehrt seine Interpretation von ARIST., Phys B 1, (Il Pensiero 3, Milano-Varese 1958).

Diese scholastischen Begriffe entsprechen etwa den Begriffen ›reflexive‹ und ›directe‹ und meinen zum Beispiel den Unterschied, der zwischen einem Fragen und der Möglichkeit, sich auf das Fragen als Fragen ausdrücklich zu richten, besteht. Das eine läßt sich in das andere überführen. Man kann das Fragen als Fragen signieren, also nicht nur fragen, sondern sagen, daß man fragt, und daß das und das fraglich ist. Diesen Übergang aus der unmittelbaren, direkten in die reflexive Intention *rückgängig zu machen*, das schien uns nun damals wie ein Weg ins Freie: Das verhieß Befreiung aus dem unentrinnbaren Zirkel der Reflexion, Wiedergewinnung der evokativen Macht des begrifflichen Denkens und der philosophischen Sprache, welche der Sprache des Denkens neben der des Dichtens ihren Rang zu sichern vermöchte.

Gewiß hatte schon die HUSSERLsche Phänomenologie in ihrer transzendentalen Konstitutionsanalyse dahin geführt, den Bereich ausdrücklicher Objektivierungen zu überschreiten. HUSSERL redete von anonymen Intentionalitäten, d. h. von solchen begrifflichen Intentionen, in denen etwas gemeint und in Seinsgeltung gesetzt wird, das keiner bewußt, thematisch und als einzelner meint und vollzieht und das doch tragend ist für alles. So etwa baut sich das, was wir den Bewußtseinsstrom nennen, im inneren Zeitbewußtsein auf. So auch ist der Horizont der Lebenswelt ein solches Produkt anonymer Intentionalitäten. Doch sowohl die scholastische Unterscheidung, die HEIDEGGER zitierte, wie die HUSSERLsche Konstitutionsanalyse der anonymen »Leistungen« des transzendentalen Bewußtseins gingen von der unbegrenzten Universalität der Vernunft aus, die alles und jedes Gemeinte in konstitutiver Analyse aufklären, d. h. zum Gegenstand eines ausdrücklichen Meinens machen, also objektivieren kann.

HEIDEGGER selbst dagegen ging entschlossen in eine andere Richtung. Er verfolgte die innere Unlösbarkeit von Eigentlichkeit und Uneigentlichkeit, von Wahrheit und Irre und die mit aller Entbergung wesensmäßig mitgehende Verbergung, die der Idee einer totalen Objektivierbarkeit von innen her widerspricht. Wohin es ihn drängte, zeigt wohl bereits die Einsicht, die uns damals am tiefsten belehrt und bewegt hat, daß die ursprünglichste Weise, in der die Vergangenheit da sei, nicht die Erinnerung sei, sondern das Vergessen[6]. Hier wird der ontologische Widerspruch HEIDEGGERS gegen HUSSERLs transzendentale Subjektivität am Zentralpunkt der Phänomenologie des inneren Zeitbewußtseins sichtbar. Gewiß erstrebte die HUSSERLsche Analyse gegenüber der Rolle, die die Erinnerung in BRENTANOs Analyse des Zeitbewußtseins spielte, die genauere phänomenologische Unterscheidung der ausdrücklichen

---

[6] Vgl. Sein und Zeit, 339.

Wiedererinnerung, die immer ein »Wahrgenommengewesen« mitmeint, von
dem im Zurücksinken festgehaltenen Dasein des Gegenwärtigen, das er »re-
tentionales Bewußtsein« nannte und auf dessen Leistung alles Zeitbewußtsein
und Bewußtsein von in der Zeit Seiendem beruht[7]. Das waren gewiß »anonyme« Leistungen, aber eben Leistungen des Gegenwärtighaltens, sozusagen
des Anhaltens des Vergehens. Das aus der Zukunft Heranrollen und in die
Vergangenheit Abrollen der Jetzte blieb vom »gegenwärtig Vorhandensein«
aus verstanden. HEIDEGGER dagegen hatte die ursprüngliche ontologische
Dimensionalität der Zeit im Blick, die in der Grundbewegtheit des Daseins lag.
Von da aus fällt nicht nur auf die rätselhafte Unumkehrbarkeit der Zeit Licht,
die sie nie entstehen und immer nur vergehen läßt, es wird auch sichtbar, daß
Zeit nicht im Jetzt oder der Jetztfolge, sondern in der wesenhaften Zukünftigkeit des Daseins ihr Sein hat. Das ist offenbar die wirkliche Erfahrung der
Geschichte, die Weise, in der die Geschichtlichkeit an uns selber geschieht. Wie
da mehr mit einem etwas geschieht, als daß man es tut, bezeugt das Vergessen.
Es ist eine Weise, in der Vergangenheit und das Vergehen seine Wirklichkeit
und Macht beweist. Offenkundig drängte HEIDEGGERs Denken aus der tran-
szendental-philosophischen Reflexionsrichtung heraus, die diese Strukturen
der Zeitlichkeit als das innere Zeitbewußtsein und seinen Selbstaufbau mit
Hilfe der anonymen Intentionalitäten bei HUSSERL thematisierte. Die Kritik
an dem ontologischen Vorurteil des aristotelischen Seins- und Substanzbegriffs
und des neuzeitlichen Subjektbegriffs mußte am Ende die Idee der transzendentalen Reflexion selber zur Auflösung bringen.

Jener actus exercitus, in dem Wirklichkeit ganz unreflektiert erfahren wird –
etwa die des Werkzeugs in der Unauffälligkeit seines Dienens, oder die Vergangenheit in der Unauffälligkeit ihres Entschwindens, läßt sich eben nicht
ohne eine neue Verdeckung in einen signierten Akt umformen. Das vielmehr
lag in HEIDEGGERs Analyse des Daseins als In-der-Welt-sein, daß das derart
erfahrene Sein des Seienden, insbesondere die Weltlichkeit der Welt, nicht
»gegenständlich« begegnet, sondern auf eine wesenhafte Weise sich verbirgt.
Schon »Sein und Zeit« (S. 75) sprach von dem Ansichhalten des Zuhandenen,
auf dem (das aus dem Vorhandensein nicht aufklärbare) »Ansichsein« letztlich
beruhe. Das Sein des Zuhandenen ist nicht einfach Verbergung und Verborgenheit, auf deren Entbergung und Entborgenheit es ankäme. Seine »Wahrheit«,
sein eigentliches, unverstelltes Sein liegt offenbar grade in dieser seiner Unauffälligkeit, Unaufdringlichkeit, Unaufsässigkeit. Hier sind schon in »Sein und

---

[7] Vgl. Vorles. z. Phän. d. inneren Zeitbew., ed. M. HEIDEGGER, Jb. f. Phil. u. phän.
Forschung 9, 1928, zB 395 ff.

Zeit« Vorklänge einer radikalen Abkehr von der am Selbstverständnis des
Daseins orientierten »Lichtung« und »Erschlossenheit«. Denn mag auch dieses
»Ansichhalten des Zuhandenen« zuletzt im Dasein als dem Worumwillen aller
Bewandtnis fundiert sein, so gehört es doch offenkundig zum In-der-Welt-sein
selber, daß »Erschlossenheit« nicht eine totale Durchsichtigkeit des Daseins ist,
sondern ein wesenhaftes Durchherrschtsein von Unbestimmtheit mitmeint
(SuZ 308). Das »Ansichhalten« des Zuhandenen ist nicht so sehr Vorenthaltung
und Verbergung als Einbezogensein und Geborgensein in den Weltbezug, in
dem es sein Sein hat. Die innere Spannung, die »Entbergung« nicht nur zur
Verbergung, sondern zur *Bergung* hat, mißt am Ende auch die Dimension aus,
in der *Sprache* in ihrem gegenwendigen Sein sichtbar werden und dem
Theologen seinerseits für sein Verständnis von Gottes Wort zustatten kommen
kann. –

Im Bereich der Theologie war es der Begriff des Selbstverständnisses, der
eine entsprechende Umbildung erfuhr. Daß das Selbstverständnis des Glaubens, das Grundanliegen der protestantischen Theologie, durch den transzendentalen Begriff des Selbstverständnisses nicht angemessen gefaßt werden kann,
liegt auf der Hand. Wir kennen diesen Begriff aus dem transzendentalen
Idealismus. Insbesondere hat FICHTE die Wissenschaftslehre als die einzige konsequente Durchführung des sich selbst verstehenden transzendentalen Idealismus proklamiert. Man erinnere sich seiner Kritik an KANTs Begriff des Dings
an sich[8]. Da sagt FICHTE mit der schnöden Ruppigkeit, die ihn auszeichnete:
Wenn KANT sich selber verstanden hat, dann kann mit ›Ding an sich‹ nur das
und das gemeint sein. Wenn KANT das nicht gedacht haben sollte, dann war er
nur ein Dreiviertelskopf und kein Denker[9]. Dem Begriff des Selbstverständnisses liegt hier also zugrunde, daß alle dogmatischen Vorannahmen durch die
innere Selbstproduktion der Vernunft aufgelöst werden, so daß am Ende dieser
Selbstkonstruktion des transzendentalen Subjekts die totale Selbstdurchsichtigkeit steht. Es ist erstaunlich, wie nahe HUSSERLs Idee der transzendentalen
Phänomenologie an diese von FICHTE und HEGEL gestellte Forderung heran-
kommt.

Für die Theologie konnte ein solcher Begriff nicht ohne Umformung festgehalten werden. Denn wenn etwas von der Idee der Offenbarung unabding-
bar ist, dann ist es eben dies, daß der Mensch nicht aus Eigenem zu einem Verständnis seiner selbst zu gelangen vermag. Es ist ein uraltes Motiv der Glaubenserfahrung, das schon AUGUSTINs Rückschau auf sein Leben durchzieht, daß

---

[8] FICHTE, Zweite Einleitung in die Wissenschaftslehre, WW I, 471 f; 474 ff; 482 f.
[9] AaO 486.

alle Versuche des Menschen, sich aus sich selbst und der Welt her, über die man als die seine verfügt, zu verstehen, scheitern. In der Tat ist es eine christliche Erfahrung, der, wie es scheint, Wort und Begriff »Selbstverständnis« ihre erste Prägung verdanken. Wir finden beides in dem Briefwechsel zwischen HAMANN und seinem Freunde JAKOBI, wo HAMANN vom Standorte pietistischer Glaubensgewißheit seinen Freund zu überzeugen versucht, daß er mit seiner Philosophie und der Rolle, die in ihr der Glaube spielt, nie zu einem echten Selbstverständnis gelangen könne[10]. Was HAMANN damit meint, ist offenbar mehr als die volle Selbstdurchsichtigkeit, die ein mit sich widerspruchslos im Einklang bleibendes Denken besitzt. Selbstverständnis enthält vielmehr als bestimmendes Moment Geschichtlichkeit. Wer zum wahren Selbstverständnis gelangt, dem geschieht etwas und ist etwas geschehen. So ist es der Sinn der Rede vom Selbstverständnis des Glaubens, daß der Glaubende sich seiner Angewiesenheit auf Gott bewußt wird. Er gewinnt die Einsicht in die Unmöglichkeit, sich aus dem Verfügbaren zu verstehen.

Mit dem Begriff des Verfügens und dem notwendigen Scheitern eines darauf gegründeten Selbstverständnisses hat RUDOLF BULTMANN HEIDEGGERS ontologische Kritik an der Tradition der Philosophie ins Theologische gewendet. Wie es seiner eigenen wissenschaftlichen Herkunft entsprach, grenzte er die christliche Glaubensstellung gegen das Selbstbewußtsein der griechischen Philosophie ab. Die griechische Philosophie aber war für ihn, der nicht auf die ontologischen Grundlagen, sondern auf die existentiellen Stellungnahmen gerichtet war, die Philosophie im hellenistischen Zeitalter und insbesondere das stoische Autarkieideal, das als das Ideal der vollen Selbstverfügung interpretiert und in seiner Unhaltbarkeit vom Christentum her kritisiert wurde. Von diesem Ausgangspunkt her explizierte sich BULTMANN unter dem Einfluß des HEIDEGGERschen Denkens durch die Begriffe der Uneigentlichkeit und der Eigentlichkeit. Das an die Welt verfallene Dasein, das sich aus dem Verfügbaren versteht, wird zur Umkehr gerufen und erfährt am Scheitern seiner Selbstverfügung die Wendung zur Eigentlichkeit. Für BULTMANN schien die transzendentale Analytik des Daseins eine neutrale anthropologische Grundverfassung zu beschreiben, von der her sich der Anruf des Glaubens unabhängig von seinem Inhalt, innerhalb der Grundbewegung der Existenz, ›existential‹ interpretieren ließe. Es war also gerade die transzendentalphilosophische Auffassung von ›Sein und Zeit‹ die sich dem theologischen Denken einfügte. Gewiß war es nicht mehr der alte idealistische Begriff des Selbstverständnisses und seine Vollendung im ›absoluten Wissen‹, das das Apriori der Glaubens-

---

[10] Vgl. RENATE KNOLL, J. G. HAMANN u. FR. H. JACOBI, Heidelb. Forschg. 7, 1963.

erfahrung darstellen konnte. Denn es war ja gerade das Apriori eines Geschehens, das Apriori der Geschichtlichkeit und Endlichkeit des menschlichen
Daseins, das die begriffliche Auslegung des Glaubensgeschehens möglich
machen sollte. Aber gerade das leistete HEIDEGGERs Interpretation des Daseins
auf die Zeitlichkeit.

Es überschreitet meine Kompetenz, die exegetische Fruchtbarkeit des BULT-
MANNschen Ansatzes hier zu erörtern. Daß Paulus und Johannes mit den
strengen Methoden der historischen Philologie auf ihr Selbstverständnis des
Glaubens hin ausgelegt wurden und gerade in solcher Auslegung den kerygmatischen Sinn der neutestamentlichen Verkündigung zu seiner höchsten Erfüllung brachten, war gewiß ein Triumph der neuen existentialen Exegese.

Indessen ging HEIDEGGERs Denkweg in die umgekehrte Richtung. Die
transzendentalphilosophische Selbstauffassung erwies sich dem inneren Denk-
anliegen HEIDEGGERs, das ihn von Anfang an bewegte, immer mehr als unangemessen, und die spätere Rede von der Kehre, die jeden existentiellen Sinn
aus der Rede von der Eigentlichkeit des Daseins und damit den Begriff der
Eigentlichkeit selbst austilgte, konnte mit dem theologischen Grundanliegen
RUDOLF BULTMANNs, wie mir scheint, nicht mehr vereinigt werden. Dabei
näherte sich HEIDEGGER jetzt erst wahrhaft der Dimension, in der seine frühe
Forderung an die Theologie, das Wort zu finden, das nicht nur zum Glauben
zu rufen, sondern auch im Glauben zu bewahren vermöchte, Erfüllung finden
könnte. Mochte der Anruf des Glaubens, der Anspruch, der die Selbstgenügsamkeit des Ich herausfordert und es zur Selbstaufgabe im Glauben nötigt,
als Selbstverständnis interpretierbar sein, so war eine Sprache des Glaubens,
die in ihm zu bewahren vermöchte, doch vielleicht noch etwas anderes, und
das gerade war es, wofür sich in HEIDEGGERs Denken immer deutlicher eine
neue Grundlage abzeichnete: Wahrheit als ein Geschehen, das seine eigene Irre
in sich enthält, Entbergung, die Verbergung und damit zugleich Bergung ist,
auch die bekannte Wendung aus dem Humanismusbrief, wonach die Sprache
das »Haus des Seins« sei – all das wies über den Horizont eines jeden Selbstverständnisses, und sei es noch so sehr ein scheiterndes und geschichtliches,
hinaus.

Indessen ließ es sich auch von der Erfahrung des Verstehens und der Geschichtlichkeit des Selbstverständnisses aus in der gleichen Richtung vorwärts-
kommen, und meine eigenen Versuche zur philosophischen Hermeneutik
haben hier angeknüpft. Da stellte zunächst die Erfahrung der Kunst ein un-
widersprechliches Zeugnis dafür dar, daß das Selbstverständnis keinen zureichenden Interpretationshorizont abgibt. Für die Erfahrung der Kunst gewiß
keine neue Weisheit. Enthielt doch auch der Geniebegriff, auf den sich die

neuere Kunstphilosophie seit KANT gründet, das Wesensmoment der Unbe-
wußtheit. Die innere Entsprechung zur schaffenden Natur, deren Bildungen
uns mit dem Wunder der Schönheit beglücken und menschlich bestätigen,
liegt ja schon bei KANT darin, daß das Genie ohne Bewußtheit und ohne Anwendung von Regeln, wie ein Günstling der Natur, Mustergültiges schafft.
Es ist eine notwendige Folge dieser Selbstauffassung, daß der Selbstinter-
pretation des Künstlers ihre Legitimation entzogen wird. Solche interpretierenden Selbstaussagen erfolgen ja aus einer Haltung nachkommender Reflexion, in der dem Künstler gegenüber jedem anderen, der vor sein Werk gestellt
ist, keine Privilegien zustehen. Solche Selbstaussagen sind gewiß Dokumente
und unter Umständen Anhaltspunkte für nachkommende Interpreten, aber
nicht von kanonischem Rang.

Noch entschiedener werden aber die Konsequenzen, wenn man über die
Grenzen der Genieästhetik und der Erlebniskunst hinaussieht und die innere
Zugehörigkeit des Interpreten zu der Sinnbewegung des Werks in den Blick
nimmt. Denn damit wird auch noch der Maßstab eines unbewußten Kanons,
der in dem Wunder des schöpferischen Geistes erblickt wird, aufgegeben.
Hinter der Erfahrung der Kunst taucht die ganze Universalität des hermeneutischen Phänomens auf.

Dahin führt in der Tat das tiefere Eindringen in die Geschichtlichkeit alles
Verstehens. Insbesondere drängt sich beim Studium der älteren Hermeneutik
des 17. und 18. Jahrhunderts eine folgenreiche Einsicht auf. Kann die *mens
auctoris*, das was der Autor gemeint hat, auf uneingeschränkte Weise als Maßstab des Verstehens eines Textes anerkannt werden? Gibt man diesem hermeneutischen Grundsatz eine weite und weitherzige Auslegung, dann hat er gewiß
etwas Überzeugendes. Versteht man nämlich unter: »was er gemeint hat«; »was
er überhaupt hätte meinen können«, was in seinem eigenen individuellen und
zeitgeschichtlichen Horizont lag, schließt man also dadurch aus, »was ihm
überhaupt nicht hätte in den Sinn kommen können«, so scheint dieser Grundsatz gesund[11]. Er bewahrt den Interpreten vor Anachronismen, vor willkür-
lichen Einlegungen und illegitimen Applikationen. Er scheint die Moral des
historischen Bewußtseins, die Gewissenhaftigkeit des historischen Sinns zu
formulieren.

Indessen erhält auch dieser Grundsatz noch eine grundsätzliche Fragwürdigkeit, wenn man das Interpretieren von Texten mit dem Verständnis und der Erfahrung des Kunstwerks zusammensieht. Auch dort mag es geschichtlich angemessene und insofern authentische Erfahrungsweisen des Kunstwerks geben.

---

[11] Vgl. CHLADENIUS, zitiert nach ›Wahrheit und Methode‹ S. 172.

Aber die Erfahrung der Kunst läßt sich gewiß nicht auf sie beschränken. Auch wer sich einer pythagoreisierenden Ästhetik nicht völlig anvertrauen mag, weil er die geschichtliche Integrationsaufgabe festhält, die aller Kunsterfahrung als einer menschlichen gestellt bleibt, wird doch anerkennen müssen, daß das Kunstwerk ein Sinngefüge eigener Art darstellt, dessen Idealität der geschichtslosen Dimension des Mathematischen nahesteht[12]. Seine Erfahrung und Auslegung ist offenbar in keinem Sinne durch die *mens auctoris* begrenzt. Nehmen wir nun hinzu, daß die innere Einheit von Verstehen und Auslegen, die bereits die deutsche Romantik aufgewiesen hat, den Gegenstand des Verstehens, ob Kunstwerk oder Text oder was für Überlieferung immer, in die Bewegung der Gegenwart hinüberträgt und in ihrer Sprache neu zum Sprechen bringt, dann meine ich, gewisse theologische Konsequenzen sich abzeichnen zu sehen.

Der kerygmatische Sinn des Neuen Testamentes, der dem Evangelium die Applikationsform des »pro me« verleiht, kann der legitimen Sinnermittlung der historischen Wissenschaft am Ende nicht widersprechen. Das ist, wie ich meine, eine unabdingbare Forderung des wissenschaftlichen Bewußtseins. Es ist unmöglich, zwischen Sinn und Heilssinn eines Textes der Heiligen Schrift einen ausschließenden Gegensatz anzunehmen. Aber kann es sich hier überhaupt um einen ausschließenden Gegensatz handeln? Geht nicht die Sinnabsicht der neutestamentlichen Schriftsteller, was sie sich auch im einzelnen denken mögen, in die Richtung des Heilssinns, auf den hin einer die Bibel liest? Damit ist nicht gesagt, daß ihren Aussagen ein adäquates, angemessenes Selbstverständnis zuzuerkennen wäre. Sie gehören eben weithin der Gattung der »Urliteratur« an, die FRANZ OVERBECK gekennzeichnet hat. Versteht man unter Sinn eines Textes die *mens auctoris*, d. h. den »tatsächlichen« Verständnishorizont des jeweiligen christlichen Schriftstellers, dann tut man den Autoren des Neuen Testamentes eine falsche Ehre an. Ihre eigentliche Ehre dürfte gerade darin liegen, daß sie von etwas künden, das ihren eigenen Verständnishorizont übertrifft – auch wenn sie Johannes oder Paulus heißen.

Das soll keineswegs einer unkontrollierbaren Inspirationstheorie und pneumatischen Exegese das Wort reden. Dergleichen würde den Erkenntnisgewinn, den man der neutestamentlichen Wissenschaft verdankt, verschleudern. Doch handelt es sich in Wahrheit nicht um eine Inspirationstheorie. Das wird sichtbar, wenn man die hermeneutische Situation der Theologie mit der der Jurisprudenz, mit den Geisteswissenschaften und mit der Erfahrung der Kunst zusammensieht, wie ich das in meinem Versuch einer philosophischen Her-

---

[12] Wenn O. BECKER gegen meinen Versuch, auch die ästhetische Erfahrung hermeneutisch zu interpretieren (PhR. X 1962, 225 ff, bes. 237) die ›pythagoreische‹ Wahrheit ausspielen möchte, trifft er m. E. keinen wirklichen Streitpunkt.

meneutik getan habe. Verstehen heißt nirgends die bloße Wiedergewinnung dessen, was der Autor »meinte«, ob er nun der Schöpfer eines Kunstwerkes, der Täter einer Tat, der Verfasser eines Gesetzbuches oder was immer war. Die *mens auctoris* begrenzt nicht den Verständnishorizont, in dem sich der Interpret zu bewegen hat, ja, in dem er sich notwendig bewegt, wenn er statt nachzusprechen wirklich verstehen will.

Die sicherste Bezeugung dessen scheint mir im Sprachlichen zu liegen. Alle Interpretation geht nicht nur im Medium der Sprache vor sich – sofern sie sprachlichen Gebilden gilt, überträgt sie das Gebilde, indem sie es ins eigene Verständnis hebt, zugleich in die eigene Sprachwelt. Das ist nicht ein dem Verstehen gegenüber sekundärer Akt. Der alte, von den Griechen stets festgehaltene Unterschied von »Denken« ($\nu o \varepsilon \tilde{\iota} \nu$) und »Aussprechen« ($\lambda \acute{\varepsilon} \gamma \varepsilon \iota \nu$) – zuerst im Lehrgedicht des Parmenides[13] – hält seit Schleiermacher die Hermeneutik nicht mehr im Vorfeld der Okkasionalität. Auch handelt es sich im Grunde gar nicht um ein Übertragen, jedenfalls nicht von einer Sprache in die andere. Die hoffnungslose Inadäquatheit aller Übersetzungen vermag den Unterschied gut zu verdeutlichen. Wer versteht, ist nicht in der Unfreiheit des Übersetzers, sich einen zugemessenen Text Wort für Wort zuordnen zu müssen, wenn er sein Verständnis zu explizieren sucht. Er hat teil an der Freiheit, die dem wirklichen Sprechen, das Sagen des Gemeinten ist, zukommt. Gewiß ist jedes Verstehen nur unterwegs. Es kommt nie ganz zu Ende. Und doch ist im freien Vollzug des Sagens des Gemeinten, auch in dem, was der Interpret meint, ein Ganzes von Sinn gegenwärtig. Das Verstehen, das sich sprachlich ausartikuliert, hat freien Raum um sich, den es in beständiger Beantwortung des es ansprechenden Wortes erfüllt, ohne ihn auszufüllen. »Vieles ist zu sagen«: das ist das hermeneutische Grundverhältnis. Interpretation ist nicht ein nachträgliches Fixieren flüchtiger Meinungen, genausowenig wie das Sprechen etwas Derartiges ist. Was zur Sprache kommt, das sind auch bei literarischer Überlieferung nicht irgendwelche Meinungen als solche, sondern durch sie hindurch die Welterfahrung selbst, die immer das Ganze unserer geschichtlichen Überlieferung miteinschließt. Immer ist Überlieferung wie durchlässig für das, was sich in ihr tradiert. Jede Antwort auf den Zuspruch der Überlieferung, nicht nur das Wort, welches die Theologie zu suchen hat, ist ein Wort, das bewahrt.

---

[13] Parm. fr. 2, 7f, 8, 8; 35f (Diels⁵).

AUS DER LETZTEN MARBURGER VORLESUNG

MARTIN HEIDEGGER

Diese Vorlesung stellte sich während des Sommersemesters 1928 die Aufgabe, eine Auseinandersetzung mit LEIBNIZ zu versuchen. Das Vorhaben war vom Hinblick auf das ekstatische In-der-Welt-sein des Menschen aus dem Blick in die Seinsfrage geleitet.

Das erste Marburger Semester 1923/24 wagte die entsprechende Auseinandersetzung mit DESCARTES, die dann in »Sein und Zeit« (§§ 19–21) eingegangen ist.

Diese und andere Auslegungen waren von der Einsicht bestimmt, daß wir im Denken der Philosophie ein Gespräch sind mit den Denkern der Vorzeit. Ein solches Gespräch meint anderes als die Ergänzung einer systematischen Philosophie durch die historische Darstellung ihrer Geschichte. Es läßt sich aber auch nicht mit der einzigartigen Identität vergleichen, die HEGEL für das Denken seines Gedankens und der Geschichte des Denkens erreichte.

Die Metaphysik, die LEIBNIZ entfaltet, ist gemäß der Überlieferung eine Interpretation der Substanzialität der Substanz.

Der folgende, der genannten Vorlesung entnommene und durchgesehene Text versucht zu zeigen, aus welchem Entwurf und nach welchem Leitfaden LEIBNIZ das Sein des Seienden bestimmt.

Schon das Wort, das LEIBNIZ zur Kennzeichnung der Substanzialität der Substanz wählt, ist charakteristisch. Die Substanz ist Monade. Das griechische Wort μονάς besagt: das Einfache, die Einheit, die Eins, aber auch: das Einzelne, das Einsame. LEIBNIZ gebraucht das Wort Monade erst, nachdem seine Metaphysik der Substanz bereits ausgebildet war, und zwar seit 1696. Was LEIBNIZ mit Monade meint, faßt gleichsam alle griechischen Grundbedeutungen in sich zusammen: Das Wesen der Substanz liegt darin, daß sie Monade ist. Das eigentlich Seiende hat den Charakter der einfachen Einheit des Einzelnen, für sich Stehenden. Vorgreifend gesagt: Monade ist das einfach ursprünglich im vorhinein vereinzelnd Einigende.

Demnach ist für die zureichende Bestimmung der Monade ein Dreifaches festzuhalten:

1. Die Monaden, die Einheiten, die Punkte, sind nicht selbst der Einigung bedürftig, sondern sie sind es, die Einheit geben. Sie vermögen etwas.

2. Die Einheiten als Einheit verleihende sind selbst ursprünglich einigend, in gewisser Weise aktiv. Daher bezeichnet LEIBNIZ diese Punkte als vis primitiva, force primitive, ursprünglich-einfache Kraft.

3. Die Konzeption der Monade hat metaphysische ontologische Absicht. LEIBNIZ nennt die Punkte daher auch nicht mathematische Punkte, sondern points métaphysiques, »metaphysische Punkte« (Gerh. IV, 482; Erdm. 126). Ferner heißen sie »formale Atome«, nicht materiale; sie sind nicht letzte Elementarstückchen der ὕλη, der materia, sondern das ursprüngliche unzertrennliche Prinzip der Formung, der forma, des εἶδος.

Jedes für sich Seiende ist als Monade konstituiert. LEIBNIZ sagt (Gerh. II, 262): ipsum persistens ... primitivam vim habet. Jedes für sich Seiende ist kraftbegabt.

Das Verständnis des metaphysischen Sinnes der Monadenlehre hängt daran, den Begriff der vis primitiva in der rechten Weise zu fassen.

Das Problem der Substanzialität der Substanz soll positiv gelöst werden, und dieses Problem ist für LEIBNIZ ein Problem der Einheit, der Monade. Aus diesem Problemhorizont der positiven Bestimmung der Einheit der Substanz muß alles über die Kraft und ihre metaphysische Funktion Gesagte verstanden werden. Der Kraft-Charakter ist aus dem in der Substanzialität liegenden Problem der Einheit zu denken. LEIBNIZ grenzt seinen Begriff der vis activa, der Kraft, gegen den scholastischen Begriff der potentia activa ab. Dem Wortlaut nach scheinen vis activa und potentia activa dasselbe zu bedeuten. Aber: Differt enim vis activa a potentia nuda vulgo scholis cognita, quod potentia activa Scholasticorum, seu facultas, nihil aliud est quam propinqua agendi possibilitas, quae tamen aliena excitatione et velut stimulo indiget, ut in actum transferatur (Gerh. IV, 469). »Denn es unterscheidet sich die vis activa von dem bloßen Vermögen zu wirken, das man gemeinhin in der Scholastik kennt, weil das scholastische Vermögen zu wirken oder die Vollzugsfähigkeit nichts anderes ist als die nahe Möglichkeit des Tuns, des Vollbringens, die freilich noch einer fremden Anregung, gleichsam eines Stachels bedarf, um in ein Vollziehen überzugehen.«

Die potentia activa der Scholastik ist ein bloßes Imstandsein zum Wirken, so zwar, daß dieses Imstandsein zu ... gerade nahe daran ist, zu wirken, aber noch nicht wirkt. Sie ist eine in einem Vorhandenen vorhandene Fähigkeit, die noch nicht ins Spiel getreten ist.

Sed vis activa actum quendam sive ἐντελέχειαν continet, atque inter facultatem agendi actionemque ipsam media est, et conatum involvit (ib.). »Die vis activa aber enthält ein gewisses schon wirkliches Wirken, bzw. eine Entelechie, sie steht zwischen inne zwischen bloß ruhender Wirkfähigkeit und dem Wirken selbst und schließt in sich einen conatus, ein Versuchen.«

Die vis activa ist danach ein gewisses Wirken, aber nicht die Wirkung im eigentlichen Vollzug, sie ist eine Fähigkeit, aber nicht eine ruhende Fähigkeit. Wir nennen das, was LEIBNIZ hier meint, das Tendieren nach …, besser noch, um das spezifische, in gewisser Weise schon wirkliche Wirkensmoment zum Ausdruck zu bringen, das Drängen, den *Drang*. Er ist weder eine Anlage noch ein Ablauf, sondern das Sich-angelegen-sein-lassen (sich selbst nämlich), das sich auf sich selbst Anlegen (»er legt es darauf an«), sich selbst Anliegen.

Das Charakteristische am Drang ist, daß er sich von sich aus ins Wirken überleitet, und zwar nicht gelegentlich, sondern wesenhaft. Dieses Sichüberleiten zu … bedarf nicht erst eines von anderswoher kommenden Antriebes. Der Drang ist selbst der Trieb, der seinem Wesen nach von ihm selbst angetrieben wird. Im Phänomen des Dranges liegt nicht nur, daß er von sich her gleichsam die Ursache im Sinne der Auslösung mitbringt, der Drang ist als solcher immer schon ausgelöst, jedoch so, daß er immer noch gespannt bleibt. Zwar kann der Drang in seinem Drängen gehemmt sein, aber auch als gehemmter ist er nicht das gleiche wie eine ruhende Wirkfähigkeit. Freilich kann die Beseitigung der Hemmung allererst das Drängen frei werden lassen. Das Verschwinden einer Hemmung, oder – um einen glücklichen Ausdruck von MAX SCHELER zu gebrauchen – die Enthemmung, ist jedoch etwas anderes als eine noch dazu kommende fremde Ursache. LEIBNIZ sagt: atque ita per se ipsam in operationem fertur; nec auxiliis indiget, sed sola sublatione impedimenti (ib.). Der Blick auf einen gespannten Bogen macht das Gemeinte anschaulich. Der Ausdruck »Kraft« ist daher leicht irreführend, weil die Vorstellung einer ruhenden Eigenschaft naheliegt.

Nach dieser Klärung der vis activa als Drang kommt LEIBNIZ zur wesentlichen Bestimmung: Et hanc agendi virtutem omni substantiae inesse ajo, semperque aliquam ex ea actionem nasci (ib. 470). »Diese Kraft also – sage ich – wohnt jeder Substanz inne (macht ihre Substanzialität aus), und immer gebiert sie ein gewisses Wirken«. Mit anderen Worten: sie ist Drang, ist produktiv; producere heißt: etwas hervor-führen, es aus sich sich ergeben lassen und als so Gegebenes in sich behalten. Das gilt auch für die körperliche Substanz. Im Aneinanderstoßen zweier Körper wird lediglich der Drang mannigfach begrenzt und beschränkt. Das übersehen jene (die Cartesianer), qui essentiam eius (substantiam corporis) in sola extensione collocaverunt (ib.).

Jedes Seiende hat diesen Drangcharakter, ist in seinem Sein als drängend bestimmt. Das ist der metaphysische Grundzug der Monade, womit freilich die Struktur dieses Dranges noch nicht ausdrücklich bestimmt ist.

Darin liegt aber eine metaphysische Aussage von größter Tragweite, auf die jetzt schon vorausgedeutet werden muß. Denn diese Interpretation des eigentlich Seienden muß als allgemeine auch die Möglichkeit des Seienden im Ganzen aufklären. Was ist mit der monadologischen Grundthese über das Zusammenvorhandensein mehrerer Seiender im Ganzen des Universums gesagt?

Wenn das Wesen der Substanz als Monade ausgelegt wird und die Monade als vis primitiva, als Drang, conatus, nisus prae-existens, als ursprünglich drängend und das vollkommen Einigende in sich tragend, dann erheben sich angesichts dieser folgenschweren Interpretation des Seienden die Fragen:

1. Inwiefern ist der Drang als solcher das ursprünglich einfach Einigende?
2. Wie ist auf Grund des monadischen Charakters der Substanzen die Einheit und der Zusammenhang im Universum zu deuten?

Wenn jedes Seiende, jede Monade von sich aus drängt, dann besagt dies, daß sie das Wesentliche ihres Seins, dessen, wozu sie und wie sie drängt, von sich aus mitbringt. Alles Mitdrängen anderer Monaden ist in seinem möglichen Verhältnis zu der je einzelnen Monade wesenhaft negativ. Keine Substanz vermag der anderen ihren Drang, d. h. ihr Wesentliches, zu geben. Was sie vermag, ist lediglich Enthemmung oder Hemmung, und selbst in dieser negativen Weise fungiert sie immer nur indirekt. Das Verhältnis der einen Substanz zur anderen ist einzig das der Begrenzung, sonach einer negativen Bestimmung.

LEIBNIZ sagt in dieser Hinsicht ganz deutlich: Apparebit etiam ex nostris meditationibus, substantiam creatam ab alia substantia creata non ipsam vim agendi, sed praeexistentis iam nisus sui, sive virtutis agendi, limites tantummodo ac determinationem accipere. Entscheidend ist der praeexistens nisus. LEIBNIZ schließt: ut alia nunc taceam ad solvendum illud problema difficile, de substantiarum operatione in se invicem, profutura.

NB: Die vis activa wird auch als ἐντελέχεια bezeichnet mit dem Hinweis auf ARISTOTELES (vgl. zB Syst. nouv. § 3). In der Monadologie (§ 18) lautet die Begründung für diese Benennung: »car elles ont en elles une certaine perfection (ἔχουσι τὸ ἐντελές)«, »denn die Monaden haben in sich eine gewisse Perfektion«, sie tragen in sich in gewisser Weise eine Vollendung, sofern jede Monade, wie sich zeigen wird, ihr Positives schon mit sich bringt und zwar so, daß dieses der Möglichkeit nach das Universum selbst ist.

Diese Deutung der ἐντελέχεια entspricht nicht der eigentlichen Tendenz von ARISTOTELES. Andrerseits nimmt LEIBNIZ diesen Titel in neuer Bedeutung für seine Monadologie in Anspruch.

Schon in der Renaissance wird ἐντελέχεια im LEIBNIZschen Sinne übersetzt mit perfectihabia; die Monadologie nennt (§ 48) HERMOLAUS BARBARUS als Übersetzer. Dieser HERMOLAUS BARBARUS übersetzt und kommentiert in der

Renaissance Aristoteles und den Commentar des Themistius (320–390), und zwar in der Absicht, gegen die mittelalterliche Scholastik den griechischen Aristoteles zur Geltung zu bringen. Freilich war sein Werk mit großen Schwierigkeiten verbunden. So wird erzählt, daß er – in der Not und Verlegenheit über die philosophische Bedeutung des Terminus ἐντελέχεια – den Teufel beschworen habe, ihm Aufschluß zu geben.

Den Begriff der vis activa haben wir nunmehr im allgemeinen geklärt: 1. vis activa bedeutet »Drang«. 2. Dieser Drangcharakter soll jeder Substanz qua Substanz innewohnen. 3. Diesem Drang entspringt ständig ein Vollziehen.

Doch kommen wir nun erst zur eigentlichen metaphysischen Problematik der Substanzialität, d. i. zur Frage nach der Einheit der Substanz als des primär Seienden. Was nicht Substanz ist, nennt Leibniz Phänomen, das besagt Ausfluß, Abkünftiges.

Die Einheit der Monade ist nicht das Resultat einer Ansammlung, ist nicht etwas Nachträgliches, sondern das im voraus Einheit Gebende. Die Einheit als das Einheit Gebende ist aktiv, ist vis activa, Drang als primum constitutivum der Einheit der Substanz. Hier liegt das zentrale Problem der Monadologie, das Problem von *Drang* und *Substanzialität*.

Der Grundcharakter dieser Aktivität ist sichtbar geworden. Dunkel bleibt, wie gerade der Drang selbst einheitgebend sein soll. Eine weitere Frage von entscheidender Bedeutung lautet: Wie konstituiert sich auf Grund dieser in sich einigen Monade das Ganze des Universums in seinem Zusammenhang?

Zuvor ist eine Zwischenbetrachtung notwendig. Schon mehrfach wurde betont: Der metaphysische Sinn der Monadologie ist nur zu treffen, wenn eine Konstruktion der wesentlichen Zusammenhänge und Perspektiven gewagt wird, und zwar am Leitfaden dessen, was für Leibniz selbst im Entwurf der Monadologie bestimmend war.

Die Monadologie will das Sein des Seienden aufklären. Eine exemplarische Idee des Seins muß demnach irgendwoher gewonnen sein. Sie wurde dort gewonnen, wo dergleichen wie Sein sich unmittelbar für den philosophisch Fragenden offenbart. Wir verhalten uns zu Seiendem, gehen darin auf und verlieren uns darin, sind davon überwältigt und benommen. Aber wir verhalten uns nicht nur zu Seiendem, zugleich sind wir selbst Seiendes. Wir sind es, und zwar nicht indifferent, sondern so, daß gerade unser eigenes Sein uns anliegt. Daher ist – von anderen Gründen abgesehen – in gewisser Weise immer das eigene Sein des Fragenden der Leitfaden, so auch im Entwurf der Monadologie. Was dabei in den Vorblick gelangt, bleibt allerdings ontologisch unbefragt.

Der ständige Hinblick auf das eigene Dasein, auf die Seinsverfassung und Seinsart des eigenen Ich, gibt Leibniz das Vorbild für die Einheit, die er jedem

Seienden zuweist. Dies wird an vielen Stellen deutlich. Bezüglich dieses Leitfadens klar zu sehen, ist von entscheidender Wichtigkeit für das Verständnis der Monadologie.

De plus, par le moyen de l'âme ou forme, il y a une véritable unité qui répond à ce qu'on appelle MOI en nous; ce qui ne sauroit avoir lieu ni dans les machines de l'art, ni dans la simple masse de la matière, quelque organisée qu'elle puisse être; qu'on ne peut considérer que comme une armée ou un troupeau, ou comme un étang plein de poissons, ou comme une montre composée de ressorts et de roues. (Syst. Nouv. § 11)

»Vermittelst des Hinblickes auf die ›Seele‹ oder die ›Form‹ ergibt sich die Idee einer wahrhaften Einheit, die dem entspricht, was man in uns das »Ich« nennt; dergleichen findet sich aber weder in den künstlichen Maschinen noch in der stofflichen Masse als solcher. Sie ist alsdann doch immer nur wie ein Heer oder eine Herde zu betrachten oder wie ein Teich voller Fische oder auch wie eine aus Federn und Rädern zusammengesetzte Uhr.«

Substantiam ipsam potentia activa et passiva primitivis praeditam, veluti τὸ Ego vel simile, pro indivisibili seu perfecta monade habeo, non vires illas derivatas quae continue aliae atque aliae reperientur. (Brief an DE VOLDER, Cartesianer, Philosoph an der Universität Leyden, vom 20. Juni 1703. Gerh. II, 251; Buchenau II, 325). »Die Substanz selbst denke ich, wenn sie denn ursprünglich Drangcharakter hat, als eine unteilbare und vollkommene Monade, die unserem Ich vergleichbar ist, ...«

Operae autem pretium est considerare, in hoc principio Actionis plurimum inesse intelligibilitatis, quia in eo est analogum aliquod ei quod inest nobis, nempe perceptio et appetitio, ... (30. Juni 1704; Gerh. II, 270; Buch. II, 347).

»Weiterhin aber ist zu erwägen, daß dieses Prinzip der Tätigkeit (Drang) uns im höchsten Grade verständlich ist, weil es gewissermaßen ein Analogon zu dem bildet, was uns selbst innewohnt, nämlich zu Vorstellung und Streben.«

Hier tritt besonders deutlich hervor, daß erstens die Analogie zum »Ich« wesentlich ist und daß zweitens gerade dieser Ursprung den höchsten Grad der Verständlichkeit zur Folge hat.

Ego vero nihil aliud ubique et per omnia pono quam quod in nostra anima in multis casibus admittimus omnes, nempe mutationes internas spontaneas, atque ita uno mentis ictu totam rerum summam exhaurio (1705; Gerh. II, 276; Buch. II, 350).

»Ich dagegen setze überall und allenthalben nur das voraus, was wir alle in unsrer Seele häufig genug zugestehen müssen, nämlich innere selbsttätige Veränderungen und erschöpfe mit dieser einen gedanklichen Voraussetzung die ganze Summe der Dinge.«

Aus der Selbsterfahrung, aus der im Ich vernehmbaren selbsttätigen Veränderung, aus dem Drängen ist diese Idee von Sein geschöpft, die einzige Voraussetzung, d. h. der eigentliche Gehalt des metaphysischen Entwurfes.

»Denken wir uns daher die substanziellen Formen (vis primitiva) als etwas den Seelen Analoges, so darf man in Zweifel ziehen, ob man sie mit Recht verworfen hat.« (LEIBNIZ an BERNOULLI am 29. Juli 1698; Gerh. Mathem. Schriften III, 521; Buch. II, 366) Die substanziellen Formen sind sonach nicht einfach Seelen bzw. selbst neue Dinge und Körperchen, sondern der Seele entsprechend. Diese ist nur der Anlaß für den Entwurf der Grundstruktur der Monade.

... et c'est ainsi, qu'en pensant à nous, nous pensons à l'Etre, à la substance, au simple ou au composé, à l'immateriel et à Dieu même, en concevant que ce qui est borné en nous, est en lui sans bornes. (Monadologie § 30)

»...indem wir in dieser Weise an uns selbst denken, fassen wir damit zugleich den Gedanken des Seins, der Substanz, des Einfachen oder des Zusammengesetzten, des Immateriellen, ja Gottes selbst, indem wir uns vorstellen, daß das, was in uns eingeschränkt vorhanden ist, in ihm ohne Schranken enthalten ist.« (via eminentiae).

Von woher also nimmt LEIBNIZ den Leitfaden für die Bestimmung des Seins des Seienden? Nach der Analogie mit Seele, Leben und Geist wird Sein gedeutet. Der Leitfaden ist das ego.

Daß auch Begriffe und die Wahrheit nicht aus den Sinnen stammen, sondern im Ich und im Verstand entspringen, zeigt der Brief an die Königin SOPHIE CHARLOTTE VON PREUSSEN, Lettre touchant ce qui est independant des Sens et de la Matière. »Von dem, was jenseit der Sinne und der Materie liegt« (1702; Gerh. VI, 499 ff; Buch. II, 410 ff).

Für das ganze Problem der Leitfadenfunktion der Selbstbetrachtung und des Selbstbewußtseins überhaupt ist er von großer Wichtigkeit. LEIBNIZ sagt darin: Cette pensée de *moy*, qui m'apperçois des objets sensibles, et de ma propre action qui en resulte, adjoute quelque chose aux objets des sens. Penser à quelque couleur et considerer qu'on y pense, ce sont deux pensées tres differentes, autant que la couleur même differe de moy qui y pense. Et comme je conçois que d'autres Estres peuvent aussi avoir le droit de dire *moy*, ou qu'on pourroit le dire pour eux, c'est par là que je conçois ce qu'on appelle *la substance* en general, et c'est aussi la consideration de moy même, qui me fournit d'autres notions de *metaphysique*, comme de cause, effect, action, similitude etc., et même celles de la *Logique* et de la *Morale* (Gerh. VI, 502; Buch. II, 414).

»Dieser Gedanke *meiner selbst*, der ich mir der Sinnesobjekte und meiner eigenen, hieran anknüpfenden Tätigkeit bewußt werde, fügt zu den Gegenständen der Sinne etwas hinzu. Es ist etwas ganz anderes, ob ich an eine Farbe denke oder ob ich zugleich über diesen Gedanken reflektiere, ebenso wie die Farbe selbst von dem *Ich*, das sie denkt, verschieden ist. Da ich nun einsehe, daß auch andere Wesen das Recht haben können, Ich zu sagen, oder daß man es für sie sagen könnte, so verstehe ich daraus, was man ganz allgemein als *Substanz* bezeichnet. Es ist ferner die Betrachtung meiner selbst, die mir auch andere metaphysische Begriffe wie die der Ursache, Wirkung, Tätigkeit, Ähnlichkeit usw., ja selbst die Grundbegriffe der *Logik* und der *Moral* liefert.«

L'Estre même et *la Verité* ne s'apprend pas tout à fait par les sens (ib.). »Das *Sein* selbst und die *Wahrheit* läßt sich aus den Sinnen allein nicht verstehen.«

Cette conception de *l'Estre et de la Verité* se trouve donc dans ce Moy, et dans l'Entendement plustost que dans les sens externes et dans la perception des objets exterieurs. (ib. 503 Buch. II, 415) »Dieser Begriff *des Seins und der Wahrheit* findet sich also eher im ›Ich‹ und im Verstande, als in den äußeren Sinnen und in der Perzeption der äußeren Gegenstände.«

Bezüglich der Seinserkenntnis überhaupt sagt Leibniz in Nouv. Ess. (Livre I, chap. 1 § 23): Et je voudrois bien savoir, comment nous pourrions avoir l'idee de l'estre, si nous n'estions des Estres nous mêmes, et ne trouvions ainsi l'estre en nous. (vgl. auch § 21, ebenso Monad. § 30). Auch hier sind, wenngleich mißverständlich, Sein und Subjektivität zusammengebracht. Wir hätten die Idee des Seins nicht, wenn wir nicht selbst Seiende wären und Seiendes in uns fänden.

Gewiß müssen wir sein – das meint Leibniz –, um die Idee des Seins zu haben. Metaphysisch gesprochen: Es ist gerade unser Wesen, daß wir nicht sein können, was wir sind, ohne die Idee des Seins. Seinsverständnis ist konstitutiv für das Dasein (Discours § 27).

Daraus folgt aber nicht, daß wir die Idee des Seins im Rückgang auf uns selbst als Seiende gewinnen.

Wir selbst sind die Quelle der Idee des Seins. – Aber diese Quelle muß als die *Transzendenz* des ekstatischen *Daseins* verstanden werden. Erst auf dem Grunde der Transzendenz gibt es die Artikulation der verschiedenen Seinsweisen. Ein schwieriges und letztes Problem ist die Bestimmung der Idee von Sein überhaupt.

Weil zum Subjekt als dem transzendierenden Dasein das Seinsverständnis gehört, kann die Idee des Seins aus dem Subjekt geschöpft werden.

Was ergibt sich aus all dem? Zunächst, daß Leibniz – bei allen Unterschieden gegenüber Descartes – mit diesem die Selbstgewißheit des Ich als die primäre Gewißheit festhält, daß er wie Descartes im Ich, im ego cogito, die Dimension sieht, aus der alle metaphysischen Grundbegriffe geschöpft werden müssen.

Das Seinsproblem als das Grundproblem der Metaphysik wird im Rückgang auf das Subjekt zu lösen versucht. Trotzdem bleibt auch bei LEIBNIZ wie bei seinen Vorgängern und Nachfolgern dieser Rückgang auf das Ich zweideutig, weil das Ich nicht in seiner Wesensstruktur und spezifischen Seinsart gefaßt ist.

Die Leitfadenfunktion des ego ist aber in mehrfacher Hinsicht vieldeutig. Bezüglich des Seinsproblems ist das Subjekt einmal das exemplarische Seiende. Es selbst gibt als Seiendes mit seinem Sein die Idee von Sein überhaupt her. Zum anderen aber *ist* das Subjekt als das Sein verstehende; es als bestimmt geartetes Seiendes hat *in* seinem Sein Seinsverständnis, wobei Sein nicht nur besagt: existierendes Dasein.

Trotz der Heraushebung echter ontischer Phänomene bleibt der Subjektbegriff selbst ontologisch ungeklärt.

Deshalb muß gerade bei LEIBNIZ der Eindruck entstehen, als sei die monadologische Interpretation des Seienden einfach ein Anthropomorphismus, eine Allbeseelung nach Analogie mit dem Ich. Doch das wäre eine äußerliche und willkürliche Auffassung. LEIBNIZ selbst sucht diese analogisierende Betrachtung metaphysisch zu begründen: ...cum rerum natura sit uniformis nec ab aliis substantiis simplicibus ex quibus totum consistit Universum, nostra infinite differre possit. »Denn da die Natur der Dinge gleichförmig ist, so kann unsre eigene Wesenheit von den andren einfachen Substanzen, aus denen sich das ganze Universum zusammensetzt, nicht unendlich weit verschieden sein.« (Brief an DE VOLDER am 30. VI. 1704. Gerh. II, 270; Buch. II, 347) Der von LEIBNIZ zur Begründung angeführte allgemeine ontologische Grundsatz wäre freilich selbst noch zu begründen.

Statt sich mit der groben Feststellung eines Anthropomorphismus zu begnügen, ist vielmehr zu fragen: Welche Strukturen des eigenen Daseins sind es denn, die für die Interpretation des Seins der Substanz relevant werden sollen? Wie modifizieren sich diese Strukturen, um die Eignung zu bekommen, jedes Seiende, alle Stufen des Seins monadologisch verständlich zu machen?

Das zentrale Problem, das es wieder aufzunehmen gilt, lautet: Wie soll der die Substanz als solche auszeichnende Drang Einheit geben? Wie muß der Drang selbst bestimmt sein?

Wenn der Drang oder das als drängend Bestimmte, sofern es Drängendes ist, Einheit geben soll, dann muß es selbst einfach sein, es darf nicht Teile haben wie ein Aggregat, eine Ansammlung. Das primum constitutivum (Gerh. II, 342) muß eine unteilbare Einheit sein.

Quae res in plura (actu iam existentia) dividi potest, ex pluribus est aggregata, et res quae ex pluribus aggregata est, non est unum nisi mente nec habet

32 *

realitatem nisi a contentis mutuatam (An DE VOLDER; Gerh. II, 267). Das Teilbare hat nur einen geliehenen Sachgehalt.

Hinc jam inferebam, ergo dantur in rebus unitates indivisibiles, quia alioqui nulla erit in rebus unitas vera, nec realitas non mutuata. Quod est absurdum (ib.).

La Monade dont nous parlerons ici, n'est autre chose, qu'une substance simple, qui entre dans les composés; *simple, c'est à dire, sans parties* (Monadologie § 1). »Die Monade, von der hier die Rede sein soll, ist nichts anderes als eine einfache Substanz, die in das Zusammengesetzte eingeht. Sie ist einfach, d. h. sie hat keine Teile.«

Wenn aber die Substanz einfach einigend ist, so muß auch schon ein Mannigfaltiges sein, das von ihr geeinigt wird. Sonst wäre das Problem der Einigung überflüssig und sinnlos. Das, was einigt, dessen Wesen Einigung ist, muß wesensmäßig Bezug zum Mannigfaltigen haben. Gerade in der Monade als einfach einigender muß ein Mannigfaltiges sein. Die wesenhaft einigende Monade muß als solche die Möglichkeit einer Mannigfaltigkeit vorzeichnen.

Der einfach einigende Drang muß als Drängen zugleich Mannigfaltiges in sich tragen, muß Mannigfaltiges *sein*. Dann muß aber auch das Mannigfaltige den Charakter des Drängens, des Be-drängten und Gedrängten haben, der Bewegtheit überhaupt. Mannigfaltiges in Bewegung ist das Veränderliche und das sich Ändernde. Das Be-drängte im Drang aber ist er selbst. Die Drangänderung, das im Drängen selbst sich Ändernde, ist das Ge-drängte.

Der Drang als primum constitutivum soll einfach einigend und zugleich Ursprung und Seinsmodus des Veränderlichen sein.

»Einfach einigend« heißt: Die Einheit soll nicht nachträgliche Zusammennahme eines Angesammelten sein, sondern ursprüngliche organisierende Einigung. Das konstitutive Prinzip der Einigung muß früher sein denn das, was der möglichen Einigung untersteht. Das Einigende muß *voraus* sein, es muß vorweg auslangend sein nach etwas, von wo aus jedes Mannigfaltige schon seine Einheit empfangen hat. Das einfach Einigende muß ursprünglich ausgreifend sein und als ausgreifend im vorhinein umgreifend, so zwar, daß alle Mannigfaltigkeit je schon in der Umgriffenheit sich vermannigfaltigt. Als ausgreifend Umgreifendes ist es vor-weg überragend, ist substantia prae-eminens. (An DE VOLDER. Gerh. II, 252; SCHMALENBACH II, 35).

Der Drang, die vis primitiva als primum constitutivum der ursprünglichen Einigung, muß somit ausgreifend umgreifend sein. LEIBNIZ drückt dies so aus: *Die Monade ist im Grunde ihres Wesens vor-stellend, re-präsentierend.*

Das innerste metaphysische Motiv für den Vorstellungscharakter der Monade ist die ontologische Einigungsfunktion des Dranges. LEIBNIZ selbst blieb diese Motivierung verborgen. Der Sache nach kann aber nur dies das Motiv sein, hingegen nicht die Überlegung: Die Monade ist als Kraft etwas Lebendiges, zum Lebenden gehört Seele und zur Seele wiederum Vorstellen. In dieser Form bliebe es bei einer äußerlichen Übertragung des Seelischen auf das Seiende überhaupt.

Weil der Drang das ursprünglich einfach Einigende sein soll, muß er ausgreifend-umgreifend, muß er »*vor-stellend*« sein. Vor-stellen ist hier nicht als ein besonderes Seelenvermögen zu nehmen, sondern ontologisch struktural. Daher ist die Monade in ihrem metaphysischen Wesen nicht Seele, sondern umgekehrt: *Seele ist eine mögliche Modifikation von Monade*. Der Drang ist nicht ein Geschehen, das gelegentlich auch vorstellt oder gar Vorstellungen produziert, er ist wesenhaft vorstellend. Die Struktur des drängenden Geschehens selbst ist ausgreifend, ist ekstatisch. Das Vor-stellen ist nicht ein pures Anstarren, sondern vorgreifende, das Mannigfaltige sich zu-stellende Einigung im Einfachen. In den Principes de la Nature et de la Grace sagt LEIBNIZ (§ 2): ... les actions internes ... ne peuvent être autre chose que ses *perceptions,* (c'est à dire les représentations du composé, ou de ce qui est dehors, dans le simple).... An DES BOSSES schreibt er: Perceptio nihil aliud quam multorum in uno expressio. (Gerh. II, 311) und: Nunquam versatur perceptio circa objectum, in quo non sit aliqua varietas seu multitudo (ib. 317).

Wie das »Vorstellen« gehört auch das »Streben« zur Struktur des Dranges (νόησις – ὄρεξις). LEIBNIZ nennt neben der perceptio (repraesentatio) noch ausdrücklich ein zweites Vermögen, den appetitus. Den appetitus muß LEIBNIZ nur deshalb noch eigens betonen, weil er selbst nicht sofort das Wesen der vis activa radikal genug faßt – trotz der klaren Abgrenzung gegen potentia activa und actio. Die Kraft bleibt noch scheinbar etwas Substantielles, ein Kern, der dann mit Vorstellen und Streben begabt wird, während der Drang in sich selbst vorstellendes Streben, strebendes Vorstellen ist. Allerdings hat der Charakter des appetitus noch eine besondere Bedeutung, er ist nicht gleichbedeutend mit Drang. Appetitus meint ein eigenes wesenhaftes konstitutives Drangmoment wie die perceptio.

Der ursprünglich einigende Drang muß jeder möglichen Mannigfaltigkeit schon voraus sein, er muß ihr der Möglichkeit nach gewachsen sein, sie schon übertroffen und überholt haben. Der Drang muß die Mannigfaltigkeit in gewisser Weise in sich tragen und im Drängen in sich geboren werden lassen. Es gilt den Wesensursprung der Mannigfaltigkeit im Drang als solchem zu sehen.

Erinnert sei nochmals: Der vorweg überholende Drang ist ursprünglich einigende Einheit, d. h. die Monade ist substantia. Substantiae non tota sunt quae contineant partes formaliter, sed res totales quae partiales continent eminenter (An DE VOLDER am 21. 1. 1704. Gerh. II, 263).

Der Drang ist die Natur, d. h. das Wesen der Substanz. Als Drang ist es in gewisser Weise aktiv, dieses Aktive aber ist immer ursprünglich vor-stellend. (Principes de la Nature ... § 2; Schmalenbach II, 122) Im obigen Brief an DE VOLDER fährt LEIBNIZ fort: Si nihil sua natura activum est, nihil omnino activum erit; quae enim tandem ratio actionis si non in natura rei? Limitationem tamen adjicis, *ut res sua natura activa esse possit, si actio semper se habeat eodem modo.* Sed cum omnis actio mutationem contineat, ergo habemus quae negare videbaris, tendentiam ad mutationem internam, et temporale sequens ex rei natura. Hier wird deutlich gesagt: Die Aktivität der Monade ist als Drang in sich Drang nach Änderung.

Drang drängt von Hause aus zu anderem, ist sich überholender Drang. Das will heißen: In einem Drängenden selbst als Drängendem entspringt das Mannigfaltige. Die Substanz ist successioni obnoxia, dem Nacheinander preisgegeben. Der Drang gibt sich als Drang dem Nacheinander preis, nicht als etwas anderem seiner selbst, sondern als dem ihm Zugehörigen. Das, was der Drang zu erdrängen sucht, unterwirft sich selbst der zeitlichen Folge. Das Mannigfaltige ist ihm nichts Fremdes, er ist es selbst.

Im Drang selbst liegt die Tendenz zum Übergang von ... zu .... Diese Übergangstendenz ist es, was LEIBNIZ mit appetitus meint. Appetitus und perceptio sind im charakteristischen Sinne gleichursprüngliche Bestimmungen der Monade. Die Tendenz selbst ist vor-stellend. Dies besagt: Sie ist aus einer vorweg überholenden Einheit her einigend, einigend die im Drang erdrängten und sich drängenden Übergänge von Vorstellen zu Vor-stellen. Imo rem accurate considerando dicendum est nihil in rebus esse nisi substantias simplices et in his perceptionem atque appetitum (an DE VOLDER. Gerh. II, 270).

Revera igitur (principium mutationis) est internum omnibus substantiis simplicibus, cum ratio non sit cur uni magis quam alteri, consistitque in progressu perceptionum Monadis cuiusque, nec quicquam ultra habet tota rerum natura (ib. 271).

Der progressus perceptionum ist das Ursprüngliche der Monade, die vorstellende Übergangstendenz, der Drang.

Porro ultra haec progredi et quaerere cur sit in substantiis simplicibus perceptio et appetitus, est quaerere aliquid ultramundanum ut ita dicam, et Deum ad rationes vocare cur aliquid eorum esse voluerit quae a nobis concipiuntur (ib. 271).

Für die Genesis der Lehre vom Drang und der Übergangstendenz ist der Brief an DE VOLDER vom 19. 1. 1706 (erster Entwurf) aufschlußreich: Mihi tamen sufficit sumere quod concedi solet, esse quandam vim in percipiente sibi formandi ex prioribus novas perceptiones, quod idem est ac si dicas, ex priore aliqua perceptione sequi interdum novam. Hoc quod agnosci solet alicubi a philosophis veteribus et recentioribus, nempe in voluntariis animae operationibus, id ego semper et ubique locum habere censeo, et omnibus phaenomenis sufficere, magna et uniformitate rerum et simplicitate (Gerh. II, 282 Anm; Schmalenbach II, 54 f Anm.).

Inwiefern ist der Drang als Drang einigend? Zur Beantwortung dieser Frage ist es nötig, einen Einblick in den Wesensbau des Dranges zu vollziehen.

1. Der Drang ist ursprünglich einigend, und zwar nicht von Gnaden dessen, was er einigt, und dessen Zusammenstückung, sondern vorgreifend-umgreifend einigend als perceptio.

2. Dieses percipere ist umgreifend, ist einem Mannigfaltigen zugewendet, das selbst schon im Drang angelegt ist und ihm entspringt. Drang ist sich überholend, Andrang. Das gehört zur monadischen Struktur, die selbst immer vorstellend bleibt.

3. Der Drang ist als progressus perceptionum drängend, sich zu überholen, er ist *appetitus*. Die Übergangstendenz ist tendentia interna ad mutationem.

Die Monade ist ursprünglich einfach im vorhinein einigend, und zwar so, daß diese Einigung gerade vereinzelt. Die innere Möglichkeit der Individuation, ihr Wesen, liegt in der Monade als solcher. Deren Wesen ist Drang.

Nehmen wir das über die Substanzialität der Substanz Gesagte in einen Blick: Substanz ist das, was die Einheit eines Seienden konstituiert. Dieses Einigende ist Drang, und zwar genommen in den Bestimmungen, die aufgewiesen wurden: das Mannigfaltige in sich selbst ausbildendes Vor-stellen als Übergangstendenz.

Der Drang ist als dieses Einigende die Natur eines Seienden. Jede Monade hat je ihre »propre constitution originale«. Diese ist bei der Schöpfung mitgegeben.

Was bestimmt im Grunde jede Monade zu jeweilig dieser? Wie konstituiert sich die Individuation selbst? Der Rückgang auf die Schöpfung ist nur die dogmatische Erklärung der Herkunft des Individuierten, aber nicht die Aufklärung der Individuation selbst. Worin besteht diese? Die Beantwortung dieser Frage muß das Wesen der Monade noch mehr verdeutlichen.

Offenbar muß die Individuation sich in dem abspielen, was das Wesen der Monade von Grund auf konstituiert: im Drang. Welcher wesensmäßige Charakter der Drangstruktur ermöglicht die jeweilige Vereinzelung und begründet so die jeweilige Eigenartigkeit der Monade? Inwiefern ist das ursprünglich Einigende gerade im Einigen ein Sichvereinzeln?

Wenn vorhin der Zusammenhang mit der Schöpfung beiseite geschoben wurde, dann nur deshalb, weil es sich dabei um eine dogmatische Erklärung handelt. Der metaphysische Sinn jedoch, der in der Kennzeichnung der Monade als geschaffener zum Ausdruck kommt, ist die *Endlichkeit*. Formal besagt Endlichkeit: Eingeschränktheit. Inwiefern ist der Drang einschränkbar?

Wenn Endlichkeit als Eingeschränktheit zum Wesen des Dranges gehört, muß sie sich aus dem metaphysischen Grundzug des Dranges bestimmen. Dieser Grundzug aber ist Einigung, und zwar vor-stellende, vorweg überholende Einigung. In diesem vorstellenden Einigen liegt ein Vorweghaben von Einheit, auf die der Drang, als vorstellender und zum Übergang tendierender Drang, hinblickt. Im Drange als vorstellendem appetitus liegt gleichsam ein Punkt, darauf im vorhinein das Augenmerk gerichtet ist, die Einheit selbst, von der aus er einigt. Dieser Augen-punkt, point de vue, Gesichts-punkt, ist konstitutiv für den Drang.

Dieser Augen-punkt aber, das in ihm vorweg Vorgestellte, ist auch das, was vorweg alles Drängen selbst regelt. Dieses wird nicht äußerlich gestoßen, sondern als vorstellende Bewegtheit ist das frei Bewegende immer das vorweg Vor-gestellte. Perceptio und appetitus sind in ihrem Drängen primär aus dem Augenpunkt her bestimmt.

Hierin liegt aber, was bisher nicht explizit gefaßt wurde: Etwas, was wie Drang in sich selbst ausgreifend ist – und zwar so, daß es gerade in diesem Ausgreifen sich hält und ist – hat in sich die Möglichkeit, sich selbst zu erfassen. In einem Drängen nach … durchmißt das Drängende immer eine Dimension, d. h. es durchmißt sich selbst und ist dergestalt sich selbst offen, und zwar der Wesensmöglichkeit nach.

Auf Grund dieser dimensionalen Selbstoffenheit kann ein Drängendes auch sich selbst eigens erfassen, also über das Perzipieren hinaus zugleich sich selbst mitpräsentieren, mit dazu (ad) perzipieren: *apperzipieren*. In den Principes de la Nature … § 4 (Gerh VI 600) schreibt Leibniz: Ainsi il est bon de faire distinction entre la *Perception* qui est l'état interieur de la Monade representant les choses externes, et l'*Apperception* qui est la *Conscience*, ou la connaissance reflexive de cet état interieur, laquelle n'est point donnée à toutes les Ames, ny tousjours à la même Ame (vgl. Monadologie § 21 ff).

In diesem Augenpunkt ist – jeweils in einer bestimmten Perspektive des Seienden und Möglichen – gleichsam das ganze Universum ins Auge gefaßt, aber so, daß es sich darin in bestimmter Weise bricht, nämlich je nach der Stufe des Drängens einer Monade, d. h. je nach ihrer Möglichkeit, sich selbst in ihrer Mannigfaltigkeit zu einigen. Hieraus wird deutlich, daß in der Monade als vorstellendem Drang ein gewisses Mitvorstellen ihrer selbst liegt.

Dieses Sichselbstenthülltsein kann verschiedene Stufen haben, von der vollkommenen Durchsichtigkeit bis zur Betäubung und Benommenheit. Keiner Monade fehlen perceptio und appetitus und damit eine gewisse Selbstoffenheit (die freilich kein Sich-selbst-mit-vor-stellen ist), wenn es auch nur den niedersten Grad hat. Dementsprechend ist der jeweilige Augenpunkt und demgemäß die Einigungsmöglichkeit, ist die Einheit je das Vereinzelnde einer jeden Monade.

Gerade sofern sie einigt – das ist ihr Wesen –, vereinzelt sich die Monade. Aber in der Vereinzelung, im Drang aus der ihr eigenen Perspektive, einigt sie nur gemäß ihrer Möglichkeit das in ihr vorweg vorgestellte Universum. Jede Monade ist so in sich selbst ein *mundus concentratus*. Jeder Drang konzentriert im Drängen je die Welt – in sich – nach seiner Weise.

Weil jede Monade in gewisser, je ihrer Weise die Welt ist, sofern sie diese präsentiert, steht jeder Drang mit dem Universum im *consensus*. Auf Grund dieser Einstimmigkeit jedes vorstellenden Dranges mit dem Universum stehen auch die Monaden selbst unter sich in einem Zusammenhang. In der Idee der Monade als dem vorstellenden, zum Übergang tendierenden Drang liegt es beschlossen, daß zu ihr je die Welt in einer perspektivischen Brechung gehört, daß mithin alle Monaden als Drangeinheiten im vorhinein auf die vorausgestellte Harmonie des Alls des Seienden orientiert sind: harmonia praestabilita.

Die harmonia praestabilita ist jedoch als die Grundverfassung der wirklichen Welt, der actualia, dasjenige, was der Zentralmonade – Gott – als das Erdrängte entgegensteht. Der Drang Gottes ist sein Wille, das Korrelat des göttlichen Willens aber ist das optimum. distinguendum enim inter ea, quae Deus potest et quae vult: potest omnia, vult optima. Actualia nihil aliud sunt quam possibilium (omnibus comparatis) optima; Possibilia sunt, quae non implicant contradictionem (An BERNOULLI am 21. 2. 1699; Schmalenbach II, 11).

In jeder Monade liegt der Möglichkeit nach das ganze Universum. Die im Drang als Einigung sich vollziehende Vereinzelung ist also wesenhaft immer Vereinzelung von einem der Welt monadisch zugehörigen Seienden. Die Monaden sind nicht isolierte Stücke, die erst in der Summe das Universum ergeben. Jede Monade ist als der charakterisierte Drang je das Universum selbst in ihrer Art. Der Drang ist vor-stellender Drang, der je aus einem Augenpunkt die Welt vorstellt. Jede Monade ist eine kleine Welt, ein Mikrokosmos. Diese letzte Rede trifft insofern nicht das Wesentliche, als jede Monade das Universum in der Weise ist, daß sie drängend je das *Weltganze* in seiner Einheit vorstellt, obzwar nie total erfaßt. Jede Monade ist je nach der Stufe ihrer Wachheit eine die Welt präsentierende Welt-Geschichte. Daher ist das Universum in gewisser Weise ebenso oft vervielfältigt, als es Monaden gibt, analog wie dieselbe Stadt gemäß den je verschiedenen Situationen der einzelnen Beobachter verschieden repräsentiert ist (Discours § 9).

Aus dem Erörterten läßt sich jetzt das Bild erläutern, das LEIBNIZ gern und oft zur Kennzeichnung des Gesamtwesens der Monade gebraucht. Die Monade ist *ein lebendiger Spiegel des Universums.*

Eine der wesentlichsten Stellen ist die im Briefe an DE VOLDER vom 20.6. 1703 (Gerh. II, 251/2): Entelechias differre necesse est, seu non esse penitus similes inter se, imo principia esse diversitatis, nam aliae aliter exprimunt universum ad suum quaeque spectandi modum, idque ipsarum officium est ut sint totidem specula vitalia rerum seu totidem Mundi concentrati. »Es ist notwendig, daß sich die Entelechien (die Monaden) untereinander unterscheiden, bzw. einander nicht völlig ähnlich sind. Sie müssen sogar (selbst als solche) die Prinzipien der Verschiedenheit sein; denn jede drückt je anders das Universum aus gemäß ihrer Weise des Sehens (des Vor-stellens). Eben dies ist ihre eigenste Aufgabe, ebenso viele lebende Spiegel des Seienden, bzw. ebenso viele konzentrierte Welten zu sein.«

In diesem Satz ist ein Mehrfaches ausgesprochen:

1. Die Differenzierung der Monaden ist eine notwendige, sie gehört zu ihrem Wesen. Einigend, je aus ihrem Augenpunkt einigend, vereinzeln sie sich selbst.

2. Die Monaden sind daher selbst der Ursprung ihrer jeweiligen Verschiedenheit auf Grund ihrer Sehweise, perceptio – appetitus.

3. Dieses einigende Dar-stellen des Universums je in einer Vereinzelung ist gerade dasjenige, um das es der Monade je als solcher in ihrem Sein (Drang) geht.

4. Sie ist das Universum je in einer Konzentration. Das Zentrum der Konzentration ist der jeweilige aus einem Augenpunkt bestimmte Drang: concentrationes universi (Gerh. II, 278).

5. Die Monade ist speculum vitale (vgl. Principes de la Nature, § 3, Monadologie §§ 63 und 77 und den Brief an RÉMOND, Gerh. III, 623). Spiegel, speculum ist ein Sehen-lassen: Miroir actif indivisible (Gerh. IV, 557; Schmal. I, 146), ein drängendes unteilbares, einfaches Spiegeln. In der Weise des monadischen Seins wird erst dieses Sehenlassen, vollzieht sich die jeweilige Enthüllung der Welt. Das Spiegeln ist nicht ein starres Abbilden, sondern es selbst drängt als solches zu neuen vorgezeichneten Möglichkeiten seiner selbst. Im Vorweghaben des einen Universums in einem Augenpunkt, von woher erst Mannigfaltiges sichtbar wird, ist es *einfach.*

Von hier aus läßt sich das Wesen der endlichen Substanz in einer bisher nicht beachteten Hinsicht noch schärfer fassen. LEIBNIZ sagt in seinem Brief an DE VOLDER am 20. 6. 1703 (Gerh. II, 249): omnis substantia est activa, et omnis substantia finita est passiva, passioni autem connexa resistentia est. Was soll hier gesagt sein?

Sofern die Monade je in *einem* Augenpunkt das Ganze ist, ist sie gerade auf

Grund dieser Zuordnung zum Universum endlich: Sie verhält sich zu einem Widerstand, zu solchem, was sie nicht ist, aber gleichwohl sein könnte. Zwar ist der Drang aktiv, aber in allem endlichen Drang, der sich je in einer Perspektive vollzieht, liegt immer und notwendig Widerständiges, was dem Drang als solchem entgegensteht. Denn sofern er je aus einem Augenpunkt auf das ganze Universum drängend ist, ist er so und so vieles nicht. Er ist durch den Augenpunkt modifiziert. Zu beachten bleibt, daß der Drang als Drängen gerade deshalb widerstandsbezogen ist, weil er der Möglichkeit nach das ganze Universum sein kann, aber nicht ist. Zur Endlichkeit des Dranges gehört diese Passivität im Sinne dessen, was der Drang nicht erdrängt.

Dieses Negative, rein als Strukturmoment des endlichen Dranges, kennzeichnet den Charakter dessen, was Leibniz unter materia prima versteht. An des Bosses schreibt er (Gerh. II, 324): Materia prima cuilibet Entelechiae est essentialis, neque unquam ab ea separatur, cum eam compleat et sit ipsa potentia passiva totius substantiae completae. Neque enim materia prima in mole seu impenetrabilitate et extensione consistit.... .

Auf Grund dieser wesenhaften ursprünglichen Passivität hat die Monade die innere Möglichkeit des nexus mit der materia secunda, mit der massa, mit dem bestimmten Widerständigen im Sinne der materiellen Masse und Schwere (vgl. den Briefwechsel mit dem Mathematiker Joh. Bernoulli und mit dem Jesuiten des Bosses, der Lehrer der Philosophie und Theologie am Jesuitenkolleg in Hildesheim war).

Dieses Strukturmoment der Passivität gibt Leibniz das Fundament, um den nexus der Monade mit einem materiellen Körper (materia secunda, massa) metaphysisch verständlich zu machen und positiv zu zeigen, warum die extensio nicht, wie Descartes lehrte, das Wesen der materiellen Substanz ausmachen kann. Doch ist hierauf jetzt nicht einzugehen, ebensowenig auf den weiteren Ausbau der Monadologie und auf die metaphysischen Prinzipien, die damit in Zusammenhang stehen.

EXISTENZ UND AUSDRUCK

MARGARETE ANZ

Der folgende Aufsatz ist ein Dank an meinen Lehrer. Ich habe ihn bald nach Abschluß meines Studiums geschrieben zur Klärung und Rechtfertigung des eigenen Standortes gegenüber Verstehensweisen, die ich selbst unbefangen gebrauchte oder die ich in dem neuen Umkreis des Unterrichtes als bewußt gehandhabte Methode vorfand. Ich faßte sie für mich unter dem Begriff einer »Ausdruckskunde« zusammen. Meine Überlegungen[1] waren bestimmt durch den Gegensatz von der in ihrer zeitlichen Bewegtheit erschlossenen Existenz und der Abgeschlossenheit eines Denkens, das im »Bilde« das Unabsehbare einfangen, es von der Existenz ablösen und für das Tun verfügbar machen will. Existenz gibt es nur in bildloser Erschlossenheit gemeinsamen Lebens. Ihre Wahrheit schien mir gefährdet, wo der *Ausdruck* zum Verstehensprinzip erhoben wird. Daß Ausdruck bei jeder Begegnung mitspielt, ist unbestreitbar. In der sichtbaren Gebärde etwa schließt sich der Wesensraum des anderen Menschen (seine »Art«, seine Gestimmtheit, sein Temperament zB) auf und stimmt uns gleichsam ein, richtiger zu vernehmen, was der andere mitteilt. Insofern ist Ausdruck immer das in der Situation Mitschwingende, mich Einstimmende; Ausdruck kann in der Situation selbst zur Mitteilung dh zum Wort werden. Sobald wir ihn aber von der Situation ablösen, ihn von der Mitteilung trennen, tritt eine Verfälschung ein. Ausdruck wird zur Erscheinung eines vorausliegenden Ganzen. Eine solche Rückspiegelung liegt zwar nahe, denn wir befinden uns immer in einer zur »Natur« gewordenen Zuständlichkeit, in der unsere Eigenart, leibliche Konstitution, Erfahrungen, unser Wille zu einer Einheit zusammen»gewachsen« sind; diese habituelle Natur ist Wesen, und Wesen bekundet sich im Ausdruck. Sobald wir jedoch den Ausdruck für sich nehmen, das unausdrücklich Mitgehende zu einer wegweisenden Idee machen, haben wir dieses Wesen aus seiner geschichtlichen Bewegtheit herausgenommen und zu einer festen Gestalt fixiert. Damit aber sind Freiheit und

---

[1] Der Aufsatz wird gekürzt mitgeteilt, ist aber wesentlich unverändert.

Künftigkeit gefährdet, die zum echten menschlichen Verhältnis gehören. Der Physiognom tritt in eine Art Herrschaftswissen ein.

Als Beispiel einer deutenden Fixierung bot sich mir die Graphologie an. Sie versteht den Menschen als sich ausdrückenden seelischen Charakter und versucht, in einer methodisch durchgeführten Analyse seiner Schrift dem durch eine Gesamtheit von Antrieben konstituierten Charakter auf die Spur zu kommen.

Ich meinte, ohne mich dessen ausdrücklich zu vergewissern, daß das von mir Gedachte auch in der »höheren Konzentrizität« der theologischen Besinnung seinen Ort hat. Das damals unausdrücklich Vorausgesetzte wird, indem es wiederholt wird, zur Frage nach dem Verhältnis von humaner und christlicher Existenz.

DEUTUNG UND EXISTENZ

Gedanken über die Grenzen der Graphologie

Graphologie ist Deutung, Deutung des menschlichen Daseins, wie es sich in einer bestimmten Form, der Schrift, ausdrückt. Ich frage hier nicht, ob sie zureichende Deutungen geben kann, sondern danach was geschieht, wenn menschliches Wesen von seinem Ausdruck her ausgelegt und verstanden wird.

Die Graphologie gibt sich als eine durch wissenschaftliche Hilfsmittel gesicherte und ausgebildete Methode des Verstehens. Ausgangspunkt und Leitidee ihrer Erkenntnisweise ist der Gedanke des Ausdrucks. Die Schrift des Menschen wird gedeutet im Hinblick darauf, daß sie Ausdruck eines seelischen Charakters ist. Was Ausdruck geworden ist, was Form und Gestalt angenommen hat, ist das Ganze eines vorhandenen individuellen Daseins. So als Ganzes ist es nicht direkt greifbar, es ist nur dem deutenden Graphologen aufspürbar. Er hebt es ans Licht und bringt einen sinnvollen Zusammenhang in die Mannigfaltigkeit, indem er die einzelnen Züge auf ein individuelles Grundgesetz zurückführt und von ihm her ihnen ihren Platz zuweist. Durch solche Zuordnung macht er das an sich Zweideutige eindeutig. Gleichwohl ist dieses Ganze nicht abgeschlossen; es ist dem Prozeß des Lebens anheimgegeben, es ist Mächten und Kräften ausgesetzt, die im Irrationalen des Menschen selbst ihren Grund haben.

Diese zugegebene Wandelbarkeit und Veränderlichkeit kann aber nur die innerhalb eines fest umreißbaren Horizontes sein, der durch Beobachtung menschlichen Ausdrucks eindeutig fixiert werden kann. Keine Ausdrucksdeutung entrinnt dem Rückgriff auf ein vorliegendes abgegrenztes Ganzes, von dem sie ein Bild vermitteln soll.

Als ein auf die Zukunft hinzielendes Erkennen stellt die Graphologie das geschaute individuelle εἶδος (die innere geistige Gestalt) als das ideale zukünftige Sein hin, auf das hin gelebt werden soll. Wissend um das εἶδος des anderen Menschen kann ich die Bewegung seines Lebens überblicken und kann ihn in die Bewegung hineinrücken, ihn in die Richtung bringen. Aus der Betrachtung trete ich heraus in eine persönliche Beziehung. In ihr liegt aber von vornherein das Übergewicht auf meiner Seite: ich habe vor dem andern etwas voraus, ich weiß etwas von ihm, was er selbst noch nicht weiß. Und gerade dieses Mehrwissen wird meine Aufgabe, bindet mich erst eigentlich in dem Bezug und läßt mich handeln. Mein Tun wird zum Tun an ihm, es wird »pädagogisches« Tun. Als Pädagoge bleibe ich selbst dem andern ungreifbar, die Energie meines Handelns richtet sich auf ihn als auf meinen Gegenstand, der geformt werden soll[2].

Was bedeutet diese Sicht für jeden existentiellen Bezug, beispielsweise den der Freundschaft oder der Ehe?

Ich trage in einen existentiellen Bezug ein wesensfremdes Element hinein und setze anstelle eines persönlichen Verhaltens, das direkt Antwort ist, die distanzierend deutende Weise des Verstehens, aus der als zweites erst mein Tun entspringt. Die einfach liebende Erschlossenheit, in der der andere sich mir offenbart, gerade im Vertrauen auf seine Gleichrangigkeit, verrate ich, wo ich mich »verstehend« verhalte, dh wo ich gleichsam von hinten her, aus dem angeschauten Wesenskerne heraus, alles sich mir in der Situation Offenbarende deute und zurückbeziehe.

So als »Wissender« und »Überschauender« bin ich immer der Situation voraus und lasse sie als für den Ausdruck zufällig hinter mir. Die graphologische Deutung entnimmt den Menschen seiner Situation, um ihn rein in sich zu sehen, sonst erhielte sie kein Bild. Mag sie dieses Bild in Beziehung setzen, wiederum zu andern Bildern und dadurch einen Ausgleich schaffen, so kann sie doch immer nur einzelne Züge enthüllen, die erst durch deutende Einordnung sich zur »Totalität« zusammenschließen. Wo Ausdrucksdeutung die Beziehung vermittelt, kann nie unmittelbar ins Spiel treten, was der andere seinem letzten Grunde nach ist, denn sie beurteilt ihn nach dem, was er ausdrückt.

Durch zweierlei also verstellt die Ausdrucksdeutung – so versteht sich die Graphologie selbst – den einfach menschlichen Bezug:
sie sucht nach der individuellen Idee des andern als Maßstab für alles Handeln und gewinnt ein Bild dadurch, daß sie von der Situation absieht;

---

[2] Ich würde heute pädagogisches Tun weniger einseitig darstellen. Die jeder pädagogischen Situation als solcher anhaftende Offenheit und Lebendigkeit ist hier nicht beachtet.

sie setzt die individuelle Idee zum idealen Leitbild und verstellt die Aufgeschlossenheit für das, was im täglichen Leben vor sich geht.

Dagegen steht das unvermittelte Verstehen, das einen andern Ursprung und einen anderen Verlauf hat.

Welches ist der Ort, an dem dieses Verstehen entspringt und wie gewinnt es sich?

Es entspringt in der Verbundenheit des täglichen Miteinander. Mein Verstehen setzt also nicht bei dem ein, was der andere ausdrückt, sondern bei dem, was er von mir und ich von ihm will. Es hat zum Grunde eine ganz andere Totalitätserfahrung, in der ich ohne reflektierenden Überblick den andern unmittelbar aufnehme, so wie er mir im täglichen Zusammenleben erschlossen ist. Meine Erfahrung steht nicht zwischen uns, sie stellt sich auch nicht vor mich als Leitbild meines Tuns, so daß mein Tun erst die ausdrückliche Anwendung meines Verständnisses wäre. Mein direktes Verhalten ist mein Verständnis vom andern, es ist unmittelbar Antwort, in der ich entweder mitgehe mit dem, was der andere meint, oder aber nicht mitgehe. Daß der andere unverstellt im wirklichen Einverständnis lebt, dh daß er mir erschlossen ist in dem, was er äußert und tut, kann nicht dem Ausdruck abgelesen werden, sondern ist Gegenstand des Glaubens: ich komme nie »hinter« den andern, sondern habe ihn immer nur von vorn. Darin liegt gerade der eigentümliche Wagnis- und Bewegungscharakter, darin liegt auch die nicht vermeidbare Blindheit und Unsicherheit, die allem Zusammenleben eignet.

Daß eine derartige Verbundenheit nicht Phantom ist, zeigt sich in der Doppelseitigkeit des Verhältnisses, in dem ich nicht mit Gedanken und Meinungen, sondern mit dem, was ich selbst bin, auf den andern antworte. Da, wo ich etwa der Treue des andern »sicher« bin, ist die Antwort das eigene Geborgen- und Treusein; je nach dem Maße, in dem der andere sich selbst mit seinem Denken und Empfinden in unsern Bezug hineinstellt, gibt er mir die Möglichkeit, mein Denken und Empfinden zu entfalten; in seiner Untreue oder in seiner Distanzierung raubt er mir nicht nur sich, sondern auch mich selbst in meinen Möglichkeiten. Diese auf den Grund gehende Erfahrung meiner selbst und des anderen kann nur da aufbrechen, wo jeder sich einsetzt mit dem, was er ist. Dann zeigt sich, daß jeder von uns »auf dem Spiele« steht. Wo das als gültig und gegenwärtig erfahren wird, ist die Voraussetzung gegeben für ein verantwortliches Miteinandersein. Nur da wird das andere Dasein als mir gleich erfahren und übernommen. Die Übernahme des andern als einer Existenz, um die es geht – zugleich und in eins mit mir –, nimmt mich heraus aus dem Monologe der pädagogischen Reflexion und stellt mich in das unendlich bewegte Gespräch mit dem andern.

Das Einverständnis zeigt sich darin, daß jeder ohne Bild in rein liebender Antwort die Existenzbewegungen des andern mitvollzieht; das antwortende Gefühl ist nicht einfühlende Betrachtung; ich bleibe in bildloser Verbundenheit. Die Gedanken und die Einsicht, die ich habe, sind solche, die sich von selbst vergessen, wo ich mich dem andern zuwende. Sie bleiben nicht als vorliegende Maßstäbe, sie kehren sofort wieder in ihren Ursprung, den geliebten Menschen zurück: sie erscheinen nur wieder als er selbst, auf den ich handelnd und fühlend antworte. Es scheint Verrat und Schamlosigkeit, aus einer Erschlossenheit, die existierende Antwort heischt, ein Bild zu formen. Das Bild schiebt sich als drittes zwischen mich und den andern; der andere und ich sind hinter dem Bild verborgen und damit aus dem existentiellen Bezuge herausgenommen. Das eigene Sein, mit dem ich antworte, ist charakterologisch gar nicht greifbar; es läßt sich nicht als Entfaltung dieser oder jener Kräfte fassen; es ist nur als Erschlossenheit, und die wiederum ist nur als gemeinsam gelebte. Ich kann sie allein nie hervorbringen.

Weil also das eigentliche Verbundensein nur als gemeinsame unwägbare, unmeßbare *Bewegung* ist – was gewogen und gemessen werden kann, ist schon nicht mehr diese Bewegung selbst, auf die aber alles ankommt –, deshalb läßt sich nur hinweisend, nicht beschreibend von ihr sprechen. Gleichwohl ist diese Verbundenheit nicht inhaltslos, vielmehr geht sie durch alles konkrete Tun des Alltags hindurch und hat darin eine eigentümliche Form der Distanzierung.

Zusammenfassend ist zu sagen: Das sich am Ausdruck orientierende Tun verläuft wesentlich in einer Richtung: es ordnet den »Wissenden« immer dem »Gesehenen« über; in den Existenzverhältnissen, Freundschaft, Ehe usw gibt es nur Menschen gleichen Ranges. Diese Behauptung erweist sich am einfachsten aus dem Moment der Gegenseitigkeit. Da, wo ich auf alle vorbildende Herrschaft über den andern Menschen verzichte, lasse ich ihn in sich selbst und in seine eigenen Entscheidungen zurücklaufen. Ich vertraue mich ihm an; indem ich ihm traue, erhält er die grenzenlose Möglichkeit zu tragen und zu versagen zurück.

In gleicher Weise gibt der andere mir, wie ich ihm, die gleichen Möglichkeiten tragenden und getragenen Handelns zurück, dh aber, daß er wie ich, jeder als der andere, gerade der gleichen Ranges und gleicher Verantwortung ist. Darum trägt zB jede Liebe die Chance in sich, sich mißzuverstehen, sich zu verfehlen. Ihr notwendiger Anspruch ist, aus sich selbst her zum Verständnis zu führen; keine Ausdrucksdeutung kann sie, auch in Zeiten der Gefährdung, davon befreien.

In solchen Gedanken meinte ich mich mit dem Lehrer einig. Inzwischen
sind mancherlei Fragen aufgetaucht, die ich hier stellen darf, weil ich sie dan-
kend stellen kann.

Wenn ich meine Überlegungen heute zusammenfasse, bleibt: Es gibt ein unmittelbares Verstehen, das vernehmend und handelnd auf den andern eingeht.
Es gewinnt darin Distanz zu sich selbst; die Sachlichkeit, die durch den Ernst der
konkreten Aufgabe des täglichen Lebens vermittelt ist. Der Ernst ist eine Kategorie der Existenz. In ihm ist die Gewißheit, mit der eine Aufgabe ergriffen
oder gewählt wurde, aufbewahrt. Diese Gewißheit trägt sich nicht aus sich selbst;
das »Entschiedene« (das Verhältnis, z B Freundschaft, Ehe, in dem ich durch meine
Wahl stehe) hat eine eigene Wahrheit, die mich hält und anhält, sie zu bewahren; darauf beruht die Möglichkeit der Wiederholung, die mehr ist und anderes als eine je neu einsetzende *Entscheidung*. Entscheidung (im strengen Sinne)
tritt erst dann wieder ein, wenn das derart »substantiell« gewordene Verhältnis
durch Schicksal oder durch Schuld an seine Grenze gekommen ist.

Wo steht das Gesagte innerhalb der Gedankengänge BULTMANNS? BULTMANN
sagt in seinem Aufsatz über das christliche Gebot der Nächstenliebe[3], daß
christliche Liebe ($\dot{\alpha}\gamma\dot{\alpha}\pi\eta$) das Tun ist, das in der durch keinen Vorbehalt ein-
geschränkten »Verbundenheit von Ich und Du« bleibt. Diese »uneingeschränk-
te« Liebe ist mehr als jenes unmittelbare Verstehen, das ein »begrenztes« Verhältnis wie Freundschaft oder Ehe durchdringt. Sie ist in ihrer vorbehaltlosen Be-
reitschaft, zu hören und dem Anspruch des andern zu folgen, das $\check{\varepsilon}\sigma\chi\alpha\tau\sigma\nu$; sie
hebt ihrem Vollzugssinne nach jeden eingrenzenden Vorbehalt auf, in dem sich
der einzelne oder auch das einzelne Verhältnis verfängt (vgl. ebd. 242).

In demselben Aufsatz verweist BULTMANN den nach Liebe Fragenden auf
die Wirklichkeit seines faktischen Lebens, in dem es wahres Lieben und wahres
Vertrauen gibt. (Für diesen Sachverhalt beruft er sich auf WILHELM HERRMANN.)
Weil das gilt, kann BULTMANN von analogen Verhältnissen sprechen, an denen sich das Verhältnis zwischen Gott und Mensch, dh der Vollzug der eschatologischen Liebe, verdeutlichen läßt.

BULTMANN sagt dort aber auch, daß unsere Wirklichkeit faktisch charakterisiert ist durch Mißtrauen, Lieblosigkeit, Haß (242). Es ist richtig, auch
das wahrhaft durchlebte »substantielle« Verhältnis schützt nicht vor Blindheit, Verfangenheit und Schuld. Jedes Verhältnis ist darum immer in seinem
Vollzuge gefährdet und gebrechlich, – ganz im Offenen bleibt nur der wahrhaft Fromme. Aber reicht diese faktische und nicht zu leugnende Gebrech-
lichkeit und Gebrochenheit *des Vollzuges* aus, die ganze Wirklichkeit einzu-

---

[3] Glauben und Verstehen I, ⁴1961, 229–244.

fangen in Aussagen wie die, daß unser Mißtrauen »die Betätigung unserer
eigenen Lieblosigkeit« ist; die Betätigung »des Hasses, der unser Leben faktisch
charakterisiert« (242)? Mißtrauen und Haß sind hier verstanden als die Weige-
rung, sich selbst loszulassen und »sich in seinem Mit-andern-sein als Geliebten
verstehen« (241). Das bedeutet, daß BULTMANN die zugegebene Gebrechlich-
keit jedes Vollzuges zum Maßstab der Beurteilung der Wirklichkeit des Menschen macht. In ihr bekundet sich die »natürliche Lebensrichtung« des Menschen.
Die christliche Liebe ist deren »Umkehrung«.

In solche Zusammenfassung drängt die Akzentuierung des Faktischen. Sie
drängt dahin, die *Wahrheit* des »Entschiedenen«, die mehr ist als die Menschen,
die ihr zugehören, aufzuheben, dh sie aufzulösen in eine Handlung der Verweigerung oder des Ungehorsams. Diese Konsequenz ist unvermeidlich, sobald wir
Wirklichkeit und Vollzug gleichgesetzt haben.

Ist aber unsere Wirklichkeit durch die Kategorie des Vollzuges erschöpfend
bezeichnet? Ist sie nicht mehr als mein Tun? – BULTMANN weist immer wieder
darauf hin, daß Lieben eine innere Handlung ist, die verborgen bleibt und verborgen bleiben muß (241), wenn sie wahr bleiben soll. Sie läßt sich durch kein
ἔργον ausweisen. Alles »Getane« ist nur Zeichen für den, der versteht, nie direkter Ausdruck und Ausweis. Darf man aber die Unausweisbarkeit der Liebe,
sowohl dem anderen als auch sich selbst gegenüber – ihre objektive Ungewißheit – als »Ungesichertheit« verstehen und folgern, daß der Liebende »in der vollen Ungesichertheit seiner zeitlichen Existenz« steht (239)? Daraus folgte dann
allerdings, daß jeder *Vollzug* (von Vertrauen, Liebe, Treue) ein Wagnis ist.

Vom Wagnis der Existenz spricht BULTMANN in seinem Aufsatz »Wissenschaft
und Existenz«[4]. Er sagt dort: »Vom Standpunkt *des objektivierenden Sehens* aus
schließt Vertrauen ein Wagnis ein.«[5] Das heißt aber doch, daß der Liebende selbst
von der Hingabe des Vertrauens, der Liebe, der Treue als von einem Wagnis
nicht nur nicht sprechen kann, sondern daß er seine Liebe weder als Wagnis
noch als Sprung auch nur erfährt.

Hält BULTMANN nun nicht an dem vom objektivierenden Denken her gesehenen Wagnischarakter auch *innerhalb* der Bewegung der Existenz fest, wenn er
sagen kann, daß der Empfang der Liebe selbst Tat ist (242) und der Liebende
handelt »in der vollen Ungesichertheit seiner zeitlichen Existenz« (239)? Drängt
sich hier nicht wieder die Akzentuierung des Faktischen vor und wird damit aus
der »Verbundenheit von Ich und Du« nicht in Wahrheit mein »Mich-verbinden«
als meine sich wiederholende »gewagte« Entscheidung? Unsere Wirklichkeit

---

[4] Glauben und Verstehen III, [2]1962, 107–121.
[5] Ebd. 116; Hervorhebung von mir.

ist aber nicht nur durch mein Tun; das ist gleichsam nur ihre eine Seite. Die andere ist darin, daß jeder mit dem andern in einem Zusammenhang steht, der beide übergreift, der sich als Wahrheit bekundet, seinen Anspruch anmeldet und bewahrt sein will, weil wir, in ihm bleibend – uns zugleich in unserem menschlichen Wesen bewahren. Dieser vorgegebene Raum kann sich uns entziehen oder sich verschließen; das Handeln kann leer werden und sich verkehren; aber es vermag diesen Raum in seiner *Wahrheit* nicht zu zerstören.

Wenn BULTMANN am Schluß seines Aufsatzes sagt: »Dem ›Bleiben‹ in der Liebe als im Geliebtwerden muß das ›Bleiben‹ in der Liebe als dem Lieben entsprechen« (243) so gilt das, wie mir scheint, nicht nur für die christliche Liebe, sondern für alle wahrhaften »menschlichen« Verhältnisse. Darum spricht BULTMANN von ihnen mit Recht als von »analogen Verhältnissen«. Dann aber kann die Faktizität nicht die ganze Wirklichkeit des Menschen sein. Hält BULTMANN das fest, wenn er die analogen Verhältnisse zu formalen Strukturen macht und unsere Wirklichkeit faktisch durch Haß »charakterisiert« sein läßt? Sie wird dann zum Ausdruck der sich mißverstehenden Existenz, die nicht aus der Offenheit des Augenblicks lebt, sondern aus dem Willen zur Selbstbehauptung (242). Um das Eschatologische der christlichen Liebe herauszustellen und festzuhalten, fixiert er die humane Existenz auf Selbstbehauptung, die aufweisbar ist an dem faktischen Vollzug.

WILLE, WAHL UND FREIHEIT

KNUD EILER LØGSTRUP

Phänomenologische Bestimmung des Willens

Wollen ist nicht Wählen, sondern gewählt haben. Der Wille ist ein Streben, das bereits durch die Wahl hindurch gegangen ist; denn Wollen heißt immer etwas Bestimmtes wollen. »Ich will den Acker heute fertig pflügen«, »ich will den schwierigen Text verstehen«, »ich will ihm ungeschminkt die Wahrheit sagen«.

Das Wort »Wille« wird in abgeschwächter Bedeutung gebraucht, wenn das, was man will, von vornherein disponibel ist und keine Anforderungen an einen stellt. Will man immer nur das, was man ohne weiteres bewältigen kann, so verschließt man sich neuen Horizonten. Es verhält sich dann mit dem Wollen wie mit dem Verstehen. Viele Menschen verstehen nur das, was sie schon gehört haben und kennen; viele Menschen wollen auch nur das, was sich bereits als durchführbar erwiesen hat. Das abgeschwächte Wollen beeinträchtigt jedoch den Tätigkeitsdrang des Menschen nicht. Im Gegenteil, es kann ihn bis zur Rastlosigkeit steigern. HEIDEGGER macht in einem anderen Zusammenhang darauf aufmerksam, daß der Mensch, je ängstlicher er sich neuen Möglichkeiten verschließt – weil er nichts riskieren möchte – desto heftigere Geschäftigkeit entfaltet und eifrig innerhalb des ihm bekannten Bereichs umräumt. Das rastlose Umräumen innerhalb des Gewohnten, die hektische Betriebsamkeit täuschen hinweg über den Mangel an Wille und Initiative im strengen Sinne, die das Risiko nicht scheuen und den Widerstand herausfordern.

Treten dem Wollen Schwierigkeiten entgegen und wagt man nicht dagegen anzukämpfen, so wird der Wille nurmehr zum Wunsch. Es heißt dann nicht mehr »ich will« sondern »ich möchte« oder »ich würde gern«.

Wille im prägnanten Sinne dagegen erzeugt einen Gegensatz zwischen dem, was er will – und dem Widerstand, den er herausfordert und überwinden will. Eben im Hinblick auf diesen Widerstand und im Verhältnis zu dem Gegensatz, den er hervorruft, wird der Wille charakterisiert: der Wille ist stark oder schwach, biegsam oder unbeugsam. Stark ist der Wille des Menschen,

wenn er dem Widerstand standhält, schwach ist er, wenn er vor den Schwierigkeiten verzagt. Unbeugsam ist der Wille des Menschen, der nicht nachgibt
und vor dem Kampf nicht zurückweicht, biegsam ist der Wille, wenn der
Mensch sich vom Widerstand einschüchtern läßt.

Eine Abgrenzung dieser phänomenologischen Bestimmung gegen den
Willensbegriff bei KANT und gegen die Auffassung der modernen Psychologie
mag hier am Platze sein. Wirken und Handeln des Menschen erhalten ihren
Antrieb durch das, was KANT Neigung und Begehren, die heutige Psychologie
Bedürfnis und Streben nennt, wofür aber unsere gewöhnliche Sprache auch
viele andere Bezeichnungen hat, etwa Drang, Hang, Trachten, Verlangen.
Den Charakter des Wollens erhalten Wirken und Handeln nicht, wie KANT
meinte, weil die Vernunft dazukommt und Neigung und Begehren zu Maximen erhöht oder sie allgemeinen Regeln unterstellt, sondern weil die Neigung
und das Begehren auf Widerstand stoßen und angesichts dieses Widerstandes
aufrechterhalten werden. Verfestigt sich Neigung zu Wille, so geschieht es
nicht notwendigerweise dadurch, daß der Mensch sein Verhalten, in dem sich
die jeweilige Neigung äußert, zum allgemeinen Prinzip erhöht, wie KANT
behauptet. Wenn beispielsweise der Erwiderungsdrang, der sich auf eine er-
littene Kränkung hin einstellen mag, zum Vergeltungswillen erstarkt, so geht
dies nicht so vor sich, daß der Mensch sein Heimzahlungsverhalten, das durch
die Neigung zum Gekränktsein veranlaßt ist, verallgemeinert, indem er sie
der Regel ›Unrecht muß vergolten werden‹ einordnet, d. h. sein Verhalten
und seine Neigung als einen Fall dieser Regel betrachtet und daraufhin beschließt, dieser Regel zu folgen. Vielmehr ist es der Widerstand schlechthin,
der den Heimzahlungsdrang zum Vergeltungswillen steigert. Auch ohne den
Weg über die Maxime, d. h. ohne daß man darüber nachdenkt, wie man sich
früher verhalten hat und später verhalten wird, sondern indem man völlig
vom momentanen Streit in Anspruch genommen ist, kann Wille entstehen –
und weiterbestehen, gerade als Vergeltungswille, der vielleicht nicht zum Zuge
kommt, in seiner Neigung beharrt und das Wollen nicht aufgibt. – Doch sei
eingeräumt, daß der Mensch bei fortgesetztem Widerstand ein vernünftiges
Durchdenken der Lage nicht entbehren kann. Wenn alles glatt geht und Nei-
gungen und Bedürfnisse ohne weiteres befriedigt werden, denkt man nicht
weiter nach über das, was man tut. Stellen sich aber Widerstände ein, so muß
man sich überlegen, was man will. Unumgänglich drängen sich die Fragen
auf: Wie komme ich am besten zum Ziel? Welche Mittel kann ich verwenden?
Welche Schwierigkeiten werden folgen, und wie kann ich ihnen entgehen?
Stehen die Anstrengungen, die ich zur Durchführung meines Vorhabens auf-
wenden muß, in einem vernünftigen Verhältnis zu dem Gewinn, den mir seine

Realisierung bringen soll? Insofern ist es also richtig, wie KANT sagt, daß unsere Vernunft in Aktivität tritt, wenn Begehren zu Wille wird. Doch ist die Tätigkeit der Vernunft nicht das Primäre. Das ist der Widerstand, und erst durch ihn wird die Reflexion in Bewegung gesetzt. Ebenso muß vernünftiges Durchdenken nicht unbedingt darin bestehen, daß man sein Verhalten zur Maxime macht oder es einer solchen unterordnet. Das Überdenken kann sich genauso gut auf den Einmaligkeitscharakter und damit das jeder Maxime Unzugängliche der jeweiligen Neigung, des jeweiligen Verhaltens und des jeweiligen Zieles konzentrieren.

Ein entsprechender Einwand kann gegen die Begriffsbestimmung des Willens in der Psychologie erhoben werden. JØRGEN JØRGENSEN bestimmt den Willen als ein Streben, über dessen Ziel man sich von vornherein klar ist und auf das hin die Handlung abzielt. Je schwieriger es ist, das Ziel zu erreichen, je mehr Verhinderungen und Hemmungen sich in den Weg stellen, desto stärker prägt sich das Streben zum Willen aus. Das Zielbewußte eines Strebens, das Wille genannt wird, besteht entweder in einem Entschluß, der das Endergebnis eines Überlegungsprozesses ist, oder in der Wahl zwischen verschiedenen Möglichkeiten (unter Umständen auch ohne vorherige längere Überlegung), es kann aber auch schlechthin in einem Vorsatz bestehen (der rein impulsiv entstanden ist und vor keiner Wahl gestanden zu haben braucht). (»Psykologi på biologisk Grundlag« Kopenhagen 1946, 402–407). Es heißt also auch hier, daß das Streben, je stärker die Hindernisse sind, desto ausgeprägter zum Wollen wird; nichtsdestoweniger wird aber das Zielbewußtsein als das Primäre betrachtet. Es geht aber deutlich aus dem Gedankengang hervor, daß das Primäre die Hindernisse und Hemmnisse, also der Widerstand ist, und daß das Zielbewußte des Willens erst eine Folgeerscheinung ist. Solange alles unbehindert vonstatten geht, brauchen wir uns nicht auf das Ziel zu konzentrieren; sobald wir aber auf Widerstand stoßen, muß uns das Ziel klar vor Augen stehen. Ebenso nötigt uns erst der Widerstand zur bewußten Ausformung der Handlung, die uns zum Ziele bringen soll.

Der Begriff »Freier Wille«

Im allgemeinen Sprachgebrauch wird der Wille fast nie frei genannt. Geschieht es dennoch, so wie in einer Wendung wie »Ich tat es aus eigenem freien Willen«, so ist die Ausdrucksweise unlogisch und ohne Zweifel vom Philosophischen her beeinflußt. Die Wendung besagt nämlich, daß ich nicht zu der Tat gezwungen worden bin und ist insofern unlogisch, als sie involviert, daß sich der Wille unter Umständen zwingen läßt, was jedoch der Natur der Sache widerspricht, wie wir später sehen werden.

»Er hat keinen Willen« bedeutet nicht, daß jemand unfrei ist, sondern daß sein Wille schwach ist und sich beugen läßt. »Er will etwas« und »er ist freigestellt« haben nichts miteinander zu tun, denn etwas Wollen heißt ja gerade, das Stadium des Freigestelltseins verlassen zu haben. Wie erörtert, so liegt im Ausdruck »ich will«, daß ich etwas Bestimmtes will, und daß ich zu etwas Stellung genommen habe und bereits nicht mehr freigestellt bin. Den Willen *frei* zu nennen ist daher gleichbedeutend mit dem unmöglichen Vorhaben, ihn vor und außerhalb des Widerstandes gegen ihn, d. h. bevor er überhaupt entstanden ist, charakterisieren zu wollen. In einem sicheren und selbstverständlichen Umgang mit der Alltagssprache wird man daher kaum auf die Vorstellung des freien Willens stoßen. Im alltäglichen und treffsicheren Sprachgebrauch würde man auch nicht – abgesehen von der vorhin genannten Wendung – sagen, daß der Wille frei ist. So sagt man nur in der Philosophie und in der Theologie. Doch ist immer Vorsicht geboten, wenn eine philosophische oder theologische Terminologie dem allgemeinen Sprachgebrauch widerstrebt. So auch hier. Man abstrahiert den Willen von dem Widerstand, den er hervorruft und mit dem er selber erst ins Leben tritt, löst ihn aus seinem Engagement heraus und erhält damit den absoluten Willen, der als degagiert zwischen den alternativen Möglichkeiten frei wählen kann.

Der Wille ist damit zum Wahlvermögen gemacht worden. Wie ist es dazu gekommen? Wo hat man die alternativen Möglichkeiten hergenommen? Schauen wir nach, so ist die eine Möglichkeit das, was man ursprünglich wollte, während die anderen Möglichkeiten aus dem Widerstand gegen das, was man ursprünglich wollte, geholt werden. Der Widerstand ist gewissermaßen zu einer oder mehreren Möglichkeiten verwandelt worden, zwischen denen man nun neben dem ursprünglich Gewollten wählen (oder wollen!) kann.

Machen wir uns das an einem Beispiel klar: Ich habe mich mit einem Text eingelassen, der sprachlich und inhaltlich außerordentlich schwierig ist. Und nun geht es mir nicht so, daß die Widerspenstigkeit des Stoffes meine Arbeitsfreude an der Beschäftigung mit dem Text erhöht und meinen Willen, damit fertig zu werden, stählt, sondern ich verliere nach und nach die Lust an der Arbeit und möchte sie am liebsten an den Nagel hängen. In einer solchen Situation ist man um gute Gründe und neue Vorschläge nie in Verlegenheit. Vielleicht sage ich mir einfach – resigniert oder erleichtert –, daß ich zu unbegabt bin. Oder ich bringe mich zu der Überzeugung, daß der Text viel zu unwichtig für mein Fachgebiet sei, als daß sich die ganze Mühe einer gründlichen Durcharbeitung lohnen würde. Oder vielleicht kalkuliere ich, daß der Text an Aktualität verloren haben wird, bis es mir gelungen sein wird, mich hindurchzuarbeiten. Oder ich verschiebe die ganze Arbeit auf einen späteren Zeitpunkt, weil ich mir bis dahin bessere Voraussetzungen für mein Verständnis des Textes schaffen kann, wenn ich auch in einem entlegenen Winkel meines Bewußtseins genau weiß, daß ich ihn nie wieder anrühre. Kurz und gut, ich stehe in der Wahl, ob ich meine Arbeit fortsetzen, sie aufgeben, oder sie verschieben will. Die Möglichkeit des Fortsetzens, die ja mein ursprünglicher Wille war, löst sich auf. Das Aufgeben oder das Aufschieben der Arbeit ist der Widerstand gegen den ursprünglichen Willen, der sich zu zwei neuen Möglichkeiten verwandelt.

Das Schwanken und Nachlassen unseres Willens, das sich angesichts des Widerstandes einstellt, nun aber auch Wille zu nennen, nur weil es als alternative Möglichkeit zum ursprünglichen Willen betrachtet werden kann, ist meiner Ansicht nach irreleitend. Nichtsdestoweniger geschieht eben dies, wenn man mit dem Willen als einem freien Willen zum Wählen operiert. Wir stehen dann vor der erstaunlichen Tatsache, daß gerade der Mangel an Wille, das Versagen des Willens zum Willen im eigentlichen Sinne erhoben wird.

Da der Wille immer Wille zu etwas ist, heißt Wollen nicht zwischen gegensätzlichen Möglichkeiten wählen; den Gegensatz erzeugt erst der Wille, der durch seine Herausforderung etwas zum Widerstand qualifiziert. Bevor der Wille nicht da ist, ist auch der Gegensatz nicht da, wie auch der Gegensatz nicht da ist, bevor der Wille da ist. Spricht man von einem freien Willen, so hat man davon abstrahiert, daß der Wille als Wille zu etwas Bestimmtem immer zugleich etwas Bestimmtes zum Widerstand qualifiziert und herausfordert. Wir müssen also zwischen dem faktischen Willen und dem freien Willen unterscheiden. Der faktische Wille erzeugt, wie wir sahen, in seinem Entstehen einen Gegensatz zwischen dem, was er will, und dem Widerstand, den er herausfordert. In der These von der Freiheit des Willens wird nun ein freier Wille über diesen Gegensatz, der wiederum zu zwei entgegengesetzten Möglichkeiten aufgespalten wird, zwischen denen er wählen kann, hinausgehoben. Das, was der wirkliche Wille einerseits, und das, was der herausgeforderte Widerstand andrerseits will, wird für den freien Willen nur zu zwei verschiedenen Möglichkeiten. Sie werden für bereits vorliegend gehalten und bieten sich dem Willen zur Wahl an. Im faktischen Willen jedoch ist die eine der verschiedenen Möglichkeiten das, was der Mensch will, und die andere der Widerstand, den der faktische Wille herausfordert. Und hier gibt es keine Wahl, weil die eine Gruppe »Möglichkeiten« als das eine Glied des Gegensatzes bereits im Zustandekommen der Gegensätzlichkeit als Widerstand qualifiziert ist. Mit der Qualifikation des Gegensatzes als Widerstand ist eine Wahl von vornherein ausgeschlossen. Solange mir noch verschiedene Möglichkeiten zur Wahl vorliegen, hat sich ein Wille eben noch nicht gebildet. In der Charakterisierung des Willens als ›frei‹ ist das Kunststück gelungen, einen Willen darzustellen, der allein dadurch gekennzeichnet ist, daß er in seiner Absolutheit noch nichts will.

Dieses Degagement, das mit einem Wollen unvereinbar ist, manifestiert sich in einer Verdoppelung des Begriffs. Die Frage ist nicht, was man will, sondern was man wollen will, nämlich ob der Wille als Wahlvermögen das wählen will, was man ursprünglich wollte – oder ob er eine der anderen Möglichkeiten wählen will. Im freien, degagierten Willen heißt Wollen Abstand beziehen zu dem, was man eventuell wollen will.

Stimmt es, daß der Widerstand den Willen konstituiert, so ist es klar, daß einem irgendwie an dem gelegen ist, was man will. Was man will, muß man gerne wollen, sonst kann der Wille nicht dem Widerstand, den er hervorruft, standhalten und müßte ermatten.

Luther und Erasmus

Erstaunlich ist es, mit welchem Temperament und mit welcher philosophischen Klarheit – die Hand in Hand bei ihm arbeiten – LUTHER jede Vorstellung eines degagierten Willens ablehnt. Es geschieht in der Diskussion mit ERASMUS.

ERASMUS' Definition des freien Willens, die LUTHER zitiert und gegen die er polemisiert, lautet folgendermaßen: »Des weiteren verstehen wir unter dem freien Willen in dieser Hinsicht ein Vermögen des menschlichen Willens, durch das der Mensch sich dem, was zum ewigen Heile führt, zuwenden oder sich davon abwenden kann.« LUTHER klagt über die Unbestimmtheit dieser Definition. »Aber blinde Schläge in die Luft sind diese Worte: ›sich zuwenden‹. Ebenso: ›was führt zum‹; ebenso: ›sich abwenden von‹«. Und LUTHER legt seine eigene Meinung dar: »Das Vermögen des menschlichen Willens wird also, meine ich, Macht oder Möglichkeit oder Eigenschaft oder Fähigkeit zum Wollen, Nicht-Wollen, Erwählen, Verachten, Annehmen, Zurückweisen und was es sonst noch alles an Handlungen des Willens geben mag, genannt. Was es aber heißen soll, daß dieselbe Kraft sich zuwendet und sich abwendet, sehe ich nicht.«

Wir kennen ERASMUS' Definition des freien Willens aus den theologischen Diskussionen, in denen es entsprechend heißt: »Wir müssen doch den Willen haben, Gottes Gnade entgegenzunehmen, wir müssen doch gewillt sein, sie zu bejahen, wir müssen uns ihr doch zuwenden wollen!«

LUTHER hält demgegenüber unbeirrbar an der eigentlichen Bedeutung des

Wortes *Wille* fest. Die Kraft des menschlichen Willens ist »akzeptieren oder verachten, annehmen oder verwerfen, lieben oder hassen«. »Es ist unmöglich, wenn du vermagst zu wollen und nicht zu wollen, daß du dann nicht auch mit diesem Willen ein Werk vermögen solltest.« Mit anderen Worten, Wollen ist sich mit dem, was man will, in eins setzen, Wollen ist den Widerstand herausfordern und den Streit auf sich nehmen. LUTHER steht der Sprache viel zu nahe, als daß er auch nur ein einziges Mal die volle Bedeutung des Wortes »Wille« außer acht ließe. Was Wille ist, wenn er nicht den Widerstand herausfordert und nicht Kampf ist, weiß LUTHER nicht. »Was es aber heißen soll, daß dieselbe Kraft sich zuwendet und sich abwendet, sehe ich nicht.« Für LUTHER ist das ein Wille, der also doch nichts will. Eben diesen Widerspruch in ERASMUS' Darlegungen deckt er auf, und zwar dadurch, daß er an der eigentlichen Bedeutung des Wortes beharrlich festhält. ERASMUS operiert mit einem Willen, der aus sich selber, indem er frei ist, Lust und Drang hat, ohne jedoch mit dieser Lust und diesem Drange irgendetwas zu vermögen. LUTHER fragt, was denn das für eine merkwürdige Größe sei, von der ERASMUS da spricht. »Die Diatribe träumt vielleicht davon, daß zwischen den beiden Möglichkeiten, das Gute wollen und das Gute nicht wollen, eine Mitte sei, nämlich das absolute Wollen, seinem Wesen nach weder dem Guten noch dem Bösen zugeneigt.« Mit anderen Worten, ERASMUS gibt mit der Behauptung von der Freiheit des Willens jede Möglichkeit preis, vom Willen im prägnanten Sinne sprechen zu können, weil Wille oder Wollen im prägnanten Sinne immer Vermögen heißt, und etwas vermögen heißt, Widerstand herausfordern und ihn bekämpfen, denn Wille tritt erst ins Leben im Kampf und Widerstand. Ein Wille, der nichts vermag, so wie ERASMUS mit ihm operiert, ist *per definitionem* kein Wille, er will nämlich nichts. Die These von der Freiheit des Willens, und das heißt von der Wahlfreiheit – *liberum arbitrium indifferentiae* – setzt sich für einen degagierten Willen ein, indem sie den Widerstand zu einer bloßen Wahlmöglichkeit neutralisiert, was sinnlos ist, da Wollen immer Sich-engagiert-haben ist. Den degagierten Willen nennt LUTHER *velle absolutum*, er ist herausgelöst (*absolutus*) aus dem Engagement, in dem er überhaupt erst entsteht. Er ist Mittelwille, *medium velle*, Wahlfreiheit, in der man noch nichts oder nichts mehr will: *purum et merum velle*.

Wenn LUTHER die Freiheit des Willens bestritt und seine Unfreiheit behauptete, so meint er damit nicht, daß der Wille seinem Wesen nach unfrei sei und nur als Zwang erlebt werden kann. Das ist ausgeschlossen, da Wollen immer heißt, zu dem, was man will, Lust haben. Einen erzwungenen Willen gibt es nicht, wollen heißt immer eifrig nach etwas verlangen. Zum Wollen kann einen niemand zwingen.

Zum Handeln dagegen kann der Mensch gezwungen werden. Eine Handlung kann erzwungen sein oder sie kann von mir beabsichtigt, d. h. gewollt sein. Die erzwungene Handlung ist eben die Handlung, zu der wir gegen unseren Willen gezwungen werden.

In seinem Protest gegen die These von der Freiheit des Willens trägt LUTHER also nicht eine entgegengesetzte philosophische Auffassung vor, nach der der Wille seinem Wesen nach unter Zwang stehe. Ja, was ist denn mit LUTHERS Behauptung, der Wille sei unfrei, gemeint? LUTHER legt uns schlechthin den geschichtlichen Befund vor, d. h. er legt damit etwas vor, was wir *über* unseren Willen wissen, und nicht etwas, das wir *von* unserem Willen *her* wissen. Unfrei ist unser Wille deshalb, weil wir das, wozu wir Lust haben, das, was wir wollen, gar nicht selber bestimmen. Was wir wollen, ist bestimmt, noch bevor wir es wollen.

Auf der gleichen Linie wie ERASMUS' Willensbegriff liegt der des DESCARTES, nur ist der cartesische klarer und ohne den inneren Widerspruch, an dem der des ERASMUS litt und den LUTHER ihm vorhielt. Auf LUTHERS Linie wiederum liegt KIERKEGAARDS Willensbegriff, bei dem aber ein ganz neues Problem mithineinspielt, das sich aus der veränderten Front ergibt.

Descartes' Begriff vom degagierten Willen

In der vierten Meditation erklärt DESCARTES den Willen des Menschen für ebenso unbegrenzt wie den Willen Gottes. Für sich genommen ist der Wille bei Gott nicht größer als der Wille bei dem Menschen, weshalb die Gottähnlichkeit des Menschen vor allem in seinem Willen besteht. Von allen Fähigkeiten, die der Mensch besitzt, läßt sich allein der Wille nicht vollkommener denken. Die Begründung ist eine doppelte: a) der Wille besteht allein darin, daß wir eine Sache tun oder auch nicht tun können, d. h. wir können sie entweder verneinen oder bejahen, sie verfolgen oder vor ihr flüchten. Mit anderen Worten, wir sind nicht gezwungen, wenn wir die Sache, die der Verstand vorschlägt, bejahen oder verneinen, sie verfolgen oder vor ihr flüchten. b) Seiner Natur nach ist der Wille ganz und ungeteilt; man kann nichts davon wegnehmen ohne ihn zu verderben.

Wenn DESCARTES auf diese Weise dem Willen Vollkommenheit zuteil werden läßt, so kann er das nur deshalb, weil er ihn zur degagierten Wahl-Fähigkeit reduziert hat und die Frage nach dem, was der Mensch vermag, nun nicht mehr auf den Willen, sondern auf anderen Fähigkeiten, vor allem auf dem Verstande beruht. Weil der Verstand begrenzt ist, ist es begrenzt, was der Mensch vermag.

Es ist derselbe Willensbegriff wie bei Erasmus, doch mit zwei Modifikationen. Der Widerspruch in ERASMUS Willensbegriff – daß der Wille sowohl etwas vermag als zugleich auch nichts vermag – ist behoben, weil die Vorstellung vom degagierten Willen konsequent durchgeführt ist. Der Wille, als reines Wahlvermögen, kann alles wollen. Seine Vollkommenheit besteht darin, daß er degagiert ist. Recht besehen erleidet die Vollkommenheit des Willens auch keine Einbuße, wenn er das Böse und Falsche will, was dann der Fall ist, wenn die Grenzen des Verstandes überschritten werden. Die Vollkommenheit des Willens ist etwas rein Formales, sie hat nichts mit dem Gegenstand des Willens zu tun.

Die zweite Modifikation besteht darin, daß, während für ERASMUS die Freiheit, die Degagiertheit das Wesen des Willens selber war, für DESCARTES die Freiheit etwas ist, das der Wille vom Erkennen erhält und was nichts mit seiner Vollkommenheit als Wahlvermögen zu tun hat. Es heißt bei DESCARTES: Frei sein ist nicht dasselbe wie in der Wahl zwischen Entgegengesetztem indifferent stehen. Im Gegenteil, je mehr ich dazu neige, das eine von beiden zu wählen, weil ich auf evidente Weise erkenne, daß es wahr und gut ist, desto freier ist meine Wahl. Das natürliche Erkennen ist weit weg davon entfernt, meine Freiheit zu vermindern, im Gegenteil, es vergrößert sie. Die Wahl in der Indifferenz dagegen ist der niedrigste Grad der Freiheit und rührt von einem Mangel an Erkennen her. Erkenne ich deutlich, was wahr und gut ist, so bin ich nicht im Zweifel über mein Urteil und meine Wahl, also bin ich vollkommen frei, ohne indifferent zu sein.

Der Wille ist also gleich vollkommen, ob er will, was innerhalb der Grenzen des Verstandes liegt und was klar erkennbar ist, oder ob er will, was er in einer indifferenten Wahl zu wollen gewählt hat. Etwas anderes ist es, daß seine Freiheit sehr verschieden groß ist. Die Freiheit des Willens ist groß, wenn er dem klaren Erkennen des Verstandes folgt, und klein, wenn eine indifferente Wahl getroffen wird.

Doch stellt sich die Frage, ob es hier nicht auch einen Widerspruch gibt, wenn auch anderer Art als bei ERASMUS. Wenn die Vollkommenheit des Willens in seiner Wahlfähigkeit besteht, dann muß sich die Vollkommenheit in der Wahlfreiheit manifestieren, also in der indifferenten Wahl. Da aber die Wahlfreiheit gleichbedeutend damit ist, daß der Wille am wenigsten frei ist, so manifestiert sich die Vollkommenheit des Willens am klarsten, wenn der Wille am wenigsten frei ist.

Kierkegaard

Wie LUTHER lehnt auch KIERKEGAARD den Gedanken eines freien und degagierten Willens – eines *liberum arbitrium* – ab. Doch unterscheiden sich ihre
Auffassungen insofern, als für KIERKEGAARD der Kampf gegen den Determinismus hinzutritt. Er hat also an zwei Fronten zu kämpfen, sowohl gegen die
Auffassung vom degagierten Willen als auch gegen den Determinismus. Er
nimmt daher eine neue Distinktion vor; von der Freiheit des Willens – *liberum
arbitrium* – unterscheidet er die Freiheit der Existenz; mit diesem Begriff gelingt es ihm nämlich, einen Gegensatz sowohl zum *liberum arbitrium* als auch
zum Determinismus zu schaffen. Man hat daher LUTHERS und KIERKEGAARDS
unterschiedliche Stellungnahme von daher zu verstehen, daß LUTHER dem
liberum arbitrium im Namen des Willens im eigentlichen Sinne entgegentritt,
während KIRKEGAARD ihn im Namen der Freiheit selber, der Freiheit der
Existenz zurückweist.

Indem sich das Individuum nach innen wendet, entdeckt es die Freiheit –
nicht eine Freiheit dieses oder jenes zu wählen, also nicht das *liberum arbitrium*,
sondern die Freiheit, die es selber ist (Der Begriff der Angst, Ges. Werke 2. Ausgabe S. 115). Daß die Existenz selber Freiheit ist, zeigt sich darin, daß sie in
Entscheidung und Wahl lebt. KIERKEGAARD drückt dies in der Behauptung aus,
daß die Freiheit nur *in concreto*, niemals *in abstracto* da ist. Er polemisiert gegen
die Tendenz, die Freiheit zu etwas Abstraktem, nämlich zu einem *liberum
arbitrium* zu machen. »Gibt man der Freiheit einen Augenblick, um zwischen
Gut und Böse zu wählen, und ist man nicht selber in einem von beiden, dann
ist die Freiheit in einem solchen Augenblick eben nicht Freiheit, sondern eine
sinnlose Reflexion...« (ebd. S. 420). Diese Worte werden von VIGILIUS HAUF-
NIENSIS ausgesprochen, könnten aber ebensogut von LUTHER sein. Hier wird
nämlich der Wille als Mittelwille, als ein *medium velle*, abgewiesen. Und was
KIERKEGAARD das Abstrakte des *liberum arbitrium* nennt, heißt bei LUTHER, daß
ein *velle absolutum*, ein herausgelöster Wille, ein *merum et purum velle* sei.

Mit seinen Ausführungen über die Freiheit der Existenz will KIERKEGAARD
nachweisen, daß der Mensch seine Freiheit gebraucht, um sich unfrei zu machen. Was er betonen will, ist dies, daß die Existenz des Einzelnen Freiheit ist,
daß er aber zugleich unfrei, das heißt in Schuld lebt. Daß der Mensch unfrei
lebt, entspricht LUTHERS Behauptung, daß der Wille gebunden ist. Während
sich LUTHER aber mit der Behauptung begnügt, daß der Mensch schuldig ist,
weil sein Wille und seine Lust böse sind, und daß auch der Nachweis des Willens als unfrei daran nichts ändert, will KIERKEGAARD zeigen, daß der Mensch
an seinem unfreien Leben selber schuld ist, weil seine eigentliche Existenz

Freiheit ist. Während LUTHERS Interesse sich um den Willen konzentriert, gilt KIERKEGAARDS Interesse der Freiheit, als dem Kardinalpunkt, an dem sich die Meinungen über die Determiniertheit der menschlichen Psyche scheiden.

Bei KIERKEGAARD wird der Determinismus die »Notwendigkeit« genannt, und er distanziert sich von ihrer Herrschaft, indem er, wie wir sahen, die Unterscheidung zwischen *liberum arbitrium* und Freiheit der Existenz vornimmt. Dem *liberum arbitrium* entspricht nämlich der Determinismus, der Freiheit der Existenz entspricht die Schuld. Mit anderen Worten, das *liberum arbitrium* will wohl mit dem Determinismus brechen, kann aber nicht dazu kommen, da es den Determinismus voraussetzt. Der Begriff leidet an einem inneren Widerspruch, und KIERKEGAARD kann daher dem Determinismus die Auflösung des *liberum arbitrium* überlassen und die Freiheit der Existenz behaupten.

Die Existenzphilosophie

Daß die Existenz Freiheit ist, oder daß sie, wie es bei KIERKEGAARD heißt, *die* Freiheit ist, die das Individuum selber ist, wird in der Existenzphilosophie in dem Satz ausgedrückt, daß die Existenz *Möglichkeit* ist. Weder KIERKEGAARD noch die Existenzphilosophie beziehen damit die Stellung des Indeterminismus. Der Indeterminismus behauptet nämlich das liberum arbitrium, und zwar unter der Voraussetzung des Determinismus. Worin sich der Freiheitsbegriff der Existenzphilosophie von einem Indeterminismus unterscheidet, sei im Folgenden angedeutet.

Ein bestimmter Zug ist von jeher für den Indeterminismus kennzeichnend gewesen, nämlich, daß er dem Determinismus stets unterlegen ist. Er hat sich niemals in der Debatte durchsetzen können. Das ist insofern nicht so merkwürdig, als der Indeterminismus immer nur als die Negation des Determinismus aufgetreten ist und in Wirklichkeit dessen Voraussetzungen, daß die menschliche Psyche lediglich eine Verbindung von Funktionen sei, teilte. Es war ihm somit von vornherein die Möglichkeit genommen, ein Verständnis vom menschlichen Dasein als Freiheit zu entwerfen. Freiheit ließ sich nämlich nur als Bruch des Funktionszusammenhangs verstehen.

Beim Existenzphilosophen dagegen liegt das, wovon wir ausgehen, und das, wovon wir eine Erklärung geben können, umgekehrt. Im Gegensatz zum Indeterministen geht der Existenzphilosoph davon aus, daß der Mensch Freiheit und Möglichkeit ist, und das, was seiner Ansicht nach der Erklärung bedarf, ist dies, wie es zugeht, daß der Mensch seine Freiheit und Möglichkeit dazu benutzt, determiniert zu leben. HEIDEGGER gibt als Erklärung an, daß der

Mensch in der Verlorenheit an die Menge lebt. Da der Existenzphilosoph davon ausgeht, daß das Dasein des Menschen Möglichkeit und Freiheit ist, ist er in der Lage, alles, was darin liegt und damit zusammenhängt, zu entfalten. Im Gegensatz zur indeterministischen erweist sich also die existenzphilosophische Denkweise, etwa wie bei HEIDEGGER, zur Analyse der Verfassung des menschlichen Daseins als weit fruchtbarer.

Eine kritische Bemerkung

Über die Freiheit, die das Individuum selber ist, heißt es bei KIERKEGAARD, »daß sie beständig nur mit sich selber zu tun hat«. Sogar der Unterschied zum *liberum arbitrium* läßt sich damit umfassen: während das *liberum arbitrium* sich zu etwas außerhalb des Individuums verhält, verhält sich die Freiheit, die das Individuum ist, zu sich selber. In dieser Bestimmung der Freiheit liegt jedenfalls eine große Gefahr.

Nehmen wir einmal an, in einer konkreten Situation, die eine konkrete Forderung nach einer konkreten Handlung verlangt, besinnt sich der Einzelne auf seine Freiheit zur Handlung. Die Handlung, die er von der Situation her vornehmen müßte, ist ihm unangenehm, und er tut sie nur ungern, räumt aber ein, daß er Freiheit zum Handeln hat. Mit dieser Besinnung ist bereits eine Lähmung seines Handelns eingetreten. Er ist sozusagen aus der konkreten Situation heraus und in sich selber hineingetreten. Gewiß bestehen die Situation und die Handlungsmöglichkeit weiter und sind nicht vergessen, doch fungieren sie nur noch als Anlaß der Selbstreflexion. Das heißt also, daß die Behauptung, die Freiheit habe »nur mit sich selber zu tun«, vorgibt, eine Schilderung zu sein, von dem, was vor sich geht, wenn wir einen Entschluß fassen und handeln – vielleicht besonders in dem Fall, wo wir wissen, was wir sollen, es aber ungern wollen – in Wirklichkeit jedoch die Schilderung des genau Entgegengesetzten ist, nämlich davon, wie wir uns dem eigentlichen Handeln entziehen und uns in einen Lähmungszustand begeben. Die Besinnung auf die Handlungsfreiheit ist niemals ein Impuls zum Handeln. Impuls des Handelns ist stets das Ziel, der Inhalt, der Sinn der Handlung. Um die Freiheit zu realisieren, die ich selber bin, und aus der meine Existenz besteht, muß ich sie vergessen. Das ist auch gar nicht verwunderlich, denn Handeln ist eines und ein anderes ist die Besinnung auf die Verfassung meiner Existenz als Freiheit zum Handeln. Wohl gehört beides zu meinem Dasein, aber ihre Realisierungen sollten nicht vermischt werden. Daß das Handeln frei ist, besagt nicht, daß die Besinnung auf die Freiheit zum Handeln Beweggrund des Handelns ist.

Die Ungeteiltheit des Willens

DESCARTES behauptete, daß der Wille einfach und unteilbar sei, und daß man, dieser seiner Beschaffenheit zufolge, nichts von ihm entfernen kann, ohne ihn zu verderben. Anders ausgedrückt: In der Natur des Willens liegt es, daß man, wenn man etwas will, es voll und ganz will. Schwankt man oder zögert man, so will man bereits nicht mehr. Entweder – oder, man kann nicht sowohl wollen als auch nicht wollen.

Ist denn das nun nicht ganz unrealistisch? Aus unserer Erfahrung kennen wir ja den Willen nur als ein zweideutiges Phänomen: Unser Wille läßt sich leicht anfechten, wir schwanken, wir zögern, wir schrecken zurück. Doch müssen wir einräumen, daß es irgendwie zur Natur des Willens gehört, daß er ganz und ungeteilt ist. Irgendwie hat DESCARTES recht. Die Frage ist nur, woher kommt uns der Gedanke vom ganzen und ungeteilten Willen, wenn wir aus der Erfahrung nur seine Geteiltheit und Zweideutigkeit kennen, die ihn recht besehen zum Gegenteil dessen macht, was er ist?

Zur Antwort wäre zu sagen, daß wir immer, wenn wir etwas benennen, – etwa wenn wir eine Gesinnung oder ein Verhalten als treu, zuversichtlich, wahrhaftig oder ein Streben als ein Wollen bezeichnen, – von einer Forderung an sie ausgehen. Wir können sie gar nicht benennen, ohne gleichzeitig den Anspruch an sie zu stellen, ihrer Benennung nachzukommen. Die reine und pure Benennung ist ein Anspruch an das Benannte. Die Sprache ist in ihrer Namengebung als solcher ethisch. Das Ungeteilte und Unzweideutige kennen wir vom Namen und von dem im Namen enthaltenen Anspruch auf Ungebrochenheit her. Wenn es heißt, der Wille ist im strengen Sinne ganz und ungeteilt, so ist der »strenge Sinn« der Sinn der Sprache.

Die Ungebrochenheit kennen wir dagegen nicht, wenn wir uns rückblickend dem Willen, der Wahrhaftigkeit, der Zuversicht usw. als psychischen Phänomenen zuwenden. Was wir auf diese Weise konstatieren können, ist etwas ganz anderes, es sind gemischte, gebrochene, zweideutige Phänomene: Vertrauen, das ebensogut Mißtrauen genannt werden könnte, Liebe, die ebensogut Lieblosigkeit, Wille, der ebensogut Willenlosigkeit genannt werden könnte.

Was wir Wille, Wahrhaftigkeit, Liebe, Treue und Vertrauen nennen, ist also gewissermaßen zweierlei. 1. sind es psychische Phänomene, die wir rückblickend registrieren können, und die gleiten, fließen und veränderlich sind und 2. sind es Gesinnungen, Verhaltensweisen, Handlungen, die von der Sprache her mit dem Anspruch auf Ungebrochenheit und Beständigkeit behaftet sind.

Die dem Namen innewohnende Forderung an das Benannte hat auch ihre Wirkung gehabt. Es verhält sich nämlich so, daß die meisten mentalen Phänomene, für die wir Namen haben, zusammengesetzt sind. Einer der Faktoren jedoch, die dazu beigetragen haben, das Phänomen zusammenzusetzen, ist die Forderung, die der Name enthält. Die Sprache hat in ungeheurem Maße dazu beigetragen, unseren Geist und unser Gemüt zu konstituieren. Wenn das Streben des Menschen bisweilen zum Willen erstarkte, der beharrlich das Ziel im Auge behielt und allen Schwierigkeiten und Hindernissen trotzte, so trägt ohne Zweifel mit dazu bei der Anspruch auf Ungebrochenheit und Beständigkeit, der im Wort »Wille« enthalten ist. Der Wille ist ein zusammengesetztes Phänomen. Er ist ein Streben, das einen Widerstand überwinden muß, wobei der Widerstand die Besinnung auf Ziel und Einsatz veranlaßt hat. Ein Faktor, der daran mitbeteiligt ist, aus dem mehr unzusammengesetzten Phänomen »Streben« das mehr zusammengesetzte Phänomen »Willen« entstehen zu lassen, ist die Forderung nach Ungeteiltheit, Konzentration und Ausdauer, die im Worte »Wille« selber liegt.

CHRISTLICHER GLAUBE UND GRIECHISCHES DENKEN

WILHELM ANZ

I.

In der griechischen Philosophie und in der neutestamentlichen Verkündigung ist je ein anderes Zeitverständnis bestimmend. Das *griechische Denken* fragt nach dem in der *Zeit* unvergänglichen Wesen. Es fragt danach, bedrängt von der Not des Lebens: von der Gefährdung des Gemeinwesens durch den Machtwillen der Starken (πλεονεξία), von der Verwirrbarkeit des Einzelnen durch das Spiel der Leidenschaften, überhaupt von der Preisgegebenheit an das Eindrucksvolle, mit dessen Wechsel unser Leben zerfällt und vergeht. Wer Einsicht in das unvergänglich wahre Wesen gewönne, könnte dem Verderben steuern, so wie der Arzt Abhilfe gegen Krankheit zu finden vermag.

Philosophische *Einsicht* kann den Raum des gemeinsam Wahren aufschließen und *das* Einverständnis in ihm ermöglichen, ohne das Zusammenleben in der Gemeinschaft nicht gelingt. Sie kann den Einzelnen seinen verwirrenden Stimmungen entreißen, ihm eine einheitliche Lebensführung ermöglichen. In seiner Zugehörigkeit zum Wahren wäre der Mensch seiner Zeitbedingtheit überlegen und insofern sich selbst genug (autark)[1]. Die Einübung (μελέτη) des Lebens in Einsicht vollendet sich zuletzt in der Gewißheit der Unsterblichkeit: in ihr ist die Macht der Zeit und ihres Vergehens endgültig überwunden.

Die Sorge der Philosophie sammelt sich also in dem Streben, Einsicht zu gewinnen in das zeitlose Wesen, von dessen Gegenwart wir in den Lebensverhältnissen, besonders aber in unserem *Sprechen* zehren. Je näher wir ihm denkend kommen, um so mehr sind wir im Einverständnis gebunden und bewahrt. Daraus erklärt es sich, daß bei Plato (an dem vor allem sich die vorliegende Untersuchung orientiert) das Faktische hinter dem Allgemeinen, das Vergehende hinter dem Bleibenden (eben dem Wesen) zurücktritt: denn es ist die selbstverständliche *Erwartung, daß das Tun der Einsicht folgt. Einsicht aber hat es mit dem Allgemeinen zu tun.*

---

[1] Polit. III 387 d, 11 f; diesen Sinn hat bei PLATON das Wort Autarkie.

Die *neutestamentliche Predigt* – so wie die existentiale Interpretation sie darstellt – verkündigt dagegen den eschatologischen *Augenblick*; sie ruft zur Entscheidung auf für die Zukunft, die von Gott kommt. Sie blickt nicht auf das
Wesen, sondern auf den *faktischen* Menschen und seinen Zustand in der Sünde;
sie will nicht vernünftige Einsicht, sondern den Gehorsam des *Glaubens*. Wahrheit ist ihr nicht zeitlose Ordnung, sondern das *Ereignis*, das die Existenz des
Menschen im Augenblick zu Heil oder Unheil ergreift. Dieses Ereignis bricht
in die Gegenwart ein. Eschatologische Zeit ist Existenz ergreifende und in
eine neue Geschichte stellende Zeit. Ihre Wirklichkeit versteht nur, wer sich
in seiner faktischen Existenz von Gott angehen läßt. Einmaligkeit, Unverfügbarkeit, Begegnung sind hier entscheidend. Sie alle bezeichnen das unvertretbar je Eigene und Faktische der Existenz. Neutestamentliche Verkündigung
ist auf den »Augenblick« ($\varkappa\alpha\iota\varrho\acute{o}\varsigma$) gerichtet; denn im Augenblick geschieht
das Eschaton: die Begegnung des Sünders mit Gott.

Die offenkundige Verschiedenheit von griechischem Denken und neutestamentlicher Verkündigung gewinnt in der *existentialen Theologie* systematische
Bedeutung. An ihr orientiert sie das Verhältnis von Philosophie und Theologie.
Wir können vereinfachend sagen: In die Erkenntnis des bleibenden Wesens
führt das *Vernunft*denken, in das Offene der Zeitlichkeit das Verstehen von
Existenz. Die existentiale Theologie bleibt nun bei dieser vergleichenden Unterscheidung nicht stehen; sie legt das Vernunftdenken als eine Weise der Existenz
aus und zwar der *uneigentlichen* Existenz. Die radikale Alternative, in die wir
damit geraten, verlangt nach weiterer Klärung.

Existenz heißt seit KIERKEGAARD die zeitlich-geschichtliche Bewegtheit der
Subjektivität, die von keinem Vernunftdenken erreicht und begriffen werden
kann. KIERKEGAARD denkt die Existenz als die Grenze der Vernunft: als Paradox.

Die existentiale Theologie geht weiter. *Vernunftdenken ist selbst eine Weise zu
existieren: ein Grundwille*, der dem Streben des Menschen entspringt, »die
dunkle Welt durch seine Gedanken zu erleuchten und durch sein Werk zu
gestalten, daß ihm die Welt vertraut und heimatlich wird; das menschliche
Leben zu ordnen, daß die menschliche Gemeinschaft Sicherheit gewinnt und
zweckvolles Handeln möglich wird[2]«. Das Vernunftdenken kommt vor allem
in den Blick als die existentielle Handlung, das Undurchdringbare der Zeit »zu
bezwingen«[3]. Es ist, auf die Welt gesehen, der Wille zur Denkbarkeit des
Ganzen. Auf die eigene Endlichkeit gesehen ist es die geistige Kraft, durch die
Formung oder Bildung des eigenen Lebens die Bedrohung, die aus der Tiefe

---

[2] R. BULTMANN, Das Verständnis von Welt und Mensch im NT und im Griechentum,
1940 (= Glauben und Verstehen, Ges. Aufs. II, [3]1961, 59–78), 59.
[3] Ebd. 63.

der eigenen Existenz kommt, zu überwinden, das wahre Wesen zu verwirklichen und damit die *Frage nach der Eigentlichkeit* zu beantworten (nach dem, worin der Mensch sein Leben hat). *Griechisches Denken ist die Einheit von »Weltanschauung« und »humanistischer Bildung«.* Was es mit dieser Einheit auf sich hat, wird in der existentialen Interpretation herausgearbeitet:

Das griechische Denken ist bestimmt durch den Willen zur Erkenntnis eines in sich systematisch geordneten Weltganzen und zur Begründung der Welt aus einem Weltgrunde, der ἀρχή. Diese Erkenntnis verfällt jedoch einer Illusion. Sie meint, das Seiende erkennen zu können, wie es an sich ist; doch führt sie in Wahrheit nur zu einem vom Menschen selbst hervorgebrachten Bild. Sie gibt vor, Welterkenntnis zu sein; aber sie ist vor allem Weltanschauung in ihrem rational nicht begründbaren Vorgriff auf die vernünftige und sinnvolle Zweckmäßigkeit des Ganzen. Darin liegt ihre theoretische und praktische Bedeutung; sie macht das bisher Undurchdringliche des Weltlaufes dem Zugriff des Begriffes verfügbar; sie findet die Grundgestalt (die Idee) des zweckmäßig geordneten Kosmos. Sie entnimmt den Maßverhältnissen der Grundgestalt die Regeln der τέχνη und die Norm des sittlichen Handelns.

Dieser Wille zur Erkenntnis des Ganzen und seines Grundes macht das griechische Denken *ungeschichtlich*. Um zu erkennen, tritt der Philosoph aus seiner Existenz in der Zeit heraus an einen zeit- und geschichtslosen Ort. Die Ordnung, die er erblickt, gilt für jede Zeit. Die gleiche Ungeschichtlichkeit zeigt sich auch in der Ethik. Die Norm, der der sittlich Handelnde entspricht und der gemäß er sich formt wie ein ἔργον der τέχνη, ist das zeitlose Ideal eines Menschenbildes.

Die sittliche Bildung kann im einzelnen verschieden aussehen. Sie kann als Formung durch ein Ideal von ἀρετή Bildung zum Staatsbürger sein (PLATON). Sie kann im Zerfall der gewachsenen geschichtlichen Ordnungen nur noch den Einzelnen sehen und diesen in der Ausarbeitung seiner inneren Unabhängigkeit von der Welt zum Kunstwerk bilden. Das Paradigma dieser Haltung ist der stoische Weise. Sein Vermögen, in Übereinstimmung mit seiner vernünftigen Natur zu leben, macht den Stoiker gegenüber den Zufällen des Weltlaufes unbetreffbar (ἀπάθεια) und in der Führung seines Lebens autark[4].

Nach der Weiterbildung des philosophischen Logos zur Logik der Wissenschaft ist dann – so möchte ich die sehr gedrängte Darstellung BULTMANNs verstehen – an die Stelle der Idee und des Ideales das *Naturgesetz* getreten. Der

---

[4] Hier bedeutet Autarkie die Flucht in eine »ungeschichtliche« abseitige Innerlichkeit. Sie erreicht ihren Gipfel in der Freiheit zum Tode (καλῶς ἀποθνῄσκειν). BULTMANN findet sie bereits im Sokrates-Bild PLATONs verwirklicht, wie überhaupt die Stoa in die attische Philosophie als deren enthüllendes Endstadium zurückgespiegelt ist.

Mensch hört auf, Glied des sinnvoll geordneten Kosmos zu sein. Er wird zum
Fall eines allgemeinen Ablaufgesetzes, des Naturgesetzes; er wird zum *Objekt*.
Indem der Mensch im objektivierenden Erkennen sich selbst als dem Objekt
seiner Erkenntnis gegenübertritt, gelangt die Sorge um die Verfügbarmachung
der Welt und um die Sicherung des Lebens in ihr in ihre letzte Konsequenz:
die ausschließlich technische Auslegung des Menschen.

So verschieden nun die genannten Denkweisen – jede für sich – auch sein
mögen und so unabsehbar ihre möglichen Abwandlungen, so kommt doch –
vom Existenzverständnis der Verkündigung aus gesehen – in ihnen ein Grund-
vorgang zur Erscheinung: das Denken ist zur Vorstellung eines Weltganzen
gelangt, dessen gesetzmäßigen Ablauf es aus einem obersten Prinzip begründet
oder erklärt. In dieses Weltsystem ist auch der Mensch eingefügt.

Der Zug zum System ist so wesentlich, daß die Differenzen zwischen platonischer und stoischer Philosophie, zwischen antikem Philosophieren und neu-
zeitlicher Wissenschaft zurücktreten. Sie werden – vom Interesse des Glaubens
aus geurteilt – unbedeutend. Daraus erklärt es sich, daß in verkürzend resümie-
render Darstellung die genannten Denkweisen sich bei BULTMANN ineinander-
schieben und daß auf sie alle dieselben charakteristischen Merkmale angewendet werden können. Philosophische Weltanschauung, Humanismus und
objektivierendes Denken gehören zusammen. In ihnen wird derselbe Grund-
mangel offenbar: *Wo der Mensch »von außen her« nach Naturbegriffen beurteilt
wird, da kommt die faktische Existenz des wirklichen Menschen in ihrer Zeitlichkeit
nicht in den Blick. Mit ihr aber hat es die Theologie zu tun. Auf sie zu spricht die
eschatologische Verkündigung des Neuen Testaments.*

Die neutestamentliche Verkündigung weiß um die Bedrohtheit der zeitlichen
Existenz. Der metaphysisch sich gründende Humanismus des griechischen Welt-
anschauungsdenkens hat die Bedrohtheit der Existenz – für sich – im Bilden
von Idee und Ideal überwunden. Darin liegt seine Antwort auf die Fraglichkeit der Existenz, eine Antwort, die den Charakter einer Setzung an sich hat.
Dieser Humanismus wird dadurch zu einem »Selbstverständnis« dh (wie ich
sagen möchte), zu einer transzendentalen Grundhandlung, in der die Freiheit
sich zugleich mit ihrer Welt ihre »Grundverfassung« »gibt«[5].

Damit ist das griechische Denken als Existenzbewegung greifbar geworden.
Der Mensch als Vernunftwesen flüchtet aus der Existenz in die Gesetzlichkeit
einer rationalen Ordnung, des Kosmos; denn »er hält den Blick in das Nichts
nicht aus«[6]. Von dem Willen zur Selbstbehauptung getrieben, wagt die Ver-

---

[5] Vgl. R. BULTMANN, Das Problem der »natürlichen Theologie« (= Gl. u. Verst. I,
⁴1961, 294–312), 309.

[6] Vgl. R. BULTMANN, Das Verständnis von Welt u. Mensch (s. Anm. 2), 71.

nunft eine eigene Auslegung. Sie stellt das Bild des Ganzen vor sich hin und bindet die Freiheit durch es. Das griechische Denken entspringt also einer rational unbegründbaren Grundbewegung der Freiheit: einer transzendentalen Grundhandlung, in der der Mensch – von seiner Angst umgetrieben – sich dem Anspruch des Augenblicks versagt[7].

Das Griechentum hat hierin *systematische Bedeutung*; in ihm hat ein Grundzug menschlicher Existenz überhaupt exemplarische Gestalt gewonnen. »Griechen sind wir im innersten Herzen immer; denn im Griechentum ist nur radikal eine Haltung ausgebildet, die allgemein menschlich ist: das Streben, sich der Welt zu bemächtigen und sich dadurch zu sichern.«[8] Dieser Grundwille ist bereits wirksam in dem Bestreben der Vernunft, ein Weltsystem zu denken[9], sich durch es zu sichern, einen Zusammenhang durchschaubarer und beherrschbarer Bezüge zwischen sich und die Welt zu setzen. Dieser Grundwille ist auch im Benennen des bedrohend Fremden durch die Sprache wirksam. Er treibt in gleicher Weise in die griechische rationale Weltanschauung, in den Mythos und auch in die Vorschriften des jüdischen Gesetzes hinein. Immer versucht der Mensch, ein hantierbares System zwischen sich und das Andere zu stellen, um seiner Angst Herr zu werden; und immer hat er sich dadurch dem Augenblick und damit der Freiheit zur Begegnung entzogen.

Der Impuls zur Selbstsicherung, der in der Konstituierung einer Welt der Wissenschaft und Bildung seinen Ausdruck hat, gibt die Hinsicht her, in der griechisches Denken zu sehen ist. Demgegenüber tritt die griechische Frage nach dem wahren Sein und seiner Aufweisbarkeit ganz zurück. Die Tendenz, den Willen zum System als den Grundzug griechischen Denkens anzusetzen, läßt dafür keinen Raum.

So verstanden bekommt das griechische Denken eine besondere existentielle Qualität: es verleugnet den Augenblick und ist damit Flucht vor Gott. Griechische Philosophie ist also eine Bewegung des Unglaubens in dem Sinne, daß sie in ihrem Grundwillen als Flucht vor dem eschatologischen Augenblick und der in ihm verborgenen Gegenwart Gottes beurteilt werden muß[10].

Deshalb ist es in einer Welt, in der das griechische Denken unsere gesamte philosophische, moralische, wissenschaftliche Tradition bestimmt, die Aufgabe der Theologie, die Unterscheidung zwischen dem auf Existenz bezogenen und

---

[7] Vgl. R. BULTMANN, Das Problem der natürlichen Theologie (s. Anm. 5), 304.

[8] R. BULTMANN, Das Problem der Hermeneutik, 1950 (=Gl. u. Verst. II, 211–235), 233.

[9] Vgl. R. BULTMANN, Das Verständnis von Welt und Mensch (s. Anm. 2).

[10] Die Alternative, zu der wir damit gelangt sind, gilt für das Verhältnis von Philosophie und Theologie schlechthin. Es ist zu bestimmen aufgrund der Alternative von Glaube und Unglaube. Wir haben es mit zwei »Bewußtseinsstellungen« zu tun, die einander entgegengesetzt sind.

nur auf sie beziehbaren Denken des Glaubens und dem griechischen Weltanschauungsdenken einzuüben. Ohne sie kann theologische Besinnung ihres
eigenen Aufenthaltsbereiches nicht sicher werden.

Es ist bekannt, daß BULTMANN in seiner Kritik des griechischen Denkens Anstöße HEIDEGGERS aufgenommen und in seiner Weise verarbeitet hat. Bekannt
ist auch, daß die Anstöße zur Kritik des griechischen Denkens zT von LUTHER
und KIERKEGAARD herkommen, denen beide, BULTMANN sowohl als zu jener
Zeit auch HEIDEGGER, verpflichtet sind. Für KIERKEGAARD zeigte sich in der
Zuständlichkeit der Angst die Zeitoffenheit des existierenden Menschen. Als
zeitlicher weiß der Mensch um seine Zukunft, *ist* er zum Tode, erleidet er die
Ungesichertheit des Augenblicks. Dieses »Wissen« spricht in der Befindlichkeit
der Angst. In der Vereinzelung des Ängstenden auf sich selbst zerbricht das
Gefüge der philosophischen Weltanschauung, und daher stellt die Zeitlichkeit
den, der sie vorbehaltlos geschehen läßt, – wenigstens der Möglichkeit nach –
in eine bisher verschlossene kommunikative Nähe zum anderen Menschen und
zu Gott. Dem entspricht bei BULTMANN etwa die Freiheit zur Begegnung.

Der Existenzbegriff KIERKEGAARDS enthält also die Elemente, die eine Auslegung des eschatologischen Augenblicks ermöglichen: Ungesichertheit, Zukünftigkeit, Freiheit zur Begegnung. Auf ihn konnte BULTMANN zurückgreifen.

HEIDEGGER gebraucht den Existenzbegriff und die Zeiterfahrung KIERKE-
GAARDS anders. Er greift die Erfahrungen KIERKEGAARDS auf; aber er löst sie
von ihrer Voraussetzung, dem christlichen Gottesverhältnis, ab und formali-
siert sie zu Grundstrukturen der zeitlichen Bewegtheit des seinsverstehenden
Daseins. Zeitlichkeit ist der Horizont, innerhalb dessen sich im Dasein Sein
»entbirgt«. Es geht HEIDEGGER darum, vom Bewußtsein der Erkenntnistheorie
der Wissenschaften fort in die offene Lichtung des »Da« zu gelangen und – in
ihr bleibend – zu zeigen, daß in ihr die ursprüngliche Wahrheit spricht, die *vor*
dem Auseinandertreten des Seins in Existenz und Wesen liegt. Indem HEIDEG-
GER die »Existenzialität der Existenz« durchdenkt, hat er sie auch schon hinter
sich gelassen.

Schon hier wird sichtbar, daß BULTMANN und HEIDEGGER beide Begriffe
KIERKEGAARDS in verschiedener Richtung weiterdenken. Die Bedeutung von
Existenz, Zeit, Geschichte muß sich der verschiedenen Thematik entsprechend
wandeln. Damit fällt jede Möglichkeit hin, das eine Denken auf das andere
zurückzuführen. Doch führt der gemeinsame Ausgang von einer ursprüngli-
cheren Zeiterfahrung, wie sie im Neuen Testament und eben auch in KIERKE-
GAARDS Existenzbegriff hervorgetreten ist, beide, den Theologen und den
Philosophen, in die *Kritik am griechischen Denken*.

In der konkreten Darstellung stimmt BULTMANN hier mit HEIDEGGER weithin überein. Daß wissenschaftliches Denken und technische Auslegung des Menschen auf dem Boden der antiken Metaphysik erwachsen seien, gehört zu den zentralen Themen HEIDEGGERs. Auch er betont, daß im platonischen Logos und in der platonischen Paideia ein Wille zur Setzung und Eingrenzung wirksam sei, der in die Vergessenheit des Seins geführt habe und sich in der Herrschaft von Wissenschaft und Technik vollende.

Der Grund hierfür liegt nach HEIDEGGER freilich nicht im Willen des Menschen, sondern im Sein selbst. Die Wahrheit des Seins ist *zugleich* Unwahrheit: Geschehen von Verbergung. HEIDEGGER denkt die »Gegenwendigkeit« der Wahrheit *seinsgeschichtlich:* Daß durch Platons Grundwort »Idee« dem eingrenzenden Vorstellen im Geschehen von Wahrheit die Vorrangstellung eingeräumt wird, ist keine schuldhafte Versäumnis, sondern gehört zum »Wesen« von Wahrheit selbst.

Dann aber ist auch die andere Aussage möglich, daß das metaphysische Denken Platons nicht aus dem Element der Wahrheit herausgefallen sei, daß es wahre Einsicht enthalte, deren mögliche Wirkungskraft in der kritischen Destruktion der antiken Metaphysik nicht ausgeschöpft ist. HEIDEGGER spricht davon, daß »in der Verwindung ... die bleibende Wahrheit der anscheinend verstoßenen Metaphysik als deren nunmehr angeeignetes *Wesen* erst eigens zurück« kehre[11].

Seinsgeschichtliches Denken entzieht sich seinem eigenen Sinne nach theologischer Beurteilung. Es in sich selbst ist weder Glaube noch Unglaube.

Wenn aber das griechische Denken in die Alternative Glaube/Unglaube hineingerückt wird, dann ist es ausschließlich auf das in ihm sich bekundende Selbstverständnis hin befragt worden.

Selbstverständnis ist – wie ich oben behauptete – die geschichtliche Konkretion der transzendentalen Freiheit, auf die das griechische Denken durch seine existentiale Interpretation zurückgeführt worden ist. Wenn aber griechisches Denken Selbstverständnis ist, dann muß es als Antwort auf die Fraglichkeit der Existenz »das Lebensverhältnis« zur »Sache« des Glaubens – dem stets rufenden Anspruch Gottes – in sich enthalten[12]. Es muß – für uns! – in der Verweigerung dieselbe »Sache« im Blick haben, um die es im Glauben geht, auch wenn es sich dessen nicht bewußt ist; dh es muß in den Raum des *Vorverständnisses* eingehen, das der Glaube sich selbst voraussetzt.

Das erscheint schwierig; denn Vorverständnis ist ein hermeneutischer Begriff, insofern jede Interpretation innerhalb eines bestimmten Fragehorizontes

---

[11] M. HEIDEGGER, Zur Seinsfrage, 1956, 35.
[12] Vgl. R. BULTMANN, Das Problem der Hermeneutik (s. Anm. 8).

einsetzt und in fragender und verwandelnder Vergleichung auf ihn bezogen bleibt. In der existential-theologischen Interpretation kommt ihm eine besonders erhellende Funktion zu – *aus der Fraglichkeit des Daseins als solchem*. Die Texte werden je auf ihr Existenzverständnis hin befragt und als Antwort gehört: sie sind die zusammengefaßte Antwort des Menschen auf seine Grundsituation und darin Ausdruck seines Selbstverständnisses. Sie enthalten – auch als die verkehrte Antwort, die sie sind, – den »Lebensbezug« zur »Sache« des Glaubens: das verborgene Verhältnis zu Gott. Daß es so ist, bezeugen dem Theologen nicht bestimmte inhaltliche Aussagen, sondern das Faktum der Fraglichkeit als solcher (gefragt zu sein und antworten zu müssen). Der Theologe sieht in ihm die inhaltlich nicht fixierbare Grundbewegtheit des Daseins, die in die Frage nach der Eigentlichkeit führt. Deren Richtung hebt er aus ihrem verborgenen und undurchschauten Leben heraus und spricht sie aus: Der zeitlich existierende, in der Angst dem Augenblick ausgesetzte Mensch ist so in die Wirklichkeit Gottes hineingerufen, daß er nach seinem Heil fragen muß. Dieses Grundfaktum kommt zwar erst im Glauben in seine volle Eindeutigkeit, aber jede existential-theologische Auslegung hat diesen Bezug von Frage – Antwort (= Fraglichkeit) im Blick, wenn sie vom Vorverständnis und seiner richtungweisenden Funktion spricht. Die »Gottesfrage«, aus der zur Existenz gehörenden Fraglichkeit kommend, liegt auch dem griechischen Denken voraus; sie ist dort metaphysisch beantwortet. Die Metaphysik ist die Antwort auf die Gottesfrage, die der Mensch sich selbst gibt und ist darum eine Handlung des Unglaubens.

Weil das griechische Denken sich der Existenz verweigert, muß es einseitig das gleichbleibend Erfaßbare hervorheben, es zum Ganzen erweitern und auf ein letztes Wahres zurückführen. Indem es den Menschen in dieses Ganze eingefügt denkt, versichert er sich der Zukunft. In seinem Bestehen auf Geborgenheit und Sicherheit für alle Zukunft ist zwar (für uns!) der Ruf in die Existenz insgeheim anwesend, aber ihm selbst ist die Existenz verborgen und mit ihr Gott. Indem nun der Unglaube seine Welt, das einheitliche System des Kosmos, dessen Ursprung, die ἀρχή, konstruiert, und innerhalb seiner den Menschen begreift, »konstituiert« er eine »Grundverfassung«, in der der Zugang zur Existenz für den Philosophen (den Erkennenden) verdeckt ist. Das Denken ist in der Konstituierung seiner gottlosen Welt aus dem Elemente der Wahrheit herausgetreten. *Gott ist schlechthin verborgen.*

Wahr ist am griechischen Denken der Impuls, der in es hineintreibt; verehrungswürdig die humanistische Gestalt, in die es hineinführt; aber die inhaltlichen Setzungen – daß es den λόγος τῆς οὐσίας und also Offenbarkeit des Seins geben soll – sind Auslegungen, die der Wille zur Selbstbehauptung wagt, und an denen er weit über ihre Anwendbarkeit hinaus bis zur Illusion festhält. Aus der Perspektive des aktuellen »Vollzuges« der Existenz gesehen, haben sie ihren Grund in auch einem Glauben: dem sich der Forderung des Augenblicks versagenden Unglauben.

Das Ergebnis ist: Die Alternative Glaube/Unglaube schränkt die Sicht ein auf den Aspekt des Selbstverständnisses, das sich zugleich mit seiner Welt gewinnt. Die Wahrheit, *in* der Selbstverständnis allererst möglich wird, bleibt unerörtert.

In den ontologischen Setzungen und Entwürfen des ungläubigen Denkens ist eine eigene »gottlose« Welt zwischen Gott und Mensch getreten. So entschieden Bultmann die Perspektive der gottlosen Welt zeichnet[13], so gewiß ist doch auch, daß sie nicht die letzte und abschließende ist. Dem Unglauben – obwohl er von Gott beunruhigt ist – ist Gott verborgen. Die Bedeutung, die dem Vorverständnis in der theologischen Interpretation zukommt, hat aber gezeigt, daß in den Antworten des Menschen – auch in den Setzungen der Metaphysik – *dem Glauben* die verborgene Bezogenheit des Menschen auf Gott sichtbar ist und daß er auf sie als Wirklichkeit hinweisen kann.

Bultmann meint nun, auch angesichts der Alternative von Glaube und Unglaube, von Anspruch und Begegnung auf der einen, Ideal und Norm auf der anderen Seite im Humanen (auch des griechischen Denkens) *echte* Wahrheit aufzeigen zu können, in der »das Christentum« mit »dem Humanismus« übereinstimmt. Der Mensch ist nicht so verschlossen, daß er den Anspruch des anderen (dh dessen, was der andere als er selbst ist) nicht verstünde und nicht von ihm angegangen wäre. Im menschlichen Leben spricht echte Wahrheit, die verallgemeinert und in gültiger Form (als Weisheit, Lebensregel, Norm, Sittengesetz) aufbewahrt werden kann[14]. Nicht jede Generalisierung ist falsch! Im Gegenteil: Generalisierung kann Menschliches in seiner Wahrheit bewahren. Sie wird dann zur Frage oder auch zum Aufruf oder zur Mahnung, die gehört und »aktualisiert« werden will. Allgemeine Wahrheiten gehören zum Menschenwesen; sie sind in der Schrift als echter Lebensertrag anerkannt und gebraucht. Und auch das griechische Denken ist von diesem Zugeständnis nicht ausgenommen. Die griechische Ethik »hat sich nie so weit vom geschichtlichen Leben entfernt, daß sie völlig von ästhetisch-technischen Begriffen beherrscht wäre; dh daß in ihr das Wissen um menschliches Sein als ein ursprüngliches Miteinandersein ganz verlorengegangen wäre. Überall, wo ein Denken und Reden über das sittliche Handeln laut wird, treten gewisse Forde-

---

[13] Vgl. »Zur Frage des Wunders« (= Gl. u. Verst. I, 214–228), 218 ff.
[14] Vgl. R. Bultmann, Allgemeine Wahrheiten und christliche Verkündigung, 1957 (= Gl. u. Verst. III, 166–177) u. Humanismus und Christentum, 1953 (ebd. 61–75).

rungen auf, die in dem ursprünglichen Verständnis des Handelns als eines zwischen Ich und Du sich abspielenden orientiert sind, auch wenn sie etwa in falscher Systematisierung mißverstanden werden«[15].

Die sogenannten Tugenden (zB Gerechtigkeit, Wahrhaftigkeit, Treue, Reinheit) sind ihrem Sinne nach Weisen, in denen wir der Forderung folgen, die aus unserem Miteinander (als der ursprünglichen Weise zu sein) zu uns spricht. In der christlichen Nächstenliebe – und nur in ihr – bleibt das »Du« »dem Ich überlegen«, während es in der griechischen Ethik zum »Stoff« wird, an dem der ethisch Handelnde seine Menschenwürde bewährt[16].

Denn wo auf die Idee hin gehandelt wird, da ist die geschichtliche Offenheit verlorengegangen und der wahre Sinn des Ethischen mißverstanden; der Tugendhafte hat sich von der Gemeinschaft im Miteinander isoliert und ist ungeschichtlich geworden[17]. Er steht gleichsam neben der geschichtlichen Wirklichkeit der Existenz[18]. Sein ethisches Denken hilft ihm, ein Leben in Selbstbehauptung aufzubauen und es in die Bewegung des Unglaubens hineinzunehmen.

Gleichwohl bleibt: Durch seine Bindung an das Sittengesetz, seine Bürgerschaft im Reich der Ideale und Normen erweist der Mensch seine *Freiheit als Person*. Insofern »das Gesetz« der ethischen Normen den Menschen zur Person macht, ist es »das Gesetz Gottes«, oder spricht in ihm auch »das Gesetz Gottes«. »Das Gesetz (der neutestamentlichen Verkündigung!) ruft den Menschen als Person, also gerade als den, der er als Humanist zu sein bestrebt ist!«[19]

Es zeigt sich nun: Fragen wir nach der Wahrheit, die die Antworten in Gang brachte und die doch auch in sie eingegangen ist, dann erscheint die ethische Norm nicht mehr nur als Setzung des Selbstbehauptungswillens, sondern – wie der Humanist richtig sagt! – auch als göttliches Gesetz, und – wie der Theologe dann mit Recht behaupten darf – als Gesetz Gottes[20]. Für den Glauben wenigstens verwandelt sich hier die Alternative Unglaube/Glaube in die von *Gesetz und Evangelium*[21].

---

[15] Vgl. R. Bultmann, Das christliche Gebot der Nächstenliebe, 1930 (= Gl. u. Verst. I 229–244), 233.　　　　[16] Vgl. ebd. 233–235.

[17] Vgl. R. Bultmann, Das christl. Gebot der Nächstenliebe (s. Anm. 15), 234f.

[18] Die Kritik, die Hegel und Marx an der Moral üben, behauptet denselben Sachverhalt. »Geschichtliche Wirklichkeit« ist dort freilich anders bestimmt.

[19] R. Bultmann, Humanismus und Christentum (s. Anm. 14), 75.

[20] »Denn das Gesetz des Geistes, das in Freiheit bejaht wird, ist das Gesetz Gottes, – auch wenn der Humanismus bzw. Idealismus damit, daß er dieses Gesetz als ein göttliches bejaht, noch nicht die Erkenntnis Gottes hat, die der christliche Glaube zu haben meint.« Ebd. 67.

[21] Vgl. R. Bultmann, Allgemeine Wahrheiten u. christl. Verkündigung (s. Anm. 14), 173.

Damit ist erwiesen: Der Unglaube vermag – nach dem Urteil der existentialen Theologie – die Wahrheit des Gesetzes und in ihr den Ruf Gottes zur Freiheit der Person nicht schlechthin zu verdunkeln. Der Glaube aber vermag im Humanismus die Wirklichkeit Gottes in seinem Gesetz aufzudecken.

Aber gerät so die existentiale Interpretation nicht in Widerspruch mit sich selbst und also in eine offene Aporie? Kann es bei der Grundalternative von Unglaube/Glaube, bleiben, die den Menschen auf eine bestimmte systematische Struktur festlegt: auf Angst und Selbstbehauptungswillen der transzendentalen Freiheit und diese sich dann in Weltanschauungen und allgemeinen Wahrheiten hypostasieren läßt? *Wenn das Zugeständnis echter allgemeiner Wahrheiten Bestand haben sollte, müßte sich auch die Systematik ändern.* Es müßte vorweg ein Raum vorgängiger Wahrheit sichtbar werden, innerhalb dessen der Mensch in die Alternative von Glaube und Unglaube hineingeraten kann und nach der christlichen Verkündigung hineingeraten muß, der aber gleichwohl Raum echter Wahrheit bleibt. Der Weg dorthin ist jedoch verschlossen, solange der Unglaube die Macht hat, die Grundverfassung des Daseins zu konstituieren, ja sogar die *Grundverfassung selbst zu sein*[22].

Die christliche, auch die reformatorische Sündenlehre kennt den Begriff der *corruptio*. *Corruptio* bedeutet, daß eine bleibende, also wesenhafte Ordnung verdorben und verkehrt worden ist. Konstituierung jedoch verweist auf die transzendentale (weltstiftende) Macht einer Freiheit, die eine andere Instanz als ihre eigene nicht kennt.

Eben diese transzendentale Mächtigkeit haben systematische Grundbegriffe wie Weltanschauung, Bildung, Selbstverständnis im Blick. Im Horizont der sich daraus ergebenden Alternative von Unglauben/Glauben kann der Theologe nicht anders, als das alte Selbstverständnis des Unglaubens »zerbrechen«, »verwerfen«, es schlechthin »ersetzen« wollen durch das neue Selbstverständnis des Glaubens. (Es muß hier unerörtert bleiben, ob man von einem Selbstverständnis des Glaubens überhaupt sprechen darf; ob der Glaube nicht vielmehr das Scheitern *jedes Selbstverständnisses* offenbar macht). Der theologisch bedeutsame Charakter des Vorverständnisses, der Hinweis auf die in ihm vorausgesetzte Gerichtetheit des Menschen auf Gott (besonders akzentuiert durch den Hinweis auf Augustin[23] ist für den Theologen dabei kein Hindernis. Es wird als solches ja erst in und mit dem Akt des Glaubens sichtbar; erst da kommt es sich auf den Grund[24]. Es ist eine übergreifende Interpretation, die der Theologe wagt und auch wagen muß, wenn der Glaubende die Identität (Kontinuität)

---

[22] Vgl. R. Bultmann, Das Problem der »natürlichen Theologie« (s. Anm. 5), 309.

[23] R. Bultmann, Das Problem der Hermeneutik, 1950 (= Gl. u. Verst. II, 211–235), 232.

[24] Darauf hat H. G. Gadamer, Wahrheit und Methode, 1960, 314 f, hingewiesen.

mit sich selbst soll festhalten können. Wenn aber Ort und Sinn des Vorverständnisses auch philosophisch verständlich werden sollen, dann muß der Theologe sein Verhältnis zur menschlichen Wirklichkeit revidieren: er darf philosophisches Denken nicht nur als Selbstverständnis auffassen, das er aus seinem existentiellen Ursprung existential konstruiert[25]. Er muß es in seiner eigenen Wahrheit auffassen, ohne diese wiederum in eine Weise von Selbstverständnis aufzulösen, und von ihr aus denkend den Übergang zur theologischen Wahrheit suchen, die er als Glaubender vorausgesetzt hat.

Ein Versuch, griechisches Denken aus seiner eigenen Wahrheit zu verstehen, soll im Folgenden gemacht werden.

Welche Verhältnisbestimmung von Philosophie und Theologie aus ihm folgt, bleibt zunächst dahingestellt. Nach Möglichkeit soll dabei heraustreten, wo BULTMANN Richtiges gesehen hat und wo er den Vorgang des Philosophierens vielleicht doch nicht in den Blick genommen hat.

Als Beispiel wähle ich Platon. Bei Platon ist das Philosophieren als Weg zur »Aufdeckung« des wahrhaft Seienden eigens Thema. Auch hat sich BULTMANN außer auf die Stoiker, besonders auf Platon als den Urheber des humanistischen Bildungsdenkens berufen.

II.

Die Untersuchung setzt ein bei dem elementaren Zeitverhältnis, das das platonische Philosophieren in Gang bringt; sie führt über die Erörterung des Fragens innerhalb des sokratischen Gespräches, seiner Orientierung an der $\tau\acute{\epsilon}\chi\nu\eta$ und seiner Entfaltung im $\lambda\acute{o}\gamma o\varsigma$ zum Zeitbegriff des »Timaios«.

Mit dem Aufkommen der Philosophie wandelt sich die Erfahrung der Zeit. Die natürliche Erfahrung ist, daß alles, was in der Zeit »ist«, ihre Macht im Geschick der Vergänglichkeit erleidet. In der Dichtung HOMERs gibt die Zeit den Maßstab der Unterscheidung zwischen Sterblichen und Unsterblichen. Die Menschen sind durch und durch sterblich; dh zuerst: sie vergehen. Es besagt auch: ihr Leben, seine Kraft, seine Fülle, sein Gedeihen entgeht ihnen ohne den Beistand der Gottheit. Unvergänglich ist allein die Gottheit. Der Mensch hat nur durch ihre Gegenwart sein erfülltes und bewegtes Leben. Ein

---

[25] Die Aporie der existentialen Interpretation scheint mir auch für die Verhältnisbestimmung von Philosophie und Theologie zu bestehen, die EBELING versucht. Der Philosoph als Mensch mag nach dem Urteil des Glaubens unter dem Gesetz stehen. Gilt dasselbe aber auch für das philosophische Denken »als solches«? GADAMER verweist im Zusammenhang seiner Argumentation auf den Marxismus. – Läßt sich das Seinsdenken HEIDEGGERs unter die Kategorie des Gesetzes bringen? Vgl. meinen Aufsatz »Verkündigung und theologische Reflexion« (ZThK 58, 1961, Bh. 2, 47–80).

Raum menschlicher Selbständigkeit ist nicht vorstellbar. Auch die Grenz-
überschreitungen in Anmaßung (ὕβρις) und Verblendung (ἄτη), von denen
die Tragödie spricht, bleiben innerhalb dieser Voraussetzung. Die Gottheit
weist sie zurück. Das menschliche Leben geschieht in »fragloser« Hingegebenheit an die Zeit und in »auswegloser« Hinfälligkeit.

Bei Platon ist zwischen den Menschen und seine Hinfälligkeit die Freiheit zu
philosophieren getreten, zum denkenden Erfassen des Seienden in seinem
Wesen. Es geht darum, die tragische Ausweglosigkeit zu überwinden und eine
neue Lebensmöglichkeit zu gewinnen: *die selbständige Lebensführung.* Philosophierend befreit sich der Mensch von der Übermacht der Eindrücke und der
»selbstlosen« Hingegebenheit an sie. Er gelangt dadurch in die *Freiheit zu fragen.*

In den sokratischen Dialogen PLATONs entzündet sich die Leidenschaft zu
fragen an dem Wissen, nicht zu wissen. Dh in einem Zeitalter der Aufklärung,
in dem sich die Führung durch die festen ἤθη τῶν πατέρων zersetzt, verliert
unser Sprechen an Eindeutigkeit und damit an Weisungskraft[26], wir werden
im Meinen der δόξα hin und her geworfen. Und doch sind wir nicht schlechthin führungslos. Wir bleiben im Sprechen auf ein ursprünglich Wahres bezogen.

Das sokratische Gespräch setzt voraus, daß auch im Meinen wahres Sein
mitgesehen ist, und daß es durch die prüfende Frage zu klarer Sichtbarkeit
gebracht werden kann[27]. Ohne die nie abgebrochene Parusie des wahren Seins
stünde das Fragen im Leeren; es bliebe ohne Inhalt und ohne Richtung. Nur
weil wir aus dem vorgängigen Wissen unserer gemeinsamen Lebenserfahrung
heraus »im Grunde« verstehen, was gemeint ist, wenn wir von Gerechtigkeit,
Tapferkeit, der Macht des Eros sprechen, können wir beim Wort genommen
werden.

Dadurch aber ist unsere Freiheit zu fragen und zu antworten herausgefordert. Könnte SOKRATES nicht das sich verwirrende Meinen der »Lebenserfahrung« zum Stehen bringen und zur Antwort nötigen, indem er ihm das eingrenzende Wort als Frage entgegenhält, dann käme philosophisches Gespräch
nicht in Gang. Wäre das eingrenzende Wort ohne führende Hinsicht auf die
verständliche Ordnung des einen Seins, dann bliebe das Gespräch ohne Richtung und ohne Fortgang. Das Geheimnis des platonischen Gespräches ist, daß
SOKRATES in seinem Fragen auf ein in sich stimmendes Ganzes vorblickt und,
indem er seine Gesprächspartner zur Antwort nötigt, dieses Ganze in eine
immer genauere Sichtbarkeit bringt. In solcher fragenden und prüfenden Annäherung an das wahrhaft Seiende wird der Mensch sehender[28], dem Bereich

---

[26] Vgl. VII. Brief 325 d 3.
[27] Vgl. Menon 97 b 1 ff; Symposion 202 a 5 f.
[28] Vgl. VII. Brief 344 b 1 f; 341 c 5 f.

von Wahrheit zugehöriger. Sein »flüchtiges« Meinen verwandelt sich zu »bleibendem« (μόνιμος) Wissen[29].

Das philosophische Gespräch verwandelt also das menschliche Leben von Grund auf. Zwar bleibt der Mensch wie vorher der hinfällig Bedürftige, dem sein Leben »von außen« zukommt. Aber was ihm Leben gewährt, sind zunächst *Güter, nicht Götter.* Diese Güter lassen zu, daß ein Mensch sie befragt, und indem er sie in ihrem geordneten Wesen erfaßt, sich denkend und handelnd auf sie einrichtet. Nun kommen Wissen (ἐπιστήμη), herstellendes und pflegendes Machen (τέχνη) und sittliche Einsicht (φρόνησις) als neue Lebensweisen auf. Einheitliche Lebensführung wird möglich (διαγωγὴ τοῦ βίου)[30]. Das Vermögen dazu heißt bei PLATON Sorge (ἐπιμέλεια): wer Einsicht hat, erblickt das Worumwillen (οὗ ἕνεκα), um das es im Ganzen der Lebensführung geht. Daher vermag er sich zu beraten (συμβουλεύεσθαι), für und wider zu erwägen, und im Ergreifen des Ratsamen zu »herrschen« (ἄρχειν), es in die eigene Verfügung zu nehmen. Im Zusammenspiel dieser drei Momente der Sorge erblickt PLATON das ausgezeichnete Sein der Seele (οἰκεῖα ἀρετήν, ψυχῆς ἔργον)[31]. In der ἀρετή hat die Sorge ihr Ziel, die Führung des Lebens in der Einsicht des wahren Seins, erreicht.

Nun ist richtig, daß die Bindung an seine Einsicht den Philosophen zum Einzelnen (ὁ εἷς!) macht[32], der sich dem unfreien Meinen der Vielen überlegen weiß. Diese Vereinzelung führt aber nicht in die ungeschichtliche Abseitigkeit der Ideale und Normen; philosophisches Fragen schließt den Bereich und das Verhältnis auf, innerhalb dessen menschliches Leben seine Verbundenheit im Verbindlichen zurückgewinnen kann[33]. Der Sehende zu bleiben, das Eingesehene zu bewahren, will eingeübt und immer neu wiederholt sein. Solche Einübung (μελέτη) ist – das bezeugen die sokratischen Gespräche! – eine Weise geschichtlicher Existenz! In ihr bringen wir unser sehendes Wissen immer neu in die Nähe der zu wissenden Sache[34].

Die Einübung der rechten Einsicht und ineins damit der rechten Lebensführung vollendet sich in der philosophischen Überwindung des Geschickes der Sterblichkeit. Der zur Einsicht Befreite weiß um den von jeher wirkenden Bezug zur Wahrheit, ohne den sein Fragen der leitenden Hinsicht ermangelte. Er übt philosophierend ein[35], in der Einsicht, dh im Wahren zu bleiben. In der Teilhabe am bleibend Wahren deckt sich ihm der Bezug der Seele zum Sein auf[36]: ihre unzerstörbare Nähe zum Unsterblichen und – für PLATON – damit

---

[29] Vgl. Menon 98 a 6.
[31] Vgl. ebd. A 353 d 3.
[33] S. o. S. 535.
[35] Phaidon 80e.

[30] Vgl. Politeia A 344 e 1 f.
[32] Gorgias 475 e, 482 c.
[34] Symposion 207 e 5 ff.
[36] Ebd. 84a/b; 79 d ff.

ihre Unsterblichkeit selbst. Der Weg der Philosophie führt also aus der Not der Zeit zum Denken des Seins und endet in der Frage nach der Unsterblichkeit.

Ein erster Durchgang durch die Bewegung platonischen Denkens hat auf einige Momente hingewiesen: die »geschichtliche«Wirklichkeit des philosophischen Gespräches, seine Ermöglichung durch die Gegenwart wahren Seins (ἀληθῶς ὄν) im Denken und im Sprechen, die Vereinzelung als die Offenheit für das verbindend Verbindliche *in* der konkreten Gemeinschaft. Aber sie hat auch den Weg vom Vergehen in der Zeit zur Jenseitigkeit des zeitlos Wahren sehen lassen und an seinem Ende die Überwindung des Geschickes der Sterblichkeit. Die Möglichkeit der humanistischen Ethik, der Bildung des Menschen nach der Norm zeitloser Ideale ist noch nicht ausgeschlossen. Für sie scheint zu sprechen, daß PLATON offensichtlich sittliches Handeln (πράττειν) und das Machen (ποιεῖν) der τέχνη in einer deutlichen Entsprechung sieht: τέχνη aber ist zweckmäßige Verwirklichung nach einem vorweggedachten Bilde.

Tatsächlich schließt SOKRATES in den platonischen Gesprächen von der Erfahrung, daß der Mensch der τέχνη, dh des zweckmäßigen Handelns im Umkreis einer begrenzten Aufgabe fähig ist, unbefangen auf die Möglichkeit des richtigen Tuns im Ganzen. ARISTOTELES spricht die ontologische Voraussetzung offen aus. Es wäre absurd (πλημμελές)[37], es würde die Vernunft der einen φύσις zersprengen, wenn der Mensch im Einzelnen das Richtige vermöchte, nicht aber im Ganzen.

Die Orientierung an der τέχνη hat den Sprachgebrauch PLATONs auffällig geprägt und scheint das Verständnis BULTMANNs von griechischer Ethik zu rechtfertigen. An ihr wird für BULTMANN die Loslösung der Sittlichkeit von der geschichtlichen Gemeinschaft sinnfällig. Denn τέχνη ist ja planvoll zweckmäßige Bearbeitung eines gegebenen Stoffes (ὕλη) nach einem vorgestellten Ideal (dem εἶδος in der Seele des Bearbeitenden).

Nun ist es unbestreitbar: der Philosoph wird von PLATON mit einem τεχνικός verglichen; die Philosophie kann τέχνη βασιλική heißen, weil sie als παιδεία den Menschen in sein wahres Wesen bringt[38]. Sie gewinnt das Vermögen dazu im Aufdecken des Ganzen. Weltanschauungsdenken, Bildungshumanismus, ästhetisch-technische Formung scheinen in den Grundbestand der platonischen Philosophie zu gehören[38a]. Ist das der Fall? Die Untersuchung, welche Funktion der τέχνη im Gange des Gespräches zukommt, kann einiges klären.

---

[37] Nik. Ethik A Kap. 10, 1099b 24; Kap. 6, 1097b 22f (die Frage nach dem ἔργον ἀνθρώπου).   [38] Polit. 276 b 7ff.
[38a] Vgl. H. PöGGELER, Der Denkweg Martin Heideggers, 1963; bes. ebd. 100ff über die Platoninterpretation HEIDEGGERs.

Die τέχνη taucht auf innerhalb des Gespräches. Der Sachverständige (φρό-νιμος), zB der Arzt blickt auf ein verständlich einheitliches Wesen hin, in dem es Ordnung (κόσμος) und Gliederung (τάξις) gibt[39]. Weil er die gegliederte Ordnung erkennt, erkennend das Mannigfaltige durch die Angabe des Grundes (αἰτίας λογισμῷ)[40] in einem Zusammenhang bindet, vermag er zweckmäßig planvoll zu handeln: in die Pflege zu nehmen und zu »herrschen«. Die τέχνη hat den λόγος[41]. Sie vermag Auskunft zu geben, wie das Verschiedene zuein-ander in Beziehung steht, und vermag deshalb selbst in den Zusammenhang einzugreifen. Sie sorgt dafür, daß ein Teil zu dem anderen paßt (πρέπειν), sich fügt (ἁρμόττειν), bis das Ding als ein in Anordnung und Übereinstimmung richtig gefügtes zustandekommt. Sie kann beurteilen, wann ein Ding in seine Vollendung (τέλος) gelangt ist und den höchsten Stand seiner Brauchbarkeit erreicht hat. Ihr Bereich beschränkt sich nicht auf Herstellen und Verfertigen; sie bezieht in ihre Herrschaft alles ein, was unserer Vorsorge (ἐπιμέλεια) und Pflege (θεραπεία) zugänglich ist.

Das Vermögen zur τέχνη wird für das philosophische Fragen zum *Modell*. Alles menschliche Tun – das unbefangene, aber auch das bewußt souveräne der Sophisten und ihrer Schüler – kann an ihr gemessen werden. Es hat dann seinen Anspruch auf Sachgemäßheit und Folgerichtigkeit an ihrem Vorgehen zu bewähren; denn es kann an Wahrheit hinter ihr nicht zurückstehen wollen.

Das Beispiel der τέχνη nötigt und macht Mut, das Gemeinte in einer ein-grenzenden Frage zu binden, zu prüfen und es darauf ankommen zu lassen, ob sich ein einheitlicher Sinn des menschlichen Tuns im Ganzen zeigt. Die Ana-logie der τέχνη bringt PLATON dazu, tatsächlich von der Seele analog einem Gegenstande der τέχνη zu sprechen und in ihr eine ontologische Struktur auf-zuweisen, die sie mit jedem zweckmäßig gefügten Seienden – sei es ein Gerät, sei es ein Lebendes – teilt. Auch die Seele hat Ordnung, Gliederung, Einheit[42]; und dieses Gefüge ist unserer Einsicht zugänglich. Es gibt auch im Hinblick auf sie »Sachverstand« (φρόνησις). Wir vermögen, sobald wir uns nur der Dis-ziplin der philosophischen Frage nicht verschließen, ein gegebenes Grund-gefüge und in ihm Verhältnisse der Rangordnung zu erblicken. So gibt es zB »gute« und »schlechte« Gestimmtheiten (Affekte, ἡδοναί/λῦπαι)[43]. In den »schlechten« ist um der elementaren Befriedigung willen der Blick auf das einheitlich Ganze verlorengegangen. Die »guten« sprechen gleichsam die Geborgenheit im Wahren aus und erkennen damit den Vorrang der Einsicht an. Es gibt also ein Grundgefüge, das eingehalten sein will und das verlangt, daß

---

[39] Gorgias 503 d 5 ff; vgl. Politeia A 342 a.
[40] Menon 98 a 2.   [41] Vgl. Gorgias 465 a.
[42] Ebd. 504 b 4 ff.   [43] Ebd. 495 a – 499 b.

der Mensch das Schickliche (πρέπον) und Zukommende (προσῆκον) tut, weil er sonst die Wohlordnung (κόσμος) zerstört, auf die hin sein Wesen angelegt ist. Die Einsicht ermöglicht den rechten Gebrauch der menschlichen Vermögen, weil sie das rechte Maß sehen lehrt. Der Mensch, der sich in den rechten Gebrauch nehmen läßt, und sich dem verständlichen Wesen der Seele fügt, gelangt in sein volles Sein, die ἀρετή, so wie auch nur das »brauchbare« Ding vollkommen heißen darf. So darf es denn nicht Wunder nehmen, daß von Mensch und Ding gleiche und ähnliche Worte gebraucht werden. Wer sich auf die Ordnung menschlichen Wesens einrichtet, heißt »gerichtet« (ὀρθός), wohlgefügt (εὐαρμοστός, κόσμιος), dem Maß entsprechend (νόμιμος) wie ein vollkommenes Gerät[44]. Das vollkommen Brauchbare aber hat ἀρετή; es fügt sich in ein vorausliegendes Ganzes, unter dessen Gesetzgebung es fällt.

Es hat sich bestätigt: die Orientierung an der τέχνη hat für die Ausbildung der *ontologischen* Begriffe, die für das Sein im Ganzen und innerhalb seiner für den Menschen gelten, Bedeutung. Werden diese ontologischen Strukturbegriffe zu Idealen ästhetisch-technischer Menschenformung?

BULTMANN findet Bestätigung für seine Auffassung im »Gorgias«. Dort (507 e/f) beruft *Sokrates* sich gegen den Sophistenschüler *Kallikles* darauf, daß »das mathematische Verhältnis« (ἰσότης γεωμετρική) »unter Menschen und Göttern Gewalt hat«[45]. Er weist darauf hin, daß Himmel und Erde, Götter und Menschen, die Gegenden der Welt und die in ihnen Lebenden zusammengehalten und einander verbunden sind[46] in Gemeinsamkeit (κοινωνία), Freundschaft (φιλία), Ausgeglichenheit (κοσμιότης), Bewahrungskraft (σωφροσύνη) und Gerechtigkeit (δικαιοσύνη). Dieser Grundbezug hat die proportionale Zuordnung eines »mathematischen Verhältnisses« oder – wie die wörtliche Übersetzung lautet – »geometrischer Gleichheit«. *Kallikles* verleugnet um seines Machtstrebens willen diesen klaren Sachverhalt. Wer aber gegen das Grundverhältnis verstößt, der ist im Unheil; er ist – wie es an einer anderen Stelle heißt – als Lebender tot[47]. Wer sich dagegen in ihm und in der Verbundenheit hält, die es vermittelt, der ist im Heil bewahrt (εὐδαίμων).

BULTMANN gebraucht diese Stelle, weil er den Zusammenhang von philosophischer Weltanschauung und humanistischer Ethik in ihr exemplarisch ausgesprochen findet. Nach seiner Auffassung fordert *Sokrates* den *Kallikles* auf,

---

[44] Ebd. 504 c/d; 506 d 5 ff. – Vgl. auch M. J. KRAEMER, Arete bei Platon und Aristoteles, 1959, bes. 57–82.
[45] Zitiert nach R. BULTMANN, Das Verständnis von Welt und Mensch (s. Anm. 2), 63.
[46] Das Wort δεσμός und συνδεῖν fehlt an dieser Stelle, kommt aber in vergleichbaren Belegen vor; vgl. G. KRÜGER, Einsicht und Leidenschaft, ²1948, 154.
[47] Gorgias. 492 e 7 ff.

sich der Gesetzmäßigkeit des Ganzen einzufügen. Dazu sei nötig – so folgert BULTMANN weiter – daß *Kallikles* die Norm des Ganzen, das mathematische Verhältnis, auf sich anwende und sich ihr gemäß zum Kunstwerk forme; denn Sittlichkeit ist Selbstvervollkommnung[48]. BULTMANN versteht die Worte des Sokrates also als ethischen Appell. *Doch Sokrates spricht nicht von der Norm, sondern vom Sein.* Das Sein ist so gefügt, daß es Gemeinsamkeit im Wahren und zuverlässig freundschaftliche Verbundenheit zwischen Mensch und Mensch, Gott und Mensch *gibt*. Darin liegt das Neue, das die Philosophie gegenüber der Tragödie bringt, daß die Zugehörigkeit von Mensch und Mensch, Mensch und Gott, dh das Sein der Polis und des Kosmos in einem einsehbaren Grundverhältnis *gehalten* sind. Die Freundschaft und die Gemeinschaft, in der Götter und Menschen verbunden sind, sind nicht Ideale, sondern *Weisen »geschichtlicher« Verbundenheit*, getragen von der Grundordnung, an der alle teilhaben. Durch sie ist jedem sein Ort und seine Lebensweise zugewiesen. Wer sie versteht, ist προσφιλής: vertrauenswürdig und Vertrauen empfangend, »Freund«[49]. Und daher ist er an seinem Orte im Heile bewahrt.

Sokrates spricht also nicht von der Bildungsmacht der Philosophie, sondern von der Rückgebundenheit des Menschen an die bewahrende Ordnung des Ganzen. Wir haben nicht normative Ethik vor uns, sondern *»religio«.*

Weshalb aber hat PLATON dann den mathematischen Charakter des ontologischen Grundverhältnisses hervorgehoben? Inwiefern gehören Verstehen von ἰσότης-*Gleichheit* – und Geometrie, überhaupt Mathematik zueinander?

Das Verstehen von Gleichheit ist ontologische Voraussetzung der menschlichen Rede. Um sagen zu können, »was ist«, müssen wir Gleichheit verstehen[50]. Ohne ein durch sie hindurchgehendes Gleiches oder Selbiges würden die Eindrücke, die wir haben, sich nicht zu einem einheitlichen Anblick fügen, in dem ihr Gepräge heraustritt. Auf dieses bleibende Sein ist das Seiende aus, auch wenn es in seiner Hinfälligkeit hinter ihm zurückbleibt[51]. Ohne den Hinblick auf es bliebe unser Sprechen den widersprechenden Eindrücken und Stimmungen ausgeliefert. Dasselbe würde uns bald groß, bald klein, bald gerade, bald ungerade, bald warm, bald kalt erscheinen. Nun zeigt die Mathematik, daß wir in einer reinen Anschauung um mathematische Gestalt an sich selbst wissen und dieses zunächst und zumeist nur Gemeinte in ein klares, ausgewiesenes Wissen zu bringen vermögen[52]. Aber nicht nur die mathematische Anschauung bezieht sich auf ein Sein, das »mathematisch«, dh lernbar heißen darf, weil es erkannt,

---

[48] BULTMANN, Das Verständnis von Welt und Mensch (s. Anm. 2), 64; vgl. weiter P. FRIEDLÄNDER, Platon I, 1928, 33.
[49] Vgl. Gorgias 507e 4.   [50] Phaidon 74a 9ff.   [51] Ebd. 74d–75b 1.
[52] Vgl. Menon 82a–85c u. VII. Brief 342a 7ff.

bewahrt und dh gelernt werden kann, sondern das menschliche Sprechen generell. Ja, die Grundverhältnisse des menschlichen Wesens, die Tugenden, sind die eigentlichen μαϑήματα, das eigentlich Erkennbare und Erlernbare[53]. Die Mathematik kann uns darauf hinweisen, daß wir als Menschen uns in einem vorgängig Gemeinten bewegen, und daß wir dieses Gemeinte, indem wir es in sich und an dem mit uns gehenden »Lebenswissen« überprüfen, in wissende Einsicht verwandeln können.

Hier wird jenes Element von Wahrheit sichtbar, das vor der Alternative von eigentlicher und uneigentlicher Existenz liegt, weil die Wahrheit des Seins und innerhalb ihrer der universale ontologische Charakter des μάϑημα, des »Erlernbaren«, allem Fragen und auch allem richtigen oder falschen Gebrauch voraus ist. Diese *Wahrheit* ist, mit einem Worte AUGUSTINS gesagt, *dem Menschen innerlicher als sein Inneres*[54]. Der Mensch kann sich von ihr abwenden, aber sie geht gleichwohl mit ihm. Geschicklichkeit und Haltungen können einem Menschen neu eingepflanzt und durch Übung befestigt werden. In der Möglichkeit zur Einsicht aber beginnen wir als Menschen[55]. Wir können in der Einsicht sehender werden, wir können uns in ihr zum wahrhaft Seienden umwenden; aber wir können sie nie beherrschen, so wie wir Gegenstände der τέχνη und dh bis zu einem gewissen Umfange auch uns selbst beherrschen können.

PLATON gesteht also der Einsicht vor unserer konkreten, auch für ihn fraglichen Menschlichkeit den Vorrang zu nicht nur an Würde, sondern an wirklicher Macht. Er vertraut darauf, daß sie die Lebensführung nach sich zieht, denn sie ist ja Einsicht in das wahrhaft Seiende! Die religiöse, dh ergreifende, erhellende und weisende Macht des Seins ist der Grund dafür, *daß es eine besondere platonische Ethik nicht gibt!* Die Frage nach dem Sein ist in ihrer Entfaltung bereits die Gewinnung des rechten Lebens. Ὀρϑὸς λόγος und ὀρϑὸς βίος gehören in *ein* Geschehen. Gäbe es nicht wahres Sein, über das wir nicht mehr hinaus fragen können, weil es als das wahrhaft Erfüllende und Wahre von sich her sichtbar ist[56], dann blieben wir in der Verwirrung durch Eindrücke und Stimmungen. So aber gelangt menschliches Fragen an den Ort, an dem ihm Antwort wird, warum so zu handeln ist und nicht anders. Fragend und unterscheidend gewinnt es sich die Möglichkeit der Wahl (αἵρεσις). Das Denken erschließt den Wesenszusammenhang, innerhalb dessen unser Wählen gegründet und ernst sein kann. Wählen heißt hier: das als wahr Eingesehene und insofern Festliegende in den einzelnen Handlungen durchhalten[57].

---

[53] Vgl. G. KRÜGER, aaO 196ff u. s. Symposion 211 b c.
[54] Confessiones III, 6, 11; vgl. VII. 10, 16.   [55] Politeia VII, 518d 9ff.
[56] Symposion 205c.   [57] Phaidon 99a/c.

Die Wahl, von der PLATON spricht, ist noch fern von dem Anspruch, eine in ihrer Relativität verfließende Lage durch einen Akt des Wählens und Entscheidens zur Situation zu verwandeln. Nirgends wird der Wählende zu dem Selbst, das seine Freiheit zur Voraussetzung nähme und in einer Haltung des Glaubens oder Unglaubens die »Grundverfassung« des Daseins und mit ihr die »Welt« konstituierte. Er bleibt *in* dem Raum der im Fragen erschlossenen vorgängigen Wahrheit.

Aus dieser das gesamte platonische Denken bestimmenden Rangordnung erklärt sich der Ernst des philosophischen Fragens. Ihm entspricht die *literarische Form des Gespräches*. Der sokratische Dialog hält das Denken im Charakter der offenen Frage. Das Gespräch bleibt in der Bewegung von Begrenzung, Prüfung, Widerlegung und einer aus größerer und erhellterer Nähe zum Seienden neu versuchten Eingrenzung. Es muß immer neu im Vorläufigen des gewohnten Sprechens einsetzen, um dann im Ausgang von ihm in die Vergleichung von Gesehenem und Gesagtem hineinzugelangen und in ihr vorwärts gehend jeden Gesprächspartner in die höchste mögliche Annäherung an das wahrhaft Seiende zu bringen.

Sokratisches Gespräch – von PLATON bis zum Ende als Grundform seines Philosophierens beibehalten – bringt Gemeintes in die Einsicht und versteht die Einsicht als Aufdecken des Seienden selbst. Die Einsicht ist nicht Antwort, sondern gelichtetes Sehen. Antwort ist nur die jeweilige Formel im Gespräch, die jederzeit als Stufe im Prozeß der fragenden Erhellung wieder aufgehoben werden kann[58]. Durch die Freiheit zur Aufhebung unterscheidet sich »dialektisches« Philosophieren von den dianoetischen Wissenschaften. In ihr kann sie bis zum »Absoluten« vordringen, das seinem Seinssinne nach nicht wiederum übergriffen werden kann[59]. Sie selbst aber tritt mit ihren in das Wort gebrachten Antworten aus der Bewegtheit des Fragens nicht heraus. In dieser Gebundenheit des Denkens an den Weg des Gesprächs und sein »Durchsprechen« besteht die Endlichkeit und Menschlichkeit des Philosophierens, die PLATON in seinem »Phaidon« mit so großem Nachdruck hervorgehoben hat. Menschliches Wort – des Rhetors, des Dichters, des Gesetzgebers – bedarf dessen, daß wir ihm philosophierend zu Hilfe kommen[60] und es in die Rechenschaft über die rechte Lebensführung hineinholen. Die Sorge darum – selbst Grund und ontologische Voraussetzung der τέχνη – kann nicht von einer τέχνη übergriffen werden. In ihr spricht die Grundleidenschaft des sterblichen Menschen: das liebende Aussein des ἔρως auf das wahre bleibende Wesen, das als solches

---

[58] Symposion 211 c; Politeia VI 511 b; vgl. G. KRÜGER, aaO.
[59] Phaidon 100a. 101d e; vgl. Politeia VI 511 b.
[60] Phaidros 278 b f ff.

das wahrhaft Seiende und das Gute, dh das im Sein Bewahrende ist. Sie kann bis zu ihrem Ziele vordringen, weil ἔρως φιλόσοφος ist, weil er durch Fragen in die Einsicht hineinführt und im Philosophieren um ihre sich erneuernde Wiederholung bemüht ist. Vom ἔρως[61] gilt dasselbe wie von φιλία und κοινωνία: er ist nicht Ideal, sondern »religiöse« Ergriffenheit, die den Menschen hat und führt.

Damit ist nun auch über die Stellung der τέχνη im Ganzen der Philosophie entschieden. Weil das Philosophieren diese Einsicht – soweit es einem Menschen möglich ist – heraufführt, darf es in *paradoxer und dh transzendierender Formulierung τέχνη βασιλική* heißen, so wie Philosophie auch die wahre Rhetorik genannt werden kann. Sie heißt königlich, weil sie um den Weg und Irrweg im Ganzen gleichermaßen weiß, und darum allem Machen und allem sittlichen und politischen Tun seinen Ort und seinen Auftrag zuweisen kann. Insoweit bleibt auch die Analogie zur τέχνη bestehen. Ihr Bemühen geht dahin, immer neu in jenes Sehen zu bringen, in dem das Seiende selbst sichtbar und der Anspruch seiner gefügten Ordnung, der das Schickliche und das Gehörige entsprechen, vernehmbar wird.

Der Weg in die Einsicht ist also *ein* zusammenhängender Vorgang. Philosophisches Fragen beginnt *in* dem Grundbezug zur vorgängigen Wahrheit; es holt im Durchsprechen (διαλέγεσθαι) das Gesamt der Lebensführung in diesen Bezug ausdrücklich hinein, unterstellt es seinem erhellenden und sichtenden Maße und gewinnt darin Sicht und Zuverlässigkeit.

Wenn das bisher Entwickelte richtig ist, dann dürfen wir nun folgern: Sobald wir das griechische Denken als vorstellenden Entwurf verstehen, durch den es die Fraglichkeit der Existenz beantwortet, haben wir es aus seinem Element herausgenommen, der im Sprechen gegenwärtigen Wahrheit des Seins. Griechisches, platonisches Denken gelangt zwar in ein verstehendes Sehen (νοῦς), in dem wir Einsicht (φρόνησις) gewinnen; aber es ist nicht »Weltanschauung«: es setzt Welt für sich nicht ins Bild. Es sucht, *in* der Bewegtheit des Fragens fortschreitend, in die Wahrheit des Seins selbst zu gelangen. Dieser Vorgang des platonischen Philosophierens bleibt in der existentialen Interpretation verdeckt.

Zu fragen ist nun, ob in der spekulativen Vollendung der Dialektik, wie sie etwa im »Timaios« vorliegt, die existentiale Interpretation nicht doch ihre

---

[61] Für BULTMANN ist – wie wir sahen – ἔρως der zur Selbstvervollkommnung drängende Trieb, also der Wille, ein ethisches Selbst zu sein. Er wird der christlichen Liebe als der »das Ich und das Du verbindenden Kraft der Hingabe« (Das Verständnis von Welt und Mensch [s. Anm. 2], 64) entgegengesetzt. Aber die Schematisierung Selbstvervollkommnung/Freiheit zur Hingabe (zur Begegnung) läßt gerade das außer Betracht, worauf es bei PLATON ankommt: die Zugehörigkeit des Menschen zum Sein und die religiöse Ergriffenheit von ihm.

Rechtfertigung durch die Sache selbst erhält. Ist die Kosmogonie des »Timaios« nicht wirklich philosophische »Weltanschauung«? Sie stellt im Bilde die Voraussetzung vor uns hin, ohne die es sokratisches Gespräch nicht geben könnte: die vernünftige Ordnung der Welt im Ganzen. Diese erhält ihre Verwirklichung in einem *Zeit*begriff, der dem eschatologischen καιρός der neutestamentlichen Verkündigung konträr ist: In das Kreisen der einen Weltzeit ist alles Geschehen aufgehoben.

Tatsächlich ist PLATON im »Timaios« an einen überweltlichen Ort getreten: die Vorsorge des Gottes für die Welt (πρόνοια)[62]. Von dort ausgehend denkt er die Bedingungen, unter denen es τέχνη, φρόνησις und die von ihr geleitete Wahl des Besten geben kann: *die teleologische Vernunft des Ganzen*. Vom Anfang her sucht er in einer spekulativen Umkehrung durch die Konstruktion des Ganzen den Ort des Menschen zu erreichen, an dem wahrhaftes Leben in der Polis sein darf.

PLATON *kehrt also versuchsweise die Denkrichtung um.* Die Welt ist deshalb dem Zugriff der τέχνη zugänglich und dem Einblick der φρόνησις verständlich, weil sie von einer göttlichen Vernunft vorweg in ihrem Urbilde zweckmäßig gedacht und in der Folge ihrer Seinsstufen so gebaut ist, daß sie in ihrer eigenen Lebendigkeit die Vernunft des Ganzen darstellt. Der Gott denkt in seiner Vorsehung (πρόνοια) die Welt als beseelt Lebendiges (ζῷον ἔμψυχον)[63]. Lebendiges legt sich auseinander in gegliederter Gestalt. Das urbildliche Leben selbst denkt seinen Prozeß nach Grundzahlen und -gestalten und hält es dadurch bei sich selbst: es läuft in sich zurück[64]. Die Seele ist durch alles gespannt und hält es in der Einheit ihrer selbst. Ihr Logos ist schaffende Macht, *Weltpotenz*. Zu seiner Macht gehört es, daß er das reine Außereinander des Ungestalteten durchdringt und in Gestalt bringt. Diese seine Macht erweist er in der Zeit.

Zeit ist – formal bestimmt – das, worin die zahlenhafte und zählbare Bewegung des Werdens verläuft. Werden aber heißt, in die Gestalt gelangen. Das Werdende ist ein ἕτερον; es strebt, sich verändernd, zum Sein, daher ist es zeitlich bewegt. Diese Bewegung ist jedoch nicht indifferente Jetztfolge, bloße Zeit, sie ist die im göttlichen Verstande (νοῦς) zugemessene Zeit (αἰών). Diese zugemessene Zeit bringt das Werdende in die Vollendung (τέλος) seines ihm zugedachten vollen Vermögens. In einer Bestimmung zusammengefaßt: sie ist das wandelbare, zählbare Abbild der in einem bleibenden Ewigkeit, dh der in sich bleibenden göttlichen Vernunft (κατ᾽ ἀριθμὸν ἰοῦσα εἰκὼν μένοντος ἐν ἑνὶ αἰῶνος)[65]. In ihrem zählbaren, im εἶδος gegründeten Gange, bringt sie das

---

[62] Timaios 30 c 1.
[64] Ebd. 37 a/b.

[63] Ebd. 30 d 8.
[65] Ebd. 37 b 6 f.

παράδειγμα (das zahlenhaft gedachte Baugesetz) in sein τέλος und hält sich dadurch in der Weisung des νοῦς. Sie ist der in das Werden getretene göttliche Verstand selbst; sie ist die Brücke zur Ewigkeit. Und so ist sie zu dem Grundbegriff geworden, in dessen Machtbereich das sokratische Fragen sich zur Metaphysik kehren *muß*.

Dieser platonische Zeitbegriff hat das metaphysische Denken bis hin zu LEIBNIZ und HEGEL bestimmt. Sofern er auch dem christlich theologischen Denken unterlegt worden ist, haben wir vor uns den Vorsehungs- und Geschichtsglauben, den »Platonismus fürs Volk«, dessen Ende NIETZSCHE kritisch beschreibt. Die Theologie davon zu befreien durch die Aufdeckung der Zeitlichkeit der Existenz und ihrer Faktizität, durch die Herausarbeitung des eschatologischen Augenblicks, in den die Verkündigung des Neuen Testaments ruft, war das Ziel der theologischen Kritik BULTMANNS.

Diese Überlegungen führen in die Konsequenz: Die existential-theologische Kritik hat zumindest auch recht. Auf dem Höhepunkt seiner Metaphysik konstruiert PLATON tatsächlich eine überweltliche göttliche »Weltanschauung«, das schaffende Anschauen (νοεῖν) des *intuitus originarius*, das dann im gesamten Platonismus bis hin zu HEGELS Geschichtsphilosophie nachwirkt. – Ob freilich PLATONS Mythos vom Weltbildner ein Zeugnis der Flucht vor dem Augenblick, also vor Gott ist, ist noch nicht erwiesen.

Wir hatten gesagt: das platonische Denken bleibt im Elemente des Wahren (des in die Vernehmbarkeit tretenden Seins). Das sokratische Gespräch läßt sich leiten von dem Vorblick auf das einheitlich gleiche Sein, durch das allein εἴδη, von ihnen abhängig die vergehende Gestalt der Dinge und zugleich die eingrenzende Kraft des Logos möglich werden. Das Sein in seiner Vernehmbarkeit ist das Element der Wahrheit, *in* dem die Frage beginnt. Es muß in sich selbst gefügt und geordnet sein. Sonst gäbe es den Ausblick auf das Ganze und innerhalb seiner die unbezweifelte Möglichkeit von λόγος, φρόνησις, τέχνη nicht frei.

Wie die Voraussetzung, in der das sokratische Gespräch geschieht, zu denken sei, bleibt für uns fraglich. PLATON hat sie in einem annäherungsweise richtigen Mythos durch den Pythagoräer Timaios beantworten lassen. Der Mythos spricht als vorstellbares und anschaulich denkbares Geschehen das aus, wovon das philosophische Fragen und Sprechen Gebrauch macht, ohne doch seiner in vollem Sinne habhaft werden zu können. Er bringt die spekulative Voraussetzung bei, in der als seinem Elemente das philosophische Gespräch immer schon vor sich geht. Er bringt nichts hinzu, das nicht auch schon im »Gorgias« mit dem Mittel der ἰσότης γεωμετρική aussagbar gewesen wäre! Er macht nur Ernst damit, daß die Philosophie in einem seienden Bereich

mächtiger, auf ihre Verwirklichung drängender Wahrheit ihrem Auftrag folgt,
und daß andererseits jeder menschliche Logos fragmentarisch bleibt. Solange
die Inadäquatheit mythischer Rede festgehalten wird, ist der Ort des Menschen
nicht verlassen, sondern nur im Ganzen der Welt ausdrücklich bestimmt.

Ob nun im Ausdenken eines Weltgründungsmythos die Spannung zwischen
religiöser Ergriffenheit und dem philosophischen Fragen festgehalten ist, ob
sich hier nicht das spekulative Moment gegen das Sokratische durchsetzt, muß
jetzt nicht entschieden werden. Die existentiale Interpretation hat vielleicht
Recht: der Mensch, auch PLATON, bleibt nicht im Offenen der Frage, sondern
sucht sich eine – zu kurze oder wenigstens inadäquate – Antwort zu geben
über das Licht, das seiner Frage Inhalt und Richtung gibt. Die metaphysische
Vollendung der »Dialektik« gibt unerledigte Probleme auf. So müßte sich die
Problemstellung wandeln, sobald in Frage gestellt würde, daß das Tun der
Einsicht folgt, und nun die *faktische* Weltverfallenheit, die *faktische* Sünde, den
Zugang zur Wahrheit tiefer gefährden, als es die doch auch wirkliche Macht
der Leidenschaften früher vermochte. Aber dieser Zweifel (die Verzweiflung
an der Philosophie) rechtfertigt nicht die existential-theologische Konstruktion
des »griechischen« Denkens. *Die Wahrheit des Seins bleibt der Subjektivität überlegen.* PLATON wußte, daß sie dem Zugriff der τέχνη entzogen ist. Wir müssen
verstehen lernen, daß sie nicht zum Vorgestellten eines Selbstverständnisses
herabgesetzt werden darf. Als der Grund, in den hinein philosophische Besinnung zurückfragt, entzieht sie sich der Alternative von Glauben und Unglauben. Sie bleibt der Grund, *innerhalb* dessen menschliches Verstehen sich zu
Entscheidung und Wahl allererst zusammennehmen kann.

Das griechische Denken ist aus dem Elemente seiner Wahrheit herausgenommen, sobald wir es als existentialen Entwurf verstehen. Wenn wir es aber in
seiner Wahrheit belassen, dann ist das Verhältnis von Theologie und Philosophie
nicht das von zwei Bewußtseinsstellungen, die einander ausschließen. Solange
wir darauf bestehen, korrespondiert der »Aufhebung« des Menschen im Urteil
des Glaubens die »Absurdität« des Glaubens im Urteil des Unglaubens, dem der
Glaube als eine »verlorene und sinnlose Möglichkeit« erscheint[66]. Wenn wir
aber zugestünden, daß es einen Raum gemeinsamer Wahrheit gibt, würde eine
neue Verhältnisbestimmung von Philosophie und Theologie denkbar. Im Streit
um seine Auslegung träten offenes Fragen, das bis zur spekulativen Erfassung des
Elementes der Wahrheit weitergehen kann, und Glaube, der im gehorsamen
Hören des Wortes sich binden läßt, auseinander. Die theologische Reflexion

---

[66] Vgl. R. BULTMANN, Welchen Sinn hat es von Gott zu reden? 1925 (Gl. u. Verst. I,
26–37), 30.

ergriffe die vernachlässigte Aufgabe christlichen Denkens, das die Verkündigung zwar voraussetzt, aber mit ihr nicht zusammenfällt: sie würde denkend sich im Suchen und Gehen des Überganges vom Philosophieren zum Glauben wagen und erproben, weil anders die Existenz des Glaubenden mit allem, was ihr zugehört, nicht in die Rechenschaft des Glaubens eingeholt werden kann.

PHILOSOPHISCHE MEDITATION
ÜBER PAULUS, RÖMERBRIEF, KAPITEL 7

HANS JONAS

Im Jahre 1930 widmete ich meine erste veröffentlichte Schrift, *Augustin und das paulinische Freiheitsproblem,* »Herrn Professor RUDOLF BULTMANN in herzlicher Dankbarkeit«. Der Dankbarkeit des Schülers gesellte sich später die Freundschaft der Reife und der Trost der Treue, und dies Band hat eine Lebensspanne durchdauert, in der viel, sehr viel anderes zerbrach und im Abgrund dunklen Zeitgeschehens verschwand. Aber außer dem so durch die Jahre gewachsenen persönlichen Bunde erstreckt sich von jenem seinem ersten öffentlichen Zeugnis auch eine sachliche Verpflichtung zu der jetzigen Gelegenheit, und ich kann diese nicht besser ehren, als indem ich jene nunmehr einzulösen versuche. Die Verpflichtung ist die einer existenzialen Analyse der paulinischen Selbsterfahrung, wie sie in Röm 7, 7–25 zum Ausdruck kommt. Die Interpretationsgeschichte dieses Kapitels während des pelagianischen Streites diente der damaligen Schrift als Schlüssel für eine Klärung des augustinischen Verständnisses gewisser zentraler, im Problem der Willensfreiheit geeinter Aspekte der christlichen Existenz. Zwei Erwägungen bestimmten die Wahl gerade dieses Schlüssels: einmal die pure Tatsache, daß eben dieses Kapitel mehr als jeder andere Text zum Brennpunkt und exegetischen Paradigma der Kontroverse zwischen Augustin und seinen Gegnern wurde; zum andern die Überzeugung, daß dies zu Recht geschah, dh daß die betreffenden paulinischen Aussagen in der Tat eine Schlüsselstellung beanspruchen können. Dies können sie aber nur, wenn sie nicht zufällige, sondern notwendige Wahrheiten aussagen.

Zufällig im hier gebrauchten Sinn wären die Aussagen, wenn das über sich redende »Ich« etwa die empirische Person des Paulus wäre, dh wenn es sich um einen autobiographischen Bericht handelte (von dem ein Teil die Vergangenheit, ein Teil die Gegenwart beschriebe); zufällig auch, wenn das über sich redende Ich ein psychologischer Typus wäre, ein solcher zB, für den das Verbotene, wenn und weil es verboten wird, übermächtigen Reiz gewinnt: so verbreitet die Tatsache wäre (aber wie läßt sich Unwiderstehlichkeit feststellen?), ihre Allgemeinheit wäre bloß empirisch und ließe die Ausnahmen, die es geben muß, auch von ihren Konsequenzen ausgenommen, zB der Gnade nicht bedürftig; zufällig auch, wenn das Ich die geschichtliche Menschheit (oder Israel) wäre, die sukzessiv durch die Phasen »vor dem Gesetz« und »unter dem Gesetz« hindurchgehen mußte, um die Phase der Gnade »nach dem Gesetz« zu erreichen: so notwendig diese Abfolge für den Geschichtsverlauf wäre, so zufällig wäre für den Einzelnen die Zugehörigkeit zu der Phase, in der er sich findet und die den Gehalt der anderen für ihn unaktuell – also für den nachpaulinischen Christen zum bloßen Rückblick – macht.

Notwendig hingegen wären die Aussagen, wenn das hier redende Ich der Mensch als solcher wäre und somit das, was über das Scheitern des Versuches der Gebotserfüllung in dieser Ichform gesagt wird, für den Christen so gut gilt wie für den Juden und Heiden und *daher* eine gültige Begründung der christlichen Alternative, ja ein unaufhebbares Moment an ihr selbst darstellt. Die letztere Annahme wurde in der Augustinstudie gemacht und zum Ausdruck gebracht, aber dort nicht bewiesen. Vielmehr wurde ihr Beweis ausdrücklich als Desiderat angezeigt[1]. »Beweis« kann aber hier nur heißen: Aufweis

---

[1] AaO 22f. »Wer hier eigentlich redet, ist viel umstritten: ein symbolischer Vertreter des Geschichtsverlaufs (›Ich aber lebte einstmals ohne Gesetz‹ = die Menschheit vor der Offenbarung des Gesetzes usw.)? oder der Mensch schlechthin als Typus jedes Einzelnen? oder Paulus als individuelle Person, und zwar dann entweder im Sinne eines biographischen Berichtes oder als Bericht seines gegenwärtigen Seelenlebens? Paulus vor oder unter der Gnade? Alles dieses vielleicht – aber alles dies nur dann mit Sinn, wenn der Abschnitt zuvor bezogen ist auf eine Strukturanalyse des dialektisch zwischen Gesetz und Gnade, zwischen Sollen und Nichtkönnen, Wollen und Versagen, Verzweiflung und Erlösung gestellten Seins vor Gott als solchen. Erst von dieser primären phänomenologischen Interpretation als Seinsauslegung erhalten die möglichen anderen Beziehungen auf bestimmte Träger ihren wirklichen Sinn. Eine solche hier zu geben überschreitet die Grenzen dieser Untersuchung, obwohl sie ihr streng genommen vorhergehen müßte.« Zu einer Lösung dieser Aufgabe gibt der Abschnitt, überschrieben »Welches ist die richtige Auslegung von Röm VII?«, die folgenden Anzeigen: »Die Römerbrief-Stelle spricht zwar unzweifelhaft vom *homo sub lege,* schildert sie doch eben die Situation unter dem Gesetz; aber es spricht sie der *homo sub gratia,* der als konkrete Person jenem identisch ist und für den dessen Situation nichts anderes als seine Ursituation als eines Nur-Begnadeten, nicht *natura* Anderen ist. Und dies ist das Wesentliche: Hier handelt es sich nicht um zwei verschiedene Menschen, Menschentypen, Entwicklungsstufen, Geschichtsepochen usw, sondern es handelt sich wesentlich um die eine Existenz: sobald der *homo sub gratia* von sich als Mensch, von seiner Situation sprechen will, kann er sich nur *sub lege* sehen und den Gnadenstand als die jeweilige aktuelle Aufhebung des Gesetzesstandes. Ein Gnadenstand, in festen Charakteren beschreibbar unabhängig vom ›Gesetzesstand‹, dh von dem, was der Mensch als bloßer Mensch vor Gott sei, ist paulinisch undenkbar: ja, die adäquate Selbstauslegung des Gnadenstandes besteht überhaupt darin, sich als eigentlich unter dem Gesetz verhaftet zu bekennen – mit allen zugehörigen Vollzugskonkretionen, die der Gnadenstand nicht einfach erspart, sondern nur jeweils in eigentümlicher Weise ›aufhebt‹ und erlöst. Im *status gratiae* also ist konstitutiv der *status legis* als abgründiger Untergrund seines eigenen Wirklichseins dialektisch immer mit vollzogen« (ebd. 48f.). Dies, obwohl in der Form kategorisch, ist in der Sache die Formu-

des Existenzvollzuges, in dem eine Not wie die, von der Paulus spricht, wesenhaft beheimatet ist und zum Vorschein kommt. Die phänomenologisch aufgezeigte Notwendigkeit solcher Not spräche dafür, daß *sie* das von Paulus Gemeinte sein könnte. Weiter kann kein Beweis gehen, wo es sich der Natur der Sache nach, dh der Situation aller Hermeneutik gemäß, um eine Hypothese des Verstehens handelt.

Der Plan und Entwurf einer solchen Analyse ging in der Tat der Veröffentlichung der Augustinstudie voraus[2] und wird dem gegenwärtigen erneuten Versuch zugrunde gelegt. Es ist der Versuch einer *Struktur*-Analyse desjenigen Vollzuges, in dem die menschliche »Ursünde«, von der Paulus und Augustin reden, sich aktualisiert und immer erneuert; und der Aufweis der echt dialektischen, weil in der Bewegtheitsweise des menschlichen Willens als solchen wurzelnden *Notwendigkeit* eben dieser Struktur – einer Notwendigkeit, die gleichwohl selbsteigene Tat und somit das Selbstverhängnis der sich überantworteten Freiheit ist. Die philosophische, nämlich auf den existenzialen Grund dieser Notwendigkeit zurückgehende Analyse muß zeigen, wie die Realdialektik, die in die Insuffizienzerfahrung ausmündet, ihrerseits in der grundsätzlichsten existenzial-ontologischen Verfassung des Menschseins entspringt. Nur unter dieser Bedingung haben die paulinischen Aussagen die Gültigkeit, die sie beanspruchen. Der Versuch ist also ein Experiment mit einem bestimmten Verständnis dieser Aussagen, demzufolge sie eine solche Gültigkeit haben sollten. Hierfür müssen wir wagen, ihr Ausgesagtes in die Sprache existenzialer Formbeschreibung zu übersetzen – wir dürfen sagen »rückübersetzen« in dem Maße, in dem unser Vorbegriff richtig ist.

Wir schicken zur Erinnerung des Lesers eine Wiedergabe des Abschnitts aus dem Römerbrief voran. Was darauf folgt, ist jedoch nicht eine Exegese des Textes, sondern eine freie philosophische Reflexion oder Meditation über die allgemeinen Sachverhalte, die der Aussage als ganzer in der Verfassung des menschlichen Seins zugrunde liegen mögen.

Röm 7, 7–25: »Was wollen wir denn nun sagen? Ist das Gesetz Sünde? Das sei ferne. Aber die Sünde erkannte ich nicht, außer durchs Gesetz. Denn ich wüßte nichts von der Begierde, hätte das Gesetz nicht gesagt ›Du sollst nicht begehren‹. Die Sünde aber empfing Antrieb vom Gebot und erzeugte in mir alle Begierde. Denn ohne das

---

lierung einer Hypothese, deren Begründung eben in der geforderten »Strukturanalyse« bestehen muß.

[2] Niedergelegt in einem Brief an Rudolf Bultmann vom 13. 7. 1929, wovon mit gutem Glück eine Kopie mich durch die Jahrzehnte und Kontinente meiner Lebenswanderung begleitet hat. Ich bekenne, daß die heutige Ausarbeitung im Geiste noch ebenso experimentell ist wie der damalige Entwurf.

Gesetz war die Sünde tot. Ich aber lebte einst ohne Gesetz. Da aber das Gebot kam, lebte die Sünde auf. Ich aber starb. Und es erfand sich, daß das Gebot, mir gegeben zum Leben, mir zum Tode gereichte. Denn die Sünde, Antrieb nehmend am Gebot, betrog und tötete mich durch eben dies Gebot. Das Gesetz zwar ist heilig, und das Gebot ist heilig und gerecht und gut. So wäre denn, was gut ist, mir zum Tode geworden? Das sei ferne. Aber die Sünde, auf daß sie als Sünde offenbar werde, hat mir durch das Gute den Tod gewirkt, auf daß die Sünde im Übermaß sündig würde durchs Gebot. Denn wir wissen, daß das Gesetz geistig ist: ich aber bin fleischlich, verkauft unter die Sünde. Denn was ich wirke, weiß ich nicht: denn nicht was ich will, das tue ich, sondern was ich hasse, das handle ich. Wenn ich aber das tue, was ich nicht will, so stimme ich dem Gesetz zu, daß es gut sei. Dann aber bin nicht ich es mehr, der dies tut, sondern die in mir wohnende Sünde. Denn ich weiß, daß in mir, dh in meinem Fleische, nichts Gutes wohnt. Denn in mir ist zwar das Wollen, aber Vollbringen des Guten nicht. Denn nicht das Gute, das ich will, sondern das Böse, das ich nicht will, das tue ich... So finde ich denn in mir, der ich das Gute tun will, das Gesetz, daß mir das Böse beiwohnt. Denn ich habe Lust am Gesetz Gottes nach dem inneren Menschen, sehe aber ein anderes Gesetz in meinen Gliedern, das dem Gesetz meines Geistes widerstreitet und mich gefangennimmt im Gesetz der Sünde... Ich elender Mensch, wer wird mich erretten aus dem Leib dieses Todes? Dank sei Gott durch Jesus Christus unsern Herrn. So diene ich nun im Geiste dem Gesetz Gottes, im Fleische dem Gesetz der Sünde.«

Der Mensch ist dasjenige Wesen, das nicht nur sich auf die Welt in intentionalen Akten *(cogitationes)* bezieht, sondern das darin zugleich um diese Akte und damit um sich als sie Vollziehendes weiß: Denken ist immer auch ein »ich denke, daß ich denke« *(cogito me cogitare)*, also ein Sein, das wesentlich auf sich rückbezogen ist, und zwar »konstitutiv«, nämlich so, daß es in dieser Rückbezogenheit sich allererst selbst setzt und zum Ich konstituiert. Diese allerformalste Tatsache des Bewußtseins überhaupt als Selbstbewußtsein, seine konstitutive Reflexivität, enthält in sich bereits die Voraussetzung sowohl für die Möglichkeit der menschlichen Freiheit als auch für das notwendig zugehörige Sich-verfangen der Freiheit in sich selbst. Beides wächst vollzugsmäßig aus derselben Wurzel; freilich nicht aus der harmlosen Iteration eines neutral *vorstellend* gefaßten *cogito me cogitare:* das *cogitare* als bloß vorstellender Rückbezug zu sich selbst ist nicht der ursprüngliche Ort von Selbstbewußtsein und Freiheit.

Vielmehr ist es der *Wille*, in dem sich der für die Freiheit relevante Reflexionsprozeß vollzieht. Dem erst formalen Sinn des *cogito me cogitare* entspricht im Felde der konkreten Existenz das Wollen, das ebenfalls nicht nur »ich will«, sondern zugleich auch »ich will, daß ich dies will« *(volo me velle)* sagt: alles

Wollen will *sich selbst* und hat sich jeweils selbst gewählt. Der Wille hat also in sich *seine* zugehörige Reflexivität, in deren Vollzug er sich überhaupt erst als das, was er ist, konstituiert und sich darin eben von jedem bloßen Trieb oder Streben (*appetitus* aller Art) radikal unterscheidet: der Trieb ist nicht reflektiert, Streben ist nicht zugleich auch *appeto me appetere* wie das Wollen ein *volo me velle* ist. Die Reflexion des Willens ist wohlgemerkt selber eine willensmäßige, dh der Wille ist zugleich das willentliche Setzen und Bejahen seiner selbst. Darum lautet die Formel auch nicht einfach *cogito me velle* (nach cartesischem Muster), sondern: *volo me velle*.

So gefaßt ist der Wille nicht irgendein psychischer Einzelakt unter anderen, klassifizierbar unter Wünschen, Begehren, Streben, Trieb usw; auch nicht so etwas wie ausdrücklicher Entschluß oder dergleichen; überhaupt nichts, was auftreten und wieder verschwinden, manchmal dasein und manchmal fehlen kann: sondern er ist *a priori* immer da, trägt alle Einzelakte, macht erst so etwas wie das »Wollen« als spezielles psychisches Phänomen möglich ebenso wie sein Gegenteil, die Willenlosigkeit, auch jeden ausdrücklichen Entschluß, jede bestimmte Entscheidung, obschon er bereits selber seinem Wesen nach nichts anderes ist als immer in Vollzug befindliche *Entscheidung über sich selbst* – jene ständige Selbstentscheidung, der sich das Subjekt durch kein Alibi in irgendeinem neutralen, indifferenten, »willensfreien« Verhalten entziehen kann: denn sie ist selber erst die Bedingung der Möglichkeit für dergleichen Indifferenz wie für ihr Gegenteil.

Der »Wille«, der diese permanente Entscheidung vollzieht, oder vielmehr, der als ihr Vollzug ist, ist also nichts anderes als die Grundweise des Seins des Daseins überhaupt, und das Wort bezeichnet nur den existenzialen Strukturverhalt, daß das Sein des Daseins so ist, daß es ihm in seinem Sein jeweils um etwas geht und hierin wieder letztlich um sich selbst als das eigentlich zu Betreibende seines eigenen Seins: also das, was HEIDEGGER mit der »Sorge« bezeichnete. Die Formel »es geht ihm um sich selbst« umschließt den hier gemeinten Tatbestand der Reflexion des Willens.

Dies Aktphänomen der Reflexion des Willens ist letztlich das Gründende des Selbst. In seinem Prozeß vollzieht sich die stetige Selbststiftung der sittlichen Person – sie »macht« sich in ihm erst als jeweilig aktuelle, aber kontinuierlich übergreifende Synthese der moralischen Selbstidentifizierung des Ich, das – sei es auch im Modus des Sich-nicht-zu-sich-bekennens – doch erst durch diese seine Selbstkonstitution in der Reflexion des »Interesses« Subjekt einer möglichen Zurechenbarkeit wird. Alle Phänomene der Sittlichkeit – Freiheit, Verantwortlichkeit, Unvertretbarkeit, Gewissen, Schuld – wurzeln in diesem ursprünglichen Reflexionsverhältnis: dieses *ist* die Freiheit.

Aber inwiefern soll eben hierin auch das notwendige Versagen der Freiheit, dh ihre unausweichliche Verstrickung in sich selbst gründen? Jede Begründung der »Insuffizienz« als einer schuldhaften, zu verantwortenden, muß sie als eine zwar notwendige, aber nichtsdestoweniger selbsteigene Tat der Freiheit selber auffassen – so paradox, ja widersinnig das auch erscheinen mag. Die willensmäßige Reflexion des Willens ist der Ort der Freiheit; die Sphäre des Willens überhaupt auch der der Unfreiheit. Es muß also ein *Modus* seiner Reflexion sein, in dem diese zutage tritt – und zwar ein unvermeidlicher Modus, wenn anders die paulinisch-christliche Insuffizienzthese nicht eine bloße Verleumdung des Menschen ist (als die NIETZSCHE sie ansah).

Bei der ersten Einführung des *cogito me cogitare* wurde seine bloß »vorstellende« Modalität für die hier in Rede stehende Reflexion der Existenz als ungenügend abgewiesen. Jetzt aber hat gerade dieser objektivierende, anschauende Modus zu seinem Recht zu kommen. Die Freiheit schafft sich ja ihren möglichen Spielraum und ihre Grundvoraussetzung erst, indem sie, in der generellen Objektivation des Alls des »Seienden außer ihr« zur »Welt« der Gegenstände, von diesen und der unbedingten Befangenheit in sie als ein Subjekt zurücktritt und so, aus diesem prinzipiellen Abstand, erst eine Freizügigkeit ihnen gegenüber gewinnt. Diese Objektivation aber, die der Mensch als Urakt seines Menschseins gegenüber dem Seienden außer ihm vollzieht, in der er es sich erst als die »Welt« gegenübersetzt – erstreckt sich zugleich notwendig und korrelativ auf ihn selbst: auch er wird sich zum Gegenüber. In der Objektivation tritt er heraus aus einem »ursprünglichen« Einssein im All des Seienden (in der »Unschuld der Kreatur«) und vollzieht damit eine wesentliche Entfernung und Urspaltung, in der das Ich, dem so objektivierten All sich gegenüberstellend, zugleich sich als ein solches konstituiert, das »ich« sagen kann – und sagen muß, da es sich nunmehr, mit »einmal geschehener« Isolierung (dies »einmal« ist die imaginäre »Vergangenheit« des Mythos vom Sündenfall) in dieser Selbstgesetztheit wohl oder übel behaupten muß. So ist mit der Weltobjektivation auch die mögliche anschauende Selbstobjektivation (die von der »Reflexion des Willens« radikal verschieden ist) unausweichlich schon mitgegeben – und mit dieser auch die notwendige Möglichkeit jener Selbstentfernung, die gegenüber der unmittelbaren »Demut« des einfach Kreatürlichen den Hochmut der Mittelbarkeit im Bezug auf sich selbst aufkommen läßt.

Der Reflexion des Willens steht also gleichursprünglich eine Selbstobjektivation in der »Anschauung« gegenüber. Formelhaft stellt sich das Verhältnis so dar: Das *volo me velle* hat in sich wesenhaft die Möglichkeit, umzuschlagen in ein *cogito me velle* (*cogito* hier im spezifischen Sinn von vorstellender Vergegenständlichung genommen). In diesem Umschlag enteignet sich die Freiheit selbst: anstatt im Vollzuge ihrer selbstergriffenen Handlung zu sein, stellt sie sich ihr als ihr eigener Zuschauer gegenüber und ist ihr damit schon fremd geworden – ja, hat sie im Grunde aus der Hand gegeben und verraten. Aus der reinen Zukünftigkeit des unbedingten Einsatzes, dem sie sich handelnd überantwortet hat, ist sie herausgefallen in die Abstand nehmende und im Anschauen sich festlegende Gegenwärtigkeit der Objektivation, in der sie sicheren Fuß fassen kann gegenüber der ganz ausgesetzten Bewegtheit der Tat: in solcher Selbstobjektivation verschafft sich die gegen sich selber schutzlose Freiheit eben den Rückhalt wieder, den sie im handelnden Einsatz gerade hinter sich lassen wollte. In concreto kann die Objektivation sehr verschiedene psychologische Formen annehmen. Meist wird sie irgendwie mit dem Seitenblick des Vergleichens arbeiten (was bedeutet, daß das gesellschaftliche Sein, das »Miteinander«, sei es auch nur in der Imagination, den Horizont der Objektivation abgibt). Jedenfalls aber substituiert sie immer mich als den konstatierbar Tuenden für die unbedingt im Tun lebende Tat selbst: Sollte dies nicht zumindest ein Sinn, und zwar der minimale sowohl wie der fundamentale Sinn, des paulinischen »Sich-rühmens« im »Werke« sein?

Diese eigentümliche Verstockung der Zeitlichkeit in sich selbst, in ihrem immanenten Vollzug, oder mit obigen Formeln ausgedrückt: der unausweichliche und sich aus sich selbst erzeugende Wechsel von *volo me velle* und *cogito me velle,* kann, so meine ich, als der Fallstrick des Gesetzes angesehen werden, der mit der Heiligkeit des Gesetzes nicht nur vereinbar ist, sondern geradezu daraus folgt. Es ist ein nobler Fallstrick, da er nichts anderes ist als der Fallstrick der Freiheit selbst und von ihr selbst sowohl bereitet wie gewagt, sofern »Gesetz« im höchsten Sinne verstanden gerade den Anspruch der Freiheit an sich selbst und nichts Heteronomes bedeutet. Mit andern Worten, die hier waltende Dialektik liegt jenseits des Unterschiedes von Heteronomie und Autonomie: man könnte für das »du sollst nicht begehren«, in dem Paulus den Sinn des Gesetzes zusammenfaßt, ruhig auch die Kantische Pflichtidee mit ihrem Gegensatz zur Neigung einsetzen, und die Dialektik bliebe prinzipiell die gleiche (s. w. u.).

Freilich hat es mit dem einmaligen Umschlag aus dem *volo* in das *cogito,* aus der Reflexion des Willens in die Selbstobjektivation nicht sein Bewenden. Die Freiheit, die es ernst mit sich nimmt, bleibt dabei nicht stehen, sie ist auf der Hut vor ihren eigenen Tücken und hält die Augen offen: Die lebendige Reflexion des Willens wird sich bei der eben vorgenommenen Selbstenteignung in der Objektivation, diesem eigentümlich beschwichtigten Sich-vor-Anker-legen im Zuschauen, ertappen – und sie in neuem, nun hierauf bereits mitbezogenem Entschluß wieder auflösen, die Verstockung der »Gegenwart« wieder in die unbedingte Bewegung der »Zukunft« hineinnehmen. Aber auch diese neue Stufe der »Reflexion« verfällt in ihrem zeitlichen Vollzug wieder der »Objektivation« – und so ist es ein unaufhörliches, sich in sich rückverschlingendes Hin und Wieder, eine (gar nicht einmal als Nacheinander zu fassende) höchst reale Dialektik, in der der Wille sich ins Unendliche seiner Vieldeutigkeit modifiziert, sich in sich verstrickend, ohne von sich aus seine Eindeutigkeit erreichen zu können – es sei denn, daß dieser unendlichen Reflexion in der Selbstüberlassenheit von anderswo Einhalt geboten wird. Hierüber hat die Philosophie nichts mehr auszumachen.

Um in Kürze auf den vorhin gestreiften Unterschied von »heteronomer« und »autonomer« Ethik im Verhältnis zu unserm Problem einzugehen: In der Form der Heteronomie, speziell der Religion, in der die Dialektik zuerst bemerkt wurde, stellt sie sich bekanntlich folgendermaßen dar: Da der Glaube an die Autorität des göttlichen Gesetzgebers, an der die Verbindlichkeit seines Gesetzes hängt, den Glauben an seine Gerechtigkeit einschließt, so *muß* die Beobachtung seiner Gebote mit der *Erwartung* von Lohn und Strafe einhergehen, selbst wenn kein *Wunsch* danach besteht. Die Sicherheit eben dieses Glaubens aber, so moralisch notwendig er ist, zerstört die Reinheit der Gebotserfüllung selber, indem er sie aus einer moralischen zu einer utilitarischen macht – dh er schützt göttliche Moral und Heiligkeit des Gesetzes auf Kosten der Möglichkeit menschlicher Moral und Heiligkeit des Willens. Wird aber die Sicherheit göttlicher Berücksichtigung von Verdienst – positivem wie negativem – verneint, so wird die scheinbar so gerettete Möglichkeit menschlicher Moral wiederum dadurch zerstört, daß das Gesetz eines, wo nicht geradezu ungerechten, so doch unberechenbaren, launischen oder indifferenten, kurz eines amoralischen Gottes nicht heilig sein und so keine moralische Autorität beanspruchen kann: also kann auch seine Erfüllung nicht moralisch sein, außer durch Irrtum (Unklarheit) über die Fragwürdigkeit seiner Quelle; und Irrtum selber, dh ungenügendes Nachdenken, darf nicht zur Bedingung der Moral gemacht werden. Das heißt, die Möglichkeit menschlicher Moral kann so wenig auf Kosten der göttlichen Moral gerettet werden, wie die göttliche ohne Zerstörung der menschlichen gewahrt bleiben kann; oder kurz: menschliche Moral kann so wenig ohne göttliche wie mit göttlicher Moral zusammen bestehen.

So ist es unter der Bedingung der Heteronomie. KANT meinte dieser Crux zu entgehen, indem er den göttlichen Gesetzgeber durch die Selbstgesetzgebung der Vernunft ersetzte, also das Sittengesetz autonom machte und damit vom Lohn- und Strafgedanken ablöste. Aber wie wir oben zeigten, verschafft sich auch die reine Innerlichkeit durch die Spiegelung der Selbstobjektivation eine Art von Selbstbelohnung, die (bekannt unter dem Namen der Eitelkeit) nicht weniger korrumpierend ist als die Rechnung auf Vergeltung von außen – womöglich mehr, da sie sofort, noch im Tun selbst, genossen werden kann, während diese die Kraft eines lange hinhaltenden Glaubens verlangt. In Wahrheit überwölbt die Alternative »eigentlich-uneigentlich« die Alternative »autonom-heteronom«. Denn offenbar ist jene immanent-gegenwärtige Antinomie, die fundamentaler ist als die von transzendent-zukünftiger Überlegung abgeleitete, *beiden* Positionen, der autonomen wie der heteronomen, gemein und stellt die existenzielle Antinomie des Sittlichen an sich dar jenseits aller Theorie vom Grund der sittlichen Norm. In äußerster Kürze besagt sie, daß unter der Bedingung menschlicher Zweideutigkeit der Versuch einer Heiligkeit des Willens sich selber zu einem unheiligen Willen verurteilt. Es ist meine Ansicht, daß diese Antinomie hinter der Verzweiflung der paulinischen Selbstbekundung steht.

Warum aber ist überhaupt das Abgleiten in die Objektivation notwendig? Die Selbstobjektivation ist eine Möglichkeit der Freiheit, aber damit doch noch keine Notwendigkeit? Hier liegt das tiefste Geheimnis der Freiheit, das am schwersten in Worte zu fassen ist. Es betrifft das Verhältnis von Möglichkeit und Notwendigkeit in Sachen der Freiheit, oder vielmehr: das Verhältnis der Freiheit zu ihren eigenen Möglichkeiten, das eine eigentümliche Art von Notwendigkeit ist, nämlich von notwendiger Tat der Freiheit. Zu seiner Beschreibung stehen mir nicht mehr als nur andeutende Metaphern zur Verfügung.

Man möchte von einem Schwindel der Freiheit angesichts ihrer Möglichkeiten sprechen. Weil diese Möglichkeiten ihr ganz anheimgestellt sind, befällt sie dieser Schwindel, sobald sie auf sich allein und ganz vor sich selbst, dh eben vor diese Möglichkeiten ihrer selbst gestellt ist. Und solcher Schwindel läßt sie in jede sich ihr anbietende Möglichkeit der Selbstmodifikation auch schon hineinstürzen, solange es sich dabei um nichts anderes als eben die innere, selbstinterpretierende Bestimmung ihres Wie und noch nicht um die Wahl äußerer Aktion handelt. Über das Was der letzteren hat die Freiheit natürlich Gewalt, aber paradoxerweise nicht über ihr eigenes Wie, auf das es doch für den sittlichen Charakter des Tuns ankommt[3]: sie hat das Wie nicht in der Gewalt, gerade weil sie es *und* seine gleich verfügbaren Alternativen so vollkommen in der Gewalt, nämlich von sich allein abhängig hat. Nicht obwohl, sondern *weil*

---

[3] Der Leser wird bemerken, daß dies die diametrale Umkehrung der stoischen Position ist: dort war der Außenbereich als unserer Macht entzogen, der Innenbereich als ganz in unserer Macht befindlich angesehen worden. Der tief bedeutsame Sinn der Umkehrung kann hier nicht weiter verfolgt werden: die heute so geläufige gegenklassische Vorstellung vom Verhältnis zwischen äußerer und innerer Macht des Menschen, zwischen seiner Herrschaft über die Dinge und seiner Herrschaftslosigkeit über sich selbst, ist das Endergebnis zweier voneinander völlig unabhängiger historischer Entwicklungen im einen und andern Bereich, die in die moderne Situation zusammenflossen.

sie sich zur absoluten Selbststiftung im Wie ihres Seins völlig überantwortet ist, muß sie schillernd sein. Weil jedes *datum* ihrer selbst nicht einfach besteht, sondern weiterhin ein sich ins Unendliche vollziehendes Produkt ihrer subjektiv schrankenlosen (und so in den Schwindel der Möglichkeiten gestellten) Selbstbestimmung ist, und weil dies sich überantwortete Wie *potentiell* mehrfältig ist, ist die Freiheit selbst in jeder Konkretion auch schon *aktuell* mehrdeutig – dh letztlich: zweideutig.

Als ganz sich selbst überlassen ist die Freiheit in ihrem jeweiligen Sein ihr eigenes Erzeugnis, und dies ihr Sich-selbst-Aufgegebensein wird ihr an keinem Punkt von einem dinghaft eindeutigen Sein, auf das sie sich stützen könnte, abgenommen. Da aber die Möglichkeit der Unechtheit, ohne die auch die Echtheit nicht die der Freiheit wäre, ihr positiv zueigen ist, und weil niemand sie, sofern sie in der Reflexion voll zu sich entbunden ist, vor ihren eigenen Möglichkeiten schützt (was im Zustand der Unmittelbarkeit zB die eindeutige biologische Ordnung tat) – so hat sie, schillernd im Schwindel ihrer autonomen Möglichkeiten, mit jedem Akt der Echtheit zugleich auch die zugehörige Unechtheit irgendwie schon mitrealisiert. Als Freiheit verfängt sie sich in ihre Möglichkeiten als die absolut eigenen. Die selbstgeschaffene und in der haltlos-unbedingten Selbstbesorgung reflexiv weiter unterhaltene Konkretion ihres jeweiligen Wie ist also nach ihrer kritischen Identifizierbarkeit mit dem Irisieren einer Perlmutterschale oder Ölhaut auf dem Wasser zu vergleichen: Jede Stelle scheint zunächst eindeutig ihre Farbe aus dem Spektrum zu haben – aber die geringste Änderung meiner Stellung zeigt mir eine andere und ich entdecke, daß keiner Stelle eine Farbe eindeutig anhaftet, sondern eine jede bereits alle in sich enthält…

Wenn es also im Widerspiel der Reflexivität des Willens beim bewußt sittlichen Akt geschieht, daß der Freiheit sich die mit der Bewußtheit als solcher mitgegebene Möglichkeit der abfallenden Selbstobjektivation anbietet – so hat sie von ihr auch schon, wenn auch noch so versteckt, Gebrauch gemacht: denn ihren eigenen Möglichkeiten kann die Freiheit nicht widerstehen. Und dies ist der eigentliche und höchste Modus der Versuchung: nicht der Lockruf an die Sinnlichkeit oder die äußere Selbstsucht, nicht die Rechnung des Vorteils noch die Furcht des Schadens, nicht der Reiz des Verbotenen oder was sonst die geistige Süße der Sünde sein mag (all diesem kann man widerstehen) – sondern daß der Freiheit in der eigensten Sphäre ihrer Selbststiftung, auch in der erfolgreichen Enthaltung vom äußeren unsittlichen »Werk«, diese innere Möglichkeit ihrer selbst entgegentritt und jederzeit als positive Chance zur Realisierung dessen bereitliegt, was sie von sich her sein kann; mit andern Worten, daß hier der bloße Gedanke die Tat ist, und seine Denkbarkeit sein Denkenmüssen, und sein Nichtdenkenwollen sein Schon-gedacht-haben, und sein Nicht-gedacht-haben sein Verbergen, und sein Verbergen seine höchste Verdächtigkeit: das ist es, was diese Versuchung, diesen Zauber ihrer selbst, für die Freiheit in ihrem selbstüberlassenen Spiel unwiderstehlich macht. Vor jedem ausdrücklichen Gegenentschluß und in jedem Gegenbemühen ist sie ihr schon zuinnerst erlegen. Denn da sie ganz mit sich allein ist und nichts anderes hat als sich selbst, läßt sie sich auch keine Möglichkeit zur Überlistung ihrer selbst entgehen, sofern nur auch hier sie selbst das Handelnde ist: In ihrem Sich-selbst-Überlassensein ist sie auf den Genuß ihrer selbst verwiesen und dadurch »sündig«. Wenn hier Lüsternheit im Spiele ist, so ist es die sehr unsinnige, sehr geistige Lüsternheit des Selbst auf sich selbst. Unter diesem Schatten steht alle Reinheit des Wollens.

Nur auf der Stufe der bewußten, ausdrücklichen Sittlichkeit tritt diese versucherische Möglichkeit der Selbstobjektivation ins Spiel; also gerade erst, wenn die Freiheit in der »Reflexion des Willens« zu sich selbst gekommen ist. Auf der »natürlichen« Stufe der Unmittelbarkeit gibt es weder das eine noch das andere, weder die Reflexion des *volo me velle* noch die Objektivation des *cogito me velle*. Zu solcher Ausdrücklichkeit des Sittlichen aber kommt es durch das Gesetz. Wie dieses also erst durch sein Sollen die Sittlichkeit in der Reflexion des Willens ermöglicht und dadurch die Freiheit erst zu sich entbindet, so bedingt es zugleich und in eins ihr Verfangen in sich selbst. Es ist dies der »Antrieb der Sünde durch das Gebot«. Und weil erst das »Wissen« überhaupt, nämlich die Grundvergegenständlichung der Welt mit ihrer Urspaltung von Selbst und Welt, das Wissen des so »Ich«-sagen-Könnenden um sich selbst möglich macht und dadurch sowohl die Freiheit als auch deren unausweichliches Verfängnis in eins bedingt – darum beschreibt der Mythos den Sündenfall als Essen vom Baume der Erkenntnis.

Wie die Objektivation der Welt von vornherein eine Funktion des menschlichen Miteinander ist, von ihm konstituiert und in seinem Wort fortlaufend unterhalten, so ist es noch spezifischer dies redende Miteinander, das auch für die Selbstobjektivation, wie sie etwa im Vergleichen und Einschätzen geschieht, den allgemeinen Horizont und die besonderen Hinsichten der Objektivierung bis in die Innerlichkeit des isolierten Subjekts darreicht. Das ist der existenziale Grund für die kritische Rolle des »Kosmos« als menschlichen Miteinanders im Zusammenhang der paulinischen Seinsauslegung. Diese Rolle des Miteinander in der Selbstobjektivierung ist nicht zu verwechseln mit der Rolle des »Man« in Heideggers Analytik des Daseins. Es ist nicht die Absorbierung in der Anonymität der Vielen, die Überfremdung durch die Allgemeinheit, sondern gerade die Absetzung des Ich von ihrem Hintergrund, dh der Versuch des Selbstseinwollens im sittlichen Vorsatz, in dem die hier behandelte Selbstobjektivierung lauert und ihr verstörendes Wesen treibt. Dies ist das zentralere und den Zu-

stand des Menschen tiefer treffende Phänomen. Während hinreichende Unabhängigkeit und Achtsamkeit des einen Herr werden kann, durchdringt das
andere eben die Übung der Unabhängigkeit und Achtsamkeit selbst.

Wenn unsere Interpretation richtig ist, so heißt das, daß die von Paulus beschriebene Not nicht die Not des Individuums gegenüber dem »Man«, sondern
die Not des Individuums vor seinem eigenen Gewissen ist; und diese wird
um so größer, je mehr es sich vom Man auf sein Selbst zurückzieht, je unbeding-
ter es die Reinheit des Wollens von sich fordert. Es ist also eine Not, die nur das
ernst genommene, nicht das äußerlich genommene Gesetz erzeugt. Es ist die
Not nicht der Oberflächlichkeit, sondern der Tiefe, nicht des Buchstabens,
sondern des Geistes, nicht der Legitimität, sondern der Moralität.

Jesus hatte in seiner Kritik des »Pharisäertums« die schlechte Gesetzesfrömmigkeit treffen wollen; die Kritik des Paulus trifft alle Gesetzesfrömmigkeit.
Jene war als Tadel, diese als Bekenntnis gemeint. Jene geißelt, von außen, eine
falsche und korrigierbare Haltung; diese beschreibt, von innen, eine wahre und
unvermeidbare Erfahrung. Jesus rief nicht vom Gesetz hinweg, sondern von
äußerlicher zu innerlicher, von blinder zu sehender, von unernster zu ernster
Gesetzlichkeit: dort aber, wohin solcher Ruf führt, wartet die wirkliche Erfahrung der Gesetzesfrömmigkeit. Der von Jesus zur Selbstbesinnung gebrachte
Pharisäer würde sich also, immer noch unerlöst, aber eben darum wissend, in
der paulinischen Situation befinden: er wäre aus einem unechten ein echter
Pharisäer geworden. Derart läßt sich des Paulus Charakteristik des Zustandes
»unter dem Gesetz«, die alle Karikatur und bloß empirische Typologie hinter sich
läßt, als Grundriß eines existenzialen Begriffs des »Pharisäismus« – im genügend
weit formalisierten und nicht historisch gebundenen Sinn des Wortes – verstehen. Danach wäre der Mensch als solcher gegenüber dem Gesetz, dessen ge-
rechtem Anspruch er genügen will, *wie er soll*, »Pharisäer«, und zwar günstig-
sten und ernstesten Falles, sofern eben die Übernahme des »heiligen Gesetzes
Gottes« als persönliche Verbindlichkeit die dem Menschen von sich her höchst-
erreichbare Möglichkeit darstellt und er nur mit ihr in die Dimension des gültigen Scheiterns seiner bloßen Menschlichkeit kommt. Wenn er gerade hierin
scheitert – das ist die Logik des Paulus – so bleibt ihm nur ein Weg: der zum
Kreuz. »Pharisäer« ist also der »Mensch vor der Gnade« überhaupt, und offen
für die Not der Gnadenbedürftigkeit, wenn er sich eben als »Pharisäer« erkennt. Solches Erkennen aber wächst aus der erfahrenen Dialektik des Gesetzesstandes selber heraus, und indem es die Notwendigkeit dieser Dialektik begreift, ist es zugleich ein Erkennen der existenziellen Unüberschreitbarkeit des
so verstandenen »Pharisäertums«. Existenzielle Selbsterkenntnis gehört hier also
zur vollendeten Ganzheit des Pharisäers: bei Jesus ist gerade dies nicht der Fall.

Für Jesus ist »Pharisäer« ein Partei- und Gruppenname, der Pharisäer ein empirisch vorfindlicher Typus unter anderen, eine Richtung innerhalb der religiösen Mannigfaltigkeit seiner Umwelt, charakterisiert durch eine spezifische Haltung, die Jesus bekämpft, da sie irrig und vermeidbar ist, und die er deshalb mit besseren kontrastieren kann, die die Umwelt ebenfalls darbietet. Es ist gewissermaßen der naive, populäre, typenmäßig-anschauliche Begriff des Pharisäertums – und eine polemische Karikatur: der Pharisäer ist im groben Sinne Heuchler und äußerlicher Frömmler. Von diesem Bilde brauchte sich der wahrhaft fromme Jude nie getroffen zu fühlen. Er konnte darin die Darstellung einer Versuchung erkennen, von der die Gesetzesfrömmigkeit bedroht ist, der Juden (und Andere) oft erlegen sind, aber auch immer wieder erfolgreich widerstanden haben. Jesus selbst brauchte nicht weit zu suchen, um auf wahrhaftere Frömmigkeit hinweisen zu können: er fand sie in schlicht-gläubigen Frauen, Samaritanern, Zöllnern. Ihnen gegenüber ist der »Pharisäer«, wie die Evangelien ihn zeichnen, bereits vor den einfachen Maßstäben volkstümlich-sittlichen Empfindens gerichtet – das sich demnach hier leicht jenes Gefühl der Überlegenheit leisten kann, bei dem die Rollen sich wieder vertauschen oder die Unterschiede verwischen mögen.

Der Pharisäer aber, bei Jesus ein religiös inferiorer Typus, ist bei Paulus der äußerste überhaupt vor der Gnade; und gerade das ernsthafteste, innerlichste Streben (»gemäß dem inneren Menschen«), das in seiner wesentlichen Forderung erfaßte »heilige Gesetz« zu erfüllen, ist bei ihm zu jenem Scheitern verurteilt, das eben ein Scheitern des Menschen als solchen ist, der im Versuch der Gesetzeserfüllung in seine letzte Möglichkeit und Unmöglichkeit vor Gott geraten ist. Jesus nimmt also die niedrigste, Paulus die höchste Möglichkeit der Gesetzesfrömmigkeit zum kritischen Objekt, und das ist nicht einfach ein Unterschied der polemischen Methode, sondern einer im anthropologischen Ansatz selbst. Denn die höchste Möglichkeit faßt alles unter sich, und mit ihr ist das Mindere erst recht getroffen; die niedere dagegen läßt über sich noch menschlich Mögliches, nämlich das Nicht-pharisäische, offen und bestimmt sich damit als eine abzulehnende und vermeidbare, wenn auch vielleicht sehr verbreitete und menschlich-typische Korruption.

Demzufolge weist Jesus auf die wahre Haltung zu Gott schlicht hin und setzt ihre Erwirkbarkeit bei echter menschlicher Bereitwilligkeit voraus. Daß er diese bei den Armen und Gedrückten eher für gegeben hält als anderswo, ist eine Sache für sich. Und so hätte in seiner Verkündigung sein eigener Kreuzestod, überhaupt: eine Erlösung der konstitutiv sündigen Menschheit durch Passion und Auferstehung eines Heilandes, eigentlich gar keinen Platz, denn die Menschen haben unmittelbaren Zugang zu Gott und zum echten Sein vor ihm, sofern sie nur seinen Ruf hören und annehmen. Diese Feststellung wiederholt nur den alten, wenn auch vielbestrittenen Satz, daß die paulinische Verkündigung *von* Jesus als dem gekreuzigten Christus gegenüber der Verkündigung Jesu selbst einen entscheidenden Wandel bedeutet, an dem die Wege zwischen dem alten und dem neuen Glauben sich wirklich scheiden.

THOMAS VON AQUIN
DER LEHRER DER KATHOLISCHEN KIRCHE[1]

GERHARD KRÜGER

Ich kann nicht umhin, meinen Vortrag mit einer persönlichen Bemerkung zu beginnen: ich bin kein Prediger und spreche zum ersten Mal in meinem Leben in einer Kirche. Mein Beruf liegt in der Philosophie, nicht in der christlichen Theologie. Wenn ich dennoch an dieser Stelle etwas sagen soll, so wird es durch die Eigenart meines Themas gerechtfertigt:

I.

THOMAS v. A. war ein *christlicher Philosoph*. Er ist ein Mann der Kirche, und doch bringt er in die Kirche etwas mit, was nicht Sache des Glaubens ist, sondern der Vernunft. Man kann ihn nicht übergehen, wenn man sich auf die großen Zeugen des christlichen Glaubens besinnt, die die Stadien auf dem Wege der Kirche bezeichnen. Und doch würde man THOMAS v. A. nicht zureichend verstehen, wenn man ihn nur im Zusammenhang mit PAULUS, AUGUSTINUS, LUTHER betrachtete, und nicht auch im Strome des philosophischen Denkens, das aus der vorchristlichen Zeit des Altertums, von SOKRATES, PLATO und ARISTOTELES herkommt, um sich nach einigen Jahrhunderten der Verbindung mit der Kirche, bald nach der Reformation, in der Zeit DESCARTES', KANTS und HEGELS wieder vom Christentum zu trennen. THOMAS v. A. war ein Mann der *Wissenschaft*. Aus den Briefen des PAULUS spricht das apostolische Dasein dessen, der Christus geschaut hat und nun in unermüdlicher, missionarischer Sorge um die Gemeinde lebt. Die »Bekenntnisse« AUGUSTINs lassen uns teilnehmen an dem Zwiegespräch der Seele mit ihrem Gott. Die große »Summa theologiae«, das »Lehrbuch der Theologie« des THOMAS v. A., begegnet uns

---

[1] Der vorliegende Vortrag wurde in einer evangelischen Kirche gehalten. Obwohl seine Entstehung nunmehr lange Zeit zurückliegt, erscheint er dem Verfasser heute noch gültig. Die Philosophie des THOMAS VON AQUIN erfreut sich gerade gegenwärtig bei nicht-katholischen wie bei katholischen Forschern wieder wachsender Bedeutung.

mit der undurchdringlichen Sachlichkeit einer wissenschaftlichen Untersuchung, die durch kein persönliches Wort verrät, was den Denkenden bewegt.
Da werden wissenschaftliche »Fragen« erörtert, und diese Erörterung hat ein
immer wiederholtes, strenges Zeremoniell: es wird zB gefragt, ob es einen Gott
gäbe, und es werden zunächst Gründe *dagegen* angeführt, dann Gründe *dafür*.
Dann gibt Thomas seine *Entscheidung* der Frage, die regelmäßig mit den Worten beginnt: »ich antworte, man muß sagen…«, und auf Grund dieser Antwort
werden dann die eingangs aufgestellten Gegengründe widerlegt und erklärt:
»zum ersten muß man sagen…«, »zum zweiten muß man sagen…« usw. So
geht es in dem großen Lehrbuch 614 mal, und man merkt es kaum, daß die
letzten 102 Fragen nicht mehr von Thomas selbst verfaßt, sondern von einem
seiner Schüler auf Grund andrer Schriften des Meisters ergänzt worden sind.
Das ist die Form der *scholastischen Methode*, dh die Art, wie in den christlichen
Schulen und Hochschulen des Mittelalters disputiert wurde. Man sollte diese
vielberufene Methode nicht unterschätzen. Sie erfordert und ermöglicht auf
jeden Fall eine gewaltige Leistung des Denkens. Unter ihrer Herrschaft haben
die Völker des Mittelalters eine streng durchdachte *Einheit der wissenschaftlichen
Weltansicht* gehabt, wie sie die moderne Wissenschaft zwar auch erstrebt, aber
nie in demselben Maße erreicht hat. Diese Wissenschaft der »Schule«, die auch
der Protestantismus im 16. u. 17. Jh. gepflegt hat, hat sich neben der aufkom-
menden Wissenschaft der Neuzeit noch lange behauptet: erst am Ende des
18. Jhs. wurde sie durch Kant aus dem allgemeinen Geistesleben endgültig
verdrängt. Mit Recht pflegt man die Gedankenbauten der Scholastik als ein
Gegenstück zu den Bauten der *Gotik* zu bezeichnen: die eine Leistung ist so
groß und kunstvoll wie die andere.

Thomas v. A. (1225–1274) ist der berühmteste Meister der mittelalterlichen
Wissenschaft, in der – anders als heute – die Philosophie den beherrschenden
Mittelpunkt bildet. Er ist ein »Theoretiker«. Aber wir würden nun doch die
Wissenschaft und Philosophie dieser Zeit verkennen, wenn wir sie uns als etwas
»rein Theoretisches« in dem heutigen Sinn des Wortes vorstellten. Diese Wissenschaft hat ihren ersten und maßgebenden Inhalt nicht in den *niedersten* Dingen.
Ihre größte Stärke ist nicht, wie in der heutigen Wissenschaft, die Erkenntnis
der *materiellen* Dinge, sondern die der *höheren*, geistigen Wesen: des Menschen,
der körperlosen Geister und Gottes selbst. Das erste und maßgebende Thema
dieser Wissenschaft ist *Gott*. Alles andere wird in Hinsicht auf Gott und in der
Absicht auf die bessere Erkenntnis Gottes betrachtet. Die Wissenschaft gipfelt
in der Philosophie, die Philosophie in der Gotteserkenntnis. Sie findet daher
ihre zwanglose Ergänzung und Überhöhung in der Gotteserkenntnis des
christlichen Glaubens: Thomas ist ein *christlicher* Philosoph. Und nicht nur das:

sein wissenschaftliches Denken macht vor dem Glauben nicht einfach halt, sondern es geht über in die *christliche Theologie*, also die Wissenschaft, die der Kirche eigen ist. Hier wird nicht Wissen um des Wissens willen erstrebt, auch nicht um des irdischen Nutzens willen, sondern allein um des *Heiles* willen: die wissenschaftliche Erkenntnis Gottes, auf die alles hinausläuft, ist nur das schwache, stückhafte Vorspiel zum *Schauen Gottes von Angesicht zu Angesicht*, in dem nach Thomas recht eigentlich die Seligkeit des Himmels besteht. Thomas war Lehrer an Hochschulen, aber er war es nicht einfach als weltlicher Gelehrter, sondern als Christ, und sogar in der besonderen geistlichen Lebensform des Mönchtums. Die katholische Kirche verehrt in ihm – neben Augustin, und höher als Augustin – einen ihrer offiziellen *Kirchenlehrer*. Und eben als solchen hat sie ihn (1323) heiliggesprochen. Es trifft sich merkwürdig, daß die katholische Kirche gerade heute, am 7. März, das Fest des heiligen Thomas v. A. des »Bekenners und Kirchenlehrers« feiert. Schon zu seinen Lebzeiten war sein Ansehen gewaltig. Im 14. u. 15. Jh. wurde seine Lehre nur vorübergehend zurückgedrängt. Seit der Gegenreformation ist sie mehr zur bevorzugten, ja fast zur allein anerkannten Philosophie und Theologie der katholischen Kirche geworden. Die Päpste haben das gerade in den letzten Jahrzehnten ausgesprochen. Papst Pius XI. hat es in einer Enzyklika vom Jahre 1923 bekräftigt. Daher ist Thomas – gerade indem er ein Mann der Wissenschaft ist – zugleich im höchsten Maße ein Mann der Kirche. Die strenge Sachlichkeit der Wissenschaft hat bei ihm einen ganz anderen Sinn als die technisch geartete Sachlichkeit unserer Zeit. In der unpersönlichen Disziplin seines Fragens und Antwortens kommt nicht eine innere Teilnahmslosigkeit, eine »Unmenschlichkeit« des Denkens zum Ausdruck, sondern nur das demütige Verschwinden der Person des Lehrers vor dem Inhalt der Wissenschaft, vor allem vor der »heiligen Lehre«, in der die Wahrheit der Offenbarung Gottes erörtert wird. Daß Thomas Wissenschaft treibt, steht bei ihm in keinem Gegensatz dazu, daß er Gott in der Kirche dient. Man darf sich dieses Verhältnis nicht so vorstellen, als ob hier der Autorität der Kirche der Verstand zum Opfer gebracht würde. So merkwürdig es uns klingt: die Vernunft macht dem Glauben hier keine Schwierigkeiten. Sie bereitet vielmehr zum Glauben vor und läßt die unerforschlichen Geheimnisse der Offenbarung ehrfurchtsvoll stehen, indem sie, ohne sie beweisen zu wollen, nur zeigt, daß sie nicht unmöglich sind und untereinander sinnvoll zusammenhängen. Thomas ist ebensogroß als christlicher Theologe wie als Philosoph, und seine Theologie fügt sich dem konkreten Leben der Kirche ohne Widerstreben ein, weil sie trotz alles Disputierens den Charakter des *andächtigen* Denkens, der »Betrachtung« hat, deren Ursprung und Ende das Gebet ist. So wird es verständlich, daß die katholische Kirche dem »engelhaften Lehrer«, wie sein mittelalterlicher Ehrentitel lautet, nicht nur noch heute gültige Wissenschaft und Theologie verdankt, sondern auch zwei ihrer liturgischen Hymnen zu Ehren des Leibes Christi, der nach katholischem Glauben auf dem Altare wahrhaftig und wirklich gegenwärtig ist: das »Adoro te devote«: »Ich bete dich ergeben, verborgne Gottheit an«, und das »Pange lingua«: »Preise, Zunge, das Geheimnis dieses Leibs voll Herrlichkeit«, von dem die zwei letzten Strophen bei der sakramentalen Segnung der Gläubigen mit der Hostie gesungen werden: »Tantum ergo sacramentum / Veneremur cernui«: »Darum laßt uns tief verehren ein so großes Sakrament«. THOMAS, der Philosoph, ist zugleich derjenige Theologe, der der katholischen Lehre von den Sakramenten, vom Priestertum und vom Papsttum ihre jetzige Prägung gegeben hat.

Das Große, das für uns heute Erstaunliche bei THOMAS ist die vollkommene Harmonie von Vernunft und Offenbarung, Denken und Glauben, Philosophie und Theologie. Der Philosoph, der als solcher nur die Vernunft sprechen läßt, und der gläubige Theologe, der im geweihten Brot und Wein den gegenwärtigen Herrn anbetet – das ist bei THOMAS eines.

Für den Protestanten aber ist diese Einheit nicht nur erstaunlich, sondern auch im höchsten Grade fragwürdig. Vernunft und Sakrament – beides steht in der protestantischen Kirche im Hintergrund. LUTHER hat die Vernunft nur in weltlichen Dingen gelten lassen. In bezug auf Gott hat er sie eine »Hure« genannt, weil sie Gott untreu sei und jeder Lockung der Welt folge. Er hat die Scholastiker als elende »Sophisten« bekämpft, die wie die Pharisäer an die Stelle des Bibelwortes ihre Lehrtraditionen gestellt haben. Und er hat das Mysterium der Messe, in dem das sakramentale Leben der katholischen Kirche gipfelt, als Abgötterei verdammt. Er hat die Sakramente an Zahl verringert und die Wirksamkeit des sichtbaren Zeichens der Wirksamkeit des Wortes untergeordnet. In der Kirche der Reformation gilt kein menschliches Werk etwas, auch nicht die Leistung des Denkens. In ihrer Liturgie, die der Anlage nach der katholischen gleicht, steht an der Stelle des Meßopfers die Predigt. Es ist daher eine merkwürdige Sache, in einer protestantischen Kirche von THOMAS VON AQUIN zu reden. In THOMAS feiert die katholische Kirche denjenigen ihrer Lehrer, der durch seine rein sachliche Lehrweise ihren neuzeitlichen Gegnern am schärfsten entgegengesetzt ist. Das unpersönliche Lehrbuch des THOMAS soll der Damm gegen alle persönliche Eigenmächtigkeit der modernen Epoche sein, gegen die persönlichen Standpunkte und Systeme in der Philosophie und gegen das persönliche, die alte Einheit der Kirche sprengende Bekenntnis in der Theologie der Reformation. In AUGUSTIN können *beide* Konfessionen – Katholiken und Protestanten – die wesentlichen Anliegen ihres Glaubens wiederfinden: AUGUSTIN ist ein Zeuge für die ursprüngliche Einheit der christlichen Kirche. In THOMAS findet sich das, was die katholische Kirche von der protestantischen scheidet. THOMAS verstehen, heißt daher die »andere Seite« verstehen, es heißt bedenken, wie es möglich ist, daß die Kirche, in der nach dem Worte des Epheserbriefes »*ein* Leib, *ein* Geist, *ein* Herr, *ein* Glaube, *eine* Taufe, *ein* Gott und Vater unser aller« sein soll, so tief und hoffnungslos gespalten ist. Es heißt erwägen, inwiefern sich auch der Katholik als *Christ* bezeichnen kann. *Christliche Philosophie* und die *Theologie der Sakramentskirche*, diese Hauptinhalte des Thomismus verlangen von uns eine grundlegende Besinnung.

II.

Wovon kann diese Besinnung ausgehen? Gibt es eine gemeinsame Grundlage, von der aus der Streit der Konfessionen wenigstens *als* Streit verständlich wird? Menschen, die überhaupt nichts miteinander zu tun haben, streiten sich nicht. Der Streit selbst setzt etwas Gemeinsames voraus: er hat einen *gemeinsamen Gegenstand*, um den er sich »dreht«. Worin besteht dieser gemeinsame Gegenstand? Worin besteht das *eine* Christentum, über dessen Auffassung dieser tiefe Gegensatz entstanden ist?

Die Kirche der Reformation hat in ihren Bekenntnisschriften ausdrücklich betont, daß sie einen Grundstock des Glaubens mit der katholischen Kirche gemeinsam habe. Der kürzeste Ausdruck dafür ist das in beiden Konfessionen anerkannte »apostolische Glaubensbekenntnis«, das im evangelischen Gottesdienst gebetet wird. Der Glaube an »Gott den Vater, den Allmächtigen, Schöpfer Himmels und der Erde«, an Jesus Christus und an den heiligen Geist ist allen Christen gemeinsam. Wir werden THOMAS, den Lehrer der katholischen Kirche verstehen, wenn wir seine Auslegung dieses gemeinchristlichen Glaubens verstehen.

Das Christliche am Christentum ist offenbar der »zweite Artikel«, der Glaube an Christus; und das Bekenntnis läßt über den wesentlichen Sinn dieses Glaubens keinen Zweifel: Christus ist der Erlöser der Menschen von der Sünde und von ihren Folgen. Er versöhnt die Menschen mit Gott, von dem sie abgefallen sind. In dieser Hinsicht besteht denn auch zwischen LUTHER und THOMAS kein wesentlicher Gegensatz. Wie immer man die Sache des näheren auffassen mag: wenn es nicht wahr ist, daß die Menschen ihren Schöpfer mißachten, um ohne ihn ihrer Wege zu gehen, wenn es nicht wahr ist, daß sie ihren himmlischen Vater kränken, weil sie meinen, ohne ihn und sein Gebot mit dem Leben fertig zu werden, dann brauchen sie auch keinen Erlöser. Der Glaube an Christus hat nur Sinn, wenn die Menschen gegen Gott sündigen. Daß sie das aber tun, sieht der christliche Glaube bestätigt durch das aus der Sünde folgende Unheil: Hochmut, Haß und Neid, Elend, Krankheit, Tod, die ganze zermürbende Sorge dieses sich selbst überlassenen Daseins. Das ist nach christlichem Glauben die Folge und Strafe der Sünde, die über den Menschen als den »verlorenen Sohn« des Schöpfers hereinbricht. Dieses Unheil geht so tief, daß auch der beste Wille nicht mehr dagegen aufkommt. Der Mensch vermag nichts gegen die Mächte der Zerstörung, die er selbst heraufbeschworen hat. Daher bedarf er der Erlösung durch Christus. Der Mensch hat sich selbst geschädigt, indem er seine Gaben mißbraucht hat. Er ist nicht mehr das paradiesische, gute Geschöpf, das aus den Händen Gottes hervorgeht. »Gott schuf den Menschen zum Bilde Gottes« (Gen 1, 27). Der Mensch aber hat sich an diesem Werke Gottes, das er selbst ist, eigenmächtig vergriffen. Die Welt ist von Gott geschaffen, aber die Sünde hat diese Schöpfung nicht unberührt gelassen. So wirkt der entscheidende »zweite Artikel« notwendig auf den ersten zurück: Der Glaube an Gott den Schöpfer kann im Christentum nicht bedeuten, daß die Schöpfung so herrlich wie am ersten Tag noch heute vor uns läge. Und doch ist der Glaube an die Welt als Schöpfung Gottes die unentbehrliche Voraussetzung für den christlichen Erlösungsglauben selbst: nur als *Geschöpf* kann der Mensch *Sünder* sein, nur als »*Sohn*« kann er »*verloren gehen*«. Die Meinung, daß die Welt das Produkt einer finsteren Gegenmacht, ein Werk des Teufels als eines zweiten, bösen Gottes sei, hat die Kirche verwerfen müssen. AUGUSTIN hat diesen Irrtum bei den *Manichäern* bekämpft. Der Glaube muß *beides* sagen: daß Welt und menschliche Natur von Gott geschaffen *und* daß sie durch die Sünde verdorben seien. An diesem Punkt beginnt der Streit. LUTHER geht davon aus, daß das Geschöpfliche im Sünder bis zur Unkenntlichkeit verwüstet sei. Er meint, daß der Mensch die ihm anerschaffenen »natürlichen« Kräfte wahrhaft zugrunde gerichtet, seine geschöpfliche Mitgift restlos verschleudert habe. THOMAS v. A. dagegen betont, daß der Mensch, wie groß auch seine Sünde sei, gar nicht die Macht habe, das gute Schöpfungswerk Gottes wirklich radikal zu zerstören. Er lehrt, die menschliche Natur mit den ihr eigenen Kräften als solche sei ein »Gut«, das auch durch die Sünde nicht verlorengegangen sei (S. th. 1. 2. q. 85, 1c). Verloren habe der Mensch die »ursprüngliche Gerechtigkeit«, durch die er vor dem Sündenfall in Glaube, Liebe, Hoffnung und aller sonstigen Tugend mit Gott verbunden war. Diese ursprüngliche Gerechtigkeit ist aber nach THOMAS eine besondere, zur Natur des Menschen hinzukommende Gnade gewesen (1, q. 95, 1), nicht, wie LUTHER sagt, das ursprüngliche Wesen des Menschen selbst. So konnte der Mensch diese Gnade und die mit ihr gegebene Gottesnähe einbüßen, ohne daß seine natürlichen Kräfte ruiniert wurden. Diese Kräfte hat der Mensch auch jetzt. Da sie aber von

Natur auf den guten, richtigen Gebrauch angelegt sind, nicht auf den Miß-
brauch, ist mit ihnen zugleich auch die »Neigung zur Tugend« bestehengeblie-
ben, für die zB das *Gewissen* zeugt (1. 2. q. 85, 1. 2, ad 3). Wie ein durch-
sichtiges Medium, etwa die Luft oder das Glas an sich seine Klarheit behält,
auch wenn sich das durchscheinende Licht verdunkelt, so bleibt auch diese
gute Neigung unausrottbar. Sie wird durch die Sünde nur übermächtig
gehindert (ebd. 85, 2). Das besagt für Thomas schon genug. Die Tugend, zu der
der Mensch immer fähig bleibt, kommt gegen die Herrschaft der Sünde nicht
auf, und dadurch wird nun in der Tat auch das *Wesen* des Menschen beinträchtigt
(ebd. 83, 2). Die Sünde, die sich mit dem Menschsein selbst forterbt, ist nicht
bloß diese oder jene Tat, sondern vor allen Taten ein »Habitus«, dh hier: eine
»Disposition«, eine ständige »Verfassung« des Menschen, die »gleichsam zur
Natur geworden ist«. Sie ist der *Krankheit* zu vergleichen, die die Kräfte des
Leibes nicht einfach zerstört, aber doch in eine chronische *Unordnung* bringt,
die ihren richtigen Gebrauch verhindert (ebd. q. 82, 1). Die menschliche
Natur konnte nicht ruiniert werden, aber sie ist »verwundet«, ihre vier Wunden
heißen: Verblendung, Bosheit, Schwäche und blinde Gier (ebd. q. 85, 3). Im
Urstande war der menschliche Wille durch die Gnade Gott untertan, und
dadurch fügten sich ihm ganz von selbst die Kräfte der Seele, und der Seele
wiederum die Kräfte des Leibes. Durch die »Wegnahme« der Gnade kommt
alles in Aufruhr (ebd. q. 82 ff).

Es ist zu erwarten, daß diese thomistische Auffassung vom Menschen viel-
seitige Folgen hat: sie macht die beiden – scheinbar weit auseinanderliegenden –
Dinge verständlich, von denen wir gesprochen haben: Die Hochschätzung von
Vernunft und Wissenschaft in Gestalt der christlichen Philosophie, aber auch
die Hochschätzung des Sakraments und seiner priesterlichen Spender.

III.

Wenn der Mensch seine Kräfte und die Neigung wenigstens zu ihrem richtigen Gebrauch immer behält, dann muß dies auch von seiner Kraft zur *Erkenntnis* gelten. Der Mensch muß die Möglichkeit haben, die Wahrheit zu
erkennen, dh zunächst: Die geschaffene Welt, in der er unter den anderen
Geschöpfen seine bestimmte Stelle hat, dann aber auch Gott selbst, sofern er der
Schöpfer dieser Welt ist. Thomas behauptet eine vor aller besonderen, *christlichen* Offenbarung liegende *allgemeine menschliche* Offenbarung. Er schreibt
dem Menschen die Möglichkeit einer »natürlichen« Gotteserkenntnis zu, und
kann sich dabei auf manche Stellen der Bibel berufen, vor allem auf die Worte
des Gnadenapostels Paulus im Römerbrief 1, 19–20: »Denn was an Gott er-

kennbar ist, das ist unter ihnen offenbar (sc. den Menschen). Denn Gott hat es
ihnen offenbart. Sein unsichtbares Wesen nämlich wird seit der Schöpfung der
Welt an seinen Werken für die vernünftige Einsicht zugänglich, und damit
seine ewige Macht und Göttlichkeit.« THOMAS erblickt in diesen Worten eine
Legitimation des natürlichen Wissens von Gott, dh der *»natürlichen« Theologie.*
Und die Geschichte – so scheint es wenigstens – rechtfertigt die Erwartungen,
die man demnach haben muß: sie zeigt durch die auffallende Tatsache der
klassischen Philosophie des Altertums, daß sich die Kraft der Vernunft zwar meist
verirrt – in die Vielgötterei des Heidentums, in den Manichäismus, in den
Pantheismus oder gar in die Gottesleugnung – daß es aber nicht unmöglich ist,
sich in einer höchsten Anstrengung des Denkens zur Erkenntnis des wahren
Gottes durchzuringen. SOKRATES, der allem Hochmut des weltlichen Wissens
zum Trotz bekannte, er wisse nur dies, daß er nichts wisse, und sein Schüler
PLATON, der jenseits alles welthaften Seins ein allbegründendes Urwesen
suchte, das er das »Gute selbst« nannte – sie galten schon den Kirchenvätern als
Vorbereiter Christi. »Keine anderen sind uns näher gekommen als sie«, sagte
AUGUSTIN von den Nachfolgern PLATOS (Civ. VIII 5). In der Tat kann man bei
PLATO nicht nur eine Vorahnung des Schöpfungsglaubens finden, sondern
sogar ein Wissen um die Erlösungsbedürftigkeit des Menschen. PLATO führt
die Erkenntnis aller Güter der Welt und das Sein dieser Güter selbst auf das
erleuchtende und begründende Gute jenseits der Welt zurück, und zwar so, daß
er ausdrücklich meint, der Mensch müsse sich an all das erst mühsam *erinnern.*
Philosophie ist nach PLATO nichts anderes als diese Erinnerung. PLATO meint
also nicht, die Dinge, wie sie sich unserer Erfahrung darbieten, seien gut. Im
Menschen vor allem findet er das Gute tief verschüttet. Aber er ist überzeugt,
daß man in den fragwürdigen, zweideutigen Gebilden dieser Welt philosophierend das ursprüngliche Gute, die in aller Entstellung noch immer zugrunde
liegenden, eindeutigen *Urgestalten,* die »Ideen« der Dinge, entdecken kann. So
meinte er jenseits des faktischen Menschen und seiner fragwürdigen Gemeinschaft den wahren Menschen und die wahre Gemeinschaft als zugrunde
liegendes »Urbild« entdecken zu können. AUGUSTIN aber setzte ihn fort, indem
er sagte, die platonischen Ideen, diese Urgestalten, seien die Gedanken *Gottes.*
Wer sie erkenne, der begreife, was Gott mit seinen Geschöpfen eigentlich
gemeint und gewollt habe. AUGUSTIN hat den Platonismus zur *christlichen*
Philosophie umgebildet, und er ist damit maßgebend geblieben bis ins 13. Jahrhundert, bis zur Zeit THOMAS VON AQUINS. THOMAS aber hat einen anderen
heidnischen Philosophen »getauft«, den großen Schüler und Widerpart PLATOS –
ARISTOTELES. ARISTOTELES unterscheidet sich von PLATO weniger durch die
Aufgabe, die er sich stellt, als durch die Art, wie er ihre Lösbarkeit beurteilt.

Er ist darin zuversichtlicher als PLATO. Er findet, die ursprüngliche, wahre Gestalt der Dinge sei gar nicht so tief verborgen. Sie komme in den gegebenen, sinnlich erfahrenen Dingen ganz offensichtlich und greifbar zur Geltung. Daher führt auch bei ihm die Erkenntnis der Welt zur Erkenntnis eines ihr überlegenen Grundes, und zwar so, daß dieser Grund, viel positiver als bei PLATO, als ein geistiges, denkendes Wesen, dh wirklich als »Gott« erkennbar wird. Bei ARISTOTELES fehlt das Erlösungsbedürfnis, die Vorahnung des »zweiten Artikels«. Dafür bietet er eine weltbejahende Naturwissenschaft, eine »Physik«, die als letzte Ursache alles Geschehens in der Welt einen einzigen, weltüberlegenen Gott ermittelt und dadurch in die »Metaphysik« übergeht. ARISTOTELES ist vielleicht nicht der erste, wohl aber der wichtigste von den Philosophen, die einen *Beweis* für das Dasein Gottes geführt haben. THOMAS, der diesen Beweis von ihm übernimmt, findet in ihm die natürliche Theologie, die PAULUS für möglich und nötig erklärt: der aristotelische Beweis, durch den Gott als »erste Ursache« alles Geschehens und Lebens in der Welt erkannt werden soll, steht an der Spitze seines »Lehrbuches«.

IV.

Man sieht auf den ersten Blick, daß der Platonismus AUGUSTINs dem Christlichen im Christentum viel näher kommt als die Philosophie des ARISTOTELES, und man kann es verstehen, daß das Eindringen des ARISTOTELES in die christlichen Hochschulen zuerst als eine große *Gefahr* betrachtet wurde. Durch ein in Paris 1210 versammeltes Provinzialkonzil wurde die Physik des ARISTOTELES vorübergehend verboten. Verschiedene Päpste befahlen, den ARISTOTELES zunächst von Irrtümern zu reinigen. THOMAS selbst wurde aufs heftigste bekämpft. Einzelne Lehren von ihm wurden durch einige Bischöfe verurteilt. Aber THOMAS hat auf die Dauer gesiegt. In seinen Augen war es gerade ein Vorzug, daß sich ARISTOTELES auf die natürliche Gotteserkenntnis beschränkt, ohne an das Problem der Erlösung zu rühren. In der christlichen Philosophie des Augustinismus bestand die Gefahr, daß sich die christliche Erlösung durch den Glauben mit einem anderen Weg zur Erlösung *verquickte:* durch PLATO und vor allem durch die Neuplatoniker des späten Altertums, mit denen es AUGUSTIN zu tun hatte, wurde die Überwindung der faktischen, vom Übel beherrschten Welt auf dem Weg der *Mystik,* der ekstatischen Flucht aus der Welt zur Gottesschau gesucht, und THOMAS hatte an seinem Freunde, dem großen Franziskaner BONAVENTURA, das beste Beispiel für eine Philosophie, die vor dem Glauben nicht Halt macht, sondern in ihm gerade die Kraft zur Begehung des mystischen Weges findet (obwohl BONAVENTURA ARISTOTELES nicht einmal gänzlich ablehnte). Bei Thomas – und seit ihm in der katholischen Lehre überhaupt – wird das Allgemein-Menschliche vom Christlichen, das Natürliche vom »Übernatürlichen«, die Philosophie (und ihre natürliche Theologie) von der christlichen Theologie, die auf Offenbarung beruht, deutlich unterschieden.

Die Philosophie des Thomas ist »christlich« nicht als Philosophie, sondern nur insofern, als sie sich mit der christlichen Theologie widerspruchslos verbinden läßt. – Zu diesem Ende muß die Lehre des Aristoteles allerdings auch von Thomas erst berichtigt werden: Aristoteles geht in seiner Theologie davon aus, daß die Dinge der Natur in unaufhörlicher *Bewegung* seien. Er zeigt zuerst, daß die Bewegung, im Ganzen genommen, keinen Anfang und kein Ende habe, weil die wesentlich in Bewegung befindliche *Welt* und die von Bewegung erfüllte *Zeit* ohne Anfang und Ende seien. Und eben für diese »Ewigkeit« der Bewegung fordert Aristoteles als einzig zureichende Ursache ein überweltliches, geistiges Wesen. Daß aber die Ewigkeit der Welt mit der christlichen Lehre von der *Schöpfung*, dh von einem Anfang der Welt und der Zeit selbst, unverträglich sei, mußte auch Thomas zugeben. Bei Aristoteles kann ja auch Gott nur der bewegende Erhalter, nicht der Schöpfer der Welt sein. Daher mußte Thomas den eigentlichen Ausbau der Gotteslehre selbst erst leisten, und hier behält die Überlieferung des Augustinismus auch für ihn eine wesentliche Bedeutung. – Ganz verständlich aber wird seine Wendung zu Aristoteles erst, wenn man auch die Lage seiner Zeit bedenkt. Hier ist *zweierlei* zu beachten. Dem früheren Mittelalter waren die Hauptschriften des Aristoteles noch unbekannt. Seit der Mitte des 12. Jhs. traten sie durch Übersetzungen aus dem Griechischen und (indirekt) aus dem Arabischen ins Lateinische in den Gesichtskreis der Christenheit, und zwar so, daß sie zunächst von den Gelehrten des *Islam* und des *Judentums* aufgegriffen wurden. Die theologische Auseinandersetzung mit diesen feindlichen Religionen, insbesondere mit dem Islam, der die Bibel nicht einmal teilweise wie das Judentum anerkennt, erforderte eine allgemein menschliche Basis. Als solche kam einzig die Vernunft und die von der Erlösungsfrage unabhängige Wissenschaft des Aristoteles in Frage. Nur so konnte man etwa den arabischen Philosophen begegnen, mit denen sich Kaiser Friedrich II. an seinem Hof in Sizilien umgab. – Auf der anderen Seite aber hatte das 12. Jahrhundert ein unheimliches Wiederaufleben des alten *Manichäismus* in der Sekte der *Katharer* und *Albigenser* gebracht. Hier wurde die Welt wieder als das Werk des Fürsten der Finsternis betrachtet und die asketische Enthaltung von ihr in einem ganz anderen Sinne als dem kirchlichen gefordert. So wurde zB die Ehe verworfen. Thomas gehörte zu dem Orden der »Predigtbrüder«, der im Jahre 1215 vom Hl. Dominikus eigens zur Bekämpfung dieser ketzerischen Lehren gegründet worden ist. Es ist klar, daß er als Dominikaner gehalten war, gegenüber dem falschen, manichäischen Begriff von der Schlechtigkeit der Welt ihre Güte als Schöpfung Gottes zu erweisen. Er ist denn auch nicht der erste, der sich zu diesem Zwecke auf ARISTOTELES gestützt hat: der erste war sein Ordensbruder und Lehrer ALBERT DER GROSSE oder DER DEUTSCHE, der vor wenigen Jahren ebenfalls heilig gesprochen worden ist. Dieser erste christliche Aristoteliker des Mittelalters, ein schwäbischer Adliger, hat u. a. an der Universität seines Ordens in *Köln* gelehrt und dort das Talent seines Schülers THOMAS entdeckt. THOMAS hat in den 40er Jahren des 13. Jhs. in Köln studiert und ist von da aus auf die berühmteste Hochschule seiner Zeit, die Universität Paris, gekommen, an der die entscheidenden Kämpfe ausgefochten wurden. Er steht vor der Notwendigkeit, den christlichen Schöpfungsglauben zu verteidigen. Seine Überzeugung von der Kraft der Vernunft ist nicht selbstgenugsam wie die der modernen Aufklärung. Sie wird durch den christlichen Schöpfungsglauben begrenzt und begründet.

V.

Wir dürfen das nicht vergessen, wenn uns das christliche Mißtrauen LUTHER und, wahrscheinlich noch mehr, die durch KANT legitimierte moderne Skepsis im Sinne liegt (KANT hat ja in seiner »Kritik der reinen Vernunft« die Gottesbeweise der Scholastik widerlegt).

THOMAS hätte sicher nicht gemeint, den modernen Skeptiker durch einen mathematischen Beweis zur Anerkennung des Daseins Gottes zwingen zu können. Für dieses moderne Denken ist jede Möglichkeit eines Gottesbeweises von vornherein verbaut, weil es gleich damit anfängt, in der Art DESCARTES' alles was außerhalb seines Bewußtseins liegt, zu bezweifeln. Der moderne Skeptiker tut – wenigstens, wenn es sich um solche Dinge handelt –, als sei außer seinem eigenen skeptischen Denken alles ungewiß. Er tut, als könne er sich auf die Tatsache der Welt und seines eigenen konkreten Lebens in Leiblichkeit und Gemeinschaft nicht ebenso sicher verlassen wie auf sein denkendes Bewußtsein. Er tritt als Denkender aus dem vollen menschlichen Leben heraus und stellt sich der gesamten Welt gegenüber, als wäre er selbst nicht auch dann, wenn er denkt, ein Wesen *inmitten* dieser Welt, ein begrenztes Wesen unter anderen. Das ist eine Stärke, wenn es gilt, der Welt möglichst *frei* gegenüber zu treten, um sie so zu *beherrschen*. Das skeptische geistige Heraustreten aus der Welt hat die moderne Naturbeherrschung durch den Geist (und damit auch die technische Naturbeherrschung) ermöglicht. Aber man verkennt offenbar die Grenzen dieser Herrschaft und man täuscht sich über die innere wesentliche Bindung des menschlichen Denkens an den Leib und die Gemeinschaft, wenn man meint, im Denken je eine absolute Freiheit erreichen zu können. Die Philosophie der Gegenwart besinnt sich wieder darauf, daß auch der Geist des Menschen – vom Leibe ist es selbstverständlich – ein endliches Wesen inmitten der Welt ist, etwas Zeitliches, das abhängig und hinfällig ist wie alle anderen zeitlichen Dinge der Welt. Die moderne Aufklärung hat die endliche Freiheit des menschlichen Geistes mit der unendlichen Freiheit Gottes verwechselt. THOMAS aber geht davon aus, daß der Mensch nach seiner ganzen – geistigen und leiblichen – Natur nur *ein* zeitliches Wesen unter anderen ist, er sieht, daß alle zeitlichen, endlichen Dinge nur vorübergehend und zufällig, nicht ewig und notwendig da sind. Er sieht, daß dieses zufällige Dasein grundsätzlich ein *abhängiges* Dasein ist, das seine Ursache haben muß, wenn es eintreten soll, und er schließt, daß die ganze Reihe der Ursachen hinfällig wäre, und gar nicht zustande käme, wenn sie nur immer von einem zufälligen Wesen zu einem anderen ebenso zufälligen zurückführte und nicht schließlich auf ein Wesen, das selbst letztmögliche Ursache ist, weil es seiner Natur nach gar nicht umhin kann, da zu sein: dieses *»notwendige Wesen«* nennt er *Gott*. Während alles andere Sein da sein oder auch nicht da sein kann, ist Gott seinem Wesen nach da: ein nicht existierender Gott wäre schon kein möglicher Gott mehr. Gottes Wesen – wenn es überhaupt einen Gott gibt – besteht geradezu darin, daß er *ist*. »Ich bin, der ich bin« (Ex 3, 14). Es ist merkwürdig: gerade das, was den modernen Menschen zum Zweifel am Dasein Gottes führt, – die Betrachtung des notwendigen Zusammenhanges der Ursachen und Wirkungen in der Welt – gerade das ist bei THOMAS der Gottesbeweis. Unsere moderne Betrachtung des ursächlichen Zusammenhangs geht eben von ganz anderen Voraussetzungen aus als die des THOMAS. Wir treten der Welt frei gegenüber und betrachten zunächst einmal die pure, leb- und geistlose Materie, bei der sich ein solches Gegenübertreten am ehesten durchführen läßt, um erst von da aus nachträglich die Lebewesen und – soweit wie möglich – auch den Menschen in die Welterklärung einzubeziehen. Die Erklärung der puren Materie führt auf keinen Gott. THOMAS dagegen ordnet den Betrachter von vornherein mit in die Welt ein. Er legt die unverkürzte Fülle der erfahrbaren Welt – Körper, Lebewesen und Menschen – zugrunde und schließt auf eine diesem Tatbestande angemessene Ursache, auf ein Seiendes, das imstande ist, sinnreiche Lebewesen und denkende Menschen hervorzubringen. »Ursache«, das bedeutet hier von vornherein nicht eine bloße, blind wirkende »Sache«. Der scholastische Begriff der Ursache schließt lebendiges und geistiges Wirken nicht aus, im Gegenteil: alles Wirken hat hier wesentlichen Sinn und Absicht (S. c. g. III, 2), und Gott ist die »erste« Ursache nicht nur im Sinn des Anfangs der Reihe, sondern auch im Sinne der Ursächlichkeit. Er ist die wahrste, vornehmste Ursache, diejenige, die am eigentlichsten und reinsten den Charakter des wirkenden Grundes hat.

Wollen wir gerecht sein, so dürfen wir das auch bei dem christlich begründeten Mißtrauen gegen die natürliche Theologie nicht außer acht lassen. Nicht nur LUTHER und CALVIN, auch manche zu AUGUSTIN neigenden Katholiken wie PASCAL, haben diese Theologie angegriffen, weil sie sich einen Gott nach menschlichen, an der Welt gewonnenen Begriffen erdenke. Auch PASCAL hat diesem von Menschen gedachten »Gott der Philosophie« den lebendigen Gott der Bibel entgegengehalten, zu dem kein menschlicher Gedanke vordringt, wenn er sich nicht in freier Güte *von sich aus* zeigt. Daß Gott nicht im Ausgang von der Welt, vom endlichen, sündigen Menschen, erkannt werden könne, sondern nur durch seine gnädige Selbstoffenbarung, dieser Einwand der Reformatoren ist *sicher das Stärkste*, was man gegen THOMAS' christliche Philosophie sagen kann. Aber man muß zugeben, daß THOMAS für diese Gefahr seines Unternehmens keineswegs blind gewesen ist. Er war sich klar darüber, daß an der Jenseitigkeit des Seins Gottes alle endlichen Begriffe zuschanden werden und sprach es offen aus: »Das göttliche Wesen übersteigt durch die ihm eigene Unermeßlichkeit jede Form, die unser Verstand erreicht. Und so können wir es nicht erfassen, indem wir erkennen, *was es ist*, sondern wir haben nur insofern eine gewisse Kenntnis von ihm als wir erkennen, was es *nicht* ist« (S. c. g. I, 14). Die Erkenntnis Gottes – auch die eben erwähnte von Gott als dem schlechthin Seienden – ist insofern mehr eine Erkenntnis der Geschöpflichkeit der Welt als eine Erkenntnis des eigenen Wesens des Schöpfers selbst. In völlig zureichender Weise wird Gott von keinem Geschöpf unter keinen Umständen erkannt. Zureichend kennt nur er selbst sein Wesen. Sofern aber nun doch *positive Aussagen* über Gott und seine Eigenschaften gemacht werden, sofern zB die geschöpflichen Begriffe des Verstandes, des Willens, des Lebens, der Güte, der Seligkeit auf Gott angewandt werden, sofern auch nur das Dasein Gottes – im Ausgang von irdischen Begriffen des Daseins – behauptet wird, fügt THOMAS hinzu, daß damit bei Gott etwas *schlechterdings Anderes* gemeint sei als bei uns. Was wir Sein, Verstand, Wille, Güte, Liebe (oder gar Zorn) nennen, soll von Gott in einem so völlig anderen Sinne gelten, daß jede Herabziehung Gottes in unser irdisches Denken und Vorstellen ausgeschlossen bleibt. Behauptet wird nur, daß diese Begriffe bei Gott nicht einfach sinnlos seien, sondern wirklich einer Realität im Wesen Gottes *entsprechen*. Der Begriff des Willens ist kein Art- oder Gattungsbegriff, dem göttlicher und menschlicher Wille als gleichstehende Fälle untergeordnet werden könnten. Er drückt nur eine Entsprechung, eine »*Analogie*« aus, bei der der göttliche Wille nicht ein

Fall unter anderen, sondern das sachlich Erste und Maßgebende ist. Nicht Gott soll nach dem Maße des Menschlichen, sondern der Mensch nach dem Maße des Göttlichen verstanden werden. Daher darf man auch nicht meinen, die Eigenschaften Gottes seien denen des Menschen oder überhaupt der Geschöpfe nur dem Grade nach überlegen. Sie sind grundsätzlich von anderer Art. Der Sache nach soll nicht Gottes Wille als ein gesteigerter menschlicher Wille, sondern umgekehrt der menschliche Wille als ein endliches Ebenbild des göttlichen gedacht werden. Genau genommen bedeutet eben die Analogie zwischen Gott und Mensch nicht einmal dies, daß wir beim Sein, Verstand oder Willen Gottes diese Realitäten als die ursprünglichen und maßgebenden positiv begreifen, sondern nur, daß die damit gemeinten, unseren Denkhorizont übersteigenden Realitäten *untereinander* – auf ihrer eigenen unvergleichlich hohen Ebene – ein entsprechendes Verhältnis zueinander haben wie Sein, Verstand, und Wille bei uns, so also, daß es Sinn hat, dergleichen auch bei Gott zu *unterscheiden* und damit überhaupt *theologisch* zu denken. – Wenn man sagt, der menschliche Verstand verhalte sich zum ganzen Menschen wie das Steuer zum Schiff, dann besteht zwischen Verstand und Steuer, Mensch und Schiff keine Ähnlichkeit des Wesens, und jemand, der nur Schiffe und Steuer kennte, könnte aus dieser Ähnlichkeit zweier *Verhältnisse* keinen positiven Begriff vom Verstande und vom Menschen gewinnen. Und doch wäre damit etwas Richtiges über das ihm unfaßbare menschliche Leben gesagt. So hat Thomas alle Vermenschlichung und Verweltlichung Gottes sehr ernstlich ausschließen wollen. Die Entscheidung über diesen ganzen Versuch aber führt auf die grundlegende Auffassung vom Menschen, von Geschöpflichkeit, Sünde und Verderbnis zurück.

VI.

Diese Auffassung ist Sache der *christlichen Theologie*. Die Theologie Luthers beruht auf der Ansicht, daß die ursprünglich gute Geschöpflichkeit unwiederbringlich verdorben sei, so sehr, daß der Mensch auch durch den Glauben an Christus nicht wirklich wiederhergestellt, sondern nur vor dem ewigen Ruin gerettet werde. Für Luther gibt es in *diesem* Leben – im Himmel ist es dann anders – weder *vor* dem Christentum noch *im* Christentum eine menschliche »Tugend«, die vor Gott nicht Hochmut oder Verzweiflung wäre. Auch der Glaube gibt nicht die Möglichkeit zu menschlichen Werken, die vor Gott *gut* wären. Er macht nur gerecht im Vertrauen auf die stellvertretenden Werke Christi. Thomas dagegen läßt die menschliche Tugend, mag sie auch unvollkommen sein, gelten. Er übernimmt die philosophische Ethik des Aristoteles, ergänzt durch die der Stoiker, da er die Neigung der Geschöpfe zum rechten Gebrauch ihrer Kräfte für unausrottbar hält. Diese Ethik lehrt die Tugend als einen »Habitus«, dh als eine zielbewußte Haltung, die der Mensch dem Andrang der Leidenschaften gegenüber ausbilden müsse. Es ist eine durch Übung erworbene Leichtigkeit in demjenigen Handeln, das der Vernunft und dem wahren Wesen des Menschen entspricht. Die Notwendigkeit des Glaubens aber wird bei Thomas dadurch begründet, daß die menschliche Natur unter der Übermacht des Bösen in eine heillose *Unordnung* geraten ist; die Gnade heilt diese Krankheit. Darüber hinaus aber *erhebt* sie den Menschen von neuem zu der *übernatürlichen,* mit dem Menschsein als solchem noch nicht gegebenen *Gemeinschaft mit Gott,* wie sie einst im Urstand da war (1. 2. q. 109, 9). Der Mensch als Mensch hat auch im Stand seiner ungetrübten Vollkommenheit nur eine schwache, stückhafte Erkenntnis Gottes, die sich von den sinnlichen Dingen dieser Welt forschend und suchend zum Schöpfer zurücktastet (de ver. q. 18, 2). Der Mensch als Mensch kommt also über das *Lernen* der Weisheit, über die »Philosophie« nie hinaus. Daher kann alle bloß natürliche Tugend nicht zur Seligkeit führen, die in dem unmittelbaren *Schauen Gottes* besteht (1. 2. q. 9, 5). Diese »seligmachende Anschauung« ist ein Geschenk im jenseitigen, himmlischen Leben. Auf Erden aber wird der Mensch dazu vorbereitet, indem er in eine *übernatürliche Lebensordnung* erhoben wird, in das Leben des *Glaubens,* der *Hoffnung* und der *Liebe.* Daß dieses christliche Leben nur ein schlechthin unverdienbares Geschenk der Gnade sein könne, darin sind sich Luther und Thomas einig. Während aber Luther meint, dieses Geschenk sei zu groß, als daß es dem verdorbenen Menschen je wirklich zum Eigentum werden könnte, während er meint, die durch Christus geschenkte Gerechtigkeit werde dem Menschen im Diesseits nur geliehen und müsse ihm von Augenblick zu Augenblick *neu* gegeben werden, ist Thomas auch in dieser Hinsicht zuversichtlicher; er lehrt: die Gnade mache uns wirklich »der göttlichen Natur teilhaftig« (2Petr 1, 4), insofern sie wirklich aus der »Finsternis«, die die Sünder waren, »Licht« mache (Eph 5, 8), und da Gott für das »Übernatürliche nicht schlechter sorge als für das Natürliche, verleihe er der menschlichen Seele mit der Gnade wirklich eine neue übernatürliche *Eigenschaft* (1. 2. q. 110, 3 u. 2) Diese Eigenschaft äußert sich darin, daß der Mensch in der Gestalt von Glaube, Hoffnung, Liebe, *neue,* ihm eigene *Haltungen* gewinnt, die »*theologischen Tugenden*«, dank denen er willig und leicht übernatürlich gute Werke tut – die Werke der christlichen Liebe –, die es am Ende erlauben zu sagen, daß er die Seligkeit verdient hat. Wir dürfen auch den Begriff des *Verdienstes* bei Thomas nicht so verstehen, als ob der Mensch durch *eigene* Kraft in den Himmel käme; das lehnt Thomas ausdrücklich ab (1. 2. q. 109, 5.

q. 114, 1–2). Anders als die Theologen zur Zeit LUTHERS und als die spätere *jesuitische* Theologie hält er aufs strengste darauf, daß der Mensch in Sachen des Heiles keinen einzigen Schritt ohne die Gnade tun könne: die »theologischen Tugenden« sind, anders als die natürlichen, die wir uns selbst »erwerben« müssen, »*eingegossene*« Tugenden. Diese Kräfte des übernatürlichen Lebens sind reine Geschenke. THOMAS meint hier genau wie AUGUSTIN, bei dem der Begriff des Verdienstes auch nicht fehlt: indem Gott die Verdienste des Begnadeten belohne, kröne er nur seine eigenen Geschenke. Genaugenommen ist es nicht der Mensch, sondern das von Gott gewirkte übernatürliche Leben, das es »verdient«, durch die Gabe der Seligkeit vollendet zu werden. Nur daß dieses Leben wirklich vom Menschen, als das *ihm* verliehene und zum Vollzug *übergebene* Leben geführt wird. Ein »Verdienst des Menschen bei Gott kann nur unter der Voraussetzung göttlichen Waltens stattfinden; so nämlich, daß der Mensch durch sein Tun von Gott gleichsam als Lohn das erlangt, wozu Gott ihm die Kraft des Tuns verliehen hat« (S. th. 1. 2. q. 114, 1, c). Daß der Mensch ein Verdienst erwirbt, ist deswegen unvermeidlich, weil Gott in allen Dingen ihrem Wesen gemäß wirkt. Das »vernünftige Geschöpf« aber ist nun einmal von Gott so gemacht, daß es, im Unterschied von den Naturdingen, durch die freie Entscheidung sich selbst zum Handeln bewegt – »woher denn die ihm eigene Handlung den Charakter des Verdienstes hat, das es bei anderen Geschöpfen nicht gibt« (ebd.). So sagt auch das *Konzil zu Trient* ganz thomistisch: »es sei ferne, daß ein Christenmensch sich auf sich selbst verlasse oder sich seiner selbst rühme, und nicht des Herrn, dessen Güte gegen alle Menschen so groß ist, daß er von dem, was sein Geschenk ist, will, es solle ihr Verdienst sein« (Sess. 6, c, 16). THOMAS schätzt die Gnade nicht weniger als LUTHER. Aber er versteht sie anders: nicht nur als das gnädige Urteil Gottes über den Sünder, nicht nur als die immer erneuerte Vergebung der immer neuen Sünden, sondern als eine die Heilung der Krankheit noch überbietende Erhöhung des menschlichen Wesens zu einem Leben der Liebe, das trotz aller möglichen Rückfälle in die Sünde, die der Reue und Buße bedürfen, eindeutig da ist und im Falle der Vollendung die wirkliche *Heiligkeit* erreicht.

Von hier aus wird denn auch die Schätzung der *Sakramente* und der sie spendenden *priesterlichen Kirche* verständlich: wenn die Gnade eine Eigenschaft ist, die dem Menschen wirklich »innewohnt (inhäriert)«, dann wird ihre Verleihung an den Menschen angemessenerweise nicht nur durch das Wort der Predigt geschehen, das im Augenblick verklingt, sondern durch sichtbare, beständige Dinge, die in ihrer Körperlichkeit dem leiblich-seelischen Wesen des Menschen und seiner teils daraus, teils aus der Sünde stammenden Gewöhnung an das Sinnenfällige entsprechen (3. q. 61, 1). Durch die Sakramente wird der

Mensch im Fleischgewordenen »einverleibt« (3. q. 62, 1 c). Sie »bewirken« die Gnade und müssen sie zu diesem Zweck wirklich »enthalten« (ebd. a. 3). Allerdings auch das nicht so, als ob sie die Kraft des übernatürlichen Wirkens wie eine Naturkraft in sich selbst trügen, sondern »gemäß einer werkzeuglichen Kraft, welche fließend und unvollständig in bezug auf ihr naturhaftes Dasein ist« (3. q. 62, 3), weil sie, ähnlich wie die Bewegung, die *zwischen* den Dingen spielt, ein »von einem ins andere übergehendes Dasein« hat (ebd. a. 4, c). Die Sakramente haben ihre werkzeugliche Kraft so wie etwa das Messer die Kraft des Schneidens: es »hat« sie nur, sofern sich der Herr des Werkzeugs seiner bedient. So aber »hat« es sie wirklich. Die Sakramente sind bei der »Eingießung« der Gnade in die Seele die Schöpfgefäße Gottes, die als solche die Gnade allerdings »enthalten«. Gott gibt das Heil in sie hinein. In höchstem Maße gilt das von dem Sakrament des Leibes und Blutes Christi: wenn Thomas in der Hostie die kostbare Speise des geistlichen Lebens anbetet, in der Meinung, in ihr sei der Herr selbst gegenwärtig, so äußert sich darin *dieselbe Zuversicht*, die ihn bewogen hat, in der Welt auch nach dem Sündenfall noch unmittelbar die Schöpfung Gottes zu erblicken. Er meint, daß Christus seine Liebe voll mache, indem er den Seinen auch nach dem Tode leiblich nahe bleibe (3. q. 75, 1 c). Die Einheit der Zuversicht auf die Güte Gottes in der Schöpfung und in der Erlösung tritt in ein helles Licht, wenn Thomas diese Nähe Christi im Sakrament u. a. auch mit dem Satze des Aristoteles begründet, es gehöre zur Freundschaft, daß die Freunde ein gemeinsames Leben führen. Die Erkenntnis des Natürlichen kann die des Übernatürlichen erläutern. »Denn da die Gnade die Natur nicht aufhebt, sondern vollendet, muß die natürliche Vernunft dem Glauben dienen, wie auch die natürliche Neigung des Willens der Liebe gehorsam wird. Weswegen auch der Apostel sagt: ›und nehmen gefangen alle Vernunft unter den Gehorsam Christi‹ (1Kor 10, 5)« (1. q. 1, 8, ad 2).

Der Dominikaner Thomas und der Augustinereremit Luther – beide demütige Bettelmönche – sind beide des Glaubens, daß der Mensch ohne die Gnade Gottes verloren sei. Und doch hat der *eine* diese Gnade, ganz wie die natürlichen Schöpfungsgaben Gottes, mit unbefangener Zuversicht als eine Kraft hingenommen, die ihm ein heiliges Leben gestatte und ihn der Seligkeit des ewigen Lebens *würdig* werden lasse. Der *andere* aber hat sein Gewissen für alle noch so geheime pharisäische Selbstgerechtigkeit und Selbsttäuschung geschärft, die ganz gewiß an diesem Wege lauert, – und ist an ihm *verzweifelt*. Thomas meinte, der Gläubige müsse als Glied am Leibe Christi wirklich ein greifbar neuer Mensch werden, da sich Christus auch täglich von neuem auf dem Altar opfere und zur Speise gebe. Luther sah in dieser Einheit mit Christus eine Vermessenheit und in der mystischen Wiederholung des Kreuzes-

opfers durch den Priester eine Beleidigung des einmaligen realen Opfers auf
Golgatha. Es ist ein Streit um dieselbe Sache, um das Heil in Christus! Man
kann darüber nicht nachdenken, ohne sich zu wundern; und mir scheint, man
kann daran nicht teilnehmen, ohne an das Wort aus dem Johannesevangelium
erinnert zu werden, in dem Jesus sagt (10, 16): »Ich habe noch andere Schafe,
die sind nicht aus diesem Stalle. Und dieselben muß ich herführen, und sie
werden meine Stimme hören. Und wird *Eine* Herde und *Ein* Hirte werden!«

III. KONKRETIONEN UND ZEIT-GESCHICHTE

EWIGES SEIN IN DER ZEIT[1]

ERIC VOEGELIN

Ewiges Sein verwirklicht sich in der Zeit.

Wenn dieser Satz als Versuch verstanden wird, in der Sprache philosophischer Begriffe Wesentliches über Geschichte zu sagen, dann fordert er die Frage heraus, ob es ein Wesen der Geschichte, das durch philosophische Analyse zu erfassen wäre, überhaupt gibt. Denn das Drama der Geschichte, da es nicht abgeschlossen ist, liegt nicht als ein Ding vor, über dessen Wesen Aussagen gemacht werden könnten; und der Philosoph steht diesem Nicht-Ding nicht als Beobachter gegenüber, sondern wird durch sein Philosophieren zum Akteur in dem Drama, über das er aussagen will. Das Modell, nach dem ein Subjekt der Erkenntnis dem Objekt gegenübersteht, ist nicht auf ein Erkennen anwendbar, in dem der Akt der Erkenntnis Teil des Prozesses ist, der erkannt werden soll. Reflektierend werden wir daher gedrängt, über die Begriffe von Ding und Wesen hinaus einen Seinsverhalt anzuerkennen, der Philosophie wie auch Geschichte umspannt.

Dieser Seinsverhalt läßt sich in vier Relationen aufgliedern. Wir versuchen sie zu charakterisieren:

(1) Ewiges Sein hat nicht auf die Philosophie gewartet, um sich in der Zeit zu verwirklichen. Jahrtausende der Geschichte sind abgelaufen, bevor Philosophen in ihr auftraten. In der ersten Relation ist daher Philosophie als ein Phänomen im Feld der Geschichte zu charakterisieren.

(2) Philosophie ist jedoch nicht ein indifferentes Ereignis, das irgendwann einmal im Strom der Zeit auftaucht, um in ihm wieder unterzugehen, sondern eines von spezifischer Relevanz für die Geschichte, insofern durch das Ereignis der Philosophie Geschichte als Verwirklichung ewigen Seins in der Zeit zum Bewußtsein gebracht wird. Ein Wissen, das bisher in die kompakte Erfahrung vom Kosmos und dessen Ausdruck durch den Mythos eingebettet war, wird im Gefolge einer Transzendenzerfahrung, die noch näher zu beschreiben sein

[1] Vortrag vor dem 7. Deutschen Kongreß für Philosophie in Münster. Erscheint im Sammelband der Gesellschaft beim Pustet Verlag in München.

wird, differenziert und durch die Bildung philosophischer Begriffe prägnant ausgedrückt. Philosophie ist daher begleitet von einem Epochenbewußtsein der Philosophen. Die Männer, in denen das Ereignis Wirklichkeit wird, wissen, daß es eine Epoche in der Geschichte konstituiert, daß es einen Einschnitt markiert, von dem ein Vorher und Nachher gerechnet wird. In dieser zweiten Relation ist daher Philosophie ein Konstituens der Geschichte.

(3) Ein Bewußtsein, auch wenn es sich nicht erkennend auf ein Ding richtet, ist doch immer ein Bewußtsein von Etwas. Um das nicht-dingliche Etwas des philosophischen Bewußtseins in den Blick zu bekommen, erwägen wir, daß Philosophie zum Konstituens der Geschichte wird und deren Struktur bestimmt, weil erstens Geschichte der Prozeß ist, in dem ewiges Sein sich in der Zeit verwirklicht, und weil zweitens Philosophie das differenzierte Wissen um den Prozeß zum Bewußtsein bringt. Nun ist ewiges Sein jedoch nicht ein Objekt der Außenwelt, das entdeckt und beliebig zur Kenntnis genommen werden könnte oder auch nicht, sondern es wird zwingend erfahren wo es, in die Zeit eindringend, in ihr sich verwirklicht. Der Ort der Verwirklichung ist im gegebenen Fall die Seele des Philosophen, des *amator sapientiae*, die nach dem ewigen Sein begehrt und seinem Eindringen liebend sich öffnet. Philosophie gibt es nicht ohne die Philosophen, und das heißt: nicht ohne die Männer, deren seelisches Sensorium dem ewigen Sein respondiert. Wenn also Geschichte der Prozeß ist, in dem ewiges Sein sich in der Zeit verwirklicht, dann ist Philosophie ein geschichtliches Ereignis in dem prägnanten Sinne, daß in der Responsio des Philosophen ewiges Sein in der Zeit wirklich wird. Philosophie wird zum Konstituens der Geschichte, weil, in der dritten Relation, Geschichte das Konstituens der Philosophie ist.

(4) Es gibt mehr als einen Seelenort, an dem ewiges Sein in die Zeit eindringt, und mehr als eine Weise seines Eindringens. Die philosophische Erfahrung ist gegenüber anderen Transzendenzerfahrungen dadurch charakterisiert, daß in ihr der Logos der Verwirklichung durchsichtig wird; und die Symbolik, in der diese Erfahrung sich auslegt, ist die philosophische Begriffssprache. Insofern Philosophie die Begriffssprache der Verwirklichung entwickelt, wird sie zum Instrument, mit dessen Hilfe der Logos der Verwirklichung in den nicht-philosophischen Erfahrungen und ihren Symbolausdrücken erkannt werden kann. Der Logos der Geschichte kann durch den Logos der Philosophie erforscht und in seine Sprache übertragen werden. Geschichte wird daher, in der vierten Relation, ein Phänomenbereich für philosophische Untersuchung.

Die vier Relationen, in die sich der Seinsverhalt gliedern läßt, werden die Ordnung der folgenden Untersuchung bestimmen. Ihre Titel seien darum zusammengestellt:

(1) Philosophie als Phänomen im Feld der Geschichte
(2) Philosophie als Konstituens der Geschichte
(3) Geschichte als Konstituens der Philosophie
(4) Geschichte als Phänomenbereich philosophischer Untersuchung.
Bevor wir jedoch in die Untersuchung selbst eintreten, seien noch zwei Punkte zum besseren Verständnis angemerkt.

Zum Ersten: Der Seinsverhalt läßt sich zwar nach Relationen aufgliedern, hört aber darum nicht auf, der eine, ungeteilte Seinsverhalt zu sein. Die Relationen sind nicht autonome Gegenstände. Wenn wir daher nacheinander jeweils eine der vier Relationen zur Dominanten der Untersuchung machen, so können doch die jeweils drei anderen nicht von ihr ausgeschlossen werden. Darum ergeben sich in der Folge der vier Abschnitte eine Reihe von thematischen Überlagerungen und Wiederholungen.

Zum Zweiten: Der Seinsverhalt kann nach seiner historisch-phänomenalen Seite, da sie von außerordentlicher Komplexität ist, durch einen Vortrag nicht erschöpft, sondern nur angedeutet werden. Alle Aussagen über sinnhafte Zusammenhänge historischer Phänomene sind daher immer nur in der engsten Bedeutung des Kontextes zu verstehen; sie sollten nicht vorschnell zu Thesen einer materialen Geschichtsphilosophie verallgemeinert werden.

I. Philosophie als Phänomen im Feld der Geschichte

Philosophie ist nicht ein beliebiges Ereignis, das in der Zeit auftaucht, um wieder unterzugehen, sondern ein Phänomen im Feld der Geschichte. Die Aussage verbindet Sätze, die in der einleitenden Charakteristik der Relationen respektive der zweiten und ersten von ihnen zugeordnet waren, zu einer höheren Einheit. Denn Philosophie ist zwar (in der zweiten Relation) ein spezifisches Konstituens der Geschichte, aber keineswegs das einzige Phänomen, das ihr Struktur verleiht; wenn daher Philosophie in der Geschichte auftritt (in der ersten Relation), dann wird sie zum Teil eines Feldes, das auch durch andere Phänomene strukturiert ist als das philosophische. Die kombinierende Aussage empfängt ihre Bedeutung vom Begriff des Feldes, in das die Philosophie, es mitkonstituierend, eintritt. Unter Feld soll der Seinsverhalt verstanden werden, daß historische Phänomene nicht ohne Kontext, sondern als Teile von sinnhaften Konfigurationen auftreten. Philosophie im Feld der Geschichte betrachten, heißt also die Konfiguration zu umreißen, der Philosophie sinnhaft zugehört.

Da die Konfigurationen ihrerseits wieder nicht außer Kontext stehen, sondern sich in weitere Zusammenhänge einordnen, zuletzt in die Gesamtkonfiguration der bekannten Geschichte, erlaubt die Frage, welcher Konfiguration Philosophie sinnhaft zugehöre, keine eindeutige Antwort, solange wir nicht ein begrenzendes Kriterium haben. Wir setzen daher als Kriterium das Minimum an Konfiguration, unter das wir nicht heruntergehen können, ohne wichtige Teile des Sinnes der Philosophie, wie er von ihren Schöpfern verstanden wurde, zu verlieren. Dieses Minimum wird umrissen durch die Konfiguration der drei Phänomene: Geistiger Ausbruch – ökumenisches Reich – Historiographie.

Die drei genannten Phänomene wurden, in verschiedenen Graden nachhaltiger Einsicht, bei ihrem Bekanntwerden als Faktoren verstanden, die unabhängig voneinander die Konfiguration der Geschichte bestimmen.

Daß Philosophie einer der geistigen Ausbrüche ist, zu denen auch die Prophetie, das Auftreten des Zoroaster, des Buddha, des Konfuzius und des Laotse zählen, daß ferner die Ausbrüche dieser Klasse zusammengehören und konfigurativ die Geschichte der Menschheit bestimmen, ist eine Einsicht, die schon in der Romantik gewonnen wurde, zu der Zeit also, da die geschichtlichen Daten zum ersten Mal überblickbar wurden. Der früheste mir bekannte Fall, in dem die Phänomene dieser Klasse zur Konstruktion einer materialen Geschichtsphilosophie verwertet wurden, ist FABRE D'OLIVET's De l'état de l'homme, ou vues philosophiques sur l'histoire du genre humain von 1822. Auch heute noch wirkt dieser Faktor als selbständiger motivierend, wie zB in der JASPERSchen Konstruktion der Periode von 800–200 v. Chr. als der Achsenzeit der Menschheit, in der die vorgenannten Phänomene sich in bemerkenswerter Weise häufen. Eben diese Konstruktion zeigt jedoch, daß und warum der Faktor als selbständiger, ohne seinen konfigurativen Kontext, zur Bestimmung des Periodensinnes nicht zureicht. Denn die These von der kritischen Bedeutung der Achsenzeit kann nur aufrechterhalten werden, wenn man andere geistige Ausbrüche von mindestens ebenso großer, wenn nicht größerer Bedeutung für die Struktur der Geschichte, die jedoch wie das Auftreten Moses oder Christi vor 800 oder nach 200 liegen, geflissentlich übersieht oder bagatellisiert. Wenn der geistige Ausbruch als unabhängiger Faktor zur Bestimmung der Struktur verwertet wird, zerfließt die spezifische Bedeutung, die eben jener Häufung, zu der auch die Philosophie gehört, zukommen soll. Ihre Bedeutung, von der Konstruktion der Achsenzeit mehr geahnt als begriffen, kann nur durch ihre Einordnung in eine Konfiguration geklärt werden, die auch die ökumenischen Reiche und die Historiographie umfaßt.

Das zweite Phänomen, das der ökumenischen Reiche, ist ebenso wie das der geistigen Ausbrüche zuerst als selbständiger konfigurativer Faktor verstanden worden. Die Versuche, mit seiner Hilfe die Struktur der Geschichte zu bestimmen, gehen bis auf die Zeit der ökumenischen Reiche selbst zurück, das heißt bis auf die Daniel-Apokalypse und die Spekulation über die *translatio imperii*. Der bedeutendste moderne Versuch ist die Geschichtsphilosophie HEGELS. Das mag befremdlich klingen, wenn man sich erinnert, daß HEGEL die »Staaten« als »den näher bestimmten Gegenstand der Weltgeschichte überhaupt« definiert hat, wird jedoch weniger befremdlich, wenn man HEGELS Weltgeschichte der Staaten stofflich überprüft. Denn bei solcher Prüfung erweisen sich für die alte und mittlere Geschichte die »Staaten« als Reiche, und diese wieder dominant als ökumenische Reiche.

Das Prinzip der Konstruktion, und in einem damit ihr Defekt, wird in HEGELS Vorlesungen über die Philosophie der Geschichte im Abschnitt über das Perserreich greifbar, das heißt an dem Punkt, an dem sich HEGELS Konzeption der Weltgeschichte als einer Reichsapokalypse stofflich mit der Daniel-Apokalypse überschneidet. Das Perserreich hat für HEGEL aus mehr als einem Grund eine Schlüsselstellung im Bau der Geschichte. Vor allem ist es das erste »Reich im modernen Sinne, wie das ehemalige deutsche und das große Kaiserreich unter Napoleon, denn es besteht aus einer Menge von Staaten, die zwar in Abhängigkeit sind, die aber ihre eigene Individualität, ihre Sitten und Rechte behalten haben«. Die institutionelle Bestimmung des Perserreiches als ein überstaatliches Gebilde – wir würden es, POLYBIUS folgend, ein ökumenisches Reich nennen – wird dann ergänzt durch seine geschichtsprozessuale Charakteristik als das erste Reich, das, zum Unterschied von China und Indien, untergegangen ist, und zwar in der Form des Unterliegens beim Zusammenstoß mit der griechischen Macht Alexanders. Am Perserreich und seinem Schicksal werde der »geschichtliche Übergang«, die *translatio imperii* manifest, der »Übergang der Herrschaft, eine Tatsache, die von nun an immer wieder eintritt«. Und schließlich markiert das Perserreich den Übergang, in einem anderen Sinne als dem des vorangehenden Punktes, von den »im Natürlichen versenkten Welten« des Ostens, die andauern, zum »Prinzip des freien Geistes«, der fortschreitet, während seine natürliche Existenz dahinsinkt. Mit dem Übergang von der orientalischen zur griechischen Welt »nimmt der Geist Abschied von der Natur«.

Eine gründliche Analyse von HEGELS materialer Geschichtsphilosophie, die bis heute ein Desideratum ist, kann nicht bei dieser Gelegenheit durchgeführt werden. Begnügen wir uns mit dem Hinweis, daß die Rechnung der historischen Dialektik nicht mit den »Staaten« aufgeht, sondern daß es zusätzlich der »Reiche« und der »Welten« bedarf. Für uns ist die Bedeutung wesentlich, die HEGEL in der Tradition der Apokalypse den Reichen für die Struktur der Weltgeschichte zuerkannt hat. Denn einerseits entspringt die Anerkennung einer ebenso richtigen Einsicht in ihre Bedeutung wie sie der Autor der Daniel-

38*

Apokalypse hatte, während andererseits die Verwertung des Faktors ohne Rücksicht auf den konfigurativen Kontext, auf das Feld der Geschichte, zu erheblichen Schwierigkeiten führt. Als merkwürdig sei vor allem hervorgehoben, daß die Geschichte der orientalischen Welt sich dialektisch von China über Indien zu Persien entfaltet. Die Konstruktion hat zur Folge, daß der gesamte Vordere Orient (Ägypten, Babylonien, Assyrien, das Davidische Reich, Israel und Juda), der geschichtsälter ist als China und Indien, in die Weltgeschichte nur sekundär, nämlich als die Mannigfaltigkeit der vom Perserreich eroberten »Staaten« eingegliedert werden kann. An die Stelle der mesopotamischen Reiche, die in der Daniel-Apokalypse dem Perser- und dem Seleukidenreich vorangehen, hat HEGEL China und Indien gesetzt. Nun erforderte der Wissensstand zu HEGELS Zeit allerdings, daß die asiatischen Zivilisationen, die nicht im Horizont des Autors der Daniel-Apokalypse gelegen hatten, in das Geschichtsbild eingegliedert wurden, aber er erforderte nicht, um dieser neuen Wissensbestände willen das Geschichtsbild zu verkonstruieren. Der Grund für die Fehlkonstruktion dürfte wohl darin zu suchen sein, daß für HEGEL das von VOLTAIRE entworfene Bild der ost-westlichen Parallelgeschichten einen höheren Grad der Verbindlichkeit hatte als das bis zu BOSSUET gültige, aus der Tradition der *historia sacra* stammende Bild der linearen Geschichte, die im Vorderen Orient anhebt. Wir kommen daher im Falle der HEGELschen Konstruktion zu einem ähnlichen Ergebnis wie im Falle der JASPERschen Achsenzeit. Einerseits ist die Häufung der ökumenischen Reiche von China bis Rom in ungefähr der gleichen Zeitspanne, in die auch die geistigen Ausbrüche fallen, die JASPERS in der Konstruktion der Achsenzeit zu erfassen versuchte, als konfigurativer Faktor nicht mehr zu übersehen; andererseits geraten wir in eine offenbare Fehlkonstruktion, wenn dieser Faktor als selbständiger die Geschichte bestimmen soll. Denn wie für JASPERS die Ausbrüche, die sich nicht in den Zeitraum fügen, so wird für HEGEL die Reichsgeschichte des Vorderen Orients zu einer Verlegenheit, die sich nur durch das fragwürdige Mittel der Eingliederung in das Perserreich, das an ihrem Ende steht, lösen läßt. Die Verwandtschaft der Fehlkonstruktion läßt uns auf die Verwandtschaft ihres Motivs aufmerksam werden, das in der Opposition der Aufklärung zum Geschichtsbild der *historia sacra* zu suchen ist. Durch die materiale Geschichtsphilosophie der neueren Zeit läuft eine Linie der Aufklärung von VOLTAIRE über HEGEL zu JASPERS. Wir können darum jetzt vollständiger sagen, daß die Fragen der materialen Geschichtsphilosophie, die durch die Reichapokalypsen der *historia sacra* und der Aufklärung aufgeworfen wurden, ohne Antwort bleiben müssen, solange der Sinn der Einzelfaktoren nicht durch ihre Einordnung in konfigurative Zusammenhänge bestimmt wird.

Historiographie tritt nicht in der gleichen Weise wie die geistigen Ausbrüche und die Ökumenischen Reiche als selbständiger Faktor in der Konstruktion von Geschichtsbildern auf – es sei denn, daß man das Epochenbewußtsein bei Sse-ma-tan und Sse-ma ch'ien, den Schöpfern der chinesischen Historiographie als einen Fall dieser Art ansehen will. Der historiographische Akt, der ebenso wie die beiden anderen Phänomene die Struktur des geschichtlichen Feldes bestimmt, scheint den Historiker so stark zu absorbieren, daß er sich seiner konstituierenden Funktion nicht gegenständlich bewußt wird. Nicht daß ein solches Bewußtsein völlig fehlte – in der hellenistischen Zeit stehen die orientalischen und westlichen, die griechischen und römischen Historiker in bewußtem Wettbewerb miteinander, um durch Historiographie ihre jeweiligen Zivilisationen und Völker als die um ihres hohen Geschichtsalters willen ansehnlichsten zu legitimieren. Aber die hellenistische Historiomachie gehört schon einer zweiten Schicht der Historiographie an, in der die erste des eigentlichen historischen Anliegens vorausgesetzt wird. Die früheste Schicht ist die für uns interessante, weil sich von ihr her das Problem des konfigurativen Sinnes aufrollen läßt.

Historiographie ist in der Geschichte der Menschheit an drei Stellen entstanden: in Hellas, Israel und China. In allen drei Fällen, die voneinander unabhängig sind, spielt in das Geschehen, das dem Historiker erinnerungswürdig scheint, die Auseinandersetzung der Gesellschaft mit ökumenischen Reichen hinein; in Israel, in dem die historiographischen Ansätze früher liegen, außerdem der Konflikt mit den älteren kosmologischen Reichen. Herodots Gegenstand ist der Zusammenstoß von Hellas mit dem ökumenischen Reich der Perser; Sse-ma ch'iens Historiographie umfaßt das klassische China und seine Überwältigung durch das Reich der Ch'in und Han Dynastien; in Israel schließt die Königsgeschichte des Deuteronomisten mit der Zerstörung von Jerusalem durch Babylon, während das Geschichtswerk des Chronisten durch die Restauration des Tempels im Gefolge der Eroberung Babylons durch Persien, und die Makkabäerbücher durch den Konflikt mit dem Seleukidenreich veranlaßt werden. Die Relation, die generell zwischen dem Auftreten von Historiographie und dem Konflikt mit einem Reich zu bestehen scheint, ist jedoch nicht umkehrbar. Zwar ereignet sich Historiographie in allen uns bekannten Fällen nur dann, wenn die Ordnung einer Gesellschaft mit einer Reichsordnung zusammenstößt, aber es gibt zahlreiche Konfliktfälle dieser Art, die nicht zur Schöpfung von Historiographie geführt haben. Die Konfiguration von zwei Faktoren, obwohl sie ein interessantes Ergebnis gebracht hat, ist zu lose gefaßt; sie liegt noch zu weit unter dem Minimum, das empirisch die Behauptung eines eindeutigen Sinnzusammenhanges erlauben würde.

Wird nun der dritte Faktor einbezogen, so läßt sich empirisch feststellen, daß in den Gesellschaften, in denen Historiographie entstanden ist, dieser selbst sowie den ökumenischen Reichen geistige Ausbrüche vorangegangen sind: in Hellas die Ionischen Philosophen, PARMENIDES, HERAKLIT, und XENOPHANES; in Israel die Propheten; in China KONFUZIUS und LAOTSE. Für den Fall Israels wäre noch zu beachten, daß auch seinen Konflikten mit kosmologischen Reichen geistige Ausbrüche vorangegangen sind und daß im besonderen in der internen Auseinandersetzung mit dem Davidisch-Salomonischen Reich, bei deren Gelegenheit die David-Memoiren als das wahrscheinlich früheste Werk der Historiographie entstanden sind, die Propheten eine entscheidende Rolle gespielt haben. Auch wenn die drei Faktoren kombiniert werden, ergibt sich jedoch noch immer kein völlig befriedigendes Verhältnis wechselseitiger Zuordnung, aber immerhin hat sich das unbestimmt große Feld der Ausnahmen bei der Kombination von Historiographie und ökumenischem Reich auf die zwei Fälle von Persien und Indien reduziert. In Persien finden wir den geistigen Ausbruch Zoroasters und ein ökumenisches Reich, aber keine Historiographie; in Indien die geistigen Ausbrüche eines BUDDHA und MAHAVIRA, reichliche Konflikte mit ökumenischen Reichen wie dem Persischen und dem Alexanders, sowie die interne, wenn auch stark imitative Entwicklung des Maurya Reiches, aber wieder keine Historiographie. Eine vollständige empirische Untersuchung würde also noch weitere Faktoren heranzuziehen haben, um den konfigurativen Komplex eindeutig zu machen. Darauf müssen wir bei dieser Gelegenheit verzichten und es bei dem Hinweis auf die Methode bewenden lassen, mit der die Untersuchung prinzipiell zu vollenden wäre.

Was nun der Sinn der empirisch festgestellten Konfiguration sei, kann nur in der Begriffssprache gesagt werden, die bei Gelegenheit des Philosophie genannten geistigen Ausbruchs geschaffen wird, um den Logos der Verwirklichung ewigen Seins in der Zeit auszudrücken. Wir wären zu Aussagen genötigt, die der vierten Relation des Seinsverhaltes, der Geschichte als Phänomenbereich philosophischer Untersuchung angehören. Diese aber wieder sind nur möglich, wenn die Vorfragen der Philosophie als Konstituens der Geschichte und der Geschichte als Konstituens der Philosophie geklärt sind.

II. *Philosophie als Konstituens der Geschichte*

Das Ereignis der Philosophie ist eines unter vielen, die Geschichte konstituieren, aber es konstituiert Geschichte auf besondere Weise, insoferne als in der philosophischen Erfahrung ewiges Sein sich nicht nur in der Zeit verwirklicht, sondern in einem damit auch den Logos der Verwirklichung durchsichtig werden läßt. Sie macht das Feld der Geschichte sichtbar als ein Feld von Spannungen im Sein. Wir können daher von der philosophischen Erfahrung als einem ontischen Ereignis sprechen, insoferne als bei seiner Gelegenheit das Sein als das Feld der geschichtlichen Spannungen erkannt wird; und wir können von ihr als einer noëtischen Erfahrung sprechen, insoferne als das Ereignis die seins-illuminative Qualität des Nous zum Selbstverständnis bringt. Von den Strukturen im Sein, die sichtbar werden, sprechen wir als dem Logos der Verwirklichung.

In unserem Zusammenhang geht es vor allem um zwei Spannungen im Sein. Die erste ist die Spannung der Seele zwischen Zeit und Ewigkeit; die zweite ist die Spannung der Seele zwischen ihren Ordnungszuständen vor und nach dem ontischen Ereignis. Infolge des seins-illuminativen Charakters der philosophischen Erfahrung ist die Beschreibung der Spannungen unvermeidlich mit der sprachlichen Schwierigkeit belastet, daß die grammatischen Subjekte der Aussagen nicht Subjektsnomina sind, die sich auf die Dingwelt beziehen. Weder die Pole der Spannungen im Sein, noch die Erfahrungen der Spannungen oder der Ordnungszustände des Seins, sind Dinge der Außenwelt, sondern Termini der noëtischen Exegese, in der sich das ontische Ereignis auslegt. PLATON, an dessen Philosophieren wir die Spannungen exemplifizieren werden, hat sich daher, um sie auszudrücken, der Symbolik des Mythos bedient. Wenn wir nicht, seinem Beispiel folgend, uns mit Hinweisen auf die Platonischen Mythen begnügen, sondern überhaupt versuchen, sie, wenn auch nur knapp, zu beschreiben, so nur deshalb, weil historisch die Termini der Exegese immer wieder objektiviert und zu Gegenständen philosophisch entgleisender Aussagen gemacht worden sind, über die wir in den folgenden Abschnitten noch ein Wort zu sagen haben.

Vor allem enthüllt die philosophische Erfahrung die Seele als den Ort der Spannung zwischen dem zeitlichen Sein des erfahrenden Menschen und dem ewigen Sein, dessen Verwirklichung erfahren wird. Versuchen wir, kommentierend den Sinn dieser Aussage näher zu bestimmen.

Der Ausdruck Seele oder Psyche in diesem Satz ist nicht als ein Gegenstand zu verstehen, über den philosophische Aussagen betreffend seine Immaterialität oder Unsterblichkeit, seine Prä- oder Postexistenz gemacht werden könnten, sondern streng als ein Prädikatsnomen, zu dem »Ort (oder Situs) der Spannungen« das Subjekt ist. Daß die klassischen Philosophen überhaupt das Bedürfnis empfanden, einen Ausdruck zur Bezeichnung des Ortes der Seinserfahrungen zu entwickeln, und tatsächlich dem Ausdruck Psyche diese Bedeutung gegeben haben, dürfte historisch aus der Analogie zur physiologischen Ortung der Sinneswahrnehmungen zu verstehen sein: So wie Auge, Ohr und Hand die

Organe optischen, akustischen und haptischen Wahrnehmens sind, so bedarf der Mensch auch eines Organes zur Wahrnehmung der Seinsspannungen (auch den philosophischen Bedeutungen des Ausdrucks νοεῖν geht übrigens seine Bedeutung als sinnliches Wahrnehmen, *percipere*, voran). In diesem Sinne ist die Seele als Sensorium der Spannungen im Sein, im besonderen als Sensorium der Transzendenz zu verstehen.

Schwierigkeiten bereitet ferner das Subjekt der Erfahrung. Ebensowenig wie Auge und Ohr die Subjekte der optischen und akustischen Wahrnehmungen sind, vielmehr der Mensch es ist, der sieht und hört, ist das als Seele bezeichnete Sensorium der Spannungen im Sein das Subjekt der Seinserfahrungen. Wir haben daher vom »Menschen in seinem zeitlichen Sein« als dem Subjekt der philosophischen Erfahrung, die zugleich Seins- und noëtische Erfahrung ist, gesprochen. Der Ausdruck ist jedoch unbefriedigend, – denn würde er streng genommen, so bliebe es unerfindlich, wie der Mensch der Zeitlichkeit Erfahrung von ewigem Sein haben sollte. Da nun weder das zeitliche Sein des Menschen, noch seine Erfahrung von ewigem Sein, bezweifelt werden können, muß es etwas Nicht-Zeitliches am Menschen geben, wodurch er an ewigem Sein erfahrend teilhat. Die Forderung verweist uns auf das Sensorium der Transzendenz zurück, auf die Seele, kraft deren der Mensch an ewigem Sein teilhat. (Dieser Satz sollte nicht als simplistisches Plädoyer für den »Realitätsstatus« der Seele mißverstanden werden, wenn er auch immerhin einen Hinweis enthält, wie das Realitätsproblem der Seele sich philosophisch aufbaut). Wenn aber der Mensch kraft der Seele seine Teilhabe am ewigen Sein erfährt, dann ist er mehr als nur Mensch im zeitlichen Sein. Es erhebt sich daher der Verdacht, daß die Qualifizierung seines Status als »zeitliches Sein«, wenn wir auch an seiner Richtigkeit nicht zweifeln, doch nicht als Eigenschaft eines Dings zu verstehen ist, sondern als eine Indizierung, die aus der noëtischen Exegese selbst stammt, und das heißt eben aus der Seinserhellung, in der zeitliches Sein erst als der Gegenpol zum ewigen Sein erfahren wird. Wir werden uns mit diesem Problem der Indizierungen noch zu befassen haben. Vorläufig stellen wir nur fest, daß es vorsichtiger wäre, vom Menschen schlechthin als dem Subjekt der Erfahrung zu sprechen – solange uns diese Vorsicht nicht das Paradox eines Seins in der Zeit, das mehr ist als zeitliches Sein, hinwegtäuscht.

Welcher Art ist nun die Erfahrung, von der wir sprechen? Es handelt sich um die Erfahrung einer Spannung zwischen Polen zeitlichen und ewigen Seins, nicht um gegenständliches Erkennen – weder der Pole noch der Spannung selbst. Wie immer es um den Menschen als das Subjekt der Erfahrung bestellt sein möge, so erfährt er seelisch eine Spannung zwischen zwei Seinspolen, deren

einer, genannt der zeitliche, in ihm selbst liegt, während der andere außerhalb
seiner selbst liegt, jedoch nicht als ein Gegenstand im zeitlichen Sein der Welt
identifiziert werden kann, sondern als ein Sein jenseits alles zeitlichen Seins der
Welt erfahren wird. Vom zeitlichen Pol her wird die Spannung als ein liebendes
und hoffendes Drängen zur Ewigkeit des Göttlichen erfahren; vom Pol des
ewigen Seins her als ein gnadenhaftes Anrufen und Eindringen. Im Verlauf der
Erfahrung wird weder das ewige Sein als ein Objekt in der Zeit gegenständlich, noch wird die erfahrende Seele aus ihrem zeitlichen in ewiges Sein trans-
figuriert; vielmehr ist der Verlauf zu charakterisieren als ein Sich-Ordnen-
Lassen der Seele durch ihr liebendes Sich-Öffnen für das Eindringen ewigen
Seins. Dieses Ordnen der Seele hat jedoch auch wieder nicht eine Ordnung
zum Ergebnis, die ein neuer Gegenstand jenseits der Spannung wäre. Selbst
wenn ein Ordnungszustand sich herstellt, der von Dauer ist und das Leben der
Seele zum Tode beherrscht, wird er nicht zum Besitz, sondern hat seinen
Bestand nur im Fließen der Seinsspannung selbst, die jederzeit wieder zerfallen
kann durch Erschlaffen und Sich-Verschließen der Seele.

Ebenso wie die Beschreibung des Subjekts der Erfahrung gibt die der Erfahrung selbst zu Bedenken Anlaß. Denn wenn die Erfahrung als Spannung
zwischen nicht-gegenständlichen Seinspolen zu charakterisieren ist, wenn sie
nicht auf einen Gegenstand der Erfahrung gerichtet sein kann, weil sie mit der
Spannung identisch ist, dann will es scheinen, als sei die Erfahrung, die wir
beschreiben, ein subjektloses Ereignis im Sein. So wie im Falle des Menschen
»im zeitlichen Sein« sich der Verdacht erhob, daß die Zeitlichkeit ein Index des
Seins ist, der aus der noëtischen Exegese selbst stammt, so erhebt sich jetzt der
Verdacht, daß das »Subjekt der noëtischen Erfahrung« ein Index ist, der dem
Menschen erst aus dieser Erfahrung zuwächst. Man sollte also dem Eindruck
eines subjektlosen Ereignisses, den die Seinsspannung macht, sein Recht lassen,
um nicht eine Einsicht in die Problematik des Menschen als Subjekt der philosophischen Erfahrung zu verbauen. Aber man sollte den Eindruck doch auch
nicht unbedacht beim Wort nehmen, denn dann würde das subjektlose Ereignis
fatalerweise das Sein, in dem es sich ereignet, als sein Subjekt hervorgehen
lassen; an die Stelle des menschlichen Subjekts der Erfahrung würde das Sein
als das Subjekt treten, von dem die Seinsspannungen ausgesagt werden können;
und damit würde das Sein, das Terminus der Exegese ist, zum Gegenstand
spekulativen Denkens. Es darf also weder der Eindruck eines subjektlosen Ereignisses im Sein als falscher Schein zurückgewiesen werden, denn damit wäre
der Weg der Psychologisierung freigegeben – für sophistische Theorien betreffend die Götter als die Erfindung eines »klugen Mannes«, ebenso wie für
eine FEUERBACHsche Psychologie des Göttlichen als einer Projektion der Seele.

Noch darf der Eindruck, den das Sein erweckt, wenn es sich noëtisch erhellt, zum Sein als Gegenstand überhöht werden, denn damit wäre das Sein der *libido dominandi* der Seins-Spekulateure und -Aktivisten ausgeliefert und das Philosophieren würde in Spekulationen vom theogonischen oder geschichts-dialektischen Typus entgleisen. Wir belassen also der Erfahrung (vorbehaltlich künftiger Analysen betreffend das Problem der Indizes) ihren Charakter eines subjektlosen, nicht-gegenständlichen Ereignisses im Sein; erkennen aber trotzdem die Psyche als den Ort des Ereignisses an, durch den es zu einer Erfahrung wird; mit der Psyche als dem Sensorium, den Menschen als das Subjekt der Erfahrung; und mit dem Menschen in seiner materiellen Existenz, die raum-zeitliche Ortung des ontischen Ereignisses.

Die Schwierigkeiten, die philosophische Erfahrung sachadäquat auszudrükken ohne zu entgleisen, haben ihren generellen Grund darin, daß Philosophieren über den nicht-gegenständlichen Bereich der Seinsspannungen an die Sprache gebunden ist, deren Grammatik den gegenständlichen Bereich der Dingwelt abbildet. Es besteht jedoch, wie schon gesagt, die Möglichkeit, die Spannungen auch mit Hilfe der Symbolik des Mythos auszudrücken, wie PLATON es getan hat. Es handelt sich um die zwei eingangs genannten Spannungen, die vor allem Geschichte konstituieren: (1) die Spannung der Seele zwischen Zeit und Ewigkeit, und (2) die zwischen den Ordnungszuständen der Seele vor und nach dem ontischen Ereignis. Wir wenden uns jetzt diesen zwei Spannungen in der besonderen mythischen Ausdrucksform zu, die sie bei Gelegenheit des PLATONISCHEN Philosophieereignisses gefunden haben.

Der *locus classicus* für die erste Spannung und ihren mythischen Ausdruck ist die Rede des SOKRATES im *Symposion*. Die Pole des zeitlichen und ewigen Seins werden durch die Sterblichen und die Götter vertreten. Zwischen ihnen laufen Beziehungen: »Bitten und Opfer« von seiten der Menschen, »Befehle und Gnaden« von seiten der Götter. Oder vielmehr: sie sollten hin und wider laufen, können es aber nicht, denn »Gott und Mensch vermischen sich nicht« – wir haben darauf aufmerksam gemacht, daß es unerfindlich bleibt, wie der Mensch im zeitlichen Sein, PLATONS ϑνητός, Erfahrung von ewigem Sein haben sollte. Es bedarf daher eines Vermittlers, der das, was bei den Menschen geschieht, den Göttern deutet und zuträgt, und das, was bei den Göttern geschieht, den Menschen. Die Rolle des Vermittlers überträgt PLATON »einem großen Geist«, denn der Bereich des Geistigen (πᾶν τὸ δαιμόνιον) liegt zwischen (μεταξύ) Gott und Mensch. Dieser Geist (δαίμων) hat kraft seiner Zwischenstellung zu mischen, was sich nicht mischt, solange es sich gegenständlich gegenübersteht, und die Pole »zusammenzufügen zu einem Ganzen«. Diskret unterschiebt sich dieser Symbolik das, worauf es ankommt, nämlich der

Mensch, der nicht einfach ϑνητός ist, sondern die Spannung zum göttlichen Sein in sich erfährt und also zwischen dem Menschlichen und Göttlichen steht; wer diese Erfahrung hat, wächst über den Status des Sterblichen hinaus und wird zum »Geistmenschen«, zum δαιμόνιος ἀνήρ. Wir haben von dem Index des »Subjektes der philosophischen Erfahrung« gesprochen, der dem Menschen erst aus dieser Erfahrung zuwächst: Platon drückt das gleiche Problem aus, indem er, vom Menschen sprechend, den ϑνητός der epischen Sprache durch den δαιμόνιος ἀνήρ der philosophischen ergänzt.

Der »große Geist«, der zu vermitteln hat, ist *Eros*, das Symbol der erfahrenen Spannung zwischen den Polen zeitlichen und ewigen Seins. Die Spannung selbst kommt jetzt zur Sprache durch den Mythos von der Abkunft des *Eros*. Seine Mutter ist *Penia* (Mangel, Armut) sein Vater ist *Poros* (Fülle, Reichtum), der Sohn der *Metis* (Weisheit, Klugheit). *Penia* verführt *Poros*, der trunken ist vom Fest, das die Götter bei der Geburt der *Aphrodite* veranstalten, zur Verbindung, der *Eros* entspringt. Das traurig-liebende Suchen des Mangels nach der Fülle, und das rauschhafte Eindringen des Reichtums in die Armut, verraten gewiß persönliche Nuancen der PLATONISCHEN Erfahrung, aber darüber hinaus führen sie ein Sachelement in die Analyse ein, von dem wir bisher nicht gesprochen haben, und das sein volles Gewicht durch seine weitere Entwicklung bei BOETHIUS gewinnt. Denn die Pole der Spannung werden inhaltlich jetzt nicht durch Zeit und Ewigkeit, durch Sterbliche und Götter bestimmt, sondern durch Mangel und Fülle, durch unvollkommenes und vollkommenes Sein. Das ist um so bemerkenswerter, als die BOETHIANISCHE Bestimmung der Ewigkeit als des vollkommenen Seins nicht an das *Symposion* sondern an den *Timaios* anknüpft, in dem die Spannung durch die Demiurgie zwischen Ewigkeit und der Zeit als der εἰκών der Ewigkeit dargestellt wird. Die Relationen zwischen Zeit-Ewigkeit und Mangel-Fülle, die hier manifest werden, bedürfen noch weiterer Untersuchung. In unserem Kontext ist die Verschiebung der inhaltlichen Bestimmung vor allem wichtig, weil sie PLATON als Instrument zur Beschreibung der philosophischen Erfahrung als der Spannung zwischen Weisheit (Fülle) und Unwissenheit (Mangel) dient. »Die Götter philosophieren nicht und begehren nicht weise zu werden, denn sie sind es schon«; und, fügt PLATON ironisch hinzu, »es wird auch sonst, wer schon weise ist, nicht philosophieren«. Aber ebensowenig wie die »Weisen« werden die Ignoranten (ἀμαϑεῖς) sich um Weisheit bemühen, denn das sei das Bedrückende an der Ignoranz, daß sie mit sich selbst zufrieden ist – der Mensch, der sich nicht im Zustand des Mangels fühlt, begehrt nicht nach dem, woran es ihm mangelt. Auch der Philosoph ist ἀμαϑής, aber seine ἀμαϑία ist der eine Pol der Spannung, in der er sich zu ihrem anderen, dem der σοφία erfährt. Die ἀμαϑία, die nicht Pol der philosophischen Erfahrung ist, charakterisiert den erotisch spannungslosen, den geistig stumpfen Menschen.

Mit der Beschreibung des selbstzufriedenen Ignoranten führt PLATON einen dritten Typus des Menschen ein: Der erste Typus war der Sterbliche, der ϑνητός, der in der Sprache des Epos den ἀϑάνατοι gegenübersteht; der zweite war der Geistmensch, der δαιμόνιος ἀνήρ, der in der Spannung zwischen Mangel und Fülle des Seins lebt; der dritte ist der ἀμαϑής, der geistig stumpfe Mensch. Überdenken wir die Folge der drei Typen, so enthüllt sich in ihr das Feld der Geschichte, das durch das Ereignis der Philosophie konstituiert wird. Denn wenn der Mensch durch philosophische Erfahrung in die Spannung differenzierten Wissens um die Seinsordnung gerät, erkennt er nicht nur sich selbst als den neuen Typus des δαιμόνιος ἀνήρ, sondern in einem damit auch den noch relativ kompakt in der kosmischen Primärerfahrung lebenden Menschen als den geschichtlich älteren Typus des ϑνητός. Und weiter, wenn die menschheitlich repräsentative Stufe der differenzierten Erfahrung einmal erreicht ist, führt kein Weg zurück zu den kompakten Stufen – wer sich der neuen Ordnung verschließt, sinkt ab zum ἀμαϑής. Die Ordnung der vom Eros ergriffenen Seele ist also nicht ein in sich abgeschlossenes Ereignis, sondern konstituiert über die ihr eigentümliche Seinsspannung hinaus, und zwar kraft ihres Wesens, ein Feld von Spannungen zu Ordnungstypen, die geschichtlich noch nicht den Differenzierungsgrad der Philosophie erreicht haben, sowie zu Typen des Widerstandes und des Sich-Verschließens gegenüber der neuen Ordnung. Der sichtbar gewordene Logos der Verwirklichung stellt mit dem noëtischen Verständnis seiner selbst auch die Kriterien für die Beurteilung der Ordnungen minderen Ranges oder anderer Art als solcher zur Verfügung. Die Einsichten, um die es hier geht, sind jedoch nicht ein unverbindlicher Wissensbestand, sondern betreffen das richtige Verhältnis des Menschen zum göttlichen Seinsgrund; die philosophische Spannung zwischen Zeit und Ewigkeit wird als die richtige Ordnung der Seele erkannt, die mit dem Anspruch auf Erfüllung für jedermann auftritt. Aus dem Anspruch auf richtige Ordnung der menschlichen Existenz fließt die Unerbittlichkeit, die der Konstitution des geschichtlichen Feldes eigentümlich ist. Denn der Mensch, in dem die Erfahrung Ereignis geworden ist, erfährt sich als ins Gericht gestellt – und zwar nicht als Privatperson, sondern in seiner Eigenschaft als Mensch; die Erfahrung ist in ihrem Träger repräsentativ für jedermann Ereignis geworden, und darum steht jeder Mensch durch sie im Gericht – auch und gerade dann, wenn er sich ihrem Anspruch verweigert. Der Mythos vom Gericht dient daher PLATON als Ausdruck für die geschichtlichen Spannungen. Im GORGIAS stehen Sokrates und Kallikles einander als die Repräsentanten der neuen Ordnungen und des Widerstandes gegenüber. Die Entscheidung über die richtige Ordnung, die in der Zeit mit dem Urteil der Athener über Sokrates fällt, wird in der Ewigkeit ausgetragen durch das Totengericht. Die Pole der seelischen Spannung treten im geschichtlichen Feld auseinander, in die Menschen, die der »Zeit« verfallen sind, und die andern, die auf die »Ewigkeit« hin leben; in die »Lebenden«, die durch den Glanz der Zeit in den Tod gehen, und die »Toten«, die durch ihr Leben in der Spannung des Gerichts in die Ewigkeit gehen. Durch den Gerichtscharakter der philosophischen Erfahrung werden weitere Typen von Menschen sichtbar, in deren Auseinandersetzung auf Tod und Leben sich das Feld der Geschichte aufbaut.

Zu seinem Abschluß erfordert dieser Abschnitt der Untersuchung eine Reflexion über das Feld der Geschichte.

Im ersten Teil, der die Phänomene betraf, wurde unter Feld der Seinsverhalt verstanden, daß historische Phänomene nicht ohne Kontext, sondern als Teile von sinnhaften Konfigurationen auftreten. Im gegenwärtigen Abschnitt, der die Konstitution des Feldes betrifft, wurde es als ein Feld der Spannungen im Sein verstanden. Der Sinn, der in der Rede von sinnhaften Konfigurationen der Phänomene vorausgesetzt war, wurde durch die folgende Analyse als die Sinnhaftigkeit der Spannungen näher bestimmt. Auch die zweite Bestimmung genügt jedoch nicht zur Charakterisierung des Feldes, denn das Sein droht sich gegenständlich als der Situs der Spannungen einzuschieben, während es in der Tat nicht ein Gegenstand, sondern ein Terminus der noëtischen Exegese ist. Um das Feld angemessen zu charakterisieren, müssen wir auf die Seinserfahrung und die ihr eigentümliche Problematik zurückgreifen, denn der nichtgegenständliche Charakter der Seinserfahrung erstreckt sich über sie hinaus in das von ihr konstituierte Feld der Geschichte.

Scheiden wir zuerst das Mißverständnis aus, das die vergegenständlichenden Konstruktionen des Feldes der Geschichte motiviert. Die Frage nach dem Feld ist eine Frage nach dem Situs von Spannungen in dem gleichen Sinne, in dem sich die Frage nach dem Situs der Seinserfahrung erhebt. Als Bezeichnung für deren Ort haben wir die Psyche, in der von den Philosophen geschaffenen Bedeutung des Wortes, angenommen; wir haben ferner von der Psyche als dem Sensorium der Transzendenz gesprochen; und wir haben schließlich den Menschen als den Besitzer des Sensoriums und als das Subjekt der mit seiner Hilfe gemachten Erfahrungen gesetzt. Die Schichtung des Problems entspricht im wesentlichen der PLATONISCHEN Schichtung von Nous-in Psyche-in Soma. Diese Schichtung, die für den konkreten Menschen richtig ist, darf jedoch nicht über den Menschen hinaus in die Geschichte projiziert werden. Im besonderen ist es nicht zulässig, den Situs der Geschichte als eine erweiterte Psyche (kollektive, menschheitliche, kosmische, göttliche) zu konstruieren, wenn dies auch noch so oft geschehen ist, seit PLATON im _Timaios_ von einer Psyche des Kosmos gesprochen hat. Denn der _Timaios_ ist ein Mythos, und PLATON hat gewußt, was er tat, als er der _anima mundi_ ihren Status im Mythos anwies; wir gewinnen nichts, wenn wir vorgeben, daß das Mythensymbol einen Gegenstand der Erkenntnis bezeichne; wir müssen vielmehr umgekehrt nach der Erfahrung fragen, die das Mythensymbol hervorgetrieben hat und in deren Licht es sinnvoll erscheint. Philosophierend ist die Psyche für uns daher streng der Situs der Seinserfahrung, als deren Subjekt der konkrete Mensch zu setzen ist; die Annahme einer Psyche ohne raum-zeitliche Ortung in einem konkreten Menschen als dem Subjekt ihrer Erfahrungen ist philosophisch unzulässig. Wenn wir aber die Psyche als Situs der Spannungen, und mit ihr ein Erfahrungssubjekt, ausschließen, dann werden wir vom Feld der geschichtlichen Spannungen, die wir zweifellos erfahren, zurückverwiesen auf die Seele als das Feld der Seinserfahrung, um dort das allgemeine Charakteristikum zu finden.

Gehen wir also auf die Seinserfahrung selbst zurück, auf die Erfahrung von einer Spannung zwischen den Polen von Zeit und Ewigkeit, auf die Erfahrung eines Sich-Begegnens und Sich-Durchdringens von zeitlichem und ewigem Sein. In der Analyse dieser Erfahrung stießen wir auf die Frage, wie der Mensch in seiner Zeitlichkeit überhaupt Erfahrung von ewigem Sein haben könne; und um sie zu beantworten, sprachen wir die Vermutung aus, daß die Zeitlichkeit ein Index sei, den wir dem Menschen und der Welt erst im Lichte der erfahrenen Spannung zuerkennen. Die Immanenz der Welt der Dinge und die Zeit der immanenten Welt werden nicht primär erfahren, sondern sind Indizes für einen Realitätskomplex, der in seiner Eigenstruktur sichtbar wird, wenn durch das Ereignis der Philosophie seine Position am Zeitpol der erfahrenen Spannung zwischen Zeit und Ewigkeit erkannt wird. Nur wenn wir die Indizes vergegenständlichen, erhebt sich die Aporie, die als zeitliches und ewiges Sein bezeichneten Gegenstände, die nicht nur nie getrennt waren, sondern die es überhaupt nicht gibt, wieder zusammenzubringen. Wenn wir die Theorie der Indizes akzeptieren, dann wäre die Schwierigkeit behoben, da die Seinserfahrung dann nicht in der Weltzeit ablaufen muß von der her ein Erfahren der Ewigkeit schwer verständlich ist, sondern dort ablaufen darf, wo sie erfahren wird, nämlich in jenem »Zwischen«, dem Platonischen μεταξύ, das weder Zeit noch Ewigkeit ist. Die Seinsspannung selbst, ihre Genesis, ihre Verarbeitung und Auslegung, ihre Ordnungseffekte, ihr Zerfallen usw. werden in der Tat als ein Ablaufen erfahren. Aber dieses Ablaufen ereignet sich im μεταξύ. Der Schein eines Ablaufs in der Weltzeit entsteht dadurch, daß dem Ablauf im μεταξύ

Weltdaten zugeordnet werden können, insofern als das Subjekt der Erfahrung ein Mensch ist, dem neben anderen Ordnungsstrukturen auch die der Zugehörigkeit zur Welt eigentümlich ist. Diese Zuordnungsmöglichkeit ist nun gewiß ein fundamentales Problem der Ontologie, aber ihr Bestehen berechtigt uns nicht, das μεταξύ, in dem die Erfahrung abläuft, in die Welt und ihre Zeit zu versetzen. Um die Schichten auseinanderzuhalten, wird es daher zweckmäßig sein, terminologische Unterscheidungen einzuführen. Um nicht allzusehr von den Konventionen abzuweichen, wollen wir von der Serie der immanenten Weltdaten, von der Welteinbettung des μεταξύ, als dem zeitlichen Prozeß der Erfahrung sprechen; und im gleichen Sinne von einem zeitlichen Prozeß der Geschichte, um die Serie der immanenten Weltdaten zu bezeichnen, die dem Feld der Geschichte zugeordnet werden können. Schwieriger und wichtiger ist es jedoch, einen adäquaten Ausdruck für den Ablauf der Erfahrungen im μεταξύ zu finden. Bedenken wir darum zu diesem Zweck nochmals, daß in der philosophischen Erfahrung der Spannung zwischen den Polen von Zeit und Ewigkeit weder ewiges Sein zu einem Gegenstand in der Zeit wird, noch zeitliches Sein in die Ewigkeit transponiert wird. Wir verbleiben in dem »Zwischen«, in einem zeithaften Fließen der Erfahrung, in dem jedoch Ewigkeit präsent ist, in einem Fließen, das sich nicht in die Vergangenheit, Gegenwart und Zukunft der Weltzeit auflösen läßt, weil es an jedem Punkt des Flusses die Spannung auf das zeit-jenseitige, ewige Sein in sich trägt. Für diesen Charakter der Präsenz von ewigem Sein in zeithaftem Fließen scheint sich der Ausdruck *fließende Präsenz* zu empfehlen.

Wenn wir das Ereignis der Philosophie als fließende Präsenz verstehen, dann ist die Verwirklichung ewigen Seins in der Zeit weder ein Ereignis in der Vergangenheit oder Zukunft der Weltzeit, noch der ein für allemal gegebene Zustand eines seienden Dinges (sei es ein Mensch, eine Gesellschaft von Menschen, oder die gesamte Menschheit), sondern, auf die Weltzeit bezogen, die permanente Gegenwart der Spannung zum ewigen Sein. Zur »Geschichte« wird die permanente Gegenwart der fließenden Präsenz durch zwei Charakteristika: Erstens, ist die Spannung im Sein nicht ein Gegenstand, der »intersubjektiv« erkannt werden könnte und darum jedem sie Erfahrenden ungefähr das gleiche phänomenale Bild bieten würde, sondern in der Tat eine Spannung, die persönlich durchlebt werden muß und sich darum in einer Fülle von Erfahrungsmodi präsentiert – auf den Skalen von Kompaktheit und Differenzierung, von Durchsichtigkeit und Undurchsichtigkeit, von Weltangst und Glauben, von *libido dominandi* und Liebe, von Verzweiflung und Hoffnung, von Acquieszenz und Auflehnung, Demut und Trotz, Sich-Öffnen und Sich-Verschließen, Abfall und Rückkehr, prometheischer Revolte und Gottesfurcht,

Weltfreude und *contemptus mundi* usw.; und zweitens, ist das Feld der Erfahrungen nicht eine ungeordnete Mannigfaltigkeit, sondern zeigt verstehbare Ordnungszüge, insoferne als zwischen den modal verschiedenen Erfahrungen, aus der »Wahrheit« der Seinserfahrung fließend, sich jene Spannungsrelationen herstellen, die dem Feld Richtung und jene Härte der Nichtumkehrbarkeit verleihen, die PLATON im Mythos vom Gericht gefaßt hat. Daß aber die fließende Präsenz durch ihre Modi der Erfahrung, durch die Spannungen zwischen ihnen, durch epochal repräsentative, sowie durch richtungweisende und richtende Ereignisse überhaupt ein Feld derart konstituiert, daß es in der Weltzeit zu einem verstehbaren Prozeß der Geschichte, zu einer Art Biographie der fließenden Präsenz, wird – dieser Seinsverhalt ist ebensowenig verstehbar wie die Verstehbarkeit der Welt durch die Naturwissenschaften – er muß als das Mysterium der Geschichte angesprochen werden.

III. Geschichte als Konstituens der Philosophie

Philosophie und Geschichte konstituieren sich wechselseitig. Die beiden Relationen lassen sich darstellungsmäßig nur schwer trennen, so daß, was unter den Titel der Geschichte als Konstituens der Philosophie gehört, zum größten Teil schon im vorangehenden Abschnitt gebracht werden mußte. Für den gegenwärtigen wird es daher genügen, das Grundsätzliche des Problems zu formulieren.

Wenn wir unter Geschichte die Verwirklichung ewigen Seins in der Zeit verstehen, dann präsentiert die geschichtliche Konstitution der Philosophie die zwei Aspekte, die schon im vorigen Abschnitt thematisch geworden sind. Zum ersten ist die philosophische Erfahrung, insofern in ihr ewiges und zeitliches Sein sich begegnen, als solche ein geschichtliches Ereignis der Verwirklichung von der Art wie die Sokratesrede im *Symposion* es prototypisch ausdrückt. Zweitens aber hat die Erfahrung modalen Charakter, d. h. sie ist ein Erfahrungsmodus unter anderen im Felde der fließenden Präsenz. Die philosophische Erfahrung, die den Logos der Verwirklichung durchsichtig macht, kann daher als geschichtlich konstituierte nur dann voll verstanden werden, wenn sie zu der im Feld vorangehenden, für den Logos weniger durchsichtigen, Primärerfahrung des Kosmos und deren Ausdruck im Mythos in Beziehung gesetzt wird. Und umgekehrt, nur wenn sie als Ereignis im Feld der Geschichte betrachtet wird, verstehen wir die spezifische Leistung der Philosophie als differenziertes Wissen um die Seinsordnung. Dieser zweite Aspekt ist es, der uns hier vor allem angeht.

Die philosophische Erfahrung entdeckt nicht Gegenstände, die bis dahin unbekannt gewesen wären, sondern Ordnungsrelationen an einem Realitätsbestand, der auch der Primärerfahrung des Kosmos bekannt ist. Den kritischen Punkt der Entdeckung hat ARISTOTELES klargestellt, als er bemerkte, daß der Dichter die Götter Okeanos und Tethys, der Ionische Philosoph dagegen das Wasser an den Anfang des Werdens stellt, und als er darum die Dichter als die theologisierenden Denker von den Ioniern als den philosophierenden unterschied: Der Kosmos, der auch die Götter umfaßt, wird durch die philosophische Erfahrung dissoziiert in eine Welt ohne Götter und einen welt-jenseitigen Gott. Im Lichte der als erleuchtend erfahrenen Spannung zwischen nicht-göttlich-zeitlichem und göttlich-ewigem Sein tritt an die Stelle der kosmischen Ordnungsrelationen die neue Ordnung einer gott-diesseitigen Welt und eines welt-jenseitigen Gottes.

Es ist schwer, den Charakter dieser Differenzierung von Ordnungsrelationen in seiner Eigentümlichkeit festzuhalten, ohne den sich anbietenden Möglichkeiten der Vergegenständlichung zu erliegen. Man sollte z.B. nicht von einer Entgötterung des Kosmos sprechen, denn entgöttert ist er nicht mehr der Kosmos; noch von einer entgötterten Welt, denn die Götter waren nie in der Welt. Um Entgleisungen dieser und anderer Art, die das Problem verdunkeln, zu verhüten, bedarf es der Theorie der Indizes, die der vorangehende Abschnitt in ihren Hauptpunkten vorweggenommen hat. Einige Beispiele ihrer Anwendung werden zu ihrer Verdeutlichung beitragen.

Bedenken wir vor allem den Ausdruck *Sein:* Er bezeichnet nicht einen Gegenstand, sondern indiziert den Ordnungszusammenhang, in dem alle Realitätskomplexe, von denen wir Erfahrung haben, nach der Dissoziierung des Kosmos stehen, so wie sie vor dessen Dissoziierung im Ordnungszusammenhang des Kosmos standen. An die Stelle des ›Kosmos‹ genannten Ordnungszusammenhangs ist der neue, genannt ›Sein‹, getreten. Um als Index der neuen Ordnung fungieren zu können, mußte der Ausdruck ›Sein‹ jedoch seine Bedeutung, die er im Zusammenhang der kosmischen Primärerfahrung hatte, entscheidend ändern. Besonders instruktiv für die Genesis der Indizes ist daher der Prozeß, in dem sich die kosmo-logische Bedeutung von τὰ ὄντα in der Sprache HOMERS zu der onto-logischen Bedeutung in der philosophischen Sprache wandelt. – Denken wir ferner an räumliche Metaphern wie *diesseits-jenseits* oder *immanent-transzendent:* Sie bezeichnen nicht Eigenschaften von Seiendem, sondern sind Indizes, die respektive den weltlichen und göttlichen Realitätskomplexen im Lichte der erfahrenen Seinsspannung zugeordnet werden. – Und schließlich der Ausdruck ›Welt‹: Auch die Welt ist nicht ein Gegenstand, den es »gibt«, sondern der Index für den Realitätskomplex der

Dinge und der Relationen zwischen ihnen, wenn ihre nicht-göttliche Eigenstruktur durch die Seinserfahrung sichtbar wird. Wenn der Indexcharakter des Ausdrucks, dh sein Ursprung in der Seinserfahrung, vergessen und in der Folge die indizierte Eigenstruktur objektiviert wird, dann entstehen die antitheistischen, ideologischen »Welten«, wie zB die Welt der sinnlich wahrnehmbaren Dinge mit ihrem Anspruch auf Realitätsmonopol. Für den Theoretiker der Politik ist dieser Typus der Entgleisung von besonderem Interesse, weil in der Zeit der ökumenischen Reiche unter seinem Einfluß die tragi-komische Situation entstanden ist, in der »Weltherrscher« entdeckten, daß ein Grundstück, auch wenn seine Grenzen noch so weit hinausgeschoben werden, dadurch nicht zur Welt wird, und daß zu einem Imperium mehr erforderlich ist als räumliche Ausdehnung. An diese Einsicht wieder knüpften sich die historischen Prozesse des Experimentierens mit Reichstheologien, um den zur Welt fehlenden Realitätsbestand zu ergänzen, der tentativen Assoziation mit geistigen Bewegungen, der Einberufung von Konzilen, auf denen die geistige Bewegung für imperiale Zwecke zurechtgebogen wird, und schließlich der Schaffung einer Reichsorthodoxie. Auch heute noch sind wir mit den Reichen geplagt, die ihre Welt auf dem Weg der Expansion suchen, anstatt in das μεταξύ der fließenden Präsenz vorzustoßen.

Die Beispiele sollten noch einmal klarmachen, daß im Zentrum des Philosophierens die Erfahrung der Seinsspannung steht, von deren Ordnungswahrheit die Indizes auf die Realitätskomplexe ausstrahlen. Dort wo es im Lichte der Seinserfahrung um die eigenständige Welt der Dinge geht, dort geht es auch um Gott, ohne den als welt-jenseitig verstandenen es ja keine gott-diesseitige Welt der eigenständigen Dinge gäbe; und dort wo Gott und Welt durch die Seinserfahrung, in der sie sich begegnen, auseinandergehalten werden, geht es auch um den Menschen, der mit der Erfahrung seiner selbst als des Ordnung Erfahrenden in die wissende Wahrheit seiner eigenen Ordnung eintritt. Der so umschriebene Problembereich scheint mir der geschichtlich konstituierte Kernbereich alles Philosophierens zu sein – Philosophieren wird sinnlos, wenn es einen Teil dieses ontologischen Komplexes ohne Relation zu den anderen Teilen isoliert.

IV. *Geschichte als Phänomenbereich philosophischer Untersuchung*

Philosophie ist das Seinsereignis, bei dessen Gelegenheit der Logos der Verwirklichung durchsichtig wird. Philosophie ist daher jenes Phänomen im Feld der Geschichte, mit dessen Hilfe nicht nur die anderen Phänomene als solche der Verwirklichung erkannt werden, sondern auch das Feld der Geschichte

selbst als das Feld der Spannungen zwischen den Phänomenen. Man würde also
erwarten, daß mit dem Seinsereignis und dessen Selbstverständnis als geschichtlichem sofort Versuche zu einer materialen Geschichtsphilosophie in großem
Stil einsetzen. Dem ist jedoch nicht so. Die Ansätze zu einer materialen Geschichtsphilosophie, die grundsätzlich im PLATONISCHEN Werk vorhanden
waren, führten nicht unmittelbar zu weiteren Versuchen, das Feld der Geschichte im Ganzen zu erforschen und zu überblicken.

Für das Ausbleiben der Versuche mögen mancherlei Gründe angeführt werden: Weder gab es das kritisch gesicherte Vergleichsmaterial aus den nah-öst-
lichen älteren und den fern-östlichen gleichzeitigen Kulturen, wie die Geschichtswissenschaft es uns heute in Fülle zur Verfügung stellt, das zu einem
solchen Versuch hätte drängen können; noch wurden, da der Anreiz fehlte,
die philosophischen Begriffe durchgebildet, deren es zur theoretischen Be-
wältigung des Materials bedurft hätte. Die Gründe sind gut und sollten nicht
achtlos beseite geschoben werden. Wichtiger will es uns jedoch scheinen, daß
die Kampfsituation, die das philosophische Ereignis geschaffen hatte, die Konzentration der Energie auf die Artikulation der philosophischen Erfahrung
selbst und ihre Verteidigung gegen die Typen der Tradition und des Widerstandes erforderte. »Kampf und Streit« sind die Worte, mit denen der Sophi-
stendialog *Gorgias* beginnt; und der erste Satz macht es klar, daß es sich um den
Kampf und Streit handelt, den SOKRATES durch sein Erscheinen zu dieser
historischen Stunde sich zum Los erwählt. Insoferne das Ereignis historische
Aktion ist, insoferne es als repräsentative Neuschöpfung einer Ordnung mit
Anspruch auf Anerkennung in Konflikt gerät mit der bestehenden Ordnung
der Gesellschaft, scheint es alle Kräfte zu binden und dadurch der Entfaltung
seiner im Prinzip angelegten Möglichkeiten im Wege zu stehen. Jedenfalls ist
nicht nur für die philosophischen, sondern ebenso für die israelitischen und
christlichen Transzendenzerfahrungen bei ihrem ersten Auftreten die Tendenz
zu einem relativ engen, man könnte sagen: zeitgeschichtlichen Horizont der
Typenbildung und zu einer, für diesen engeren Zweck zureichenden, Entwicklung der Typen festzustellen. Man denke an die Reduktion der material-
geschichtlichen Problematik auf die großen, das Geschichtsbild beherrschenden
Typenpaare wie Hellenen und Barbaren, Israel und die Völker, Platon und die
Sophisten, Christus und die Pharisäer, und schließlich an den christlichen
Sammelkasten der *pagani* für alle Nicht-Christen soweit sie nicht Juden sind.
Aber auch wenn wir über die Anfangssituationen hinausgehen, stoßen wir
auf die Merkwürdigkeit, daß die Verbesserung und Vermehrung der Typenbildung Kampfsituationen zum Anlaß hat. Die genaueren Bestimmungen zB
dessen, was christlich ist, werden motiviert durch die notwendig gewordene

Auseinandersetzung mit zeitgeschichtlichen Gegentypen: IRENAEUS und die *Gnostiker*, ATHANASIUS und die *Arianer*, AUGUSTIN und die *Manichäer*, THOMAS und die *Mohammedaner* (die bei ihm noch als *pagani* auftreten). Auch für unsere eigene Zeit wäre zu sagen, daß die philosophische Auseinandersetzung mit den Ideologien, die Erforschung ihrer langen Vorgeschichte, sowie ihrer Zusammenhänge mit der Gnosis des Altertums und dem Sektenwesen des Mittelalters, erst ernsthaft in Fluß gekommen sind, seit die Ideologien sich als Weltmächte enthüllten, die den Bestand der Westlichen Zivilisation von innen und außen bedrohen. Und ebensowenig war die Welle der »Geschichtsphilosophien« seit VOLTAIRE, die in der Tat globale Materialmassen verarbeitet hat, einem plötzlichen Ausbruch von kontemplativem Interesse zu verdanken, sondern sie folgte dem imperialen Zeitalter der Entdeckungen und Eroberungen, durch die der Erdball und seine Völker zu einer Domäne des Westens wurden. Wir wagen daher die empirische These, daß die philosophische Untersuchung des Phänomenbereiches ihre Dynamik immer aus zeitgeschichtlichen Kampfsituationen bezogen hat. Wenn der Horizont der Phänomene heute in der Tat global ist, so deshalb, weil der ganze Erdball zu einem kontemporanen Spannungsfeld der Geschichte geworden ist.

Wenn die These sich als haltbar erweisen sollte, so wäre damit eine bedeutende Einsicht in die wechselseitige Konstitution von Philosophie und Geschichte gewonnen: Die geschichtliche Konstitution der Philosophie wäre dann nicht ein einmaliges Ereignis, sondern ein geschichtlicher Prozeß, in dem die Philosophie dadurch zu tieferem Verständnis ihrer selbst kommt, daß sie ihre noetische Potenz zur Untersuchung des geschichtlichen Phänomenbereiches voll aktualisiert. Wir stehen heute am Anfang großer philosophischer Entwicklungen durch die Entwicklung einer Philosophie der Geschichte, die zum erstenmal den Phänomenbereich in seiner globalen Breite und zeitlichen Tiefe zu erforschen hat.

Die Beschränkung auf die Kampfsituation war jedoch nicht das einzige Hindernis für die Entfaltung einer Geschichtsphilosophie in der vollen materialen Breite, die zu je gegebener Zeit möglich gewesen wäre. Die Erweiterung des Horizontes wurde im klassischen wie auch im christlichen Bereich des Philosophierens dadurch behindert, daß von den Ansätzen her der Durchbildung der philosophischen Begriffe, die zur Untersuchung des geschichtlichen Feldes benötigt werden, Schranken gesetzt waren, die erst in der Neuzeit zu fallen beginnen und heute so weit gefallen sind, daß das Arbeitsfeld frei geworden ist. Es handelt sich um Vereinseitigungen, deren Möglichkeit in der Seinsspannung angelegt ist:

In der Erfahrung der fließenden Präsenz begegnen sich Zeit und Ewigkeit

Mensch und Gott. Eine Erfahrung dieses μεταξύ kann daher modal ihre Akzente entweder auf dem menschlich-suchenden und -empfangenden oder dem göttlich-gebenden und -gebietenden Pol tragen. Wenn die Akzente des Modus auf dem menschlich-suchenden und -empfangenden Pol liegen, so daß im Ausdruck der Erfahrung das Wissen um das μεταξύ und die Seinsordnung dominant wird, sprechen wir von Philosophie; wenn die Akzente des Modus auf dem göttlich-gebenden und -gebietenden Pol liegen, so daß das menschliche Wissen um die Erfahrung zur Kommunikation des göttlichen Einbruchs absinkt, dann sprechen wir von Offenbarung. Der eine wie der andre Modus bedingt typische Verhaltensweisen gegenüber der zeitlichen Folge von Erfahrungen. In der innergriechischen Entwicklung der philosophischen Erfahrung, von HESIOD bis PLATON, also in der klassischen Zeit im strengen Sinne, werden von der jeweils jüngeren, weiter differenzierten Erfahrungsposition die jeweils älteren, kompakteren Erfahrungen unter die Kategorie des ψεῦδος gestellt – ein Ausdruck, dessen Bedeutungsfeld sich von Falschheit bis zu Lüge spannt; während die jüngere Erfahrung dem älteren ψεῦδος gegenüber die ἀλήθεια, die Wahrheit, repräsentiert. Erst beim späten PLATON und, ihm folgend, bei ARISTOTELES finden sich Ansätze zu kontemplativer Typenbildung und zur Ausbildung einer Begriffssprache, in der die Symbolik des älteren Mythos nicht als ψεῦδος, sondern als Wahrheit in einem anderen Erfahrungsmodus verstanden wird – so wenn ARISTOTELES zwischen theologisierenden und philosophierenden Denkern unterscheidet, die in verschiedenen Symboliken die gleiche Wahrheit aussprechen. Diese Ansätze haben jedoch in der hellenistischen Zeit keine nennenswerte Nachfolge gefunden. Ganz anders stellt sich das Verhältnis zu den Vorgängern im christlichen Ambiente dar. Vor allem kann ein Prophet nicht lügen, denn er spricht das Wort Gottes. Ferner aber verschmelzen die Ausdrücke der Offenbarungserfahrung, zusammen mit den historischen Berichten von ihren Umständen, zu einem gewaltigen literarischen Corpus, das als Ganzes unter die Kategorie der Offenbarung gestellt wird. Wenn daher bei der Lektüre dieser *sacrae litterae* Konflikte zwischen Vorgängern des Lesers sichtbar werden, oder wenn der lesende Nachfolger anderes für wahr hält als seine kanonisierten Vorgänger zu sagen haben, müssen, um Konflikte zwischen Wahrheiten zu vermeiden, gewisse Interpretationsregeln befolgt werden, deren Prinzip AUGUSTIN formuliert hat: »Alle *divina scripta* sind unter sich in Frieden verträglich« (*Serm.* I. 1. 4); und wenn Stellen unverträglich erscheinen, bedenken wir, »daß ein anderer Prophet, nicht ein anderer Geist spricht« (*In Ps.* 103. 1. 5). Die Methode zur Überwindung der Scheinkonflikte ist die allegorische Exegese. Die Kategorisierung als Lüge und die Allegorese sind die zwei Verhaltensweisen gegenüber dem Phänomen des Vorgängers, die

den modalen Akzenten auf dem zeitlichen oder ewigen Pol der Transzendenzerfahrung entsprechen. Weder die eine noch die andere Art des Verhaltens ist
jedoch der Erforschung der Phänomene als Erfahrungsmodi der fließenden
Präsenz zuträglich – erst die historische Forschung der Theologen und die vergleichende Religionswissenschaft haben diese Hindernisse endgültig beseitigt.

Aber wir dürfen nicht alles, was auf diesem Gebiet zu leisten ist, für unsere
eigene Zeit in Anspruch nehmen, denn gerade das große Prinzip einer materialen Geschichtsphilosophie verdanken wir einer Einsicht AUGUSTINS. In den
Ennarrationes in Psalmos (64. 2) findet sich der Text:

> Incipit exire qui incipit amare.
> Exeunt enim multi latenter,
> et exeuntium pedes sunt cordis affectus:
> exeunt autem de Babylonia.

> Der Auszug hebt an, wenn die Liebe sich regt.
> Der da ausziehn sind viele, die wissen es nicht,
> Der da ausziehn die Füße sind Regungen des Herzens:
> Und doch, sie ziehn aus, aus Babylon.

AUGUSTIN stellt die Konflikte zwischen dem Auserwählten Volk und den
Imperien unter das Symbol des Exodus und versteht die geschichtlichen Prozesse von Auszug, Exil und Rückkehr als Figurationen der Seinsspannung
zwischen Zeit und Ewigkeit. Welche Figur immer der Exodus annehmen mag –
die einer realen Auswanderung aus der Gesellschaft, oder die einer innergesell-
schaftlichen Auseinandersetzung zwischen den Repräsentanten von Ordnungen
höheren und niedrigeren Ranges – die Dynamik und Richtung des Prozesses
stammen aus der Liebe zum ewigen Sein. Der Exodus im Sinne des *incipit exire
qui incipit amare* ist die klassische Formulierung des materialen Prinzips einer
Geschichtsphilosophie.

KERYGMA UND PAIDEIA

FRIEDRICH MÜLLER

Wir bemühen uns immer noch, mit dem Historismus, unserm gewaltigen Erbteil des 19. Jahrhunderts, fertig zu werden. Die eigentliche Aufgabe der Theologie besteht darin, der christlichen Botschaft, die der Klassischen Philologie darin, der humanistischen Wirkung der Antike im Hier und Jetzt zu dienen. Beide Aufgaben werden durch den Historismus in Frage gestellt, der im Christentum, im Griechentum und Römertum nur geschichtliche Formen des religiösen und des kulturellen Lebens zu erkennen vermag, die als solche der Vergangenheit angehören.

»Die Kontemplation des Geschichtlichen« bedeutet für JAKOB BURCKHARDT noch »ein hohes Bedürfnis« und »unsere Freiheit mitten im Bewußtsein der allgemeinen Gebundenheit und des Stromes der Notwendigkeiten.«[1] NIETZSCHE hat zum ersten Mal neben dem Nutzen auch den Nachteil der Historie für das Leben zum Bewußtsein gebracht und vor ihrem Zuviel eindrucksvoll gewarnt. Die Historie hat nach seiner Überzeugung drei Aufgaben zu erfüllen: »Wenn der Mensch, der Großes schaffen will, überhaupt die Vergangenheit braucht, so bemächtigt er sich ihrer mittels der monumentalischen Historie; wer dagegen im Gewohnten und Altverehrten beharren mag, pflegt das Vergangene als antiquarischer Historiker; und nur der, dem eine gegenwärtige Not die Brust beklemmt und der um jeden Preis die Last von sich abwerfen will, hat ein Bedürfnis zur kritischen, das heißt richtenden und verurteilenden Historie.«[2] Diese dreifache Aufgabe der Historie, die monumentale, die antiquarische und die kritische, wird der Sache nach bereits von dem *pater historiae,* von HERODOT, im Prooimion seines Werkes unterschieden. Allerdings wird sie von ihm noch nicht auf ein unterschiedliches Bedürfnis des Historikers zu-

---

[1] In der Einleitung zu seinen »Weltgeschichtlichen Betrachtungen«, dh zu seiner Vorlesung »Über das Studium der Geschichte«, die er im Winter 1868/9 und 1870/1 gehalten hat (in der Ausgabe von Jakob Oeri, 1921, 9).
[2] In der zweiten seiner »Unzeitgemäßen Betrachtungen« (1873/4), am Ende des 2. Kapitels.

rückgeführt; auch ist die Reihenfolge der Aufgaben insofern verschieden, als
an erster Stelle die antiquarische, an zweiter die monumentale, erst an dritter
die kritische genannt wird; vor allem aber: die Zielsetzung des Werkes umfaßt noch alle drei Aufgaben zugleich.

Ja, man kann sagen: diese dreifache Aufgabenstellung bestimmt bereits das
homerische Epos, unsere Ilias und Odyssee; aber hier steht die Aufgabe, die
bei HERODOT an die zweite Stelle gerückt ist, noch an erster, wichtigster Stelle,
die »monumentale«: den »Ruhm der Männer« zu verkünden[3]; erst an zweiter
die antiquarische: das Geschehen zu berichten; und an dritter, aber nicht zu
unterschätzender Stelle die Aufgabe: die Schuldfrage im göttlich-menschlichen
Bereich zu beantworten. Die Schuldfrage (oder, ohne Wertung geredet, die
Frage nach der Ursache) steht dann bei THUKYDIDES an der alles beherrschenden und durchdringenden ersten Stelle, ohne daß darum das antiquarische
Interesse und der Wunsch, die Größe der Leistung zu würdigen, ausgeklammert
würden.

Noch JAKOB BURCKHARDT begnügt sich nicht damit, festzustellen, wie alles
gewesen ist, mit einer nur antiquarischen Zielsetzung; für ihn ist der Geist
der Historie noch »die Kraft, jedes Zeitliche ideal aufzufassen«[4]. Aber im Historismus wird dann die Aufgabe beherrschend, alles Geschichtliche unter
dem Gesichtspunkt zu erforschen, wie es sich nach dem Gesetz von Ursache
und Wirkung erklären und verstehen läßt. Mit der Überordnung dieser Zielsetzung bleibt zwar ein gewisses Maß von antiquarischer Historie erhalten und
verbunden, aber die monumentale wird notwendigerweise beiseite geschoben
oder ganz ausgeschaltet. Das antiquarische Bedürfnis des Verstandes hat sich
dem kritischen der Vernunft unterzuordnen, das Verlangen des Gemütes aber
nach vorbildlicher, bewegender Monumentalität wird möglichst aus dem
Bereich des Historismus verwiesen. Es wird – schon von NIETZSCHE – dem
Unhistorischen und dem Überhistorischen überantwortet: der Kunst und der
Religion. Denn der Historismus, verstanden als Wissenschaft schlechthin,
sieht überall nur »ein Gewordenes, ein Historisches und nirgends ein Seiendes,
Ewiges«[5]. Notwendigerweise mußte sich aus dem totalen Sieg des Historismus also für die Klassische Philologie ergeben, daß sie ihres Anspruchs, Mitt-
lerin eines Klassischen und das hieß eines Dauernden, Überhistorischen zu sein,
verlustig ging und zuletzt ausdrücklich darauf verzichtete: »Die Philologie,
die immer noch den Zusatz klassisch erhält, obwohl sie den Vorrang, der in
dieser Bezeichnung liegt, nicht mehr beansprucht, wird durch ihr Objekt

---

[3] Homer, Ilias I (9) 189 und 524.
[4] AaO 8.
[5] AaO im 10. Kapitel

bestimmt, die griechisch-römische Kultur in ihrem Wesen und allen Äußerungen ihres Lebens.«[6] Ebenso fand sich die Theologie, die dem Ewigen zu dienen berufen war, damit ab, daß die Erforschung des NT nur noch als eine historische Wissenschaft zu gelten habe: »Erst der Dogmatik fällt die Aufgabe zu, aus den Ergebnissen unbefangener geschichtlicher Forschung am NT die Folgerungen für das ›Dogma vom NT‹ zu ziehen.«[7]

Freilich ließ sich die Wirkung der »klassischen« Antike auf das Gemüt auch in der Wissenschaft nicht einfach ausschalten, und wo es auf eine große Persönlichkeit traf (wie zB WILAMOWITZ), kam es groß zur Wirkung. Aber diese Wirkung hatte mit der Wissenschaft eigentlich nichts zu tun: »Gegenüber der Poesie … ist alle Historie Schnickschnack.«[8]

In seiner Basler Antrittsrede vom Jahre 1914 hat der Schüler und spätere Nachfolger von WILAMOWITZ auf seinem Lehrstuhl der Humboldt-Universität in Berlin, WERNER JAEGER, den ersten Versuch unternommen, gerade aus der Wirkung der klassischen Antike auf das Gemüt den Anspruch der klassischen Philologie auf einen eigenen selbständigen Charakter gegenüber der Historie und einer nur historisierenden Philologie neu zu begründen. »Für den Philologen ist die historische Erkenntnis des Altertums ein Hilfsbau zum Verständnis der Alten selbst und zur höchsten Verlebendigung und Veranschaulichung der Überlieferung und ihrer ideellen Werte.« »Die letzte Wirkung, die der Philologe den Alten zu verschaffen hat, ist keine irgendwie vermittelte mehr, sondern die ist ungehemmt, ungelehrt und ungezwungen.« Darum: »Seien wir Interpreten: Verkünder der Sonne Homers, Deuter aeschyleischen Ernstes, pindarischer Frömmigkeit, Wecker demosthenischer Glut, Mysten plotinischen Tiefsinns, Sucher aristotelischer Forschung, Anbeter platonischer Wahrheit.«[9] Dieser pluralistische, persönliche Enthusiasmus genügte nicht, auch die tiefe Erschütterung des ersten Weltkrieges zu überstehen: das Geschichtliche hatte sich als stärker erwiesen. Es galt, mit der Macht der Geschichte auf eine Weise fertig zu werden, in der sie mehr bedeutete als lediglich einen »Hilfsbau« für das eigene Verstehen und Fühlen. WERNER JAEGER gründete seinen Versuch der zwanziger Jahre, den Humanismus zu erneuern und damit der klassischen Philologie ihren besonderen, eigenständigen Charakter zurückzugeben, in einem objektiven Prinzip, das nicht nur in der Wirkungsgeschichte der Antike, sondern bereits im Griechentum selber und seiner Geschichte fundamentale

---

[6] U. VON WILAMOWITZ-MOELLENDORFF, Geschichte der Philologie, Einleitung in die Altertumswissenschaft von GERCKE und NORDEN, 1921, I.

[7] A. JÜLICHER, Einleitung in das Neue Testament, 1906 (5. u. 6. Aufl.), 2.

[8] U. VON WILAMOWITZ-MOELLENDORFF, Die Ilias und Homer, 1915, 20.

[9] »Philologie und Historie« in: Humanistische Reden und Vorträge, 1960, 13.

Bedeutung gehabt hatte: in dem Prinzip der *Paideia*. Aber das Jahr 1933, in dem unter eben diesem Titel der erste Band seines großen dreibändigen Werkes erschien, brachte zugleich den Einbruch solcher irrationalen Mächte in die Tradition und Kultur des Abendlandes, daß jeder Versuch einer Erneuerung brutal unterdrückt und in die äußere oder innere Emigration gezwungen wurde.

Auch in der Theologie hat erst die Erschütterung des ersten Weltkrieges bewirkt, daß sie daran ging, sich aus der Umklammerung durch die Historie zu befreien, ohne sich doch damit zu begnügen, in eine subjektive Innerlichkeit zu flüchten. Dieser Versuch ist vor allem das Verdienst von KARL BARTH und RUDOLF BULTMANN; sie unternahmen ihn unter dem Namen einer »Dialektischen« Theologie.

Sie ist nach BULTMANN bestimmt durch »die Einsicht in die Geschichtlichkeit des Redens von Gott«; zugrunde liegt ihr also »die Einsicht in die Geschichtlichkeit des menschlichen Seins«[10]. Aber bedeutet das nicht, daß der Mensch endgültig der Historie verfallen ist? der Historie, vor deren Übermaß NIETZSCHE schon gewarnt hatte? Ganz gewiß, sofern man das Selbst des Menschen für sich selber nimmt. Dieses Selbst, das sich ursprünglich dem Geschichtlichen betrachtend gegenüberstehend seiner Freiheit bewußt war, ist nun tatsächlich selber Teil der Geschichte geworden und ihr auf Gnade und Ungnade ausgeliefert. Aber was heißt auf Gnade und Ungnade? Nicht die Geschichte hat Gewalt über den Menschen, sondern der, der Herr ist auch noch der Geschichte: der zürnende und gnädige Gott; nicht der Geschichte ist die endgültig preisgegebene Souveränität des Menschen geopfert worden, sondern Gott selbst. Die radikale Auslieferung an die Geschichte bedeutet also im Sinne dieser Theologie in Wahrheit die Befreiung von allem nur Geschichtlichen und die ausschließliche Bindung an Gott und seine Gnade.

Die Aufgabe der Theologie ist nunmehr eine doppelte: einerseits in der Überlieferung, andererseits in dem Menschen selbst das Geschichtliche so radikal bewußt zu machen, daß jenseits dieses Geschichtlichen als Letztes nur Gott selbst in seiner absoluten Souveränität übrigbleibt. Die Zeit als Verhängnis des Menschen, Gott als den Erlöser aus diesem Verhängnis begreifen zu lernen: das wird jetzt ihre Aufgabe. Im Hinblick auf Gott bleibt sie immer nur eine *via negativa*; nicht jedoch im Hinblick auf den Menschen, und hier liegt ihre wissenschaftliche Aufgabe. K. BARTH hat sich damit begnügt, über den Menschen zu reden, ohne über das Instrumentarium seiner Begrifflichkeit weiter

---

[10] Die Bedeutung der ›dialektischen Theologie‹ für die neutestamentliche Wissenschaft (1928), in: Glauben und Verstehen I ⁴1961, 118.

zu reflektieren[11]. R. BULTMANN hat das Verdienst, gefordert zu haben, daß der Theologe gerade darüber sich Rechenschaft zu geben habe, in welcher Weise er den Menschen als Menschen versteht und anredet[12]. Er selber hat sich dabei der existentialen Analyse HEIDEGGERs bedient und geglaubt, dadurch die aus der Unreflektiertheit sich notwendigerweise ergebende Subjektivität vermeiden zu können. Gerade das ist nun freilich von vielen in seiner Absicht verkannt und als Unterordnung der theologischen Aufgabe unter eine philosophische verstanden worden. Andererseits wurde die radikale Überantwortung der Überlieferung an das Geschichtliche als eine Preisgabe der göttlichen Offenbarung mißverstanden, vollends als man – nach dem zweiten Weltkrieg – BULTMANNs Terminus »Entmythologisierung« als Stein des Anstoßes nahm und an ihm die schwierige Diskussion orientierte. Dieser Terminus schien einerseits schon durch die Silbe ›Ent‹ die destruktive Tendenz dieser Theologie zu verraten, andererseits durch die Anwendung des Wortes Mythos auf das Evangelium seine Wahrheit zu leugnen. Fundamentalisten werden auch in aller Zukunft nicht zugeben wollen, daß zur Fleischwerdung des Wortes Gottes in der Geschichte auch die mythologische Redeweise gehört, in der es notwendigerweise sich darstellen mußte, wenn seine Wahrheit den Menschen seiner Zeit begreiflich werden sollte. Ebensowenig werden Rationalisten ohne Sinn für das menschliche Gemüt begreifen, worauf es doch bei der »Entmythologisierung« ankommt: in der geschichtlich bedingten mythologischen Aussageweise das hörbar zu machen, was Botschaft Gottes ist. Freilich steht das Gelingen dieses Bemühens bei Gott, und so weit wird es durch den Terminus »Entmythologisierung« durchaus richtig bestimmt: als eine *via negativa*. Aber daß die Absicht dabei sich im Dienste eines Positiven weiß, müßte deutlich geworden sein, seitdem BULTMANN selber über die Absicht seiner Theologie dadurch keinen Zweifel gelassen hat, daß er ausdrücklich als ihre eigentliche Aufgabe den Dienst am Kerygma bezeichnete[13].

Wie die Klassische Philologie in der Paideia, hat so die Theologie im Kerygma ihren eigentlichen Sinn wieder gewonnen. Erst damit ist der Historismus wirklich überwunden und wieder einer höheren Aufgabe dienstbar geworden.

Auch künftig wird in beiden Wisenschaften eine vernunftgemäße Verfahrensweise die Forschung zu bestimmen haben. Aber diese thukydideische,

---

[11] Die kirchliche Dogmatik III/2, 1948, 534 und »Rudolf Bultmann, ein Versuch, ihn zu verstehen«, (ThSt 34) 1952, 52.

[12] Das Problem der Hermeneutik 1950, in: Glauben und Verstehen II, [3]1961, 232 f.

[13] Kerygma und Mythos, hg. von H. W. BARTSCH, 1948, 50 f, 142 f und: In eigener Sache, 1957, in: Glauben und Verstehen III, [2]1962, 180.

kritische Verfahrensweise, die Rückführung alles Geschichtlichen auf das Verhältnis von Ursache und Wirkung, wird im Dienst der Überlieferung stehen: nicht nur im herodoteischen Sinne antiquarischen Bewahrens, sondern letztlich im homerisch-herodoteischen Sinne der Verkündigung: menschlicher Leistung dort, der Botschaft Gottes hier.

Aber haben wir ein Recht, Klassische Philologie und Dialektische Theologie in unserer Betrachtung in dieser Weise zu verbinden? Stehen *Paideutischer Humanismus* und *Kerygmatisches Christentum* nicht doch in einem prinzipiellen Gegensatz zueinander, der eine solche verbindende Betrachtung verbietet? Freilich ist es so, daß beide mit dem Historismus fertig werden wollen, beide aber doch auf sehr verschiedene Weise. Die Geschichtlichkeit menschlicher Existenz erkennen beide an, beide bestreiten, daß in ihr das Letzte für den Menschen liegt. Aber das Christentum vertraut dem durch die Geschichte waltenden Willen Gottes, als des Herrn der Geschichte; der Humanismus dagegen entdeckt in der Geschichte selbst einen Sinn, der dem Menschen seine wahre menschliche Bestimmung enthüllt.

Das *Kerygmatische Christentum* läßt den Menschen in seiner Geschichtlichkeit sterben, um ihn durch Gottes Kerygma zu neuem Leben zu erwecken; der *Paideutische Humanismus* mutet ihm lustvolle Mühe und beglückende Arbeit zu, die ihn in der Paideia seine irdische Bestimmung entdecken und verwirklichen läßt. Das Christentum will (letztlich) ein Ewiges *durch diese* zum Vergehen bestimmte Geschichte, der Humanismus ein *in ihr* Dauerndes.

Aber was haben beide dann miteinander zu schaffen?

Das Christentum ist von den Griechen einmal als Vollendung der Paideia aufgenommen worden; das hat WERNER JAEGER in seinem letzten Werk noch zeigen können[14]. Diese Lösung ist uns selber seit LUTHERS Rückgriff auf das urchristliche Kerygma unmöglich geworden. RUDOLF BULTMANN hat darum aus der Tradition dieses lutherischen Protestantismus heraus das Verhältnis von Humanismus und Christentum analog dem von Gesetz und Evangelium verstehen wollen[15]. Aber wenn unsere menschliche Existenz durch die Geschichtlichkeit, die unaufhörlich fließende Zeit bestimmt ist, haben wir grundsätzlich zwei Möglichkeiten, uns ihr zu stellen, (vorausgesetzt, daß wir aufgewacht sind, und bereit, ihr ins Auge zu sehen, und nicht vorziehen zu schlafen oder zu träumen): entweder dem entgegenzusehen, was auf uns zukommt, letztlich in der Erwartung eines ἔσχατον, das allem Erwarten, und das heißt allem

---

[14] Early Christianity and Greek Paideia, 1961, 12: »The classical paideia is being superseded by making Christ the center of a new culture. The ancient paideia thereby becomes its instrument.«

[15] Humanismus und Christentum, 1952, In: Glauben und Verstehen III, 74 f.

Existieren in der Zeit, vorübergehend oder für immer ein Ende setzt: in dieser *Erwartung* des kommenden Gottesreiches lebt der Christ. Oder aber wir können auf das Vergangene zurückblicken, auf das, was wir selber, was andere Menschen erlebt haben und was uns noch heute von ihm zehren läßt: in dieser *Erinnerung* lebt der Humanist.

Nun ist klar: Zu unserer Existenz gehören beide Möglichkeiten. Der Christ, der allein der Zukunft lebte, in einem ausschließlich eschatologischen Verständnis seiner Existenz, würde versäumen, im Dienst an seinem Nächsten den Willen Gottes zu tun. Ebenso wäre das ein fragwürdiger Humanist, der nur in der Vergangenheit lebte. Wie der Christ nicht dem kerygmatischen Doppelgebot der Liebe folgen könnte, wenn er nur im Blick auf das ἔσχατον existierte, so der Humanist nicht dem Anruf der παιδεία, die ihn auf das rechte mitmenschliche Verhalten im persönlichen und politischen Miteinander verweist, wenn er nur in der Tradition lebte und nur imstande wäre, sich geschichtlich zu verstehen. Also sollen wir als Einzelne in unserer Existenz beides vereinigen: Christentum *und* Humanismus.

Dann aber sollten nicht nur Kerygmatisches Christentum und Paideutischer Humanismus, sondern auch die ihnen gemäßen Disziplinen in der Wissenschaft, Dialektische Theologie und Klassische Philologie, sich miteinander verbinden.

Die Gefahr, in der sich die Klassische Philologie befindet, wenn sie ihr Zentrum in einem Paideutischen Humanismus begreift, ist zweifellos die, daß durch die Paideia das Verhältnis des klassischen Philologen zur Antike nicht von neuem ein unmittelbares und persönliches wird, sondern ihn abhängig macht von einem erstarrten Dogma. Ihn immer wieder zurückzuholen ins Undogmatische, Unfertige, Unmittelbare, Offene, reicht, scheint mir, die Bindung an die Historie nicht aus; mit ihr ist eine Dogmatik bislang noch immer fertig geworden. Aber sehr wohl ist dazu die Theologie eines Kerygmatischen Christentums imstande, vorausgesetzt, daß auch das Kerygma für den Theologen nicht zu einem Schlagwort wird, das, statt ihn wirklich von dieser Zeit und Welt zu befreien, nur wegweisend in eine Richtung deutet, die er selber niemals zu gehen bereit ist. Nur ein »gespanntes« Verhältnis zur Klassischen Philologie könnte die stete Erneuerung der Offenheit für das Kerygma bewirken. Positiv aber vermöchte die Klassische Philologie der Dialektischen Theologie zu helfen, das Existenzverständnis des modernen Menschen nicht nur auf die Auslegung HEIDEGGERS zu stützen, zu der sie in einem allzunahen, verwandtschaftlichen Verhältnis steht, sondern auf die *gesamte* humanistische Tradition, die in der Antike ihren Ursprung und für alle Zeit ihr Zentrum hat. Ein funktionales Verhältnis von Kerygmatischer Theologie und Paideutischem Humanismus: das ist es, was der Kairos von uns fordert.

TIME AND THE FULNESS OF TIME

A study of William Faulkner's The Sound and the Fury

GABRIEL VAHANIAN

No Western man today can know where he stands if he has not gone through Yoknapatawpha County at least once. As lost as Paradise, this domain is all that remains for us of the promised land we had been accustomed or, rather, had been brought up to anticipate as the goal of Western culture. Indeed, FAULKNER's world is a historical map of the Christian tradition and its concomitant culture, between twilight and dawn – the twilight of the Christian era and the dawn of a post-Christian age. And Yoknapatawpha County is also a spiritual geography of Christendom, that of a land which lies more desolate with each generation of lost men, of renegade Westerners. The geography of a long apostasy, Yoknapatawpha County cannot be explored except in the light of a central affirmation, that of a faith which shall prevail, which the world cannot conquer, nor Yoknapatawpha County defeat.

Slow as our awakening has been, yet we have all by now discovered that we do not need to leave our place in the sun to realize that we do in fact live in Yoknapatawpha County. It is not an any map. Simply because, as MELVILLE said, real places are not on any map. A strange country, the chances are that each discovery will make it even more strange. A country without citizens, citizens without a country: our daily world lies within the limits of Yoknapatawpha County, which are the limits of Christendom, and we are like strangers within our own country. What else could a real stranger be? Where else could one be a stranger, except in one's own country? Except in a relationship of mutual strangeness?

Beyond the initial discovery of this mutual strangeness, CAMUS would have said, everything else is *ipso facto* a construction. A theoretical construction which may, perhaps, describe our situation adequately, but cannot teach us anything about existence: and should it even weigh upon our self-understanding, still such a construction would lack objective certitude.

Everything in Yoknapatawpha County is thus pervaded with, and condi-

tioned by, that initial strangeness. Every character stands before us as strange
as a neighbor – stranger whether we neglect or imitate him. Either way, all
that we can experience is an all-encompassing feeling of estrangement, bound
as we are to a situation which in the last analysis merely reflects the present
stalemate between Christianity and Western culture. And there is no redempt-
ive issue to such a situation, unless a cultural revolution were to stop the decay
of Yoknapatawpha County and its spiritual decolonisation take place at the
same time.

FAULKNER's art is characterized by something other than mere technique.
The four chapters of *The Sound and the Fury* are four moments of existence
without the least logical and especially the least chronological continuity from
the first to the last: innocence (or prelapsarian sinlessness), the forbidden fruit
(or the fall), paradise lost, and redemption. These are rendered without thought
for ordinary logical or chronological development; making it conform to such
a continuity would distort and give a false idea of what in man can never become a measurable quantity.

FAULKNER guards against this distortion. Just as behind their apparent regionalism, his novels deploy a universal significance, so is time in Yoknapatawpha
County not indicated by chronology, but – whether directly or indirectly – by
the fulness of time, the presence of eternity. If FAULKNER had, indeed, satisfied
himself with one of those traditional devices that would have permitted him
to weave the sequences of *The Sound and the Fury* in a chronological development, he would have been merely a »christian« novelist – neither really a novelist nor a Christian. As it is, he proves himself a great novelist – and a theologian too, without seeming so and without the antiquated apparatus of a forgotten language.

Thus it is not the style of the book which is complex; it is the Compsons;
just as it is not the presence of eternity which is elusive but time in its chronological infrangibility. It is not redemption, or authentic existence, which is a
pipe-dream, a crutch and a pie in the sky, but rather the sound and fury of
existence. It is existence, not destiny, which is missing at the roll-call. (Doubtless, existence often is like missing an appointment with destiny.)

The absence of chronological sequence also serves to corroborate this kind
of frustration, just as fate, though under an opposite aspect, strangely plays the
same rôle, at least in relation to genealogy if not in relation to chronology. For
example, Maury fates Benjy, albeit unsuccessfully since Benjy's name was
altered in order not to offend the manes of Maury his namesake. Likewise,
Quentin fates his niece Quentin: »I knew the minute they named her Quentin
this would happen, Mrs Compson said. ... ... It's in the blood. Like uncle, like

niece. Or mother.«[1] But the more fatefulness seems to yoke the Compsons to
one another, the more purposeless their lives become. Freedom is, in the last
analysis, incompatible with purposelessness or with chance, as well as with fate.
But neither can there be any freedom without destiny. If destiny is the path of
freedom, freedom is the wings of destiny. It is obvious that everything hangs
together: fate and emptiness, freedom and destiny, chronology as meaningless
mechanical time and time as the presence of eternity, the fulness of time,
regardless of any meridian, of the Compsons and the others alike. The absence
of chronology allows a greater insistence upon the meaning of man's destiny,
just as definitely as FAULKNER's outrageous regionalism is the expression of
another region, that of the human heart, whatever its longitude and its latitude.

FAULKNER's technique is thus the handmaid of his vocation. This supereminent quality he does not share with any other novelist, even though one can
detect similarities between him and others. For example, the chronological
flashback is a cinematographic invention which others have used. But with
FAULKNER it acquires another intensity, which we shall discuss presently, just
as on a different level, it presents affinities with JOYCE's fragmented language.
For the time being, let us state that the significant thing is that FAULKNER's
technique is like the mask of the Japanese noh actor: smaller than the actor's
face, the mask is meant not to conceal but to reveal states of the soul. FAULKNER's chronological and linguistic flashbacks are the mask through which man
stands revealed in the complex of his simplicity. Reality eludes him, but only
the real can elude him.

What is reality? It is something whose structure is not self-evident. Beyond
the original and unique confrontation between the self and the world, nothing
can be said that has any validity. Places are construction of the mind, and so
are the past and the future.

Here and now, that is the only reality. Reality is the fulness of time, the
present – but an evanescent present which is related to the chronological constructions of past, present and future in the same way as my real self is related
to the faces I put on. Add or subtract these faces, my real self is something
other than their succession. And the novel of a torn conscience, of a fragmented
human reality is also something other than what a mere conventional, chronological narration can evoke. If indeed, like a North African river, the narrative
appears and disappears, it is not simply because the human condition is grasped
as a subjective reality only, but because the geographic and objective coordin-

---

[1] The Sound and the Fury, The Modern Library, New York, pp. 299, 315; German translation: Schall und Wahn (Kindler Taschenbücher 35), 1964.

ates of this reality must respond to the notion that one can be a stranger in one's own country. Similarly, if the conventional, chronological structure of time has lost all meaning, FAULKNER does not intend to show how man is fettered, weighed upon, fated by his own past, but rather how, despite everything, the future still remains the virgin soil of constantly new possibilities, of fresh choices, of indefatigable acts of freedom. It is therefore improper to claim that FAULKNER suggests that man »vit à reculons«, i. e., that existence is like moving backwards.

Consequently, to declare, as ANDRÉ MALRAUX did in his preface to *Sanctuaire*, that »l'homme n'existe qu'écrasé«[2] is but partially true. Otherwise, this would amount to the total elimination of contingency for the sake of a throughgoing fatalism on the one hand and, on the other, to the obliteration of freedom and hope, of the future. For hope depends upon contingency as well as upon the sense of destiny; exactly this is what the intermittent narrative, the chronological or even teleological suspension of time, in the last analysis, bring into evidence.

This effect of FAULKNER's style is, I think, indisputable. His is not a universe of despair. On the contrary, hope springs forth constantly, even if at times the heartbeats of the human reality are not sufficient to sustain such a hope. Hope is nevertheless affirmed even against hope – which is, for us human beings, the way hope usually is, statements to the contrary notwithstanding, like the following: »Of course«, Father said. »Bad health is the primary reason for all life. Created by disease, within putrefaction, into decay...«[3]. Hope is like a clearing through time, as GABRIEL MARCEL contends in *Homo viator*[4], while despair is a sort of consciousness of being walled in by time, i. e., by chronological time. For this reason, MARCEL adds, hope evinces a prophetic character, not so much by predicting what will happen as by accepting the present and apprehending it as a possibility of the future. We may extend these lines of thought by remarking that, if despair is chronological existence, hope means eschatological existence, that is, an existence which is lived not as a *datum* but as a *mandatum*.

A quick description of some members of the Compson family will reinforce this contention. Let us begin with Caddy. She »doesn't want to be saved« and besides she »hasn't anything anymore worth being saved« for she has »nothing worth being lost that she can lose«. (p. 16) She was already two months pregnant when, in 1910, she married a young man from Indiana met the summer

[2] Cf. Nouvelle Revue Française 242, 1933, p. 744.
[3] FAULKNER, p. 63.
[4] Paris 1944, p. 71.

before at French Lick. Divorced by him in 1911, she marries again in 1920 a minor Hollywood magnate. By mutual agreement, they obtain a Mexico divorce five years later. In 1940, Paris is under German occupation. There she vanishes. She reappears at last back home in the store in 1943. About her FAULKNER writes: »Doomed and knew it, accepted the doom without seeking it or fleeing it.« (p. 10) She has a daughter, Quentin, whom she has abandoned in care of Jason (who uses her to blackmail Caddy), and who finally climbs down the rain-pipe and runs away on the eve of Easter, not without having stolen Jason's money. – But it is the date of Easter which is the important thing, as we shall see later on.

Even Jason is not as hopelessly bad as the reader would be inclined to think. A selfish blackmailer, he hates Jews and foreigners, he is cruel to the point of burning circus tickets rather than giving them to the young Luster: »thinking nothing whatever of God one way or the other and simply considering the police« (p. 16) or, which amounts to the same thing morally, simply considering the stock-market. He has substituted determinism and probabilism for freedom and destiny, traffic regulation and ticker tape for moral obligation. FAULKNER's own judgment is a masterpiece of compactness, filled with irony and harshness, as caustic as it is ambiguous; he presents Jason as »the first sane Compson since Culloden and (a childless bachelor) hence the last«. (*Ibid.*) Such is the man who »never had time to be«, much like the brother of the prodigal son in the parable told by Jesus. »I never had time to go to Harvard like Quentin or drink myself into the ground like Father...« (p. 199).

One way or the other, the Compson family is doomed. »The clock ticktocked, solemn and profound. It might have been the dry pulse of the decaying house itself« (p. 301). But the doom is both apocalypse and revelation, an instrumental description of the hopelessness of time and of hope clearing through time. It is a vindication, namely, that all things are made new again, and a new heaven and a new earth are dawning. To grasp this clearly, we must focus on Benjy and Dilsey.

Benjy, the gelded idiot who is finally sent to the state asylum in 1933, is together with Dilsey one of the rare creations of FAULKNER's talent, whereby he remains unequaled by any other novelist. Time, which is constantly running out on all the other characters, does not affect Benjy. Nor has he substituted a policeman for God and prefabricated life for authentic existence. Whether structured or divested of all structure chronological time cannot affect him. What time is it when, having witnessed many deaths, you see a corpse on a movie screen and you smell the odor of death? Benjy smells things. Re-living the past, he smells the presence of past events and people. To

40*

him, Caddy smells like apple-trees. And through him, the absence of chronology shows its real purpose, by indicating that no illusory self-authentication
can ultimately destroy the reality of our dependent being and that no escape
is possible from the ground of being, just as the present cannot be robbed of
its concrete actuality in which time is transfigured, redeemed, because the fulness of time is a possibility here and now.

It has been suggested that Benjy is a Christ-figure. Even if we must at the
same time underline the irony of such a parallel in a post-Christian age, the
argument may be worth considering. What is it based on? As Christ was
sacrificed for the sake of Barabbas, so is Benjy sacrificed for the sake of Quentin: »We have sold Benjy's *He lay on the ground under the window, bellowing.
We have sold Benjy's pasture so that Quentin may go to Harvard* a brother to you
Your little brother« (p. 113). Like Christ, he is thirty three years old. He typifies innocence because, like Christ again, he is not affected by time, unlike
others who run against time or whose time is measured: thus, Quentin's suicide has already taken place while the story of what is leading to it is being
told; Jason's chase to recover his money is frustrated by time. By contrast,
neither the day nor the hour, if it means withdrawing oneself from full comit-
ment to the present, has any way of altering Benjy's destiny.

It would be possible, of course, to extend the parallelism between Benjy and
Christ still further, but sooner or later we must come to this point: since
DOSTOIEVSKI, but doubtless in spite of him, one critic or another has been all too
prone to identify with Christ every allegorical idiot of literature. As if being
an idiot were all it took to be a Christ-figure! In our estimation, such a tendency can only lead to this result: when one can so easily extend to anyone the
attributes of Christ, then, indeed, the Christ-event has become meaningless and
Christianity has really run out of breath. Unless, of course, those who choose
to see in Benjy a Christ-figure also concede that what they mean is a sublimat-
ed or subconscious nostalgia for the Christian era. It seems to us that such an
interpretation of Benjy is as sterile as it is seemingly original, and does not so
much emanate from the integrity of the work itself as from the theological
malformation of certain critics. What these critics need are not grandiloquent
occasions about Christfigures, but no doubt some simpler kind of truth, not
so farfetched and closer to the dimension of man, and perhaps not so unlike
what Dilsey has in mind: »Huh«, Dilsey said, »What dey needs is a man kin
put de fear of God into dese here triflin young niggers« (p. 306). Nor is it, by
the way, excluded that those who, like Dilsey, still believe in God are still
capable of common sense. In fact, one must turn to Dilsey for a richer understanding of *The Sound and the Fury*.

Undoubtedly, Dilsey is a bridge. She is a bridge between Yoknapatawpha County and the rest of the world; between the Compsons and the rest of mankind, their mediator, so to speak. And she is also a bridge between the Christian past and the present post-Christian age of Western culture, perhaps the very type of a Christian in this post-Christian era. She does not reject the Compsons, and God knows she has good reasons to do so. Unlike IVAN KARA-MAZOV, she does not give her ticket back, though it is plain that she, too, would have made Yoknapatawpha County differently. Nor does she rebel against that aspect of the Christian tradition which has thus fashioned Yoknapatawpha County and brought the Compsons to their present predicament. In this respect, not Dilsey, but Jason more accurately typifies many contemporaries for whom Western culture has definitively aborted and who see no exit but towards the asylum or the hinterland of folklore. What a difference between the logic of Dilsey's existence and that of Jason's! She could not possibly subscribe to the latter's declarations, when he says: »I went on to the street, but they were out of sight. And there I was, without any hat, looking like I was crazy too. Like a man would naturally think, one of them is crazy and another one drowned himself and the other one was turned out into the street by her husband, what's the reason the rest of them are not crazy too. All the time I could see them watching me like a hawk, waiting for a chance to say Well I'm not surprised I expected it all the time the whole family is crazy.« (p. 250). By contrast with this contrived, reluctant declaration of solidarity between men, Dilsey's is equally realistic but without the tone of unconditional surrender. For her, the task of existence is fulfilled neither through resignation nor through defiance, without implying that her mode of being is therefore an edulcorated one. On the contrary, while it is true that it stems from her Christian conviction, one must also acknowledge that objectively it embodies a simpler and, hence, a fuller insight into the human condition: we are doomed neither to solidarity nor by it, though we are all in the same boat.

»Reckin so«, Luster said, »Dese is funny folks. Glad I aint none of em«

»Aint none of who?« Dilsey said. »Lemme tell you somethin, nigger boy, you got jes es much Compson devilment in you es any of em ...« (p. 292).

In and through Dilsey, beyond the sound and the fury, beyond the disfigurement of the human race, beyond the consumption and collapse of the Christian tradition, slowly but firmly rises a presence against which no human vicissitude can prevail and for which no human sorrow is too vile or decadent to bear and transfigure. A transparent rock of faith, Dilsey is the incarnation of human dignity and solicitude, almost tangibly there and yet unobtrusively available to all. In the world but not of the world. »*Death* is behind« her.

»His name's Benjy now, Caddy said.

How come it is, Dilsey said. He aint wore out the name he was born with yet, is he?

Benjy came out of the bible, Caddy said. It's a better name for him than Maury was.

How come it is, Dilsey said.

Mother says it is, Caddy said.

Huh, Dilsey said. Name aint going to help him. Hurt him, neither. Folks dont have no luck, changing names. My name been Dilsey since fore I could remember and it be Dilsey when they's long forgot me.

How will they know it's Dilsey, when it's long forgot, Dilsey, Caddy said.

It'll be in the Book, honey, Dilsey said. Writ out.

Can you read it, Caddy said.

Wont have to, Dilsey said. They'll read it for me. All I got to do is say Ise here.« (p. 77.)

Here at the end, because she is here at the beginning, from first to last. One cannot help, against the background of decay and irresponsibility, from stressing the full force of Dilsey's statement, »Ise here«, even though it means embarassing its modesty. Indeed, with a minimum of words on FAULKNER's part, the ultimate significance of these words is corroborated, and the uniqueness of Dilsey's presence indicated as a cypher of the novel by the fact that for Dilsey there is no »obituary« in the appendix. Rather, her name is followed by the words, »They endured,« typographically set in such a way that the reader would apply them to the Negroes and possibly the Compsons, all of them ultimately redeemed by Dilsey's mediatory presence.

Naturally, it is possible to center *The Sound and the Fury* on characters other than Dilsey or on various other themes. FAULKNER himself has said that it was the story of what happens to Caddy and Quentin. Besides Benjy as a Christ-figure, one can also read the novel, as CLAUDE-EDMONDE MAGNY suggests[5], along the theme of a pre-redemption hope – from a pre-Christian perspective, as it were, rather than from a post-Christian one, as we suggest. Or more simply, but also more one-sidedly, one can reduce everything to the much used and abused theme of original sin. SARTRE[6] was quite bold and original in his short essay on *The Sound and the Fury*, when he declared that time was the hero. Reflexions about the meaning of time doubtless abound in a great number of passages contained in the Quentin section, in particular.

---

[5] L'âge du roman américain, Paris, Seuil, 1948, p. 210.
[6] La temporalité chez Faulkner, Situations I, Paris, Gallimard, 1947.

But quite aside from SARTRE's interpretation and its compelling rigor, we must now consider the problem of time in *The Sound and the Fury*, if only because of the magnificent quality of FAULKNER's insights into the temporal nature of man; a few quotations impose themselves: »Father said a man is the sum of his misfortunes. One day you'd think misfortune would get tired, but then time is your misfortune. Father said. A gull on an invisible wire attached through space dragged.« (p. 123.) And these words by Quentin bridging, across the ages SAINT AUGUSTINE and SARTRE's existentialism: »A quarter hour yet. *Sum. Fui.* And then I'll not be. The peacefullest words. *Non fui. Non sum.* Somewhere I heard bells once. Mississippi or Massachusetts. I was. I am not … I am … I was not. « (p. 192.) Man is that being which becomes neither that which he is nor that which he ought to be, but that which he is not. He is, as SARTRE was to write later in *L'être et le néant*[7], that which he is not and is not that which he is. And time itself is not until it was. But the business of time is precisely to postpone time until it was, to postpone the time when it is not, quite like the way in which KIERKEGAARD describes the irremediable nature of the »sickness unto death« which is despair. FAULKNER himself writes: »there is nothing else in the world its not despair until time its not even time until it was.« (p. 197.)

Time will not redeem man from his misfortune, nor will it redeem itself by becoming man's misfortune. In other words, existence is not self-authenticating. Is this not what FAULKNER implies, when most of this novel's characters run against time, run out of time in a desperate effort to assert and authenticate themselves? Obviously, Quentin did not heed the words his grandfather told him when he gave him the watch: »I give it to you not that you may remember time, but that you might forget it now and then for a moment and not spend all your breath trying to conquer it. Because no battle is ever won he said. They are not even fought. The field reveals to man his own folly and despair, and victory is the illusion of philosophers and fools.« (p. 95.) But there is time and time, so that the impression of resignation and bondage to time scored by this exhortation calls for a correction: we must not confuse temporality and chronology. Does not FAULKNER himself all too plainly warn us against that, if only by the absence of chronological sequence so emphatically characteristic of the novel? Not time so much as its *fac-simile*, the time-table, is man's misfortune. Routine, automated existence, is man's misfortune. When time looks like a schedule, then temporal existence surely does become a curse from which to fle without ever winning the victory even through suicide. Quentin real-

---

[7] Paris, Gallimard, 1943, pp. 71, 97, 108, 132, 713.

izes this when he says: »Because Father said clocks slay time. He said time is dead as long as it is being clicked off by little wheels; only when the clock stops does time come to life.« (p. 104.) Which amounts to saying that being, the new being, is when time has come to life. But how does time come to life?

Easter is how the clock stops and time comes to life. Admittedly, it is difficult for modern man to realize this; our incapacity for such a reality is almost insuperable, above all because of our subjection and a certain blind submissiveness to the modern technological world-view. But if Joshua could stop the sun, was it not because in his contemporaries' world-view the universe was not a self-winding clock? The important thing is not whether Joshua actually stopped the sun, but the human stance which such an image evokes. But we are no longer capable of grasping the human reality from any similar vantage point. The substitution of an immanentist world-view for a transcendental one and the atrophy of the sacral dimension of existence have resulted in the conception of time as deterministic routine or in that of life as »governed« by luck.

It is because time and »luck cant do him no harm« (p. 108) that Benjy can live out time come to life. And his life is not measured by the clicking away of seconds, of minutes, hours and days. His chronological, »man-made« clock has stopped: past and present are mixed up, at least in appearance. What Benjy lives is the fulness of time. He does not merely recollect but smells past events, and all around him the present participates in the significance of a past event, much in the same sense, one might add, as the symbol participates in the reality of that which is symbolized. Past events are not merely recollected; through Benjy, they are also re-presented, made present again.

To borrow the German distinction, what we perceive in the case of Benjy is the unfolding of time into *Geschichte* rather than into *Historie*. As a series of facts from birth to death, the human reality belongs to *Historie*. As existing reality, however, man belongs to *Geschichte*. From the standpoint of *Historie* man appears as a chronological, or even statistical, reality. But from the standpoint of *Geschichte* he evinces the full dimension of his temporality: namely, he is all the facts of his life, the quantitative sum-total of what took place between his birth and his death and *something more* which, being qualitative, remains irreducible. All men are mortal – differently. If I am what I am because I remain faithful to an original decision, still each subsequent choice and the decision that follows is also a unique and original event. In *The Sound and the Fury*, FAULKNER's technique, by representing the past, makes it present again, not in order to suggest any kind of bondage to it but to stress, as Benjy and the Easter sermon make plain, that the present always contains a new possibility, that it always offers a new choice, that it calls us to a new decision, because it opens on the future. Man, in other words, is a transcendental being. Time can be redeemed even from the routine that holds it in leash or from the chronic waste that leads to a dead end.

Not time, but eternity is the subject of *The Sound and the Fury*. In this novel, we do not attend the disintegration of empirical existence, the cankerous corruption of generations fated to an ineluctable impasse. We attend a mystery, the mystery of being, something which transcends the clicking of seconds, the bondage of time and space, so that in the saga of Yoknapatawpha County we discern a history of the »City of God« in modern dress. What AUGUSTINE did for the Roman Empire, FAULKNER does for the collapse of Constantinian Christendom, which is perceptibly giving way to a post-Christian culture. And if FAULKNER's vision seems to us more tragic, it is because it originates in the death of God – in the death of one Christian cultural conception of God among others – whereas AUGUSTINE's presupposed the death of the Graeco-Roman pantheon.

The sermon, or more precisely, the Negro service is the capital event which helps us to substantiate this claim. To many readers, the sermon probably sounds like one more recapitulation of a once popular legend. Legend it is, but it plays in *The Sound and the Fury* the same rôle as the legend of the Grand Inquisitor in *The Brothers Karamazov*. And, furthermore, it is a legend in the etymological sense of the term. That is to say, it tells us the meaning of the various signs and symbols as on a geographical map; it tells us how to read the drama, how to interpret the characters of the plot which has been unfolding before us. And even as, in the New Testament, Easter is the legend of Good Friday, so is the sermon the legend of *The Sound and the Fury*. As Easter comes after Good Friday so does also the sermon, an Easter sermon, come after the final dereliction of the Compsons, when man's attempts to save himself, to authenticate himself have foundered, irretrievably. And just as Good Friday reveals its meaning only in the light of Easter, so also the folly and the doom of those who attempt to conquer time, in the light of the sermon, take on another meaning.

Is it then all simply a question of perspective? Of course it is. What existential adventure isn't? But the question is to find the perspective which best fits the destiny of man; which implies, in other words, that the meaning of existence lies outside existence, or that existence is not self-authenticating and that the fulness of time is a possibility even within time. Eternity does not »begin« after time; it happens within time. The resurrection does not take place after one's physical death; it is the only experience by which here and now the human reality can be transfigured, by which man can become that which he is

not; it is the possibility of authentic existence. »I sees ... I sees hit ...« the minister says. »I sees de doom crack en hears de golden horns shoutin down the
glory, en de arisen dead whut got de blood en de ricklickshun of the Lamb.«
(pp. 312–313.) All in the present tense, that of the presence of eternity, when
the clok stops and time comes to life, when all things are made new again and
existence ceases to be a problem and becomes again a mystery, that is to say, a
sacrament, a miracle (the Latin *sacramentum* is the translation of the Greek
mysterion). Existence remains a mystery even when everything has been disclosed from beginning to end. »I've seed de first en de last«, Dilsey said. »I seed
de beginnin, en now I sees de endin.« (p. 313.) What Dilsey sees is the »smash-
ing of all human standards and evaluations«[8], by which we abdicate existence and end where the Compsons have ended. What she sees is that existence
cannot be construed as »a terminated occurence but that it is what it is only by
constantly occurring anew«[9], just like revelation and the act of faith by which
revelation is grasped. Dilsey is the real inconoclast, not the Compsons, because
she is the only one for whom life is an act of faith and bursts through the con-
venient standards and values of morality or the lack of it.

We are doubtless somewhat shocked by these declarations, if we are not in
fact ready to dismiss them right off. No doubt, they sound unbelievable, much
as the visiting minister did when he began to preach sounding like a white man,
and Froney whispers: »En dey brung dat all de way from Saint Looey.« (p. 309).
Justifiable as her skepticism might have been, it still reminds us of Nathanael's,
who exclaims: »Can anything good come from Nazareth?« To which Philip
replies: »Come and see«. (John 1/46.) Dilsey herself, likewise, hastens to remark to Froney: »I've knowed de Lawd to use cuiser tools dan dat.« (p. 309.)
She knows that no sinner is too destitute to be saved, that no human being is
so despicable as to deny by himself his fundamental humanity. She knows, also,
that God's intervention in history is not necessarily accompanied by apocalyptic suspensions of the normal course of nature, of time; that the transcendental
presence of God in the immanence of the human reality does not violate the
latter's independence but manifests itself in and through it. This is why, on the
one hand, KIERKEGAARD identified the Christ-event, the manifestation of
God's presence in Christ, as the incognito of God. On the other hand, human
existence remains a mystery even while it stands revealed to itself. It is in this
light that one must listen to the sermon. Slowly, it becomes the eschatological

---

[8] RUDOLF BULTMANN, New Testament Theology, vol. II, New York, Scribners, 1955,
p. 77.

[9] Ibid. p. 89.

manifestation it was meant to be. The man from Saint Looey is the herald of a new reality transfiguring the old aeon: the clock stops and God's judgment is the instrument of his mercy. And time is the time of God's patience, of God's mercy. To quote Dilsey again, speaking now to Quentin: »Dont you be skeered, honey, I'se right here.« (p. 298.) All the time she has been right here. Everywhere is for her the right place. All time is for her the right time, because it is God's own time. How can we know this?

»You'll know in the Lawd's own time...

When is the Lawd's own time, Dilsey. Caddy said.

It's Sunday. Quentin said.« (p. 44.)

It's sunday, the day of man's rendez-vous with existence: he can miss it, but God does not; man can miss his destiny and time run out on him, but he will not miss God, nor does the day of God's patience run out on man. Sunday is the day on which Easter is commemorated, the day of rest when the groaning of the creation ceases and man here and now becomes a new creature. It is the first and the last day of the week, the beginning and the end; the birthday of man, when the old man dies and becomes a new man.

The Sound and the Fury, or foolishness to the Greeks and a scandal to the Jews, is a novel whose action takes place in the framework of Eastertide. Without the climax it reaches in the Easter service, it is a novel about the degradation and rottenness of man. In the light of the sermon, re-enacting, representing God's vindication of man's destiny, *The Sound and the Fury* affirms the possibility of a new beginning, even when the end of the rope seems to have been reached, when there seems to be no exit. Hell is other people, SARTRE declares. Hell is god, LAGERKVIST seems to insinuate. From FAULKNER's vantage point, hell is oneself. That is to say, hell is god or other people only when they are sought as crutches. And hell is oneself, when one becomes a pair of blind crutches trying to help another across life, in vain. No pair of crutches is a good substitute for an act of faith. How can we know this, and verify it?

To be sure, we do not know this kind of reality as we know objective facts, as we acquire objective, measurable certainties. Nor is FAULKNER inviting us to commit ourselves to any blind faith. History is too human both to yield any kind of certainty and to justify any kind of blind, fatalistic or superstitious belief. FAULKNER is more cautious than CAMUS, who wrote in *The Myth of Sisyphus*: »Between history and the eternal I have chosen history because I like certainties.«[10]

Certainties may be indulged in only if it is claimed that one's knowledge is

---

[10] New York, Vintage, 1959, p. 64.

established beyond doubt, beyond any dispute. Against such allegations, FAULKNER raises one question: »How can a man be expected to know even enough to doubt?«[11]

[11] »Black Music«, Collected Stories of WILLIAM FAULKNER, New York, Random House, 1950, p. 809.

FRANCIS BACON – REFLEXIONEN ÜBER EINEN MALER UNSERER ZEIT[1]

ANTJE BULTMANN LEMKE

»Le jour où je vis pour la première fois les œuvres de FRANCIS BACON j'éprouvai un choc singulier.« Mit diesen Worten beginnt LUCE NOCTIN sein Essay »Francis Bacon et la hantise de l'homme«[2], und ebenso erging es mir, nicht nur als ich zum erstenmal einem Bild von BACON gegenüberstand, sondern bei jeder neuen Begegnung.

Vor dem zweiten Weltkrieg außerhalb von England kaum bekannt, ist BACON seit den 50er Jahren viel diskutiert, und die Titel, unter denen die Besprechungen seines Werkes erschienen sind, geben einen Eindruck von seiner Wirkung: »Snapshots from Hell« (*Time*, 1953), »Master of the Monstrous« (CONNOISSEUR, 1953). »Apparitions of Evil« (*London Times*, 1954), »Lust for Death« (*New Statesman and Nation*, 1957), »Beyond Despair« (*Manchester Guardian*, 1961), »Angst in Öl« (*Spiegel*, 1962) und »Man, the Accident« (*Newsweek*, 1963). Dies sind nur einige Beispiele aus der Vielfalt der erregten Kritiken über diesen erregenden Maler. In Deutschland scheint BACON außerhalb eines kleinen Kreises von Künstlern und Kennern moderner Kunst kaum bekannt zu sein, obgleich seine Bilder 1962 in einer großen Ausstellung in Mannheim[3] und 1963 innerhalb der Ausstellung »Zeugnisse der Angst in der Modernen Kunst«[4] zu sehen waren. Ob zustimmend oder ablehnend, ich glaube, daß wir uns der Wirkung dieser Bilder nicht entziehen können. Der Ursache dieser starken Wirkung möchte ich in den folgenden Reflexionen nachgehen.

[1] Eine ausgezeichnete und umfangreiche BACON-Bibliographie ist dem Katalog der Ausstellung »Francis Bacon«, SOLOMON R. GUGGENHEIM Museum, New York, 1963, beigefügt. Mein Interesse an BACON wurde durch die amerikanische Malerin BARBARA BROWN geweckt. Ihr Werk, das formal deutlich von zeitgenössischen amerikanischen Malern beeinflußt ist, setzt sich mit den gleichen Fragen auseinander und erinnert in seinem dialektischen Charakter stark an BACON.

[2] LUCE HOCTIN, »Francis Bacon et la hantise de l'homme.« XX Siècle. No. 11, 1958, 53–55.

[3] Kunsthalle Mannheim. FRANCIS BACON Ausstellung, 18. Juli–26. August 1962.

[4] Mathildenhöhe Darmstadt. *Zeugnisse der Angst in der modernen Kunst.* 29. Juni–1. September 1963.

Francis Bacon wurde 1910 in Dublin, Irland, geboren und lebt heute in London. Ein Aufenthalt in Berlin, wo er um 1930 für einige Zeit gelebt hat, soll einen bleibenden Eindruck auf ihn gemacht haben, und Themen mit denen er dort in Berührung kam, kehren häufig in seinen Bildern wieder. Unter den Museen, die seine Bilder in ihre Sammlungen aufgenommen haben, sind die Tate Gallery in London, das Museum of Modern Art in New York und das Art Institute in Chicago. Außerdem sind seine Bilder häufig in internationalen Ausstellungen zu sehen, wie zum Beispiel der 27sten Biennale in Venedig, 1954, oder UNESCO-Ausstellungen. Von seinen frühen Werken – angeblich hat er 1929 zu malen begonnen – ist kaum etwas erhalten, da er fast alle Bilder zerstört hat. Auch jetzt vernichtet er vieles, und seine Antwort auf die wiederholten Fragen nach dem Grund dieser masochistischen Handlung erinnert an Nietzsches Äußerung, daß fast jeder gute Schriftsteller nur ein Buch schreibe, alles andere seien nur Vorreden, Vorversuche, Erklärungen und Nachträge dazu. Ja, mancher gute Schriftsteller habe nie *sein* Buch geschrieben. Bacon scheint ähnlich zu empfinden, und daß für ihn seine Bilder meist Versuche sind, wird schon daran deutlich, daß er sie immer wieder als »Studien« oder »Fragmente« bezeichnet[5]. So ignoriert Bacon, der auch im Stil völlig unabhängig von Schulen und Zeitströmungen in der Malerei arbeitet, den heute das Kunstleben beherrschenden Drang zum Sammeln, zur »Dokumentation«. Es liegt eine gewisse Ironie darin, daß moderne Künstler, die den destruktiven Charakter unserer Epoche darstellen, alle Spuren ihrer Tätigkeit, von der Skizze bis zum vollendeten Werk sorgfältigst aufbewahren. Picasso an der Spitze, scheinen sie in allem was sie schaffen, einen bleibenden Wert zu finden. Ob sie sich in ihrer Malerei mit existentieller Symbolik auseinandersetzen, statt mit wirklicher Existenz?

Die immer wiederkehrenden Motive, mit denen sich Bacon in seiner Malerei auseinandersetzt, sind die Kreuzigung, der Papst und isolierte Kreaturen: Menschen, Affen und Hunde. In dem Herausnehmen des Geschöpfes aus der Gruppe, aus jeglicher Szenerie oder Handlung, die ihm noch einen gewissen Halt geben oder seine Taten erklären könnten, unterscheidet sich Bacon grundsätzlich von Bosch und Goya, mit denen er häufig verglichen wird. Während seine Themen wie Grausamkeit und Korruption zeitlos sind, ist die Art, in der er sie und sich selbst in ihnen zeigt, von einer erschütternden Gegenwärtigkeit. Seine Portraits berühren uns so stark, weil er sich nicht von ihnen

---

[5] Andrew Forge, »The Paint Screams«. Art News. Oktober 1963, 38–41, 55–56. Forge erwähnt in diesem Artikel, daß Bacon einmal gesagt haben soll »What one is always hoping for to do is to paint the one picture which will annihilate all the other ones and concentrate everything into one painting.«

distanziert; er sagt nicht »J'accuse«, sondern »Ich bin es.«[6] Wir brauchen uns nicht mit diesen Figuren zu identifizieren, doch wir müssen uns mit ihnen auseinandersetzen. Papst oder anonymer Hotelgast, sobald sie in unseren Gesichtskreis treten, sind sie ein Teil von uns und wir können ihnen und den Fragen, die sie uns stellen, nicht mehr ausweichen.

Mit welchem Ernst BACON um authentische Darstellung, ja, um die Konfrontierung des Beschauers mit der Wahrheit ringt, geht unter anderem deutlich aus seiner Beziehung zur abstrakten Malerei hervor. Als STEPHEN SPENDER BACON vor einiger Zeit daran erinnerte, daß er eine abstrakte Periode durchlaufen habe, antwortete BACON, daß ihm abstrakte Malerei »erkünstelt erscheine. Sie sei das Werk von Menschen die eine Formel ausgeklügelt und die Kraft verloren haben, sich in ihren Bildern mit den Objekten ihres visuellen Erlebnisses zu identifizieren...[7]« So hält auch er PAUL KLEES Malerei für eine »Spielzeugwelt, ... eine Phantasiewelt die er sich ausgedacht hat, eine Phantasie *über* das Leben«, statt eines Eindringens *in* das Leben. Über seine eigene Arbeit sagt er in der gleichen Unterhaltung mit STEPHEN SPENDER, »man muß bloße Abbildung vermeiden, man muß ›das Objekt‹ völlig neu schaffen, als Malerei; und hier schleicht sich eine Verzerrung ein. Man muß das Objekt als Gegenstand außerhalb der Abbildung sehen und es nicht mit bloßer Darstellung, sondern mit verschiedenen Mitteln neu machen. Was man hervorgebracht hat, muß schließlich dem Objekt ähnlicher sein als dieses sich selbst«. Von modernen Schulen, wie zum Beispiel der New Yorker Malerschule, meint BACON, daß sie einen falschen Weg eingeschlagen haben, »weil sie die Vergangenheit einfach ignoriert haben, sie stehen der Malerei gegenüber als ob früher noch nie gemalt worden wäre, und so langen sie letzten Endes bei der Dekoration an«. Doch so wie wir uns mit uns selbst und mit unseren Mitmenschen auseinandersetzen müssen, können wir uns auch der Vergangenheit nicht entziehen. Sie ist ein Teil der Wahrheit um deren Erkenntnis BACON ständig ringt. Und so wie sich der Mensch nur innerhalb seiner Tradition verstehen kann, hat die Malerei für BACON nur dann einen Sinn und eine Wirkung, wenn sie sich bewußt in die Geschichte einfügt.

Die Intensität BACONs, sein an Besessenheit grenzendes Eliminieren alles Unwesentlichen, zeigt sich auch darin, daß er seine Menschen nicht nur isoliert darstellt, sondern sie auch aus ihrem sozialen Milieu herauslöst. Er klagt nicht, wie etwa GEORGE GROSZ, den verderbten Bürger an, und seine Men-

---

[6] STEPHEN SPENDER, »Francis Bacon« Quadrum. No. 11, 1961, 47–58. SPENDER erwähnt in diesem Artikel, daß BACON seine Portraits zugleich als Selbstportraits male.

[7] STEPHEN SPENDER, »Der Tradition eine neue Wendung geben«. Weltwoche. 19. Oktober 1962, Nr. 150, 27.

schen sind weder schön noch häßlich, alt noch jung – ja, ob er einen Mann oder eine Frau darstellt, scheint meist nicht von großer Bedeutung zu sein. Trotzdem berühren uns die Gesichter ungeheuer persönlich, nicht die Augen, aber der Blick, nicht der Mund, aber der Schrei. Wie die Personen in IONESCOS Stücken, die man wie Schablonen jederzeit austauschen könnte, so können auch die aufgerissenen Münder in BACONS Gesichtern keine inhaltsvollen und persönlichen Worte mehr sprechen. Hat die Sprache, die einmal die Basis des Verstehens zwischen Menschen war, noch ihre ursprüngliche Kraft, hat sie noch einen Sinn? IONESCOS Menschen werden im »Nashorn« zu Tieren, sie leiden, aber sie können die Ursache ihres Leidens nicht in Worte fassen. BACONS Figuren sitzen oft in nur im Umriß angedeuteten Käfigen, die Münder in den frühen Bildern weit aufgerissen, in den letzten Portraits oft völlig verzerrt, unfähig zu sprechen, können sie nur noch Angst, Wut und Ohnmacht ausdrücken. Können diese Menschen noch verantwortlich handeln?

Einige Zeit bevor ROLF HOCHHUTH den *Stellvertreter* geschrieben hat, im Jahr 1949, malte BACON das erste seiner fast alljährlich wiederholten Papstportraits. In diesen Bildern, denen das berühmte VELAZQUEZ-Portrait des Papstes Innozenz X. zum Modell diente, und in denen BACON unverkennbar Züge von Pius XII. andeutet, setzt sich BACON, ähnlich wie HOCHHUTH, mit der Frage von Autorität und Verantwortung auseinander. Wie ist es um diejenigen bestellt, die im Namen Gottes zu handeln beanspruchen? Wie ist es um uns selbst bestellt?

Durch zugleich krasse und subtile Paradoxe veranschaulicht BACON den dialektischen Charakter unseres Lebens. Mehrere Kritiker haben zum Beispiel darauf hingewiesen, daß BACON ohne Zweifel seit RENOIR der größte Maler der menschlichen Haut ist. »The intense beauty«, so schreibt ROBERT MELVILLE, »of the colour and texture of his flesh painting is at the same time horrifying, for it discovers a kind of equation between the bloom and elasticity of sensitive tissue and the fever and irridescence of carrion ... Flesh is the trap of the spirit ... the legitimate prey of pain and disease, of ectasies and torments obscenely mortal in renewal«[8]. Im Zusammenhang mit den Verzerrungen und dem Degradierenden in BACONS Bildern erinnert MELVILLE in einem anderen Essay an NIETZSCHES Prophezeiung, daß eine Zeit kommen werde, in der die Menschen nur noch Sinn für das Erniedrigende aufzubringen vermögen. BACONS Malerei, so meint MELVILLE, könne den Beweis dafür bilden, daß diese Prophezeiung mehr oder weniger erfüllt sei. BACONS Menschen sind in der

---

[8] ROBERT MELVILLE, »The Iconoclasm of Francis Bacon« Review. 23. Januar 1951, 63–65.

Tat erniedrigt, unerlöst, und ich zögere, denjenigen unter seinen Kritikern zuzustimmen, die von »Erlösung« und »Sublimierung« des Schreckens in seinem Werk schreiben. So wie BACON keine Antworten gibt, so finden wir bei ihm auch keinen direkten Hinweis auf Erlösung, es sei denn, daß wir an das »et exaltavit humiles« denken, und die nach der Erniedrigung mögliche Erhöhung schweigend voraussetzen. Das was uns BACON hingegen – ähnlich wie HENRY MOORE und ALBERTO GIACOMETTI – in seinen Bildern schenkt, ist ein neues Selbstverständnis. So wie HOCHHUTH in seinem Stellvertreter, so wie HANNA ARENDT für alle sichtbar an Eichmann die Banalität des Bösen und unsere Verantwortung gerade im Nicht-entscheiden beschrieben haben, so zeigt auch BACON uns in seinen Bildern die menschlichen Verstrickungen und läßt uns selbst das Fazit ziehen.

Durch Berichte von Freunden und von einem Bild seines Ateliers wissen wir, daß BACON von Reproduktionen und Photographien aus Zeitungen zu vielen seiner Bilder angeregt worden ist. Häufig wird eine Aufnahme aus EISENSTEINS »Panzerkreuzer Potemkin« erwähnt, auf der das blutüberströmte Gesicht einer schreienden Krankenschwester mit einem Pincenez zu sehen ist. Der Ausdruck, ja sogar das Pincenez, erscheinen immer wieder in den verschiedensten Portraits. Ebenso kehren Motive aus dem Buch »*The Human Figure in Motion*« des englischen Photographen EADWEARD MUYBRIDGE immer wieder. Daneben finden wir Assoziationen zu Bildern von Goebbels (vor einem Mikrophon), zu Hitler, Himmler, und ihrem Werk, den Konzentrationslagern. Auch hier distanziert sich BACON nicht, er scheint alles das, wozu der Mensch fähig ist, als Möglichkeit auch für sich und für den Beschauer einzuschließen – ein grausames und mutiges Unterfangen.

Von erstaunlicher Aktualität sind BACONs verschiedenen Studien zur Kreuzigung. Von den mir bekannten ist die erste von 1932 und die letzte von 1962. Was moderne Neutestamentliche Exegese verständlich zu machen versucht, stellt BACON auf erschütternde Weise in seinen Bildern dar: Die Kreuzigung ist kein isoliertes historisches Ereignis, sondern sie findet täglich unter uns statt. BACON macht dies besonders deutlich, indem er nicht nur den Gekreuzigten malt, sondern in isolierten Tafeln malt er die Kreuzigenden, blutgierig, destruktiv, entstellt. In den letzten Entwürfen »*Three Studies for a Crucifixion*« sind die Kreuzigenden selbst in grellroten Räumen mit schwarzen Vorhängen gefangen, Räumen, aus denen sie ebenso wenig entfliehen können, wie SARTRES Opfer in »*Huis Clos*«.

Leider ist es im Rahmen dieses Essays nicht möglich, näher auf die zahlreichen Besprechungen von BACONs Werk einzugehen. Ebenso muß ich auf eine eingehendere Schilderung seiner Bilder und auf Hinweise auf seinen Stil verzichten. Zu dem letzteren, besonders über BACONs Darstellung von Bewegung und über seine Behandlung der Bildoberfläche haben seine Kritiker Interessantes geschrieben. Den Verzicht darauf bedaure ich vor allem deshalb, weil uns in BACON die enge Beziehung zwischen Form und Inhalt in der Malerei so stark zum Bewußtsein kommt. Ich hoffe jedoch, daß es mir in diesen Reflexionen gelungen ist, die Bedeutung von FRANCIS BACON als Maler des Menschen anzudeuten. Indem BACON den Menschen zum Mittelpunkt seines Werkes gemacht hat, und indem er unsere Situation hier und jetzt klar erkannt hat, ist er, der als Maler keiner modernen Schule angehört, vielleicht der modernste unter ihnen.

Die Freude am Beschauen und Interpretieren von Kunstwerken danke ich meinen Eltern, die wir mit dieser Festschrift zum achtzigsten Geburtstag meines Vaters ehren.

SPIEGEL UND SPIEGELBILD

HILDEGARD URNER-ASTHOLZ

I.

Das Phänomen des Spiegels[1] durchdringt in mannigfacher Weise die Struktur unserer menschlichen Existenz. Mit seiner Eigentümlichkeit der Reflexion spielt der Spiegel aus der optisch-konkreten Sphäre in die Welt der Seele und des Geistes hinüber. Die ursprüngliche Bedeutung des Spiegels lag weniger in seinem praktischen Gebrauch als im magisch-religiösen Bereich.

Schon der urgeschichtliche Mensch, der im Wasser das Bild der Gestirne sowie sein eigenes Antlitz schaute, hat mit bemerkenswerter Fähigkeit zur Abstraktion erfaßt, daß das Spiegelbild umgekehrte Blickrichtung zeigt. Prähistorische Künstler haben die Epiphanie des Sonnengottes durch in den Felsen vertiefte Fußabdrücke dargestellt, wobei die Fußsohlen als dessen anthropomorphes Symbol wie beim Spiegelbild eine Rechtslinksverschiebung aufweisen. Im neolithischen Kult beruhen die runde Vertiefungen enthaltenden Schalensteine ebenfalls auf einer spiegelbildlichen Konzeption der Gestirne[2].

Außer dem Wasser dienten polierte Steine und später vor allem Metalle zur Spiegelung. Weit zurück reicht die runde Gestalt des Spiegels in Ägypten oder auch in Alt-Anatolien, wo schwere Exemplare aus den Fürstengräbern der Bronzezeit das Aussehen einer inwendig mit einer Silberscheibe ausgelegten Bratpfanne aufweisen. Die eigenartige Form dieser Spiegel stand zur frühen kykladischen Kultur in Beziehung, wo diese runden »Bratpfannen« als Kultgeräte für eine lebenspendende Gottheit dienten[3].

Im Altertum herrschte der runde Handspiegel aus Bronze vor, an dessen glänzende, leicht gewölbte Fläche sich ein fein gearbeiteter Stiel aus Holz, Bronze oder Elfenbein anschloß. Er findet sich in Assyrien, Ägypten und Israel,

---

[1] Neue Zürcher Zeitung v. 11. II. 1962, Nr. 532 »Das Phänomen des Spiegels«, Art. d. Verf., aus dem vorliegende Arbeit erwachsen ist.

[2] Vgl. MARCEL BAUDOUIN, Les sculptures et gravures de pieds humains sur rochers, Paris 1914, 91, 99, 105 u. 107.

[3] HANS WEIGERT, Kleine Kunstgeschichte der Vorzeit u. der Naturvölker, 1956, 67f; ebd Abb.15 Wiedergabe einer solchen Kykladenpfanne mit Spiralornamentik als Symbol lebendiger Naturkräfte.

in Griechenland, im weitverzweigten Römerreich sowie bei den skythischen Völkern Südrußlands. Die an der Stiftshütte dienenden Frauen gaben ihre bronzenen Handspiegel hin, damit Moses daraus den ehernen Kessel für den Brandopferaltar anfertigen konnte[4]. Während bei den Römern Silberspiegel beliebt und ziemlich häufig waren, zählten Spiegel aus Gold zu den seltenen Kostbarkeiten. Über den Raub ihrer goldenen Spiegel, der »Wonnelust der Mädchen«, klingt bei EURIPIDES der Chor der Troerinnen. PLINIUS bemerkt spöttisch, daß bald jede Magd einen Silberspiegel habe, und SENECA stellt die Einfachheit in der Villa des Scipio dem Luxus seiner Zeit gegenüber, in der die Wände der Baderäume von großen und kostbaren Metallspiegeln erglänzen[5].

Obwohl im römischen Kaiserreich auch viereckige oder wie in Praeneste birnenförmige Spiegel hergestellt wurden, bleibt doch das zähe Festhalten der verschiedensten Völker an der runden Gestalt auffallend. Zweifellos liegt dieser Formwahl eine Beziehung zur Sonne, dem glänzenden Rund am Himmel, oder zu ihrem kleineren Abglanz, dem Mond, zugrunde.

Im japanischen Shintoismus stellt denn der Spiegel auch geradezu den Leib, das shintai, der Sonnengöttin dar, weshalb in fast jedem Shintoschrein ein mehrfach verhüllter runder Metallspiegel als Sinnbild ihrer Gegenwart aufbewahrt wird. Da sie die Ahnmutter des Kaisers ist, gehörte ihr Spiegel zu den Throninsignien und diente zur Stellvertretung des Kaisers. Auch das shintai des Mondgottes wird durch einen Spiegel verkörpert[6]. In Ägypten galt der Spiegel als das vollkommenste Sonnensymbol, indem dieser wie das Horus-Auge als »Sonnenauge« Osiris zum Opfer dargebracht wurde[7]. Die Vestalinnen entzündeten das heilige Feuer durch das mit dem Spiegel eingefangene Sonnenlicht[8].

Wandspiegel gab es im Altertum nur vereinzelt. Hingegen schufen die Griechen neben dem Griffspiegel den steifen senkrechten Standspiegel und den überaus reizvollen Klappspiegel. In archaischer Zeit befriedigte beim Handspiegel eine Verzierung des Griffs. Auf ägyptische Anregung hin haben die Grie-

---

[4] Ex 38, 8 u. 30, 18.

[5] EURIP., V. 1090f; PLIN., hist. nat. 43, 160; SENECA, 86. Brief.

[6] Hierzu vgl. CHANTEPIE DE LA SAUSSAYE, Lehrb. d. Religionsgesch. [4]1925, 285, 287 u. 308.

[7] RICH. REITZENSTEIN, Himmelswanderung u. Drachenkampf in d. alchemist. u. frühchristl. Lit., Festschr. f. F. C. Andreas, 1916, 49.

[8] Vgl. HERMANN STEUDING Griech. u. röm. Mythol. 1913, 135. Der Mond selbst galt sogar als Spiegel. So tröstet *Leibgeber* seinen Freund *Siebenkäs* beim Abschied mit der Aussicht, daß sie sich ja immer im Mondspiegel sehen könnten, und JEAN PAUL fügt die Bemerkung hinzu, Pythagoras habe mit Bohnensaft Worte auf einen Spiegel geschrieben, die man nachher im Mond lesen konnte; JEAN PAUL, Siebenkäs, Leipzig S. 648.

chen für ihre frühen Spiegelgriffe das Motiv der Spiegelträgerin gewählt und diese anfänglich im Zusammenhang mit dem spartanischen Kult der Artemis als nackte, später unter attischem Einfluß als bekleidete Mädchenfigur gestaltet. Bald aber greift die Ornamentik auf Rand und Rückseite über, wo Szenen aus dem Dionysoskult und vor allem aus dem aphrodisischen Bereich angebracht werden. Beliebt sind mythologische Szenen wie Leda mit dem Schwan und Frauenraubmotive. Häufig erscheint die Liebesgöttin selbst, manchmal auch nur in auf sie hinweisenden Attributen in Gestalt von Eroten, Blüten, des Granatapfels, der Gans oder einer Löwin. Es dürfte nicht ohne Zusammenhang sein, daß Korinth mit seinem vielbesuchten Venustempel einen weitreichenden Ruf in der Spiegelfabrikation besaß und wohl schon im 6. Jahrhundert den Standspiegel erfunden hat[9].

Eine Fülle eleganter Griffspiegel schenkten uns die Etrusker[10], die noch vor dem 5. Jahrhundert die Gravur entwickelten, deren reizvolle Zeichnungen durch die griechische Vasenmalerei, insbesondere durch die Innenbilder der Schalen, ihre Impulse empfangen haben. Außer den Göttersagen und Szenen des Glücks aus dem täglichen Leben liebten die Etrusker kultische Motive. So beschaut etwa auf einem fein gravierten Spiegel aus Vulci, im Vatikan, ein geflügelter Genius unter dem Namen des trojanischen Sehers Kalchas voller Spannung die Leber in seiner Hand.

Ein Blick auf die altchinesischen Spiegel, denen RICHARD WILHELM als Sammler und Kenner seine Aufmerksamkeit geschenkt hat, lehrt, daß auch hier die runde Form vorherrscht. Bei diesen grifflosen gegossenen Bronzespiegeln wurde die Vorderseite mit Quecksilber poliert – eine Prozedur, die sich in Abständen wiederholen ließ, so daß ein solcher Spiegel jahrhundertelang im Gebrauch bleiben konnte. Auf der Rückseite wurde durch einen durchbohrten Knopf ein Band zum Halten oder Aufhängen des Spiegels gezogen. Die älteren Spiegel sind als Zaubergeräte mit magischen Zeichen versehen, während die täglichen Gebrauchsspiegel auf der Rückseite hübsche Sinngedichte oder eine reiche Verzierung von stilisierten Tier- und Pflanzenmotiven bis zu figürlichen und landschaftlichen Darstellungen tragen. Die schönen, eleganten »Traubenspiegel« der Han-Dynastie allerdings gehen mit ihren Flügel-

---

[9] Zu diesem Abschn. vgl. KARL SCHEFOLD, Griech. Spiegel, Die Antike 16, 1940, 11 ff; WOLFGANG ZÜCHNER, Griech. Klappspiegel, 1942; GISELA M.A.RICHTER, An archaic Greek mirror, Journ. of Archeol. XII, 1938, 337–344 sowie G.F.HARTLAUB, Zauber des Spiegels, 1951, der in Abb. 2a u. b altägypt., in 6–16 griech. Spiegel vorführt; ferner U. E. PAOLI, Das Leben im alten Rom, Bern 1948, 112 u. Abb. XLII, 1 u. LIII u. PAULY-WISSOWA RE XXI, 1, 27ff. s. v. κάτοπτρον.

[10] E.GERHARD u. KLÜGMANN-KÖRTE, Die etrusk. Spiegel, 5 Bde. 1841–1897.

pferden und Traubenornamenten auf griechisch-baktrischen Einfluß zurück[11]. Der runde Bronzespiegel Alt-Chinas fand im gleichgeformten, aber aus Pyrit angefertigten Handspiegel Alt-Mexikos seine Entsprechung.

Die Versuche des Altertums, Spiegel aus Glas herzustellen, fanden keinen Anklang[12]. Erst im späteren Mittelalter wurden solche mit Folie angefertigt, zunächst die auf lange Zeit hin beliebten runden Konvexspiegel, dann auch die flachen Scheiben, die in viereckige Rahmen aus Holz oder in reizende Kästchen aus Elfenbein eingelassen wurden. Oft ist auch hier der Bildschmuck dem Reich der Liebe entnommen. Der ritterliche Minnedienst und Scheinkämpfe mit Rosen um das Schloß der Liebeskönigin sind bevorzugte Darstellungen[13]. Nach Nürnberg und Flandern erreichte Venedig den größten Ruhm in der Spiegelfabrikation durch seinen unerhörten Reichtum an Formen und Verzierungen. Das Barockzeitalter entwickelte eine Vorliebe für große Wandspiegel; denn sie kamen seiner Neigung zu Lichteffekt und illusorischer Perspektive aufs glücklichste entgegen. Zudem waren sie Ausdruck der Pracht und des Luxus und trugen zur Erhöhung der Lebensfreude bei. In den Schlössern entstanden die Spiegelgalerien. Schon in der Renaissancezeit waren die Kabinette der Herrscher oft mit glänzenden Wandspiegeln bekleidet. Aber der große, bewegliche Spiegel, der die ganze menschliche Figur zurückwirft, ist erst eine Erfindung im Frankreich des 18. Jahrhunderts und trägt dort bedeutsamerweise den Namen »Psyché«.

II.

Als Attribut ist der Spiegel mehreren Gottheiten und allegorischen Figuren beigesellt worden, wobei er recht verschiedene Eigenschaften versinnbildlicht.

In China wurde die Sonnengöttin Ama-terasu mit Spiegel, Schwert, Juwelenhalsband und einer Sonnenscheibe um den Kopf abgebildet[14].

---

[11] R. WILHELM, Chines. Spiegel, Ostasiat. Ztschr. II, 1913/14, 65–87; G. F. HARTLAUB, Zauber des Spiegels, 59–65 mit den Abb. 17–22.

[12] Vgl. PLINIUS, Hist. nat. 36, 26. Allerdings haben sich in großen Legionslagern der römischen Kaiserzeit zahlreiche sehr kleine runde Konvexspiegel aus Glas mit Bleifolie gefunden, deren Verwendung noch nicht geklärt ist. Vgl. NOVOTNY, Gläserne Konvexspiegel, Österr. Jahresh. 1910, Beibl., 107ff. Dies ist die einzige Spiegelart aus der Antike, die im Mittelalter weitergeführt wird.

[13] Dazu vgl. WILH. WACKERNAGEL, Spiegel im Mittelalter, Abh. z. dtsch. Altertumskde u. Kunstgesch., Leipzig 1872, 128–142. Wiedergabe zweier elfenbeinerner Spiegelkapseln mit Erstürmung der Minneburg und einem Schach spielenden Paar bei HARTLAUB aaO Abb. 25f, beide aus dem 14. Jahrh.

[14] CHANT. DE LA SAUSSAYE, Jahrb. d. Religionsgesch., 1925, 307.

Von der Antike bis zur Moderne gehört der Spiegel der *Venus* zu. Er ist zwar nicht ihr einziges Attribut, wohl aber ein sehr häufiges, da er die Freude an Schönheit und Eros wie die ausgewogene Selbstbewußtheit aller verführerischen Reize am besten verkörpert. Soweit der Einfluß der römischen Kultur reichte, erscheint Venus mit diesem Kennzeichen als Statue und Statuette, auf Wandmalereien und Terrasigillata-Geschirr, auf Lampen und Ringsteinen. In der Renaissance wurde die künstlerische Wiedergabe der Venus aufs neue gepflegt, obwohl sie ihre kultische Bedeutung längst verloren hatte. Die Gemälde der Venus mit Spiegel von TIZIAN, BELLINI oder VELASQUEZ waren im Grunde wie so manche andere ja nur Darstellungen verführerischer Kurtisanen[15].

Unter dem Einfluß des Christentums hat im ausgehenden Mittelalter die Personifikation der Eitelkeit in der Figur der *Vanitas* ihre anschauliche Form gefunden. In ihrer Hand wies der Spiegel nicht nur auf die persönliche Eitelkeit hin, sondern zugleich auch auf die Hinfälligkeit aller Schönheit und die Nichtigkeit des irdischen Wesens. Auch zu den Vanitas-Allegorien haben oftmals Kurtisanen Modell gesessen. Als Vanitas wird auch GIOVANNI BELLINIS Gemälde einer jungen Frau bezeichnet, die sich mit Hilfe von zwei Spiegeln kämmt und schmückt. HANS MEMLINGS »Eitelkeit«, die dem Beschauer den Spiegel mit ihrem eigenen Konterfei zukehrt, stammt aus einem Reisealtärchen, das sie auf den übrigen Tafeln des Polyptychons mit Tod, Hölle, Himmel und Totenkopf umgibt. Auf zwei Bildern hat HANS BALDUNG GRIEN eine nackte Frau als Vanitas dargestellt, die sich ins Kämmen vertieft im Spiegel beschaut, während der Tod sie von hinten drohend umfängt[16].

Eitle Selbstgefälligkeit, Üppigkeit, Wollust und Unkeuschheit werden noch stärker betont in der Gestalt der *Luxuria*, die sich zB auf einem Glasfenster an der Radrose von Notre-Dame in Paris als reiche Frau auf einem prunkvollen Ruhebett mit Wohlgefallen im Spiegel besieht[17].

Welch einen Gegensatz zu dieser Sinnenlust und Weltverfallenheit bedeutet der Spiegel im Symbolkreis der Jungfrau *Maria!* Hier ist er Zeichen der Reinheit, Jungfräulichkeit und Lauterkeit. In dem »*Speculum beatae Mariae*« beschreibt im 13. Jahrhundert der Franziskaner BONAVENTURA die Tugenden der Jungfrau, ein Buch, das auf die Kunstgeschichte von nicht geringem Einfluß gewesen ist. Auf Holzschnitten des 16. Jahrhunderts sowie auf einem

---

[15] Vgl. G. F. HARTLAUB, Die Kurtisanen in der ital. Kunst, Atlantis 1954, 121 ff und RILKES Gedicht, »Die Kurtisane«.

[16] HARTLAUB, Zauber des Spiegels, Abb. 160 u. 161, neben anderen Darstellungen der Vanitas.

[17] E. MALE, Die kirchl. Kunst d. XIII. Jahrh. in Frankreich, Straßb. 1907, 145.

Altargemälde im Freiburger Münster befindet sich der Spiegel unter den übrigen auf Maria bezogenen Sinnbildern[18] und hat wie diese in die Lauretanische Litanei Aufnahme gefunden.

An Häuserfassaden der Renaissance begegnet hin und wieder die ernste Gestalt der *Veritas,* die mit ihrem Spiegel auf Reinheit und Untrüglichkeit hindeutet.

Fortuna, die so oft die Rückseite auf den Münzen römischer Cäsaren schmückt, ist in der Antike nicht mit dem Spiegel, sondern mit dem Steuerruder gekennzeichnet. Erst als sie gegen Ende des Mittelalters den allegorischen Figuren zugerechnet wurde, erhielt sie dieses Attribut, um dadurch die Unbeständigkeit und Flüchtigkeit des Glückes zu betonen. Im selben Sinn haben dies die Radrosen und Glücksräder an vielen Kathedralen zum Ausdruck gebracht. Ein Holzschnitt der Renaissance läßt Fortuna mit verbundenen Augen auf dem Rund der Kugel sitzend in der Hand ein Glücksrad tragen, während ihr gegenüber Sapientia auf der festgegründeten *sedes virtutis quadrata* in ihren großen Planetenspiegel blickt[19]. Auf einem Kupferstich von 1515 dagegen fährt Fortuna fast unbekleidet auf einer geflügelten Kugel stehend mit hocherhobenem Konvexspiegel über Land und Meer dahin[20]. Die Tendenz zur Verächtlichmachung verstärkt sich in der Folgezeit bis hin zu Shakespeares spöttischer Geringschätzung: »Fortuna, die arge Metze«. Der Bedeutungswandel, den die Gestalt der Fortuna seit der Antike erfahren hat, wird darin deutlich sichtbar[21].

Wieder ganz andere Eigenschaften werden dem Spiegel als Beigabe der *Prudentia* zugeschrieben. Sie wird sehr häufig mit drei Gesichtern dargestellt, die ihre Schau in die drei Zeitstufen dartun sollen. Aus dem gleichen Grunde hat sie oft drei spielende Kinder um sich, von denen sich das eine auf einer Handzeichnung MICHELANGELOS in der Ambrosiana eine große Maske als Anspielung auf die verhüllte Zukunft vorhält. Prudentia, deren Klugheit und Umsicht auch durch die Schlange und den Zirkel hervorgehoben werden, trägt den wissenden und weissagenden Spiegel, der die Vergangenheit verschwiegen bewahrt, die Gegenwart auffängt und sich nach der Zukunft befragen läßt[22].

---

[18] Vgl. HARTLAUB, aaO Abb. 142 f. u. Osc. DOERING, Christl. Symbole, 1940, 87.

[19] Abb. 176 b. HARTLAUB aaO.

[20] Abb. 144 b. HARTLAUB aaO.

[21] A. DOREN, Fortuna im Mittelalter u. in d. Renaissance, Vortr. d. Bibl. Warburg 1922/23, I, 71 ff und König Lear, Lied des Narren.

[22] Abb. von Prudentia-Darstellungen b. RAYMOND VAN MARLE, Iconographie de l'art profane au Moyen-âge et à la Renaissance et la décoration des demeures, La Haye 1932, II, Fig. 24, 51, 54, 56, 77–79 sowie b. HARTLAUB, aaO Abb. 170–173, 177–179 u. 181.

Die dem Spiegel innewohnende Macht der Mantik hervorzulocken, gehört zu den Künsten der Hexe. In einer Bildfolge der vier Temperamente gibt HANS BALDUNG GRIEN der *Prudentia* als der *»Hexe Melancholie«* den mantischen Zauberspiegel in die erhobene Linke, da dem melancholischen Temperament damals seherische Fähigkeiten zugeschrieben wurden[23].

III.

Aus der Hand des Menschen ist der Spiegel nicht wegzudenken. Seit alters steht er im Dienst der Kosmetik als Helfer der Frau bei der Schönheitspflege und als Verführer zur Selbstgefälligkeit.

Schon im Mittleren Reich Ägyptens stößt man auf eine massenhafte Verbreitung des Spiegels. Ebenso läßt die Fülle der erhaltenen etruskischen Metallspiegel auf einen allgemein üblichen Gebrauch schließen. Das Spiegelbild hat als emotionale Schau des eigenen Ich von jeher auf die Menschen eine faszinierende Wirkung ausgeübt, indem eine verborgene Beziehung zwischen Spiegelbild und Seele darin hin und her schwingt, die sogar zu einem ekstatischen oder visionären Zustand führen kann.

Das uralte Motiv der Selbstbespiegelung hat im griechischen Mythos vom Jüngling *Narziß* seine klassische Gestalt gefunden. Dieser wurde von den Göttern in die Todesblume Narzisse verwandelt, da er in sein eigenes Bild im Wasserspiegel verliebt die Nymphe *Echo* verschmähte. Wie ihm prophezeit war, ging der beziehungslos an sich selbst Gebundene, der die Fähigkeit zur Begegnung in der Liebe nicht mehr fand, an seiner Introversion zugrunde. In psychoanalytischer Deutung gilt der Spiegel geradezu als Manifestation narzißtischer Eigenliebe und kindlicher Schaulust. Narzißtische Bindungen entsprechen einer infantilen Lebensstufe.

Nach abergläubischen Vorstellungen verschiedener Völker erleidet ein Kind, das in den Spiegel oder in eine andere glänzende Fläche wie den eigenen Fingernagel geschaut hat, in seiner körperlichen und seelischen Entwicklung Schaden, indem etwa schwierige Zahnbildung oder Stottern die Folge sind[24].

---

[23] G. F. HARTLAUB, Hans Baldung Grien, Hexenbilder, Werkmonographien z. bild. Kunst (Reclam) 1961, Nr 61, 20f, und aaO Abb. 171.

[24] Zahlreiche Beispiele solcher abergläubischen Vorstellungen hat GEZA ROHEIM gesammelt und in seiner Arbeit »Spiegelzauber«, Imago V, 1917/19, 63–120 in psychoanalytischer Sicht verarbeitet. Er zeigt auch, wie gewisse Seher und Herrscher sich eine infantile narzißtische Schaulust bewahrt haben. Ferner S. FREUD, Zur Einführung des Narzißmus, Jahrb. d. Psychoanal. VI, 1914. ALB. WESSELSKI, Narkissos oder das Spiegelbild, Archiv Orientalni VII, 1935, 37–63 u. 328–350 bietet Erzählungen über Menschen und Tiere, die durch das Spiegelbild im Wasser getäuscht worden sind.

Die Selbstschau im Spiegel kann sogar tödliche Wirkung herbeiführen wie bei
dem Zwerg in OSKAR WILDES »Geburtstag der Infantin«. An einem Kapitell
der Kathedrale von Vézelay ist der Basilisk, der König der Schlangen und
Dämonen, dargestellt, wie er an seinem eigenen schrecklichen Spiegelbild
zugrunde geht[25]. Auf diese Vorstellung spielt JEAN PAUL mit der Bemerkung
an: Siebenkäs dachte, »Da Natalie dem Basilisk des Grams sein eignes Bild im
Spiegel der Dichtkunst gewiesen, so werde er an seinem Bildnis umkommen.«[26]

Das narzißtische Motiv wird in unendlich vielen Gemälden aufgegriffen,
auf denen schöne Frauen bei der Toilette oder Schmuckprobe sich vom Spiegel
beglücken lassen. Um die Gedanken von der weltlichen Eitelkeit abzulenken,
wurden auf den Spiegelrahmen Sprüche wie »*Inspice, cautus eris*« oder sogar
Passionsszenen gemalt[27]. Nicht umsonst steht in manchen Holzschnitten des
ausgehenden Mittelalters Frau Eitelkeit ihr Haar kämmend vor dem Spiegel,
aus dem ihr Tod und Teufel entgegengrinsen[28]. »Wie sollte Erdenlust in Spiegel
sehen / Und nicht ein Todeshauch sie überwehen?« ruft die Weisheit in HOF-
MANNSTHALS »Großem Welttheater« aus. Voller Furcht vor der bedrohlichen
Macht des Spiegels wurde in der lebensfreudigen Renaissance und später ein
Vorhang vor die verführerische Fläche gezogen.

Eine andere Form der Selbstbespiegelung, die im Grunde auch narzißtisch
gefärbt ist, wirkt lösend in den Zerrspiegeln der Lachkabinette und führt wie
Karikatur und Witz zu humorvoller Selbstironie.

IV.

In dem nach einem Spiegel gemalten Selbstporträt ergründet der Künstler
sein mit dem Reiz der Gegensinnigkeit ausgestattetes Spiegelbild. Der Spiegel
ist dem Maler durch verschiedene technische Funktionen dienlich. Deshalb
empfiehlt LEONARDO: »Man muß den Spiegel, d.h. den Planspiegel, zum Lehr-
meister nehmen.«[29] Damit eröffnet sich auch die verlockende Möglichkeit,
durch Widerspiegelung des Außerhalbbefindlichen den Raum im Bilde zu
vergrößern.

In seinem Gemälde »Las Meninas« läßt VELAZQUEZ das Königspaar, das ihm
im unsichtbaren Vordergrund Modell sitzt, hinter der kleinen Prinzessin und
ihren Hoffräulein im Spiegel erscheinen. Seit JAN VAN EYCKS Bildnis des
Arnolfini und seiner Gattin, deren Rückansicht nebst dem Künstler dem

---

[25] RICH. BERNHEIMER, Roman. Tierplastik u. die Ursprünge ihrer Motive, 1931, 149.
[26] S. 665.   [27] HARTLAUB, aaO 48.
[28] HARTLAUB, aaO Abb. 162 u. 163.
[29] Tagebücher u. Aufzeichnungen, ed. TH. LÜCKE, 1940, 687.

Betrachter aus einem runden Konvexspiegel entgegenblicken, haben holländische Maler hin und wieder den Spiegel dazu benutzt, um eine Reflexwirkung in ihre Interieurs spielen zu lassen.

Einen außerordentlichen Eindruck hat EDOUARD MANET in seinem letzten großen Gemälde »Un Bar aux Folies-Bergère« erzielt, indem die Rückansicht der Bardame und das Publikum, das sie im Theater vor sich hat, in der Spiegelwand der Bar reflektiert werden. Dabei gelingt es MANET durch das Medium mehrfacher Rückspiegelung in einer Atmosphäre künstlicher Beleuchtung auf meisterhafte Weise, die Objekte in verschiedenen Abstufungen wiederzugeben. In diese Scheinwelt hineingezogen und verflochten steht das Mädchen am Bartisch in eigentümlicher Weise zugleich außer und über jener Welt des Spiegels [30].

In zahlreichen Zweigen der Wissenschaft und Technik benutzen Forscher den Spiegel, um Gegenstände und Sachverhalte, die ihnen sonst undeutlich oder unzugänglich bleiben würden, sehen zu können. Unerschöpflich sind die Möglichkeiten, mit seiner Hilfe neue Welten im Makrokosmos und im Mikrokosmos zu erschließen.

V.

Im Aberglauben wird der Spiegel, der alles wissend auch die Dinge hinter dem Rücken des Beschauers zeigt und zugleich die Zukunft kennt, zum Zauberspiegel [31]. Als Welt- und Erdspiegel macht er weite Fernen sichtbar. Alexander der Große und verschiedene Könige in den Sagen des Mittelmeerraumes besaßen solche Zauberspiegel, in denen sie alle Vorgänge in der Ferne beobachten konnten. Auf einer Säule soll VERGIL einen Zauberspiegel errichtet haben, der alle gegen den Staat gerichteten Maßnahmen kundtat. In Anlehnung daran ist die Vorstellung von der magischen Säule Klingsors entstanden, von der es heißt: »Da sah er, was er nie gesehen, / Die Lande sich im Spiegel drehen, / Sah Berg und Tal vorübergleiten / Und Leute stehn und gehn und reiten.« [32]

Der aus Bergkristall bestehende Bergspiegel läßt den Schatzgräber verborgene Reichtümer erspähen; er sieht auch jede Krankheit und deren Heilmittel. Planetensymbole und Kreuzeszeichen gehören zu den Verzierungen des

---

[30] GÜNTER BUSCH, Ed. Manet, Un Bar aux Folies-Bergère, Werkmon. z. bild. Kunst (Reclam) 1956, Nr. 4.

[31] Zu Aberglauben und Zauber vgl. Handwörterbuch d. dtsch. Aberglaubens, Nachtragsbd. s. v. Spiegel, 548 ff; GEZA ROHEIM, Spiegelzauber, Imago V, 1917, 63 ff; R.WÜNSCH, Ein Odenwälder Zauberspiegel, Hess. Bll. f. Volkskde. 3, 1904, 154 ff.

[32] G. ROHEIM, Spiegelzauber 117–120.

Zauberspiegels. Auf dem berühmten Odenwälder Exemplar befindet sich ein Pentagramm mit den Namen der vier Erzengel, umgeben von Planetenzeichen. Dieser in ein Quadrat eingeschriebene »Drudenfuß« wird von zwei Kreisen eingefaßt, deren innerer die Namen der Evangelisten trägt, während auf dem äußeren alle alttestamentlichen Gottesnamen, dazu Alpha und Omega eingetragen sind. Damit sollen die magischen Kräfte des Kosmos eingefangen und dienstbar gemacht werden. Die mit dem Odenwälder Zauberspiegel verbundenen Vorstellungen finden sich wieder in dem französischen »Grand Grimoire«, der seinerseits dem deutschen »Höllenzwang« zum Vorbild diente, während dieser im ungarischen »Stahlspiegel« eine Fortsetzung fand. In diesen Büchern werden Anweisungen für die Weihung und den Gebrauch von solchen Spiegeln gegeben, wobei verschiedene fromme Handlungen wie das Lesen von drei Messen und des Johannesevangeliums oder Fasten und geweihte Kerzen verlangt werden. Nach dem »Grand Grimoire« muß man sich jeder fleischlichen Befleckung enthalten, während der Odenwälder Spiegel nur von einem am Weißen Sonntag geborenen Menschen benutzt werden darf. In manchen Vorschriften steckt noch das Bewußtsein, daß nur reinen Menschen Visionen zuteil werden. Deshalb dienten im Altertum Knaben, im Mittelalter und später oft Kinder oder Jungfrauen zur Katoptromantie. Diese konnte anstatt mit Spiegeln ebensogut an glänzenden oder mit Wasser gefüllten Gefäßen[32a] wie an Kristallen oder Ringsteinen betrieben werden.

Damit die Macht der Dämonen sich auf die glänzende Fläche überträgt, muß sie mit dunklen, absurden Zeremonien geweiht werden. Da den Toten die Gabe der Hellsichtigkeit zugeschrieben wird, soll der Spiegel längere Zeit im Grabe auf dem Antlitz eines Toten liegen, wobei der Leichnam einer Wöchnerin oder eines Selbstmörders sich als besonders wirkungskräftig erweist. Auch muß er mit dem Blut einer schwarzen Katze oder schwarzer Hennen bestrichen werden[33].

Der Zauberspiegel wird als Orakel befragt. Er macht den Dieb oder verschwundene Personen ausfindig; er gibt im Märchen von Schneewittchen der bösen Königin Auskunft; er zeigt dem neugierigen Mädchen den erhofften Bräutigam. Wiederum ist die Geisterstunde, besonders in der Silvester- oder Johannisnacht, für das Liebesorakel geeignet. So sieht auch Faust während der Mitternachtsstunde im Zauberspiegel der Hexenküche das faszinierende Bild der Helena. Zu derselben unheimlichen Nachtstunde erscheint in der finsteren Hexenhöhle Macbeth im Spiegel des geisterhaften Banquo die lange Reihe der

---

[32a] So auf einem Wandgemälde im Hause der LIVIA am Palatin.

[33] Über die Riten, mit deren Hilfe ein gewöhnlicher Spiegel in einen magischen verwandelt wird, bietet G. ROHEIM, aaO 101 ff reichliches Material und Literatur.

Nachkommen seines Feindes. Alle diese Praktiken verraten den Zusammenhang mit den chthonischen Mächten, wie es so oft beim Zauber der Fall ist.

Im Mittelalter hatte das Spiegel- und Kristallsehen derart überhand genommen, daß Papst Johannes XXII. im Jahre 1326 die Bulle »*Super illius specula*« erließ, worin er die Menschen verurteilte, die von Dämonen in Ringen, Spiegeln und Fläschchen Hilfe für Krankheit und Not erhofften[34]. Die Sucht blieb jedoch weiter bestehen und wurde im geheimen bis in die neueste Zeit gepflegt, so daß noch 1868 auf einer Pariser Auktion Frs. 25000,- für einen Zauberspiegel geboten wurden[35].

Ein solcher Spiegel gewährt ja noch viele andere Möglichkeiten. Da er das Abbild als Doppel des Urbildes zeigt, kann er nach primitiver Auffassung im Analogiezauber vermehrend auf Getreide und Viehbestand wirken. Gleichzeitig vermag er Schaden zu stiften, indem eine Bedrohung des Spiegelbildes durch den Wahrsager die Kuh im Stall des verhaßten Nachbarn zugrunde gehen läßt. Ebenso wird der Dieb oder Ehebrecher im Spiegel verletzt oder umgebracht. Das Abgespiegelte ist also fremden Mächten preisgegeben, die damit Einfluß und Macht über das Urbild gewinnen. Daraus erklärt sich das Mißtrauen primitiver Völker gegenüber der Kamera. Den Titanen gelang es einzig mit Hilfe des Spiegelbildes, sich des Dionysos zu bemächtigen. Die chinesischen Götter vermochten die sich verbergende Sonnengöttin nur aus ihrem Versteck hervorzuziehen, indem sie vor der Höhle einen Spiegel aufhängten und mit ihm ihr Bild einfingen. Andererseits hat er eine apotropäische Funktion, indem er vor dämonischen Einwirkungen bewahrt, weil er durch seine Reflexion die schädlichen Einflüsse zurückwirft. In China pflegte man den Toten einen Spiegel auf die Brust zu legen, um damit ihr Umgehen als Vampyr zu verhindern[36]. Als Grabbeigabe kann der Spiegel verschiedene Bedeutung haben. Sehr oft ist er der tägliche Gebrauchsgegenstand, der im Jenseits nicht entbehrt werden soll, wie bei den Griechen oder im alten Ägypten, wo die Griffe der Grabspiegel eigens aus Zedernholz angefertigt wurden[37]. Seltener weisen solche Grabbeigaben auf den spiegelbildlichen Charakter dieser Welt hin.

Der Brauch, bei einem Todesfall die glänzende Fläche zu verhängen, ist mit ein Ausdruck dafür, daß sich die Menschen vor der Unheimlichkeit des Spiegels fürchten, wie denn überhaupt Spiegelträume als Vorzeichen des Todes abergläubisch gedeutet werden.

---

[34] G. ROHEIM, aaO 87.
[35] Handwörterb. d. dtsch. Aberglaubens, Nachtragsbd. 555.
[36] R. WILHELM, Ostasiat. Ztschr. II, 1913/14, 69.
[37] PAULY-WISSOWA RE XXI, 1, 34.

VI.

In *Religion* und *Philosophie* fällt dem Spiegel als Symbol eine bedeutsame Rolle zu.

Der kleinste natürliche Spiegel ist die Pupille des Auges, wie PLATO Sokrates sprechen läßt: »Ist nun nicht in unserem Auge, mit dem wir sehen, auch so etwas wie ein Spiegel? Hast du nun bemerkt, daß das Gesicht dessen, der in das Auge blickt, in dem gegenüberstehenden Auge wie in einem Spiegel erscheint, weshalb wir das auch die Pupille, das Püppchen, nennen, da es ein Bildchen des Hineinblickenden ist? Wenn das Auge also in ein anderes Auge sieht, und zwar, wenn es hineinblickt in dessen edelsten Teil, mit dem dieses selbst sieht, dann sieht es sich selber.«[38] Auf Sarkophagen der Antike begegnet häufig ein Bildnismedaillon des Verstorbenen, das als die »im Irisrund eingerahmte Pupillen-Spiegelseele« des Abgeschiedenen zu deuten ist[39]. Die runde Form des Handspiegels dürfte zur Gestalt der Pupille in Beziehung stehen.

Die leicht konvexe Gestalt der Pupille verleiht ihr die Möglichkeit, Strahlen aus einem weiten Umkreis aufzunehmen, während der innere Teil des Auges einem Hohlspiegel gleicht, der die einfallenden Strahlen sammelt. Die Reflexion des Auges ist aber nicht nur eine mechanische, sondern eine lebendige, weil sie durchdrungen ist von der seelischen und geistigen Tätigkeit des Menschen, indem das Wahrnehmen sich im Erkennen, Einordnen und Verstehen vollzieht. Nach PLATO ist uns die Sehkraft von Gott als Helferin zur inneren Ordnung verliehen, »damit wir die Umläufe der Vernunft im Weltgebäude betrachten und sie auf die Kreisbewegungen unseres eigenen Nachdenkens anwenden könnten.«[40]

Das Auge als Spiegel der Seele ist für JAKOB BÖHME[41] ein Modell des ersten Spiegels, welcher Gott selbst ist, »der Ewigkeit Auge, das macht und ist ein Spiegel; Gottes Wunderauge, da von Ewigkeit ist alles Wesen darinnen gesehen worden, aber ohne Wesen, gleich als im Spiegel oder im Spiegel oder im Auge«. Auch MECHTHILD VON MAGDEBURG spricht von dem »ewigen spiegel« oder dem »spiegel der gotheit«, ebenso SEUSE, TAULER und MEISTER ECKHART[42]. Daß

---

[38] PLATO, Alkibiades 132 D f, zit. v. H. LEISEGANG, Die Erkenntnis Gottes im Spiegel der Seele u. d. Natur, Ztschr. f. philos. Forschung IV, 1949, 166.

[39] ROB. EISLER, Orph.-dionys. Mysteriengedanken in d. christl. Antike, Vorträge d. Bibl. Warburg 1922/23, II, 98.

[40] Tim. § 86.

[41] Alle Zitate, die JAKOB BÖHME betreffen, sowie dasjenige über die Visionen der HILDEGARD V. BINGEN stammen aus HANS LEISEGANG, Ztschr. f. Philos. Forschung IV, 1949, 161 ff.

[42] GRETE LÜERS, Die Sprache d. dtsch. Mystik des Mittelalters im Werke d. Mechthild v. Magdeburg, 1926, 102.

Gott als Spiegel die Bilder alles Werdenden zeitlos in sich enthält, »so wie die Bäume und andere Gegenstände in naheliegenden Gewässern sich widerspiegeln, ohne doch in Wirklichkeit darin zu sein«, gehört zu den Visionen der HILDEGARD VON BINGEN[41]. Ähnlich findet sich bei PLATO der Gedanke, daß man mit Hilfe eines Spiegels die Sonne und was am Himmel ist, die Erde, sich selbst sowie Lebewesen und Geräte bilden könne, doch nur dem Scheine nach und nicht in wesenhafter Wahrheit[43].

ANGELUS SILESIUS und RICHARD VON ST. VIKTOR kennen sogar zwei Augen der Seele: das rechte als das Sonnenauge schaut auf Gott und die Ewigkeit hin, während das linke, das Mondauge, als das Auge der Vernunft sich der Zeitlichkeit und den Kreaturen zuwendet. Uralte astrale Motive, die schon bei den Orphikern zu finden sind, klingen hierin an[44]. Der Lehre von den zwei Augen der Seele entspricht im Grunde die Auffassung JAKOB BÖHMES, nach der aus dem Wunderauge Gottes durch Spiegelung die geistige Welt entsteht als Urbild der irdischen, woraus Gott dann in sieben Schöpfungstagen sieben weitere Gestalten hervorgehen läßt, wobei jede Stufe ein Modell und Spiegel der vorhergehenden ist, bis als zehnte und letzte Stufe das Auge der menschlichen Seele wieder des »Ersten Modell und Spiegel« darstellt und somit sowohl zu Gott als auch zu seiner Schöpfung hin ausgerichtet ist.

Die Mystik des Mittelalters greift mit der Metapher vom Spiegel Ausdrucksweisen und Intentionen der hellenistischen Mystik auf. Sie hatte diese aus einer langen Kette der Tradition empfangen: aus dem Neuplatonismus des DIONYSIUS AREOPAGITA, des PLOTIN, PORPHYRIUS und ZOSIMUS; aus der Bibel waren vor allem bestimmend Sapientia Salomonis 7, 26 und 1Kor 13, 12 sowie 2Kor 3, 18. Doch sind auch etwa Begriffe wie ἀπαύγασμα τῆς δόξης und χαρακτὴρ τῆς ὑποστάσεως von Hebr 1, 3 oder Verse wie Psalm 36, 10: »In deinem Lichte schauen wir das Licht« nicht ohne Einfluß geblieben. Schließlich ist auch die Überlieferung platonischer Anschauungen wirksam gewesen.

Nach Weish 7, 26 wird die Weisheit als Hypostase »ein Abglanz des ewigen Lichtes, ein fleckenloser Spiegel des göttlichen Wirkens und ein Abbild seiner Güte« genannt. Diese jungfräuliche Gestalt der Weisheit übertragen die christlichen Mystiker auf die Jungfrau Maria. Als eine »spiegelschouwe Gottes oder der Engel«[45] wird sie gepriesen, während JAKOB BÖHME in diesem unbefleckten Spiegel der göttlichen Kraft wieder ein Modell sieht: »Diese Jungfrau aber ist Gottes Gleichnis, seine Weisheit, darinnen sich der Geist erblicket.«

---

[43] Pol. X.
[44] Vgl. »ὄμματα δ᾽ἠέλιός τε καὶ ἀντιόωσα σελήνη«, Hymnus der Orphiker auf Zeus, O. KERN, Orphic. fragm., Berlin 1922, 201, fragm. 168, 16.
[45] WILH. WACKERNAGEL, Abh. z. dtsch. Altertumskde. u. Kunstgesch., 1872, 132.

Diese Deutung der Sapientia-Stelle hat in der Kunstgeschichte dazu geführt, Maria den Spiegel als Symbol der Reinheit und Jungfräulichkeit zuzuordnen.

Auch in der »Mystischen Theologie« des Dionysius Areopagita klingt diese
Stelle wieder an, wenn es von der himmlischen Hierarchie heißt: »Jeder Engel
ist ein Bildnis Gottes, sichtbar gewordener Widerschein des unsichtbar uner-
schaffenen Lichtes, ein reiner, klarster, makellos unbesudelter Spiegel, flecken-
los....«[46]

Mit Bezug auf die gleichen Sapientia-Worte wird von Meister Eckhart
Christus als ein lauterer Spiegel ohne jeden Flecken gerühmt und von Tauler
als der Spiegel des vollkommenen Vorbildes gepriesen: »Darnach nimm den
Spiegel vor dich, der da ohne allen Makel ist, das ist das vollkommene Bild
Jesu Christi, nach dem du alle dein Leben richten sollst.«[47] Gleichzeitig beken-
nen die Mystiker, daß der heilige Geist ebenfalls ein Spiegel heißt, »da sich
beide inne schouwen«, wie denn auch Mechthild von Magdeburg von dem
Spiegel der Dreifaltigkeit redet.

Nach Seuse sind die Kreaturen »ein spiegel in dem got widerliuchtet«. Er
zieht daraus die bedeutsame Folgerung: »dis bekennen heißet speculieren«.
Es ist eine theologische Zusammenfassung dieser Anschauungen, wenn Hugo
von St. Viktor den *animus rationalis* als *principium et principale speculum ad
videndum Deum* definiert. Freilich bildet die Voraussetzung dafür die Erfüllung
der mehrfach variierten Mahnungen, die Angelus Silesius – auf die sechste
Seligpreisung anspielend – in die Worte gekleidet hat: »Mensch, denkst du Gott
zu schau'n dort oder hier auf Erden, / so muß dein Herz zuvor ein reiner Spiegel werden.«[48]

Unter den hellenistischen Mystikern hat der ägyptische Alchemist Zosimus[49]
im 12. Teil seines Buches περὶ ἀρετῆς πρὸς θεοσέβειαν nach älterer Überlieferung den Spiegel als Repräsentanten des göttlichen Geistes beschrieben und
damit ein Gleichnis aufgenommen, das in mystischen und gnostischen Kreisen
der damaligen Zeit beliebt war und seine bedeutsamste Anregung aus Weish 7,
26 empfangen hatte.

Nach Zosimus ist der Spiegel nicht dazu geschaffen, daß sich der Mensch
darin leiblich betrachte; denn ein solcher Mensch verliert, nachdem er sich

---

[46] Dionysius Areopagita, Mystische Theologie, hg. v. Walther Tritsch, 1956, 85f.
Vgl. auch Eph 5, 27.

[47] W. Wackernagel, aaO 132, Anm. 2.

[48] Zitate aus Grete Lüers, aaO 246–248, wo weitere Spiegelvergleiche angeführt sind.
K. Bartsch, Die Erlösung, 1858, »Marien Rosenkranz«, Gedicht aus dem 14. Jh., Vs. 54:
»du bist dîns lieben kindes spîgel«.

vom Spiegel abgewendet hat, sogleich die Erinnerung an sein eigenes Bild –
ein Gedanke, auf den bereits der Jakobusbrief in Kap. 1, 21 ff angespielt hatte.
Der mystische Spiegel aber will den Betrachter gerade ständig an sich fesseln,
um ihn in den erhabenen Zustand der Gottesschau und Vollkommenheit zu
versetzen.

Zosimus knüpft seine mystischen Spekulationen an den Zauberspiegel
Alexanders des Großen an, der nach seinem Tode über einem Tempel stehe,
welcher den Himmel mit den sieben Planeten und dem Tierkreis bedeute;
er befinde sich an dessen Westseite, so daß der Beschauer das im Osten auf-
gehende geistige Licht erblicke. Der Spiegel wird hier als das allgegenwärtige
»Auge des Geistes«, in dem alles zeitlos beschlossen liegt, gefaßt[50]. In der christlichen Kunst sollte später das Auge Gottes dessen Allwissenheit und Allgegen-
wart ausdrücken. Wie bei der Schau des Zosimus wird dieses Symbol stets an
der obersten Stelle eines Kunstwerks angebracht. Meistens ist es mit dem die
Trinität verkörpernden Dreieck eingerahmt, um dadurch den Charakter des
Allumfassenden noch zu verstärken, wieder in merkwürdiger Übereinstimmung mit Zosimus, der das göttliche Auge in der Metapher des Spiegels
trinitarisch faßt.

In enger Verwandtschaft mit dem religiösen Gedankengut des Zosimus
steht die aus der Gnosis stammende 13. Ode Salomos, in der es heißt: »Siehe,
unser Spiegel ist Gott«, womit die Aufforderung an den Frommen ergeht, sich
in diesem Spiegel des Geistes zu beschauen und sich reinigend ihm anzugleichen, bis er selbst zum göttlichen Geist wird. Einer von den Sprüchen des
Sextus, die auf eine heidnische Spruchsammlung der frührömischen Kaiserzeit zurückgehen, lautet: »Die Seele des Weisen ist der Spiegel Gottes.« In den
stark doketisch beeinflußten Johannesakten spricht Jesus in einem Hymnus
beim Mysterienmahl vor der Kreuzigung: »Ein Spiegel bin ich dir, der mich
kennt.«

Zosimus hat Erkennen und Erkanntwerden als Einheit verstanden ähnlich
wie Paulus 1Kor 13, 12. Dort nimmt aber Paulus die Mittelbarkeit der Spiegelschau in Anspruch, um hervorzuheben, daß die direkte Gottesschau der
himmlischen Herrlichkeit vorbehalten ist, während wir, solange unser Wissen
Stückwerk bleibt, nur in der Strahlenbrechung des Spiegels in rätselhafter
Gestalt erkennen können. Der Vergleich besteht nicht darin, daß der Spiegel

---

[49] Die Ausführungen des Zosimus über den Spiegel des Geistes, nur syr. erhalten,
v. Berthelot frz. hg., abgedruckt b. Reitzenstein, Hist. monach. u. Hist. Laus., 1916,
247f, 252 u. 262.
[50] Ders., Himmelswanderung u. Drachenkampf in d. alchemist. u. frühchristl. Lit.,
Festschr. f. F. C. Andreas, 1916, 49.

ein undeutliches Bild widergibt – denn die täglich polierten Metallspiegel
waren im allgemeinen scharf und klar–, sondern darin, daß er uns nur ein
indirekt geschautes Bild vermittelt. Es wird hier auf die mantische Eigenschaft
des Spiegels angespielt, der in prophetischer Weise auf die Wahrheit hindeutet,
während im Rätsel nach antiker Anschauung eine verhüllte Darbietung der
Wahrheit vorliegt, die sich einst offenbaren wird[51].

Die Aussagen des Paulus 2Kor 3, 18: »Wir alle aber spiegeln mit aufgedecktem Angesicht die Herrlichkeit des Herrn wider und werden in dasselbe Bild
verwandelt von Herrlichkeit zu Herrlichkeit, wie von dem Herrn aus, welcher
Geist ist« vollziehen sich freilich in der Atmosphäre der hellenistischen Mystik.
Doch sind sie nicht auf eine Vergottung ausgerichtet. Es ist auch nicht von
einer verzückten Schau die Rede, sondern von einem Geschehen, einem Handeln an uns. Die Wendung »von Herrlichkeit zu Herrlichkeit« meint nicht ein
stufenweises Emporschreiten oder Entfalten. Ähnlich wie in Röm 1, 17
»ἐκ πίστεως εἰς πίστιν« soll vielmehr damit ausgesagt sein, daß die Offenbarung der Herrlichkeit jeweils neu erfahren wird.

Gewisse Berührungspunkte, die zwischen PAULUS und PORPHYRIUS in bezug
auf das Widerspiegeln bestehen, sind mehr äußerlicher Natur; denn POR-
PHYRIUS versteht den Geist als einen vom Menschen erreichten Zustand der
Tugend, während bei Paulus das Pneuma die eschatologische Gabe Gottes
bleibt. PORPHYRIUS führt in einem Brief an Marcellina[51] aus, daß der Geist des
Menschen Gott in der Tugend widerspiegelt. In Übereinstimmung mit
ZOSIMUS fährt er dann fort, daß bei der Abkehr von Gott dessen Bild verloren-
geht und der menschliche Geist sich verdunkelt. Um die Gottesschau herbei-
zuführen, verschmäht PORPHYRIUS sogar theurgische Mittel nicht, wogegen
AUGUSTIN in De civitate Dei polemisiert[52].

Nach dem Bekenntnis des CLEMENS ROMANUS schauen wir durch Christus
in einem Spiegel das »fleckenlose und über alles erhabene Antlitz Gottes«,
so daß unsere unverständige und verfinsterte Vernunft dadurch emporwächst
zu Gottes wunderbarem Licht[53]. Für EUSEBIUS ist Gott »der beste Spiegel für
unser menschliches Bemühen um die Tugend der Seele«[54].

---

[51] Zu 1Kor 13, 12 u. 2Kor 3, 18 vgl. außer den verschiedenen Kommentaren JOH. BEHM,
Das Bildwort v. Spiegel 1Cor 13, 12, Festschr. f. Reinh. Seeberg I, 1929, 315–342, P. CORS-
SEN, Paulus u. Porphyrius, ZNW 1920, 2ff, wo auch der Brief an Marcellina zitiert ist,
sowie R. REITZENSTEIN, Hist. mon. u. Hist. Laus., 1916, 247 u. 262. ThW I, 177ff, HANS
ACHELIS, Katoptromantie b. Paulus, Theol. Festschr. f. Nath. Bonwetsch, 1918, 56–63,
SAM. E. BASSET, Journal of Bibl. Lit., 1928, 232ff.
[52] Deutsche Ausg. v. W. THIMME, Zürich 1955, I, 518–520.
[53] 1Clem 36, 2.
[54] H. LEISEGANG, Ztschr. f. philos. Forsch. IV, 1949, 166.

Die rabbinische Tradition kennt ebenfalls den Spiegel als Mittel zur Gottesschau; nach ihr waren dabei die Propheten auf die Hilfe von neun Spiegeln
angewiesen, während für Moses ein einziger genügte[55].

Bei PHILO ist der irdische Kosmos, in dem wir leben, ein Spiegelbild des
κόσμος νοητός, der als Abbild Gottes den Schöpfungsgedanken in sich birgt
und schaffend auf unsere Welt ausstrahlt. Deshalb kann die Gotteserkenntnis
des νοῦς nur unvollkommen sein[56]. Um aus dieser Welt der Uneigentlichkeit
herauszukommen und zum wahren Sein, zum Ursprung des Spiegelbildes,
emporzudringen, beschreitet PHILO den königlichen Weg der Gnosis, der zur
Vergottung führt.

In der Lehre der MANDÄER enthüllt der Spiegel seine Ambivalenz, indem er
je nach dem Standort des Betrachters in die Lichtwelt oder in die Finsternis
spiegelt. Die Unterweltsdämonin Qin zeigt dem Gesandten der Lichtwelt
Hibil-Ziwâ auf dem Grunde einer tiefen Quelle einen Spiegel, aus dem die
Dämonen der Finsternis hineinschauend Weisung für ihr Handeln empfangen.
Nachdem der Gesandte den Spiegel heimlich entführt hat, sind auch Festigkeit
und Kraft der Dämonen entschwunden. In einer anderen Erzählung des rechten
Ginza erblickt Ur, der Herr der Unterwelt, in einem Spiegel sein Angesicht
und die Welten der Finsternis, aber auch das Reich des Lichtes. Obwohl er das
Licht geschaut hat, »das nicht unser ist«, springt er mit dem Ruf: »Ich ringe
nach dem Licht, nicht nach der Finsternis.« in das schwarze Wasser[57]. Anderwärts dagegen wird von dem Spiegel des Lichtes geredet, dem großen Spiegel,
der im Jordan, dem weißen Strom der Lichtwelt, ruht[58].

VII.

Der antiken Paränese war die Metapher vom Spiegel willkommen. Schon
im 6. Jahrhundert hatte BIAS gemahnt, daß das schöne Spiegelbild eines Menschen diesen auch zu guten Taten verpflichte, während bei einem häßlichen
der Mangel der Natur erst recht durch sittliches Handeln wettgemacht werden
müsse[59]. Der helle Metallglanz des Spiegels bot Anlaß, auf die Reinheit des
Herzens hinzuweisen, dessen Aufrichtigkeit für alle einsichtig sein soll. »Der

---

[55] Rabbin. Schluß aus Ez 43, 3 u. Num 12, 8, vgl. STRACK-BILLERBECK III, 452–455 u.
ThW I, 177 f.

[56] Vgl. etwa De decal. 105 u. De Abrah. 153.

[57] W. BRANDT, Mandäische Schriften, 1893, 160, 176–178.

[58] DERS. aaO 16 u. 132 und M. LIDZBARSKI, Mand. Liturgien, 1920, 268 u. 275 f.

[59] H. DIELS, Die Fragm. d. Vorsokr., BIAS S. 522, 2.

42*

Schuldlose gleicht dem polierten Spiegel, in dem alle Gesichter klar zu erkennen sind«, stellt der rechte Ginza fest[60].

Die Anregungen, die von PLATO der Nachwelt über das Phänomen des Abbildens und sich Spiegelns überliefert sind, gehen zunächst auf das Höhlengleichnis zurück. Obwohl dort freilich nicht vom Spiegel geredet wird, besteht doch eine nahe Verwandtschaft zwischen dem Schatten und dem Spiegelbild, da beide als körperlose Abbilder hervorgebracht werden. PLATO selbst betont ihren engen Zusammenhang, indem er die Schatten wie die Spiegelungen im Wasser und auf jeder glänzenden Oberfläche als Abbilder bezeichnet[61]. Im Timäus dagegen äußert er sich über die Bilder in Spiegeln, über ihre Rechtslinksverschiebung, auf die schon LEUKIPP und DEMOKRIT hingewiesen hatten[62], und über die Veränderung des Bildes in Hohlspiegeln bei vertikaler oder horizontaler Lage[63]. Wesentlich ist seine Theorie des Sehens. Er meint nämlich, daß das milde Licht – derjenige Teil des Feuers, der nicht die Eigenschaft hat zu brennen – aus unserem Innern durch das Auge ausströme, von dem gleichartigen Tageslicht aufgenommen und in eins verschmolzen wird und danach mit dem von den Gegenständen ausgehenden Licht, mit dem diese von der Sonne beleuchtet werden, zusammenstößt. Dieser Lichtkörper nun teilt von allen Gegenständen »ihre Bewegungen dergestalt dem ganzen Leibe mit, daß sie durch diesen bis zur Seele hindurchdringen, und erzeugt so die Empfindung, auf welche eben wir den Ausdruck ›wir sehen‹ anwenden«[63].

Anknüpfend an solche Gedanken PLATOS vergleicht PLOTIN das Gewahren mit einem Spiegelbild, in dem das im Denken Tätige von dem Lebensorgan der Seele gleichsam reflektiert wird, wie ein Bild von der glänzenden Fläche des Spiegels zurückgeworfen erscheint[64]. Die Wortverbindung »Abbild und Schatten« verwendet PLOTIN überaus häufig, fast wie Synonyme, doch stets so, daß das Abbild vorangeht, da es ja für seine gesamte Philosophie von grundlegender Bedeutung ist. Er entwickelt auch PLATOS Ausdruck vom sonnenhaften Auge, das aus sich selbst Licht hervorbringt und nur deshalb fähig ist, die Sonne zu sehen – eine Auffassung, die später für GOETHE wesentlich werden sollte[65].

---

[60] JOH. BEHM, Festschr. f. R. Seeberg I, 1929, 326 u. 328 mit weiteren Beispielen.

[61] Pol. VI 509 E.

[62] H. DIELS, Die Fragm. d. Vorsokr. Leukipp A 31., Anaxagoras spricht von ἀνάκλασις und καταντικρὺ τοῦ κατοπτρίζοντος Anaxag. A 86 und Empedokles A 88 über die Entstehung von Spiegelbildern: »κατ᾽ ἀπορροίας τὰς συνισταμένας μὲν ἐπὶ τῆς ἐπιφανείας τοῦ κατόπτρου, πιλουμένας δ᾽ ὑπὸ τοῦ ἐκκρινομένου ἐκ τοῦ κατόπτρου πυρώδους καὶ τὸν προκείμενον ἀέρα, εἰς ὃν φέρεται τὰ ῥεύματα, συμμεταφέροντος«.

[63] Tim. § 82; § 80.

[64] Ennead. I 4 c. 10, Plotins Schriften übers. v. RICH. HARDER, Bd. V, 1930, 15.

[65] PLATO, Pol VI 508 B; PLOTIN, Ennead. I 6 c. 9; GOETHE, Einleitung zum Entwurf

Die Außenwelt wird durch das Auge als einen geistig-seelischen Spiegel aufgenommen und produktiv apperzipiert. In radikalem Gegensatz dazu steht die mechanistische Auffassung des LUKREZ, der im vierten Buche seines Werkes De rerum natura eine ausführliche Theorie des Sehens vorlegt. Danach sind die Abbilder der Dingwelt feine Häutchen, membranae, die sich von der Oberfläche der Dinge losreißen und in schnellster Bewegung im Luftraume hin und her fliegen. Sie treffen die Augen und reizen den Gesichtssinn, indem der Lufthauch, den das Abbild vor sich hertreibt, über die Pupille entlang gleitet. Je länger dieser über unser Auge streift, um so weiter entfernt sehen wir die Dinge. In diesem Sinne hat LUKREZ sich dort auch über die Entstehung des Spiegelbildes, dessen Reflexion durch »zweifache Luft« bewirkt wird, sowie über die Verkehrung von rechts und links und über die mehrfache Spiegelung geäußert.

Den Unterschied zwischen dem Auge als einem aktiven Spiegel und der mechanischen Reflexion eines aus totem Material angefertigten Spiegels hat der mittelalterliche Forscher WITELO ausführlich dargelegt, indem er der Seele als einer einfachen lebenden Substanz die Fähigkeit des Urteilens und Erkennens im Akt der optischen Wahrnehmung zuspricht. Die *virtus vivificans actualiter ordinata ad rerum exemplaria*, dieses Vermögen, das aktiv nach den Abbildern der Gegenstände ausgerichtet ist, fehlt dem gewöhnlichen Spiegel[66]. Gerade jenes ist aber das Kennzeichen der LEIBNIZschen Monade, die von diesem selbst umschrieben wird als ein »lebender, der inneren Tätigkeit fähiger Spiegel«[67].

Der Vergleich der Monade mit einem Spiegel ist für LEIBNIZ nicht eine ephemere Redewendung, sondern eine zentrale Anschauung, die er während einer jahrzehntelangen Forschungsarbeit immer wieder bestätigt gefunden hat. Wir begegnen ihr schon 1686 in der »Metaphysischen Abhandlung«, wo es heißt: »Vielmehr ist jede Substanz wie eine Welt für sich, gleichsam ein Spiegel Gottes oder vielmehr des gesamten Universums, das sie nach ihrer Weise und Eigentümlichkeit ausdrückt.«[68] In einem Brief an DE VOLDER vom 20. Juni 1703 hält er es für die eigentliche Aufgabe der Substanzen oder Entelechien[69], daß sie je nach ihrem Gesichtspunkt das Universum verschieden zum Ausdruck bringen, »damit sie ebensoviele lebendige Spiegel der Dinge

einer Farbenlehre u. Zahme Xenien III, 724–727. GOETHE hat PLOTIN in einer griech.-lat. Ausgabe gelesen.

[66] H. LEISEGANG, aaO 163 f.

[67] G. W. LEIBNIZ, Philos. Werke, hg. v. A. BUCHENAU u. E. CASSIRER, 1924, II, 424.

[68] Ebd II, 144.

[69] Monadologie aaO II, 439: »Man könnte allen einfachen Substanzen oder geschaffenen Monaden den Namen Entelechien geben.«

oder ebenso viele konzentrierte Welten sind«[70]. Schließlich wird in den beiden grundlegenden Abhandlungen von 1714, »Die Vernunftprinzipien der Natur und der Gnade« und »Monadologie«, wiederholt betont, daß jede Monade auf ihre Art einen Spiegel des Universums darstellt; deshalb kann LEIBNIZ auch von ebenso vielen lebendigen und dauernden Spiegeln des Weltalls sprechen, wie es Monaden gibt[71].

Das Problem des Einen in den Vielen hatte sich für das Mittelalter beim Meßopfer eingestellt mit der Frage, wie der Leib Christi in den unzähligen einzelnen Hostien ganz enthalten sein kann. Zur Erklärung war schon »unter dem Papsttum«, wie LUTHER in der Abhandlung »Vom Abendmahl Christi« bemerkt, das Gleichnis vom zerstückelten Spiegel herangezogen worden. Er selbst nimmt in seiner Schrift jenen Vergleich wieder auf: »Denn kann Gott solches mit dem Antlitz und Spiegel tun, daß ein Antlitz augenblicklich in tausend Stücken oder Spiegeln ist, warum sollte er nicht auch Christus einigen Leib also machen, daß nicht allein sein Bild, sondern er selbst an vielen Örtern zugleich wäre.«[72] Die auf das Wunder des Abendmahls gedeutete Symbolik des zerstückelten Spiegels taucht ab und zu in der geistlichen Literatur des Mittelalters auf, so als Antwort des Meisters an den nach dem Hostienwunder fragenden Jüngling im Meisterliede BARTHEL REGENBOGENS aus dem 14. Jahrhundert[73]. In einem Traktat aus dem 13. Jahrhundert heißt es anhand eines zerteilten Spiegels: »Sich, alsô ist got allenthalben in im selben ganzer.«[74]

Der zerbrochene Spiegel diente im Kultus des Dionysos und in den orphischen Mysterien ebenfalls dazu, einen wunderbaren Sachverhalt dem Verstehen näher zu bringen und gleichzeitig damit den Gedanken der Hingabe, ja gewissermaßen auch des Leidens auszudrücken. Von den Priestern nämlich, die auf Kreta den Kultus des neuerstandenen Dionysos versahen, heißt es ausdrücklich: »omnia per ordinem facientes quae puer moriens aut fecit aut *passus est*.«[75]

---

[70] AaO II, 326.

[71] AaO II, 424, 430, 432, 450, 454; ferner S. 482 Brief an Bourguet und S. 471 in nicht abgeschicktem Brief an Remond, beide aus dem Jahre 1714.

[72] LUTHER, Vom Abendmahl Christi, Bekenntnis 1528. WA XXVI 338, 18f; vgl. H. LEISEGANG, aaO 181.

[73] K. BARTSCH, Die Erlösung, 1858, 212–214 u. S. XXXIVf; vgl. Ztschr. f. dtsch. Altertum 3, 1843, 441. REGENBOGEN lebte im 14. Jh.

[74] JOH. BOLTE, Der zerstückte Spiegel, Euphorion, Ztschr. f. Lit.-gesch. 1909, 575. Vgl. WOLFG. MENZEL, Christl. Symbolik, 1854, 417, der in bezug auf die Hostie mit dem Spruch *integer in fragmentis* auf das Sinnbild vom zerbrochenen Spiegel hinweist, »in dessen kleinstem Fragment sich doch das ganze Sonnenbild wiederholt«. Vgl. auch H. CH. ANDERSENS Märchen »Die Schneekönigin«.

[75] O. KERN, Orphic. fragm. S. 235 im Bericht des Firmicus Maternus.

Vielleicht im Zusammenhang mit seinem ursprünglichen Dienst als Jagd-gerät, indem man mit einer Spiegelfalle den Panther, das dem Dionysos heilige Tier, zu fangen suchte[76], hat sich hier der Spiegel als Mysteriensymbol erhalten. Während sich Dionysos in dem von Hephaestos angefertigten Spiegel be-schaute, wurde er von den Titanen zerrissen. Zeus konnte jedoch aus dem ge-retteten Herzen einen neuen Dionysos erstehen lassen[77].

Mit der Spiegelschau und dem Zerrissenwerden ist aber gemeint, daß Dio-nysos als orphischer Weltschöpfer das Abbild seiner selbst im Spiegel an die einzelnen Geschöpfe seiner Welt verteilt doch ungeteilt hingab. Proklos ver-sichert, daß die orphische Theologie den Spiegel für das geeignetste Symbol gehalten hat »zur Darstellung der Erfüllung des Alls mit dem Geistigen.«[78] Vielleicht wurde dieser Sachverhalt bei den Orphikern mit einer Zerstückelung des Spiegels symbolisch zum Ausdruck gebracht.

Die spätere neuplatonische Ausdeutung dieses Mythos sah in der selbstver-gessenen Spiegelschau den Fall der Seele in die Welt der Materie, in die der Gott mit seinem Wesen verteilt wurde. PLOTIN selber bezeichnete diesen Ab-stieg der Seele aber nicht als Sündenfall wie die Gnosis, sondern als eine Not-wendigkeit, die im Weltplan lag und trotz Schuld und Irrtum zur Harmonie des Kosmos gehört[79].

VIII.

GOETHE hat aus dem reichen Gedankengut, das ihm im Sinnbild des Spiegels von PLATO, PLOTIN und DIONYSIOS AREOPAGITA, von der hellenistischen und altdeutschen Mystik sowie von LEIBNIZ zugeströmt war, geschöpft und die Auffassung vom schaffenden Spiegel zum Zentrum seines Werkes heranreifen lassen. Seine Theorie vom Sehen stimmt weitgehend mit den Darlegungen PLATOS und PLOTINS überein: »Das Licht ist da, und die Farben umgeben uns,

---

[76] ROB. EISLER, Orph.-Dionys. Mysteriengedanken in d. christl. Antike, Vorträge der Bibl. Warburg 1922/23, II, 97 ff. – Um 1800 nannte man ein Jägernetz mit rautenförmigen Maschen »Spiegelgarn«, JEAN PAUL, Siebenkäs S. 770.

[77] Mit leichten Variationen findet sich dieser Mythos bei Proklos, Nonnos, Plotin, Firm. Mat. ua., O. KERN, Orphic. fragm. 227–236. Dionysiaka VI, 207 schildert Nonnos den furchtbaren Zorn des Zeus über die Titanen, als er »das schattige Bild des listigen Spiegels gewahrte«. Als κάτοπτρον Διονύσου widerspiegelt nach orphischer Auffassung die Sonne das Weltenfeuer gegen den Olymp; ROB. EISLER, Weltenmantel u. Himmelszelt, 1910, 403, Anm. 3. Vgl. EMPED. B 44.

[78] Procl. in Tim 23 e, b. O. KERN, Orph. fragm. 227.

[79] Ennead. IV 8 c. 5: »Da aber solches Handeln und solches Leiden für die Seele not-wendig ist nach ewigem Gesetz ihres Wesens, und, was sie auf diesem Wege auf sich nimmt, einem andern (dem Leibe) zum Gewinn ausschlägt, so kann man ihr Herabsteigen von dem Oberen als ein Herabschicken durch Gott bezeichnen.« Übers. R. HARDER I, 75.

allein trügen wir kein Licht und keine Farben im eigenen Auge, so würden wir auch außer uns dergleichen nicht wahrnehmen.«[80]

In tätiger Forschung möchte er wie ein Hohlspiegel die Einstrahlung der Außenwelt in ihrer ganzen Breite sammeln, um sie reich und voll zu reflektieren. »Sie wissen, daß ich nie etwas als durch Irradation lerne«, schreibt er am 11. März 1781 an Frau von Stein. Seufzend sehnt sich Werther danach, alle seine Empfindungen wiederzugeben: »...könntest du dem Papier das einhauchen, was so voll, so warm in dir lebt, daß es würde der Spiegel deiner Seele, wie deine Seele ist der Spiegel des unendlichen Gottes.«[81] In den Paralipomena zur Disputation stellt Faust die entscheidende Frage, »wo der schaffende Spiegel sei«, der Mephisto aber mit einem Kompliment ausweicht. In der ersten Szene läßt GOETHE Faust verzweifelt ausrufen: »Ich, Ebenbild der Gottheit, das sich schon ganz nah' gedünkt dem Spiegel ew'ger Wahrheit!« Der faustische Drang nach Erkenntnis hat sich im »Vermächtnis altpersischen Glaubens« in die abgeklärte Weisheit des gereiften Lebens gewandelt:

> »Werdet ihr in jeder Lampe brennen
> Fromm den Abglanz höhern Lichts erkennen,
> Soll euch nie ein Mißgeschick verwehren,
> Gottes Thron am Morgen zu verehren.
>
> Da ist unsers Daseins Kaisersiegel,
> Uns und Engeln reiner Gottesspiegel,
> Und was nur am Lob des Höchsten stammelt,
> Ist im Kreis' um Kreise dort versammelt.«

In Erinnerung an die Zeit mit Friederike von Sesenheim vergleicht GOETHE in der kleinen Abhandlung »Wiederholte Spiegelungen« seine Beobachtung, daß optische Erscheinungen von Spiegel zu Spiegel nicht etwa verbleichen, sondern sich erst recht entzünden, mit »wiederholten sittlichen Spiegelungen, die das Vergangene nicht allein lebendig erhalten, sondern sogar zu einem höheren Leben empor steigern«. Mit diesem Vergleich umschreibt und rechtfertigt er die Aufgabe des Historikers.

Obwohl in der modernen Geschichtsschreibung das Bild vom Spiegel nicht ausdrücklich verwendet wird, hat es auch in ihr seine Berechtigung. RANKE schaute in den Spiegel der Geschichte, um zu erforschen, wie es eigentlich gewesen war; die reale Reflexion des Spiegels, seine Untrüglichkeit waren ihm wichtig. Sein Zeitgenosse JOHANN GUSTAV DROYSEN betonte daneben mehr die geistig-sittliche Reflexion, das Verknüpftsein des Beschauers mit dem Geschauten, das sich schon in der historischen Fragestellung und in der Wahl

[80] Gespr. m. Eckermann vom 26. II. 1824.
[81] Am 10. Mai 1771.

des Stoffes äußert; hatte doch GOETHE selbst gesagt: »Die Erscheinung ist vom Beobachter nicht losgelöst, vielmehr in die Individualität desselben verschlungen und verwickelt.«[82] PLUTARCH diente die Geschichte als Spiegel, wie er in der Vorrede zu »Timoleon« bemerkt, weil er sein eigenes Leben zieren und den Tugenden der großen historischen Persönlichkeiten angleichen möchte.

Die Metallfolie des Glasspiegels ist für GOETHE zum Gleichnis geworden, wenn er Eduard in den »Wahlverwandtschaften« sagen läßt: »Der Mensch ist ein wahrer Narziß; er bespiegelt sich überall gern selbst; er legt sich als Folie der ganzen Welt unter.«[83] Hiermit wird eine neue Seite des Spiegelphänomens hervorgeholt, die für die Welt des 19. und 20. Jahrhunderts charakteristisch werden sollte. Nun ist es nicht mehr die *cognitio Dei et nostri*, die die Spiegelschau bei PAULUS und PLOTIN, bei JAKOB BÖHME und anderen Mystikern gewährt. Vielmehr sucht der Mensch jetzt mit Entdeckerfreude und einer gewissen Neugier, sich allein sein eigenes Bild im Spiegel zu enthüllen.

Wie ein Spiegel geduldig aufnimmt, was in ihn hineinstrahlt, so soll in der Romantik die Seele des Dichters, wie bei den Mystikern, still, rein und untätig werden, um ohne Trübung empfangen zu können. Diese Spiegelruhe des Künstlers haben die Romantiker neu erfaßt. Sie ist mit der Meeresstille, der γαλήνη, zu vergleichen, die auf altchristlichen Sarkophagen als Symbol der Seligkeit dient. Daher schreibt FRIEDRICH LEOPOLD ZU STOLBERG: »So scheint die stille freudenspiegelnde Seele in einem Zustande der völligen Untätigkeit zu sein. Sie ist sich nur ihrer Seligkeit bewußt.«[84] Ähnlich, doch mehr der GOETHESCHEN Auffassung sich nähernd, spricht GOTTFRIED KELLER im »Grünen Heinrich«: »Die Welt ist innerlich ruhig und still, und so muß auch der Mann sein, der sie verstehen und als wirkender Teil von ihr sie widerspiegeln will.«[85] CLEMENS BRENTANO empfand aber auch, daß solche begnadeten Menschen, deren Seele »einem schaffenden Spiegel der Schöpfung« gleicht, für die Versuchungen der Welt anfällig sind, so daß sie in den Flammen ihrer Seele umkommen. Er vergleicht sie einem Meister, der mit großem Fleiß und in steter Bewunderung der Allmacht Gottes einen kunstreichen vielwissenden Spiegel geformt und bei seinen engsten Freunden und Schülern damit Freude und Andacht erweckt hatte. Sobald der Meister aber von der Öffentlichkeit verführt diesen als Zauberspiegel zu Ruhm und Gelderwerb benutzte, ging er nach einem unsteten Leben elendiglich zugrunde[86].

---

[82] Maximen u. Reflexionen, Dieterich Bd. 149, Leipzig 1953, Nr. 1257.
[83] I. Teil, 4. Kap.
[84] Ges. Werke d. Brüder CHR. U. FRIEDR. LEOP. GRAFEN ZU STOLBERG, 1827, X, 387 f.
[85] 3. Teil S. 5.
[86] CLEM. BRENTANO, Die Chronika des fahrenden Schülers, Urfassung, hg. v. Jos. LEFFTZ, 1923, 52 u. 53.

Gerade die Romantiker, die sich so gern in einem reinen Spiegel des Herzens schauen wollen, haben durch ihre ungebundene subjektive Selbstbetrachtung unausweichlich eine Gefahr heraufbeschworen, die dem modernen Menschen als ihr Erbe geblieben ist: die Gespaltenheit des eigenen Ich. JEAN PAULS Siebenkäs wußte von dem durch die Einsamkeit geförderten gefährlichen Wachstum solcher »metamorphotischer Selberspiegelung«[87]. BRENTANO, KLEIST, HÖLDERLIN und andere haben unendlich unter dieser Selbstentfremdung gelitten. Manche lassen den Helden ihrer Romane den Spiegel zerschlagen, um dem Gespenst der Angst, ihrer eigenen Zwiespältigkeit, zu entgehen, so Schoppe in JEAN PAULS »Titan« oder Anton Reiser bei K. PH. MORITZ. Viele Jahrzehnte später zerstört Dorian Gray in OSCAR WILDES Roman sein geliebtes und verhaßtes Bild und tötet mit dem Doppelgänger zugleich sich selbst. Denn das eigene Spiegelbild, das am Anfang als anziehend und amüsant fesselt, wächst mit plötzlicher Kraft zum Stärkeren heran, so daß das Ich in einer Angstpsychose jenem vollständig hörig wird[88].

Ganz im Gegensatz zu den von GOETHE so positiv bewerteten wiederholten Spiegelungen urteilt JEAN PAUL mit einem tiefen Pessimismus über diese: »Die brennende Sonne des Entzückens wird unserem schwachen Auge nur in den siebzig Spiegeln unserer siebzig Jahre gezeigt – jeder Spiegel wirft ihr Bild dem andern milder und bleicher zu –, und aus dem siebzigsten Spiegel schimmert sie uns erfroren an und ist ein Mond geworden.«[89]

Einer, der die Kunst in der Abgründigkeit der Seele verankert sah und die parapsychologischen Nachtseiten des Lebens liebte, die er meisterhaft zu schildern verstand, war E. T. A. HOFFMANN. Er hat sich auch in die Unheimlichkeit des Spiegelphänomens vertieft und in der »Geschichte vom verlorenen Spiegelbilde« die durch dämonische Kräfte bewirkte Spaltung des eigenen Ich mit den Folgen der gehetzten Angst festgehalten. In seiner Erzählung »Das öde Haus« wird durch das stereotype Hineinstarren in den Spiegel ein Trancezustand erzeugt, wodurch der Blick vom Bann des glänzenden Glases kaum loskommt. Durch Anhauchen des blindgewordenen Spiegels entsteht für kurze Zeit das holde Angesicht des unbewußt gesuchten Mädchens. Von diesem Augenblick

---

[87] S. 638.

[88] Dies widerfährt dem Knaben Malte Laurids Brigge, als er verschiedene Charaktere vor dem Spiegel ausprobiert. Vgl. auch RILKES Gedicht »Der Junggeselle«: »Der Spiegel aber, innen unbegrenzter, / ließ leise einen Vorhang aus, ein Fenster –: / denn dorten stand, fast fertig, das Gespenst.« Auch MÖRIKE kennt die beklemmende Angst, die das eigene Spiegelbild auslösen kann, so daß er die griechische Dichterin Erinna, ihr frühes Ende ahnend, bei der Begegnung mit sich selbst im Spiegel sagen läßt: »Seltsam betraf mich im Spiegel Blick in Blick. Augen, sagt' ich, ihr Augen, was wollt ihr?«

[89] Siebenkäs S. 273.

an wiederholt Theodor jenen Vorgang auf dem Spiegel, bis seine körperlichen und seelischen Kräfte dadurch aufgezehrt zu werden drohen. HOFFMANNS Kapellmeister Kreisler verfällt durch die Begegnung mit seinem zweiten Ich schließlich dem Wahnsinn.

Die zwiespältige Empfindung, das Vertraute und das Fremde im eigenen Gegenüber, kommt in ANNETTE V. DROSTE-HÜLSHOFFS Gedicht »Das Spiegelbild« wunderbar zum Ausdruck:

> Schaust du mich an aus dem Kristall
> mit deiner Augen Nebelball,
> Kometen gleich, die im Verbleichen,
> Mit Zügen, worin wunderlich
> zwei Seelen, wie Spione sich
> umschleichen, ja, dann flüstre ich:
> Phantom, du bist nicht meinesgleichen!

Eine verwandte Situation hat PICASSO in seinem Bilde »Mädchen vor dem Spiegel« festgehalten, wobei der den Spiegel umgreifende Arm des Mädchens andeutet, daß die beiden verschiedenen Gestalten doch zusammengehören.

Zum Zeichen vertrauter Offenheit zweier Liebender spricht CH. BAUDELAIRE von »Zwillingsspiegeln«[90]. Ähnlich hatte JEAN PAUL die Freundschaft zwischen Schoppe und Albano charakterisiert: »Ihre Herzen standen wie offne Spiegel gegeneinander.«[91]

Von den modernen Dichtern haben vor allem RILKE und HOFMANNSTHAL das geheimnisreiche Gleichnis vom Spiegel geliebt. Aus dem zarten Einfühlen in die Seele seiner »Dame vor dem Spiegel« gelangt RILKE in den »Drei Gedichten aus dem Umkreis: Spiegelungen« zu einer positiven Wertung des »scheuen Spiegelbilds« für die Frauen, indem er es ihnen als notwendig und gemäß zuspricht mit den Worten: »Sie müssen doppelt sein, dann sind sie ganz.« Doch ist dies nur ein Aspekt von vielen; denn »Spiegel: noch nie hat man wissend beschrieben, / was ihr in euerem Wesen seid, / Ihr, wie mit lauter Löchern von Sieben / erfüllten Zwischenräume der Zeit«, heißt es in den »Sonetten an Orpheus«. RILKES Seele wird zum Spiegel für die einfachen Dinge des Lebens und der Natur, voran der Blumen; liebend und getröstet erkennen sie sich in ihm: »An mir ruht der schönen Schöpfung Bild und weint sich aus.«[92]

---

[90] Vers choisis des Fleurs du mal, Insel-Bücherei Nr. 119, 62 in dem Gedicht »La mort des amants«: »Nos deux coeurs seront des vastes flambeaux, / Qui réfléchiront leurs doubles lumières / Dans nos esprits, ces miroirs jumeaux.«

[91] AUG. LANGEN, Zur Gesch. d. Spiegelsymbols in d. dtsch. Dichtung, Germ.-Roman. Monatsschr. 28, 1940, 272.

[92] Schluß des dritten Gedichtes »An den Engel«. In der 8. Duineser Elegie heißt es: »Der

Die Unheimlichkeit der spiegelnden Fläche, ihre Vieldeutigkeit in der Traumexistenz wird vor allem von Hofmannsthal erfahren. In seinem dichterischen Werk treten häufig Personen auf, die im Spiegel ihr verwandeltes Ich erleben: im »Andreas« die Gräfin, im »Rosenkavalier« die Marschallin, der Wahnsinnige im »Kleinen Welttheater«, die Färberin in »Die Frau ohne Schatten«, ein Knabe in den »Stadien«. Stefan George füllt das Spiegelmotiv mit dem sublimen narzißtischen Genießen eines großen Einsamen. Franz Werfel dagegen empfindet tief die Schmach und die Ausweglosigkeit unseres Spiegeldaseins: »Ein Spiegel, dann erkennst du Fluch und Hölle / Dein Ich und alles, diese ganze Völle / Von Nichts, die er dir flach entgegenhält.«[93] In seiner Mythischen Trilogie »Spiegelmensch« befreit sich der Held Thalam von der Verkörperung seiner geheimen Wünsche und Triebe im Spiegelmenschen nach langem Irrweg endlich durch seinen Tod und den Eingang ins Nirwana.

In seinen »Spiegelgesprächen« hat Rudolf G. Binding dem Spiegelphänomen eine psychologische Studie gewidmet. Er ist dem Spiegel gegenüber mißtrauisch und voller Verachtung; denn der Spiegel nimmt ja den Menschen die Naivität. Ihr lebendiges Ich gerinnt in ihm zu einem autoritativen Bilde, das sie als ihr gültiges Selbst anerkennen und lebenslänglich unter einem Zwang mit sich schleppen. Allein der Schauspieler vermag sich von diesem stummen unerbittlichen Herrscher so lange zu befreien, als ihm seine Rolle eine geniale Gelöstheit von sich selbst schenkt. Der einzige Ausweg für die unter die Herrschaft des Spiegels und damit an sich selbst gebundenen Menschen besteht in der echten Liebe, wie die Frau es am Schluß der Gespräche ausspricht: »Nach einem ganz spiegellosen Tag habe ich meinem Gatten wieder in die Augen gesehen: als wäre *er* mein Spiegel … Ich habe mir den Mut wieder genommen, wieder zu lieben … Da zog er mich an sich – und küßte mich. Und es schien mir, als hätte ich damit den ersten Schritt in der Richtung des Zeitalters Gottes schon getan.«

IX.

Es läßt sich der Spiegel in seinem materiellen und geistigen Verständnis nicht aus dem menschlichen Dasein fortdenken. Der Mensch ist vom Spiegelphänomen in seiner Vielschichtigkeit geradezu eingehüllt. Zudem sind alle seine

---

Schöpfung immer zugewendet, sehn / wir nur auf ihr die Spiegelung des Frei'n / von uns verdunkelt.« Außerdem zieht Rilke den Spiegel heran in den »Sonetten an Orpheus« 1, IX; 2, II u. IV, in den Gedichten »Die Flamingos«, »Das Wappen«, »An den Engel« I, »Narziß« u. im »Requiem« für Paula Modersohn-Becker.

[93] Der Gerichtstag, 1919, 107.

Worte, Taten und Gebärden für seine Mitmenschen Spiegel seines Innern. Irgendwie stößt er immer an eine Spiegelwand, von der er auf sich selbst zurückgeworfen wird.

Maler und Dichter haben versucht, Schönheit, Glanz und Reichtum des Spiegelbildes aufzufangen und sein tätiges Abbilden sowie sein stilles Empfangen zum Vorbild zu nehmen. Den Philosophen führt das *speculum* zur Spekulation. Um Faust von diesem hohen Streben abzulenken und ihn in die Niederungen der Sinnenwelt zu bannen, spottet Mephisto verständnislos über alles philosophische Bemühen:

> »Ich sag’ es dir: ein Kerl, der spekuliert,
> Ist wie ein Tier, auf dürrer Heide
> Von einem bösen Geist im Kreis herumgeführt,
> Und ringsumher liegt schöne grüne Weide.«[94]

Denkern und Mystikern diente der Spiegel als Sinnbild für die Reflexion des Geistes und der Seele auf der Suche nach Gott, bis sie in ihm selber den einen, vollkommenen, allumfassenden Spiegel erkannten. Was wir eigentlich im Spiegel suchen: jenes Bild, das für uns Leben bedeuten würde, vermag er uns nicht zu geben. Dieses gefährliche Mittel zur Selbsterfahrung bleibt zweideutig, ambivalent, betörend und verwirrend, auf Schein und Täuschung eingestellt oder auch eintönig-stumm. Trotzdem sind wir dem Spiegelbild als unserem *alter ego* verhaftet, und es liegt nicht in unserer Macht, den Spiegelcharakter des Daseins zu durchbrechen. Dem Menschen kommt die Schau des eigenen Bildes im Spiegel nicht zu. »Beinahe Angst haucht auf mich aus der Spiegel, / Darf eins denn offen tragen Gottes Siegel?« spricht in HOFMANNSTHALS »Großem Welttheater« die Weisheit beim Auftreten der Schönheit mit ihrem Spiegel. In der Gnosis und Kabbala wird das Betrachten des eigenen Bildes im Spiegel als die Ursünde Adams aufgefaßt, wie es auf dem Fußboden einer Kirche in Siena dargestellt ist[95].

Demjenigen allein, dessen Name heißt »Ich bin, der Ich bin« bleibt die Spiegelschau vorbehalten, da er die vollkommene Einheit ohne Entzweiung ist. Er hat den Menschen, die nach seinem Ebenbild geschaffen sind, in seinem Sohn das ungetrübte Bild seiner selbst, den »Abglanz seiner Herrlichkeit und das Ebenbild seines Wesens« gegeben, so daß wer den Sohn sieht, in ihm zugleich den Vater sieht[96]. Auch nach PAULUS spiegelt sich die Klarheit Gottes in

---

[94] Studierzimmer (2) 1830–1833.

[95] G.F.HARTLAUB, Zauber des Spiegels, 132.

[96] Hebr 1, 3 u. Joh 14, 9; ferner 2Kor 4, 6 u. 3, 18. Vgl. MATTHIAS CLAUDIUS, Wandsbecker Bothe, 8. Teil 1835, 72: »In der physischen Natur spiegeln sich einzelne Kräfte,

dem Angesichte Jesu Christi wider. Ja noch mehr: Indem die von Christus Erleuchteten mit aufgedecktem Angesicht die Herrlichkeit des Herrn schauen und widerspiegeln, werden sie selbst in sein Bild verwandelt. Das bedeutet mit Gal 2, 20, daß nun nicht mehr ich lebe, sondern Christus in mir. Doch meint Paulus damit nicht einen mystischen Christus in uns, vielmehr bleibt dieser stets der gekreuzigte und erhöhte Herr.

Die dunkle Folie des Spiegels, die das eigene menschliche Gegenüber zurückwirft, wird gewissermaßen aufgehoben, und dem Menschen der betrachtende Blick auf sich selbst genommen. Mit der Wegnahme der Folie fällt die Reflexion dahin und damit zugleich das doppelte Sein und die Zwiespältigkeit unserer Existenz. Indem so Spiegel und Spiegelbild vom himmlischen Licht durchstrahlt werden, gelangt der in Christus Vollendete von der Mittelbarkeit des Glaubens zu der Unmittelbarkeit des Schauens von Angesicht zu Angesicht.

und im Menschen spiegelt sich die Gottheit selbst. Nur in uns, so wie wir hier sind, ist der Spiegel so verbogen und unrein, daß das Bild nur verstellt und wie in Nebel gehüllt ist. Durch Reaction, wenn, zum Exempel, große tugendhafte Menschen, in denen sich Gott weniger trübe spiegelt, auf dich reagiren, wird dieß Bild bewegt. Und neben einem vollkommen reinen und heiligen Spiegel tritt es deutlicher hervor. Der Spiegel aber ist in Christus, der da ist der ›Glanz der Herrlichkeit Gottes, und das Ebenbild seines Wesens.‹«

HAMANN AND KIERKEGAARD[1]

RONALD GREGOR SMITH

Between JOHANN GEORG HAMANN (1730–88) and SØREN KIERKEGAARD (1813–55) there was an extraordinary connexion. HAMANN indeed was the figure who more than any other of modern times influenced KIERKEGAARD both in the form and content of his authorship and also, at a deeper level, in his very existence.

It is notoriously difficult to understand HAMANN's writings, and it is perfectly possible for varying interpretations to be established with some show of consistency with HAMANN's own words. The trouble is that HAMANN's range is so wide, and so deep, that his epigones do not find it easy to reflect his richness. As LESSING wrote in a letter to HERDER:

> Seine Schriften scheinen als Prüfungen der Herren aufgesetzt zu sein, die sich für Polyhistores ausgeben. Denn es gehört wirklich ein wenig Panhistorie dazu. Ein Wanderer ist leicht zu finden; aber ein Spaziergänger ist schwer zu treffen[2].

Yet in spite of those difficulties, and in spite of the fact that I am not one of those *polyhistores* of whom LESSING speaks, I am not entirely convinced that LESSING is right when he attributes to HAMANN a certain inconsequentiality and lack of deliberation in his interests. Nor is it enough to rescue HAMANN from oblivion by setting him in the literary context of influences upon him and effects of his thoughts upon others. The grandiose edition of his works with commentaries deserves every praise[3], but his significance is not exhausted by this kind of treatment. And if the impulse which HAMANN gave to the German Romantic movement is not the whole story of HAMANN, neither can it be confined within the story of his relation to KIERKEGAARD, far less within

---

[1] Based on a lecture given at Marburg University, June 12, 1963, on the occasion of the conferring on the author of an honorary doctorate of theology.

[2] January 25, 1780.

[3] J.G.HAMANNs Hauptschriften erklärt, edd. F. BLANKE u. L. SCHREINER, Gütersloh, 1956ss.

the story of his somewhat ambigous acceptance in the early stages of the dialectical theology of this century[4].

However, my purpose here is the modest one of elucidating the relation
between KIERKEGAARD and HAMANN. The ambivalent nature of this relation,
which was compounded of attraction and a kind of fear, is well illustrated in
an entry in KIERKEGAARD's journal for May 22, 1839:

> It can be said of HAMANN what is written on a stove near Kold in Fredensborg: allicit
> atque terret[5].

It is especially in the journals that the pervading personal influence of HA-
MANN may be traced, although in the published works, too, there are connexions of thought and interest, both explicit and implicit, which are more fre-
quent and significant than have hitherto been noted, so far as I am aware, in
any published work[6].

What I wish to maintain is that concurrently with the weakening of HA-
MANN's influence upon KIERKEGAARD, KIERKEGAARD reached a more and more
unsatisfactory understanding of Christian existence.

Now of course there were many different reasons which contributed to lead
KIERKEGAARD away from HAMANN to his final position – to a view which
FRITZ LIEB has justly described as »spiritualism« [7]. First there are the well-known
biographical events, especially the broken engagement and the conflict with

---

[4] E. g., in H. E. WEBER's Zwei Propheten des Irrationalismus, 1917.

[5] Papirer II A 442.

[6] WILHELM RODEMANN's Hamann und Kierkegaard (1922, Teildruck, Phil. Dissertation, Erlangen 1912), is a disappointing exercise, being not only incomplete in its references (to some extent understandable at the date of production) but also, more seriously,
being content with superficial connexions. The following are the references in the Journals
and in the works which I have discovered. The references are to the Papirer, ed. P. A. HEI-
BERG, V. KUHR (and E. TORSTING), 1909–48, and to the Samlede Værker[2], ed. A. B. DRACH-
MANN, J. L. HEIBERG and H. D. LANGE, 1920–36. I A 75, 100, 123, 233, 234, 237, 340; II
A 2, 12, 75, 78, 102, 105, 114, 118, 136, 138, 139, 214, 215, 259, 438, 442, 623, 658; III
A 49, 235; IV A 122; V A 29; VI A 5, 6; VII A 236; VIII A 251; IX A 444, 475 (?–reference to »heterogeneity«, cf. HAMANN's letter to HERDER, June 3, 1781: »This fear in the
world is the sole proof of our heterogeneity«); X[1] A 324; X[2] A 225; X[3] A 51, 53, 54,
69, 91, 319. The reference in I A 75 is on my view the first reference to HAMANN, where in
the course of his excursion to Gilleleie, K. writes, August 1, 1835: »What good would it do
me if truth stood before me, naked and cold, not caring whether I recognised her or not?«
Cf. H's letter to KANT, July 27, 1759: »Die Wahrheit wollte sich von Straßenräubern nicht
zu nahe kommen lassen, sie trug Kleid auf Kleid, daß man zweifelte ihren Leib zu finden.
Wie erschracken (sie,) da sie ihren Willen hatten und das schreckl. Gespenst, die Wahrheit,
vor sich sahen.«
   SV I 253, III 66, 212 f., IV 245 f., 302, 306, 402, 472, 474, V 54, VI 104, 109, 117, 130,
149, 159, 206, VII 236, 277, 549.

[7] Sophia und Historia, p. 309.

the satirical journal *The Corsair*. And secondly, the major role played in KIERKEGAARD's life by suffering (though in a more detailed analysis it would have to be shown that this role was by no means identical throughout his life), and the increasing importance of the category of the single one *(hiin enkelte)*, cannot be properly appraised without a special understanding of KIERKE-GAARD's passionate inwardness and its highly dialectical relation to his whole authorship, including the diaries. The inwardness he certainly shared with HAMANN – one has only to think of HAMANN's own words in the Kreuzzüge des Philologen: »nichts als die Höllenfahrt der Selbsterkänntnis bahnt uns den Weg zur Vergötterung«[8]. He also shared with HAMANN – at least formally – a hatred of the »system« and of speculation. But he was led by these elements in his life and thought – the personal relationships and the passionate demand for existence rather than uncommitted reflection – to a highly individual under-standing of Christianity which was very different from HAMANN's. In brief, he was led to a position in which he wished to present Christianity as a direct communication, involving, it is true, radical decision, personal witness, and martyrdom. But he did this as an author rather than in his life. As he himself said, he wished to be the »poet of the religious«. His authorship therefore stands in the end separate from his biography, close though the connexions between his authorship and his biography undoubtedly are.

It was the tension between the biography and the authorship which led KIERKEGAARD to turn the screw of paradox to an agonising extreme. He pre-sented Christianity as an offence, and identified Christianity with suffering. If he had abided by his early enthusiasm for HAMANN, he would certainly have retained a more balanced view of faith. It is also of course true that in that case he would have ceased to be the KIERKEGAARD we know, able to attract and terrify us in his turn.

The fascination which HAMANN exerted upon KIERKEGAARD in his early years reaches its fullest strength in certain journal entries of the year 1837, when KIERKEGAARD was just 24 years of age. They are all concerned with the concept of humour. The most striking are the following:

Humour is irony carried through to its greatest vibration, and although the Christian element is the real primus motor there are nevertheless to be found in Christian Europe people who have got no further than describing irony, and have therefore never been able to achieve humour as absolutely isolated and personally solitary: therefore they either seek rest in the church, where the whole gathering of individuals develops, in humour about the world, a Christian irony ... or, when the religious does not come into movement they

[8] Werke, ed. Nadler, II, p. 164.

43   Festschrift für R. Bultmann

form a club... No, Hamann is surely the greatest and most authentic humorist, the real humorous Robinson Crusoe, not on a desert island, but in the tumult of life. His humour is not an aesthetic concept, but life...[9].

Secondly, and even more explicitly about HAMANN:

HAMANN could be regarded as a good example of the humorous tendency in Christianity... But this is developed in him in a one-sided way, as a necessary consequence a) of the humour in Christianity as such, b) of the isolation of the individual conditioned by the Reformation ... where the humour is in opposition to everything and hence fairly sterile. But this was not the case with HAMANN, and the reason must be sought in his profound spirit and great genius ... and c) of his own natural humorous bent. So that one can say with truth that HAMANN is the greatest humorist in Christianity, and that means the greatest humorist in the point of view which itself is the most humorous point of view in world history – and therefore he is the greatest humorist in the world[10].

Lastly, there is one brief but profound remark:

The Christian humorist is like a plant whose roots alone are visible, whose flowers unfold in a higher sun[11].

What does KIERKEGAARD mean by humour in these early journal entries? At this stage he is not entirely clear. The clarity, and with it the fixation of the concept in a scheme which has abandoned HAMANN's view of humour, comes only later, in the Concluding Unscientific Postscript. KIERKEGAARD is still at this early stage not entirely successful in separating the concept of irony from that of humour. This comes out more clearly in certain other entries. For instance, he speaks of Christ's humour in the words, »My yoke is easy and my burden is not heavy«, and remarks: »It is surely heavy to the highest degree, the heaviest that can be thought – self-denial.«[12] Earlier in the same entry he speaks of the humour »which lies in Christianity in general, expressed in the statement that the truth is hidden in the mystery ... which is precisely the view of life which humorises to the highest degree the cleverness of the world«. This leads to Christian ignorance, »the pure Socratic view, as we find it, for example, in HAMANN«, which is »by nature also humorous«.

But this is not consistent with KIERKEGAARD's insight that HAMANN's view of humour is more than a concept, more than a method for understanding the contradictions between Christianity and the world, but is, as he says, life itself. It is certainly true that even at the level of irony there are close affinities between HAMANN and KIERKEGAARD. HAMANN, like KIERKEGAARD, did indeed understand the Christian mystery of the condescension of God in Christ in

---

[9] Papirer, II A 136.   [10] Papirer, II A 75.
[11] Papirer, II A 102, 6 July 1837.   [12] Papirer, II A 78.

terms of irony, of a Christian-Socratic ignorance, and of humility. The contrast between Christianity and the wisdom of the world runs through all that he thought and was. Yet HAMANN's view is not exhausted in the consequent sense of incongruity, which could at best lead to treating life as an isolated joke. Nor indeed is KIERKEGAARD's positive appreciation of HAMANN at this stage exhausted by this reduction of the place of humour in Christianity to an isolated tendency which is expressed simply in a vivid sense of contrasts and incongruities.

At this point the difficulty of defining the positive content of humour is very great. It is a difficulty akin to that which we have with many concepts and views which we all live with in various degrees of acceptance, such as freedom, or democracy. We may justly say that we share a common understanding of such things – so long as we are not required to define them.

We can approach the matter best by recalling how HAMANN understood his own life[13]. As he said himself, his whole life was a learning »von unten zu dienen«[14]. But this did not mean a naive pietism. His surrender was conscious, it was filled with joy, but it was also total. »Auch in der Küche sind die Götter«, he wrote to JACOBI, »und was Cartes von seinem Cogito sagt, davon überführt mich die Thätigkeit meines Magens«[15]. In other words, his life was not based upon a dichotomy between soul and body, or upon a gnostic separation of spirit from all the rest of creation, but upon what he called »das edle Sum«, upon the »noch Hebräischer, Est ergo cogito«[16]. The basis of his life is the givenness of life in a single body-spirit unity. Thus the words of the English poet YOUNG, which were significantly reproduced by KIERKEGAARD on the title-page of Either/Or:

»Are passions then the pagans of the soul, Reason alone baptized?«

are for HAMANN more than the motto for the importance of the aesthetic sensibility. Rather, for him they point to God as active in nature as well as in history; they point to a faith in the reality of creation which comes from a faith in the revelation in Christ. In the Sokratische Denkwürdigkeiten he writes:

Doch vielleicht ist die ganze Geschichte ... gleich der Natur ein versiegelt Buch, ein verdecktes Zeugnis, ein Räthsel, das sich nicht auflösen läßt, ohne mit einem andern Kalbe, also unserer Vernunft zu pflügen[17].

[13] For a fuller discussion of HAMANN's life and thought the reader may be referred to the present writer's J. G. HAMANN: a study in Christian existence, London, 1960.
[14] Briefwechsel, edd. W. ZIESEMER and A. HANKEL, II, p. 192.
[15] C. H. GILDEMEISTER, Hamann's Leben und Schriften, V, p. 476.
[16] GILDEMEISTER, V. p. 81.
[17] NADLER, op. cit., II, p. 65.

And the ox with which he ploughed was faith. The controlling element in the human situation, to which this faith is the response, is the constant activity of God through the whole of creation, both nature and history. God himself is the Giver, and at the same time he is the resting-point. For HAMANN the Christian's criterion is therefore the eternity of God, which is to be discerned not in any separated activity of the autonomous reason, nor in any isolated activity of the religious or the aesthetic sense, but in the complex and continuous activity of God in his condescension throughout nature and history. This faith in this activity of God is at the same time strictly eschatological: it is not continuous like a natural process, but is ever renewed in the present.

Thus on November 14, 1784 he writes to JACOBI as follows:

Alles ist eitel – nichts neues unter der Sonne – ist das Ende aller Metaphysik und Weltweisheit, bei der uns nichts übrig bleibt als der Wunsch, die Hoffnung und der Vorschmack eines neuen Himmels und einer neuen Erde – in schönen und lieblichen aber ebenso vergänglichen und flüchtigen Augenblicken, wie die Liebe in Wollüsten [18].

Here we may see how HAMANN's attitude to the world is determined by an eschatological anticipation of a new heaven and a new earth: this means the anticipation of an ultimate peace which comes from God. It comes from the serenity of God, but it does not leave out the reality of the world. The relation with eternity is thus not direct; it remains a relation of faith. And it is expressed by Hamann in the whole course and deliberate intentions of his life, in a strict and constant engagement with the things and persons of his daily existence. We may therefore say that by means of his eschatological faith he is taken out of the world, but he is also straightway thrown back into the world. The reference to eternity is therefore to be found, and confirmed, within the life of the senses, in humility, in the life of children, even in the life of Pharisees or by means of Balaam's ass: in brief, through the sensibility or *Empfindung* and not by means of abstractions or speculative systems. The roots of the plant of faith are deep in the earth, and the way to the higher sun is not reached by cutting those roots: neither general world-denial, nor personal asceticism, is able to achieve or to express this faith. There is certainly an element of resignation in HAMANN's life; but it is not the ironical resignation or disengagement such as we find in DAVID HUME, who gave up philosophizing, and took to writing history, and playing backgammon with his ministerial friends of the Church of Scotland in Edinburgh. But we see in HAMANN the expression of a thoroughly eschatological faith which, because it has overcome the world, is able to affirm

---

[18] GILDEMEISTER, op. cit., V, p. 17.

it to the full. It is this kind of living faith which KIERKEGAARD sees in HAMANN and describes as his humour.

As KIERKEGAARD himself says later, if he had known at the time of HAMANN's »marriage of conscience« with Anna Regina, his own relation to his Regine might well have been different[19]. We may add that his relation to the world, and his view of Christianity, might well have remained closer to that of HAMANN. Indeed, as early as 1843 he had an inkling of this, when he confessed in his diary: »If I had had faith, I should have remained with Regine«[20]. HAMANN did have faith, of such a kind that he did not marry his Regina according to the forms of the world. But he lived with her in faithful and humorous acceptance of the *mala domestica* and *gaudia domestica* all his life. This marriage is perhaps the best illustration of HAMANN's faith in God, whom he recognised primarily as *giving*, not demanding, and giving, moreover, the possibility of a life at peace with him: thus HAMANN's life in humour may be seen as a clue to God's relation with the world.

There are however other elements in HAMANN's writings which fill out the picture of the attraction and the repulsion which KIERKEGAARD felt. The first significant connexion between the two is an entry in KIERKEGAARD's diary for September 10, 1836. Here we read:

> HAMANN suggests a very interesting parallel between the Law of Moses and reason. He starts from HUME's words, »the last fruit of all worldly wisdom is the recognition of human ignorance and weakness« ... Our reason, says HAMANN, is therefore just what Paul calls the law – and the command of reason is holy, righteous and good. But is reason given to us to make us wise? As little as the law was given to the Jews to make them righteous, but to convince us of the opposite, how unreasonable our reason is, and that our errors must increase through it, as sin increased through the law.

And to this entry KIERKEGAARD adds another quotation from HAMANN:

> Ist es nicht ein alter Einfall, den du oft von mir gehört: incredibile sed verum? Lügen und Romane müssen wahrscheinlich sein, Hypothesen und Fabeln; aber nicht die Wahrheiten und Grundlehren unseres Glaubens[21].

One sees here how KIERKEGAARD was attracted by HAMANN's splendid ability to tackle the problem of faith at the very point where the Enlightenment, in the person of David HUME, had reached its limit. When HUME said that »mere reason is insufficient to convince us of the veracity of faith«, HAMANN replied, »That's just how it is«. For »Glauben geschieht so wenig durch Gründe, als Schmecken und Sehen«[22]. When HUME said, presumably in mockery, that

---

[19] Papirer VIII A 251.   [20] Papirer IV A 107.
[21] Papirer I A 237.   [22] NADLER, II, p. 74.

you are persuaded »of a continual miracle«, HAMANN himself was unashamedly convinced of that miracle.

Later KIERKEGAARD noted with approval that »it is the highest degree of irony for HAMANN to say somewhere that he would rather hear the truth from a Pharisee against his will than from an apostle or an angel«[23]. HAMANN's exact words, in a letter to LINDNER, were:

> Ich habe Ihren Herrn Schwager noch nicht gehört, und wähle mir keine Prediger mehr, sondern nehme für lieb mit dem, der liebe Gott giebt. Baumgarten, Reichel, Forstmann, Paulus und Cephas sind Menschen, und ich höre öfters mit mehr Freude das Wort Gottes im Munde eines Pharisäers, als eines Zeugen wieder seinen Willen, als aus dem Munde eines Engels des Lichts[24].

But this seems to me to be more than irony, or a clever turning of the tables on HUME. Of course it is a declaration of war on a too narrow concept of reason, and this is doubtless what attracted KIERKEGAARD in the first instance to HAMANN. For KIERKEGAARD was seeking a way out of the conflict which he knew in himself between philosophy and Christianity. At this point, therefore, we may see the closeness of the two in their movement away from the norms of the Enlightenment. And it was from this point, from the deliberate assertion of the positive possibility of faith, that KIERKEGAARD moved into his massive attack upon the customary Christian apologetic in terms of the traditional proofs of the existence of God, and with its assumption that intellectual certainty was basic to faith.

Similar, too, is the starting-point for KIERKEGAARD's discussion of LESSING's necessary truths of reason, independent of contingent truths of history. LESSING for KIERKEGAARD played approximately the part that HUME played in HAMANN's thought. And the common ground is clear. When HAMANN, in a letter to JACOBI of February 18, 1786, writes:

> Denn wenn die Narren sind, die in ihren Herzen das Dasein Gottes läugnen, so kommen mir die noch unsinniger vor, die selbiges erst beweisen wollen,

then it is clear that from this and similar utterances KIERKEGAARD found support for his attack on all systematic formulations as a substitute for an existential decision. That KIERKEGAARD ended as an anti-rationalist cannot, I think, be denied. It is, however, by no means so clear that HAMANN can be so described (far less as an irrationalist). KIERKEGAARD moved in a straight line from LESSING to the need for that very *salto mortale* which LESSING could not take. But HAMANN held on to his basic apprehension of the presence of God in his life

---

[23] Papirer II A 2.   [24] Briefwechsel, I, p. 431.

in and through the signs given to him in and through the world. Certainly, both HAMANN and KIERKEGAARD speak of the impossibility of a system of existence. HAMANN could say: »Das System ist an und für sich ein Hindernis zur Wahrheit«[25], and KIERKEGAARD adds, more precisely still, »the humorist has no system«[26]. And in the Concluding Unscientific Postscript he writes that there is a system of existence only »for him who is both inside and outside existence, eternally complete and yet containing existence in himself, namely God«[27]. For KIERKEGAARD the truth of Christianity is objectively uncertain, and subjectively true. But for HAMANN the key to Christian existence is not the absurd, but God's continuous and absolute condescension. The connexion between God and the world is not broken. So HAMANN's faith retains, through the events of the historical world, an intimate relationship with reason. His clearest words on the relation of reason to faith are probably to be found in a letter to JACOBI, where he writes:

Unsere Vernunft muß warten und hoffen – Dienerin, nicht Gesetzgeberin, der Natur sein wollen[28].

One is forced to recognise, nevertheless, that there is a basic affinity between KIERKEGAARD and HAMANN, echoes of which are to be heard even as KIERKEGAARD is moving far away from HAMANN. Thus KIERKEGAARD quotes HAMANN's words with approval in the Concept of Dread:

Diese Angst in der Welt ist aber der einzige Beweis unserer Heterogeneität. Denn fehlte uns nichts, so würden wir es nicht besser machen, als die Heiden und Transcendental-Philosophen, die von Gott nichts wissen, und in die liebe Natur wie die Narren vergaffen; kein Heimweh würde uns anwandeln. Diese impertinente Unruhe, diese heilige Hypochondrie, ist vielleicht das Feuer, womit wir Opfertiere gesalzen und vor das Fäulniss des laufenden seculi bewahrt werden müssen[29].

KIERKEGAARD shared to the full HAMANN's sense of being an exception, a single person, full of contradictions, who recognised himself as called by God precisely through this knowledge of his difference or heterogeneity. »Periissem nisi periissem«, says HAMANN repeatedly[30], and KIERKEGAARD repeats after him, »periissem, nisi periissem is and remains the motto of my life«[31]; and he uses these words as the motto for a part of Stages on Life's Way. And again, in Fear and Trembling, the most personal of all KIERKEGAARD's writings – at least

[25] GILDEMEISTER, op. cit. V, p. 228.
[26] Papirer II A 140.
[27] SV² VII, p. 107
[28] GILDEMEISTER, op. cit. V, p. 16.
[29] SV² IV, p. 472; cf. Papirer III A 235.
[30] e.g. Hamanns Schriften, ed. ROTH, III, pp. 151, 224.
[31] Papirer IV A 48.

in its primary impulse – KIERKEGAARD asks the question about the teleological
suspension of the ethical. He is speaking ostensibly of Abraham's intention to
sacrifice Isaac, but the source of his question is his own experience of the break-
ing of his engagement with Regine, where the ethical demand is violated
for the sake of a higher demand. We can better understand KIERKEGAARD's
agonising effort to grasp the nature of faith when we keep in mind HAMANN's
treatment of the same theme. In his little essay on the Wise Men from the East,
the Magi aus Morgenlande, he raised the same question. For the coming of the
wise men to worship Christ had introduced the possibility, and the actuality,
of disaster: the slaughter of the innocents and the flight into Egypt of the new-
born King of the Jews. »Es giebt Handlungen höherer Ordnung«, writes HA-
MANN, »für die keine Gleichung durch die Elemente dieser Welt heraus gebracht
werden kann.«[32]

Yet once again we must note how different the consequences were for
KIERKEGAARD than for HAMANN. For HAMANN his position as an exception
and as a single person, and the very wilderness in which he preached, did not
lead him into isolation. But as it were by a divine sleight of hand the wilderness became the ordinary world of relationships in which he lived; whereas
for KIERKEGAARD the wilderness was increasingly the construction of his own
solitude.

Yet almost from the beginning of his attraction to HAMANN KIERKEGAARD
felt certain reservations. In an entry of the diary for 1837 we read:

Humour can approach the blasphemous. HAMANN will rather hear wisdom from
Balaam's ass or from a philosopher against his will than from an angel or an apostle[33].

And in the same year he adds:

This polemic [of HAMANN's] goes too far, and sometimes has something blasphemous
in it, almost as though he wanted to tempt God[34].

Our first reaction is one of astonishment. What is the point of KIERKEGAARD's
qualms? Is KIERKEGAARD after all not the prophet of indirect communication?
Why should the truth not come better from Balaam's ass or from a philosopher
against his will than from an apostle or an angel? Is this not precisely what
KIERKEGAARD wanted, with his immense stress on the indirect communication
of the possibility of offence and the possibility of faith? And did he not shar e
with HAMANN the need for pseudonymity, for seeming worse than you are,
for the lack of direct authority and the consequent affirmation of the maieutic
method which both of them admired so much in Socrates?

---

[32] NADLER, Werke, II, p. 140.   [33] Papirer II A 105.
[34] Papirer II A 12.

It is certainly true that KIERKEGAARD appeared to the world worse than he was. But there is a real difference here. HAMANN lived out in his life what KIERKEGAARD proposed for himself as an ideal possibility. HAMANN was thoroughgoing, and wrote all his works under pseudonyms. KIERKEGAARD sought in the end a way of directness. Even in his early days, alongside the aesthetic, pseudonymous writings, he published the Edifying Discourses under his own name. And in the end he reached a point which he described as that of immediacy after reflection, the second immediacy. At this point, in virtue of the paradox, he denied the relation of God to the world, and Christianity became identified with suffering, the suffering of the single person. In the strength of the paradox he denied the world, and his last writings were a direct and undialectical attack on the church in Denmark. But HAMANN remained the humorist to the end. For him »läßt sich Gott ... gerade auf die Welt ein«[35], and it is precisely this connexion of God and the world which both demands and makes possible the attitude of the humorist to the very end.

The deep difference between the two at this point might well be summarised in their respective attitudes to LUTHER. »Ich lutherisiere«, said HAMANN once, and he never left the Lutheran fold. KIERKEGAARD on the other hand became increasingly critical of LUTHER. The later diary abounds in such criticism. Basically this criticism sprang from KIERKEGAARD's increasing interiority, and spiritualising of faith, with the concomitant assertion of the primacy of paradox as *the* category of Christianity. In fact one might almost say that he demanded the paradox as a kind of pre-requisite for understanding Christianity – a very different demand, it seems to me, from that of RUDOLF BULTMANN as a hermeneutical principle.

In brief, therefore, we may say that KIERKEGAARD located the blasphemous element in HAMANN's view in HAMANN's indirect and humorising relation to the divine revelation, in which the incognito of God in the world was never overcome.

At the same time one must recognise that KIERKEGAARD was conscious from a very early stage of his disagreement with HAMANN. In the analysis of the spheres of existence, in the Stages on Life's Way, and in the Concluding Unscientific Postscript, we find a subtle and massive rejection of humour as the mark of Christian existence. It is only in the strength of HAMANN's life, as he understood it, and as I re-enact it in my understanding, that I dare to reject KIERKEGAARD's final position[36].

---

[35] Hamanns Hauptschriften erklärt, ed. KARLFRIED GRÜNDER, I. p. 50.

[36] Yet even at this point I must enter a reservation. K's final position is not to be understood as a naive summons to a sectarian existence. His attack on the church is to be seen as

Humour, writes KIERKEGAARD in the Concluding Unscientific Postscript, is a heathen speculation which has come to *know* the Christian element. »It can come deceptively near to the Christian position ... but where the decision grasps the existing single person ... where the decision takes place in the moment, and the movement drives forward to a relation with the eternal truth, which stepped into existence in time: there the humorist cannot follow.«[37] »The Christian position inheres in the decision and decisiveness«[38], whereas humour is only the last *terminus a quo* for the determination of the Christian position. Humour means disengagement. Or, as he says in the Stages on Life's Way, humour is the last *confinium* before the religious. »The humorist touches in pain the mystery of existence, and then goes home again.«[39]

It seems to me that this view of Christianity ultimately means the destruction not only of the understanding but also of the world. As KIERKEGAARD himself says, »in my relationship to God I have to learn to give up my finite understanding«[40]. But we must say against this that the God-man, despite every temptation, is not against but for the world. Precisely in his suffering he is for the world. The end is not the exception, separated from the world, but the society of faith in which the world is overcome, and thus renewed and restored. If KIERKEGAARD here objects that this is sheer immanence, then I answer with HAMANN that the Christian humorist, precisely in the strength of his eschatological decision, is at once thrown back into the world. The humorist does not just go home again, after he has touched the pain of existence. He takes it with him into the world, but he does not see it as the ultimate mystery of existence. This does not mean that HAMANN offers us a *theologia gloriae* without the cross. But it means that he discerns, not suffering, but humour as the form of faith in the world. For him, therefore, humour is the expression of the faith that God holds everything in his hand. That means that in Christ he is completely bound up with the world, but precisely in and through this binding he is sovereign and free over against the world. His love for the world can be grasped in and through the suffering of Christ. But it is not imprisoned in

the presentation of the ideal which as a »poet of the religious«, a »spy in the service of God«, and the like, he felt called to witness to. Thus neither the Diary of his last years, nor the brilliant pamphlets of the *Instant*, should be regarded as the expression of K's own biography: the directness which is here presented is not a directness of life, but a literary form. Nevertheless, HAMANN, who never really wrote for writing's sake, far less in order to portray an ideal Christianity, kept himself from any such directness. His *tierischer Ernst*, unlike K's, was controlled by humour.

[37] SV² VII, p. 259.
[38] SV² VII, p. 258.
[39] SV² VII, p. 437.
[40] SV² VII, p. 164.

the suffering of Christ. Yet even through the suffering of Christ, on HAMANN's view, we may discern the peace of God, which is the heart of his humour.

It is true that no reader of KIERKEGAARD's diaries will wish to deny that he too knew the reality of this eschatological peace. I am bound, therefore, to draw the conclusion that his categories, and especially the category of the paradox, are not an adequate expression of his own experience of faith. I am by no means inclined to suggest that the category of the paradox, and with it the determination of Christianity as suffering, is merely false. On the contrary, it is immensely fruitful, as KIERKEGAARD himself says, »as an ontological determination, which expresses the relation between an existing knowing spirit and the eternal truth«[41]. But this determination is not the last word in that relation.

KIERKEGAARD's last entry in his diary shows us the destructive end:

What does God desire? He desires souls who can praise and pray and adore him – the business of angels. That is why God is surrounded by angels. For he does not desire the kind of beings of whom there are legions in Christendom, who are ready to trumpet his praises for ten shillings. No, it is angels that please him. And what pleases him more than angels is a man who, in the last lap of his life, when God is transformed into sheer cruelty, because he does everything to deprive him of pleasure in life, nevertheless holds fast to the belief that God is love ... Every time that God hears praise from such a man, whom he reduces to the last point of world weariness, God says to himself, This is the right note[42].

In a world of cruelty and evil and fear, who can fail to be moved by this reality of the faith of KIERKEGAARD? And yet it is not the promised abundance of life which is here offered to us. In fact, there is here a demand for directness which is not given to us. The suffering which is undoubtedly inherent in living in an evil world is not the last word. But the last word is found in the reality of the being of God for the world in Christ, in such a way that the world is not destroyed but affirmed, re-affirmed. It is in this context that on my view the category of humour, which is more than a category but an actual life, as we see it in HAMANN, achieves its full potency of judgment and invitation. Certainly it is a life which is fulfilled not without suffering, and not without radical decision and decisiveness in and through the historical world. But in the last resort it is a life which indicates, to faith, an overcoming of the world and of history which takes place in the world itself.

[41] Papirer, 1847 (exact reference mislaid).
[42] Papirer XI² A 439.

DAS PROBLEM DER EUTHANASIE
IM SPIEGEL EVANGELISCHER ETHIK

Ein Gutachten

ERNST WOLF

Der Blick zurück über dreißig Jahre auf die allerersten Anfänge einer durch den Kirchenkampf ausgelösten oder erst deutlich ans Licht gesetzten tiefgreifenden Wandlung in Kirche und Theologie läßt für Herbst und Winter 1933 die Auseinandersetzung mit der »Judenfrage« durch den Arierparagraphen in der Kirche neu lebendig werden. Am Beginn des Jahres 1933, noch vor der sog. Machtergreifung, stand ein Zwiegespräch im Jüdischen Lehrhaus in Stuttgart zwischen K. L. SCHMIDT und M. BUBER über »Kirche, Staat, Volk, Judentum« (ThBl 12, 1933, H. 9). Darin der Satz: »Eine Kirche, die nichts weiß, nichts wissen will von Israel, ist eine leere Hülse« (Sp. 264); aber im Blick auf die »praktischen« Fragen etwa rassenbiologischer Art bleibt es dann doch bei einer bloßen Warnung, daß von da aus »der Kampf gegen das Judentum zu einem Kampf gegen die Substanz der Kirche« werden könne. Ende 1933 war es dann so weit. R. BULTMANN hat in diesen Kampf energisch eingegriffen, nicht nur durch seinen maßgebenden Anteil an dem Gutachten der Marburger Theologischen Fakultät zum »Kirchengesetz über die Rechtsverhältnisse der Geistlichen und Kirchenbeamten« und an dem Gutachten vor allem von Neutestamentlern: »Neues Testament und Rassenfrage«, beide von Ende September 1933 (ThBl 12, H. 10), sondern vor allem mit einem grundsätzlichen gutachtlichen Aufsatz »Der Arier-Paragraph im Raume der Kirche« (ThBl 12, H. 12), der sich in scharfer Polemik und klarer Argumentation mit den damals vorliegenden Stellungnahmen dazu auseinandersetzt. Ein Musterstück sozusagen »angewandter Theologie«.

Im Folgenden soll – nicht zuletzt in dankbarer Erinnerung an die damals von R. BULTMANN geleistete Hilfe zur Klärung – ein ähnliches Stück dargeboten werden, das zunächst lediglich den Weg einer anderen, der Kirche von außen gestellten und ihre Sorge um den Menschen angehenden Frage in der Geschichte ihrer Theologie und ihrer gelegentlichen Entscheidungen skizziert und dabei eine ähnliche »Ungerüstetheit« feststellt, wie sie damals bei der »Arierfrage« sich verhängnisvoll auftat.

Es geht um das Problem der sog. Euthanasie. *»Euthanasie«* wird im allgemeinen heute (vgl. EKL I, 1185; RGG³ II, 743–745) in vierfachem Sinn verwendet, nämlich 1. im engsten Sinn als Hilfe beim Sterben ohne Lebensverkürzung;
2. im weiteren Sinn als Hilfe zum Sterben mit möglicher Lebensverkürzung; –
3. im weitesten Sinn als Tötung hoffnungslos unheilbar und qualvoll Leidender
(Tötung auf Verlangen); – 4. in uneigentlichem Sinn (sogenannte Euthanasie)
als Vernichtung »lebensunwerten« bzw. »unterwertigen« Lebens oder als
eugenische »Ausmerze«.

Wir verfolgen die Stellungnahmen in den theologischen Ethiken und den einschlägigen Monographien (A), in den theologischen Lexika (B) und in den grundsätzlichen Stellungnahmen kirchlicher Werke und kirchlicher Synoden (C).

A. Theologische Ethiken (bzw. Moraltheologien) und Monographien:

1. Im allgemeinen zeigen die einschlägigen theologischen Ethiken, Sitten-
und Morallehren ein bemerkenswert geringes Interesse an der Behandlung
dieser Probleme, u. zw. ähnlich wie auch in der *katholischen Moraltheologie*.

Vgl. für diese zB J. MAUSBACH/G. ERMECKE, Kathol. Moraltheologie III, 1953⁹, S. 74/75
(14 Zeilen!) u. S. 80 (2 Zeilen!); dazu die knappe Feststellung von A. NIEDERMEYER, Handbuch der speziellen Pastoralmedizin VI (Sterben und Tod), 1952, nach ausführlicher Erörterung der medizinischen, sozialbiologischen und juridischen Fragen (S. 3–55): »Über
den Standpunkt der Moraltheologie ist insofern nicht viel zu berichten, als er schlicht,
einfach und klar das V. Gebot Gottes interpretiert: ›non occides‹. Hieraus ergibt sich ganz
eindeutig das Prinzip, daß es *niemals* erlaubt ist, einen Unschuldigen direkt zu töten:
»Nunquam licet directe occidere innocentem« (56, reiches Lit.-Verz. 68–72).

Eine Ausnahme bilden in geringer Anzahl monographische Abhandlungen
der Fragen.

Vgl. M. ULBRICH, H. SCHREINER, F.W. SCHMIDT, W. STROOTHENKE, alle weiter unten,
katholischerseits zB W. SCHÖLLGEN, Arzt, Seelsorger und Kurpfuscher, 1949, 50–64.

Der Grund für diese relative Unergiebigkeit der einschlägigen theologischen
Literatur dürfte darin zu erblicken sein, daß das Problem der Euthanasie unter
dem beherrschenden Gesichtspunkt des biblischen Tötungsverbots (mit Ausnahme von Todesstrafe, Krieg und Notwehr), der uneingeschränkten Achtung
des Lebens des Menschen als der Krone der Schöpfung und nach der kirchlichen Beseitigung antiker und germanischer Rechtsbräuche der Tötung miß-
gestalteter und schwächlicher Kinder, auch der Empfehlung von Selbstmord
bzw. Tötung auf Verlangen bei Greisen jahrhundertelang überhaupt so gut
wie gar nicht vorstellbar gewesen ist. Es scheint ganz selbstverständliche Ansicht zu sein – an der auch die rein theoretischen Erwägungen des THOMAS
MORUS in seiner Utopia von 1516 kaum etwas ändern –, daß, ebenso wie

Selbstmord verpönt und unter kirchliche Strafe gestellt ist, Euthanasie, insbesondere aber Vernichtung »lebensunwerten« Lebens im Bereich christlicher Kultur keinen Ort haben.

Vgl. M. ULBRICH, Dürfen wir minderwertiges Leben vernichten? 1923, S. 5: »Die Jahrhunderte des Mittelalters lehnten unter Einfluß der Kirche jeden Eingriff ins eigene Leben und das des anderen streng ab und belegten den Selbstmörder mit einem Makel. So blieb es auch in der evangelischen Kirche, wenn man auch in einigen Gegenden Milde walten ließ, sobald ein Arzt die Unzurechnungsfähigkeit des aus dem Leben Geschiedenen bescheinigte« (näml. im Fall des Selbstmordes).

2. Eine scheinbare Ausnahme von diesem Gesamtbild, die gelegentlich als evangelische Stellungnahme *für* die Vernichtung »lebensunwerten« Lebens in der neueren, für die Euthanasie eintretenden Literatur aufgeboten wird (vgl. S. 14), ist LUTHERS Gelegenheitsbemerkung über die obrigkeitlicherseits zu veranlassende Ertränkung eines sog. Kielkropfs oder Wechselbalgs. Sie findet sich in den Tischreden als Niederschlag vermutlich wiederholter Erzählung zwischen 1531 und 1541 (in mehreren Versionen WATR V, Nr 5207) und besagt, daß Luther den Fürsten zu Anhalt in Gegenwart des sächsischen Kurfürsten geraten habe, einen zwölfjährigen Wechselbalg in Dessau zu ertränken:

»...Wenn ich da Fürst oder Herr wäre, so wollte ich mit diesem Kinde in das Wasser, in die Molda, so bei Dessau fleußt, und wollte das homicidium dran wagen! Aber der Kurfürst zu Sachsen, so mit zu Dessau war, und die Fürsten zu Anhalt wollten mir nicht folgen...«
Als Begründung gibt Luther ausdrücklich an: »...daß solche Wechselkinder nur ein Stück Fleisch, eine massa carnis, sein, da keine Seele innen ist; denn solches könne der Teufel wol machen .... Da ist denn der Teufel in solchen Wechselbälgen als ihre Seele. Es ist eine große Gewalt des Teufels, daß er unsere Herzen also gefangen hält.«

Diese singuläre Äußerung gehört eindeutig in den Zusammenhang von LUTHERS grandioser, ans Pathologische grenzender Anschauung von der Verteufelung der Welt und kann, ohne daß man diesen Zusammenhang in vollem Umfang als gültig akzeptiert, *nicht* als ein »theologisches« Votum zugunsten der Vernichtung »lebensunwerten« Lebens geltend gemacht werden, wie immer man die »Menschlichkeit« eines derart extremen Krankheitsfalles auch in Frage stellen wollte. Für LUTHER handelt es sich hier um ein »Teufelskind« seinem Wesen nach, wovon er sehr wohl die »teuflische« Besessenheit vernunftbegabter, also für ihn menschlicher Lebewesen zu unterscheiden vermag.

3. Unter den *evangelischen theologischen Ethikern des 19. Jh.s* geht lediglich der Erlanger Professor und spätere sächsische Oberhofprediger CHR. F. VON AMMON († 1850) in seinem Handbuch der christl. Sittenlehre III/1, Leipzig 1829 gel. der kasuistischen Aufführung der für »vorsätzlichen Mord« in Be-

tracht kommenden Möglichkeiten in § 151 auf die Frage im Anschluß an
LUTHERS Äußerung ein:

»Auch LUTHER hatte die Schwachheit, an Buhlteufel, Wechselbälge und Kielkröpfe zu
glauben (Werke T. I, 675) und die Ersäufung dieser unglücklichen Geschöpfe anzurathen.
Es ist aber nicht nur unmenschlich, das, was eine Mutter unseres Geschlechtes lebendig zur
Welt geboren hat, früher zu zerstören, als es von der Natur geschieht, sondern auch
gefährlich, weil selbst die schwächlichsten Kinder allmählig erstarken, und namentlich die
Kretine und Kakerlaken einer mannigfachen Bildung fähig sind. Die Erlaubniß, abnorm-
gestaltete Kinder zu töten, würde bald eine weite Verbreitung des Kindermordes zur Folge
haben« (30/31).

Dieses Urteil eines rationalen Supranaturalisten bestätigt, für wie unmöglich
man im allgemeinen das Problem der Euthanasie und dementsprechend eine
theologische Beschäftigung mit ihm herkömmlicherweise hielt.

Die großen christlichen Sittenlehren und theol. Ethiken des 18. (J.L.Mos-
HEIM, 1735/53; J.J.BAUMGARTEN, 1738) und des 19. Jh.s (W.M.L. DE WETTE,
1819/23; S.A.KÄHLER, 1835; D.F.SCHLEIERMACHER, 1843; G.C.A. VON HAR-
LESS, 1853; A.WUTTKE, 1864; R. ROTHE, 1869ff; A.F.C.VILMAR, 1871;
J. CHR. VON HOFMANN, 1878; D. ZAHN, 1881; FR. H.R.FRANK, 1884ff;
H.MARTENSEN, 1888; H.SCHULTZ, 1891; C.E.LUTHARDT, 1896; J.KÖSTLIN,
1899) behandeln dementsprechend das Problem nicht. Ebenso führende theo-
logische Ethiker des beginnenden 20. Jh.s (W. HERRMANN, 1901, [5]1913;
L. RAGAZ, 1904; L. LEMME, 1905; TH. HÄRING, 1907; J.GOTTSCHICK, 1907;
A. SCHLATTER, 1914, [3]1929; W.MAYER, 1922).

4. Auch das Akutwerden des Problems mit Erfahrungen im ersten Weltkrieg
und mit der vor allem publizistischen Verhandlung der Fragen, zT im Anschluß an die Aufsehen erregende Broschüre von K. BINDING und A. HOCHE,
Die Freigabe der Vernichtung lebensunwerten Lebens. Ihr Maß und ihre Form
(1920, [2]1922), führte zunächst noch nicht zu einem Aufgeben der traditionellen
Zurückhaltung in den theologischen Ethiken.

Für die literarische und publizistische Aktualisierung des Problems vgl. F. A. B.WEHR-
MANN, Euthanasie und Vernichtung unwerten Lebens. Ein quellenmäßiger Bericht über die
moderne Literatur des Problems, in: Archiv für Bevölkerungspolitik, Sexualethik und
Familienkunde, 1931, 101–113.

Wenn daher Obermedizinalrat Dr. MELTZER in einer öfters angeführten
Umfrage an Eltern nach ihrer Stellungnahme zur Tötung blödsinniger Kinder
im Herbst 1920 erklärt: »Selbst hochstehende Vertreter der Theologie sind der
Auffassung, daß eine solche Handlung dem Geiste der christlichen Religion
nicht widersprechen würde, weil sie, aus reinstem Wohlwollen für die leidende
Menschheit hervorgegangen, eine tief sittliche sein würde« (vgl. WEHRMANN,

aaO, 112) – dann dürfte damit wohl nur auf wenig durchdachte Gelegenheitsäußerungen Ungenannter Bezug genommen sein (vgl. S. 14).

Eine klare Ablehnung der sog. Euthanasie hat hingegen 1928 der Theologe
H. SCHREINER in einer viel beachteten Schrift ausgesprochen (Vom Recht zur
Vernichtung unterwertigen Menschenlebens, in: Arzt und Seelsorger H. 13).

5. Das Gesetz zur Verhütung erbkranken Nachwuchses vom 14. 7. 1933,
eine Denkschrift des Preußischen Justizministers KERRL: »Nationalsozialistisches
Strafrecht«, die in Kap. 2 Tit. 1 das Problem der Euthanasie (im Sinn von Tötung auf Verlangen und von Vernichtung unwerten Lebens) nur hypothetisch
erörtert, zuletzt der Bericht über die Arbeit der amtlichen Strafrechtskommis-
sion, die der Reichsjustizminister Dr. GÜRTNER unter dem Titel »Das kommende
Deutsche Strafrecht« 1935/36 herausgab, scheinen aber die Diskussion neu in
Gang gesetzt zu haben, obwohl der Berichterstatter im Abschnitt »Tötung«
des Berichts von 1935/36 ausdrücklich erklärt (Prof. VON GLEISPACH):

> »Eine Freigabe der Vernichtung sogenannten lebensunwerten Lebens kommt nicht in
> Frage … die Kraft der sittlichen Norm des Tötungsverbots darf nicht dadurch geschwächt
> werden, daß aus bloßen Zweckmäßigkeitsgründen Ausnahmen für die Opfer schwerer
> Erkrankungen oder Unfälle gemacht werden, mögen auch diese Unglücklichen nur durch
> ihre Vergangenheit oder äußere Erscheinung dem Volkskörper verbunden sein.«

Insofern braucht es nicht aufzufallen, daß die »Politische Ethik« des protestantischen Theologen G. WÜNSCH (1936), ebenso die größeren ethischen
Entwürfe von W. LÜTGERT (Ethik der Liebe, 1938) und EMIL BRUNNER (Das
Gebot und die Ordnungen, 1939) die Frage der Euthanasie in keiner Weise
materiell berühren.

Als erster geht F. W. SCHMIDT in einem Vortrag: »Sterilisation und Euthanasie«
(1933) auf sie ein, lehnt aber bei aller nachdrücklichen persönlichen Zustimmung zum Nationalsozialismus und auch zur Sterilisation auf Grund eugenischer Indikation die Euthanasie ab. Ihre Folge wäre »eine furchtbare Entseelung
unserer Kultur« (23), vor allem durch Beseitigung entscheidender Motive
(opferwilliger Dienst am Leid und der Gesamtschuld) gesellschaftlicher Verantwortlichkeit. Prinzipielle ethische Gegenargumente fehlen aber bezeichnenderweise.

Die ebenfalls bewußt als »Nachzeichnung nationalsozialistischer Grund-
anschauungen« konzipierte Ethik von R. SEEBERG (1936) bejaht »im Notfall«
die Sterilisation als eugenische Maßnahme, meldet aber zugleich Bedenken an
gegen die Schwangerschaftsunterbrechung auf Grund eugenischer Indikation –
»weil es sich doch um eine Zerstörung werdenden menschlichen Lebens handelt« (268 f) –, geht jedoch mit keinem Wort auf die Frage der Euthanasie ein.
In Konsequenz der Stellungnahme zur eugenischen Indikation müßte SEEBERG

Tötung auf Verlangen und »Ausmerze« jedenfalls ablehnen. Eingehender behandelt A. DEDO MÜLLER (Ethik, 1937) im Anschluß an die durch das Gesetz zur Verhütung erbkranken Nachwuchses aufgeworfenen Fragen auch die Euthanasie: a) Tötung Schwerkranker, die urteilsfähig sind, könne unter Voraussetzung des Wunsches, zumindest des Einverständnisses des Kranken als Möglichkeit erwogen werden, sei aber als Selbsttötung zu beurteilen, für deren Verwerfung zwingende Gründe sprächen (291); b) die Tötung Blödsinniger sei »unter allen Umständen ... ein Todesurteil über einen anderen«, wobei gewiß die dafür erwogenen Gesichtspunkte nicht leicht zu nehmen seien. Generell sei aber zu befürchten, daß der »in der Tötung Unschuldiger doch zweifellos vorliegende Eingriff in die Sphäre, die Gott als der Herr des Lebens sich vorbehalten hat, eines der sichersten Fundamente ins Wanken geraten läßt, auf denen alles höhere menschliche Leben ruht: die unbedingte Ehrfurcht vor dem Leben« (293). Auch A. DEDO MÜLLER umgeht eine direkte ethische Stellungnahme zum Problem, sucht vielmehr indirekt zuletzt für Ablehnung der Euthanasie im Sinne der Tötung auf Verlangen bzw. der Ausmerze zu plädieren, wobei Eingriff in die Vollmacht Gottes und Verletzung der unbedingten Ehrfurcht vor dem Leben die Hauptargumente bilden.

Die umfangreichste Monographie zum Fragenkomplex hat 1940 W. STROOTHENKE vorgelegt (Erbpflege und Christentum. Fragen der Sterilisation, Aufnordung, Euthanasie, Ehe). Sie behandelt S. 95–125 die Euthanasie. Allerdings ist ihr Anspruch auf theologische und ernsthafte ethische Behandlung der Fragen selbst höchst fragwürdig.

Vgl. für das theologische Niveau die kennzeichnenden Sätze: »In Phil. 1, 22–24 kann man einen der Euthanasie ähnlichen Gedanken erblicken. Paulus würde gern sterben, um bei Christus zu sein« (117) – »Die entscheidende Frage ist, ob zu den von Jesus als erlaubt anerkannten Tötungen, wie Todesstrafe und Kriegstötung, auch die Euthanasie hinzugenommen werden darf. Diese Frage läßt sich auf Grund der Heiligen Schrift nicht entscheiden« (118). Das genügt!

STROOTHENKE sieht das ganze Problem unter dem beherrschenden Gesichtspunkt der Erbpflege, d. h. der positiv zu beurteilenden, wenn auch durch »sittliche« Erwägungen einzuschränkenden Zweckmäßigkeit »ausmerzender erbpflegerischer Maßnahmen des Staates«, von denen er behauptet, daß die evangelische Kirche Deutschlands sie »grundsätzlich« bejahe. Abgelehnt werde – und wird auch von STROOTHENKE – der Zwang bei der Durchführung (47); Begründung:

»Tötung minderwertiger Kinder ist wie die Schwangerschaftsunterbrechung eine zusätzliche erbpflegerische Maßnahme, für welche ein Notstandshandeln mit Zwang nicht erforderlich und deshalb sittlich nicht gerechtfertigt ist. Die Mehrzahl der Eltern werden von selbst die Tötung gutheißen« (112). »Eine Tötung von Mißgeburten kommt so nur in den Fällen in Betracht, wo beide Eltern sie wünschen« (113). – »Jede Euthanasie wirkt nur mittelbar auf die Erbpflege durch Schaffung von Lebensraum für Erbtüchtige. Eine völkische Lebensnotwendigkeit ist sie nicht, und Zwang muß daher von der Gemeinschaftsethik abgelehnt werden« (123 f.).

Zusammengefaßt: »In ethischer Beurteilung ist die zwangsweise Euthanasie Erwachsener genauso zu verwerfen wie die Tötung von Mißgeburten ohne die Einwilligung der Eltern und die zwangsweise Schwangerschaftsunterbrechung« (115). – Die von STROOTHENKE in Anspruch genommene »Gemeinschaftsethik« gibt aber »die sittliche Begründung der Euthanasie in zwei zusammengehörigen Voraussetzungen: das Begehren des einzelnen und die Entscheidung des Staates über die Berechtigung dieses Begehrens. Keines von beiden darf fehlen« (122). Den primitiven utilitaristischen und materialistischen Pragmatismus STROOTHENKES enthüllt der unmittelbar anschließende Satz: »Es sei nochmals betont, daß die Euthanasie im Rahmen der natürlichen Werte bleibt. Die Tiefen der menschlichen Seele aufzudecken, um zu einem auch sittlichen Werturteil zu kommen, ist weder möglich noch nötig. Die Existenz der Seele wird durch die Tötung ja nicht berührt«; ihrer harrt ein neues Dasein entweder in Reinkarnation oder in einer Ewigkeit (122).

Die Ausführungen evangelischer Theologen zur Euthanasie in der Zeit des Dritten Reichs, soweit sie in Publikationen grundsätzlicher Art vorliegen, weichen einer unmittelbaren Stellungnahme theologischer Ethik zu den Sachfragen der Euthanasie zuletzt aus oder führen zu einem darauf gänzlich verzichtenden Pragmatismus. Immerhin wird selbst in diesem Fall ein zwangsweises, die Zustimmung der Betroffenen oder der für diese Verantwortlichen außer acht lassendes Vorgehen verworfen.

Zwei nichtveröffentlichte, in kirchlichem Auftrag erstattete Gutachten aus dem Jahr 1940 a) von dem jetzigen Prof. D. H. VOGEL-Berlin und b) von dem jetzigen Prof. D. H. DIEM-Tübingen lehnen die Ausmerzung »lebensunwerten Lebens« eindeutig ab.

H. VOGEL bezieht sich erstens auf das Tötungsverbot 2Mose 20, 13: »Die Tötung geistesschwachen oder geisteskranken Lebens ist demnach vom fünften Gebot her Mord, und zwar Mord an unschuldigen und wehrlosen Menschenleben.« Er bezieht sich zweitens auf die Seligpreisung der Barmherzigen, Mt 5, 7: »Die ›Ausmerze des lebensunwerten Lebens‹ ist Leugnung und Verachtung dieses Reiches der Barmherzigkeit und seines Königs. Sie setzt an die Stelle göttlichen Erbarmens und göttlicher Verheißung menschliche Erbarmungslosigkeit und Hoffnungslosigkeit.« Drittens fügt VOGEL Erwägungen an über den Segen der Barmherzigkeit an Elenden und über den Fluch der Unbarmherzigkeit, der sich an den unmittelbaren und mittelbaren Folgen der Tötungsaktion manifestiert, die die Kranken und Gesunden, die Ärzte und ihre Handlanger, die Gemeinschaft und den Staat, vor allem dessen Autorität, beunruhigend und zerstörerisch treffen.

H. DIEM argumentiert aus einer spezifisch evangelischen Sicht auf das Leben als Akt der Gnade Gottes, aus einer an ihr orientierten Ehrfurcht vor dem Leben, mit dem man nicht willkürlich (Selbstmord) oder fahrlässig umgehen dürfe. Von daher erhalten das biblische Tötungsverbot und die Forderung der Barmherzigkeit gegenüber den »geringsten Brüdern« ihren verpflichtenden Sinn. Es gibt für den Christen schlechterdings kein »lebensunwertes Leben«, »weil uns in den ›geringsten Brüdern‹ Christus selbst begegnen will«, und weil auch solches Leben unter der Auferstehungsverheißung stehe. Schon das Reden von »lebensunwertem Leben« ist Übertretung des fünften Gebots. Von da aus fordert DIEM ein klares, bloße emotionale Proteste übersteigendes Zeugnis der Kirche gegen die »Ausmerze«, das zugleich die Buße predigt.

6. Trotz der Aktion zur Vernichtung sog. lebensunwerten Lebens im Dritten Reich und der verschiedenen kirchlichen Proteste gehen größere Entwürfe zur theologischen Ethik aus der Nachkriegszeit auf das Euthanasie-Problem jedenfalls materiell nicht ein; so W. ELERT, Das christliche Ethos, 1949 und H. THIELICKE, Theologische Ethik, 3 Bd.e 1951–58, auch K. HEIM, 1955. Für andere ist die Frage der Euthanasie hingegen unausweichlich geworden (D. BONHOEFFER, A. DE QUERVAIN, beide noch vor 1945, N. SØE, K. BARTH, H. VAN OYEN, auch P. ALTHAUS und W. TRILLHAAS). Ihre Erwägungen stellen zT eine erhebliche Vertiefung der theologischen und ethischen Auseinandersetzung mit dem Problem dar, zT aber auch nur eine bloße Erneuerung älterer Argumentation.

H. VAN OYEN (Prof. f. Syst. Theologie in Basel) ist dabei freilich mehr am Problem einer evangelischen Ethik der Grenzfälle (Gibt es eine evangel. Ethik der Grenzfälle? in: Zeitschr. f. evangel. Ethik 1, 1957, 2ff). interessiert, beurteilt aber in diesem Zusammenhang die Euthanasie ohne nähere Differenzierung als »Fremdhilfe zum Selbstmord« und meldet Bedenken an auf Grund der Ungewißheit der Diagnose und auf Grund der durch den Hippokratischen Eid bestimmten ärztlichen Ethik.

PAUL ALTHAUS (Prof. f. Syst. Theol. in Erlangen) stellt in seinem »Grundriß der Ethik« (2. Aufl. 1953) fest: »Die Unantastbarkeit menschlichen Lebens verbietet auch die Vernichtung kranken oder ›lebensunwerten‹, ›wertlosen‹ Lebens, auch in Gestalt der Abkürzung unheilbaren Siechtums (›Euthanasie‹). Keine menschliche Instanz verfügt über einen gültigen Maßstab für Wert oder Unwert eines Lebens. Schon der Anspruch, ihn zu besitzen, ist ein Eingriff in

Gottes Majestätsgewalt. Indem er ein Leben schafft und erhält, gibt er ihm Wert, mag er für uns noch so verborgen sein. Wir sind allerdings verantwortlich, Sorge zu tragen, daß, soweit es an uns liegt, krankes Leben nicht weiterzeuge. Aber wo es dennoch geboren ist und lebt, sollen wir es, selbst durch menschliche Torheit und Schuld hindurch, als von Gott geschaffen werthalten und an ihm auch zwecklos und ›unproduktiv‹ dienen zum Zeugnis für die Würde jedes, auch des verkümmerten menschlichen Daseins, in der Hoffnung auf seine kommende Freiheit und ewige Erfüllung« (73). – ALTHAUS lehnt also bereits Euthanasie im Sinne der Sterbehilfe mit Abkürzung des Lebens ab und argumentiert von der grundsätzlichen Unantastbarkeit des Lebens als Schöpfung Gottes aus.

W. TRILLHAAS (Prof. f. Syst. Theol. in Göttingen) beurteilt in seiner »Ethik« (1959) die Euthanasie im Sinn der Tötung auf Verlangen als« indirekten Selbstmord« im Licht der kirchlichen Verurteilung des Selbstmordes seit Augustin, denn »das irdische Leben ist in jeder Form Gnade«. Zur sog. Euthanasie, zur Vernichtung lebensunwerten Lebens äußert er sich nur mit einer Kritik der Motive:

> Materielle Motive »sind untermenschliche Gesichtspunkte, die die Menschenwürde schänden, und zwar nicht nur die Menschenwürde der Bedrohten, sondern auch die Würde derer, die sich selber zu einer solchen Bedrohung des Lebens der ›Geringsten‹ (Matth. 25, 40) hergeben…« Von Abkürzung eines Leidens zu sprechen sei angesichts des meist mangelnden subjektiven Leidensempfindens Heuchelei.

und einer Warnung vor den Folgen:

> »Sobald die ethischen Hemmungen durch materielle Erwägungen niedergelegt werden, gibt es auch keine sittlichen Grenzen mehr, die für das Lebensrecht jedes Alten und Kranken einen unbedingten Schutzwall darstellen« (175).

Eine theologische Prüfung der Problematik unternimmt TRILLHAAS nicht, aber er neigt offenkundig zu genereller Ablehnung der Euthanasie, soweit es sich um Tötung auf Verlangen und um Vernichtung lebensunwerten Lebens handelt.

Eine spezifisch theologische Prüfung und Beurteilung des Problems der Euthanasie und damit der Versuch, über eine Ablehnung mit Hilfe überwiegend moralischer und pragmatischer Argumente hinauszukommen, kennzeichnet die zuletzt zu nennende Gruppe evangelischer Theologen.

A. DE QUERVAIN (Prof. f. Syst. Theol. in Bern) sucht in seiner Ethik (I. Die Heiligung. [1942] ²1946) ähnlich wie H. DIEM in seinem oben erw. Gutachten die Gesichtspunkte evangelischer Beurteilung des Tötungsrechts gegenüber naturrechtlich(-katholischer) Fassung zu klären:

»Christus, Gottes Ebenbild, durch den wir in Gottes Bild geschaffen, neu geschaffen sind«, ist der Ausgangspunkt. »Wer das Leben seiner Brüder antastet..., der vergreift sich an Gottes Eigentum. Wer sich ... an den Kranken vergreift, ... der verhöhnt Christi Leiden und Sterben. Er verwirft Christus selbst...« (404). »Der Christ liebt ... nicht das kranke oder gesunde Leben, sondern den kranken oder gesunden *Nächsten*« (407).

Daraus folgt für die Anwendung des biblischen Tötungsverbots auf die eugenische Ausmerze: »Dieses Gebot muß im Namen des Evangeliums uns bezeugt werden, und d.h. auf dem Hintergrund der Botschaft von dem, der die Schwachheit der Schwächsten getragen hat, der auch sie, grade sie an seiner Herrschaft teilhaben läßt« (429). Daher müsse der Staat »daran erinnert werden, daß Gott das Leben gibt, daß der letzte Zweck unseres Daseins darum nicht in einer schönen Gestalt und in einer reichen Entfaltung des Lebens liegt, sondern in der Liebe zum Nächsten« (430).

Diese christologische Radikalisierung allgemeiner Moral verstärkt den grundsätzlichen und generellen Charakter einer evangelischen Ablehnung der Euthanasie.

DIETRICH BONHOEFFER (Privatdozent f. Syst. Theol. in Berlin, 1945 im KZ ermordet) hat in seiner 1953 postum veröffentlichten »Ethik« sich S. 105 ff. eingehend mit der Euthanasie und den für ihre Zulassung vorgebrachten Gründen auseinandergesetzt, u. zw. unter der Frage nach dem Recht auf das leibliche Leben, bzw. nach dem Recht der Tötung menschlichen Lebens. Dazu stellt BONHOEFFER fest, daß jede bewußte Tötung unschuldigen Lebens *willkürlich* ist, und daß die Entscheidung über das Recht der Tötung menschlichen Lebens »niemals aus einer Summe von Gründen getroffen werden kann«. »Tötung fremden Lebens kann es nur auf Grund einer unbedingten Notwendigkeit geben... Niemals aber darf Tötung fremden Lebens nur eine Möglichkeit unter anderen Möglichkeiten sein, und sei sie eine noch so gut begründete Möglichkeit. Wo es nur die geringste verantwortliche Möglichkeit gibt, den anderen das Leben zu lassen, wäre Vernichtung des Lebens willkürliche Tötung, Mord ... Das Leben darf alle Gründe für sich geltend machen, für die Tötung gilt nur ein einziger Grund. Wo dies nicht bedacht wird, fällt man dem Schöpfer und Erhalter des Lebens selbst in den Arm. Wo also das Recht der Euthanasie durch mehrere verschiedenartige Gründe gestützt werden soll, dort setzt man sich von vornherein ins Unrecht, indem man indirekt zugibt, daß es einen einzigen absolut zwingenden Grund nicht gibt« (106).

Von da aus prüft BONHOEFFER die für die Euthanasie in der Regel beigebrachten Begründungen a) in Rücksicht auf den unheilbar Kranken, b) in Rücksicht auf die Gesunden. Bei a) verschiebt sich die Tötungsfrage auf die »Zulässigkeit der Beendigung des eigenen Lebens in schwerster Krankheit und der Beihilfe dazu«. Hier gilt einerseits, daß die bewußte und ausschließliche Rücksicht auf die eigene Person als Motiv die Selbsttötung zum Selbstmord qualifiziert, der nur verurteilt werden kann (114), während das Motiv des Selbstopfers, etwa um die Familie von einer Last zu befreien, die sittliche Verurteilung zumindest suspendiert. »Eine Absolutsetzung des Verbotes der Selbsttötung gegenüber der Freiheit des Lebensopfers läßt sich angesichts solcher Fälle schwerlich begründen« (115). – Bei b) ist das Argument aus dem sozialen Nutzwert eines menschlichen Lebens irrig: »Daß das von Gott geschaffene und erhaltene Leben ein ihm innewohnendes Recht besitzt, das von dem sozialen Nutzwert dieses Lebens gänzlich unabhängig ist, ist hier übersehen. Das Recht auf Leben besteht im Seienden und nicht in irgendwelchen Werten. Es gibt vor Gott kein lebensunwertes Leben; denn das Leben selbst ist von Gott wertgehalten. Daß Gott der Schöpfer, Erhalter und Erlöser des Lebens ist, macht auch das armseligste Leben vor Gott lebenswert ... Die Unterscheidung zwischen lebenswertem und lebensunwertem Leben zerstört früher oder später das Leben selbst« (108f). Bei dem Argument aus der Gefährdung der Gemeinschaft durch schwere, unheilbare erbliche Krankheiten fragt sich, »ob dieser Gefährdung nur auf dem Wege der Vernichtung dieses Lebens begegnet werden kann. Diese Frage aber ist eindeutig zu verneinen« (109). Die Frage drittens, »ob es sich bei den Fällen angeborener Idiotie überhaupt um *menschliches* Leben handelt, ist so naiv, daß sie kaum einer Antwort bedürfte. Es ist von Menschen geborenes, krankes Leben, das ja nichts anderes sein kann, als, freilich höchst unglückliches, *menschliches* Leben.«

Ergebnis: »daß auch die Rücksicht auf die Gesunden kein Recht zur vorsätzlichen Tötung unschuldigen kranken Lebens gibt«; damit aber ist »die Frage der Euthanasie negativ entschieden. Die Heilige Schrift faßt dieses Urteil in dem Satz zusammen: ›Den Unschuldigen ... sollst du nicht erwürgen‹ (Ex. 23, 7)« (110).

Im Rahmen der allein richtigen und zulässigen Fragestellung nach dem *Recht* zur Euthanasie – nicht nach ihrer Zweckmäßigkeit – gelingt es BONHOEFFER, im Problemkreis der Euthanasie unter auch der Vernunft einleuchtender Auseinandersetzung mit den für sie vorgebrachten, wesentlich weltanschaulich bedingten Scheinargumenten vom biblisch-theologisch begründeten Recht auf das Leben her die Ablehnung der Euthanasie zwingend, aber nicht doktrinär zu begründen und die denkbaren Grenzfälle lediglich unter dem Gedanken des bewußten, persönlichen Opfers bestehen zu lassen.

Die peinliche und stets spürbare Unsicherheit einer theologisch verbrämten gesetzlichen Kasuistik ist damit überwunden.

Etwa auf der gleichen Linie theologischer Besinnung verläuft die Stellung-

nahme von KARL BARTH (Kirchliche Dogmatik III/4, 1951, 483 ff). Auf die
Frage: »Hat die im Staat zusammengefaßte und geordnete Gesellschaft das
Recht, das Leben bestimmter kranker Menschen als ›*lebensunwert*‹ zu erklären
und also seine Tötung zu beschließen und durchzuführen, ... ist mit einem eindeutigen, unlimitierten *Nein*« zu antworten. »Es handelt sich bei dieser Sache
um Tötungen, die *nur* als Mord, das heißt als frevelhafte Inanspruchnahme des
Majestätsrechtes Gottes über Leben und Tod verstanden werden können. Ein
nicht (oder nicht mehr) arbeits-, erwerbs-, genußfähiges, vielleicht nicht einmal mehr kommunikationsfähiges menschliches Leben ist darum *kein* ›lebensunwertes‹ Leben: am allerletzten darum, weil es zum Leben des Staates keinen
erkennbaren aktiven Beitrag leisten, sondern diesem direkt oder indirekt nur
zur Last fallen kann. Was der Wert eines solchen Lebens ist, das ist Gottes
Geheimnis, an dem seine Umgebung und die menschliche Gemeinschaft im
Ganzen vielleicht in der Tat direkt gar nichts zu entdecken findet, das mit einer
gewaltsamen Negation aufzulösen sie aber auf gar keinen Fall befugt ist« (483).
Eine Gemeinschaft, »die ihre schwachen Glieder als Schädlinge betrachtet und
behandelt, und nun gar zu ihrer Ausrottung schreitet«, ist »bestimmt schon im
Zusammenbruch begriffen« (484).

»Tötung schwacher Menschen um ihrer für die Anderen beschwerlichen
Schwäche willen kann nur auf *Verkennung* des einem jeden Menschen in seiner
Form und so auch in seiner Schwachheit von Gott – und also für die Anderen
als Gegenstand der Ehrfurcht! – gegebenen *Lebens* beruhen. Eben was aus dieser
Verkennung folgt, kann aber nur Mord sein und auf gar keinen Fall Gehorsam
gegen Gottes Gebot. Ja, diese Verkennung – der ganze Begriff des ›lebensunwerten Lebens‹ – ist schon in sich die Übertretung ... Rechtfertigung solcher Tötungen kann nur als eine von den Sophistikationen verstanden werden,
mit denen sich ja ... auch der gemeine Mörder und Totschläger vor sich selbst
zu rechtfertigen sucht« (485).

Auch die Euthanasie im Sinn der Sterbehilfe mit Lebensverkürzung – »die
schwerste Problematisierung des ärztlichen Berufes als solchen« (487) – wird
von BARTH strikt abgelehnt: es ist »auch von der in dieser Absicht und Gestalt
zu administrierenden ›Euthanasie‹ zu sagen: sie ist vor dem Gebot Gottes auf
keinen Fall zu rechtfertigen, im Gehorsam gegen Gottes Gebot wird diese
Aktion nicht zu unternehmen und durchzuführen sein« (488). Den Grenzfall
sieht BARTH bei der Frage der etwaigen Unterlassung einer künstlichen
Lebensverlängerung bei Moribunden.

Auch N. SØE (Prof. f. Syst. Theol. in Kopenhagen) erklärt in seiner als
Lehrbuch oft aufgelegten Ethik (dän. [1942] ³1951; deutsch [1949] ²1957) zur
Frage der Vernichtung lebensunwerten Lebens, die Antwort des christlichen

Glaubens könne »nur ein klares Nein sein. Wir haben keine Möglichkeit, eine Grenze zu ziehen, nach der wir von einigen Menschen sagen könnten, sie ständen außerhalb des Heilswillens Gottes ... Es ist also hier nicht – wie gewöhnlich in der philosophischen Ethik – die Ehrfurcht vor der Würde des Menschen oder ein Hinweis auf Gott als Gott des Lebens, was unsere Antwort bestimmt, sondern der Glaube an Gottes Erlösungswillen, die Tatsache, daß Christus sich nicht geschämt hat, sich den Bruder der Menschen nennen zu lassen...« (201).

B. Theologische Lexika

sind als Signale für das, was in der theologischen Gesamtsituation wichtig und aktuell ist oder geworden ist, zu werten und hier heranzuziehen.

Zuerst taucht, veranlaßt durch die Auseinandersetzung um BINDING-HOCHE, das Stichwort »Lebensunwertes Leben« in *Religion in Geschichte und Gegenwart* (II, 2. Aufl. 1929, Sp. 1513/1516, H. FABER) auf. Der Bearbeiter skizziert die weltanschaulichen Hintergründe, die gängigen Argumente, hält die christliche Stellungnahme trotz Bejahung des Schöpfungsgedankens für nicht bloß negativ: Sterbehilfe könne möglicherweise eine Tat christlicher Barmherzigkeit sein. Gegen »willkürliche Tötung« von »unheilbar Blöden« werden jedoch stärkere Bedenken angemeldet. Das Problem selbst wird noch nicht selbständig durchdacht.

Das gleiche Stichwort begegnet 1941 im *Calwer Kirchenlexikon* (II, S. 28 Vf.: SCHLAICH, Anstaltsleiter in Stetten), jetzt bereits auf die Vernichtung unwerten Lebens deutlicher bezogen. »Die Innere Mission lehnt diese Forderung grundsätzlich ab.« Vf. geht kritisch auf die üblichen Argumente für die Euthanasie ein, verweist auf die bedenklichen Folgen für Volkssittlichkeit und die sittlichen Grundvoraussetzungen des Staates und faßt zusammen: »Schließlich aber sind wir Menschen weder berechtigt, von Gott gesetztes Leben eigenmächtig zu zerstören, noch befähigt, den von Gott gewollten Sinn eines solchen Lebens zu erkennen«, sondern zur Übung der pflegerischen Barmherzigkeit gerufen.

Das *Evangelische Kirchenlexikon* (I, 1956, Sp. 1185, R. KRUPP) bringt bereits das Stichwort »Euthanasie«, nennt die eingangs dieses Gutachtens vorgenommene Einteilung in vier verschiedene begriffliche Fassungen, berichtet über Rechtslage und die Verwirklichung des nationalsozialistischen Euthanasie-Programms und faßt die Stellungnahme zusammen: »Ev. Ethik und kath. Moraltheologie wünschen bei (1) Erhaltung des Bewußtseins, verwerfen von

Gottes ... Majestätsrecht über den Menschen her grundsätzlich (2), (3) und (4); die ev. Ethik verkennt nicht die Problematik von (2) und (3)...«

Die *3. Aufl.* von *RGG* ist ebenfalls zum Stichwort »Euthanasie« übergegangen (II, 1958, Sp. 743/745, L. LÖFFLER), skizziert den geschichtlichen Wandel des Begriffs und geht dann ebenfalls die vier Formen durch. Gegen reine Sterbehilfe als »ärztliche Heilbehandlung« seien »keine rechtlichen, ethischen oder moraltheologischen Bedenken geltend gemacht« worden. Problematisch sei lediglich, ob der Sterbende »*seinen* Tod *erleben* oder in den Tod hinüberdämmern« solle. Euthanasie als Schmerzlinderung mit lebensverkürzender Nebenwirkung sei ebenfalls ethisch als »Heilmaßnahme« zu bewerten. Lebensverkürzung als »das eigentliche Mittel zur Beseitigung der Leiden« a) durch bloße Passivität, b) durch aktive Sterbehilfe als Beihilfe zum Selbstmord stelle zwar in bestimmten Situationen für die evangelische Ethik eine anzuerkennende Problematik dar, aber die evang. Ethik komme »letztlich doch auch zur Ablehnung« (744).

C. Die grundsätzliche Stellungnahme kirchlicher Werke und kirchlicher Synoden

Die Innere Mission bzw. der *Central-Ausschuß für die Innere Mission*

– »als Hüterin evangelischer Ethik durfte sie die unabdingbare Grundforderung der Ehrfurcht vor dem Majestätsrecht des Schöpfers, der allein über Leben und Tod zu verfügen hat, niemals preisgeben« (M. GERHARDT, Ein Jahrhundert Innere Mission, II, 1948, 391) –

hat im Zusammenhang mit der lebhaft gewordenen Auseinandersetzung um BINDING-HOCHE und um noch weitergehende Empfehlungen der Euthanasie (Lit. bei WEHRMANN aaO), vor allem auch mit dem Gesetzentwurf des Liegnitzer Stadtrats BORCHARDT (Dt. Strafrechtszeitung 1922, S. 206) frühzeitig die literarische Abwehr aufgenommen:

M. ULBRICH, Dürfen wir minderwertiges Leben vernichten? (1923): »Jede schriftwidrige Lebensabkürzung ist ein Eingriff in die Majestätsrechte Gottes, mag die Absicht noch so gut gemeint sein ... Zugleich muß alles falsche Mitleid bekämpft werden. Wir können nicht barmherziger als Gott sein... Für uns Christen ist das Leben solcher schwer Gebundener nur eine Wartezeit, in der wir ihnen allen erdenklichen Beistand leisten sollen« (14f).

H. SCHREINER, Vom Recht zur Vernichtung unterwertigen Menschenlebens (1928).

und eine *Evangelische Fachkonferenz für Eugenik* gebildet, die auf ihrer ersten Arbeitstagung im Mai 1931 in Treysa einmütig die Berechtigung zur Vernichtung lebensunwerten Lebens verneinte:

»Die Konferenz ist einmütig der Auffassung, daß die neuerdings erhobene Forderung auf Freigabe der Vernichtung sogenannten ›lebensunwerten Lebens‹ mit allem Nachdruck sowohl vom religiösen als auch vom volkserzieherischen und ärztlichen Standpunkt abzulehnen ist. – Gottes Gebot: ›Du sollst nicht töten!‹ ist uns auch dieser Gruppe von Menschen gegenüber unverbrüchlich auferlegt. Die herkömmliche Auffassung, als ob bei den völlig Verblödeten keinerlei Seelenleben und Wille zum Leben vorhanden sei, ist unrichtig, ebenso sind es auch die Voraussetzungen, auf denen BINDING und HOCHE ihre Forderungen aufbauen. Die Erfahrung unserer Anstaltsarbeit hat vielmehr erwiesen, daß sich selbst bei den Elendesten unserer Pfleglinge neben ausgesprochenem Lebenswillen … auch unzweifelhaft Spuren eines Seelenlebens finden, das oft erst in der Todesstunde die Hemmungen des Leibes zu überwinden vermag … Ein Volk hat ebenso wie die Familie die Sorgepflicht für die kranken Glieder … Soll alles leibliche Elend nicht ein Hinweis darauf sein, daß die gegenwärtige Welt nicht das letzte ist, sondern eine gewaltige Schule der Barmherzigkeit? … Die ärztliche Ethik fordert unbedingte Hilfsbereitschaft. Eine gesetzliche Freigabe der Vernichtung lebensunwerten Lebens würde nicht nur bedenklichste Mißbräuche begünstigen, sie würde auch weithin die Grundlagen ärztlichen Handelns, das auf Vertrauen aufbaut, erschüttern« (Arch. f. Bevölkerungspol., Sexualethik u. Familienkunde 1931, 114ff).

Nach dem Gesetz zur Verhütung erbkranken Nachwuchses, also nach Juli 1933, bildeten der Central-Ausschuß für Innere Mission und der Gesamtverband der deutschen evangelischen Kranken- und Pflegeanstalten einen ständigen *Ausschuß für eugenische Fragen*, der bei seiner ersten Verhandlung im Nov. 1934 in Berlin im wesentlichen zu den gleichen Ergebnissen wie die gen. Tagung in Treysa 1931 kam.

Auf der Linie dieser Treysaer Erklärung liegt die Abwehr der Vernichtung lebensunwerten Lebens in der *Denkschrift* des Vizepräsidenten des Central-Ausschusses und Leiters der Hoffnungstaler Anstalten, P. BRAUNE, an die Reichskanzlei »betr. Planmäßige Verlegung der Insassen von Heil- und Pflegeanstalten« aus Anlaß der in Gang gekommenen nationalsozialistischen Vernichtungsaktion (9. Juli 1940, abgedr.: Kirchl. Jahrbuch f. d. Ev. Kirche in Deutschland 1933–1944, 60./71. Jg. 1948, 415–423). Der Präsident des Central-Ausschusses, P. D. FRICK, hat sie den für die Euthanasie-Aktion Hauptverantwortlichen gegenüber »im Einvernehmen mit dem Vertrauensrat der DEK« geltend gemacht und dabei als »offizielle Stellungnahme der Kirche und Inneren Mission« bezeichnet (GERHARDT, aaO 399). Der Kampf einzelner Anstaltsleiter (BRAUNE, v. BODELSCHWINGH, L. SCHLAICH-STETTEN) und das Protestschreiben von Landesbischof D. WURM an den Reichsminister des Innern vom 19. 7. 1940 (Kirchl. Jahrb. 60/71, 1948, S. 412ff) liegen ebenfalls auf dieser Linie der Argumentation aus christlichen Grundsätzen und pflegerischer Erfahrung.

Die *9. Bekenntnissynode* der Evang. Kirche der altpreuß. Union (12./13. Okt. 1940) gab ein theol. Gutachten über die »Euthanasie (Ausmerzung lebensun-

werten Lebens)« in Auftrag. Die *10. Bekenntnissynode* (8./9. Nov. 1941) beschloß eine Predigt »aller Pastoren der Bekennenden Kirche« gegen den Pro-
pagandafilm für die Euthanasie-Aktion »Ich klage an« samt zu erarbeitendem
Predigtentwurf. Die *12. Bekenntnissynode* (16.–17. Okt. 1943) beschloß eine
Handreichung an die Pfarrer und Ältesten zum fünften Gebot, in der es heißt:

> »14. Über die Tötung des Verbrechers und des Feindes im Kriege hinaus ist dem Staat
> das Schwert nicht zur Handhabung gegeben. Was er dennoch tut, tut er zu seinem eigenen
> Schaden in Willkür. Wird das Leben aus anderen als den genannten Gründen genommen,
> so wird das Vertrauen der Menschen zueinander untergraben, und damit die Gemeinschaft
> des Volkes zerstört. Begriffe wie ›Ausmerzen‹, ›Liquidieren‹ und ›unwertes Leben‹ kennt
> die göttliche Ordnung nicht. Vernichtung von Menschen, lediglich weil sie Angehörige
> eines Verbrechers, alt oder geisteskrank sind oder einer fremden Rasse angehören, ist keine
> Führung des Schwertes, das der Obrigkeit von Gott gegeben ist.« (W. NIESEL, Um Ver-
> kündigung und Ordnung der Kirche. Die Bekenntnissynoden der Evangel. Kirche der
> altpreuß. Union 1934–1943. 1949, S. 84. 93. 107).

Aus Anlaß einer Erklärung der Hamburger Gesundheitsbehörde und der
Ärztekammer vom 11. 1. 1961 sah sich die *Synode der EKD* vom 17. 2. 1961
genötigt festzustellen:

> »Anläßlich einer neuerlichen Erörterung der ›Tötung von unheilbar idiotisch und kör-
> perlich schwer mißgebildeten Kindern in den Jahren 1941 bis 1943 in Hamburg ist von
> maßgeblicher Seite erklärt worden, daß keine rechtliche Möglichkeit bestehe, gegen die
> beteiligten Ärzte behördliche oder berufsgerichtliche Maßnahmen einzuleiten. In der
> Begründung wurde daran erinnert, daß seinerzeit die Tötung erfolgte, wenn bei diesen
> Kindern keine Aussicht bestand, daß sie jemals Kontakte mit ihrer Umwelt werden auf-
> nehmen können, und wenn die Eltern die Einwilligung gegeben hatten. Angesichts der
> Gewissensverwirrung, die durch diese Erklärung erneut einzutreten droht, sieht sich die
> Synode der Evangelischen Kirche in Deutschland in ihrer Verantwortung für das mensch-
> liche Leben zu folgender Klarstellung genötigt:
> Das Wort Jesu von den Geringsten seiner Brüder schließt jede Geringachtung auch der
> Schwächsten und Elendsten aus. Die Kirche bezeugt der Welt mit Wort und Tat die Un-
> antastbarkeit allen menschlichen Lebens. Das Amt des Arztes ist es, zu heilen und Leben zu
> erhalten, aber nicht zu vernichten. Allen Werturteilen und Scheingründen der selbstherr-
> lichen Vernunft der Menschen steht das klare Gebot Gottes entgegen: Du sollst nicht töten!«
> (Zeitschr. f. evang. Ethik 5, 1961, 185).

Die außerordentliche *Kirchensynode des Kantons Aargau* hat am 19. Nov. 1962
aus Anlaß des Lütticher Prozesses gegen Frau Vandeput wegen Kindestötung
das freisprechende Urteil als eine »Verletzung der Menschenrechte und als einen
Verstoß gegen die Gebote Gottes« bezeichnet und erklärt, »daß jede Tötung
menschlichen Lebens ›aus Erbarmen‹ abzulehnen sei, weil es niemals an uns
liegen könne, über ›Wert‹ oder ›Unwert‹ einer menschlichen Existenz zu entscheiden« (Schweiz epd Nr. 50/8, 12. 12. 1962). Ähnlich äußerte sich zu diesem
Fall u. a. auch Bischof D. Dr. O. DIBELIUS.

Zusammenfassung

1. Der Überblick läßt erkennen, daß die theologische und moraltheologische Beschäftigung mit dem Problem der Euthanasie im Bereich der evangelischen Kirche – abgesehen von einer vereinzelten Gelegenheitsäußerung LUTHERS[1] – erst sehr spät einsetzt, im wesentlichen veranlaßt durch die Diskussion um das Buch von BINDING-HOCHE, also nach 1920, und durch das nationalsozialistische Euthanasieprogramm. Daß das Problem auch in Ethiken des 20. Jhs. bis in die Gegenwart häufig materiell nicht behandelt wird, bestätigt, daß es als solches der christlichen Kirche seit etwa dem 5./6. Jh. als eine ganz selbstverständlich ausgeschlossene Möglichkeit galt.

2. Behauptungen wie, daß die evangelische Kirche die Zweckmäßigkeit »ausmerzender erbpflegerischer Maßnahmen« des Staates bejahe (STROOTHENKE, vgl. S. 390) oder daß »hochstehende Vertreter der Theologie« der Auffassung seien, die Tötung blödsinniger Kinder würde »dem Geist der christlichen Religion nicht widersprechen« (MELTZER, vgl. S. 3), stützen sich auf durchweg unzureichend begründete und vereinzelte, vielfach emotional bedingte Gelegenheitsäußerungen einiger weniger und ziemlich unbekannter Theologen[2]. Die Innere Mission und die offiziellen Verlautbarungen der evangelischen Kirche lehnen durchweg jedenfalls Maßnahmen vorzeitiger Tötung und der Vernichtung »lebensunwerten Lebens« ab.

3. Bei der Differenzierung der Euthanasie nach vier verschiedenen begrifflichen Fassungen wird:

a) die reine Sterbehilfe als Leidensminderung bei qualvollem Sterben als ärztliche Heilmaßnahme beurteilt, sittlich nicht verworfen, aber mit der Frage der Erhaltung des Bewußtseins in der Sterbestunde verbunden;

b) eine Hilfe zum Sterben mit Abkürzung der voraussichtlichen Lebens-

---

[1] Vgl. zB die ganz allgemein und verallgemeinernd gehaltene Verweisung auf das Buch von STROOTHENKE, in dem »nachgewiesen« werde, »daß selbst LUTHER sich für die Tötung schwachsinniger Kinder« ausgesprochen habe: A. MITSCHERLICH-F. MIELKE, Medizin ohne Menschlichkeit, Fischer-Bücherei 1949, S. 259. – Ebenso die Berufung des Reichskommissars f. d. Gesundheitswesen, KARL BRANDT, auf LUTHER: »Es ist auch von kirchlicher Seite, ich möchte besonders LUTHER erwähnen, oft gesagt worden, daß es sicher nicht ein gottgewolltes Dasein ist, das der Idiot führt, und er hat es als eine Widernatur empfunden« (MITSCHERLICH-MIELKE S. 207).

[2] In seinem Buch: Das Problem der Abkürzung »lebensunwerten Lebens«, 1925, beruft sich E. MELTZER im Abschnitt: Theologische Stimmen (76–85) auf briefliche und mündliche Äußerungen von 3 Religionspädagogen und 4 Theologieprofessoren, von denen aber nur drei bedingt mit Hilfe des Mitleids-Arguments für die Möglichkeit der Euthanasie eintreten, die anderen sie jedoch ablehnen, darunter die drei namhaften der gen. Theologen, Prof. LEMME Heidelberg, Prof. TITIUS, Göttingen und Prof. IHMELS, Leipzig.

dauer wird unter den Gesichtspunkt der Fremdhilfe zum Selbstmord gerückt, ebenso

c) die Tötung auf Verlangen. Beide Formen der Euthanasie werden daher grundsätzlich abgelehnt, jedoch wird der seltene Grenzfall einer Motivierung durch den Gedanken des Selbstopfers des Sterbenden ethischer Verurteilung gegenüber wenigstens zT offengehalten;

d) sog. Euthanasie als Vernichtung »lebensunwerten Lebens« wird absolut und generell verworfen und als Mord beurteilt.

4. Die im 20. Jh. zunehmende theologische Beschäftigung mit dem Problem der Euthanasie läßt eine Vertiefung seines Durchdenkens und eine gedankliche Zuschärfung der Argumente für die Ablehnung erkennen, wobei emotionale und pragmatische Erwägungen mehr und mehr gegenüber grundsätzlichen theologischen und rechtlichen zurücktreten.

Gleichwohl steht der Konsensus in der theologischen Begründung, auf den die jüngeren *Erörterungen* offenkundig hinzielen, noch aus. Das ganze Problem ist im übrigen kennzeichnend dafür, daß – vielleicht um den Schein der »Kasuistik« zu vermeiden – die evangelische Ethik im allgemeinen derartigen konkreten Einzelfragen ausweicht, oft in Verkennung der Tatsache, daß erst hier gewisse grundsätzliche Entscheidungen die Probe auf ihre Stichhaltigkeit bestehen können[3].

---

[3] *Nachtrag:* eine erste größere Zusammenstellung von Dokumenten und geschichtlichen Darstellungen ist im April 1964 im Auftrag von Innerer Mission und Hilfswerk der EKD von H. CHR. VON HASE unter dem Titel »Evangelische Dokumente zur Ermordung der ›unheilbar Kranken‹ unter der nationalsozialistischen Herrschaft in den Jahren 1939–1945« herausgegeben worden.

DAS VERHÄLTNIS DER CHRISTUSBOTSCHAFT DER SYNOPTISCHEN EVANGELIEN ZUM HISTORISCHEN JESUS ALS PROBLEM DES BIBLISCHEN UNTERRICHTS IN DER SCHULE

HANS STOCK

Der evangelische Religionsunterricht an der Schule ist heute nach Theorie und Praxis weithin zum biblischen Unterricht geworden. Diese gar nicht selbstverständliche Entwicklung soll hier nicht auf Ursachen und Werdegang hin untersucht werden; es soll eine spezifische Problematik ins Blickfeld gerückt werden, die sich dabei ergeben hat. Es stellen sich Schwierigkeiten ein, die nicht ohne weiteres vorhersehbar waren. Es lassen sich Erfahrungen machen, deren Sichtung und Klärung dringlich geworden sind. Die sich hier abzeichnende Problematik ist ausdrücklich zu der innertheologischen Diskussion über die Frage nach dem historischen Jesus in Beziehung zu bringen.

I.

Wenn gesagt worden ist, die theologische Erneuerung sei von der Frage bewegt: wie kann man heute redlich und verständlich predigen? so ließe sich dies mit einigem Recht auch von der Aufgabe des christlichen Unterrichts her formulieren gerade dann, wenn eine Unterscheidung zwischen Predigt und Unterricht vorausgesetzt wird. Der Unterricht soll den christlichen Glauben nach seinen Grundlagen, seiner Geschichte und seiner Aktualität lehrend verstehbar machen, ohne daß unmittelbar »Verkündigung« und »Glaube« intendiert werden. Die ohnehin generell aufgegebenen Verstehensprobleme werden hier besonders bedeutsam. Schule und Unterrichtsklasse sind nicht versammelte Gemeinde; der Religionsunterricht hat dieselben Schüler vor sich wie der sonstige Unterricht; weder Bekenntnis und Glaube noch ein entwickelteres Verstehen im Sinn des guten Bescheidwissens können vorausgesetzt werden. Ein einführender und auslegender Unterricht kann nicht einfach »von der Taufe her« oder von der Predigt her und auf sie hin argumentieren. Die allgemeine öffentliche Schule setzt Bedingungen, denen sich auch ein konfessioneller Religionsunterricht nicht entziehen kann. Die Konsequenzen des schulischen Charakters des Religionsunterrichts müssen noch deutlicher gezogen werden[1].

Die moderne, sich dialogisch und nicht geschlossen ideologisch verstehende Schule ist Glied und Instrument einer dem Christlichen entfremdeten Welt, die in aller Selbstunsicherheit ihre Mündigkeit im Sinne der Selbstverantwortung weder preisgibt noch preisgeben darf. Der Religionsunterricht ist deshalb verpflichtet, sich der heutigen Frage »Was ist das?« radikal auszusetzen. Er ist, theologisch, auf eine weit in die Aktualität des Verstehens vordringende Auslegung dessen, was der christliche Glaube nun eigentlich glaubt, angelegt. Er ist, didaktisch, auf rückhaltlosen Dialog zwischen dem Nichtverstehenden und dem etwa Verstehenden angewiesen. Das Kind, wenn es dem Einigsein mit der Umwelt und ihrer Tradition entwächst, gerät in die kritische Distanziertheit und Isoliertheit des Jugendalters. Zugleich überkommen den Heranwachsenden die Fremdheit der Welt und die Problematik der Existenz. Dies ist der eigentlich fruchtbare Moment des Religionsunterrichts, seine Bewährungsstunde. Die Schule und ihr Religionsunterricht mit ihren Sach- und Stoffmengen, ihrer normalisierten Sprache und ihren gebahnten Denkwegen decken den jugendlichen Neubeginn allzu leicht zu und bewirken so öden Konformismus oder Verdrängung des Originalen und Gleichgültigkeit. Der Religionsunterricht muß heute aber dazu beitragen, geistig-personale Selbständigkeit zu wecken. Die kostbare Phase der Fragebereitschaft in der Auseinandersetzung mit der Welt der Erwachsenen kann vom Religionsunterricht so wahrgenommen werden, daß sich ein von entschlossener, kritischer Offenheit geprägter Stil des Umgangs mit der heranzubringenden und auszulegenden Überlieferung bildet.

Die Annahme eines allgemeinen Nichtverstehens und Mißverstehens der Tradition ist hier angemessene Voraussetzung. Der Unterricht sieht sich dann gedrungen, in der sachlichen Einführung und in der Erklärung und Auslegung elementar zu werden und immer wieder die grundlegenden und einfachen Fragen ernst zu nehmen, die zu erneutem Rückgang und zum Verweilen auffordern. Es wird sich zeigen, wie weit das Nichtverstehen der Schüler sich in die überlieferten christlichen Inhalte hinein erstreckt, auch in deren derzeitiger theologischer Fassung. Der Religionsunterricht wird sich deshalb an der Schülerfrage orientieren müssen. In diesem Zusammenhang ist es gleichgültig, ob der Jugendliche sich faktisch fragend verhält; der christliche Lehrer sollte die zweifelnde Frage und die positive Erwartung auf dem Grund des Gesprächs

[1] Vgl. H. STOCK, Studien zur Auslegung der synopt. Evangelien, ³1963, 57ff; ferner G. OTTO, Schule Religionsunterricht Kirche, 1961, in Aufnahme u. Abwandlung von M. STALLMANN, Christentum u. Schule, 1958.

hören und den heute oft zögernden Schüler um seiner selbst willen zum Fragen bringen. Nichts ist gefährlicher als die nicht zur Sprache gekommene Glaubensfrage, die durch Stumpfheit des Schülers oder durch Taubheit des Lehrers – vielleicht hat dieser sich, seinen Unterricht und seine Schüler bereitwillig »unter das Wort gestellt« – im Keim erstickt wurde.

Wir haben hier vor allem den reiferen Jugendlichen auf der Oberstufe des Gymnasiums vor Augen. Im Tradieren wird für ihn in sachlicher Orientierung Rechenschaft abzulegen sein über Christentum, Christsein, christlichen Glauben, ohne Zuhilfenahme nur traditioneller Denk- und Sprachmittel, ohne dogmatische Vorentscheidungen, ohne Zuflucht zu einem Formalismus bloßer Paradoxien und zu jenen leeren Identitätsformeln (»Gott ist Gott«), »das Kerygma ist die Osterbotschaft«), ohne letzten Rekurs auf Negationen wie Unverfügbarkeit und Nichtausweisbarkeit. Das interpretierende Gespräch im Religionsunterricht droht heute an einer bestimmten Stelle rasch zu versanden; dann erscheint die Verkündigung, die alle Kriterien verwirft, jeden Vergleich mißachtet, die Verallgemeinerung ablehnt und kein Vorausverstehen zulassen will, die damit aber im Gesprächspartner, der intellektuell und existentiell um Zugang zur Sache bemüht ist, im besten Fall Staunen, in der Regel Resignation und Widerwillen hervorruft.

Es ist zu fragen, ob wir nicht im Begriff sind, nach relativ erfolgreicher Ausräumung falscher Hindernisse des Verstehens, durch Entmythologisierung der biblischen Texte, nun ein neues Tabu aufzurichten: Das Christus-Kerygma als ein von Ostern und Pfingsten herkommendes, schlechthin wunderbares Wort, unableitbar, historisch nicht fundiert, nicht verifizierbar, keinesfalls nach Kriterien humanen Denkens evident zu machen. Die religionspädagogische Literatur, soweit sie unter Auswirkungen der Kerygma-Theologie steht, gibt Anlaß zu solchen Fragen. Ihr entspricht eine Praxis, die – als Unterrichtsmethode oder Unterrichtsinhalt genommen – mit dem Begriff der Verkündigung alles bestreiten will, was letztlich zu sagen ist, die damit aber die Aufgabe einer diskussionsfähigen Übersetzung der christlichen Tradition verkürzt. In der Schule droht der Religionsunterricht mit seinen »kerygmatischen Texten« erneut in ein geistiges Ghetto zu geraten.

II.

Kurze Ausschnitte aus Unterrichtsgesprächen über Evangelientexte sollen die Situation beleuchten und zur bestimmteren Fragestellung überleiten.

1. Kinderäußerungen im 3. Schuljahr über die Erzählung von der Auferweckung des Jünglings zu Nain: »Friedhelm: Der kann das doch sonst gar nicht, wenn Gott ihm nicht

die Kraft gibt. – Eberhard: Er hätte es ja auch bei sich machen können, als er am Kreuz hing. – Michael (Pastorensohn!): Nee, da mußte er doch für uns sterben. – Ulrich: Wie kann er denn bloß den Jüngling wieder lebendig machen? – Otto: der zaubert eben. – Hans-Günther: Nein, er schaltet einfach das Herz wieder ein; ich habe sowas mal gehört.«

Didaktische Erläuterung: Das kleine ungelenkte Gespräch zeigt die typische Ausgangslage des biblischen Unterrichts. Das kindliche Vorverständnis spiegelt unbefangen bezeichnende Konventionen religiösen Denkens wider. Die Erzählung wird selbstverständlich als Tatsachenbericht genommen. Das Interesse richtet sich auf den Vorgang und mittelbar auf den Wundertäter. Die Erweckung wird religiös oder magisch oder rational erklärt; Jesus als Gottessohn mit unbegrenztem Können oder als Zauberer oder als Arzt – hier differenzieren sich die Vorstellungen bereits.

Wie immer der biblische Unterricht auf der Unterstufe (Grundschulalter) sich begründen will, – er muß sich mit dem Problem der Verfrühung und der Verführung zu unsachgemäßen Vorstellungen und Einstellungen auseinandersetzen. Das Evangelium wird notwendig religiosiert und in die kindliche Weltanschauung einbezogen. Die katechetische Selbstsicherheit, mit der Kindern dieses Alters die Christuszeugnisse der Evangelien, mit Vorliebe Wundergeschichten, dargeboten werden, ist deshalb unverständlich. Ist sich der Unterricht über die Problematik klar, so weiß er jedenfalls, was später abzubauen und neu aufzubauen ist. Aber die Vorstellung von einem allmächtigen Gottessohn Jesus, der alles und jedes kann, ist inzwischen tief verankert, genährt aus frühen Eindrücken von Bildern und Geschichten. Auch die sorgsamste Weise einer »kerygmatisch akzentuierenden« Erzählung kann dies nicht verhindern. Es stellt sich die einfache Frage, ob wir Recht daran tun, christologisch-kerygmatisch inspirierte und stilisierte Texte darzubieten, während die Kinder ungeniert und ungebrochen nach wirklichen Begebenheiten bzw. auch nach interessanten Phantasiegebilden verlangen und die Geschichten in der Regel als Geschichte in ihrem Sinn verstehen. Führt man die Fragestellung weiter, so zeichnet sich die Aufgabe ab, von Jesus auch anders zu sprechen bzw. zu erzählen, als die kerygmatischen Texte es tun. Erzählbar ist Jesus entweder als der geschichtliche Mensch, dessen historisches Sein sich mit dem Christusbild der Evangelien nicht deckt, oder als der uns heute unmittelbar Angehende, der in unserem Leben Wirklichkeit ist. Es ginge dann darum, mit den Kindern von Jesus menschlich zu reden, und zwar so, daß unser Gottesverhältnis und das Verhältnis zum Nächsten dabei zur Sprache kommt. In einem dergestalt katechesierenden Unterricht würden biblische Geschichten zur »Veranschaulichung des Kerygmas« einzugliedern sein, wobei ein aktueller Zusammenhang (Thema, Frage, Erfahrung, Begebenheit, Spruch,

Lied oder dgl.) vorausgeht. Aber auch dann bleiben die Texte, als Erzählung eingeführt und als schöne Geschichte in Andacht vernommen, eine Bestätigung dessen, was das Kind immer schon denkt.

2. Auszüge aus einem Stundenbild in Klasse 9 einer Mittelschule (Vierzehn- bis Fünf-zehnjährige) über Mt 14, 22ff unter dem Thema »Wieso konnte Jesus auf dem Wasser laufen?«[2] Diese Frage wurde von einem Schüler gestellt und der folgenden Stunde zu-grundegelegt. Ziel: »Den Schülern zum rechten Verständnis der neutestamentlichen Wunderberichte zu verhelfen«, »Deutung der neutestamentlichen Wunderberichte als Glaubenszeugnis der Gemeinde, als Predigt von Jesus Christus, die den Hörer in die Ent-scheidung ruft.«

Lehrer (L): In der letzten Stunde ist von euch die Frage gestellt worden »Wieso konnte Jesus auf dem Wasser laufen?« Darüber wollen wir heute sprechen. – Schüler (S): Weil er Wasserskier hatte! (Gelächter) – L: Was du eben als einen etwas schnoddrigen Witz hier hereingeworfen hast, haben viele Leute ernsthaft versucht, nämlich für die Wunder Jesu eine dem Verstand einleuchtende Erklärung zu finden. ... (Beispiele). Ihr spürt selbst, daß solche Erklärungsversuche schief und peinlich sind. Warum? – S: Dann wäre ja Jesus ein Betrüger gewesen, der die Leute für dumm verkauft hat. – Dann wären es ja gar keine richtigen Wunder gewesen, aber viele Menschen glaubten doch an Jesus, weil sie die Wun-der gesehen hatten. – L: Wir wollen zunächst einmal unseren Bericht aus dem Mt-Evan-gelium hören. (Liest Mt 14, 22–33). Nun sagt ihr einmal eure Gedanken dazu und dann will ich euch meine sagen. – S: Jesus war doch ohne Sünde, darum konnte er ein solches Wunder tun. – Weil doch Jesus Gottes Sohn ist... – L: Jesus kann eben alles, weil er Gottes Sohn ist – ist diese Erklärung nicht zu einfach? Und kann man damit Menschen helfen, die noch nicht an Jesus als an den Sohn Gottes glauben? – S: Man muß es eben einfach glauben. – Ich kann das nicht glauben. – Jesus wollte durch das Wunder seinen Jüngern etwas zeigen. – L: An deiner Antwort ist mir das Wort »zeigen« wichtig. Die Wunder Jesu sind in der Tat Zeichen ... Der Lehrer sucht dann in einem Zwischengespräch den Unterschied zwischen historischem Bericht und Glaubenszeugnis anschaulich klarzumachen und lenkt zum Begriff »Zeichen« zurück. L: ... Zum richtigen Verständnis führt dagegen die Frage »Was sagt diese Geschichte über Jesus Christus aus?« Wir wollen jetzt unseren Bericht noch ein-mal mit dieser Frage angehen und betrachten. – S: Daß Jesus allmächtig ist, weil er auf dem Wasser geht ... – daß er wie Gott ist. – L: Sehr schön. Ich könnte mir folgendes den-ken: Wenn die ersten Christen über das Wort Jesu sprachen »Mir ist gegeben alle Gewalt im Himmel und auf Erden«, dann erzählten sie vielleicht als Beispiel dazu die Geschichte von seinem Wandeln auf dem Meer. Damit wollen sie sagen: So ist Jesus der Herr über alle Gewalten. Aber der Bericht will noch mehr über Jesus aussagen. – S: Die Jünger haben doch Angst, ehe Jesus kommt. – L: Woher kommt das denn, daß sie Angst haben? – S: Weil sie ganz allein nachts auf dem Meer sind ... L: Nun erzählt ja der Bericht, daß sie in ihrer Angst Hilfe und Trost bekommen. Wodurch: – S: Jesus kommt doch zu ihnen und sagt »Fürchtet euch nicht«. – L: Wir wollen wieder fragen: »Was wird damit über Jesus aus-gesagt?« – S: Daß Jesus seinen Jüngern aus der Not hilft. – L: Ja, daß er Helfer und Retter ist. So wird Jesus im NT immer wieder genannt. ... Laßt uns zum Schluß noch einmal darauf achten, wie unsere Geschichte endet. (Vers 33 lesen). Was steht also am Schluß dieser

---

[2] Der Ev. Erzieher 13, 1961, 109 ff.

Predigt über Jesus? – S: Ein Bekenntnis – daß Jesus Gottes Sohn ist. – L: Damit wird klar, daß der Hörer oder Leser dieses Berichtes vor eine Entscheidung gestellt werden soll. Vor welche Entscheidung? – S: Ob er das glaubt oder nicht. – L: Also ob er das glaubt, was hier von Jesus gesagt wird – Tragt es noch einmal zusammen. – S: Daß Jesus Gottes Sohn ist, daß er Helfer und Retter ist – daß er wie Gott ist – daß er die Jünger aus ihrer Angst erlöst. – L: Und damit sind wir heute gefragt: »Willst du in deiner Angst, in deiner Notlage alleine bleiben, oder willst du dich auf Jesus verlassen, der auch für dich Helfer und Retter sein will?« In der nächsten Stunde wollen wir uns weiter über diesen Text unterhalten.

Didaktische Auswertung: Ein redlicher Versuch, die Schüler mit Einsichten der neutestamentlichen Forschung bekannt zu machen: Grundsätzliche Abhebung des kerygmatischen Textes von historischer Berichterstattung, um das »richtige Verhalten« und die passende Fragestellung einer Wundergeschichte gegenüber zu finden. Der sachliche Ertrag bedarf einer kritischen Analyse.

Die Einstellung der Schüler ist uneinheitlich vorgegeben. Schon die Ausgangsfrage und die schnoddrige Schülerantwort zeigen offene Skepsis und wenig Pietät. Im folgenden treten die üblichen Denkformen in schöner Abfolge und typischer Formulierung hervor: sie glauben an Jesus, weil sie die Wunder gesehen hatten – Jesus ohne Sünde, daher kann er Wunder tun – weil er Gottes Sohn ist, kann er … Man muß es eben einfach glauben; dagegen: Ich kann das nicht glauben.

Dieser Zustand (Jugendliche im Nachkonfirmandenalter) ist, pädagogisch und theologisch gesehen, erbarmenswert. Er offenbart Wirkungslosigkeit des bisherigen Religionsunterrichts und des Konfirmandenunterrichts, Hilflosigkeit des konventionellen Denkens, Ratlosigkeit des Heranwachsenden, beginnende Emigration aus der Kirche und ihrem unverständlichen Sprachkreis, existentielle Unverbindlichkeit des religiösen Klischees; über dies hinaus den niedrigen Stand einer verkümmerten Bildung in Sachen Bibel und Christentum. Der Unterrichtende durchschaut dies wohl und bedient sich der Hilfe moderner exegetischer Theologie. Es ist nicht zu bezweifeln, daß er damit einen wichtigen Schritt vorwärts unternimmt. Ob die Schüler folgen können, bleibt freilich zu fragen. Das Schlußgespräch läßt vermuten, daß ein Durchbrechen des historisierenden und dogmatistischen Vorverständnisses nicht eigentlich erreicht ist. Selbst der Lehrer ist terminologisch undeutlich (»Bericht von Jesus!«). Will der biblische Unterricht beim Schüler ankommen, so wird er die biblischen Texte sprachlich ganz sorgsam studieren und auf die Sprach- und Denkwelt der Schüler beziehen müssen. Es ist nicht möglich, durch einen Lehrvortrag oder ein Gespräch hier rasch etwas Wesentliches aufzubauen. Eine summarische Mitteilung exegetischer Einsichten, zB in der Sprache der Form- und Traditionsgeschichte, bedarf langfristiger Vorbereitung durch eine Propädeutik, die sich auf Verstehen der biblischen Sprache richtet. In Arbeitsteilung mit dem Deutschunterricht müßte das Verhältnis von Sprache und Wirklichkeit, Sprache und Denken den Schülern von Stufe zu Stufe und von einer Bedeutungsschicht zur anderen im Umgang mit vielfältigen Sprachdokumenten erschlossen werden, zB die Sprachwelt der Legende im Unterschied zur Reportage oder zur erinnernden Erzählung oder zur sachlichen Mitteilung. Neuere didaktische Untersuchungen zeigen, daß schon das 6. Schuljahr nach dem Realitätscharakter von Märchen und Sage zu fragen beginnt: Was steht dahinter? Bereits im 7. Schuljahr ist es möglich, die Frage nach dem geistigen Sein des Erzählers zu stellen und das Interesse auf die Erkundung von Situation und Absicht des Redenden, Adresse und Intention der Rede zu lenken. Wie dies innerhalb des biblischen Sprachbereichs im einzelnen durchzuführen wäre, kann hier nicht entwickelt werden. Die hier noch auszuarbeitenden didaktischen Kategorien und methodischen Möglichkeiten basieren sachlich weithin auf Begriffen, die in der Literaturanalyse, in der Form- und Traditionsgeschichte wie in der theologischen Hermeneutik erarbeitet wurden[3].

Aber die Aufgabe ist umfassender zu sehen: die Evangelien müssen als Literatur in viel größerer Differenzierung als bisher erklärt werden[4] – dann aber ergibt sich die andere Seite der Aufgabe, das Evangelium in den Evangelientexten als Erleuchtung der eigenen Existenz verstehbar werden zu lassen. Der erste Aspekt der Doppelaufgabe wird heute hier oder da schon berücksichtigt; schwieriger wird es aber, wenn es um den zweiten Aspekt geht. In dieser Hinsicht zeigt sich nun an unserem Stundenbild eine Unzulänglichkeit, wie sie den biblischen Unterricht, besonders bei Evangelien-Texten, heute weitgehend kennzeichnet und wie sie ihn erneut oder immer noch unfruchtbar werden läßt, obwohl historisch-kritisches Denken und kerygmatische Theologie ihn spürbar angeregt haben.

Die Erzählung vom Seewandel Jesu und vom sinkenden Petrus wurde in obiger Unterrichtsstunde als Paradigma für die urchristliche Predigt genommen, es wurden »Aussagen« über Jesus gesammelt, schließlich wurde aus dem Text das ausdrückliche Bekenntnis zu ihm erhoben. Am wichtigsten aber ist folgender Unterrichtsabschnitt: An den Hörer wird die Entscheidungsfrage gerichtet, »ob er das glaubt, was hier von Jesus gesagt wird«; »Willst du dich auch auf Jesus verlassen?« Hierzu muß folgender Einwand erhoben werden:

---

[3] Vgl. »Studien« 22 ff. Auf den Versuch von I. BALDERMANN, Biblische Didaktik (Die sprachliche Form als Leitfaden unterrichtlicher Texterschließung am Beispiel synoptischer Erzählungen), 1963, sei hingewiesen.

[4] Vgl. zB W. DIGNATH, Die Wunderberichte des Neuen Testaments und die Redlichkeit ihrer unterrichtlichen Behandlung; Der Ev. Erzieher 15, 1963, 197 ff.

Wie kann sich der Schüler auf Grund solcher Aussagen über Jesu Allmacht und Gottessohnschaft, die ihm in zusammenfassenden Sätzen vorgesprochen werden, denn überhaupt für Jesus entscheiden? Was soll dies besagen? Woraufhin kann der Schüler dies als seine persönliche Wahrheit übernehmen? Hängt nicht das christologische Kerygma bis hin zur christologischen Titulatur, sobald es zum eigentlichen und letzten Inhalt der Christusgeschichte und der Christuspredigt erhoben wird, eigentümlich in der Luft? Wenn es schon fragwürdig ist, im Religionsunterricht an die Textauslegung jeweils den »Ruf zur Entscheidung« anzuhängen, so ist es zwiefach unzulänglich, zu erwarten und herauszufordern, daß der Schüler durch die kerygmatischen Texte unmittelbar in diejenige Art einer Begegnung mit Jesus geführt werde, in welcher sich Entscheidung allererst ermöglichen würde. Soll denn der Jugendliche ein Bekenntnis übernehmen, weil Bibel, Kirche und Unterricht es ihm vorsprechen? Soll er auf die Autorität der Zeugen hin glauben? Sind dies nicht im Grunde rein formale Sätze, denen die Substanz fehlt? Demgegenüber ginge es doch um ein Überführtwerden von einleuchtender Wahrheit als Begegnung. Aber wer ist der Begegnende? Das Kerygma als Inbegriff von Sätzen doch schwerlich; oder ist es der »erhöhte Herr«?

Unsere Textauslegungen, geleitet von der Erkenntnis der Autorschaft der nachösterlichen Gemeinde, enden heute vielfach mit dem Hinweis auf Kreuz und Auferstehung. Die Schüler fragen dann, wenn sie sich nicht mit Worten zufriedengeben wollen, was denn Auferstehung sei und wer der Auferstandene sei im Verhältnis zu – nun: zu Jesus selbst, dem geschichtlichen Menschen, den sie kennen bzw. eben gerade nicht kennen; den sie aber kennenlernen wollen und müssen.

Es zeigt sich: Eine kritische Würdigung der sachlich so kundigen Unterrichtsstunde stößt, in Kontakt mit der theologischen Arbeit heute, auf die Problematik der theologischen Legitimität und unterrichtlichen Notwendigkeit einer Frage nach dem historischen Jesus.

3. An anderer Stelle wurde die Frage, welche in dem letzten Unterrichtsbeispiel von den Schülern zu der Aussage der Wundergeschichte und zum Entscheidungsruf des Lehrers nicht gestellt wurde, deutlich formuliert. Bei der Besprechung von Mk 2, 1–12 brachte ein Schüler der Oberstufe (Primaner) sie, nach voraufgehender Einführung in Charakter und Tendenz des Markus-Evangeliums, folgendermaßen vor:

»Jesus wird hier als Menschensohn und Gottessohn hingestellt und verkündigt. Aber ist er das denn gewesen? Wollte er das von sich aus sein?« Ein anderer Schüler fügte hinzu: »Ich habe den Eindruck, daß der Evangelist ein ganz bestimmtes Jesusbild aufbaut; das ist natürlich interessant. Aber wer war denn

Jesus nun wirklich? Was weiß man denn eigentlich zuverlässig von ihm? Sollen wir denn immer nur mit Markus zu tun haben?«

Die Schüler haben hier schon verstanden, daß nicht in der Weise hinter den Text zurückzugreifen sei, daß nach dem einzelnen historischen Vorgang gefragt wird. Wohl aber wollen sie erfahren, weshalb von Jesus gerade so – hier nämlich als von dem vollmächtig die Sünde Vergebenden und Heilbringenden – gesprochen wird, und wer dieser Jesus denn »wirklich« war und ist, d. h. für den Schüler aber: Wer Jesus historisch gesehen ist, so wie ihn jeder sehen kann. Diese Formulierungen enthalten nun schon die ganze Problematik der Frage nach dem historischen Jesus.

III.

Man muß nun die eingangs angedeutete Schulsituation des biblischen Unterrichts im Auge behalten. Der erste, befreiende und neues Verstehen eröffnende Schritt einer didaktischen Transposition der grundlegenden Erkenntnis, daß Kerygma und Glaube als konstitutive Prinzipien der Evangelien und ihrer Art der Erzählung von Jesus anzusehen seien, droht in Aporien zu enden, wenn ihm nicht, korrespondierend und kontrapunktierend, der zweite Schritt folgt. Die wissenschaftliche Diskussion der Frage nach dem historischen Jesus hinsichtlich ihrer sachlichen Ergiebigkeit wie ihrer theologischen Bedeutung ist noch nicht abgeschlossen. Jedoch zeichnen sich seit längerem Fragestellungen und Verstehenshilfen ab, die unterrichtlich nach Entsprechung verlangen.

Seit RUDOLF BULTMANN 1926 in seinem Jesus-Buch eine neue Art geschichtlich-existentialer Interpretation der Verkündigung Jesu erschloß, gemeinverständlich gehalten, und, sachlich zugehörig, kurz zuvor 1925, wiederum gemeinverständlich, »Die Erforschung der synoptischen Evangelien« und ihre Ergebnisse für »die Erkenntnis des geschichtlichen Jesus« darstellte, sind diese beiden Richtungen der Evangelienforschung zunehmend auf das Interesse einer nicht-theologischen Öffentlichkeit gestoßen. Auch im theologischen Bereich steigert sich die Publizität zusehends. »Die Mittel zur Information sind da. Wir brauchen öffentliche Diskussion: Über den geschichtlichen Befund in der Bibel und um die Bibel, über die Person Jesu, die Entstehung des Christentums...«[5]. Es ist nützlich, an die Wirkung des BULTMANNschen »Jesus« auf eine studentische Generation zukünftiger Pfarrer und Lehrer zu erinnern: In Überwindung eines historischen Relativismus und einer neutralisierend-verobjektivierenden Geschichtsbetrachtung ging es in aller historisch-kritischen

[5] H. CONZELMANN, Studentenzeitschr. Politikon, 1964, 5. Heft, S. 9.

Exaktheit der Darstellung um »Begegnung mit der Geschichte« durch aktuelle
Interpretation der Lehre bzw. der Verkündigung Jesu, die als »Auslegung der
eigenen, in der Bewegung, in der Ungesichertheit, in der Entscheidung befindlichen Existenz«[6] verstanden und verstehbar gemacht wurde. Hier wurde
nun doch, in Abhebung von Christologie und Christusdichtung, wie die
Evangelien sie enthalten, ein Zugang zu Jesus als dem geschichtlichen Menschen und zu seinem Wort, das Gott zur Sprache bringt, freigelegt. Dieser
Vorgang ist nicht mehr zurücknehmbar und wurde inzwischen theologisch
weiterentwickelt. In BULTMANNS eigener systematischer Arbeit indessen ist
dieser Ansatz in ein eigentümliches Zwielicht geraten. Ihm geht es zuletzt nur
um das Christus-Kerygma. »Wenn es nun so ist, daß das Kerygma Jesus als den
Christus, als das eschatologische Ereignis verkündigt, wenn es beansprucht, daß
in ihm Christus präsent ist, so hat es sich an die Stelle des historischen Jesus gesetzt; es vertritt ihn.«[7] Damit wird die Aufgabe eines interpretierenden Vollzuges des ständigen Verweises der Texte auf Jesus selbst, wie er schon in dem
Doppelnamen Jesus Christus erscheint, als theologisch irrelevant beurteilt.

Im Blick auf den Unterricht sind unter den Gegenargumenten, die hier
geltend gemacht worden sind, besonders G. EBELINGS Warnungen zu beachten: »Dann ist aber der Unterschied zwischen dem christologischen Kerygma
und Jesus gewaltsam eliminiert. Die Berufung auf Jesus hat nur noch den
Charakter des paradoxen eschatologischen Glaubensanspruchs, ohne daraufhin
interpretierbar zu sein, inwiefern gerade sie die Quelle der Vollmacht und den
Grund des Glaubens namhaft macht. Verschwindet die Differenz zwischen dem
Christus-Kerygma und Jesus, so ist nicht bloß zu befürchten, daß schließlich
doch die Kirche sich an die Stelle des historischen Jesus setzt, sondern auch zu
fragen, ob nicht trotz der Behauptung der Realpräsenz Christi im Kerygma
schließlich doch die Stellvertretung durch das Kerygma einer abwesenden
Größe gilt.«[8]

Der biblische Unterricht wird auf seine Weise hier zu sachlicher Aufklärung
und theologischer Erkenntnis beitragen müssen. Der in der üblich gewordenen
massierten Darbietung kerygmatisch-christologischer Evangelientexte sich
ermüdend wiederholende Hinweis auf Kreuz und Auferstehung und die damit
einhergehende Glaubensforderung lassen die Frage nach dem begründenden
Ursprung ebenso brennend werden wie die Frage nach der Verstehbarkeit der
Bezugnahme auf Jesus. Das bedeutungsschwere Reden von Kirche und Kery-

---

[6] R. BULTMANN, Jesus, [2]1951, 14.
[7] R. BULTMANN, Das Verhältnis der urchristlichen Christusbotschaft zum historischen
Jesus, (SAH 1960), 26.
[8] Theologie und Verkündigung, 1962, 78 f.

gma steht für den Schüler, aber nicht nur für ihn, zudem in quälendem Miß-
verhältnis zur faktischen Bedeutungslosigkeit der meisten öffentlichen Predigten. Nehmen wir die Schule und das Schulehalten ernst – d. h. doch die Bemühung um eine Erziehung zu geschichtlichem Denken, zu selbstverantwort-
lichem Urteilen und Gewissensernst, die methodische Eingliederung des
Religionsunterrichts in das Gefüge der Unterrichtsfächer, ferner die Anthropologie des Jugendalters – so muß ein biblischer Unterricht, der die Differenz
zwischen dem Christus-Kerygma und Jesus nicht austrägt, der nur das Evan-
gelien-Kerygma anschaut und christologisch auslegt, notwendig in eine Krise
geraten: Ein seltsamer Leerlauf entsteht, ein Sichdrehen im eigenen Kreise.

Wenn die Thematik des neutestamentl. Unterrichts sich so zentrieren läßt,
daß man die Frage stellt: Was bedeutet die Berufung auf Jesus für die Predigt
damals wie heute[9], so sind im Bereich unterrichtlicher Textstudien daraus
Folgerungen zu ziehen. Die Lage ist wesentlich komplizierter geworden, als
sie früher war. Der Schüler lernt heute oft frühzeitig die Evangelien verglei-
chend lesen. Es geht nämlich im biblischen Unterricht nicht nur um einzelne,
kirchlich als Predigttext gebrauchte Perikopen; die Bibel als ganze, als literarische und geschichtliche Größe, ist auch Gegenstand des Unterrichts geworden. Die Formel »und Jesus sagte« gerät bei dem Schüler im Zuge solcher
Textstudien zunächst in den Verdacht historischer Unredlichkeit der Evangelisten; Jesus hat ja so gar nicht geredet. Wie aber hat er geredet? Die Einsicht,
daß im Kerygma der Evangelisten Jesus selbst neu zu Wort kommt, ist nur
dann zu gewinnen, wenn auch das Bild des geschichtlichen Jesus aufgebaut
wird, parallel und auch kontrovers zu den kerygmatischen Texten und ihrem
Christusbild. Denn je differenzierter die Erkenntnis der Theologie der Evangelisten wird, desto drängender entsteht die Frage nach dem »Sinn«, nach dem
»Grund«, ja auch nach dem »Recht« des in sich so variablen Kerygmas[10].

Unterrichtlich ist deshalb eine Darstellung des geschichtlichen Jesus (»was
man von ihm weiß«) und eine Auslegung seiner Botschaft zu leisten, gewiß

[9] so M. STALLMANN, Die biblische Geschichte im Unterricht, 1963, 131 u.ö. ST. bleibt
aber, was die Christologie angeht, in der Immanenz der kerygmatischen Auslegung und
hält die Frage nach dem historischen Jesus offenbar für abwegig, obwohl seine Thematik
sie doch implizierte. Ihm geht es um »die Unterscheidung der kirchlichen Berufung auf
Jesus von einer Berufung auf historische oder dogmatische Autorität«. Es handelt sich
aber wohl nicht eigentlich um die Autoritätsfrage, sondern um das Verstehen des Namens Jesus Christus.

[10] Zu dieser Problemstellung vgl. die Anregungen in meinen »Studien«, 30ff. Die Rezension ThR 27, 1961, 351 wünschte dem Buch so leichthin »in der Frage des historischen Jesus etwas mehr methodische und sachliche Klarheit«. Daß hier noch einiges zu
tun ist, dürfte auch heute noch zutreffen. In der religionspädagogischen Aussprache ist
meine Formulierung des »didaktischen Grundgesetzes« bisher nicht erörtert worden.

im Zusammenhang und in ständiger Bezugnahme auf die Texte. Auch BULT-
MANN will zugestehen, daß eine existentiale Interpretation der Verkündigung
Jesu den Sinn paulinischer oder johanneischer Worte »in Wort und Tat des
historischen Jesus wiederfinden kann«, wenigstens implizit und »faktisch durch
das Kerygma geleitet«[11]. Um dieses Wiederfinden, dh um ein Verhältnis
sachlicher Entsprechung (nicht Wiederholung) als Prinzip der Erklärung für
den Doppelnamen Jesus-Christus, dürfte es auch didaktisch gehen. Wenn die
Botschaft des NT vom Schüler nicht als eine vom geschichtlichen Jesus abzu-
lösende, auf Eingebungen beruhende religiöse Wahrheit mißverstanden werden
und ihm die so beharrlich auftretende christologische Formel nicht nur als
seltsame Verschlüsselung erscheinen soll, dann muß auf Jesus vor und außer
dem Christus-Kerygma und auf Jesu eigenes Kerygma zurückgegangen werden. Der historische Jesus »erscheint« dann im äußersten Wagnis von Rede und
Tat, nicht nur entmythologisiert, sondern auch entkerygmatisiert: wie er das
Menschsein vor Gott und dem Nächsten versteht, wie seine geschichtliche Tat
von der alles umgreifenden verantwortlichen Sorge um die Menschlichkeit des
Menschen schlechthin bewegt ist[12]. Es ist selbstverständlich, daß damit nicht ein
»Leben Jesu«-Versuch wiederholt wird; aber es legt sich im Anschluß an die
Forschungsergebnisse eine historische Skizzierung etwaiger Fakten und eine
vergegenwärtigende Auslegung der Verkündigung Jesu, die das Kreuzes-
geschick impliziert, doch nahe. Der Unterricht wird zeigen, daß das Kerygma
des historischen Jesus ebenso auf Entscheidung gestellt ist wie die Christusbotschaft. Dennoch hat es seine eigene Art der Evidenz, durch historische Verfremdung hindurch. Es ist noch nicht zu Ende gedacht, geschweige denn erfahren, was auf dem nun doch eröffneten Weg geschichtlicher Begegnung mit
Jesus geschehen wird, geschehen kann. Die These, man bleibe damit im Bereich
des Gesetzes, ist fragwürdig. Es muß offenbleiben und kann theologisch
schwerlich vorentschieden werden, ob und wie ein historisches Sehen und
Erkennen, wenn es bis zu existentialer Auslegung vordringt, Jesus nur unverständlich, fremd und fern bleiben läßt, oder ob nicht dem so übersetzten
»Evangelium Jesu« eine selbständige und ursprüngliche Freiheit und Souveränität eignet, im humanen Verstehen das Gewissen zu überführen. »Denn
immer macht sich Jesus zum Anwalt des Menschen, indem er uneingeschränkt
verkündigt: ›Der Mensch ist nicht für die Verordnungen da, die Verordnungen
sind für den Menschen da. Es gilt kein Vorrecht der Klasse oder Rasse, es gilt
allein die Tat der Barmherzigkeit.‹ Das kann schon ein Schüler verstehen.«[13]

---

[11] aaO, 26
[12] In diesem Zusammenhang muß auf F. GOGARTENS Arbeiten verwiesen werden.
[13] M. MEZGER, Glaube und Sprache, 1963, 33.

Auch unterrichtlich soll die historische Fragestellung keineswegs einer falschen Sicherung des Glaubens durch Vorfindlichkeiten dienen. Sowenig wie das leere Grab, sowenig können historische Phänomene aus Jesu Wirken das Wagnis einer verstehenden Einwilligung dem Hörer abnehmen. Auch soll nicht ein ästhetisch distanziertes Jesusbild erhoben werden. Dies alles ist nicht intendiert und nicht zu erwarten, wenn die Auslegung auf Jesus und sein Wort und auf Jesus als Wort gerichtet ist. Gewiß ist BULTMANNs Erinnerung, solche Interpretation sei doch faktisch durch das Kerygma geleitet, nicht außer acht zu lassen. Auch bei methodischer Trennung der beiden Linien läßt sich weder für den Schüler noch für den Lehrer die Herkunft des Interesses an der Sache aus der Verkündigung übersehen. Andererseits ist auch immer die Möglichkeit in Rechnung zu stellen, daß beide Größen, Jesu Verkündigung und das jeweilige Zeugnis der Kirche, einander widersprechen.

Die unterrichtliche Beschäftigung mit der Frage nach dem historischen Jesus dürfte ferner folgendes Korrektiv einer einseitigen Christologie einbringen: Im christlichen Glauben steht das Gottesverhältnis des Menschen in seiner Welt auf dem Spiel, es geht um die Gottesherrschaft und Gottesgemeinschaft. Die Christologie ist nicht Selbstzweck. Das Ausrufen des Namens Jesus Christus drückt aus, daß er zu Gott hin der Mittler ist. Das »Für uns« – dem heutigen Verstehen so dunkel und vieldeutig – ist nicht ein dogmatisches Attribut des erhöhten Herrn unter Verrechnung von Kreuz und Auferstehung, kein Hinzukommendes, sondern die eigentliche Qualität der Existenz Jesu, aufgenommen und fortwirkend im Bekenntnis der Kirche. Bei der unterrichtlichen Behandlung der christologisch so geladenen Texte sollte der Gesichtspunkt leitend sein, daß und wie durch Jesus und mit ihm der Mensch zwischen Gott und Welt (GOGARTEN) in seine Wahrheit findet. Jesus steht nicht so zwischen Gott und dem Menschen, daß er Gott verdeckt, sondern so, daß er Gottes Wahrheit als die Wahrheit des Menschen entdeckt.

Das Christus-Kerygma will ursprünglich dazu verhelfen, Jesus richtig zu verstehen. Aber die Chiffren- und Formelsprache der kerygmatischen Texte ist heute nicht mehr ohne Auslegung verständlich und steht insofern zwischen dem heutigen Hörer und dem historischen Jesus. Es wäre deshalb heilsam, wenn es im Unterricht gelänge, das so selbstverständlich gewordene christlich-nachchristliche Formalwissen von Jesus als dem Sohn Gottes weitgehend auszuklammern und so die Historie Jesu, seinen Weg zum Kreuz, überhaupt erst begreiflich werden zu lassen[14].

---

[14] Dies dürfte das unterrichtlich Bedeutsame an dem Buch von E. LINNEMANN, Gleichnisse Jesu, 1961, sein.

Es begann und es beginnt immer wieder mit Jesus von Nazareth. Es ist das Ziel der Gesamtauslegung im Unterricht aufzuweisen, wie das Bekenntnis der Kirche sich mit Jesu eigenem Verkündigen zu einer spannungsvollen Einheit zusammenschließt. Der Evangelientext wird so erst in Unterscheidung, Konfrontation und Zusammenordnung von Historie und Kerygma ganz verstehbar, als Einheit von evozierendem und respondierendem Wort.

Für den Unterricht wäre dem Grundriß nach nicht so sehr an eine historische Abfolge (Spätjudentum, Jesus, Urchristentum) zu denken, als vielmehr an einen durchgehenden Doppelzug des sich erweiternden Verstehens in bezug auf den geschichtlichen Jesus und die Evangelientexte. Diese Texte werden dann einerseits als historische Quellen, andererseits als Predigttexte gebraucht und erklärt. Hinzuzufügen wäre noch, daß dem unterrichtlichen Aufbau nicht der Prozeß einer theologischen Forschung, wohl aber deren Ergebnisse zugrunde liegen. Die historisch-kritische Theologie und die strenge existentiale Interpretation bilden nicht einfach den Inhalt, wohl aber die Voraussetzung für eine vernünftige Erklärung und eindringliche Auslegung im Unterricht.

Wir lenken auf das zweite Unterrichtsbeispiel zurück. Was hätte den Schülern zu der Erzählung des Matthäus-Evangeliums vom Seewandel Jesu und vom sinkenden Petrus nun in Form des Gesprächs mitgeteilt werden können?

Es wäre zunächst vom Evangelisten Matthäus, dem Autor des Textes, zu handeln. Als Lehrer der Gemeinde formt er den Mk-Stoff zu einem Gleichnis für die wiederkehrende Geschichte des angefochtenen Glaubens der Kirche, zu einer Jüngergeschichte um (Einschub der Szene vom sinkenden Petrus); Paradigma nicht nur für die Predigt, sondern für die Situation der Gemeinde. Das Mirakel dient als erzählendes, verkündigendes Bild: der Mensch, vollständig angewiesen auf Glauben, beherrscht vom Nichtglauben oder Kleinglauben; auch der Jünger in Existenzangst und Einsamkeit; Petrus als Prototyp des sich nicht durchhaltenden Glaubens. – Jesus, ihnen allen entzogen, aber sie aufsuchend, von ihnen nicht erkannt, erweist sich ihnen als er selbst, in dem ermutigenden Zuspruch »Seid getrost, ich bin es.« Das hilfreiche Wort, das die Furcht überwindet, entmächtigt auch die elementaren Bedrohungen, die den Glauben ersticken. Das Wort gibt Anteil an der Allmacht des Glaubens und ermöglicht Nachfolge in den Anfechtungen, die sich von außen und innen aufdrängen. Der doch unvertretbar auf sich selbst gestellte Mensch bedarf solcher Hilfe. Glauben heißt hier: sich auf die tragende Kraft des Wortes Jesu einlassen und es auf ihn hin wagen. Dieser Glaube bekennt dann Gottes Wirklichkeit in Wort und Tat Jesu als selbsterfahrene gewisse Möglichkeit. Soweit das Evangelium im Evangelientext.

Was aber »steht dahinter«? Nicht ein spezieller historischer Vorgang aus dem

Wirken Jesu, abgesehen von Äußerlichkeiten; wohl aber das Wort des historischen Jesus von dem Berge versetzenden Glauben, der das Sein in der Welt wandelt und ein Können ermöglicht. Dahinter steht auch, als Korrektiv, Jesu Kritik am Wunderglauben. Dahinter steht das Sorget-nicht der Bergpredigt und zugleich das Geschick des Menschen Jesus, der versucht wurde wie wir, der in einer von Angst und Hybris bestimmten Menschengeschichte untergegangen zu sein scheint; dahinter steht also das Kreuz.

Der Text will dann in der Symbolsprache der Wundergeschichte mitteilen, daß Jesu Wort und Tat nicht vergeblich waren. Jesu Sein für den Nächsten und vor Gott offenbart sich als letztes, endgültiges Wort für uns. Jesus, der historisch gesehen ein Gewesener ist, sagt jetzt: ich bin es. Die Symbolsprache der Christusgeschichte hebt auf diese Weise die dem Verstehen sich erschließende innerste Intention der Jesushistorie bildhaft und bedeutsam ans Licht. Mit solcher textlichen Erläuterung ist der Rahmen gespannt für konkretere Gespräche über Glauben, Lieben, Hoffen. Aber es dürfte nun faßlich geworden sein, welchen Sinn und welches Recht die Berufung der Texte und ihrer Verkündigung auf Jesus von Nazareth hat.

RUDOLF BULTMANNS STELLUNG
ZUM ALTEN TESTAMENT
UND IHRE BEDEUTUNG FÜR DEN
RELIGIONSUNTERRICHT

HANNELIS SCHULTE

In den ersten Jahren der Schulzeit werden im Religionsunterricht viele Geschichten erzählt, Geschichten von Jesus, von Abraham, Joseph, Moses und David. Für die Kinder sind das zunächst einmal alles »Geschichten«, schöne, spannende, manchmal auch traurige Begebenheiten, denen sie gern zuhören, die sich aber nicht grundsätzlich von Geschichten im Lesebuch oder von Märchen unterscheiden.

Je größer die Kinder werden, desto weniger geht es bei den biblischen Erzählungen einfach um den Ablauf einer Handlung, desto mehr um ihre Bedeutung. Vielleicht dienen sie dazu, einen Katechismussatz zu veranschaulichen, vielleicht werden sie so erzählt, daß sie auf ein Merkwort hinauslaufen, vielleicht auch in der Absicht, daß die Schüler sich mit einer Gestalt der Erzählung identifizieren und ihnen damit ein Zug ihres eigenen Lebens erhellt wird.

Aber es wird sich – je weiter der Unterricht fortschreitet – eine Differenzierung im Stoff ergeben. Jede Jesusgeschichte ist in sich selbst Zeugnis und will in diesem Zeugnischarakter verstanden werden. Seit den Forschungen von RUDOLF BULTMANN und MARTIN DIBELIUS am Anfang der zwanziger Jahre kann sie im Religionsunterricht nur noch mißbräuchlich im biographischen Sinne gelesen werden. In einem weiteren Sinn gilt das auch von den Berichten der Apostelgeschichte, insofern im Schicksal der Boten der Lauf des Wortes durch die Länder und die Sammlung der Gemeinden beschrieben ist.

Wie steht es jedoch mit dem Alten Testament und seinen Geschichten? Haben auch sie Zeugnischarakter? Oder sind sie in ihrem geschichtlichen Zusammenhang zureichend zu verstehen? Am leichtesten ist die Frage bei den Geschichten am Anfang der Genesis zu beantworten. Ihre mythische Form macht sie zur Predigt. In weiterem Sinn, analog der Apostelgeschichte, gilt das von den Berichten über das Geschick Jeremias, des Amos oder Jesajas, um nur einige Beispiele zu nennen, insofern hier menschliches Leben an das ihm anvertraute Gotteswort gebunden ist und dadurch sein Schicksal findet.

Doch wie steht es zB mit Joseph und David und Rehabeam? Was hat ihr Schicksal im Religionsunterricht zu suchen, wenn man es nicht gerade als Beispiel für Katechismuswahrheiten braucht? Solche Beispiele können ebensogut aus dem Gesamtbereich menschlichen Lebens oder speziell der Kirchengeschichte genommen werden.

Lange Zeit hat man eine Antwort auf diese Frage gefunden, indem man die Gestalten des Alten Testaments zu moralischen Helden machte und an ihrem Geschick zeigte, wie Gott das Gute belohnt und das Böse bestraft. Doch ist der Stoff solchen Gesichtspunkten gegenüber recht spröde. Zwar bieten sich einige Geschichten sehr wohl an (zB Abraham und Lot, Joseph und seine Brüder, David und Bathseba), zu viele aber muß man unterschlagen oder umbiegen (zB Abraham in Ägypten, Jakobs Flucht vor Laban, Moses Mord an dem Ägypter, David und Achis von Gath), wenn man den moralischen Gesichtspunkt durchhalten will.

An die Stelle der moralischen sind heute weithin christologische Betrachtungsweisen des Alten Testaments getreten. Auf dieser Linie kann man sich auf die Psalmen und Propheten beschränken und die »Geschichten« ganz fallenlassen; oder es wird der Versuch gemacht, die Geschichten beizubehalten, indem man sie typologisch auf Christus deutet. So wird zB der Fall und Aufstieg Josephs zum »Bild« für Tod und Auferstehung gemacht. Daß in beiden Fällen der geschichtliche Inhalt des Alten Testaments nicht zu seinem Recht kommt, liegt auf der Hand.

Oder wird eine Erzählung des Alten Testaments etwa dadurch in ihrem Zeugnischarakter verstanden, daß der Lehrer mit der Klasse herausarbeitet, daß hier der Gott am Werk ist, der sich später einmal als der Vater Jesu Christi erweisen wird? Ganz abgesehen von der Problematik des Vater-Begriffes, der wegen seiner Unbestimmtheit für »theologische« Lösungen offenbar so beliebt ist – hier wird ein großer heilsgeschichtlicher Zusammenhang vorausgesetzt, der seinerseits die Exegese bestimmt. Doch müßte umgekehrt der Zeugnischarakter der Einzelgeschichte aus ihrer Struktur und ihrem Zusammenhang erst einmal gewonnen werden, ehe sich dann – vielleicht – die heilsgeschichtliche Linie ergibt.

Parallel zu den formgeschichtlichen Forschungen im Neuen Testament hat vor allem die Schule GERHARD VON RADS nach der Verankerung der alttestamentlichen Geschichtserzählung im Kultus gefragt. Die Verkündigung der »großen Taten Gottes« als Begründung des Lobpreises und des Gehorsams der Gemeinde ergibt sich als der theologische Sinn der Geschichten. Sie sind Zeugnis des Glaubens Israels. Für den Religionslehrer bietet sich bei Anwendung dieser Gedanken die Möglichkeit, auch noch den Schritt in die Gegenwart zu tun und den Lobpreis und Gehorsam der heutigen Gemeinde auf diese großen Taten Gottes zu gründen.

Auch RUDOLF BULTMANN kann sagen: »Daher ist die Geschichtsschreibung (sc. Israels) kein Mittel zur politischen Erziehung, sondern eine *Predigt an das Volk*. Der Rückblick in die Vergangenheit bedeutet kritische Prüfung der Vergangenheit und Warnung für die Gegenwart.«[1] So tritt an die Stelle des Glaubenszeugnisses der alttestamentlichen Gemeinde die Reflexion des Geschichtsschreibers, und an die Stelle des Lobpreises Gottes die Warnung und der Aufweis der geschichtlichen Aufgaben.

Unzulässig ist aber nach BULTMANNS Meinung vor allem der zweite Schritt, in dem das Rühmen der großen Taten Gottes die heutige Gemeinde unmittelbar anreden soll. Hier sieht er einen radikalen Schnitt zwischen dem Alten und dem Neuen Testament. »Wer in der Kirche steht, für den ist die Geschichte Israels vergangen und abgetan. Die christliche Verkündigung kann und darf die Hörer nicht daran erinnern, daß Gott ihre Väter aus Ägyptenland geführt hat, daß er das Volk einst in die Gefangenschaft führte und wieder zurückbrachte in das Land der Verheißung. ... Israels Geschichte ist nicht unsere Geschichte, und sofern Gott in jener Geschichte gnädig gewaltet hat, gilt diese Gnade nicht uns.«[2]

Eine nähere Bestimmung des Verhältnisses von Wort Gottes und Geschichte im Alten Testament finden wir in dem Aufsatz über den »Begriff des Wortes Gottes im Neuen Testament«[3]. Es heißt da »Die Beziehung auf die Geschichte ist also ein konstitutiver Charakter des Wortes Gottes im Alten Testament. ... In diesem Sinne ist das Wort als Anrede zugleich Mitteilung, und beides bildet eine Einheit, weil das Mitgeteilte, weil die Geschichte im Jetzt mitanredet.«[4] Davon unterscheidet sich jedoch die christliche Verkündigung. Sie weist nicht mitteilend zurück auf etwas Geschehenes, um es so ins Heute zu ziehen, sondern sie ist so ganz und gar Anrede, »daß im gepredigten Wort das Christusgeschehen sich weiter vollzieht.«[5]

So kann BULTMANN zusammenfassend sagen: »... im Alten Testament fallen Wort und Geschichte zunächst auseinander. Die Geschichte ist die, die das Volk erlebt hat, aus der es je in sein Jetzt kommt, und das prophetische oder gesetzliche Wort redet in dieses Jetzt hinein. Die Einheit mit der vergangenen Geschichte wird dadurch hergestellt, daß das jetzt begegnende Wort an die vergangene Geschichte erinnert und sie dadurch vergegenwärtigt und fortsetzt.

---

[1] Geschichte und Eschatologie, ²1964, 20; Sperrung von mir.
[2] Glauben und Verstehen I, ⁴1961, 333.
[3] Ebd. 268 ff, bes. 286 ff.
[4] Ebd. 287 f.   [5] Ebd. 289.

Das Wort der christlichen Verkündigung und die Geschichte, die es mitteilt, fallen zusammen, sind eins. Die Geschichte Christi ist keine schon vergangene, sondern vollzieht sich im verkündigenden Wort.«[6]

Daß die Propheten Israels mahnend, warnend, auch tröstend auf die Geschichte ihres Volkes und der Völker hinweisen, liegt auf der Hand. Auch ist es eine Eigentümlichkeit israelitischer Gesetzgebung, daß die Gebote und Verbote nicht als solche überliefert sind, sondern eingebettet in die Geschichte der Offenbarungen Gottes. Sollte beides darauf zurückzuführen sein, daß die Geschichtsschreibung in Israel der Prophetie wie der Gesetzgebung vorausgeht? Oder daß zumindest Geschichtsschreibung und Prophetie zugleich entstehen? Hat die Geschichtsschreibung im alten Israel selber bereits prophetischen Charakter? Wir sahen, daß RUDOLF BULTMANN sie als »Predigt an das Volk« bezeichnet. Wenn wir verstehen, inwiefern er das tut, so könnten wir auch die Frage beantworten, was denn die Geschichten des Alten Testaments in unserem Religionsunterricht zu suchen haben, wieso sie eine andere Qualität haben als beliebige Sagen oder historische Berichte aus anderen Überlieferungskreisen.

»Predigt an das Volk« sind die geschichtlichen Überlieferungen Israels, weil sie einerseits ein Interesse an der Absicht und dem Plan Gottes haben, ihn als Schöpfer und Lenker der Geschichte sehen. Andererseits rufen sie zur Selbstbesinnung: »Dieser Ruf ist gleichzeitig ein Ruf zur Verantwortung angesichts der Zukunft, die Heil oder Untergang bringt, Gottes Segen oder seine Züchtigung.«[7] Nicht *obwohl* sondern gerade *weil* Gott als der Herr der Geschichte geglaubt wird, hat der Mensch die Verantwortung für sein Geschick, die Freiheit der Entscheidung. Das aber muß ihm anhand der Geschichte gezeigt werden.

So können wir im Religionsunterricht dieser eigentümlichen Struktur der Geschichtsschreibung Israels nachgehen, indem wir die alttestamentlichen Geschichten lesen. Dazu ein Beispiel: In jedem profanen Geschichtsbuch und in den wissenschaftlichen Darstellungen der »Geschichte Israels« können die Schüler nachlesen, daß die Landnahme Israels nicht in einem einheitlichen Zug über den Jordan unter Führung Josuas vor sich ging, sondern daß es eine allmähliche Besitzergreifung durch Nomadenstämme teils von Süden, teils von Osten war. Also lügt die Bibel im Buche Josua? Jawohl, sie lügt. Warum sie das tut, läßt sich verstehen, wenn man bei dem Vergleich von Ri 1 mit den Jousatraditionen schon für die jahwistische Geschichtsschreibung feststellt, daß der Verfasser gegen die ihm vorliegende Überlieferung den einheitlichen

---

[6] Ebd. 292.
[7] Geschichte und Eschatologie, 20.

Zug über den Jordan gestaltet hat. Denn »der nationale Gedanke der Einheit des Volkes unter der Führerschaft Judas« ist sein Leitmotiv[8]. Diesem Thema zuliebe stilisiert er die Geschichte, denn er will seinem Volk in einer Zeit, wo die Einheit zerbrochen ist, diese als Aufgabe und Verpflichtung vor Augen halten.

Ein anderes Beispiel: Der Vergleich der Eroberung Jerichos mit der Eroberung von Ai läßt ahnen, daß der alte, offenbar wunderlose Bericht von der Erstürmung Jerichos verlorenging, weil er durch den jetzigen wunderhaften ersetzt wurde. Eine Harmonisierung beider Darstellungen, wie wir sie sonst vielfach finden, war der Natur der Sache nach nicht möglich. Welches Interesse steht hinter dem jetzigen Bericht? »Nicht durch Heeresmacht und nicht durch Gewalt, sondern durch meinen Geist! spricht der Herr der Heerscharen« (Sach 4, 6b). Im Sinne dieses Wortes versucht eine spätere Geschichtsschreibung die alte Geschichte »umzuschreiben«, weil sie durch sie »predigen« will.

Methodisch bedeutet diese Betrachtungsweise der alttestamentlichen Geschichten einen großen Gewinn, da sie am Text beobachten lehrt. Der Sache nach bringt sie die Befreiung von der fruchtlosen Alternative, ob die Bibel nun »doch Recht« oder doch nicht Recht hat. Sie führt hin zum Verständnis dessen, daß hier »Predigt« vorliegt, Geschichtsschreibung als Ruf zur Verantwortung.

Doch gehen wir noch einen Schritt weiter. RUDOLF BULTMANN sagt: »Im Alten Testament hat sich – im Unterschied vom Griechentum – ein eigentümliches Geschichtsbewußtsein ausgebildet als das Bewußtsein, daß dem Menschen je aus seiner konkreten Geschichte seine konkrete Antwort auf die Frage der Zukunft erwächst. Gerade in der Zeit, im konkreten Augenblick gewinnt der Mensch seine Eigentlichkeit und nicht in der Flucht in die Zeitlosigkeit, für die die konkrete Geschichte zum Schein wird. Deshalb entsteht in Israel nicht das Idealbild der menschlichen Persönlichkeit ... sondern der Mensch ist in seiner konkreten Stellung vor Gott und dem Nächsten gesehen.«[9]

Diese Beobachtung gilt durchgehend für die Propheten wie für die Geschichtsschreibung Israels. Gerade die einzelnen Geschichten, die den Kindern so viel Freude gemacht haben und nun mit den Heranwachsenden gelesen und besprochen werden, haben ihre Kraft und Bedeutung in dieser Frage nach dem Gehorsam, nach dem Ruf der Stunde, nach dem Auftrag des einzelnen Lebens und des Volkes. Wenn man genauer hinsieht, wird man gerade in der ältesten Geschichtsschreibung Israels, beim Jahwisten, entdecken, wie stark er von der

---

[8] Ebd. 21; vgl Gustav Hölscher, Geschichtsschreibung in Israel, 1952, 111ff.
[9] Glauben und Verstehen I, 323.

Frage bewegt war, wie denn nun ein Mensch seinen konkreten Auftrag erkennt. Das Ideal, wie es das Griechentum kennt, steht hoch über dem Einzelnen in Geltung und läßt sich für Generationen zeichnen – die Aufgabe der Stunde muß der Mensch oder muß die Gemeinschaft selber erfassen – wehe, wenn er sie verfehlt. Dem Ideal kann man sich wieder nähern, wenn man abgewichen ist – die versäumte Stunde kommt nicht wieder. Es ist Gnade, wenn eine andere Stunde geschenkt wird. Doch wie erkennt man das Gebotene? Wie erfährt der Mensch, unter welchem besonderen Auftrag jetzt das eigene Leben steht?

Die Irrationalität dieses Erkennens drückt der alttestamentliche Erzähler so aus, daß er seine »Helden« eine Berufung erleben läßt, sei es daß Gott selber zu ihnen redet wie zu Abraham und Mose, sei es daß der rätselhafte Mal'ach ihnen begegnet (bzw. ihren Eltern) wie bei Bileam, Josua, Gideon und Simson. Bei Saul ist es der Seher Samuel und bei David eine Frau, Abigail, die die Aufgabe zeigt[10]. Gerade an der Stilisierung der Mal'ach-Geschichten, die zT so wenig Zusammenhang mit dem Folgenden haben, daß sie kaum der Tradition entnommen sein können, erweist sich die schriftstellerische Arbeit und also das besondere Interesse an der Berufung, das den Schriftsteller leitet. Der Leser dieser Geschichten wird ganz von selbst zu der Frage hingeführt: Und was ist mein Auftrag? Wie erkenne ich die Stunde meiner Berufung? Es wird ihm ein Menschenverständnis und damit ein Selbstverständnis nahegelegt, dessen Bewährung im Gehorsam und der Treue gegenüber dem Auftrag besteht. »Wer das Alte Testament liest, steht vor der Frage, ... ob er die Forderung, unter der er steht, verstehen soll ... als den Weg, auf dem er seine Würde und die Vollendung seiner Persönlichkeit gewinnt, oder als die Forderung, die ihn im Gehorsam unter Gott in den Dienst des Nächsten stellt, und die ihn stets seiner Halbheit und Schuld überführt.«[11]

Was Gehorsam und was Schuld ist, was Glauben und was Treue, was Abfall und was Umkehr, das erfährt der Leser im Gegenüber zu den Gestalten der alttestamentlichen Geschichten und nimmt es bewußt oder unbewußt in sein Denken und Leben hinein. Dieselbe Auffassung vom menschlichen Dasein begegnet ihm bei den Propheten. Im Religionsunterricht wird es mehr eine methodische Frage sein, von welchen Texten man lieber ausgeht. Der kürzere und steilere Weg zu den wesentlichen Fragen ist zweifellos der über die Propheten. Aber ihre Sprache ist nicht leicht und muß besonders bei Benutzung des Luthertextes von den Schülern beinahe wie eine Fremdsprache gelernt

---

[10] Gen 12; Ex 3; Num 22; Jos 5; Ri 6; 13; 1Sam 9; 25; allerdings läßt 2Sam 5, 2 vermuten, daß die eigentliche Berufungsgeschichte Davids verlorenging.
[11] Glauben und Verstehen I, 323.

werden. Die Geschichtsschreibung bietet den leichter zugänglichen Text, wobei der Quellenvergleich methodisch sehr anregend ist. Dafür muß aber eine ganze Menge Stoff verarbeitet werden, bis man zu dem Eigentlichen vorstößt. Eine Art Synthese zwischen beidem stellt das Jeremiabuch dar, weil die konkrete Situation des Redenden deutlicher wird als in den anderen Prophetenbüchern, andererseits aber die aufgetragene Botschaft unmittelbar zu Worte kommt. Nirgends wie bei Jeremia sieht man so klar die Verankerung der Botschaft in der Geschichte, ja die Ausschließlichkeit ihres geschichtlichen Bezuges.

Wenn aber das AT keine Verheißung und keine Hoffnung kennt als solche, die sich in der diesseitigen Geschichte, speziell in der Geschichte Israels erfüllen sollen, so hat es in den Augen unserer Schüler nur geringen Wert. Denn was geht uns die Geschichte Israels schon an? Ja sie bezweifeln sogar, daß den Israeliten damit gedient war, wenn sie Versprechungen für die Zukunft des Volkes bekamen. Was sollten sie in ihrem gegenwärtigen Leiden damit anfangen? Besonders die Frommen unter unsern Schülern suchen nach einer Botschaft für ihr Leben, nicht nach Berichten über Vergangenes.

Der Religionslehrer wird aber mit ihnen darüber sprechen müssen, daß unser Glaube in der Gefahr ist, unserer konkreten Situation auszuweichen und sich auf das Jenseitige statt auf das Jetzige zu richten. Die Geschichte der Christenheit beweist, in welchem Maß das Evangelium immer wieder als »Pilgrimsmythus« (Løgstrup) mißverstanden worden ist. Für das rechte Verständnis des Verhältnisses von Glaube und Geschichte führt Rudolf Bultmann ein sehr schönes Wort von Friedrich Gogarten an:

Der Glaube nimmt »wegen des radikalen eschatologischen Charakters des von ihm geglaubten Heils den Menschen niemals aus seiner konkreten weltlichen Existenz heraus, vielmehr ruft er ihn in einer Nüchternheit ohnegleichen in sie hinein und erschließt eben damit ihre Geschichtlichkeit. Denn in ihr und nirgendwo sonst ereignet sich für ihn das Heil der Menschen«[12].

Der eschatologische Charakter des Heils ist nur im Neuen Testament gegeben. Aber für die Beziehung des Glaubens auf die Diesseitigkeit des Glaubenden – dafür steht das Alte Testament und erinnert die Christenheit unaufhörlich daran, daß sie diese Relation nicht aufgeben darf. So ist das Alte Testament gerade in seinen geschichtlichen Teilen ein Wächter für das Neue. Nicht daß das Heil oder die Geschichte dort und hier identisch wären, aber ihre Bezogenheit aufeinander ist dieselbe. Für beide Testamente aber gilt, was Rudolf Bultmann in seinem Vortrag »Der Gottesgedanke und der moderne Mensch« sagt:

[12] Friedrich Gogarten, Zur Frage nach dem Ursprung des geschichtlichen Denkens. (EvTh 14, 1954), 232. Zitiert bei R. Bultmann, Geschichte und Eschatologie, 183.

»Dann gilt es also, sich jeweils offenzuhalten für die *Begegnungen Gottes in der Welt, in der Zeit*. Nicht die Anerkennung eines Gottesbildes, mag es noch so richtig sein, ist wirklicher Gottesglaube; vielmehr die Bereitschaft dafür, daß uns das Ewige jeweils in der Gegenwart begegnen will – jeweils in den wechselnden Situationen unseres Lebens.«[13]

Wenn RUDOLF BULTMANN in diesem Zusammenhang auf Mt 25, 31ff verweist[14], so ist das Mißverständnis ausgeschlossen, daß es bei ihm keine Qualifizierung des »Unbedingten« gäbe. Das muß deshalb betont werden, weil wir gerade angesichts des Alten Testamentes an der Frage nach dem Gottesbild nicht vorbeigehen können. Die Irrationalität des begegnenden Gottes könnte zu gefährlichen Konsequenzen führen. Wo Gott wesentlich als Wille verstanden wird, da ist der Schritt zur Willkür nicht groß. Daß die Frage, soweit ich sehe, von RUDOLF BULTMANN nicht ausführlich erörtert worden ist, mag mit der besonderen geistigen Situation zusammenhängen, in der der erste Band von »Glauben und Verstehen« erschienen ist. Im Religionsunterricht können wir jedoch heute nicht daran vorbeigehen. Der Gott, der dem Vater befiehlt, seinen Sohn zu schlachten (Gen 22), der durch Samuel dem Saul befiehlt, die Amalekiter mit Frauen und kleinen Kindern auszurotten (1Sam 15), dieser Gott kann auch der Gott der Henker von Auschwitz sein. Warum sollten sie sich nicht auf ihn berufen? Als RUDOLF AUGSTEIN im Herbst 1962 im Gefängnis das Alte Testament las, geriet er vor allem an Abschnitte aus der Priesterschrift, wo um der Heiligkeit Gottes willen der Mensch nichts gilt, und kam zu dem Schluß: »Dieser Gott ist nicht mein Gott.«

Der Gott, dessen Wort Jesus Christus ist, ist nicht der Gott des »Bannes«. Darüber müssen wir im Religionsunterricht Rechenschaft geben, und das heißt: wir können das Alte Testament nur kritisch lesen. Dabei wird sich ergeben, daß die Literarkritik der Sachkritik dienlich ist. Der Jahwist ist unter den alttestamentlichen Erzählern nicht nur der Entmythologisierer, sondern auch der Vertreter der Humanität, der zB den »Bann« nicht kennt. Darüber hinaus ist es höchst reizvoll, gerade in der ältesten Geschichtsschreibung Israels zu beobachten, wie die Ethik entsteht. Denn gerade weil die alten Erzählungen nicht »moralisch« sind im Sinn von Beispielen für die feststehenden Normen des Guten und des Bösen, so sind sie doch »ethisch«, indem sie die Besinnung auf das Gerechte zeigen, in der menschliche Geschichte stattfindet. Die »Gebote« stehen dann am Ende dieser Entwicklung im alten Israel.

In einer Zeit wie der unseren, die einer »außerordentlichen moralischen Anstrengung« bedarf, um allmählich die Außenpolitik der Staaten in Welt-

---

[13] ZThK 60, 1963, 347.   [14] ZThK 60, 1963, 348.

innenpolitik umzuwandeln[15], ist es von erregender Aktualität zu beobachten, wie sich das alte Israel von den wilden Sitten der Nomadenzeit zu den geordneten Verhältnissen eines Staatsverbandes durchrang. Wahrhaftig, das Alte Testament braucht für den Religionslehrer heute nicht ein Gebiet zu sein, das er nur mit Verlegenheit betritt, nicht ein Stoff, den er mit der linken Hand abtut. Er schadet der Sache, wenn er sich etwa um des »religiösen« Gehaltes willen auf Psalmen und Propheten konzentriert und die Geschichtsberichte als »weltlichen Stoff« beiseite läßt. Wie uns RUDOLF BULTMANN gezeigt hat, hilft uns gerade die Geschichtsschreibung Israels, das Daseinsverständnis der Bibel zu erkennen, dessen Strukturen im Alten und Neuen Testament dieselben sind; sie zeigt uns die Geschichtlichkeit unserer Existenz und verwehrt uns, das Heil von unserer konkreten Geschichte zu trennen. Über BULTMANNs Gedanken hinaus werden wir die Frage nach der Bestimmtheit des Gottesbildes und nach dem Werden der sittlichen Erkenntnis gerade bei der Besprechung des Alten Testaments im Religionsunterricht immer wieder stellen müssen.

---

[15] CARL FRIEDRICH VON WEIZSÄCKER, Bedingungen des Friedens. Jk 1963, 640 ff, bes. 641.

DIE GOTTESEBENBILDLICHKEIT ALS PÄDAGOGISCHES MOTIV

MARTIN STALLMANN

I.

In einem Aufsatz über »Humanität und humanitas« nennt FRIEDRICH KLING-NER es einen »schöpferischen Irrtum«, daß HERDER gemeint hat, mit seiner Humanität nichts anderes wiederentdeckt zu haben als die *humanitas* der Alten[1]. Während das Wort bei HERDER mit einem »schweren, beinahe lastenden Ernst« erfüllt sei, gehöre für CICERO und seine Zeitgenossen Wort und Sache der *humanitas* »in die unbekümmerte, großzügige Kultur des privaten Lebens«, wie man sie sich in den Häusern einiger Familien der römischen Nobilität angesichts der kritischen Zeiten zu bewahren suchte, eine geistvoll heitere Lebensart, die Geschmack und Gesittung als dasjenige kultivierte, woran man einen wirklichen Menschen zu erkennen vermöchte. Eine heitere Selbstsicherheit sei es vor allem, wodurch sich dieses Wort von vornherein unterscheide »von dem salbungsvollen Ernst HERDERS und der gravitätischen Art HUMBOLDTS, sich und die Dinge ernst zu nehmen, ebenso wie von der etwas fanatischen Ergriffenheit, mit der etwa SCHILLER den Menschen an der Grenze zwischen zwei Jahrhunderten anredet«[2]. Sucht man nach einer Begründung für dieses Pathos, so kann man zunächst an die mit dem lateinischen Wort zwar noch nicht verbundene, aber sonst, besonders bei den Stoikern, anzutreffende Würdigung des Menschen und seiner Möglichkeiten erinnern, in der sich der Mensch »zum Gegenstand ergriffener Bewunderung, ja, man kann fast sagen: religiöser Erbauung« geworden war[3]. Aber daß HERDER die Humanität förmlich wie predigend verkündigt, hat darüber hinaus seinen Grund darin, daß er sie als Verwirklichung der christlichen Lehre verstand. Von Humanität muß HERDER wie von etwas Heiligem reden, in ihr geht es für ihn um die Herausbildung der göttlichen Bestimmung des Menschen, sie dokumentiert die Wahrheit des Satzes aus der »Ältesten Urkunde des Menschengeschlechts«: »Gott schuf den Menschen zum Gleichnis Gottes«[4]. Bild oder Ebenbild Gottes zu sein, galt von

---

[1] In: Beiträge zur geistigen Überlieferung, 1947, 1–52. (Neudruck in: F. KLINGNER, Römische Geisteswelt, 1956, 620 ff).

[2] Ebd. 18 f.   [3] Ebd. 29.   [4] Ebd. 15 f.

alters her als höchste Würdebezeichnung des Menschen, auch mit dem Bildungsgedanken war diese Bestimmung schon verbunden, aber bei HERDER wird
sie noch einmal mit umfassender Allgemeingültigkeit für die Stellung des
Menschen im Ganzen der Schöpfung und zugleich für das Ziel, auf das sich
letzten Endes alle Anstrengungen des Menschen zu richten haben, in Anspruch
genommen. HERDER hat den alttestamentlichen Satz mißverstanden, aber
merkwürdigerweise ist es dieser zweite »Irrtum«, der den ersten so außerordentlich fruchtbar und folgenreich hat werden lassen.

Bild Gottes zu sein, ist für HERDER das dem Menschen zur Verwirklichung
aufgegebene Ideal der Humanität. »Niemand ehrt das Ideal der Menschheit
mehr als die Bibel, da sie es ja sogar zum Nachbilde Gottes erhebt.«[5] Zum
Menschen hat die Gottheit bei der Schöpfung gesprochen: »Sei mein Bild,
ein Gott auf Erden, herrsche und walte. Was du aus deiner Natur Edles und
Vortreffliches zu schaffen vermagst, bringe hervor. Ich darf dir nicht durch
Wunder beistehen, da ich dein menschliches Schicksal in deine menschlichen
Hände legte; aber alle meine heiligen, ewigen Gesetze der Natur werden dir
helfen.«[6] Für HERDER gilt darum, daß »Humanität der Charakter unseres Ge-
schlechts« ist, aber natürlich muß er gleich fortfahren, daß »wir ihn nicht fertig
auf die Welt mitbringen«, sondern er uns »nur in Anlagen angeboren ist und uns
eigentlich angebildet werden muß«; denn »das Göttliche in unserem Geschlecht
ist Bildung der Humanität; alle großen und guten Menschen ..., jeder edle
Mensch in seinem Stande, bei der Erziehung seiner Kinder, bei der Beobachtung seiner Pflichten, durch Beispiel, Werk, Institut und Lehre hat dazu mit-
geholfen. ... Die Bildung zu ihr ist ein Werk, das unablässig fortgesetzt werden muß«[7].

Wozu bedarf es der Rede vom Bilde Gottes, wo HERDER doch meint, daß
»uns der Zweck des Menschengeschlechts auf der Erde durch seine Natur und
Geschichte wie durch die hellste Demonstration gegeben« sei[8]? In seinen »Ideen
zur Philosophie der Geschichte der Menschheit« will er doch gerade den »un-
ermeßlichen Vorzug« des Menschen, daß ihm mit der Humanität sein eigenes
Schicksal in die Hände gegeben ist, dadurch hervortreten lassen, daß er unter
Aufbietung der neuesten, ihm erreichbaren naturwissenschaftlichen Kenntnisse
die Einheit der Natur von der Organisation der toten Stoffe bis zur »gottähn-
lichen Humanität« des Menschen und innerhalb der Einheit die stufenweise

---

[5] Theologie-Briefe I (1780). HERDERS sämtliche Werke, hg.v. B. SUPHAN, 1877ff Bd 10,
352.
[6] Ideen III (1787) 15. Buch I. Bd 14, 213.
[7] Humanitätsbriefe III (1794) Brief 27. Bd 17, 138.
[8] Ideen III (1787) 15. Buch I. Bd 14, 209.

aufsteigende Reihe bis zu dem höchsten Wesen, dem Menschen, darstellt[9]. Als
»höchste Humanität des Menschen« erweist sich dabei die Religion. In ihr
erkennt der Mensch das Gesetz Gottes in der Natur, sie ist aber zugleich mehr
als eine »Verstandesübung«, nämlich eine »Übung des menschlichen Herzens«,
weil der Mensch in ihr »der Vollkommenheit des Vaters als Kind nachstrebt«;
hätte er nämlich »kein Gesetz, als das er sich selbst auferlegt, so müßte er das
wildeste Geschöpf werden«[10]. Daß die Humanität der Zweck der inneren und
äußeren Organisation des Menschen ist, kann zwar schon aus der »Analogie der
Natur«, durch eine vergleichende Betrachtung ihrer »gesamten herrschenden
Ähnlichkeiten«, geschlossen werden, aber daß die Kräfte, die Gott in die
Menschheit legte, »unaustilgbar« sind, ist zuletzt doch eine Überzeugung, die
auf die Vollendung in einer anderen Welt hofft, wie sie zugleich auch nur in
dieser Hoffnung ihren Grund findet[11]. HERDER kann auf die Rede vom Bilde
Gottes im Menschen nicht einfach verzichten. Was die Wirkungen und Formen
der Natur und ihrer Kräfte uns zeigen, wird erst zu einem verständlichen
Ganzen im Zusammenhang mit dem überlieferten Wort von der Würde des
Menschen, und umgekehrt wird dieses ererbte Wissen erst wieder zum lebendigen Appell, wenn sich in ihm die eigenen Erfahrungen wiedererkennen.
»Entweder wissen wir nichts von unserer Bestimmung, und die Gottheit
täuschte uns mit allen ihren Anlagen von innen und außen, oder wir können
dieses Zweckes (d. h. der Bildung zur Humanität) so sicher sein als Gottes und
unseres Daseins«, und damit ja niemand auf die Idee komme, Gottesgewißheit
und Selbstgewißheit trennen zu können, schiebt HERDER vor »oder« noch eine
Klammer ein: »welche Lästerung auch nicht einmal einen Sinn hat«[12]. Die
Preisgabe des Gottesgedankens würde zugleich auf eine Erfassung des Sinnes
der Menschheitsgeschichte verzichten. Denn »den Menschen machte Gott zu
einem Gott auf Erden, er legt das Prinzipium eigener Wirksamkeit in ihn und
setzte solches durch innere und äußere Bedürfnisse seiner Natur von Anfang
an in Bewegung«[13].

Die Art, wie HERDER die Gottesebenbildlichkeit mit dem Bildungsgedanken
verbindet, hat sich auch im Sprachgebrauch ausgewirkt, »Bilden« ist im pietistischen Wortschatz, bei G. ARNOLD, G. TERSTEEGEN, J. SCHEFFLER, immer eine
Tätigkeit Gottes[14]. Bei HERDER setzt sich in seiner Weimarer Zeit ein Sprach-

---

[9] Diesem Aufweis ist das 4. Buch seiner »Ideen« gewidmet, Bd 13, 129 ff.
[10] Ebd. 4. Buch VI. Bd 13, 163 f.
[11] Ebd. 4. Buch VII. Bd 13, 166 u. 189 f.
[12] Ebd. 189.
[13] Ideen III (1787) 15. Buch I. Bd 14, 210.
[14] Bei TERSTEEGEN kommt vereinzelt auch ein »Sich-selbst-formen« vor, wird aber als
»eigenliebige« Form negativ bewertet, weil sie von Gott abzieht. J. SCHEFFLER fordert, daß

gebrauch durch, in dem der Mensch als Subjekt seiner Bildung erscheint[15], ohne daß diese aufhört, ein im tiefsten religiöser Vorgang zu sein. Entsprechend heißt es bei PESTALOZZI, mit der Bezeichnung als Bild Gottes bekunde die Offenbarung ihr Vertrauen zum Menschen, sie sehe ihn an »als eine wirkliche, lebendige, selbsttätige Kraft, die mit dem ersten Augenblicke des Daseins auf ihre eigene Entwicklung und Erweiterung organisierend und organisch wirkt, die erzeugt, wie sie aufnimmt, die formt und gestaltet, wie sie hervorbringt und indem sie es tut«[16]. Bei FICHTE versteht sich dieses »Bilden« dann sehr betont als ein »schöpferisches« Tun: Der weltentwerfende Menschengeist weiß sich als Bild Gottes ermächtigt, in schöpferischer Selbsttätigkeit das in ihm wirkende Göttliche darzustellen. Bild Gottes bezeichnet eine Idee im Bewußtsein des Menschen, die seine selbstbildende Tätigkeit normiert. Darauf zielt JEAN PAULS ironischer Spott: »Worin soll denn das Ebenbild Gottes sonst bestehen, als daß man, so gut man kann, ein kleines Aseitätchen ist und – da schon Welten mehr als genug da sind – wenigstens sich Schöpfer täglich erschafft und genießt, wie ein Meßpriester den Hostiengott?«[17] Der Gedanke der Gottebenbildlichkeit verlor seine Allgemeingültigkeit, entweder degenerierte er zu der These von dem »Gott in unserer Brust, nach dessen Bilde wir uns gestalten sollen, den wir, so oft er uns entschwunden scheint, in immer neuen, höheren Gestalten suchen und wiederfinden müssen«[18] oder man gewann ihm ein Bildungsideal ab, das speziell für Christen Geltung besitze. Im letzteren Falle nötigte die Konkurrenz anderer Ideale dazu, entweder die Minderwertigkeit der dort erzielten Humanität nachzuweisen oder sich schlicht mit einer Berufung auf den biblischen oder kirchlich-konfessionellen Standpunkt zu begnügen[19]. Jedenfalls war von beiden Seiten aus FEUERBACH nicht zu widerlegen,

wir »bildlos« seien, damit Gott als »Bildner« uns seine »Bildung« zuteilwerden lassen kann. Vgl. A. LANGEN, Der Wortschatz des deutschen Pietismus, 1954, 42 bzw. 405 und 408. Zahlreiche Belege auch bei H. SCHILLING, Bildung als Gottesbildlichkeit, 1961, 64 Anm. 37 und 93 f. Freilich kann sich der katholische Verfasser »eigentlich nicht vorstellen, wie die Bitte um Christusliebe und Nachfolgewilligkeit zu einer göttlichen Bildungstätigkeit ohne mitbildnerische Verantwortung des zu Bildenden passen sollte«.

[15] Die frühesten Belege für diesen Sprachgebrauch finden sich seit etwa 1750 bei KLOPSTOCK. Vorbereitet ist dieser Sprachgebrauch, sofern sich schon im pietistischen Barock bei der »göttlichen Bildung« das Interesse immer mehr statt auf das Resultat auf den Vorgang, das Bilden des Bildners richtet, so daß der Begriff eine »Dynamisierung« erfährt. Am nächsten kommt eine Formulierung von einem Anhänger JAKOB BÖHMES, der dessen Meinung dahin zusammenfaßt: »Der Mensch ist sein eigener Formierer der Gottheit in ihm«. Vgl. H. SCHILLING aaO 108 bzw. 59 f.

[16] Zitiert nach H. SCHILLING aaO 87.   [17] Flegeljahre Nr. 56.

[18] E. SPRANGER, Das deutsche Bildungsideal der Gegenwart, 1928, 75.

[19] CH. PALMER, Evangelische Pädagogik, (1852) [4]1869: Bildung besteht »in der durch Erziehung zu bewerkstelligenden Herstellung des Urbildes der Menschheit, d. h. des Bildes

der gemeint hatte: »Erst schafft der Mensch ohne Wissen und Willen Gott nach seinem Bilde, und dann erst schafft wieder dieser Gott mit Wissen und Willen den Menschen nach seinem Bilde.«[20]

Von der allgemeinen pädagogischen Reflexion kann unter diesen Umständen in der Gegenwart nicht mehr erwartet werden, als daß sie die Erinnerung festhält, daß im Bildungsbegriff neben anderen Vorstellungen auch religiöse Gedanken enthalten seien, die die in der Erziehung erstrebte Gestalt und das in der Bildung zu verwirklichende Bild als Gottebenbildlichkeit des Menschen verstünden, die »aus einer Möglichkeit mit Hilfe der Erziehung zur Wirklichkeit werden solle«[21]. Beunruhigend ist jedoch, daß mit der Preisgabe der Gottesebenbildlichkeit die Möglichkeit eines auf Allgemeingültigkeit Anspruch erhebenden Bildungsideals überhaupt verlorengegangen ist und darum zugestanden werden muß, daß der überlieferte Bildungsgedanke selbst fragwürdig geworden ist[22]. Der heutige Mensch ist seiner selbst nicht mehr so sicher, daß er eine ideale Gestalt menschlicher Selbstverwirklichung zur Verfügung hätte, wie frühere Generationen sie für das Unternehmen der Bildung zu haben oder beschreiben zu können meinten. Stoßen wir hier auf einen beklagenswerten Mangel, demgegenüber nur um so nachdrücklicher die Werte der Tradition aufgeboten werden müssen? Oder müssen wir trotz aller Versuche, das moderne Bildungsverständnis nun als »dynamisch und offen« vom früheren abzuheben, ernsthafter das Ende der Bildung erwägen?[23] Diese letztere Frage drängt sich jedenfalls demjenigen auf, der sich das Schicksal des Gedankens der Gottesebenbildlichkeit und seine innige Verbindung mit dem Bildungsgedanken ein wenig vergegenwärtigt.

Gottes« (S. 121). – K. A. Schmid, Encyklopädie des gesamten Erziehungs- und Unterrichtswesens, 1. Bd 1859, 665: »Erneuerung nach dem Bilde Gottes, dies ist das evangelische Bildungsideal, und daß der Mensch ursprünglich danach geschaffen, darin liegt das Fundament für die Pflicht, es zu erstreben, wie die Möglichkeit, es zu erreichen.« – Über die entsprechenden Bemühungen von katholischer Seite bei J. M. Sailer, G. M. Durst und im 20. Jahrhundert bei I. Herwegen, F. X. Eggersdorfer bis zu F. Schneider unterrichtet ausgezeichnet K. Erlinghagen S. J., Vom Bildungsideal zur Lebensordnung. Das Erziehungsziel in der katholischen Pädagogik, 1960. Einzelnes auch bei H. Schilling aaO 87ff und 173ff.

[20] Das Wesen des Christentums, 1841, 12. Kap.

[21] W. Flitner, Allgemeine Pädagogik, 1950, 116.

[22] K. Erlinghagen sucht von der katholischen Theologie aus mit der nicht zu bestreitenden Relativierung der Leitbilder fertig zu werden.

[23] »Bildung bedarf eines zum voraus gesicherten Leitbildes und eines allseitig befestigten Standortes. Das Erstellen eines gemeinsamen Bildungsideals und seine Herrschaft setzen eine fraglose, nach jeder Richtung gesicherte Lage des Menschen voraus. Diese Voraussetzung ihrerseits muß in einem Glauben an die unwiderstehliche Macht einer unveränderlichen Vernunft und ihrer Prinzipien gründen.« M. Heidegger, Wissenschaft und Besinnung, in: Vorträge und Aufsätze, 1954, 69.

II.

Es ist nicht verwunderlich, daß man in dem von uns skizzierten Bedeutungswandel nicht nur eine Sinnesverschiebung oder eine traditionswidrige Abwandlung, sondern eine »regelrechte Verweltlichung« des ursprünglich biblischen Motivs der Gottesebenbildlichkeit und in der Entwicklung, den der deutsche Bildungsgedanke dabei durchgemacht hat, einen »Profanierungsprozeß« hat sehen wollen[24]. Für HERDER selbst fällt neben der schon erwähnten Veränderung des Subjekts der Bildung ins Gewicht, daß die für den Pietismus vorrangige Christusbildlichkeit bei ihm aus dem Ebenbild-Begriff mehr und mehr verschwindet; sie wird entbehrlich, je mehr er die Gottesebenbildlichkeit aus Natur und Geschichte des Menschen zu begreifen und zu begründen lernt. Nun steht HERDER auch hiermit in einer Tradition, die als ganze ein aufschlußreiches Beispiel dafür ist, wie sich zwar in der deutschen Sprachgeschichte im Übergang vom Pietismus zur Klassik so etwas wie eine Verweltlichung beobachten läßt, wie aber für ein Verständnis dieser »Säkularisierung« viel ältere Voraussetzungen berücksichtigt werden müssen. Einige neuere Untersuchungen, die auf diese Zusammenhänge selbst gar nicht Bezug nehmen, ergeben für die Anfänge wichtige Aufschlüsse, die auch den weiteren Verlauf besser verstehen lassen[25].

Gegenüber manchen theologischen Argumentationen ist es zunächst schon wichtig, daß der alttestamentlichen Aussage, der Mensch sei nach dem Bilde Gottes geschaffen, keine besondere Originalität zukommt. Daß Jahwe den Menschen elohimartig und elohimgestaltig geschaffen habe, ist bekanntlich im Alten Testament nur an der einen Stelle im priesterschriftlichen Schöpfungsbericht (Gen 1, 26f) erwähnt. Schon darum spricht viel für die Annahme, daß jene relativ späte Überlieferungsschicht sich hier einer altorientalischen mythologischen Vorstellung bedient, um mit ihrer Hilfe, ohne sich für den Vorgang selbst noch zu interessieren, die Besonderheit des Menschen hervorzukehren, die denn auch alsbald als die Aufgabe des Menschen der Welt

---

[24] H. SCHILLING aaO 109. – »Die entwicklungsgeschichtliche Aufgabe HERDERS in der Geschichte des Wortgebrauchs und des Bedeutungswandels war die Erarbeitung der pädagogischen Bedeutung durch Verweltlichung des Bildungsbegriffes und Vergeistigung des Erziehungsbegriffes, der Zusammenschluß aller den Bildungsbegriff irgendwie bestimmenden Bedeutungen in einem einzigen Wort und die Ausweitung und Differenzierung zu neuen Worten und neuen Begriffen im Rahmen einer sich immer mehr vom Religiösen abwendenden Weltanschauung«. L. M. FINSTERBUSCH, »Bilden« und »Bildung« im Klassizismus und in der Romantik, Wiener Dissertation 1943, 65.

[25] H. WILLMS, Eikon, eine begriffsgeschichtliche Untersuchung zum Platonismus, 1935 – F. W. ELTESTER, Eikon im Neuen Testament, 1958 – J. JERVELL, Imago Dei. Gen 1, 26f im Spätjudentum, in der Gnosis und in den paulinischen Briefen, 1960.

gegenüber zur Sprache gebracht wird. Die Rechtsstellung des Menschen, sein Status, wird nicht aus einem so oder so erkennbaren Wesen, sondern aus dem Willen des Schöpfers hergeleitet. Es wird mit der feierlichen Selbstentschließung Jahwes argumentiert; sie soll natürlich nicht etwas Vorfindliches erläutern, sondern sie konstituiert etwas, das nur mit staunender Verwunderung vernommen und auch nur gegen den Augenschein geglaubt werden kann (vgl. Psalm 8, besonders V. 5!). Mag also das mythologische Motiv der Erschaffung des Menschen nach dem Bilde der Gottheit ursprünglich einmal eine uranfängliche Bezogenheit des Menschen zur Gottheit und in Verbindung damit auch seine Bestimmung zum »Dienst der Götter« gemeint haben, es dient jetzt der Unterstreichung einer Aussage über den Menschen, die »merkwürdig säkular« nur seine Bestimmung zur Herrschaft auf der Erde enthält[26]. Das Gottesverhältnis des Menschen ist für das Alte Testament im ganzen sicherlich nicht in einer anschaubaren, naturhaften Abbildlichkeit begründet, es hat seinen Grund in Jahwes Willen, und das in Jahwes Entschluß begründete Gottesverhältnis des Menschen ist es, das ihn zugleich im Gegenüber zur Welt hält. Was im Alten Testament über die Erschaffung des Menschen nach dem Bilde Gottes steht, ist also schon des ursprünglichen mythischen Sinnes entkleidet, ist »entmythologisiert« und weist den Menschen in seine Existenz innerhalb der Welt, auf seine säkulare Wirklichkeit, ohne ihm über sein eigenes Wesen etwas anderes kundzutun, als daß er an den Willen Gottes gewiesen bleibt[27].

Besonders aufschlußreich sind die Zusammenhänge, in die neuerdings die neutestamentlichen Aussagen über das »Bild Gottes« gestellt worden sind. Man hat lange gemeint, diese Texte mit dem Schöpfungsbericht so verbinden zu können, daß der Mensch bei der Schöpfung Gottes Ebenbild empfangen, es dann aber durch den Fall verloren und durch Christus, der es in ausgezeichneter Weise besaß, wiedererhalten habe. Nun ist dem Alten Testament der Gedanke eines Verlustes der Ebenbildlichkeit fremd, und auch das Neue Testament reflektiert darüber nicht. Vor allem aber verwendet das Neue Testament den Ebenbild-Gedanken nicht, um die Stellung des Menschen im Gegenüber zur Welt, sondern um das Gottesverhältnis zu charakterisieren. Das gilt wenigstens für die zentralen Aussagen[28]. Fragt man weiter, in welcher Weise denn der

---

[26] G. VON RAD, Theologie des Alten Testaments I, 1958, 151 Anm. 17.

[27] Im hellenistischen Judentum wird dann schon die Frage, worin des Menschen Ebenbildlichkeit bestehe, gestellt und mit dem Hinweis auf die Unvergänglichkeit beantwortet, die der Gottlose verloren, der Gerechte aber wieder zu gewinnen habe (Weisheit 2, 23 ff; 6, 19 f). Vgl. G. KITTEL, ThW II 391 ff. – F.W. ELTESTER aaO 121 f.

[28] Wir übergehen Jak 3, 9 und 1 Kor II, 7. – Auf den zweifachen Sinn von Ebenbildlichkeit und den inneren Zusammenhang beider Ebenbildlichkeiten macht F. GOGARTEN aufmerksam. Der Mensch zwischen Gott und Welt, 1956, 331 ff.

Ebenbild-Begriff dieses Gottesverhältnis charakterisiere, so wird man darauf aufmerksam, wie beiläufig er an den wenigen Stellen, wo er auftaucht, verwendet wird. Nur eine Stelle, Kol 1, 15, gewährt einen Einblick in Vorstellungszusammenhänge, zu denen dieser Begriff gehört. Hier wird Christus als das »Ebenbild des unsichtbaren Gottes« bezeichnet (ähnlich wie auch 2Kor 4, 4 oder Hebr 1, 3), und zwar in einem Hymnus, der ihn als Mittler der Schöpfung feiert[29]. Der durch die unheimliche Übermacht kosmischer Gewalten und Mächte angefochtene Glaube wird nicht unmittelbar auf den Schöpfer verwiesen, hier wird nicht an die Schöpfungsgeschichte erinnert, daß doch Gott die Welt geschaffen und den Menschen zum Herrn der Erde eingesetzt habe; Gott ist vielmehr der geheimnisvoll verborgene Herrscher der Welt, der sich einer dem Menschen zugewandten Gestalt seiner selbst, eben des Christus, bedient, um das All als seiner Herrschaft unterworfen zu beanspruchen. Daß diese Funktion des Christus als Abbildung Gottes bezeichnet wird, ist nicht aus dem alttestamentlichen Ebenbild-Begriff herzuleiten, es ist nur zu verstehen auf dem Hintergrunde kosmologischer Spekulationen, mit denen hellenistische Religiosität die Weltentfremdung und Weltangst des Menschen zu bewältigen suchte.

Auf einen merkwürdigen Eikon-Begriff stößt man schon in PLATOS Timaios[30]. Im Zusammenhang der Lehre von der Herstellung der Welt durch den Demiurgen, in der in eigentümlicher Weise alte Mythologeme durchscheinen, nennt PLATO in dem berühmten Schlußsatz dieses Dialogs die Welt das sichtbare Abbild einer intelligiblen Wesenheit oder Gottheit. Solche Unmittelbarkeit der Beziehung zwischen Gottheit und Kosmos ist im Hellenismus nicht mehr vorstellbar; statt dessen gibt es eine Vermittlung durch Hypostasen oder mythische Gestalten. Auch der Mensch selbst wird angesichts der zunehmenden Selbstentfremdung in mannigfacher Weise mit dem Schicksal des Kosmos verbunden; er kann ihm abbildlich zugeordnet werden, meist wird seine Abbildlichkeit der Gottheit gegenüber eingeschränkt auf die *Psyche*, den *Nous*, den *Logos*, das *Pneuma*, oder aber es wird nur der eigentliche Mensch, der Erlöser, der Urmensch als Gottes *Eikon* bezeichnet. Eine unvermittelte Teilhabe des Menschen am Göttlichen erscheint mit der Welterfahrung nicht vereinbar. Der leibliche, irdische Mensch kann allenfalls auf Stufen der Vermittlung oder seine Seele kann durch den Tod zur Eikon Gottes emporsteigen. PHILO und das hermetische Schrifttum lassen eine weite Verbreitung solcher Eikon-Spekulationen im Hellenismus erkennen, ohne daß jedoch eine einheitliche Vorstel-

---

[29] Vgl. E. KÄSEMANN, Eine urchristliche Taufliturgie, in: Festschrift für R. Bultmann, 1949, 133 ff. – F. W. ELTESTER aaO 136 ff.

[30] Vgl. H. KLEINKNECHT, ThW II 386, 39 ff. – F. W. ELTESTER aaO 112 und 147.

lung oder ein gleichartiger Sprachgebrauch zu ermitteln wäre. Deutlich erkennbar ist jedoch, daß der Begriff terminologisch durch den mythologischen oder spekulativen Gebrauch geprägt ist, daß er demgemäß nicht mehr ein Nachbildungs- oder Spiegelungsverhältnis, sondern eine übernatürlich-naturhafte Teilhabe an göttlicher Wirklichkeit beinhaltet.

Auch im Neuen Testament wird der Eikon-Begriff uneinheitlich verwendet[31]. Er kann zB auf das Christusverhältnis des Glaubenden angewandt werden (Röm 8, 29; 1Kor 15, 49; 2Kor 3, 18), um den wunderhaften Charakter der Verwandlung des Erlösten zu bezeichnen; falsch wäre es, ihn im Sinne von »Vorbild« und auf »Nachahmung« hin zu verstehen. Für das Verständnis des Christusprädikates im Hymnus des Kolosserbriefes ist die Ergänzung zu beachten, die der Verfasser dem ihm vorliegenden älteren christlichen oder vorchristlichen Liede eingefügt hat[32]: Als Ort, an dem die Christusherrschaft Wirklichkeit ist, wird dem Leser nicht eine mythische Verborgenheit, sondern die eschatologische Wirklichkeit der Gemeinde bezeichnet[33]. Mit einer anderen Wendung des Eikon-Gedankens ermahnt der gleiche Brief (3, 10) die Getauften, sich nach dem Ebenbilde des Schöpfers erneuern zu lassen; auch hier ist die Abbildlichkeit als eschatologische Gabe verstanden, die zur »Erkenntnis« verliehen ist, die also eine gehorsame Anerkennung in einem der geschehenen Errettung entsprechenden Wandel verlangt[34]. Zusammenfassend läßt sich sagen, daß der Begriff im Neuen Testament seiner mythologischen Herkunft entfremdet ist; der Gedanke einer naturhaft-mythischen Vermittlung zwischen Gott und Welt wird nicht übernommen oder spielt jedenfalls keine erkennbare Rolle. Er wird auf das Gottesverhältnis angewandt, läßt dies aber nicht als ein kraft der Schöpfung dem unmittelbaren Zugang geöffnetes erscheinen, sondern bewahrt ihm den Charakter als einer im Christusgeschehen begründeten, eschatologischen Wirklichkeit. Ein terminologischer Ausgleich mit dem Alten Testament ist dabei nicht zu erkennen und auch für den Exegeten heute nicht vollziehbar.

In der Alten Kirche begegnen sehr bald bei JUSTIN, IRENÄUS, ORIGENES und TERTULLIAN Interpretationen der Schöpfungs-Imago, die in jüdisch-hellenistischer Art nach einer Wesensbestimmung des Menschen suchen; gegenüber

---

[31] Was E. SCHLINK, obwohl er die textliche Grundlage als »außerordentlich schmal«, »exegetisch umstritten« und »eigenartig unausgeglichen« erkennt, mit Hilfe seiner »systematischen Zusammenfassung« gewinnt, vermag den Titel einer »biblischen Lehre vom Ebenbilde Gottes« weder methodisch noch sachlich zu rechtfertigen. In »Pro veritate«, Festgabe für L. Jaeger und W. Stählin, 1963.

[32] Nach E. KÄSEMANN aaO 137. – Vgl. F.W. ELTESTER aaO 137.

[33] Eph 1, 22 f unterstützt dieses Verständnis.

[34] Vgl. F.W. ELTESTER aaO 156 ff und R. BULTMANN, ThW I 708.

gnostischer Bestreitung möchte man am Schöpferglauben und an der Verantwortlichkeit des Menschen festhalten. Eine einheitliche Gestalt wird für diese
Lehre aber zunächst nicht erreicht[35]. Erst AUGUSTIN entwickelt eine bis ins
Mittelalter nachwirkende Lehre von der *imago dei*. Sie knüpft zwar an die
kirchliche Tradition an, aber an ihr wird nun handgreiflich deutlich, in welchem Umfang hellenistisches Gedankengut weiterlebte und weiter wirkte,
ohne daß man im einzelnen zu unterscheiden vermag, was aus neuplatoni-
schem, was aus gnostischem Erbe stammt und was etwa die Stoa vermittelt hat.
Der Einfluß dieses Denkens ist schon daran erkennbar, daß nicht von der
Christus- sondern der Schöpfungs-Imago gehandelt wird und zwar im Zusammenhang einer Lehre vom Urstand[36]. Gottes Bild zu sein, ist bei AUGUSTIN
zunächst nur eine paradiesische Qualität des Menschen. Nach dem Fall kann sie
unter der Einwirkung göttlicher Gnade aktuelle Bedeutung gewinnen, wenn
nämlich die spirituelle Potenz, das Erkenntnisvermögen der Seele, wiederhergestellt und damit ein Neuwerdungsprozeß, eine stufenweise fortschreitende
Entwicklung auf das von Gott gesetzte Ziel hin ermöglicht wird[37]. Gottesebenbildlichkeit ist so etwas wie ein ursprüngliches Strukturmerkmal des
Menschen. Es ist nicht konstitutiv für die Stellung des Menschen im Weltzusammenhang, aber es ermöglicht seine Teilhabe an der Heilsgeschichte;
weil aber das Leben des Menschen, das ja bei AUGUSTIN als ein Werden verstanden wird, eingespannt ist zwischen die schicksalhafte Wirklichkeit des
Sündenfalls und das heilsgeschichtliche Ziel, konzentriert sich das Interesse
schon bei AUGUSTIN, noch mehr in der Folgezeit einerseits auf die ursprüngliche Ausstattung des Menschen und andererseits auf die Wirksamkeit der
Gnade. Wahrheit und Überzeugungskraft der Lehre hängt zuletzt an der
Wirklichkeit der Gnadenvermittlung und damit an der Kirche. Diese bekommt
welterhaltende, weltumspannende, um nicht zu sagen, kosmische Bedeutung;
ohne sie gibt es kein menschliches Leben, das diesen Namen verdient.

---

[35] H. KARPP (Probleme altchristlicher Anthropologie, 1950, 237) urteilt: »Das Wesen der
Gottesebenbildlichkeit ist um das Jahr 300 ... noch nicht eindeutig bestimmt.«
[36] Sie bleibt auch im Mittelalter und darüber hinaus in diesem Zusammenhang. Das
hängt damit zusammen, daß der Timaios die einzige PLATONISCHE Schrift war, die das
Mittelalter besaß, und daß von ihr über CICERO, BOETHIUS u. a. starke Wirkungen ausge-
gangen sind. Vgl. E. R. CURTIUS, Europäische Literatur und lateinisches Mittelalter, ⁴1963,
527. – Augustins Imago-Lehre kann hier nicht gebührend berücksichtigt werden. Sie ist
dargestellt bei E. BENZ, Marius Victorinus und die Entwicklung der abendländischen Wil-
lensmetaphysik, 1932, 374 ff, und gehört natürlich in den Zusammenhang der Augustinischen Anthropologie; dazu vgl. B. GROETHUYSEN, Philosophische Anthropologie, 1930
und speziell E. DINKLER, Die Anthropologie Augustins, 1934.
[37] Vgl. H. JONAS, Augustin und das paulinische Freiheitsproblem, 1930, 19 ff; 49; 60 f.

III.

Das priesterschriftliche Zeugnis von der Erschaffung des Menschen nach Gottes Bilde hat sich nach rund einem Jahrtausend in eine allgemeine Wahrheit verwandelt und ist durch Verbindung mit Nachwirkungen der nicht viel jüngeren platonischen Kosmologie zu einem Bestandteil philosophisch-theologischer Anthropologie geworden, die für die Zukunft zu dem gerechnet wurde, was der Einheit und Ordnung der Welt Bestand verleihen sollte. Wieder ungefähr ein Jahrtausend später greift der junge italienische Graf PICO DELLA MIRANDOLA (1463–1494) nach den gleichen Texten und findet in ihnen die Begründung für die Würde des Menschen, über die er eine Rede entwirft, die »eines der edelsten Vermächtnisse jener Kulturepoche« (J. BURCKHARDT) darstellt[38]. Über die *dignitas*, die *excellentia* oder die *nobilitas* des Menschen wird wie über seine *miseria* in jener Zeit viel geschrieben und verhandelt. Denn seit dem 13. oder 14. Jahrhundert fühlt sich der abendländische Mensch durch neue geschichtliche Erfahrungen auf sich selbst zurückgeworfen[39]. Die Welt ist viel größer, als sie sich ihm bisher dargestellt hatte. Ihr Bild ist für ihn in der überlieferten Wahrheit und Wissenschaft nicht mehr vollständig und gültig eingefangen. Anschauung und Betrachtung des vom Jenseits seiner Geschichte her bestimmten Geschicks der Menschheit, auch die figurale Deutung der Heilsgeschichte, vermögen ihm die Gegenwärtigkeit des Heils nicht mehr zu realisieren. Der Mensch muß sich angesichts der eigenen Erfahrungen und in Auseinandersetzung mit den eigenen Erlebnissen neu seiner Welt und seiner selbst zu vergewissern suchen[40]. Schon seit PETRARCA (1304–1374) gab es ein ausdrückliches Interesse für die geformte Gestalt, die dem Menschen Festigkeit und Bestand im Wandel und Wechsel seines Schicksals verleihen sollte; am antiken Menschen bewunderte man die Arbeit des einzelnen an sich selbst; CICEROS Stil erkannte man als Ausdruck seiner geprägten Persönlichkeit[41]. FICINO, der Leiter der neuen Platonischen Akademie in Florenz (1433–1499), hatte schon die kontemplativen Möglichkeiten entdeckt, durch die sich die Seele denkend und wollend dem Andrang der Dinge gegenüber behaupten könnte[42],

---

[38] Deutsche Übersetzung von H.W. RÜSSEL in der Schriftenreihe »Lux et humanitas« Bd 5, Pantheon-Verlag Fribourg o. J. – Auszugsweise in »Studia humanitatis«, Agora Nr. 12 (Hg. M. SCHLÖSSER), Wiss. Buchgesellschaft Darmstadt 1959, 121 ff.

[39] Zur allgemeinen Charakteristik des Zeitalters vgl. O. BRUNNER, Inneres Gefüge des Abendlandes, und: Humanismus und Renaissance, in: Historia Mundi, Bd 6, Bern 1958, 319 ff und 557 ff. [40] Vgl. B. GROETHUYSEN aaO 99 ff.

[41] Nach W. RÜEGG, Cicero und der Humanismus, Zürich 1946, 23 ff.

[42] *Anima igitur per mentem est supra fatum*, zitiert nach B. GROETHUYSEN aaO 111. Vgl. P. O. KRISTELLER, Die platonische Akademie in Florenz, in Agora 12 (s. Anm. 38), 35 ff.

und MANETTI (1396–1459) hatte sich für die Besonderheit des Menschen schon auf die biblische Gottesebenbildlichkeit berufen[43]. PICO DELLA MIRANDOLA geht über sie alle hinaus. Dabei will auch er nur die Überlieferung zur Geltung bringen: Er will daran erinnern, wie und wozu der Schöpfer den Menschen geschaffen habe, »*ut Moses Timaeusque testantur*«. Und dann erzählt er zu Anfang jener Rede, der Schöpfer habe nach der Erschaffung alles übrigen nach jemand verlangt, der »die Vernunft eines so hohen Werkes nachdenkend erwägen, seine Schönheit lieben und seine Größe bewundern« könne; weil nun aber alle Urbilder schon verbraucht waren, habe der Schöpfer dem Menschen die Gesamtheit von allem zur Verfügung gestellt, was die Einzelwesen als je eigenes besaßen, und so sei der Mensch zu einem *indiscretae opus imaginis* ohne *propria facies*, ohne eine *definita natura* geworden, damit er nach eigenem *votum* und eigener *sententia*, nach eigenem *arbitrium* über sich bestimme. Als »*tui ipsius quasi arbitrius honorariusque plastes et fictor*«, so lautet nun die berühmte Formulierung, als Bildner und Gestalter seiner selbst[44] soll er nach freiem Willen und zur eigenen Ehre sich selbst die Form wählen und geben, soll es ihm freistehen, zu entarten oder aber sich zum Göttlichen erheben zu lassen. PICO erkennt sich als Gottes Ebenbild nicht an einer sich gleich bleibenden Wesensbestimmung, sondern im Erlebnis des eigenen Strebens und Wirkens. Seine Veränderlichkeit und Unruhe, er spricht geradezu von einer Chamäleonhaftigkeit des Menschen, widersprechen der Gottesebenbildlichkeit nicht, sie bestätigen nur, daß er sich selbst in die Hand gegeben ist. »Ebenbild Gottes« bezeichnet den Menschen als ein Wesen, das sich selbst zur Aufgabe überantwortet ist und in der Übernahme und im Vollzug dieses Sich-selbst-Aufgegebenseins die Analogie zum Wirken Gottes erkennt. *Viva imago*, ein lebendiges Abbild, heißt darum der Mensch; nicht eine Wesensgleichheit, sondern eine Entsprechung im Akt, im Realisieren, in der Dynamik des Werdens hat ihm der Schöpfer verliehen[45].

[43] Vgl. A. AUER, G. MANETTI und PICO DELLA MIRANDOLA, in: Vitae et Veritati, Festgabe für K. Adam, 1956, 83 ff.

[44] Merkwürdigerweise übersetzt J. BURCKHARDT »Überwinder« (Kultur der Renaissance am Schluß des 4. Abschnitts), und E. CASSIRER folgt ihm (Individuum und Kosmos in der Philosophie der Renaissance 1927, Neudruck 1963, 90), als ob sie »*victor*« statt »*fictor*« gelesen hätten. – Als »Voraussetzung des neuzeitlichen Begriffs der Kultur« beschreibt übrigens auch F. GOGARTEN P. D. MIRANDOLAS neue Auffassung vom Menschen (Der Mensch zwischen Gott und Welt, 327 ff).

[45] »*Viva imago*« steht auch bei NIKOLAUS VON CUES. Vgl. E. CASSIRER, aaO 72f und im Liber de mente (ebd. 204ff), Register. – NIKOLAUS VON CUES wird bei PICO nicht erwähnt, bei FICINO nur einmal, aber CASSIRER schätzt seinen Einfluß auf FICINO sehr hoch ein. Damit wäre dann wenigstens indirekt auch Meister ECKHART unter die Vorläufer zu rechnen, bei denen der Imago-Gedanke eine beherrschende Rolle spielt. Vgl. K. OLTMANNS, Meister Eckhart, 1935, zB 72ff; 107f und 112ff.

PICO DELLA MIRANDOLA hat sich oft auf AUGUSTIN berufen, und sicher wäre es ohne AUGUSTINS Vorgang gar nicht denkbar, daß die Frage nach der Würde des Menschen als an ihn selbst gerichtete und nur von ihm mit dem eigenen Selbst zu beantwortende Frage durchgehalten wird[46]. Gleichwohl sind nun aber die Unterschiede nicht zu übersehen. Der Mensch ist für PICO nicht »krank« wie bei AUGUSTIN, er hat Gottes Bild nur vergessen (*obliterata imagine dei*), und seine notwendige *reformatio* oder *restitutio* bedarf daher keiner übernatürlichen Gnadeneinwirkung[47]. Gott ist nämlich größer, als daß nur die Kirche ihn repräsentieren könnte. Natürlich ist auch für PICO *Gott* das eigentlich Wirkliche, aber wenn er von ihm spricht, greift er zu den Mitteln der »negativen Theologie«: Die »einsame Dunkelheit des Vaters« (*solitaria patris caligo*) ist nur erreichbar, wenn sich der Mensch über alles mit den Sinnen oder der Vernunft Erfaßbare, wenn er sich über das Denken selbst erhebt und sich in die »Mitte seiner Einheit« (*unitatis centrum suae*) zurücknimmt. Gott ist für PICO nicht schon das höchste Seiende, was nur gedacht werden kann, er ist jenseits des denkbar Wahren wahr, jenseits des greifbar Guten gut, er ist als höchstes Licht für menschliche Erkenntnis die tiefste Dunkelheit. Aber dessen wird der Mensch auf keine andere Weise inne als in der lebendigen Offenheit gegenüber der Welt des Schöpfers[48]. Der Aufstieg des Menschen hängt ab von seinem Wissen und Weisewerden; PICO hat darum wie viele seiner Zeitgenossen in einer leidenschaftlichen Unruhe alle ihm erreichbaren Einsichten und Kenntnisse zusammengetragen. Für das Verstehen der Einheit des Ganzen ist ihm die »Magie« die wichtigste Wissenschaft; aus der Beobachtung des Geschehens und aus dessen Erklärung von den ihm immanenten Prinzipien her zieht sie die Summe aller natürlichen Weisheit und ermöglicht damit erst die Erkenntnis der Harmonie (*consensus universi*)[49]. Nur in ihr, der Erkenntnis der Einheit und Ganzheit der Welt, und von ihr aus findet der Mensch Gott und sich selbst. Darum lag dem Grafen von MIRANDOLA soviel an einer Versöhnung zwischen PLATO und ARISTOTELES, wie überhaupt an der Zusammenführung aller wahrhaft Philosophierenden (*pax philosophica*), die er zum Kongreß nach Rom geladen und mit seiner Rede »*de dignitate hominis*« begrüßen zu können gehofft hatte.

Daraus ist nichts geworden, auch sein Werk »*de concordia Platonis et Aristotelis*« blieb unvollendet. Die Kirche hat einige seiner Sätze verurteilt, und in der

---

[46] Nach B. GROETHUYSEN aaO 140.

[47] Die Erleuchtung durch Christus gerät bei der Schilderung der einzelnen Stufen des Weges nach oben »ziemlich in Vergessenheit«. »Sie erscheint PICO als natürliche Ausstattung des Menschen allzu selbstverständlich.« E. MONNERJAHN, G. Pico della Mirandola. Ein Beitrag zur philosophischen Theologie des italienischen Humanismus, 1960, 89 f.

[48] Agora 12 (s. Anm. 38), 121. Vgl. E. MONNERJAHN aaO 35 ff.

[49] Vgl. E. CASSIRER aaO 158 und 123 f – E. MONNERJAHN aaO 84 ff.

Gegenwart hat man seine Ideen zusammenfassend als »Spiritualismus und intellektuelle Gnosis« charakterisiert (E. MONNERJAHN). Sicher könnte man mit ihnen den »Prozeß der Säkularisierung« illustrieren, den »die religiösen Motive des mittelalterlichen Denkens seit Beginn der Renaissance durchlaufen« haben[50]. Keinesfalls aber darf man die Klarheit und Energie übersehen, mit der PICO DELLA MIRANDOLA dem sich selbst überantworteten Menschen eine doppelte Anweisung gibt: »Was vom Willen des Menschen und von seiner Erkenntnis gefordert wird, ist totale Hinwendung zur Welt und die totale Unterscheidung von ihr.«[51] Beides gehört zusammen, und beides ist begründet in dem neuen Selbst- und Weltverständnis der Zeit. Hinwendung zur Welt war geboten angesichts der Erfahrung ihrer Wandelbarkeit und der damit zugleich erfahrenen Verantwortung des Menschen. Die Tiefe des historischen Horizontes wies dem Menschen eine andere Stellung zu; sie konnte er nicht ausfüllen, wenn er sich lediglich als Objekt eines jenseitigen Geschehens unter der Kategorie der Überformung der Natur durch die Gnade verstand. Mit Notwendigkeit sah er sich zum Beziehungspunkt gemacht in einem neuen perspektivischen Weltbild, das horizontale Einwirkungen nicht kannte[52]. Aber die totale Hinwendung zur Welt geschah um der totalen Unterscheidung von ihr, um der Vergewisserung des eigenen Selbst willen. Gewiß war es zunächst auch das Welthafte der Welt selbst, der Bereich des Allgemein-Zugänglichen, Sichtbaren, Wägbaren, Erfahrbaren, der sich gegen die Verleugnung seiner »Natürlichkeit« zur Wehr setzte. Aber die Hinwendung zu ihm blieb seiner Konkretheit nicht treu, sondern suchte sie zu übersteigen auf die Einheit und Ganzheit der Welt, auf das Universum hin. Der Welt sollte eine Antwort abgezwungen werden auf die Frage des Menschen nach sich selbst, sie sollte dem Menschen das Erlebnis seiner Überlegenheit, seiner Gottzugehörigkeit vermitteln. Eine solche erkenntnismäßige Vermittlung des Gottesverhältnisses war nicht der konkreten Welt, nicht der Welt der jeweiligen Erfahrungen und Erlebnisse abzugewinnen, sondern nur einer auf die Allgemeinheit ihrer ursprünglichen Gesetze zurückgeführten und aus ihnen gedeuteten Menschheitswelt. Es war daher auch nicht der konkrete Mensch, dem sich die Wirklichkeit Gottes erschloß, auch er mußte seine Konkretheit übersteigen in der »erkennenden« Teilnahme am Geschick der Menschheit, wie es alte Mythologie oder Spekulation ihm erzählte. Diese gnostisch-spiritualistischen Momente sind nicht herauszulösen und dürfen in ihrer Bedeutung nicht unterschätzt werden. Auf das Ganze gesehen könnte man statt von einer Säkularisierung eher davon

[50] E. CASSIRER aaO 55 u. 59.
[51] Ebd. 91.

sprechen, daß der hier erstmalig hervortretende neuzeitliche Bildungsgedanke sein Pathos und seine Energie einer religiösen Inbrunst und Gläubigkeit verdankt, die aus der Spiritualisierung der Gottesebenbildlichkeit stammen.

IV.

Die geistige Bewegung, zu der Pico della Mirandola gehört, hat später den Namen »Humanismus« erhalten. Ihr ging es in der Tat um die *humanitas* als um die vom Menschen selbst wahrzunehmende Aufgabe seines Lebens, um die von ihm selbst zu realisierende Verwirklichung seines Wesens. Dabei wird der religiöse Charakter der Motive leicht vergessen. Gewiß fällt es in die Augen, wie sehr die Hinwendung zur Welt beflügelt wird durch das aus der Antike wieder ergriffene Vertrauen zu den Kräften des Erkennens und Wissens. Pico kann das *»ex ratione vivere«* zur Forderung eines *»pie philosophari«* erheben[53]. Und was bei ihm nur in Ansätzen erkennbar ist, wird von anderen und in der Folgezeit überhaupt zu einem methodischen Vorgehen ausgebaut. Diese Methoden führen zu einer bisher nicht möglichen erkennenden Erfassung des Erfahrbaren, und sie rechtfertigen sich durch ihren Erfolg. Aber die vernünftigen Möglichkeiten des Menschen werden noch lange mit einer religiösen Bewertung verteidigt, noch in der Aufklärung bleibt »alle geistige Problematik in die religiöse Problematik eingeschmolzen«[54].

In der Entwicklung des Humanismus tut Herder in gewisser Weise einen letzten entscheidenden Schritt. Noch bei Comenius treffen wir alle wesentlichen Elemente an, wie wir sie bisher kennenlernten. Auch für ihn ist der Mensch *viva imago se ipsum formans*, ein Bild Gottes, dem der einzelne sich durch Verwirklichung der allgemeinen menschlichen Bestimmung, der *humanitas*, so sehr wie möglich nähern soll[55]; auch ihm geht es um eine *reformatio* des Menschen; der Sündenfall bedeutet eine pädagogische Aufgabe und insofern versteht er seine Pädagogik als eine »praktische Theologie«[56]. Auch er glaubt

---

[52] Vgl. W. Rüegg, Das antike Vorbild im Mittelalter und Humanismus, Agora 12 (s. Anm. 38) 23 f.

[53] E. Monnerjahn aaO 156.

[54] E. Cassirer, Die Philosophie der Aufklärung, 1932, 181, vgl. auch 211 ff.

[55] Besonders aufschlußreich ist die Rede »de ingeniorum cultura«, mit der Comenius 1650 die neue *schola pansophica* in Patak (Siebenbürgen) eröffnete, *opera didactica omnia* (1657), Neudruck Prag 1957, III. Sp. 71 ff. – Der Imago-Begriff spielt bei Comenius eine große Rolle, vgl. H. F. von Criegern, Comenius als Theologe, 1881, 113 ff.

[56] Vgl. Kl. Schaller, Die Pädagogik des J. A. Comenius (Pädagogische Forschungen 21), 1962, 160 ff. – Für Comenius stand das Werk Christi ähnlich wie für Pico della Mirandola (vgl. Anm. 47) »so gänzlich außer aller Frage, daß das durch ihn uns eingepflanzte

an die Möglichkeit einer mathematisch geordneten Universalwissenschaft und an die notwendige Unterwerfung des Individuums unter die Objektivität der vernünftigen Ideen[57], und daraufhin entwickelt er eine planmäßig fortschreitende Didaktik für die Schule, für seine *»officina humanitatis«*. Bei LEIBNIZ zeigt sich dann etwas Neues, ein Interesse am Individuellen tritt hervor, gerade in unserer Individualität stecke »ein Keim, ein Fußtapf, ein Symbol der göttlichen Wesenheit und ihrer wahren Ebenbildlichkeit«[58]. HERDER aber geht weit über LEIBNIZ hinaus. Er bewundert, was es »für eine unaussprechliche Sache mit der Eigenheit eines Menschen« sei, und folgert daraus nun auch, daß die Geschichte nichts wirklich Identisches kenne und darum jede Generalisierung dem Menschen gegenüber abstrakt und ohnmächtig bleibe[59]. Damit hängt es zusammen, daß bei HERDER die Gottesebenbildlichkeit nun endgültig nicht mehr als ein Bestand am Menschen, sondern als ein Prozeß, als seine Bildung beschrieben und betrieben wird.

HERDERS Bedeutung für das Schicksal der Gottesebenbildlichkeit wird von der Vorgeschichte her verständlicher. Es ist begreiflich, daß, wo sich das Individuum in seiner Einmaligkeit und Eigenbedeutung erleben lernt, die Selbstverständlichkeit einer Wesensverbindung und -einheit zwischen ihm und dem im Weltzusammenhang gedeuteten Menschen verlorengeht. »Das Selbsterlebnis wird nicht mehr als etwas Kosmisch-Menschliches in die Anschauung des Ganzen integriert, es wird zu einer nur vom Subjekt aus zu deutenden, individuell bestimmten Reaktion auf die Welt.«[60] Das individuell bestimmte Welterlebnis braucht keine Beglaubigung von außen, man lernt, gerade die Subjektivität der Weltdeutung zu suchen und zu genießen. Auch eines Auftrages von außen, woran HERDER noch festhielt, einer Befragung von Natur und Geschichte der Welt bedarf die Bildung nicht mehr. Die Welt verliert ihre religiöse Bedeutung und wird nicht mehr auf ihre Einheit hin beansprucht, sie verfällt der Gegenständlichkeit und wird der verobjektivierenden Methodik der einzelwissenschaftlichen Erforschung überlassen. Die Bildung findet ihre Legitimation als Erfüllung der menschlichen Natur aus deren Bedürfnis. Je

Reis der Erneuerung sich gelegentlich wie ein angeborener Bestand ausgibt«, KL. SCHALLER 213. Vgl. die entsprechenden Beobachtungen bei H. GEISSLER, Das Christus-Verständnis in der Pädagogik des J. A. Comenius, in: Das Wort Gottes in Geschichte und Gegenwart, hg.v. W. ANDERSEN, 1957, 196ff.

[57] Vgl. D. MAHNKE, Der Barock-Universalismus des Comenius, Zeitschr. für Gesch. der Erziehung und des Unterrichts, 21, 1931, 97ff u. 153ff; 22, 1932, 61ff. – Die Interpretation von COMENIUS bei KL. SCHALLER (vgl. vorige Anmerkung) stellt eine Fülle von neuem Material zur Verfügung, ohne jedoch im Grundsätzlichen MAHNKE zu überbieten.

[58] E. CASSIRER, Die Philosophie der Aufklärung, 43.

[59] Ebd. 309ff vgl. auch 481.

[60] B. GROETHUYSEN aaO 141.

länger je mehr wird das seelische Geschehen zum Objekt der Beobachtung, um die Bildungsvorgänge möglichst naturgemäß ablaufen lassen zu können. Bildung als Form für ein in der Richtung des Lebens selbst auf vollkommene Steigerung liegendes Motiv bedarf keiner Zielsetzung von außen, sondern muß vielmehr vor jedem derartigen Eingriff geschützt werden. Weil die Wahrheit eines Gottesglaubens in dem Bereich des für eine solche Erkenntnis der menschlichen Natur relevanten Wirklichen keine Rolle spielt, mußte sie dem nur persönlich Bedeutungsvollen zugeordnet, die Frage, ob ihr überhaupt Erkenntnis- oder Existenzbedeutung beizumessen sei, dem Belieben und Geschmack des Subjekts überlassen werden. Nur dieses konnte auch darüber befinden, ob es sich von dem Gedanken seiner Gottesebenbildlichkeit eine erbauliche Wirkung verspreche oder nicht.

Über die Verlegenheiten, in die inzwischen Praxis und Theorie unserer Bildungsbemühungen geraten sind, braucht hier nichts gesagt zu werden. Unsere Rückfrage in die Geschichte der Idee der Gottesebenbildlichkeit war von vornherein von der Einsicht in diese Verlegenheiten geleitet. Aber was wir angetroffen haben, ist nicht ohne weiteres als hilfreich zu bezeichnen. In immer neuen Ansätzen haben viele Generationen von der Idee der Gottesebenbildlichkeit sich Auftrag und Vollmacht für die Bemühung um Form und Gestalt des Menschen, in denen er sein Wesen gegen die Gefährdung von innen und von außen zur Darstellung bringen könnte, geben lassen wollen. Zuletzt ist sie in dem Bereich, den sie erst mit aufgeschlossen und dem sie wenigstens noch lange Würde und Weihe verliehen hatte, als entbehrliche Verzierung oder lästiges Requisit abgetan worden [61]. Unser, wenn auch nur lückenhafter Überblick über die Etappen dieser Entwicklung kann nicht in den Appell münden, die ehrwürdige Tradition wieder aufzunehmen und die Gottesebenbildlichkeit wieder mit dem Bildungsgedanken zu verknüpfen. Ob man dem geschichtlichen Prozeß, wie er sich uns darstellte, mit der Bezeichnung »Säkularisation« gerecht wird, kann man angesichts der Mannigfaltigkeit der Ausgangsmotive und der verschiedenartigen Zwischenlösungen bezweifeln, gleichwohl hängt er mit dem Säkularisierungsgeschehen so eng zusammen [62], daß er sowenig wie

---

[61] Die dogmengeschichtliche Entwicklung der Imago-dei-Lehre seit der altprotestantischen Orthodoxie hat F. K. SCHUMANN beleuchtet, in: Imago Dei, Festschrift für G. Krüger (1932) wieder abgedruckt in: Um Kirche und Lehre, 1936, 116 ff. Zu ihrer dogmatischen Interpretation für die Gegenwart vgl. außerdem vom gleichen Verfasser: Vom Geheimnis der Schöpfung – Creator spiritus und imago Dei (1937), abgedruckt in: Wort und Gestalt, 1956, 226 ff, besonders 251–258.

[62] Für eine Darstellung dieses Zusammenhanges bietet F. K. SCHUMANNs Untersuchung »Zur Überwindung des Säkularismus in der Wissenschaft« (1949) o. J. wichtige Hinweise. Leider habe ich seine Ausführungen in meinem Vortrag »Was ist Säkularisierung?« (SgV 227/228, 1960) nicht berücksichtigt.

dieses rückgängig gemacht werden kann. Was sich uns aus dem Gang durch die
Geschichte aufdrängt und uns den tiefen Ernst der gegenwärtigen Verlegenheiten erst verdeutlicht, ist zweierlei: Offenbar muß der Mensch mit einem
Widerstand rechnen, den die Welt selbst allen Versuchen entgegensetzt,
ihrer trotz allem geheimnisvoll-unheimlichen Mächtigkeit die Formel abzugewinnen, mit der der Mensch die Frage nach sich selbst abschließen könnte.
Zum anderen aber begegnete uns an jeder Station des Weges ein Menschentum,
das mit leidenschaftlichem Aufbegehren der Selbstgenügsamkeit widersprach,
mit der sich der Mensch etwa der Frage nach sich selbst zu entledigen und in
seiner nackten Vorfindlichkeit zufrieden zu geben versucht war. Aus der Begegnung mit der Geschichte kommt beides auf uns zu: die Unausweichlichkeit
der mit unserem Leben verbundenen Frage nach uns selbst und die Unfähigkeit
unseres Denkens, sie abschließend zu beantworten. »Der Mensch findet sich
selbst nie als ein *brutum factum* vor, sondern er ist jeweils, indem er seiend sucht,
was Menschsein heißt, um es im Suchen zu sein.«[63] In solcher Unabgeschlossenheit ohne Resignation den geschichtlichen Aufgaben zugewandt Mensch zu
sein, ist offenbar keine sich von selbst verstehende Sache. Die mit dem Verlust
der Gottesebenbildlichkeit signalisierte Bildungsproblematik läuft vielmehr
auf die Frage hinaus, wie denn der eigentliche Sinn der Rede von der Erschaffung des Menschen nach dem Bilde Gottes, wie nämlich die im Willen des
Schöpfers und nur in ihm begründete Freiheit des Menschen im Gegenüber
zur Welt als ein von Gott längst verwirklichtes, gleichwohl aber eschatologisch
ausstehendes Verhältnis von Schöpfer und Geschöpf in einer für die Erziehung
relevanten Weise zur Geltung gebracht werden kann. Von hier aus versteht sich,
welche Bedeutung die theologische Bemühung um Hermeneutik und Exegese
der biblischen Überlieferung auch für die Pädagogik besitzt.

[63] F. K. SCHUMANN, Gestalt und Geschichte, 1941, jetzt in: Wort und Gestalt, 1956, 23.
Abschließend heißt es dort: „Die geschichtliche Gestalt ist nicht in sich selbst ruhende, sich in
sich selbst abschließende, sondern nach sich selbst greifende und daher nicht in sich selbst ab-
schließbare Gestalt. Diese Unabschließbarkeit hat aber ihren letzten Grund darin, daß das
menschliche Dasein ein Unformalisierbares, nicht Gestalthaftes in sich schließt, die Entscheidung" (ebd. 42). Entsprechend bemerkt F. GOGARTEN, daß der Mensch mit seiner
Gestaltung nie anders befaßt sein könne als „im Wissen um die Macht des Ungestalten und
nicht zu Gestaltenden«; es ist förmlich »das Gesetz dieser Gestalt, in dessen Erfüllung allein
der Mensch Mensch ist«, daß er zu ihr nur gebildet wird, »indem er dem Geheimnis seines
Seins und dessen der Welt standhält, ohne es auf irgendeine Weise zu deuten oder zu erklären und sich ihm dadurch zu entziehen«, wenn er »der von dem Geheimnis seines Seins
und dessen der Welt Befragte und Geforderte« bleibt. (Der Mensch zwischen Gott und
Welt, 372–388).

VERZEICHNIS DER MITARBEITER